Klaus Wisotzky

Otto Hue (1868–1922)
„Für Freiheit, Demokratie und gleiches Recht"
Ein Leben für die Bergarbeiter

Klaus Wisotzky

OTTO HUE (1868–1922)

„Für Freiheit, Demokratie und gleiches Recht" – Ein Leben für die Bergarbeiter

Aschendorff
Verlag

Veröffentlichungen des Hauses der Essener Geschichte/Stadtarchiv

Band 4

www.aschendorff-buchverlag.de

Printed in Germany
Gedruckt auf säurefreiem, alterungsbeständigem Papier ♾

ISBN 978-3-402-14215-8
ISBN 978-3-402-14216-5 (E-Book PDF)

Für Jurij, Roman und Leo

Inhaltsverzeichnis

Einleitung

„Eine solche Beerdigung sah Essen noch nie, auch nicht, als der letzte männliche Vertreter der Brotherrendynastie Krupp das Zeitliche segnete. So gewaltig war der Zustrom, daß gar nicht daran zu denken war, daß alle Leidtragenden trotz des über eine Stunde langen Wegs zum Friedhof hätten im Trauerzug Platz finden können. Zehntausende Leidtragender mußten Spalier bilden, aus dem die Polizei keinen Übertritt in den Zug duldete. In den Saalbau konnten nur wenige Tausend zur Gedächtnisfeier zugelassen werden. Wir hörten Worte des Unmuts aus dem Munde alter Knappen und Mitkämpfer, daß sie bei der Feier und gar auf dem Friedhof nicht dabei sein konnten. Aber sie werden sich trösten in dem erhebenden Gedanken: So groß ist das Heer der klassenbewußten Arbeiter, so groß die Liebe und Verehrung für einen ihrer Besten, daß die Straßen Essens nicht groß genug sind, sie in einem normalen Trauerzug zu fassen.“[1]

Die Männer und Frauen – es sollen mehr als 70.000 gewesen sein – erwiesen Otto Hue die letzte Ehre, dem „ungekrönten König“ der deutschen Bergarbeiterschaft[2]. Von seiner Beliebtheit und seinem hohen Ansehen zeugen die zahlreichen Straßen- und Platzbenennungen in beinahe allen Städten des Ruhrgebiets und anderer Bergbauregionen. Auch wenn Hue nicht in der allerersten Reihe stand, zählt er zweifelsohne zu den wohl bedeutendsten Sozialdemokraten und Gewerkschaftern im Kaiserreich und zu Beginn der Weimarer Republik.

Der gelernte Schlosser begann seine Karriere 1895 als Redakteur der Zeitung des Bergarbeiterverbandes[3], doch avancierte er recht schnell zum „Leiter der ganzen hiesigen Bergarbeiterbewegung“.[4] Hue war „der eigentliche Verbandsführer“[5], der als „Vordenker der Gewerkschaftspolitik“[6] entscheidend die Ausrichtung und Strategie des Verbandes bestimmte. Zugleich war er ein überzeugter Sozialdemokrat, der von 1903 bis 1912 als Abgeordneter des Wahlkreises Bochum-Gelsenkirchen dem Reichstag angehörte. Ab 1913 war er dann Mitglied des preußischen Abgeordnetenhauses.

Nach dem politischen Umsturz im November 1918 nahm Hue wichtige Positionen ein. Er war Beirat im preußischen Handelsministerium, Sachverständiger bei den Waffenstill-

1 Arbeiterzeitung (Essen) 95, 24.4.1922 „Otto Hues letzte Fahrt“.

2 Mommsen, Einführung, S. VIII.

3 Der offizielle Name des Bergarbeiterverbandes, der mehrfach wechselte, lautete: 1890 – Verband deutscher Bergleute, 1892 – Verband deutscher Berg- und Hüttenarbeiter, 1901 – Deutscher Bergarbeiter-Verband, 1905 – Verband der Bergarbeiter Deutschlands.

4 Landesarchiv Nordrhein-Westfalen (LAD NRW) Abt. Rheinl. Reg. Düsseldorf 15915, Bericht des Bezirkspolizeikommissars Essen vom 20.6.1900.

5 1889–1929, S. 128. Er war aber nicht der Vorsitzende, wie mancherorts zu lesen ist. Z.B. Walther, Sündflut, S. 237; Pohl/Werther, Die freien Gewerkschaften, S. 114; Petras, Reichstagswahlen, S. 201; Barsickow, Politische Lager, S. 193; Högl, Gewerkschaften und USPD, S. 9; Schmidt, Hunger, S. 176. Selbst einem ausgewiesenen Experten wie Feldman unterlief dieser Fehler. Feldman, Arbeitskonflikte, S. 179 u. 205; Feldman, Stinnes, S. 513.

6 Jäger/Tenfelde, Bildgeschichte, S. 49.

stands- und den Reparationsverhandlungen, Mitglied der vom Rat der Volksbeauftragten eingesetzten Sozialisierungskommission und Reichsbevollmächtigter für den rheinisch-westfälischen Bergbau. Er wurde im Januar 1919 als Abgeordneter der Nationalversammlung und des preußischen Landtags gewählt und galt wegen seiner umfassenden Wirtschaftskenntnisse bei der Bildung der neuen Regierung als ministrabel.

Angesichts seiner nicht unbedeutenden Rolle in der sozialdemokratischen Arbeiterbewegung ist es nicht nachzuvollziehen, dass bisher noch keine wissenschaftlich fundierte Biografie zu seiner Person erarbeitet wurde,[7] zumal das Interesse gerade an der Geschichte des Bergbaus weiterhin virulent ist.[8] Es existieren neben einigen Kurzviten[9] lediglich das nach seinem Tode veröffentlichte „Lebensbild" aus der Feder seines Gewerkschaftskollegen und engen Freundes Nikolaus Osterroth[10] und die Kurzbiografie von Johann Mugrauer[11].

Vor vierzig Jahren wäre die fehlende Würdigung nicht überraschend gewesen, denn da steckte die biografische Forschung zu den Gewerkschaftsfunktionären „noch in den Anfängen". Nicht einmal über Carl Legien, den Vorsitzenden der Generalkommission der Gewerkschaften, und seinen Nachfolger Theodor Leipart gab es eine umfassende Lebensbeschreibung.[12] Mittlerweile hat sich das Bild grundlegend geändert. Nicht nur für die beiden Genannten liegen umfassende Biografien vor,[13] sondern auch für zahlreiche andere Gewerkschafter.[14] Berücksichtigt wurden sowohl Funktionäre der sogenannten freien Gewerkschaften als auch der christlichen Gewerkvereine.[15] Hinzu kommt eine große Zahl an Lebensbeschreibungen von Sozialdemokraten, auch von solchen, die keine herausragenden Führungspositionen innegehabt hatten. Warum Hue keine Beachtung gefunden hat – ein Schicksal, das er mit Heinrich Möller, Hermann Sachse[16] und Fritz Husemann[17], den Vorsitzenden des Bergarbeiterverbandes der Jahre 1895 bis 1933, teilt[18] –, dafür ist eine plausible Erklärung nicht zu finden. Auch das Fehlen eines Nachlasses stellt keinen hinreichenden Grund dar.[19]

7 Die Arbeit von John, Das Leben Otto Hues ist trotz ihres Titels keine Lebensbeschreibung, sondern lediglich eine Sammlung von 35 Zeitungsartikeln von und über Otto Hue aus den Jahren 1899 bis 1914, die unkommentiert und ohne eine Einleitung abgedruckt wurden. Erfasst wurde allerdings nur ein sehr kleiner Ausschnitt aus der Publikationstätigkeit von Hue, wie schon die Liste der in dieser Arbeit zitierten Veröffentlichungen im Anhang zeigt.

8 Stellvertretend seien genannt: Geschichte des deutschen Bergbaus; Brüggemeier, Grubengold; Das Zeitalter der Kohle; Bluma/Farrenkopf/Pzigoda, Geschichte; Farrenkopf, Mythos Kohle.

9 1889–1929, S. 127f.; Grebing, Hue; Lauschke, Otto Hue [1990]; Lauschke, Otto Hue [2001]; Limbertz, Otto Hue; Osterroth, Lexikon, S. 141ff.; Gronemann, Hue; Schulte, Westfälische Köpfe, S. 129f.

10 Osterroth, Hue. – Zu Osterroth: Schäfer, Zwischen Kaiserreich und Ende der Weimarer Republik.

11 Mugrauer, Hue.

12 Schönhoven, Jahrhundert-Jubiläum, S. 53. Grebing, Sozialer Wandel, S. 231 hatte zuvor schon beklagt, dass wir vom Leben „bedeutender Arbeiterführer" „erstaunlich wenig wissen".

13 Führer, Legien; Plener, Leipart.

14 Statt vieler Einzelnachweise: Mittag, Biografische Forschung.

15 Hiepel, Brust; Schäfer, Imbusch; Schreiber, Giesberts.

16 Biografische Daten: Osterroth, Lexikon, S. 259.

17 Kurzbiografien: Grebing, Husemann; Wichert, Fritz Husemann; Jäger, Fritz Husemann; ders., Soziale Sicherheit, S. 174–177.

18 Das Fehlen beklagt Stefan Goch. Goch, Was erzählen eigentlich Historiker, S. 45.

19 Das Fehlen von Ego-Dokumenten trifft auch auf andere Gewerkschafter zu, die dennoch ihre Bearbeiter*innen gefunden haben wie die Beispiele Brust und Legien zeigen.

Natürlich wird die Erstellung seiner Biografie dadurch erschwert, dass es keinen Bestand an autobiografischen Texten und Briefen[20] gibt. Hue hat auch kein Tagebuch hinterlassen, aus denen sich seine Gedanken und seine Motivation erschließen ließen. Es ist daher nicht möglich, ein ausgefeiltes Psychogramm seiner Persönlichkeit zu erarbeiten, und das Privatleben muss weitgehend im Verborgenen bleiben. Auch können wir die Netzwerke, in die Hue eingebunden war, nur oberflächlich darstellen.

Hingegen lässt sich das Wirken von Otto Hue in der deutschen und internationalen Bergarbeiterbewegung sowie in der Sozialdemokratie nachzeichnen, denn es steht der Forschung umfangreiches, von ihm verfasstes Schrifttum zur Verfügung. Neben seinen aktuellen Kampfschriften hat er als Redakteur der *Bergarbeiter-Zeitung* sowie als Mitarbeiter der Gewerkschaftspresse, der sozialdemokratischen Zeitungen und Zeitschriften eine Unzahl von Artikeln geschrieben. Einen zweiten großen Quellenfundus bilden seine Reden im Reichstag und im preußischen Landtag, seine Referate und Wortmeldungen auf den Parteitagen der SPD und den Gewerkschaftskongressen, die gedruckt vorliegen. Hinzu kommen die Auftritte in zahllosen Versammlungen, über die die Presse berichtete bzw. die die Überwachungsorgane protokollierten, weshalb sie in den Akten der staatlichen und kommunalen Archive dokumentiert sind.

Da Otto Hue als Multifunktionär in vielen Bereichen involviert war, kann seine Lebensbeschreibung nicht streng chronologisch vorgehen. Zur besseren Verständlichkeit werden die Gewerkschafts- und Parteiarbeit, die zeitlich parallel liefen, in thematische Blöcke aufgeteilt: Kindheit und Jugend, Lehre und Wanderschaft (Kap. 1) sowie der Anfang seiner politischen und gewerkschaftlichen Tätigkeit (Kap. 2) bilden den Auftakt. Seine Tätigkeit als Redakteur, die von Hue entwickelte Strategie, die Ziele der Gewerkschaftsarbeit, die Schwierigkeiten, die Zuwanderer aus dem Osten zu organisieren, die Rivalität zum christlichen Gewerkverein sowie der Streik 1905 und seine Folgen stehen im Mittelpunkt der Kapitel 3–7. Sein Wirken als Reichstagsabgeordneter (Kap. 9) und als streitbarer Sozialdemokrat (Kap. 10) leiten über zu den Vorkriegsjahren (Kap. 11), die von Auseinandersetzungen mit der Zentrumspartei und dem christlichen Gewerkverein sowie vom Streik 1912 geprägt waren. Im Ersten Weltkrieg gehörte Hue einerseits zu den entschiedensten Befürwortern des Burgfriedens und der Vaterlandsverteidigung, andererseits zu den Gegnern jeglicher Annexionen. Seine Auseinandersetzungen mit der Gewerkschafts- und Parteiopposition werden ebenso behandelt wie die Versorgungskrisen und die sich daraus ergebenden sozialen Proteste. (Kap. 12) Die Revolutionszeit und die ersten Jahre der Weimarer Republik (Kap. 13–14) standen unter dem Zeichen der gewaltigen Kohlennot, die die Haltung Hues zur Sozialisierung und zur Arbeitszeitfrage bestimmte, und der zu erbringenden Reparationsleistungen. Hues weltweit beachteter Auftritt im Kreis der Diplomaten auf der Konferenz in Spa 1920, in der er sich gegen die überzogenen Forderungen der Siegermächte aussprach, war wohl „der Höhepunkt seines Lebens und seiner Tätigkeit“.[21]

20 Eine Ausnahme bilden die Briefe und Postkarten an Konrad Haenisch (Bundesarchiv Berlin NL Haenisch 153) und Joseph Bloch (Internationaal Instituut voor Sociale Geschiedenis Bestand Sozialistische Monatshefte 88).

21 Vorwärts 184, 19.4.1922 „Otto Hue“.

Da es trotz einiger ausgezeichneter Lokalstudien[22] noch „keine Monografie zur Parteigeschichte der SPD im Ruhrgebiet" gibt,[23] werden die Auseinandersetzungen Otto Hues mit seinen Genossen eingehend beschrieben in der Hoffnung, dass sie als Bausteine für eine zukünftige Gesamtdarstellung dienen mögen. Gleiches gilt für die Schilderung der Wahlkämpfe für den Reichstag, das preußische Abgeordnetenhaus und die Essener Stadtverordnetenversammlung.

Otto Hue verstarb am 18. April 1922[24] an einer Lungenentzündung im noch jungen Alter von 54 Jahren, betrauert nicht allein von den Bergarbeitern, für deren Interessen er sich leidenschaftlich eingesetzt hatte. Die zahlreichen Nachrufe dokumentieren ebenso die Achtung, die ihm gezollt wurde, wie die erwähnten Benennungen von Straßen und Plätzen. Doch mit dem Rückgang des Bergbaus geriet Hue immer mehr in Vergessenheit, sodass er heute nur noch einigen Wenigen bekannt ist. Ziel der vorliegenden Biografie[25] ist es, das Wirken und die Verdienste eines bedeutenden Gewerkschafters und Sozialdemokraten, der sein Leben lang für „Freiheit, Demokratie und gleiches Recht gekämpft" hatte,[26] kritisch zu würdigen und ihn so wieder etwas ins Licht der Öffentlichkeit zu rücken.

*

Die Arbeit hätte nicht geschrieben werden können, ohne die Hilfe der Kolleg*innen in den Archiven und der Mitarbeiter*innen in den Bibliotheken. Stellvertretend für viele andere seien namentlich genannt: Dr. Claudia Kauertz, die Leiterin des Hauses der Essener Geschichte/Stadtarchiv, die mich in jeder Hinsicht unterstützt und die Biografie in die Schriftenreihe des Hauses aufgenommen hat; Dr. Peter Schwiderowski für die Beschaffung von Literatur und Zeitungsmikrofilmen; Jutta Vonrüden-Ferner für ihren Rat in genealogischen Fragen. Sie war es auch, die den Kontakt zu den Nachfahren von Otto Hue vermittelt hat. Der Familie Bothe und Elke Träger danke ich für die Bereitstellung der Fotografien. Gerne denke ich an die kleine Gedenkfeier zum 100. Todestag und an das anschließende Beisammensein zurück.

Das Manuskript haben ganz oder teilweise Prof. Dr. Franz-Josef Brüggemeier, Prof. Dr. Stefan Goch, Dr. Wolfgang Jäger, Dr. Stefan Przigoda, Prof. Dr. Manfred Rasch, Prof. Dr. Wilfried Reininghaus und Prof. Dr. Ralf Stremmel gelesen. Ich war sehr dankbar für ihre Kritik und habe mich bemüht, ihre Anregungen umzusetzen.

Meiner Familie und besonders meiner Frau, die mehrere Jahre lang zusammen mit Otto Hue leben mussten, danke ich für ihre Geduld und Toleranz. Gewidmet ist das Buch den Enkelkindern Jurij, Roman und Leo, die mir große Freude bereiten und beweisen, dass es noch Wichtigeres gibt, als die Biografie eines Gewerkschafters und Sozialdemokraten zu erforschen.

22 Bajohr, Zwischen Krupp und Kommune; Goch, Sozialdemokratische Arbeiterbewegung; Biederbeck, Dortmunder Arbeitermilieu.

23 Bajohr, Zwischen Krupp und Kommune, S. 14.

24 Haus der Essener Geschichte/Stadtarchiv Standesamt Rüttenscheid, Sterberegister 1922 Nr. 321. – Irrtümlich gibt Mugrauer, Hue, S. 174 den 19. April an. Ihm folgen Limbertz, Hue, S. 780; Schulte, Westfälische Köpfe, S. 130; Lauschke, Hue, S. 166; ders., Hue, S. 55. Bei Mommsen, Einführung, S. VI ist ebenfalls ein falsches Datum (14. April) zu finden.

25 Die Veröffentlichung ist eine teils stark gekürzte Fassung eines Manuskripts, das im Haus der Essener Geschichte/Stadtarchiv einsehbar ist. Im Folgenden: Wisotzky, Manuskript Hue.

26 Essener Volks-Zeitung 345, 13.12.1918.

1. Kindheit, Jugend und Wanderschaft

1.1 Kindheit und Jugend

Als Konrad Hue – so der korrekte Taufname, warum kurz nach der Taufe eine Änderung in Otto erfolgte, darüber schweigen die Quellen – am 2. November 1868 geboren wurde,[1] gab es noch kein Deutsches Reich, und das zukünftige Deutschland glich keineswegs einem modernen Industriestaat. Der Großteil der Beschäftigten arbeitete in der Landwirtschaft, und nur einige Regionen und Orte des Landes waren schon von der Industrie geprägt. Zu diesen zählte Hörde, die Geburtsstadt Hues, die damals zum Landkreis Dortmund gehörte.

Hörde war im 18. Jahrhundert ein Zentrum der Nagelproduktion, doch danach stagnierte das Gewerbe.[2] Aus seinem langanhaltenden Dornröschenschlaf wurde der Ort, der 1799 gerade einmal 944 Einwohner zählte, durch die Errichtung eines Puddel- und Walzwerks geweckt. Sein Gründer, Hermann Diedrich Piepenstock, betrieb bei Hohenlimburg ein Feinblechwalzwerk und gehörte „zu den bedeutendsten Industriellen in der Metallverarbeitung des rheinisch-westfälischen Wirtschaftsraumes“[3]. Die nach seinem Betreiber benannte „Hermannshütte“ erhielt im November 1841 die Betriebsgenehmigung durch das Oberbergamt Dortmund und die Regierung zu Arnsberg und nahm zwei Jahre später die Produktion – vornehmlich von Eisenbahnbedarf – auf.[4]

Als das florierende Unternehmen 1852 in die Aktiengesellschaft „Hoerder Bergwerks- und Hütten-Verein“ umgewandelt wurde, zählte es bereits 2000 und im Geschäftsjahr 1868/69 sogar 5012 Arbeiter.[5] Es war über Jahrzehnte eines der größten Stahlwerke Deutschlands. Entsprechend dem Wachstum des Unternehmens stieg die Einwohnerzahl Hördes sprunghaft an von 1637 im Jahre 1840 auf 12.266 drei Jahrzehnte später.[6] Noch stärker als Krupp in Essen wirkte, bestimmte das Werk die Geschicke der Kommune, die zum Zeitpunkt der Geburt Ottos „ganz den Eindruck eines verkommenen Fabriknestes“ machte.[7] Sie „hatte kein ordentliches Rathaus, kein vernünftiges Postgebäude, keine Badeanstalt, nur Anfänge höherer Schulen“, und die Stadtverwaltung unternahm nur wenig, „das traurige Bild freundlicher zu gestalten“.[8]

Zu den vielen Beschäftigten des Hoerder Vereins gehörten der Großvater und der Vater von Otto, Heinrich und Carl Hue. Erster war von Beruf Nagelschmied. Doch als

[1] Landeskirchliches Archiv der Evangelischen Kirche von Westfalen Taufbuch der lutherischen Kirchengemeinde Hörde, 1866–1875, Eintrag 175/1868. – Nach Aussage von Genealogen ist eine Umbenennung direkt nach der Taufe ein äußerst seltener Vorgang.

[2] Zur Hörder Stadtgeschichte: Brockpähler, Hörde; Hörde. Beiträge zur Stadtgeschichte.

[3] Ellerbrock, Hördes Eintritt, S. 99.

[4] Zur Geschichte der Hütte: Bleidick, Vom Hoerder Verein; Ellerbrock, Hördes Eintritt.

[5] Zahlen nach Brockpähler, Hörde, S. 255.

[6] Ebd., S. 256.

[7] Osterroth, Hue, S. 9 nach Friedrich Hue, Otto Hue, S. 2. [Handschriftliches Manuskript im NL Osterroth im Archiv der sozialen Demokratie 1/FOAC000002.]

[8] Friedrich Hue, Otto Hue, S. 2.

Abb. 1: Die „Hermannshütte“ in Hoerde

sich das selbstständige Handwerk nicht mehr lohnte, verdingte er sich 1844 als Offiziant bei der Hütte und war vor seinem Tode als Magazinverwalter tätig, während sein Sohn als Walzmeister arbeitete.[9]

Geboren wurde Otto in einem alten Schieferhäuschen an der südlichen Seite der Bahnhofstraße.[10] Seine Eltern Carl (*1838) und Wilhelmine (*1840), die Tochter des Hörder Bergmanns Wilhelm Piele, führten eine harmonische Ehe. Von der Geißel einer Arbeiterfamilie des 19. Jahrhunderts, der Säuglings- und Kindersterblichkeit, blieben auch die Hues nicht verschont, denn von den sechs Kindern starben vier kurz nach der Geburt.[11] So wuchs Otto nur mit einem älteren Bruder, Friedrich, auf, dem er sein Leben lang eng verbunden war.[12]

Die ersten Jahre seiner Kindheit waren für Otto wohl die glücklichsten, auch wenn das Einkommen des Vaters gerade ausreichend war, um die Familie zu ernähren, da häufige schwere Krankheiten alles verschlangen, „was in gesunden Tagen etwa erübrigt worden war“.[13] Als der Vater 1874 verstarb, geriet die Familie in bitterste Not. Die Mutter erhielt zwar ein Gnadengeld der Firma, eine kleine öffentliche Unterstützung und Kostgeld von ihrem Schwiegervater, den sie bis zu seinem Tode im Oktober 1878 pflegte, doch dies reichte gerade zum Notdürftigsten. Als das Kostgeld fortfiel, war sie bemüht, durch Waschen und Bügeln den Lebensunterhalt zu bestreiten. Eine Zeitlang betrieb sie auch eine private Strickschule.[14] Wenngleich die Mutter als „musterhafte und sparsame Hausfrau“ beschrieben wurde,[15] wuchs Otto „unter denkbar ärmsten Bedingungen“[16] auf. „Oft hatten wir nicht eine Kruste Brot, keine einzige Kartoffel mehr im Hause, häufig sind wir ungesättigt zu Bett gegangen, unser Zeug, Hemden und Strümp-

9 Osterroth, Hue, S. 10; Grebing, Hue; Zusammenstellung des thyssenkrupp Konzernarchivs aus den Belegschaftsbüchern im Bestand DHHU (Dortmund-Hörder Hüttenunion AG). Für die freundliche Auskunft vom 5.11.2020 sage ich herzlichen Dank.

10 Zum Folgenden: Osterroth, Hue, S. 9–12; Brockpähler, Hörde, S. 294ff.

11 Osterroth, Hue, S. 10.

12 Friedrich Hue, Lebenslauf, S. 2: „So haben wir uns doch als Brüder liebgehabt und ich freue mich bis zum jetzigen Tage, dass er mich in den letzten Stunden an sein Sterbebett rufen liess.“

13 Friedrich Hue, Otto Hue, S. 4f.

14 Ebd., S. 9.

15 Brockpähler, Hörde, S. 295.

16 Osterroth, Hue, S. 9.

Abb. 2: Die Brüder Otto und Friedrich Hue

fe waren unzählige Male geflickt und gestopft", erinnerte sich sein Bruder.[17] Angesichts der Not mussten die beiden Söhne ihren Teil zum Familieneinkommen beitragen. Friedrich gab Nachhilfeunterricht,[18] und es ist höchstwahrscheinlich, dass die Brüder auch Botendienste oder andere Aufgaben übernahmen.

Wenn entwicklungspsychologische Untersuchungen festgestellt haben, dass Jungen, die in ihrer Kindheit ohne Vater aufgewachsen sind, eher „feminine" Verhaltensweisen an den Tag legen und mehr zu Kompromisslösungen neigen,[19] so war Otto, wie die weitere Darstellung zeigen wird, die Ausnahme von der Regel. Er beharrte zeitlebens auf seiner gefassten Meinung, versuchte diese unter allen Umständen durchzusetzen und zeigte sich verärgert bei Widerspruch. Nicht ohne Grund bezeichneten ihn später Mitglieder des Bergarbeiterverbandes spöttisch als „Verbandspapst".[20]

Trotz der bedrückenden Verhältnisse, trotz ihrer anfälligen Gesundheit achtete die Mutter auf eine gute Schulbildung ihrer beiden überlebenden Kinder. Sie überprüfte die Hausaufgaben und hörte die Vokabeln ab.[21] „Es ist nicht verwunderlich", bemerkt Brockpähler, „daß eine solche Frau die Triebkräfte zum geistigen Vorwärtsstreben ihrer Söhne wecken mußte, daß sie den Grund legen mußte zu dem, was das ganze Wesen des jungen Hue ausmachte: Heiße Sehnsucht, sich und seine Standesgenossen aus ärmlichen und bedrückten Verhältnissen emporzuführen und klare Erkenntnis, daß ernstes und rastloses Bildungsstreben die Vorbedingung dazu sei."[22]

Während Fritz später das Lehrerseminar in Soest besuchte und Lehrer in Gerlingsen wurde, beendete Otto, obwohl er einer der besten Schüler war, seine Schulzeit nach der Konfirmation. Ihm missfielen nicht allein der Unterrichtsstoff und der Lehrplan, der zur damaligen Zeit Lesen, Schreiben und Rechnen, „vaterländische Geschichte" und vor allem viel Religionsunterricht beinhaltete, sondern vor allem der übliche Schuldrill[23] und die Verhältnisse in den überfüllten Klassen: „Wer hat nicht selbst als Kind erlebt, daß

17 Friedrich Hue, Otto Hue, S. 8.

18 Friedrich Hue, Lebenslauf, S. 1.

19 Alexander, Severing, S. 54 unter Bezugnahme auf Scharmann, Dorothea-Luise/Scharmann, Theodor: Die Vaterrolle im Sozialisations- und Entwicklungsprozeß des Kindes, in: Neidhardt, Friedhelm (Hg.): Frühkindliche Sozialisation, Stuttgart (2) 1979.

20 Joh. Leimpeters, Unserem unvergeßlichen Freund Hue, in: Bergarbeiter-Zeitung 18, 6.5.1922.

21 Friedrich Hue, Otto Hue, S. 6; Osterroth, Hue, S. 11.

22 Brockpähler, Hörde, S. 296.

23 Osterroth, Hue, S. 11.

die Reichen vorn auf den Bänken saßen, gehätschelt und nachgeholfen von Privatlehrern, während die armen Schelme im Kittelchen und in Holzschuhen die Aschenbrödel spielten, oft brennend vor Wissensdurst, aber niedergeduckt von der Armseligkeit ihres Elternhauses," schrieb er rückblickend voller Bitterkeit. Die bestehende Gesellschaft anklagend, fuhr er fort: „Wie viel Talent geht durch unsere gesellschaftliche Unordnung zugrunde? Wie manches Kind hat ausgezeichnete natürliche Gaben, kann sich aber nicht entwickeln, weil – Geld die Welt regiert! Nicht der Mensch gilt, sondern der Mammon."[24]

Wie viele andere Sozialdemokraten, die aus armen Verhältnissen zu Führungspersönlichkeiten aufstiegen, war Hue in seiner Jugend ein Bücherwurm und blieb es sein Leben lang.[25] „Wer ihn näher kannte und ihn im großen Berlin suchen wollte, brauchte nur in die Bibliothek des Landtages zu gehen", berichtet sein Biograf Osterroth. „Wenn man aus dem Lesesaal durch den Verbindungsgang in die Bibliothek geht, steht links ein großer Schreibtisch, der jahraus jahrein bedeckt war mit Manuskripten, Zeitschriften, Stenogrammen, Briefen und Büchern. Das war der ständige Arbeitsplatz Otto Hues in Berlin."[26]

Von den umfassenden Kenntnissen der Fachliteratur zeugen seine zahlreichen Abhandlungen, in denen stets umfangreiche Zitate und Belege zu finden sind. Hue war zudem ein großer Literaturliebhaber. Neben Heine gehörten Goethe und Schiller, Ibsen und Dostojewskij, Kant und Nietzsche zu seinen bevorzugten Autoren.[27] Seine Belesenheit ließ der Redakteur die Leser*innen in vielen seiner Artikel spüren.[28] Als Hue im Jahre 1900 die Weltausstellung in Paris besuchte und über den Pont des Arts lief, tauchte – so seine Schilderung – „Wilhelm Hauff's träumerisches Gesicht … vor uns auf; auch Bettlerinnen sahen wir an der Brücke kauern, aber Schleier trugen sie nicht – die Romantik ist schlafen gegangen," womit er auf die Erzählung „Die Bettlerin vom Pont des Arts" Bezug nahm. Ebenso schaute er in der Kirche Notre Dames „empor zur Thurmplattform, ob nicht das Scheusalgesicht des Zwerges Quasimodo von dort herabgrinst". Und da er in der Nähe der großen Markthallen sein Quartier bezogen hatte, wurde das Buch „Bauch von Paris" von Émile Zola in Erinnerung gerufen: „Auf Kosten unserer Nachtruhe erfuhren wir die Wahrheit der Schilderung des großen Erzählers." Selbstverständlich suchte Hue das Grab von Heinrich Heine, „Deutschlands zweitgrößten Lyriker", auf und beklagte, dass dieser „immer noch ein Ausgewiesener" „im neudeutschen Reich" sei, „das trotz alledem einem Heine so viel zu danken hat".[29]

In seinem Bericht über den dritten deutschen Gewerkschafts-Kongress in Frankfurt konnte Hue es nicht unterlassen, auf Goethe und Börne zu verweisen und an Uhland zu erinnern, der „in der Paulskirche … seine von edelster Volksliebe getragenen Ideen

24 Bergarbeiter-Zeitung 41, 14.10.1905 „Der ‚herrliche Sohn von Straelen'".

25 Alexander, Severing, S. 51; Führer, Legien, S. 25; Plener, Leipart, S. 28; Schulze, Braun, S. 43 u. 52.

26 Osterroth, Hue, S. 74.

27 Severing, Hue, S. 435.

28 Auch die Reden von Carl Severing, der wie Hue vom gelernten Schlosser zum Reichstagsabgeordneten aufstieg, waren „mit Zitaten der Klassiker über die Dichter der Befreiungskriege und Männer wie Freiligrath bis zu den griechischen Philosophen gespickt". Alexander, Severing, S. 170.

29 Zitate aus der Artikelserie „Paris und die Weltausstellung", in: Bergarbeiter-Zeitung 31, 11.8.1900 u. 29, 28.7.1900.

entwickelte".[30] Selbst bei seinem Rückblick auf den Streikausbruch im Jahre 1889 fehlte nicht der literarische Vergleich, wenn er behauptete: „Falstaff konnte nicht größere Angst vor den Rittern in Steifleinen haben, wie unsere Preßkulis vor den streikenden Bergleuten."[31] Die Beispiele ließen sich beliebig fortsetzen. Ebenso waren seine Veröffentlichungen mit lateinischen Zitaten und Sentenzen gespickt.[32] Wollte Hue mit den überdeutlichen Hinweisen auf seine Literaturkenntnisse seine soziale Herkunft überdecken? Wollte er aller Welt unter Beweis stellen, dass er, der Volksschüler, nun über den gleichen Bildungsstandard verfügte wie diejenigen, die das Gymnasium besucht und ein Studium absolviert hatten? Ungewiss ist, wie die Mitglieder des Bergarbeiterverbandes, die kaum Zeit und Muße besaßen, ein Buch zu lesen, darauf reagierten. Bewunderten sie sein durch viel Fleiß erworbenes Wissen und zollten seinem Streben nach Bildung Anerkennung, oder stieß sein Protzen mit Lesefrüchten, was von einer nicht geringen, zur Schau getragenen Selbstgefälligkeit zeugte, eher auf Ablehnung?

Die Mutter, die 1884 verstarb, prägte Otto nicht nur in seinem Bildungsstreben, ebenso lag seine religiöse Erziehung in ihren Händen. Sie nahm nach dem Zeugnis der Kinder ihre Pflichten sehr ernst, pflegte bei diesen „eine tiefe und echte Religiosität"[33] und sorgte für den fleißigen Besuch der Kirche und der Sonntagsschule.[34] Hue betonte rückblickend nicht ohne Stolz, dass er im Konfirmandenunterricht zu „den ‚Stützen' des Herrn Pastors" gehört habe.[35] So suchte der mit sechszehn Jahren zum Vollwaisen gewordene die Gemeinschaft mit Gleichgesinnten, engagierte sich im evangelischen Jünglingsverein in Hörde und blieb bis zu seinem 20. Lebensjahr aktiv dem Vereinsleben verbunden.[36]

Vorsitzender des Vereins war ein Fabrikobermeister, „der in seiner Werkstatt als rücksichtsloser Parteigänger des Kapitalismus galt".[37] Er wirkte ebenso „tendenziös für die Unternehmer" wie die Referenten, die in den Schulungsabenden vor dem „schwarzen und rothen Umsturz" warnten. Ansonsten wurde im Verein der „Kampf gegen Rom" gepflegt. Die Zusammenarbeit mit den katholischen Kollegen auf der Hütte sowie der Kontakt mit sozialdemokratischen Arbeitern lösten beim jungen Hue einen Denkprozess aus, es regte sich bei ihm „der kritische Geist". „Er war ein Roß, das andern Hafer verlangte."[38] Zusammen mit seinem Bruder vertiefte er sich „mit Feuereifer" in kirchengeschichtliche Studien, und allmählich verfestigte sich seine Überzeugung von einer „mißgeleiteten Geistlichkeit". Da die Kirche die bestehenden Verhältnisse sanktioniere, sei sie „zum Herrschaftsinstrument der Besitzenden und deshalb herrschenden Klasse geworden".[39] Mit ihrer Lehre habe sie sich von Christus abgewandt, denn der wäre ans Kreuz geschlagen worden, „weil er für die Armen und Unterdrückten und gegen die

30 Bergarbeiter-Zeitung 20, 27.5.1899.

31 Bergarbeiter-Zeitung 19, 20.5.1899 „Zum Andenken an den Riesenstreik im Mai 1889". Ebenso Hue, Neutrale oder parteiische Gewerkschaften, S. 51.

32 Gleiches ist auch bei seinem Freund Carl Severing anzutreffen. Alexander, Severing, S. 170f.

33 Osterroth, Hue, S. 10.

34 Friedrich Hue, Otto Hue, S. 10.

35 Hue, Neutrale oder parteiische Gewerkschaften, S. 110.

36 Ebd.

37 Otto Hue, Der Krach in den evangelischen Arbeitervereinen und die Gewerkschaften, in: Correspondenzblatt 39, 30.9.1901, S. 625–629, S. 627. Auch zum Folgenden.

38 Friedrich Hue, Otto Hue, S. 15.

39 Osterroth, Hue, S. 12.

Herrschenden auftrat".[40] Nach schwerem, innerem Ringen verließ Hue den Jünglingsverein.[41]

Auch wenn Hue die offizielle Kirchendoktrin scharf kritisierte, brach er nicht völlig mit der Religion. Er vertrat vielmehr offensiv die Auffassung, dass „das Bekenntnis zum Sozialismus … vereinbar mit wahrhaft christlicher Gesinnung" sei und verwies auf „die biblischen Apostelgeschichten über die ersten christlichen Gemeinden, die doch gewiß wußten, was Christentum bedeutet". Dort habe „ein weitgehender Kommunismus (Gütergemeinschaft) geherrscht". Im gleichen Sinne hätten auch „die alten und hervorragendsten Kirchenväter … das Privateigentum als eine sündige Einrichtung gescholten". Für Hue stand fest: „Das sozialistische Ideal steht nicht im Widerspruch mit der christlichen Lehre."[42]

1.2 Lehre und Wanderschaft

Nach Beendigung seiner Schulzeit begann Hue eine Lehre bei der Hörder Maschinenfabrik Söding & von der Heyde. Die 1852 gegründete Firma baute Dampfmaschinen, Lokomobile und Gießwagen sowie Apparaturen für Mühlen und Bleichereien. Es war ein mittelgroßer Betrieb, der 1901 153 Mitarbeiter zählte.[43]

Nach Ablauf der Lehrzeit, über die nichts weiteres bekannt ist, fand Otto wie sein Vater und Großvater eine Anstellung beim Hoerder Verein, wo er vom 20. November 1885 bis 7. Mai 1889 als Schlosser in der Mechanischen Werkstatt tätig war.[44] Während dieser Zeit wohnte er bei seinem Onkel, einem Veteran des Krieges 1870/71 und einem „eifrigen Kriegsvereinler", sodass Konflikte nicht ausblieben, als sich der Neffe „immer entschiedener als eifriger Vorkämpfer der Volkssache entpuppte".[45] Um den andauernden Reibereien zu entfliehen, verzog Otto nach Essen und arbeitete vom 23. Mai 1889 an in der IV. Mechanischen Werkstatt der Kruppschen Gussstahlfabrik.[46] Sein Aufenthalt war nur von kurzer Dauer. Zum 11. Juli 1890 kündigte er und begab sich auf Wanderschaft.

Die Migration von jungen, unverheirateten Arbeitern war im Kaiserreich ein Massenphänomen und „ein selbstverständlicher Teil des proletarischen Lebens".[47] Einen Arbeitsplatz zu finden, war für gelernte Facharbeiter kein Problem, da nach der Über-

[40] Rede auf einer Bergarbeiterversammlung in Oespel am 30.7.1905. Allgemeiner Beobachter 175, 3.8.1905 „Das Grubenunglück auf Zeche ‚Borussia'".

[41] Osterroth, Hue, S. 17.

[42] Bergarbeiter-Zeitung 43, 27.10.1906 „Der sozialdemokratische Parteitag und die Gewerkschaftsbewegung". 1900 schrieb er: „Ich bin auch übrigens der Meinung, daß alle ‚Utopien der Sozialdemokratie' verwirklicht werden können, ohne daß darum ein einziger Arbeiter um seinen Glauben an Gott zu kommen braucht." Otto Hue, Die „Paritätsdebatte" auf dem christlichen Gewerkvereinskongreß II, in: Bergarbeiter-Zeitung 26, 7.7.1900.

[43] Brockpähler, Hörde, S. 237.

[44] Zusammenstellung des thyssenkrupp Konzernarchivs aus den Belegschaftsbüchern im Bestand DHHU (Dortmund-Hörder Hüttenunion AG); Mannesmann-Archiv P 1.25.33, von Schaewen an Heinrichsbauer, 11.1.1921.

[45] Friedrich Hue, Otto Hue, S. 19.

[46] Historisches Archiv Krupp WA 4/1523, Meinrich an Klüpfel, 13.11.1894.

[47] Führer, Legien, S. 33.

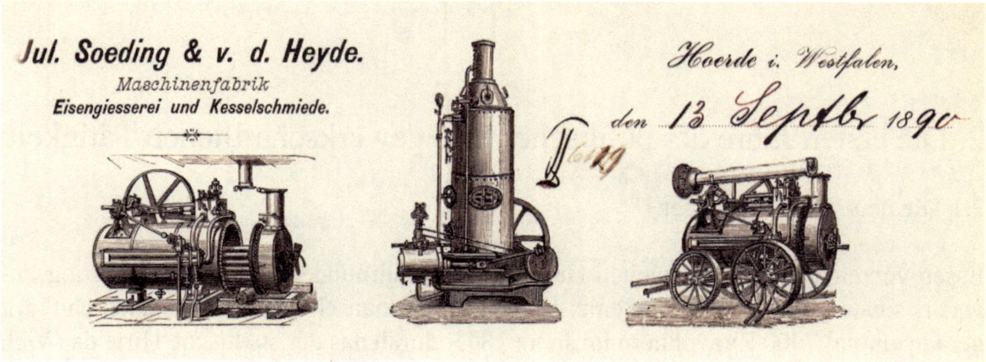

Abb. 3: Briefkopf der Fa. Söding & von der Heyde

windung der Gründungskrise die Konjunktur anzog. Ebenso konnten sie möbliert zur Untermiete wohnen oder als Schlafburschen, die sich ein Bett mit anderen teilten, eine Bleibe finden.

Über die Stationen seines Zuges durch Deutschland ist wenig in Erfahrung zu bringen. Nach Aussage seines Bruders arbeitete Otto an den Befestigungen in Straßburg und zog von dort nach München.[48] 1891 kehrte er wieder in seine Heimatstadt und zum Hoerder Verein zurück. Er blieb zwei Jahre vom 14. März 1891 bis zum 17. März 1893 in der Werkstatt des Blockwalzwerkes[49] und verließ dann – dieses Mal auf Dauer – seinen Geburtsort. Zehn Tage später, am 27. März, trat er seine neue Arbeit an in der V. Mechanischen Werkstatt der Kruppschen Gussstahlfabrik.[50]

[48] Brockpähler, Hörde, S. 296.

[49] Zusammenstellung des thyssenkrupp Konzernarchivs aus den Belegschaftsbüchern im Bestand DHHU (Dortmund-Hörder Hüttenunion AG).

[50] Historisches Archiv Krupp WA 4/1523, Meinrich an Klüpfel, 13.11.1894.

2. Die ersten Jahre der politischen und gewerkschaftlichen Tätigkeit

2.1 Die neue Heimat – Essen

Essen verzeichnete in der zweiten Hälfte des 19. Jahrhunderts einen Bevölkerungszuwachs sondergleichen.[1] Das „kleine, verräucherte, unansehnliche Landstädtchen"[2] mit gerade einmal 7000 Einwohnern im Jahre 1843, durch das der städtische Hirte das Vieh auf die Weide trieb, entwickelte sich innerhalb von fünf Jahrzehnten zu einer Kommune, die kurz davorstand, den Status einer Großstadt zu erlangen. Verantwortlich für das Wachstum war vor allem der Aufstieg der Kruppschen Gussstahlfabrik.[3]

Krupp in Essen, das waren nicht nur die wuchernden Industrieanlagen im Westen der Stadt, „ein Gebilde, das sozusagen immer nur wurde und nie war"[4] und das 1877 schon mehr Fläche einnahm als die Altstadt. Krupp in Essen, das waren auch die Werkssiedlungen, die Verkaufsstätten der werkseigenen Konsumanstalt, die zahlreichen Sozialeinrichtungen, sodass Egon Erwin Kisch etwas überspitzt formulierte: „Diese ganze dunkle Stadt und ihre Bewohner und ihr Leben haben nur einen Namen: ‚Friedrich Krupp, Gußstahlfabrik'."[5] Ebenso konstatierte Hue: „Thatsächlich hat kein Monarch einen so ausschlaggebenden Einfluß auf die Lebensbedingungen einer nach Hunderttausenden zählenden Bevölkerung, wie ihn der ‚Kanonenkönig' Krupp ausübt auf die ganze Stadt Essen und ihre weitere Umgebung."[6] Die Essener Bevölkerung war trotz des Schmutzes und der Lärmbelästigungen stolz auf „ihre" Firma, strahlte ihr weltweiter Ruhm doch auf die gesamte Stadt aus. Der Glanz der Kaiserbesuche färbte auf das „Nest der Kanonenkönige" (Kisch) ab. In den Stadtführern, die während des Kaiserreichs alle Teilnehmer*innen von Kongressen und Tagungen erhielten, wurde „die größte Waffenschmiede der Welt" als „eine ganz besondere Sehenswürdigkeit, wie sie keine andere Stadt aufzuweisen hat", angepriesen.[7] Und die Postkarten aus der „Kanonenstadt" verbreiteten den Mythos in alle Welt.[8]

Der Wachstumsprozess Essens verlief ohne städtische Planungen,[9] sodass die Innenstadt ein „hodge-podge", ein Mischmasch von engen Straßen und Gassen, bildete,[10] beherrscht „von niedrigen, zum Teil noch schieferbeschlagenen Häusern bergischer

1 McCreary, Essen; Dupke, Kohle, Krupp und Kommunalentwicklung.

2 Extrablatt der *Rheinisch-Westfälische Zeitung* zur Großstadtwerdung vom 19.6.1896. Zit. nach Wisotzky, Vom Kaiserbesuch, S. 11.

3 Zu Krupp im 19. Jahrhundert: Gall, Krupp; James, Krupp, S. 31–143; Tenfelde, Krupp – der Aufstieg eines Weltkonzerns; 200 Jahre Krupp.

4 Borsdorf/Schneider, Ein gewaltiger Betrieb, S. 123.

5 Zit. nach Die Ruhrprovinz – das Land der Städte, S. 204.

6 Otto Hue, Entstehung und Entwicklung der Krupp'schen Gußstahlfabrik III, in: Bergarbeiter-Zeitung 11, 18.3.1899.

7 Die Stadt Essen, Essen 1910, S. 52.

8 Einige Beispiele in: 200 Jahre Krupp, S. 31f.; Essen. Geschichte einer Großstadt, S. 16.

9 Wisotzky, Vom Versuch.

10 McCreary, Essen, S. 102.

Abb. 4: Essen in den 1890er Jahren

Bauart ..., neben denen sich vielfach gräuliche Fassaden von Geschäftshäusern in Zuckerbäckerarchitektur breit machten".[11] Vom neugotischen Rathaus abgesehen, fehlte es bis zur Jahrhundertwende in der Stadt an monumentalen Baulichkeiten.

Der Zuzug von Arbeit suchenden Menschen führte zu teils katastrophalen Wohnverhältnissen.[12] Besonders berüchtigt war die Situation im Essener Norden, im Segeroth, welche die sozialdemokratische Essener *Arbeiterzeitung* anprangerte: „Im Norden unserer Stadt erhebt sich ... ein großes Häusermeer, welches durch den Umstand, daß die Luft stets von Ruß geschwängert ist, im Aussehen Fabrikräumen gleicht. Hier hausen in dumpfen, teils feuchten Wohnungen, zusammengepfercht wie die Würmer die Arbeiter, wenn sie von schwerer, langer Arbeit heimkommen, um auszuruhen und sich zu ‚erholen'. Armer Arbeiter, der du hier, wo Fäulnis und Moder dir entgegenstarrt, wo Ungeziefer jeglicher Art nistet, welches dir selbst den Schlaf nicht gönnt, dein Dasein fristen muß."[13] Mit der teils katastrophalen Wohnsituation beschäftigte sich Hue sein Leben lang. Er hatte selbst „als junger Arbeiter mit drei anderen Schlafburschen ein Zimmer gehabt", „in dem zwei Betten Tag und Nacht belegt waren",[14] kannte also die fürchterlichen Wohnverhältnisse aus eigener Anschauung.

Als er 1893 nach Essen umzog, fand er Aufnahme bei seinem Freund Karl Germer[15] in der Kopstadtstraße 16, die am nördlichen Rand der Altstadt lag. Das Haus war eine Arbeiter-Mietskaserne, in der noch weitere 23 Personen gemeldet waren. Ob diese ver-

11 Brandi, Arbeitsjahre, S. 9f.

12 Enke, Wohnungspolitik; Vom Hausen zum Wohnen.

13 Arbeiterzeitung (Essen), 29.2.1908. Zit. nach Vom Hausen zum Wohnen, S. 26.

14 Aussage bei einem Gespräch mit dem Krupp-Direktor Heinrich Vielhaber am 19. Mai 1906. Historisches Archiv Krupp WA 4/1523.

15 Germer gehörte dem Gründungsvorstand der Essener Verwaltungsstelle des Deutschen Metallarbeiter-Verbandes an und war danach ihr erster Bevollmächtigter. Kosok, Hundert Jahre Gewerkschaft Metall, S. 19 u. 22.

heiratet waren und Kinder hatten, sodass die Bewohnerzahl noch höher zu veranschlagen ist, geht aus den Unterlagen nicht hervor. Als Berufe wurden angegeben: Klempnergeselle, Schlosser, Schneidergeselle, Erdarbeiter, Dreher, Sattler, Fabrikarbeiter, Tagelöhner, Kupferschmied.[16]

1899 waren die Einkommensverhältnisse von Hue so gefestigt, dass er den beengten Verhältnissen entfliehen und eine neue Wohnung in Rüttenscheid anmieten konnte. Die benachbarte Gemeinde, die 1905 von Essen eingemeindet wurde, erlebte in den 1890er Jahren einen gewaltigen Aufschwung, als hier neue, teils repräsentative Wohnhäuser entstanden und sich die Bevölkerungszahl von 4457 (1890) auf 14.551 (1900) verdreifachte. Vor allem die Beamten und Angestellten der neuen Behörden (Reichsbahndirektion), der Wirtschaftsorganisationen (Rheinisch-Westfälisches Kohlensyndikat) und der Unternehmensverwaltungen (Fried. Krupp AG, Arenberg'sche AG für Bergbau und Hüttenbetrieb) sowie der gehobene Mittelstand ließen sich hier nieder.[17] Nach mehreren Wohnungswechseln lebte Hue vor seinem Tod in der Kurtstraße 61.[18] Seine Mitbewohner nach dem Kriege waren nicht mehr Arbeiter, sondern ein Kaufmann, ein Ingenieur und ein Prokurist bzw. Eisenbahnsekretäre und ein Auktionator, was von dem sozialen Aufstieg des Gewerkschafters in drei Jahrzehnten zeugt.[19]

Möglicherweise erfolgte der Umzug nach Rüttenscheid im Jahre 1899 schon im Hinblick auf eine zukünftige Heirat, denn Hue war zu diesem Zeitpunkt bereits 30 Jahre alt und immer noch ledig. Nach den ungeschriebenen Regeln seiner Zeit hatte ein Mann in diesem Alter einen eigenen Haushalt zu gründen, wollte er nicht als Außenseiter gelten. Ein Jahr später war es endlich soweit. Am 15. Dezember 1900 schlossen Otto Hue und Elisabeth Johanna Germer geb. Schmidt (*24. Juni 1861), die Witwe seines verstorbenen Freundes, den Bund fürs Leben. Trauzeugen waren der Buchdrucker Heinrich Dammeier und der Redakteur Wilhelm Düwell.[20] Im folgenden Jahr, am 12. September 1901 kam der Sohn Friedrich[21] und am 18. Mai 1904 die Tochter Wilhelmine[22] zur Welt.

Otto und Elisabeth führten nach Aussage seines Bruders eine ausgesprochen gute Ehe. Dieser stimmte zugleich ein Loblied auf Elisabeth an, die „mit ihrem stillen, sinnigen Wesen" „die glücklichste Ergänzung" zu dem „lebhaften, beweglichen Temperament" von Otto gewesen sei. Sie habe ihrem Mann „über zwanzig Jahre lang innigstes Verständnis für seine Lebensaufgabe entgegengebracht" und „war nicht nur der Mittelpunkt der frohen Kinderschar, sie war auch der Zufluchtsort, der stille Hafen, wohin Otto strebte, wenn ihn körperliche oder seelische Nöte niederdrückten." An ihrem Herzen habe er „Ruhe, Rast und Erquickung nach den aufreibenden Kämpfen des Tages gefunden".[23]

Friedrich Hue hob besonders hervor, dass es „ihrer treuen Pflege" zu verdanken war, „daß die Widerstandsfähigkeit seines Körpers so lange vorhielt",[24] denn Hue betrieb – trotz seiner labilen Gesundheit – ständig Raubbau mit seinen Kräften, den auch ein Mann

16 Essener Wohnungs- u. Geschäftsanzeiger für das Jahr 1896, T. VI, S. 77.

17 Wisotzky, Wie Essen größer wurde, S. 206f.

18 Zum häufigen Wohnungswechsel ausführlich: Wisotzky, Manuskript Hue, S. 17.

19 Adreßbuch für Essen 1922, II, S. 155.

20 Haus der Essener Geschichte/Stadtarchiv Heiratsregister Rüttenscheid 1900 Nr. 116.

21 Standesamt Hausham Geburtenregister 1901 Nr. 137.

22 Haus der Essener Geschichte/Stadtarchiv Geburtenregister Rüttenscheid 1904 Nr. 348.

23 Friedrich Hue, Otto Hue, S. 22.

24 Ebd.

Abb. 5: Elisabeth Hue
(Foto aus ihrem Personalausweis, 1920)

mit seiner imposanten Statur nicht auf Dauer verkraften konnte.[25] Als er im Juni 1909 wegen einer Lungenentzündung ins Krankenhaus eingeliefert wurde, war „das Schlimmste“ zu befürchten, doch, obwohl die Ärzte die Hoffnung schon aufgegeben hatten, überstand der Patient die lebensbedrohliche Krankheit.[26]

Des weiteren rühmte sein Bruder die „Hausfrauentüchtigkeit“ von Elisabeth, sodass Otto bei der Rückkehr von seinen Reisen, „stets ein gemütliches Heim und die Kinder in blühendster Verfassung antraf“.[27] Es wäre aber verkehrt, in Elisabeth nur das Heimchen am Herd zu sehen. Wenn Otto wegen seiner Krankheit nicht in der Lage war, Briefe zu schreiben, übernahm seine Frau Teile der Korrespondenz.[28] Elisabeth war zudem eine engagierte Sozialdemokratin.[29]

Seine Freunde betonen in ihren Erinnerungen den sprichwörtlichen Familiensinn[30] und die Liebe Ottos zu seinen Kindern. „Es lag schwer auf ihm, daß seine Tätigkeit auf politischem und gewerkschaftlichem Gebiete ihn so oft wochenlang von der Familie fernhielt. Und wie freute er sich jedesmal, wenn er einige Tage daheim sein konnte.“[31] „Immer war es ein rührendes Bild,“ berichtete sein Bruder, „wenn er unvermutet ins Haus trat, … von den Kindern mit Jubel empfangen, die Seinen ans Herz zog und sich dann, nachdem der erste Sturm verrauscht, plaudernd und scherzend in den Sessel niederließ. In solchen Stunden war er völlig Mensch, völlig Kind mit den Kindern.“[32]

2.2 Kein „Kruppianer“

Als Otto Hue am 27. März 1893 seine Arbeit in der V. Mechanischen (Kanonen-)Werkstatt bei der Kruppschen Gussstahlfabrik antrat, war diese eine „preußisch-deutsche Vorzeigefirma von weltweitem Rang“ mit beinahe 17.000 Mitarbeitern.[33]

25 Wisotzky, Manuskript Hue, S. 18f.
26 Vorwärts 182, 7.8.1909; Arbeiterzeitung (Essen) 186, 11.8.1909; Bergarbeiter-Zeitung 35, 26.8.1909 „Hue und Wagner“.
27 Friedrich Hue, Otto Hue, S. 22.
28 Beispiele in: Internationaal Instituut voor Sociale Geschiedenis Bestand Sozialistische Monatshefte 88.
29 Traueranzeige der Sozialdemokratischen Partei – Ortsverein Groß-Essen, in: Volkswacht 127, 4.6.1931.
30 Gedächtnisrede von Fritz Husemann. Arbeiterzeitung (Essen) 95, 24.4.1922; Bergarbeiterverband, Jahrbuch 1921, S. 4.
31 Ebd.
32 Friedrich Hue, Otto Hue, S. 22.
33 Tenfelde, Krupp – der Aufstieg eines Weltkonzerns, S. 14. Mitarbeiterzahl: Gall, Krupp, S. 371, Tab. 1.

Abb. 6: V. Mechanische Werkstatt

Wenn sein späterer gewerkschaftlicher Konkurrent Heinrich Imbusch behauptete, dass Hue für die praktische Arbeit „nicht das notwendige Interesse" aufgebracht hätte, sondern „in seiner Arbeitszeit recht oft Zeitungen und Zeitschriften gelesen habe",[34] so fiel hingegen das Zeugnis der Vorgesetzten positiv aus. Sie waren mit den erbrachten Leistungen durchaus zufrieden. Er habe sich „als recht brauchbarer Arbeiter erwiesen", der sich „nachweisbar nichts zu Schulden kommen" ließ, „abgesehen von verschiedenen Verspätungen".[35] Dennoch hatte Otto Hue keine Chance, ein „Kruppianer"[36] zu werden, was auch nicht in seiner Absicht lag.

Hue, der schon bei seinem Zuzug nach Essen ein überzeugter Sozialdemokrat war,[37] beteiligte sich in seiner neuen Heimat eifrig an der Parteiarbeit. Wenngleich er in den Versammlungen unter falschen Namen auftrat, blieb sein Engagement der Firmenleitung nicht verborgen, weshalb „sein Thun und Treiben scharf bewacht wurde".[38] Als Hue dies bemerkte und die Kündigung wegen seiner politischen Tätigkeit erwartete, verließ er am 28. Juli 1894 die Kanonen-Werkstätten auf eigenem Wunsch. An eine Rückkehr war nicht mehr zu denken, denn auf Anweisung der Direktion wurde notiert,

[34] Archiv im Haus der Geschichte des Ruhrgebiets NL Imbusch 117, MS „Abg. Otto Hue". – Imbusch merkte allerdings an, dass das Zeitungslesen im Kruppschen Betriebe damals keine Ausnahme war.

[35] Historisches Archiv Krupp WA 4/1523, Meinrich an Klüpfel, 13.11.1894.

[36] Zum „Kruppianer": Tenfelde, Der „Kruppianer"; Stremmel, Erinnerungsort Kruppianer.

[37] Zum Beginn seiner Parteizugehörigkeit siehe unten S. 20.

[38] Historisches Archiv Krupp WA 4/1523, Meinrich an Klüpfel, 13.11.1894. – Husemann erinnerte sich, dass er Hue unter dem Namen Schwarz 1893 in Castrop kennengelernt habe. Fritz Husemann, Otto Hue. Gedenkworte zum 10. Todestag, in: Volkswille 90, 18.4.1932.

„daß Hue in der Folge weder hier angenommen, noch auch einem anderen Theile des Werks überwiesen werden soll.“[39]

Zwar war seine Tätigkeit auf der Gussstahlfabrik nur von kurzer Dauer, doch Hue blieb dem Unternehmen sein Leben lang in tiefer Abneigung verbunden. Zu den unterschiedlichsten Anlässen setzte er sich kritisch mit Krupp, mit den dort herrschenden Arbeitsverhältnissen und der Firmenpolitik auseinander.

Während der Haushaltsdebatte des Reichstags 1904 nutzte Hue seine Rede zum Marineetat für einen Rundumangriff auf Krupp.[40] Er beklagte, dass das Unternehmen aufgrund seiner Monopolstellung bei den Lieferungen für die Flottenrüstung Riesengewinne scheffelte, während die Arbeiter nicht von den Staatsaufträgen profitierten. Hue war bemüht, den Mythos Krupp völlig zu zerstören:[41] Krupp zahle keineswegs die besten Löhne; die Akkordsätze würden herabgesetzt mit der Folge, dass mit der größten Hetze gearbeitet werden müsse; der Arbeiterschutz werde vernachlässigt, weshalb das Unternehmen überdurchschnittlich hohe Kranken- und Unfallziffern aufweise. Nach seiner Ansicht waren gravierenden Änderungen gegenüber früher eingetreten. Damals hätte „die Mehrzahl der Unterbeamten nicht den Sporn“ empfunden, „intensiv die Arbeitskraft auszubeuten“.[42] Heute aber spielten die jungen Beamten, „eben von der Schule gekommen“, „Herr und Meister“ und drangsalierten, schikanierten und kujonierten die Arbeiter[43] – alles Indizien dafür, dass „zweifellos sehr viel faul im Staate Dänemark“ sei.[44]

Die umfangreichen Wohlfahrtseinrichtungen, für die Krupp weithin bekannt war, imponierten Hue keineswegs. Wie er sie einstufte, machte er den Abgeordneten mit einer kleinen Geschichte deutlich: „Wenn einer von Ihnen Unter den Linden oder in der Friedrichstraße einhergeht mit einem gefüllten Portemonnaie in der Tasche, in wohliger Stimmung, und einen armen Teufel, der seine Streichholzdöschen verkauft, frostzitternd dort stehen sieht und greift in die Tasche und gibt ihm ein paar Groschen –, ja, meine Herren, wer von Ihnen ist so unanständig und sagt: das ist eine große Wohltat. Und wer ist so unanständig, das in die Welt hinauszuposaunen als Beweis großen Wohltätigkeitssinns? Ja, meine Herren, wenn man vom großen Überschuß etwas abgibt, so ist das kein großes Werk.“ Wenn Krupp „jede x-beliebige wohltätige Leistung, die getan wird“, hinausposaune, so hätte das nur einen Grund. Die Wohltaten würden „als große sozialpolitische Tat“ hingestellt, um „die sehr geringen Leistungen der Firma auf anderem Gebiete zu decken“.[45] Bei seiner Kritik der Wohlfahrtseinrichtungen machte Hue eine bezeichnende Ausnahme. Die Kruppsche Werksbibliothek erfuhr großes Lob wegen ihrer „sehr freisinnigen Bücherauswahl“.[46]

Die scharfen Attacken schreckten die Firmenleitung auf. Sie sah sich bemüßigt, die Angriffe zu parieren und gab eine Gegendarstellung in Auftrag, in der einige der vielen

[39] Historisches Archiv Krupp WA 4/1523, Meinrich an Klüpfel, 13.11.1894.

[40] Reichstagsrede am 18.3.1904, Verhandlungen, S.1932–1937.

[41] So auch schon sein Bemühen in seinem Artikel „Entstehung und Entwickelung der Krupp'schen Gußstahlfabrik III“, in: Bergarbeiter-Zeitung 11, 18.3.1899.

[42] Ebd.

[43] Reichstagsrede am 18.3.1904, Verhandlungen, S. 1933.

[44] Ebd., S. 1934.

[45] Ebd., S. 1936.

[46] O.H., Was liest der deutsche Arbeiter?, in: Bergarbeiter-Zeitung 40, 13.10.1900. – Zur Kruppschen Bücherhalle: Beitz, Industriepädagogik, S. 137–160; Langewiesche/Schönhoven, Arbeiterbibliotheken, S. 150f.

Vorwürfe aufgegriffen und richtiggestellt bzw. entkräftet werden sollten.[47] Die Kommentare zu einzelnen Passagen dokumentieren, dass Hue zwar parteipolitisch einseitig, aber agitatorisch geschickt argumentierte:

– Beim Vergleich der Löhne[48] wählte er bewusst das Jahr 1899 aus, als im Durchschnitt 4,72 M. pro Tag gezahlt worden war, ein Betrag, der 1903 nicht erreicht wurde. Seine Schlussfolgerung – „Ich will konstatieren, daß bei der Weltfirma Krupp seit mehreren Jahren fortgesetzt Reduzierungen der Arbeiterverdienste stattfinden." – war zwar überspitzt, aber nicht falsch. Zu einem abweichenden Ergebnis wäre er allerdings gekommen, worauf die Entgegnung hinwies, wenn er ein anderes Jahr zum Vergleich herangezogen hätte z.B. 1894, das Jahr, in dem der Tagelohn am niedrigsten lag.

– Der allgemein gehaltenen Aussage, dass Krupp durchaus nicht die besten Löhne zahle, sondern andere große Werke zum Teil dieselben oder noch höhere in einzelnen Arbeiterkategorien zahlen würden, widersprach die Firma unter Verweis auf den Verwaltungsbericht der Rheinisch-Westfälischen Hütten- und Walzwerks-Berufsgenossenschaft. Allerdings lassen sich hier keine spezifischen Werksangaben finden, sondern nur zusammengefasste für Sektionen, bei denen Essen an der Spitze stand, gefolgt von Düsseldorf und Oberhausen.[49] Ein Vergleich der durchschnittlichen Jahresverdienste von Krupp und der Gussstahlfabrik des Bochumer Vereins fiel zwar positiv für das Essener Unternehmen aus, ist aber allgemein genommen kein Beweis für eine Falschaussage.

– Ebenso war die Feststellung „Diese ‚Wohlfahrtsfirma' beschäftigt Tausende von erwachsenen Arbeitern, die nicht einmal täglich 3 M verdienen" formal korrekt, wenngleich sehr überzogen, da ein Teil der Geringverdiener zu den als Wächter oder Werkstattkehrer weiterbeschäftigten Invaliden gehörte. Wenn man diese nicht berücksichtigt, verblieben 1360 Arbeiter mit sehr geringem Lohn.

Die wenigen Beispiele mögen genügen, um die von Hue partiell angewandte Verfahrensweise zu verdeutlichen. Er verbreitete keine falschen Zahlen, doch diese waren bewusst so ausgewählt, dass sie seine Anklagen untermauerten, „daß das Bild, welches er über die Firma Krupp zu machen beliebte, ein möglichst krasses und abstoßendes wurde".[50] Da man bei einer entgegengesetzten Interessenlage auch zu anderen Ergebnissen kommen konnte, waren die Hueschen Ausführungen in den Augen des Kruppschen Direktoriums sowie seiner politischen Gegner reinste Demagogie.

Die Gedankengänge der Reichstagsrede von 1904 lagen auch der Broschüre „Krupp und die Arbeiterklasse" zugrunde, die 1912 anlässlich der Hundertjahrfeier des Unternehmens erschien und aus einer Artikelserie in der Essener *Arbeiterzeitung* hervorging.[51]

Im einleitenden Kapitel wollte Hue die „Verherrlichung Alfred Krupps als eine übermenschlich geniale Persönlichkeit, wie das von Speichelleckern oder entwicklungsgeschichtlich Ungebildeten geschehen ist",[52] relativieren, indem er betonte, dass „das Hochkommen der Firma ... das Resultat der gemeinsamen Tätigkeit des Chefs und

47 Historisches Archiv Krupp WA 4/1523, Die Angriffe des Abg. Hue auf die Aktiengesellschaft Fried. Krupp.
48 Zur Entwicklung der Löhne: Zumdick, Hüttenarbeiter, S. 196f.
49 Tabelle der durchschnittlichen Jahresverdienste: Bajohr, Zwischen Krupp und Kommune, S. 47.
50 Historisches Archiv Krupp WA 4/1523, Die Angriffe des Abg. Hue auf die Aktiengesellschaft Fried. Krupp, S. 10.
51 Zum Jubiläum: Tenfelde, „Krupp bleibt doch Krupp". Zur Broschüre: ebd., S. 134f.
52 Krupp und die Arbeiterklasse, S. 1.

seiner Mitarbeiter“ sei,[53] „dass der Weltruhm der Firma und das gewaltige Vermögen ihrer Inhaber sich vor allem auf der Intelligenz und dem Fleiß der Arbeiterschaft gründet“.[54] Hue verkannte durchaus nicht die Leistungen des Firmengründers. Als „ein ausgezeichneter richtungsgebender Organisator der industriellen Produktivkräfte“ habe Alfred Krupp die Grundlagen für die Weltfirma geschaffen, die „das Problem des Zusammenfassens eines von der Gewinnung des rohesten Brennstoffes bis zur Ablieferung des feinsten Fertigfabrikats reichenden komplizierten Produktionsprozesses unter einheitlicher Kontrolle gelöst“ habe.[55] Diese „Vertrustung“ werde „ohne Zweifel der Verwirklichung der sozialistischen Wirtschaftsordnung zugute kommen“, so die feste Überzeugung Hues, die er mit vielen Sozialdemokraten teilte.[56]

Bei der plakativen Gegenüberstellung der Riesengewinne und der bescheidenen Löhne agitierte Hue nicht allein gegen das Unternehmen, sondern auch gegen seinen Rivalen Johann Giesberts von der Zentrumspartei, der sich der „Kruppverherrlichung“ schuldig gemacht habe mit der Behauptung, „daß Krupp neben den vorzüglichen Wohlfahrtseinrichtungen die besten Lohn- und Arbeitsbedingungen habe“.[57] Wie schon in seiner Reichstagsrede widerlegte Hue detailliert diese glorifizierende Aussage. Gleichfalls bestehe auch kein Anlass zur „Verhimmelung der Wohlfahrtseinrichtungen“[58], dienten sie doch einerseits dem Zweck, „den blutnötigen Arbeiterstamm an [die] Fabrik zu fesseln“.[59] Andererseits sollten sie zusammen mit den „absolutistischen Maßregeln“ dazu beitragen, „die Arbeiterschaft im Bann der ‚gottgewollten‘ Unmündigkeit zu halten“.[60]

Im abschließenden Kapitel schilderte der Kruppkritiker die Verbindungen zum Staatsapparat, von denen das Unternehmen profitierte. „Das nationale Monopol auf Mordinstrumente“[61] erlaube die Lieferung von Waffen zu überteuerten Preisen, sodass „die Kanonenfirma“ „das ‚Vaterland‘ kalten Blutes um Millionen gebracht hat zur Erhöhung des eigenen Glanzes und Profites“.[62]

Hue schloss sein Büchlein mit einem optimistischen Ausblick: „Noch lebt und webt in dem Arbeiterheere der Wille zum Gleich- und Freisein nur heimlich, noch muß er sich verbergen, noch sich hüten vor gekauftem Spitzel- und Denunziantentum, aber er grollt dennoch in der Tiefe, spannt die Sehnen und rüttelt dann und wann bereits an den verschlossenen Pforten.“[63] Und voller Zuversicht verkündete er: „Wir wissen, daß auch die kapitalistischen Großmächte von heute, mögen sie Krupp oder anders heißen, nur ein not-

53 Ebd., S. 6.

54 Ebd., S. 26.

55 Ebd., S. 7. – Anders fiel sein Urteil über Friedrich Alfred Krupp aus. Er „ist ein bürgerlich hochanständiger Charakter, welcher aber nicht geistig hervorragend genug ist, um sein Erbe mit seinem Geiste zu durchdringen. … Ein herzlich guter Mann, der es vielleicht als ein Unglück empfindet als Kanonenkönig geboren zu sein.“ OH, Entstehung und Entwickelung der Krupp'schen Gußstahlfabrik II, in: Bergarbeiter-Zeitung 10, 11.3.1899.

56 Krupp und die Arbeiterklasse, S. 7.

57 Ebd., S. 13. – Johann Giesberts (1865–1938) war von 1899 bis 1905 Redakteur der *Westdeutschen Arbeiterzeitung*, des Verbandsorgans der katholischen Arbeitervereine, und war ab 1905 Reichstagsabgeordneter, gewählt im Wahlkreis Essen. Zu seiner Biografie: Schreiber, Giesberts.

58 Krupp und die Arbeiterklasse, S. 15.

59 Ebd., S. 17.

60 Ebd., S. 31.

61 Ebd., S. 34.

62 Ebd., S. 35.

63 Ebd., S. 40.

wendiges Bindeglied der Entwicklung vom Alten, Vergessenen, zum Zukünftigen, Neuen bilden und daß der Sozialismus einstmals auch diese Mächte spielend besiegen wird."[64]

2.3 Das sozialdemokratische Engagement in Essen

Zu den Anfängen der politischen und gewerkschaftlichen Tätigkeit Hues fehlt es an zuverlässigen Informationen.

Eine formelle Mitgliedschaft in der sozialdemokratischen Partei existierte zur damaligen Zeit noch nicht. Als Sozialdemokrat galt, wer sich zu ihrem Programm bekannte und sie finanziell unterstützte.[65] In einem Artikel zur Erinnerung an die kaiserlichen Februar-Erlasse des Jahres 1890 gab Hue an, dass er bei deren Verkündigung „kaum ein Jahr in den Reihen der demokratischen Sozialisten" gestanden hätte.[66] Dagegen datierte sein Bruder den Beginn des Engagements auf eine spätere Zeit:[67] In München, wo Otto Arbeit gesucht habe, wären ihm die Füße erfroren. Er sei zwar im Krankenhaus behandelt worden, doch habe er dafür die Kosten tragen müssen, was er mit dem Argument, der Staat müsse für die Behandlung aufkommen, verweigert habe. Daraufhin hätten ihm die Behörden das Geld von seinem Lohne einbehalten. Dies sei der äußere Anlass gewesen, sich den Sozialdemokraten anzuschließen.[68]

Die Motivation für sein politisches und gewerkschaftliches Engagements war recht schlicht und lässt sich mit wenigen Worten charakterisieren: „Schutz und Hilfe den Armen und Unterdrückten, Nächstenliebe im wahrsten Sinne des Wortes, das ist es, was wir erstreben," führte er auf einer Versammlung in Wattenscheid am 1. Januar 1898 aus.[69]

Für ehrgeizige junge Arbeiter, die Interesse an der Organisationsarbeit hatten, gewandt in Wort und Schrift waren, bot die Arbeiterbewegung „eine Aufstiegsmöglichkeit, die ihnen sonst in der wilhelminischen Gesellschaft versperrt war".[70] Hue verfügte über großen Ehrgeiz und Fleiß sowie das nötige Selbstbewusstsein. Er wurde, wie seine Karriere zeigen sollte, ein ausgezeichneter Redner, der die Massen in den Bann zog, und er besaß die Fähigkeit, Zeitungsartikel zu verfassen. Hue nutzte die Chance, die sich ihm in Essen bot, der als unbefriedigend empfundenen Arbeit als Schlosser zu entfliehen, etwas Neues auszuprobieren, etwas, was seinem sozialen Empfinden und seinen politischen Ansichten mehr entsprach als die monotone Fabrikarbeit, die Einordnung in die Arbeitsdisziplin, das Ausgeliefertsein gegenüber den Vorgesetzten.

Hue engagierte sich sowohl in der Partei als auch in der Gewerkschaftsbewegung des Ruhrgebiets. Er war als gelernter Schlosser ein aktives Mitglied des Metallarbeiterverbandes, wurde 1894 vom Bergarbeiterverband angestellt und übernahm zum 1. Mai

[64] Ebd.

[65] Nipperdey, Organisation der deutschen Parteien, S. 315.

[66] Otto Hue, Was wird werden?, in: Arbeiter-Zeitung (Dortmund) 32, 8.2.1915. – Husemann teilte mit, dass Hue bereits im Alter von 20 Jahren der sozialistischen Arbeiterbewegung angehört habe. Fritz Husemann, Otto Hue. Gedenkworte zum 10. Todestag, in: Volkswille 90, 18.4.1932.

[67] Brockpähler, Hörde, S. 296.

[68] Ob Otto schon von seinem Vater beeinflusst worden ist, der mit der Sozialdemokratie stark sympathisiert haben soll, wie bei Osterroth, Hue, S. 10 zu lesen ist, erscheint sehr unwahrscheinlich, da der Vater ja verstarb, als Otto erst sechs Jahre alt war.

[69] Allgemeiner Beobachter 3, 5.1.1898 „Können die beiden Bergarbeiter-Verbände zusammengehen?".

[70] Schönhoven, Expansion und Konzentration, S. 237.

1895 die Redaktion der *Bergarbeiter-Zeitung*. Zudem hatte er seit 1895 den Vorsitz des örtlichen Gewerkschaftskartells inne. Es war einerseits dem Personalmangel in der Essener Arbeiterbewegung geschuldet, dass Hue gleich mehrere Funktionen ausübte. Andererseits wollte er wohl alle Eisen im Feuer behalten, um zu sehen, in welchem Bereich sich die besten Aufstiegschancen böten.

Die Essener Sozialdemokraten waren nach dem Fall des Sozialistengesetzes ein kleiner Haufen von wenigen Aufrechten, der gerade etwas mehr als 100 Personen zählte.[71] Vorbei waren die Zeiten, als der Kandidat des lassalleanischen Allgemeinen Deutschen Arbeiter-Vereins, Wilhelm Hasenclever, 1867 bei der Stichwahl zum Norddeutschen Reichstag 48,5 Prozent der Stimmen gewinnen konnte.[72] Ursächlich für den Zerfall war die rigorose Verfolgungspraxis der Behörden und die gegen die Sozialdemokratie gerichtete Unternehmenspolitik der Kruppschen Gussstahlfabrik.[73]

Ebenso nachteilig wirkte es sich aus, dass Essen eine Hochburg der katholischen Arbeiterbewegung war, gefördert von sozial engagierten „roten Kaplänen“, die, ausgehend von der katholischen Soziallehre, die kapitalistischen Verhältnisse kritisierten. Deutlicher Beweis ihrer Stärke war die Wahl des ehemaligen Krupparbeiters Gerhard Stötzel in den Reichstag, der sich 1877 gegen den bürgerlichen Zentrumskandidaten durchsetzen konnte.[74] Gegen den politischen Katholizismus[75], der große Teile der Arbeiterschaft in einem weitverzweigten Vereinswesen organisierte – allein der 1870 gegründete Arbeiterverein wies bereits in seinen Anfangsjahren mehr als 2000 Mitglieder auf[76] –, stand die Sozialdemokratie in Essen in den 1890er Jahren auf verlorenem Posten, zumal es an einer eigenen Zeitung fehlte, die hätte Werbung für ihre Ideen machen können.

Da Otto Hue zunächst nicht unter eigenem Namen auftrat, ist seine politische und gewerkschaftliche Arbeit in Essen erst ab dem 19. August 1894 dokumentiert. Auf einer öffentlichen Volksversammlung im großen Saale der Witwe Kratz, dem traditionellen Versammlungslokal der Arbeiterorganisationen, sprach er über den „Kampf der bürgerlichen Parteien gegen die Sozialdemokratie“.[77] Es folgten am 2. und 23. September zwei Metallarbeiterversammlungen, auf denen er die Gewerkschaftsorganisation in Deutschland und in England verglich,[78] und am 10. September eine Schneiderversammlung, auf der er über „die Hausindustrie und ihre Schäden“ sprach.[79]

Obwohl Hue erst seit einem Jahr in Essen politisch tätig war, wählten ihn die Genossen zum Delegierten des Parteitages 1894 in Frankfurt. Auch ein Zeichen dafür, dass es in der Essener Sozialdemokratie an profilierten Persönlichkeiten mangelte.[80]

71 Für 1899 ist erstmals die Mitgliederzahl überliefert: 160. Die Arbeiterbewegung im Ruhrgebiet, S. 46; Bajohr, Zwischen Krupp und Kommune, S. 25.

72 Möllers, Die Essener Arbeiterbewegung.

73 Paul, Alfred Krupp und die Arbeiterbewegung.

74 Schröter, Stötzel.

75 Hiepel, Arbeiterkatholizismus, S. 22–48.

76 Bajohr, Zwischen Krupp und Kommune, S. 23.

77 Annonce in: Allgemeiner Beobachter 188, 18.8.1894.

78 Allgemeiner Beobachter 199, 31.8.1894, 217, 21.9.1894 u. 220, 25.9.1894.

79 Rheinisch-Westfälische Arbeiterzeitung 214, 13.9.1894.

80 Hue konnte zudem ohne Probleme als Delegierter tätig werden, da er nicht mehr der Gefahr einer Maßregelung durch den Arbeitgeber ausgesetzt war.

Hue, der als Neuling an einem Parteitag teilnahm, zeigte wenig Scheu, vor dem Plenum aufzutreten. Er begründete den Essener Antrag, den Genossen vor Ort die Wahl der Redakteure und der Beamten zu überlassen.[81] Anlass für den erfolglos gebliebenen Vorstoß waren die Auseinandersetzungen der Essener mit der *Rheinisch-Westfälischen Arbeiter-Zeitung*, die in Dortmund herausgegeben und gedruckt wurde, die aber auch für Essen zuständig war. Die Essener fühlten sich im Parteiorgan zu wenig berücksichtigt, sodass der Eindruck entstünde, die Partei wäre untätig. Die zu beklagende Folge sei, dass „die ultramontane Bevölkerung … über das Nichtsthun der Sozialdemokratie" spotte.[82] Die Unzufriedenheit machte sich an der Person des Redakteurs Dr. Franz Lütgenau[83] fest, der nicht mit Westfalen und dem Ruhrgebiet vertraut sei. Dies sei aber erforderlich, um Erfolge zu erzielen. Daher sei es „vom taktischen wie vom demokratischen Standpunkt richtig, wenn man die Redakteure von den Genossen wählen läßt" und sie nicht der Parteivorstand einsetzt.[84]

Der Streit mit der Redaktion der *Rheinisch-Westfälischen Arbeiterzeitung* schwelte weiter und sollte die Partei die nächsten Jahre beschäftigen.[85] Kritik entzündete sich nicht allein an der mangelnden Berichterstattung über das örtliche Geschehen, sondern die Essener beklagten auch die Ausrichtung des Parteiorgans. Wilhelm Ostkamp, einer der einflussreichsten Genossen, warf 1897 Lütgenau seine Neigung zu „Rechtsschwenkungen" vor.[86] Es spielten bei dem Zwist zudem persönliche Animositäten eine Rolle. Der Redakteur, den Hue mit der Charakterisierung, ein „unmoralischer, verlumpter Mensch" zu sein, beleidigte,[87] könne es nicht vertragen, „wenn andere Genossen, besonders aus dem Arbeiterstande, wie Hue, neben ihm hoch kämen".[88]

Auch in Dortmund kritisierten die Genossen die Redaktion der *Rheinisch-Westfälischen Arbeiterzeitung*, die aber weiterhin die Unterstützung des Parteivorstandes genoss. Diesen Umstand geißelte Hue mit scharfen Worten: „Sollte man es für möglich halten, daß die Masse der Parteigenossen beschließt: Die Preßleitung ist zu entfernen, dieselbe aber doch ganz ruhig bleibt, beschützt von der Parteileitung, noch die Genossen durch die Presse beschimpft, verhöhnt? Wie kann man sich Sozialdemokrat nennen und in so bourgeoishafter Weise die besten Mitstreiter beleidigen, nur um nach außen hin recht zu behalten und auf diese Weise auf dem Posten kleben zu können." Seinem Protest gegen „den dortmunder Skandal" und gegen das Verhalten des Parteivorstandes schlossen sich die Essener Genossen an.[89]

81 Protokoll des Parteitages 1894, S. 70. – Saal, Lütgenau, S. 137f.

82 Ebd., S. 81.

83 Zu seiner Biografie: Saal, Lütgenau.

84 Protokoll des Parteitages 1894, S. 81.

85 Wisotzky, Hue (Manuskript), S. 25ff.

86 Historisches Archiv Krupp WA 4/1523, Bezirkspolizeikommissar Essen, Lage der socialdemokratischen und anarchistischen Bewegung, 14.9.1897.

87 Zeugenaussage Hues vor dem Schöffengericht Dortmund. Danach habe er in einer Presskommissionssitzung Lütgenau einen Fälscher genannt, ihm Unterschlagungen vorgeworfen und seine Ausführungen mit den Worten beendet: „Sie sind ein unmoralischer, verlumpter Mensch!". Vorwärts 56, 8.3.1900 „Lütgenau als Kläger".

88 Allgemeiner Beobachter 254, 5.11.1897. Bericht über eine Versammlung am 4.11.1897.

89 Bericht des *Weckruf*, abgedr, in: Dortmunder Zeitung 307, 6.11.1898 „Die ‚Genossen' unter sich"; Rheinisch-Westfälische Arbeiterzeitung 260, 7.11.1898. – Siehe auch Hue an Max Quarck, 18.2.1899. Archiv der sozialen Demokratie 1/MQAA 004.

Der Konflikt schwelte weiter, auch nachdem es der Essener Parteiorganisation gelang, eine eigene Zeitung herauszugeben. Der *Weckruf*, als dessen „intellektueller Urheber und geheimer Leiter" der Essener Polizeikommissar Otto Hue ausmachte,[90] erschien seit dem 13. Februar 1898 zunächst alle 14 Tage, dann wöchentlich, vom 1. März 1899 an dreimal wöchentlich und seit 1. Juli 1899 täglich.[91]

Das eigene Presseorgan war ein weiterer Beleg für die „sichtbaren Fortschritte" der Partei, die die Polizei schon im Jahr 1896 ausgemacht hatte.[92] Hue, dem die *Emscher-Zeitung* ein Jahr zuvor bescheinigt hatte, der „Hauptwortführer"[93] der Essener Sozialdemokraten zu sein, festigte seine Position durch seine rastlose Tätigkeit. Er referierte in zahlreichen Versammlungen über die unterschiedlichsten Themen und avancierte – nach dem Bericht des Essener Bezirkspolizeikommissars –zum „eigentlichen Leiter der ganzen hiesigen socialdemokratischen Bewegung. Seine ehemalige Stellung als Schlosser in der Kruppschen Fabrik, Kenntniß der dortigen Verhältnisse, seine vielseitigen Beziehungen zu den Metallarbeitern (Schlossern, Mechanikern) des Werks, nicht minder seine natürliche Gabe volksthümlich zu sprechen und seine Belesenheit, kommen ihm als Agitator, besonders hier am Platze, sehr zustatten".[94]

Vor allem dem Einfluss Hues in der Partei war es zu verdanken, dass Friedrich Alfred Krupp bei der Reichstagswahl 1898 seinen Erfolg des Jahres 1893 nicht wiederholen konnte.[95] Die Sozialdemokraten hatten dieses Mal demonstrativ den ehemaligen Vorsitzenden des Bergarbeiterverbandes, Ludwig Schröder, als Kandidaten aufgestellt, der im sogenannten Meineid-Prozess 1895[96] zu einer langjährigen Zuchthausstrafe verurteilt worden war. Auf diese Weise wollten sie gegen das als Unrecht empfundene Urteil protestieren und zugleich der Justiz demonstrativ zeigen, dass dadurch Schröder bei den Genossen nicht entehrt worden wäre.[97] Der Partei war es durchaus bewusst, dass die auf Schröder entfallenen Stimmen ungültig waren, da dieser nicht die bürgerlichen Ehrenrechte besaß. Weil somit eine Stichwahl entfiel, war der Sieg des Zentrumskandidaten Gerhard Stötzel sicher. Aus diesem Grunde wollte der Nationale Verein die Kandidatur Schröders abwenden und versuchte, Hue dazu bewegen, selbst zu kandidieren. Vergeb-

90 LAD NRW Abt. Rheinl. Reg. Düsseldorf 9048, Bezirkspolizeikommissar Essen an Regierungspräsident Düsseldorf, 14.3.1898. – Tenfelde irrt, wenn er den *Weckruf* als „eine anarchosyndikalistische Publikation" bezeichnet. Tenfelde, Heinrich Imbusch, S. XV Anm. 27.

91 Rheinisch-Westfälische Arbeiterzeitung 40, 17.2.1898; Die Arbeiterbewegung im Ruhrgebiet, S. 47f.; Koszyk, Anfänge, S. 110.

92 LAD NRW Abt. Rheinl. Reg. Düsseldorf 9045, Polizeiverwaltung Essen an Regierungspräsident Düsseldorf, 13.3.1896.

93 So die Emscher Zeitung 250, 24.10.1895.

94 LAD NRW Abt. Rheinl. Reg. Düsseldorf 9048, Bezirkspolizeikommissar Essen an Regierungspräsident Düsseldorf, 14.3.1898. – Der Bericht wurde auch ans Kruppsche Direktorium weitergeleitet und findet sich in der Akte Historisches Archiv Krupp WA 4/1523.

95 Friedrich Alfred Krupp hatte 1893 dank sozialdemokratischer Unterstützung die Stichwahl gegen Georg Stötzel vom Zentrum gewonnen. Als Grund für ihr Verhalten, einen Unternehmer statt eines Arbeiters zu wählen, gaben die Sozialdemokraten die Erbitterung über „die schmähliche Kampfesweise" des Zentrums an. Bajohr, Zwischen Krupp und Kommune, S. 42ff.

96 Zum Meineid-Prozess siehe unten S. 52.

97 Flugblatt „Warum wählen wir Ludwig Schröder?!", in: Haus der Essener Geschichte/Stadtarchiv 102 I 46. – Die Nominierung Schröders war direkt nach dem Prozess auf einer Versammlung der Essener Sozialdemokraten aufgrund einer Rede Hues erfolgt. Märkischer Sprecher 201, 28.8.1895 „Eine sozial-demokratische Versammlung".

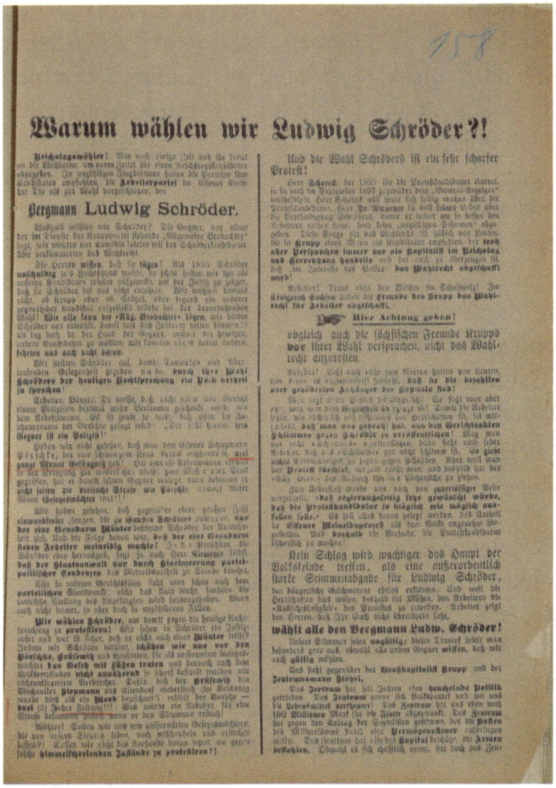

158

Warum wählen wir Ludwig Schröder?!

Bergmann Ludwig Schröder.

Und die Wahl Schröders ist ein sehr scharfer Protest!

Hier Achtung geben!

obgleich auch die sächsischen Freunde Krupps vor ihrer Wahl versprachen, nicht das Wahlrecht anzutasten.

Kein Schlag wird wuchtiger das Haupt der Volksfeinde treffen, als eine außerordentlich starke Stimmenabgabe für Ludwig Schröder,

Abb. 7: Flugblatt zur Reichstagswahl 1898 „Warum wählen wir Ludwig Schröder“

lich. Voller Ironie erklärte der Umworbene: „Bescheiden, wie ich nun einmal bin, lehnte ich es ab, mich von Kruppianern als sozialistischen Wahl-Kandidaten aufstellen zu lassen, dies ließ ich nicht einmal mit mir geschehen von meinen Parteifreunden.“ Und er fügte in seinem Artikel im *Weckruf* an: „Sollte Schröder zurücktreten, ich sofort im ersten Wahlgange für Stötzel stimmen würde! Und ich denke genug Einfluß zu haben, um auch die große Zahl wirklicher Parteigenossen ebenfalls bestimmen zu können, daß sie sofort für das Centrum eintreten!“[98] Wie von Hue vorhergesagt, gewann Stötzel die Wahl mit 30.104 zu 27.550 Stimmen.[99]

Seine führende Stellung in der lokalen Parteiorganisation verspielte Hue nach der Jahrhundertwende durch seine offensiv vertretene Gewerkschaftsstrategie.[100] Er war ein namhafter Protagonist der politischen und religiösen Neutralität der Verbände, befürwortete eine Zusammenarbeit von freien und christlichen Gewerkschaften und half – sehr zum Missfallen vieler Parteimitglieder – Friedrich Naumann, dem Gründer des Nationalsozialen Vereins, bei seiner Versammlungstour durchs Ruhrgebiet im Januar 1901.[101] Der entschiedenste Gegner Hues in Essen wurde sein ehemaliger Freund und Trauzeuge Wilhelm Düwell.

Diese ideologischen Auseinandersetzungen bildeten den Hintergrund, ohne den der ausartende Konflikt über ein Rechtsschutzbüro in Essen nicht nachzuvollziehen ist.[102] Die bestehende Rechtsberatung, die die Redakteure des *Weckrufs*, Ostkamp und Düwell, nebenamtlich ausübten, war lediglich ein Notbehelf, der nicht leben noch sterben konnte. Als das Gewerkschaftskartell diese zu einem regulären Rechtsschutzbüro bzw. Arbeitersekretariat ausbauen wollte, erklärte der Vertreter der Bergarbeiter, dass die vom Verband geleisteten Kartellbeiträge für diesen Zweck keine Verwendung finden dürften. Nach längerer Debatte fanden die Kontrahenten einen Kompromiss, der be-

98 Zit. nach Düsseldorfer Volksblatt 119, 5.5.1898. Ebenso Hue auf einer Wahlversammlung am 24.4.1898. Haus der Essener Geschichte/Stadtarchiv 102 I 46, Überwachungsbericht der Polizei, 25.4.1898.

99 Bajohr, Zwischen Krupp und Kommune, S. 54.

100 Siehe Kap. 4.6.

101 Siehe Kap. 5.1.

102 Zum Folgenden: Weckruf 160, 12.7.1902, Allgemeiner Beobachter 162, 17.7.1902; Bergarbeiter-Zeitung 28, 19.7.1902, Weckruf 167, 20.7.1902; Allgemeiner Beobachter 166, 22.7.1902.

sagte, dass die eine Hälfte der Bergarbeitergelder für allgemeine Aufgaben des Gewerkschaftskartells, die andere für das Rechtsschutzbüro verwandt werden sollte. Die einvernehmlich gefundene Lösung kippte aber der Vorstand des Bergarbeiterverbandes. Da in Oberhausen, Gelsenkirchen und Bochum bereits Rechtsschutzbüros für die Verbandsmitglieder existierten, die von Essen gut zu erreichen seien, hielt er die Ausgabe angesichts der Finanzlage des Verbandes für nicht gerechtfertigt. Zudem fürchtete er, dass die Gelder nicht allein Gewerkschaftszwecken dienen sollten. Hue war an der Beratung und Entscheidung in Bochum nicht beteiligt, er war allerdings der Überbringer der schlechten Nachricht – als Delegierter für Rüttenscheid gehörte er dem Kartell an – und zog damit den Zorn der Essener auf sich. Wilhelm Ostkamp beschimpfte den Verbandsvorstand und speziell Otto Hue: „Ein Ekel erfaßt mich vor dieser Gesellschaft," lauteten die Schlussworte seiner Tirade, mit der er die weitere Zusammenarbeit mit den Bergarbeitern aufkündigte. Hue war empört über die Beleidigungen und wies die Anschuldigung, die Allgemeininteressen niederzutreten, entschieden zurück. Der Verband finanziere doch zum großen Teil die Rechtsschutzbüros in den Ruhrgebietsstädten, von denen auch die Arbeiter der anderen Berufsgruppen profitierten. Aber mehr erlaube die Kassenlage zurzeit nicht. Wenn Ostkamp den Bergleuten den Stuhl vor die Tür setzen wolle, so sei dies wenig verantwortungsvoll. Das Kartell könne doch nicht ernsthaft auf die 2600–2700 organisierten Bergleute im Essener Bezirk verzichten. Ostkamp entgegnete, dass sich seine Verzichtserklärung lediglich auf das Rechtsschutzbüro bezogen hätte. Er wolle auch nicht den Verband und die Bergleute angreifen, sondern hätte nur den „Größenwahnsinn der diktatorisch veranlagten Personen in der Verbandsleitung" kritisiert.

Es blieb nicht bei dieser Attacke in der Kartellsitzung, sondern lang unterdrückter Unmut kam zum Ausbruch, als wenig später der *Weckruf* eine heftige Polemik gegen Hue veröffentlichte, die großes Aufsehen erregte.[103] Die noch auf der eher sachlichen Ebene liegende, wenngleich nicht richtige Unterstellung, Hue wolle die Bergarbeiterbewegung von der übrigen Arbeiterbewegung abtrennen, war gekoppelt mit persönlichen Verunglimpfungen: Hue wurden „Diktatorengelüste" zugesprochen. Er verlange, „daß sein Wille unter allen Umständen maßgebend ist, wer es wagt ihm entgegen zu treten, muß verurtheilt werden". „Wenn sich Jemand erlaubt, den Papst zu fassen", dann würden „die niedrigsten menschlichen Instinkte ... wachgerufen und gegen den Angreifer gehetzt". Hue sei eben „nicht wählerisch in der Wahl der Mittel, wenn diese nur seinen Zwecken dienen". „Die Spuren Hues sind gezeichnet durch persönlichen Zank." Nach dem Vorgefallenen hielten es die Autoren für „nothwendig, Hue einmal ‚nackt' zu zeichnen". Unter dem Titel „Die nackte Zeichnung" sorgte der Artikel Jahrzehnte lang für Furore.

Wenngleich es innerlich in ihm kochte, wollte Hue zunächst nicht auf die abfällige Charakterisierung, die ihn tief getroffen hatte, reagieren.[104] Doch schnell änderte er seine Meinung und begegnete der „Sudelei"[105] mit Sarkasmus: „In dem ausgezeichneten

[103] Weckruf 167, 20.7.1902. Autor des Artikels, der namentlich nicht gekennzeichnet ist, war wohl Ostkamp, während Düwell ihn korrigiert hatte. Bundesarchiv Berlin NL Haenisch 153, Hue an Haenisch, 7.10.1903.

[104] „Ich habe nun nichts anderes zu tun, als den wunderbaren Artikel wirken zu lassen. Wer lebt wird sehen, wen der Hund beißt", schrieb er dem Redakteur der *Rheinisch-Westfälische Arbeiterzeitung*, Konrad Haenisch. Bundesarchiv Berlin NL Haenisch 153, Hue an Haenisch, 21.7.1902.

[105] Ebd., Hue an Haenisch, 7.10.1903.

Artikel wird nämlich mit meisterhafter Schärfe bewiesen, daß der Redakteur der ‚Bergarbeiterzeitung' ein notorischer Lump, ein verkommenes Subjekt, ein größenwahnsinniger Hallunke ist." (Hue überzog hier bewusst, denn alle Ausdrücke kamen in dem Artikel nicht vor.) „Es ist gut, daß endlich in dem klassischen Artikel des ‚Weckrufs' klipp und klar bewiesen ist, wie innerlich faul die Arbeiterbewegung ist, daß sie solche Elemente wie Hue in sich birgt, ja ihnen nun schon 8 Jahre gestattet, eine Rolle zu spielen. Wo solche verlumpten Kräfte teuflisch walten, da kann sich kein zukunftsfrohes Gebild gestalten. Mit eisernem Besen muß die Bude gereinigt werden. Der Artikel im ‚Weckruf' erbringt den glänzenden Befähigungsnachweis für die Geisteskraft der oder die Verfasser, das große Reinigungswerk zu vollenden. Solche Talente wird man nicht ungenutzt eintrocknen lassen. Im Interesse einer großen Reinigung des Bergarbeiterverbandes im Besonderen und der Arbeiterbewegung im Allgemeinen hoffen wir, daß der Weckruf-Journalist noch recht lange seines segenbringenden Amtes waltet. Glück auf!"[106]

Ob die Mitglieder des Verbandes über die Polemik gelacht hatten, wie Hue behauptete, sei dahingestellt. Die Delegierten der nächsten Generalversammlung sprachen dem Angegriffenen aber demonstrativ ihr Vertrauen aus.[107] Dass sich hingegen „kein sozialdemokratisches Organ, wie es sonst bei ‚guten Parteigenossen' geschieht, sich des Nackten angenommen" hatte, darüber war Hue tief enttäuscht, denn er interpretierte das Schweigen als eine stille Billigung des Vorgehens der *Weckruf*-Autoren.[108]

Die gegnerische Presse griff den Streit begierig auf. Der *Bergknappe*, die Zeitschrift des christlichen Gewerkvereins, veröffentlichte die Polemik bei vielen Gelegenheiten, und bis zum Jahre 1905 erschien kaum eine Ausgabe, in der nicht daraus zitiert wurde. Partei und Verband erkannten mit Schrecken, was sie da angerichtet hatten, und sie waren bemüht, schleunigst die Wogen zu glätten. Auf der nächsten Essener Mitgliederversammlung des Verbandes demonstrierten alle Beteiligten, dass kein Zwiespalt in der Arbeiterbewegung existiere.[109] Hue erklärte, niemand werde es schaffen, „die Bergarbeiter vom Kartell abzudrängen". Der Verband kämpfe nicht gegen die Partei, sondern bei den kommenden Wahlen würden „die Bergarbeiter im Ruhrrevier … vereint mit den übrigen Arbeitern den Agrariern eine gründliche Niederlage bereiten". Düwell bekundete seinerseits, dass die persönlichen Streitigkeiten die Organisationen nicht trennen, dass sie keinen Zwist zwischen Partei und Gewerkschaft hervorrufen könnten.

106 Bergarbeiter-Zeitung 29, 26.7.1902. – Bei anderer Gelegenheit lautete sein gewollt ironischer Kommentar: „Dieser als Erzlump gezeichnete Mensch ist nun schon über 8 Jahre dabei, die Mitglieder des Bergarbeiter-Verbandes zu demoralisieren und so ‚teuflisch verschlagen' ist der Kerl, daß er es fertig bringt, Jahr um Jahr wieder gewählt zu werden, obgleich doch von rechts und links alle Mühe aufgeboten ist, die Bergleute sehend zu machen. … Wie mag der noch dazu ‚Faule' es wohl fertig bringen, Stand zu halten, während so manche seiner Hasser kamen und gingen? Wie kommt es, daß dieser ‚grundschlechte Kerl' so fest das Vertrauen seiner Kameraden genießt, daß sie herzlich lachten über die ‚nackte Zeichnung', die ihren klugen Verfertigern schon manche trübe Stunde bereitete?!" Bergarbeiter-Zeitung 49, 12.12.1902.

107 Protokoll der Generalversammlung 1903, S. 103.

108 Bergarbeiter-Zeitung 46, 22.11.1902. – Lediglich der *Allgemeine Beobachter* ritt eine scharfe Attacke gegen die *Weckruf*-Autoren, „die seit Jahren in der hiesigen Gewerkschaftsbewegung ihren unseligen Einfluß ausüben. Diese Leute schrecken vor nichts zurück, ihnen ist kein Mittel zu schlecht, den Gegner, denjenigen, der es wagt, ihren unsauberen Machenschaften entgegenzutreten, zu bekämpfen und für ihr Treiben unschädlich zu machen." Zit. nach Dortmunder Zeitung 368, 23.7.1902.

109 Weckruf 175, 29.7.1902 „Der Streit im Ruhrrevier" (auch erschienen im Volksblatt 250, 29.7.1902). Daraus die Zitate. Bergarbeiter-Zeitung 31, 9.8.1902.

Die „nackte Zeichnung" verfolgte Hue sein Leben lang. Der Gewerkverein und die katholische Presse nutzten sie in den Wahlkämpfen[110] und zitierten genüsslich daraus, wenn es galt, einem Artikel zu widersprechen oder eine Aussage Hues als vermeintliche Lüge zu überführen. Darauf reagierte der Angegriffene nicht mehr mit Ironie, sondern er ging mit überschäumender Wut gegen den Gewerkvereinsvorsitzenden Brust vor: „Es entspricht ganz den perversen Neigungen des Chefs vom ‚Zechenknappen', daß er allen jemals gegen Verbandsmitglieder und Verbandsleiter zutage geförderten Schmutz sammelt in seiner weltberühmten Kloake. Sein Kabinetstück ist schon seit 1902 die ‚nackte Zeichnung' gegen Hue. Daß die General-Versammlung unseres Verbandes und alle politischen Gesinnungsgenossen des Angegriffenen, mit Ausnahme von vielleicht einem Bäckerdutzend wütender persönlicher Feinde, die ‚Nacktzeichnung' als eine Falschzeichnung bewerten, … , kümmert Ehrenbrust nicht. Für ihn ist das Pamphlet ein gefundenes Fressen."[111]

Als Hue das Zentrum in der Reichstagssitzung am 16. Mai 1911 heftig attackierte, unterbrach ihn der Reichstagsabgeordnete und Generalsekretär des Gewerkvereins, Franz Behrens[112], mit dem Zwischenruf: „Ich werde Ihnen einmal die nackte Zeichnung vorlegen; vielleicht ist Ihnen das angenehm!"[113] Auch wenn Hue bei dieser Gelegenheit äußerst gelassen antwortete: „Herr Behrens hat übrigens die ‚saftigsten Stellen' schon neulich auf den Tisch des Hauses hingelegt, und da sind sie unter großer Interesselosigkeit liegen geblieben. Mir hat die Sache absolut nichts geschadet, im Gegenteil! Bitte, legen Sie das Blatt noch einmal vor! Sie wissen, was der alte Fritz einmal gegenüber einem ihn betreffenden Pamphlet gesagt hat: ‚Niedriger hängen'!"[114] So hatte es ihn sicherlich geärgert, immer wieder auf den Schmähartikel angesprochen zu werden.

Hue stellte die Bedeutung der „nackten Zeichnung" nach außen hin in Abrede. Dennoch hat sie zweifellos der freigewerkschaftlichen Bergarbeiterbewegung geschadet hat. Dies räumten auch Funktionäre des Verbandes ein.[115] Daher war Hue bemüht, die Verfasser vor einem parteiinternen Schiedsgericht zur Beweisführung zu zwingen, um die Anschuldigungen auf diese Weise zu entkräften. Doch der Versuch scheiterte, da sich Ostkamp und Düwell dem Verfahren verweigerten.[116]

Trotz der gravierenden Meinungsverschiedenheiten und der persönlich verletzenden Fehden zogen die Essener Sozialdemokraten stets an einem Strang, wenn es galt, gegen die anderen Parteien zu Felde zu ziehen. Als 1905 nach dem Tode Gerhard Stötzels in Essen eine Nachwahl für den Reichstag anstand, hoffte die Sozialdemokratie diesen Wahlkreis zu erobern, in dem seit Jahrzehnten das Zentrum erfolgreich war. Die Partei bot viel Prominenz auf – u.a. Paul Singer, Clara Zetkin, Rosa Luxemburg, Hermann Molkenbuhr –, und zu den engagierten Wahlkämpfern für den Kandidaten Wilhelm

110 Z.B. bei der Berggewerbegerichtswahl 1902. Siehe Otto Hue, Die Berggewerbegerichtswahl im Ruhrkohlen-Gebiet und die „christliche" Gewerkvereins-Bewegung, in: Correspondenzblatt 2, 10.1.1903, S. 30ff. Ebenso bei der Knappschaftsältestenwahl im Ruhrgebiet 1904. Flugblatt „Achtung Ruhrbergmann! Hüte dich vor sozialdemokratischem Volksbetrug!" in: LAD NRW Abt. Westf. Reg. Münster VII 18.1.

111 Bergarbeiter-Zeitung 33, 20.8.1904 „Geschäftsmäßige Verleumdung". – „Zechenknappe": Gemeint ist die Zeitung des Gewerkvereins, der *Bergknappe*.

112 Zu seiner Person: 25 Jahre christliche Gewerkschaftsbewegung, S. 153–162.

113 Reichstagssitzung am 16.5.1911, Verhandlungen, S. 6763.

114 Reichstagsrede am 16.5.1911, Verhandlungen, S. 6763.

115 Th. Wagner, Ein offenes Wort an die Bergarbeiter, in: Allgemeiner Beobachter 170, 28.7.1904.

116 Bundesarchiv Berlin NL Haenisch 153, Hue an Haenisch, 7.10.1903; Bergarbeiter-Zeitung 31, 6.8.1904.

Gewehr gehörte auch Otto Hue. Er sprach auf zahlreichen Versammlungen[117] und attackierte Johann Giesberts – ungeachtet aller Neutralitätsbekundungen – in der *Bergarbeiter-Zeitung*.[118] Die Reaktion der Gegenseite blieb nicht aus. Die *Essener Volks-Zeitung* unterstellte Hue, nicht allein aus parteipolitischen Gründen solch einen Einsatz an den Tag zu legen, sondern machte vor allem ein egoistisches Motiv aus. Mit Giesberts würde „ein äußerst gefährlicher Gegner" ins Parlament einziehen, der durch „praktische Arbeit" und durch die „Vertretung von Arbeiterinteressen" die „sozialdemokratischen Phrasendrescher" in den Schatten stellen werde.[119] Weil das Zentrum in Hue den Hauptverantwortlichen für die sozialdemokratische Wahlkampfstrategie sah, versuchte es, dessen Glaubwürdigkeit zu erschüttern. Die *Essener Volks-Zeitung* startete eine sich über Wochen hinziehende Diffamierungskampagne und beschuldigte Hue „einer ganzen niedrigen Wahlmache" mit Lügen, Verdächtigungen und Verunglimpfungen.[120] Letztlich endete der mit harten Bandagen und einem enormen Aufwand an Agitationsmaterial geführte Wahlkampf mit einem Sieg des Zentrumskandidaten in der Stichwahl.[121]

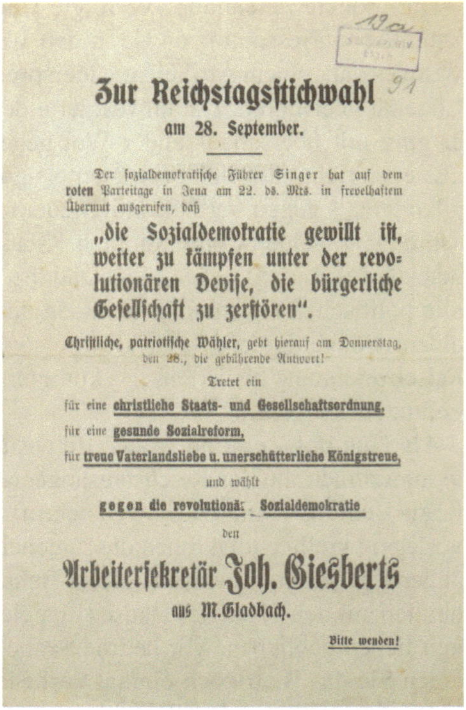
Zur Reichstagsstichwahl
am 28. September.

Der sozialdemokratische Führer Singer hat auf dem roten Parteitage in Jena am 22. ds. Mts. in frevelhaftem Übermut ausgerufen, daß

„die Sozialdemokratie gewillt ist, weiter zu kämpfen unter der revolutionären Devise, die bürgerliche Gesellschaft zu zerstören".

Christliche, patriotische Wähler, gebt hierauf am Donnerstag, den 28., die gebührende Antwort!

Tretet ein

für eine christliche Staats- und Gesellschaftsordnung,

für eine gesunde Sozialreform,

für treue Vaterlandsliebe u. unerschütterliche Königstreue,

und wählt

gegen die revolutionär Sozialdemokratie

den

Arbeitersekretär Joh. Giesberts

aus M.Gladbach.

Bitte wenden!

Abb. 8: Flugblatt zur Reichstagsstichwahl 1905

Auch zwei Jahre später, bei der nächsten Reichstagswahl, war Hue trotz seiner eigenen Kandidatur im Wahlkreis Bochum-Gelsenkirchen beim Essener Wahlkampf aktiv. Die Auftaktveranstaltung am 23. Dezember 1906 eröffnete nicht Wilhelm Gewehr, sondern Hue, der fast zwei Stunden lang sprach, während der Kandidat nur am Schluss der Versammlung kurz das Wort ergriff.[122]

117 Er war Redner in 13 Versammlungen und wurde nur von Gewehr selbst und von Luise Zietz übertroffen. Wisotzky, Hue (Manuskript), S. 31.

118 Bergarbeiter-Zeitung 34, 26.8.1905 „Öffentliche Aufforderung an Herrn Johann Giesberts!", 36, 9.9.1905 „Ein ‚konsequenter Gewerkvereinler'", 37, 16.9.1905 „Stötzel und Giesberts".

119 Essener Volks-Zeitung 199, 31.8.1905 „Kann ein christlicher Gewerkschafter einem Sozialdemokraten seine Stimme geben?" u. 211, 14.9.1905 „Die deutsche Bergarbeiter-Zeitung".

120 Essener Volks-Zeitung 210, 13.9.1905 „Einiges über die Wahrheitsliebe des Abg. Hue"; 168, 26.7.1905 „Zur Reichstagsersatzwahl im Wahlkreise Essen"; 193, 24.8.1905 „Lüge nur feste drauf los, etwas bleibt hängen"; 199, 31.8.1905 „Kann ein christlicher Gewerkschafter einem Sozialdemokraten seine Stimme geben?". – Zur Reaktion Hues: Otto Hue, „Essener Volkszeitung" und Wahrheitsliebe, in der Wahlkampf-Zeitung „Die Reichstags-Nachwahl im Kreise Essen 1905" (ein Exemplar in: LAD NRW Abt. Rheinl. Reg. Düsseldorf 9065).

121 Giesberts erhielt 41.799 Stimmen (=52,7 %). Essen. Geschichte einer Stadt, Anhang 6, S. 568f.; Schreiber, Giesberts, S. 122ff.

122 Allgemeiner Beobachter 297, 27.12.1906 „Erste große Wählerversammlung"; Arbeiter-Zeitung (Dortmund) 303, 29.12.1906; Vorwärts 13, 16.1.1907 „Im Wahlkreise des Tischtuch-Zerschneiders".

Wenngleich Hue mit seinen Ansichten in der lokalen Parteiorganisation vielfach eine Minderheitsmeinung vertrat, so hatte er – mit den Bergarbeitern im Rücken – weiterhin eine nicht zu unterschätzende Position inne, zumal er auch ein eifriger Artikelschreiber für die Parteizeitungen war.

2.4 Vorsitzender des Essener Gewerkschaftskartells

In den 1890er Jahren schlossen sich in den größeren Städten die lokalen Gewerkschaftsorganisationen zu einem Kartell zusammen, das zumeist wenig spektakuläre, aber gleichwohl wichtige Aufgaben übernahm.[123]

Otto Hue, der seit seiner Ankunft in Essen als Redner auf Gewerkschaftsversammlungen auftrat, übernahm 1895 von Wilhelm Ostkamp den Vorsitz im Essener Gewerkschaftskartell, dem vierzehn Verbände mit circa 1000 Mitgliedern angehörten.[124] In dieser Funktion war er rastlos tätig und trat als Redner in Versammlungen der Metallarbeiter, der Sattler, der Zimmerer, der Sattler und Tapezierer, der Stuckateure, der Anstreicher, der Holzarbeiter, der Brauer und der Schneider- und Schneiderinnen auf.[125] Die Agitation litt unter den Schikanen der sie überwachenden Polizei, die die Namen und Anschriften der Redner sorgfältig registrierte, Versammlungen auflöste, Wirte bedrängte, ihre Lokale nicht zur Verfügung zu stellen. Zudem waren die Redner vor Anklagen nicht gefeit. Allein 1895 waren gegen Hue vier Prozesse anhängig gemacht worden, die allerdings alle niedergeschlagen wurden.[126]

Die Tätigkeit des Essener Kartells unterschied sich nicht sehr von der in den anderen Städten, wie es die Jahresberichte belegen:[127]

– Es organisierte Versammlungen und stellte für Veranstaltungen der angeschlossenen Verbände Redner oder warb diese von auswärts an.

– Es veranstaltete Gewerkschaftsfeste. Das erste fand am 24. Juni 1894 statt. Da es sehr stark besucht war und „in schönster Harmonie“ verlief, wurde das Fest alljährlich gefeiert.

– Es organisierte die Gewerbegerichtswahlen.

– Es wollte die Arbeiterschaft schulen und bilden. So gab es in den Jahren 1895 und 1896 einige Theateraufführungen. Der Plan, eine Gewerkschaftsbibliothek ins Leben zu rufen, ließ sich zunächst nicht realisieren.[128] Als Ersatz diente ein Lesezimmer im Lokal Volkstheater, das abends ab 20 Uhr und jeden Sonntag ab 16 Uhr geöffnet hatte und in dem die wichtigsten sozialpolitischen und Gewerkschafts-Zeitschriften auslagen.[129] 1898 konnte dann für kurze Zeit eine Lesehalle im Gewerkschaftshaus eingerichtet werden.[130]

– Es führte, da die Stadt die Arbeiterschutzvorschriften im Bauwesen nicht entschieden genug kontrollierte und Verletzungen nicht sanktionierte, eigene Baukontrollen durch und veröffentlichte die Ergebnisse.

123 Ritter/Tenfelde, Durchbruch, S. 98.
124 Jahresbericht [1894/95] des Gewerkschaftskartells in Essen, in: Correspondenzblatt 14, 22.4.1895, S. 55.
125 Wisotzky, Hue (Manuskript), S. 32.
126 Vorwärts 216, 15.9.1896.
127 Ausführlich zur Tätigkeit des Gewerkschaftskartell: Wisotzky, Hue (Manuskript), S. 32–36.
128 Jahresbericht des Gewerkschaftskartells, in: Allgemeiner Beobachter 84, 13.4.1896.
129 Rheinisch-Westfälische Arbeiterzeitung 244, 17.10.1896.
130 Aufruf, der neuen Lesehalle Zeitungen und Broschüren zu stiften. Correspondenzblatt 9, 28.2.1898, S. 49f.

– Es leistete finanzielle Unterstützung bei lokalen und auswärtigen Arbeitskämpfen. Im Berichtsjahr 1896/97 hatten in Essen die Anstreicher, die Holzarbeiter sowie die Dachdecker und Zimmerleute gestreikt. Während die Anstreicher einen Teilerfolg erzielten, da einige Werkstätten den geforderten Minimallohn zahlten, endete der Ausstand der Zimmerer in einem Fiasko. Die Schuld dafür sprach Hue den Agitatoren zu, die die Lage nicht ausreichend analysiert hätten. Die Lehre, die daraus zu ziehen sei, lautete: „Was kann es aber helfen, in einem gewiß berechtigten Streik einzutreten, wenn dieser Schritt unzweifelhaft für die Arbeiter keinen Vortheil bringt. Für den organisirten Arbeiter heißt es ganz besonders: Erst wägen, dann wagen!“[131] Aufgrund dieser negativen Erfahrungen änderte das Kartell seine Satzung. Lokale Streiks, bei denen die Einzelgewerkschaft auf die finanzielle Hilfe des Kartells angewiesen war, durften nur mit dessen Zustimmung begonnen werden.[132]

– Nicht erfolgreich war das Kartell bei seinem Bemühen, eine Herberge für die vielen durchreisenden Arbeiter einzurichten. Sie blieben weiterhin darauf „angewiesen, in Herbergen, die theils recht zweifelhafter Art sind, zu übernachten“.[133] Ebenso scheiterte der Versuch, die Stadt von der Notwendigkeit eines kommunalen Arbeitsnachweises zu überzeugen.[134]

– Besonderen Handlungsbedarf sah Hue beim Kostgängerwesen, dem „Krebsübel der Industriestädte“.[135] Aufgrund vieler Klagen, wonach mäßig große Zimmer mit drei Betten von 3,4,5 ja 6 Personen belegt“ seien, deren Insassen sich „mit einem Waschgeschirr und je zwei mit einem Handtuch behelfen“ müssten, forderte Hue die Stadtväter auf, „sich einmal das ‚Kostgängerviertel‘, die dort von Häuserspekulanten geforderten unmäßigen Miethen, die jämmerlichen Wohnungszustände unter unseren Arbeiterfamilien anzusehen“. Als der Oberbürgermeister Erich Zweigert die gewerkschaftliche Initiative aufgriff und 1899 eine städtische Wohnungsinspektion einrichtete,[136] zollte ihm Hue großes Lob.[137]

Im Januar 1897 kündigte Hue an, den Vorsitz „wegen großer geschäftlicher Aufgaben“ niederlegen zu müssen.[138] Seinen letzten verantworteten Jahresbericht nutzte er, um den angeschlossenen Verbänden Vorbehalte zu machen. Sie hätten vielfach Delegierte gewählt, „denen es an der nothwendigen Erfassung ihrer Aufgaben mangelt“.

[131] Jahresbericht [1896/97] des Essener Gewerkschaftskartells, in: Rheinisch-Westfälische Arbeiterzeitung 114, 18.5.1897.

[132] Ebd.

[133] Jahresbericht [1896/97] des Essener Gewerkschaftskartells.

[134] Bajohr, Zwischen Krupp und Kommune, S. 144ff.; Wisotzky, Hue (Manuskript), S. 34f. – Allgemein zu den städtischen Arbeitsnachweisen: Krabbe, Gründung.

[135] O. H., Einiges aus dem Bau- und Wohnungswesen der „Kanonenstadt“ Essen, in: Rheinisch-Westfälische Arbeiterzeitung 220, 19.9.1896. Von den 7851 Schlafgänger, die 1902 in Essen gezählt wurden, schliefen 1042 zu viert, 360 zu fünft, 198 zu sechst und 185 gar zu siebt und mehr in einem Raum. Berg, Wirtschaft, S. 271. – Zum Schlafgängerwesen allgemein: Niethammer/Brüggemeier, Wie wohnten Arbeiter im Kaiserreich, S. 114–128.

[136] Zur Wohnungsinspektion: Bajohr, Zwischen Krupp und Kommune, S. 133–137.

[137] „Herr Zweigert war ein entschiedener Gegner unserer Partei, aber er hielt sich mehr wie jeder andere seiner Kollegen im rheinisch-westfälischen Industriegebiet von kleinlichen Schikanen gegen uns frei. ... Er verfolgte eine vorurteilsfreiere Kommunalpolitik, infolgedessen besitzt die Stadt Essen kommunale Institute wie sie keine andere Stadt im Kohlenrevier aufweist.“ Otto Hue, Wohnungszustände im Ruhrkohlenbezirk, insbesondere in der Stadt Essen, in: Kommunale Praxis 7 (1907), Sp. 895–902, Sp. 897.

[138] Rheinisch-Westfälische Arbeiterzeitung 20, 25.1.1897.

Angesichts der Bedeutung, die er dem Kartell zuschrieb, forderte er, nur Leute zu entsenden, „welche geistige Regsamkeit genug besitzen, um ihren Aufgaben gerecht zu werden".[139] Auch wenn er sich mit solch kritischen Aussagen wahrlich keine Freunde machte, blieb er eine einflussreiche Person in der Essener Gewerkschaftsbewegung. Sofern es seine anderweitigen Verpflichtungen zuließen, beteiligte er sich fleißig an der Agitation.[140] Seiner Tatkraft war es letztlich zu verdanken, dass das Kartell, das sich regelmäßig alle vierzehn Tage zur Beratung zusammensetzte, ein eigenes, schmerzlich vermisstes Domizil erhielt. Gemeinsam mit der sozialdemokratischen Partei konnte ein Lokal an der Ecke Freistadt-/Augustastraße angemietet und am 13. Februar 1898 unter dem Namen „Gewerkschaftshaus" eröffnet werden.[141] Der Essener Bezirkspolizeikommissar ärgerte sich über den Erfolg der Arbeiterorganisationen und empfand gerade den Standort als „besonders bedenklich", da sich ein Tor der Gussstahlfabrik in der unmittelbaren Nähe befand, durch das täglich Tausende ein und aus gingen. Seine Forderung „Zur Unschädlichmachung dieses Agitationsherdes müssen Schritte gethan werden"[142] fand Gehör beim Kruppschen Direktorium, das nicht lange zögerte. Das Unternehmen kaufte das Haus und beendete den Mietvertrag.[143] Für die Gewerkschaftsbewegung war die Kündigung ein herber Rückschlag.

2.5 Organisationsprobleme des Deutschen Metallarbeiterverbandes im Ruhrgebiet

Wenngleich Hue 1894 eine Anstellung beim Bergarbeiterverband fand, engagierte er sich weiterhin im Metallarbeiterverband. Er war Delegierter auf der Generalversammlung 1895[144], nahm an Sitzungen der Essener Zahlstelle teil,[145] agitierte auf Versammlungen für die Gewerkschaft[146] und schrieb Artikel für die *Metallarbeiter-Zeitung*[147].

139 Jahresbericht [1896/97] des Essener Gewerkschaftskartells, in: Rheinisch-Westfälische Arbeiterzeitung 114, 18.5.1897.

140 Als in Essen die christlichen Gewerkschaften die Gewerbegerichtswahl 1903 anfochten und es deshalb Neuwahlen gab, war es für ihn selbstverständlich, sich als Redner zu betätigen. Dortmunder Zeitung 13, 8.1.1904 „Gewerbegerichtswahl".

141 Rheinisch-Westfälische Arbeiterzeitung 40, 17.2.1898 „Die Eröffnung des Essener Gewerkschafts-Hauses"; Arbeiterzeitung (Essen) 37, 13.2.1908 „Nach 10 Jahren".

142 LAD NRW Abt. Rheinl. Reg. Düsseldorf 9048, Bezirkspolizeikommissar Essen an Regierungspräsident Düsseldorf, 14.3.1898.

143 LAD NRW Abt. Rheinl. Reg. Düsseldorf 9049, Oberbürgermeister an Regierungspräsident Düsseldorf, 14.3.1899 u. Bezirkspolizeikommissar an Regierungspräsident Düsseldorf, 14.3.1899: „Krupp'sche Arbeiter entblödeten sich nicht hier zahlreich zu erscheinen und während der Reichstagswahlkämpfe, die gegen ihren Chef gerichteten schnödesten Angriffe anzuhören. Die Vertilgung dieses Agitationsherdes und besonders an dieser Stelle war unerläßlich." – Zum Kauf des Hauses: Historisches Archiv Krupp WA 44/125. Ich danke dem Historischen Archiv Krupp für die Recherche.

144 Protokoll der General-Versammlung des Deutschen Metallarbeiter-Verbandes 1895.

145 Am 28.4.1895 erstattete er Bericht über die Generalversammlung. Metallarbeiter-Zeitung 21, 25.5.1895.

146 Am 17.2.1895 in Witten. Rheinisch-Westfälische Arbeiterzeitung 37 u. 46, 13.u.23.2.1895. Am 23.6., 10.11. und 1.12.1895 in Essen. Metallarbeiter-Zeitung 25, 22.6.1895, 28, 13.7.1895 u. 48, 30.11.1895; Rheinisch-Westfälische Arbeiterzeitung 282 u. 283, 4. u. 5.12.1895.

147 Die rheinisch-westfälische Eisen- u. Stahlindustrie im Jahre 1894 (6, 9.2.1895); Kapitalistische Entbehrungs-Löhne (16, 20.4.1895), Aus der Metallindustrie Rheinland-Westfalens (27, 4.7.1896), Etwas Statistik über den internationalen Eisenmarkt (33, 15.8.1896), Die Opfer der Dampfkesselexplosionen in Deutschland (42, 17.10.1896).

Als gelernter Schlosser, der beim Hoerder Verein und bei Krupp gearbeitet hatte, kannte er aus eigener Erfahrung die organisatorische Schwäche des Verbandes in den Großbetrieben an Rhein und Ruhr, für die er mehrere Faktoren namhaft machte:[148]

1. Das Großkapital habe das Ruhrgebiet „polonisirt, slavisirt", überschwemmt „mit polnischen und slavischen Einwanderern", sodass in den Betrieben von Hoesch, dem Bochumer Verein, Krupp und der Guten Hoffnungs Hütte (GHH) 60 Prozent der Arbeiter nicht „von der ‚rothen Erde' oder vom Strande des ‚Vater Rheins'" stammten.[149] „Diese rückständigen Elemente wirken vernichtend auf unsere moderne Arbeiterbewegung, sowohl nach gewerkschaftlicher wie auch politischer Hinsicht."[150] Die Ost- und Westpreußen, die Oberschlesier und Polen glaubten, an der Ruhr ein neues „Dorado" gefunden zu haben, denn ein Vergleich mit den misslichen Verhältnissen in ihrer Heimat lasse sie die „Lohnsklaverei am Niederrhein" als sehr erträglich empfinden. Diese Zufriedenheit bliebe nicht ohne Einfluss auf die einheimischen Belegschaftsangehörigen. Auch sie sähen nach den schaurigen Erzählungen der Zugewanderten die Arbeits- und Lebensbedingungen in einem neuen, positiven Licht. Hue, der Untersuchungen über Rasseeigentümlichkeiten als „zweifelhaft" ablehnte,[151] arbeitete dennoch bei der Analyse der Hüttenindustrie mit solchen Kategorien, wenn er behauptete: „Das schmiegsame und unterwürfige Slaventhum hat den Sieg davongetragen über den starrköpfigen, freiheitsliebenden Rheinländer und Westfalen."[152]

2. Die Einwanderer bildeten eine große Reservearmee, die bereitstünde, gewerkschaftlich aktive Arbeiter zu ersetzen – mit verheerenden Folgen für die Organisation. „Mit größerer Vorsicht hütet man sich, etwaige gewerkschaftliche oder sozialistische Ansichten zu vertreten. Man bangt umsomehr für sein Brod, wenn man sieht, daß Hunderte von völlig ungelernten Arbeitern nach kurzer Zeit, Dank der fortschreitenden Technik, als Dreher, Hobler, Schlosser, Schmied, Walzer, Schweißer etc. fertig werden können, oder aber wenigstens als brauchbare Hilfspersonen im Nothfalle den renitenten gelernten Arbeiter ersetzen."[153]

3. Die „roten" Kapläne hätten es mit ihrem wortradikalen Auftreten vermocht, die katholischen Arbeiter zu organisieren, und so erstrecke sich nun „ein dichtmaschiges Netz von allen möglichen katholischen Vereinen, geleitet und beherrscht von dem Klerus, … über das ganze rheinisch-westfälische Industriegebiet".[154] Den katholischen Arbeitervereinen wäre es vielfach gelungen, Einwanderer aufzunehmen, die hier „Anklänge an ihre Heimath – die religiösen Zeremonien" – fänden.[155] Die Folgen für die freien Gewerkschaften seien nicht zu unterschätzen, denn in diesen Organisationen werde, unter-

[148] O.H., Die Konzentration des Kapitals und die Gewerkschaften, in: Metallarbeiter-Zeitung 12, 23.3.1895; Otto Hue, Zur Organisation der Metall-Arbeiter Rheinlands, in: Metallarbeiter-Zeitung 17, 25.4.1896, Otto Hue, Die Metallarbeiterorganisation am Niederrhein und ihre Hemmnisse, in: Metallarbeiter-Zeitung 50 u. 52, 12. u. 26.12.1896. – Zum Folgenden auch Swiniartzki, Der Deutsche Metallarbeiter-Verband, S. 154–159.

[149] Hue, Die Metallarbeiterorganisation am Niederrhein I. – Zur regionalen Herkunft der Beschäftigten im Ruhrgebiet: Swiniartzki, Der Deutsche Metallarbeiter-Verband, S. 144–150.

[150] Hue, Die Metallarbeiterorganisation am Niederrhein I.

[151] Hue, Zur Organisation der Metall-Arbeiter Rheinlands.

[152] Hue, Die Metallarbeiterorganisation am Niederrhein I.

[153] Ebd.

[154] Hue, Die Metallarbeiterorganisation am Niederrhein II.

[155] Ebd.

stützt von der ultramontanen Presse, gegen die „rothen Brüder" gehetzt. Sie würden „als hassenswerth, als Ausbunde aller Schlechtigkeit hingestellt".[156] Eine solche Propaganda, „potenzirt durch fanatisches Vorurtheil und demagogische Lügenhaftigkeit", wirke sich besonders negativ auf den Fortschritt der Organisation aus.

4. Engagierte Gewerkschafter wären der rigorosen Verfolgung durch die Unternehmer ausgesetzt. Da Krupp, der Bochumer Verein oder die Gute Hoffnungs Hütte (GHH) in ihren Städten quasi eine Monopolstellung innehätten, scheuten die Hüttenarbeiter die gewerkschaftliche Organisation aus Furcht, nach einer Entlassung keine andere Anstellung zu finden.

5. Für den Metallarbeiterverband sei es ebenso wie für die anderen freien Gewerkschaften ausgesprochen schwierig, geeignete Versammlungslokale zu erhalten. Die Behörden sorgten mit Schanksperre dafür, dass die Wirte vor einer Vermietung an die Arbeiterorganisationen zurückschreckten.

6. Hue hatte bei seiner Arbeit beobachten müssen, dass gerade in den größten Werkstätten die größte Uneinigkeit unter den Arbeitern herrsche. Da jeder bemüht sei, einen besseren Posten zu ergattern, bliebe „keine Zeit übrig ... für die Ausbildung des Klassengefühls", verliere vielmehr „der Arbeiter als Mensch sein eigenes Selbst, seinen eigenen sittlichen Halt".[157]

7. Nicht gering einzuschätzen wäre zudem der relativ sichere Arbeitsplatz, den der „Kruppianer" besaß und den er ungern verlieren wollte, zumal wenn er verheiratet war. Denn: „Draußen in der weiten Welt ist es sehr fraglich, ob sie eine gleich sichere Stellung finden."[158]

8. Die relativ hohen Löhne vernebelten die Erkenntnis, ausgebeutet zu werden. Hue zitierte in diesem Zusammenhang „Lohnarbeit und Kapital" von Karl Marx: „Je rascher der Arbeiter den fremden Reichthum vermehrt, desto fettere Brocken fallen für ihn ab." Die Folge sei offensichtlich: „Die von den ‚fetten Brocken' bethörten Arbeiter sehen nur diese, nicht aber die Sklavenketten, mit denen sie das stetig wachsende Kapital umschlingt."[159]

Aufgrund seiner Beobachtungen widersprach Hue der Ansicht, dass Großbetriebe „dem Erwecken eines Klassengefühls förderlich" seien. „Theoretisch hört es sich wohl hübsch an, wenn man der Akkumulation des Industrieproletariats durch das Großkapital eine das proletarische Bewußtsein weckende Wirkung zuschreibt. Aber: Grau ist alle Theorie, in der Praxis sieht das Ding's denn doch etwas anders aus."[160] Warum die Gewerkschaft hier nicht Fuß fassen könne, dafür sei vor allem die große „Ansammlung gänzlich rückständiger Arbeitermassen" verantwortlich: „Diese Konzentrirung der unkultivirten Elemente ist die Endursache unserer geringen Erfolge."[161]

Es ist eine seltsame Mischung von rassistischen Vorurteilen und richtigen Erkenntnissen, mit der Hue die Schwachstellen der Gewerkschaftsbewegung benannte. Er beließ es aber nicht bei der teils gerechtfertigten, teils ungerechtfertigten Kritik, sondern

[156] Ebd.
[157] O.H., Die Konzentration des Kapitals und die Gewerkschaften, in: Metallarbeiter-Zeitung 12, 23.3.1895.
[158] Ebd.
[159] Ebd.
[160] Hue, Die Metallarbeiterorganisation am Niederrhein I. – Ebenso O.H., Die Konzentration des Kapitals und die Gewerkschaften.
[161] Hue, Die Metallarbeiterorganisation am Niederrhein I.

machte zugleich Vorschläge zur Stärkung der Organisation. Sie zeichneten sich allerdings nicht durch große Kreativität aus. Die Verbandsleitung sollte vor allem die Agitation verstärken. Diese müsse „intensiv, energisch und ohne Rücksicht auf lokale Kosten betrieben werden“. Hue empfahl des weiteren, keine Referenten von auswärts ins Ruhrgebiet zu schicken. Vielmehr seien Redner vonnöten, die mit den Verhältnissen bestens vertraut sind und „die einschlägige sozialpolitische Litteratur unserer ultramontanen Gegner kennen“. Sie dürften zudem keineswegs auf der Religion herumreiten. „Damit haben wir in der Gewerkschaft nichts zu thun und gerade für unsere Verhältnisse kann es nichts Schlimmeres geben, als eine demonstrativ antireligiöse Stellung der Gewerkschaften.“[162] Für die Organisationsentwicklung waren diese hausbackenen Vorschläge ebenso wenig hilfreich wie die – rassistisch unterlegte – Abqualifizierung der Belegschaften in der Eisen- und Stahlindustrie des Ruhrgebiets als unkultivierte Masse. Besser wäre es gewesen, Hue hätte die Arbeitsprozesse in der Hüttenindustrie eingehender analysiert und daraus die notwendigen Schlussfolgerungen gezogen.

Als Hue fünf Jahre später abermals die Situation des Metallarbeiterverbands im rheinisch-westfälischen Industriegebiet besprach,[163] hatte sich an den miserablen Mitgliederzahlen nichts geändert. Die Verwaltungsstellen in Bochum (145 Mitglieder im Jahre 1900), Dortmund (208), Duisburg (100) und Essen (348)[164] führten nur ein Schattendasein angesichts der etwa 400.000 Arbeiter, die die Berufsgenossenschaft erfasste. Hue konnte aber mit keinen neuen Ideen aufwarten, sondern wiederholte lediglich seine Mahnung, die Agitationsarbeit zu verstärken und in den großen Städten des Reviers sowie im Saarland Gewerkschaftsbeamte anzustellen.[165]

2.6 Regionale Gewerkschaftsarbeit

Obwohl das Ruhrgebiet das größte Industrierevier Deutschlands mit Hunderttausenden von Arbeitern bildete, wies es sehr zum Leidwesen von Hue „die schwächste gewerkschaftliche Organisation“ auf. 1899 besaßen die freien Gewerkschaften gerade einmal 20.000 Mitglieder.[166] Als Gründe für die Schwäche benannte Hue auf einer gewerkschaftlichen Konferenz, die am 25. Juni 1899 in Mülheim tagte, altbekannte Fakten: „das starke organisirte Unternehmerthum, die religiöse und politische Verhetzung der Arbeiter, der Riesenzufluß rückständiger Elemente, Interesselosigkeit und Klimbimsucht der Arbeiter und die feindliche Haltung der Behörden.“[167] Um mehr Mitglieder zu gewinnen, warb er auch hier für die politische und religiöse Neutralität der Organisationen und schlug die Gründung eines „Agitationskomitees“ vor, das alle Aktivitäten koor-

162 Hue, Die Metallarbeiterorganisation am Niederrhein II.

163 Otto Hue, Wo liegen die Wurzeln der Kraft für den Deutschen Metallarbeiter-Verband, in: Metallarbeiter-Zeitung 33, 17.8.1901. Swiniartzki, Der Deutsche Metallarbeiter-Verband, S. 157.

164 Zahlen nach Swiniartzki, Der Deutsche Metallarbeiter-Verband, S. 113, Tab. 2.

165 Sieben Jahre später betonte Hue abermals die Notwendigkeit, „die Feuerbetriebsarbeiter zu organisieren“, ohne eine Idee zu haben, wie dies geschehen könne. O.H., Was tut not?, in: Metallarbeiter-Zeitung 39, 26.9.1908.

166 Angaben Hues auf einer Konferenz der Gewerkschaften des Ruhrgebiets am 25. Juni in Mülheim. Volksblatt 225, 27.6.1899; Rheinisch-Westfälische Arbeiterzeitung 147, 27.6.1899; Bergarbeiter-Zeitung 27, 15.7.1899.

167 Bergarbeiter-Zeitung 27, 15.7.1899 „Conferenz der Gewerkschaften des Ruhrgebiets“.

dinieren und den kleineren Verbänden Redner stellen sollte. Die Versammlung billigte zwar den Vorschlag und bestimmte Essen zum Sitz des Agitationskomitees. Doch trotz des positiven Votums trat das Komitee vorerst nicht in Aktion.[168]

Hue ließ sich nicht entmutigen, sondern wiederholte Jahr für Jahr seine Aufforderung zur Zusammenarbeit. „Wir müssen dahin kommen, daß die organisirten Kollegen aller Berufe sich die Hand reichen; der organisirte Schuhmacher oder Klempner muß gemeinsam wirken mit dem Holzarbeiter und Bergmann, ob sie in Unna, Recklinghausen, Duisburg oder Essen wohnen. Der Vertrauensmann der Bergleute in Dortmund muß den Bevollmächtigten der Maurer in Bochum, Gelsenkirchen, Witten oder Mülheim in die Hände arbeiten. Da unsere Kräfte noch so schwach sind, müssen wir alle zusammenfassen, gemeinsam den Hebel ansetzen, um die ungeheuere Masse der Unorganisirten für die Organisationen zu gewinnen. Was dem einen Verbande nützt, kommt auch dem anderen zu gut! Üben wir praktische Solidarität, dann erobern wir auch das Ruhrbecken."[169]

Die Weigerung einiger Zahlstellen des Bergarbeiterverbandes, sich dem örtlichen Gewerkschaftskartell anzuschließen, kritisierte Hue auf der Generalversammlung. Man dürfe sich nicht „als Besonders" fühlen und separieren, sondern müsse sich an den Kartellen beteiligen, um eine „allgemein-gewerkschaftliche Schulung [zu] bekommen und die Anschauung weiterer Arbeiterschichten kennen[zu]lernen".[170] Seiner Aufforderung kamen aber nur wenige Zahlstellen nach. Das Hauptproblem bildete die allgemeine Finanznot der Organisation, weshalb in den meisten Fällen der Anschluss wegen der damit verbundenen Beitragszahlungen unterblieb. Zudem war das Themenspektrum der Schulungsabende (Herbergswesen, Reiseunterstützung, Arbeitsnachweis) für die Bergleute nicht von Interesse.[171] Erst als sich die Finanzlage des Verbandes etwas gebessert hatte, veränderte sich seine Haltung gegenüber den Gewerkschaftskartellen. Diese durften nach einem Beschluss der Generalversammlung 1902 von den Zahlstellen mit einem Betrag bis zu 10 Pfennig pro Quartal und Mitglied unterstützt werden.[172] Für Hue war diese Entscheidung von „großer Bedeutung", unterstrich sie doch „die Gemeinsamkeit der Interessen aller Arbeiter" und war zugleich ein Beweis dafür, dass die Eigenbrötelei verurteilt werde und sich die Verbandsvertreter „in ihren Bestrebungen nicht mehr nur als Bergarbeiter, sondern auch als Proletarier" fühlten.[173] Seine Euphorie teilten die Ortsverwaltungen keineswegs. Sie beklagten vielmehr, dass sie trotz der Geldleistungen von den Kartellen in ihrer Arbeit nur unzureichend unterstützt würden.[174] Aus diesem Grunde entschied die nächste Generalversammlung, nur die Hälfte des ortsüblichen Kartellbeitrags zu entrichten.[175]

Mehr Erfolg hatte Hue mit seiner Idee, ein Aktionskomitee einzusetzen. Ein solches wurde auf der Konferenz der Gewerkschaftskartelle und der Agitationsleiter am 5. April

168 Buschak, Gewerkschaftliche Organisierung, S. 746.

169 Unterrichtskurse für die organisirten Arbeiter im Ruhrgebiet, in: Bergarbeiter-Zeitung 35, 7.9.1901; O.H., Die Unfälle der rheinisch-westfälischen Arbeiter, in: Rheinisch-Westfälische Arbeiterzeitung 25, 30.1.1900.

170 Protokoll der Generalversammlung 1900, S. 9.

171 Bergarbeiter-Zeitung 33, 25.8.1900 „Der Berg- und Hüttenarbeiterverband und die Gewerkschaftskartelle".

172 Protokoll der Generalversammlung 1902, S. 67.

173 O.H., Das Resultat der Bergarbeitertage in Essen und Düsseldorf, in: Weckruf 130, 7.6.1902.

174 Protokoll der Generalversammlung 1903. Jahres-Bericht des Vorstandes, S. 48f.

175 Ebd., S. 101.

1903 ins Leben gerufen. Seine Arbeit fand die Anerkennung Hues, denn dadurch seien „Agitationsmethoden und taktisches Verhalten … einheitlicher geworden“.[176]

Wenngleich die Verbände zur Freude Hues kooperierten, so blieb ein durchschlagender Erfolg aus. Die Organisationen wuchsen nur langsam, und der Organisationsgrad im Ruhrgebiet verharrte auf niedrigem Niveau.

176 Otto Hue, Rheinisch-westfälische Gewerkschafts-Bewegung I, in: Arbeiter-Zeitung (Dortmund) 19, 23.1.1906.

3. Vom Redakteur zum Repräsentanten des Bergarbeiterverbandes

3.1 Der Redakteur der Bergarbeiter-Zeitung

Parallel zu seiner Partei- und Gewerkschaftstätigkeit in Essen hatte Otto Hue Kontakte zum Bergarbeiterverband geknüpft, dessen Angestellter er 1894 wurde.[1] In der Anfangszeit war er nach einer Aussage des Kassierers Schürholt Mädchen für alles. Hue verfasste Artikel und belieferte die *Bergarbeiter-Zeitung* mit Nachrichten aus Essen,[2] half mit bei der Expedition, in der Verwaltung und bei der Agitation.[3] Erstmals vertrat er den Verband bei einer Diskussionsveranstaltung in Altenessen am 7. Oktober 1894. Seine Kontrahenten waren Bernhard Walter aus Gelsenkirchen für den Hirsch-Dunkerschen Gewerkverein und August Brust für den gerade gegründeten christlichen Gewerkverein. Hue äußerte sich – verständlicherweise – weniger zu spezifischen Problemen der Bergleute, sondern plädierte allgemein für die „Umgestaltung der Privatproduktion in gesellschaftliche Produktion", da sich allein so die soziale Frage lösen ließe.[4] In der Folgezeit trat Hue häufiger als Redner bei Bergarbeiterversammlungen auf, teils alleine, teils zusammen mit dem Gewerkschaftsvorsitzenden Ludwig Schröder oder mit dem Redakteur Johann Margraf.[5] Bei diesen ersten Auftritten finden wir schon einige der für Hue typischen Grundzüge, seine Vorliebe für die Argumentation mittels amtlicher Statistiken und Zahlen und sein steter Verweis auf die bevorzugte Stellung des Knappens in der Vergangenheit, die er in Bardenberg mit alten Urkunden belegte.[6]

Es war daher nicht ganz überraschend, dass der Vorstand ihn trotz seiner Bergfremdheit zum Redakteur der *Bergarbeiter-Zeitung* ernannte. Die Stelle war vakant geworden, da der bisherige Stelleninhaber, Johann Margraf, eine siebenmonatige Gefängnisstrafe wegen Aufreizung zu Gewalttätigkeiten und Beleidigung des Knappschaftsvorstandes absitzen musste.[7]

1 Bergarbeiter-Zeitung 8, 23.2.1907 „Der infamste Feind". – Er war zu dieser Zeit neben Brangenberg der einzige Verbandsangestellte.

2 Archiv im Haus der Geschichte des Ruhrgebiets IG Bergbau 18985, Hue an den Rechtsanwalt Dr. Niemeyer, 19.1.1911. Ein namentlich gekennzeichneter Artikel war aber nicht zu finden. Nach eigener Aussage (Hue, Neutrale oder parteiische Gewerkschaften, S. 81) hat er den mit Z gezeichneten Bericht über die Gründung des Gewerkvereins (Bergarbeiter-Zeitung 45, 10.11.1894) geschrieben. Vermutlich stammen auch die Nachrichten über die Essener Zeitungen aus seiner Feder.

3 Aussage Schürholt beim Prozess Hue c. Brust. Bergarbeiter-Zeitung 21, 25.5.1901.

4 Bergarbeiter-Zeitung 42, 20.10.1894 „Eingesandt"; Essener Volks-Zeitung 232, 9.10.1894 „Die Bestrebungen der christlichen Bergarbeiter".

5 Bergarbeiter-Zeitung 49, 8.12.1894 u. Vorwärts 290, 13.12.1894 (Versammlung in Bardenberg); Bergarbeiter-Zeitung 8, 23.2.1895 (Herne), 12, 23.3.1895 (Werden) u. 15, 13.4.1895 (Bommern).

6 Bergarbeiter-Zeitung 49, 8.12.1894 „Aus dem Wurmrevier".

7 Bergarbeiter-Zeitung 17, 27.4.1895 „Ein Abschiedswort an unsere Freunde und Kameraden"; Johann Margraf, Allen Gewalten zum Trutz sich erhalten, in: Bergarbeiter-Zeitung 33, 16.8.1919.

Als Hue, der niemals unter Tage gearbeitet hatte[8] – bei einer Größe von 1,94 Metern war dies auch nur schwer denkbar[9] – und der, wie er selbst eingestand,[10] keine Kenntnisse von der Bergarbeit besaß, zum 1. Mai 1895 sein Amt antrat, nahmen ihn die Mitglieder mit Skepsis auf.[11] „Wat sall us de hergelaupene Schmiegeselle?“ war die Reaktion eines Hörder Bergmanns.[12] Seine Berufsfremdheit nutzten seine politischen Gegner und der christliche Gewerkverein aus, indem sie behaupteten, Hue verstehe vom Bergbau so viel wie die Kuh vom Sonntag.[13] Die Herabwürdigung hielt bis zu seinem Tode an, obwohl der viel Geschmähte schon längst ein ausgewiesener Bergbauexperte geworden war.[14]

Die Angriffe auf den „Blechfabrikanten“ – mit dieser gern gebrauchten Titulierung versuchte der Gewerkverein, das Ansehen Hues herabzusetzen[15] – gingen ins Leere, denn der Neuling hatte sich mit Elan in die ihm fremde Materie eingearbeitet. Mit dem nötigen Fleiß eignete er sich recht schnell das erforderliche Wissen an. Von Heinrich Möller, der vor seiner Verbandstätigkeit als Steiger gearbeitet hatte, lernte er die Besonderheiten der Untertagearbeit kennen, und der Knappschaftsälteste Peter Meis vermittelte ihm die Kenntnisse über das Knappschaftswesen, sodass der junge Redakteur bald die unterschiedlichsten Themen in seinen Leitartikeln behandeln konnte.[16] Jahr für Jahr unternahm er ausgiebige Studienreisen und Agitationstouren, um sich mit den Verhältnissen in den Revieren außerhalb des Ruhrgebiets vertraut zu machen.[17] Es dauerte nicht allzu lang, und Hue war ein allgemein anerkannter Fachmann, wenngleich nur ein „angelernter“, wie er voller Selbstironie bei seiner ersten Rede im preußischen Abgeordnetenhaus eingestand.[18]

Seine erste Aufgabe bestand darin, das Verbandsorgan neu auszurichten. Dieses hielt Hue für dringend erforderlich, da die Zeitung in der Vergangenheit „nicht gewerkschaftlich, sondern thatsächlich parteipolitisch redigirt“ worden wäre. Nach seiner Beurteilung waren „manche Artikel aus jener Zeit … anarchistisch angehaucht“ und machten es den Gegnern leicht, „dem Verbande einen sozialdemokratischen Stempel“

8 Für die Aussage (Osterroth, Lexikon, S. 141), er hätte auch mal als „Zechenschlosser“ gearbeitet, lassen sich keine Belege erbringen.

9 Seiner Größe wegen hieß Hue bei den Bergarbeitern „der Lange“ oder der „lange Otto“. Werner, Rechnung, S. 131.

10 Hue, Bergarbeiter 2, S. 482.

11 Joh. Leimpeters, Unserem unvergeßlichen Freund Hue, in: Bergarbeiter-Zeitung 18, 6.5.1922.

12 Brockpähler, Hörde, S. 296f.

13 Bergknappe 21, 15.12.1897 „Die Agitatoren des Alten Verbandes“. – Zur Reaktion Hues: Wisotzky, Hue (Manuskript), S. 43.

14 In der Reichstagsdebatte am 22. Juni 1921 erklärte Heinrich Imbusch, „daß der Herr Abgeordnete Hue von den Verhältnissen in der Grube auch gar keine Ahnung hat“. Reichstagsrede am 22.6.1921, Verhandlungen, S. 4076. Ins gleiche Horn stießen die Linksradikalen: „Hue würde wohl in Verlegenheit geraten, wenn ihm wegen seiner praktischen bergmännischen Kenntnisse auf den Zahn gefühlt würde.“ Freiheit (Mülheim) 32, 8.2.1919 „Wie sie wüten!“.

15 Ein Beispiel von vielen: Bergknappe 7, 1.7.1896 „Die Kampfesweise der Sozialdemokraten gegen den christlichen Gewerkverein“.

16 Hue, Bergarbeiter 2, S. 482.

17 1895 war er in Ober- und Niederschlesien, 1896 wiederum in Oberschlesien, im Braunkohlenrevier um Helmstedt, 1897 in Belgien, 1898 im Deister-Revier, im Magdeburg-Harzer Becken, in Sachsen, Böhmen, Nieder- und Oberschlesien, 1899 im Haller Revier, bei der Griffel-Industrie in Meiningen und Bayern, 1901 in Bayern und in Österreich (Salzburg, Steiermark, Tirol).

18 Landtagsrede am 3.2.1914, Stenogr. Berichte, Sp. 1338.

aufzudrücken. Zudem seien die Fachartikel „so minderwerthig und einseitig gefärbt" gewesen, „daß die Proteste der Leser wohl begreiflich waren". Hue entschuldigte seine Vorgänger mit dem großen „Durcheinander", das damals geherrscht habe. „Zur Ruhe, zum Studium kamen die Führer nicht; entweder sie kämpften gegen innere und äußere Feinde, oder – saßen wegen vielfacher ‚Verbrechen gegen die Ordnung' im Gefängniß." Das galt speziell für die Redakteure, „einfache Arbeiter, die, kaum etwas eingearbeitet, schon wieder in's Gefängnis wanderten."[19]

Für Hue war es wichtig, dass die *Bergarbeiter-Zeitung* nicht mehr für parteipolitische Zwecke missbraucht werde.[20] Sie sollte neutral sein, „alle Richtungen zu Worte kommen" lassen, „soweit es sich um berufliche Angelegenheiten handelt".[21] Ebenso dürfe beim Abdruck und der Kommentierung der Parlamentsreden die Parteizugehörigkeit des Abgeordneten keine Rolle spielen. „Sie werden gelobt, ist der Redner arbeiterfreundlich, scharf bekämpft, wenn das Gegentheil zutrifft."

Die Anforderungen, denen die Zeitung gerecht werden sollte, waren vielfältig. Die wichtigsten waren: die Mitglieder zu informieren, zu schulen, für die Vereinssache zu begeistern, „denn ohne Begeisterung für ein Ideal ist die Mühsal des Lebens nicht zu überwinden,"[22] und nicht zuletzt zu Kämpfern zu erziehen.

Als Redakteur sah sich Hue verpflichtet, „Schäden im Bergmannsleben, die Abhilfe erheischen und mir von glaubwürdiger Seite mitgetheilt werden, aufzudecken". „Durch die Sammlung derartigen Materials" verfolgte er ein in die Zukunft weisendes Ziel. Es sollte nämlich „der Beweis erbracht werden, daß die Berginspektion in ihrer heutigen Organisation nicht ausreicht für ihre Zwecke".[23]

Hue war stolz darauf, dass die *Bergarbeiter-Zeitung* für sich die Ehre in Anspruch nehmen durfte, „wohl das bestgehaßteste deutsche Gewerkschaftsblatt zu sein". Es habe sich diesen Ruf durch seine Aufklärungsarbeit erworben. In Überschätzung der eigenen Macht behauptete er, dass die Aufdeckung der Missstände nicht nur vielfach ihre sofortige Abschaffung bewirkt,[24] sondern dem Verbandsorgan auch „den Ruhm" eingebracht hätte, „bahnbrechend zu wirken auf dem Gebiete der Berginspektionsreform".[25] Und an anderer Stelle schrieb er: „Merkwürdig! Die ‚Bergarbeiter-Zeitung' schrieb von 1891–95 viel ‚revolutionärer' wie jetzt, aber notorisch ist sie niemals gefürchteter und gehaßter gewesen von den Kapitalisten, als seitdem wo sie begann in ‚mäßiger' Weise den Schleier von den Grubengeheimnissen zu ziehen und dabei sich frei hielt von aller religiösen und parteipolitischen Agitation."[26]

Die Mitglieder sollten der Redaktion nicht allein Meldungen über Missstände auf den Gruben zusenden, sondern auch Berichte über Zahlstellenversammlungen einreichen,

19 Hue, Neutrale oder parteiische Gewerkschaften, S. 67.

20 Rede auf der Generalversammlung 1903. Protokoll, S. 106.

21 Otto Hue, Zur deutschen Bergarbeiterbewegung, in: Neue Zeit 18 (1899/1900), S. 5–13, S.11.

22 Otto Hue, Die „christliche" Gewerkvereinspresse, in: Correspondenzblatt 51, 19.12.1903, S. 833–836, S. 835.

23 Bergarbeiter-Zeitung 9, 28.2.1897 „Eine Lehre für den Ankläger". – Zu den von ihm geforderten Arbeiterkontrolleuren siehe Kap. 9.7.

24 Jahres-Bericht 1903, S. 51.

25 Bergarbeiter-Zeitung 16, 16.4.1898 „Jahresbericht".

26 Hue, Neutrale oder parteiische Gewerkschaften, S. 96.

„um das lokale Interesse mehr zu wecken".[27] Ebenso wichtig wie die Nachrichten aus allen deutschen Bergrevieren war Hue die internationale Berichterstattung, für die er Mitarbeiter in England, Frankreich, Belgien, Österreich und Nordamerika anwarb.[28] Er rühmte voller Stolz das von ihm aufgebaute Korrespondentennetz. Kein „ausländisches Bergarbeiterfachblatt" sorge so „für die Ausbreitung des internationalen Brudergeistes".[29]

Ein weiteres Anliegen war, die Zeitung zu öffnen für eine Diskussion über die Mängel in der Verbandstätigkeit. „Selbsterkenntnis ist der erste Schritt zur Besserung! Sehen wir unsere Mängel ein, stellen wir dieselben ab und schaffen gesundere Grundlagen, so ist es unseren Feinden noch unmöglicher wie bisher, uns Abbruch zu thun. Also Kritik – scharfe und sachliche Selbstkritik thut uns noth, wollen wir dem Gedanken der Organisation dienen. Nicht Vertuschen, kein Versteckspiel – offene Karten!" Folgerichtig forderte Hue die Leser auf, „etwaige Ansichten und Vorschläge über den inneren Ausbau unseres Verbandes in dem Verbandsorgan zur Sprache zu bringen".[30]

So sehr Hue auf die Mitarbeit der Mitglieder setzte, so behielt er sich stets das Recht vor, eingesandte Artikel zu bearbeiten und zu kürzen. Eine solche Redaktionstätigkeit missfiel einzelnen Einsendern und gab Anlass zu Kritik.[31] Am 14. Juli 1900 beschwerten sich Johann Leimpeters und Friedrich Jungesblut beim Vorsitzenden Möller, dass ihr Aufsatz zur Krankenzuschusskasse „vollständig verstümmelt" gedruckt worden sei. Ihr Verlangen, den Artikel in der nächsten Ausgabe ungekürzt zu veröffentlichen, verbanden sie mit massiven Anklagen gegen Hue, dem sie „Schulmeisterei" und „gemeine Majorisirung" vorwarfen.[32] Dieser verteidigte sich im gleichfalls scharfen Ton. Aus dem Aufsatz sei alles gestrichen worden, „was phrasenhaft und ungewerkschaftlich war".[33] Der Konflikt war damit nicht beigelegt. Leimpeters, dem Hue riet, den Kontrollausschuss anzurufen,[34] erhielt Unterstützung von den Mitgliedern der Zahlstelle Eving, die in einer Versammlung am 29. Juli den vollständigen Abdruck des Artikels verlangten, da er in ihrem Auftrag geschrieben worden wäre.[35] Doch sie erhielten nur eine kurze und knappe Abfuhr: „Nicht die Evinger Mitgliedschaft, sondern wir haben die Verantwortung für dieses Blatt!"[36]

Während der Auseinandersetzung meldete sich ein Mitglied aus Röhlinghausen zu Wort, dessen Artikel ebenfalls abgelehnt worden war und der Leimpeters' Kritik als korrekt empfand.[37] Auch er bekam lediglich eine nichtssagende, eher patzige Antwort seitens der Redaktion: „Es ist eine bekannte Erfahrung, daß niemand schlechter ein

[27] Hue auf der Generalversammlung 1896. LAD NRW Abt. Westf. Oberpräsidium Münster 2830.2, Polizeibericht über die Generalversammlung, 3.8.1896.

[28] Ebd.

[29] Otto Hue, Internationale Bergarbeiterkongresse, in: Neue Zeit 19 (1900/01) 39, S. 399–402, S. 400.

[30] Bergarbeiter-Zeitung 30, 27.7.1895 „Auf zur General-Versammlung!".

[31] Fritsch, Eindringen, S. 98.

[32] Das Schreiben ist abgedruckt in dem Artikel von Otto Hue „Ein Exempel", in: Bergarbeiter-Zeitung 29, 28.7.1900.

[33] Otto Hue, Ein Exempel, in: Bergarbeiter-Zeitung 29, 28.7.1900.

[34] Bergarbeiter-Zeitung 30, 4.8.1900 „Ein Exempel".

[35] Bergarbeiter-Zeitung 31, 11.8.1900.

[36] Ebd., Anmerkung der Redaktion. – Auf einer Versammlung am 26. August 1900 in Eving wurde das Kriegsbeil begraben. Beide Parteien gestanden ein, in Erregung gehandelt zu haben, und bedauerten die gegenseitigen Anschuldigungen. Bergarbeiter-Zeitung 35, 8.9.1900.

[37] Bergarbeiter-Zeitung 31, 11.8.1900.

Blatt redigiren kann, als – der Redakteur." Des weiteren bezog sie sich auf die Statuten des Verbandes und auf den Beschluss der Generalversammlung, die ihr einstimmig das Vertrauen ausgesprochen hatte.[38]

Die beiden Beispiele zeigen, dass Hue das Blatt autoritär führte, abweichende Meinungen nur in Ausnahmefällen zuließ, gegen seine Gegner polemisch und vielfach persönlich verletzend vorging. Er pochte auf seine Verantwortung und verwies zur Legitimation seiner Vorgehensweise auf die einstimmige Wiederwahl auf den Generalversammlungen.

Ein weiteres typisches Beispiel für die „Streitkultur" liefert der Konflikt mit dem *Volksblatt*, dem Organ der Bochumer Sozialdemokratie. Er begann mit einem eher beiläufigen Kommentar, eskalierte zu einer mehrwöchigen Pressefehde, beschäftigte den Vorstand und die Generalversammlung des Bergarbeiterverbandes und endete vor den Schranken des Gerichts.[39]

Am 1. Januar 1899 hielt der Redakteur Lehmann, mit dem Hue schon lange über Kreuz lag, beim Sozialdemokratischen Volksverein Bochum einen Vortrag über das Thema „Unsere Kolonialpolitik". In der sich anschließenden Diskussion stritten die Versammlungsteilnehmer über die Heranziehung chinesischer Kulis ins Ruhrgebiet, die einige von ihnen befürworteten. Eine kurze Notiz im *Volksblatt* über die Veranstaltung veranlasste Hue in einem wenige Zeilen umfassenden Artikel in der *Bergarbeiter-Zeitung* zu der Bemerkung: „Vom Standpunkte eines Gewerkschaftlers (als der wir hier nur zu reden haben) müssen wir uns entschieden bedanken für jene Elendstheoretiker, die erst einmal das sozialpolitische Abc studieren mögen."[40]

Als das *Volksblatt* die Meinungsäußerungen der Genossen verteidigte, zeigte sich Hue überrascht darüber, dass es den Unsinn nicht scharf verurteile, sondern „sogar die Kulifreunde in seinen Schutz nimmt". Selbstverständlich beanspruchte er für sich das Recht, auch seine Parteigenossen kritisieren zu dürfen. „Glaubt man denn, wir würden ehrfürchtig Halt machen mit unserer Kritik vor einem sozialdemokratischen Führer, wenn er sozialpolitisches Kauderwelsch zu Tage fördert und so verwirrend und schädigend wirkt? Wer hält uns für so dummfromm?"[41]

Die Bochumer Zeitung hatte den Zorn Hues nicht allein wegen der „Kuli-Angelegenheit" auf sich gezogen, sondern vor allem wegen ihrer Berichterstattung über den Delegiertentag der Ruhrbergarbeiter am 1. Januar 1899 in Bochum. Auf diesem hielt Hue das Hauptreferat, in dem er das Vorgehen des Verbandes in der aktuellen Lohnbewegung darlegte und die eingebrachte Resolution erläuterte.[42] Da sich der Gewerkverein gegen die Lohnforderung aussprach, waren die Erfolgsaussichten eines Arbeitskampfes gering, weshalb Hue riet, von einem Streik abzusehen. Dem *Volksblatt* missfiel „die Art, wie man eine solche Lohnbewegung zu Grabe trug". Da habe der Verband monatelang agitiert und Massenversammlungen durchgeführt, „und dann gebar der kreisende Berg ein Mäuslein: eine Resolution, die gar nichts besagt". Die Werksbesitzern könnten nach dem Verlauf der Versammlung in Zukunft alle Forderungen ruhig ablehnen, „wissen sie

38 Ebd., Anmerkung der Redaktion.

39 Zum Folgenden: Buschak, Vergessen wir keinen Augenblick, S. 138ff.

40 Bergarbeiter-Zeitung 2, 14.1.1899.

41 Bergarbeiter-Zeitung 3, 21.1.1899.

42 Die Rede ist abgedruckt in: Bergarbeiter-Zeitung 6, 11.2.1899.

doch jetzt, daß dann die Arbeiter zwar grob werden, aber mit der Faust in der Tasche sich zufrieden geben". Die Art und Weise, wie der Delegiertentag „der Lohnbewegung ein Begräbnis zweiter Klasse bereitet" habe, war – so lautete die Kritik – „kein Beweis einer kraftvollen und energischen Arbeiterbewegung".[43] Die Zeitung scheute sich nicht, Hue scharf anzugreifen: „Herr Hue hält sich für allmächtig in den Arbeiterkreisen des Ruhrreviers, seine Stellung als Verbandsredakteur haben [sic!] ihm so viele Verbindungen geschaffen, daß er denkt, er könne machen, was er will. Alles in der Partei und in der Bergarbeiterbewegung soll nach seinem Kopf gehen. ... Und nun kommt so ein armer Wicht und kritisirt ihn, der sich nicht nur für allmächtig, sondern auch für allweise hält, das geht nicht, dem muß entgegen gearbeitet werden und wenn dabei das Blatt ruinirt wird. Wenn sich als Endresultat ergiebt, daß Herrn Hue's Allmacht anerkannt wird, dann ist Alles gut. Kritik kann er also nicht vertragen." Damit nicht genug. Der Redakteur Müller warf Hue des weiteren Rücksichtslosigkeit, „Aufgeblasenheit" und „Eigeninteresse" vor. „Seine Größe anerkannt zu sehen, ist das einzige Ziel seiner Arbeit, dabei kommt es ihm auf die Mittel nicht an." So habe er einen Kameraden als Polizeispitzel denunziert, während er doch selbst mit einem Polizeikommissar befreundet sei.[44]

Das war natürlich starker Tobak, und der Angegriffene zahlte in gleicher Münze zurück, indem er dem Berichterstatter „persönlichen Haß gegen die Verbandsleitung" unterstellte, denn ansonsten hätte er nicht „in so hämischer Weise" über den Delegiertentag schreiben können. Zwar behauptete Hue: „Wir stören uns an dem Gekläff nicht, schreiten, unbeirrt von parteipolitischen Erwägungen, wie bisher vorwärts und weisen Unberufenen die Thür." Doch die weiteren Ausführungen bewiesen das Gegenteil, denn in ihnen polemisiert er seinerseits gegen das Parteiorgan.[45] „Am ‚Volksblatt' ist nichts originelles, alles ledern geschriebene Klauberei an Kleinigkeiten; ... ein Organ, dessen geistiges Niveau ... fast auf dem Nullpunkt steht." Hier säßen „unverträgliche, rechthaberische und eingebildete" Leute, „die kein Verständnis für ihre soziale Aufgabe haben, deren Schreibereien oft so konfus sind, daß nur Mitleid uns abhielt, zuzugreifen". „Und solche unfähigen, kleinkrämerischen und in erbarmungswürdiger Unwissenheit über die Lösung ihrer wahren Aufgabe dahinlebenden Leutchen nehmen sich anmaßend das Recht heraus, an den für die ganze Volkswirthschaft hochbedeutsamen Fragen der Bergmannsbewegung ein maßgebendes Urtheil zu besitzen."

Auf Antrag von Hue behandelte der Vorstand des Verbandes am 5. Februar die „gröblichsten persönlichen Verdächtigungen" und sprach Hue einen eindeutigen Vertrauensbeweis aus. Dass Hue mit dem Essener Polizeikommissar bekannt sei, darauf dürfe man keineswegs auf eine Spitzeltätigkeit schließen. Für eine solche Behauptung könne Müller keine Beweise erbringen, obwohl er mehrfach dazu eingeladen worden sei. Der Vorstand erklärte sich mit Hue, der Klage eingereicht hatte, solidarisch und gewährte ihm Rechtsschutz.[46]

[43] Zit. nach Bergarbeiter-Zeitung 4, 29.1.1899.

[44] Volksblatt 105, 28.1.1899. Müller bezog sich auf den Fall des Verbandsangestellten Thiemann, den der Vorstand wegen Unterschlagungen entlassen hatte. Thiemann, der mehrere Schreiben, u.a. den sog. „Scheiterhaufenbrief" (siehe dazu S. 94), gestohlen hatte, wurde auch beschuldigt, für die Polizei gearbeitet zu haben, ohne dass er gerichtlich dagegen klagte. Zum Fall Thiemann: Bergarbeiter-Zeitung 16, 16.4.1898 „Jahresbericht".

[45] Bergarbeiter-Zeitung 4, 29.1.1899.

[46] Bergarbeiter-Zeitung 6, 11.2.1899 „In eigener Sache".

Die Auseinandersetzung mit den Bochumer Genossen in der *Bergarbeiter-Zeitung* missfiel Verbandsmitgliedern der Herner Zahlstelle. In einer Resolution verurteilten sie, „daß der Raum unseres Verbandsorgans zu persönlichen Streitigkeiten benutzt wird und dadurch andere Artikel, wie im Briefkasten immer mitgetheilt wird, zurückgestellt werden müssen".[47] Hue reagierte äußerst gereizt auf die Kritik aus Herne:

„Also wenn ich gegen Quandel oder Brust spaltenlange, scharf gehaltene Artikel schreibe, um deren unrichtige Auffassung der Gewerkschaftsbewegung zu kennzeichnen, dann ist das in der Ordnung. Spricht aber ein Mann, der zufällig der Sozialdemokratie sich zurechnet, eine volkswirthschaftliche Ansicht aus, die, folgerichtig ausgedacht, die ganze Gewerkschaftsbewegung überhaupt als überflüssig hinstellt, dann habe ich zu schweigen. Thue ich meine Pflicht als Redakteur eines Gewerkschaftsblattes und weise vom gewerkschaftlichen Standpunkt die uns schädliche Ansicht eines Sozialdemokraten zurück, entspinnt sich daraus eine Debatte, die nicht ich, wie sich beim Vergleich der betr. Artikel ergiebt, sondern meine Gegner auf das persönliche Gebiet spielten, dann habe ich wieder zu schweigen. Wenn die Verbandsmitglieder einen Redakteur haben wollen, der nach dem Grundsatz handelt: Wenn zwei dasselbe thun, so ist es doch nicht dasselbe, dann mögen sie einen anderen Blattleiter wählen. Ich handele streng nach dem Statut, kenne keine Unterschiede der Partei als Gewerkschaftler. Paßt dies den Verbandsmitgliedern nicht, dann wird es auf der Generalversammlung Zeit, mich abzusetzen. Bis dahin werde ich meine Pflicht thun, unbekümmert um Resolutionen und Verdächtigungen. Lieb wäre es nur, wenn die Herner Mitgliedschaft einen Antrag stellte zur Generalversammlung, des Wortlautes: Hue darf nicht als Redakteur wiedergewählt werden. Sei man versichert, daß ich nicht ein Wort zur Bekämpfung dieses Antrages vorbrächte. Ich bin kein Kleber."[48]

Der Artikel trug nicht zur Beruhigung bei, sondern heizte die kontrovers geführte Diskussion weiter an. Während die Baroper Mitglieder Hue Recht gaben und in ihm „den richtigen Blattleiter für unsere Organisation" erblickten,[49] stellte die Zahlstelle Eickel den Antrag für die Generalversammlung, „dem Redakteur Hue auf seine herausfordernde Sprache, die er sich, auf die zur Ruhe mahnende Herner Resolution bediente, eine Rüge zu ertheilen, überhaupt dafür zu sorgen, daß in Zukunft derartige Zänkereien mit einer Zeitung, die nachweislich nur die Interessen der Arbeiter vertritt, zu unterbleiben hat."[50] Hues Erwiderung machte deutlich, warum es letztendlich in diesem Streit ging, nämlich um die richtige Gewerkschaftsstrategie. Die „Neutralitätsdebatte" hatte ihren Höhepunkt erreichte und daher bekräftigte Hue nochmals seinen Grundsatz, dass der Verband es mit keiner Partei zu tun habe.[51] „Wollten wir nun die sozialdemokratische Presse, wenn sie uns beschimpft, schonen, dagegen die nichtsozialdemokratische im gleichen Falle strafen, dann wären wir Heuchler." Er zeigte die Konsequenz auf, falls die Generalversammlung dem Eickler Antrag zustimmen würde. „Dann müssen alle Vertreter der unparteiischen Gewerkschaftsbewegung den Verband verlassen. Ich würde dann auch nicht bleiben können, sondern sofort mein Amt als Redakteur niederlegen. Wenn man Waschlappen haben will, dann hole man sie bei den Vertretern des Kapitals."

47 Bergarbeiter-Zeitung 5, 4.2.1899.
48 Ebd.
49 Zahlstellen-Versammlung am 19.2.1899. Bergarbeiter-Zeitung 9, 4.3.1899.
50 Ebd.
51 Bergarbeiter-Zeitung 9, 4.3.1899.

Das *Volksblatt* meldete sich noch einmal zu Wort mit dem neuen Vorwurf, der Vorstand wolle die Selbständigkeit der sozialdemokratischen Partei im Ruhrbezirk aufheben.[52] Alle innerparteilichen Angelegenheiten sollten nach dem Willen des Bergarbeiterverbandes geregelt werden. Weil der Angriff in seiner überzogenen Argumentation nicht glaubwürdig war, reagierte der Vorstand sehr gelassen.[53] „Kein vernünftiger Mensch wird annehmen, auf solche Redereien müßte man ernsthaft eingehen." Und damit war die Sache für ihn erledigt.

Noch nicht beendet war die innerverbandliche Diskussion, wie die vielen Anträge zur Generalversammlung zeigen. Über sie fand aber keine Abstimmung statt, sondern auf Antrag wurde einstimmig zur Tagesordnung übergegangen.[54] Am Ende der Aussprache über die Presse erklärten sich die Delegierten mit der redaktionellen Leitung der Zeitung einverstanden und bestätigten Hue einstimmig in seinem Amt als Redakteur.[55]

Nicht beigelegt werden konnte der persönliche Streit zwischen Hue und Müller, obwohl die Essener Genossen den Parteivorstand mit der Bitte um Vermittlung anriefen.[56] Im Juni standen sich die Kontrahenten beim Bochumer Amtsgericht gegenüber, das beide wegen Beleidigung verurteilte, und zwar musste Müller 300 und Hue 100 Mark Geldstrafe zahlen.[57] Endgültig gelöst wurde der Konflikt durch die Versetzung Müllers ins Zentralarbeitersekretariat der Generalkommission der Gewerkschaften.[58]

Angesichts seiner häufig überzogenen Reaktionen auf Kritik ist es nicht verwunderlich, dass Mitglieder den Vorwurf erhoben, dass Hue „wie ein Pascha hause und nichts neben seinem Willen dulde".[59] Im Allgemeinen fand seine Arbeit aber Zuspruch im Verband.[60] Eine Bergarbeiterversammlung in Oespel am 7. Mai 1899 verabschiedete eine Resolution, in der sie Hue ihre „vollste Anerkennung" aussprach, „daß er in so unerschrockener Weise sich für den Schutz unseres Lebens verwendet. Wir erwarten, daß er und der Vorstand des Bergarbeiterverbandes in bisheriger Weise fortfahren, ihre Pflicht als unsere Vertreter zu thun; mag auch die Gegnerseite sie beschimpfen, für uns kommt das gar nicht in Betracht."[61] Da die meisten Delegierten diese Auffassung teilten, wählten sie Hue auf den Generalversammlungen Jahr für Jahr als Redakteur wieder.

Seine Redaktionsarbeit fand nicht allein Anerkennung bei den Mitgliedern, sondern auch bei seinen gewerkschaftlichen Konkurrenten. Heinrich Imbusch urteilte wohlwollend: „Er leitete das Blatt alles in allem sehr geschickt."[62] Und Lorenz Pieper stellte

52 Volksblatt 139, 9.3.1899.
53 Bergarbeiter-Zeitung 11, 18.3.1899.
54 Bergarbeiter-Zeitung 14, 15.4.1899.
55 Protokoll der Generalversammlung 1899, S. 42; Bergarbeiter-Zeitung 14, 15.4.1899.
56 Volksblatt 118, 12.2.1899; Buschak, Vergessen wir keinen Augenblick, S. 140.
57 Volksblatt 207, 6.6.1899 (abgedr. in: John, Hue I, S. 6f.); Buschak, Vergessen wir keinen Augenblick, S. 140.
58 Buschak, Vergessen wir keinen Augenblick, S. 140.
59 LAD NRW Abt. Westf. Reg. Arnsberg 14231, Bezirkspolizeikommissar Bochum an Regierungspräsident Arnsberg, 1.4.1899.
60 Hue, Bergarbeiter 2, S. 488.
61 Bergarbeiter-Zeitung 18, 13.5.1899.
62 Archiv im Haus der Geschichte des Ruhrgebiets NL Imbusch 117, MS „Abg. Otto Hue". – Anderer Ansicht war Brust 1897. Für ihn betrieb die *Bergarbeiter-Zeitung* „durchgehends nur sozialdemokratische Agitation" und brachte „inhaltlose Hetzartikel". Bergknappe 21, 15.12.1897 „Die Agitatoren des Alten Verbandes".

Hue das Zeugnis aus, dass er das Verbandsorgan „bezüglich des gewerkschaftlichen und fachlichen Inhalts zu einem der bestredigierten Gewerkschaftsblätter Deutschlands gemacht“ habe.[63]

Die *Bergarbeiter-Zeitung* erntete nicht allein Lob, sondern sie konnte auch ihre Leserschaft ständig vergrößern. Von 1895 an stieg die Auflage von 5400 Exemplare über 16.500 (1897) auf 34.500 im Jahre 1899,[64] und am Ende des Jahres 1902 feierte Hue in einem zweiseitigen Jubelartikel die 50.000er Auflage.[65]

Hue blickte zweifelsohne voller Genugtuung auf den immer größer werdenden Absatz. Aber als noch viel wichtiger erachtete er, dass die *Bergarbeiter-Zeitung* den von ihm erhobenen Anspruch erfüllt habe, „richtunggebend in allen wesentlichen Verbandsangelegenheiten“ zu sein.[66] Sie beherrsche die Meinung der Bergleute, wie er voller Selbstzufriedenheit und nicht ohne Selbstlob schrieb. „Es ist keine Frage im Knappenberuf vorhanden, die in Bergarbeiter-Versammlungen nicht im von der genannten Zeitung vertretenen Sinne von der überwiegenden Majorität der Knappen entschieden wird.“[67]

Die Redakteure der Gewerkschaftsorgane und der sozialdemokratischen Presse liefen ständig Gefahr, angeklagt und zu Geld- oder Gefängnisstrafen verurteilt zu werden. Hue stand gleichfalls schon in seinem ersten Amtsjahr mehrfach vor Gericht,[68] doch, wie er es auf der Generalversammlung ironisch formulierte: „Ich bin gnädig davon abgekommen. Ziehe ich in Betracht, daß meine Amtsvorgänger in den meisten Fällen Monate, ja Jahre lang wegen ganz harmloser Äußerungen ins Gefängniß kamen, dann muß ich meinem Freunde Brangenberg Recht geben, der sagt, ich liege mit dem Staatsanwalt unter einer Decke.“[69] Die vielen Prozesse, die noch folgen sollten, gingen zumeist glimpflich aus.[70] Nur einmal verurteilte ihn das Gericht zu einer Gefängnisstrafe.[71] Der Meininger Staatsminister Ziller fühlte sich durch einen Artikel über die sozialen Verhältnisse der dortigen Griffelmacher beleidigt und verklagte Hue als den verantwortlichen Redakteur. In diesem Fall lautete das Urteil des Landgerichts Coburg zwei Monate Gefängnis. Da das Reichsgericht die Berufung abwies,[72] musste Hue im Februar 1901 seine Freiheit „mit einer ‚Staatspension‘ in der Haupt- und Residenzstadt des Meininger Ländchens … vertauschen“.[73] Voller Sarkasmus schrieb die *Bergarbeiter-Zeitung*: „5 ½ Jahre leitet er schon diese Zeitung, da war es ja auch endlich Zeit, daß er einen ‚Erholungsurlaub‘ erhielt.“[74]

63 Pieper, Lage, S. 188.

64 Hue, Neutrale oder parteiische Gewerkschaften, S. 95.

65 Bergarbeiter-Zeitung 51, 27.12.1902 „50000!“.

66 Otto Hue, Die „christliche“ Gewerkvereinspresse, in: Correspondenzblatt 51, 19.12.1903, S. 835.

67 Otto Hue, Einiges über die deutsche Bergarbeiterbewegung, in: Correspondenzblatt 4, 24.1.1898, S. 21f., S. 21.

68 Wisotzky, Hue (Manuskript), S. 51.

69 LAD NRW Abt. Westf. Oberpräsidium Münster 2830.2, Polizeibericht über die Generalversammlung, 3.8.1896; Allgemeiner Beobachter 177, 4.8.1896.

70 Wisotzky, Hue (Manuskript), S. 51f.

71 Die Aussage von Hans Mommsen in Bezug auf den Borussia-Prozess „Dies war nicht das erste und einzige Mal, dass er wegen der Bemühungen, die Öffentlichkeit auf die unzumutbaren Arbeitsbedingungen und die sozialen Verhältnisse im Ruhrbergbau hinzuweisen, ins Gefängnis wanderte.“ ist daher nicht richtig. Mommsen, Einführung, S. VI.

72 Bergarbeiter-Zeitung 38, 29.9.1900.

73 Bergarbeiter-Zeitung 6, 9.2.1901.

74 Bergarbeiter-Zeitung 38, 29.9.1900.

Abb. 9: Heinrich Kämpchen

Fünf Jahre hatte Hue die Redaktionsarbeiten zumeist alleine ausgeübt, nur gelegentlich von Franz Pokorny unterstützt. Zu seiner Entlastung stellte der Verband 1900 mit Friedrich Langhorst einen zweiten Redakteur an. Als dieser ein Jahr später zum Aachener *Volksblatt* wechselte, übernahm seine Stelle Johann Leimpeters, mit dem Hue zwei Jahre zuvor eine heftige Fehde ausgefochten hatte.[75]

Ein langjähriger Zuarbeiter war Heinrich Kämpchen, der als Streikführer beim Ausstand 1889 gemaßregelt wurde, keine Arbeit mehr fand und sein Leben mit einer bescheidenen Bergmannsrente bestreiten musste.[76] Seine Gedichte, die die Arbeit und das Leben der Bergleute nicht romantisierten, sondern die Missstände auf den Gruben anprangerten, die Not der Bergarbeiterfamilien schilderten und die zur Organisation und zum Kampf aufriefen, erschienen regelmäßig auf der Seite 1. Wie sehr ihn Hue schätzte, macht seine Lobeshymne anlässlich der 50.000er Auflage der *Bergarbeiter-Zeitung* deutlich: „Wie oft hat unser Kämpchen mit seinen Kampfpoemen die Niedertracht und Heuchelei gegeißelt! Wie hat sein Lied mahnend, begeisternd, stählend geklungen, wenn das Getümmel am tollsten war! Wie hat er getrauert um die Toten, ergreifend, und erhebend zugleich! Wie hat er gejubelt über jeden Schritt den sein vielgeliebter Verband vorwärts tat! Siech geworden in langer Grubenarbeit, krank auf seinem Lager liegend, führte er den Griffel, der getreue Eckardt des ‚alten' Verbandes, dessen Gründer er mit gewesen. Auf- und Niedergang, Sieg und Niederlage der Organisation spiegeln getreu wieder die Kämpchen'schen Gedichte für die Zeit, aus der Zeit."[77]

Als sich Kämpchen nach vielen Zureden entschloss, eine Auswahl aus seinen Werken herauszugeben, rührte Hue die Werbetrommel. „Wer hat nicht oft Freude gehabt an der frischen, fröhlichen Kampfeslust, die uns aus den Gedichten des Bergmannspoeten Kämpchen entgegenweht." Und sein Appell an die Mitglieder lautete: „Jeder muß Besitzer eines solchen Buches werden."[78]

Da zu wenige dem Aufruf zur Subskription folgten, erneuerte Hue seine Bitte, das Projekt zu fördern und den nötigen Geldbetrag von einer Mark zu zeichnen. „Es gilt der Arbeitersache ein neues Kampfmittel zu schaffen. Auch die Poesie soll in unseren Dienst gestellt werden, alles soll uns dienen. Darum auf Freunde, schafft dem noch

[75] Hue, Bergarbeiter 2, S. 489f.

[76] Zu Kämpchen: Seid einig, seid einig; Palm, Literatur über Arbeit und Leben, S. 694–697 (mit weiteren Literaturangaben); Jäger/Tenfelde, Bildgeschichte, S. 74.

[77] Bergarbeiter-Zeitung 51, 27.12.1902 „50000!".

[78] OH, So weit ist es schon gekommen!, in: Bergarbeiter-Zeitung 1, 1.1.1898.

nicht geborenen Kinde die Mittel zur Existenz.“[79] Sein Einsatz war nicht vergeblich, denn noch im selben Jahr erschien die Sammlung „Aus Schacht und Hütte“. Zwei weitere folgten 1904 („Neue Lieder“) und 1909 („Was die Ruhr mir sang“).

Große Reichtümer konnte Hue mit seiner Tätigkeit nicht anhäufen. Zu Beginn – als Angestellter des Verbandes – erhielt er 40 Mark im Monat,[80] als Redakteur steigerte sich die Entlohnung von 110 Mark[81] auf 150 und seit 1899 auf 180 Mark.[82] Nach der Aussage des Verbandskassierers Schürholt war Hue ein Idealist, der sich seine Ausgaben für die Agitation und für die Reisen höchst selten erstatten ließ.[83] Dass für ihn das Geldverdienen zweitrangig war, belegt seine Bereitschaft, für die sozialdemokratischen Zeitungen des Reviers zumeist ohne Honorar zu schreiben.[84] Allerdings überstieg sein Jahreseinkommen von 2160 Mark bei weitem den Durchschnittverdienst eines Bergmanns in Preußen. Selbst ein Hauer im Ruhrgebiet, der bestbezahlte Kumpel, konnte mit seinen 1592 Mark (1900) nicht mit dem Redakteur konkurrieren.[85] Seine finanzielle Lage verschlechterte sich, nachdem er aus der Redaktion ausschied. Zwar erhielt er als Reichstagsabgeordneter Diäten in Höhe von 3000 Mark jährlich (Gesetz vom 21. Mai 1906), doch verursachte der Aufenthalt in Berlin zusätzliche Kosten (eine besondere Unterkunft, Verpflegung etc.). Zudem kürzte der Bergarbeiterverband das Gehalt von Sachse und Hue während der Reichstagstagungen um die Hälfte.[86] Dass Hue und seine Familie zeitweise nicht auf Rosen gebettet waren, davon zeugt seine im Juni 1909 erhobene Klage, dass die *Arbeiter-Zeitung* ein zu geringes Honorar für die gelieferten Artikel zahle.[87]

3.2 „Der eigentliche Verbandsführer“

Die Arbeitsbelastung, die Hue auf sich nahm, war gewaltig.[88] Er redigierte die *Bergarbeiter-Zeitung,* verfasste die Leitartikel, bearbeitete die eingesandten Meldungen, hielt den Kontakt zu den Korrespondenten im In- und Ausland aufrecht und schrieb Artikel

79 Otto Hue, Achtung Kameraden!, in: Bergarbeiter-Zeitung 29, 16.7.1898.

80 Bergarbeiter-Zeitung 8, 23.2.1907 „Der infamste Feind“; Reichstagsrede am 11.3.1907, Verhandlungen, S. 393.

81 Hue, Neutrale oder parteiische Gewerkschaften, S. 89.

82 Aussage des Kassierers Schürholt bei der Gerichtsverhandlung Hue c. Brust am 26.6.1899. Rheinisch-Westfälische Arbeiterzeitung 148, 28.6.1899 u. Bergarbeiter-Zeitung 21, 25.5.1901 „Prozeß Brust gegen Hue“.

83 Ebd.

84 Bundesarchiv Berlin NL Haenisch 153, Hue an Haenisch, 8.11.1901.

85 Lohn: Berg, Wirtschaft und Gesellschaft, S. 255. – Zum Vergleich der Jahreseinkommen der Bergarbeiter und der Angestellten des Bergarbeiterverbandes: Berg, Wirtschaft und Gesellschaft, S. 315. Fritsch, Eindringen, S. 20 schließt aus den Einkommensunterschieden: „Diese Gewerkschaftsbürokratie hatte sich bald vom Kampf des Proletariats gelöst.“

86 Arbeiterzeitung (Essen) 252, 26.10.1912 „Der Reichslügenverband geht um!“.

87 Bundesarchiv Berlin NL Haenisch 153, Hue an Haenisch, o.D. [Juni 1909]: „Ich beziehe seit 1. Juli 1908 mein Gehalt nur noch vorschußweise, d.h. wenn mein Buch [Die Bergarbeiter] fertig ist, muß ich das Gehalt von dem erhaltenen Honorar (Dietz) zurückzahlen. Tatsächlich bin ich also jetzt ‚freier Schriftsteller‘.“ – Zur finanziellen Lage Hues in der Vorkriegs- und Kriegszeit: Osterroth, Hue, S. 88.

88 Dem Herausgeber der *Sozialistischen Monatshefte*, dem er einen Aufsatz einsandte, klagte er sein Leid: „Aber das kommt von der Hast, mit der ich arbeiten muß. Mittwoch Abend bzw. Nacht habe ich die I. Niederschrift besorgt, heute machte ich die Überarbeitung, zwischen Tür + Angel, denn ich machs zu Hause. … Wollt Ihnen sagen, daß Sie die feilende Hand an den Artikel legen sollen, ich bin übermüdet.“ Internationaal Instituut voor Sociale Geschiedenis Bestand Sozialistische Monatshefte 88, Hue an Bloch, 7.6.1904.

Abb. 10: Titelblatt der Broschüre „Mehr Bergarbeiterschutz“

für den *Vorwärts* und die regionale Arbeiterpresse. Von Anfang an war er ein fleißiger Mitarbeiter des *Correspondenzblatts* der Generalkommission der Gewerkschaften Deutschlands, und in der *Neuen Zeit* und in den *Sozialistischen Monatsheften* erschienen zahlreiche Aufsätze aus seiner Feder. Ferner war er der Autor einiger Abhandlungen.

Da der Bergarbeiterverband eine zusammenfassende Darstellung des Bergarbeiterschutzes vermisste, beauftragte er Otto Hue damit, eine kleine Broschüre zu verfassen, in der die wichtigsten Themen abgehandelt werden sollten. Adressat der Aufklärungsschrift „Mehr Bergarbeiterschutz“ aus dem Jahre 1900 war der einfache Kumpel, der „wenig Zeit und Lust“ hatte, „vielseitige Bücher zu lesen“.[89] Das „Streit- und Mahnwort“ – so der Untertitel – war eine Anklageschrift gegen die Unternehmer und den Staat. Letzterer habe „in unverantwortlicher Weise … seine Pflicht als Wahrer des Gemeinwohls vergessen. Je tiefer und ausgedehnter der Bergbau, desto mehr steigen die Berufsgefahren, und um so mehr sollte also auch der Bergmann energisch geschützt werden. Das Gegentheil ist geschehen!“[90]

Das Büchlein nahm die Parteipresse sehr positiv auf. Anton Bredenbeck, ansonsten ein scharfer Kritiker der Gewerkschaftsstrategie Hues, gefiel besonders „der entschlossene, kampfesmuthige Ton“, der nötig sei „in einer Zeit, wo man uns gleichsam zum Hohn mit schönen Worten glaubt abspeisen zu können, wo die Behörden mehr denn je Partei ergreifen für die Besitzenden gegen die Besitzlosen“.[91]

Legt man den Verkaufserfolg zugrunde, so hatte Hue seine Aufgabe bestens erfüllt. Schon nach wenigen Monaten war die erste Auflage vergriffen, und es musste nachgedruckt werden.[92] Zwar fand die Broschüre „viel Beachtung“, doch Mugrauer überschätzt ihren Einfluss, wenn er behauptet, „so manche Widerwärtigkeiten für die Bergleute wurden daraufhin beseitigt“.[93]

Kritik an den Verhältnissen in den bergmännischen Sozialversicherungen übte Hue in der Broschüre „Streiflichter auf unser Knappschaftswesen“. Noch mehr Aufsehen erregte der Verbandsredakteur mit seiner grundlegenden Programmschrift „Neutrale oder parteiische Gewerkschaften?“, die nach den Beobachtungen des Essener Bezirkspoli-

89 Hue, Mehr Bergarbeiterschutz, S. III.
90 Ebd., S. 11.
91 Rheinisch-Westfälische Arbeiterzeitung 64, 16.3.1900 = Volksblatt 142, 20.3.1900.
92 Bergarbeiter-Zeitung 12, 24.3.1900.
93 Mugrauer, Hue, S. 164.

zeikommissars „viel gelesen“[94] und besonders in Parteikreisen kontrovers diskutiert wurde.[95]

Hue beschränkte sich nicht allein auf die Schreibtisch- und Organisationsarbeit. Er unternahm zahlreiche Agitationstouren durch die deutschen Bergbaureviere, um neue Mitglieder zu gewinnen, und, wenn er nicht auf Reisen war, waren die Sonntage zumeist mit Versammlungen ausgefüllt. Auf den Generalversammlungen des Verbandes hielt er stets eins der Hauptreferate, und er war Redner auf sozialdemokratischen Parteitagen und auf deutschen und internationalen Gewerkschaftskongressen. „Wie Hue das Verbandsleben befruchtet, die Funktionäre mit Begeisterung erfüllt ... hat, kann nur der ermessen, der ihn in seiner Tätigkeit zu beobachten Gelegenheit hatte“, urteilte der Autor der Jubiläumsschrift zum 40jährigen Bestehen der Gewerkschaft.[96]

Sein ausgezeichneter Ruf eilte ihm voraus. „Immer wenn es hieß, ‚Otto Hue spricht‘, waren die Versammlungen mehr als gut besucht, und die Bergarbeiter waren ihm dankbare Zuhörer,“ berichtete August Schmidt, der spätere Vorsitzende der IG Bergbau, in seinen Erinnerungen.[97]

Hue war anfangs noch kein überzeugender Rhetor, doch dies änderte sich sehr schnell, und er wurde ein „fesselnder Redner, der es verstand, der leidenden und kämpfenden Arbeiterschaft aus dem Herzen zu sprechen. Wirksam, auch Gegner fesselnd (und in manchen Landtags- und Reichstagsreden geradezu erschütternd!) vertrat er Klagen, Forderungen und Ziele der Arbeiterschaft.“[98] Sein Freund Carl Severing bekundete, dass seine Reden „von großer Wirkung“ waren. „Denn aus ihnen sprachen Überzeugungstreue und Sachkenntnis, Entschiedenheit und Sachlichkeit. Rede und Redner waren, das fühlte jeder, hier *ein* Guß.“[99] Ebenso fiel das Urteil des Essener Bezirkspolizeikommissars aus. Hue sei „ein sehr gewandter Volksredner und erfolgreicher Agitator“ für den Verband.[100]

Wenngleich Hue nur der Redakteur bzw. ein Angestellter des Verbandes war – gegen die Übernahme eines Vorstandsamtes wehrte er sich vehement, weil er in seinen Meinungsäußerungen nicht gebunden sein wollte[101] –, nahm er doch eine sehr wichtige Position ein, da sie ihm die Möglichkeit gab, jederzeit, auch außerhalb der Generalversammlungen, maßgebend in die innergewerkschaftlichen Diskussionen einzugreifen.[102]

Aufgrund seiner rastlosen Tätigkeit, seiner zahlreichen Publikationen, seiner hohen Präsenz in der Öffentlichkeit und kraft seiner Persönlichkeit galt Hue als der „eigent-

94 LAD NRW Abt. Rheinl. Reg. Düsseldorf 9052, Bezirkspolizeikommissar Essen an Regierungspräsident Düsseldorf, 15.1.1901.

95 Siehe dazu Kap. 4.6.

96 1889–1929, S. 128.

97 Schmidt, Lang war der Weg, S. 133. – Dass Hue ein begehrter Redner war, zeigen auch die vielen Klagen der Zahlstellen, dass Hue bei ihnen trotz der immer wieder erfolgten Anfragen noch nicht gesprochen habe. Z.B. die Einsendung von Hochheide. Bergarbeiter-Zeitung 6, 8.2.1902.

98 H. Limbertz, Otto Hue zum Gedächtnis, in: Arbeiterzeitung (Essen) 92, 20.4.1922.

99 Severing, Hue, S. 435 = Severing, Lebensweg, S. 347. – Osterroth, Jugendsekretär, S. 7: „Rednerisch wirkte Hue durch seine mit großer Sachkunde gepaarte Redlichkeit und das phrasenlose Ethos.“

100 LAD NRW Abt. Rheinl. Reg. Düsseldorf 9052, Bezirkspolizeikommissar Essen an Regierungspräsident Düsseldorf, 31.8.1901.

101 Werner, Rechnung, S. 136; Osterroth, Hue, S. 13.

102 Zur Bedeutung der Parteiredakteure: Ritter, Arbeiterbewegung, S. 62f.

Abb. 11: Otto Hue

liche Repräsentant des Bergarbeiterverbandes".[103] Ein Urteil, das die Bezirkspolizeikommissare von Bochum, Dortmund und Essen teilten.[104] Nicht der Vorsitzende Heinrich Möller, „ein Mann von vielem guten Willen, aber ohne ausgesprochene Führerqualitäten",[105] sondern der Redakteur bestimmte maßgeblich die Strategie und Taktik des Verbandes. Er war dessen „intellektueller Leiter".[106]

Otto Hue wurde das Verdienst zugesprochen, dass der Bergarbeiterverband die Krise, in der er 1895 steckte, überstand und seitdem einen Wiederaufstieg erlebte.[107] Allein sein innerverbandlicher Kritiker Anton Bredenbeck wollte nicht in die Lobeshymnen einstimmen. Zwar bestritt er keineswegs, dass Hues Persönlichkeit dem Verband den Stempel aufgedrückt habe, auch erkannte er dessen Verdienste um die Organisation an. Doch er sah im „Aufschwung des Verbandes im Grunde genommen die natürliche Entwicklung, die mit Notwendigkeit erfolgen mußte".[108] Hue selbst wies die allgemeine Einschätzung in aller Bescheidenheit zurück: „Als ob das Sein oder Nichtsein einer solchen Arbeitervereinigung von bestimmten Personen abhinge!" Auch wenn er die neue Strategie ausgearbeitet habe, hätten doch „die unermüdlichen Vertrauensleute und Agitatoren draußen in den Revieren" „die Hauptarbeit für das Flottmachen des Verbandsschiffes" geleistet.[109]

103 Severing, Lebensweg, S. 159; Bergarbeiter [Katalog], Kap. 21. – Limbertz, Otto Hue, S. 780: „der eigentliche Verbandsführer".

104 LAD NRW Abt. Westf. Reg. Arnsberg 14231, Bezirkspolizeikommissar Bochum an Regierungspräsident Arnsberg, 1.4.1899: „die eigentliche leitende Kraft des Verbandes"; LAD NRW Abt. Westf. Reg. Arnsberg 14232, Bezirkspolizeikommissar Dortmund an Regierungspräsident Arnsberg, 10.9.1900: „... die eigentliche Seele des Verbandes ..."; LAD NRW Abt. Rheinl. Reg. Düsseldorf 15915, Bericht des Bezirkspolizeikommissars Essen vom 20.6.1900: „der eigentliche Leiter der ganzen hiesigen Bergarbeiterbewegung".

105 Osterroth, Hue, S. 17.

106 LAD NRW Abt. Rheinl. Reg. Düsseldorf 9052, Bezirkspolizeikommissar Essen an Regierungspräsident Düsseldorf, 31.8.1901. – Osterroth, Jugendsekretär, S. 7: „geistige Führer des Bergarbeiterverbandes".

107 Koch, Bergarbeiterbewegung, S. 57; Kirchhoff, Sozialpolitik, S. 113; Osterroth, Lexikon, S. 141; Teuteberg, Geschichte der industriellen Mitbestimmung, S. 422; Dörnemann, Politik des Verbandes der Bergarbeiter Deutschlands, S. 15; Brüggemeier, Leben vor Ort, S. 201; Jäger, Soziale Sicherheit, S. 168 etc. – Eine Ausnahme macht Fritsch, Eindringen, S. 142 Anm. 29, indem er behauptet: Der Wiederaufschwung sei in erster Linie Möller zu danken. An anderer Stelle erkennt er aber die bedeutende Rolle Hues als „ideologischer und politischer Führer des Verbandes" an. Fritsch, Eindringen, S. 9 u. 19.

108 A.B., Zur Bergarbeiterdebatte, in: Rheinisch-Westfälische Arbeiterzeitung 74, 29.3.1909.

109 Hue, Bergarbeiter 2, S. 482.

4. Der Stratege des Bergarbeiterverbandes

4.1 Der Bergarbeiterverband im Jahre 1895

Als Hue den Redakteursposten übernahm, stand der 1889 nach dem großen Streik[1] gegründete Verband am Abgrund, „zum Sterben bereit".[2] Die Organisation, die kurz nach der Gründung mehr als 50.000 Mitglieder gezählt haben sollte,[3] konnte Mitte des Jahrzehnts nicht einmal mehr ein Zehntel des Bestandes aufweisen. Der Abstieg nach dem hoffnungsvollen Anfang hatte mehrere Gründe.[4] Erstens war der neue Verband den Verfolgungsmaßnahmen und Schikanen der Behörden ausgesetzt, die von der Schanksperre und Versammlungsverboten bis zur Verhaftung der Funktionäre reichten. Er führte zweitens Streiks, die mit verheerenden Niederlagen endeten. Im Anschluss daran nutzten die Unternehmer die Gelegenheit, um zahlreiche Bergarbeiter zu entlassen.[5] Die Gewerkschaftsführer, von denen einige – August Siegel, Johann Meyer und Ludwig Schröder – als sozialdemokratische Kandidaten bei der Reichstagswahl 1890 auftraten, verfolgten drittens auch in der Folgezeit einen immer offensichtlicheren sozialdemokratischen Kurs. Hue erklärte dies mit den verlorengegangenen Ausständen. Sie hätten den Glauben an die Fähigkeit der Berufsorganisation, die Lage der Arbeiter zu verbessern, erschüttert. Weil bei den damaligen Gewerkschaftsführern die Überzeugung wuchs, dass vor allem politische Aktionen eine Änderung herbeiführen könnten, hätten sie „die Priorität der sozialdemokratischen Parteiagitation" betont.[6] Dies war Wasser auf die Mühlen der Ultramontanen, die den Verband seit seiner Gründung heftig bekämpften, doch ihr erster Versuch im Jahre 1890, einen Gegenorganisation zu schaffen, scheiterte.[7] Mehr Erfolg hatten ihre Bemühungen vier Jahre später, als der Gewerkverein der christlichen Bergleute im Oberbergamtsbezirk Dortmund am 28. Oktober 1894 in Essen gegründet wurde, dem es gelang, in kurzer Zeit so viele Mitglieder anzuwerben, dass er den Alten Verband im Ruhrrevier übertrumpfte. Der Verband hatte viertens dem Konsumverein rheinisch-westfälischer Bergleute einen Kredit gewährt. Als der Verein nicht zuletzt aufgrund des unprofessionellen Handelns des Vorstandes Konkurs anmelden musste, büßte die Gewerkschaft einen größeren Geldbetrag ein und verlor an Ansehen.

1 Zum Streik: 1889. Bergarbeiterstreik und Wilhelminische Gesellschaft. – Zum Streik in der Erinnerungskultur: Kellershohn, Streik und Erinnerung.

2 Hue, Neutrale oder parteiische Gewerkschaften, S. 76.

3 Hue hielt diese Angabe für „sehr übertrieben". Nach seiner Meinung könne man lediglich von 34.000 Mitgliedern sprechen. Bergarbeiter-Zeitung 51, 27.12.1902 „50000!". Dies entspricht in etwa den amtlichen Angaben von 36.819 Mitgliedern im Dezember 1891. Fritsch, Eindringen, S. 143 Anm. 44.

4 Zur Verbandsgeschichte bis 1895: Koch, Bergarbeiterbewegung, S. 53–56; Brüggemeier, Leben vor Ort, S. 195ff.

5 Hickey, Workers, S. 177–180; Kulczycki, The Foreign Worker, S. 76–81; James, Politics, S. 54.

6 Hue, Neutrale oder parteiische Gewerkschaften, S. 64.

7 Rohm, Anfänge christlicher Gewerkschaften.

Die Organisation glich 1895 einem „Wrack, verlassen von den meisten, die das stolze Schiff beim Stapellauf jubelnd begrüßt" hatten.[8] Hue schilderte die damalige Lage in düsteren Farben: „Der ‚alte' Verband, in Wahrheit aber noch eine sehr junge Vereinigung, die nicht einmal nothdürftig gefügt war, krachte in allen Fugen. Eine Menge Zahlstellen waren eingegangen, oder hielten sich nur mit größter Mühe aufrecht. Jede Woche kamen Nachrichten von aufgelösten Mitgliedschaften, ... In sehr vielen Fällen legte der Verbandsfunktionär an dem betreffenden Orte sein Amt nieder, ohne dem Vorstand davon Mittheilung zu machen. Wochenlang gingen dann die Zeitung etc. weiter an die Adresse des Pflichtvergessenen, die Blätter blieben liegen, häuften sich berghoch. Die ohnehin schon mit Unterbilanz arbeitende Verwaltung machte daher viele unnütze Ausgaben. ... der Pleitegeier umflog in immer engeren Kreisen das Bureau des Verbandes."

Hue leugnete nicht, dass Fehler gemacht wurden, „aber nicht aus Böswilligkeit, sondern aus Unerfahrenheit". Die Leiter des Verbandes seien einfache Bergleute gewesen, „deren geringer Bildungsgrad sie unmöglich sofort zu Arbeiterführern geeignet machte. Um die geschichtlich hochbedeutsame Bergmannsbewegung (den Grundpfeiler aller Arbeiterbewegung) zu leiten, muß man neben dem einschlägigen theoretischen Wissen auch eine lange praktische Erfahrung haben. Und diese fällt nun einmal nicht vom Himmel."[9]

Die Lage schien hoffnungslos. „Den alten Führern, die vieles erlitten mit heiterer Seele, [war] jetzt die Spannkraft des Geistes verloren gegangen, der Muth schwand dahin gegenüber dem Übermaß von Feigheit, Niedertracht und Gleichgültigkeit, welches sich der Arbeit für die Organisation entgegenstellte. Ist aber der Muth verloren – dann ist alles vorbei!"[10]

Der berühmt-berüchtigte Meineid-Prozess gegen den Vorsitzenden und mehrere Vorstandsmitglieder sollte in dieser Situation dem Verband, wie von seinen Gegnern erhofft, den endgültigen Todesstoß versetzen.[11] Was war vorgefallen? Bei einer Versammlung des Gewerkvereins in Baukau am 3. Februar 1895 wollte Ludwig Schröder eine Gegenrede halten und Werbung für den Verband machen. August Brust, der Vorsitzende des Gewerkvereins, erteilte ihm aber nicht das Wort, sondern verwies ihn aus dem Saal. Bei dem entstehenden Handgemenge packte der Gendarm Münter Schröder und stieß ihn zu Boden. Als die *Bergarbeiter-Zeitung* über den Hinauswurf und das polizeiliche Verhalten berichtete,[12] wurde der verantwortliche Redakteur Margraf wegen Beleidigung des Gendarmen angeklagt und vom Essener Landgericht am 27. Juni 1895 verurteilt. Bei dem Prozess hatten Schröder und Mitglieder des Verbandes als Zeugen den polizeilichen Aussagen widersprochen, woraufhin sie der Staatsanwalt umgehend wegen Verdacht des Meineides verhaftet ließ. Die Verhandlung vor dem Essener Schwurgericht endete am 17. August 1895 mit einem skandalösen Urteil. Trotz der sich widersprechenden Aussagen des Gendarmen verhängte der Richter über Schröder und Genossen mehrjährige Zuchthausstrafen, und ihnen wurden darüber hinaus für fünf Jahre die Ehrenrechte entzogen.

8 Hue, Neutrale oder parteiische Gewerkschaften, S. 76.

9 Vortrag Hues auf einer Bergarbeiterversammlung in Wattenscheid am 1.1.1898. Bergarbeiter-Zeitung 3, 15.1.1898.

10 Hue, Neutrale oder parteiische Gewerkschaften, S. 88f.

11 Hue, Bergarbeiter 2, S. 473–481; 1889–1929, S. 67–72.

12 Autor des Artikels war Otto Hue. Archiv im Haus der Geschichte des Ruhrgebiets IG Bergbau 18985, Hue an den Rechtsanwalt Dr. Niemeyer, 19.1.1911.

Abb. 12: Die Verurteilten im Meineid-Prozess

Das offenkundige Fehlurteil[13] quittierte die vor dem Gerichtsgebäude wartende Menge mit „Pfui"-Rufen.[14] Die Empörung nicht nur in der Bergarbeiterschaft war gewaltig,[15] und so verfehlte das Urteil seine beabsichtigte Wirkung. Es löste vielmehr eine Welle der Sympathie aus, stärkte das Zusammengehörigkeitsgefühl der noch verbliebenen Verbandsmitglieder und ihren Willen, nun erst recht weiterzukämpfen. So trug der Schlag, der ein tödlicher gegen die Organisation hätte sein sollen, zu deren Festigung und Ausbreitung bei.[16]

Nicht allein die neugeweckte Solidarität durch das krasse Beispiel einer Klassenjustiz, sondern vor allem der wirtschaftliche Aufschwung der folgenden Jahre schuf eine gute Voraussetzung für den Wiederaufstieg des Verbandes, denn angesichts des herrschenden Arbeitermangels nahm die Zahl der Maßregelungen wegen Gewerkschaftszugehörigkeit ab.[17] Ebenso entscheidend für den „Durchbruch zur Massenorganisation"

[13] 1911 gab es ein Wiederaufnahmeverfahren, bei dem die Verurteilten völlig rehabilitiert wurden. Hue, Bergarbeiter 2, S. 480f.; 1889–1929, S. 70ff.

[14] Bergarbeiter-Zeitung 34, 24.8.1895 „Das Urtheil ist gefällt!".

[15] Zur Protestversammlung der Essener Sozialdemokraten mit Hue als Redner: Rheinisch-Westfälische Arbeiterzeitung 200, 28.8.1895 „Eine Volkskundgebung gegen das Urtheil im Meineidprozeß Schröder und Genossen".

[16] Imbusch, Arbeitsverhältnis, S. 442.

[17] 1889–1929, S. 73.

(Ritter/Tenfelde) war die von Hue konzipierte und propagierte Strategie des Verbandes. Die beiden Kernpunkte der neu entwickelten Ausrichtung waren:

Erstens musste die Organisation gestärkt werden, denn: „Rücksicht nimmt der Kapitalismus nur gezwungenermaßen auf den Starken, der fähig und gewillt ist, sich energisch seiner Haut zu wehren.“[18] Aus diesem Grunde war Hue wie andere Gewerkschafter[19] bemüht, das Unterstützungswesen auszubauen, um neue Mitglieder zu gewinnen.

Zweitens sollte sich der Verband aus der engen Verbundenheit zur Sozialdemokratie lösen und eine streng neutrale Haltung einnehmen. Er sollte eine Organisation für alle Bergleute sein, unabhängig von ihrer politischen Einstellung und ihrer Religionszugehörigkeit. Das Fernziel lautete: „Einigung aller Bergleute“.[20]

4.2 Die leidige Beitragsdiskussion

Eine durchsetzungsfähige Organisation benötigte entsprechende Geldmittel, doch die Finanzlage des Verbandes war lange Zeit problematisch. Bis 1897 „war noch ständige Ebbe in der Kasse“[21], die eingehenden Mittel deckten gerade einmal die laufenden Ausgaben. Der Antrag des Vorstandes, den Monatsbeitrag von 30 auf 40 Pfg. zu erhöhen, fand weder auf der Generalversammlung 1896 noch in den folgenden Jahren eine Mehrheit.[22]

Hue gehörte zu den eifrigsten Protagonisten, die eine Beitragserhöhung befürworteten. Er rechnete den Mitgliedern vor, dass der Verband mit einer Jahreseinnahme von 2,72 Mark pro Kopf zu den Organisationen mit den niedrigsten Einnahmen gehöre.[23] Lediglich die Hafenarbeiter und die Dachdecker zahlten noch weniger, während der Verband der Lederarbeiter mit 12,43 Mark und gar der der Hutmacher mit 23,55 Mark den Bergarbeiterverband weit übertrafen. Da die zuletzt genannten Berufe keine höheren Löhne als die Bergarbeiterschaft aufwiesen, läge es nicht „an dem Nichtkönnen“, sondern „weit mehr an dem Nichtwollen“ der Mitglieder, dass keine erhöhten Beiträge beschlossen würden. Für Hue stand fest: „Die Frage der Beitragserhöhung muß in Fluß kommen und recht baldig zu einem für den Verband gedeihlichen Abschluß gebracht werden.“ Doch erst auf der Generalversammlung 1899 setzte sich die Einsicht durch, dass der Verband größere Geldmittel benötigte, um seinen Aufgaben gerecht werden zu können, und die Delegierten fassten sehr zur Zufriedenheit Hues den längst überfälligen Beschluss.

Eine Anhebung der Beiträge war 1903 wiederum Thema der Generalversammlung in Zwickau, weil die Unterstützungsleistungen erweitert werden sollten. Es standen eine Vorstands- und eine Kommissionsvorlage zur Abstimmung. Während erstere einen Beitrag von 20 Pfennigen wöchentlich für ausreichend hielt, sah die andere 25 Pfennige vor. Nach einer langen, kontrovers geführten Debatte erhielt keiner der beiden Vorschläge die

18 Otto Hue, Die Lohndruckschraube fängt bald an zu arbeiten, in: Bergarbeiter-Zeitung 46, 16.11.1912.

19 Plener, Leipart, S. 58. – Allgemein Schönhoven, Selbsthilfe.

20 Hue, Neutrale oder parteiische Gewerkschaften, S. 7.

21 Otto Hue, Was fehlt unserem Verbande?, in: Bergarbeiter-Zeitung 50, 22.12.1900.

22 Hue, Neutrale oder parteiische Gewerkschaften, S. 105. – Zum Vergleich: Der Schichtlohn eines Hauers betrug 1895 auf der Zeche Rheinelbe 4,33 Mark, der eines Schleppers 2,56 Mark. Pieper, Lage, S. 80 Tab. X.

23 Otto Hue, Die deutsche Gewerkschaftsbewegung II, in: Bergarbeiter-Zeitung 34, 20.8.1898.

notwendige Mehrheit.[24] Es war Hue, der sich massiv dafür einsetzte, „die ganze Sache noch einmal von vorne an[zu]fangen“.[25] Er fand die Unterstützung der Delegierten, die im zweiten Anlauf den Vorstandsvorschlag mit 61 gegen 3 Stimmen annahmen.[26]

Auf der nächsten Generalversammlung wurde der Beschluss angesichts ungenügender Finanzmittel kritisiert. Mit der „winzigen“ Beitragserhöhung habe der Verband sich „eine große Sünde aufgeladen“, behauptete Franz Pokorny, und er machte in Hue den „Hauptsünder“ aus.[27] Ihm pflichteten namhafte Delegierte wie Peter Meis und Fritz Husemann bei.[28] Es war das erste Mal, dass Hue so starken Gegenwind zu spüren bekam. Er war – so seine zutreffende Einschätzung – „hier gewissermaßen als der Rattenfänger von Zwickau hingestellt worden, der durch seine schönen Reden die Delegierten in das Joch des 20 Pfg.-Beitrages gelockt hat“. Zu seiner Verteidigung brachte er vor, dass er die „Rattenfängerkünste“ lediglich geübt habe, um Wochenbeiträge zu bekommen. Habe man „erst eine andere Basis der Berechnung“, dann könnten schnell weitere Erhöhungen beschlossen werden. Aber es wäre falsch gewesen, „daß man mit einemmale einholen wollte, was man jahrelang versäumt hatte. Ich wandte mich dagegen, weil ich die Mitglieder kenne. Diese Generalversammlung war wenigstens insofern fruchtbar, daß sie den Kameraden gezeigt hat, wie gefährlich es ist, daß man jahrelang nichts gemacht hat und nun versucht wird, alles auf einen Sprung einzuholen.“[29]

Auch wenn die Delegierten nicht sogleich den Vorstellungen des Vorstandes gefolgt waren, verbesserte sich die finanzielle Lage des Verbandes nach 1895 deutlich, sodass die Agitation verstärkt, die eigene Druckerei und Setzerei neu eingerichtet, ein neues Verwaltungsgebäude gebaut,[30] das Personal vermehrt[31] und das Unterstützungswesen ausgebaut werden konnte.

4.3 Der Ausbau des Unterstützungswesens

Wenn der Bergarbeiterverband eine erfolgreiche „Kampfesorganisation“ sein wollte, dann musste er „die Majorität der Berufsgenossen hinter sich haben“. Hue ging davon aus, dass man die „Gleichgültigen“, die „noch Stumpfsinnigen“ nicht mit noch so flammenden Reden „von Ideale und Klassenbewußtsein“ gewinnen könne, sondern vor allem mit „praktischen Vortheilen“.[32] Deshalb kämpfte der Redakteur leidenschaftlich für das vom Vorstand vorgeschlagene Sterbegeld. Damit sollte zugleich der „größte Übelstand im Gewerkschaftsleben“ beseitigen werden, die kolossale Fluktuation, unter der besonders

24 Protokoll der Generalversammlung 1903, S. 110–133.
25 Ebd., S. 133.
26 Ebd., S. 136.
27 Protokoll der Generalversammlung 1904, S. 121.
28 Ebd., S. 123, 124 u. 126.
29 Ebd., S. 131 u. 132f.
30 Jäger/Tenfelde, Bildgeschichte, S. 61.
31 Die Zahl der hauptamtlichen Gewerkschaftsbeamten hatte sich von vier (1898) auf 58 (1907) erhöht. Der Anstieg ist vor allem auf die hauptamtliche Besetzung der Bezirksleitungen und der Rechtsschutzbüros zurückzuführen. Fritsch, Eindringen, S. 19f.; Schönhoven, Expansion und Konzentration, S. 229, Tab. 19.
32 Otto Hue, Unsere Generalversammlung II, in: Bergarbeiter-Zeitung 22, 28.5.1898. – Genauso argumentierten auch andere Gewerkschafter. Scharrer, Organisation, S. 71.

der Bergarbeiterverband zu leiden hatte.[33] Es galt, „die Mitglieder an den Verband zu fesseln, den Wechsel zu verhindern“.[34] In zahlreichen Zahlstellenversammlungen warb Hue mit großem Engagement für das Anliegen und war bemüht, den „Einwand, wir seien ein Kampfverein und kein Unterstützungsverein“, zu zerstreuen.[35] Ebenso leidenschaftlich plädierte er auf der Generalversammlung 1898 für den Antrag, doch nach einer „lebhaften Debatte“ lehnten die Delegierten den Vorschlag mit 63 zu 61 Stimmen ab.[36]

Hue war verärgert über die Entscheidung, und er machte seinem Unmut in zwei Artikeln Luft.[37] „Von allen Generalversammlungen …, denen ich beiwohnte, ist die in Dortmund 1898 abgehaltene die einzige unfruchtbare. Ja sie ist dem Verbande schädlich gewesen.“[38] Zum einen hätten die Delegierten anders gestimmt, als es die Mehrheit der Mitglieder wünschten, denn im Vorfelde, bei den Diskussionen auf den Zahlstellenversammlungen, hätte der Vorschlag des Vorstandes Zustimmung gefunden. Zum anderen warf er denjenigen, „welche sich gegen die Einführung einer Unterstützung sträubten“, vor, „die Kämpfer für die Hebung der Arbeiterlage“ zu schwächen.[39] Ein Vergleich mit anderen Gewerkschaften[40] zeige, dass diejenigen mit einem ausgedehnten Unterstützungswesen auch den höchsten Organisationsgrad erreichten. Sie seien deshalb in der Lage, „einen Kampf mit dem Kapital zu wagen!!!“

Im Vorfeld der nächsten Generalversammlung bemühte sich Hue, die Bedenken gegen das Sterbegeld zu zerstreuen, und führte nochmals alle Argumente für das Unterstützungswesen auf.[41] Da es die „Lebensaufgabe“ des Verbandes sei, die „Gleichgültigen zu gewinnen für den großen Kampf, den die vereinigte Arbeiterschaft auszufechten hat mit dem alles beherrschenden Kapital“, müsse er diesen etwas bieten. Denn „alle schönen Reden von Idealismus helfen nichts gegenüber der prosaischen Thatsache, daß die Arbeiter in überwiegender Mehrzahl nicht ideal verlangt sind, sie wollen materielle Vortheile sehen, um zu bleiben.“ Habe man sie einmal gewonnen, dann könne man sie „erziehen und schulen“, wenn sie sich aber dem Verband nicht anschlössen, dann bildeten sie „eine ständige Gefahr“ für diesen. Auch verliere die Organisation durch das Unterstützungswesen keineswegs ihren „Kampfescharakter“. Im Gegenteil. Mit der Zahl der neu geworbenen Mitglieder wüchse zwangsläufig ihre Macht. Ferner sei zu beachten, dass in Not geratene Arbeiter nicht zu Lohndrückern würden, wenn sie eine Unterstützung erhielten.

Die Mehrheit der Delegierten ließ sich dieses Mal überzeugen und beschloss ein Sterbegeld in Höhe von 30 Mark.[42] Für Hue war dies „ein wichtiger organisatorischer Schritt“[43], ein „Wendepunkt in der deutschen Knappenbewegung. Denn diese Maßre-

33 Hue, Bergarbeiter 2, S. 613. – Zur Fluktuation bei den Gewerkschaften allgemein: Schönhoven, Expansion und Konzentration, S. 151–198.

34 Otto Hue, Unsere Generalversammlung II. – Ein weiterer erwünschter Nebeneffekt war, dass die Mitglieder ihre Beiträge pünktlich zahlten, um nicht ihre Unterstützungsberechtigung zu verlieren.

35 Bergarbeiter-Zeitung 42, 16.10.1897, 50, 11.12.1897 u. 51, 18.12.1897.

36 Protokoll der Generalversammlung 1898, S. 8.

37 Otto Hue, Unsere Generalversammlung, in: Bergarbeiter-Zeitung 21, 21.5.1898 u. 22, 28.5.1898.

38 Otto Hue, Unsere Generalversammlung I.

39 Otto Hue, Unsere Generalversammlung II.

40 Zum Unterstützungswesen der Gewerkschaften: Schönhoven, Selbsthilfe; Scharrer, Organisation, S. 71–75.

41 Bergarbeiter-Zeitung 10, 11.3.1899 „Der innere Ausbau unseres Verbandes II“.

42 Protokoll der Generalversammlung 1899, S. 40f.; Bergarbeiter-Zeitung 14, 15.4.1899.

43 Ebd., S. 40.

gel zeigt, daß unsere Leute einsehen lernen, daß der Verband keine Eintagsfliege, sondern ein wirthschaftliches Gebilde von höchster Bedeutung ist, welches in zeitgemäßer Form weiter ausgebaut werden muß, daß an unserer Organisation alle Anschläge der kapitalistischen Mächte gegen die Arbeiterschaft zerschellen müssen. Nicht mehr auf Augenblickserfolge wollen wir sehen, sondern in systematischer, ruhig-emsiger Arbeit immer mehr der Herrschsucht und dem Unverstand Boden abgewinnen."[44]

Für Hue konnte die Einführung des Sterbegeldes nur ein Anfang sein. Der Ausbau der Unterstützungseinrichtungen folgte, begleitet von kontroversen Debatten, in den nächsten Jahren.[45] Zu den Neuerungen des Jahres 1901 zählte die Schaffung eines Streikfonds, für den die Mitglieder auf freiwilliger Basis monatlich zwei 25-Pfennig-Marken erwerben sollten.[46] Weil sich herausstellte, dass viele Mitglieder nicht so opferwillig waren wie erhofft, schlug Hue die Ausgabe von 10-Pfennig-Marken vor, was die Generalversammlung 1902 billigte.[47] Ebenso wurde seine Herzensangelegenheit – die Einführung einer Arbeitslosenunterstützung[48] – wohlwollend aufgenommen und der Vorstand mit der Erarbeitung einer Vorlage beauftragt.[49] Entsprechend zufrieden zeigte sich Hue mit den Ergebnissen der Generalversammlung, die bewiesen, dass der Verband „auf dem besten Wege" sei, „eine moderne Gewerkschafts-Organisation im vollsten Sinne dieses Wortes zu werden".[50]

Auf einer Verbandskonferenz in Borbeck stellte Hue das Modell für die Arbeitslosenunterstützung vor, mit der der Verband leistungsfähiger würde.[51] Es sei zudem eine wichtige Ergänzung zur Gemaßregeltenunterstützung, denn in vielen Fällen könne das Mitglied nicht nachweisen, dass er wegen seines gewerkschaftlichen Engagements entlassen worden wäre, und ginge deshalb leer aus. Erhielte aber jeder Arbeitslose eine Beihilfe, wären er und seine Familie vor der größten Armut geschützt. Mit großem Pathos warb er um die Zustimmung der Vertrauensmänner: „Es ist unsere heiligste Pflicht, als Gewerkschaft arbeitslosen Kameraden wenigstens in etwas vor der äußersten Not zu schützen. Können und wollen wir das nicht, so packen wir lieber gleich ein." Zwar äußerten einige Delegierte technische Bedenken, dennoch fiel das Votum für die Unterstützungsleistung eindeutig aus.[52] Wie im Ruhrgebiet stieß die Einführung einer Arbeitslosenunterstützung auch auf der Generalversammlung auf Zustimmung.[53]

44 Bergarbeiter-Zeitung 16, 29.4.1899 „Der Haller Congreß".

45 Wisotzky, Hue (Manuskript), S. 63f. – Zu den Auseinandersetzungen über die Unterstützungseinrichtungen aus DDR-Sicht: Fritsch, Eindringen, S. 77–83.

46 Protokoll der Generalversammlung 1901, S. 64.

47 Bergarbeiter-Zeitung 16, 19.4.1902; Protokoll der Generalversammlung 1902, S. 98. – Für Fritsch ein Beweis für die „streikfeindliche Politik" der Verbandsführung. Fritsch, Eindringen, S. 83.

48 Bereits 1897 befürwortete er eine Arbeitslosenunterstützung beim Metallarbeiterverband. Otto Hue, Zum Ausbau des Metallarbeiterverbandes, in: Metallarbeiter-Zeitung 5, 30.1.1897.

49 Protokoll der Generalversammlung 1902, S. 99.

50 O.H., Das Resultat der Bergarbeitertage in Essen und Düsseldorf, in: Weckruf 130, 7.6.1902.

51 LAD NRW Abt. Rheinl. Landratsamt Essen 76, Überwachungsbericht der Polizeiverwaltung Borbeck, 22.12.1902; Allgemeiner Beobachter 295, 23.12.1902; Bergarbeiter-Zeitung 51, 27.12.1902; Bergarbeiter-Zeitung 3, 17.1.1903.

52 Allgemeiner Beobachter 295, 23.12.1902; Bergarbeiter-Zeitung 51, 27.12.1902.

53 Protokoll der Generalversammlung 1903, S. 136.

Die Beschlüsse machten auch den Bergarbeiterverband ebenso wie andere Gewerkschaften zu einer Art „proletarischer Versicherungsgesellschaft". Nach seiner 1915 stolz präsentierte Leistungsübersicht[54] zahlte er:

– eine Streikunterstützung von 10 bis 16 Mark wöchentlich und zusätzlich ein Kindergeld von 1 Mark für jedes Kind,

– eine Unterstützung von 12 bis 18 Mark und zusätzlich ein Kindergeld für die Mitglieder, die wegen ihrer Tätigkeit für den Verband gemaßregelt worden waren,

– acht Wochen lang eine Unterstützung für diejenigen, die wegen Arbeitsmangel oder „sonstigen unverschuldeten Ursachen" arbeitslos geworden waren, deren Höhe abhängig war von der Dauer der Mitgliedschaft und des Lohnes,

– 24 Wochen lang ein Krankengeld,

– ein Sterbegeld beim Ableben des Mannes oder der Frau bis zur Höhe von 120 Mark.

Zudem gewährte er den Mitgliedern freien Rechtsschutz „bei der Wahrnehmung ihrer Rechte in Prozessen wegen Lohn-, Arbeits- oder Rentenstreitigkeiten".

Der größte Übelstand im Gewerkschaftsleben, die Fluktuation, ließ sich allerdings durch den Ausbau der Unterstützungsleistungen nicht, wie erhofft, beseitigen. Obwohl der Verband von 1900 bis 1910 353.197 Neuaufnahmen verzeichnete, stieg die Mitgliederzahl nur von 36.410 auf 123.437.[55] Allgemein galt, dass sich „zwischen den Gewerkschaften mit einem gut ausgebauten Unterstützungswesen und Gewerkschaften mit einer geringeren Anzahl von Hilfseinrichtungen" kein großer Unterschied hinsichtlich der Fluktuationsraten feststellen lässt. Entscheidender für den Verbleib in den Verbänden waren vielmehr die „kollegialen Kontakte am Arbeitsplatz und emotionalen Bindungen im Wohn- und Freizeitbereich" sowie die „Betätigungsmöglichkeiten" in der Organisation.[56]

4.4 „Die Unkultur ausrotten"

Der Bücherwurm Hue, der sich als Autodidakt großes Wissen angeeignet hatte, beklagte mehr als einmal den geringen Bildungsstand der Bergleute. „Sie nehmen keinen Theil an den sittlich erhebenden Fortschritten der menschlichen Denkkraft. Stumpfsinnig, fast wie Thiere, wühlen Tausende im Erdenschooße, essen, trinken und erzeugen als echte Proletare den nöthigen Nachwuchs – damit es dem Kapital nicht an ‚Händen' fehlt. Nur eine kleine Gruppe dieser elendesten aller Staubgeborenen fühlt sich als Mitglieder der Kulturgesellschaft, erinnert sich daß außer Hacke, Schaufel, Brod, Schnaps und Bett noch manches anderes in der Welt erstrebenswerth ist."[57] Ursächlich für die „geistige Zurückgebliebenheit des Knappen" und die „Unbeholfenheit des sprachlichen Ausdrucks" sei keineswegs die Intelligenz des Bergmanns, sondern die Arbeitsbedingungen in den Gruben, weshalb „der abgerackerte, halbinvalide Arbeiter" nicht Schritt halten könne „mit der mäßigsten geistigen Fortentwicklung".[58] Wenngleich es die primäre

[54] Kalender für Bergarbeiter 1916, S. 104.

[55] Hue, Bergarbeiter 2, S. 613 Anm. 38.

[56] Schönhoven, Expansion und Konzentration, S. 174.

[57] Bergarbeiter-Zeitung 16, 29.4.1899 „Der Haller Congreß". Ebenso Hue, Neutrale oder parteiische Gewerkschaften, S. 91.

[58] Ähnlich dachte der Hauer Max Lotz, der gleichfalls „die Berufsgruppe der Bergarbeiter" als „die roheste, ungebildetste und seelisch am tiefstgehaltene Menschenklasse" ansah und dafür die Arbeitsbedingungen

Aufgabe der Gewerkschaft war, die soziale Lage der Bergleute zu verbessern, durfte sie nach Ansicht von Hue die Schulung und Erziehung ihrer Mitglieder nicht vernachlässigen. Auch der Alte Verband müsse Bildung und Wissen in die Bergarbeitermasse bringen und „die Unkultur ausrotten“.[59] Dann würde es den Gegnern nicht mehr möglich sein, „mit politischen und konfessionellen Hetzereien die Knappen zu entzweien“.[60] Aus diesem Grunde schlug Hue schon sehr früh die Einrichtung von Bibliotheken in den Zahlstellen vor. Sie sollten aber nicht allein mit sozialistischer Literatur ausgestattet sein – „keine Einseitigkeit, denn diese tötet“ –, sondern Hue legte großen Wert auf die Bücher der Klassiker Goethe, Schiller, Lessing und Heine, ergänzt durch „gute sozialpolitische Romane und Novellen, geographische und geschichtliche Werke“.[61]

Wenige Monate später benannte Hue die nach seiner Ansicht für eine Gewerkschaftsbibliothek passenden Bücher.[62] An erster Stelle standen die deutschen Dichter und Denker, nämlich Goethe, Schiller, Lessing, Eichendorff, von Kleist und Heine sowie Fichte und Schleiermacher. Martin Luther war mit seiner Schrift „An den christlichen Adel deutscher Nation“ vertreten. Der Reigen der nichtdeutschen Autoren reichte von Tacitus über Cervantes, Calderon und Shakespeare bis Ibsen. Heute weitgehend unbekannt ist der empfohlene, ungarische Schriftsteller und Politiker József Eötvös. Überraschenderweise fehlte der „sozialdemokratische Bestseller“[63], der ansonsten in den Ausleihstatistiken der Arbeiterbibliotheken obenan stand: Bebels „Die Frau und der Sozialismus“. Stattdessen hatte Hue das nur noch Kennern bekannte Buch von Émile de Laveleye „Der Sozialismus der Gegenwart“ aufgenommen. Bei der Bibliothek sollte jeder auf seine Kosten kommen, die wenig wie auch die sehr belesenen Kameraden als auch die Frauen, die gern zu einem guten Buch griffen. Daher versah er seine Auswahl mit populärem Lesestoff. Zu diesem zählten Gabriel Ferry „Der Waldläufer“, ein Roman aus dem Wilden Westen, Wladimir Korolenko „Der blinde Musiker“, Pierre Loti „Die Islandfahrer“, Walter Scott „Ivanhoe“ und Claude Tillier „Mein Onkel Benjamin“. Dass eine Bibliothek mit einer solchen Ausstattung den von Hue gewünschten Anklang bei den Bergmänner gefunden hätte, darf nach dem, was wir über die Lesegewohnheiten der Arbeiter im Kaiserreich wissen, mit Recht angezweifelt werden.[64]

Dass Hue den Geschmack der Mitglieder verfehlte, erfuhr er schon durch eine Broschüre „Was liest der deutsche Arbeiter?“ des Pastors Dr. August Pfannkuche.[65] Hue war entsetzt und betrübt, denn an der Spitze der in den Arbeiterbibliotheken ausgelie-

verantwortlich machte. „Jedenfalls gehört wahrhaftig schon eine gewisse seelische Größe dazu, nach vollbrachter Schicht sich noch mit schöngeistigen, wissenschaftlichen und das Denken anregenden Stoffen zu beschäftigen.“ Aus der Tiefe, S. 60.

59 So Hue auf einer Versammlung in Neu-Salzbrunn am 14. August 1898. Bergarbeiter-Zeitung 35, 27.8.1898. – Zum Anspruch der sozialdemokratischen Arbeiterbewegung, auch eine Kultur- und Bildungsbewegung zu sein: Langewiesche/Schönhoven, Arbeiterbibliotheken.

60 Bergarbeiter-Zeitung 34, 24.8.1895 „Wie agitiren wir für unseren Verband?“.

61 Ebd.

62 Otto Hue, Ein Bücherverzeichniß, in: Bergarbeiter-Zeitung 47, 20.11.1897.

63 Langewiesche/Schönhoven, Arbeiterbibliotheken, S. 195.

64 Steinberg, Sozialismus, S. 129–142; Langewiesche/Schönhoven, Arbeiterbibliotheken, S. 166.

65 Zum Folgenden: O.H., Was liest der deutsche Arbeiter?, in: Bergarbeiter-Zeitung 40, 13.10.1900. – Die Ergebnisse von Pfannkuche werden im Allgemeinen bestätigt durch die Angaben aus anderen Bibliotheken. Zumeist belegen Verne, Gerstäcker und Zola die vorderen Plätze. Langewiesche/Schönhoven, Arbeiterbibliotheken, S. 189–193, Tabb. 20–22.

henen Bücher standen die von Zola, vom dem „Phantasten“ Verne, von Marlitt und von dem „unzuverlässige[n] Reisende[n] Gerstäcker, während „unser tapferster Geistesstreiter Lessing“ erst den 24. Rang einnahm. „Das hat der geschuhriegelte Wolfenbütteler Bibliothekar nicht um die deutsche Geisteskultur verdient, daß er weit hinter Schönschwätzern und Phraseuren rangirt.“ Überhaupt vermisste Hue in der Aufstellung „die echt deutschen Autoren Otto Ludwig, Th. Storm, Jeremias Gotthelf, Keller, Hebbel, Schweichel, Rosegger,[66] diese vorzüglichen Interpreten des germanischen Volksthums“. Nach der Erhebung war es für Hue offensichtlich, dass „sehr viel im Argen“ liege und dass die Gewerkschaftsbibliothekare noch eine große Aufgabe vor sich hätten.

Hue empfahl für den Augenblick, die „vielen kleinen, unzulänglichen Gewerkschaftsbibliotheken in eine Bücherei für alle örtlichen Gewerkschaftsmitglieder zu verschmelzen“ und zugleich für „große, allgemein zugängliche, allen Richtungen gerecht werdende Bücherhallen“ zu kämpfen. Das sei „im Interesse der Volksbildung“ und „zur Bekämpfung der Schund- und Schmutzlitteratur zu erstreben“.

Auch wenn hie und da Bibliotheken eröffnet wurden,[67] änderte sich nur wenig am Bildungsstand der Bergarbeiter, da die von Hue beklagte, kräftezehrende Grubenarbeit, die den Körper zerrüttete und den Geist abstumpfte, weiterhin Bestand hatte.

4.5 Grundsätze der Gewerkschaftsarbeit

Obwohl Neuling auf einem sozialdemokratischen Parteitag meldete sich Hue 1894 bei der Diskussion zu Wort. Er widersprach dem Berichterstatter Max Schippel, der über die Bedeutung der Trusts und Kartelle referierte, in zwei Punkten. Zum einen leugnete Hue die Ungefährlichkeit der Kartelle und verwies auf das 1893 gegründete Rheinisch-Westfälische Kohlensyndikat (RWKS), das die Preise für Kohle angehoben habe. Zum anderen glaubte er nicht an eine positive Wirkung der Syndikate auf die Gewerkschaftsbewegung und das Solidaritätsgefühl der Arbeiter. Letzteres sei in den Großbetrieben leider nicht anzutreffen, was er bei seiner Arbeit auf der Kruppschen Gussstahlfabrik leidvoll erfahren habe. Daher habe er „nur geringe Hoffnung auf die gewerkschaftliche Bewegung“. Zwar gebe es die Koalitionsfreiheit, doch die stünde nur auf dem Papier. Stattdessen könne „Stumm diktieren, daß ‚seine‘ Arbeiter keine Vereine bilden dürfen“. Aus diesem Grunde blickte Hue skeptisch in die Zukunft: „Die deutsche Gewerkschaftsbewegung kann niemals einen solchen Aufschwung nehmen wie die englische, die mit dem Kapitalismus zusammen aufgewachsen ist.“[68]

[66] Rosegger gehörte zu den Lieblingsautoren Hues. Nach einer Tour durch Österreich schwärmte er: „Nun auch werde ich mit noch höherem Genuß P. Roseggers traute steiirsche Geschichten lesen. ... Ich kann mir den Dichter des ‚Dorfkaplan‘ nur vorstellen als Insasse einer weltabgeschiedenen Bauernhütte im Waldgebirge, beim Tannenrauschen die Geister der Vergangenheit beschwörend, wartend auf einen echten ‚Bauernsterz‘, wie er noch zu kriegen ist droben wo der Wildbach rauscht, bei der Sennerin auf der Alm.“ O.H., Wanderungen in den österreichischen Alpenländern, in: Bergarbeiter-Zeitung 39, 5.10.1901.

[67] Z.B. in Oberhausen. Bergarbeiter-Zeitung 50, 11.12.1897. Im Bericht des Vorstands pro 1901 ist zu lesen: „Eine stattliche Anzahl Mitgliedsorte schaffte sich Bibliotheken an. Doch müßte hier mehr Regel herrschen.“ Protokoll der Generalversammlung 1902, S. 29.

[68] Protokoll des Parteitages 1894, S. 165. – Der saarländische Montanindustrielle Carl Ferdinand von Stumm-Halberg, einer der einflussreichsten Männer in Preußen, vertrat einen autoritär-patriarchalischen Standpunkt und duldete keine Sozialdemokraten in seinem Unternehmen.

Otto Hue hatte mit seinem Zweifel über eine erfolgversprechende Zukunft der Gewerkschaftsbewegung die Meinung vieler Genossen wiedergegeben, die damals die Verbände nur als kräftezersplitternde Hemmnisse der politischen Arbeiterbewegung ansahen. Allenfalls wollte man sie als Rekrutenschule für die Partei akzeptieren. Doch Hue wurde vom Saulus zum Paulus. Die Praxis, „bekanntlich die beste Lehrmeisterin", habe ihn, so bekannte er später, bekehrt.[69] „Nachdem ich in den Verwaltungsapparat des Verbandes hineingeblickt, denselben kennen gelernt, habe ich eingesehen, daß es unmöglich ist, den Verband mit der politischen Partei zu verquicken. Ein solcher Zusammenschluß würde eine Unsumme endloser Streitigkeiten im Gefolge haben und ein Unglück für die Gewerkschaftsorganisation sein."[70]

Hue widersprach nun dem Parteiführer Bebel und dem Parteitheoretiker Kautsky, die sich angesichts der Stärke der Unternehmer und der Schwäche der Gewerkschaften eine Änderung der Verhältnisse nur durch mehr Einfluss der Partei in den Parlamenten vorstellen konnten. Hue hingegen wandte sich „gegen die einnistende Überschätzung des Stimmzettels"[71] angesichts der „kläglichen Rolle", die der Reichstag spiele. Das „persönliche Regiment" trete immer stärker hervor, „trotz Verfassung, trotz einer politisch selbstständigen Arbeiterpartei, wie sie kein anderes Kulturland aufweist". Daher dürfe man sich „nicht über den Grad des thatsächlichen Einflusses" täuschen, „den eine noch so umfassende politische Aktion ausüben kann".[72]

Auch wenn Hue die Bedeutung der Parlamentsarbeit nicht verkannte, so forderte er: „Die ... oft ausschließliche Betonung der politischen Aktion muß aufhören im Interesse der Arbeiterschaft! Sie verleitet zu einer Überschätzung der parlamentarischen Thätigkeit, die zur Anbetung des Stimmzettels und zur Vernachlässigung der organisatorischen Arbeit führt."[73] Die negativen Folgen der Priorisierung seien auch nicht zu verkennen, denn: „Wo die gewerkschaftliche Arbeiterorganisation nicht besteht, da giebt es trotz aller Gesetze, trotz aller politischen Proteste, trotz aller vortrefflichen Reden im Parlament keinen Arbeiterschutz, kein freies Wahlrecht, kein freies Vereinsrecht!"[74]

Weil die Kapitalisten, da „sie über die ökonomischen Machtmittel gebieten", die „Herren des Staates" seien, müsse ihnen die gewerkschaftliche Organisation entgegengesetzt werden, „um den Moloch ins Herz zu treffen".[75] Aus diesem Grunde hielt Hue „die gewerkschaftliche Aktion ... für gerade so wichtig wie die politische Aktion". „Ja zu gewissen Zeiten" trete „die erstere am meisten hervor."[76] Es lege daher „im ureigensten Interesse der Sozialdemokratie, daß jener nicht wegzuleugnende Köhlerglaube an die Macht des Parlaments zerstört wird".[77]

Auf völliges Unverständnis stieß bei ihm – wie auch bei anderen Gewerkschaftern – die Bezeichnung der Gewerkschaftsarbeit als eine Art Sisyphusarbeit durch Karl Kautsky und Rosa Luxemburg. Hue interpretierte die Parteitheoretikerin so, als hätte sie den

69 Hue, Neutrale oder parteiische Gewerkschaften, S. 6.
70 Rede auf einer Bergarbeiterversammlung in Essen am 4.9.1904. Allgemeiner Beobachter 205, 7.9.1904.
71 Hue, Neutrale oder parteiische Gewerkschaften, S. 145.
72 Ebd., S. 146.
73 Ebd., S. 147.
74 Ebd., S. 145.
75 Ebd., S. 148.
76 Ebd., S. 145.
77 Ebd., S. 147.

gewerkschaftlichen Kampf als nutzlos dargestellt.[78] Dann wäre es in der Tat besser, die Gewerkschaften aufzulösen, die Kraft ihrer Mitglieder und das Geld auf bessere Weise zu verwenden.[79] Immer wieder warnte er vor den psychologischen Folgen für die gesamte Arbeiterbewegung, wenn die Gewerkschaftsarbeit auf diese Weise abgewertet werde. „Es ist ganz erklärlich, daß Leute, denen die Gewerkschaftserfolge nur als Scheinerfolge hingestellt werden, die Lust an der gewerkschaftlichen Tätigkeit verlieren. Aber sie kommen schließlich auch dazu, die Erfolge des politischen Kampfes nach derselben Schablone abzumessen."[80]

Ebenso vehement bekämpfte er die „Verelendungstheorie", die vereinfacht besagte: Je schneller die Verelendung des Proletariats voranschreite, je unerträgliche die Verhältnisse würden, desto eher revolutioniere sich die Arbeiterschaft und ergreife die Macht. Der Kampf um partielle Verbesserungen der Lage zögere hingegen den Sieg des Proletariats hinaus und sei daher schädlich. Eine solche Auffassung führe – so Hue – „logischerweise zum – Nichtsthun!" Denn: Warum sollte man sich abquälen und nicht stattdessen „die Hände in den Schoß … legen und gläubig … warten, bis die kapitalistische Ausbeutung das Proletariat so arg zusetzt, daß es sich erhebt und den Feind niederwirft"? Spöttisch schreibt Hue, dies wäre doch „die gemüthlichste Weise in den sozialdemokratischen Staat zu kommen".[81] Leider widerspreche diese Theorie aller Erfahrung. Die Verhältnisse in Oberschlesien seien ein überzeugender Beweis, dass „nicht vom Elend, sondern vom geistigen und körperlichen Wohlbefinden … gesellschaftlicher Fortschritt zu erwarten" sei.[82]

Stattdessen setzte Hue auf die Macht der vereinten Arbeiterschaft in den Gewerkschaften. Um diese zu erreichen, plädierte er für ihre politische und religiöse Neutralität der Verbände.

4.6 Die Neutralitätsdebatte

Für Hue gab es keinen Zweifel, dass der Bergarbeiterverband – wie die anderen Gewerkschaften – nicht vordringlich für den „sozialistischen ‚Zukunftsstaat'", sondern in erster Linie „für eine Hebung der wirtschaftlichen Lage der Arbeiter" zu kämpfen habe.[83] Die ureigenste Aufgabe sei die Wahrung und Förderung der beruflichen Interessen seiner Mitglieder. Um bei den Auseinandersetzungen mit den Unternehmern durchsetzungsfähig zu sein, war es zwingend notwendig, einen möglichst großen Teil der Bergarbeiterschaft im Verband zu organisieren. Dieses hochgesteckte Ziel war aber nach An-

78 Hue hatte Luxemburg falsch verstanden – oder wollte er sie falsch verstehen? –, denn die Gewerkschaftsarbeit, „diese Sisyphusarbeit", erachtete sie als „unentbehrlich, soll der Arbeiter überhaupt zu der ihm nach der jeweiligen Marktlage zufallenden Lohnrate kommen". Aber durch sie könne der Kapitalismus nicht abgeschafft werden. Zit. nach dem gegen Hue gerichteten Artikel „Die Hetzer an der Arbeit", in: Vorwärts 266, 12.11.1905. – Zur Fehlinterpretation Hues: Owetschkin, Luxemburg, S. 47ff.

79 Hue, Neutrale oder parteiische Gewerkschaften, S. 126.

80 Otto Hue, Partei und Gewerkschaft. Ein Wort an den Jenaer Parteitag, in: Die Neue Gesellschaft 25, 20.9.1905, S. 290–293, S. 291.

81 Hue, Neutrale oder parteiische Gewerkschaften, S. 126.

82 Otto Hue, Der innere Ausbau unseres Verbandes II, in: Bergarbeiter-Zeitung 10, 11.3.1899.

83 Otto Hue, Ein Blick auf die deutsche Gewerkschafts-Bewegung, in: Weckruf. Das Original ist nicht überliefert. Zitiert wird nach einem Artikel im Allgemeiner Beobachter 89, 20.4.1899.

Abb. 13: Titelblatt von „Neutrale oder parteiische Gewerkschaften?“

sicht von Hue nur durch eine streng neutrale Haltung des Verbandes zu erreichen. „Wer seiner Gewerkschaft maßgebenden wirthschaftlichen Einfluß verschaffen will, muß sie allen Berufsgenossen offen halten und darf weder verschämte noch unverschämte Parteipolitik in dem Berufsverband dulden; religiöse Fragen sind erst recht nicht im beruflichen Verein zu erörtern,“[84] lautete die Schlussfolgerung in seiner programmatischen Schrift „Neutrale und parteiische Gewerkschaften?“[85], die seiner Zeit stark rezipiert wurde.[86] Parteipolitik innerhalb der Organisation zu betreiben, würde die Gewerkschaft nicht nur „zur Einflußlosigkeit verdammen,“[87] sondern wäre gar „der Totengräber des Verbandes“.[88] Dies war die schmerzliche Erfahrung der Anfangsjahre. Daher wäre es „ein Unding, in der beruflichen Agitation mit parteipolitischen oder religiösen Reden zu werben“.[89]

Die von Hue propagierte Neutralitätspolitik stieß innerhalb des Verbandes zu Anfang auf Widerstand. Die Gegenseite forderte weiterhin einen engen Verbund mit der sozialdemokratischen Partei. Dass die eifrigsten Verfechter dieser Einstellung, die ehemaligen Verbandsführer Schröder und Meyer, durch ihre Verurteilung im Meineid-Prozess ausgeschaltet waren, brachte nach Einschätzung des Bochumer Polizeikommissars den Befürwortern der gewerkschaftlichen Neutralität einen großen Vorteil.[90] Einen ersten Sieg errangen sie auf der 8. Generalversammlung 1897. Einstimmig verabschiedeten die Delegierten die langatmige, umständlich formulierte Resolution, die Hue einbrachte und erläuterte: „Der zweite Congreß deutscher Grubenarbeiter erkennt an, daß zur Durchführung aller volkswirthschaftlichen Reformen zu Gunsten der Arbeiter die Organisation derselben eine absolute Nothwendigkeit ist. Jene Organisation muß derart ausgebaut sein, daß sie für jeden Arbeiter den Eintritt in dieselbe gestattet. Diese Möglichkeit wird nicht geboten durch einseitige religiöse oder parteipolitische Arbeiterverbindungen, sondern sie ist geschaffen durch das Vorhandensein einer Organisation, die sich keiner religiösen oder

84 Hue, Neutrale oder parteiische Gewerkschaften, S. 155.

85 Fritsch bezeichnete sie als „Programmschrift der revisionistischen Neutralitätspolitik“ in der gesamten deutschen Gewerkschaftsbewegung. Fritsch, Eindringen, S. 36.

86 LAD NRW Abt. Rheinl. Reg. Düsseldorf 9052, Bezirkspolizeikommissar Essen an Regierungspräsident Düsseldorf, 15.1.1901.

87 Hue, Neutrale oder parteiische Gewerkschaften, S. 140.

88 Hue auf einer Bergarbeiterversammlung in Rüttenscheid am 23. November 1902. LAD NRW Abt. Rheinl. Landratsamt Essen 76, Überwachungsbericht der Polizeiverwaltung Rüttenscheid, 23.11.1902.

89 Hue, Neutrale oder parteiische Gewerkschaften, S. 138.

90 LAD NRW Abt. Westf. Reg. Arnsberg 14230, Bericht vom 25.8.1896.

politischen Richtung anschließt. Innerhalb der Organisation muß unter allen Umständen völlige Freiheit der Mitglieder herrschen, sich außerhalb der Verbindung irgendwelcher Religions- oder Parteigruppe anzugliedern. Erst in der gänzlichen Gleichgültigkeit der Arbeiterorganisation gegen die etwaige Bethätigung ihrer Mitglieder außerhalb des Verbandes in religiöser oder parteipolitischer Hinsicht, liegt die Gewähr, daß der Gedanke einer alle Arbeiter des betreffenden Berufes umfassenden Organisation verwirklicht wird.

Der Kongreß erkennt an, daß der schon bestehende Deutsche Berg- und Hüttenarbeiter-Verband eine Arbeiterorganisation ist, die entgegen allen gegnerischen Behauptungen solche Grundlagen hat, wie sie von einem gewerkschaftlichen Arbeiterverbande verlangt werden müssen. Ohne Rücksicht auf die religiösen oder politischen Ansichten der Berufsangehörigen sucht der Deutsche Berg- und Hüttenarbeiter-Verband durch geeignete gewerkschaftliche Maßnahmen nur die Interessen der Berg- und Hüttenarbeiter zu fördern. In Anbetracht dieser Thatsache verpflichten sich die anwesenden Delegierten der deutschen Bergwerks-Vereine, unausgesetzt für die Ausbreitung und Erstarkung des genannten Verbandes thätig zu sein, so daß in nicht zu ferner Zukunft derselbe wirksam eintreten kann für die Verbesserung der Lage der deutschen Gruben- und Hüttenarbeiter."[91]

Die Neutralitätsverpflichtung blieb allerdings innerhalb des Verbandes weiterhin umstritten.[92] Auf der 11. Generalversammlung in Altenburg musste Hue die seit 1895 verfolgte Politik[93] verteidigen und erläuterte sie mit denselben Argumenten wie 1897: „Die Berufsfragen berühren alle Berufsgenossen und wir bedürfen zu ihrer Lösung aller, oder wenigstens des grössten Teiles unserer Kameraden. Besseren Lohn fordert jeder Arbeiter, sobald er über seine wirtschaftliche Lage im Klaren ist. Hungern tut der sozialdemokratische so gut wie der ultramontane und freisinnige Arbeiter. Was uns gemeinsam bedrückt, das wollen wir gemeinsam abschütteln. Parteipolitische oder religiöse Zwiste schwächen uns nur, daher gehören sie nicht in die Gewerkschaft."[94] Auf entschiedene Gegenwehr bei den Delegierten stieß er nicht mehr. Sie verabschiedeten einstimmig eine Resolution, deren erster Satz lautete: „Die parteipolitisch unabhängige Haltung der Verbandsleitung findet unsern vollen Beifall und ist ein Ablenken von dem eingeschlagenen Wege auch ferner nicht statthaft."[95]

Dennoch begann ein Jahr später die Diskussion über die neutrale Haltung des Verbandes aufs Neue. Anlass war das von Hue mitorganisierte Auftreten Naumanns im Ruhrgebiet[96] und seine Äußerung, „daß die organisierten Bergleute bei den Reichstagswahlen nur einem solchen Kandidaten ihre Stimme zu geben hätten, der sich verpflichte, voll und ganz für das Koalitionsrecht der Arbeiter einzutreten, möchte er auch sonst einer politischen Partei angehören, welcher er wolle. Ob der Kandidat ein Freund der Flotten- und Kanalvorlage sei oder nicht, komme für die Arbeiter wenig in Betracht."[97]

91 Bergarbeiter-Zeitung 18, 1.5.1897 „8. General-Versammlung des deutschen Berg- und Hüttenarbeiterverbandes"; Vorwärts 93, 20.4.1897 „Zweiter nationaler Bergmanns-Kongreß für Deutschland". – Der 2. nationale Kongress war zugleich die 8. Generalversammlung.

92 Auf der 9. Generalversammlung beantragte der Delegierte Unthan (Hamme) bei der Beratung des Status erfolglos, den Neutralitätspassus zu streichen. Vorwärts 13.4.1898 „Generalversammlung des Verbandes deutscher Bergleute und Hüttenarbeiter".

93 Protokoll der Generalversammlung 1900, S. 6–24.

94 Ebd., S. 7f. Ebenso Otto Hue, Der innere Ausbau unseres Verbandes I, in: Bergarbeiter-Zeitung 9, 4.3.1899.

95 Protokoll der Generalversammlung 1900, S. 25; Hue, Bergarbeiter 2, S. 486.

96 Siehe dazu Kap. 5.1.

97 So wurde Hue im Allgemeiner Beobachter 31, 8.2.1900 zitiert.

Auf der XII. Generalversammlung in Kassel mahnten einige Delegierten gegenüber Hue an, man dürfe „die Neutralitätsbestrebungen nicht auf die Spitze treiben".[98] Zu ihnen gehörte auch der Reichstagsabgeordnete und spätere Vorsitzende des Verbandes, Hermann Sachse, der zwar bekundete, „die Neutralität müsse gewahrt werden", zugleich warnte, „sie darf aber nicht zu weit gehen". Da die Vorwürfe in der Regel sehr vage waren, konnten sie Hue nicht irritieren.[99]

Als eines der wenigen Beispiele für die vermeintlich fatalen Auswirkungen der Neutralitätspolitik benannten die Kritiker den Leitartikel der *Bergarbeiter-Zeitung* zu der Reichstagsnachwahl in Waldenburg, bei der Sachse gegen den Justizrat Dr. Ritter, Generalbevollmächtigter der Pleß'schen Gruben, kandidierte. Doch es gehörte schon eine gehörige Portion Böswilligkeit dazu, um Hue aus seiner Stellungnahme einen Strick zu drehen, denn diese endete mit den Worten:

„Wir würden es vom gewerkschaftlichen Standpunkt schmerzlich bedauern, wenn unser Verbandsmitglied Hermann Sachse nicht den ehrenvoll eingenommenen Sitz im Reichstag wieder gewänne. Einen geschickteren Anwalt haben alle Berg- und Hüttenleute noch nicht im Reichstag gehabt; …

Jetzt gerade ist ein sachverständiger Mann wie Sachse im Reichstag sehr nothwendig. …

An die parteipolitischen Gegensätze kehren wir uns nicht. Würde statt Sachse ein Nichtsozialdemokrat und sachverständiger, zuverlässiger Mann gegen Ritter stehen, dann würden wir mit gleicher Lebhaftigkeit für jenen eintreten. Uns bestimmt die Wahrung der gewerblichen Interessen der Berg- und Hüttenleute unter den gegebenen Umständen die Waldenburger Arbeiterschaft dringend auf zu fordern:

Fort mit dem Scharfmacher Ritter!

Sendet wieder den bewährten Arbeiterfreund Hermann Sachse in den Reichstag!!!"[100]

Um die massive Wahlwerbung für einen Sozialdemokraten auf der Seite 1 der Verbandszeitung zu rechtfertigen, bedurfte es der salvatorischen Klausel, dass man auch für einen anderen „zuverlässigen Mann" eintreten würde.

Wenngleich Hue stets für die parteipolitische Neutralität der Gewerkschaften eintrat, so bedeutete dies nicht, dass sie grundsätzlich politische Abstinenz üben sollten. Im Gegenteil. Wenn es um die Belange der Arbeiterschaft gehe, hätten sie sich klar zu positionieren. So meldete sich Hue vor den Reichstagswahlen 1898 zu Wort, weil er befürchtete, dass „die arbeiterfeindlichen Mächte Oberwasser" erhielten, die eine Verschärfung der Koalitionsfreiheit und des Vereinsrechts anstrebten, sodass die Existenz des Verbandes auf dem Spiel stünde.[101] Weil die Arbeiter ein tolerantes Vereinsrecht wie der „menschliche Organismus das tägliche Brod" benötigten, forderte er die Mitglieder

[98] Protokoll der Generalversammlung 1901, S. 24–29; Volksblatt 197, 29.5.1901 „XII. Generalversammlung des deutschen Berg- und Hüttenarbeiterverbandes".

[99] In einem anderen Zusammenhang äußerte Hue: „Aber man gebe uns doch an, ‚wie weit' man gehen darf! Darin liegt ja eben die Schwierigkeit; zwar lobt man eine ‚gewisse Neutralität', aber wo beginnt diese ‚gewisse', wo hört sie auf? ‚Du gehst zu weit', kann jeder sagen, aber auch jeder läuft Gefahr, anderen ‚zu weit' zu gehen." Der deutsche Bergarbeiterverband und die sozialdemokratische Partei IV, in: Bergarbeiter-Zeitung 45, 16.11.1901.

[100] Bergarbeiter-Zeitung 22, 9.6.1900 „Ein ‚Vertreter' der Bergleute Niederschlesiens". – Völlig verfälschend die Darlegung bei Fritsch, Eindringen, S. 37f.

[101] Otto Hue, Die Bergleute und die kommende Reichstagswahl, in: Bergarbeiter-Zeitung 23, 4.6.1898.

auf, im anstehenden Wahlkampf in den vordersten Reihen zu stehen. Sie sollten mit aller Kraft für die Volksvertreter agitieren, „die sich schriftlich verpflichten, allen Angriffen gegen das Vereinsrecht entgegenzutreten, die sich verbindlich machen mit Unterschrift, alle Beschränkungen der Arbeiterfreiheit aufzuheben". „Eine Schande wäre es, wenn in den Bergwerksdistrikten, wo wir Fuß faßten, auch nur ein einziger Gegner der Arbeiterverbände gewählt würde."

Als der Reichstag dann die sogenannte „Zuchthausvorlage" behandelte, verurteilte die *Bergarbeiter-Zeitung* in einem leidenschaftlichen Artikel das Gesetzesvorhaben, der mit den Worten endete: „Wer das deutsche Volk liebt, es nicht in Unkultur und Bürgerkrieg stoßen will, der gibt dem Arbeiter volles Vereinsrecht! Nieder mit der Zuchthausvorlage!"[102]

Die Beispiele belegen die wiederholt vorgetragene Beteuerung Hues, kein Nur-Gewerkschafter zu sein.[103] „Eine Nurgewerkschaftlerei ist von Übel, sie führt zur einseitigen Überschätzung der Gewerkschaftskraft, endet schließlich in Berufssimpelei und Kassenfanatismus."[104]

Die von Hue propagierte parteipolitische Neutralität bezog sich ausdrücklich nur auf die Gewerkschaftsorganisation, nicht auf ihre Mitglieder. „Außerhalb des Verbandes mag der Kamerad nationalliberal, Welfe, ultramontan, Sozialdemokrat oder freisinnig sein, das geht uns nichts an, darin hat jeder Kamerad seinen freien Willen, den wir nicht im mindesten beschränken", erklärte Hue nicht nur auf einer Versammlung in Hohenbostel (Deister) am 8. Mai 1898,[105] sondern diese Aussage gehörte zum festen Repertoire seiner Reden um die Jahrhundertwende.[106] Es falle auch niemanden ein, „den Mitgliedern extra vorzuschreiben, sich der parteipolitischen Agitation zu enthalten. Wollten wir das thun, so würde uns mit Recht ein unauslösliches Gelächter überschütten. Nur in unseren gewerkschaftlichen Veranstaltungen können wir keine parteipolitische … Propaganda dulden."[107]

Wie andere Gewerkschafter eckte Hue mit seiner sogenannten „Neutralitätsduselei", mit der Betonung der Eigenständigkeit der Gewerkschaften und ihrer Abkoppelung von der Sozialdemokratie beim Parteivorstand und besonders bei den linken Genossen an.[108]

Heinrich Ströbel hielt einerseits das Unterfangen, durch einen neutralen Kurs möglichst viele Arbeiter für sich zu gewinnen, für aussichtslos. Eine Verschmelzung der Organisationen sei unmöglich, denn: „Die Gewerkschaften wurden von der Sozialdemokratie ins Leben gerufen und gefördert, die Gewerkvereine vom Freisinn, die christlich-sozialen Gewerkvereine vom Zentrum. Jeder Richtung ist dadurch ein besonderes

102 Bergarbeiter-Zeitung 23, 17.6.1899 „Was bringt uns die Zuchthausvorlage?". – Auch in Versammlungen agitierte Hue gegen die Vorlage. Zum Beispiel in Eichlinghofen am 18.6.1899. Rheinisch-Westfälische Arbeiterzeitung 141, 20.6.1899; Volksblatt 220, 21.6.1899.

103 Hue, Neutrale oder parteiische Gewerkschaften, S. 142.

104 O.H., Noch ein Urtheil über den deutschen Bergarbeiterverband, in: Bergarbeiter-Zeitung 37, 21.9.1901.

105 Bergarbeiter-Zeitung 20, 14.5.1898 „Otto Hue in Hohenbostel".

106 Otto Hue, Der innere Ausbau unseres Verbandes I, in: Bergarbeiter-Zeitung 9, 4.3.1899; LAD NRW Abt. Rheinl. Landratsamt Essen 76, Überwachungsbericht der Polizeiverwaltung Borbeck über eine Zahlstellenversammlung am 27. Oktober 1901, 27.10.1901.

107 Bergarbeiter-Zeitung 33, 25.8.1900 „Der Berg- und Hüttenarbeiterverband und die Gewerkschaftskartelle".

108 Zur Neutralitätsdebatte siehe die Artikel in der *Neue Zeit* und den *Sozialistische Monatshefte* der Jahre 1899ff. Kurz auch Scharrer, Organisation, S. 87–90.

politisches Gepräge, eine spezifische Anschauungsweise aufgedrückt worden."[109] Daher werde das „lockende Heraushängen des Schildes der Neutralität" den Gewerkschaften „kaum allzuviel antisocialistische Arbeiter zuführen, ... dagegen manchen socialistischen Arbeiter verstimmen und eine Entfremdung zwischen den Gewerkschaften und der Partei eintreten lassen, die beiden Organisationen gleich nachteilig sein wird".[110] Andererseits befürchtete er, dass „neutralisirte Gewerkschaften" „die Arbeiter der Sozialdemokratie entfremden und mit der bestehenden Wirthschaftsordnung aussöhnen" würden.[111] Er unterstellte, dass solche Gewerkschaften nur beklagenswerte Erscheinungen hervorbringen würden: „bureaukratisch verknöcherte, politischen Fernzielen gleichgiltig, wo nicht feindlich gegenüberstehende Führer und indifferente Massen".[112] Dadurch werde der „politische Emanzipationskampf der Arbeiterklasse ernstlich" geschädigt.[113]

Ebenso scharf griffen Genossen im östlichen Ruhrrevier[114] und besonders die Redakteure der *Arbeiter-Zeitung* und des *Volksblatts*[115] Hue wegen des propagierten Neutralitätskurses an. Er hätte damit „die sozialdemokratisch gesinnten Bergarbeiter unseres Ruhrgebietes in ihrer politischen Überzeugung verwirrt und irre gemacht".[116] Der Gescholtene verbat sich grundsätzlich die Einmischung von außen und im Besonderen die von Konrad Haenisch und Linus Scheibe, die erst seit kurzer Zeit im Ruhrgebiet lebten und daher nur „mangelnde Kenntnisse" der hiesigen Verhältnisse besäßen.[117] Im Gegensatz dazu stünden „an der Spitze des Verbandes Personen, die im Ruhrgebiet geboren und erzogen, hier gearbeitet und organisirt haben seit Jahrzehnten! Und nun sollen diese alterfahrenen Führer sich beeinflussen lassen von Kollegen, die kaum in das schwierige Ruhrgebiet hineinrochen!" Eine Schulmeisterei von außen komme nicht in Frage. „Wer nicht Verbändler ist, hat bei uns nichts zu sagen."

In die Auseinandersetzung über die „Neutralitätsduselei" schaltete sich auch Wilhelm Düwell ein. Er sprach in seinen Artikeln, u.a. im *Hamburger Echo*, der *Leipziger Volkszeitung* und im *Vorwärts*, Hue jegliches Klassengefühl ab und beschuldigte ihn, der Sozialdemokratie zu schaden, weil er allein die Erfolge des Bergarbeiterverbandes im Auge habe. Ferner behauptete er fälschlich, dass die gewerkschaftliche Neutralität es den Gewerkschaftsbeamten verböte, „als Agitatoren für die Sozialdemokratie aufzutreten".[118] Zu seiner Unterstützung lud Düwell Georg Ledebour ins Ruhrgebiet ein, der auf Versammlungen in Essen, Borbeck, Mülheim und Bochum über „Gewerkschaften und Sozialdemokratie" referierte. Der Berliner Genosse warf gleichfalls einigen führenden

109 H. Ströbel, Zur Frage der Neutralisirung der Gewerkschaften, in: Neue Zeit 18 (1899/1900) 36, S. 266–276, S. 271.

110 Heinrich Ströbel, Neutralisierung der Gewerkschaften, in: Sozialistische Monatshefte (1900) 8, S. 470–477, S. 477.

111 Ströbel, Zur Frage der Neutralisirung, S. 267.

112 Ebd., S. 275.

113 Ebd., S. 270.

114 So auf der SPD-Kreiskonferenz des Wahlkreises Hamm-Soest. Rheinisch-Westfälische Arbeiterzeitung 201, 29.8.1901.

115 Volksblatt 95, 24.1.1901.

116 Lebius, Zur Zweiseelenlehre, in: Volksblatt 276, 29.8.1900.

117 Bergarbeiter-Zeitung 32, 18.8.1901. Nur wenige Monate später schrieb Hue einen sehr versöhnlichen Brief an Haenisch, der ihn gebeten hatte, Artikel für die *Rheinisch-Westfälische Arbeiterzeitung* zu schreiben. Bundesarchiv Berlin NL Haenisch 153, Hue an Haenisch, 8.11.1901.

118 D[üwell], Der Fall Meis und die Neutralitätspolitik, in: Hamburger Echo 237, 10.10.1901.

Mitgliedern des Bergarbeiterverbandes mit Hue an der Spitze Nurgewerkschaftstum vor und bemängelte ihr fehlendes Klassengefühl.[119]

Die heftigen Angriffe brachten das Fass zum Überlaufen. Der Vorstand beauftragte Hue, das Verhältnis Bergarbeiterverband-Sozialdemokratische Partei grundlegend zu besprechen und auf die erhobenen Vorwürfe einzugehen, was dieser in einer mehrteiligen Artikelserie besorgte.[120]

Hue war sichtlich verärgert über die Attacken auf seine Personen im Speziellen[121] und auf die Gewerkschaftsführer im Allgemeinen. Ebenso groß war seine Enttäuschung, dass kein Mitglied des Parteivorstandes die Angegriffenen verteidigt habe. Er unterstellte der Parteiführung, dass sie das Anwachsen der Gewerkschaftsbewegung mit Misstrauen verfolge, und erklärte: „Diesem Mißtrauen setzen wir unser Mißtrauen gegen den Parteivorstand entgegen."[122] „Das alte Zutrauen zur Leitung der sozialdemokratischen Partei zu behalten", sei unter diesen Umständen leider nicht mehr möglich, weil der Vorwurf der „Zersplitterung und Versimpelung der Arbeiterbewegung" immer wieder erhoben werde, obwohl dieser vom Verband schon längst widerlegt worden sei.[123]

Die Behauptung, der Vorstand verbiete den Beamten und Mitgliedern die Agitation für die Sozialdemokratie, wies Hue als falsch zurück. „Uns ist es nie eingefallen, der Nurgewerkschaftlerei das Wort zu reden, vielmehr haben wir ... häufig und öffentlich unsere Mitglieder zur kräftigen Theilnahme an der Parteiorganisation aufgefordert, ja wir haben keinen Zweifel darüber gelassen, daß wir die sozialdemokratische Partei fördern."[124] Die Gewerkschaftsführung lasse jedem „freie Hand in seiner parteipolitischen Thätigkeit", aber diese müsse „außerhalb des Verbandes" erfolgen.[125]

Hue widersprach der Unterstellung, die Leiter des Bergarbeiterverbandes schämten sich ihrer Parteizugehörigkeit. Das Gegenteil sei richtig. „Uns sind wenige ‚Führer' des Bergarbeiterverbandes bekannt, die nicht auch als Vertrauensleute, Kassirer, Referenten und Zeitungs-Mitarbeiter offen, unter Namensnennung, für die sozialdemokratische Partei thätig sind. Sie ‚schämen' sich dessen absolut nicht, sondern sind stolz auf ihre sozialdemokratische Überzeugung!"[126] Er warnte auch davor, die Gewerkschaftsfunktionäre aus den Parteikreisen fortzuekeln, denn wenn sie „die Fühlung mit ihren politischen Gesinnungsgenossen" verlören, würde das Verhältnis zwischen Partei und Verband nur schlechter werden.[127]

Der Verband verwische keineswegs die Klassengegensätze, sondern mache diese vielmehr durch seine Agitation „auch für das blödeste Auge" sichtbar. Er versimple ebenso

119 Bergarbeiter-Zeitung 44, 9.11.1901. Zur Essener Versammlung: Allgemeiner Beobachter 250, 29.10.1901.

120 Der deutsche Bergarbeiterverband und die sozialdemokratische Partei, in: Bergarbeiter-Zeitung 42–46, 26.10.–23.11.1901.

121 Siehe auch Bundesarchiv Berlin NL Haenisch 153, Hue an Haenisch, 8.11.1901.

122 Der deutsche Bergarbeiterverband und die sozialdemokratische Partei II, in: Bergarbeiter-Zeitung 43, 2.11.1901.

123 Ebd.

124 Der deutsche Bergarbeiterverband und die sozialdemokratische Partei V, in: Bergarbeiter-Zeitung 46, 23.11.1901. – Auf dem Gewerkschaftskongress 1902 erklärte er: „Ich bin persönlich stolz darauf, Sozialdemokrat zu sein." Protokoll, S. 82.

125 Der deutsche Bergarbeiterverband und die sozialdemokratische Partei III, in: Bergarbeiter-Zeitung 44, 9.11.1901.

126 Ebd.

127 Der deutsche Bergarbeiterverband und die sozialdemokratische Partei III.

wenig die proletarische Bewegung, sondern stärke diese durch die Organisation der Lohnarbeiter. Diese würden durch die Verbandsarbeit „ihre wahren Gegner erkennen, geistig gehoben und infolgedessen brauchbare Kämpfer im sozialen Befreiungskampfe werden", dessen Führung natürlich die Sozialdemokratie übernommen habe.[128]

Bereits zuvor hatte Hue vehement die Behauptung seiner innerparteilichen Gegner bestritten, dass neutrale Gewerkschaften ein Hemmnis für den Aufstieg der Sozialdemokratie wären. Das Gegenteil sei richtig. Das „Anwachsen jeder selbständigen Gewerkschaftsbewegung" werde letztendlich der politischen Arbeiterpartei zu Gute kommen.[129] Die neutrale Gewerkschaftsbewegung werde der Partei „die großen Massenquartiere der noch gleichgültigen Arbeiter erschließen".[130] So habe mit dem „Aufblühen" des Alten Verbandes in den Bergbaurevieren dort auch die sozialdemokratische Parteibewegung zugenommen.[131] Seine Begründung für diesen Zusammenhang glich der Argumentation von Carl Legien: Indem sich die Gewerkschaften mit Arbeiterpolitik und der Sozialgesetzgebung beschäftigten, die Auswirkungen der Gesetzesvorhaben und Stellungnahmen der einzelnen Parteien auf die Lebens- und Arbeitsbedingungen aufzeigten, würden die Mitglieder dazu gebracht, ihre Stimme nur der Partei zu geben, die ihre „Interessen am entschiedensten vertritt. Daß dies die Sozialdemokratie thut, davon bin ich persönlich fest überzeugt und in diesem Sinne sage ich, wird ein rechter Gewerkschaftler auch nur Sozialdemokrat sein." Oder drastischer ausgedrückt: „So muß auch dem Blödesten unter der Arbeiterschaft klar werden, wohin er gehört, ohne daß die Gewerkschaft ihn für eine Partei verpflichtet."[132]

Letztendlich sei es auch nicht richtig, dass er die Gewerkschaften über die Partei stellen wolle.[133] Aber ebenso entschieden stemmte er sich gegen die Versuche von Parteigliederungen, den Gewerkschaften ihre politische Haltung vorzuschreiben. Eine entsprechende Resolution des Sozialdemokratischen Vereins in Halle verurteilte er in einem kurzen Kommentar. „Keiner der beiden großen Gruppen der deutschen Arbeiterbewegung ist der anderen unterthan. Wer erfahren ist in der gewerkschaftlichen und parteipolitischen Bewegung weiß, daß beide Teile damit am besten fahren."[134]

[128] Der deutsche Bergarbeiterverband und die sozialdemokratische Partei V. – Auf einer Bergarbeiterversammlung in Werden am 27.7.1902 erklärte Hue, dass ein Arbeiter, sobald in ihm durch die Gewerkschaftsagitation das Klassengefühl geweckt worden wäre, er „unausbleiblich" Sozialdemokrat werden würde. LAD NRW Abt. Rheinl. Landratsamt Essen 76, Überwachungsbericht der Polizeiverwaltung Werden, 29.7.1902.

[129] Der deutsche Bergarbeiterverband und die sozialdemokratische Partei III.

[130] Otto Hue, Die „Paritätsdebatte" auf dem christlichen Gewerkvereinskongreß II, in: Bergarbeiter-Zeitung 26, 7.7.1900.

[131] Der deutsche Bergarbeiterverband und die sozialdemokratische Partei IV, in: Bergarbeiter-Zeitung 45, 16.11.1901. – Als Hue 1909 seine Auffassung wiederholte, widersprach ihm Anton Bredenbeck. Die Partei hätte vielmehr dort „ihre größten Erfolge erzielt, wo der Radikalismus vorherrschend ist". Otto Hue, Die Bergarbeiter in der internationalen Arbeiterbewegung I, in: Arbeiter-Zeitung (Dortmund) 42, 19.2.1909 u. A.B., Zur Bergarbeiterdebatte, in: Arbeiter-Zeitung (Dortmund) 74, 29.3.1909. Zu den Ursachen der Stärke bzw. Schwäche der Sozialdemokratie im Ruhrgebiet: Rohe/Jäger/Dorow, Politische Gesellschaft, S. 452–459.

[132] Otto Hue, Die „Paritätsdebatte" auf dem christlichen Gewerkvereinskongreß II, in: Bergarbeiter-Zeitung 26, 7.7.1900. – Carl Legien, Neutralisierung der Gewerkschaften, in: Sozialistische Monatshefte (1900) 7, S. 369–376, S. 374.

[133] Der deutsche Bergarbeiterverband und die sozialdemokratische Partei IV.

[134] Otto Hue, Eine Absage an die Partei, in: Rheinisch-Westfälische Arbeiterzeitung 200, 28.8.1900 = Volksblatt 275, 28.8.1900 (abgedr. in: John, Hue I, S. 29–33). Dort auch sein Kommentar zu Halle.

Hue warnte stets davor, die organisatorischen Grenzlinien zwischen Partei und Gewerkschaft zu verwischen, betonte aber zugleich: Auch wenn beide „ihr Sondergebiet" hätten, so agierten sie „in der gemeinsamen Richtung, mit dem Ziele: Hebung der arbeitenden Klasse".[135] „Wer kann denn … ernsthaft die geistige Gemeinschaft der freien Gewerkschaftsbewegung mit der Sozialdemokratie bestreiten?", lautete seine rhetorische Frage.[136]

Für Hue war es unstrittig, dass beides, das gewerkschaftliche und das politische Engagement, wichtig seien und sich zu ergänzen hätten.[137] „Nicht Nurgewerkschaftlerei oder Nurpolitik, sondern gewerkschaftliche und parteipolitische Betätigung, jede im Rahmen der dafür eigens geschaffenen Organisationen!"[138] „Der moderne Arbeiter muß neben der Gewerkschaft auch der parteipolitischen Organisation angehören."[139] Denn: „Eines kann ohne das andere nicht bestehen! Wie wollen wir für die Gewerkschaften Ellenbogenfreiheit erringen, wenn die Arbeiterschaft nicht durch ihre Vertreter theilnimmt an der Gesetzgebung!" Und: „Was durch arbeiterfreundliche Abgeordnete dem arbeitenden Volke errungen ist, das müssen dann die gewerkschaftlichen Organisationen im wirthschaftlichen Kampfe behaupten! Unsere Leser sehen, ein's greift in das andere!"[140] Diese „ideelle Einheit" sollten alle beachten, „auch solche Genossen, die sich nicht genug tun können in der Erfindung von ‚Gegensätzen' zwischen Partei und Gewerkschaft und zu jedem Frühstück einen ‚Neutralitätsdusler' verspeisen". Er habe „nie prinzipielle Gegensätze zwischen Gewerkschaft und sozialdemokratischer Partei entdecken können, nur Unterschiede in den absehbaren Zielen, was eine besondere Taktik, eine selbständig auftretende Organisation beiderseits bedingt".[141] Sein genereller Ratschlag hieß: „Gegenseitige Achtung der Ansichten, sachliche Untersuchung der von den Gewerkschaften vorgebrachten Gründe, kollegiale Aussprache der beiderseitigen Repräsentanten über die im Interesse der Gesamtheit zu unternehmenden Schritte."[142]

Auch wenn Hue stets die Neutralität beschwor, empfand die Konkurrenzorganisation diese Bekundungen als unglaubwürdig. Der Bergarbeiterverband habe sich zwar einen neutralen Anstrich gegeben, doch „nie aufgehört, ein Unterstützer und Schrittmacher der sozialdemokratischen Partei zu sein".[143] Der Gewerkverein ließ sich nicht in seiner festen Überzeugung beirren, dass die Betonung der Neutralität lediglich „Heuchelei" wäre, „um möglichst viele ungeschulte, leichtgläubige Arbeiter zu fangen und sie durch die Gewerkschaft der Sozialdemokratie zuzuführen".[144] Ebenso urteilte der Essener Be-

[135] Otto Hue, Partei und Gewerkschaft. Ein Wort an den Jenaer Parteitag, in: Die Neue Gesellschaft 25, 20.9.1905, S. 290–293, S. 293.

[136] Otto Hue, Gewerkschaften und Sozialdemokratie, in: Bergarbeiter-Zeitung 30, 2.8.1902.

[137] Hue, Neutrale oder parteiische Gewerkschaften, S. 145.

[138] O.H., Die Bergarbeiter in der internationalen Arbeiterbewegung, in: Bergarbeiter-Zeitung 47, 21.11.1908.

[139] O.H., Noch ein Urtheil über den deutschen Bergarbeiterverband, in: Bergarbeiter-Zeitung 37, 21.9.1901.

[140] Bergarbeiter-Zeitung 30, 5.8.1899 „Die Einigung der beiden Bergarbeiterverbände und ihre Bedeutung".

[141] Otto Hue, Gewerkschaften und Sozialdemokratie, in: Bergarbeiter-Zeitung 30, 2.8.1902.

[142] Hue, Partei und Gewerkschaft, S. 293.

[143] Der Verband der Bergarbeiter Deutschlands (alter Verband) ist sozialdemokratisch, Cöln 1910, S. 6. Ebenso Essener Volks-Zeitung 199, 31.8.1905 „Kann ein christlicher Gewerkschaftler einem Sozialdemokraten seine Stimme geben?".

[144] Bergknappe 41, 12.10.1901 „Unsere prinzipielle Stellung zu den sozialdemokratischen Gewerkschaften" und öfter. Archiv im Haus der Geschichte des Ruhrgebiets NL Imbusch 40, MS „Der Verband der Bergarbeiter Deutschlands (alter Verband) wurde immer mehr offen sozialdemokratisch".

zirkspolizeikommissar. Für ihn war Hue gleichfalls ein Heuchler, allerdings ein erfolgreicher: „Er führt die Bergleute daher auf dem Umwege durch die neutrale Gewerkschaft der Partei zu und gewinnt dadurch mindestens eine große Anzahl Stimmen bei den Reichstagswahlen.“[145] Letztendlich bestätigt fühlten sich alle Zweifler an der Neutralität des Alten Verbandes, als Hue 1903 zum sozialdemokratischen Reichstagskandidaten im Wahlkreis Bochum-Gelsenkirchen gewählt wurde.[146] Jetzt würden „auch den Naivisten die Augen“ geöffnet über den wahren Charakter des Verbandes, schrieb die *Essener Volks-Zeitung*.[147] Als Hue zwei Jahre später bei der Ersatzwahl zum Reichstag den Kandidat der Zentrumspartei, Johann Giesberts, in der *Bergarbeiter-Zeitung* heftig angriff, war das gleichfalls Wasser auf die Mühlen derjenigen, die dessen Neutralitätsbekundungen schon immer angezweifelt hatten. „Manches Mitglied des alten Bergarbeiterverbandes, welches bisher in angeborener Denkfaulheit fest an die Neutralität Hues geglaubt, steht jetzt an dem Sarge einer solchen naiven Anschauung und weint bittere Zähren ob der dahingesunkenen, so oft von ihrem großen Meister in die Welt hinausposaunten Neutralität“, lautete der sarkastische Kommentar der *Essener Volks-Zeitung*,[148] die in der Folgezeit immer wieder den sozialdemokratischen Charakter der freien Gewerkschaften betonte.[149]

Die Kritiker Hues hätten als Zeugen auch Karl Kautsky aufrufen können, der konstatiert hatte, „daß die sozialdemokratische Überzeugung der Redaktion [der *Bergarbeiter-Zeitung*] mitunter ganz eigenthümliche Formen annimmt, um die Leser nicht zu erschrecken“.[150] „Diese Neutralität besteht ja nur darin, daß man in Worten neutral ist und in Thaten Parteipolitiker. Man läßt sich in der Gewerkschaft von den gleichen Parteianschauungen leiten, wie außerhalb, nur nennt man in der Gewerkschaft dieselbe Politik Arbeiterpolitik, die man soeben in der Wahlversammlung sozialdemokratische Politik genannt, und befürwortet hier denselben Kandidaten als Arbeiterfreund, den man dort als bewährten Parteigenossen empfiehlt.“[151]

Auf der 18. Generalversammlung des Bergarbeiterverbandes im Mai 1909 hatte der stete Prediger der Neutralität dann keine Scheu mehr, direkt für die Sozialdemokratie zu werben. Hue betonte zwar, dass der Alte Verband „kein sozialdemokratischer“ sei, dennoch wünschte er sich, dass sich „alle unsere Kameraden recht eifrig dem Dienste der sozialdemokratischen Partei widmen möchten“.[152] Zur Begründung führte er an:

145 LAD NRW Abt. Rheinl. Reg. Düsseldorf 9052, Bezirkspolizeikommissar Essen an Regierungspräsident Düsseldorf, 31.8.1901. – Der Düsseldorfer Bezirkspolizeikommissar unterstellte Hue, mit seiner Neutralitätspolitik „Bauernfängerei“ zu betreiben. LAD NRW Abt. Rheinl. Reg. Düsseldorf 9053, Bezirkspolizeikommissar Düsseldorf an Regierungspräsident Düsseldorf, 1.10.1902.

146 Siehe Kap. 9.1.

147 Essener Volks-Zeitung 92, 24.4.1903.

148 Essener Volks-Zeitung 211, 14.9.1905 „Die deutsche Bergarbeiter-Zeitung“.

149 Nur ein weiterer Beleg: „Herrn Hues Versicherungen [der Neutralität] sind nichts als Spiegelfechtereien, auf Täuschung derjenigen berechnet, die nicht alle werden.“ Essener Volks-Zeitung 31, 8.2.1906 „Die sozialpolitische Debatte im Reichstage“.

150 K. Kautsky, Die Neutralisirung der Gewerkschaften, in: Neue Zeit 18 (1899/1900) 40, S. 388–394, 41, S. 429–433, 42, S. 457–466 u. 43, S. 492–497, S. 432.

151 Ebd., S. 433.

152 Protokoll der Generalversammlung 1909, S. 267. – Bereits im Jahr zuvor hatte er bei einem Vortrag im Essener Gewerkschaftskartell am 15. Oktober darauf gedrungen, „daß jeder Sozialdemokrat in der Gewerkschaft ganz besonders für seine sozialistische Überzeugung Propaganda zu machen habe“. Otto Hue, Die volkswirtschaftliche Bedeutung der Kartelle, Syndikate und Trusts, in: Arbeiterzeitung (Essen) 245, 20.10.1908.

Abb. 14: Die Delegierten der Generalversammlung 1909

„Wenn im kritischen Augenblick der Kampf entbrennt, wenn die Bergarbeiter eintreten in den großen Kampf um Sein oder Nichtsein, dann gibt es nur eine Partei und nur eine Presse, die treu und zuverlässig für uns eintritt. ... Mag uns dieses oder jenes trennen, wir wissen alle, daß uns im Augenblick der Gefahr diese Partei treu zur Seite steht."[153] Diese Bekundungen standen im krassen Widerspruch zu seinen vorsichtigen Ausführungen der 1890er Jahre, bei denen er nicht offen für die Sozialdemokratie Propaganda machte. Eine Erklärung für den Umschwung ist schwer zu finden. Sicherlich hatte sich Hue nicht der Parteiraison gefügt und den Kritikern klein beigegeben, sondern für seine veränderte Haltung sind andere Gründe anzuführen.

Die Betonung der politischen und religiösen Neutralität des Verbandes diente dazu, dem Gewerkverein die Existenzberechtigung abzusprechen, ihn als „Sonderbündelei" abzutun: „Da es kein christliches Kohlensyndikat und keinen katholischen Stahlwerksverband gibt, so haben wir auch keine christlichen Gewerkschaften nötig!"[154] Hue zeigte sich lange zuversichtlich, zu einem Einheitsverband zu gelangen. Die Entwicklung laufe darauf zu. „Alles dränge mit Macht auf dieses Ziel hin."[155] Es gebe schließlich „keinen christlichen oder unchristlichen, aber auch keinen freisinnigen, ultramontanen

[153] Protokoll der Generalversammlung 1909, S. 268.

[154] Reichstagsrede am 6.2.1906, Verhandlungen, S. 1056.

[155] Protokoll der Generalversammlung 1900, S. 13. Ebenso Reichstagsrede am 9.3.1907, Verhandlungen, S. 360 u. 361. – 1913 bekundete Johann Leimpeters, dass „Hue stets und aus ehrlicher Überzeugung die Meinung vertreten hat, in friedlicher Entwicklung eine große, einheitliche deutsche Bergarbeiterorganisation auf neutraler Grundlage ins Leben zu rufen, der sich mit der Zeit auch die ‚christlichen' Bergarbeiter anschließen würden". Joh. Leimpeters, Der „friedliebende" „Bergknappe", in: Bergarbeiter-Zeitung 17, 26.4.1913.

oder sozialistischen Hunger“, sondern nur gemeinsame Interessen[156] – so seine Begründung, die nicht sonderlich originell war, vielmehr zum Standardrepertoire fast jeden Gewerkschafters gehörte. Wegen der gleichgerichteten Ziele werde es sich erweisen, „daß die Spekulation auf die dauernde Trennung der Arbeiter in ‚christlich-nationale‘, in ‚unchristliche‘, ‚unnationale‘ u. dgl. nur eine Spekulation ist, die vor der Praxis zerschellt.“[157] Doch das Neutralitätsbekenntnis zeigte nicht die erhoffte Wirkung. Die Mitglieder des Gewerkvereins, die Hue als „Fleisch von unserem Fleische“, „Enterbte wie wir“ und als „unsere Leidensgenossen“ einschätzte,[158] konnten nicht in großer Zahl vom Übertritt überzeugt werden. Ausschlaggebender als die aus dem Arbeitsverhältnis erwachsenden gemeinsamen Interessen waren die milieuspezifischen konfessionellen Anschauungen, weshalb der Gewerkverein auch weiterhin an Stärke zunahm. Dies erkennend, gab Hue die Beteuerung der neutralen Verbandshaltung zwar nicht völlig auf, aber er verleugnete nicht mehr, was offensichtlich war: die enge Verbundenheit des Alten Verbands und der Sozialdemokratie.

Im Jahre 1909 konnte Hue unbedenklich für die sozialdemokratische Partei werben, ohne zum „Totengräber“ des Verbandes zu werden. Dieser war durch seine sozialistische Grundeinstellung nicht mehr zu gefährden wie in seinen Anfangsjahren, sondern er stand mittlerweile gefestigt dar und hatte den Konkurrenten, den Gewerkverein, schon lange an Stärke überholt.

4.7 Religionskritik oder nicht?

Der Bergarbeiterverband sollte nicht allein politische Neutralität wahren, sondern sich ebenso wenig um die religiöse Einstellung seiner Mitglieder kümmern. „Wir hindern oder rathen kein Mitglied ab, seinen kirchlichen Pflichten nachzugehen, ebenso wenig halten wir uns für berechtigt, atheistische Mitglieder an ihrer Überzeugung irre zu machen,“ schrieb Hue im September 1895.[159] Er wusste um die Religiosität der Bergleute, die er auf die gefahrvolle Arbeitssituation unter Tage zurückführte.[160] Zudem hatte er als Redakteur zu hören bekommen: „Laßt die Religion aus dem Spiel! So wie jetzt unsere Zeitung schreibt, ist es gut.“[161] Nicht allein aus taktischen Gründen kritisierte er die „unsinnige Propaganda gegen das Christenthum“, die einige Sozialisten pflegten und die die Arbeiter nur in die Arme der Gewerkschaftsfeinde triebe,[162] sondern ebenso aus Überzeugung: „Wer für Freiheit kämpft, muss auch die religiösen Empfindungen sich frei bethätigen lassen.“[163] Hue verurteilte es, wenn „maßgebende redaktionelle Artikel“

[156] Bergarbeiter-Zeitung 9, 4.3.1899 „Der innere Ausbau unseres Verbandes I“. Ebenso Protokoll der Generalversammlung 1900, S. 8; Hue, Neutrale oder parteiische Gewerkschaften, S. 137 und noch öfter.

[157] Reichstagsrede am 9.3.1907, Verhandlungen, S. 358.

[158] Otto Hue, Ein Blick auf die christliche Gewerkschaftsbewegung, in: Neue Zeit 20 (1901/02) 37, S. 341–345, S. 345.

[159] Bergarbeiter-Zeitung 37, 14.9.1895.

[160] So die Aussage Hues in einem Gespräch mit dem Essener Bezirkspolizeikommissar. LAD NRW Abt. Rheinl. Reg. Düsseldorf 9052, Bezirkspolizeikommissar an Regierungspräsident Düsseldorf, 31.8.1901.

[161] Hue, Neutrale oder parteiische Gewerkschaften, S. 94.

[162] Ebd., S. 93. Ebenso S. 152.

[163] Otto Hue, Klericalismus und Gewerkschaftsbewegung, in: Sozialistische Monatshefte (1902) 12, S. 925–937, S. 937.

in den Gewerkschaftszeitungen die christliche Religion angriffen, die kirchlichen Feste verhöhnten und die Geistlichen als „Volksbetrüger“ bezeichneten, da dies dem Postulat auf religiöse Unparteilichkeit der Verbände entgegenstünde.[164] Scharf distanzierte er sich von der abfälligen Einschätzung „Religion heißt Unvernunft“, die Legien während des Gewerkschaftskongresses 1905 geäußert hatte. Es war für Hue „unbegreiflich“, „wie man geistige Bewegungen, die Jahrtausende hindurch erhabene Geister in ihren Bannkreis gezogen“, mit einem solchen Diktum glaubt „abtun zu können“.[165]

Seine Warnung, dass es die Feinde der Arbeiterbewegung angesichts der polemischen Ausfälle leicht hätten, „sich als Schützer der Religion“ aufzuspielen und „die Indifferenten gegen die angeblich religions-feindliche Gewerkschaftsbewegung“ aufzuhetzen,[166] schlug er aber selbst in den Wind, denn er sparte nicht mit scharfer Kritik an kirchlichen Lehrmeinungen, hielt es vielmehr für geboten, „an der Hand der religiösen Lehren die Antireligion der kirchlichen Vertreter ganz drastisch dar[zu]legen“.[167]

Besonders missfiel Hue das, wie er es nannte, „Dogma von der Vortrefflichkeit eines Lazaruslebens“[168]. Wenn in den Predigten den Zuhörer*innen das „Entsagungsdogma“[169] gelehrt werde, dass „je erbärmlicher der Mensch auf Erden lebt, um so eher hat er Aussicht auf den Himmel, wenn er sonst fromm ist“,[170] so zeitige diese „Seligpreisung der Armuth“[171] fürchterliche Folgen. Die Arbeiterschaft in entlegenen, streng religiösen Gegenden fände sich mit ihrem Schicksal ab, sei für die Gewerkschaften – auch für die christlichen – nicht zu erreichen. Eine solche Denkart, die durch die konfessionellen Erbauungsschriften verbreitet werde, habe daher „unsägliches Elend, totalen Stumpfsinn und Unkultur“ zur Folge.[172]

Hues polemisch zugespitzte Beschreibung der Zustände in den „strengkirchlichen Landstrichen“, wo Nächstenliebe gepredigt, aber „Verhetzung und Verläumdung geübt“[173] werde, endete mit einer grundsätzlichen Abrechnung mit dem „offiziellen Christentum“, das „in seinem innersten Wesen faul“ sei.[174]

In welch überspitzter Form er gegen das Kirchenpersonal agitierte, dafür ist seine Rede auf einer Bergarbeiterversammlung in Wattenscheid am 1. Januar 1898 ein gutes Beispiel. Dort führte er u.a. aus: „Hat aber nicht die offizielle Priesterschaft seit Jahrhunderten gegen alles angekämpft, was zur größeren Freiheit des Volkes dienlich war? Hat nicht das offizielle Priesterthum ‚im Namen des Christenthums‘ Ströme von Blut vergossen und vergießen lassen! Christus predigte die Feindesliebe! Seine angeblichen Nachfolger haben sich bei unzähligen Gelegenheiten, ich erinnere nur an die Judenverfolgungen, an die ‚Ketzer‘-Abschlachtungen, an die Bartholomäusnacht, an die Hussi-

164 Hue, Neutrale oder parteiische Gewerkschaften, S. 127.

165 [Otto Hue], Wer hat die christlich gesinnten Arbeiter beschimpft?, in: Bergarbeiter-Zeitung 27, 8.7.1905.

166 Hue, Neutrale oder parteiische Gewerkschaften, S. 128.

167 Otto Hue, Die Metallarbeiterorganisation am Niederrhein und ihre Hemmnisse, in: Metallarbeiter-Zeitung 52, 26.12.1896.

168 Hue, Neutrale oder parteiische Gewerkschaften, S. 93.

169 Ebd., S. 115.

170 Ebd., S. 114. – Siehe auch O.H., Oberschlesische Dichtung und Wahrheit, in: Bergarbeiter-Zeitung 46, 17.11.1906.

171 Ebd., S. 114.

172 Ebd., S. 115.

173 Ebd., S. 122.

174 Ebd.

tenkriege, an das große Drama des 30jährigen Krieges usw. usw., unter dem Vorwande, Christus zu dienen, geradezu im Blute ihrer Feinde gebadet! ... Alle Kämpfer für die Freiheit des Menschen haben nicht gegen die wahre Lehre Christis [sic!], sondern gegen deren Verdrehung durch die offiziellen Wortführer des Christenthums angekämpft. Und so noch heute. Würde Christus unter uns weilen und viele seiner ‚Nachfolger' und ‚Vertreter' ansehen, dann griff er zur Geißel und jagte jene Heuchler und Pharisäer zum Tempel hinaus."[175]

Moderater fiel seine Kritik an der Enzyklika Papst Leos XIII. „Rerum novarum" vom 17. Mai 1891 aus, die als „Magna Charta" der katholischen Soziallehre gilt.[176] Es waren drei Punkte, die bei Hue auf Ablehnung stießen:[177] Erstens wies er die Unterstellung, die Sozialisten wollten jeden Privatbesitz aufheben und alles verteilen, als falsche Wahrnehmung und Verleumdung zurück. Zweitens sei die Verurteilung von Streikaktionen arbeiterfeindlich. Zum dritten wiche die neu verkündete Ansicht zum Eigentum doch sehr von der der ersten Christen ab, bei denen der Reiche verpflichtet gewesen wäre, mit den Armen zu teilen. Nach der Enzyklika müsse er aber nur noch das abgeben, was er nicht zu seinem standesmäßigen Auftreten benötige. Diese schwammige Formulierung erlaube es, so die einseitige Interpretation Hues, dem vielfachen Millionär, gar nichts den Armen zu geben, da er alles für sein standesgemäßes Leben brauche. Zwar argumentierte Hue bei seiner Beurteilung sehr zurückhaltend, dennoch verletzte er die Gefühle der Katholiken durch seine Charakterisierung des Papstes als „ehrwürdigen Greis", der „sich als Angehöriger einer anderen Zeit nicht mehr in die Probleme der Neuzeit vollständig hineindenken" könne.[178]

Wenngleich Hue nicht zum Diplomaten geschaffen war, so war sein harsches Urteilen taktisch ungeschickt. Indem er die „Repräsentation des Christenthums" in ihrer jetzigen Verfassung abqualifizierte als „absolut ungeeignet, sozialen Fortschritt, damit Kultur und wirkliche Sittlichkeit zu verbreiten",[179] schlug er seine eigenen Mahnungen in den Wind und konterkarierte seine Bemühungen, die kirchlich gebundenen Bergarbeiter für den Verband zu gewinnen.

Angesichts der massiven Angriffe ist es nachvollziehbar, dass Hue zur meist gehassten Person bei den Gewerkvereinsführern avancierte, die seine Ausführungen als Verunglimpfung ihrer Religion empfanden. Auf der Generalversammlung 1898 verurteilte der spätere Reichsarbeitsminister, Vikar Heinrich Brauns, den die *Bergarbeiter-Zeitung* zu Recht als den intellektuellen Kopf des Gewerkvereins bezeichnete[180] und der im Hintergrund die Fäden zog, die Äußerungen Hues und attestierte seinem Kontrahenten, falsche Geschichtskenntnisse zu besitzen.[181]

175 Vortrag Hues auf einer Bergarbeiterversammlung in Wattenscheid am 1.1.1898. Bergarbeiter-Zeitung 3, 15.1.1898.

176 Schneider, Die christlichen Gewerkschaften, S. 41.

177 Hue, Neutrale oder parteiische Gewerkschaften, S. 112ff.

178 Ebd., S. 114.

179 Ebd., S. 123.

180 Bergarbeiter-Zeitung 3, 21.1.1899 „Herr Vicar Brauns, der Sozialpolitiker". – Das Urteil teilt Claudia Hiepel. Hiepel, Arbeiterkatholizismus, S. 110.

181 Hue verteidigte sich damit, dass er nur das referiert habe, was die offizielle evangelische Lehre sei, wie sie im Konfirmationsunterricht gelehrt werde. Zudem habe er sowohl Treitschke und Schlosser wie Janssen und Ratzinger intensiv studiert. Otto Hue, Die Generalversammlung des Gewerkvereins, in: Bergarbeiter-Zeitung 4, 22.1.1898.

Hue hingegen nahm für sich in Anspruch, dass er nicht die Religion an sich angriffe, sondern nur Teile der Glaubenslehre kritisiere und einzelne Missstände in den Kirchen behandele. In diesem Sinne entgegnete er dem Vorwurf von Brauns: „Das Christenthum – dessen oberster Grundsatz die Liebe zum Nächsten ist – anzugreifen, fühle ich nicht das mindeste Bedürfniß. Was ich kritisire, und mit vollen Recht, das sind Leute, die sich Vertreter des Christenthums nennen, aber überlaufen vor Gift und Galle, wenn sie eines Gegners gedenken."[182]

Die Vorwürfe, die sozialistische Arbeiterbewegung sei religionsfeindlich, konterte Hue mit einem Gegenangriff und der Beschuldigung, diejenigen seien „die allerschlimmsten Religionsfeinde", „die den Bestand der auf die kapitalistische Ausbeutung der Menschen und Naturkräfte gestützten Wirtschaftsordnung verteidigen wollen mit der Lüge, es handele sich um eine Verteidigung des Christentums. Die unverfälschte Lehre Christus hat mit der Züchtung von Millionären, mit der Belastung des Volkes durch Hungerzölle, mit der brutalen Maßregelung ehrlicher, freiheitsliebender Arbeiter nicht das Geringste zu tun!"[183]

182 Ebd.

183 [Otto Hue], Wer hat die christlich gesinnten Arbeiter beschimpft?, in: Bergarbeiter-Zeitung 27, 8.7.1905.

5. Probleme der Mitgliedergewinnung

5.1 Das Auftreten von Friedrich Naumann im Ruhrgebiet

In seinem Bemühen, den Verband auszubauen und zu stärken, scheute Hue nicht vor einer Kooperation mit Personen aus anderen Parteien und Verbänden zurück. Dem Ziel, neue Mitglieder zu gewinnen, diente auch die Organisation von einigen öffentlichen Versammlungen mit Friedrich Naumann.[1] Der evangelische Theologe, Gründer des Nationalsozialen Vereins, hatte 1897 auf der Generalversammlung des Gewerkvereins für die Einheitsgewerkschaft geworben hatte.[2] Desgleichen forderte die von ihm herausgegebene Zeitschrift *Die Hilfe* die Mitglieder der evangelischen Arbeitervereine zum Beitritt in die Gewerkschaften auf.[3] Als Naumann eine Agitationstour durch das Ruhrgebiet unternehmen wollte, bat er Hue um Unterstützung.[4] Dieser leistete gerne Hilfestellung, auch wenn er mit den politischen Ansichten Naumanns nicht übereinstimmte.[5] Für Hue stand vor allem die Stärkung des Verbandes im Vordergrund, denn es war zuvor kolportiert worden, dass Naumann mit dem Reichstagsabgeordneten und Unternehmer Hermann Franken und dem Redakteur der *Evangelischen Arbeiterzeitung*, Rudolf Quandel, den führenden Köpfen in den evangelischen Arbeitervereinen Rheinlands und Westfalens, abrechnen wollte, die unter Betonung ihrer religiösen und nationalen Überzeugung sich gegen die Gewerkschaftsbewegung aussprachen.[6]

Die Agitationstour begann in Essen, weitere Veranstaltungen folgten in Mülheim, Wattenscheid-Lohrheide und Bochum.[7] Naumann sprach zunächst ganz im Sinne von Hue. So wie die Unternehmer und die Agrarier, die ihre Interessen durch starke Verbände durchsetzen würden, müssten sich die Arbeiter zusammenschließen und gemeinsam für ihre Forderungen eintreten. Der Appell war speziell an die Mitglieder des Gewerkvereins und der evangelischen und katholischen Arbeitervereine gerichtet. Sie sollten zur Besinnung kommen, „daß die Religion in die Kirche gehöre".[8] Naumann

1 Biografische Daten: Heuss, Naumann.

2 Hue, Bergarbeiter 2, S. 495 zitiert aus der Rede Naumanns.

3 Hofmann, Evangelische Arbeitervereinsbewegung, S. 112.

4 Zum Verhältnis Hue – Naumann: Wisotzky, Hue (Manuskript), S. 82f.

5 „Bei aller Achtung vor Naumanns redlichen Wollen wird ihm der Arbeiterstand gerade so wenig wegen seines nationalen Programms zustimmen, wie die Besitzenden sich mit seinen sozialen Ideen befreunden." Otto Hue, Besprechung von Friedrich Naumann „Asia", in: Bergarbeiter-Zeitung 17, 6.5.1899.

6 LAD NRW Abt. Rheinl. Reg. Düsseldorf 15921, Bezirkspolizeikommissar Essen an Regierungspräsident Düsseldorf, 19.7.1901. Für den Polizeikommissar stand fest, dass Naumann mit seiner Agitationstour „den Socialdemokraten in ihrem Kampfe gegen zwei loyal gesinnte Männer Handlangerdienste" leiste.

7 Zum Folgenden: Wisotzky, Hue (Manuskript), S. 83; Fritsch, Eindringen, S. 32ff.

8 So die Berichterstattung der *Rheinisch-Westfälischen Arbeiterzeitung* über die Essener Veranstaltung. Rheinisch-Westfälische Arbeiterzeitung 19, 23.1.1901 „Pfarrer Naumann im Ruhrgebiet". Aus Sicht des Gewerkvereins: Bergknappe 5, 2.2.1901 „Öffentliche Gewerkschafts-Versammlungen". Und des Zentrums: Essener Volks-Zeitung 18, 22.1.1901, „Pastor Naumann".

warb aber auch in seinem Schlusswort für seine nationalsozialen Ideen.[9] Diese nationalistischen Töne der Rede kritisierte in der Diskussion Düwell, der auch allen anderen Rednern, die für parteipolitisch neutrale Verbände eintraten, widersprach. Da nur die Sozialdemokratie „wirkliche Arbeiterpolitik" betreibe, „folglich müßten die Gewerkschaften auch sozialistisch sein".[10]

Nicht allein der Düsseldorfer Bezirkspolizeikommissar fragte sich, wer von der Kooperation profitiert habe: „Hue, indem er Naumann für die socialdemokratischen Gewerkschaften Propaganda machen ließ, oder Naumann, indem er die socialdemokratischen Bergarbeiter für die nationalsocialen Ideen zu erwärmen suchte."[11] Für den Bergarbeiterführer, der in seiner Nachbetrachtung die parteipolitische Gegnerschaft zu Naumann herauskehrte, fiel die Antwort eindeutig aus.[12] „Wer die hiesigen zerrissenen Verhältnisse kennt, mußte freudig erstaunt sein über die verhältnißmäßig großartige Sachlichkeit, mit der in den Versammlungen von den verschiedensten Rednern gesprochen ist."

Das gemeinsame Auftreten im Ruhrgebiet erregte großes Aufsehen. In den Reihen der Sozialdemokraten war man gar nicht damit einverstanden, dass der Bergarbeiterverband dem politischen Gegner Tür und Tor geöffnet hatte, und der Unmut steigerte sich, als Naumann seine Kandidatur für den Reichstag im Wahlkreis Duisburg-Mülheim ankündigte. Für Anton Bredenbeck und die Elberfelder *Freie Presse* war dies die Folge der verfehlten Neutralitätspolitik.[13]

Die Kritik nötigte den Vorstand zu einer Stellungnahme: „Nicht unser Verband, sondern einige Verbandsmitglieder besorgten für Naumann Versammlungslokale. Unser Verband als solcher steht N. gerade so kühl gegenüber wie einem anderen Parteiführer. Aber auch die betr. Verbandsmitglieder, die Naumann behülflich waren, damit er im Ruhrbecken zur Aufrüttelung der evangelischen Arbeitervereinler rede, sind weit davon entfernt, in Naumann ihren politischen Freund zu sehen! Zwischen Naumann und den sämmtlichen betr. Verbandsmitgliedern bestehen tiefgehende unversöhnliche politische Gegensätze, was ja auch mehrfach zum Ausdruck kam in den Naumannversammlungen. Es ist daher müßiges Gerede, von einer Unterstützung Naumann's durch den alten Verband oder ‚führende Personen im Verbande' zu faseln, wie es links und rechts mit Ausdauer geschieht."[14] „Wie schlecht muß es um eine Sache stehen," hieß es weiter,

9 Das erzeugte das Missfallen der *Rheinisch-Westfälischen Arbeiterzeitung*: „Während er in seinem Vortrage auf Grund der Klassengegensätze die Organisation der Arbeiter forderte, suchte er ihnen nun die nationale Interessengemeinschaft der Unternehmer und Arbeiter plausibel zu machen. Er will die Arbeiter stark machen, um sie Arm in Arm mit den Unternehmern dem persönlichen Regiment für Weltpolitik zur Verfügung zu stellen. Der demokratische Chauvinist will den deutschen Arbeiter neutral-gewerkschaftlich begeistern für den ‚Adlerflug' der Hohenzollern. Kampf gegen andere Nationen, gegen das internationale Proletariat, das ist das Ziel der Naumann'schen Gewerkschafts-Weltpolitik." Rheinisch-Westfälische Arbeiterzeitung 19, 23.1.1901 „Pfarrer Naumann im Ruhrgebiet".

10 Essener Volks-Zeitung 18, 22.1.1901, „Pastor Naumann".

11 LAD NRW Abt. Rheinl. Reg. Düsseldorf 9052, Bezirkspolizeikommissar Essen an Regierungspräsident Düsseldorf, 1.9.1901.

12 O.H., Naumann im Ruhrbecken, in: Bergarbeiter-Zeitung 5, 2.2.1901.

13 Anton Bredenbeck, Nochmals die Affäre Hue-Brust, in: Volksblatt 217, 21.6.1901 (abgedr. in: John, Hue I, S. 51–54); Otto Hue, Zur „Neutralitätsduselei", in: Volksblatt 212, 15.6.1901 (abgedr. in: John, Hue I, S. 46–50).

14 Bergarbeiter-Zeitung 26, 6.7.1901.

„wenn sie sich bemühen muß, ihre Gegner durch Maulsperren zu ‚widerlegen'! Uns fehlt diese Angst. Wir sind so fest überzeugt von dem Siege unserer Ideen, daß unseretwegen noch 100 Naumann und 10 000 Quandel erstehen können. – Die Weltgeschichte wird über sie hinweggehen. Jene, die in Kassandrarufe ausbrechen, wenn einmal ein Gegner zu ihren Angehörigen spricht, fragen wir: ‚O ihr Kleingläubigen, warum seid ihr so furchtsam?!'"

Nachwirkungen zeitigte der Auftritt Naumanns für die evangelische Arbeiterbewegung. Franken und Quandel forderten auf dem Verbandstag in Speyer ohne Erfolg seinen Ausschluss, weshalb sie die weitere Mitarbeit aufkündigten.[15] Hue erfüllte die Spaltung im Verband der evangelischen Arbeitervereine Rheinland-Westfalens[16] und das „Abrücken dieser Kameraden von ihren bisherigen kapitalsfreundlichen Nasführern" mit Genugtuung.[17]

Ob der Bergarbeiterverband durch das Werben Naumanns für die Einheitsgewerkschaft neue Mitglieder aus dem Kreis der evangelischen Arbeitervereine oder des Gewerkvereins gewonnen hat, lässt sich nicht nachweisen. Wenn überhaupt, dürfte sich der Zuwachs in engen Grenzen gehalten haben. Der *Bergknappe* war sich hingegen sicher: „Die ‚Jagd' bringt eben nicht viel mehr ein, da das zu erjagende Wild unter den christlichen Arbeitern eben recht rar geworden ist."[18]

5.2 Die Mitgliederentwicklung

Der 1895 schon tot gesagte Verband konnte sich langsam wieder aufrappeln, begünstigt nicht zuletzt durch „die flotte Geschäftszeit". „Die Arbeiter wurden gesucht, daher fanden sich bald mehr Leute, die offen für den Verband agitirten."[19]

Als Hue im Januar 1898 eine erste Bilanz zog, da war er sehr zufrieden. Die Organisation wies nun etwa 15.000 Mitglieder auf. Rechnete man die Abonnenten der *Bergarbeiter-Zeitung* hinzu, die aus Furcht vor einer Maßregelung den offiziellen Beitritt scheuten, so erhöhte sich die Zahl auf 18.000. Wenngleich der Gewerkverein zu diesem Zeitpunkt an Rhein und Ruhr noch mehr Mitglieder zählte, so machte Hue dagegen geltend, dass der Bergarbeiterverband den Ton in allen Bergmannsfragen angebe.[20] Den Schwerpunkt des Verbandes bildete weiterhin das Ruhrgebiet, während er im Saarland und im Wurmgebiet noch nicht Fuß fassen konnte.[21] Die Hoffnung, dass sich die Lage in Ober- und Niederschlesien verbessern werde, beruhte auf der Herausgabe des „Gornik", des in polnischer Sprache erscheinenden Verbandsorgans, das in einer Auflage von 10.000 Exemplaren gedruckt wurde.[22]

[15] Hofmann, Evangelische Arbeitervereinsbewegung, S. 116; Koch, Bergarbeiterbewegung, S. 66.

[16] Hofmann, Evangelische Arbeitervereinsbewegung, S. 122.

[17] Bergarbeiter-Zeitung 39, 5.10.1901 „Die Spaltung in den evangelischen Arbeitervereinen".

[18] Bergknappe 5, 2.2.1901 „Öffentliche Gewerkschafts-Versammlungen". Ebenso war die *Essener Volks-Zeitung* davon überzeugt, dass die Veranstaltungen „nicht nur die Existenzberechtigung, sondern auch die Nothwendigkeit der christlichen Gewerkschaftsbewegung bewiesen haben". Essener Volks-Zeitung 18, 22.1.1901, „Pastor Naumann".

[19] Hue, Neutrale oder parteiische Gewerkschaften, S. 94.

[20] Otto Hue, Einiges über die deutsche Bergarbeiterbewegung, in: Correspondenzblatt 4, 24.1.1898, S. 20f.

[21] Fritsch, Eindringen, S. 111.

[22] Otto Hue, Einiges über die deutsche Bergarbeiterbewegung.

Zwei Jahre später gestand Hue, dass der Mitgliederzuwachs nicht befriedigend ausgefallen wäre.[23] Der Verband hätte mindestens 60.000 Mitglieder zählen können, doch leider seien ihm einige Reviere ganz (Deister, Lothringen, Nassau, Pfalz-Saarbecken) oder teilweise (Braunschweig-Harz, Zeitz-Weißenfels-Meuselwitz, Plauenscher Grund) verloren gegangen. Als Hauptursache für diese Verluste benannte Hue den „große[n] Mangel an Intelligenzen". Manche Vertrauensleute hätte keine ausreichenden Kenntnisse des Vereinsgesetzes und der einschlägigen Polizeiverordnungen, könnten ihre Gedanken nicht klar aussprechen, keinen Bericht schreiben und keine vorschriftsmäßige Abrechnung machen. Da er selbst in zehnstündigen Schichten hätte arbeiten müssen, wisse er, „wie ungeheuer schwer es einem Arbeitsmann ist, sich während seiner körpererschlaffenden Berufsarbeit achtungswerthe sozialpolitische, gesetzliche und litterarische Kenntnisse anzueignen". Es sei daher nicht die Schuld der Kameraden, „daß sie nicht alle gute Redner, klare Schriftsteller und überlegende Organisatoren sind. Dazu bringt es unter hundert höchstens einer bei der heute üblichen Körperabhetzung in Schacht und Hütte." Aber – so die Schlussfolgerung Hues – „unsere Organisation braucht solche unterrichtete Vertreter! Ohne diese Intelligenzen kommen wir auf die Dauer nicht vorwärts!!!"

Der Vorstand könne auch nicht helfend eingreifen, da er selber überlastet sei. Er müsse die umfangreichen Verwaltungsgeschäfte erledigen, Vorträge halten, Konferenzen einberufen und leiten, sich mit der Literatur vertraut machen und Stellung nehmen zu Gesetzesvorhaben und Zeitproblemen. Die Konsequenz, die zu ziehen sei, heißt: Arbeitsteilung und Reform der Organisationsstruktur. Das Vertrauensmännersystem, das dem Verband durch das frühere Vereinsgesetz aufgezwungen worden war, müsse aufgegeben und stattdessen Ortsverwaltungen mit größerer Selbstständigkeit und mehr Finanzhoheit geschaffen werden, die aber auch die Hauptlast der Agitation tragen müssten. Des weiteren schlug Hue vor, Büros für bestimmte Bezirke einzurichten. In Zwickau hätte der Verband damit gute Erfahrungen gemacht.

Hue plädierte zudem für die „Heranbildung jüngerer Kräfte". Von dem Verjüngungsprozess nahm Hue den Vorstand und seine Person nicht aus. „Schwere Mühen, lange Kerkerhaft und nimmer ruhende Bekämpfung unserer Gegner" hätten die Vorsitzenden Möller und Schröder „nicht jugendlicher gemacht". Es sei auch fraglich, ob in zehn Jahren die körperlich am meisten geschwächten Verbandsbeamten Brangenberg, Meyer und er selbst noch fähig sein werden, so wie heute zu arbeiten. Daher sei es wichtig, den Nachwuchs an die Leitungsstellen heranzuführen.

Hue schielte immer auf die Mitgliederentwicklung des Gewerkvereins, der in seinen Anfangsjahren den Alten Verband im Ruhrrevier zahlenmäßig übertraf. Dennoch bescheinigte ihm Hue, ein Misserfolg zu sein, indem er folgende Rechnung aufmachte.[24] In den zahlreichen katholischen Knappen- und Arbeitervereinen sowie dem evangelischen Arbeiterbund waren etwa 45.000 Bergleute eingeschrieben. Doch obwohl die Geistlichen für den Gewerkverein warben, ihm die Behörden wohlwollend gegenüberstanden und ihm die Wirte ihre Säle zur Verfügung stellten, hatten sich ihm nur etwa

[23] Otto Hue, Was fehlt unserem Verbande?, in: Bergarbeiter-Zeitung 50, 22.12.1900. Auch zum Folgenden.

[24] Zum Folgenden: Otto Hue, Die „Paritätsdebatte" auf dem christlichen Gewerkvereinskongreß II, in: Bergarbeiter-Zeitung 26, 7.7.1900; Bergarbeiter-Zeitung 5, 3.2.1900 „Die Entwicklung des christlichen Gewerkvereins der Bergleute".

25.000 Personen angeschlossen, er habe also nicht einmal sein potentielles Mitgliederreservoir ausgeschöpft.

Als der *Bergknappe* zwei Jahre später von einer Auflage von 51.000 berichtete – die *Bergarbeiter-Zeitung* feierte wenig später ihre 50.000er Auflage[25] –, da kommentierte Hue voller Ironie: „Unser geistvoller Freund [Brust] nennt uns zwar schuftig, grundverdorben, aber deshalb glauben wir dem nie lügenden Altenessener doch aufs Wort. Weshalb er nur 51000 angibt, weshalb nicht 61000 oder gar 100000, können wir nicht begreifen. Wir glauben ja alles, lieber August, gelt: Solchen Glauben hast du noch nicht gefunden? Wir wissen ganz genau, daß der Gewerkverein jetzt monatlich hunderte, tausende von Mitgliedern aufnimmt. Wir wissen aus allerzuverlässigster Quelle, daß alle Versammlungen des Gewerkvereins von 1000–10000 Personen besucht sind, und daß alle mit stürmischer Begeisterung unseren Genialen empfangen. ... Ihr sollt sehen, am Jahresschluß sind 55000 Gewerkvereinsmitglieder vorhanden, ... 1905 hat der Gewerkverein zweifellos alle Ruhrbergleute, 1906 alle Bergleute Deutschlands aufgenommen und der alte Verband ist ‚aufgesogen', ‚kaltgestellt', wie schon 1894 prophezeit wurde."[26]

Hue konnte 1902 triumphieren, denn zu diesem Zeitpunkt hatte der Bergarbeiterverband den Gewerkverein an Stärke übertroffen, und die positive Entwicklung hielt weiter an. 1904 wurden im ganzen Reich 80.682, im Ruhrgebiet 56.153 Mitglieder gezählt. Dennoch fiel der Organisationsgrad ausgesprochen bescheiden aus. Lediglich 20,8 Prozent der Ruhrbergarbeiter hatten sich dem Verband angeschlossen, reichsweit waren es 12,6 Prozent.[27] Weiterhin konnte er kaum Fuß fassen in katholischen Regionen. Im Saarland blieben die Mitgliederzahlen auf einem sehr niedrigen Niveau. Eine Agitationstour von Hue, Schröder und Pokorny im Jahre 1899 bewirkten keinen Umschwung. 1906 wurden im Kreis Saarbrücken lediglich 298 und im Kreis Forbach 213 freigewerkschaftlich organisierte Bergarbeiter gezählt.[28] Dies war auch eine Folge der rigorosen Verfolgung durch die staatliche Bergwerksverwaltung, die jeden ablegte, der es wagte, den Mund aufzumachen.[29] Erfolgreicher war in diesem Revier der Gewerkverein, der nach der Gründung der ersten Ortsverbände im Jahre 1904 einen rasanten Aufschwung zu verzeichnen hatte und 1909 etwa 13.000 Mitglieder in 238 Zahlstellen organisierte.[30] Auch im Aachener Wurmrevier[31] und im rheinischen Braunkohlenbergbau[32] war die christliche Gewerkschaft die stärkste Organisation.

Ähnliche Probleme, Mitglieder zu gewinnen, hatte der Bergarbeiterverband im katholisch geprägten Oberschlesien, wo die Rivalitäten zwischen Deutschen und Polen

25 Bergarbeiter-Zeitung 51, 27.12.1902 „50000!".

26 Bergarbeiter-Zeitung 46, 22.11.1902. – Der Gewerkverein organisierte 1902 40.208 Bergleute. Jäger/Tenfelde, Bildgeschichte, S. 292 Tab. 4.

27 Jäger/Tenfelde, Bildgeschichte, S. 290 Tab. 1 u. S. 292 Tab. 4.

28 Mallmann, Anfänge der Bergarbeiterbewegung, S. 321.

29 So der Bericht des Saarbrücker Landrates vom 20.10.1900. Zit. bei Mallmann, Anfänge der Bergarbeiterbewegung, S. 319.

30 Mallmann, Anfänge der Bergarbeiterbewegung, S. 322.

31 Der Bergarbeiterverband zählte 1911 etwa 800 Mitglieder, der Gewerkverein 3800. Das Stärkeverhältnis verdeutlichte die Knappschaftswahl 1910, bei der der Gewerkverein 20 und die Zechenpartei 5 Mandate auf sich vereinigen konnte, während der Alte Verband leer ausging. Klöcker, Sozialdemokratie, S. 110.

32 Während der Gewerkverein 1912 mehr als 1000 Mitglieder aufwies, übertraf der Bergarbeiterverband gerade einmal die 200-Marke. Faust, Anfänge der Arbeiterbewegung, S. 329 u. 338.

die Schwierigkeiten noch vergrößerten. Er war 1913 eine kleine Organisation mit 2625 Köpfen, während die Polnische Berufsvereinigung 20.451 aufwies.[33]

Hindernisse für eine stärkere Ausweitung des Verbandes an Rhein und Ruhr waren

– die schwer zu organisierenden Bergarbeiter, die zu Tausenden aus den Ostprovinzen ins Ruhrgebiet kamen und

– die Milieuverbundenheit der katholischen Bergleute, die der Gewerkverein für sich gewinnen konnte.

5.3 Die „Polonisirung des Ruhrbeckens"

„Ist es schon an sich eine Riesenarbeit, die infolge ihrer schweren Tätigkeit körperlich heruntergekommenen, geistig abgestumpften Arbeitsbienen in der Bergwerks- und Hüttenindustrie für die gewerkschaftliche Organisation zu interessieren, die Aufgabe wird noch enorm komplizierter durch die wuchtende Masse der aus aller Herren Länder zusammengeströmten Fremdsprachigen," lautete der resigniert klingende Befund Hues im Jahre 1908.[34]

Die Angehörigen der agrarischen Unterschichten in den preußischen Ostprovinzen, die einen Ausweg aus ihrer miserablen ökonomischen Lage suchten, sahen ihr Heil in der Abwanderung und „gerieten in den Sog der aufstrebenden, materiellen und sozialen Aufstieg versprechenden Industrie" im Westen des Reichs.[35] 1890 wurden bei der Bevölkerungszählung in Rheinland-Westfalen bereits 122.299 Personen aus dem Osten erfasst. Ihre Zahl vierfachte sich über 333.046 (1900) auf 497.471 im Jahre 1910. Den größten Anteil stellten die Ostpreußen (218.269), gefolgt von den Einwanderern aus Posen (153.187), Westpreußen (94.714) und Schlesien (31.301).[36]

Die Männer fanden ohne Probleme eine Anstellung auf den Hüttenwerken und vor allem auf den neu abgeteuften Schachtanlagen im Norden des Reviers.[37] 1895 stammte bereits ein Viertel der Gesamtbelegschaft des Ruhrbergbaus aus den vier Ostprovinzen, und ihr Anteil vergrößerte sich auf 37,9 Prozent im Jahre 1909 und war danach etwas rückläufig (34 % 1913).[38] Von den 138.972 Beschäftigten stammten 56.230 (= 40,4%) aus Posen und 55.000 (= 39,5 %) aus Ostpreußen.[39]

Hue, der „die Einfuhr besonders ostelbischer und fremdsprachiger Arbeiter" ins Ruhrgebiet beklagte,[40] unterschied aber nicht nach evangelischen kaisertreuen Masuren und nationalistisch eingestellten Polen, nach Landarbeitern aus Ostpreußen und Bergarbei-

33 Schofer, Formierung einer modernen Arbeiterschaft, S. 242, Tab. 24; Puls, Rochaden, S. 181.

34 O.H., Sozialpolitisches aus der Bergwerks- und Hüttenindustrie, in: Correspondenzblatt 17, 25.4.1908, S. 209–212 u. 17, 25.4.1908, S. 249–252, S. 252.

35 Kleßmann, Polnische Bergarbeiter, S. 23.

36 Murzynowska, Die polnischen Erwerbsauswanderer, S. 25, Tab. 1; Kleßmann, Polnische Bergarbeiter, S. 260, Tab. 1. – Zur Einwanderung ins Ruhrgebiet statt vieler Literaturhinweise: Schimanski, Kuzorra und andere (mit umfangreicher Bibliografie).

37 Der Anteil der aus den vier Ostprovinzen stammenden Arbeiter betrug 1905 in den Bergrevieren Gelsenkirchen 50,2, Herne 49,4, Recklinghausen-West 43,8, Wattenscheid 43,7 und Recklinghausen-Ost 41,9 Prozent. Murzynowska, Die polnischen Erwerbsauswanderer, S. 66, Tab. 29.

38 Kleßmann, Polnische Bergarbeiter, S. 265, Tab. 5.

39 Ebd., S. 266, Tab. 6.

40 Otto Hue, Die Krawalle von Herne, in: Neue Zeit 17 (1898/99) 43, S. 534–540, S. 535.

tern aus Ober- und Niederschlesien. Deren Lebens- und Arbeitsbedingungen hatte er bei seinen Agitationstouren kennengelernt und in seinen Berichten in der *Bergarbeiter-Zeitung*[41] eindringlich geschildert:

„Betrachten wir uns zunächst die Wohnungen der Arbeiter. Nur wenige sind Steinbauten besserer Qualität. Durchweg sind es einstöckige, zerfallene, mit Schindeln bedeckte Hütten. Betreten wir eine solche Wohnung. Das Tagsloch, recht unzutreffend Thür genannt, ist niedrig, der Holzbeschlag defekt und verfault. Der Dreck der Straße setzt sich ohne weiters auf dem ungepflasterten Gang fort, in dem wir uns zunächst befinden. Einige ärmliche Wirthschaftsgegenstände, Fässer, Eimer, Säcke etc. bedecken im Verein mit faulem Stroh und Speiseresten den Boden. Eine niedrige Thür führt uns in die Stube, die einzige, welche der Familie zum ständigen Aufenthalt dient. In einer Ecke liegt Streu, naß und stinkend. Hier schläft der Hausvater mit Frau und vier Kinder. In Ermangelung von Bettzeug legt man sich in Kleidern nieder. Außer der Schlafstreu zählen wir in der ‚Stube‘ noch einen alten schmutzigen Tisch, eine Bank und in einer Ecke steht ein eiserner Ofen. Eine jämmerliche Spinde trägt als einzigen Zimmerschmuck eine Muttergottesstatue und über derselben, an der Wand, hängen einige Heiligenbildchen und ein Rosenkranz. … Sie [die Wohnung] ist einfach noch zu schlecht für den Aufenthalt von Thieren, geschweige denn daß Menschen hier hausen könnten.“[42]

Gleichfalls negativ fiel das Urteil über die Qualität des Essens aus. Es „ist so beschaffen, daß wir Bedenken trugen, davon zu kosten“. Da das trockene Brot, das man mit zur Arbeit nehme, nicht ausreiche, um den Hunger zu stillen, greife man nach verfahrener Schicht „zur Fuselsflasche. Der leere Magen nimmt den schlechten Schnaps auf, anscheinend tritt Sättigung ein und bald verfällt der Arme in den Zustand der Trunkenheit. Dann erfolgen die Ausschreitungen, die alkoholischen Exzesse, von denen die Reichsstatistik aus Schlesien eine den sozialen Verhältnissen entsprechende Höhe meldet.“[43]

Besonders schockiert war Hue vom Umgang mit der Sexualität. Mädchen vergäben sich „leicht an einen Burschen“, „in der Hoffnung von ihm geehelicht zu werden. Die … schlechten Wohnungsverhältnisse dienen auch nicht dazu, strenge Grundsätze in punkto Geschlechtsverkehr zu bilden. Wo in einer Stube Vater, Mutter, erwachsene Söhne und Töchter, oft auch noch fremde Logisgänger schlafen, wird den geschlechtlichen Trieben allen Vorschub geleistet. Es entsteht eine Art von wilden Geschlechtsverkehr. Und so kommt es, daß hier … im Lande des strengsten Marienkultus, der Verehrung der jungfräulichen Gottesmutter die Jungfrauen in sehr kurzer Zeit ihre jungfräuliche Würde verlieren.“[44]

Es war ein Blick voller Mitleid auf die Not, die Armut und das „langsame Dahinsiechen“ der Bergarbeiterfamilien, für die Hue „die kapitalistische Wirthschaftsweise“ verantwortlich machte,[45] ein Blick voller Zorn auf das „System, das solche Früchte trägt“.[46]

Es war aber auch der Blick eines Gewerkschafters, der die bürgerlichen Normen übernommen hatte und der deshalb nur „Unkultur, Rohheit und Unbildung“,[47] „moralische

41 Otto Hue, Oberschlesische Zustände, in: Bergarbeiter-Zeitung 43, 26.10.1895 u. 44, 9.11.1895.
42 Otto Hue, Oberschlesische Zustände II.
43 Ebd.
44 Ebd.
45 Otto Hue, Oberschlesische Zustände I.
46 H, Aus der Domäne des Zentrums, in: Rheinisch-Westfälische Arbeiterzeitung 245, 21.10.1895.
47 Rede Hues in Neu-Salzbrunn am 14.8.1898. Bergarbeiter-Zeitung 35, 27.8.1898.

und körperliche Versumpfung"[48] ausmachen konnte. Es war ein abschätziger Blick auf die Menschen, „die thierähnlich dahinvegetirten",[49] „die so arm, so elend sind, daß ihnen aller Sinn für das Schöne und Gefällige abhanden geht", „die kein Gefühl für helle Farben und peinliche Sauberkeit" besitzen.[50] Auf den Gesichtern der Teilnehmer eines Trauerzuges machte Hue nur den „stupide[n] Ausdruck des Jammerns und des Elends" aus. „Keine Spur geistigen Lebens, selbständiger Regung."[51] Es war ein Blick, der auch von rassistischen Ressentiments nicht frei war, wenn zu lesen ist: „Der slavische Typus, nach unseren Begriffen ohnehin gerade nicht anmuthend, wird abstoßender durch die ungesunde Gesichtsfärbung."[52]

Geschockt von den Zuständen im Osten des Reiches, wo „einem an Kultur gewöhnten Menschen schon ... das Ende der Welt gekommen zu sein scheint",[53] musste der gebürtige Westfale nun mit ansehen, wie die Zahl der „aus den kulturell am tiefsten stehenden Bezirken Deutschlands"[54] angeworbenen Bergarbeiter immer größer wurde, die „Russifizirung und Polonisirung des Ruhrbeckens" weiter Fortschritte machte.[55] Hue war der festen Überzeugung, dass die Zechen die Arbeiter mit falschen Versprechungen ins Revier geholt hätten, „um ständig eine Reserve von Lohndrückern zu haben".[56] „Diese Hochfluth von Rückständigkeit sollte den heimischen Arbeiter wie ein Bleigewicht niederzwingen."[57] Denn dieser ließe sich nicht mehr alles gefallen, im Gegensatz zu den willfährigen Zuwanderern, denen Hue unterstellte, „jeden Wink des Vorgesetzten blind zu gehorchen, für empfangene Prügel auch noch die Hand des Prüglers zu küssen".[58] Die Folgen waren für ihn offensichtlich: „Jede Welle ostelbischer Unkultur zerstört wieder vieles von dem, was zähe Organisationsarbeit in Westdeutschland aufgerichtet hat."[59]

Wenngleich er später eingestand, dass es keineswegs die Absicht der Zuwanderer wäre, als „Lohndrücker" zu fungieren, hielt er an seiner Auffassung fest, dass die Zuwanderung ein „außerordentliches Hindernis für den sozialen Aufstieg der Arbeiter-

48 Otto Hue, Aus Oberschlesien II, in: Bergarbeiter-Zeitung 23, 6.6.1896.

49 Otto Hue, Oberschlesische Zustände II.

50 Otto Hue, Aus Oberschlesien II.

51 Otto Hue, Oberschlesische Zustände I.

52 Ebd.

53 Otto Hue, Oberschlesische Zustände I. – Ebenso abfällig beschrieb Hue die Arbeiterschaft des Braunkohlenbergbaus in der Lausitz, die sich „stark aus slawischen (galizischen, russisch- und preußisch-polnischen) Zuzüglern zusammensetzte": „Die Arbeitermasse stellte ein blutarmes Proletariat, unterwürfig, roh und bedürfnislos, dar. Es hielt außerordentlich schwer, an diese Leute heranzukommen, sie zu höheren Lebensansprüche zu erziehen." Hue, Bergarbeiter 2, S. 525.

54 Hue, Die Krawalle von Herne, S. 535.

55 Otto Hue, Einiges über die deutsche Bergarbeiterbewegung, in: Correspondenzblatt 4, 24.1.1898, S. 21.

56 Rede auf dem Parteitag für das westliche Westfalen am 26.10.1901. Rheinisch-Westfälische Arbeiterzeitung 253, 29.10.1901; Reichstagsrede am 10.2.1906, Verhandlungen, S. 1189.

57 Hue, Die Krawalle von Herne, S. 535. Ebenso Otto Hue, Von der russischen Grenze I, in: Rheinisch-Westfälische Arbeiterzeitung 269, 16.11.1906.

58 Hue, Neutrale oder parteiische Gewerkschaften, S. 100. – Ähnlich wie Hue blickte auch die Führung des Gewerkvereins voller Vorurteile auf die Zuwanderer. So schrieb der *Bergknappe* anlässlich der „Herner Krawalle": „Wegen des niedrigen Knechtsinnes und einer gewissen heimtückischen Natur sind diese Arbeiter auch meistens von den hiesigen Leuten gemieden und stehen so allein da, ohne sich an moralisch höher stehende Menschen anschließen zu können." Zit. nach Tenfelde, Die „Krawalle von Herne", S. 103; Kleßmann, Polnische Bergarbeiter, S. 77. Weitere Beispiele bei Hiepel, Arbeiterkatholizismus, S. 224; Schäfer, Imbusch, S. 49; Kulczycki, A Trade Union for Polish Miners, S. 613f.

59 Otto Hue, Von der russischen Grenze I.

schaft“ sei, deren Folgen – eine Senkung bzw., im günstigeren Fall, eine Stabilisierung des Lohnniveaus – nicht zu übersehen seien.[60]

Bei seiner rassistisch unterlegten Argumentation behauptete er weiterhin, dass der Slave „nachgiebiger und weniger fest als der Germane“ und dass dessen „ohnehin schwacher Charakter“ „durch den Kapitalismus noch mehr geschwächt worden“ sei. Die Folge war für Hue offensichtlich: „Zum energischen, anhaltenden Widerstand gegen die Ausbeutung ist der slavische Volksstamm sehr schlecht zu bestimmen.“[61] Die weitere Entwicklung sollte ihn widerlegen, denn die polnischen Bergleuten beteiligten sich ebenso wie die deutschen Kameraden an den Streikaktionen 1905 und 1912.[62] Gleichfalls lässt sich seine Feststellung, dass bei ihnen kaum „von politischen Bewußtsein gesprochen werden kann“,[63] nicht aufrechterhalten, denn es waren ausgerechnet die diffamierten Zuwanderer, die ihm zum Sieg bei der Stichwahl zum Reichstag 1903 verhalfen.[64]

Dem Alten Verband fiel es äußerst schwer, die Neubergleute für die Organisation zu gewinnen.[65] Hue machte dafür vor allem zwei Gründe geltend. Erstens kämen die angeworbenen Bergleute aus Landesteilen, „wo noch so gut wie gar keine Gewerkschaftsbewegung Wurzel fassen konnte“,[66] und zweitens würden sie „in sich immer riesenhafter ausdehnenden Zechenkolonien“ untergebracht, wodurch sie dem Einfluss des Verbandes entzogen würden, denn hier herrsche der „Kolonievogt“, der „über das Fernhalten der ‚verhetzenden Agitatoren‘“ wache.[67] „In diesen Kolonien wird der Fanatismus gegen uns zur Raserei gesteigert durch Spenden und Schnaps etc. und dann wehe dem ‚gewerbsmäßigen Agitator‘, der dieser Elitetruppe der Arbeitswilligen in die Hände fällt!“[68] Hue irrte sich auch bei dieser Analyse, denn die Kolonien waren, wie er später zugeben musste,[69] bei den Ausständen Zentren der Solidarität, und ihre Bewohner wurden nicht zu Streikbrechern.[70]

Hue war aber hinsichtlich der Zuwanderer zu keiner Selbstkritik fähig und stellte keine Überlegungen darüber an, ob seine diffamierenden Äußerungen nicht abschre-

60 Otto Hue, Internationaler Arbeiterschutz, in: Arbeiter-Zeitung (Dortmund) 289, 9.12.1916.

61 Otto Hue, Oberschlesische Zustände I.

62 Kulczycki, The Foreign Worker; Murzynowska, Die polnischen Erwerbsauswanderer, S. 179–195 u. 283–297; Kleßmann, Polnische Bergarbeiter, S. 121ff.; Brüggemeier, Leben vor Ort, S. 236. – Zum Verhalten der Polen beim Streik 1905 berichtete der Münsteraner Regierungspräsident dem preußischen Minister des Innern: „Der Ausbruch des Streiks wurde von allen Polen mit Freuden begrüßt; auf der Straße, in den Versammlungen, in den Wirtschaften, überall trugen sie ein Wesen zur Schau, das keinen Zweifel darüber ließ, wie sehr ihnen der Ausstand behagte. Mit nur wenigen Ausnahmen hatten sich denn auch die sämtlichen Polen dem Ausstande angeschlossen.“ Zit. nach Fricke, Ruhrbergarbeiterstreik, S. 75; Murphy, Gastarbeiter, S. 76f.

63 Hue, Die Krawalle von Herne, S. 539.

64 Siehe S. 168f.

65 Auch der Gewerkverein vermochte es nicht, die katholischen Zuwanderer in großer Zahl zu organisieren. Hiepel, Arbeiterkatholizismus, S. 216–227.

66 O.H. Rheinisch-Westfälische Gewerkschaftsbewegung II, in: Arbeiter-Zeitung (Dortmund) 20, 24.1.1906.

67 Hue, Bergarbeiter 2, S. 563.

68 Hue, Die Krawalle von Herne, S. 536. Ebenso Bergarbeiter-Zeitung 26, 8.7.1899 „Die Herner Krawalle und ihre wahren Ursachen“; Hue, Neutrale oder parteiische Gewerkschaften, S. 99.

69 O.H., Kommunalpolitische Streifzüge durch das Ruhrrevier II, in: Arbeiter-Zeitung (Dortmund) 206, 4.9.1905.

70 Brüggemeier, Leben vor Ort, S. 236; Niethammer/Brüggemeier, Wie wohnten Arbeiter im Kaiserreich, S. 109.

ckend wirkten. Was sollten die Neubergleute davon halten, dass er sie beschuldigte, „allmählich die Lebensgewohnheiten der Einheimischen in materieller und moralischer Hinsicht herabgedrückt" zu haben?[71] Ebenso wenig hilfreich waren seine Behauptungen, die Masseneinwanderung sei mitverantwortlich für den Anstieg der Kriminalität im Ruhrgebiet[72] sowie für die Verteuerung der Lebensmittel[73], wodurch er Aversionen gegen die Neulinge schürte. Ja selbst die Verschlechterung der Ernährung schob er ihnen in die Schuhe, denn „das minderwerthige, von der Einwanderung hergebrachte Sauer- und Graubrot" habe „das reine kräftige Schwarzbrot und den ‚selbstgebackenen Stuten'" verdrängt.[74]

Noch gravierender war der Vorwurf, dass die Neuangeworbenen, die die nur auf Deutsch verfassten betrieblichen Anordnungen nicht lesen konnten, eine Unfallgefahr für die Kameraden bildeten?[75] Die Gewerkschaften setzten sich aus diesem Grunde für ins Polnische übersetzte Vorschriften ein, doch ohne Erfolg. Stattdessen erließ das Oberbergamt Dortmund am 25. Januar 1899 eine Bergpolizeiverordnung, die vorschrieb, dass nur solche Arbeiter beschäftigt werden dürften, die „genügend deutsch verstehen, um mündliche Anweisungen ihrer Vorgesetzten und Mitteilungen ihrer Mitarbeiter richtig aufzufassen". Alle gehobenen Stellungen durften nur diejenigen einnehmen, die deutsch in Druck und Schrift lesen konnten.[76] Wenngleich Hue sich etwas Anderes gewünscht hatte, begrüßte er die „Sprachenverordnung" im Sinne der Unfallverhütung „als einen Fortschritt".[77] Wir nehmen „das Gute statt des Besseren", war in der *Bergarbeiter-Zeitung* zu lesen.[78] Die Gewerkschaften verkannten die Brisanz der Bergpolizeiverordnung, die „unter den Polen viel böses Blut erregte" und „einen wesentlichen Anstoß zur Gründung einer eigenen polnischen Gewerkschaft gab".[79]

Dass die aus Posen und Oberschlesien zugewanderten Bergarbeiter durchaus gewerkschaftlich zu organisieren waren, bewies die am 9. November 1902 gegründete Polnische Berufsvereinigung, die 1913 im ganzen Reich 50.047 Bergarbeiter als Mitglieder aufwies und die sich an den Ausständen 1905 und 1912 beteiligte.[80]

Für Hue, der die eigenen Versäumnisse nicht eingestehen wollte, war die Gründung des polnischen Verbandes „lediglich die Folge der wahnwitzigen hakatistischen Hetze-

71 Otto Hue, Moderne Völkerwanderung, in: Neue Zeit 22 (1903/04) 9, S. 271–276, S. 274. Er fährt fort: „Man muß die Verhältnisse der ostelbischen Arbeiter kennen, um zu begreifen, warum ihre massenhafte Ansiedlung die kulturelle Entwicklung der Ruhrgebietsbevölkerung nicht nur hemmte, sondern sogar absolut zurückdrängte."

72 Hue, Neutrale oder parteiische Gewerkschaften, S. 123.

73 O.H., Der Berginspektorenbericht über das Ruhrgebiet für 1898, in: Rheinisch-Westfälische Arbeiterzeitung 205, 2.9.1899.

74 Ebd.

75 „Die der deutschen Sprache unkundigen Arbeiter sind aber doch thatsächlich eine Gefahr für sämmtliche Bergarbeiter." Hue auf der Generalversammlung 1899. Bergarbeiter-Zeitung 14, 15.4.1899. Siehe auch Reichstagsrede am 24.11.1908, Verhandlungen, S. 5698; Hue, Bergarbeiter 2, S. 535.

76 Zit. nach Kleßmann, Polnische Bergarbeiter, S. 63.

77 Hue auf der Generalversammlung 1899. Bergarbeiter-Zeitung 14, 15.4.1899.

78 Bergarbeiter-Zeitung 11, 18.3.1899 „Nochmals die ‚Sprachenverordnung'".

79 Wehler, Polen, S. 452f.; Kleßmann, Polnische Bergarbeiter, S. 52; Kulczycki, The Foreign Worker, S. 90–93.

80 Zur Polnischen Berufsvereinigung: Murzynowska, Die polnischen Erwerbsauswanderer, S. 171–179 u. 238–255; Kleßmann, Polnische Bergarbeiter, S. 110–125; Kulczycki, The Foreign Worker; Kulczycki, The Polish Coal Miners' Union. Mitgliederzahl: Kleßmann, Polnische Bergarbeiter, S. 283, Tab. 29.

rei“ im Ruhrgebiet.[81] Er bedauerte „die polnische Sondergründung“, da sie „eine weitere unglückliche Zersplitterung der Arbeiter“ bedeutete, anerkannte aber zugleich, „daß in der Berufsvereinigung das proletarische und oppositionelle Gefühl stark genug blieb, um die Entwicklung der Organisation zu einer zechenfreundlichen zu verhindern“.[82]

Mit der Berufsvereinigung war ein Konkurrent entstanden, der die Gewinnung neuer polnischer Mitglieder noch mehr erschwerte. Auch wenn der Alte Verband Versammlungen speziell für polnische Bergleute anbot, bei denen die Reden ins Polnische übersetzt wurden,[83] die *Bergarbeiter-Zeitung* 1902 eine polnische Einlage erhielt, blieb der Erfolg aus. Die starke religiöse Einstellung der Polen und ihr ausgeprägtes Nationalbewusstsein waren nur schwer zu überwindende Hindernisse. Auch die 1905 beschlossene Namensänderung von Verband deutscher Bergarbeiter in Verband der Bergarbeiter Deutschlands, um die Behauptung polnischer Agitatoren, der Verband könne ja schon auf Grund seines Namens keine fremdsprachigen Arbeiter aufnehmen, zu entkräften, änderte nichts an den grundsätzlichen Schwierigkeiten.[84]

Die negative Einschätzung der Zuwanderung und die abschätzige Charakterisierung der Neubergleute war der Sicht eines Gewerkschafters geschuldet, der allein die nachteiligen Folgen für die Bergarbeiterbewegung vor Augen hatte. Der Politiker Hue hingegen setzte sich für die Rechte und Interessen der Polen ein.

Am 27. Oktober 1901 sprach er auf dem Parteitag des Bezirks Westliches Westfalen über die Polenfrage. Im Gegensatz zu seinen bisher zitierten Ausführungen über die Einwanderer aus den Ostprovinzen fehlten hier alle herabsetzenden Aussagen.[85] Im Gegenteil. Hue wandte sich ausdrücklich gegen das beleidigende Schimpfwort „dummer Polack“, da es nicht zuträfe. „Das polnische Volk ist garnicht so unintelligent, wie das immer hingestellt wird.“[86] Wolle man die Neubürger für die Partei gewinnen, so dürfe man nicht versuchen, ihnen den polnischen Charakter zu nehmen. Auch müsse man ihnen zugestehen, weiterhin in ihrer Muttersprache zu kommunizieren. Daher müssten sich die Sozialdemokraten „jede[r] Beschränkung der polnischen Sprache, der Ausübung ihrer Religion, ihrer nationalen Eigenthümlichkeiten“ widersetzen, sich den Polen „als Menschen und Proletarier“ nähern und sie vom Klassencharakter der Gesellschaft überzeugen. „Der Klassenstandpunkt ist der gemeinsame Boden, auf dem die deutschen und polnischen Arbeiter sich treffen.“ Für die Agitation sei es wichtig, Flugblätter in polnischer Sprache zu erstellen und „in die Häuslichkeit der Polen ein[zu] dringen“. Hue empfahl des weiteren, bei den Parteizeitungen des Ruhrgebiets einen der polnischen Sprache mächtigen Redakteur einzustellen. Das Thema war den Delegierten so wichtig, dass sie mehrere Stunden darüber diskutierten und am Ende eine Resolution

81 O.H., Sozialpolitisches aus der Bergwerks- und Hüttenindustrie, in: Correspondenzblatt 17, 25.4.1908, S. 209–212 u. 17, 25.4.1908, S. 249–252, S. 252. – Hakatismus war die Bezeichnung für die antipolnische Ideologie des „Deutschen Ostmarkenvereins“.

82 Hue, Bergarbeiter 2, S. 564f.

83 Unna-Camener Lokal-Anzeiger 216, 14.9.1903 „Bergarbeiterbewegung und Tarifgemeinschaft“. Zur ersten polnischen Bergarbeiterversammlung im Bezirk Borbeck mit Hue als Referent: Dortmunder Zeitung 153, 24.3.1903; Essener Volks-Zeitung 68, 24.3.1903.

84 Nach mit Vorsicht aufzunehmenden Schätzungen soll der Bergarbeiterverband 1902 959, 1906 8155 und 1913 etwa 6000 polnische Mitglieder besessen haben. Kleßmann, Polnische Bergarbeiter, S. 117.

85 Rheinisch-Westfälische Arbeiterzeitung 29.10.1901 „Die Polenbewegung im Ruhrgebiet“ (abgedr. in: John, Hue I, S. 60–63); Vorwärts 254, 30.10.1901.

86 Im *Vorwärts* wird er mit „das äußerst intelligente Volk“ zitiert.

einstimmig verabschiedeten, in der sie erklärten, dass die Partei „die weitgehendste Toleranz gegenüber den hier lebenden polnischen Arbeitern zu üben hat“.[87]

Der Bergarbeiterverband setzte sich trotz aller Schwierigkeiten weiterhin das Ziel, die Masuren und die Polen, die kaum der deutschen Sprache mächtig waren, zu schulen und an die Organisation zu binden. Es war daher auch ein Stück Eigennutz, wenn Hue im Reichstag und auf Versammlungen vehement gegen den § 7 des zur Abstimmung stehenden Reichsvereins- und -versammlungsgesetzes, gegen den sog. Sprachenparagraphen,[88] agitierte. Diesen bezeichnete er – sehr überspitzt – als „den schlimmsten Angriff, den es auf die Menschenrechte geben kann: das Recht auf Muttersprache“.[89]

§ 7 schrieb vor, dass die Verhandlungen in öffentlichen Versammlungen in deutscher Sprache zu führen seien. Für die Gewerkschaften war es offensichtlich, dass diese Vorgabe ihre „Aufklärung und Organisierung der zugewanderten fremdsprachigen Arbeitsbrüder“ behindern sollte, denn diese könne nur erfolgen, wenn die Verbände „die Freiheit“ hätten, „den Berufsgenossen in der ihr [sic!] verständlichen Sprache die Bedeutung der gewerkschaftlichen Organisation begreiflich zu machen“. Da aber der § 7 dies nicht zuließ, war die Schlussfolgerung Hues: „Also entspricht der § 7 keinem nationalen Bedürfnis unseres Landes, sondern kann und soll auch nur den Großindustriellen eine neue Waffe gegen die Arbeiterschaft geben.“[90] Er ist „nichts anderes“ „als ein Werk der Industrieherren, ein bestelltes Werk des Zentralverbandes der Industriellen“.[91]

Unabhängig vom Eigeninteresse der Gewerkschaft und der Partei hielt Hue am 4. April 1908 im Reichstag ein leidenschaftliches Plädoyer für „Toleranz gegen Anderssprachige“.[92] Er verneinte, dass im § 7 eine „nationale Existenzfrage“ geregelt werde, sondern sah darin nur eine „beschämende Hetze gegen eine im Verhältnis zu der großen Masse der Bevölkerung sehr kleinen Minderheit“.[93] Und für seine Fraktion erklärte er: „Meine Herren, Sie mögen uns Sozialdemokraten das Nationalgefühl absprechen, soviel Sie wollen. Ich will Ihnen aber sagen: wir fühlen uns als Deutsche, wir fühlen uns als Angehörige der deutschen Nation, und eben deswegen schämen wir uns als Deutsche einen solchen Paragraphen anzunehmen.“[94] (An dieser Stelle verzeichnete das Protokoll: „Lebhaftes Bravo bei den Polen und Sozialdemokraten.“) Hue appellierte „im Interesse unseres Volkes, des Ansehens unseres deutschen Vaterlandes im Auslande“ an die anderen Abgeordneten gewandt: „Lassen Sie sich nicht durch die süßeste Rattenfängerflöte verleiten, auf die abschüssige Bahn der preußischen Polenpolitik zu treten!“[95]

Die Rede bewirkte ebenso wenig wie die Ausführungen andere Oppositionsvertreter einen Meinungsumschwung. Am 8. April stimmte der Reichstag für das Gesetz.

87 Vorwärts 254, 30.10.1901.

88 Zur Diskussion über den Sprachenparagraphen: Spät, Die „polnische Frage“, S. 139–153.

89 Auf einer Bergarbeiterversammlung in Bochum am 23.2.1908. Volksblatt 46, 24.2.1908 „Eine Riesenbergarbeiterversammlung“.

90 Reichstagsrede am 4.4.1908, Verhandlungen, S. 4685.

91 Ebd., S. 4681.

92 Ebd., S. 4681. – Der *General-Anzeiger für Dortmund und die Provinz Westfalen* bescheinigte Hue, er habe „hervorragend gut“ gesprochen. 96, 4.4.1908.

93 Ebd.

94 Ebd.

95 Ebd., S. 4687.

Hue wies auch auf die negativen Folgen des Sprachenstreits für die Arbeiterbewegung hin. Der oberschlesische Arbeiter werde in seinem „Sinnen und Denken" derart davon gefangengenommen, dass er „die Wahrnehmung seiner so sehr im Argen liegenden wirtschaftlichen Interessen" vollständig vernachlässige. Er übersehe dabei, „daß alle politischen Parteierfolge und nationalistisch-religiöse Veranstaltungen den Kochtopf nicht voller, die Ernährung und Kleidung der Familie nicht besser machen. Mit anderen Worten: Der nationalistische Streit hindert die gewerkschaftliche Organisation der Proletarier." Wer also den polnischen Arbeiter dazu verführe, seine Energie „im Nationalitätenstreit zu verbrauchen", war in den Augen Hues „ein ebenso schlimmer Polenfeind wie die Hakatisten".[96]

Ebenso leidenschaftlich wie beim Sprachenparagraphen fiel seine Stellungnahme „zur kleinlich-gehässigen Polenpolitik" der preußischen Regierung aus.[97] Das Ansiedlungsgesetz[98] war für ihn ein Gesetz, „das man vom humanitären Standpunkt so scharf wie nur irgend denkbar verurteilen muß". Es sei eine „Schande für den deutschen Namen".[99] Zuvor hatte Hue gerügt, „daß man die Polen zu Bürgern II. Klasse gestempelt" und sie im ehemaligen Polen „von ihren Schollen vertrieben, eine Aufteilung polnischer Güter an Nichtpolen vorgenommen und ein Zwangsenteignungsrecht eingeführt" habe.[100]

5.4 Bruderkampf

Die Unzufriedenheit zahlreicher Bergleute über die politische Ausrichtung des Bergarbeiterverbandes schlug sich in der Gründung eines Gegenverbandes, des Gewerkvereins christlicher Bergarbeiter für den Oberbergamtsbezirk Dortmund, am 28. Oktober 1894 nieder.[101] Die neue Organisation benannte in ihrem Statut[102] „die Hebung der moralischen und sozialen Lage der Bergarbeiter auf christlicher und gesetzlicher Grundlage" als Ziel ihrer Tätigkeit und setzte sich bewusst vom Alten Verband ab, indem sie sich um die „Anbahnung und Erhaltung einer friedlichen Übereinkunft zwischen Arbeitgebern und Arbeitnehmern" bemühen wollte.[103] Sie bekämpfte zwar die Missstände auf den Schachtanlagen und stritt für die Belange der Bergarbeiter, aber ihr fehlte „eine dezidiert antikapitalistische Perspektive".[104] Der Gewerkverein war in seiner Ausrichtung nicht allein eine Gegengründung gegen die freie Bergarbeitergewerkschaft, sondern auch ein „Sturmblock" gegen die Sozialdemokratie. Laut Statut bekannten seine Mitglieder, „treu zu Kaiser und Reich" zu stehen und „Gegner der sozialdemokrati-

96 Otto Hue, Von der russischen Grenze II, in: Arbeiter-Zeitung (Dortmund) 270, 17.11.1906.

97 Ebd.

98 Zum Ansiedlungsgesetz, das die Enteignung polnischen Eigentums erlaubte: Spät, Die „polnische Frage", S. 101–168.

99 Reichstagsrede am 25.2.1909, Verhandlungen, S. 7155.

100 Rede Hues auf einer öffentlichen Versammlung in Wanne am 20.7.1907. LAD NRW Abt. Westf. Landratsamt Gelsenkirchen 40, Überwachungsbericht der Polizeiverwaltung Wanne, 20.7.1907.

101 Zur Gründung des Gewerkvereins: Schneider, Die Christlichen Gewerkschaften, S. 57–61; Hiepel, Arbeiterkatholizismus, S. 72–102.

102 Das Statut wird zitiert nach Imbusch, Arbeitsverhältnis, S. 716–719.

103 Der im Entwurf noch enthaltene Passus, den Streik als letztes gewerkschaftliche Mittel anzuerkennen, war in der Endfassung des Statuts nicht mehr zu finden. Koch, Bergarbeiterbewegung, S. 61.

104 Tenfelde, Heinrich Imbusch, S. XXI.

schen Grundsätze und Bestrebungen" zu sein. Der vielfach bekundete Antisozialismus war „konstitutiver Bestandteil von Ideologie und Praxis" des Gewerkvereins.[105]

Hue als Apostel der einheitlichen Bergarbeiterbewegung bedauerte die Neugründung zutiefst. Sie habe als „Keiltreiberorganisation"[106] die Bergarbeiterschaft gespalten[107] und damit deren Kampfkraft entscheidend geschwächt, wodurch die kapitalistische Herrschaft gefestigt werde.[108] Verantwortlich für den verhängnisvollen Schritt waren in seinen Augen der Klerus und die Zentrumspartei, die – wie schon in der Vergangenheit – die Einheit der Bergarbeiter aus egoistischen Motiven hintertrieben hätten.

Dass die katholische Geistlichkeit und das Zentrum eine neutrale Gewerkschaft verhindern wollten, habe sich bereits beim 1878 gegründeten Verband rheinisch-westfälischer Bergleute gezeigt, an dessen Spitze der Katholik Anton Rosenkranz stand.[109] Der in der katholischen Arbeiterbewegung sehr einflussreiche Kaplan Laaf hätte aber jede Zusammenarbeit mit den Sozialdemokraten abgelehnt mit der Begründung: „Nicht nur allein der religiöse Grund sei es, der ihn veranlasse, die katholischen Bergleute vor einer Gemeinschaft mit den atheistischen Sozialdemokraten zu wahren, als Parteimann müsse er auch aus politischen Gründen dagegen sein."[110] Angesichts der einsetzenden Hetze der ultramontanen Presse hätte der Verband keine Überlebenschancen besessen. Das gleiche Spiel wiederholte sich in den Augen Hues bei der Gründung des Fusangelschen Rechtsschutzvereins[111] und beim Bergarbeiterverband, der nicht zuletzt durch die katholische Gegenagitation ins sozialdemokratische Fahrwasser geraten wäre. Weil die Christlich-Sozialen „das Bergmannswohl dem Parteiinteresse geopfert hätten", habe sich kein starker Berufsverband entwickeln können. „Alles Elend der Knappen von 1878 bis heute haben einzig und allein die Parteifanatiker verschuldet," lautete die anklagende Schlussfolgerung.[112]

Dass das „parteipolitische Motiv ... die Ursache der klericalen Gewerkvereinsbewegung" sei,[113] wollte Hue auch aus der Tatsache ableiten, dass keine Verbände in den katholisch geprägten Regionen, im Saarland, im Aachener Revier oder in Oberschlesien, ins Le-

105 Hiepel, Arbeiterkatholizismus, S. 153.

106 Otto Hue, Die „christliche" Gewerkvereinspresse, in: Correspondenzblatt 51, 19.12.1903, S. 833–836, S. 836.

107 „Kameraden die in der Grube alle Gefahren theilen, sind die grimmigsten Feinde, sobald sie das Tageslicht erblicken. Zu den wüstesten Scenen artet es aus, kommen die zwei künstlich getrennten Richtungen unter den Bergleuten in offener Versammlung zusammen." Bergarbeiter-Zeitung 5, 30.1.1897 „Zum Congreß der christlichen Bergleute Deutschlands".

108 Otto Hue, Klericalismus und Gewerkschaftsbewegung, in: Sozialistische Monatshefte (1902) 12, S. 925–937, S. 926.

109 Zum Verband rheinisch-westfälischer Bergleute: Tenfelde, Sozialgeschichte der Bergarbeiterschaft, S. 514–522.

110 Zit. nach Hue, Neutrale oder parteiische Gewerkschaften, S. 37.

111 Zum Rechtsschutzverein: Tenfelde, Sozialgeschichte der Bergarbeiterschaft, S. 551–559. – Da Johannes Fusangel, Redakteur der *Westfälischen Volkszeitung* in Bochum, die Missstände in der Knappschaft darlegte, wurde er bald „der werksseitig bestgefürchteste und -gehaßte Mann im Ruhrgebiet und der Abgott vieler Tausender Bergleute". Hue, Bergarbeiter 2, S. 331. Siehe auch Otto Hue, Über Johannes Fusangel, in: Arbeiterzeitung (Essen) 186, 11.8.1910.

112 Hue, Neutrale oder parteiische Gewerkschaften, S. 40.

113 Otto Hue, Klericalismus und Gewerkschaftsbewegung, in: Sozialistische Monatshefte (1902) 12, S. 925–937, S. 933. – Der *Bergknappe* bezeichnete den Aufsatz als „Machwerk", als „Konglomerat von Phantasiegebilden", widerlegte ihn auch in eher belanglosen Einzelheiten, ging aber auf den hier behandelten Hauptpunkt überhaupt nicht ein. Bergknappe 18, 2.5.1903 „Klerikalismus und Gewerkschaftsbewegung".

ben gerufen wurden. Der Grund für die dortige Untätigkeit lag für ihn auf der Hand: „Weil dort die politische Herrschaft der klericalen Partei noch nicht ernsthaft bedroht ist.“[114]

Hue sah in seiner Agitation gegen die Konkurrenz nur die vermeintliche Lenkung von oben und verkannte dabei das existentielle Bedürfnis großer Teile der Ruhrbergarbeiterschaft nach einer christlich ausgerichteten, nicht klassenkämpferisch agierenden Gewerkschaft.[115] Wie groß dieses war, bewies der anhaltende Mitgliederzuwachs.[116]

Die Initiative zur Gründung des Gewerkvereins ging von katholischer Seite aus, an erster Stelle ist August Brust zu nennen, der zum Vorsitzenden gewählt wurde, doch es gelang auch, einige evangelische Geistliche, vor allem den Vorsitzenden des Gesamtverbandes evangelischer Arbeitervereine, Pfarrer Ludwig Weber, für die Sache zu gewinnen, denn die neue Organisation sollte strikt interkonfessionell ausgerichtet sein. Sichtbares Zeichen dafür war die Wahl des Protestanten Johann Wahl zum 2. Vorsitzenden. Das Misstrauen der evangelischen Arbeiter gegenüber der Neutralität in Glaubenssachen war allerdings groß, weshalb sie dem Verband mehrheitlich fernblieben.[117]

Eine Besonderheit stellte ein aus neun Personen bestehender Ehrenrat[118] dar, dessen Vorsitzender berechtigt war, an allen Vorstandssitzungen mit beratender Stimme beizuwohnen, sodass „die Einflußnahme des bürgerlich-konfessionellen Umfeldes gesichert, gleichsam institutionalisiert“ war.[119]

Die Gegnerschaft der beiden Verbände, deren Forderungen doch zumeist übereinstimmten, schlug sich in gegenseitigen, persönlich verletzenden Attacken in der Presse und auf den Versammlungen nieder. Die Organisationen vergeudeten – wie Hue zutreffend feststellte – „einen großen Theil ihrer Kraft auf die gegenseitige Bekämpfung“,[120] doch zu der „sich hochschaukelnden Spirale der Polemik“, die „irrationale Züge“ besaß,[121] trug er mit seinen heftigen Angriffen erheblich bei.[122]

Wie negativ sich der Zwist auswirkte, bewies bereits die Ersatzwahl zur Knappschaft 1896, bei der die unternehmerfreundlichen Kandidaten, die sogenannten „Zechenältesten“, als Sieger hervorgingen. Die *Bergarbeiter-Zeitung* beschuldigte den Gewerkverein und die ultramontane Presse, durch ihre Hetze gegen die bekannten Vertreter des Alten Verbandes wie Peter Meis die Niederlage verursacht zu haben. Dass sich Brust nach der verlorengegangenen Wahl gegen die „Mäßigen“ wandte, konnte Hue nicht besänftigen. Im Gegenteil. Er griff vielmehr zu überzogener Polemik, wenn er schrieb: „Die Schwenkung kommt zu spät! Sie läßt aber den Schluß zu, daß entweder August Brust im Dienste der Unternehmer so lange gehetzt hat, bis die Hetzerei von Erfolg begleitet war, oder aber, man muß entschieden einem Mann wie Brust die Fähigkeit absprechen, ein Führer der Arbeiter zu sein. Das Erstere wollen wir nicht annehmen, bleibt uns also nur übrig, den Brust als einen vollständig unfähigen einsichtslosen Menschen zu betrachten, der

114 Ebd., S. 928.

115 Schneider, Die Christlichen Gewerkschaften, S. 64 vertritt gleichfalls die Auffassung, dass der Gewerkverein „einem echten Massenbedürfnis“ der Bergarbeiter entsprach, „das nicht ‚von oben‘ induziert wurde“.

116 1895: 5.500; 1900: 28.985; 1905: 66.630; 1910: 82.855. Jäger/Tenfelde, Bildgeschichte, S. 292 Tab. 4.

117 Koch, Bergarbeiterbewegung, S. 62; Hiepel, Arbeiterkatholizismus, S. 104f.

118 Ihm gehörten u.a. der Tuchfabrikant Mathias Wiese, Vorsitzender der Essener Zentrumspartei, und der Kaufmann Karl Legewitt an.

119 Hiepel, Arbeiterkatholizismus, S. 99.

120 Bergarbeiter-Zeitung 5, 30.1.1897 „Zum Congreß der christlichen Bergleute Deutschlands“.

121 Schäfer, Imbusch, S. 48.

122 Ausführlicher zum Konflikt der Verbände: Wisotzky, Hue (Manuskript), S. 95–112.

Abb. 15: August Brust

durch sein unerhörtes Gebahren die Niederlage vom 6. Juni verschuldet hat!“[123] Den Vorschlag, „einen Austausch der Meinungen zu versuchen“ und dazu einen nationalen Kongress einzuberufen, wies Brust zurück.[124] Für ihn stand fest: „Die sozialdemokratischen Führer wollen nur Propaganda machen für ihre phantastischen Ideen; ... Nur agitiren, hetzen und stänkeren, das ist die einzige Thätigkeit der ‚Genossen‘, aber keine positive Arbeit.“[125]

Eine Chance, „die künstlich getrennten Brüder zusammen zu bringen,“[126] brachte der christliche Delegiertentag 1897, auf dem der Gewerkverein „eine bemerkenswerthe Schwenkung nach links“ vollzog und beachtenswerte Beschlüsse zur Frauenarbeit, zur Sonntagsruhe, zur Arbeitszeitverkürzung, zu Arbeiterausschüssen und zu knappschaftlichen Schiedsgerichten fasste.[127] Sogar eine Verstaatlichung des Bergbaus wurde erwogen. Hue bezeichnete den Kongress als „Markstein in der deutschen Bergmannsbewegung“ und schrieb voller Hoffnung:

„Die Verhandlungen des christlichen Kongresses haben bis auf's kleinste bewiesen, daß es keinen Unterschied giebt zwischen dem Gewerkverein und dem alten Verband, wenn es gilt, an die Lösung praktischer Bergmannsfragen heranzutreten! ... Wenn es heißt die Rechte der Bergleute zu verfechten, dann schwindet die Wolke der Zersplitterung, die klare Vernunft tritt die Herrschaft an und entsetzt werden sie fliehen, die da meinten, ein natürliches Band für immer zu zerschneiden. Der Bochumer christliche Delegirtentag ist der Anfang vom Ende der Uneinigkeit unserer Bergleute.“[128]

Als sichtbares Zeichen für die Kooperation schloss sich der Bergarbeiterverband der vom Gewerkverein beschlossenen Forderung nach einer 10prozentigen Lohnerhöhung an.[129] Sein in dieser Form nicht erwarteter Aufruf schlug wie eine „Bombe“ ein und löste heftige Reaktionen bei der Unternehmerpresse aus.[130] Die Eintracht war allerdings

[123] Bergarbeiter-Zeitung 25, 20.6.1896 „Wer trägt die Schuld an dem Ausfall der Ersatzwahl zum Knappschaftsvorstand?“.

[124] Möller an Brust, 13.6.1896 u. Brust an Möller, 15.7.1896, abgedr. in: Hue, Bergarbeiter 2, S. 491f. – Hiepel, Arbeiterkatholizismus, S. 160.

[125] Bergknappe 9, 24.8.1896.

[126] Hue, Neutrale oder parteiische Gewerkschaften, S. 6.

[127] Die verabschiedeten Resolutionen in: Hue, Bergarbeiter 2, S. 493f. – Zum Delegiertentag: Hiepel, Arbeiterkatholizismus, S. 126.

[128] Bergarbeiter-Zeitung 8, 20.2.1897 „Das Ergebniß des christlichen Congresses deutscher Bergmannsvereine I“ = Hue, Neutrale oder parteiische Gewerkschaften, S. 84. – Eine Woche später gab er die Marschrichtung aus: „Getrennt können wir marschieren, aber vereint müssen wir schlagen. So ist es taktisch richtig und wird dies den gemeinsamen Gegnern der Bergleute, den Unternehmern, viel Freude bereiten.“ Bergarbeiter-Zeitung 9, 28.2.1897 „Das Ergebniß des christlichen Congresses deutscher Bergmannsvereine II“.

[129] Aufruf des Vorstandes „Achtung Kameraden! Wie erhöhen wir den Bergmannslohn?“, in: Bergarbeiter-Zeitung 7, 13.2.1897. Zur Lohninitiative: Hiepel, Arbeiterkatholizismus, S. 133f.

[130] Hue, Die Bergmannsbewegung an der Ruhr, in: Correspondenzblatt 11, 15.3.1897, S. 62f.

nicht von langer Dauer. Die Hoffnungen auf ein gemeinsames Zusammengehen waren schnell verflogen. Bei einer gemeinsamen Bergarbeiterversammlung in Altendorf am 7. März 1897[131], auf der Brust und Hue miteinander diskutierten, erklärte der Gewerkvereinsvorsitzende, dass ein Zusammengehen mit dem Bergarbeiterverband wegen dessen „unchristlich-sozialdemokratischer Haltung“ unmöglich sei. Ferner warf er dem Konkurrenten vor, nur unbegründete Forderungen zu stellen, weshalb er auch noch nichts erreicht habe. Der Gewerkverein hingegen könne auf ein Entgegenkommen der Grubenbesitzer hoffen, weil seine Eingabe zur Lohnerhöhung wohl begründet sei. Was Brust zu diesem Zeitpunkt nicht wusste, war, dass der Bergbauverein auch den Antrag der christlichen Gewerkschaft abgelehnt hatte. So stand er als der Blamierte dar, als Hue die Absage des Unternehmerverbandes vorlas, was lautes Hohnlachen bei den Versammelten auslöste. Hue sprach sich für ein geschlossenes Vorgehen aus, dem sich letztlich Brust mit den Worten „Wenn man nicht in Frieden mit uns auskommen will, dann kommt der Kampf!“[132] anschloss.

Der Bergarbeiterverband reagierte auf die Zurückweisung der gewerkschaftlichen Forderungen mit einer solch „imposanten Arbeiterversammlung“, wie es sie im Ruhrgebiet seit dem großen Streik 1889 nicht mehr gegeben hatte.[133] Hue als Hauptredner zerpflückte die Antwort des Bergbauvereins und zweifelte, gestützt auf amtliche Quellen, dessen Angaben an. Angesichts der in den letzten Jahren erfolgten Steigerung der Kohlepreise und der gewaltigen Gewinne der Bergwerksgesellschaften könnten die Zechen durchaus die geforderte Lohnerhöhung finanziell verkraften. Mit der Drohung Hues „Wir wollen nichts unversucht lassen, um auf gütlichem Wege zum Ziele zu kommen; wenn man aber nicht will, scheuen wir auch den Kampf nicht.“ endete die Demonstration vermeintlicher gewerkschaftlicher Stärke. Der Gewerkverein war hingegen von seiner Forderung abgerückt, und Brust wollte von einem gemeinsamen Vorgehen nichts mehr wissen. Nichts sei „unsinniger und unaussichtlicher ..., als jetzt einen Kampf aufzunehmen“, erklärte er am 14. März auf einer Versammlung in Bottrop.[134] Stattdessen startete der *Bergknappe* eine erneute Fehde mit dem Bergarbeiterverband. Ihm wurde u.a. vorgeworfen, mit den Beiträgen und den eingenommenen Versammlungsgeldern nicht „häuslich“ gewirtschaftet zu haben. Man habe auf einen Ausstand gehofft, und dann wären Gelder der Streikunterstützung „in die Taschen gewisser Bergarbeiterführer verschwunden“. Brust rief daher alle christlichen Bergleute auf: „1. Stets auf der Hut zu sein und die Kameraden rechtzeitig warnen vor den lichtscheuen Plänen der ‚Genossen‘ und 2. unter keinen Umständen mit solchem rüden Janhagel in irgend einer Weise Fühlung zu nehmen.“[135]

131 Zur Versammlung: Bergarbeiter-Zeitung 11, 13.3.1897; LAD NRW Abt. Rheinl. Reg. Düsseldorf Präsidialbüro 835 II, Überwachungsbericht der Polizeiverwaltung Altendorf, 8.3.1897.

132 Bergarbeiter-Zeitung 11, 13.3.1897. Siehe auch Hue, Bergarbeiter 2, S. 496. – Nur eine Woche später relativierte Brust seine Aussage. Er habe damit nicht zum sofortigen Kampf aufgefordert. LAD NRW Abt. Westf. Oberpräsidium Münster 2847 Bd. 5, Überwachungsbericht des Polizeikommissars Bottrop über eine Versammlung des Gewerkvereins in Bottrop am 14. März 1897.

133 Polizeiliches Überwachungsprotokoll in: LAD NRW Abt. Westf. Reg. Arnsberg 14360. Rheinisch-Westfälische Arbeiterzeitung 75, 30.3.1897 „Das Aufgebot der Ruhrbergleute zu Bochum“; Bergarbeiter-Zeitung 15, 11.4.1897 „Ist der Bergmannslohn an der Ruhr gestiegen?“.

134 LAD NRW Abt. Westf. Oberpräsidium Münster 2847 Bd. 5, Überwachungsbericht des Polizeikommissars Bottrop über eine Versammlung des Gewerkvereins in Bottrop am 14. März 1897.

135 Bergknappe 5, 15.4.1897 „Die ‚Genossen‘ des ‚Alten Verbandes‘“. Zur dessen Reaktion: Bergarbeiter-Zeitung 17, 24.4.1897 „Der ‚Bergknappe‘“.

Die Spannungen vergrößerten sich, als ein Brief Möllers an Hue vom 14. März bekannt wurde. In dem sogenannten, später vielfach zitierten „Scheiterhaufenbrief"[136] gab Möller die Empfehlung: „Mein lieber Otto! Ich sehe in Deinen Ideengang klar hinein. Du hast eine bestimmte Richtung, in welcher Du gedenkst die Interessen der Bergleute taktisch so weit wie möglich zu fördern. Diese Tendenz ist z. Zt.: Freundschaftlichkeit zum christlichen Gewerkverein; aus seinem Vorgehen die consequenten Schlußfolgerungen handelnder Weise zu ziehen und ‚sich' so als der ‚wahre Jacob' zu empfehlen. So weit ganz gut. – Aber nimm doch nicht den Brust mit in's Schlepptau! Wenn Du dessen Ungeschicklichkeit, Doppelspiel und Marionettencharakter nicht mit grellem Schlaglicht in geeigneten Momenten beleuchtest, resp. ev. in bengalische Beleuchtung rückst, alsdann kann es vorkommen, daß uns der Mann bei irgendwelcher Gelegenheit einen pfäffischen Possen spielt – Die Bergarbeiter wackeln noch zu leicht hin und her – Also murkse ihn, so nebenbei, mit ganz unschuldiger Miene und unter lebhaftestem Bedauern ganz gründlich ab. Keine Schonung! Handhaben dazu bietet Brust's Vorgehen mehr als nöthig sind. … Ich meine, Du solltest die Führer des Chr. G.V. vor den Bauch treten und die Mitglieder streicheln – Das Eine thun, das Andere nicht lassen."[137]

Für die Gegner der Einheit war das Wasser auf ihre Mühlen. „Unehrlich, erbärmlich und niederträchtig ist die Gesinnung, die hier zu Tage tritt", lautete der Kommentar der *Essener Volks-Zeitung*.[138]

Der Bergarbeiterverband war bemüht, die Bedeutung des Briefes herunterzuspielen.[139] Er erkläre sich aus den Zeitumständen, aus der Verärgerung darüber, dass der Gewerkverein im März aus der gemeinsamen Front ausgeschert war.[140] Trotz aller beschwörenden Worten war das Zerwürfnis vorerst nicht zu kitten.

Im Gegensatz zu August Brust, der auf der Einstellung „Niemals wird der Gewerkverein mit den Sozialdemokraten paktiren."[141] beharrte, befürwortete eine Minderheit der Mitglieder die Kooperation mit dem Bergarbeiterverband. Zu ihnen gehörte der 2. Vorsitzende Johann Wahl, der auf einer Bergarbeiterversammlung den Teilnehmern „zur Bereicherung ihres Wissens" die Vorträge Hues und die Lektüre der *Bergarbeiter-Zeitung*

136 Den Brief hatte der frühere Angestellte des Bergarbeiterverbandes, Friedrich Thiemann, den der Verband wegen Verrats von Gewerkschaftsinterna entlassen hatte, zusammen mit weiterer Korrespondenz entwendet und dem Gewerkvereinsvorsitzenden zugespielt. Bergarbeiter-Zeitung 16, 16.4.1898 „Jahresbericht".

137 Auszüge sind zunächst im *Bergknappe* erschienen. Der gesamte Brief wurde dann von den Anarchisten in ihrer Zeitschrift *Sozialist* publiziert. Gustav Landauer wollte damit die unfähigen Führer des Verbandes treffen, da diese als „Schwindelführer" einen Streik verhindert hätten. Hue reagierte auf die Publikation in gewohnter Weise, indem er Landauer als „Desorganisator der deutschen Anarchisten", „als Gustav Gernegroß" abqualifizierte und sich über die Zeitschrift abfällig äußerte: „Die Weisheiten des Übermenschen Gustäving machten den *Sozialist* für die einfachen Arbeiter ungenießbar." Otto Hue, Wo sind die Entlarvten?, in: Bergarbeiter-Zeitung 45, 6.11.1897. Landauer antwortete mit dem Artikel „In Sachen Möller-Hue". Abgedr. in: Signatur: g.1., S. 254–258. Leder, Politik, S. 278. (Für den Hinweis auf den Landauerschen Aufsatz und die Biografie danke ich Peter Dembski.) – Der *Bergknappe* übernahm die Veröffentlichung des Briefes in seiner Nr. 11, 1.11.1897. Ebenso druckte ihn gezwungenermaßen auch die *Bergarbeiter-Zeitung* ab mit ausführlichen Erläuterungen von Hue. Otto Hue, Wo sind die Entlarvten?. – Das Schreiben wurde im Oktober und November 1897 in zahlreichen Zeitungen zitiert. Z.B. Dortmunder Zeitung 298, 27.10.1897; Essener Volks-Zeitung 248, 28.10.1897.

138 Essener Volks-Zeitung 247, 27.10.1897 „Hue und Möller über die christlichen Bergarbeiter".

139 Bergarbeiter-Zeitung 36, 4.9.1897.

140 Otto Hue, Wo sind die Entlarvten?.

141 Bergknappe 21, 15.12.1897 „Die Agitatoren des Alten Verbandes".

empfahl. Er schloss seine Ausführungen mit der Aufforderung: „Organisirt euch alle! Und wer nicht dem Gewerkverein sich anschließen will, der gehe zum alten Verband.“[142] Die Strafe folgte umgehend. Auf der nächsten Generalversammlung des Gewerkvereins am 16. Januar 1898 wurde Wahl ausgeschlossen, und der Ehrenrat, Lizentiat Weber, bekräftigte ein weiteres Mal die Feindschaft zum Alten Verband, da er unter der Leitung der sozialdemokratischen Partei stünde, „und diese Partei ist unsere Todfeindin“.[143]

Da Brust beteuerte „Wir werden nie und nimmer mit dem alten Verbande zusammengehen.“[144], verabschiedete sich der Bergarbeiterverband von seiner „Umarmungsstrategie“[145]. Hatte er bis dato die Bergleute dazu aufgerufen, sich zu organisieren und wenn nicht im Verband dann im Gewerkverein, so rückte er von dieser Einstellung mit der Begründung ab, „daß die Leitung des Gewerkvereins nicht dem Arbeiter helfen, sondern den Kampf gegen die selbständig organisirten Bergleute mit aller rücksichtslosen Wuth führen will“. Der Konkurrent wurde nun als Gegner angesehen, weil der Ehrenrat aus der christlichen Organisation einen „Kampfverein“ gegen den Alten Verband gemacht habe und alle, die anderer Ansicht sind wie Wahl, ausschließe. Daher könne der Beitritt zum Gewerkverein nicht mehr empfohlen werden.[146]

Die Spannungen vergrößerten sich, als sich der Gewerkverein im Oktober gegen die Forderung des Bergarbeiterverband nach einer 10prozentigen Lohnerhöhung und nach Einrichtung von Arbeiterausschüssen aussprach, mit der Begründung, der Verband strebe nicht eine Verbesserung der Lage der Bergleute an, sondern wolle lediglich der Sozialdemokratie Mitglieder zuführen. Die Enttäuschung und Wut über diese Entscheidung war beim Vorstand des Verbandes grenzenlos: „Ein zersprengter Knappenstand ist ohnmächtig. Die Bergleute können es wiedermal der Gewerkvereinsleitung danken, wenn sie mit Hohn von dem Kapital abgeschickt werden. ... Gibt es Vernunft im Bergmannsgehirn, dann fegt der Knappe seine schlimmsten Feinde, die Macher im Gewerkverein, mit fliegender Eile zum Tempel hinaus“, hieß es in einem Artikel der *Bergarbeiter-Zeitung* am 22. Oktober 1898.[147] Hue diffamierte nun den Gewerkverein als „eine kirchlich-politische Unternehmertruppe“[148] und beschimpfte Brust („ein moralisch verlumpter Mensch“[149]).

Die gegenseitigen Beschuldigungen und Verleumdungen führten letztendlich dazu, dass Brust Hue wegen Beleidigung verklagte, worauf dieser mit Gegenklagen reagierte.[150] Als der Vorsitzende des Essener Schöffengerichts bei der Verhandlung am 26. Juni 1899 einen

142 Bergarbeiter-Zeitung 3, 15.1.1898. – Zur Versammlung siehe auch den polizeilichen Überwachungsbericht in: LAD NRW Abt. Westf. Reg. Arnsberg 14361; Hue, Bergarbeiter 2, S. 497 (mit falscher Datumsangabe).

143 Zit. nach Hue, Bergarbeiter 2, S. 497. – Hue kommentierte den Auftritt Webers mit den Worten: „Weber ist Choleriker, gewiß ein Mann dessen Absichten gut sein können, aber ein sehr verworrener Kopf.“ OH, Die Generalversammlung des Gewerkvereins, in: Bergarbeiter-Zeitung 4, 22.1.1898.

144 Zit. nach Hue, Neutrale oder parteiische Gewerkschaften, S. 86.

145 Hiepel, Arbeiterkatholizismus, S. 161.

146 Bergarbeiter-Zeitung 11, 12.3.1898 „Unsere Haltung zum christlichen Gewerkverein“.

147 Bergarbeiter-Zeitung 43, 22.10.1898 „Sind 10% Lohnerhöhung durchführbar?“.

148 Polizeilicher Überwachungsbericht über die Delegiertenversammlung in Bochum am 1.1.1899. LAD NRW Abt. Westf. Reg. Arnsberg 14362.

149 Bergarbeiter-Zeitung 45, 5.11.1898 „Das ‚christliche‘ Arbeiterblatt ‚Bergknappe‘ über die Lohnbewegung“. – Vergessen war seine Beteuerung, „daß wir auch unsern ärgsten Gegner nicht in seiner persönlichen Ehre besudeln“ wollen. Otto Hue, Wo sind die Entlarvten?, in: Bergarbeiter-Zeitung 45, 6.11.1897.

150 Bergarbeiter-Zeitung 50 u. 52, 10. u. 24.12.1898.

Vergleich vorschlug, lehnte Hue diesen zunächst ab.[151] Er gab zu, Brust schwer beleidigt zu haben, für ihn war aber wichtig, die gegnerischen Anschuldigungen aus der Welt zu schaffen. „Brust hat mich beschuldigt, ich gaunerte nach den Groschen der Arbeiter, lungerte hinter den Agitationsgroschen her, lebte gut von den Blutsgroschen der Arbeiter, ging in meiner Thätigkeit als Redakteur des ‚alten Verbandes' mit Lügen und Verleumdungen um, wollte nur sozialdemokratische Propaganda betreiben, meinte es also nicht ehrlich mit den Arbeitern."[152] Als der Gerichtsvorsitzende Brust aufforderte, diese Anschuldigungen zu beweisen, erklärte sein Verteidiger Dr. Bell: „Mein Klient kann den Wahrheitsbeweis nicht führen." Nach diesem Einverständnis war Hue zu einem Vergleich bereit, der vorsah, dass beide Kontrahenten ihre Klagen zurücknahmen. Sie gaben zudem das Versprechen ab, „für die Zukunft jede persönliche Polemik zu unterlassen".[153] Mit der Einigung, den Fehdehandschuh zu begraben und in der Zukunft bei Berufsfragen gemeinsam zu handeln, wurde der Prozess zum „Ausgangspunkt einer vorher niegekannten Verständigung der seit Jahrzehnten konfessionell und politisch verhetzten Ruhrbergarbeiter".[154]

Die ersten Früchte der Verständigung konnten 1899 bei der Ersatzwahl zum Knappschaftsvorstand eingefahren werden. Auf einer Vorversammlung der beiden Verbände am 16. Juli, an denen Brust und Hue teilnahmen, einigte man sich auf die Aufstellung gemeinsamer Kandidaten. Hue feierte den geschlossenen Frieden und zeigte sich ausgesprochen glücklich, dass es endlich gelungen sei, den die Verbände trennenden Keil zu beseitigen.[155] Für die *Bergarbeiter-Zeitung* war dies nicht allein „ein Sieg der Vernunft". Sondern voller Euphorie bekundete sie, dass der 16. Juli „alle Aussicht" habe, „einer der glücklichsten Gedenktage in der deutschen Berg- und Hüttenarbeiterbewegung zu werden".[156] Am Schluss des Treffens wurde auf Vorschlag von Hue eine Kommission von zehn Personen eingesetzt, deren Aufgabe es war, ein gemeinsames für alle oppositionellen Ältesten verpflichtendes Knappschaftsprogramm zu erarbeiten, um so zukünftige Reibereien zu vermeiden.[157]

Die neu geschmiedete Koalition trug nicht nur einen Sieg bei der Ersatzwahl zum Knappschaftsvorstand davon, sondern die eingesetzte Kommission formulierte nach wenigen Beratungen auch ein Knappschafts-Aktionsprogramm[158] – für Hue abermals der Beweis, dass die „feindlichen Brüder" vortrefflich „harmoniren, sobald die praktischen Berufsfragen auf's Tapet kommen".[159]

151 Zur Gerichtsverhandlung: Essener Volks-Zeitung 144, 27.6.1899; Rheinisch-Westfälische Arbeiterzeitung 148, 28.6.1899; Volksblatt 227, 29.6.1899. In der *Bergarbeiter-Zeitung* erschien nur eine kurze Notiz. Bergarbeiter-Zeitung 25, 1.7.1899. Erst als die Friedensphase erneut endete, veröffentlichte die *Bergarbeiter-Zeitung* das umfängliche Protokoll. Bergarbeiter-Zeitung 21, 25.5.1901 „Prozeß Brust gegen Hue".

152 Bergarbeiter-Zeitung 21, 25.5.1901 „Prozeß Brust gegen Hue".

153 Rheinisch-Westfälische Arbeiterzeitung 148, 28.6.1899; Bergknappe 20, 1.7.1899.

154 Hue, Neutrale oder parteiische Gewerkschaften, S. 88. – Positiv fiel der Kommentar im *Bergknappe* aus: „Hoffentlich wird mit Erledigung dieser Klagen die unerquickliche Fehde der beiden Verbände ein Ende nehmen. Sie bleiben getrennt und können die gegenseitigen Bestrebungen und Meinungsverschiedenheiten in sachlicher Weise erörtert werden, ohne jede hämischen oder sonst verletzenden Ausfälle." Bergknappe 20, 1.7.1899.

155 LAD NRW Abt. Westf. Oberpräsidium Münster 2847 Bd. 7, Bezirkspolizeikommissar Bochum an Regierungspräsident Arnsberg, 16.7.1899.

156 Bergarbeiter-Zeitung 28, 22.7.1899 „Einigung der beiden Bergarbeiterverbände in Knappschaftsfragen".

157 Ebd.

158 Die Hauptforderungen sind abgedruckt in Hue, Bergarbeiter 2, S. 503f.

159 Hue, Neutrale oder parteiische Gewerkschaften, S. 100.

Der Bochumer Bezirkspolizeikommissar betrachtete die Entwicklung im Gewerkverein voller Besorgnis. Durch die „Schwenkung nach links“ könne er „nicht lange mehr als erfolgversprechender Sturmbock gegen den alten Verband gelten“.[160]

Welche Harmonie für kurze Zeit herrschte, unterstrich die Berichterstattung der *Bergarbeiter-Zeitung* über die Generalversammlung des Gewerkvereins, auf der die Mitglieder des Alten Verbands nicht mehr als „Todfeinde“, sondern als „Kameraden“ behandelt worden wären. „Allgemein war bei den Delegirten ein kameradschaftlicher Geist zu spüren,“ sodass der Berichterstatter, sprich Hue, sich „wie zu Hause“ fühlte. „Die Stunden, welche wir im Kreise der Kameraden vom Gewerkverein erlebten, haben uns entschädigt für alles was uns Übles geschehen. Und es wird Frühling!“[161]

Hue war sich sicher, dass je mehr die beiden Verbände zusammen für die Arbeiterrechte kämpften, „um so mehr werden die Vorurtheile schwinden,“ ließe sich sein Fernziel verwirklichen: „eine streng nach gewerkschaftlichen Grundsätzen geleitete, einheitliche Organisation, die sich nicht um religiöse oder parteipolitische Verschiedenheiten kümmert.“[162]

Der Verlust der Selbstständigkeit war aber gerade das, was die Gewerkvereinler fürchteten. Daher war es kontraproduktiv, in einer Phase der Annäherung die Einheitsorganisation als Ziel vorzugeben. Sehr schnell sollte sich die Prognose, dass das Zusammengehen „vorbildlich“ werden würde „in der deutschen Arbeiterbewegung“,[163] als falsch erweisen, denn im Februar 1900 zogen wieder dunkle Wolken auf.

Um den Teilen des Episkopats, die statt der interkonfessionellen Gewerkschaften die rein katholischen Fachvereine favorisierten, seine „Zuverlässigkeit“ unter Beweis zu stellen und um seine Unabhängigkeit von der freien Gewerkschaftsbewegung zu demonstrieren, nahm der Gewerkverein einen Arbeitskampf im Aachener Revier zum Anlass, einen „Absageartikel“[164] an den Alten Verband zu schreiben.[165]

Im ewigen Hin und Her zwischen den Verbänden war die politische Debatte über neue Agrarzölle der Auslöser für weitere Streitigkeiten. Während Linksliberale und Sozialdemokraten die Erhöhung der Tarife ablehnten, da sich dadurch die Lebensmittel automatisch verteuerten, befürwortete das Zentrum eine Anhebung der Zollsätze. Brust unterstützte diese Haltung, indem er „eine angemessene Erhöhung der Getreidezölle als ein kleines Mittel“ für angebracht hielt, „der schwer darniederliegenden Landwirtschaft in den rein ländlichen Gegenden in etwa aufzuhelfen“.[166]

Der Bergarbeiterverband nutzte die Gelegenheit, um den Gewerkverein zu bezichtigen, er nehme nicht die Arbeiterinteressen wahr. Auf seinen Versammlungen wurden Resolutionen verabschiedet, in denen die Zollbefürworter als „Volksverräter“ diffamiert wurden.[167] Hue ritt einen weiteren persönlichen Angriff auf den Gewerkvereinsvorsitzenden. „Sein thatsächliches Wissen ist sehr beschränkt. Er hat noch kein ernsthaftes, grundlegen-

160 LAD NRW Abt. Westf. Oberpräsidium Münster 2847 Bd. 7, Bezirkspolizeikommissar an Regierungspräsident Arnsberg, 16.7.1899.

161 Bergarbeiter-Zeitung 5, 3.2.1900 „Die Entwicklung des christlichen Gewerkvereins der Bergleute“.

162 Ebd.

163 Bergarbeiter-Zeitung 46, 18.11.1899 „Das Wahlresultat vom 17. November“.

164 Hue, Neutrale oder parteiische Gewerkschaften, S. 102.

165 Bergknappe 7, 17.2.1900 „Zur Bergarbeiter-Bewegung“.

166 Bergknappe 9, 2.3.1901. Zit. nach Hiepel, Arbeiterkatholizismus, S. 200.

167 Hiepel, Arbeiterkatholizismus, S. 229.

des, volkswirthschaftliches Werk durchstudirt; seine ‚Nationalökonomie' gründet sich auf die Einrichtungen im klerikalen ‚sozialen Kursus'. Man lese nur die ‚volkswirthschaftlichen Abhandlungen' im ‚Bergknappen', deren Stil die Brust'sche Herkunft verräth." Hue sprach ihm die Fähigkeit „zu einer Gewerkschaftsführung im großen Stile" ab. „In einer gutgeleiteten freien Gewerkschaft wäre Brust in Anbetracht seiner geistigen Befähigung im besten Falle zum Leiter eines größeren Ortsvereins tauglich."[168] Was Hue zu dieser Polemik getrieben hat, ist kaum zu ergründen. Vielleicht war sie verursacht durch die scharfe parteiinterne Kritik an seiner „Neutralitätsduselei". Wollte er davon ablenken, indem er Brust in diesem überzogenen Stil angriff? Drei Wochen später legte die *Bergarbeiter-Zeitung* noch einmal nach, indem sie das ausführliche, bis dahin geheim gehaltene Protokoll der Gerichtsverhandlung vom Juni 1899 veröffentlichte als vermeintlicher Beweis der schlechten Eigenschaften des Gewerkvereinsvorsitzenden. Zugeschrieben wurden ihm „schlimmster Alkoholgenuß", unanständiges Benehmen in Versammlungen, „unsittliche Redensarten" und Verleumdungen der Gegner wider besseres Wissen.[169]

Eine neue Runde beidseitiger Verleumdungskampagnen begann. Die Verbände bezichtigten die Gegenseite der Lüge, der „elenden Kampfesweise", der „stupiden Hetze", der „Verunglimpfung", der „ehrlosen Verleumdungen", der „Verrohung", der „Berserkerwut".[170] Um vom Alkoholkonsum seines Vorsitzenden abzulenken, unterstellte der *Bergknappe* Hue, dass auch er „das herrliche Naß zur Stärkung der Gesundheit" bedürfe, und machte bei ihm eine „zerrüttete" und „krankhafte Gehirnsubstanz" aus. Sein Urteil über „die Huesche Schmiere", sprich über die *Bergarbeiter-Zeitung*, fiel entsprechend aus: „Ihr Verfasser habe jedes Gefühl für Anstand verloren, wie man es nur bei dem ehrlosesten Gelichter in der Menschheit beobachten kann."[171]

Nachdem Hue in den Reichstag gewählt worden war, war der *Bergknappe* erst recht bemüht, das Ansehen Hues in der Bergarbeiterschaft herabzusetzen. So war am 29. August 1903 zu lesen: „Seitdem Genosse Hue durch Flunkereien als Reichstagsabgeordneter gewählt ist, scheint er an hochgradiger Geistesüberspannung zu leiden und in diesem Zustande sich seiner kindischen Redereien selbst nicht mehr recht bewußt zu sein. Der arme Mann kann daher nicht mehr ernst genommen werden."[172] Und am 9. Januar 1904 hieß es: „Fast scheint es, als ob es im Oberstübchen des Genossen Hue auch rapide bergab geht."[173]

Die Rivalitätskämpfe erreichten einen weiteren traurigen Höhepunkt während der Kampagne zur Wahl der Knappschaftsältesten am 10. September 1904. Bei den voran-

168 Bergarbeiter-Zeitung 18, 4.5.1901 „Der Irrgang des christlichen Gewerkvereins der Bergleute". – Angesichts dieser und der zahlreichen vorausgegangenen Angriffe auf Brust ist es nicht nachzuvollziehen, dass Fritsch behauptet, Hue hätte die Aufforderung Möllers, den Gewerkvereinsvorsitzenden und dessen Politik anzugreifen, nicht befolgt. Fritsch, Eindringen, S. 31.

169 Bergarbeiter-Zeitung 21, 25.5.1901 „Prozeß Brust gegen Hue". – Zum Alkoholkonsum von Brust: Hiepel, Arbeiterkatholizismus, S. 148f. – Als Brust bei einer Versammlung in Altendorf völlig betrunken aufgetreten war, erwog er sogar seinen Rücktritt. Hiepel, Arbeiterkatholizismus, S. 149.

170 Als Beispiel für den Gewerkverein: Bergknappe 38, 21.9.1901 „Achtung Bergarbeiter!".

171 Bergknappe 9, 1.3.1902 „Hue und Leimpeters". – Zum Alkoholgenuss von Hue: Osterroth, Hue, S. 89f. Hue bekannte selbst, dass er „sowohl ein gutes Glas Bier wie ein gutes Glas Wein dem ‚Pumpenheimer' vorziehe, besonders wenn eine fröhliche Gesellschaft beisammen ist". Arbeiterzeitung (Essen) 252, 26.10.1912 „Der Reichslügenverband geht um!".

172 Bergknappe 35, 29.8.1903.

173 Bergknappe 2, 9.1.1904 „Kopfschmerzen der Sozialdemokraten über die christlichen Gewerkschaften".

gegangenen Ersatzwahlen hatte der Gewerkverein mit den „Mäßigen“ eine gemeinsame Kandidatenliste aufgestellt, die am 11. Juni 1904 über die Verbandsliste siegte.[174] Weil die christliche Organisation damit „offiziell ihren Abmarsch in das Lager der Zechenältestenpartei vollzogen“ habe,[175] diffamierte der Bergarbeiterverband fortan die Konkurrenz als „Zechengewerkverein“.

Die Reaktion blieb nicht aus. Das Flugblatt „Achtung Ruhrbergmann! Hüte dich vor sozialdemokratischem Volksbetrug“[176], für das Heinrich Rürup verantwortlich zeichnete, das aber wohl aus der Feder von August Brust stammte,[177] charakterisierte die *Bergarbeiter-Zeitung* als ein „sozialdemokratisches Lügenblatt“, ein „rotes Schmutzblatt“, ein „sozialdemokratisches Schwindelblatt“, ein „Schmierblatt“, ein „Blatt für Volksbetrügereien“, das „in nichtsnutziger Weise die Öffentlichkeit“ belüge und von der Sucht beherrscht werde, „andere Menschen zu verleumden und ihnen die Ehre abzuschneiden“. Dessen Redakteur [Hue] war für den Verfasser ein „Musje“ [Herr], der die neueste Ausgabe „aus der sozialdemokratischen Kloake gefüllt“ habe, der lüge und verleumdete, sich aber hinter dem Rücken eines Sitzredakteurs verstecke, „weil man selbst zu viel Feigheit vor der öffentlichen Verantwortung der bewußten Schwindeleien hat“. Die Verbandsbeamten wurden als „charakterlose und verkommene Subjekte, Gesindel u. Individuen“ beschimpft, „welche den Stempel des Arbeiter-Verrats auf der schmutzigen Stirne tragen“. Da einige von ihnen wie Hue nicht als Bergmann gearbeitet hatten, wurde die Verbandsführung als „Mischmasch-Leitung“ abgewertet, deren „geistige Beschränktheit“ „wahrhaft beschämend ist. Ruppsäcke und Schreihälse hat man da in Hülle und Fülle, aber keine nur halbwegs fähigen vernünftigen Leiter.“ „Nieder mit den ehrlosen Heuchlern! Nieder mit verräterischem Gesindel!“ lautete der allgemeine Tenor des Pamphlets. Auf die überzogene Polemik, die viele Gewerkvereinsmitglieder nicht guthießen, reagierte Hue mit Gelassenheit: „Was das neueste Flugblatt anbelangt, so kann ich nur sagen, daß es uns nicht schaden, sondern nützen wird. Jeder anständige Mensch wendet sich mit Abscheu von einer solchen Kloake weg.“[178] Er sollte Recht behalten. Die Aufforderung des Gewerkvereins „Gebt den Sozialdemokraten die gebührende Antwort auf all ihre Flegeleien und ihr arbeiterverräterisches Treiben.“ fand bei der Mehrheit der Bergarbeiter kein Gehör. Der Bergarbeiterverband siegte deutlich am 10. September.[179]

Konsequenzen hatte die Niederlage für den Gewerkvereinsvorsitzenden August Brust. Ihm sprach der Vorstand die Hauptschuld für das Debakel bei der Wahl zu, da die überzogene Hetze und speziell das Schmähflugblatt viele Bergarbeiter abgestoßen hätten. Verärgert über die Kritik, kam er seiner Abwahl zuvor und legte den Vorsitz nieder,[180]

174 Hue, Bergarbeiter 2, S. 569f.

175 Ebd., S. 570.

176 Ein Exemplar in: LAD NRW Abt. Westf. Reg. Münster VII 17.2. – Als Beilage in: Bergknappe 35, 27.8.1904. – Im selben Tonfall auch die Aufmachung in: Bergknappe 36, 3.9.1904.

177 Hue, Bergarbeiter 2, S. 570.

178 Rede auf einer Dortmunder Bergarbeiterversammlung. Allgemeiner Beobachter 207, 9.9.1904 „Die Knappschaftsältestenwahlen und das Treiben des christlichen Gewerkvereins“. – Auf einer Bergarbeiterversammlung in Essen am 4. September 1904 erklärte er voller Ironie: „Ich hoffe, Brust läßt seine nächsten Flugblätter in einer größeren Auflage herstellen, es könnte uns gar nichts besseres passieren.“ Allgemeiner Beobachter 205, 7.9.1904.

179 Der Bergarbeiterverband erhielt 177, der Gewerkverein 111 Sitze im Ältestenkollegium. Hue, Bergarbeiter 2, S. 664. Etwas abweichende Zahlen bei Hiepel, Arbeiterkatholizismus, S. 239.

180 Hiepel, Arbeiterkatholizismus, S. 240ff.

den ein alter Mitstreiter, Hermann Köster, übernahm, „ein geistig herzlich unbedeutender Mann, aber – ein unbedingt zuverlässiger Zentrumskatholik" – so die abwertende Charakterisierung Hues.[181]

Nicht so sehr der Wechsel an der Spitze des Gewerkvereins, sondern das eigenwillige Handeln der Bergarbeiter des Ruhrgebiets, das 1905 den großen Streik auslöste,[182] führte zu einer Neubewertung der christlichen Konkurrenzorganisation durch Hue. Da sie sich am Ausstand beteiligte, war nicht mehr vom „Nichtkampfverein" die Rede, sondern nun wurde der Gewerkverein als „Klassenkampforganisation" anerkannt und als „Kampfgenosse" begrüßt.[183] Seine Hochstimmung über das gemeinsame Vorgehen vergrößerte sich durch den Verlauf und die Beschlüsse des ersten Bergarbeiter-Delegiertentag für Preußen, der vom 28. bis zum 30. März 1905 im Berliner Gewerkschaftshaus tagte und den alle Verbände beschickten. Hue, der das Eröffnungsreferat über die „Berggesetzgebung im allgemeinen" hielt,[184] bezeichnete die Tagung als eine „außerordentliche", weil „Arbeiter der allerverschiedensten Richtungen[185] das als richtig anerkannten und guthießen, was der Bergarbeiterverband seit seiner Gründung formuliert hatte.[186] Damit die „beispiellos verlaufene Versammlung nicht ohne Nachwirkung" bliebe, appellierte er voller Pathos an die Delegierten: „Wir wollen sein ein einig Volk von Brüdern, nicht nur für diesen Kongreß, sondern für alle Zeit."[187]

Welche Auswirkungen die Ereignisse auf die Bergarbeiterbewegung zeitigten, darüber war Hue in seiner Beurteilung schwankend. Er hatte in früherer Zeit bei vielen Gelegenheiten prophezeit, dass die christliche Gewerkvereinsbewegung scheitern müsse.[188] „Entweder die Gewerkvereine werden immer mehr wirkliche Arbeiterorganisationen, dann schreiten sie mit den freien Verbänden fort und bilden, wie ich annehme, mit ihnen zusammen später eine Organisation, oder der Klerus bringt es fertig, die kirchenpolitischen Aufgaben in seinen Schöpfungen an die erste Stelle zu rücken, dann ist der Ruin der christliche Gewerkvereine besiegelt."[189] Diese Ansicht gab er nicht gänzlich auf, sondern sprach weiterhin von der „natürlichen Entwicklung, die zur gewerkschaftlichen Organisationseinheit führen muss".[190] Zugleich feierte er die Berliner Tagung und die einmütige Verabschiedung der aufgestellten Forderungen. Für ihn war damit „die ideale Organisationseinheit" erreicht,[191] und er sah optimistisch in die Zukunft: „Wir

181 Hue, Bergarbeiter 2, S. 575. „Ein herzensguter Mensch", doch „nur mittelmäßig begabt", so fiel die Beurteilung Kösters durch Imbusch aus. Zit. nach Schäfer, Imbusch, S. 32. – Zur Biografie Kösters: 25 Jahre christliche Gewerkschaftsbewegung, S. 237ff.

182 Zum Streik: Kap. 7.1.

183 Otto Hue, Zur Geschichte der christlichen Gewerkvereine, in: Sozialistische Monatshefte (1905) 5, S. 386–396, S. 391; Otto Hue, Der Gewerkverein christlicher Bergarbeiter und die Sozialdemokratie, in: Die Neue Gesellschaft 20, 16.8.1905, S. 234–237, S. 236.

184 Protokoll des Ersten Bergarbeiter-Delegiertentages, S. 7–13.

185 Ebd., S. 7.

186 Otto Hue, Zur Geschichte der christlichen Gewerkvereine, S. 392; Otto Hue, Der Gewerkverein christlicher Bergarbeiter und die Sozialdemokratie, S. 235.

187 Protokoll des Ersten Bergarbeiter-Delegiertentages, S. 124.

188 Otto Hue, Ein Blick auf die christliche Gewerkschaftsbewegung, in: Neue Zeit 20 (1901/02) 37, S. 341–345; Otto Hue, Klericalismus und Gewerkschaftsbewegung, in: Sozialistische Monatshefte (1902) 12, S. 925–937.

189 Otto Hue, Ein Blick auf die christliche Gewerkschaftsbewegung, S. 345.

190 Otto Hue, Zur Geschichte der christlichen Gewerkvereine, S. 391.

191 Ebd., S. 392.

stehen heute vor der Vereinheitlichung der deutschen Gewerkschaftsbewegung", wobei er nun nicht mehr an das „Verschlucken des einen Vereins durch den anderen" dachte, sondern zunächst an die partielle und periodische Kooperation, der später „feste Kartellverträge folgen" müssten".[192] Hue übersah, dass der Gewerkverein seine Euphorie über das gemeinsame Vorgehen keineswegs teilte. Dieser hatte zwar am Delegiertentag teilgenommen, um der Öffentlichkeit zu zeigen, „daß die preußischen Bergarbeiter geschlossen erhöhten Bergarbeiterschutz fordern", zugleich aber in Frage gestellt, ob sich solche Kongresse wiederholen sollten, da doch die Haltung der einzelnen Organisationen „zur gegenwärtigen Staatsform, zur Regierung und den einzelnen Parteien eine solch grundsätzlich verschiedene ist". „Sehr begeistert stehen wir ähnlichen Veranstaltungen nicht gegenüber." Ebenso erklärte er kategorisch: „Diejenigen, die von Verschmelzung der verschiedenen Verbände träumen, oder durch den Bergarbeitertag eine Annährung des christlichen Gewerkvereins an den alten Verband erhofften, haben daneben spekuliert."[193]

Trotz dieser deutlichen Aussage blieb Hue voller Hoffnung, und sein Optimismus wurde genährt durch die Beschlüsse der 10. Generalversammlung des Gewerkvereins, die am 25. und 26. Juni 1905 in Oberhausen stattfand.[194] Die Abschaffung des Ehrenrates und der Ehrenmitglieder, die gewaltige Beitragserhöhung, um einen Kampffonds anzulegen, sowie die Streichung des § 4 im Statut, nach dem sich jedes Mitglied als Gegner der sozialdemokratischen Bewegung zu bekennen hatte, sah er als „eine totale Umwälzung in der christlichen Gewerkvereinsfassung" an.[195] Hue sollte sich, wie die weitere Entwicklung zeigte, gewaltig irren.

5.5 Die Unorganisierten

In den Augen Hues waren „nicht die christlichen Gewerkvereinler, nicht die Hirsch-Dunckerschen, nicht die polnisch Organisierten ... unsere Feinde", sondern die Unorganisierten. Sie wären diejenigen, „welche der modernen Arbeiterbewegung am meisten schaden".[196] Obwohl der Verband intensiv um neue Mitglieder warb, zeigte der größte Teil der Bergleute wenig Interesse, sich gewerkschaftlich zu organisieren. Nur 13,1 Prozent der im Bergbau Beschäftigten waren 1912 Mitglied im Alten Verband.[197] Otto Hue, geprägt von der Überzeugung, dass die sozioökonomische Lage zu einem ge-

[192] Ebd., S. 396. – Noch 1906 erwartete er voller Optimismus „die endgültige gewerkschaftliche Einigung der Bergarbeiter". Otto Hue, Ein neues Arbeiterrecht für den Bergbau, in: Sozialistische Monatshefte (1905) 12, S. 999–1004, S. 1004; Otto Hue, Sozialpolitisches aus dem Bergbau, in: Correspondenzblatt 38, 22.9.1906, S. 641–644 u. 39, 29.9.1906, S. 657–660, S. 660.

[193] Bergknappe 14, 8.4.1905 „Der Preußische Bergarbeitertag".

[194] Schäfer, Imbusch, S. 30.

[195] Otto Hue, Der Gewerkverein christlicher Bergarbeiter und die Sozialdemokratie, in: Die Neue Gesellschaft 20, 16.8.1905, S. 236.

[196] Rede auf einer Bergarbeiterversammlung in Schönebeck am 15.8.1908. Arbeiterzeitung (Essen) 190, 17.8.1908.

[197] Schönhoven, Expansion und Konzentration, S. 144, Tab. 11. Selbst bei den mitgliederstärksten Gewerkschaften der Metallarbeiter, Maurer und Holzarbeiter war der Organisationsgrad mit 30,6 – 42,7 – 25,6 % bedeutend höher. Nur die Industriegruppen Gastronomie, Gärtner sowie Steine und Erden wiesen einen niedrigen Organisationsgrad auf.

werkschaftlichen Engagement führen müsse, suchte nach Gründen für das enttäuschende Ergebnis. Er machte dafür nicht allein die Existenz der Konkurrenzorganisationen verantwortlich, sondern führte es vor allem auf die „Eigenart der Bergarbeit" zurück. Sie „ist der geistigen Entwickelung des Bergarbeiters ungemein hinderlich, weil sie ihn gleichzeitig das Mark aus den Knochen saugt, den Körper zerrüttet, eine dumpfe Gleichgiltigkeit erzeugt".[198]

Er missachtete aber bei seiner Ursachenforschung die weiteren Aspekte für den geringen Organisationsgrad im Bergbau.

Erstens: Die aus den ländlichen preußischen Ostprovinzen stammenden Neubergleute mussten sich erst in der fremden, industriell geprägten Umgebung einleben, einen Schlafplatz finden, sich an die schwere Arbeit unter Tage gewöhnen. Die Anpassung an die neuen ungewohnten Lebens- und Arbeitsbedingungen kostete so viel Kraft, dass vorerst an ein gewerkschaftliches Engagement gar nicht zu denken war. Zudem trugen die informellen Solidarstrukturen – die Kameradschaften am Arbeitsplatz, vor allem aber die durch das Kost- und Schlafgängerwesen „halboffene Familie"[199] – mehr zur Bewältigung des Alltags bei als die Angebote der Gewerkschaften. Zweitens: Eine Interessenvertretung erachteten viele Neuankömmlinge zunächst als überflüssig, bekamen sie doch auf den Zechen des Reviers einen bedeutend höheren Lohn als an ihrem Heimatort. Eine solch „wichtige Verbesserung ihrer materiellen Daseinsbedingungen" betrachteten sie „als einen Aufstieg und begnügten sich damit".[200]

Da viele Zuwanderer – drittens – nicht auf Dauer im Bergbau bleiben wollten, sahen sie in der langfristig ausgerichteten, gewerkschaftlichen Bindung – „symbolisiert durch das regelmäßige Kleben von Beitragsmarken"[201] – keinen persönlichen Nutzen, denn es war zweifelhaft, ob sie die Früchte ihrer Mitgliedschaft je ernten würden. Viertens hielt die Sanktionierung einer Gewerkschaftsmitgliedschaft durch die Unternehmen viele vom Beitritt ab. Das galt speziell für das Saargebiet, wo der Staatsbergbau die Organisationstätigkeit unterdrückte.[202] Aber auch in anderen Revieren war die Macht der Arbeitgeber groß genug, die Verbandsarbeit zu erschweren. Fünftens: Die Zechengesellschaften setzten nicht allein auf repressive Maßnahmen, sondern bauten die betriebliche Sozialpolitik aus.[203] Mit dem Ausbau der Werks- und Familienkassen, der Werksfürsorge und des zecheneigenen Wohnungsbaus sollte betriebliche Loyalität erzeugt und der Gewerkschaftseinfluss gemindert werden.[204] Zudem förderten sie die wirtschaftsfriedlichen, „gelben" Organisationen.[205]

Alle aufgeführten Faktoren haben zur Organisationsabstinenz beigetragen. Aber ebenso entscheidend – vielleicht noch gravierender – war die Erfolglosigkeit der Bergarbeiterverbände angesichts der Macht der Kohlebarone. Ein besserer Lohn ließ sich nicht

198 Otto Hue, Die Bergarbeiter in der internationalen Arbeiterbewegung II, in: Arbeiter-Zeitung (Dortmund) 44, 22.2.1909.

199 Zum Schlafgängerwesen: Brüggemeier, Leben vor Ort, S. 52–68. – Allgemein: Niethammer/Brüggemeier, Wie wohnten Arbeiter im Kaiserreich, S. 114–128. Relativierend: Steffens, Autorität und Revolte, S. 196ff.

200 Ritter/Tenfelde, Arbeiter, S. 435.

201 Lucas, Zwei Formen, S. 251.

202 Mallmann, Anfänge der Bergarbeiterbewegung, S. 319.

203 Wisotzky, Der Wandel der betrieblichen Sozialpolitik, S. 1067–1073.

204 Weisbrod, Arbeitgeberpolitik, S. 123f.; Trischler, Arbeitsbeziehungen, S. 396.

205 Zu den wirtschaftsfriedlichen Vereinen: Mattheier, Die Gelben; Mattheier, Werkvereine.

durch gewerkschaftlichen Kampf erzielen, sondern durch erfolgreiches Verhandeln der Arbeitskameradschaft mit den Vorgesetzten. Der große Arbeitskräftebedarf ermöglichte es den Bergarbeitern zudem, die Arbeitsstelle zu wechseln, um schlechten Lohn- und Arbeitsverhältnissen zu entgehen. Individuelles Handeln versprach mehr Erfolg, als auf die solidarische Interessenvertretung durch eine Gewerkschaft zu setzen, die von Arbeitgebern nicht anerkannt wurde.

Obwohl die Verbandsfunktionäre unermüdlich für die Interessen der Bergleute rackerten, trug ihre Plackerei kaum Früchte, doch es ist nicht auszumachen, dass Hue angesichts der relativen Erfolgslosigkeit nach Alternativen zur herkömmlichen Verbandsarbeit gesucht hat. Er verkannte, dass gerade die jüngeren, ungebundenen, von Zeche zu Zeche wandernden Arbeiter ihre Interessen aus einer Position der Stärke wahrnehmen konnten, dass sie deshalb nicht vom Verband abhängig waren, dass ihre unsteten Lebensbedingungen und Erfahrungen nur schwer mit der auf organisatorischer Disziplin basierenden Gewerkschaftsarbeit vereinbar waren.[206] Anstatt die Verbandsstrategie selbstkritisch in Frage zu stellen, verunglimpfte Hue die mobilen Arbeiter. Sie seien „keineswegs das beste Material für die Bildung und den Aufbau unserer Arbeiterorganisationen". „Weder politisch, noch weniger gewerkschaftlich sind die ‚Wanderarbeiter' für uns wertvoll."[207]

206 Brüggemeier, Leben vor Ort, S. 208; Brüggemeier, Arbeiterbewegung, S. 257

207 Otto Hue, Freizügigkeitsrecht und Wahlrecht der Arbeiter, in: Volksblatt 285, 5.12.1917.

6. Ziele der Gewerkschaftsarbeit

6.1 Verbesserung der Arbeitsverhältnisse

Der Ausbau der Organisation war kein Selbstzweck, sondern diente der Durchsetzung der bergmännischen Interessen, der „wirthschaftlichen Hebung des Arbeiterstandes“[1]. Welche allgemeinen Ziele der Bergarbeiterverband verfolgte, formulierte Hue im Schlusswort seiner Bergarbeitergeschichte: „Was wir fordern, ist die Achtung vor der Menschenwürde, ein den modernen Betriebsverhältnissen angepaßter Leibes- und Lebensschutz und die ausreichende Befriedigung der materiellen Bedürfnisse des Bergarbeiters.“[2] Von dieser Zielvorgabe leitete sich ein umfangreicher Forderungskatalog ab.

Lohn und Gedingevereinbarung

Entscheidend für die Lebenshaltung eines Bergmanns war der ausgezahlte Lohn. Dass aber gerade die Lohnfrage im Bergbau mehr Konflikte heraufbeschwor als in anderen Branchen lag begründet in der betriebswirtschaftlichen Situation der Zechen und in der Art und Weise der Lohnermittlung.

Maßgebend für den wirtschaftlichen Erfolg einer Schachtanlage waren nicht die Erlöse für die geförderte Kohle. Darauf konnten die Zechendirektionen keinen Einfluss nehmen, denn die Preise bestimmten die Verkaufsorganisationen. Die wichtigste „Stellschraube des betriebsbezogenen unternehmerischen Handelns“ waren vielmehr die Selbstkosten,[3] von denen die Löhne den entscheidenden Teil ausmachten. Die Bergbauindustriellen waren daher bestrebt, diese zu reduzieren bzw. in Zeiten der Hochkonjunktur nicht zu stark steigen zu lassen, während die Bergarbeiter erwarteten, aufgrund der Schwere und Gefährlichkeit ihrer Arbeit an der Spitze der Lohnskala zu stehen. Diese konträre Interessenslage erklärt die Schärfe der Lohnkonflikte und die starre Haltung der Arbeitgeber gegenüber den Gewerkschaftsforderungen. Hinzu kamen die Probleme der Lohnermittlung.

Die unterschiedlichen, sich stets verändernden Lagerungs- und Abbauverhältnisse vor Ort erlaubten keine schematische einheitliche Festlegung der zu erbringenden Arbeitsleistung, sondern über sie musste stets aufs Neue zwischen Kameradschaft und den Aufsichtsbeamten verhandelt werden. Die Steiger schlossen nicht allein die Gedinge ab, nach denen sich der Lohn der Hauer und Schlepper berechnete, sondern sorgten auch dafür, dass die Selbstkosten für Material etc. möglichst gering ausfielen. Ob sie ihren Auftrag erfolgreich erfüllten, war entscheidend für ihr Einkommen, das sich aus

1 Nur ein Beleg von vielen: Rede auf einer Zahlstellenversammlung in Oberhausen am 28.11.1897. Bergarbeiter-Zeitung 50, 11.12.1897.

2 Hue, Bergarbeiter 2, S. 733.

3 Trischler, Arbeitsbeziehungen, S. 387.

einem festen Grundgehalt und einer Prämie zusammensetzte.[4] Letztere erhielten sie nur, wenn sie das von der Direktion vorgegebene Soll erfüllten. Sie handelten daher aus Eigeninteresse, wenn sie die Gedinge niedrig ansetzten und die Kameradschaften zur Mehrförderung und zum sparsamen Materialverbrauch antrieben. „In dieser so problematischen Form der Lohnfestsetzung lag die wohl wichtigste Quelle für die Spannungen und Friktionen der bergbaulichen Arbeitsbeziehungen auf der Mikroebene des Betriebs.“[5]

Ohne das Verhalten der Steiger im Einzelnen verteidigen zu wollen, verwies Hue darauf, dass diese auch nur Teil des Antreibersystems waren,[6] dass sie durch die Vorgaben von oben „geradeso drangsaliert und schikaniert“ würden wie die Arbeiter. Als die eigentlich Schuldigen machte er die Aktionäre und Gewerken aus, die entsprechende Dividendenzahlungen forderten und daher auf die Senkung der Selbstkosten drängten.[7]

Da sich allerdings viele Steiger mit ihrem autoritären Vorgehen die Feindschaft der Kumpel zuzogen, forderte Hue faire Vereinbarungen über die zu erbringenden Leistungen.

Die vom Bergbauverein erarbeitete Arbeitsordnung für den Oberbergamtsbezirk Dortmund, die fast alle Vereinszechen 1892 eingeführt hatten,[8] legte zwar fest, dass die Gedinge ausgehandelt werden sollten, doch war die Realität auf den Schachtanlagen eine andere. In der Regel wurde das Gedinge den Kameradschaften aufoktroyiert.[9] Für Hue war dieses „Gewaltsystem“ „eine Vergewaltigung der wirtschaftlich Schwachen“.[10] Es sei darum dringend notwendig, die „Abhetzerei“[11] abzuschaffen, den Leistungsdruck auf die Bergarbeiter durch eine andere Gedingesetzung zu verringern. Wenn die abverlangten Kohlenmengen nicht zu hoch veranschlagt und die Nebenarbeiten extra vergütet würden, dann könnten auch die Sicherheits- und Hygienevorschriften besser beachtet werden.[12] Hue zitierte in diesem Zusammenhang häufig den Roman „Germinal“ von Émile Zola, in dem ein Bergmann den Vorwurf, den Grubenausbau nicht korrekt ausgeführt zu haben, mit den Worten kontert: „Herr Ingenieur, bezahlen Sie uns besser, dann zimmern wir auch besser!“[13] Die Überzeugung, dass das Antreibersystem die entscheidende Ursache für die größer werdende Zahl von Unfällen sei, veranlasste

[4] Zur Leistungsentlohnung und zum Prämiensystem der einzelnen Zechen siehe den ausführlichen Bericht des Oberbergamts Dortmund an den Minister für Handel und Gewerbe vom 12. Januar 1908. Geheimes Staatsarchiv Rep. 77 Tit. 662 Nr. 90 Bd. 2.

[5] Trischler, Arbeitsbeziehungen, S. 389; Berg, Wirtschaft und Gesellschaft, S. 220.

[6] Otto Hue, Sozialpolitisches aus dem Bergbau, in: Correspondenzblatt 38, 21.9.1907, S. 593–596 u. 41, 12.10.1907, S. 641–644, S. 642.

[7] Reichstagsrede am 10.2.1906, Verhandlungen, S. 1185; Reichstagsrede am 24.11.1908, Verhandlungen, S. 5698.

[8] Przigoda, Unternehmensverbände, S. 89.

[9] Hue behauptete 1903 „mit Bestimmtheit, daß von 100 Gedingen 80 einseitig, also ungesetzlich, aufkommandiert werden“. Rede auf einer Bergarbeiterversammlung in Essen am 12.7.1903. Bergarbeiter-Zeitung 30, 1.8.1903 „Die ungesetzliche Behandlung der Bergleute“.

[10] Landtagsrede am 13.3.1914, Stenogr. Berichte, Sp. 3949.

[11] Hue, Mehr Bergarbeiterschutz, S. 13.

[12] Siehe z.B. Hue, Mehr Bergarbeiterschutz, S. 14; O.H., Welches sind die unfallreichsten Ruhrgruben?, in: Weckruf 8, 10.1.1902; Reichstagsrede am 24.11.1908, Verhandlungen, S. 5697.

[13] Z.B. Otto Hue, Nochmals Unfälle im Bergbau, in: Neue Zeit 16 (1897/98) 11, S. 338–345, S. 345; Protokoll der Generalversammlung 1907, S. 369; Reichstagsrede am 24.11.1908, Verhandlungen, S. 5697.

ihn zu der Aussage: „Wenn in irgendeinem Betriebe das Akkordsystem ein Mordsystem genannt werden kann“, so sei dies im Bergbau der Fall.[14]

Ein weiterer Verbesserungsvorschlag zur Minderung der Konflikte betraf die Festlegung eines Mindestlohnes. Er sollte einerseits Strafmaßnahmen des Steigers etwas entschärfen, der einem gewerkschaftlich organisierten Kumpel ein schlechtes Gedinge auferlegen konnte. Andererseits schützte er den Bergmann vor den Folgen, wenn sich beim fortschreitenden Abbau die Gebirgsverhältnisse verschlechterten, was sich auf Förderleistung und damit auf den erzielten Lohn negativ auswirkte.

Das Bestreben, auch im Bergbau zu Tarifvereinbarungen zu gelangen, scheiterte an der Verweigerungshaltung der Arbeitgeber.

Tarifverträge, Mindestlöhne, mehr Mitspracherechte bei der Gedingefestsetzung waren alles Schritte, die zu dem übergeordneten Ziel, nämlich zu „einer gerechteren Vertheilung der von dem Arbeitsmann erschafften Reichthümer“, führen sollten.[15] Es dürfe nicht sein, dass „die nicht arbeitenden Aktionäre das Fett von der Suppe schöpfen“, während „die eigentlichen Erzeuger derselben, die Bergarbeiter, … mit dem schaalen Rückstande“ abgespeist würden.[16]

Arbeitszeit

Der zweite große Konfliktpunkt bildete die Arbeitszeit. Diese hatte sich in den einzelnen Revieren ganz unterschiedlich entwickelt.[17] Im Zwickauer Revier und in Oberschlesien waren die Bergleute 12 Stunden unter Tage, während sie im Ruhrgebiet 8 ½-stündige Schichten verfuhren. Da „die unmenschlich lange Arbeitszeit“ in einigen Bezirken und die „Abhetzung“ zum „körperlichen Niedergang“ geführt habe, war für Hue eine Reduzierung dringend erforderlich. Die Gewerkschaftsforderung war eindeutig: Rückkehr zur traditionellen, von den Vätern ererbten Schichtzeit von acht Stunden.

Die Unternehmerseite wehrte sich vehement gegen dieses Verlangen, denn mit zunehmender Teufe und Ausdehnung der Abbaufelder verlängerten sich die Anfahrt und der Weg zur Arbeitsstelle und reduzierte sich die reine Arbeitszeit vor Ort. Ihr Bestreben war es vielmehr, die Schichtzeit so auszudehnen, dass die Zeit des Kohlenabbaus konstant blieb. Dass die Belegschaften in diesem Punkt äußerst sensibel reagierten, bewies der Arbeitskampf auf der Zeche Oberhausen im Januar 1904.[18] Eine angeordnete Schichtzeitverlängerung auf der Zeche Bruchstraße war auch das auslösende Moment für den großen Bergarbeiterstreik 1905.[19]

14 Landtagsrede am 3.2.1915, Stenogr. Berichte, Sp. 1334; Hue, Mehr Bergarbeiterschutz, S. 14.

15 Hue auf einer Bergarbeiterversammlung in Wattenscheid. Bergarbeiter-Zeitung 3, 15.1.1898.

16 Bergarbeiter-Zeitung 43, 22.10.1898 „Sind 10% Lohnerhöhung durchführbar?“.

17 Brüggemeier, Lebens- und Arbeitswelten, S. 221ff.

18 Im Januar 1904 streikte die Belegschaft, als die Schichtzeit verlängert werden sollte. Quellensammlung zur Geschichte der sozialen Betriebsverfassung 2, Nr. 663f., S. 246–250; LAD NRW Abt. Westf. Reg. Arnsberg 14365, Bezirkspolizeikommissar Bochum an Regierungspräsident Arnsberg, 7.2.1904; ebd., Bezirkspolizeikommissar Gelsenkirchen an Regierungspräsident Arnsberg, 8.2.1904; Feige, Bergarbeiterschaft, S. 136–140.

19 Siehe unten S. 124.

Um die Arbeitsbelastung des Bergmanns zu verringern, gehörte zum gewerkschaftlichen Forderungskatalog das Verbot des „mörderischen Überschichtenunwesens"[20] und der Sonntagsarbeit. Solche sollten nur dann verrichtet werden, wenn sie „zur Rettung von Menschenleben, bei außerordentlichen Betriebsstörungen und bei Schachtreparaturen" notwendig seien und mit einem Extrazuschlag entlohnt würden.[21] Die Zechenleitungen wollten ein solches Verbot nicht akzeptieren, nutzten sie doch das Mittel der Überschichten, um flexibel auf eine zeitweilig verstärkte Nachfrage zu reagieren, ohne die Belegschaften vergrößern zu müssen. Hue trat für ein gesetzliches Verbot ein, auch weil er sich durchaus bewusst war, dass nicht alle Mitglieder mit der rigorosen Bekämpfung der Überarbeit übereinstimmten. Trotz der äußerst nachteiligen Folgen würden „allzu viele Überschichten ohne Zwang" verfahren „von Kameraden, die hartnäckig an dem Köhlerglauben hängen, durch Überschichten ihre wirtschaftliche Lage verbessern zu können".[22] Wegen der „Leichtfertigkeit" solcher Arbeiter, „die sich rücksichtlos ihr Leben verkürzen durch grauenhaft viel Überschichten", müsse „gesetzlicher Zwang zur Vernunft ausgeübt" werden.[23]

Verbot des Wagennullens und Abschaffung des Strafsystems

Bei der Kohlenförderung wurden die von den Kameradschaften gefüllten Kohlenwagen über Tage überprüft, ob sie ordnungsgemäß gefüllt waren und nicht zu viele „Berge" (Steine) enthielten. Entsprachen sie nicht den Vorschriften, wurden sie „genullt", d.h. die Kameradschaft erhielt für die abgebaute Kohle keinen Lohn. Viele Zechen verhängten darüber hinaus noch eine zusätzliche Strafe. Die Bergarbeiter, die erst nach der Ausfahrt von den Streichungen erfuhren und daher keinen Einspruch mehr erheben konnten, fühlten sich um den Ertrag ihrer mühevollen Arbeit gebracht, war es doch häufig nicht ihre Schuld, dass auf dem Transport zum Schacht Kohlen verloren gingen oder bei den rumpligen Streckenverhältnissen die Ladung zusammengerüttelt wurde. Auch ließ es sich bei den schlechten Lichtverhältnissen vor Ort trotz großer Sorgfalt nicht vermeiden, dass die Kohlen mit Steinen versetzt waren. Angesichts dieser widrigen Umstände war die Praxis des „Nullens" für Hue „ein Rechtsbruch in so flagranter Form, wie man ihn krasser nicht denken kann".[24] Es war nicht allein der Einkommensverlust, der die Bergleute empörte, sondern zugleich das Gefühl der ungerechten, willkürlichen Behandlung.[25]

Welches Ausmaß das Strafsystem nach der Jahrhundertwende annahm, belegte Hue im Juli 1903 anhand zahlloser Beispiele. Nach seinen Angaben wurde den Bergarbeitern dadurch allein im Essener Revier mehr als 100.000 Mark an Lohn entzogen.[26]

[20] Otto Hue, Die Bergarbeiter in der internationalen Arbeiterbewegung III, in: Arbeiter-Zeitung (Dortmund) 46, 24.2.1909.

[21] Forderung der streikenden Ruhrbergarbeiter 1905. Hue, Bergarbeiter 2, S. 591.

[22] Otto Hue, Die Bergarbeiter in der internationalen Arbeiterbewegung III, in: Arbeiter-Zeitung (Dortmund) 46, 24.2.1909.

[23] Otto Hue, Die Bergleute und der preußische Landtag, in: Neue Zeit 24 (1905/06) 19, S. 605–618, S. 607.

[24] Rede auf einer Bergarbeiterversammlung in Essen am 12.7.1903. Bergarbeiter-Zeitung 30, 1.8.1903 „Die ungesetzliche Behandlung der Bergleute".

[25] Brüggemeier, Leben vor Ort, S. 128; Trischler, Arbeitsbeziehungen, S. 390.

[26] Rede auf einer Bergarbeiterversammlung in Essen am 12.7.1903. Bergarbeiter-Zeitung 30, 1.8.1903 „Die ungesetzliche Behandlung der Bergleute". – Der Umfang der Strafen differierte allerdings von Schacht-

Die fortwährenden Klagen der Belegschaften griff der Bergarbeiterverband in seiner Agitation auf und forderte ein generelles Verbot. Stattdessen schlug er vor, die geförderten Wagen nach Gewicht anzurechnen. Hue hielt dies „für die gerechtere Entlohnung".[27] Da aber eine baldige Gesetzesänderung nicht zu warten war, empfahl er den Hauern und Schleppern, aus ihrer Mitte einen Vertrauensmann zu wählen, der das Wagennullen kontrollieren sollte. Nach § 80c des Berggesetzes wäre dies zulässig, sei aber im Ruhrgebiet noch nicht gehandhabt worden.[28]

humane Behandlung durch die Zechenbeamten

Es waren nicht allein die niedrigen Löhne und die Strafen, die den Unmut der Bergarbeiter erregten, sondern noch mehr Zorn erzeugte, wie Hue zu Recht feststellte, „die skandalöse, gemeine, geradezu niederträchtige Behandlung" durch Beamte. „Die Herabsetzung und Nichtachtung der Menschenwürde durch die Vorgesetzten" seien „der erste Grund der Erregung".[29]

besserer Arbeiterschutz

Besorgt zeigte sich Hue über das erschreckende Anwachsen der Unfallziffern.[30] Die Zahl der entschädigungspflichtigen Unfälle je 1000 Beschäftigte stieg im Bereich der knappschaftlichen Berufsgenossenschaft in Bochum von 10,16 (1885/86–1890) auf 16,41 (1901–1910).[31] Im gesamten deutschen Bergbau verlief die Entwicklung ähnlich: 6,6 (1896), 12,19 (1900), 14,72 (1910).[32] In keiner anderen Branche ereigneten sich mehr Betriebsunfälle.[33]

Die immer wieder vorgebrachte Entschuldigung, Unglücke lägen in der Natur des Bergbaus, wollte Hue nicht gelten lassen. Eine solche Abwiegelung des Problems sei zum einen „gemeinschädlich", denn sie mache „den Grubenbesitzer, aber auch den Arbeiter zum Fatalisten, der ruhig an sich herankommen läßt, was die Vorsehung beschließt. Damit schärft man nicht das Gefühl der Verantwortlichkeit!"[34] Zum anderen sei sie auch nicht korrekt, wie ein Vergleich der Unfallziffern im sächsischen Stein- und Braunkohlenbergbau zeige. Obwohl letzterer weniger risikohaft sei, verunglückten dort mehr Bergarbeiter

anlage zu Schachtanlage und war zudem von der Konjunktur abhängig, sodass pauschale Angaben nicht getroffen werden können. Brüggemeier, Leben vor Ort, S. 127f.

27 Rede auf einer Bergarbeiterversammlung in Essen am 12.7.1903. Bergarbeiter-Zeitung 30, 1.8.1903 „Die ungesetzliche Behandlung der Bergleute".

28 Ebd.; Rede auf einer Bergarbeiterversammlung in Altenessen am 17.8.1903. Allgemeiner Beobachter 188, 19.8.1903. Pieper, Lage, S. 97. – Als auf einer Belegschaftsversammlung der Zeche Graf Beust die Anstellung eines Wagenkontrolleurs gefordert wurde, wurden die Bergleute, die dafür eintraten, von der Verwaltung gemaßregelt, sprich: entlassen. Allgemeiner Beobachter 248, 28.10.1903.

29 Rede Hues auf der Mitgliederversammlung der Zahlstelle Essen des Bergarbeiterverbandes am 29.5.1904. LAD NRW Abt. Rheinl. Reg. Düsseldorf 15916, Bericht der Polizeiverwaltung Essen, 3.6.1904.

30 Zur Unfallentwicklung: Pöller, Gefahren; Brüggemeier, Lebens- und Arbeitswelten, S. 233–241; Farrenkopf, Schlagwetter, S. 26–64.

31 Pöller, Gefahren, S. 6, Tab. 3; Hagenkötter, Arbeitsunfälle, S. 109, Tab. A.

32 1889–1929, S. 90.

33 Heymann/Freudenberg, Morbidität und Mortalität, S. 175.

34 Hue, Mehr Bergarbeiterschutz, S. 14. Ebenso O.H., Die Lehren der Unfallstatistik im Ruhrbergbau, in: Rheinisch-Westfälische Arbeiterzeitung 220, 20.9.1901.

tödlich. Verantwortlich sei das schlechte Gedinge, sodass die Kumpel „wenig Vorsicht beachten können bei ihrer Arbeit. Die geschaffenen Hohlräume (‚Brüche') bleiben offen, oder beim hastigen Fortreißen der Stützen bricht das deckende Gebirge zu schnell für den Arbeiter zusammen."[35] Wie im Detail, so zeige sich im Allgemeinen, dass erst „die profitbringende Betriebsmethode" den Bergbau „so eminent lebensgefährlich gemacht" habe.[36]

Hue gestand ein, dass bei den Bergleuten „Thorheit und Leichtsinn genug vorhanden" seien[37] und dass viele Unfälle auch auf die neu angeworbenen, ungeschulten Arbeiter zurückzuführen wären,[38] aber daran trügen die Werksbesitzer eine große Mitschuld. Sie hätten sich vehement gegen eine gesetzlich vorgeschriebene „bestimmte Lehrzeit für Bergleute" gestemmt und torpedierten auch die entsprechende Verordnung des Oberbergamtes Dortmund. „Also nicht die Arbeiter, sondern die Werksbesitzer verhinderten die Heranziehung eines geschulten Knappenstandes."[39]

Der Gewerkschafter warf den Bergbauindustriellen auch vor, die neusten technischen Entwicklungen zur Unfallverhütung nicht einzusetzen. Auf der Weltausstellung in Lüttich hatte das Rheinisch-Westfälische Kohlensyndikat Sicherheits- und elektrische Lampen, Modelle von Ventilatoren, das moderne Zubehör von Berieselungsanlagen, Rettungsapparate und andere Gerätschaften präsentiert, die zur Sicherheit der Arbeit unter Tage beitrugen. Hue empfand es „unerhört und empörend", all die Errungenschaften „ausgestellt zu sehen und dabei zu wissen, wie miserabel es auf vielen deutschen Gruben hinsichtlich der Unfallverhütung noch aussieht". Sein sarkastischer Kommentar: „Das rheinisch-westfälische Kohlensyndikat darf das Verdienst für sich in Anspruch nehmen, den Bergarbeiter-Delegierten demonstriert zu haben, was alles getan werden kann zur Verhütung von Grubenunglücken, und die Bergarbeiterdelegierten wissen nun, wie unendlich viel versäumt wird von den Unternehmern zur Verhütung von Arbeiterunglücken." Die aus den gezeigten Beispielen abgeleitete Forderung an die Betriebsleitungen lautete: Investiert in eine moderne Ausstattung und in Verhütungsmaßnahmen, statt im Nachhinein Gelder an Verunglückte und Hinterbliebene zu zahlen. „Sorgt besser für Lebens- und Gesundheitsschutz, das ist menschlicher als alle ‚Wohlfahrtseinrichtungen'."[40]

Als Beweis, dass ein besserer Arbeiterschutz möglich sei, verwies Hue auf die Entwicklung der Schlagwetterexplosionen. Diese habe man lange Zeit „als etwas fast unabänderliches, ‚dem Bergbau eigentümliches'" hingestellt. Doch sei – nicht zuletzt durch „die fortwährende Kritik der Bergarbeiterpresse, die schonungslose … Aufdeckung der Mißwirtschaft" – eine Verbesserung eingetreten, habe die Zahl der Opfer abgenommen.[41]

35 Hue, Mehr Bergarbeiterschutz, S. 14.

36 Otto Hue, Ein neues Arbeiterrecht für den Bergbau, in: Sozialistische Monatshefte (1905) 12, S. 999–1004, S. 1004; Otto Hue, Sozialpolitisches aus dem Bergbau, in: Correspondenzblatt 38, 22.9.1906, S. 641–644 u. 39, 29.9.1906, S. 657–660, S. 658.

37 Hue, Mehr Bergarbeiterschutz, S. 17.

38 1905 entfielen auf 1000 östliche Zuwanderer 197 Unfälle, auf die „reichsdeutschen" Arbeiter 144. Münz, Lage, S. 102.

39 Ebd. – Zur Verweigerungshaltung der Unternehmer: Brüggemeier, Leben vor Ort, S. 99ff. u. 132f.

40 O.H., Die Ausstellung des rheinisch-westfälischen Kohlensyndikats, in: Arbeiter-Zeitung (Dortmund) 189, 15.8.1905. – Sein Urteil, dass die Unfallprophylaxe vernachlässigt werde, bestätigt die neuere Forschung. Bluma, The hygienic movement, S. 11.

41 O. Hue, Soziales aus der deutschen Bergwerksindustrie, in: Correspondenzblatt 39, 26.9.1903, S. 632–634, S. 633. – Zur Entwicklung des Explosionsschutzes: Farrenkopf, Schlagwetter; ders., Explosionsrisiko.

Hue wollte nicht in Abrede stellen, dass es viele Vorschriften zur Unfallverhütung gebe. „Aber – sie nutzen nichts! Sie zieren lediglich das Papier, …,“[42] da die Bergaufsicht versage. Abhilfe versprach er sich durch die „Anstellung praktisch geschulter, von den Arbeitern gewählter und vom Staate bestätigter Hülfsinspektoren“ (Grubenkontrolleure) nach englischem Vorbild. Doch sowohl die Bergwerksbesitzer als auch die Bergbehörden stemmten sich mit Macht gegen Arbeiterkontrolleure.[43]

Gesundheit

Ebenso schlimm wie die beklagenswert hohe Unfallsziffer empfand Hue den allgemein schlechten Gesundheitszustand der Grubenarbeiter, verursacht durch die Arbeitsbedingungen unter Tage.[44] Die Grubenluft war, „bedingt durch das Ein- und Ausatmen der Lebewesen, den Ruß der Grubenlampen, die Explosionsrückstände der Sprengmittel und das Verrotten der Grubenhölzer,“ schlecht und wies nur einen „relativ geringen Anteil an Sauerstoff“ auf.[45] Bei relativ hoher Luftfeuchtigkeit (94–99%) herrschten vor Ort Temperaturen von teilweise mehr als 30°C, und die Staubentwicklung war extrem hoch. Angesichts der schweren kräftezehrenden Schufterei unter diesen Verhältnisse ist es nicht überraschend, dass 1908 ein Bergmann im Durchschnitt nach 17,2 Berufsjahren im Alter von 41,8 Jahren invalide wurde.[46]

Hue waren die Arbeitsbedingungen, wenn auch nicht aus eigener Anschauung, bekannt, und er beschrieb sie den Außenstehenden eindringlich.[47] Seine vorgebrachten Anregungen zur Verbesserung waren allerdings sehr allgemein gehalten, wenn er auf eine Verkürzung der Arbeitszeit, die Verringerung der Arbeitshetze und den Ausbau des Sanitätswesens drängte. Nur selten machte er konkrete Vorschläge wie bei den sanitären Einrichtungen über Tage. Auf mehr als der Hälfte der Schachtanlagen fehlten nicht nur Waschanstalten, sondern sogar „die einfachsten Räume zum Umkleiden und zum Trocknen der schwerdurchnäßten Kleider“. Aus diesem Grunde machten sich viele Bergarbeiter „schmutzig, angethan mit den nassen, klebrigen Kleidern,“ auf den „oft stundenweiten Heimweg“.[48] Für Hue waren dies „ekelhafte Zustände“, bei dem es „einem Kulturmenschen übel“ werde.[49] Er beklagte nicht allein die gesundheitsschädlichen Auswirkungen, „rheumatische Leiden und Entzündungen der Atmungsorgane“ seien die Folgen, sondern sorgte sich auch um das sittliche Wohl der Familien, wenn

42 Hue, Mehr Bergarbeiterschutz, S. 13. Ebenso mit viel Ironie: „Von jeher hat sich Deutschland bekanntlich durch eine große ‚Gründlichkeit‘ ausgezeichnet. Gründlich ist man auch den Betriebsgefahren zu Leibe gegangen, indem man eine Legion gründlich erwogener Verordnungen – auf hübsches Kanzleipapier schrieb. Kein Zweifel, wir marschiren an der Spitze mit einer Unmasse der verschiedenartigsten Verordnungen, Regulative, Vorschriften, Anweisungen, Reporte. Ja, darin sind wir groß, darin wird sehr viel gethan.“ Otto Hue, Fünfzehn Jahre Bergarbeiterschutz in Deutschland, in: Neue Zeit 20 (1901/02) 4, S. 112–116, S. 113.

43 Zur Diskussion über die Sicherheitsmänner siehe Kap. 9.7.

44 Tenfelde, Der bergmännische Arbeitsplatz; Hickey, Bergmannsarbeit, S. 49f., Martin, Allgegenwärtiger Tod, S. 155–157.

45 Martin, Allgegenwärtiger Tod, S. 156.

46 Ebd.

47 Hue, Mehr Bergarbeiterschutz, S. 19.

48 Ebd., S. 22f.

49 Ebd., S. 23.

sich die Arbeiter „im Adamskostüm in der engen Wohnung" waschen würden.[50] Die Zechen sollten daher gesetzlich gezwungen werden, Umkleideräume einzurichten und Badeanstalten zu bauen mit Einzelbrausen anstatt der Gemeinschafsbassins, die schnell verdreckten.

Bergaufsicht

In seiner Reichstagsrede am 6. Februar 1906 empörte sich Hue darüber, dass sich „unter den Augen der Behörden – ich will nicht sagen, mit Zustimmung der Behörden – Verbrechen über Verbrechen im Grubenbetrieb Deutschlands" angehäuft hätten.[51] Dass die Bergaufsicht bei der Unfallverhütung und bei der Aufdeckung von Missständen versagt habe, war für den Gewerkschaftler angesichts der „viel zu intimen Beziehung zu den Werksinhabern"[52] nicht überraschend. Seine Kritik beschrieb schon in Ansätzen das enge Beziehungsgeflecht der Bergassessoren in der staatlichen Bergverwaltung und im Privatbergbau.[53] Ihre gemeinsame Ausbildung, Freundschaften und Verwandtschaftsverhältnisse verhinderten in der Regel eine wirksame Grubenkontrolle, denn, wie er überspitzt formulierte: „Die Familienmitglieder kontrollieren die Gruben ihrer eigenen Familienangehörigen."[54]

Dass die Bergaufsicht die Missstände auf den Gruben vielfach nicht erfasse, sei nicht weiter erstaunlich, da Revisionen schon Tage vorher den Werken bekannt gemacht würden. Dann werde, „was an Betriebspunkten nicht zweifelsohne ist, … zugenagelt, so lange die Kontrolle dauert, später geht's lustig weiter an der gefährlichen Stelle. Wetterströme werden künstlich regulirt zum Nutzen des augenblicklich inspizirten Grubentheils, Jauchefässer schleppt man vor unsichere Orte, um den Herrn Bergrath oder den neuesten Kontrolleur, den ‚Einfahrer', abzuschrecken; berieselt wird aus Leibeskräften – aber gerade dann, wenn der Bergmeister kommt, sonst ist 14 Tage lang kein Wasser zu sehen."[55] Dass die Berginspektoren sich so täuschen ließen, dafür trügen sie selbst die Schuld. Sie lehnten es ja ab, mit den Arbeitern zu sprechen, die über die Schwachstellen Bescheid wüssten. Wegen ihrer selbstgewählten Isolierung von der Belegschaft kommen sie „immer erst dazu, den Brunnen zuzudecken, wenn das Kind ertrunken ist".[56] Vor den Massenunglücken hätten Arbeiter vielfach auf die existierenden Probleme aufmerksam gemacht, doch keiner habe auf sie gehört. Im Gegenteil, Hauer, die

50 Ebd., S. 25. OH, Bergarbeiterverhältnisse in Oberbayern, in: Bergarbeiter-Zeitung 42, 29.10.1899.

51 Reichstagsrede am 6.2.1906, Verhandlungen, S. 1056.

52 Hue, Mehr Bergarbeiterschutz, S. 11.

53 Zum Sozialtypus des Bergassessors und seiner Mentalität: Faulenbach, Bergassessoren; Farrenkopf, Zwischen Bürgerlichkeit.

54 Reichstagsrede am 24.11.1908, Verhandlungen, S. 5701. Siehe auch Otto Hue, Unfälle im Bergbau, in: Neue Zeit 15 (1896/97) 52, S. 826–829, S. 829. – Die enge Verflechtung beklagte Hue sein Leben lang. Nach dem politischen Umbruch im November 1918 sah er die Chance, etwas zu ändern, weshalb er – vergeblich – eine „Änderung des ganzen Lehrsystems" vorschlug, um „eine andere Zusammensetzung der akademisch gebildeten Bergbaubeamten" zu erreichen, um „frisches Blut in die Beamtenschaft" hineinzubekommen. Verhandlungen der Sozialisierungs-Kommission über den Kohlenbergbau im Winter 1918/19, S. 52.

55 Hue, Mehr Bergarbeiterschutz, S. 37. Siehe auch Otto Hue, Nochmals Unfälle im Bergbau, in: Neue Zeit 16 (1897/98) 11, S. 338–345, S. 344.

56 Ebd., S. 39.

der Bergbehörde Missstände mitteilten, seien wenig später wegen „Denunziation der Zeche“ entlassen worden.[57]

Hue leugnete nicht, dass es zahlreiche sinnvolle Bergpolizei-Verordnungen gebe. Doch leider würden sie vielfach nicht beachtet. Seine Schlussfolgerung aus den geschilderten Vorfällen lautete: „Die heutige Grubenkontrolle und der von ihr gewährleistete Arbeiterschutz ist das berühmte Messer ohne Heft und Klinge.“ Er wiederholte daher ständig seine Forderung, dass, um die beschriebenen Schwachstellen der Bergaufsicht zu beseitigen, „praktisch geschulte, tüchtige Bergleute die Befolgung der Arbeiterschutzgesetze über und unter Tage kontrolliren“ müssten. „Einem solchen Praktiker macht man mit Holzverschlägen, Strohwischen, Jauchefässern und Ähnlichem kein X für ein U vor.“[58]

Verbot der Frauenarbeit

Die Frauenarbeit auf den Bergwerken[59] war in Deutschland nicht von großer Bedeutung. Im Ruhrrevier und im Saarland war sie gänzlich unbekannt, während im Jahre 1900 im Oberbergamtsbezirk Breslau 7574 Frauen über Tage beschäftigt waren.[60] Der Einsatz unter Tage war aber hier im Gegensatz zu Belgien verboten. Trotz des geringen Umfanges verurteilte Hue – wie andere Gewerkschafter[61] – die Beschäftigung von Frauen und Mädchen nicht nur, weil durch sie die Löhne gedrückt würden.[62] Er empfand sie generell als „eine Schande für die Menschheit“.[63] „Was kann wohl mehr ein Volk verderben, als ein ungenügender Schutz seiner Mütter und des jungen Nachwuchses?“, fragte er anklagend.[64] Die Tätigkeit „bei der Kohlenverladung, beim Wagenstoßen, am Ausziehen der Koksöfen und Beschicken der Öfen mit Schmelzgut“ und „der stete Aufenthalt in Kohlenstaub, Gasdunst, Schwefeldampf und vor den glühenden Öfen“[65] ruiniere den weiblichen Körper und führe außerdem zu einer „Verkrüppelung des Nachwuchses“.[66] Des weiteren unterstellte Hue, dass die Frauenarbeit ein „zerstörtes Familienleben, Alkoholmißbrauch, Unsittlichkeit, Verarmung und körperlichen Rückgang der betreffenden Arbeiterschicht“ verursache.[67] Aus Oberschlesien wusste er zu berichten, dass auf den Galmeigruben Frauen nachts arbeiten mussten, und dabei sollten dann „Dinge vorgekommen“ sein, „die sich im frommen Oberschlesien eigent-

[57] Ebd., S. 40.

[58] Ebd., S. 42.

[59] Zur Frauenarbeit im Bergbau: Vanja, Frauenarbeit.

[60] Ihr Anteil an der Gesamtbelegschaft betrug 6,9 %. Im Oberbergamtsbezirk Halle waren 813 (1,5%), im Oberbergamtsbezirk Bonn 443 (0,4 %) Frauen und Mädchen beschäftigt. Zahlen nach Imbusch, Arbeiterinnen, S. 8f. – Zu Oberschlesien: Puls, Rochaden, S. 103–115.

[61] Imbusch, Arbeiterinnen. Zu den Bergarbeiterverbänden: Wisotzky, Bergarbeiterbewegung und die Frauen.

[62] Otto Hue, Aus Oberschlesien, in: Bergarbeiter-Zeitung 22, 30.5.1896.

[63] OH, Belgische Zustände I, in: Bergarbeiter-Zeitung 50, 11.12.189; Hue, Mehr Bergarbeiterschutz, S. 26: „Schmach für die Menschheit“.

[64] Noch drastischer äußerte sich Hue drei Jahre später: „Wer die Mütter des Volkes nicht schont, wer sie belastet mit gesundheitszerstörender Gruben- und Hüttenarbeit, der ist ein *Volksfeind.*“ Bergarbeiter-Zeitung 26, 4.7.1903.

[65] Hue, Mehr Bergarbeiterschutz, S. 29.

[66] Ebd., S. 27.

[67] Ebd., S. 30. – Ebenso fiel der Befund bei Imbusch, Arbeiterinnen, aus. S. 53–59.

lich nicht zutragen sollten".[68] Im Einklang mit allen Bergarbeitern forderte er daher: „Fort mit der Frauenarbeit auf den Bergwerken und in den Hütten! Gesetzliches Verbot derselben, keine Ausnahmebestimmungen."[69]

Da es aber auch im Bergbau durchaus geeignete Tätigkeiten für Frauen gab wie das Klauben von Gestein an den Lesebändern, so lag der Forderung nach dem generellen Verbot nicht allein der Schutz der Frau und des Nachwuchses zugrunde. Die Bergarbeiterin entsprach in ihrem Auftreten nicht den bürgerlichen Weiblichkeitsvorstellungen, wie sie sich im 19. Jahrhundert herausgebildet hatten und die Hue teilte. Dies demonstrieren seine Eindrücke von einer Besichtigungstour durch Belgien: „Auf einmal tauchen Gestalten auf, sie kommen näher, es sind Mädchen und Frauen, die plaudernd und scherzend von der Grube heimkehrten. Diesen Vertretern des ‚schönen Geschlechts' ist es anscheinend nicht bewußt, wie abstoßend sie mit ihren kohlenstaubbedeckten Gesichtern aussehen. Auch die von den Dichtern so schön besungene ‚Züchtigkeit' des Weibes ist nicht mehr ganz ungetrübt bei den uns begegnenden Proletarierinnen zu finden, denn einige rufen uns herausfordernde Worte zu!"[70]

Die Angst vor der „Vermännlichung" der Frau sowie vor deren selbstbewusstes Auftreten hatte die Gewerkschaftsvertreter erfasst; ein weiteres Vordringen der Frau in die Männerwelt musste verhindert werden, darauf zielte die gewerkschaftliche Argumentation ab, eine seltsame Mischung aus realen Sachverhalten, unterschwelligen Ängsten und diffusen Vorurteilen, wobei man selbst vor Diffamierungen nicht zurückschreckte.

Beschäftigung von Jugendlichen

Im deutschen Bergbau war die Beschäftigung von Kindern unter 14 Jahren verboten, ebenso war die Untertagearbeit der Jugendlichen unter 16 Jahren im Allgemeinen nicht gestattet, doch mit Bewilligung der Oberbergämter waren Ausnahmen von dieser Vorschrift zugelassen.[71] Hue war dennoch der Auffassung, dass „noch sehr vieles zu bessern" sei.[72] Seine Forderung, die Altersgrenze für unterirdische Arbeit auf 18 Jahre heraufzusetzen, blieb allerdings ohne rechte Begründung: „Zur Erhaltung der Volkskraft" sei „ein größerer Schutz der Jugend nothwendig geworden". Es gelte, „die Folgen der Industrie für die Volksgesundheit ab(zu)schwächen".[73]

eine arbeiterfreundliche Knappschaftsreform

Ein weites Feld, das reichlich Anlass zu Kritik bot, war das in 138 Vereine zersplitterte Knappschaftswesen, das Versicherungssystem, dem jeder im Bergbau tätige Arbeiter zwangsweise angehörte.[74] Es sei „eine Plage, die auf dem großen Heere der Gruben-

68 OH, Aus Oberschlesien.

69 Hue, Mehr Bergarbeiterschutz, S. 30.

70 OH, Belgische Zustände I.

71 Zur Jahrhundertwende arbeitete ein Zehntel von ihnen unter Tage. Martin, Allgegenwärtiger Tod, S. 158.

72 Hue, Mehr Bergarbeiterschutz, S. 30.

73 Ebd., S. 33.

74 Die Literatur zur Knappschaft ist zu umfangreich, um sie hier anzuführen. Als ersten Überblick: … höchst verpönte Selbst-Hülfe; Berufliches Risiko; Bluma, Das geschlossene System. – Zur Vielfalt der Knappschaftsvereine: Lauf, Die deutschen Knappschaftsvereine.

arbeiter schon seit zwei Menschenaltern mit steigend aufreizender Schwere lastet".[75] Hier würde dem Bergmann „das bitterste Unrecht" angetan,[76] das nur durch „die Vereinheitlichung des ganzen Knappschaftswesens" und die „Schaffung einer gemeinsamen Knappschaftskasse für alle Bundesstaaten" beseitigt werden könnte.[77]

Vor allem beklagte Hue, dass die Unternehmer die Vorstände beherrschten, obwohl sie weniger als die Bergleute in die Kasse einzahlten. Die Parität von Arbeiter- und Unternehmervertreter stünde nur auf dem Papier, zumal die Knappschaftswahlen in vielen Bezirken eine Farce seien. Als Beispiel verwies Hue auf den Wurmknappschaftsverein, wo 1896 als „Arbeitervertreter" drei Betriebsführer und ein Bergassessor fungierten. Um das „schreiende Unrecht"[78] zu beenden, müsse die Sonderstellung der Knappschaftsvereine aufgehoben werden. Durch die Gleichstellung mit den Ortskrankenkassen, in denen die Mitglieder 75 % des Verwaltungspersonals wählen würden, könne „die völlige Herrschaft der Werksbesitzer über die Kassengelder" beseitigt werden und die Bergarbeiter erhielten das „Verfügungsrecht über ihr eigenes Geld" zurück.[79]

Da eine solch radikale Reform auf den Widerstand der Unternehmer stieß und die preußische Regierung keinesfalls die vorgeschlagene Änderung vornehmen wollte, hoffte Hue wenigstens auf eine Beseitigung der größten Missstände:[80]

– Da zwischen den meisten Knappschaftskassen keine Gegenseitigkeitsverträge vereinbart wurden, verlören die Arbeiter beim Wechsel in ein anderes Revier ihre erworbenen Rechte, wodurch das Freizügigkeitsrecht der Bergleute stark geschmälert werde.

– Ungerecht sei die Einteilung in „ständige" und „unständige" Mitglieder.[81]

– Die Auflage, nur den von der Knappschaft bestimmten Arzt aufsuchen zu dürfen, wäre für den Bergmann eine „Vergewaltigung seiner freien Persönlichkeit".[82]

– Wegen der nicht geheimen Wahl der Knappschaftsältesten, der Vertreter der Bergarbeiter, fürchteten viele Wähler aus Angst vor Maßregelung durch die Grubenverwaltung ihre Stimme dem Verbandskandidaten zu geben.

– Die Leistungen der einzelnen Vereine seien vielfach unzureichend. Ein Kranker könne mit einem Tagessatz von 1,50 Mark keine Familie ernähren. Ebenso fiele ein Invalide mit einer monatlichen Pension, die je nach Dienstzeit zwischen 17 und 36 Mark betrug, der Armenkasse anheim.

– Den Pensionären werden Bezüge aus einer Unfall- oder reichsgesetzlichen Invalidenrente von der Pension abgezogen.

Um eine Besserung der Verhältnisse zu erzielen, plädierte Hue erstens für eine reichsgesetzliche Regelung, wodurch die Freizügigkeit der Bergarbeiter gewährleistet werde.

75 Otto Hue, Die preußische Regierung am Scheidewege, in: Neue Zeit 22 (1903/04) 23, S. 724–732, S. 724.

76 Hue, Mehr Bergarbeiterschutz, S. 43.

77 [Otto Hue], Streiflichter auf unser Knappschaftswesen, S. 5.

78 Otto Hue, Die gesetzliche Sonderstellung der deutschen Knappschaftsvereine, in: Correspondenzblatt 10, 10.3.1902, S. 145–147, S. 146.

79 Ebd.

80 Hue, Mehr Bergarbeiterschutz, S. 43–52; Streiflichter auf unser Knappschaftswesen; Otto Hue, Die preußische Regierung am Scheidewege.

81 In einigen Knappschaftsvereinen wurden die neuangelegten Bergleute zunächst als „Unständige" aufgenommen, die dann bestimmte Bedingungen erfüllen mussten, um zum „ständigen Mitglied" aufzusteigen. Die „Unständigen" mussten in die Pensionskassen einzahlen, hatten aber trotz Beitragszahlung keinen Anspruch auf eine Pension. Martin, Arbeiterschutz, S. 392f.

82 Streiflichter auf unser Knappschaftswesen, S. 6.

Ließe sich diese nicht erreichen, sollten wenigstens sämtliche Vereine eines Bundesstaates verschmolzen werden. Bis dies geschehe, müssten aber die einzelnen Vereine Gegenseitigkeitsverträge abschließen. Zweitens seien die zu geringen Leistungen für die Kranken und Invaliden, für die Witwen und Waisen unbedingt zu erhöhen, die „Unständigkeit“ zu beseitigen, die freie Ärztewahl und geheime Wahlen einzuführen. Als Fernziel gab Hue die Selbstverwaltung der Kassen durch die Arbeiter aus.

Die Kritik und die Verbesserungsvorschläge, die Hue vorbrachte, waren im Allgemeinen Grundkonsens bei den Bergarbeiterverbänden[83] und gehörten zum Forderungskatalog der organisierten Bergarbeiterbewegung von Beginn an.[84] Es unterschied sich daher nur in Nuancen von dem, was in den Versammlungen und Konferenzen, auf den Tagungen und bei den Ausständen immer wieder vorgebracht wurde. Zweifellos hätte eine Umsetzung der Forderungen die Lebens- und Arbeitssituation der Bergarbeiter verbessert. Doch ebenso ist festzuhalten, dass die einzelnen Programmpunkte im Rahmen des kapitalistischen Systems blieben und an den Eigentumsverhältnissen im Bergbau nichts geändert hätten. Einen entschiedenen Schritt weiter ging die von Hue propagierte und vom Alten Verband befürwortete Verstaatlichung der Gruben.

6.2 Die Verstaatlichung des Bergbaus

Die Verstaatlichung der Bergwerke war eine grundlegende Forderung der Sozialdemokratie, die schon im Erfurter Programm zu finden war. Die Bergleute an Rhein und Ruhr waren hingegen äußerst skeptisch, ob diese für sie von Vorteil wäre, denn die Arbeits- und Lohnverhältnisse auf den oberschlesischen und saarländischen Staatsbergwerken waren deutlich schlechter als im Ruhrgebiet.[85] Hue teilte zu Anfang seiner Verbandskarriere ihre Ansicht: „Eine Übernahme der Bergwerke etc. durch den Staat kann nur dann für den Arbeiter Vortheil bringen, wenn dieser Staat eine Vertretung des Gesammtvolkes darstellt. Erst Einfluß im Staat haben und dann diesem zum Brodherren machen.“[86]

Ein Meinungsumschwung trat bei ihm ein, als während des Jahres 1900 in Deutschland eine große Kohlennot herrschte. Die Unzufriedenheit der Konsumenten wurde verstärkt durch die enorm gestiegenen Kohlenpreise.[87] Für Hue war „der Kohlenwucher“

[83] Siehe den Forderungskatalog, den Bergarbeiterverband, der christliche und der Hirsch-Dunckersche Gewerkverein im Dezember 1900 auf einer Konferenz in Essen verabschiedet haben. Otto Hue, Mehr Bergarbeiterschutz?, in: Correspondenzblatt 20, 20.5.1901, S. 316–318 u. 21, 25.5.1901, S. 334–336.

[84] Siehe den auf dem ersten Bergarbeitertag 1890 angenommenen „Beschlußantrag“. Hue, Bergarbeiter 2, S. 414f.

[85] Anton Bredenbeck bekannte: „Der damals herrschende Zuchthauskurs, das System Hilger auf den Staatsgruben im Saarrevier und noch vieles andere ließen es mir und anderen durchaus unerwünscht erscheinen, die überaus reaktionäre Staatsgewalt durch Auslieferung der Bergwerke noch zu stärken.“ Anton Bredenbeck, Sollen wir die Verstaatlichung der Bergwerke fordern?, in: Die Glocke 2 (1916) H. 34, S. 266–271, S. 267. Allgemein: Fritsch, Eindringen, S. 95. – Zu Oberschlesien: Schofer, Formierung; Puls, Rochaden. Zum Saarland: Mallmann, Anfänge der Bergarbeiterbewegung; Steffens, Autorität und Revolte; Mallmann/Steffens, Lohn der Mühen.

[86] Bergarbeiter-Zeitung 19, 9.5.1896 „Zum Programm des diesjährigen internationalen Bergmannskongresses“.

[87] Der Durchschnittspreis der Steinkohle im Oberbergamtsbezirk Dortmund war von 7,31 M (1898) über 7,66 (1899) auf 8,53 M angestiegen. Holtfrerich, Quantitative Wirtschaftsgeschichte, S. 24.

bestens „geeignet, dem Publikum – nicht nur den Arbeitern – die Augen zu öffnen über die Unhaltbarkeit der gekennzeichneten Zustände". „Die Enteignung der Kohlenmonopolisten" dürfe daher „nicht von der öffentlichen Tagesordnung verschwinden".[88] Als dann auch in konservativen Kreisen und in der Zentrumspartei vereinzelt der Ruf nach Verstaatlichung laut wurde, war das für ihn der Beweis, dass sich „die gesunde Vernunft des Volkes" gegen ein System sträubt, „wo unthätige Monopolisten schrankenlos über Erdschätze und Volkskraft verfügen".[89] Und er war davon überzeugt, „daß die Unerträglichkeit eines solchen Zustandes die Gemeinschaft unwiderstehlich auf seine Beseitigung drängen läßt".[90] „Die Bergwerksverstaatlichung wird kommen, das ist so sicher wie die Erde sich dreht."[91]

In einer solchen Situation dürften die Bergarbeiter nicht mehr bei ihrer abwartenden, passiven Haltung bleiben. Es sei „an der Zeit, dem Problem praktisch auf den Leib zu rücken",[92] weshalb er im November 1900 „die möglichst schnelle, sofortige Propaganda für Grubenverstaatlichung" seitens der Sozialdemokratie befürwortete.[93] Er wollte mit der Umsetzung auch nicht, wie von Karl Kautsky, dem maßgebenden Theoretiker der Partei, empfohlen,[94] solange warten, bis das Proletariat die Macht erobert hätte. „Das dauert mir dann doch etwas zu lange."[95]

1902 war die Verstaatlichung das Thema auf der 13. Generalversammlung des Bergarbeiterverbandes. Der Referent war Otto Hue, der Klarheit über drei Punkte schaffen wollte:

„1. Wie ist die heutige Rechtslage; widersteht sie einer Verstaatlichung?
2. Liegt es im Allgemeininteresse, die Gruben zu verstaatlichen?
3. Haben speziell die Bergarbeiter ein Interesse daran, die Verstaatlichung zu fordern?"[96]

Hue vertrat die Meinung, dass eine Verstaatlichung rechtlich keine Probleme bereite, da der Staat ja Eigentümer der Mineralien sei. „Darum ist es falsch, von Gruben*besitzern* zu sprechen; sie sind nur Gruben*pächter*!"[97] Eine Verstaatlichung sei ausdrücklich zu begrüßen, da der Staat mehr „Interesse an der gemeinnützigen Verwendung des Volkseigenthums"[98] hätte als die Bergbau-Monopolisten, die keine Rücksicht auf die Staatsfinanzen und die Konsumenten nähmen.[99] Hue entgegnete dem Einwand, dass der Staat die erzielten Gewinne „im Interesse des Militarismus" missbrauchen werde,[100] mit dem Hinweis, dass schon heute enorme Summen für das Heer und die Flot-

88 O.H., Die „Selbstkosten" des Grubenkapitals, in: Vorwärts 106, 8.5.1901.

89 Bergarbeiter-Zeitung 36, 15.9.1900 „Verstaatlichung der Bergwerke".

90 Hue, Neutrale oder parteiische Gewerkschaften, S. 154.

91 Bergarbeiter-Zeitung 36, 15.9.1900 „Verstaatlichung der Bergwerke".

92 Otto Hue, Kohlenversorgung und Grubenverstaatlichung, in: Neue Zeit 19 (1900/01) 9, S. 261–272, S. 272.

93 Ebd., S. 261.

94 Karl Kautsky, Der Kampf der Kohlengräber in Österreich, in: Neue Zeit 18 (1899/1900) 23, S. 712–720.

95 Otto Hue, Kohlenversorgung und Grubenverstaatlichung, S. 261.

96 Protokoll der Generalversammlung 1902, S. 106.

97 Ebd., S. 107.

98 Ebd., S. 108.

99 Im Reichstag führte Hue später aus: „Nachdem eine solche Ansammlung von riesiger wirtschaftlicher Macht sich in wenigen Händen vollzogen hat, nachdem diese Macht zweifellos, wie auch von bürgerlicher Seite wiederholt ausgeführt worden ist, mißbraucht wird gegen das Allgemeinwohl, da ist es auch Zeit, daß man den Finger in diese Wunde legt, das Volkseigentum vor denen schützt, die es verschleudern!" Reichstagsrede am 24.11.1908, Verhandlungen, S. 5702.

100 Protokoll der Generalversammlung 1902, S. 108.

te durch indirekte Steuern und Anleihen aufgebracht werden. Der Staatsbürger könne daher gegenüber den bestehenden Verhältnissen nur gewinnen. Direkte Vorteile einer Verstaatlichung für die Bergarbeiter konnte er zwar nicht ausmachen, aber er sah auch keine Nachteile.

Hue schloss keineswegs die Augen vor den gravierenden Mängeln auf den fiskalischen Gruben,[101] dennoch tat er die Angst vor Verschlechterungen als „thörichte Gespensterfurcht vor dem Fiskus" ab.[102] Die Gewerkschaftsbewegung sei stark genug, um dies zu verhindern.

Im Interesse aller Staatsbürger sollte sich daher der Bergarbeiterverband für die Grubenverstaatlichung aussprechen. „Das Berufsinteresse muß vor höheren Zwecken zurücktreten."[103] Da die Generalversammlung mit der Rede Hues abschloss und keine Zeit mehr für eine Diskussion blieb, ist es nicht ersichtlich, ob die Delegierten seine Ausführungen teilten oder ob weiterhin große Vorbehalte Bestand hatten.

Mit der Beseitigung der Kohlennot endete die Debatte in der Sozialdemokratie, und sie lebte auch nicht wieder auf, als der preußische Staat bemüht war, die Aktienmehrheit der Hibernia AG zu erwerben, um größeren Einfluss auf die Bergbauindustrie zu gewinnen.[104]

Für Hue hingegen wurde die Verstaatlichung zum Allheilmittel für zahlreiche Probleme des Bergbaus. Bei den unterschiedlichsten Anlässen plädierte er für die Übernahme der Gruben durch den Staat.[105] „Expropriation der Expropriateure!"[106] lautete seine Parole. So könnten die nationalen Bodenschätze durchgreifend geschützt werden[107] und könnte der „Verschleuderung der unersetzlichen Nationalgüter … Einhalt getan werden".[108]

Weil ihm das Thema so wichtig war, forderte er 1913 die Delegierten der Generalversammlung auf: „Machen Sie es sich zur Pflicht, in allen Kreisen, wo Sie hinkommen, auch in bürgerlichen Kreisen, in den Gemeindeverwaltungen usw. den Gedanken der Bergwerksverstaatlichung zu propagieren. Sie muß in der öffentlichen Meinung anerkannt werden als eine absolute Notwendigkeit, dann wird das Reich oder der Staat durch die öffentliche Meinung gezwungen werden, dem Treiben der Syndikate und Kartelle, der drohenden Vertrustung unserer Berg- und Hüttenindustrie Einheit zu tun, und durch die Verstaatlichung dem Volke zurückgeben, was dem Volk durch den Kapitalismus genommen wurde."[109]

Eine Entschädigung der Grubenbesitzer seitens des Staates wollte Hue nicht generell ausschließen, aber es sollten nur „wirkliche Vermögensverluste",[110] Investitionen, die sich noch nicht amortisiert hätten,[111] ersetzt werden. Solche Verluste könnten aber die

101 Otto Hue, Der preußische Staat als Bergwerksbesitzer, in: Neue Zeit 20 (1901/02) 25, S. 788–793.
102 Protokoll der Generalversammlung 1902, S. 112.
103 Ebd., S. 109.
104 Bleidick, Hibernia-Affäre, S. 147 Anm. 128.
105 Otto Hue, Die katholischen Arbeiter und das Zentrum, in: Neue Zeit 21 (1902/03) 41, 473–476, S. 475; Rede im Bochumer Schützenhof am 26.2.1905. Dortmunder Zeitung 106, 27.2.1905.
106 Reichstagsrede am 24.11.1908, Verhandlungen, S. 5703; Otto Hue, Bergarbeiter- und Syndikatsfragen, in: Neue Zeit 32 (1913/14) 7, S. 314–320, S. 320.
107 Reichstagsrede am 7.7.1909, Verhandlungen, S. 9186.
108 Reichstagsrede am 24.11.1908, Verhandlungen, S. 5703.
109 Protokoll der Generalversammlung 1913, S. 252.
110 Otto Hue, Kohlenversorgung und Grubenverstaatlichung, in: Neue Zeit 19 (1900/01) 9, S. 261–272, S. 262.
111 Bergarbeiter-Zeitung 36, 15.9.1900 „Verstaatlichung der Bergwerke".

meisten der heutigen Gewerken und Aktieninhaber nicht geltend machen, da sie wie z.B. Carl Funke, der seine Karriere als armer Maurergeselle begonnen hatte, durch die Ausbeute der Kohlenschätze zu Millionären geworden sind.[112] Zudem fand es Hue seltsam, dass sie als Pächter des Grubenfeldes entschädigt werden sollten. Kein Mieter käme auf eine solche Idee, wenn ihm gekündigt würde.[113]

6.3 Kooperation oder Konfrontation?

Die von Hue und dem Bergarbeiterverband aufgestellten Forderungen konnten – theoretisch – durch Verhandlungen mit den Arbeitgebern, durch gesetzliche Maßnahmen, durch Arbeitskämpfe oder nach einem revolutionären Umsturz erfüllt werden.

Letzteres lag allerdings völlig außerhalb des Denkens von Hue. Zwar war er davon überzeugt, dass „die soziale Frage für die Bergleute wie für das gesamte Volk nur gelöst werden kann durch ... die Durchführung der Produktion auf der sozialistischen Grundlage überhaupt“,[114] doch betonte er, kein Umstürzler zu sein.[115] Auch der Verband verfolge keine „umstürzlerischen staats- und volksfeindlichen Ziele“,[116] sondern erstrebe „auf dem Boden der heutigen Gesellschaftsordnung mit allen gesetzlichen Mitteln möglichst günstige Lohn- und Arbeitsbedingungen“ zu erzielen.[117] Wie andere Gewerkschafter gab Hue „der Sozialreform den Vorzug vor der Sozialrevolution, die unwägbare Risiken in sich barg,“ und verfolgte keineswegs eine „kompromißlose Verschärfung des Klassenkampfes“.[118]

Angesichts der Stärke der bestens organisierten Unternehmer, die – nach seiner Einschätzung – die Bergarbeiterverbände nicht besiegen könnten,[119] riet Hue von Kampfaktionen ab und empfahl als bessere Alternative, Verhandlungen mit den Arbeitgebern zu führen, „damit auf legale Weise ein guter korporativer Arbeitsvertrag zu Stande kommt“.[120] Er hegte die Illusion, die Zechenbesitzer von den Vorteilen einer Zusammenarbeit mit den Gewerkschaften überzeugen zu können, und appellierte an diese, die praktischen Erfahrungen der Arbeiter zu nutzen und nicht auf die Mitwirkung der Berufsverbände zu verzichten, sondern diese rückhaltlos anzuerkennen. „Ein solches vernünftiges Entgegenkommen“ sei „fruchtbringender für unser Gemeinwesen“,[121] sei „ein besserer Schutz gegen kommende wirthschaftliche Wirren“ als die bisherige „Volksbedrückung“.[122] Sein Angebot stieß auf taube Ohren. Die Ablehnung von Tarifverträgen war „für die Arbeitgeber im Bergbau ein politisches Glaubensbekenntnis von prinzipiel-

112 Otto Hue, Kohlenversorgung und Grubenverstaatlichung, S. 262.

113 Bergarbeiter-Zeitung 36, 15.9.1900 „Verstaatlichung der Bergwerke“.

114 Vorwärts 51, 1.3.1905.

115 Rede in Hohenbostel am 8.5.1898. Bergarbeiter-Zeitung 20, 14.5.1898; Rede auf dem Jubiläumsfest in Werden. Bergarbeiter-Zeitung 41, 22.10.1899.

116 Rede in Potschappel b. Dresden (Plauenscher Grund) am 19.7.1898. Bergarbeiter-Zeitung 31, 30.7.1898.

117 Rede auf einer Versammlung der Zimmerer am 5.1.1896. Rheinisch-Westfälische Arbeiterzeitung 6, 8.1.1896.

118 Schönhoven, Selbsthilfe, S. 163.

119 O.H., Die Organisation der Industriellen II, in: Metallarbeiter-Zeitung 52, 26.12.1903.

120 Protokoll der Generalversammlung 1902, S. 112.

121 Hue, Mehr Bergarbeiterschutz, S. 57.

122 Ebd., S. 58.

ler Bedeutung".[123] Die Kohlenbarone beharrten auf ihrem Herr-im-Haus-Standpunkt, und Emil Kirdorf verteufelte die geringste Einschränkung ihrer Machtposition als „Vernichtung des ganzen wirtschaftlichen Blühens unserer Industrie".[124]

Trotz der strikten Verweigerungshaltung der Zechenbesitzer behielt Hue seinen Zweckoptimismus. „Zur Vernunft werden wir unsere Arbeitgeber schon zwingen, sobald uns die Macht von vielen Tausenden zu Gebote steht."[125] Daher erging an die Arbeiter die Aufforderung, „das Hadern und Salbadern" zu lassen. „Bierbankpolitik und Ofenhocken bringen uns keinen Schritt weiter." Vielmehr sollte „sich jeder Arbeiter in die Reihen seiner gewerkschaftlich kämpfenden Kameraden" stellen. „Bloße Redereien und Jammern helfen nichts, Opfer muß man bringen, sollen bessere Erwerbsverhältnisse geschaffen werden. Zeigen wir der Welt, daß wir unbedingt Besserung wollen, dann kommt sie."[126]

Solange die Gewerkschaften aber nicht zu einer solchen Stärke gelangten, um die Unternehmer an den Verhandlungstisch zu bringen, setzten die Bergarbeiterverbänden auf ein Einschreiten des Staates. Sie waren daher bemüht, die Öffentlichkeit zu ihren Gunsten zu mobilisieren, sandten Petitionen und Eingaben an die Regierung, appellierte an deren Verantwortung für das Gemeinwohl. Sie hofften auf ein Entgegenkommen angesichts der Bedeutung der Kohle für die Gesamtindustrie wie für die Privathaushalte. In der Tat zeigte sich die Regierung vor allem aus militärpolitischen Gründen – im Kriegsfalle durfte eine schnelle Mobilmachung nicht durch Kohlenmangel gefährdet werden – um den Arbeitsfrieden im Bergbau besorgt[127] und intervenierte im Konfliktfall, sodass „die Berggesetzgebung immer um einige Grade fortschrittlicher und arbeiterfreundlicher als die allgemeine sozialpolitische Gesetzgebung" ausfiel.[128] Gemessen an den gewerkschaftlichen Erwartungen fielen die Ergebnisse allerdings bescheiden aus.

Den Führern des Alten Verbandes steckte noch die Erfahrung der verlorenen Streiks in den frühen 1890er Jahren in den Knochen, die beinahe das Ende der Organisation bedeutet hätten, weshalb sie sehr vorsichtig mit diesem Kampfmittel umgingen. Angesichts der geballten Arbeitgebermacht im Bergbau waren die Erfolgsaussichten eines Streiks sehr gering. Die Verbandsführer hätten daher gerne „mit etwas weniger vorlieb" genommen, „wenn sie es ohne Streik bekommen können!"[129] Ihr Bekenntnis „Wir sehnen uns wahrhaftig nicht nach einem Streik!"[130] wurde nicht von allen Mitgliedern, aber von der großen Mehrheit geteilt.[131] Weil die Politik des Alten Verbandes darauf abzielte, Arbeitskämpfe möglichst zu vermeiden, reagierte Hue auf den Vorwurf, die Gewerkschaften würden die Arbeiter zum Streik aufhetzen, mit großer Empörung. „Die Streiks … sind nicht Produkte von Hetzern", sondern hätten „ihre Ursache in den schlechten

123 Weisbrod, Arbeitgeberpolitik, S. 126.

124 Zit. nach ebd., S. 125.

125 Bergarbeiter-Zeitung 3, 16.1.1897 „Was ist zu thun?".

126 Hue, Mehr Bergarbeiterschutz, S. 59.

127 Born, Staat, S. 111f.

128 Ebd., S. 111. Ebenso Dörr/Grawe, Der preußisch-deutsche Bergbau.

129 Reichstagsrede am 11.3.1907, Verhandlungen, S. 393.

130 So z.B. Hue auf einer Belegschaftsversammlung der Schachtanlage Kaiserstuhl II. Bergarbeiter-Zeitung 12, 24.3.1900. Ebenso Otto Hue, Zur deutschen Bergarbeiterbewegung, in: Neue Zeit 18 (1899/1900) 28, S. 9; Rede in Bruckhausen am 14.10.1906. Dortmunder General-Anzeiger 284, 16.10.1906.

131 Gegenteiliger Auffassung ist Fritsch, Eindringen, S. 66–74, der der Verbandsführung vorwirft, den „Kampfwillen des Proletariats" gelähmt zu haben (S. 67), was sie „zu direkten Handlangern des Monopolkapitals" (S. 71) gemacht hätte.

Lohn- und Arbeitsverhältnissen". „Wer das nicht einsehen kann, ... dem hilft kein Gott zum Verständniß," erklärte er kategorisch.[132] Die Gewerkschaften sahen es vielmehr als ihr Verdienst an, wenn trotz der herrschenden Unzufriedenheit in den Belegschaften und trotz der „Streik"-Rufe auf den Versammlungen kein Arbeitskampf ausbrach. Da sie „Streiks und Krawalle, diese Blutsauger des Volkswohlstandes", zu vermeiden suchten, nahmen sie für sich in Anspruch, „die wahren Staatserhalter" zu sein,[133] denn im Gegensatz zu einem „Maurer- oder Anstreicherstreik" sei ein Bergarbeiterstreik „eine Katastrophe für die ganze Industrie, für die ganze Menschheit".[134] So galt besonders für den Alten Verband: Gewerkschaften sind, „ganz im Gegensatz zur Argumentation der historischen Kontrahenten, nicht Streikvereine, sondern lassen sich viel präziser als Streikvermeidungsvereine verstehen".[135] Hue betonte wiederholt, dass „nicht von den organisirten Bergleuten ... unüberlegte Aktionen zu befürchten [seien], sondern die große Masse der Unorganisirten bilden die ständige Gefahr der Volkswirthschaft".[136] Abschreckendes Beispiel waren für ihn die sogenannten Herner Krawalle, der „wilde Streik" der Schlepper und Pferdejungen im Norden des Ruhrgebiets im Jahre 1899.[137]

Die Bergarbeiterführer lehnten einen Ausstand nicht grundsätzlich ab – „Wenn freilich statt legaler Anerkennung nur schroffes Zurückweisen erfolgt, dann allerdings müssen wir kämpfen."[138] Weil aber eine Arbeitsniederlegung „ein zweischneidiges Schwert" war, hieße es, die Erfolgsaussichten genau abzuwägen und nicht aus Verzweiflung die Brocken hinzuschmeißen.[139] Um einen Streik erfolgreich führen zu können, mussten – so Hue – drei Bedingungen erfüllt sein: „Günstige Konjunktur, Elan der Masse, gute Organisation."[140] Leider sei es aber so, dass gerade in Zeiten einer Hochkonjunktur, die Streikstimmung am geringsten ausfiele. Bei einer wirtschaftlichen Krise hingegen herrsche zumeist „wilde Empörung über die willkürlichen Maßnahmen der Unternehmer", sodass es ein Leichtes wäre, die Arbeiter zu mobilisieren. Aus Vernunft müssten die Gewerkschaftsführer gerade dann davon absehen, auch wenn sie „vielfach Vorwürfe wegen ‚Leisetreterei' zu hören" bekämen. Schließlich sei stets zu bedenken, dass nur ein kleiner Teil der Bergarbeiterschaft organisiert sei, sodass es nicht zur „Einleitung einer Aktion großen Stils" reichen würde. Um unüberlegtes Handeln zu verhindern, beanspruchte allein der Vorstand die Entscheidungsbefugnis über den Beginn eines Arbeitskampfes.

132 Otto Hue, Herr Erster Staatsanwalt Peterson und die Bergarbeiterzeitung, in: Bergarbeiter-Zeitung 35, 31.8.1895.

133 Bergarbeiter-Zeitung 22, 1.6.1895 „Streik und Organisation".

134 Rede Hues auf der Mitgliederversammlung der Zahlstelle Essen des Bergarbeiterverbandes am 29.5.1904. LAD NRW Abt. Rheinl. Reg. Düsseldorf 15916, Bericht der Polizeiverwaltung Essen, 3.6.1904. – Auf der Mitgliederversammlung in Essen im Januar 1900 hatte er ausgeführt, „daß die organisierten Bergleute des Ruhrbeckens alles aufbieten würden, um unsere blühende Industrie vor einer Erschütterung durch einen Bergarbeiterausstand zu bewahren". Allgemeiner Beobachter 24, 30.1.1900 „Werden die Ruhrbergleute sobald streiken?".

135 Tenfelde, Zur Bedeutung der Arbeitskämpfe, S. 27; ders., Radikal, militant?, S. 388.

136 Bergarbeiter-Zeitung 3, 16.1.1897 „Was ist zu thun?".

137 Hue, Die Krawalle von Herne. Zu den Ereignissen: Tenfelde, Die „Krawalle von Herne"; Brüggemeier, Leben vor Ort, S. 202–211; Peters-Schildgen, „Schmelztiegel" Ruhrgebiet, S. 76–91; Kulczycki, The Foreign Worker, S. 105–153; Kulczycki, The Herner Polenaufstand.

138 Hue auf der Generalversammlung 1902. Protokoll, S. 112.

139 Polizeilicher Überwachungsbericht über die Delegiertenversammlung in Bochum am 1.1.1899. LAD NRW Abt. Westf. Reg. Arnsberg 14362. Bergarbeiter-Zeitung 6, 11.2.1899.

140 Otto Hue, Internationale Bergarbeiterverhältnisse I, in: Correspondenzblatt 2, 13.1.1902, S. 23f., S. 23.

Die Position, die die Verbandsführung und Otto Hue einnahmen, wurde auf der Altenburger Generalversammlung im Jahre 1900 in einer einstimmig verabschiedeten Resolution prägnant formuliert:

„Der Verband ist eine Kampfesorganisation, ohne deshalb den Kampf gegen die Unternehmer als seinen Selbstzweck zu betrachten. Wo es nur eben angängig ist, werden wir uns bemühen, Vorteile für unsere Mitgliedschaft zu erzielen auf dem Wege gütlicher Verhandlung mit den Werksbesitzern. Den Ausstand werden wir nur dann proklamieren, wenn alle Verhandlungsversuche scheiterten und sonst kein Mittel zur Erreichung unseres Zweckes übrig blieb.“[141]

Hue verkannte nicht, dass ihr Einfluss begrenzt war. Wenn sich bei den Bergleuten zu viel an Wut und Verzweiflung angesammelt habe, dann bräche der Ausstand „mit elementarer Gewalt los“, und die Organisation stünde diesem „planlosen, plötzlichen Erwachen des Selbstgefühls der Arbeiter“ macht- und hilflos gegenüber.[142] Hue gestand angesichts der „Handlungsautonomie der Belegschaften“, die gerade im Bergbau Tradition hatte,[143] ein, dass es die bittere Wahrheit sei, dass selbst „die ‚berühmten Arbeiterführer‘ gar nicht in der Lage sind, die streiklustigen Arbeiter zurückzuhalten, weil der Streikausbruch die Antwort auf eine Reihe unzähliger Demüthigungen sein soll, die die Kapitalisten den Arbeitern zumutheten“.[144]

Die Erfahrung machten Hue und die anderen Bergarbeiterführer auch im Ruhrrevier, als im Februar 1905 mehr als 200.000 Bergarbeiter die Arbeit niederlegten.[145] Es war ein weltweit beachtetes Ereignis, denn einen solchen Ausstand hatte es bis dato weder in Deutschland noch in anderen europäischen Ländern gegeben. Er stellte sogar den 1902 ausgefochtenen Arbeitskampf der amerikanischen Bergarbeiter in den Schatten.[146]

141 Protokoll der Generalversammlung 1900, S. 26.

142 Bergarbeiter-Zeitung 22, 1.6.1895 „Streik und Organisation“.

143 Tenfelde, Sozialgeschichte der Arbeiterbewegung, S. 338; Tenfelde, Probleme der Organisation, S. 45ff.

144 OH, Ein wichtiger Gedenktag für die niederschlesische Bergarbeiterschaft, in: Bergarbeiter-Zeitung 47, 2.12.1899.

145 Zum Streikverlauf und seinen Ursachen: Imbusch, Arbeitsverhältnis, S. 566–598; Hue, Bergarbeiter 2, S. 575–601; Koch, Bergarbeiterbewegung, S. 85–99; Gladen, Streiks, S. 131–141; Brüggemeier, Leben vor Ort, S. 211–217. Aus Sicht der marxistischen Ideologie der DDR: Fricke, Ruhrbergarbeiterstreik. Zum Unternehmerstandpunkt: Engel, Ausstand.

146 Engel, Ausstand, S. 35.

7. Der Streik des Jahres 1905 und seine Folgen

7.1 Vorgeschichte und Streikverlauf

Die Unzufriedenheit der Ruhrbergarbeiter über ihre Arbeits- und Lebensverhältnisse, die sich allmählich verstärkte und sich dann im Streik von 1905 Bahn brach, hatte mehrere Ursachen: der Nettojahreslohn des Jahres 1900 wurde in der Folgezeit nicht mehr erreicht; die Lebenshaltungskosten stiegen; das als ungerecht empfundene Strafwesen nahm einen immer größer werdenden Umfang an; die grassierende Wurmkrankheit erforderte eine langwierige und schmerzhafte Behandlung und war zudem mit einem Lohnausfall verbunden; die Zahl der Unfälle stieg, was die Bergarbeiter auf das „Antreibersystem“ zurückführten; das Verhältnis zu den Zechenbeamten hatte sich durch Querelen bei der Gedingesetzung und durch das Wagennullen verschlechtert; die Zechenstilllegungen im Süden und Osten des Reviers zwangen die betroffenen Bergleute zum Arbeitsplatzwechsel und riefen Zukunftsängste bei den benachbarten Belegschaften hervor.

Bereits im August 1903 verzeichnete der Bochumer Bezirkspolizeikommissar „eine nicht unerhebliche Unzufriedenheit“, die er allerdings „auf die agitatorische Tätigkeit“ Hues zurückführte, dem wegen seines Erfolgs bei der Reichstagswahl „der Kamm geschwollen“ sei.[1] In den Belegschaften sprach man davon, „die Brocken hinzuschmeißen“. Die Verbandsleitung war hingegen bemüht, die Bergleute zu beruhigen. Diesem Zweck diente eine stark besuchte Versammlung in Essen am 12. Juli 1903, auf der Hue trotz der rückläufigen Löhne vor einer Arbeitsniederlegung warnte.[2] Angesichts der schlechten Wirtschaftslage und des geringen Organisationsgrades – dem Verband gehörten gerade einmal 25 Prozent der Bergarbeiter im Ruhrgebiet an – wäre es „Wahnsinn, eine Streikparole auszugeben“. „Nehmen Sie also Abstand von allen törichten Gedanken“, rief er den Versammelten zu. Seine Vorschläge, stattdessen Belegschaftsvertreter zu wählen, die das Nullen der Wagen kontrollieren sollten, den Verband zu beauftragen, Eingaben an den Unternehmensverband, an das Oberbergamt und an das Handelsministerium zu richten und weiterhin die Organisation auszubauen, vermochten nicht so recht zünden. Der Versammlungsleiter gestand ein, dass Hue „der Versammlung einen gehörigen Dämpfer aufgesetzt“ habe, doch „er kenne nicht genau die herrschende Erbitterung, die sich Luft verschaffen wolle. Es sei ein Skandal, wie die Bergleute jetzt mißhandelt würden, das werde noch zum Krach kommen, trotz aller besänftigenden Reden.“ Sein Einwand löste

[1] LAD NRW Abt. Westf. Oberpräsidium Münster 2847 Bd. 8, Bezirkspolizeikommissar Bochum an Regierungspräsident Arnsberg, 4.8.1903. Siehe auch LAD NRW Abt. Westf. Reg. Arnsberg 14377, Bezirkspolizeikommissar Bochum an Regierungspräsident Arnsberg, 25.7.1903. – Zur Wahl Hues in den Reichstag siehe Kap. 9.2.

[2] Die Rede ist umfassend wiedergegeben in: Bergarbeiter-Zeitung 30, 1.8.1903. Siehe auch Allgemeiner Beobachter 157 u. 158, 14. u. 15.7.1903; LAD NRW Abt. Westf. Reg. Arnsberg 14377, Bezirkspolizeikommissar Bochum an Regierungspräsident Arnsberg, 25.7.1903; Correspondenzblatt 30, 25.7.1903, S. 471f. „Die Gärung im Ruhrkohlenbergbau“; Vorwärts 175, 30.7.1903. – Fritsch, Eindringen, S. 66f.; Hickey, Workers, S. 232f.

zwar bei den Anwesenden „stürmischen Beifall“ aus, dennoch verabschiedeten sie eine Resolution, in der sie sich mit den Ausführungen Hues „voll und ganz einverstanden“ erklärten. Die Essener Veranstaltung mit der Taktik, einerseits die Klagen der Bergleute aufzugreifen, sie als berechtigt anzuerkennen und die Unternehmer zu warnen, dass die Organisationen nicht länger mehr imstande seien, die Ruhe aufrecht zu erhalten, andererseits aber von einem Arbeitskampf abzuraten und auf Verhandlungen zu setzen, war dann die Richtschnur für alle folgenden Versammlungen des Alten Verbandes.[3]

Auf der Mitgliederversammlung der Zahlstelle Essen am 29. Mai 1904 wollte Hue als Referent wiederum die unzufriedenen Teilnehmer besänftigen, doch dieses Mal schlug ihm lautstarker Protest entgegen.[4] Der Knappschaftsälteste Theodor Wagner machte geltend: „Wenn gesagt wird die Situation sei zum Losschlagen nicht günstig, es müsse erst eine günstigere Zeit abgewartet werden, so können wir bis in die Ewigkeit warten. Die Situation wird nie so werden, wie der Hauptvorstand es wünscht.“ Er plädierte daher für die Aufnahme des Kampfes: „Wir wollen zeigen, daß wir vor nichts zurückschrecken und wenn man uns 10mal niederschlägt stehen wir auch 10mal wieder auf, bis wir entweder siegen oder ganz zu Grunde gezwungen sind.“ In die gleiche Kerbe schlug Franz Borrowski: „Wenn wir so schon bei der harten Arbeit hungern müssen, können wir auch bei einem Streik nichts mehr verlieren. Wir haben die große Masse hinter uns.“ Und Karl Wiesener schürte den Unmut gegen die Verbandsbeamten („Der Hauptvorstand singt das Lied ‚Schlaf Michel, schlaf‘ um ihren Schmerbauch nicht zu schädigen.“) und machte besonders Hue den Vorwurf, dass die günstige Gelegenheit zum Losschlagen im letzten Jahr durch seine „Beschwichtigungsreden“ versäumt worden wäre.

Aufgeschreckt durch die Stimmung in der Mitgliedschaft griff die Verbandsleitung überall ein, wo die Lage zu eskalieren drohte. Als die Direktion der Zeche Oberhausen im Januar 1904 die Arbeitszeit verlängerte, streikte die Belegschaft trotz der vorherigen Vermittlungsbemühungen seitens der Verbände.[5] Hue tadelte ihre „Disziplinwidrigkeit“. „Gerade in kritischer Zeit sei es doppelt nötig, den Anweisungen der verantwortlichen Organisationsleiter zu folgen. … Ohne Disziplin sei ein Erfolg ausgeschlossen.“[6] Doch seine Aufforderung, wieder anzufahren und das Ergebnis der Vermittlungsverhandlungen abzuwarten, fand kein Gehör. Erst als die Zechendirektion einlenkte und die Schichtzeitverlängerung zurücknahm, endete am 8. Februar der Arbeitskampf.

Oberhausen war ein Beispiel für das fortlaufende „Bremsen“ des Vorstandes während des Jahres 1904,[7] welches eine größer werdende Zahl der Mitglieder missbilligte.[8]

3 LAD NRW Abt. Westf. Reg. Arnsberg 14377, Bezirkspolizeikommissar Bochum an Regierungspräsident Arnsberg, 25.7.1903.

4 Zum Folgenden: LAD NRW Abt. Rheinl. Reg. Düsseldorf 15916, Überwachungsbericht der Polizeiverwaltung Essen, 3.6.1904.

5 Quellensammlung zur Geschichte der sozialen Betriebsverfassung 2, Nr. 663f., S. 246–250; LAD NRW Abt. Westf. Reg. Arnsberg 14365, Bezirkspolizeikommissar Bochum an Regierungspräsident Arnsberg, 7.2.1904; ebd., Bezirkspolizeikommissar Gelsenkirchen an Regierungspräsident Arnsberg, 8.2.1904; Feige, Bergarbeiterschaft, S. 136–140.

6 Bergarbeiter-Zeitung 7, 13.2.1904 „Bergarbeiterstreik in dem Revier Oberhausen“.

7 Auf einer Belegschaftsversammlung der Zechen Baaker Mulde und Friedlicher Nachbar am 27.3.1904 argumentierte Hue in gleicher Weise gegen einen Streik. LAD NRW Abt. Westf. Reg. Arnsberg 14365, Bezirkspolizeikommissar Bochum an Regierungspräsident Arnsberg, 27.3.1904.

8 Siehe z.B. die Ausführungen der Delegierten Heinrich Aufderstraße (Essen) und Peter Meis (Gelsenkirchen) auf der Generalversammlung 1904. Protokoll, S. 122 u. 124.

Ob es ihm aber auf Dauer gelinge werde, die Massen zurückzuhalten, diese Frage stellte nicht allein der Dortmunder Reichstagsabgeordneter Theodor Bömelburg.[9] Hue hatte lange zuvor auf einer Belegschaftsversammlung der Zeche Hasenwinkel im März 1904 prophezeit: „So sicher wie in Oberhausen ein Streik ohne Einverständniß der Führer ausgebrochen ist, so sicher wird auch im Ruhrrevier ein Streik ausbrechen, gewaltiger wie 1889, wenn nicht die maßgebenden Behörden im Interesse des Gemeinwohls dem Treiben des Kapitalismus Einhalt gebieten."[10] Er sollte schneller als von vielen erwartet Recht behalten.[11]

Als im Dezember 1904 die Direktion der Essener Zeche Herkules den Knappschaftsältesten Wagner maßregelte, konnte Hue dank seines persönlichen Ansehens einen Streik noch verhindern.[12] Doch der Bericht der *Bergarbeiter-Zeitung* über den Konflikt ließ Schlimmes erahnen: „Wer dieser Versammlung beiwohnte, hat erfahren, wenn er es noch nicht wußte, daß ein Sturm braust, der alle ‚Bremsklötze' fortfegt, wenn die Zechenherren weiter aufreizen."[13] Es bedurfte nur eines Funkens, um die Explosion auszulösen. Den lieferte die Direktion der Zeche Bruchstraße. Sie hatte im Dezember 1904 ohne Anhörung der Belegschaft die Arbeitszeit verlängert.[14] Da sie die Anordnung nicht zurücknehmen wollte, fuhr die Belegschaft am 7. Januar nicht mehr an.

Die Führer der Gewerkschaften, alarmiert durch die dortigen Ereignisse, appellierten in einem gemeinsamen Aufruf an alle Mitglieder, „den gewählten Führern unbedingt Gefolgschaft zu leisten, straffe Disziplin zu halten. Keine Belegschaft darf ohne Einverständnis und Zustimmung der Organisationsleiter vorgehen." Zum Schluss beteuerten sie: „Wir wollen nur euer Bestes." Denn eine „wilde, unüberlegte Arbeitseinstellung" wäre ein „Unheil für die Bergleute, nur die Unternehmer allein hätten davon Nutzen".[15]

Hue, aus dessen Feder der Aufruf vermutlich stammte,[16] verteidigte in einer von 2000 Bergleuten besuchten Versammlung in Oberhausen die Gewerkschaftslinie und riet ent-

9 Reichstagsrede am 12.12.1904, Verhandlungen, S. 3522.

10 LAD NRW Abt. Westf. Reg. Arnsberg 14365, Bezirkspolizeikommissar Bochum an Regierungspräsident Arnsberg, 26.3.1904 (Bericht über die Belegschaftsversammlung). – Einen Tag später erklärte er auf einer Belegschaftsversammlung der Zechen Baaker Mulde und Friedlicher Nachbar: „Es wird mir persönlich stets vorgeworfen, dass die Bergleute ruhig seien, nur ich hetze." Aber „wir brauchen garnicht zu hetzen, wir brauchen die Dinge nur einfach natürlich laufen zu lassen und wir haben in einigen Wochen den schönsten Streik." LAD NRW Abt. Westf. Reg. Arnsberg 14365, Bezirkspolizeikommissar Bochum an Regierungspräsident Arnsberg, 27.3.1904.

11 Im November 1904 hatte der Düsseldorfer Regierungspräsident noch konstatiert, „daß, wenn nicht unvorhergesehene Ereignisse eintreten, das Ausbrechen eines großen Bergarbeiter-Streiks vorläufig nicht zu befürchten ist". LAD NRW Abt. Rheinl. Reg. Düsseldorf 9041, Regierungspräsident Düsseldorf an Minister des Innern, 15.11.1904. Ähnlich optimistisch war der Essener Bezirkspolizeikommissar: „Sollte es vielleicht hier oder da politischen Heißspornen gelingen einen Anhang zu gewinnen und entgegen dem Anraten der Führer unerwartet in eine Lohnbewegung zu treten, so könnte es sich immer nur um ein ziel- und planloses Vorgehen handeln, das, selbst wenn es vom Bergarb.-Verb. – der Not gehorchend – materiell unterstützt werden sollte, territorial und von kurzer Dauer sein würde." LAD NRW Abt. Rheinl. Reg. Düsseldorf 9056, Bezirkspolizeikommissar Essen an Regierungspräsident Düsseldorf, 6.12.1904.

12 Wisotzky, Hue (Manuskript), S. 134f.

13 Bergarbeiter-Zeitung 2, 14.1.1905 „Zeche Herkules".

14 Zu den Ereignissen auf Bruchstraße: Imbusch, Arbeitsverhältnis, S. 571–576; Engel, Ausstand, S. 3–12; Feldman, Stinnes, S. 107–110.

15 Abgedr. in: Bergarbeiter-Zeitung 2, 14.1.1905; Imbusch, Arbeitsverhältnis, S. 577f.; Quellensammlung zur Geschichte der deutschen Sozialpolitik 1867 bis 1914, IV. Abt., Bd. 1: Das Jahr 1905, Nr. 19, S. 31f.

16 Bergarbeiter-Zeitung 32, 12.8.1911 „Ein Kapitel zum Nachdenken für die christlichen Kameraden".

gegen der Rufe nach Streik: „Horchen Sie auf die Parole der gewählten Führer! Lassen Sie sich nicht hinreißen zu unüberlegten Schritten!“[17]

Konnte er durch sein persönliches Eingreifen in Essen und Oberhausen den Streikausbruch trotz der dort herrschenden großen Erregung verhindern, so verhallten die Appelle der Verbandsführung andernorts unerhört. Hue hatte es vorausgesehen. „Alle unsere Kunst des Bremsens versagt, ... wenn sich die natürliche und begreifliche Erregung nicht mehr halten läßt.“[18] Vor allem in den Dortmunder Bergrevieren sowie in Witten, Hattingen und Bochum-Süd hatten die Belegschaften wie auf der Zeche Bruchstraße die Arbeit niedergelegt, standen die Räder still.[19] Als sich die Delegierten der vier Bergarbeiterverbände am 12. Januar 1905 zu einer Revierkonferenz trafen,[20] gestand Sachse das Scheitern seiner Bemühungen ein: „Daß man hier so planlos in den Streik eingetreten ist, ohne vorherige Rücksprache und Verständigung mit uns, verurteile ich auf das aller entschiedenste und ich stehe auch heute nicht an, zu sagen: Es ist eine Blamage für die Organisation, wie wir sie nicht schlimmer erleben konnten. ... Ich wollte den Ausstand [in Dortmund, K.W.] dämpfen, aber alles war umsonst.“ Ihn schmerzte der Beschluss der Mitglieder, weiter zu streiken, „bedeutete er doch nichts anderes, als ein Beiseiteschieben ihrer gewählten Führer“.[21]

Die Konferenz beschloss, da die Delegierten des Gewerkvereins den sofortigen Ausruf eines allgemeinen Streiks ablehnten, zunächst Verhandlungen mit dem Bergbauverein aufzunehmen. Die streikenden Belegschaften sollten im Ausstand verbleiben, aber keine weiteren dürften die Arbeit niederlegen. In einer Resolution[22] mit vierzehn Punkten forderten die Organisationen: Achtstündige Schichtzeit einschließlich Ein- und Ausfahrt, Abschaffung der nicht zwingend notwendigen Über- und Sonntagsschichten, Beseitigung des Wagennullens, Wahl eines Wagenkontrolleurs, Festsetzung von Minimallöhnen, Einrichtung eines Arbeiterausschusses, Wahl von Arbeiterkontrolleuren, Reform der Knappschaft, Deputatkohlen zum Selbstkostenpreis, Beseitigung der zu vielen und zu harten Strafen, humane Behandlung, keine Maßregelungen der Streikenden, Anerkennung der Arbeiterorganisationen.

Für die Koordination des weiteren Vorgehens bildete sich eine Siebenerkommission, die sich aus je zwei Vertretern des Alten Verbandes, des Gewerkvereins und der polnischen Berufsvereinigung und einem des Hirsch-Dunckerschen Gewerkvereins zusammensetzte. Vom Bergarbeiterverband gehörte der Kommission, an deren Spitze Johann Effert stand, neben dem Vorsitzenden Hermann Sachse Heinrich Hansmann an. Dass Hue nicht als Mitglied benannt wurde, überraschte viele, doch seine Nichtberücksich-

17 LAD NRW Abt. Rheinl. Reg. Düsseldorf Präsidialbüro 840, Bezirkspolizeikommissar Düsseldorf an Regierungspräsident Düsseldorf, 7.1.1905; LAD NRW Abt. Westf. Oberbergamt Dortmund 1843, Überwachungsbericht der Polizeiverwaltung Oberhausen, 7.1.1905; Arbeiter-Zeitung (Dortmund) 6, 7.1.1905 „Belegschaftsversammlung der Zeche ‚Neumühl‘“; Bergarbeiter-Zeitung 2, 14.1.1905 „Zeche Neumühl“.

18 Rede auf der Belegschaftsversammlung der Zeche Herkules am 8.1.1905. Arbeiter-Zeitung (Dortmund) 7, 9.1.1905.

19 Regierungspräsident Arnsberg an pr. Minister d. Innern, 11.1.1905, in: Quellensammlung zur Geschichte der deutschen Sozialpolitik 1867 bis 1914, IV. Abt., Bd. 1: Das Jahr 1905, Nr. 20, S. 32ff.

20 Gedruckter Konferenzbericht in: LAD NRW Abt. Rheinl. Reg. Düsseldorf Präsidialbüro 841.

21 Bergarbeiter-Zeitung 3, 21.1.1905 „Allgemeine Bezirkskonferenz des Ruhrreviers“.

22 Abgedr. in: Bergarbeiter-Zeitung 3, 21.1.1905; Imbusch, Arbeitsverhältnis, S. 580f.; Hue, Bergarbeiter 2, S. 591f. – Koch, Bergarbeiterbewegung, S. 90f.; Quellensammlung zur Geschichte der deutschen Sozialpolitik 1867 bis 1914, IV. Abt., Bd. 1: Das Jahr 1905, Nr. 28, S. 52f.

tigung wurde damit begründet, dass er in Berlin benötigt werde, da die SPD und das Zentrum eine Reichstagsinterpellation einbringen wollten.[23]

Die Absage des Bergbauvereins erfolgte umgehend, woraufhin eine zweite Delegiertenversammlung am 16. Januar die Arbeitsniederlegung beschloss. Der Streikaufruf[24] fand allgemein Beachtung, und die Zahl der Ausständigen schnellte von 77.640 (14. Januar) auf über 200.000 in die Höhe.[25] Beinahe 90 Prozent der Untertagearbeiter waren nicht angefahren. Hue, der stets vom Streik abgeraten hatte, feierte nun „den elementaren Ausbruch des Volksempfindens“. Er empfand in diesem Arbeitskampf „das Flügelrauschen einer neuen Zeit, einer gänzlich neuen Epoche in der Geschichte unseres Vaterlandes“ und heroisierte die Streikenden als „Preisfechter“ „in einem heiligen Kampfe um die Neu- und Bessergestaltung des gesamten deutschen Volkslebens“,[26] als „Preisfechter für eine Befreiung des Vaterlandes aus der Willkürherrschaft des Kapitalismus“[27].

Am 20., 21. und 23. Januar behandelte der Reichstag die Interpellation der sozialdemokratischen Fraktion, die Hue in einer fast drei Stunden langen, verworrenen, wenig mitreißenden Rede begründete, die einen roten Faden vermissen ließ.[28] Er sprang von einem Punkt zum anderen und verlor sich in zahlreichen Detailschilderungen. Zunächst relativierte er die „außerordentlich übertriebenen Tatarennachrichten“ der unternehmensnahen Presse über Krawalle und Belästigungen von Arbeitswilligen. Hie und da mögen vereinzelt Ausschreitungen vorgekommen seien – die Schuld schob er den fremdsprachigen Zuwanderern mit „ihrer ungenügenden Disziplin“ in die Schuhe –, aber insgesamt herrsche im Ruhrgebiet eine „musterhafte Ruhe“. Danach betonte er mehrfach die Verhandlungsbereitschaft der Gewerkschaften, weshalb die Rede des Reichskanzlers im preußischen Landtag „derartig sympathisch“ gewirkt und große Hoffnungen geweckt habe, „den Friedensweg beschreiten zu können“. Doch die Unternehmer hätten sich verweigert, obwohl man ihnen „goldene Brücken“ gebaut habe. Eingehend setzte sich Hue mit dem preußischen Minister für Handel und Gewerbe, Theodor von Möller, auseinander, der bedauert hatte, „dass die deutschen Arbeiter so wenig Achtung vor dem Gesetz hätten“. Ihm entgegnete er: „Ich aber bedauere, daß der Herr Minister nicht bedauert hat, daß die Arbeitgeber so wenig Achtung vor den Gesetzen haben.“ Denn nicht die Bergleute seien kontraktbrüchig geworden, sondern schon zuvor hätten die Bergwerksbesitzer bei der Arbeitszeit, bei der Gedingesetzung, bei der Wagenkontrolle die Regelungen der Arbeitsverträge verletzt. Daher kehrte Hue den Spieß um, indem er erklärte: „Dieser Streik ist eine Demonstration gegen die Ungesetzlichkeit der Unternehmerschaft.“

23 Konferenzbericht, S. 32. – Nach Aussage von Sachse im Prozess gegen Hankamer, die der Gewerkvereinssekretär Effert bestätigte, war Hue in die Arbeit der Siebenerkommission eingebunden, denn er habe deren Aufrufe verfasst. Prozess des Vorstandes des Verbandes der Bergarbeiter Deutschlands gegen den Redakteur der „Essener Volkszeitung“ Hankamer, S. 19 u. 24.

24 Bergarbeiter-Zeitung 3, 21.1.1905; Quellensammlung zur Geschichte der deutschen Sozialpolitik 1867 bis 1914, IV. Abt., Bd. 1: Das Jahr 1905, Nr. 40, S. 67f.

25 Imbusch, Arbeitsverhältnis, S. 583f.

26 Rede auf einer Massenversammlung in Essen. Allgemeiner Beobachter 25, 31.1.1905.

27 Arbeiter-Zeitung (Dortmund) 25, 31.1.1905.

28 Reichstagsrede am 20.1.1905, Verhandlungen, S. 3903–3919. Hingegen war der *Vorwärts* voll des Lobes, der die Rede als „schlicht und in der natürlichen Schlichtheit besonders eindrucksvoll, an einzelnen Stellen die innere Empörung zu tiefer Ergriffenheit steigernd“ charakterisierte. Vorwärts 18, 21.1.1905 „Der Kanzler des Kohlensyndikats“. – Zur Rede: Aufsätze über den Streik der Bergarbeiter im Ruhrgebiet, S. 60f.; Ribhegge, Schwerindustrie, S. 142ff.

Ausführlich behandelte Hue die Ursachen des Ausstandes, zeichnete – nach den Worten des *Vorwärts* – „das Bild des Sklavenlebens im schwarzen Reiche mit erschütternder Gewalt“[29], listete die altbekannten Forderungen der Gewerkschaften auf und verlangte vor allem „eine humane Behandlung“ der Bergarbeiter. Denn: „Wegen der Löhne, wegen der materiellen Fragen wäre es noch nicht zu diesem kolossalen Kampf gekommen, wenn nicht hinzugekommen wäre eine geradezu barbarische, empörende Behandlung – nein, Mißhandlung der Arbeiter. Meine Herren, man hat die Arbeiter förmlich in den Streik hineingeprügelt, -gepeitscht.“

Nach der Prognose, dass der Arbeitskampf nicht „in ein paar Tagen zu Ende“ sein werde, dass er auch nicht „an dem Fehlen der finanziellen Mittel“ zusammenbrechen werde, schloss Hue seine Rede mit dem Appell: „Regierung greife ein, nicht zur Begünstigung der Arbeiter, sondern zur Aufrechterhaltung des Rechts! Greife ein zur Aufrechterhaltung deiner Autorität gegenüber dem Großkapitalismus! Greife ein zur Aufrechterhaltung der Autorität des Rechts gegenüber der Ungesetzlichkeit!“

Die Regierung, die aus militärpolitischen Gründen vermitteln wollte, aber auf den Widerstand der Zechenbesitzer stieß,[30] kündigte am 27. Januar eine Abänderung des preußischen Berggesetzes an, bei der die Forderungen der Gewerkschaften berücksichtigt werden sollten.[31] Hue, der, zurück im Ruhrrevier, täglich mehrere Versammlungen bestritt, nahm die Nachricht voller Freude auf. „Was alle Klagen der Bergarbeiter und ihrer Führer bisher nicht erreicht hätten“, habe der Ausstand nun herbeigeführt. Daher „könne der Streik gar nicht verloren gehen, denn er sei gewissermaßen schon gewonnen“, bekundete er auf einer Massenversammlung in Essen. An eine Wiederaufnahme der Arbeit sei aber erst zu denken, wenn der Bergbauverein die Siebenerkommission anerkenne und zusichere, dass es keine Maßregelungen geben werde.[32] Skeptischer zeigte er sich auf einer von 800 Bergleuten besuchten Versammlung in Hochlarmark. „14 Jahre lang habe die Regierung die Bitten der Bergleute nicht gehört“, nun müsse man abwarten und schauen, „was die Novelle enthält, wie die einzelnen beratenden Parteien sich dazu stellen, ob es ein arbeiterfreundlicher oder feindlicher Entwurf ist“. „Die Bergarbeiter kauften keine Katze im Sack.“ Zum Schluss spornte Hue die Anwesenden zum Ausharren an. „Es würde eher nicht angefahren, bis die gestellten Forderungen bewilligt wären.“[33]

Im Vertrauen auf die Regierungserklärung ersuchte die Siebenerkommission abermals um die Aufnahme von Verhandlungen, welche der Bergbauverein wiederum verweigerte.[34] Dennoch zeichnete sich ein Ende des Arbeitskampfes ab, denn die Finanzprobleme der Gewerkschaften wurden immer größer wurden, sodass die Unterstützung der Streikenden nicht mehr lange zu leisten war.[35] Am 2. Februar beriet die Siebener-

29 Vorwärts 18, 21.1.1905 „Der Kanzler des Kohlensyndikats“.

30 Saul, Staatsintervention, S. 488; Kirchhoff, Sozialpolitik, S. 143ff.; Gladen, Streiks, S. 136. – Zu den Verhandlungen des Oberberghauptmanns von Velsen mit Vertretern des Bergbauvereins am 14.1.1905: Quellensammlung zur Geschichte der sozialen Betriebsverfassung 1, Nr. 156, S. 255f.

31 Koch, Bergarbeiterbewegung, S. 93; Kirchhoff, Sozialpolitik, S. 145.

32 Allgemeiner Beobachter 25, 31.1.1905; Arbeiter-Zeitung (Dortmund) 25, 30.1.1905; General-Anzeiger für Dortmund 31, 31.1.1905 „Hue über den Stand des Streikes“.

33 Stadtarchiv Recklinghausen AAR 1964, Überwachungsbericht der Polizeiverwaltung Hochlarmark, 1.2.1905; Recklinghäuser Zeitung v. 6.2.1905; Zimmermann, Nicht knechten, S. 19f.

34 Kirchhoff, Sozialpolitik, S. 147.

35 Hue, Über den Generalstreik, S. 206.

kommission mit den Vertrauensmännern der vier Verbände.[36] Vor allem die Vertreter des Gewerkvereins äußerten ihre Zufriedenheit mit dem Regierungsversprechen, aber auch Sachse und Hue – entgegen seiner öffentlichen Bekundung – gestanden ein, dass ihnen „ein Spatz in der Hand lieber sei, als wie einer an der Wand". Hue informierte auch die Verbandsvertreter über den erschreckenden Mangel an Geldmitteln, weshalb der Streik nur noch acht Tage aufrechterhalten werden könne. Warum er auf einer öffentlichen Veranstaltung in Recklinghausen am 5. Februar andeutete, dass in den nächsten Tagen der Streik beendet werde, welchen Nutzen er sich davon versprach, in einer „vertraulichen Mitteilung" an den dortigen Polizeikommissar kundzutun, dass dies „die letzte Bergarbeiterversammlung vor Wiederaufnahme der Arbeit gewesen sei",[37] erschließt sich nicht. Die Information war, vorsichtig formuliert, äußerst nachteilig für die Ausständigen, denn sie gelangte sofort zur Kenntnis der Regierung,[38] die, im Wissen um das baldige Ende des Streiks, kein allzu großes Entgegenkommen mehr zeigte. Die Telegramme der Siebenerkommission an den Reichskanzler und an den Bergbauverein blieben ohne Erfolg, obwohl sie ihre Forderungen extrem reduziert hatte.[39] Die Aufgabe wichtiger Programmpunkte nährte die Kritik an der Streikführung. Essener Sozialdemokraten beriefen zum 7. Februar eine Versammlung ein, um gegen die Siebenerkommission Stellung zu beziehen. Es gelang aber Hue im Zusammenspiel mit Wagner, „jede Wühlerei unverantwortlicher Personen ... lahmzulegen".[40]

Die Beendigung des Ausstandes, die sich schon seit Tagen abgezeichnete, beschloss, der Not gehorchend, eine Revierkonferenz am 9. Februar mit nur fünf Gegenstimmen.[41] „Eine verderbliche Abbröckelung" sollte vermieden werden, daher wurde der Arbeitskampf aufgegeben, als „die Geschlossenheit noch imponierte".[42] Hue sah in diesem „rechtzeitigen Abbruch" „ein taktisches Meisterstück".[43]

Auf der Konferenz äußerte er seine „Genugtuung" darüber, „daß meine Jahre lang gepredigte gewerkschaftliche Taktik sich glänzend bestätigt hat".[44] Denn der Streik habe deutlich gemacht, „daß wir durch die Flut der gewerkschaftlichen Bewegung allein nicht zu unserem Ziele gelangen können". Die „Nur Gewerkschaftlerei" sei eben vom Übel. Man benötige die politische Unterstützung. Noch wichtiger war für Hue, „die brüderliche Einigkeit der Kameraden" hervorzukehren, die es nach dem Kampfe aufrecht zu erhalten gelte. Aus diesem Grunde schlug er vor, die Siebenerkommission bestehen zu lassen und sie als Vertreterin der Bergarbeiterinteressen anzuerkennen. Hue schloss

[36] LAD NRW Abt. Westf. Reg. Arnsberg 14372, Bezirkspolizeikommissar Bochum an Regierungspräsident Arnsberg, 2.2.1905; Bergarbeiter-Zeitung 7, 18.2.1905 „Nach der Konferenz"; Bergarbeiter-Zeitung 11, 18.3.1905 „Betrachtungen über die Streikbewegung I"; Hue, Unsere Taktik, S. 21; Hue, Bergarbeiter 2, S. 596.

[37] Fricke, Ruhrbergarbeiterstreik, S. 132.

[38] LAD NRW Abt. Rheinl. Reg. Düsseldorf 15925, Regierungspräsident Münster an Minister für Handel u. Gewerbe, 6.2.1905.

[39] Koch, Bergarbeiterbewegung, S. 94f.

[40] Allgemeiner Beobachter 31, 8.2.1905.

[41] Gedruckter Konferenzbericht in LAD NRW Abt. Rheinl. Reg. Düsseldorf Präsidialbüro 841.

[42] Bergarbeiter-Zeitung 7, 18.2.1905 „Kameraden rüstet und haltet Disziplin!". Ebenso Otto Hue, Über den Generalstreik im Ruhrgebiet, in: Sozialistische Monatshefte (1905) 3, S. 201–210, S. 206; Hue, Unsere Taktik, S. 20.

[43] Hue, Unsere Taktik, S. 24.

[44] Konferenzbericht, S. 29f.

seine Rede mit den pathetischen Worten: „Wenn wir eine Frucht aus diesem Kampfe nach Hause bringen wollen, dann ist es das unerschütterliche Bewußtsein, durch Einigkeit zum Ziele zu kommen, und ich hoffe, daß Sie Alle mit mir einverstanden sind, daß auch in Zukunft Niemand zwischen den Verbänden der Bergarbeiter seinen Finger stecken kann, daß wir nicht nur im Kampfe, sondern auch im Frieden zusammenarbeiten, dann hat dieser Kampf die ganze deutsche Gewerkschaftsbewegung, die wir gehofft, die wir gewünscht haben, gefördert und wir können sagen: Der Sieg ist unser, dieser Erfolg zieht andere Erfolge nach sich." In diesem Sinne beantragte er, dass die Siebenerkommission bestehen bleiben möge, womit sich die Versammlung einverstanden erklärte.

Während sich die Delegierten dem Unvermeidlichen fügten, entstand vor dem Versammlungssaal ein großer Tumult. Wütende Demonstranten zerrissen die angelieferten Flugblätter, die zum Wiederanfahren aufforderten.[45] Aus der wartenden Masse erschollen Rufe wie „Verräter!", „Bestochen!", und viele riefen zum Weiterstreiken auf.[46] Die aufgebrachten Bergarbeiter konnten nicht nachvollziehen, dass die Arbeit wieder aufgenommen werden sollte entgegen der vorherigen Beschwörungen, nicht eher einzufahren, bis alles bewilligt sei. Hue verteidigte vor der erregten Menge ebenso wie danach in eiligst einberufenen Versammlungen den Konferenzbeschluss.[47] Besonders wies er die Angriffe auf den Verbandsvorsitzenden zurück: „Kamerad Sachse ist ein Ehrenmann von Scheitel bis zur Sohle. Sein ganzes Leben hat er der Arbeiter-Bewegung geweiht, jahrelang für sein Eintreten für die Interessen der Arbeiter im Kerker geschmachtet; so reich die Bergwerksbesitzer auch sind, so reich sind sie nicht, um den Kameraden Sachse zu kaufen."[48]

Als Hue am Spätnachmittag des nächsten Tages in Essen auf einer Massenversammlung den aufgebrachten Bergarbeitern die Gründe für das Streikende darlegen wollte, erreichten ihn kurz zuvor Alarmnachrichten, dass auf vielen Schachtanlagen die Streikenden mit Lohnkürzungen bestraft worden seien und es zu Massenmaßregelungen gekommen wäre.[49] Er zeigte sich vom „brutalen Vorgehen der Zechenverwaltungen" überrascht und erklärte, unter diesen Umständen müsse der Kampf fortgesetzt werden. Die Siebenerkommission werde darüber am nächsten Tag einen Beschluss fassen. Die Aussage, die die Versammelten begeistert aufnahmen, wurde umgehend in Extraflugblättern verbreitet und stiftete Verwirrung in den Reihen der Bergarbeiter,[50] denn die Siebenerkommission bestätigte am nächsten Tag ihren Aufruf zur Wiederaufnahme der Arbeit, da sie den Meldungen über Entlassungen keinen Glauben schenkte.[51]

45 Bild in: LAD NRW Abt. Westf. Reg. Arnsberg 14375.

46 Allgemeiner Beobachter 33, 10.2.1905; Arbeiter-Zeitung (Dortmund) 36, 11.2.1905; Bergarbeiter-Zeitung 7, 18.2.1905 „Nach der Konferenz" (abgedr. in: Quellensammlung zur Geschichte der deutschen Sozialpolitik 1867 bis 1914, IV. Abt., Bd. 1: Das Jahr 1905, Nr. 128, S. 217ff.); Imbusch, Arbeitsverhältnis, S. 589.

47 Bergarbeiter-Zeitung 7, 18.2.1905 „Nach der Konferenz". – Meldungen (Essener Volks-Zeitung 33, 10.2.1905), dass er tätlich angegriffen worden sei, wies er als unwahr zurück. Allgemeiner Beobachter 34, 11.2.1905.

48 Allgemeiner Beobachter 34, 11.2.1905.

49 Otto Hue, Nach dem Generalstreik, in: Arbeiter-Zeitung (Dortmund) 41, 17.2.1905 u. Allgemeiner Beobachter 39, 17.2.1905; Aussage im Prozess gegen den Redakteur der *Essener Volks-Zeitung*, Hankamer. Bergarbeiter-Zeitung 2, 13.1.1906 „Verleumdungen gegen den Bergarbeiter-Verband vor Gericht".

50 Allgemeiner Beobachter 34, 11.2.1905; Vorwärts 37, 12.2.1905 „Die Lage im Ruhrrevier"; Arbeiter-Zeitung (Dortmund) 37, 13.2.1905 „Zur Situation"; Otto Hue, Nach dem Generalstreik; Vorwärts 42, 18.2.1905 „Wirrungen und Aufklärung"; Imbusch, Arbeitsverhältnis, S. 592f.

51 Aufruf u.a. in: Vorwärts 37, 12.2.1905 „Die Lage im Ruhrrevier". – Im Nachhinein erwiesen sich die Meldungen aber als zutreffend, denn viele Zechengesellschaften maßregelten zahlreiche Ausständige. Quellen-

Viele Bergarbeiter wollten sich nicht mit dem trostlosen Ende abfinden und verabschiedeten in Massenversammlungen Resolutionen, die zum Weiterstreiken aufforderten. Auch die Streikfront bröckelte nur langsam ab.[52] Am 11. Februar streikten 98.845 (35 Prozent der Gesamtbelegschaft) und am Montag, dem 13. Februar, weiterhin 36.500 Bergarbeiter.[53] Die Siebenerkommission verurteilte in einem Flugblatt[54] „energisch" das eigensinnige Verhalten als „Disziplinbruch" und verteidigte den Beschluss, den Streik zu beenden, mit dem Hinweis auf die fehlenden Unterstützungsgelder. Der Kampf könne auch in dem Bewusstsein eingestellt werden, dass er „endlich die bessere gesetzliche Sicherung" der Bergarbeiteransprüche gebracht habe.[55]

In der Beurteilung des Ausstandes gingen die Meinungen weit auseinander. Die Dortmunder *Arbeiter-Zeitung* konstatierte: „Es ist eine Niederlage, davon hilft uns kein Drehen und kein Deuteln."[56] Hue sprach hingegen von einem „großen Erfolg". Wenngleich er sich nicht „nach Heller und Pfennig ausrechnen" ließe, so sei jedoch festzuhalten: „Wir haben den gesetzlichen Bergarbeiterschutz, den Volkskampf gegen das großkapitalistische Übermenschentum auf die öffentliche Tagesordnung gesetzt, und nicht eher wird die Debatte geschlossen, als bis das arbeitende Volk endgültig gesiegt hat."[57] In dem Versuch, den Ausgang schön zu reden, behauptete die *Bergarbeiter-Zeitung*, „daß unser Streik mit einem gewaltigen moralischen Siege der Gesamtbergarbeiterschaft geendet hat". Und weiter hieß es im Text: „Nur Nichtswisser und politische Kindsköpfe können sagen, unser Generalstreik sei erfolglos gewesen. Gewerkschaftlich und politisch geschulte Kameraden wissen aber, daß unser Generalstreik der Arbeiterbewegung unschätzbaren Erfolg gebracht hat, der für die Allgemeinheit viel mehr wert ist, als wenn der Unternehmerverein direkt etwas bewilligte."[58] Ob die Bergarbeiter die Argumentation geteilt haben, ist durchaus anzuzweifeln, denn sie waren für ihren wochenlangen entbehrungsreichen Kampf nicht belohnt worden.[59] Dass keine direkten Erfolge zu verzeichnen waren, gestand selbst Hue auf Bergarbeiterversammlungen im Aachener Revier am 18. und 19. Februar ein.[60] So musste er stattdessen „den herrlichen, brüderlichen Zusammenschluss vorher zersplitterter Massen" „als den grössten Erfolg dieses grandiosen Ringens" ausgeben. „Die Nebel der Zwietracht wurden zerrissen, das natürliche Zusammengehörigkeitsgefühl der Unterdrückten gewaltsam aufgepeitscht."[61]

sammlung zur Geschichte der deutschen Sozialpolitik 1867 bis 1914, IV. Abt., Bd. 1: Das Jahr 1905, Nr. 123 Anm. 3, S. 212f.; Koch, Bergarbeiterbewegung, S. 95 Anm. 5 u. 6.

52 Fricke, Ruhrbergarbeiterstreik, S. 139ff.

53 Hue, Bergarbeiter 2, S. 598; Imbusch, Arbeitsverhältnis, S. 590; Brüggemeier, Leben vor Ort, S. 216.

54 Ein Exemplar in: LAD NRW Abt. Westf. Reg. Arnsberg 14374.

55 Zur Reform des Berggesetzes siehe Kap. 7.3.

56 Arbeiter-Zeitung (Dortmund) 36, 11.2.1905 „Hinein in die Grube!".

57 Otto Hue, Nach dem Generalstreik, in: Arbeiter-Zeitung (Dortmund) 41, 17.2.1905 u. Allgemeiner Beobachter 39, 17.2.1905.

58 Bergarbeiter-Zeitung 7, 18.2.1905 „Kameraden rüstet und haltet Disziplin!". Im Tenor ebenso Bergarbeiter-Zeitung 8, 25.2.1905 „Haben die Bergleute eine Niederlage erlitten?".

59 Schmidt, Lang war der Weg, S. 45: „Recht mager war also das materielle Ergebnis dieses großen Massenstreiks."

60 Bergarbeiter-Zeitung 9, 4.3.1905.

61 Otto Hue, Über den Generalstreik im Ruhrgebiet, in: Sozialistische Monatshefte (1905) 3, S. 201–210, S. 204.

7.2 Die Nachwirkungen

Nach Beendigung des Streiks begannen die innerparteilichen Diskussionen und die Auseinandersetzungen des Bergarbeiterverbandes mit Teilen der sozialdemokratischen Presse.[62] Wortführer der Gegenpartei waren die Redakteure Wilhelm Düwell und Konrad Haenisch, die bereits während des Arbeitskampfes die neutrale Haltung des Verbandes kritisiert und die Sozialdemokraten aufgefordert hatten, die Gelegenheit parteipolitisch zu nutzen.[63] In den Augen der *Bergarbeiter-Zeitung* waren sie „unverträgliche Kritikaster, die schon seit Jahren im Ruhrrevier ihr schädliches Unwesen treiben".[64] Während des Streiks hatte Hue den Parteivorstand und die Reichstagsfraktion zur Intervention aufgefordert, auf dass die Redaktion die Streikleitung unterstützen möge.[65]

Nach Beendigung des Arbeitskampfes ritt Konrad Haenisch, Redakteur der Dortmunder *Arbeiter-Zeitung*, in einer Artikelserie in der *Leipziger Volkszeitung* eine heftige Attacke gegen die Verbandsführung.[66] Sie habe die Situation im Dezember völlig falsch eingeschätzt und keine Streikvorbereitungen getroffen.[67] Ferner sei die sofortige, bedingungslose Wiederaufnahme der Arbeit nach all der vorherigen Agitation völlig indiskutabel und daher „eine Dummheit" gewesen,[68] zumal in Belgien ein Solidaritätsstreik ausgebrochen war und sich in den Niederlande viele Transportarbeiter geweigert hätten, Kohle für das Ruhrgebiet zu verladen.[69]

Noch gewichtiger war der Vorwurf, die Gunst der Stunde nicht genutzt zu haben, denn „es lag unendlich viel instinktiver proletarisch-revolutionärer Sozialismus in dieser Bewegung. … Die Massen, und zwar auch die christlichen und die unorganisierten Massen waren von einem dumpfen, mehr gefühlten als gewußten Haß gegen den Quell aller

[62] Koch, Bergarbeiterbewegung, S. 101–104.

[63] „Wir wären schlechte Sozialdemokraten, wenn wir die jetzige Situation nicht benutzen wollten, die ganze brutale Arbeiterfeindlichkeit des Klassenstaates, die ganze Widersinnigkeit der kapitalistischen Produktionsweise den Arbeitern klarzulegen." Arbeiter-Zeitung (Dortmund) 28, 2.2.1905 „Der Generalstreik und die Sozialdemokratie".

[64] Bergarbeiter-Zeitung 8, 25.2.1905 „Unbefugte Einmischung und gehässige Kritiken". – Trotz des heftigen Streits über die richtige Taktik beim Streik ging darüber das Verhältnis zwischen Hue und Haenisch nicht völlig zu Bruch. Die Anrede lautete 1907 weiterhin „Lieber Hänisch". Bundesarchiv Berlin NL Haenisch 153, Hue an Haenisch, 20.4.1907.

[65] Fricke, Parteivorstand, S. 284ff.

[66] Konrad Haenisch, Einige kritische Bemerkungen zum Bergarbeiterkampf, in: Leipziger Volkszeitung 41, 18.2.1905, 42, 20.2.1905, 43, 21.2.1905 u. 44, 22.2.1905.

[67] „Man war denn auch auf nichts vorbereitet: an Streikkarten fehlte es ebenso wie an Streiklisten – alles dies Material mußte erst gedruckt werden mitten während des Streiks selbst. Den Ortsverwaltungen war nicht die mindeste Anleitung zur Errichtung und Leitung von Streiksbureaus, zur Erledigung eines regelrechten Streiknachrichtenverkehrs mit der Zentralstelle gegeben worden usw. usw. Es mag hier einmal ganz offen erklärt werden: wenn alle die Arbeitskraft und Intelligenz, die seit einem halben Dutzend Jahren in der Bergarbeiter-Zeitung darauf verwandt worden ist, in tiefsinnigen Artikeln über das Wesen der gewerkschaftlichen Neutralität, über das Verhältnis von Partei und Gewerkschaft zueinander zu orakeln, dazu benutzt worden wäre, in stiller ‚praktischer' Arbeit den Verband auf den über kurz oder lang doch unvermeidlichen Streik vorzubereiten – es wäre ersprießlicher gewesen!" Bemerkungen I.

[68] „Vier bis fünf Wochen lang hatte man in Reden, Artikeln, Flugblättern den Kampfesmut und die Kampfesfreudigkeit der Massen immer höher und höher entflammt. Eine unbeschreibliche Begeisterung, wie ich sie niemals, weder bei irgendeiner Wahlbewegung noch bei andrer Gelegenheit, auch nur annähernd so herrlich und fortreißend erlebt habe, war über die Massen gekommen." Bemerkungen I.

[69] Dagegen beklagte Hue, dass die internationale Unterstützung zu spät, erst „post festum", erfolgt sei. Otto Hue, Über den Generalstreik im Ruhrgebiet, in: Sozialistische Monatshefte (1905) 3, S. 201–210, S. 202.

ihrer Leiden, den Kapitalismus, beseelt. … Welche herrliche, welche eigenartige Gelegenheit war das für die Sozialdemokratie, diesen instinktiven Haß der Massen in einen bewußten Haß umzuwandeln. Ist es ganz allgemein schon seit den Tagen des Kommunistischen Manifestes die Taktik der Sozialdemokratie gewesen, in jeder proletarischen Bewegung sich die Führung zu sichern, jede proletarische Bewegung mit ihrem Geiste, dem Geist des Sozialismus, zu erfüllen, so war hier die Erfüllung dieser Aufgabe doppelt und dreifach notwendig! Niemals war die Gelegenheit günstiger, niemals der Boden aufnahmefähiger! Das ganze Ruhrrevier dürstete förmlich nach sozialdemokratischer Massenpropaganda! Und da versagte die Leitung vollständig!“[70] Zurückgeführt wurde das Versagen auf die Neutralitätsstrategie, nach der sozialdemokratische Agitation bei den Streikaktionen und -versammlungen nicht gestattet worden wäre. „Das sei die reine Selbstkastrierung“ gewesen.[71]

Es hätte zudem die Chance bestanden, einen entscheidenden Schlag gegen den Gewerkverein zu führen, wenn die Verbandsführer „den Mut“ gehabt hätten, „dem nun doch einmal unvermeidlichen Streik tapfer ins Auge zu blicken und im entscheidenden Moment entschlossen die Führung an sich zu reißen, sich an die Spitze der vorwärtsdrängenden Massen zu stellen – der Moment wäre dagewesen, die zögernde und schwankende christliche Gegenorganisation mit einem kühnen Schlage zu zertrümmern und für den Verband einen Fischzug zu tun, wie er ihn noch nie tat! Und diesen Moment ließ man ungenützt verstreichen! Der große Augenblick fand ein kleines Zwergengeschlecht.“[72] Der in den Augen von Haenisch begangene Fehler wurde noch dadurch verstärkt, dass der Bergarbeiterverband dem Gewerkverein den Vorsitz in der Siebenerkommission überlassen hatte. So konnte Effert feierlich den Generalstreik ausrufen, die Verhandlungen mit dem Bergbauverein und der Regierung führen und alle Telegramme und Eingaben unterschreiben. Die Folgen seien offensichtlich gewesen: „In den Augen der großen Masse bekam damit die christliche Organisation das Ansehen der Leiterin der ganzen Bewegung; der christliche Gewerkverein, der durch den Brustskandal aufs ärgste kompromittiert war, der bei den Knappschaftswahlen eben erst eine nahezu vernichtende Niederlage erlitten hatte, der in allen Fugen krachte – er wurde durch die glorreiche Klugheit der Verbandsführer neu gestärkt, ihm wurde ein neuer Nimbus verliehen, er steht stärker und angesehener da, als je zuvor.“[73] Ebenso habe das mit dem Gewerkverein eng verbundene Zentrum sein durch die „schamlose Brotwucherpolitik“ ruiniertes Renommee als arbeiterfreundliche Partei aufbessern können.[74]

Angesichts dieser Folgen fiel das Urteil von Haenisch vernichtend aus. Der Verband habe ein Fiasko erlitten, seine Taktik war „herzlich dumm“ gewesen. Als Ursache für das verfehlte Vorgehen machte Haenisch die von Hue propagierte Neutralitätspolitik aus. „So wenig wie sich die Neutralität in den früheren Jahren ‚glänzend bewährt‘ hatte, so wenig bewährte sie sich während des großen Kampfes selbst.“[75] Sie habe vielmehr

[70] Bemerkungen II.

[71] Bericht über eine Duisburger Parteiversammlung am 26.2.1905 mit Haenisch als Hauptredner. Arbeiter-Zeitung (Dortmund) 51, 28.2.1905 „Nachklänge zum Streik“. Ähnliche Vorwürfe erhoben die Essener Genossen. Arbeiter-Zeitung (Dortmund) 43, 20.2.1905.

[72] Bemerkungen III.

[73] Ebd.

[74] Bemerkungen IV.

[75] Bemerkungen III.

dazu geführt, dass „die gewerkschaftliche und die politische Arbeiterbewegung, die so innig zusammengehören, wie die beiden Seiten einer Münze, wieder einmal ... den lieblichsten Krakeel, den reizendsten Bruderkrieg“ begonnen hätten. „Die nur begrifflich ausgeheckte, im lebendigen Proletarierherzen und im lebendigen Proletarierhirn aber einfach nicht existierende Spaltung beider Betätigungsformen des Klassenkampfes hat man noch künstlich erweitert und damit Verwirrung ohnegleichen angerichtet! Und die Bewegung, die mit so machtvoller revolutionärer Kraft und Begeisterung begann, endete in einem elenden Wust persönlichen Gezänks, läuft aus in einer trüben Schlammflut von Erklärungen und Gegenerklärungen!“[76]

Der Verbandsführung und Hue fiel die Verteidigung sichtlich schwer. In einem ersten Leitartikel der *Bergarbeiter-Zeitung* sah man es als große Leistung an, dass es gelungen sei, „eine Riesenmasse in imponierender Ruhe und Geschlossenheit kämpfend zu erhalten“.[77] Als Erfolg wurde vor allem die Einigkeit gefeiert: „Was die kühnste Phantasie vor wenigen Monaten sich nicht ausmalen konnte, es wurde durch den wundervollen Kampf zur Tatsache: Vor vielen Tausenden sprachen die Vertreter des alten, des christlichen, des polnischen, des Hirsch-Dunckerschen Verbandes unter einem Jubelsturm! Endlich haben sie sich gefunden! Vor wenigen Monaten noch leidenschaftlicher Bruderstreit, jetzt empfing jubelnde Begeisterung die bekannten Führer des alten Verbandes in Massenversammlungen an Orten, wo sie früher überhaupt nicht sprechen konnten! Eine wuchtige Klammer, der gemeinsam ertragene Druck des Kapitals, umspann sie alle, mochten sie politisch oder religiös denken wie sie wollten, mochten sie deutsch, polnisch, tschechisch oder italienisch reden! Und das soll kein Erfolg sein? O ihr Kurzsichtigen! Wir erblicken in dem großartigen Zusammenschluß der vorher zersplitterten Masse den großartigsten, weitreichendsten Erfolg des Generalstreiks!!!“

In einem weiteren Artikel ging Hue speziell auf die Kritik von Haenisch ein, dem er – fälschlich[78] – jegliches Verständnis von der Gewerkschaftsbewegung und speziell von der Bergarbeiterorganisation absprach.[79] Weil er „die Vorgänge und die inneren Einrichtungen“ nicht kenne, verzapfe er „seinen blühenden Unsinn“. Natürlich hätten alle Teilnehmer der erweiterten Vorstandssitzung am 26. Dezember 1904 mit einem allgemeinen Streikausbruch gerechnet, aber man wollte den Streik solange auf Bruchstraße begrenzt halten, „bis das Zusammengehen der vier Organisationen zwecks Formulierung gemeinsamer Forderungen gesichert sei“. Das einheitliche Vorgehen der Gewerkschaften sei erforderlich gewesen für das geschlossene Handeln der Bergarbeiterschaft. Hätte man versucht, die Bewegung in sozialdemokratische Bahnen zu lenken, so wäre man damit gerade im nördlichen Ruhrgebiet, der Hochburg des Gewerkvereins, kläglich gescheitert. Als ebenso unsinnig empfand er die Behauptung, man hätte den Gewerkverein „zertrümmern“ können. Doch Hue setzte sich mit diesem Vorwurf nicht sachlich auseinander, führte keine Argumente ins Feld, sondern reagierte nur mit – teils

76 Bemerkungen IV.

77 Bergarbeiter-Zeitung 8, 25.2.1905 „Haben die Bergleute eine Niederlage erlitten?“.

78 Die *Arbeiter-Zeitung* wies in ihrer Replik u.a. darauf hin, dass Haenisch schon in 150 Gewerkschaftsversammlungen als Referent aufgetreten wäre. Arbeiter-Zeitung (Dortmund) 70, 23.3.1905 „Ein Wort in eigener Sache“.

79 Bergarbeiter-Zeitung 12, 25.3.1905 „Betrachtungen über die Streikbewegung II“ (abgedr. in: Quellensammlung zur Geschichte der deutschen Sozialpolitik 1867 bis 1914, IV. Abt., Bd. 1: Das Jahr 1905, Nr. 147a, S. 269–276).

grotesken[80] – verbalen Ausfällen: „Welch üppige Phantasie! Liegt etwa Methode in diesem Wahnsinn? … Etwas Ungeschickteres, etwas Dummeres wie die ‚Zertrümmerungstaktik' Hänischs ist uns noch nicht vorgekommen. … Wir persönlich haben über seine ‚Strategie' herzlich gelacht, andere Kameraden, die in Hänisch vorher ein großes Licht verehrten, waren erstaunt, verblüfft, enttäuscht."

Jahre später, in seiner Bergarbeitergeschichte, kam Hue nochmals auf die Auseinandersetzung mit Haenisch zu sprechen, dem er nun vorhielt: „Wir erblicken nicht in der Zertrümmerung eines der konkurrierenden Verbände, sondern in der ehrlichen Verständigung der Arbeitergewerkschaften zum gemeinsamen Handeln die einzig mögliche Lösung des verwirrten Organisationsproblems im Bergarbeiterlager. Früher oder später wird dann das Ende der organisatorischen Zersplitterung ohne Vergewaltigung des einen oder des anderen Teiles eintreten. Darin liegt das Heil der Bergarbeiterschaft."[81]

Auch den Vorwurf, dass der Verband den Vorsitz in der Siebenerkommission dem Gewerkverein überlassen habe, sodass nach außen hin der Anschein erweckt worden wäre, die christliche Organisation hätte die Führung innegehabt, wollte die Verbandsführung nicht als korrekt gelten lassen. Doch ihr nur als grotesk zu bezeichnender Versuch, den Spieß umzudrehen, indem sie behauptete, dass dieser Eindruck erst nach dem Erscheinen der kritischen Artikel und allein mit Bezug auf diese aufgekommen wäre,[82] zeigt nur, dass Haenisch einen wunden Punkt getroffen hatte.

Zum Schluss beklagte sich die Verbandsleitung seinerseits über die Genossen, die „in den Gewerkschaften nur abhängige Unterabteilungen der politischen Parteien sehen". „Was die Überkritiker in den ersten Tagen nach dem Streik alles zusammentrugen, um den Lesern die Gewerkschaft zu verekeln, die Niedergeschlagenheit zu steigern, das waren Schläge gegen die Bergarbeitergewerkschaft, die den Schlägern unvergessen bleiben!"[83] Dieser ungeheuerliche diffamierende Vorwurf war allerdings nicht gerechtfertigt, denn die *Arbeiter-Zeitung* hatte nach Ende des Streiks, ungeachtet ihrer Einwände gegen die Taktik der Verbandsleitung, stets für die Stärkung der Gewerkschaft geworben. So war in ihrem Leitartikel vom 11. Februar zu lesen: „Jetzt der Organisation den Rücken zu kehren, jetzt wieder in den alten Indifferentismus zurückzusinken und den Kampf ein für alle Male aufzugeben: das wäre Verrat. Unsere Losung muß sein: Jetzt erst recht für den Verband, für die Partei, für die Zeitung werben."[84]

Nach Beendigung des Streiks startete die sozialdemokratische Partei – westliches Westfalen eine Aufklärungskampagne über die Bedeutung des Ausstandes. Es wurde ein Flugblatt verbreitet, und am 5. März sollten an möglichst vielen Orten Versammlungen stattfinden.[85]

80 Einer der Vorwürfe, mit dem die Unkenntnis von Haenisch über die Lage der Bergarbeiterschaft bewiesen werden sollte, lautete: „Er [Haenisch] kann nicht einmal die Landessprache, das ‚Plattdeutsch', verstehen." Bergarbeiter-Zeitung 12, 25.3.1905 „Betrachtungen über die Streikbewegung II". Dieses unsinnige Argument konterte die *Arbeiter-Zeitung* mit dem Hinweis, dass auch der Verbandsvorsitzende und andere Vorstandsmitglieder „das niederdeutsche Idiom" nicht beherrschten. Arbeiter-Zeitung (Dortmund) 70, 23.3.1905 „Ein Wort in eigener Sache".

81 Hue, Bergarbeiter 2, S. 601.

82 „Dank dem unvergleichlichen ‚taktischen Geschick'" könne die Zentrumspresse so argumentieren. Bergarbeiter-Zeitung 12, 25.3.1905 „Betrachtungen über die Streikbewegung II".

83 Ebd.

84 Arbeiter-Zeitung (Dortmund) 36, 11.2.1905 „Hinein in die Grube!"

85 Vorwärts 51, 1.3.1905.

Bereits am 26. Februar hatten die Bochumer Genossen eine Massenveranstaltung im Schützenhof organisiert, auf der Sachse und Hue die Hauptreferate hielten und das Zentrum und die ultramontane Presse scharf attackierten.[86] Holten sie nun das nach, was die Genossen Haenisch, Düwell und Ostkamp während des Streiks vermisst hatten? Wollten sie damit den Kritikern den Wind aus den Segeln nehmen? Die Teilnehmer verabschiedeten eine Resolution, die folgende Punkte enthielt: „Die Versammlung erklärt sich ferner mit den Ausführungen des Referenten einverstanden, wonach die soziale Frage für die Bergleute wie für das gesamte Volk nur gelöst werden kann durch die Enteignung des Grubenbesitzes, die Durchführung der Produktion auf der sozialistischen Grundlage überhaupt.

Die Versammlung erklärt – überzeugt von der Unhaltbarkeit und Ungerechtigkeit der privatkapitalistischen Produktionsweise, deren unheilvolle, gemeinschädliche Wirkung im Bergbau klassisch zum Ausdruck kommt – mit aller Energie dahin zu wirken, daß die privatkapitalistische von der sozialistischen Produktionsweise recht bald abgelöst wird. Um dies zu erreichen, verpflichten sich die Versammelten, neben der gewerkschaftlichen Organisation auch die politische Organisation zu stärken. …

Die Versammlung entbietet den im Kampfe um ihre Menschenrechte stehenden russischen Freiheitskämpfern ihre volle Sympathie.“[87]

Natürlich wurde auf der 16. Generalversammlung, die vom 10. bis 15. Juni in Berlin stattfand, Rückschau gehalten und über den Streik diskutiert. Hue behandelte in seiner Grundsatzrede nochmals im Einzelnen die erhobenen Vorwürfe.[88] Dramatisierend und übertreibend beschrieb er die Aufregung am Ende des letzten Jahres, die Furcht vor einem Arbeitskampf: „Es stand mehr auf dem Spiele als bloß die Bergarbeiterorganisation, es stand die gesamte Arbeiterbewegung auf dem Spiele. Es war die Frage gestellt, ob die Scharfmacher siegen würden, ob die Scharfmacher uns zertrümmern und dann ihre Macht zu einem Gewaltstreich von oben ausnützen würden, um die politischen Rechte des deutschen Volkes zu vernichten.“[89] Der Vorstand sei der festen Überzeugung gewesen, dass „die Arbeiter zu der für sie ungünstigsten Zeit in den Streik hineingetrieben“ werden sollten, um die Organisation zu vernichten.[90] Daher sollte der Arbeitskampf unbedingt vermeiden werden. So habe auch die Vertrauensmännerkonferenz am 26. Dezember entschieden, doch die eigenmächtig handelnden Belegschaften hätten den Vorstand vor vollendete Tatsachen gestellt. Daher ging die Verbandsführung unvorbereitet ohne Streiklisten in die Auseinandersetzung, aber voller Sorge, da sie nicht abschätzen konnte, wie sich die anderen Verbände verhalten würden. Die Erleichterung war groß, als diese sich dem Kampf anschlossen. Das Bündnis war aber nur möglich „aufgrund eines gemeinsamen wirtschaftlichen Programms, welches alle Richtungen ohne Unterschied der Partei vereinigte, welches niemanden vor den Kopf stieß“.[91] Die „hochnötige Einheit“ durfte nicht durch parteipolitische Agitation gefährdet werden. Angesichts der unterschiedlichen politischen Einstellung der Bergarbeiter „wäre es fri-

86 Arbeiter-Zeitung (Dortmund) 50, 28.2.1905 „Im Schützenhofe zu Bochum“.

87 Vorwärts 51, 1.3.1905.

88 Seine Rede wurde als Broschüre „Unsere Taktik beim Generalstreik“ (Bochum 1905) gedruckt. Danach wird hier zitiert.

89 Ebd., S. 11.

90 Ebd., S. 9 und öfter.

91 Ebd., S. 12.

vol, ein Verbrechen gewesen, wenn die Streikleitung parteipolitische Streitereien in den Belegschaftsversammlungen zugelassen hätte“. Aber es hätte der sozialdemokratischen Partei freigestanden, während des Ausstandes „in speziellen Volksversammlungen zu agitieren“.[92]

Hue gab auf der Generalversammlung zum ersten Male eine Erklärung ab, warum man dem Gewerkverein den Vorsitz in der Siebenerkommission überlassen habe. Sein jetzt aus dem Hut gezaubertes Argument war wenig überzeugend, wirkte eher grotesk: „Immer und immer wieder ist von der Zentrumspresse aufgerufen worden: ‚Bergleute! schließt Euch dem christlichen Gewerkverein an, dann werden Euch die Unternehmer entgegenkommen. Nun, wir haben die Probe auf das Exempel gemacht. Wir konnten dadurch sehen, ob wirklich die Unternehmer den Christlichen, wenn sie ‚an der Spitze stehen‘, Entgegenkommen zeigen.“ Da die Unternehmer keine Zugeständnisse gemacht hatten, sei „aller Welt gezeigt worden, daß die Unternehmer den Teufel danach fragen, ob die Arbeiter in einem ‚christlichen‘ oder ‚unchristlichen‘ Verband sind, den Teufel danach fragen, wer die Organisation repräsentiert, den Teufel danach fragen, wer Forderungen stellt: Alle Arbeiter-Forderungen werden abgelehnt, alle Forderungen müssen erkämpft werden.“[93]

Zum Schluss seiner Rede zog Hue eine positive Bilanz: „Der Verband hat eine gewaltige Zunahme erfahren ... Man hat uns nicht niederschlagen, nicht zertrümmern können, sondern nur bei allen denkenden Kameraden das Bewußtsein von der Notwendigkeit einer starken wirtschaftlichen Organisation gekräftigt. Das ist ein ungeheurer Erfolg!“[94]

7.3 Die Berggesetznovelle vom 14. Juli 1905

Ob der Streik als Erfolg zu werten war oder eine Niederlage darstellte, hing entscheidend davon ab, in welcher Form die Regierung ihre Versprechen wahrmachte. Das Staatsministerium hatte ja in einer amtlichen Verlautbarung vom 27. Januar eine Berggesetznovelle angekündigt, die die Forderungen der Gewerkschaften berücksichtigen sollte.[95]

Als am 8. März 1905 dem preußischen Landtag der Entwurf zur Verbesserung des Bergarbeiterschutzes zuging, nahm die *Bergarbeiter-Zeitung* die Vorlage mit Wohlwollen zur Kenntnis, auch wenn nicht alle Wünsche der Bergarbeiter erfüllt wären.[96] Der Bergarbeiterverband war sich aber sicher, dass die dortige „arbeiterfeindliche Mehrheit die den Arbeitern entgegenkommenden Regierungsvorschläge entweder glatt ablehnt, oder sie gründlich verwässert“. Deshalb sollte alles unternommen werden, um eine günstige Berggesetzreform zu erlangen. Diesem Ziel diente vor allem der erste

92 Ebd., S. 27.
93 Ebd., S. 18.
94 Ebd., S. 31.
95 Kirchhoff, Sozialpolitik, S. 145.
96 Bergarbeiter-Zeitung 11, 18.3.1905 „Bergarbeiterschutz und Regierungs-Vorlage“ (abgedr. in: Quellensammlung zur Geschichte der deutschen Sozialpolitik 1867 bis 1914, IV. Abt., Bd. 1: Das Jahr 1905, Nr. 144, S. 260–264).

Bergarbeiter-Delegiertentag für Preußen im März 1905, den alle vier Bergarbeiterorganisationen beschickten.

In seinem Eröffnungsreferat „Berggesetzgebung im allgemeinen“[97] formulierte Hue die Erwartungen der Bergarbeiter hinsichtlich der Novelle zum Berggesetz, mit der sie nicht zufrieden sein könnten, erst recht nicht, „wenn an diesen minimalen Bedingungen noch etwas abgeknappst wird“.[98] Sein besonderes Missfallen hatte die Ausgestaltung der Arbeiterausschüsse im Regierungsentwurf erregt. In der vorgeschlagenen Form seien sie „ein Messer ohne Klinge und ohne Heft“.[99] Die Arbeiter wollten nicht „als kleine Kinder behandelt werden“, sondern mitbestimmen.[100] Auch die Vorlage zum Zechenstilllegungs-Gesetz lehnte Hue ab, da sie „weder Hand noch Fuß“ habe und an der Macht der Unternehmer nichts ändere.[101] Als generelle Lösung für alle Probleme schlug er auch bei dieser Gelegenheit die Verstaatlichung des Bergbaus vor.[102]

Die auf dem Kongress demonstrierte Einigkeit hatte nicht lange Bestand. Das Zentrum, das im März noch für eine weitgehende Reform der preußischen Berggesetzgebung eintrat, schwenkte vor der abschließenden Lesung im Abgeordnetenhaus am 26. Mai 1905 radikal um. Statt die im Gesetzgebungsverfahren verschlechterte Vorlage abzulehnen und auf ein vom Reichstag zu verabschiedendes Reichsberggesetz zu setzen,[103] begann die Partei in den Augen Hues „schnöden Kontraktbruch“[104], indem sie der Berggesetznovelle vom 14. Juli 1905 zustimmte. Den überraschenden, „totale[n] Frontwechsel“ führte Hue auf den Einfluss der oberschlesischen „Grubengrafen à la Ballestrem“ zurück, da sie von einer Verbesserung der Schutzbestimmungen am meisten betroffen wären. Herrschten doch „die schlimmsten Zustände“ gerade auf den Werken, „die vornehmlich dem katholischen Hochadel und den dortigen Zentrumskapitalisten gehören“.[105]

Obwohl das Gesetz[106] wichtige Forderungen der Bergarbeiter erfüllte – die Schichtdauer wurde im Ruhrrevier auf 8 ½ Stunden einschließlich Ein- und Ausfahrt festgeschrieben, das „Nullen“ unzureichend gefüllter Wagen verboten, die Einrichtung von Arbeiterausschüssen obligatorisch –, war es für Hue „eine wahre Fehlgeburt, es hat von vorn, von hinten und von allen Seiten Schönheitsfehler“.[107] Seine Enttäuschung über die

97 Protokoll des Ersten Bergarbeiter-Delegiertentages, S. 7–13.

98 Ebd., S. 9.

99 Ebd., S. 17.

100 Ebd., S. 9.

101 Ebd., S. 10. – Zu den Zechenstilllegungen siehe Kap. 9.6.

102 Ebd., S. 10f.

103 Dies hatten das Zentrum und der Gewerkverein als Drohung stets angekündigt. Bergknappe 21, 27.5.1905 „Das Schicksal der Berggesetz-Novelle“.

104 Otto Hue, Berggesetzgebung und Zentrumspolitik, in: Sozialistische Monatshefte (1905) 9, S. 777–783, S. 781.

105 Ebd, S. 782. 1897 hatte er mit Hinweis auf die ultramontanen Unternehmer in Oberschlesien erklärt: Man lerne „dort in seinen Bannerträgern das Christenthum hassen“. Otto Hue, Soziale Verhältnisse der Stahl- und Eisenarbeiter Oberschlesiens, in: Metallarbeiter-Zeitung 34, 21.8.1897.

106 Zur Berggesetznovelle: Kirchhoff, Sozialpolitik, S. 151–157; Teuteberg, Geschichte der industriellen Mitbestimmung, S. 432–437.

107 LAD NRW Abt. Westf. Landratsamt Gelsenkirchen 40, Überwachungsbericht der Polizeiverwaltung Wanne, 3.7.1905. – Zur Kritik Hues und der Sozialdemokratie an der Novelle siehe auch Neuhaus, Arbeitskämpfe, S. 59f.

„Arbeiterverhöhnung" des „Dreiklassenparlaments",[108] über die Annahme des „Schundwerkes" war riesengroß, denn „durch diese sozialpolitische Kurpfuscherei" werde „auf wer weiss wie lange Zeit die berggesetzliche Reformarbeit verrammelt" sein.[109] Voller Empörung drohte er: „Aber man möge sich hüten, daß hierauf nicht auch mal eine Antwort erfolge, wie jetzt in Rußland, denn, wenn es zu neuen Kämpfen kommen sollte, so wäre es kein Kampf gegen das Unternehmertum, sondern gegen diejenigen, die das neue Berggesetz, welches ein Schundgesetz sei, zu Stande gebracht hätten und diese Herrn hätten dann auch dasjenige zu verantworten, was hierauf folgen würde."[110]

Besonders verbittert zeigte sich Hue über das Umfallen des Zentrums. „Alle Tinte der Welt wird nicht ausreichen, um die verhängnisvolle Rolle des Zentrums bei der Verhunzung der Bergarbeiterschutzgesetzgebung fortzuschreiben."[111] Und Hue verbrauchte in der Tat viel Tinte und Druckerschwärze, um in der Folgezeit „den schnöden Kontraktbruch des Zentrums an der Arbeiterschaft"[112] anzuklagen. Auf einer Bergarbeiterversammlung in Oespel nach dem Unglück auf der Zeche Borussia rief er voller Empörung aus: Das Zentrum „ist verantwortlich zu machen für das Schandgesetz, verantwortlich zu machen für das Blut, welches in den Bergwerken noch fließen wird. Diese christliche Partei, das Zentrum, ist ein Hohn auf das Christentum; das Zentrum hat die Bergarbeiter verraten und beschwindelt die Arbeiter, indem es behauptet, das Gesetz biete Vorteile. Das Zentrum hat sich bei der Beratung und der Beschlußfassung über das Bergarbeiterschutzgesetz erwiesen als eine Schutztruppe für die Unternehmer ... Es wäre eine Schmach für die Bergarbeiterschaft, wenn sie nicht mit aller Kraft dazu beitrüge, daß diese Zentrumschristen zum Teufel gejagt werden. Wer trotz aller Opfer die Hand geboten zu einem solchen Schandgesetz, der ist nicht wert, Volksvertreter zu sein."[113]

Die erste Reaktion des Gewerkvereins war gleichfalls sehr negativ ausgefallen. Der *Bergknappe* beklagte, dass die Regierung ihre Versprechen nicht eingelöst hätte und ein „wirksamer Bergarbeiterschutz für die nächsten Jahre vereitelt" worden wäre. „Was durch das Gesetz ... geboten wird, sind Steine statt Brot."[114] Zugleich verteidigte der christliche Verband das Zentrum, denn es habe „herauszufeilschen" gesucht, „was nur irgend möglich war".[115] Hue wollte die Argumentation, dass man nur zugestimmt habe, um ein noch schlimmeres Gesetz zu verhüten,[116] nicht gelten lassen. Wenn das Zentrum

108 Otto Hue, Die Bergleute und der preußische Landtag, in: Neue Zeit 24 (1905/06) 19, S. 605–618, S. 606.

109 Otto Hue, Arbeiterausschüsse als Arbeitervertretungen, in: Sozialistische Monatshefte (1907) 1, S. 15–24, S. 16f.

110 Rede Hues auf der Belegschaftsversammlung der Zeche Holland am 1.11.1905. LAD NRW Abt. Westf. Landratsamt Gelsenkirchen 40, Überwachungsbericht der Polizeiverwaltung Wattenscheid, 2.11.1905. (Hues Hinweis galt der Februar-Revolution in Russland.) – Selbst zwei Jahre später war sein Zorn noch nicht verraucht. Auf der Generalversammlung 1907 erklärte er: „Wenn die Herren im preußischen Landtage und die Regierung die Forderungen der Bergarbeiter auf einen besseren Schutz ihres Lebens und ihrer Gesundheit ablehnen, so kommt jedes Opfer, jeder Blutstropfen, der unter den jetzigen Umständen vergeudet wird, auf ihr Haupt und auf das Konto ihrer Politik." Protokoll der Generalversammlung 1907, S. 371.

111 Otto Hue, Berggesetzgebung und Zentrumspolitik, S. 780.

112 Otto Hue, „Essener Volkszeitung" und Wahrheitsliebe, in: Wahlkampfzeitung „Die Reichstags-Nachwahl im Kreise Essen 1905"; Protokoll der Generalversammlung 1907, S. 369.

113 Rede auf einer Bergarbeiterversammlung in Oespel am 30.7.1905. Allgemeiner Beobachter 175, 3.8.1905 „Das Grubenunglück auf Zeche ‚Borussia'".

114 Bergknappe 22, 3.6.1905 „Nach der Entscheidung des Abgeordnetenhauses".

115 Bergknappe 23, 10.6.1905 „Die preussische Berggesetznovelle".

116 Bergarbeiterschutz und Zentrum, S. 23.

nicht den „Kuhhandel getrieben" hätte, dann wäre die Bergrechtsreform im Reichstag verhandelt worden und man hätte dort ein besseres Gesetz verabschiedet.[117] Um zu beweisen, wie schlecht das Gesetz ausgefallen war, listete er in mehreren Aufsätzen und Reden die Mängel der Novelle auf:

– Eine Beschränkung der Überschichten und der Sonntagsarbeit sei nicht erfolgt.

Obwohl beim großen Streik 1905 die Arbeitszeitfrage der Auslöser war und die Reduzierung der Überschichten zu den Forderungen der Ausständigen gehört hatte, erbrachte die Berggesetznovelle keine grundlegenden Änderungen. Im drauffolgenden Jahr wurden so viele Überschichten verfahren wie seit 1888 nicht.[118]

– Die Frauenarbeit auf den Bergwerken sei nicht generell verboten worden.

– Die Kinderarbeit unter Tage sei weiterhin gestattet.

– Zwar sei das Nullen der Wagen abgeschafft worden, doch würden nun Geldstrafen wegen ungenügender oder unreiner Füllung verhängt, die die Bergarbeiter finanziell noch schwerer belasteten.[119] Diese dürften im Monat maximal fünf Mark betragen, aber es könnten noch Strafen wegen anderer Delikte hinzukommen. Daher sei es zu bedauern, dass keine allgemeine Höchstgrenze festgesetzt worden wäre, wie es die Verbände vorgeschlagen hatten.[120]

Wenngleich die Bergrechtsnovelle einigen Wünschen der Bergarbeiterschaft nicht gerecht wurde, so war das nicht der Grund für seine total negative Beurteilung. Hue musste alle positiven Seiten des Gesetzes wie die Festlegung der Schichtzeit völlig ausblenden, um das Zentrum anklagen zu können. Im Gegensatz zu seiner parteitaktisch motivierten Einschätzung wird die Berggesetznovelle in der Forschung zumeist positiv beurteilt, da die Regierung die wichtigsten Forderungen der Bergarbeiter erfüllt habe.[121] Hans-Jürgen Teuteberg sieht in der Überarbeitung des Berggesetzes gar „einen Höhepunkt der staatlichen Sozialpolitik vor dem Ersten Weltkrieg".[122]

Ein gewichtiger Teil der Novelle war die Einrichtung von Arbeiterausschüssen, die schon lange zu den gewerkschaftlichen Forderungen gehörte.[123] Auch Hue stand ihnen

117 Otto Hue, Berggesetzgebung und Zentrumspolitik, S. 781; Protokoll der Generalversammlung 1907, S. 369.

118 So die Angabe von Hue auf einer Versammlung in Bruckhausen am 14.10.1906 (Dortmunder General-Anzeiger 284, 16.10.1906) und in seiner Reichstagsrede am 17.1.1908, Verhandlungen, S. 2501.

119 Otto Hue, Ein neues Arbeiterrecht für den Bergbau, in: Sozialistische Monatshefte (1905) 12, S. 999–1004, S. 1004; Otto Hue, Sozialpolitisches aus dem Bergbau, in: Correspondenzblatt 38, 22.9.1906, S. 641–644 u. 39, 29.9.1906, S. 657–660, S. 658f.; Otto Hue, Die Arbeiterausschüsse in der Praxis, in: Sozialistische Monatshefte (1907) 6, S. 459–463, S. 462.

120 Landtagsrede am 3.2.1914, Stenogr. Berichte, Sp. 1335.

121 Ribhegge, Schwerindustrie, S. 147; Kirchhoff, Sozialpolitik, S. 151; Born, Staat, S. 188; Adelmann, Betriebsverfassung, S. 121; Gladen, Streiks, S. 139; Kroll, Geburt der Moderne, S. 26f.; Neuhaus, Arbeitskämpfe, S. 42; Milert/Tschirbs, Die andere Demokratie, S. 73f. – Differenzierter urteilen: Brüggemeier, Leben vor Ort, S. 217f.; Jäger/Tenfelde, Bildgeschichte, S. 59.

122 Teuteberg, Geschichte der industriellen Mitbestimmung, S. 438. – Dagegen steht das krasse Urteil von Groh, Emanzipation, S. 83: „Die ‚Errungenschaften' der Preußischen Berggesetznovelle entpuppten sich allmählich als Windei." Ebenso betont Fricke die negativen Aspekte: Fricke, Ruhrbergarbeiterstreik, S. 142f.

123 Auf Anregung von Hue hatte der Bergarbeiterverband im März 1901 eine entsprechende Denkschrift an den preußischen Landtag gerichtet. Hue, Bergarbeiter 2, S. 540; Teuteberg, Geschichte der industriellen Mitbestimmung, S. 422f. – Für den Gewerkverein: Ebd., S. 423ff.

grundsätzlich positiv gegenüber, warnte aber davor, ihre Macht zu überschätzen.[124] Ihre Wirksamkeit sei abhängig von den ihnen gesetzlich zugestandenen Befugnissen.

Der Beschluss des Landtags entsprach aber keineswegs seinen Erwartungen. Den Ausschüssen blieben alle wichtigen Mitbestimmungsrechte – besonders in der Lohnfrage – versagt. Sie durften sich lediglich an der Verwaltung der Unterstützungskassen beteiligen, einen Vertrauensmann zur Kontrolle der Förderwagen wählen, sich zur Arbeitsordnung äußern sowie Wünsche und Beschwerden „zur Kenntnis des Bergwerksbesitzers" bringen. Ansonsten bestand ihre Aufgabe darin, „daß das gute Einvernehmen innerhalb der Belegschaft und zwischen der Belegschaft und dem Arbeitgeber erhalten bleibt und wiederhergestellt wird". Für Hue waren sie nur „Versüßungspillen zu dem vermurksten Berggesetz",[125] „als Dekoration gedacht, als Täuschungsmittel für die Arbeiterschaft, der man den Arbeiterausschuss bewilligte, wie man Kindern zur Beruhigung ein wertloses Spielzeug in die Hand drückt".[126] Folgerichtig beschlossen die Vorstandsmitglieder und die Bezirksvertrauensleute im Ruhrrevier am 22. November 1905, sich nicht an den Wahlen zu beteiligen.[127]

Die Bergarbeiter brachten den Ausschüssen zunächst wenig Interesse entgegen.[128] Die geringe Wahlbeteiligung war allerdings auch der restriktiven Auslegung des Gesetzes durch die Zechenleitungen geschuldet war. Das aktive Wahlrecht besaß nur derjenige, der ein Jahr auf dem Werk beschäftigt war, während das passive an eine dreijährige Beschäftigungszeit gebunden war. Weil viele Betriebsleitungen die Teilnahme am Streik als Arbeitsunterbrechung ansahen, waren vielerorts nur Streikbrecher zur Wahl zugelassen.[129] Auf der Generalversammlung 1907 verteidigte Hue die ablehnende Haltung des Bergarbeiterverbandes, indem er die Vertretungsgremien als „Dekoration" herabsetzte, lediglich geschaffen, „um mit dieser tauben Nuß den Bergarbeitern den Mund zu stopfen".[130] Die Praxis auf vielen Schachtanlagen scheint sein Urteil zu bestätigen. Die Arbeiterausschuss-Sitzungen der Zechen Friederika, Wiendahlsbank, Friedlicher Nachbar, Julius Philipp, Prinz Regent und Dannenbaum dauerten vielfach nicht einmal eine Viertelstunde und behandelten vor allem Marginalien wie die Verteilung von Kleiderhaken. Selten kamen wichtige Angelegenheiten wie der Wassermangel in den Kauen oder die Lieferung von Deputatkohle zur Sprache. Überwiegend lautete der Eintrag ins Protokollbuch: „Beschwerden oder Mißstände wurden nicht vorgebracht."[131]

[124] Rede auf der Revierkonferenz für Oberbayern. Bergarbeiter-Zeitung 29, 27.7.1901.

[125] Otto Hue, Sozialpolitisches aus dem Bergbau, in: Correspondenzblatt 38, 21.9.1907, S. 593–596 u. 41, 12.10.1907, S. 641–644, S. 594.

[126] Otto Hue, Die Arbeiterausschüsse in der Praxis, in: Sozialistische Monatshefte (1907) 6, S. 459–463, S. 459f.

[127] Allgemeiner Beobachter 270, 24.11.1905; Arbeiter-Zeitung (Dortmund) 277, 27.11.1905; Bergarbeiterverband, Jahres-Bericht 1905/06, S. 52; Teuteberg, Geschichte der industriellen Mitbestimmung, S. 447f.

[128] Oberbergamt Dortmund an Minister für Handel und Gewerbe, 31.12.1905 (abgedr. in: Quellensammlung zur Geschichte der sozialen Betriebsverfassung 1, Nr. 232, S. 363f.). Im Ruhrrevier lag die Wahlbeteiligung bei 11 Prozent. Teuteberg, Geschichte der industriellen Mitbestimmung, S. 450.

[129] Vor allem der Ausschluss vieler Belegschaftsmitglieder diente dem Alten Verband zur Rechtfertigung seiner Nichtbeteiligung an den Wahlen. Otto Hue, Die Arbeiterausschüsse in der Praxis, S. 460.

[130] Protokoll der Generalversammlung 1907, S. 368.

[131] Martin, Arbeiterschutz, S. 176 Anm. 459. – Ähnlich war die Situation auf den Südrandzechen Franziska und Hamburg. Kroker, Arbeiterausschüsse, S. 207. Bei 85 der 246 Sitzungen, die Kroker analysiert hat, lagen keine Verhandlungsgegenstände vor. Kroker, Arbeiterausschüsse, S. 205. Für Oberschlesien: Schofer, Formierung einer modernen Arbeiterschaft, S. 157; Puls, Rochaden, S. 183ff.

Aber es gab auch positive Erfahrungen,[132] und bald dämmerte es der Verbandsführung, dass die Ausschussmitglieder, die bei der Organisation der Unterstützungskassen und der Verteilung der Strafgelder mitwirkten, die die Wünsche der Belegschaften vorbrachten, zugleich die besten Werber für die Gewerkschaft sein konnten. Im Februar 1908 beendete der Verband den Boykott und beteiligte sich erstmals auf der Schachtanlage Konstantin IV/V „mit glänzendem Erfolg" an der Wahl.[133]

Ebenso wie bei der Bewertung der gesamten Novelle fiel das Urteil der Forschung über die Ausschüsse unterschiedlich aus. Während Teuteberg die gesetzlich vorgeschriebene Einrichtung als „Fortschritt" ansieht,[134] unterstellt Costas der Regierung, die Ausschüsse lediglich „als Beschwichtigungs- und potentielles Streikverhinderungsinstrument" geschaffen zu haben.[135]

Wenngleich den Ausschüssen 1905 nur sehr bescheidene Mitwirkungsrechte eingeräumt worden waren, begann mit der Berggesetznovelle der Prozess der Arbeitermitwirkung in den Bergwerksbetrieben, der über verschiedene Stationen letztlich zum Gesetz über die Mitbestimmung in der Kohle- und Stahlindustrie des Jahres 1951 führte.[136]

7.4 Die Knappschaftsreform

Eine ähnlich negative Erfahrung wie bei der Berggesetznovelle machten die Bergarbeiter bei der Knappschaftsreform.[137] Den Regierungsentwurf, der am 22. Januar 1906 im preußischen Landtag zum ersten Male besprochen und dann einer Kommission überwiesen wurde, begrüßte Hue als „anerkennenswerte sozialreformatorische Leistung",[138] denn er enthielt von den Verbänden geforderte Verbesserungen wie Gegenseitigkeitsverträge zwischen den Knappschaftsvereinen, die Aufhebung der „Unständigkeit", die Gleichstellung der Werksbeiträge mit den Arbeiterbeiträgen und die geheime Wahl der Knappschaftsältesten. Doch Hue befürchtete „das Schlimmste",[139] und er sollte Recht behalten. Das geheime Wahlverfahren wurde im Gesetzgebungsgang gestrichen, was die Chancen der Gewerkschafts- gegenüber den unternehmerfreundlichen „Zechenkandidaten" verringerte, denn bei einer offenen Wahl bestand die Gefahr der Maßregelung für diejenigen, die ihre Stimme einem Kandidaten des Bergarbeiterverbandes gaben. Als besonders bitter empfand Hue die Streichung des aktiven und passiven Wahlrechts der invaliden Kassenmitglieder, den er als „Wahlrechtsraub an den Invaliden"[140] kennzeichnete. Sie waren – seiner Ansicht nach – die besten Interessensvertreter gewesen,

[132] LAD NRW Abt. Rheinl. Reg. Düsseldorf 15933, Bezirkspolizeikommissar Essen an Regierungspräsident Düsseldorf, 12.3.1906 (abgedr. in: Quellensammlung zur Geschichte der sozialen Betriebsverfassung 1, Nr. 235, S. 370–374). – Kroker, Arbeiterausschüsse.

[133] Bergarbeiter-Zeitung 10, 7.3.1908.

[134] Teuteberg, Geschichte der industriellen Mitbestimmung, S. 438.

[135] Costas, Anfänge der Partizipation, S. 356f.

[136] Kroll, Geburt der Moderne, S. 27.

[137] Zur Knappschaftsreform: Geyer, Reichsknappschaft, S. 30–36, 50–57; Lauf, Knappschaftsnovelle.

[138] Rede auf einer Bergarbeiterversammlung in Altenbochum am 20.5.1906. Allgemeiner Beobachter 117, 22.5.1906. Ebenso Otto Hue, Die Bergleute und der preußische Landtag, in: Neue Zeit 24 (1905/06) 19, S. 605–618, S. 611.

[139] Otto Hue, Die Bergleute und der preußische Landtag, S. 618.

[140] Reichstagsrede am 17.1.1908, Verhandlungen, S. 2503.

weil sie zum einen die Zeit besaßen, sich mit der komplizierten Materie des Knappschaftsrechts vertraut zu machen, und weil sie zum anderen nicht den Verlust ihres Arbeitsplatzes fürchten mussten.

Der Bergarbeiterverband veranstaltete am 20. Mai zahlreiche Protestversammlungen gegen die Verschlechterungen, ohne jedoch etwas bewirken zu können.[141] Der Landtag verabschiedete die Knappschaftsreform, und das Zentrum stimmte auch in diesem Fall für ein – so Hue – „verpfuschtes" Gesetz. Die Partei begründete ihr Verhalten abermals mit den von ihr durchgesetzten Verbesserungen (u.a. Anerkennung der Gegenseitigkeit).[142] Hue widersprach der Argumentation. „Die Gesetzesverpfuscher und ihre Helfershelfer fürchten den Bergarbeiterzorn", deshalb führten sie „eine groteske Komödie" auf, um das „himmelschreiende knappschaftliche Ausnahmegesetz" zu rechtfertigen. Auf diese Weise sollten die Bergleute „von der im Landtage begangenen schweren Schädigung der Arbeiterinteressen abgelenkt werden".[143] Nachdem der erste Wut abgeklungen war, urteilte Hue aber wesentlich milder über die Knappschaftsnovelle. Sie habe „mehrere bösartige Mißstände beseitigt, andere gemildert".[144]

Nach der Neufassung des Gesetzes mussten die Statuten der einzelnen Knappschaftsvereine angepasst werden.[145] Der erste Entwurf für die Ruhrknappschaft enthielt zwar einige Verbesserungen wie die Erhöhung des Kranken- und Sterbegeldes und der Invalidenrente, entscheidender waren aber gravierende Verschlechterungen (u.a. Abschaffung des Kindergeldes für Invaliden, eine Verminderung der Witwenrente), die den Widerstand der Gewerkschaften hervorriefen.[146] Den Änderungsanträgen der Knappschaftsältesten des Alten Verbands hatten im Vorstand fünf andere Arbeitervertreter nicht zugestimmt, was Hue in Versammlungen geißelte.[147] Seine Behauptung, die Abweichler gehörten dem Gewerkverein an, löste erneut eine heftige Fehde zwischen den Verbänden aus.[148] Angesichts der anstehenden Verhandlungen mit den Arbeitgebervertretern über das neue Statut war aber keine Seite an einer weiteren Eskalation interessiert, weshalb man für kurze Zeit das Kriegsbeil begrub.

Die Verhandlungen führten trotz großer Zugeständnisse der Knappschaftsältesten und eines Vermittlungsversuches der Regierung zu keiner Einigung, da die Unternehmer kein Entgegenkommen zeigten. Auf der Generalversammlung des Knappschaftsvereins am 28. Dezember 1907 stimmten die Knappschaftsältesten zwar gegen das vorgelegte Statut, es trat aber trotz dieses ablehnenden Votums in Kraft.

141 Arbeiter-Zeitung (Dortmund) 116, 19.5.1906 „Bergleute wacht auf! Der Dreiklassenlandtag zertrümmert die Knappschaftsreform!".

142 Bergarbeiterschutz und Zentrum, S. 26–36.

143 Otto Hue, Sozialpolitisches aus dem Bergbau, in: Correspondenzblatt 38, 21.9.1907, S. 593–596 u. 41, 12.10.1907, S. 641–644, S. 595.

144 Hue, Bergarbeiter 2, S. 609.

145 Zum Satzungskonflikt: Geyer, Sozialpolitik, S. 137–141; ders., Reichsknappschaft, S. 53ff.; Lauf, Knappschaftsnovelle, S. 49–52; Wisotzky, Hue (Manuskript), S. 153ff.

146 Arbeiter-Zeitung (Dortmund) 186, 14.8.1907 „Hue über die Abänderung der Satzungen des Allgem. Knappschaftsvereins".

147 Arbeiterzeitung (Essen) 186, 14.8.1907; Arbeiter-Zeitung (Dortmund) 186, 14.8.1907 „Hue über die Abänderung der Satzungen des Allgem. Knappschaftsvereins"; Bergarbeiter-Zeitung 35, 31.8.1907 „Wer stört die ‚Einigkeit'?". Hue auf einer Knappschaftsversammlung in Eickel am 18.8.1907, LAD NRW Abt. Westf. Landratsamt Gelsenkirchen 40, Überwachungsbericht der Polizeiverwaltung Eickel, 18.8.1907.

148 Wisotzky, Hue (Manuskript), S. 154f.

Die Empörung in der Bergarbeiterschaft über das aufoktroyierte Statut war groß. In einer Sitzung der Siebenerkommission am 30. Dezember 1907 schlugen Sachse und Hue vor, die Verbände sollten die ihnen nahestehenden Parteien veranlassen, eine gemeinsame Interpellation im Reichstag einzubringen. Weil das Zentrum nicht mit den anderen Parteien zusammengehen wollte,[149] brachte es wie die Sozialdemokraten und die Christlich-Soziale Partei eine eigene Interpellation ein. Die Redner am 8. Januar 1908 im Reichstag, Otto Hue, Carl Mathias Schiffer (Zentrum) und Franz Behrens (Christlichsoziale Wirtschaftliche Vereinigung) waren sich einig in der negativen Beurteilung des vom preußischen Landtag beschlossenen Knappschaftsgesetzes und in der Verurteilung der Werksbesitzer. Hue kritisierte wie seine Vorredner die Halsstarrigkeit der Unternehmer bei den Verhandlungen über das neue Knappschaftsstatut im Oberbergamtsbezirk Dortmund. Während die Knappschaftsältesten eine Position nach der anderen geräumt hätten, hätten die Werkvertreter trotz der Vermittlungsversuche seitens der preußischen Regierung die Verhandlungen wegen eines 2-Pfennig-Betrages scheitern lassen. Hue nutzte aber die Debatte, um eine weitere Attacke gegen das Zentrum zu reiten.[150] Der Versuch, die Interpellationen parteipolitisch auszuschlachten, rügte der Zentrumsabgeordnete Giesberts: „Wenn die Stoßkraft dieser Aktion wirkungsvoll sein soll, dürfen diejenigen, die im Ruhrgebiet kameradschaftlich zusammenstehen, auch vor dem deutschen Volke nicht das Schauspiel der gegenseitigen Zerfleischung bieten."[151] Weil die Chance, zu einem Reichsknappschaftsgesetz zu kommen, groß sei, dürfe man sie nicht „durch parteipolitische Haarspaltereien" „nachteilig beeinflussen". Aber zu „solchen politischen Quertreibereien" würde man im Ruhrrevier wieder sagen: „Ganz Hue!"[152]

Giesberts rechtfertigte auch das Abstimmungsverhalten der Zentrumsfraktion im Landtag und verstieg sich dabei zu der Behauptung, dass „sachverständige Bergleute" den Abgeordneten geraten hätten, für die Reform zu stimmen.[153] Mit dieser Äußerung lieferte er dem politischen Gegner Munition. Denn entweder war die Geschichte erfunden, wofür sehr viel spricht, denn der Gewerkverein hatte stets gegen das Gesetz protestiert. Oder Giesberts hatte die Wahrheit ausgeplaudert und damit unfreiwillig das „frivole Doppelspiel"[154] des Gewerkvereins entlarvt. Der Bergarbeiterverband und die

149 Arbeiter-Zeitung (Dortmund) 37, 13.2.1908 „Herr Effert über die Knappschaftsdebatten im Reichstage"; Vorwärts 37, 13.2.1908 „Die Knappschaftsdebatten im Reichstag".

150 Reichstagsrede am 17.1.1908, Verhandlungen, S. 2500.

151 Reichstagsrede am 18.1.1908, Verhandlungen, S. 2535.

152 Ebd., S. 2538. – Zum Chor der Kritiker gehörte der *Bergknappe*, der schrieb: „Es ist eben das Eigentümliche dieses Mannes [Hue], daß er vor allen Dingen zu glänzen sucht, und dadurch nicht das erste Mal bis zu einem gewissen Grade Verwirrung in den Bergarbeiterkreisen schaffte. ... Es ist eigentümlich, daß es immer derselbe Hue ist, der in den kritischsten Momenten, wo eine ungeschwächte Einigkeit der gesamten Arbeiterschaft und ihrer Führer am notwendigsten ist, eine solche Rolle spielt und in anderen Zeiten dagegen über Land geht und den Einigungsapostel spielt." Bergknappe 4, 25.1.1908 „Die Knappschaftsfrage vor dem deutschen Reichstage". Ebenso agitierte die *Essener Volks-Zeitung* gegen Hue und warf ihm vor, durch „Brüskierung der Zentrumsfraktion" die Einheit der Aktion zerstört zu haben, was „ein Verbrechen an der gerechten Sache der Bergarbeiter" sei. Essener Volks-Zeitung 46, 25.2.1908 „Die Besprechung der Knappschaftsvorlage im Reichstage".

153 Reichstagsrede am 18.1.1908, Verhandlungen, S. 2537 u. S. 2550f.

154 Flugblatt des Bergarbeiterverbandes „Ein Mahnwort an die Bergarbeiter im Ruhrrevier!", in: LAD NRW Abt. Westf. Reg. Arnsberg 14382.

Sozialdemokraten ließen sich die Gelegenheit nicht entgehen, um ihrerseits eine langanhaltende Pressekampagne gegen Giesberts und den Gewerkverein zu führen.[155]

Der Unmut in den Belegschaften über das Zwangsstatut war derart groß, dass vielfach zum sofortigen Streik aufgerufen wurde.[156] Hue argumentierte gegen eine Arbeitsniederlegung, weil diese den „Kohlenbaronen“ sehr gelegen käme. Sie hätten ja schon die Koksproduktion drosseln müssen und würden bei einem Streik in der Zeit der zurückgehenden Nachfrage „ein glänzendes Geschäft“ machen. Es müssten daher andere Mittel angewandt werden, um „den Knappschaftsmitgliedern zu ihrem Rechte zu verhelfen“.[157] Statt eines Streiks empfahl Hue „nur auf gesetzlicher Grundlage vorzugehen. Es muß veranlaßt werden, daß die geschädigten Invaliden, Witwen und Waisen einen Rattenkönig von Prozessen anstrengen, …“ Als Parole gab er aus: „Solange das Zwangsstatut besteht, wird keine Ruhe kommen.“ „Wir müssen die Arbeiter aufrütteln, aufhetzen, ich wiederhole dieses Wort, ‚aufhetzen‘, damit sie sich einig würden,“ lautete sein Auftrag an die versammelten Bergarbeiter. Denn: „Nur Einigkeit macht stark und führt zum Ziel.“[158]

Als die Unternehmer einige kleinere Zugeständnisse bei der Pensionshöhe machten, konnte der langwierige Streit beendet werden. Am 20. Juni 1908 stimmten die Knappschaftsältesten dem überarbeiteten Statut zu.[159]

Obwohl die Novellen der Berggesetzgebung wichtige Forderungen der Bergarbeiter wie die Festschreibung der Schichtzeit auf 8 ½ Stunden, das Verbot des „Nullens“ oder die gegenseitige Anerkennung der Knappschaftsvereine umsetzten, entsprachen sie nicht den sehr hohen Erwartungen des Alten Verbandes und der Bergarbeiter. Sie hatten sich nach ihrem entbehrungsreichen Arbeitskampf mehr erhofft, als der preußische Landtag zugestand.

155 Wisotzky, Hue (Manuskript), S. 156.

156 LAD NRW Abt. Westf. Reg. Arnsberg 14381, Überwachungsbericht der Polizeiverwaltung Bochum über eine Knappschaftsmitgliederversammlung am 5.1.1908, 6.1.1908.

157 Rede auf einer Bergarbeiterversammlung in Bochum am 5.1.1908. Volksblatt 5, 7.1.1908.

158 LAD NRW Abt. Westf. Reg. Arnsberg 14381, Bezirkspolizeikommissar Gelsenkirchen an Regierungspräsident Arnsberg, 6.1.1908.

159 Arbeiter-Zeitung (Dortmund) 151, 2.7.1908 „Ein Erfolg der Ruhrbergleute“. In dem Artikel, den vermutlich Hue verfasst hat, wird die Oppositionsarbeit des Bergarbeiterverbandes, der „besten Waffenschmiede im Kampfe um die Knappschaftsrechte“, gelobt, die letztendlich einige Verbesserungen gebracht hätte.

8. Befreit von der Redaktionsarbeit

8.1 Das Ausscheiden aus der Redaktion

Der Papst sitzt rechts
Und Wißmann links,
Pokorny in der Mitte! –
Der Papst lebt herrlich in der Welt,
Er lebt von dem Diätengeld
Vom deutschen Parlamente.
Er ist ein großer Volkstribun,
Ist unantastbar und immun
Wie eine Zeitungsente.[1]

Auf der Generalversammlung 1905 kritisierten mehrere Delegierte die nach dem Streik polemisch geführte Pressefehde zwischen Hue und Haenisch/Düwell[2] und brachten einen Antrag ein, dass „Parteipolemiken … nicht im Verbandsorgan, sondern in der Parteipresse zu erledigen“ seien. Dass dieser trotz heftiger Gegenwehr seitens Hue die Mehrheit der Delegierten fand,[3] war ein Indiz, dass seine Führungsposition ins Wanken geriet. Die Meinungen des „Verbandspapstes“, so die ironisch-scherzhafte Bezeichnung der Mitglieder,[4] bei der sich Anerkennung und Kritik vermischten, waren nie unumstritten gewesen, sondern stießen häufig auf Widerstand. Dennoch setzte sich Hue letztendlich durch und bestimmte den Kurs des Alten Verbandes. 1904/05 wurden aber die Stimmen der Opponenten lauter und zahlreicher.

Auf der Generalversammlung 1904 hatten ihn einige Delegierte als den Hauptverantwortlichen für das Scheitern der Beitragserhöhung gescholten.[5] Als gravierender anzusehen ist allerdings die Kritik an seiner Haltung zur Maifeier.[6] Fritz Husemann beschwerte sich, dass aus diesem Anlass in der *Bergarbeiter-Zeitung* lediglich ein Gedicht von Heinrich Kämpchen erschienen sei. Der von Leimpeters geschriebene und bereits gesetzte Artikel wäre hingegen auf Druck von Hue abgelegt worden. Da aber in der Maifeier „ein guter agitatorischer Gedanke“ liege, habe die Redaktion „die Pflicht, für dieselbe einzutreten“. Ein Versäumnis wie in diesem Jahr dürfe deshalb „nicht wieder

1 Beginn des Gedichtes „Unsere Dreieinigkeit“, mit dem Otto Hue, der leitende Redakteur Franz Pokorny und der im Sinne des Presserechts verantwortliche Redakteur Georg Wißmann in der satirischen Zeitung *Der Kumpel*, erschienen zur Generalversammlung 1907, aufs Korn genommen wurden. In: Jäger/Tenfelde, Bildgeschichte, S. 75.

2 Protokoll der Generalversammlung 1905, S. 209 u. 248.

3 Ebd., S. 270 u. 213.

4 So wurde er bereits von dem Vorsitzenden Heinrich Möller in seinem Brief vom 14. März 1897 tituliert. Abgedr. in: Otto Hue, Wo sind die Entlarvten?, in: Bergarbeiter-Zeitung 45, 6.11.1897.

5 Siehe oben S. 55.

6 Zum Folgenden: Hickey, Workers, S. 282f.; aus DDR-Sicht: Fritsch, Eindringen, S. 57–65.

vorkommen".[7] Hue meldete sich unverzüglich zu Wort, um zu seinem „Hochverrat" Stellung zu beziehen.[8] Er hielt eine Arbeitsniederlegung am 1. Mai, die der Kongress der 2. Internationalen im Juli 1889 in Paris beschlossen hatte,[9] für verfehlt, da sie vielfach eine Maßregelung der Demonstranten nach sich zöge.[10] Die Verbände hätten dann die hohen Kosten für die Unterstützung der Gekündigten zu tragen. Ferner könne er als Redakteur keinem 1889 in Paris getroffenen und 1904 in Amsterdam erneuerten Beschluss folgen, denn eine Generalversammlung des Bergarbeiterverbandes habe diesen nicht bestätigt. Hue äußerte sich auch zur Absetzung des Artikels und wusch seine Hände in Unschuld. Als er nach seiner Rückkehr aus Berlin den Text gelesen hatte, sei er überrascht gewesen, da das Geschriebene nicht mit Leimpeters Anschauung übereinstimmte. „Ich habe ihm dann anheim gegeben", erklärte er vor den Delegierten, „ob wir den Artikel veröffentlichen oder es bei dem Gedicht bewenden lassen sollten. Er [Leimpeters] war dann bereit, den Artikel fallen zu lassen."

Die Verteidigung konnte Sachse nicht besänftigen. Er warf Hue vor, die Wünsche der Delegierten zu missachten.[11] In Kassel 1901 habe er doch versprochen, die Maifeier in der *Bergarbeiter-Zeitung* besser zu würdigen, aber es habe sich nichts geändert. Voller Zorn demonstrierte der Vorsitzende, wer die Macht im Verband hatte: „Selbst ein Papst aber hat sich dem zu fügen, was die Generalversammlung beschließt." Er pochte zudem auf das Recht des Vorstandes, in die Arbeit der Redaktion einzugreifen, und erklärte: Wäre er in Bochum gewesen, so hätte er einen Präzedenzfall geschaffen und den Druck des Artikels durchgesetzt.

Der nochmalige Versuch Hues, sich zu verteidigen, fiel nicht sehr überzeugend aus.[12] Er machte geltend, dass er doch nach der Rüge in Kassel jeweils ein Gedicht zum 1. Mai bei Kämpchen in Auftrag gegeben und selbst einen Artikel geschrieben habe. Allerdings sei dieser nicht nach dem Geschmack der Mitglieder gewesen. „Man merkte, daß Du nicht mit dem Herzen dabei warst," habe ihre Reaktion gelautet. Trotzig beendete Hue seine Gegenrede mit den Worten: „Beschließen Sie, daß ein Maifeierartikel erscheinen soll, dann erscheint er, aber ich kann ihn nicht schreiben. Darin liegt nicht die Demokratie, daß ich gegen meine Überzeugung schreiben soll. ... Über das Andere, was Sachse über die Beschlußfassung sagte, sind wir ja entgegengesetzter Ansicht, da scheiden sich unsere Wege. Beschließen Sie meinetwegen auch, daß jeder feiern soll und Entschädigung bei Maßregelung bekommt."

Hue schätzte die Stimmung der Delegierten völlig falsch ein. Als Sachse fragte, ob die Generalversammlung mit der Ansicht von Hue einverstanden sei, erhob niemand die

7 Protokoll der Generalversammlung 1904, S. 150.

8 Ebd., S. 150f.

9 Zum 1. Mai: Fricke, Kleine Geschichte des Ersten Mai; Schuster, Zur Geschichte des 1. Mai.

10 Auch hinsichtlich der Maifeier hatte Hue seine Meinung geändert. Nach seinen Ausführungen verabschiedete die Essener Parteiversammlung 1896 einstimmig folgende Resolution: „Die Essener Gewerkschaften stellen an die betreffenden Arbeitgeber das Ersuchen, den 1. Mai frei zu geben. Jeder Arbeiter, der es in wirtschaftlichem Sinne möglich machen kann, hat den 1. Mai durch Arbeitsruhe zu feiern. Mindestens hat jeder Parteigenosse in der am 1. Mai abends stattfindenden Volksversammlung zu erscheinen. Diejenigen Genossen, welche eine Feier des 1. Mai nicht ermöglichen können, sind verpflichtet, eine Mark ihres Tagelohns an den Vertrauensmann der sozialdemokratischen Partei abzuführen." Allgemeiner Beobachter 92, 22.4.1896; Rheinisch-Westfälische Arbeiterzeitung 95, 23.4.1896.

11 Protokoll der Generalversammlung 1904, S. 151.

12 Ebd.

Hand, während bei der Gegenprobe, auf die der gekränkte Redakteur bestand, alle Hände nach oben gingen.[13] Eine solch bittere Niederlage hatte der bis dahin maßgebende und bestimmende Mann im Verband noch nicht erlebt.

Das Misstrauensvotum wird Hue sicherlich geschmerzt haben, doch er war nicht bereit, in der Sache nachzugeben, sondern meldete sich nochmals in der *Bergarbeiter-Zeitung* zu Wort.[14] Er betonte, dass er die Maifeier als „Demonstration für Arbeiterschutz und Völkerfrieden“ grundsätzlich begrüße, er könne aber keinesfalls mit guten Gewissen wegen der negativen Folgen zu einer Arbeitsniederlegung aufrufen. Er habe sich daher in seinen Maifestartikeln der Jahre 1894 bis 1896 damit „abgequält, um die Pariser Resolution herumzuschreiben“. Weil er „den Tanz auf Eiern leid“ gewesen wäre, habe er danach auf einen Artikel verzichtet und es lieber Heinrich Kämpchen überlassen, „einen poetischen Maigruß zu bringen“. Seine Empfehlung hinsichtlich der Maifeier ging dahin, jeweils den 1. Maisonntag zu nutzen, denn so gebe es durch eine massenhafte Beteiligung eine „wirkungsvolle Demonstration“. Des weiteren wies er darauf hin, dass kein die Redaktion bindender Beschluss einer Generalversammlung vorläge, wobei er den eindeutigen Diskussionsausgang in Stadthagen völlig ausblendete. Damit „mit der existierenden Halbheit“ aufgeräumt werde, hielt er einen formellen Entscheid der Delegierten für erforderlich. Aber der Verband möge sich, so seine Warnung, den nötigen Schritt reiflich überlegen.

Der Artikel löste, wie zu erwarten, eine kontroverse Diskussion aus sowohl über die grundsätzliche Haltung zur Maifeier als auch über die Redaktionsarbeit von Hue.[15] Für eine Arbeitsruhe am 1. Mai sprach sich kein Mitglied des Vorstandes aus, da die Gefahr gegeben sei, die Arbeit und damit den Anspruch auf die Knappschaftsleistungen zu verlieren. Die Mehrheit hielt am bisherigen Ablauf fest – Demonstration am Vormittag und Abendveranstaltungen –, nur wenige teilten die Auffassung Hues, dass der 1. Sonntag im Mai das bessere Datum sei.

Der Vorsitzende Heinrich Sachse, unterstützt von den Vorstandsmitgliedern Schröder, Böhm, Horn, Husemann und Fischer, rügte Hue abermals dafür, dass er sein Versprechen auf der Kasseler Generalversammlung, zukünftig den 1. Mai in einem Artikel entsprechend zu würdigen, gebrochen[16] und das Erscheinen des Maiartikels aus der Feder Leimpeters verhindert habe. Das „schlug dem Faß den Boden aus“.

Die Debatte, die der Streik 1905 jäh unterbrach, nahm die nächste Generalversammlung wieder auf. Im Mittelpunkt der Kritik stand aber nicht mehr die Haltung Hues, sondern getadelt wurde zum einen der Maiartikel des Jahres 1905,[17] zum anderen das Auftreten Leimpeters’ auf dem Gewerkschafskongress 1905 in Köln, bei dem die Maifeier gleichfalls auf der Tagesordnung gestanden hatte. Leimpeters hatte hier erklärt, den Beschlüssen internationaler Tagungen keine bindende Kraft beimessen zu wollen. Es könne nicht sein, dass Engländer, Botokuden und Chinesen auf Kongressen bestimmten, „was wir in Deutschland zu tun haben“.[18] Seine Äußerung, der Fritz Husemann

13 Ebd., S. 152.

14 Otto Hue, Maifeier und Gewerkschaften, in: Bergarbeiter-Zeitung 45, 12.11.1904.

15 Zuschriften und die Berichterstattung in: Bergarbeiter-Zeitung 48, 3.12.1904 und in den folgenden Ausgaben.

16 Heinrich Sachse, Zur Maifeier-Frage, in: Bergarbeiter-Zeitung 48, 3.12.1904.

17 Er „war eine Suppe ohne Salz“, so der Delegierte Franz Borowsky aus Essen. Protokoll der Generalversammlung 1905, S. 268.

18 Protokoll Gewerkschaftskongress 1905, S. 239.

schon in Köln widersprochen hatte,[19] löste eine scharfe Kritik von zahlreichen Delegierten der Generalversammlung aus.[20] Doch da Leimpeters – so Franz Pokorny – „nachplappert, was ihm sein großer Lehrer Hue eingebläut hat",[21] war klar: Man schlug den Sack und meinte doch den Esel. Leimpeters parierte den Vorwurf mit Ironie: „Ich habe nur den Wunsch, mit Hue noch lange Jahre zusammen zu arbeiten, denn auch bei Meinungsverschiedenheiten standen wir uns immer freundschaftlich und kameradschaftlich gegenüber. Gewiß habe ich meist nachgegeben, aber nur weil ich der Klügere bin."[22] „Stürmische Heiterkeit" vermeldete das Protokoll.

Es wurde nicht allein über Personen gestritten, sondern auch über die Sache. Pokorny betonte zwar, dass es nichts Besseres als die Maifeier gebe, um die Arbeiterklasse aufzurütteln.[23] Doch nur wenige stimmten mit Fr. Schlisio aus Brackel überein, der für eine strikte Arbeitsruhe eintrat, weil nur diese einen „Demonstrationszweck" habe. Zudem könne man so „am besten erkennen, wer echt und wer unecht sei".[24] Da den Feiernden Strafe und Entlassung drohten, wurde ein Antrag eingebracht, die Gemaßregelten dann aus Verbandsmitteln zu unterstützen. Hue, der vor allem wegen der Folgen für jeden Feiernden eine kritische Einstellung zur Arbeitsruhe am 1. Mai einnahm, wollte sofort seine Haltung revidieren, sollte die Generalversammlung beschließen, den Gemaßregelten finanziell zu Hilfe zu kommen. Er werde dann nicht mehr gegen die Maifeier auftreten. „Die Redaktion wird Ihnen dann Artikel schreiben, so scharf wie Sie wollen."[25]

Die Diskussion endete wie das Hornberger Schießen. Eine Unterstützung wurde mit großer Mehrheit abgelehnt,[26] aber ein positiver Beschluss über die Form der Maifeier konnte nicht gefasst werden, vielmehr schloss sich die Versammlung der ausweichenden Resolution des Gewerkschaftskongresses an. Danach sollte die Frage auf den nächsten internationalen Kongressen nochmals eingehend behandelt werden.

Die Debatten über die Maifeier und den Streit mit den Redakteuren Haenisch/Düwell waren Zeichen des Unmuts über den Redaktionskurs, sodass die Drohung Heinrich Bartels' „Wenn es so weiter geht, werden sie [die Anträge auf Absetzung der Redakteure] einst eine Majorität finden."[27] nicht mehr völlig abwegig klang.

Hue tat seinerseits nichts, um die Missstimmung zu dämpfen. Im Gegenteil, er heizte sie weiter an durch die Stellungnahme der *Bergarbeiter-Zeitung* zum Wechsel in der *Vorwärts*-Redaktion.[28] Im Verbandsorgan bedauerte er, dass der Parteivorstand die gewerkschaftsfreundlichen Redakteure, die den Verband nach dem Streik unterstützt hatten, durch Personen ersetzt habe, „die sich seit Jahren durch eine unermüdliche, oft gehässige

19 Ebd.

20 Borowsky bedauerte gar, „daß noch solche Leute wie Leimpeters in unserer Bewegung sind", und Franz Pokorny erklärte, dass man sich in Köln „geniert" habe, „mit ihm an einem Tisch zu sitzen". Protokoll der Generalversammlung 1905, S. 268 u. 265.

21 Ebd., S. 266.

22 Ebd., S. 280.

23 Ebd., S. 266.

24 Ebd., S. 272.

25 Ebd., S. 271.

26 Ebd., S. 283.

27 Ebd., S. 267.

28 Zum Vorwärts-Konflikt: Gilcher-Holtey, Mandat, S. 212–219; Eichler, Von Köln, S.168–180; Groh, Emanzipation, S. 390ff.

Kritik der Gewerkschaften bemerkbar gemacht haben".[29] Zu den geschmähten „Neuen" gehörte auch sein Intimfeind, Wilhelm Düwell, der den Bergarbeiterverband mehr geschädigt habe als jeder andere. Entsprechend lautete die Schlussfolgerung: „Die Berufung des Herrn Düwell an den ‚Vorwärts' empfinden [wir] als einen Schlag gegen die Leitung des Bergarbeiterverbandes." Auf besondere Kritik stieß auch die Bestellung Rosa Luxemburgs zur „bevorzugten Leitartiklerin": „Diese Dame hat sich seit Jahren bemerkbar gemacht durch Mißkreditierung der Gewerkschaftsarbeit und der Gewerkschaftsführer. Sie war es, die von der Gewerkschaftsarbeit als ‚Sysiphusarbeit' (nutzlose Arbeit) schrieb; sie überschüttete den Kölner Gewerkschaftskongreß und vornehmlich den Kollegen Bömelburg mit gehässigen Urteilen und persönlichen Beleidigungen. ... Wo Frau Rosa Luxemburg Einfluß hat, darf die Gewerkschaftsbewegung auf keine sachliche Beurteilung rechnen."

Der Artikel schoss weit über das Ziel hinaus. Bochumer Genossen verurteilten ihn als „eine einzige Hetze, diktiert von maßlosem persönlichem Haß",[30] und die Zahlstelle Brackel ersuchte den Vorstand, zukünftig „solche persönlichen Zänkereien" zu unterbinden, ansonsten wolle man die Beitragszahlung einstellen.[31] Auch Sachse soll erbost darüber gewesen sein, dass Hue ihn in seinen persönlichen Krach hineingezogen hat.[32] Allerdings erteilte die Vorstandssitzung am 22. November, bei der auch die Bezirksvertrauensleute anwesend waren, Hue in der *Vorwärts*-Angelegenheit ein Vertrauensvotum.[33]

Den Redakteuren des *Vorwärts* fiel es nicht schwer, den Angriff zu parieren. Sie bestritten gar nicht, zu den Kritikern der Gewerkschaftspolitik zu gehören, erklärten vielmehr: „Nun weiß heute nachgerade jeder einigermaßen klassenbewußte Proletarier, daß die freie und offene Kritik, der lebhafte Meinungsaustausch, das rege geistige Leben geradezu die Existenzbedingung, die Lebensluft für die moderne Arbeiterbewegung ist, sowohl für ihren ökonomischen, wie für ihren politischen Teil. Es ist ja gerade der Stolz und die Kulturmission der Sozialdemokratie, diesen Geist der unumschränkten Kritik zum Regulativ und die ständige Entwicklung der Kampfweise zur Grundlage des modernen proletarischen Klassenkampfes gemacht zu haben. Das umgekehrte Verfahren, die Verpönung jeder Kritik an der Handlungsweise der ‚löblichen Behörden' und der ‚Vorgesetzten' ist der Grundsatz nicht bloß des Scharfmachertums gegenüber den Arbeitern, sondern überhaupt der bürgerlichen Gesellschaft in ihrem Verfall, ein sicheres Symptom der geistigen Dekadenz und der geistigen Barbarei!"[34] Auch wenn die Replik starker Tobak war, der Schlag saß.

[29] Bergarbeiter-Zeitung 45, 11.11.1905 „Der neue ‚Vorwärts' und die Gewerkschaften".

[30] Zuschrift an die *Leipziger Volkszeitung*, zit. nach Vorwärts 268, 15.11.1905. – Hue hatte auch im *Volksblatt* die Maßregelung der Redakteure scharf kritisiert, was in einer Parteiversammlung zu heftigen Auseinandersetzungen führte. Allgemeiner Beobachter 254, 4.11.1905 u. 268, 21.11.1905.

[31] Vorwärts 288, 9.12.1905. Ähnliche Beschlüsse fassten Zahlstellen in Essen, Scharnhorst und Lindenhorst. Joh. Leimpeters, In eigener Sache, in: Bergarbeiter-Zeitung 50, 16.12.1905; Allgemeiner Beobachter 274, 29.11.1905 u. 279, 5.12.1905; Vorwärts 288, 9.12.1905.

[32] Zuschrift Bochumer Genossen an die *Leipziger Volkszeitung*, zit. nach Vorwärts 268, 15.11.1905. – Während Hue im Sozialdemokratischen Verein Bochum das Vorgehen der Parteileitung verurteilte, trat Sachse weder für die eine noch für die andere Partei ein, sondern kritisierte beide für ihre Fehler. Vorwärts 267, 14.11.1905. Auch auf der Konferenz der Gewerkschaftsvorstände im November 1906 kritisierte Sachse, dass „dem Parteivorstand Vorwürfe gemacht worden" wären, „die lieber nicht hätten erhoben werden sollen". Protokoll der Konferenz der Vorstände der Zentralverbände, S. 21.

[33] Allgemeiner Beobachter 270, 24.11.1905 u. 275, 30.11.1905.

[34] Vorwärts 266, 12.11.1905 „Die Hetzer an der Arbeit". Verfasserin des namentlich nicht gekennzeichneten Artikels war Rosa Luxemburg.

Wohlmöglich war die Polemik gegen die *Vorwärts*-Redaktion der Tropfen, der das Fass zum Überlaufen brachte. Hue, der jahrelang als der allein entscheidende Mann im Bergarbeiterverband galt, hatte in Hermann Sachse, dem neuen Vorsitzenden und Reichstagsabgeordneten, jemanden gefunden, der ihm den Rang streitig machte und der auch eine von Hue abweichende Ansicht vertrat[35] und durchsetzen konnte. Hinzu kamen Männer wie Fritz Husemann im Vorstand und Franz Pokorny bei den Bezirksleitern, die sich trauten, Hue Paroli zu bieten. Welche Konflikte im Verborgenen ausgetragen wurden, dies zu beurteilen, fehlen uns die verbandsinternen Quellen. Aber in früheren Jahren konnte Hue zu seiner Verteidigung immer anführen, dass der Vorstand seine Artikel gebilligt hätte. Auf den Generalversammlungen 1904 und 1905 hingegen blieb die öffentliche Rückenstärkung aus, vielmehr redete man nun offen über Meinungsverschiedenheiten.[36] So kam es nicht von ungefähr, dass Hue von seinem Redaktionsposten zurücktrat, auch wenn der Verband dementierte, dass eine Uneinigkeit zwischen Sachse und Hue der Grund für diesen Schritt gewesen wäre. Die offizielle Version lautete, dass die Trennung „im vollen gegenseitigen Einverständnis" erfolgt sei. Hue habe schon lange wegen seines Reichstagsmandats um eine Entbindung von seiner redaktionellen Tätigkeit gebeten.[37]

Für eine einvernehmliche Trennung spricht, dass Hue dem Verbandsorgan als fleißiger Artikelschreiber verbunden blieb und als Angestellter weiterhin für den Verband arbeitete. Er gehörte später wieder der Redaktion an und sprang auch als verantwortlicher Redakteur ein, wenn Not am Mann war, so 1911, als sein Nachfolger, Franz Pokorny, eine andere Aufgabe im Verband übernahm,[38] so 1920, als Theodor Wagner für kurze Zeit suspendiert wurde.[39]

Trotz seines Rückzugs als Redakteur war Hue „mit seiner Organisation so verwachsen wie kein zweiter, sein Rat behielt dasselbe Schwergewicht wie vordem, er war nach wie vor schlechthin *der* Repräsentant und *die* Autorität des Bergarbeiterverbands," behauptete Severing im Rückblick.[40] Ebenso stellte der Bochumer Bezirkspolizeikommissar fest, dass Hue „noch immer von allen Seiten als das geistige Oberhaupt des Verbandes respektiert" werde. „Es wird weder in der nationalen noch internationalen Bergarbeiterbewegung ein Beschluß von einiger Wichtigkeit gefaßt, ohne daß man Hue darum befragt hat. Selbst dem Vorsitzenden Sachse ist er weit überlegen …"[41]

35 Neben den oben geschilderten Kontroversen kam es auch auf einer Bochumer Parteiversammlung zu einer scharfen Auseinandersetzung anlässlich des Dresdener Parteitages. Gelsenkirchener Volkszeitung 232, 9.10.1903 „Sozialdemokratisches I"; Gelsenkirchener Zeitung 233, 10.10.1903 „Hue über den Dresdener Parteitag"; Emscher Zeitung 238, 10.10.1903.

36 Otto Hue/Johann Leimpeters, Erklärung, in: Bergarbeiter-Zeitung 48, 2.12.1905; Allgemeiner Beobachter 268, 21.11.1905.

37 Erklärung des Gesamtvorstandes, in: Bergarbeiter-Zeitung 48, 2.12.1905; Vorwärts 277, 26.11.1905. Pokorny versicherte auf der Generalversammlung 1906, „daß Meinungsverschiedenheiten, die einen Redaktionswechsel zur Folge haben mußten, nicht vorgekommen sind". Protokoll, S. 326.

38 Bergarbeiter-Zeitung 26, 1.7.1911 „Alberne Großtuer". Im Mai 1912 endete das Zwischenspiel. Bergarbeiter-Zeitung 20, 18.5.1912 „Zur Benachrichtigung".

39 Siehe unten S. 372.

40 Severing, Hue, S. 434.

41 LAD NRW Abt. Westf. Reg. Arnsberg 14236, Bezirkspolizeikommissar Bochum an Regierungspräsident Arnsberg, 3.10.1907.

Abb. 16: Postkarte des Bergarbeiterverbandes

Da Hue von den täglichen Bürden der Redaktionsarbeit befreit war, gewann er die Zeit, um seine Geschichte der Bergarbeiterschaft fertigzustellen und seine internationalen Kontakte zu intensivieren.

8.2 Der Bergbauhistoriker

Die Geschichte muß unsere Lehrmeisterin sein.
Rückschauend lernen wir die heutigen Verhältnisse verstehen.[42]

Hue war seit seiner Jugend historisch interessiert.[43] Er studierte die Werke von Heinrich von Treitschke, Friedrich Christoph Schlosser, Johannes Janssen und Georg Ratzinger[44] und referierte in Versammlungen der Arbeiterbildungsvereine über deutsche Geschichte.[45] Vor allem eignete er sich im Selbststudium ein großes Wissen zur Geschichte des Bergbaus an, wovon einzelne Artikel in der *Bergarbeiter-Zeitung*[46] und in der *Neuen*

[42] Otto Hue, Wer hat die Bergleute aufgehetzt?, in: Bergarbeiter-Zeitung 38, 23.9.1905.

[43] Friedrich Hue, Otto Hue.

[44] OH, Die Generalversammlung des Gewerkvereins, in: Bergarbeiter-Zeitung 4, 22.1.1898.

[45] Z.B.: Essen (18.10.1896) und Hamme (21.2.1897). Rheinisch-Westfälische Arbeiterzeitung 250, 24.10.1896 u. 47, 25.2.1897.

[46] Z.B.: Ein Beitrag zur Entwicklungsgeschichte des Ruhrbergbaus, in: Bergarbeiter-Zeitung 36, 4.9.1897; Bergbau und Bergleute in der Urzeit und im Alterthum, in: Bergarbeiter-Zeitung 3–5, 21., 29.1. u. 4.2.1899; Der Niedergang des Freiberger Silbererzbergbaues, in: Bergarbeiter-Zeitung 8, 25.2.1899.

Zeit[47] zeugen.[48] Es war naheliegend, dass der Verbandsvorstand ihm die Aufgabe übertrug, anlässlich des 10. Jahrestages des Streiks von 1889 eine Geschichte der deutschen Bergmannsbewegung zu verfassen. In einem Aufruf an die Mitglieder wurde gebeten, Hue die entsprechenden Dokumente leihweise zu überlassen. Auch sollten ältere Kameraden „ihre Erinnerungen aus jener Zeit genau der Wahrheit entsprechend zu Papier bringen".[49]

Die Materialsammlung fiel enttäuschend aus. „Auf meinen Wanderungen durch die deutschen Bergreviere habe ich zusammengehamstert was möglich war; aber es ist leider nicht viel", musste Hue ein Jahr später eingestehen. „Die Bergleute erkannten nicht die historische Wichtigkeit der ihnen anvertrauten Dokumente; ... So ging vieles werthvolle Material, ja fast alles, zu Grunde."[50] Auch seine Hoffnung, von „älteren christlich-sozialen Bergarbeiterführern im Ruhrbecken manches interessante Aktenstück zur Knappenbewegung" zu erhalten, zerstob. Seine Bitte, ihm die Unterlagen leihweise zu überlassen, beantworteten weder Johannes Fusangel noch Gerhard Stötzel.

Hue, der einen ersten kurzen Überblick über die Bergarbeitergeschichte in seiner Schrift „Neutrale oder parteiische Gewerkschaften?" veröffentlichte und in seinen Aufsätzen und Reden sehr häufig historische Verhältnisse und Ereignisse anführte, sammelte weiter Material für ein umfassendes Werk.[51] In diesem sollten die Bergarbeiter im Mittelpunkt stehen, weil sich die „Fachgelehrten des Bergbaus" bisher nur „um die Geschichte der Bergwerksherren gekümmert" hätten.[52] Seine Recherche war also ein offenes Geheimnis. Von daher ist es eine nette, aber keine zutreffende Anekdote, wenn Imbusch erzählte, er habe nach einer gemeinsamen Belegschaftsversammlung mit Hue zufällig von dessen Plan erfahren, was für ihn der Anstoß gewesen sei, selbst eine ähnliche Darstellung zu verfassen und diese eher als der Rivale fertigzustellen.[53] Letzteres ist Imbusch gelungen, denn sein Werk erschien schon 1908 unter dem Titel „Arbeitsverhältnis und Arbeiter-Organisationen im deutschen Bergbau", während die Huesche Arbeit noch auf sich warten ließ.[54]

Eine erste Ankündigung veröffentlichte die *Bergarbeiter-Zeitung* am 3. Juli 1909. Im nächsten Jahr werde das zweibändige Buch im Verlag J.H.W. Dietz erscheinen und voraussichtlich 13, 14 Mark kosten. Für seine Mitglieder hatte der Verband einen Vorzugspreis von acht Mark ausgehandelt. Das war ein stolzer Preis, denn ein Hauer im Ruhrgebiet erhielt 1909 einen Schichtlohn von 5,33 Mark.[55] Wer sich sofort in Einzeichnungslisten einschreiben ließ, konnte den Preis in Raten von 50 Pfennigen ab-

47 Die wohlerworbenen Rechte unserer Grubenbesitzer, in: Neue Zeit 17 (1898/99) 15, S. 470–475; Ältere und neuere Berggesetzgebung in Deutschland, in: Neue Zeit 17 (1898/99) 21, S. 655–662.

48 Bereits 1895 hatte er beim Gelsenkirchener Arbeiter-Bildungsverein über die Bergarbeiter einst und jetzt gesprochen. Rheinisch-Westfälische Arbeiterzeitung 20, 24.1.1895. Ebenso in Linden-Dahlhausen. Bergarbeiter-Zeitung 40, 5.10.1895.

49 Bergarbeiter-Zeitung 24, 11.6.1898; Vorwärts 165, 17.7.1898.

50 Otto Hue, Zum Andenken an den Riesenstreik im Mai 1889, in: Bergarbeiter-Zeitung 18, 13.5.1899.

51 Die *Arbeiter-Zeitung* informierte ihre Leser über das Vorhaben und bat, Unterlagen zur Bergarbeiterbewegung Hue zuzusenden. Arbeiter-Zeitung (Dortmund) 167, 21.7.1908 „Eine Geschichte der Bergarbeiterbewegung".

52 [Otto Hue], Von den deutschen Bergleuten im Mittelalter, in: Bergarbeiter-Zeitung 49, 16.12.1899.

53 Schäfer, Imbusch, S. 35.

54 Das Urteil von Anton Erkelenz fiel allerdings zugunsten Hues aus: „Auch Imbuschs Buch ist mit großem Fleiß zusammengestellt, aber es kann mit der Arbeit des erfahrenen, älteren Hue keinen rechten Vergleich aushalten." Zit. nach Bergarbeiter-Zeitung 25, 24.6.1911.

55 Berg, Wirtschaft und Gesellschaft, S. 258.

zahlen. Der Vorstand machte aber darauf aufmerksam, „daß, wer sich jetzt nicht einzeichnet, später nicht darauf rechnen kann, das Buch zu dem billigen Vorzugspreis bekommen zu können".[56]

Inmitten der Fertigstellung des Werkes erlitt Hue im Juli 1909 eine lebensgefährliche Lungenentzündung, sodass sich die Fertigstellung seines Buches verzögerte. Als am 29. Januar 1910 in der *Bergarbeiter-Zeitung* ein Artikel über das Freizügigkeitsrecht der Bergleute erschien,[57] machte die Redaktion abermals Werbung für das bald erscheinende Buch. „Es wird eine reiche Wissensfundgrube für jeden lerneifrigen Leser werden." Es dürfe daher „in keiner Bergarbeiterwohnung fehlen. Wer in der Gegenwart mit Erfolg für seine Rechte kämpfen will, der muß die Kämpfe der Vergangenheit studieren. Die Macht des Verbandes wächst auch, je mehr gutgeschulte, kenntnisreiche Mitglieder er besitzt."[58]

Im November 1910 war es denn endlich geschafft, und der Bergarbeiterverband war stolz auf den ersten Band des Werks, der „eine bisher stark gefühlte Lücke" ausfüllte, da er auf 450 Seiten „eine übersichtliche geschichtliche Darstellung des Bergarbeiterlebens und der Arbeitsverhältnisse" bot.[59]

Wenngleich sowohl im Titel „Die Bergarbeiter" als auch im Untertitel „Historische Darstellung der Bergarbeiter-Verhältnisse von der ältesten bis in die neueste Zeit" auf die Arbeiterschaft abgehoben wird und deren Lebens- und Arbeitsbedingungen im Mittelpunkt der Darstellung stehen, so behandelt das Werk weit mehr als vermutet werden kann.[60] Basierend auf einer gründlichen Auswertung der wissenschaftlichen Literatur ist der erste Band eine umfassende Geschichte des Bergbaus von den vorgeschichtlichen Anfängen bis zum Ende des Alten Reiches, in der die Betriebseinrichtungen und die angewandte Technik in den einzelnen Epochen ebenso berücksichtigt werden wie die Rechts- und die politischen Verhältnisse, die wirtschaftlichen und sozialen Rahmenbedingungen. „In dieser Breite hat das Werk keinen Nachfolger gefunden und ist bis heute unübertroffen", urteilte Klaus Schönhoven 1983.[61]

Der Ansatz, die Veränderungen in den Arbeitsbedingungen und der sozialen Lage der Arbeiterschaft mit Entwicklungen vor allem im politischen und wirtschaftlichen Bereich sowie in der Betriebstechnik zu erklären, bestimmt die Darstellung des Bergbaus in der Antike wie die des Erzbergbaus im Mittelalter und in der Frühen Neuzeit, wobei Hue alle Reviere im Deutschen Reich behandelt, mit gelegentlichen Ausflügen nach England, Belgien und Frankreich. Die Kernthese lautet: „In dem Maße, wie sich die Trennung zwischen Arbeit und Kapital im Bergbau und im Hüttenwesen vollzog, veränderte sich auch die gesellschaftliche Stellung des Berg- und Hüttenarbeiters." (70f.) Aus dem freien Eigenlöhner, der in einem einfachen Kleinbetrieb Erz gewann, mit einigen Privilegien ausgestattet und – so Hue – Schöpfer des eigenen Bergrechts war, wurde der entrechtete und ausgebeutete Proletarier im kapitalistischen Großbetrieb. Die lange, sich über Jahrhunderte hinziehende Entwicklung, die zudem in den einzelnen Revieren unterschiedlich verlief, beschreibt Hue in allen Einzelheiten und zwar von der Anfangs-

[56] Bergarbeiter-Zeitung 271, 3.7.1909.

[57] OH, Freizügigkeit der Berg- und Hüttenleute in alter und neuer Zeit, in: Bergarbeiter-Zeitung 5, 29.1.1910.

[58] Bergarbeiter-Zeitung 5, 29.1.1910 „Anmerkung der Redaktion".

[59] Bergarbeiter-Zeitung 47, 19.11.1910 „Die Bergarbeiter".

[60] Zum Inhalt: Mommsen, Einführung; Schönhoven, Gewerkschaftsgeschichte, S. 595ff.

[61] Schönhoven, Gewerkschaftsgeschichte, S. 595. Ebenso Brüggemeier, Nomaden, S. 101; Mommsen, Einführung, S. V; Jäger/Tenfelde, Bildgeschichte, S. 121.

zeit mit ihren „Bergfreiheiten und Berggewohnheiten" über den „Erlaß der Bergordnungen" bis hin zu den „Enteignungspraktiken der Regalherren und Kapitalisten", wie die Überschriften der entsprechenden Kapitel lauten. Eingehend behandelt er die „Betriebsorganisation und Technik dieser Zeit", aber das Schwergewicht liegt natürlich auf dem Bergvolk und dessen „geistiger Verfassung". „Geselligkeit und Vereinswesen" sowie die Arbeits- und Lebensbedingungen der zu Lohnarbeitern gewordenen Bergleute werden detailliert beschrieben. Arbeitszeiten, Schichtdauer, Gedinge- und Lohnordnungen, Arbeitsschutz, Knappschaftsverhältnisse, Versorgung der Verletzten, Kranken, Invaliden, Witwen und Waisen, Lohnhöhe und Lebenshaltung sowie Lohnbewegungen und Arbeitseinstellungen sind die einzelnen Themenbereiche.

Seine Darstellung dient in vielen Fällen zur Rechtfertigung von gewerkschaftlichen Forderungen. Bei der Darstellung der Knappschaftskassen betont er, dass die Bergleute diese selbst geschaffen und verwaltet hätten. Erst in einem Prozess der Entrechtung seien sie unter Staatsaufsicht geraten, und später hätten dann die Unternehmer die Macht an sich gerissen. Er belegt ausführlich und mit vielen Beispielen, dass vom Beginn des 16. Jahrhunderts in den meisten Revieren die bergmännische Normalschicht acht Stunden dauerte einschließlich der Ein- und Ausfahrt. Vor Ort hatten die Bergleute nur, wie auch Georg Agricola bestätigte, sieben Stunden zu arbeiten. Mit der Schlussfolgerung „Das schaffen auch die geriebensten kapitalistischen Advokaten nicht aus der Welt" (269) endet das Kapitel.

Hue war durchaus bewusst, dass nicht alles, was die Bergordnungen vorschrieben, auch Realität in den Gruben war. Dennoch lobt er an vielen Stellen deren Regelungen, weil sie sich vorteilhaft von den Verhältnissen im Ruhrbergbau der Gegenwart abhoben. Aber er erlag keineswegs der Gefahr, die alten Zeiten zu verklären. Vielmehr räumte er – wie die *Bergarbeiter-Zeitung* urteilte – mit den „Meinungen von der alten Bergmannsherrlichkeit" auf. „Anstatt eines herrlichen oder auch nur angenehm lebenden und arbeitenden Berufsstandes sehen wir eine von jeher ausgebeutete und geschundene Arbeiterklasse."[62]

Das letzte Kapitel ist den Anfängen des Kohlenbergbaus gewidmet, der allerdings bis zu Beginn der Industrialisierung nicht annähernd die Bedeutung besaß wie der Erzbergbau. Da in den meisten Revieren die Flöze an der Erdoberfläche austraten, konnten die Kohlen ohne große Hilfsmittel, leicht mit der Schaufel gewonnen werden. Es waren vielfach die Grundbesitzer, die im Sommer Landwirtschaft betrieben und während der Winterszeit im Nebenbetrieb Kohlen „förderten". Hue ging auch für den Kohlenbergbau davon aus, dass in der Frühzeit, solange der technische Betrieb nicht aufwändig war, die Bergbautreibenden vornehmlich Eigenlöhner waren, die erst in späterer Zeit durch die Regalinhaber oder durch Kapitalisten zu Lohnarbeitern herabgedrückt wurden.

Nicht allein Konrad Haenisch schrieb eine sehr positive Rezension, sondern die Aufnahme des Buches war in der Partei- und Gewerkschaftspresse allgemein ausgesprochen wohlgesonnen.[63] Nach Ansicht der Breslauer *Volkswacht* hatte Hue seine Aufgabe „in glänzender Weise" gelöst. Sie lobte den „klaren und verständlichen Aufbau, die Fülle des Gebotenen aus dem sagen- und tatenreichen Leben der Bergleute und ihrer

[62] Bergarbeiter-Zeitung 40, 4.10.1913 „Die Bergarbeiter".

[63] Auszüge daraus in: Bergarbeiter-Zeitung 48, 2.12.1911. Siehe auch K.H., Neue Literatur zur Parteigeschichte, in: Arbeiter-Zeitung (Dortmund) 257, 4.11.1912: „außerordentlich hochschätzen"; Rezension von Richard Woldt, in: Neue Zeit 29 (1910/11) 29, S. 92f.

Geschichte, die angenehme und geschickte Form der Wiedergabe, die Beherrschung des riesigen Quellenmaterials aus allen Geschichtsepochen". Ebenso war die *Holzarbeiter-Zeitung*, beeindruckt von der „riesigen Belesenheit" des Verfassers, angetan von der Darstellung, „daß das Buch mit vollem Genuß und Verständnis auch von solchen Leuten gelesen werden kann, die sonst keine Berührung mit dem Bergbau haben".[64] Und in der Besprechung von Richard Woldt im *Bibliothekar* hieß es: „Hue vermeidet es, in Gelehrsamkeit zu spreizen, er bleibt immer einfach und verständlich in der Darstellung, aber das Buch ist doch in gutem Sinne ein gelehrtes Buch. Wer ein wenig der Materie näher steht, wird wissen, welche Arbeitskraft und welcher Fleiß dazu notwendig war, um den Stoff so selbständig zu bewältigen, wie es von Hue geschehen ist."[65] Auch die Rezension von Anton Erkelenz, Generalsekretär des Hirsch-Dunckerschen Gewerkvereins, in der *Frankfurter Zeitung* fiel insgesamt positiv aus: „Hue beherrscht diesen gewaltigen Stoff wie kein zweiter und hat ihn in einer so glänzenden Darstellung zusammengefügt, daß wir wohl auf Jahrzehnte hinaus alle von seiner Arbeit zehren werden."[66] Allerdings bemängelte er einige Wiederholungen und manche in seinen Augen überflüssige Einzelheiten, die den Umfang unnötig belastet hätten. Lob erfuhr das Werk auch vom politischen Gegner. Der freikonservative Abgeordnete des preußischen Landtages Schrader bezeichnete es als „wirklich lesenswert".[67]

In seinem Vorwort benannte Hue die mit dem Werk verbundene Intention: „Die Mitglieder einer Gewerkschaft wollen über das Leben und Treiben ihrer Fachgenossen in der Vorzeit unterrichtet sein. Die Vergangenheit soll der Gegenwart lehren, was zur Gestaltung einer besseren Zukunft zu tun notwendig ist."[68] Wenngleich das Buch an die Bergarbeiterschaft adressiert war, so war kaum zu erwarten, dass der „normale" Bergmann Zeit und Lust besäße, sich in diese Geschichte der Bergarbeiter zu vertiefen. Schon Karski, der die wissenschaftliche Leistung Hues durchaus anerkannte, missfiel in seiner Besprechung im *Vorwärts* der Umfang und der Detailreichtum, die „Masse von angeführten Tatsachen, Beispielen, Einzelheiten". „Weniger wäre entschieden mehr gewesen! Denn in erster Linie ist ja doch das Buch Hues für Proletarier bestimmt und da können wir die Befürchtung nicht unterdrücken, daß die Lektüre eines Bandes von 456 eng gedruckten Seiten doch nur einem kleinen Teil der Bergarbeiter möglich sein wird."[69] Die Befürchtungen bewahrheiteten sich.

Trotz der zahlreichen Lobeshymnen verlief der Verkauf des Buches schleppend.[70] Obwohl die *Bergarbeiter-Zeitung* immer wieder Reklame für das Werk machte,[71] lagen die Exemplare wie Blei in den Regalen des Verlages, blieb die Kauflust mehr als bescheiden.

64 Die zwei Zitate nach Bergarbeiter-Zeitung 2, 14.1.1911. Hier werden weitere Besprechungen zitiert.

65 Zit. nach Bergarbeiter-Zeitung 11, 18.3.1911.

66 Zit. nach Bergarbeiter-Zeitung 25, 24.6.1911.

67 Landtagsrede Schrader am 3.2.1914, Stenogr. Berichte, Sp. 1351.

68 Hue, Die Bergarbeiter 1, S. VII. – Hue hatte mehrfach betont, wie wichtig es sei, die Vergangenheit zu kennen. „Die Geschichte muß unsere Lehrmeisterin sein. Rückschauend lernen wir die heutigen Verhältnisse verstehen." Otto Hue, Wer hat die Bergleute aufgehetzt?, in: Bergarbeiter-Zeitung 38, 23.9.1905.

69 Vorwärts 19, 22.1.1911. – Die *Bergarbeiter-Zeitung*, die einen längeren Auszug aus der Besprechung abdruckte, hat aber diese kritische Passage fortgelassen.

70 „Allerdings muß gesagt werden, daß das Werk noch viel zu wenig verbreitet ist." – so das Eingeständnis der *Bergarbeiter-Zeitung*. 28, 15.7.1911 „Hue's Bergarbeitergeschichte verboten!".

71 „Das Buch dürfte in keiner Bergmannswohnung fehlen." Bergarbeiter-Zeitung 34, 23.8.1913. Ebenso Bergarbeiter-Zeitung 40, 4.10.1913 u. 52, 29.12.1917 „Ein gutes Buch für Selbstbelehrung!".

Da Hue sich keine Illusionen über die Lese- und Aufnahmefähigkeit der schwer schuftenden Kumpel gemacht hat, so ist zu vermuten, dass er mit seiner Darstellung nicht allein Argumentationshilfen für die Mitglieder bei der gewerkschaftlichen Agitation liefern wollte, sondern auch darauf abzielte, Anerkennung als (Bergbau-)Historiker im Kreise der Wissenschaft zu erlangen, seinen Ruf als Bergbauexperte zu stärken und es seinem Kollegen, dem Reichstagsabgeordneten Georg Gothein, gleichzutun. Letzteres hatte er durchaus erreicht. Der Rechtshistoriker Adolf Zycha, Professor an der Prager Universität, kritisierte zwar das Übersehen von wichtiger Literatur, bemängelte einige Einzelheiten und den „allzu häufig durchschlagenden Tone des Parteianwaltes", bescheinigte aber dem Autor: „Im ganzen dürfte, trotz der Mängel, das fleißige und gut geschriebene Buch den engeren Zweck, den es sich selbst vorgesetzt, wohl erreichen."[72]

1912 begann Hue mit der Abfassung des zweiten Bandes,[73] der, noch umfangreicher als der erste, ein Jahr später erschien.[74] Er enthält die lang erwartete Geschichte der deutschen Bergarbeiterbewegung und endet mit dem Streik 1912.[75] Doch bevor Hue den Streik im Jahre 1889 und die danach erfolgte Gründung des Bergarbeiterverbandes behandelt, schildert er zunächst die „Proletarisierung der Bergarbeiter" nach der Einführung der Bergbaufreiheit in Preußen. Die Bergleute reagierten auf „ihre maßlose Ausbeutung und Entrechtung" (VII) mit Streiks – z.B. 1867 in Waldenburg, 1872 im Ruhrgebiet – und mit ersten Organisationsversuchen, die allerdings nicht erfolgreich verliefen. Auch der Bergarbeiterverband drohte zu scheitern, konnte sich aber trotz aller staatlichen und betrieblichen Unterdrückungsmaßnahmen konsolidieren. Seine Geschichte, die Arbeits- und Lebensbedingungen der Bergarbeiterschaft, die Arbeitskämpfe zu deren Verbesserung, die großen und kleinen Streikbewegungen, die Auseinandersetzungen mit den anderen Bergarbeiterorganisationen, – all das legt Hue in der üblichen Ausführlichkeit, und alle Bergbaureviere berücksichtigend, dar. Es erübrigt sich, auf den Inhalt näher einzugehen, da ich immer wieder auf die Ausführungen rekuriere. Festzuhalten ist nur, dass Hue, da sein Buch später als das Werk seines Rivalen Imbusch erschien, die Gelegenheit nutzte, dessen Darstellung zu korrigieren und „richtigzustellen". So diente seine Gewerkschaftsgeschichte auch „als ein Waffenarsenal, aus dem man genügend Munition für den publizistischen Feldzug gegen die andere Seite beziehen konnte". „Abgeklärte Abgewogenheit" sahen weder Hue noch Imbusch „als ihre historiografische Mission" an.[76]

Eine der ersten Besprechungen des zweiten Bandes erschien im *Vorwärts*.[77] Wenngleich sie wiederum positiv ausfiel – „Es ist mit ungewöhnlicher Sachkunde und wärmsten Interesse für die, die im Schatten stehen, geschrieben." –, so konnte der Rezensent nicht seinen Eindruck verhehlen, dass „dem sachkundigen Verfasser … leider die Zeit und Muße gefehlt [habe], das umfangreiche Material so gründlich durchzuarbeiten, um zu einer einheitlichen geschlossenen Darstellung zu gelangen und alle Wiederholun-

[72] Rezension in: VSWG 10 (1912), S. 185f., S. 186.

[73] Bergarbeiter-Zeitung 20, 18.5.1912 „Zur Benachrichtigung".

[74] Zum Inhalt: Mommsen, Einführung; Schönhoven, Gewerkschaftsgeschichte, S. 597–600.

[75] Hue plante einen dritten Band und sammelte dazu Material. Wegen seiner zahlreichen Aufgaben im und nach dem Krieg ist das Werk aber nicht über das Stadium der Disposition hinausgekommen. Osterroth, Hue, S. 5f.

[76] Schönhoven, Gewerkschaftsgeschichte, S. 598.

[77] Vorwärts 336, 21.12.1913.

gen zu vermeiden". „Viel Ballast" machte gleichfalls die *Kölnische Zeitung* aus, die vor allem beklagte, dass der Autor „nicht aus seiner politischen Haut" herauskonnte. „Etwas weniger sozialdemokratische Allüren würden es dem Leser schmackhafter machen, der nicht auf dem Boden der freien Gewerkschaften steht."[78] Anton Erkelenz, der den ersten Teil sehr gelobt hatte, bemängelte zwar, dass in der Fortsetzung aus dem „bedächtig urteilenden Historiker" der „kämpfende Geschichtsschreiber" geworden sei, der „Ankläger seiner Gegner, Verteidiger seiner Freunde". Dennoch befand er, dass sich Hue „mit seiner Arbeit ein die Jahrhunderte überdauerndes Denkmal gesetzt" habe.[79] Und Adolf Zycha, der am ersten Band einiges auszusetzen hatte, sah in der Fortsetzung „einen sehr beachtlichen sozial- und rechtsgeschichtlichen Beitrag zur jüngsten Standesgeschichte der deutschen Industriearbeiterschaft".[80]

Aus der Masse der üblichen Gewerkschaftsgeschichten[81], in denen die Autoren zumeist ohne viel Selbstkritik, sondern voller Zufriedenheit eine Erfolgsbilanz der Verbandstätigkeit vorlegten und damit die Richtigkeit des eingeschlagenen Wegs unterstrichen, ragt das Huesche Werk durch die Herangehensweise und durch den Reichtum an Aspekten deutlich hervor, und Forscher*innen greifen bis heute mit Gewinn auf seine Darstellung zurück.

Der Bergarbeiterverband empfand es als „eine tiefe Tragik", dass „das Werk infolge seines Umfanges nur einem beschränkten Kreis von Personen zugänglich" war. „Der praktisch tätige Bergmann, der das größte Interesse daran haben muß, die Geschichte seines Berufsstandes kennen zu lernen, wird sich nur mit dem größten Lerneifer durch das Geschichtswerk hindurcharbeiten können. Dazu fehlt aber meistens nicht nur die nötige Willensstärke, sondern auch Zeit und Geld." Weil es aber für „die Schulung und gewerkschaftliche Erziehung der jüngeren Generation des Bergmannstandes" erforderlich sei, „sich das notwendige Wissen anzueignen", gab der Verband 1926 eine Broschüre *Bergarbeiter im Wandel* mit Auszügen aus dem Buch heraus.[82]

8.3 Internationale Solidarität der Bergarbeiterorganisationen

Wir haben gemeinsame Leiden,
wir konstatiren internationale Mißstände im Grubenbetrieb,
und nur internationale Solidarität kann hier helfen.[83]

Der Bergarbeiterverband, der sich seit 1890 an den Kongressen der Bergarbeiterinternationale[84] beteiligte, bekannte sich zwar 1897 ausdrücklich zur „internationalen Verabredung", um sich „für die eventl. kommenden Zukunftskämpfe den Rücken zu de-

78 Kölnische Zeitung 11, 4.1.1914.

79 Anton Erkelenz, Besprechung in der Frankfurter Zeitung, abgedr. in: Generalanzeiger für Dortmund 104, 16.4.1914.

80 VSWG 14 (1918), S. 611–615, S. 612.

81 Zur Gewerkschaftsgeschichtsschreibung: Beier, Glanz und Elend der Jubiläumsliteratur; Borsdorf, Gewerkschaften und Geschichte; Schönhoven, Gewerkschaftsgeschichte.

82 Die Bergarbeiter im Wandel der Geschichte. Zitate aus der Einleitung, S. 3.

83 OH, Bei den böhmischen Bergleuten, in: Bergarbeiter-Zeitung 32, 6.8.1898.

84 Zur Geschichte des Internationalen Bergarbeiterverbandes: Herrmann, Geschichte.

cken".[85] Unzufrieden war man allerdings mit der Form der Zusammenarbeit. Auch Hue, der schon früh dazu aufrief, die internationale Solidarität zu pflegen,[86] erklärte, dass er „als kühl erwägender Sohn der rothen Erde kein großer Freund von internationalen Kongressen" sei, „deren praktisches Ergebniß fast gleich Null ist".[87] Auf sein Betreiben hin beschloss der Verband, die internationalen Bergmannstage nur alle zwei Jahre zu beschicken.[88]

Sah er damals „die Zeit des internationalen praktischen Bergmannshandeln noch nicht gekommen",[89] so änderte er recht schnell seine Meinung. Als er 1898 Böhmen besuchte und auf mehreren Versammlungen sprach, stellte er das „gemeinsame Leiden" in den Vordergrund und beschwor die „internationale Solidarität", die gegen die überall vorhandenen „Mißstände im Grubenbetrieb" helfen könne.[90] Das bedeutete aber nicht, dass er seine grundsätzliche Skepsis gegen die internationalen Tagungen abgelegt hätte. Er nutzte vielmehr seine Kontakte, um auf Studienfahrten die Bergreviere im Ausland kennenzulernen. So bereiste er 1901 die österreichischen Alpenregionen[91] und war 1902 zu Gast im Norden Frankreichs[92] und in Belgien[93]. Hue vertrat danach die Auffassung, dass man aus eigener Anschauung die dortigen Verhältnisse viel besser kennenlernen würde „wie durch zehn internationale Kongresse".[94]

Die Teilnahme am Kongress in Paris im Jahre 1900 bestärkte Hue in seiner Auffassung, dass der stets gleiche Ablauf geändert werden müsse: Ein Antrag wird von einem Delegierten eingebracht und in zehn Minuten begründet. Dann spricht ein Vertreter derselben Nation und ihm folgen in fester Reihenfolge die Sprecher der anderen Nationen. Eine grundlegende Unterrichtung könne so nicht erfolgen, ebenso fände keine Diskussion statt. „Was können ‚Aussprachen' nützen, die zu keiner Klärung führen, obgleich sie schon fast ein Dutzend Mal geführt wurden?" fragte er resignierend.[95]

Da der Kongress keine praktischen Resultate erbracht hatte, wurde die nächste Tagung in London vom Bergarbeiterverband nicht beschickt. Hue hoffte aber, dass der Kongress 1902 in Deutschland in anderer Form durchgeführt und mehr der Aufklärung dienen werde. Unzufrieden war er auch mit der Tätigkeit des internationalen Sekretariats, das sich allein auf die Organisation beschränkte. Die häufigen Bitten des Bergarbeiterverbandes, die Situationsberichte der einzelnen Länder zu versenden, habe es leider nicht befolgt.[96] Wenngleich Hue 1903 auf Bergarbeiterversammlungen die Bedeutung der „internationalen Verbrüderung" herausstellte und „entschieden" gegen die Behauptung der bürgerlichen Zeitungen protestierte, die Kongresse seien „nur Spielereien und

[85] Resolution auf der 8. Generalversammlung. Bergarbeiter-Zeitung 18, 1.5.1897 „8. General-Versammlung des deutschen Berg- und Hüttenarbeiterverbandes".
[86] O.H., Etwas Statistik über den internationalen Eisenmarkt, in: Metallarbeiter-Zeitung 33, 15.8.1896.
[87] Otto Hue, Wo sind die Entlarvten?, in: Bergarbeiter-Zeitung 45, 6.11.1897.
[88] Ebd.; Herrmann, Geschichte, S. 118.
[89] Ebd.
[90] Otto Hue, Bei den böhmischen Bergleuten.
[91] O.H., Wanderungen in den österreichischen Alpenländern, in: Bergarbeiter-Zeitung 39, 5.10.1901, 41, 19.10.1901 u. 42, 26.10.1901.
[92] O.H., Bergarbeiterleben in Nordfrankreich, in: Bergarbeiter-Zeitung 39, 4.10.1902.
[93] O.H., Bergarbeiterleben in Belgien, in: Bergarbeiter-Zeitung 40, 11.10.1902.
[94] O.H., Bergarbeiterleben in Nordfrankreich.
[95] Otto Hue, Internationale Bergarbeiterkongresse, in: Neue Zeit 19 (1900/01) 39, S. 399–402, S. 400.
[96] Ebd., S. 401.

formlose Zusammenkünfte“,[97] so war er weiterhin mit der „Art der Kongresse“ unzufrieden, da sie „nachgerade zur Komödie ausgeartet“ seien.

Gegen den Widerstand der englischen Verbände, die die Kosten der Tagungen trugen, waren aber nur geringe Fortschritte zu erzielen. Der internationale Sekretär Thomas Ashton erklärte sich 1905 lediglich bereit, die eingehenden vierteljährigen Berichte der Mitgliedsverbände übersetzen und drucken zu lassen.[98] Die wiederholten Anträge, den Turnus der Kongresse zu ändern, scheiterten regelmäßig, waren doch jährliche Versammlungen „zentral im Leben der britischen Arbeiterbewegung und ihrer Organisationen“.[99] Dies war der Hauptgrund, weshalb man auch auf internationaler Ebene lange daran festhielt. Erst 1912 fand der deutsche Antrag, ab 1914 vom jährlichen Rhythmus abzugehen, eine Mehrheit,[100] doch der Kriegsausbruch ließ dann jahrelang keine Kongresse mehr zu.

Der Bergarbeiterverband fand sich letztendlich mit der Reformunwilligkeit der britischen Kollegen ab, drohte nicht mehr mit seinem Fernbleiben, sondern brachte sich intensiv in die Vorbereitungen der Kongresse ein. Eine Aufgabe, die vor allem Hue als nationaler Sekretär zufiel. Fortan lobte er die Zusammenkünfte in hohen Tönen. „Die deutsche Delegation ist noch von keinem Kongreß so befriedigt heimgekehrt wie von diesem [1906 in London]. Es herrschte auf ihm eine erhebende Harmonie, alles wurde vermieden, was Bitterkeit hinterlassen konnte. Amerikaner, Belgier, Deutsche, Engländer, Österreicher und Franzosen wetteiferten in dem Bemühen, sich entgegen zu kommen.“[101] Zur verbesserten Atmosphäre trug aus Sicht des Bergarbeiterverbandes der ideologische Wandel in den englischen Gewerkschaften bei, die verstärkt sozialistische Grundsätze teilten, sodass nun auch – im Gegensatz zu den ersten Kongressen – die Sozialisierung der Gruben auf der Tagesordnung stand.[102]

Hue betonte jetzt, dass man durch die Berichte und Diskussionen sehr viel voneinander lernen könne, da kein Land für sich in Anspruch nehmen dürfe, „den Stein der Weisen, die Lösung der sozialen Frage, gefunden zu haben“. Noch wichtiger als der Informationsaustausch war für ihn allerdings die „Anknüpfung persönlicher Beziehungen“, um die er sich intensiv bemühte.[103] Osterroth bescheinigte ihm, „die besten Verbindungen zu den Bergarbeiterführern anderer Länder“ zu haben.[104]

Hue, der in einer Berlitz School Englisch gelernt hatte,[105] nutzte nicht allein die Treffen des Internationalen Komitees und die jährlichen Tagungen zum Aufbau von Netzwerken. Nach dem Kongress in London bereiste er 1906 die britischen Reviere[106] und besuchte in Schottland August Siegel, den Mitbegründer des Bergarbeiterverbandes,

97 Öffentliche Bergarbeiter-Versammlung in Dahlhausen am 17.5.1903. Bergarbeiter-Zeitung 22, 6.6.1903.

98 Herrmann, Geschichte, S. 130f.

99 Ebd., S. 137.

100 Vorwärts 162, 14.7.1912 „23. Internationaler Bergarbeiterkongreß“.

101 Otto Hue, Vom internationalen Bergarbeiterkongreß, in: Die Neue Gesellschaft 25, 20.6.1906, S. 293–295, S. 294.

102 Ebd.

103 Arbeiterzeitung (Essen) 172, 26.7.1911 „22. Internationaler Bergarbeiterkongreß“.

104 Osterroth, Jugendsekretär, S. 71.

105 Hörder Volksblatt 92, 20.4.1922 „Otto Hue +“.

106 Otto Hue, Englische Bergarbeiterverhältnisse I–V, in: Bergarbeiter-Zeitung 26, 30.6.1906, 27, 7.7.1906, 28, 14.7.1906, 34, 26.8.1906 u. 36, 8.9.1906. Ebenso Otto Hue, Briefe aus England, in: Metallarbeiter-Zeitung 30, 28.7.1906, 31, 4.8.1906, 32, 11.8.1906, 33, 18.8.1906 u. 34, 25.8.1906.

der sich einer anstehenden Haftstrafe durch Flucht ins Ausland entzogen hatte.[107] 1911 nahm er als Beobachter an der Jahreskonferenz der Miners' Federation of Great Britain teil. Er hielt auch Vorträge, wobei ihm die Zuhörer bescheinigten, dass er das Englische wie seine Muttersprache beherrsche.[108]

Der Besuch der Kongresse[109] sowie die Studienreisen durch die ausländischen Bergreviere waren für den Funktionär des Verbandes sicherlich eine persönliche Bereicherung und machen seinen sozialen Aufstieg augenfällig. Wäre er Schlosser in einem Großbetrieb des Reviers geblieben, hätte er wohl kaum die Möglichkeit besessen, Brüssel, Paris oder London kennenzulernen, Urlaub in den Bergen zu machen, hätte sich für ihn nicht das Tor zur weiten Welt geöffnet.[110]

[107] Archiv im Haus der Geschichte des Ruhrgebiets IG Bergbau 12143, August Siegel, Mein Lebenskampf, S. 161; Herrmann, Geschichte, S. 43. – Zur Biografie von Siegel: Delkus, August Siegel.

[108] O.H., Aus Großbritannien, in: Metallarbeiter-Zeitung 36, 9.9.1911; Hörder Volksblatt 92, 20.4.1922 „Otto Hue +".

[109] Hues internationale Kontakte beschränkten sich nicht nur auf die Bergarbeiterinternationale, sondern er gehörte auch zur deutschen Delegation auf dem 8. internationalen Sozialistischen Kongress in Kopenhagen (Vorwärts 208, 6.9.1910) und auf der 8. Internationalen Konferenz der gewerkschaftlichen Landessekretäre (Vorwärts 244, 19.9.1913).

[110] Gleiches ließ sich auch über Severing sagen. Alexander, Severing, S. 205.

9. Der Reichstagsabgeordnete

9.1 Auf dem Weg zur Kandidatur

Auch wenn Hue kein Parteiamt innehatte, war er „einer der rührigsten Genossen" im Ruhrgebiet.[1] Er nahm intensiv teil am sozialdemokratischen Parteileben sowohl in seiner zweiten Heimat Essen als auch im Bezirk Westliches Westfalen. Er besuchte aus freien Stücken regelmäßig die Presskommissionssitzungen in Dortmund und war Referent auf den Parteitagen für das westliche Westfalen und auf zahlreichen Versammlungen.

Wegen seines Engagements, seiner Bekanntheit und seiner Rednergabe galt Hue durchaus als Kandidat für eine Reichstagskandidatur, auch wenn er dies von sich wies: „Ein gewerkschaftlicher Führer ist mit seinen beruflichen Arbeiten, wenn er seine Aufgaben ernst nimmt, so überhäuft, daß er darauf verzichten muß, als Parteipolitiker eine große Rolle zu spielen."[2] Eine Kandidatur an seinem Wohnort kam allerdings nicht in Frage, hier war er in der örtlichen Parteiorganisation nach den geschilderten Streitigkeiten als Rechtsaußen abgestempelt.[3] Zu Duisburg bestanden wenig Bindungen, und im katholisch geprägten Wahlkreis Recklinghausen war eine Kandidatur aussichtslos, da hier stets der Zentrumskandidat siegte. Im Wahlkreis Dortmund-Hörde, wo Hue nach dem Bericht des Bezirkspolizeikommissars als Kandidat im Gespräch war,[4] entschied sich die Parteiorganisation für einen anderen renommierten Gewerkschafter, für Theodor Bömelburg, den Vorsitzenden des Zentralverbandes der Maurer,[5] während im Wahlkreis Bochum-Gelsenkirchen-Hattingen-Witten andere Personen zur Debatte standen.

Von den Gelsenkirchener Genossen war der auch regional bekannte Knappschaftsälteste und Angestellte des Bergarbeiterverbandes Peter Meis benannt worden. Auf der Wahlkreiskonferenz, die am 25. August 1901 erstmals über die Kandidatenaufstellung beriet, gab es aber starke Vorbehalte gegen diesen Vorschlag.[6] Der Bochumer Vertrauensmann Lückel lehnte Meis ab, da dieser sich geweigert habe, eine Rede auf der traditionellen Feier zum 18. März zu halten mit der Begründung, dies sei eine „socialdemokratische Demonstration", an der er sich mit Rücksicht auf die Stimmen der Nichtsozialdemokraten im Wahlkreis nicht beteiligen könne. Er wurde daher der „Leisetreterei" und des „Neutralitätsdusel" verdächtigt, obwohl er einer der schärfsten Kritiker des Neutralitätskurses war und zu den Wortführern der Opposition auf den General-

1 L., Zweiseelenlehre, in: Rheinisch-Westfälische Arbeiterzeitung 198, 25.8.1900.

2 Hue, Neutrale oder parteiische Gewerkschaften, S. 149.

3 Bajohr, Zwischen Krupp und Kommune, S. 100.

4 LAD NRW Abt. Westf. Reg. Arnsberg 14232, Bezirkspolizeikommissar Dortmund an Regierungspräsident Arnsberg, 10.9.1900; Stadtarchiv Bochum LA 1304, Regierungspräsident Arnsberg an preuß. Minister d. Innern, 24.11.1900.

5 Lützenkirchen, Der sozialdemokratische Verein, S. 16.

6 Zur Wahlkreiskonferenz: LAD NRW Abt. Westf. Reg. Arnsberg 14232, Bezirkspolizeikommissar Bochum an Regierungspräsident Arnsberg, 2.10.1901; Bergarbeiter-Zeitung 36, 14.9.1901.

versammlungen gehörte. Für Meis sprang die *Bergarbeiter-Zeitung* in die Bresche.[7] Hue nahm ihn vor den Unterstellungen in Schutz und bescheinigte ihm, „zu den entschiedensten Gegnern der Verbandstaktik" zu gehören. Er sei „von ganzer Seele" ein engagierter Parteigenosse, was nicht zuletzt der Vorsitz in der Kreiskonferenz und in der sozialdemokratischen Presskommission beweisen würden. Für Hue gab es keine Zweifel, dass Meis, der wegen seiner Verdienste in Knappschaftsangelegenheiten allgemein bei den Arbeitern geachtet sei, „der geeignete Kandidat für den Bochumer Wahlkreis" wäre, zumal hier die Bergarbeiter das Hauptwählerreservoir für die Partei bildeten. Trotz dieser Unterstützung setzte sich Meis bei der Kandidatenaufstellung nicht durch. Es waren wiederum die Bochumer, die weiterhin Stimmung gegen ihn machten und die ihre Delegierten verpflichteten, auf der Kreiskonferenz auf keinen Fall für ihn zu stimmen. Statt seiner wählte die Versammlung am 9. März 1902 Carl Hoffmann, Redakteur der Bielefelder *Volkswacht*.[8]

In Bergarbeiterkreisen nahm man die Entscheidung nur murrend hin. So konnte es nicht ausbleiben, dass Gerüchte über Gegenkandidaturen aufkamen. Quandel und die *Rheinisch-Westfälische Zeitung* kolportierten, dass der neue Vorsitzende des Bergarbeiterverbandes, Hermann Sachse, der seinen Wohnsitz nach Wiemelhausen verlegt hatte, ausersehen wäre, um die Bergleute zu beruhigen.[9] Die *Bergarbeiter-Zeitung* dementierte umgehend die Nachricht. Da Hoffmann aufgestellt worden sei, „ist für jeden Parteimann, der Disziplin im Leibe hat, die Kandidatenfrage erledigt". Um den Leuten entgegenzutreten, „die von einer ‚persönlichen Animosität gegen Hoffmann' fabeln, betonte Hue: „Hoffmann ist uns auch persönlich als tüchtiger Kerl mit echt proletarischer Gesinnung bekannt." Im übrigen habe sich der Verband nicht um politische Kandidaturen zu kümmern, „das ist allein Sache der politischen Parteien".[10]

Dennoch wollte die Kritik – speziell in Bergarbeiterkreisen – nicht verstummen. Hoffmann sei im Wahlkreis nur dem Namen nach bekannt und mit den hiesigen Verhältnissen gar nicht vertraut, lauteten die Einwände.[11] Die Mäkelei zeigte Wirkung. Hoffmann trat zwei Monate vor der Wahl zurück, obwohl schon Flugblätter mit seinem Namen gedruckt worden waren und er einige Versammlungen bestritten hatte. Offiziell begründet wurde der Schritt mit seiner Kandidatur im Wahlkreis Herford-Halle.[12] Der erzwungene Rückzug erfolgte aber erst, nachdem die Partei Hue hatte überreden können. Dieser hatte nach eigener Aussage „nachweislich nie zu einer Parlamentskandidatur gedrängt"[13] und wollte zunächst dem Rufe seiner politischen Freunde nicht folgen,[14] weil er fürchtete, dass sein Engagement als Vertreter der Sozialdemokratie die von ihm stets betonte parteipolitische Neutralität des Bergarbeiterverbandes de-

7 Bergarbeiter-Zeitung 36, 14.9.1901 u. 38, 28.9.1901.

8 LAD NRW Abt. Westf. Reg. Arnsberg 14233, Bezirkspolizeikommissar Bochum an Regierungspräsident Arnsberg, 2.9.1902; ebd., Stadt Bochum an Regierungspräsident Arnsberg, 13.9.1902.

9 Siehe dazu Volksblatt 265, 15.8.1902.

10 Bergarbeiter-Zeitung 33, 23.8.1902.

11 LAD NRW Abt. Westf. Reg. Arnsberg 14233, Stadt Bochum an Regierungspräsident Arnsberg, 15.9.1903; Wilhelm Herzig, Den tätigen Genossinnen und Genossen des ‚Volkswillens' zum 10. Jubiläumstage!, in: Volkswille 219, 19.9.1929.

12 Arbeiter-Zeitung (Dortmund) 86, 12.4.1903; Vorwärts 86, 12.4.1903.

13 Otto Hue, Auch etwas zum – Vergnügen, in: Volksblatt 151, 30.6.1916.

14 Trauerrede Husemann. Bergarbeiter-Zeitung 18, 6.5.1922.

savouiere.[15] Doch letztlich willigte er ein, „weil er einsah, daß damit der bedrängten Arbeiterschaft geholfen werden konnte“.[16]

Am 10. April wählten die Vertrauensmänner Hue zum neuen Kandidaten.[17] Der Kommentar der *Arbeiter-Zeitung* strahlte Optimismus aus: „Damit ist der Kreis Bochum für die Sozialdemokratie so gut wie sicher, die Ultramontanen mögen ihren Arbeiterkandidaten nur an den Nagel hängen und Herr Franken darf gleich eine Badereise antreten.“[18] Diese überschäumende Siegeszuversicht war sicherlich nicht gerechtfertigt, aber der Kandidatenwechsel war, wie der Bochumer Oberbürgermeister konstatierte, ein „äußerst günstiger Schachzug“.[19] Ebenso urteilte der *Allgemeine Beobachter*: „Gerade er – als ein echtes Kind des Volkes, als ‚schlichter Mann aus der Werkstatt‘, ausgerüstet mit gediegenem Wissen – dürfte, da er auch ein tüchtiger Redner ist, ganz besonders geeignet sein, die Interessen der Arbeiter wirksam zu vertreten. Auf jeden Fall haben durch diese Kandidatur die Aussichten der sozialdemokratischen Partei auf Erfolg ganz bedeutend gewonnen. Ein gefährlicherer Konkurrent konnte den Kandidaten der beiden anderen Parteien gar nicht erstehen.“[20]

9.2 Die Wahl 1903

Eines der Hauptthemen des beginnenden Wahlkampfs war die Zollfrage, die seit der Jahrhundertwende die politischen Debatten beherrschte. Bei der Neufassung der Handelsverträge, die am 31. Dezember 1903 ausliefen, sollten auch die Schutzzölle für Getreide und andere Lebensmittel angehoben werden, was zwangsläufig einen Anstieg der Lebenshaltungskosten bedeutete. Die sozialdemokratische Partei und die Gewerkschaften, die das System der indirekten Steuern ablehnten und stattdessen eine Reichseinkommensteuer forderten, agitierten gegen die Gesetzesvorhaben.

Ins gleiche Horn stieß Hue, der in einer dreiteiligen Artikelserie zu den „geplanten Hungerzöllen“ Stellung bezog.[21] Für ihn waren die vom Wirtschaftlichen Ausschuss zur Vorbereitung der Handelsverträge ins Auge gefassten Tarife „eine Volksauspressung im großartigsten Style“.[22] Aus diesem Grunde gelte es, „in den kommenden Monaten den Kampf der Gewerkschaften gegen den Brodwucher zu organisiren“. Hue setzte darauf, dass, „wenn die 7–800.000 gewerkschaftlich organisirten Lohnarbeiter sich von einem Geiste beseelt gegen den Kornwucher erheben“, sich auch „Handwerker, Geschäftsleute, Kleinbauern und landwirthschaftliche Lohnarbeiter … an der Protestbewegung betheiligen“ werden.[23]

15 Wilhelm Herzig, Den tätigen Genossinnen und Genossen des ‚Volkswillens‘ zum 10. Jubiläumstage.

16 Trauerrede Husemann. Bergarbeiter-Zeitung 18, 6.5.1922.

17 Arbeiter-Zeitung (Dortmund) 86, 12.4.1903; Vorwärts 86, 12.4.1903. – Nicht korrekt ist die Unterstellung seines „Parteifreundes“ Lebius, dass man Hue „mit einem Reichstagsmandat den Mund gestopft“ habe. Zit. nach Bergarbeiter-Zeitung 49, 10.12.1904 „Ein Zwischenspiel“.

18 Arbeiter-Zeitung (Dortmund) 86, 12.4.1903.

19 LAD NRW Abt. Westf. Reg. Arnsberg 14233, Stadt Bochum an Regierungspräsident Arnsberg, 15.9.1903.

20 Allgemeiner Beobachter 83, 14.4.1903 „Zur Reichstagswahl“.

21 O.H., Die geplanten Hungerzölle und die Gewerkschaften, in: Bergarbeiter-Zeitung 43, 3.11.1900, 44, 10.11.1900 u. 45, 17.11.1900.

22 Hue, Die geplanten Hungerzölle II.

23 Hue, Die geplanten Hungerzölle III.

Hue bestritt, dass mit den Schutzzöllen der Landwirtschaft geholfen werde. Die „Masse der kleinen Bauern, denen es wirklich schlecht geht," würde nicht davon profitieren, Nutzen hätte allein die kleine Gruppe der großen und größten Grundbesitzer, besonders die preußischen Junker.[24] „Und diesen geschworenen Volksfeinden sollte das arbeitende Volk die weiten Taschen füllen, um selbst zu darben?" lautete seine rhetorische Frage, und die Antwort war eindeutig: „Zum Durchfüttern einer rückständigen, faulen, wirthschaftlich überflüssig gewordenen Kaste ist das deutsche Volk nicht da."[25] Wenn man dem Bauernstand unter die Arme greifen wolle, dann sollte dies nicht „auf Kosten der Ärmsten im Volke" geschehen, sondern durch eine „Staatshülfe, die ihre Mittel auf direkte Weise aus den großen Säckeln der Großkapitalisten bezieht".[26]

Die Grundthesen, die Hue in den Artikeln dargelegte, bildeten den Tenor seiner Reden auf den Bergarbeiterversammlungen in den kommenden Jahren.[27] Da die Zentrumspartei den Zöllen zustimmen wollte, beschuldigte sie Hue des „Volksverrats" und rief dazu auf, ihren Kandidaten bei der nächsten Reichstagswahl einen richtigen Denkzettel zu verpassen.[28]

Angesichts der kontrovers geführten Debatte war es verständlich, dass die Zollfrage 1903 im Mittelpunkt des Wahlkampfes der Sozialdemokraten stand.[29] Ein Flugblatt, das im April vor den Werkstoren verteilt wurde, begann mit den Worten: „Die deutschen Wähler treten zusammen, um einen Gerichtstag abzuhalten, um abzurechnen mit den Volksfeinden und Volksverrätern, den Zollräubern und Brotwucherern, den Ausbeutern, Finsterlingen und Volksverdummern."[30]

Neben dem „Brotwucher" war das zweite zentrale Wahlkampfthema im Ruhrgebiet die grassierende Wurmkrankheit, die in diesem Jahr ihren Höhepunkt erreichte.[31] Hue war Redner auf stark besuchten Versammlungen, auf denen er die Auswirkungen der Krankheit für die betroffenen Bergarbeiter thematisierte, in vielen Fällen unterstützt von dem Elberfelder Arzt Dr. Rubensohn.[32] Er nutzte die Gelegenheit zur Anklage gegen die Zentrumspartei und gegen die Nationalliberalen, da sie dem Antrag Sachses, mehr Mittel und Kräfte zur Bekämpfung der Wurmkrankheit zur Verfügung zu stellen,

24 Hue, Die geplanten Hungerzölle II. – Ebenso urteilt Groh: „Die ständig steigenden Getreidezölle, ... flossen, ... zunehmend in die Taschen der getreideanbauenden Großagrarier." Groh, Negative Integration, S. 88.

25 Hue, Die geplanten Hungerzölle II.

26 Ebd.

27 Versammlung in Rotthausen am 19.5.1901. Bergarbeiter-Zeitung 21, 25.5.1901. Versammlung in Altenessen am 14.9.1902. Bergarbeiter-Zeitung 38, 27.9.1902.

28 Bergarbeiter-Zeitung 40, 11.10.1902.

29 LAD NRW Abt. Westf. Reg. Arnsberg 14233, Stadt Bochum an Regierungspräsident Arnsberg, 15.9.1903.

30 Zit. nach Emscher Zeitung 101, 1.5.1903.

31 LAD NRW Abt. Westf. Reg. Arnsberg 14233, Bezirkspolizeikommissar Bochum an Regierungspräsident Arnsberg, 15.10.1903. – Zur Wurmkrankheit siehe Kap. 9.5.

32 Versammlungen mit Hue fanden statt am 29.3. in Essen (Allgemeiner Beobachter 74 u. 75, 1. u. 2.4.1903; Bergarbeiter-Zeitung 14, 4.4.1903), am 19.4. in Hattingen (Bergarbeiter-Zeitung 18, 2.5.1903), am 26.4. in Schalke (Bergarbeiter-Zeitung 19, 9.5.1903), am 17.5. in Holsterhausen (Bergarbeiter-Zeitung 20, 16.5.1903), am 17.5. in Dahlhausen (Bergarbeiter-Zeitung 22, 6.6.1903). – Von Dr. Rubensohn, „einem lange bekannten Socialdemokrat aus dem Wupperthale", hatte der Bochumer Polizeikommissar keine hohe Meinung: Er [Dr. Rubensohn] „hielt für ein ansehnliches Honorar Vorträge über eine Seuche, die er noch weniger kannte, wie die aufgeklärten Bergleute selbst". LAD NRW Abt. Westf. Reg. Arnsberg 14233, Bezirkspolizeikommissar Bochum an Regierungspräsident Arnsberg, 15.10.1903.

im Reichstag nicht zugestimmt hatten und beschuldigte sie, „die Unternehmer-, aber nicht die Arbeiter-Interessen“ wahrzunehmen.[33]

Massive Unterstützung erhielt Otto Hue wie auch die anderen sozialdemokratischen Kandidaten im Ruhrgebiet durch den Vorstand des Bergarbeiterverbandes, der am 23. Mai 1903 in der *Bergarbeiter-Zeitung* klar Stellung bezog.[34] Jeder Gewerkschafter sollte als Staatsbürger von seinem Kandidaten verlangen, dass er für folgende Bedingungen eintrete:

„1. Erhaltung und Sicherung des allgemeinen, geheimen, gleichen, direkten Wahlrechts.

2. Freies Vereins- und Versammlungsrecht; Fortfall aller jetzigen Beschränkungen, schwere Bestrafung der kapitalistischen Terroristen, die praktisch das Vereinsrecht aufheben.

3. Entschiedene Fortführung der Arbeiterschutzgesetzgebung, wirklich arbeiterfreundlicher Ausbau der Versicherungsgesetzgebung, keine Flickerei.

4. Langfristige Handelsverträge.

5. Abschaffung aller indirekten Steuern (Zölle), die die Volksnahrung belasten. Aufbringung der Reichslasten durch eine mit der Vermögensgröße stärker zunehmende direkte Vermögenssteuer.

Wer sich nicht mit diesem Programm in allen Punkten einverstanden erklärt, ohne Klauseln, wer früher schon bewiesen, daß er dieses Arbeiterprogramm nicht durchführen will, darf unsererseits nicht gewählt werden.“

Anhand dieser Forderungen wurde die konservativ-ultramontane-nationalliberale Reichstagsmehrheit gewogen und für zu leicht gefunden. Diejenigen, die für die Lebensmittelzölle eintraten, seien „keine Volksvertreter, sondern so wirtschaften Volksfeinde, denen kein Gewerkschaftler vertrauen darf. Wir haben uns gewerkschaftlich organisiert zur Verbesserung unserer Lage, wer uns nun das Brot verteuert und den Lohn reduziert, ist zweifellos ein Gewerkschaftsfeind, der nicht in den Reichstag gehört.“

Beim Arbeiterschutz sei nichts passiert. Die Anträge der Sozialdemokraten „auf Verkürzung der Arbeitszeit, Verschärfung der Grubenkontrolle, Reformen im Knappschaftswesen“ seien stets abgelehnt bzw. auf die lange Bank geschoben worden – mit schrecklichen Folgen, denn die Kranken- und Unfallziffern stiegen an. „Das herzzerreißende Wehegeschrei der verletzten Arbeitsbrüder, die blutüberströmt immer noch wie ein Stück Vieh auf den Kohlenwagen geladen werden, es protestiert mit Gewalt gegen die Lüge, wir marschierten an der Spitze des Arbeiterschutzes. … Ein Massengrab nach dem andern wölbt sich in den Bergrevieren, die entsetzlichen Grubenkatastrophen folgen sich mit unheimlicher Schnelligkeit.“ Doch die Einführung von Arbeiterkontrolleuren werde verweigert. Daher erging der Aufruf an die Bergleute: „Kameraden! Gedenket der verunglückten Berufsgenossen, der zerschmetterten Brüder, Väter und Freunde! Ruft euch ins Gedächtnis das Herzeleid der Hinterbliebenen! Haltet das Andenken der Verunglückten in Ehren – und vergeltet am 16. Juni 1903 was man dem Bergmannsstande angetan!“

33 Noch 1905 äußerte Hue seine Enttäuschung über das Abstimmungsverhalten des Zentrums: „Ich habe jetzt für das Zentrum keinen Pfifferling mehr übrig. Das Zentrum scheut sich nicht, hunderte von Millionen zu bewilligen, aber nur nicht für den Arbeiter.“ LAD NRW Abt. Westf. Landratsamt Gelsenkirchen 40, Überwachungsbericht der Polizeiverwaltung Wanne, 3.7.1905.

34 Bergarbeiter-Zeitung 21, 23.5.1903 „Kameraden, auf den Posten!“. Auch zum Folgenden. Es ist mit Sicherheit davon auszugehen, dass Hue den Aufruf verfasst hat. Daher wird auch so ausführlich aus ihm zitiert.

Wenngleich zu Beginn des Wahlaufrufes konstatiert wurde, dass der Verband kein Recht habe, „unsere Mitglieder für oder gegen eine Parteiparole zu verpflichten“, so war es nach der Lektüre des zweiseitigen Textes doch offensichtlich, dass dieser Bekundung keinerlei Bedeutung zukam. Der Verband agitierte gegen die Kandidaten der konservativen, nationalliberalen und der Zentrumspartei und betrieb damit Wahlwerbung für die Sozialdemokratie.[35] Gleiches gilt für das Flugblatt „Kameraden auf den Posten!“ mit den Parolen: „Hinaus mit den Brotwucherern aus dem Reichsparlament! Hinaus mit den Pharisäern und Heuchlern!“[36]

In der letzten Ausgabe vor der Wahl wiederholte die *Bergarbeiter-Zeitung* ihren Appell an die Mitglieder: „Kameraden, ... Rüttelt auf die Trägen, holt heran die Gleichgültigen. Eilt auf die Schanzen zur Verteidigung der heiligsten Volksrechte! Stellt euch voran in der Reihe, bildet die Sturmkolonnen, vor deren Massentritt das Herz der Volksfeinde erbebt. Ein Ehrentag muß der 16. Juni für unseren Bergmannsstand sein, ein Tag der Vergeltung, ... Mann der Arbeit, aufgewacht, auf, erkenne deine Macht! Gebrauche sie zielsicher und schmettere nieder den Drachen der Reaktion! Nieder mit Zuchthausgesetzlern, Arbeiterverächtern, Volksrechtsfeinden und Brotwuchern!“[37]

Die Nationalliberale Partei hatte trotz vorheriger Warnungen seitens der Parteileitung wiederum den Fabrikanten Hermann Franken, den Vorsitzenden des Verbandes evangelischer Arbeitervereine in Rheinland und Westfalen, aufgestellt, der die Wahl 1898 gewonnen hatte.[38] Franken, der bei seinen Veranstaltungen die Regierungspolitik verteidigte und den Zolltarif guthieß, betonte in seiner Agitation den Gegensatz zwischen der von ihm verkörperten Vaterlandstreue und den umstürzlerischen Bestrebungen der sozialistischen Staatsfeinde.[39] Diese würden „die Grundlagen unserer staatlichen und gesellschaftlichen Ordnung unterwühlen, die Treue gegen Kaiser und Reich, die Liebe zum Vaterlande und zu den angestammten Fürstenhäusern aus den Herzen des Volkes reißen, den Glauben an Gott zum Spott machen und alles, was dem Menschen heilig ist, Ehe, Familie, Eigentum, mit Füßen treten“, war im Wahlaufruf der Nationalliberalen zu lesen, die warnten: „Kommt die Richtung je ans Ruder, dann wehe uns allen! Keine Phantasie vermag sich die Schrecken auszumalen, die dann über Land und Volk hereinbrechen würden.“[40]

Einen ebenso heftigen Feldzug führte Franken gegen das Zentrum und den Ultramontanismus, deren „zersetzende Wirkung“ er beklagte: „Das nationale Bewußtsein wird gelähmt, die freie Entfaltung des geistigen Lebens unterbunden, eine klerikale Bevormundung angebahnt und ein falsches Paritätsverhältnis ausgebildet. In Politik und Kunst, in Wissenschaft und Religion, überall hemmt der Ultramontanismus den Fortschritt und hindert die freie Selbstbestimmung des Einzelnen wie der Gemeinschaft. Zugleich werden die Kräfte unseres Volkes einem internationalen und antinationalen Herrschaftssystem dienstbar gemacht, das unter fremdländischer Oberleitung steht.“ „Deshalb ist der Ultramontanismus“, so seine Schlussfolgerung, „heute wie allezeit als

35 Barsickow, Politische Lager, S. 193. – Die Nationalliberalen waren natürlich über die Stellungnahme des Bergarbeiterverbandes entrüstet. Tiedtke, Reichstagswahlen, S. 308.

36 Barsickow, Politische Lager, S. 193.

37 Bergarbeiter-Zeitung 23, 13.6.1903 „Vor der Schlacht“.

38 Barsickow, Politische Lager, S. 190.

39 Petras, Reichstagswahlen, S. 194; Barsickow, Politische Lager, S. 190.

40 Emscher Zeitung 136 A, 13.6.1903 „Auf zur Wahl!“.

der eigentliche und gefährlichste Feind unseres Volkes zu betrachten."[41] Mit dieser Polemik zerschlug er viel Porzellan, was sich bei der Stichwahl rächen sollte.

Das Zentrum, das das Zustandekommen des neuen Zolltarifs „gerade vom Standpunkte der Arbeiterinteressen lebhaft" begrüßte,[42] hatte mit Rücksicht auf die Arbeiterwähler den Bergmann Theodor Berse, bis zu seiner Nominierung Vorstandsmitglied des Gewerkvereins, benannt. So konkurrierten die beiden Bergarbeiterverbände um die Stimmen der Bergleute, was die Wahl zu einem „Lackmustest für die Akzeptanz" der jeweiligen Gewerkschaftspolitik machte.[43] August Brust heizte die Stimmung gegen die „Umsturzpartei"[44] und speziell gegen Otto Hue an, dessen Bekenntnis zur gewerkschaftlichen Neutralität er als „Neutralitätsheuchelei" abtat.[45] Und natürlich ließen es sich der *Bergknappe* und andere Zentrumsorgane nicht nehmen, aus der „nackten Zeichnung" zu zitieren.[46]

Die Nationalpolen, die in der Vergangenheit mit der Zentrumspartei kooperiert hatten, stellten dieses Mal, weil auf ihre Wünsche nicht eingegangen worden war, einen eigenen Kandidaten auf, den Schriftsteller Józef Chociszewski.[47]

Die Sozialdemokraten konnten vielerorts lediglich durch die Presse und durch die Kleinarbeit ihrer Vertrauensleute für ihren Kandidaten werben,[48] da ihnen nur vereinzelt Lokale zur Abhaltung von Versammlungen zur Verfügung standen.[49] Aus diesem Grund musste auch August Bebel, der zur Unterstützung der sozialdemokratischen Kandidaten ins Ruhrgebiet kam, nach Gelsenkirchen ausweichen.[50]

Trotz dieser Behinderungen endete der erste Wahlgang, an dem sich 110.346 Wähler (d.s. 83,5 % der Wahlberechtigten) beteiligten, mit einem Sieg Hues, der 39.135 Stimmen (= 35,5 %) auf sich vereinigen konnte und deutlich vor seinem Konkurrenten Franken (33.423 – 30,3 %) lag. Berse (31.408 – 28,5 %), dem die Stimmen der Polen fehlten (Chociszewski: 6.208 – 5,6 %),[51] landete nur auf Platz drei.[52] Da aber niemand die absolute Mehrheit erreicht hatte, musste die Stichwahl am 25. Juni über den Einzug in den Reichstag entscheiden.

41 Ebd.

42 Gelsenkirchener Zeitung 132, 13.6.1903 „Die Brodwucher-Parole – ein ungeheuer Wahlschwindel".

43 Hiepel, Arbeiterkatholizismus, S. 232.

44 „Kein ehrlicher Arbeiter und Gewerkschaftler wird einem Sozialdemokraten seine Stimme … geben, wo sich diese … als Todfeinde jedes Arbeiterfortschrittes, aber auch als Umstürzler und Todfeinde der christlichen Staats- und Gesellschaftsordnung gezeigt haben." Bergknappe 17, 25.4.1903 „Zur Reichstagswahl".

45 Hiepel, Arbeiterkatholizismus, S. 232f.

46 Bergknappe 20, 16.5.1903 „Schimpffreiheit für Hue und Leimpeters"; Gelsenkirchener Zeitung 109 u. 133, 14.5. u. 15.6.1903.

47 Kleßmann, Polnische Bergarbeiter, S.126; Petras, Reichstagswahlen, S. 199f.; Barsickow, Politische Lager, S. 191f.

48 LAD NRW Abt. Westf. Reg. Arnsberg 14233, Stadt Bochum an Regierungspräsident Arnsberg, 15.9.1903. – Der Landrat von Hattingen betonte den besonderen Einsatz der Parteimitglieder: „Selten ist mit solchem Fleisse gearbeitet, wie jetzt vor den Wahlen." LAD NRW Abt. Westf. Reg. Arnsberg 14233, Landrat Hattingen an Regierungspräsident Arnsberg, 3.8.1903.

49 Stadtarchiv Bochum LA 23, Landrat Bochum an Regierungspräsident Arnsberg, 10.6.1903.

50 LAD NRW Abt. Westf. Reg. Arnsberg 14233, Stadt Bochum an Regierungspräsident Arnsberg, 15.9.1903.

51 Leitartikel der Gelsenkirchener Zeitung 135, 17.6.1903 u. 137, 19.6.1903 „Von den Feinden nicht besiegt, doch von den Freunden verlassen!" – „Das Centrum und die Reichstagswahl", in denen sich der Zorn über das „tückische Vorgehen der Polen" Luft machte.

52 Barsickow, Politische Lager, S. 264, Tab. 72

Die *Bergarbeiter-Zeitung* feierte den Ausgang des ersten Wahlgangs als „gewaltigen Sieg der Sozialdemokratie“[53], zu dem besonders die Bergleute beigetragen hätten, und interpretierte das Ergebnis zudem als Beweis, dass die Neutralitätspolitik kein Hindernis wäre „für die spezielle parteipolitische Erziehung“. Da die Stichwahlen anstünden, sollten sich die Mitglieder nochmals aufraffen, um „die Zwingburgen vollends zu stürzen“.

Die Nationalliberalen setzten auf den Gegensatz „Königstreu oder socialdemokratisch?“[54] Die Wähler hätten nun „zu entscheiden, ob unser Wahlkreis einen Anhänger des nationalen Gedankens und der staatlichen Ordnung in den Reichstag senden, oder ob die rothe Sturmfahne siegreich über uns wehen und die beschämende Thatsache künden soll, daß bei uns die Vaterlandsliebe und Königstreue nicht mehr stark genug sind, dem Ansturm der Revolutionäre zu widerstehen!“[55]

Sie versuchten sogleich, ein Bündnis gegen die „rote Gefahr“ zu schmieden und umwarben das Zentrum und ihre Wähler,[56] unterstützt von der lokalen bürgerlichen Presse. Da es jetzt um „das Wohl des Vaterlandes“ ginge, beschwor die *Hattinger Zeitung* die katholischen Wähler: „Wir kennen jetzt keine Parteiunterschiede mehr, es gibt keine Evangelischen und Katholischen, keine Nationalliberalen, Zentrumsmänner und Freisinnige mehr, alle Differenzen sind verschwunden, es geht in die Schlacht gegen den Feind unseres Friedens, unserer Güter, der von ihm verhöhnten und verspotteten christlichen Religion, unseres Kaisers, ehrlos, wer da fehlen würde, Schmach und Schande über den Faulen und Feigen …“[57]

Der Aufruf des Bochumer Wahlkreiskomitees der Zentrumspartei vom 21. Juni[58] konnte die Nationalliberalen nicht zufriedenstellen, denn in ihm wurde nicht direkt für Franken geworben, sondern man überließ es den Anhängern, ob sie sich an der Wahl beteiligten oder nicht.

War Franken für Teile der katholischen Wählerschaft schon als Exponent der evangelischen Arbeitervereine nicht wählbar,[59] so hatte seine gegen den Ultramontanismus gerichtete Agitation die Kluft vergrößert. „Wie könnte man es … der Zentrumspartei in Bochum-Gelsenkirchen zumuten, auch nur einen Finger für den Abg. Franken zu rühren, der im Wahlkampfe in beleidigender Hetze und gehässiger Polemik gegen die Zentrumspartei das Äußerste geleistet hat“, fragte die *Kölnische Volkszeitung*.[60] Selbst Brust hatte es, obwohl er „mit süßesten Tönen um Hilfe gegen die nun so bösen roten Söhne angebettelt“ worden war, abgelehnt, für Franken Propaganda zu machen.[61] Viele katholische Wähler blieben daher der Wahl fern oder stimmten gar für den Sozialdemokraten.

Eindeutig waren die Nationalpolen, um die die Sozialdemokraten in einem Flugblatt in polnischer Sprache warben,[62] gegen Franken eingestellt. Dieser wurde als „einer von den schlimmsten alldeutschen Hakatisten“ charakterisiert. „Er ist ein bekannter Gegner

53 Bergarbeiter-Zeitung 25, 27.6.1903 „Volksstimme ist Gottesstimme“.

54 Märkischer Sprecher 146, 25.6.1903.

55 Ebd.

56 Barsickow, Politische Lager, S. 196.

57 Zit. nach Petras, Reichstagswahlen, S. 196.

58 Petras, Reichstagswahlen, S. 199; Barsickow, Politische Lager, S. 196; Tiedtke, Reichstagswahlen, S. 309.

59 LAD NRW Abt. Westf. Reg. Arnsberg 14233, Bezirkspolizeikommissar Bochum an Regierungspräsident Arnsberg, 15.10.1903.

60 Zit. nach Gelsenkirchener Zeitung 138, 20.6.1903 „Das Centrum und die Stichwahlen“.

61 Hiepel, Arbeiterkatholizismus, S. 234.

62 Übersetzung des Flugblatts in: Emscher Zeitung 146, 25.6.1903 „Festlegung von Lüge und Verleumdung“.

der Polen, welcher offen gesagt hat, dass wir Polen kein Recht auf unsere Muttersprache hätten. ... Darum weg mit diesem Kulturkämpfer! ... Bei der Stichwahl kommt nur der für die Polen bewährte Arbeiterkandidat Hue in Frage."[63]

Die Agitation fruchtete, denn Hue gewann ihre Stimmen in den vom Bergbau geprägten Ortschaften, in den Wahlbezirken von Gelsenkirchen, Wanne, Herne und Wattenscheid, ehemals ultramontane Hochburgen,[64] und lag bei der Auszählung mit äußerst knappem Vorsprung vorne.

Tab. 1: Ergebnis der Stichwahl[65]

Abgegebene Stimmen:	105.456	
Gültige Stimmen:	99.363	
Hue	50.063	50,4 %
Franken	49.300	49,6 %

Die Nationalliberalen wollten das Ergebnis nicht akzeptieren. Sie riefen dazu auf, ihnen Unregelmäßigkeiten zu melden, und fochten dann die Wahl an.[66] Die Wahlprüfungs-Kommission empfand aber die beanstandeten Mängel (Auslage der Wählerlisten, ungenügende Besetzung des Wahlvorstandes in einigen Wahllokalen) als zu geringfügig, weshalb sie die Gültigkeit der Wahl empfahl.[67] Kolportiert wurde zudem, dass Hue kein deutscher Reichsbürger und damit nicht wählbar sei. Die Heimatbehörde überprüfte auch diese Unterstellung und wies sie als falsch zurück.[68]

Während der Gewerkverein seine Enttäuschung über den Wahlausgang in einer Polemik gegen die Sozialdemokratie Luft machte,[69] nahmen Teile der Arbeiterschaft den Erfolg Hues begeistert auf.[70] Ebenso euphorisch feierten Hue und der Verbandsvorstand zusammen mit ihren Familienangehörigen auf dem Bergarbeiterfest in Linden am 28. Juni. Es war – so die *Bergarbeiter-Zeitung* – ein „Freudenfest im wahren Sinne des Wortes",

[63] Zit. nach Märkischer Sprecher 146, 25.6.1903 „Ein polnisches Flugblatt"; Barsickow, Politische Lager, S. 197; Tiedtke, Reichstagswahlen, S. 309.

[64] So seine eigene Analyse. Otto Hue, Die katholischen Arbeiter und das Zentrum, in: Neue Zeit 21 (1902/03) 41, S. 473–476, S. 474f. – Ebenso Murzynowska, Die polnischen Erwerbsauswanderer, S. 224; Hickey, Workers, S. 266.

[65] Barsickow, Politische Lager, S. 264, Tab. 24.

[66] Dortmunder Zeitung 351, 14.7.1903.

[67] Vorwärts 42, 19.2.1904; Petras, Reichstagswahlen, S. 197; Barsickow, Politische Lager, S. 199; Tiedtke, Reichstagswahlen, S. 311.

[68] Dortmunder Zeitung 324, 29.6.1903; Volkswacht 177, 1.8.1903.

[69] „Namentlich ist von der Sozialdemokratie, wie deren ganzes Gebäude auf Schwindel, Lug und Trug beruht, auch im Wahlkampfe mit den erbärmlichsten Mitteln des Schwindels, sowie des Luges und Volksbetruges – nicht mal gekämpft, sondern in der unflätigsten Weise geradezu gewütet worden, wie es sonst nur Gesindel und Janhagel üblich ist." Bergknappe 28, 11.7.1903 „Nach der Reichstagswahl".

[70] Zur Feier in Gelsenkirchen: Gelsenkirchener Zeitung 144, 27.6.1903. – In Langendreer kam es zu einem Zusammenstoß zwischen feiernden jungen Männern und der Polizei mit der Folge, dass neun „Tumultanten" wegen Landfriedensbruch bzw. Erregung ruhestörenden Lärms verurteilt wurden. General-Anzeiger für Dortmund 345, 17.12.1903 „Am Abend der Reichstagsstichwahl".

an dem mehr als 1000 Personen teilnahmen.[71] Die Arbeitergesangvereine von Linden und Dahlhausen sangen Freiheitslieder, und Hue hielt eine „kurze, kernige Festrede“, bei der er sich bei den Mitgliedern des Verbandes bedankte: „Wo ein solcher Idealismus herrscht, wo mit derartiger Begeisterung gestritten wird, da kann der Erfolg nicht ausbleiben.“ Man dürfe sich aber nicht darauf ausruhen, sondern die Organisation müsse weiter ausgebaut und die Frauen als Mitkämpferinnen gewonnen werden. Hue schloss mit dem Appell: „Laßt uns darum heute in froher Gemeinschaft das Freudenfest über den errungenen Sieg feiern und nachher von neuem in den Kampf ziehen, zu neuem Sieg, damit endlich der altehrenwerte Arbeiterstand die Achtung und Stellung erfährt, die ihm gebührt!“

9.3 Die Wahl 1907

Als der Nachtragshaushalt zum Kolonialetat, eingebracht wegen der erheblichen Mehrkosten der Kriegsführung gegen die Hottentotten- und Herero-Stämme in Deutsch-Südwestafrika, keine Mehrheit fand, löste Reichskanzler Bülow den Reichstag am 13. Dezember 1906 auf, schrieb Neuwahlen aus und startete eine Kampagne gegen die „Reichsfeinde“. „Durch das Aufpeitschen der nationalistischen und imperialistischen Emotionen“ erhielt der Wahlkampf eine Schärfe wie nie zuvor.[72]

Dass die Partei abermals Otto Hue als Kandidat aufstellte, stand außer Frage, auch wenn im Vorfeld vereinzelt kritisiert worden war, dass er nicht genügend Versammlungen im Wahlkreis abgehalten habe. Hue verteidigte sich gegen den Vorwurf mit dem für seine Einstellung interessanten Hinweis, er sei Angestellter des Bergarbeiterverbandes, dessen Interessen er wahrzunehmen habe, und erst in zweiter Linie Parlamentarier.[73]

Bei den Nationalliberalen kandidierte nicht mehr der Fabrikant Hermann Franken, sondern der Wittener Oberbürgermeister Dr. Gustav Haarmann, der bereits von 1884 bis 1890 Mitglied des Reichstags gewesen war.[74] Er galt als gewerkschaftsfreundlich, hatte beim Bergarbeiterstreik 1905 eine neutrale Position bezogen und genoss – was besonders wichtig erschien – Sympathien im katholischen Lager. Haarmann, der als „sozialer Bürgermeister“ gerühmt wurde,[75] betonte stets, dass er keine Änderung des Reichstagswahlrechts billigen würde, für die volle Koalitionsfreiheit der Arbeiter eintrete und gegen Ausnahmegesetze auf religiösem Gebiet stimmen werde.[76] Gleichwohl war er „ein Mann der Honoratiorenwelt“.[77]

Das Zentrum zog wiederum mit einem auswärtigen Kandidaten, dem Essener Arbeitersekretär Christian Kloft, in den Wahlkampf, während die Polen abermals den Schriftsteller Josef Chociszewski nominierten.

71 Bergarbeiter-Zeitung 27, 11.7.1903. – Der Artikel wird von Imbusch, Arbeitsverhältnis, S. 462 neben anderen als Beweis dafür angeführt, dass der Bergarbeiterverband die Sache der Sozialdemokratie zu seiner gemacht habe.

72 Herbert, Geschichte Deutschlands, S. 95; Mommsen, Bürgerstolz, S. 235.

73 Allgemeiner Beobachter 286, 12.12.1906.

74 Haarmann hatte 1890 auf eine erneute Kandidatur verzichtet, weil er sich um die Stelle des Bürgermeisters in Witten bewerben wollte. Biografische Daten zu Haarmann: Nettmann, Witten in den Reichstagswahlen, S. 108–112.

75 H. Sch., Vergebene Mühe, in: Märkischer Sprecher 28, 2.2.1907.

76 H. Sch., Ein Jammerflugblatt, in: Märkischer Sprecher 27, 1.2.1907.

77 Petras, Reichstagswahlen, S. 214.

Das beherrschende Thema der sog. „Hottentottenwahl" war die Kolonialpolitik, gegen die Hue nichts einwenden wollte, wenn sie „anständig" und „im kulturellen Sinne" getrieben würde.[78] Er folgte mit seinen Ausführungen ganz den Ansichten, die Bebel im Reichstag am 3. Dezember 1906 vorgetragen hatte: „Kommen die Vertreter kultivierter und zivilisierter Völkerschaften ... zu fremden Völkern als Befreier, als Freunde und Bildner, als Helfer in der Not, um ihnen die Errungenschaften der Kultur und Zivilisation zu überbringen, um sie zu Kulturmenschen zu erziehen, geschieht das in dieser edlen Absicht und in der richtigen Weise, dann sind wir Sozialdemokraten die ersten, die eine solche Kolonisation als große Kulturmission zu unterstützen bereit sind."[79] Allerdings entsprach die Realität in Deutsch-Südwestafrika keineswegs seinen Vorstellungen. Hue verurteilte daher „nicht die Kolonialpolitik an sich", sondern „die auf Verarmung der Eingeborenen und rücksichtslose Bereicherung kolonialkapitalistischer Interessen gerichtete".[80] Er brandmarkte „die barbarische Unterdrückung der Eingeborenen" durch „verkommene Elemente, die die deutsche Ehre herabwürdigen",[81] und beklagte, dass die Regierung, „400 Millionen Mark in die afrikanische Sandwüste" verpulvert hätte für eine Vorgehen, das „dem deutschen Namen nur Schande macht". Daher hätte die SPD-Fraktion zu Recht keinen Pfennig für das „koloniale Abenteuer" gebilligt.[82]

Auf der Nominierungsversammlung am 9. Dezember hatte Hue die Sprengstoffkatastrophe in Witten, bei der eine Explosion im Roburit-Werk die Häuser der Anwohner zerstört hatte, gegen das Afrikaabenteuer ausgespielt. Wenn die Regierung dort Millionen in die Wüsten stecken könne, so könne sie erst recht 500.000 Mark für die Entschädigung der Eigentümer bewilligen.[83]

Andere wichtige Themen wie die Lebensmittelverteuerung und die unzureichende staatliche Sozialpolitik traten gegenüber der Kolonialpolitik in den Hintergrund, gleichwohl griff Hue sie auf.[84] Auf zwei stark besuchten Versammlungen von Metall- und Hüttenarbeitern in Dortmund und in Hörde kritisierte er die miserablen Lohn- und Arbeitsverhältnisse in der Eisen- und Stahlindustrie. Da die anderen Parteien „keinen Arbeiterschutz von irgendwelcher Bedeutung" verabschiedet, stattdessen aber Brot und Fleisch verteuert hätten, sei es Pflicht aller Arbeiter in den Hütten- und Eisenwerken, dieses Vorgehen „mit wuchtiger Vergeltung" zu ahnden: „Rufen Sie der Verschwendungswirtschaft, dem Zickzackkurs ein donnerndes Halt entgegen.

78 Arbeiterzeitung (Essen) 11, 14.1.1907 „Hüttenarbeiter, wählt sozialdemokratisch!"

79 Von Hue zustimmend zitiert in: Kolonialpolitisches, in: Die Neue Gesellschaft 5, 1.5.1907, S. 115–121, S. 118.

80 Ebd., S. 120.

81 Rede auf einer Wählerversammlung in Essen am 23.12.1906. Allgemeiner Beobachter 297, 27.12.1906 „Erste große Wählerversammlung".

82 Arbeiterzeitung (Essen) 11, 14.1.1907 „Hüttenarbeiter, wählt sozialdemokratisch!". – Bereits 1897 (Rheinisch-Westfälische Arbeiterzeitung 60, 12.3.1897) und 1905 hatte Hue die deutsche Kolonialpolitik verurteilt. Sie habe „uns nur Schulden über Schulden eingebracht und große Menschenopfer gekostet". Rede auf einer sozialdemokratischen Volksversammlung in Altenessen am 16.7.1905. Allgemeiner Beobachter 162, 19.7.1905 „Zur Reichstags-Ersatzwahl".

83 Allgemeiner Beobachter 286, 12.12.1906. – Hue behandelte die Katastrophe auch in seinen Wahlveranstaltungen. Rede in Witten am 13.1.1907. Wittener Tageblatt 13, 14.1.1907. Zur Katastrophe: Sprengstoff! Die Explosion der Wittener Roburit-Fabrik 1906. Hue setzte sich am 14.5.1907 im Reichstag für die Entschädigung der Eigentümer ein. Siehe unten S. 176.

84 Rede auf einer Wählerversammlung in Essen am 23.12.1906. Allgemeiner Beobachter 297, 27.12.1906 „Erste große Wählerversammlung".

... Rufen Sie in gerechtem Groll über alles, was das Volk ertragen hat, am 25. Januar von Osten bis Westen: Fort mit der Regierungspolitik, her mit einer Politik, die dem Volke nützt!"[85]

Der Einsatz der Parteigenossen für ihren Kandidaten war gewaltig: Zur Hauptwahlveranstaltung im Schützenhof (Bochum) am 7. Januar kamen mehr als 7000 Besucher, um den Ko-Vorsitzenden der Partei, Paul Singer, und Otto Hue zu feiern.[86] Die Mitglieder in Bochum und Hattingen nutzten die freien Weihnachtstage und brachten 500.000 Flugblätter unters Volk. Zu Beginn des Jahres begann dann die Haus-zu-Haus-Propaganda, bei der ein Agitator die Bewohner von zehn bis zwanzig Häusern im sozialdemokratischen Sinne bearbeitete.[87] In einer 16 Seiten umfassenden Broschüre, die gleichfalls zur Verteilung kam, gab Hue Rechenschaft über seine Reichstagstätigkeit.[88]

Ebenso rührig waren die anderen Parteien. Kloft, obwohl „ein Mann von mittelmäßiger rednerischer Begabung",[89] absolvierte allein 28 Wahlversammlungen.[90] Das Zentrum betonte in den Wahlaufrufen ihren Einsatz für die sozialpolitischen Verbesserungen, während es der sozialdemokratischen Partei entgegenhielt, mit ihrer Verweigerungspolitik nichts erreichen zu können.[91] Besondere Wirkung hoffte das Zentrum mit einem gegen Hue gerichtetem Flugblatt zu erzielen, in dem er der Vernachlässigung des Wahlkreises bezichtigt wurde,[92] worauf der Angegriffene mit der erwähnten sechzehnseitigen Broschüre: Was tat Hue im Reichstage? antwortete.[93]

In den Wahlkampf griff auch der Bergarbeiterverband ein. Hatte die *Bergarbeiter-Zeitung* 1903 noch verklausuliert die sozialdemokratischen Kandidaten unterstützt, so ließ sie 1907 jegliche Scheu fallen.[94] Sie beklagte, dass der Reichstag „seit vielen Jahren kein großes Arbeiterschutzgesetz, keine entscheidende Reform der Arbeiterversicherungsgesetzgebung geschaffen" hätte. Stattdessen hätte die konservativ-nationalliberal-zentrümliche Reichstagsmehrheit „riesige Geldsummen für Militär, Flotte, Kolonien, ‚Weltpolitik'" bewilligt und damit Millionen „für entsetzliche Kriegsinstrumente" vergeudet. Die Lasten dafür müsste aber das Volk tragen, da die Forderungen der Bergarbeiterverbände, etwas gegen die Lebensmittelteuerung zu tun, von der Reichstagsmehrheit abgelehnt worden seien.

Zum beherrschenden Thema des Wahlkampfes nahm der Verband mit fast denselben Worten wie Hue Stellung.[95] Er machte der Regierung, „die wegen der Negerjagd in Afri-

85 Arbeiterzeitung (Essen) 11, 14.1.1907 „Hüttenarbeiter, wählt sozialdemokratisch!".
86 Gelsenkirchener Zeitung 6, 8.1.1907 „Singer in Bochum".
87 Petras, Reichstagswahlen, S. 218f. – Insgesamt wurden im Wahlkreis 18 Flugblätter in 1.703.000 Exemplaren verteilt. Geschäftsbericht zit. nach Vorwärts 196, 23.8.1907.
88 Wittener Volks-Zeitung 5, 7.1.1907 „Zur Wahlbewegung". – Leider habe ich kein Exemplar der Broschüre auffinden können.
89 So das Urteil der *Hattinger Zeitung*. Zit. nach Petras, Reichstagswahlen, S. 217.
90 Hermann Gnegel, Christian Kloft zum 60. Geburtstag, in: Essener Volks-Zeitung 60, 17.12.1927.
91 „Herunter mit der Maske!", in: Gelsenkirchener Zeitung 16, 19.1.1907.
92 Barsickow, Politische Lager, S. 203; Petras, Reichstagswahlen, S. 218.
93 Barsickow, Politische Lager, S. 203.
94 Bergarbeiter-Zeitung 1, 5.1.1907 „Bergarbeiter! Auf zum Kampf für Eure Rechte!". Hier auch die folgenden Zitate.
95 „Über 400 Millionen Mark haben die Konservativen, Zentrumsleute, Nationalliberalen und ‚Freisinnigen' schon für die südwestafrikanische Sandwüste bewilligt aus dem Volksvermögen, verpulvert, verschwendet für eine wertlose Sache."

ka den Reichstag auflöste“, des weiteren den Vorwurf, ihr seien „die Kolonialabenteuer wichtiger“ „wie der Schutz hunderttausender Bergleute!“ Die Bergarbeiter sollten bei der Abgabe ihrer Stimme nicht vergessen, dass beim „Kampf gegen die Wahlrechtsfeinde, gegen Absolutismus, gegen Volksbelastung, gegen Brot- und Fleischwucher, für Gewerkschaftsrecht und für Bergarbeiterschutz“ „sich die sozialdemokratische Reichstagsfraktion als die zuverlässigste Vertreterin der Volks- und Arbeiterrechte gezeigt“ habe.

Wie nicht anders zu erwarten, löste die Wahlempfehlung speziell in Zentrumskreisen Protest aus, woraufhin der Vorstand eine Woche später sein Votum nochmals verschärfte: „Der Bergarbeiterverband ist eine von allen Parteien unabhängige Organisation, die einfach ihre Pflicht tut, wenn sie die Bergleute auffordert, bei Wahlen keinen Zollwucherer, keinen Zuchthausgesetzler, keinen Rentenquetscher, keinen Gewerkschaftsfeind zu wählen.“[96]

Der Einsatz der Mitglieder und die Unterstützung durch den Bergarbeiterverband zahlten sich für die Sozialdemokraten aus. Hue lag beim ersten Wahlgang am 25. Januar mit 42.430 Stimmen (= 33,8 %) vorne, gefolgt von Haarmann (40.390 – 32,2 %), Kloft (33.905 – 27 %) und Chociszewski (8.683 – 6,9 %).[97] Wiederum musste die Stichwahl die Entscheidung bringen.

Mit der Parole „Herunter mit der roten Fahne im Bochumer Wahlkreis!“ zogen die Nationalliberalen in den Kampf. Sie schürten die Ängste des Bürgertums, indem sie der Sozialdemokratie unterstellten, die „Vernichtung des Privateigentums“ anzustreben. Gestützt auf einige Aussagen von Arbeitern, war man zudem bemüht, Hue als den „bittersten Feind“ der Arbeiterschaft hinzustellen.[98] Auch die *Westfälische Volksstimme* erinnerte an dessen „infernalen Hasse“ und an seine „überaus schofle Kampfesweise gegen den christlichen Gewerkverein“ und leitete daraus den Schluss ab: „Nieder mit dem Sozialdemokraten Hue unter allen Umständen! … Otto Hue muß unbedingt fallen!“[99] Doch die Bochumer Führung der Zentrumspartei hatte von einer klaren Aussage pro Haarmann abgesehen.[100]

Die Sozialdemokraten mobilisierten nochmals alle ihre Kräfte. Fast täglich fanden Versammlungen statt, Flugblätter wurden verteilt, und ein Flugblatt in polnischer Sprache richtete sich an die wahlentscheidenden Polen.[101] Während Haarmann von namhaften Funktionären des Gewerkvereins[102] unterstützt wurde, appellierte die *Bergarbeiter-Zei-*

96 Bergarbeiter-Zeitung 2, 12.1.1907 „Christliche Gewerkvereinler agitieren für die Sozialdemokratie!“.

97 Barsickow, Politische Lager, S. 266, Tab. 74.

98 Ebd., S. 207; Tiedtke, Reichstagswahlen, S. 317f.

99 Zit. nach H. Sch., Vergebene Mühe, in: Märkischer Sprecher 28, 2.2.1907.

100 Gelsenkirchener Zeitung 29, 5.2.1907; Barsickow, Politische Lager, S. 206f.; Tiedtke, Reichstagswahlen, S. 315f. – Weil sich die Nationalliberalen in Köln nicht für den Zentrumskandidaten erklärt hatten, verweigerte man in Bochum ein klares Votum für Haarmann.

101 LAD NRW Abt. Westf. Reg. Arnsberg 14236, Landrat Bochum an Regierungspräsident Arnsberg, 12.9.1907; Barsickow, Politische Lager, S. 207f.; Petras, Reichstagswahlen, S. 220. – Insgesamt hatte die sozialdemokratische Partei 94 öffentliche Wählerversammlungen durchgeführt und mehr als eine Millionen Flugblätter verteilt. LAD NRW Abt. Westf. Reg. Arnsberg 14236, Bezirkspolizeikommissar Dortmund an Regierungspräsident Arnsberg, 14.10.1907.

102 Berse wirkte als Redner bei einer Versammlung der Nationalliberalen mit und hatte ein Flugblatt zugunsten Haarmann unterzeichnet. Gelsenkirchener Zeitung 29, 5.2.1907 „Am Tage der Stichwahlen“. – Ebenso war Brust mit der Parole „Nieder mit Hue!“ unterwegs. Bergarbeiter-Zeitung 8, 23.2.1907 „Der infamste Feind“.

tung an die Mitglieder: „Jeder Kamerad und Kampfgenosse sei ein freiheitsbegeisterter Agitator für die Sache der Gerechtigkeit und der Menschlichkeit.“, und machte es ihnen zur Aufgabe: „Tief unter der Erde muß jede Arbeitsstelle zum Agitationsort werden.“[103]

Auf der Reichsebene erlitt die sozialdemokratische Partei eine deutliche Niederlage, da „das imperialistische Rauschmittel ... seine Wirkung in weiten Kreisen der Bevölkerung erneut unter Beweis“ stellte.[104] Die Fraktion schrumpfte von 81 auf 38 Männer. Hingegen konnte sich Hue gegen den allgemeinen Trend knapp mit 59.738 zu 57.818 Stimmen behaupten.[105] Er hatte abermals die Stimmen der Nationalpolen auf sich vereinigt,[106] und ihm kam zugute, dass das Zentrum nicht zur Wahl Haarmanns aufgerufen hatte. Wäre dessen Empfehlung anders ausgefallen, „dann hätte – so die *Gelsenkirchener Zeitung* – Hue am Abend des 5. Februar neben dem Pferd gelegen, auf dem er jetzt wieder reitet“.[107]

9.4 Im Reichstag

Die Wahl in den Reichstag war der deutlichste Beleg für den sozialen Aufstieg des gelernten Schlossers. Ein Abgeordneter genoss in der Bevölkerung hohes Ansehen – so war es auch nicht überraschend, dass Hue 1908 als erster Sozialdemokrat des Ruhrgebiets zum Geschworenen des Landgerichts Essen berufen wurde.[108] Parlamentarier zu sein war zugleich „innerhalb der Parteibewegung mit einem oft sprunghaften Statuszuwachs verbunden“.[109]

Otto Hue zählte mit seinen 34 Jahren zu den jüngsten Mitgliedern der sozialdemokratischen Reichstagsfraktion, deren Durchschnittsalter bei 48,4 Jahren lag.[110] Ansonsten entsprach er dem typischen sozialdemokratischen Reichstagskandidaten. Wie er hatten mehr als 80 % von ihnen nur die Volksschule besucht und danach eine handwerkliche Lehre oder Ausbildung als Industriefacharbeiter absolviert, ebenso hatten mehr als vier Fünftel erst spät – im dritten Lebensjahrzehnt – geheiratet.[111]

Seine Jungfernrede hielt Hue am 13. Januar 1904. Thema war die Wurmkrankheit, die vor allem im Ruhrrevier bei den Bergarbeitern grassierte.[112] Danach ergriff Hue – von Kurzbeiträgen abgesehen – noch zehn Mal das Wort. Seine Reden waren stets gespickt

103 Bergarbeiter-Zeitung 5, 2.2.1907 „Auf die Schanzen, Kameraden!“.

104 Lehnert, Reform und Revolution, S. 162.

105 Barsickow, Politische Lager, S. 266, Tab. 74. – Osterroth, Hue, 60 irrte sich, als er schrieb: „Bei den Hottentottenwahlen des Jahres 1907 blieb Hue auf der Strecke.“ – Dieser Fehlinformation folgen Osterroth, Lexikon, S. 142; Mommsen, Einführung, S. VII.

106 LAD NRW Abt. Westf. Reg. Arnsberg 14236, Landrat Bochum an Regierungspräsident Arnsberg, 12.9.1907; ebd., Bezirkspolizeikommissar Dortmund an Regierungspräsident Arnsberg, 14.10.1907; Murzynowska, Die polnischen Erwerbsauswanderer, S. 224; Hickey, Workers, S. 266; Barsickow, Politische Lager, S. 208.

107 Gelsenkirchener Zeitung 33, 9.2.1907.

108 Arbeiterzeitung (Essen) 30, 5.2.1908; Bajohr, Zwischen Krupp und Kommune, S. 196.

109 Schröder, Lebensläufe, S. 212.

110 Engehausen, Die sozialdemokratische Reichstagsfraktion, S. 150, Tab. 2. Auch das Durchschnittsalter der sozialdemokratischen Reichstagsnovizen war mit 43,3 Jahren deutlich höher. Ebd., S. 149, Tab. 1.

111 Schröder, Lebensläufe; Schröder, Politik als Beruf?, S. 73.

112 Zur Wurmkrankheit siehe Kap. 9.5.

Abb. 17: Die sozialdemokratische Reichstagsfraktion 1907

mit Zitaten, Zahlenangaben und Statistikwerten, mit denen er die Richtigkeit seiner Aussagen beweisen wollte, versetzt mit kräftigen Ausdrücken, für die er manche Rüge einstecken musste, und sie waren nicht frei von Schärfe und Polemik, weshalb ihm die politischen Gegner vorwarfen, nur „Aufhetzungs- und Agitationsreden" zu halten. Es war nicht der intellektuelle Theoretiker, der sich zu Wort meldete, sondern der Praktiker, der zur Sache sprach, von der er etwas verstand. Wenngleich seine Ausführungen nicht den Beifall der Mehrheit im Parlament fanden, so beurteilten seine Freunde die Reden als „fesselnd"[113] und „von großer Wirkung"[114]. Ein Urteil, das objektiver Prüfung nicht immer Stand hält. Die Anhäufung von unzähligen Details und Kleinigkeiten, das ausführliche Zitieren aus Regierungsberichten, Broschüren, Zeitungsartikeln etc., die Berufung auf Aussagen seiner Gewährsleute in den Fabriken und Schachtanlagen,[115] die ständige Auseinandersetzung mit den Rednern der anderen Fraktionen verdeckten häufig die klare Linie der Argumentation.

Hue, der sich im Selbststudium viel historisches Wissen angeeignet hatte, hielt mit seinen Kenntnissen nicht hinter dem Berg und ließ sie gerne in seine Reden einfließen.

113 H. Limbertz, Otto Hue zum Gedächtnis, in: Arbeiterzeitung (Essen) 92, 20.4.1922.

114 Severing, Lebensweg, S. 347.

115 „Bekannte schrieben mir", „mir ist aus unterrichteten Bergarbeiterkreisen mitgeteilt worden", „ich kann mich dabei berufen auf Grubenbeamte, auf Hüttenbeamte, die zu mir gekommen sind und mir ihr Leid geklagt haben", „Wie mir meine Gewährsmänner mitgeteilt haben", „Ich habe hier eine ganze Reihe von Mitteilungen und unbestreitbaren Dokumenten" hieß es immer wieder in seinen Reden.

Er belehrte auch den Staatssekretär des Innern und Stellvertreter des Reichskanzlers, Theodor von Bethmann Hollweg, in einem längeren Exkurs über die Geschichte der Versicherungen.[116]

Das Themenspektrum seiner Auftritte im Reichstag war allerdings eng beschränkt. Er beschäftigte sich vor allem mit bergbaulichen Fragen, mit den Zechenstilllegungen im Ruhrgebiet (21.4.1904), dem großen Bergarbeiterstreik (20.1.1905), dem Grubenunglück auf der Zeche Borussia (10.2.1906), der Ausweisung ausländischer Bergleute (3.5.1906), der Ausstattung der Zechen mit Sicherheitsapparaten (25.5.1906) sowie mit der Eisenerzeinfuhr aus Schweden, den Kohlenpreisen und den Löhnen der Bergarbeiter (7.12.1906). Ein zweiter Schwerpunkt bildete sein Einsatz für die Beschäftigten in der Eisen-, Stahl- und Metallindustrie (18.3.1904, 6.2.1906 und 17.2.1906).[117]

Gegenüber der ersten Legislaturperiode gab es in der zweiten keine gravierenden Veränderungen. Da die sozialdemokratische Fraktion stark geschrumpft war, kam Hue häufiger zu Wort – insgesamt 28mal (von persönlichen Bemerkungen abgesehen). Gemessen an der Zeilenzahl in den Stenogrammen lag er von allen Abgeordneten an 19. Stelle. In der eigenen Fraktion übertrafen ihn lediglich Arthur Stadthagen, Georg Ledebour, Hermann Molkenbuhr, Gustav Noske, Eduard David und August Bebel.[118]

Das Themenspektrum seiner Reden blieb weitgehend dasselbe. Im Vordergrund standen wiederum bergbauliche Angelegenheiten: Knappschaftsfragen (17.1.1908 und 16.5.1911), die Wagengestellung im Ruhrgebiet (1.2.1908), die Gesundheitsverhältnisse auf den Zechen (13.3.1908), der Arbeitsnachweis des Zechenverbandes (12.11.1908), die Bergwerkskatastrophe auf Radbod (24.11.1908), der Kohlenausfuhrzoll (7.7.1909), das Reichskaligesetz (21.3.1911). Abermals machte sich Hue mit seinen Ausführungen zum Marine- und zum Heeresetat 1911 zum Fürsprecher der Hüttenarbeiter.[119] Vermehrt beschäftigte er sich mit regionalen Problemen, sei es die von ihm geforderte Neuorganisation der Postverwaltung in Rheinland-Westfalen (30.3.1908), sei es die Not der Partikulierschiffer auf dem Rhein (17.5.1911). Hatte er sich im Februar 1904 für die Opfer der Typhusepidemie im Gelsenkirchener Bezirk eingesetzt, so trat er am 14. Mai 1907 als Anwalt der geschädigten Anwohner auf, die durch die Explosion der Roburitfabrik in Witten-Annen am 28.11.1906 ihr Hab und Gut verloren hatten. Sie erhielten zudem keine Entschädigung von den Versicherungsgesellschaften, da sie nur gegen Feuer, nicht gegen Sprengstoff abgesichert waren. Auch vom Besitzer der Fabrik war kein Geld zu erwarten, denn dieser hatte Insolvenz angemeldet.[120]

Der Charakter seiner Reden veränderte sich nur wenig. Auffällig ist aber eine Radikalisierung in seinen Schlussfolgerungen. Mehrfach forderte Hue „eine Verstaatlichung der Gruben“, eine „Expropriation der Expropriateure!“[121] Verschärft hatten sich auch seine Attacken gegen das Zentrum.[122]

[116] Reichstagsrede vom 4.5.1909, Verhandlungen, S. 8307.

[117] Siehe dazu Kap. 9.10.

[118] Allgemeiner Beobachter 7, 9.1.1912 „Die Redeleistungen im letzten Reichstag“.

[119] Reichstagsrede am 17.10.1911, Verhandlungen, S. 7372–7375.

[120] Reichstagsrede am 14.5.1907, Verhandlungen, S. 1648–1650. – Da erst nach seiner Rede die Verhandlungen der Bezirksregierung Arnsberg mit den Geschädigten begannen, wurde „allgemein der Meinung Ausdruck gegeben“, dass das Auftreten Hues „diese Wandlung bewirkt“ habe. Wittener Tageblatt 146, 31.5.1907.

[121] Reichstagsrede am 24.11.1908, S. 5703; Reichstagsrede vom 7.7.1909, Verhandlungen, S. 9186.

[122] Siehe Kap. 11.1.

9.5 Die Bekämpfung der Wurmkrankheit

Als Otto Hue am 13. Januar 1904 zum ersten Mal im Reichstag das Wort ergriff, sprach er über die Wurmkrankheit, die die größte Gefährdung der bergmännischen Gesundheit zur Jahrhundertwende darstellte. Ihr Auslöser ist der Hakenwurm (Ankylostoma duodenale), der vor allem in feuchtwarmen Tropengebieten auftritt.[123] In Europa war er erstmals beim Bau des Gotthard-Tunnels zu finden und seit den 1890er Jahren im Ruhrbergbau, wo nach Einführung der Berieselung zur Bekämpfung der Schlagwettergefahr ideale, nämlich feucht-warme Bedingungen herrschten. Die Krankheit äußert sich in Blutarmut und Müdigkeit, die zur Arbeitsunfähigkeit führen können, aber in den meisten Fällen sind Menschen vom Wurm befallen, ohne dass sich bei ihnen irgendwelche Symptome zeigen. Sie fühlen sich nicht krank, gehen daher weiterhin ihrer Arbeit nach und verbreiten damit den Parasiten.

Die Ärzte erkannten, dass eine Übertragung nicht direkt von Mensch zu Mensch, sondern über den Kot infizierter Personen erfolgte, woraufhin der Knappschaftsoberarzt Dr. August Tenholt „ein medizin-hygienisches Handlungsprogramm" entwickelte, das auf eine Änderung der Umweltbedingungen unter und über Tage abzielte.[124] Es sollten vermehrt Aborte aufgestellt, die Strecken trockengelegt, die Wetterführung verbessert und die Gemeinschaftsbadebecken durch Brausebäder ersetzt werden. Abhängig war der Erfolg dieser Maßnahmen einerseits von deren Umsetzung auf den Zechen, andererseits vom Verhalten der Bergarbeiter. Solange diese die Hygienevorschriften trotz angedrohter Strafen missachteten, die Aborte nicht benutzten, ließ sich die Ausbreitung des Parasiten nicht stoppen. Vielmehr erhöhte sich die Zahl der Krankheitsfälle seit 1900 sprunghaft und erreichte ihren Höhepunkt im Jahr der Reichstagswahl 1903.[125]

Eine Eindämmung der Krankheit erzielten die Ärzte erst, als sie die Strategie änderten. Der Direktor des Gelsenkirchener Instituts für Hygiene und Bakteriologie, Hayo Bruns, erläuterte die neue Herangehensweise. „Wenn man ... das Infektionsmaterial nicht ausserhalb des menschlichen Körpers abtöten kann, so bleibt nichts anderes übrig als es im Körper selbst anzugreifen, d.h. wir müssen alle Leute, die Würmer beherbergen und deshalb zur Verbreitung des Infektionsstoffes Anlass geben können, von ihren Würmern zu befreien suchen."[126] Die Bekämpfung des Parasiten erfolgte nun „im Körper des Bergmanns als eigentlich gefährlicher Infektionsherd und weniger mittels hygienischer Maßnahmen an dessen Arbeitsplatz, die nur noch als ergänzende und flankierende Mittel der Hakenwurmbekämpfung angesehen wurden".[127] Von allen Belegschaftsmitgliedern wurden Kotproben entnommen, und wer infiziert war, musste sich einer Kur unterziehen und durfte solange nicht mehr einfahren, solange bei ihm Wurmeier nachzuweisen waren.

Die Maßnahmen, so wirkungsvoll sie auch waren – ab 1908 war die Wurmkrankheit kein Massenphänomen mehr[128] –, fanden nicht sogleich die Akzeptanz der Berg-

[123] Zum Folgenden: Langenfeld, Ankylostomiasis; Martin, Arbeiterschutz, S. 415–448; Bluma, Hakenwurm; Bluma, The hygienic movement, S. 11–17.

[124] Bluma, Hakenwurm, S. 321.

[125] Heymann/Freudenberg, Morbidität und Mortalität, S. 110.

[126] Zit. nach Bluma, Hakenwurm, S. 327 Anm. 85.

[127] Ebd., S. 322.

[128] Heymann/Freudenberg, Morbidität und Mortalität, S. 111.

leute.[129] Zum einen war die Kur nicht frei von unangenehmen Begleiterscheinungen, im Extremfall erblindete der Behandelte. Zum anderen beklagten die Betroffenen Einkommensverluste, welche sie und ihre Familie in „Armut und Not" brachten, weshalb die Gewerkschaften einen Lohnausgleich forderten.[130] Hue machte die Bergwerksgesellschaften für das Einschleppen und die Ausbreitung der Krankheit verantwortlich. Sie hätten durch Zechenagenten ungarische Bergleute angeworben, ohne sie zuvor zu untersuchen. Zudem zeigten sie wenig Interesse an der Verbesserung der katastrophalen sanitären Verhältnisse auf den Schachtanlagen, daher besäßen sie „die moralische und gesetzliche Verpflichtung, den Bergleuten vollen Schadenersatz zu leisten".[131]

Hue beschäftigte sich intensiv mit der Krankheit. Er las die Fachliteratur, informierte sich bei den Ärzten und besuchte das bakteriologische Institut in Gelsenkirchen, das zur Entstehung und Bekämpfung der Krankheit forschte.[132] Mit seinen Kenntnissen instruierte er die Knappschaftsältesten, die vor und nach den Sitzungen der Knappschaftsgremien mit ihm konferierten.[133] Bei seiner Beratung folgte er der Expertise des Knappschaftsarztes Dr. Tenholt, dass der Wurm unter Tage durch eine Verbesserung der Hygieneverhältnisse bekämpft werden könne. Entsprechend fielen die von ihm vorgeschlagenen Maßnahmen aus: Vermehrung der Aborte, wirksamere Desinfektion, keine Verwendung von Grubensumpfwasser zur Berieselung.[134]

Als Hue das Thema im Reichstag behandelte, griff er zunächst die Behauptung des Gelsenkirchener Polizeikommissars Krohn auf, dass die grassierende Wurmkrankheit ein „willkommener Agitationsstoff" für die Sozialdemokraten im Wahlkampf gewesen wäre.[135] Mit der ihm eigenen Schärfe erklärte er: „Von der Wurmkrankheit werden bedroht und betroffen meine Freunde, Verwandte, Tausende von guten Bekannten und ich sollte mich darüber freuen, daß diese Seuche Eingang gefunden hat, lediglich um Agitationsstoff zu haben? Es gehört eine außerordentlich niederträchtige Natur dazu derartiges einem Menschen zu unterschieben, und daß derartige Niederträchtigkeiten in einem amtlichen Bericht an die Regierung enthalten sind, in einem Bericht, dessen Verfasser aus den Steuergroschen bezahlt werden muß, macht die Sache wirklich nicht schöner."[136]

Seine weiteren Ausführungen waren eine Anklage gegen die Bergbehörden und die Unternehmerschaft. Vor allem die unzeitgemäße Organisation der Bergaufsicht machte

129 LAD NRW Abt. Westf. Reg. Arnsberg 14377, Bezirkspolizeikommissar Bochum an Regierungspräsident Arnsberg, 25.7.1903; Bluma, Hakenwurm, S. 325.

130 Bergarbeiterverband, Jahres-Bericht 1903, S. 33.

131 Rede Hues auf einer Versammlung in Stockum am 9.8.1903. General-Anzeiger für Duisburg, Ruhrort und Umgegend 182, 12.8.1903 „Die Gährung im Ruhrkohlenrevier".

132 Wattenscheider Zeitung 190, 21.8.1903; Reichstagsrede am 13.1.1904, Verhandlungen, S. 235. – Hue schätzte die „vortrefflichen Arbeiten" des Instituts, weshalb er 1906 empfahl, es auf den Reichsetat zu übernehmen. Reichstagsrede am 17.2.1906, Verhandlungen, S. 1356.

133 LAD NRW Abt. Westf. Reg. Arnsberg 14377, Bezirkspolizeikommissar Bochum an Regierungspräsident Arnsberg, 8.8.1903.

134 Otto Hue, Die Wurmkrankheit im Ruhrkohlenbecken, in: Neue Zeit 21 (1902/03) 32, S. 185–192, S. 187.

135 Der Bericht des Polizeikommissars an den Regierungspräsidenten Arnsberg vom 17.8.1903 ist u.a. abgedruckt in: Bergarbeiter-Zeitung 34, 29.8.1903 u. Allgemeiner Beobachter 195, 27.8.1903. – Derselben Auffassung war auch der Gewerkverein: „Es bleibt einmal die Tatsache bestehen, daß Sachse, Hue und Genossen ... die Wurmkrankheit sowohl bei der Reichstagswahl im sozialdemokratischen Parteiinteresse, wie auch um Werbung für den alten Verband in schmählichster Weise ausgeschlachtet haben." Bergknappe 4, 23.1.1904 „Otto Hue reüssiert als Reichstags-Abgeordneter".

136 Reichstagsrede am 13.1.1904, Verhandlungen, S. 231.

Hue dafür verantwortlich, „daß die Wurmkrankheit solche verheerende Ausdehnung gefunden hat“. Die Beamten hätten es, trotz der Warnungen von Seiten der Gewerkschaften, versäumt, „das zu tun, was notwendig war“.[137] Die aufsichtführende Behörde, deren Aufgabe es doch sei, „über Leben und Gesundheit der Arbeiter zu wachen“, habe „sich als unfähig erwiesen, diese ihre Obliegenheit voll und ganz zu erfüllen“.[138] Hue forderte eine Veränderung der Arbeitsbedingungen unter Tage und wiederholte seine zuvor schon publizierten Vorschläge. Er ließ keine Zweifel daran aufkommen, dass es unbedingt notwendig sei, den erkrankten Bergleuten die Lohnausfälle zu ersetzen.[139] Des weiteren regte er an, das „ausgezeichnete Institut für Bakteriologie“[140] in Gelsenkirchen bei seiner Suche nach Gegenmitteln aus dem Reichsetat finanziell zu fördern. Auf völliges Unverständnis stieß bei ihm die Weigerung der Regierung, die polnischen Arbeiter in ihrer Muttersprache über die Krankheit aufzuklären. Hier habe man sich leider „von den chauvinistischen Schrullen der alldeutschen Gesellschaft“ beeinflussen lassen.[141] Mit großer Skepsis betrachtete Hue die Abtreibungskuren, da die Gefahr einer Erblindung nicht auszuschließen war. Der verabreichte Farnkrautextrakt sei „ein sehr problematisches und sehr gefährliches Mittel“. Daher bereitete es ihm Sorge, „daß man immer weiter an den Menschen experimentiert, als wenn es sich um Kaninchen handelte“.[142] Allerdings war Hue nicht in der Lage, bessere Alternativen zu präsentieren. Darauf angesprochen, verteidigte er sich mit dem Hinweis, er sei nun mal kein Mediziner.

Seine erste Rede im Reichstag endete mit einem ceterum censeo, das gar nichts mit dem Thema der Sitzung zu tun hatte. Hue nutzte vielmehr seinen Auftritt, um die bekannten Forderungen des Bergarbeiterverbandes – die 8-Stunden-Schicht, die Reduzierung der Überarbeit, gerechte Gedinge und die Bestellung von Arbeiterkontrolleuren – vorzubringen.

Der preußische Staatsminister für Handel und Gewerbe, Theodor von Möller, sah sich genötigt, unmittelbar nach den Ausführungen Hues Stellung zu beziehen. Er bestritt, dass es die Gewerkschaften gewesen seien, die auf das Problem aufmerksam gemacht hätten. Bevor die Artikel in der *Bergarbeiter-Zeitung* erschienen seien, hätte es schon bergamtliche Verordnungen gegeben. Die Behörden und die Unternehmer wären nicht untätig geblieben, sondern hätten große, auch finanzielle Anstrengungen unternommen, um die Seuche zurückzudrängen, und zwar „mit einem Aufwand von Mitteln, wie es in keinem Lande der Welt geschehen ist“. Voller Selbstlob behauptete der Minister: „Wie überhaupt auf allen diesen Gebieten der Sozialpolitik wir immer allen anderen Ländern mit Siebenmeilenstiefeln vorangehen und mehr leisten als irgend ein anderer.“[143] Auch sei der Erfolg nicht ausgeblieben, denn die Zahl der Erkrankten ginge merklich zurück.

137 Ebd., S. 232.

138 Ebd., S. 233.

139 Auf den Bergarbeiterversammlungen des Jahres 1903 hatte er ausgeführt: „Die Krankheit sei durch fremde Arbeiter eingeschleppt worden und die Zechen hätten die Schuld daran, mithin auch die gesetzliche Pflicht zu zahlen.“ LAD NRW Abt. Westf. Reg. Arnsberg 14377, Überwachungsbericht der Polizeiverwaltung Altenbochum über eine Bergarbeiterversammlung am 2.8.1903, 2.8.1903 (abgedr. in: Das Ruhrgebiet 1, S. 258f.).

140 Reichstagsrede am 13.1.1904, Verhandlungen, S. 237.

141 Ebd., S. 235.

142 Ebd., S. 233.

143 Ebd., S. 240.

Von Möller nutzte seine Replik, um den Parlamentsneuling von oben herab abzukanzeln. Hue hatte die abfällige Bemerkung des Oberbergrats Bennhold, die Arbeiter seien unfähig zur Verwaltung, gefallen auf einer Knappschaftsvorstandssitzung, kritisiert: „Wäre ich unter den Arbeitervertretern gewesen, ich hätte den sonst so stummen behördlichen Vertreter, der die Arbeiter beschimpfte, gesagt, daß ein unverschämter Geselle sich derartiges herausnehme." Der Minister missbilligte den Ausspruch. „Das sind keine Ausdrücke, die wir bisher in einem deutschen Parlament über Königliche Beamte zu hören gewohnt sind." Und er fuhr im allgemein gehaltenen Ton fort – doch Hue durfte sich den Schuh wohl anziehen: „Es ist in der Tat zuweilen schwierig, mit Leuten, die nicht gewohnt sind, parlamentarisch zu verhandeln, in langen Sitzungen zusammen zu sein und die Sitzungen sich erschweren zu lassen durch Einwendungen, die nicht in parlamentarischer Form, nicht sachgemäß und nicht an der rechten Stelle vorgebracht werden. Ich will daraus den Leuten, die parlamentarisch minder gebildet sind, für ihre Person keinen Vorwurf machen; aber das kann ich aus eigener Erfahrung sagen: derartige Einwendungen können den sachlich an der Verhandlung streng Beteiligten sehr peinlich werden."[144]

Hue blieb in der Folgezeit offen gegenüber der neueren Forschung. Er nahm an einer Tagung in Lüttich teil, auf der Professor Lambinet über die Erkenntnis referierte, dass die Larven nicht nur durch den Mund, sondern auch durch die Haut aufgenommen würden. Für Hue war klar, was das zu bedeuten hatte: „Es würden alle die Maßnahmen, die heute getroffen sind, absolut unzulänglich sein." Daher stellte er in der Etatdebatte 1906 die Frage, „ob das Reichsgesundheitsamt in dieser Hinsicht auch Forschungen angestellt hat, und welche Forschungsergebnisse bekannt geworden sind?"[145]

Auch wenn man die schnellen Fortschritte in der Krankheitsbekämpfung nicht auf das Wirken der Gewerkschaftsverbände zurückführen kann,[146] so hat aber das hartnäckige Insistieren Hues, die fortgesetzte Behandlung der Problematik in der *Bergarbeiter-Zeitung*[147] sowie im *Bergknappe*, die Agitation auf zahlreichen Bergarbeiterversammlungen und die Reden im Reichstag mit dazu beigetragen, dass die Bergbaumediziner intensiv nach einer Lösung suchten. Der Alte Verband nahm zudem für sich in Anspruch, dass es seinem Handeln zu verdanken sei, dass viele Zechen den erkrankten Arbeitern das volle Krankengeld, ja sogar in einzelnen Fällen den vollen Lohn zahlten und die Kosten für die ärztlichen Atteste übernahmen.[148]

9.6 Der Kampf gegen die Zechenstilllegungen

Nach der Jahrhundertwende waren zahlreiche Gemeinden, vor allem im Süden des Ruhrgebietes, von Schließungen der örtlichen Bergwerke betroffen.[149] Ursache für die

144 Ebd., S. 241. – Kritisiert für seine „eigenartigen Sitten" wurde Hue auch von der gegnerischen Presse, so von der *Germania*. Zit. nach Bergknappe 4, 23.1.1904 „Otto Hue reüssiert als Reichstags-Abgeordneter".

145 Reichstagsrede am 17.2.1906, Verhandlungen, S. 1357.

146 Hue behauptete: „Hätte die Bergarbeiter-Zeitung die Zustände nicht klargelegt, so wäre heute noch nichts gegen diese Seuche getan." Protokoll der Generalversammlung 1903, S. 103. Berechtigt war hingegen die Erklärung des Bergarbeiterverbandes, er habe als erster Alarm geschlagen hätte. Pieper, Lage, S. 158.

147 Seit 1896 erschienen in der *Bergarbeiter-Zeitung* Artikel über die Wurmkrankheit.

148 Bergarbeiterverband, Jahres-Bericht 1903, S. 40f.

149 Duncker, Zechenstillegungen.

Zechenstilllegungen war eine Änderung des Gesellschaftsvertrags des Rheinisch-Westfälischen Kohlensyndikats (RWKS), die am 1. Januar 1903 in Kraft trat. Die Bergwerksgesellschaften konnten fortan ihre Beteiligungsziffer am Kohlenverkauf nicht mehr durch das Abteufen neuer Schächte erhöhen. Um zu einer höheren Auslastung der vorhandenen Kapazität auf den Großzechen im Norden des Reviers und damit verbunden zu einer Senkung der Selbstkosten zu gelangen, blieb nur der Weg, eine kleinere Gesellschaft aufzukaufen, deren Betrieb einzustellen und ihre Beteiligungsziffern zu übernehmen.

Die Folgen des aus der Sicht der Unternehmensführung zwangsläufigen Handelns waren für die betroffenen Gemeinden und deren Bevölkerung katastrophal: Die Steuereinnahmen brachen ein; die arbeitslos gewordenen Bergleute mussten umziehen oder, sofern sie durch einen kleinen Kotten an den Ort gebunden waren, lange Fußwege zur neuen Arbeitsstelle auf sich nehmen; die Geschäftsleute verloren ihre Kundschaft und sahen ihre Existenz gefährdet; und wer auf den Wohnungsbau für die Arbeiter gesetzt hatte, fürchtete um sein investiertes Kapital.

In zahlreichen Versammlungen protestierten Bürger, Gewerbetreibende, Bauunternehmer und Handwerker zusammen mit den Bergleuten gegen die Politik des Kohlensyndikats. Sie wandten sich mit der Bitte um Unterstützung an die Parteien und an die Bergarbeitergewerkschaften. „Sehr behäbige Bürger laden mich dringend ein, in ihre Versammlungen zu kommen und ihnen klarzumachen, was gegen die Stillegung der Gruben zu tun ist", berichtete Hue.[150] Er nahm die Einladungen freudig an, konnte er doch auf diesen Veranstaltungen durch seine sachliche Argumentation neue Anhänger für die Sozialdemokratie und Mitglieder für den Alten Verband gewinnen.[151]

Die *Bergarbeiter-Zeitung* behandelte am 9. April 1904 das Thema in einem Leitartikel und führte Klage gegen den Kapitalismus.[152] Er zerstöre durch die Zechenstilllegungen das Eigentum, jage den Bürger von Haus und Hof, mache aus blühenden Gegenden Ödländer, würfele die Bevölkerung durcheinander und füge dem Nationalvermögen unendlichen Schaden zu. „Die Unvereinbarkeit der privaten Ausbeutung der Erdschätze mit dem Gemeinwohl ist so erschreckend zutage getreten." Helfen könne zwar eine Verstaatlichung des Bergbaus oder die Anwendung des Betriebszwanges, aber die Hoffnung, dass die Regierung in dieser Richtung aktiv würde, sei sehr gering.

Der Bergarbeiterverband warnte die betroffenen Bergleute jedoch vor unbedachten Schritten.[153] Nichts sei den Unternehmern willkommener als ein Proteststreik. Dieser könnte als Begründung für eine sofortige Schließung der Zeche dienen, für die dann die Arbeiter verantwortlich gemacht würden. So werde „der Zorn der geschädigten Bürger geschickt auf die Bergleute" abgelenkt. Es blieb daher nur der Appell, „gemeinsam mit den anderen Bürgern mobil zu machen gegen die außerordentlich gemeinschädlichen Pläne der großen Kapitalisten".

150 Reichstagsrede am 21.4.1904, Verhandlungen, S. 2296.

151 LAD NRW Abt. Westf. Reg. Arnsberg 14233, Bezirkspolizeikommissar Bochum an Regierungspräsident Arnsberg, 10.10.1904. Siehe auch LAD NRW Abt. Westf. Reg. Arnsberg 14365, Bezirkspolizeikommissar Bochum an Regierungspräsident Arnsberg, 31.3.1904 (Bericht über eine Bürger- und Arbeiterversammlung in Freisenbruch); General-Anzeiger für Dortmund und die Provinz Westfalen 126, 7.5.1904 (Bericht über eine Volksversammlung in Witten).

152 Bergarbeiter-Zeitung 15, 9.4.1904 „Revolution im Ruhrbergbau".

153 Ebd.

In diesem Sinne argumentierte Hue auf einer Belegschaftsversammlung der Zeche Hasenwinkel, die Hugo Stinnes vom Bochumer Verein gekauft hatte. Der Erwerb erfolgte, um die Förderquote auf die benachbarte, modernisierte Zeche Friedlicher Nachbar zu übertragen. In Folge der Produktionsverlagerung erhielt ein Großteil der Belegschaft die Kündigung.[154] Die Empörung der betroffenen Bergarbeiter war gewaltig, doch Hue lehnte auch in diesem Fall einen Proteststreik entschieden ab: „Daran ist einstweilen nicht zu denken, erst müssen alle anderen gangbaren und gesetzlichen Wege versucht werden.“[155] Er schlug die Wahl einer Kommission vor, die mit Stinnes oder mit dem Grubenvorstand verhandeln sollte, um bei den Kündigungen soziale Härten zu vermeiden. Werde dort nichts erreicht, müsse sie „bei allen Instanzen Landrath, Bergbehörde, Regierung und selbst beim Herrn Minister vorstellig werden“. Er machte der Belegschaft – wider bessere Einsicht – Hoffnungen, indem er ausführte: Durch das egoistische Vorgehen der Unternehmer, die keine Rücksicht auf die Interessen der Arbeiter, der Geschäftsleute und Handwerker nähmen, durch diese „Machenschaften des Kapitals“, werde die Verstaatlichung der Gruben „geradezu eine brennende Frage“. Denn „der Staat würde solche Manipulationen im Interesse des Gemeinwohls nicht vornehmen“, aber er dürfe sie in der jetzigen Situation auch nicht dulden. „Der § 65 des Berggesetzes stehe doch nicht blos auf dem Papier.“[156]

Auch das Zentrum blieb nicht untätig. Stötzel und Brust interpellierten im April 1904 im preußischen Landtag, woraufhin der Handelsminister Theodor von Möller eine Regierungskommission einsetzte, die die Folgen der Stilllegungen für die Arbeiterschaft und für die betroffenen Kommunen ermitteln sollte.[157]

Weil die Sozialdemokraten nicht im Preußischen Landtag vertreten waren, wandten sie sich mit einer Interpellation an die Reichsregierung.[158] Graf von Posadowsky, Staatssekretär des Innern, lehnte jedoch eine Beantwortung ab, weil dies keine Reichsangelegenheit sei, sondern in die Zuständigkeit der preußischen Landesregierung falle.[159] Dennoch gab es eine Debatte, in der Hue den sozialdemokratischen Standpunkt vertrat.[160] Er machte sich zum einen zum Anwalt vor allem der Handwerker und Geschäftsleute, die durch

154 Feldman, Stinnes, S. 75f. u. 102.

155 LAD NRW Abt. Westf. Reg. Arnsberg 14365, Bezirkspolizeikommissar Bochum an Regierungspräsident Arnsberg, 26.3.1904 (Bericht über die Belegschaftsversammlung).

156 § 65 lautete: „Der Bergwerksbesitzer ist verpflichtet, das Bergwerk zu betreiben, wenn der Unterlassung oder Einstellung des Betriebs nach der Entscheidung des Oberbergamts überwiegende Gründe des öffentlichen Interesses entgegenstehen. Das Oberbergamt hat in diesem Falle die Befugnis, den Eigentümer, nach Vernehmung desselben, zur Inbetriebnahme des Bergwerks oder zur Fortsetzung des unterbrochenen Betriebs binnen einer Frist von sechs Monaten aufzufordern und für den Fall der Nichtbefolgung dieser Aufforderung die Entziehung des Bergwerkseigentums nach Maßgabe des sechsten Titels anzudrohen.“ Zit. nach Hue, Bergarbeiter 2, S. 579 Anm. 6. – Über das Für und Wider, ob der § 65 angewandt werden könne: Duncker, Stillegungen, S. 124–130.

157 Bergarbeiterschutz und Zentrum, S. 19f.; Duncker, Zechenstillegungen, S. 184ff.; Kirchhoff, Sozialpolitik, S. 134.

158 „Welche Maßnahmen gedenkt der Herr Reichskanzler zu ergreifen, um die durch Bergwerksgesellschaften, Mitglieder des Kohlensyndikats, im Ruhrrevier veranlaßte Außerbetriebssetzung von Kohlengruben und die dadurch hervorgerufene Arbeitslosigkeit unter den Bergarbeitern zu beseitigen, sowie die damit verknüpfte Existenzvernichtung von Bauern, Handwerkern und Geschäftsleuten jener Gegend zu verhindern?“ Reichstagssitzung am 21.4.1904, Verhandlungen, S. 2288.

159 Ebd.

160 Reichstagsrede am 21.4.1904, Verhandlungen, S. 2288–2297.

die Stilllegungen in ihrer Existenz bedroht seien. Zum anderen beklagte er, dass Millionen Tonnen Kohle ungefördert im Boden blieben. „Es wäre einfach unverantwortlich, es wäre ein Frevel, wenn das deutsche Volk dulden würde, daß dieser sein unendlicher Reichtum an Kohlen, Eisenstein usw. verdorben würde, nur weil es den Herren vom Syndikat paßt, wertvolle Gruben im Norden abzubauen."[161] Angesichts der brennenden Probleme sich auf Kompetenzfragen zurückzuziehen, wie es die Reichsregierung tue, war für Hue „eine vollständige Kapitulation vor dem großartigen Kohlensyndikat, vor der Organisation des Kapitals".[162] Sollte die Antwort auf seine Frage: „Besitzen wir in unseren jetzigen Gesetzen ein Mittel, um die Verödung großer Landstriche, die Vergeudung von Nationaleigentum … zu verhindern?" lauten, dass „in dieser Hinsicht kein Hilfsmittel zu Gebote steht", dass das Parlament „mit gebundenen Händen den sich gewaltig entwickelnden Ringen, Trusts, Syndikaten" gegenüberstünde, dann gebe es „kein anderes Mittel, als daß wir die Produktionsmittel … dem Privatkapital entziehen".[163]„Die endgültige Lösung der sozialen Wirren kann nur sein die Enteignung der großen Enteigner."[164]

Die „Vergesellschaftung aller Produktionsmittel" war lediglich ein „Zukunftsideal", dessen war sich Hue durchaus bewusst. Aber konkrete Maßnahmen zur Behebung der akuten Not zu benennen, war ein Ding der Unmöglichkeit. So blieb es beim moralischen Appell an die Abgeordneten: „Wir haben die Verpflichtung als Vertretung des Deutschen Volks, dieses so schwer bedrohte Eigentum der armen Leute dort in energischer Weise zu schützen! Und wenn wir heute kein gesetzliches Mittel dazu an der Hand haben, dann müßte ein solches geschaffen werden." Durch die Unterstützung der sozialdemokratischen Anfrage müsse die Regierung gezwungen werden, „Mittel und Wege zu suchen, um der wüsten Ausbeutungs- und Vernichtungspolitik, die vom volksfremden Kapitalisten ausgeübt wird, einen Damm entgegenzusetzen".[165]

Doch der Staat war nicht gewillt, einzugreifen und die Bergwerksgesellschaften zur Inbetriebhaltung der Südzechen zu zwingen. Nach Ansicht der Regierungskommission hielten sich die negativen Auswirkungen für die betroffenen Belegschaften in Grenzen, denn der Arbeitskräftebedarf des Bergbaus sei derart groß, dass keine Arbeitslosigkeit zu befürchten wäre.[166]

Weil das Preußische Herrenhaus eine Änderung des Berggesetzes verhinderte,[167] es infolgedessen keine gesetzliche Handhabung gegen die Stilllegungen gab, wurden in den folgenden Jahren weitere Zechen geschlossen, stets begleitet vom Protest der Bevölkerung. Hue nutzte die Versammlungen, um die „kleine Clique von Großkapitalisten" anzuklagen, die „große, blühende Gemeinden nach und nach zugrunde" richteten.[168]

161 Ebd., S. 2294.
162 Ebd., S. 2296.
163 Ebd.
164 Ebd.
165 Ebd., S. 2297.
166 Duncker, Zechenstillegungen; Kirchhoff, Sozialpolitik, S. 134.
167 Zur Behandlung des Gesetzentwurfs betr. Betriebszwang von Steinkohlenzechen: Duncker, Zechenstillegungen, S. 130–149.
168 Allgemeiner Beobachter 52, 3.3.1914 „Protestversammlung gegen die Stillegung der Zeche ‚Eiberg'"; Arbeiterzeitung (Essen) 52, 3.3.1914 „Eine Protestversammlung gegen die Zechenstillegungen" (abgedr. in: John, Hue II, S. 125–127). – Zur Stillegung siehe auch Otto Hue, Ist die Zeche „Eiberg" unrentabel?, in: Allgemeiner Beobachter 90, 18.4.1914; Bergarbeiter-Zeitung 17, 25.4.1914 „Zur Stillegung der Zeche Eiberg".

9.7 Die Verbesserung der Bergaufsicht

Die steigenden Unfallzahlen waren für Hue der Beweis, dass die staatliche Bergaufsicht versagt habe, weshalb er die Beteiligung der Arbeiter an der Grubenkontrolle forderte.[169] Als Vorbild diente der englische Bergbau.[170] Hier konnten Vertreter der Gewerkschaften die Gruben inspizieren und Missstände dem Berginspektor melden, der dann einschreiten musste, wenn Gefahr drohte. Die Erfolge dieses Systems waren nicht zu übersehen. Die Todesziffer lag 1898 in England bei 1,28 je 1000 Beschäftigte, dagegen im deutschen Steinkohlenbergbau bei 2,97.[171]

Für die Grubenkontrolle sollte – nach den Vorstellungen Hues – ein Sicherheitsmann je 1000 Untertagearbeiter in geheimer Wahl auf ein Jahr bestellt werden.[172] Dieser durfte nicht jünger als 30 und nicht älter als 40 Jahre sein und musste eine zehnjährige Berufserfahrung vorweisen. Nach Prüfung seiner Fähigkeiten und Kenntnisse durch die Bergbehörde sollte er „einen zur jederzeitigen Kontrolle der Grubenwerke berechtigenden Fahrschein“ erhalten. Eine Entlassung des Kontrolleurs war nur gestattet, sofern er „grobe Verstöße gegen seine Amtspflichten begeht oder sich seine Unfähigkeit im Laufe seiner Amtsthätigkeit erweist“. Allerdings musste zuvor die Belegschaft angehört werden. Da eine Besoldung durch den Staat auf heftigen Widerstand der Bergbehörde stieß,[173] schlug Hue vor, dass die Bergleute für den Lohn – 150 Mark hielt er für angemessen – aufkommen sollten, was eine monatliche Belastung von etwa 15 Pfennigen für jeden ausmachte. Dass ein „denkender Bergmann“ gern sein „Scherflein“ dazu beitragen werde, davon war er fest überzeugt, denn diese bescheidene Mehrausgabe werde vielen Knappen das Leben und die Gesundheit retten.[174]

So vernünftig der Vorschlag auch klang, er fand keine Unterstützer. Sowohl die Bergwerksbesitzer als auch die Bergbehörden stemmten sich mit aller Macht gegen Arbeiterkontrolleure.[175] Stattdessen stellte man nach dem Unglück auf der Zeche Carolinenglück, bei dem mehr als 100 Bergleute ums Leben kamen,[176] sogenannte Einfahrer an, ohne damit eine Wendung zum Besseren zu erzielen. Die 50, zumeist aus dem Saarbergbau stammenden ehemaligen Steiger konnten nicht das Vertrauen der Belegschaften gewinnen.

Die großen Bergwerkskatastrophen waren für den Bergarbeiterverband stets der Anlass, scharfe Attacken gegen die Bergaufsicht zu führen und das Thema Sicherheitsmänner wieder aufzuwerfen. Nach dem Schachtbrand auf der Zeche Borussia am 10. Juli 1905, bei dem 39 Bergleute starben,[177] warf Hue der Bergbehörde völliges Versagen

[169] Otto Hue, Unfälle im Bergbau, in: Neue Zeit 15 (1896/97) 52, S. 826–829, S. 829.

[170] Otto Hue, Englands Bergbau im Jahre 1897, in: Bergarbeiter-Zeitung 29, 16.7.1898.

[171] Hue, Mehr Bergarbeiterschutz, S. 15. – Als Hue 1906 die englischen Bergbaureviere bereiste, revidierte er seine Meinung über die Erfolge der dortigen Arbeiterinspektoren. Nicht sie, sondern „der Wille der stramm organisierten Belegschaften“ sei für die Beseitigung der Gefahrenstellen verantwortlich. Otto Hue, Englische und preußische Bergarbeiterverhältnisse, in: Neue Zeit 24 (1905/06 51, S. 816–825, S. 823. – Zum europäischen Vergleich der Unfallzahlen: Pöller, Gefahren, S. 4, Tab. 2; Herrmann, Geschichte, S. 76f.

[172] Otto Hue, Ein Vorschlag zur Besserung der Grubenkontrolle, in: Bergarbeiter-Zeitung 51, 18.12.1897.

[173] Kirchhoff, Sozialpolitik, S. 128ff.

[174] Otto Hue, Ein Vorschlag zur Besserung der Grubenkontrolle.

[175] Kirchhoff, Sozialpolitik, S. 129.

[176] Kroker/Farrenkopf, Grubenunglücke, S. 244.

[177] Ebd., S. 270.

Abb. 18: Gedenkblatt an das Grubenunglück auf Zeche Radbod

vor.[178] Er hatte kein Verständnis dafür, dass „unter den Augen der Behörden – ich will nicht sagen, mit Zustimmung der Behörden – Verbrechen über Verbrechen im Grubenbetrieb Deutschlands sich häufen“.[179] Noch massiver fiel der Protest nach der Schlagwetterexplosion auf der Zeche Radbod aus, bei der am 12. November 1908 mehr als 300 Bergleute ums Leben kamen.[180]

Der Bergarbeiterverband rief zu einer „Massendemonstration“ am 18. November im Bochumer Schützenhof auf: „Die Lebenden haben die heiligste Pflicht, machtvollen Protest einzulegen gegen das ungeheuerliche, immer mehr Opfer vernichtende System des Grubenbetriebes.“[181] Hue hielt eine Rede, die „durch eine sonst bei ihm ungewohnte Schärfe des Tones“ auffiel.[182] Wenn die gesetzlich und bergpolizeilich vorgeschriebene Betriebssicherheit zu jeder Zeit vorhanden gewesen wäre, hätte sich ein derartiges Riesenunglück unmöglich ereignen können. Da das offensichtlich nicht der Fall war, müsse

178 LAD NRW Abt. Westf. Reg. Arnsberg 14376, Bezirkspolizeikommissar Dortmund an Regierungspräsident Arnsberg, 31.7.1905; Allgemeiner Beobachter 174 u. 175, 2. u. 3.8.1905 „Das Grubenunglück auf Zeche ‚Borussia‘“.

179 Reichstagsrede am 6.2.1906, Verhandlungen, S. 1056.

180 Kroker/Farrenkopf, Grubenunglücke, S. 287f.; Menneking, Radbod 1908; Pabst, 350 Männer starben; Farrenkopf, Die Radbod-Katastrophe.

181 Flugblatt in: LAD NRW Abt. Westf. Reg. Arnsberg 14382.

182 So der Westfälischer Anzeiger 272, 19.11.1908 „Massendemonstrationen der Bergarbeiter im Ruhrrevier (Zeitungsausschnitt in: LAD NRW Abt. Westf. Reg. Arnsberg 14382).

die Bergbehörde neben der verantwortlichen Werksdirektion auf die Anklagebank. Seine – angesichts der Wirtschaftskonjunktur leere – Drohung „Wenn unsere Forderungen nicht gehört werden, dann wird über Tage eine Katastrophe heranwachsen, die diejenige von 89 und 1905 weit überragt.“ quittierte die Versammlung mit „tosendem Beifall“.[183]

Seine Anklage gegen die Bergaufsicht wiederholte Hue in der Reichstagssitzung am 24. November 1908. Er warf dem Minister von Delbrück „mit eindringlicher Beredtsamkeit“ – so die *Arbeiter-Zeitung*[184] – vor, mitschuldig an dem schrecklichen Ereignis zu sein. Weder er noch die Bergbeamten hätten die Beschwerden der Bergleute über die Zustände auf den Gruben ja nicht zur Kenntnis nehmen wollen, entsprechende Angebote seien nicht beantwortet worden.[185] Hue brachte auch kein Verständnis auf für die Exkulpation der Zechenverwaltung durch den Minister wenige Tage nach dem Unglück. Die Aussagen zahlreicher Bergarbeiter, aber auch einzelner Steiger würden doch belegen, dass die polizeilichen Vorschriften nicht eingehalten worden wären. Aus diesem Grunde lehnte Hue eine Untersuchung der Katastrophe durch die Bergbehörde kategorisch ab. Sie könne den Tatbestand nicht objektiv ermitteln, sie müsste sich ja selbst belasten, wenn sie Missstände im Nachhinein aufdecken würde. Weil es ausgeschlossen sei, dass eine verantwortliche Stelle, die auf die Anklagebank gehöre, an den Ermittlungen beteiligt werde, verlangte Hue die Einsetzung einer parlamentarischen Untersuchungskommission.

Im Erlass neuer bergpolizeilicher Verordnungen sah Hue keine Lösung des Problems. „Wir brauchen wirklich keine neuen polizeilichen Vorschriften mehr, wir haben schon über genug auf dem Papier stehen! … Es kommt nicht darauf an, wieder neues Papier mit bergpolizeilichen Vorschriften vollzuschreiben, sondern darauf, das Vorgeschriebene auch durchzuführen.“[186] Als wirksamstes Mittel, um einen besseren Bergarbeiterschutz zu erzielen, verwies er auf seinen in der Vergangenheit stets vorgebrachten Vorschlag, erfahrene Arbeiter als Grubenkontrolleure zu bestellen.[187] Dann stünden die bergpolizeilichen Vorschriften nicht nur auf dem Papier, sondern erhielten „einen lebendigen Inhalt“.[188] Den Vorwurf, der Bergarbeiterverband wolle diese in parteipolitischem Sinn ausnützen, hatte er schon vorher auf das Schärfste zurückgewiesen. Es handele „sich hier um den Schutz von Hunderttausenden von Arbeitern, und wer auch nur daran denkt, derartiges parteipolitisch auszunutzen, den halte ich für eine sehr verworfene Natur“.[189]

Die große Katastrophe auf der Zeche Radbod war der Anlass, um die Diskussion über die Arbeiterkontrolleure erneut aufleben zu lassen. Die Regierung konnte sich nach dem

[183] Volksblatt, 19.11.1908 „Eine gewaltige Demonstration der Ruhrbergleute“. Die auf dieser Versammlung verabschiedete Resolution in: Bergarbeiter-Zeitung 48, 28.11.1908 (abgedr. in: Quellensammlung zur Geschichte der deutschen Sozialpolitik 1867 bis 1914, IV. Abt., Bd. 3/2: Das Jahr 1908, Nr. 91, S. 432).

[184] Arbeiter-Zeitung (Dortmund) 278, 28.11.1908 „Die Debatte über ‚Radbod‘ I“.

[185] Reichstagsrede am 24.11.1908, Verhandlungen, S. 5693f.

[186] Ebd., S. 5697.

[187] Das hatte Hue immer wieder vorgeschlagen: O.H., Die Lehren der Unfallstatistik im Ruhrbergbau, in: Rheinisch-Westfälische Arbeiterzeitung 220, 20.9.1901; Otto Hue, Fünfzehn Jahre Bergarbeiterschutz in Deutschland, in: Neue Zeit 20 (1901/02) 4, S. 112–116, S. 114. – Nach dem Schachtbrand auf der Zeche Borussia behauptete er: „Das entsetzliche Unglück hätte sich nicht ereignet, nicht ereignen können, wären mit den Verhältnissen der Grube vertraute Bergarbeiter Mitglieder der Grubenkontrolle gewesen!“ Rede auf einer Bergarbeiterversammlung in Oespel am 30.7.1905. Allgemeiner Beobachter 175, 3.8.1905 „Das Grubenunglück auf Zeche ‚Borussia‘“.

[188] Reichstagsrede am 13.3.1908, Verhandlungen, S. 3852.

[189] Reichstagsrede am 13.1.1904, Verhandlungen, S. 238.

schrecklichen Ereignis nicht länger dem Druck der Öffentlichkeit entziehen, doch das von ihr vorgeschlagene Kontrollsystem war nicht im Sinne des Bergarbeiterverbandes. Hue lehnte die Pläne in seiner Reichstagsrede rundum ab: „Was der Minister vorschlägt, ist keine Reform, sondern nur eine Kulisse, hinter der man die gerechten Forderungen der Arbeiter begraben will.“[190] Die vorgesehenen Kontrolleure seien keine unabhängigen Personen, sondern könnten jederzeit entlassen werden. Ein großer Mangel sei ferner, dass sie nur einmal im Monat ihr Revier besichtigen dürften und das nur in Begleitung der Steiger. Zudem seien ihre Kompetenzen sehr begrenzt, es sei ihnen nicht einmal erlaubt, Fragen an die Bergarbeiter vor Ort zu stellen. Da sie nur der „Dekoration“ dienten, lautete sein Urteil: „Lieber gar keine Arbeiterkontrolleure als solche wie die Regierung plant!“[191]

Um seinen Forderungen Nachdruck zu verleihen, drohte Hue abermals mit Streikaktionen: „Sind noch nicht genug Menschenopfer gefallen, noch nicht genug Massengräber geschaufelt, nun wohl, dann ist das die offene Kampfesaufforderung an die dringend eines besseren Lebensschutzes bedürftigen Bergarbeiter!“[192] Seine Warnung wurde allerdings nicht ernst genommen. Der Bochumer Bezirkspolizeikommissar verneinte jegliche Streikgefahr.[193] Für ihn stand fest, „daß das Geschrei in der Hauptsache nur den Zweck verfolgt, Regierung, Parteien und Abgeordnete für die sozialdemokratischen Forderungen ... gefügig zu machen. Daher wird denn die alte Praxis verfolgt, Schreien, Schreien und nochmals Schreien.“[194]

Der Verband mobilisierte seine Mitglieder, rief zu Protestversammlungen[195] auf und veranstaltete einen allgemeinen Bergarbeiterkongress (1. – 3. Februar 1909), auf dem Pokorny die Forderungen der Bergleute vortrug.[196] Die Einheitsfront der Verbände war zu diesem Zeitpunkt allerdings schon zerbrochen. Der Gewerkverein entzog sich nicht nur der Teilnahme, sondern war bemüht, durch einen hämischen Artikel im *Bergknappen* die Konferenz zu entwerten.[197] Die Regierung nahm denn auch keine Rücksicht auf die Wünsche des Verbandes, was ihre Gesetzesvorlage dokumentierte. Für Hue brachte sie „nur die Karikatur einer Grubeninspektionsreform“ und zugleich „ein besonders kräftiges Beweisstück für die verhängnisvolle Abhängigkeit, in der sich die preußische Staatsregierung den Zechenbesitzern gegenüber heute mehr denn je befindet“.[198]

Besonders groß war seine Enttäuschung darüber, dass die Führer des Gewerkvereins die auch von ihnen jahrelang vertretene Auffassung aufgaben, nachdem das Zentrum

190 Reichstagsrede am 24.11.1908, Verhandlungen, S. 5701.

191 Otto Hue, Gewitterwolken im Bergwerksrevier, in: Correspondenzblatt 50, 12.12.1908, S. 789–792, S. 790 = Arbeiterzeitung (Essen) 298 u. 299, 22. u. 23.12.1908.

192 Ebd.

193 Sein Befund lautete: „Auch die gutunterrichteten Vertrauenspersonen und selbst die allerradikalsten Bergarbeiterführer erklären es für Unsinn im gegenwärtigen Moment dieser Frage näherzutreten.“ LAD NRW Abt. Westf. Reg. Arnsberg 14382, Bezirkspolizeikommissar an Regierungspräsident Arnsberg, 12.12.1908.

194 Ebd., Bezirkspolizeikommissar an Regierungspräsident Arnsberg, 14.12.1908.

195 Bericht über eine Versammlung am 24.1.1909 in Linden mit Hue als Hauptredner: LAD NRW Abt. Westf. Reg. Arnsberg 14382, Bezirkspolizeikommissar Bochum an Regierungspräsident Arnsberg, 1.2.1909; zusammenfassender Bericht über mehrere Versammlungen am 28.2.1909: Ebd., Bezirkspolizeikommissar Bochum an Regierungspräsident Arnsberg, 1.3.1909.

196 Bergarbeiterschutz – Massengräber – Radbod, S. 11–22.

197 Bergknappe 1, 2.1.1909 „Ein Briefwechsel zwischen dem alten Verband und dem Gewerkverein“ u. 7, 13.2.1909 „Sozialdemokratische Taktik und Berichterstattung“.

198 O.H., Ein Rückzug vor den Zechensyndikaten, in: Arbeiterzeitung (Essen) 39, 16.2.1909.

seine Zustimmung signalisiert hatte.[199] Hue kündigte abermals mächtige Proteste an, denn „ein solches verbrecherisches Gesetz … werden sich die Bergarbeiter nicht ruhig gefallen lassen".[200] Doch die Kampagne „gegen ein Gesetz, das es ermöglicht fürchterliche Blutschuld auf rechtlose Leute abzuwälzen",[201] verhallte unerhört.

Nach der am 28. Juli 1909 verabschiedeten Berggesetznovelle[202] konnten die Belegschaften Sicherheitsmänner wählen, die zweimal im Monat zusammen mit den Steigern ihre Abteilungen befahren durften. „Fehlende Sanktionsmöglichkeiten reduzierten ihre unfallprophylaktische Qualität aber auf ein Minimum."[203] Für den Bergarbeiterarbeiterverband war die Verabschiedung der unzureichenden Bestimmungen ein harter Schlag. „Darüber kommen wir nicht hinweg", machte Hue seiner Verbitterung Luft. „Das Gesetz, welches Konservative, Nationalliberale, Polen und Zentrum im Landtage angenommen haben, und welches die Zustimmung des Ministers bekommen hat, ist vollständig nach den Anweisungen der [Industriellen] Uthemann, Hilger und Genossen ausgearbeitet!"[204] Noch Jahre später war seine Enttäuschung und Empörung nicht verflogen. Auf dem sozialdemokratischen Parteitag 1912 wetterte er gegen das Gesetz, welches „ein ungeheuerlicher sozialpolitischer Betrug" sei.[205]

Die Arbeitgeber, obwohl sie maßgeblichen Einfluss auf die Abfassung der Bestimmungen ausgeübt hatten, sodass die Kompetenzen der Sicherheitsmänner sehr gering ausfielen, wollten sich selbst mit einer eingeschränkten Arbeiterkontrolle nicht abfinden[206] und erschwerten vielfach die Tätigkeit der Sicherheitsmänner.[207] Angesichts der Gruppenmentalität der preußischen Bergbeamten[208] ist es nicht überraschend, dass das Oberbergamt Dortmund die Arbeiterkontrolleure negativ beurteilte, stellten sie doch ein indirektes Misstrauensvotum gegen die Bergbehörde dar: „Die Einrichtung hat bisher keinen Nutzen gebracht und wird das auch in Zukunft nicht tun, solange sie von den Organisationen, insbesondere dem alten Verbande, zu ihren Sonderzwecken ausgenützt

199 O.H., Aus der Praxis der Centrums-Gewerkvereine, in: Correspondenzblatt 11, 13.3.1909, S. 161–163, S. 163; Otto Hue, Weiße Salbe, in: Sozialistische Monatshefte (1909) 8, S. 465–475, S. 474.

200 Reichstagsrede am 1.4.1909, Verhandlungen, S. 8004.

201 Otto Hue, Weiße Salbe, S. 475.

202 Zur Entstehung der Novelle, zu den einzelnen Bestimmungen und zur Praxis der Sicherheitsmänner: Pöller, Gefahren, S. 111–145.

203 Trischler, Arbeitsunfälle, S. 118.

204 Reichstagsrede am 7.7.1909, Verhandlungen, S. 9189. – Am 6. Januar 1909 hatte es eine Besprechung der Bergbauindustriellen (u.a. Hilger und Uthemann) in Berlin gegeben, auf der der Gesetzesentwurf beraten und die Marschrichtung für das Gespräch mit dem Minister von Delbrück festgelegt wurde. Auszug aus dem stenografischen Bericht in: Quellensammlung zur Geschichte der sozialen Betriebsverfassung 1, Nr. 245a, S. 390–397.

205 Protokoll des Parteitages 1912, S. 364. – Der Zorn Hues über das Gesetz war auch neun Jahre später nicht verraucht. Für ihn war es immer noch „geradezu ein Verbrechen" und die dafür Verantwortlichen seien „mitschuldig daran, daß in Deutschland noch kein gründlicher Schutz der Bergarbeiter eingetreten ist". Reichstagsrede am 22.6.1921, Verhandlungen, S. 4075.

206 Der Geheime Bergrat Anton Uthemann, Generaldirektor der Bergwerksgesellschaft Georg von Giesches Erben, war auf der Vorbesprechung der Ansicht: „Die Arbeiterkontrolleure werden lediglich aus politischen Gründen eingeführt, auf Grund des Drängens der Sozialdemokraten und der sozialistischen Wohlfahrtsfritzen. Diese Einrichtung von Arbeiterkontrolleuren ist der erste gefährlichste Schritt in den sozialen Staat hinein." Quellensammlung zur Geschichte der sozialen Betriebsverfassung 1, Nr. 245a, S. 393.

207 Hue, Bergarbeiter 2, S. 650f. Weitere Klagen seitens des Bergarbeiterverbandes werden bei Martin, Arbeiterschutz, S. 180–184 zitiert.

208 Farrenkopf, Gruppenmentalität und Verwaltungspraxis.

wird. Dagegen hat sie zweifellos bisher schädigend auch insofern gewirkt, als durch sie der Einfluß und die Stärke der sozialdemokratischen Partei nicht unerheblich vermehrt worden ist."[209] Wie die Unternehmer beschwor die Behörde das sozialistische Schreckgespenst, um eine unliebsame Bestimmung abzulehnen. Ihre negative Haltung wollte sie zudem mit der Behauptung untermauern, „daß mehrfach von Arbeitern und auch von Sicherheitsmännern selbst die ganze Einrichtung als zwecklos und überflüssig bezeichnet worden ist".[210]

Wenngleich die den wirtschaftsfriedlichen Organisationen verbundenen Sicherheitsmänner wenig Engagement für ihr Amt zeigten und auf Befahrungen verzichteten, auch Verbändler vielfach das Interesse verloren, weil sie so wenig Einfluss auf die Sicherheit nehmen konnten,[211] ist die pauschale Feststellung, dass die Einrichtung mehr oder weniger eingeschlafen sei,[212] nicht korrekt. Gerade der Bergarbeiterverband, der die Berggesetznovelle scharf kritisiert hatte, legte großen Wert auf die Arbeit der Sicherheitsmänner und beteiligte sich mit glänzendem Erfolg an den Wahlen.[213]

In der Landtagsdebatte über das Grubenunglück auf der Zeche Minister Achenbach am 3. Februar 1914 behandelte Hue die Praxis auf den Schachtanlagen und benannte die Mängel: Die Sicherheitsmänner, die ihre Aufgabe streng auffassten, würden häufig „nach allen Regeln der Kunst" „gestriezt" und erhielten „schlechte Arbeit", „wo sie sich schwer quälen müssen und noch unter dem Durchschnittslohn bleiben".[214] Auch hetze man die Bergarbeiter, die eine Strafe zahlen mussten, gegen sie auf, indem die Vorgesetzten erklärten: Den Lohnabzug habt ihr dem Sicherheitsmann zu verdanken, der hat das Vergehen gemeldet. Da viele Betriebsführungen sich zudem der gewissenhaften Kontrolleure durch Entlassungen entledigten, forderte Hue eine Reform des Gesetzes, auf „daß man den Sicherheitsmann während der Zeit seines Amtes unbedingt schützt vor Maßregelung und wirtschaftlichen Schädigungen".[215] Ein solcher Antrag fand aufgrund der politischen Zusammensetzung des Abgeordnetenhauses keine Mehrheit. Die Konservativen und Nationalliberalen sahen keine Notwendigkeit, die Bestimmungen zu überarbeiten, um die Kritikpunkte zu beseitigen.

9.8 Der Kampf gegen den Arbeitsnachweis des Zechenverbandes

Der Ruhrbergbau besaß eine hochmobile Belegschaft. 1904 entfielen auf 100 Mann 54 Zu- und 48 Abgänge.[216] Der Arbeitsplatzwechsel wirkte sich störend auf den Betriebs-

209 Oberbergamt Dortmund an Minister für Handel u. Gewerbe, 12.1.1911 (abgedr. in: Quellensammlung zur Geschichte der sozialen Betriebsverfassung 1, Nr. 253, S. 407–411, S. 410f.).

210 Ebd., S. 411.

211 Arbeiter-Zeitung (Dortmund) 102, 4.5.1912 „Sicherheitsmännerwahlen im Ruhrrevier". Brüggemeier, Leben vor Ort, S. 220.

212 Osthold, Geschichte des Zechenverbandes, S. 115. Ihm folgen Kirchhoff, Sozialpolitik, S. 173; Adelmann, Betriebsverfassung, S. 149; Berg, Wirtschaft und Gesellschaft, S. 235.

213 Von den 1546 gewählten Sicherheitsmännern des Jahres 1910 gehörten 1040 dem Bergarbeiterverband an. Oberbergamt Dortmund an Minister für Handel u. Gewerbe, 12.1.1911 (abgedr. in: Quellensammlung zur Geschichte der sozialen Betriebsverfassung 1, Nr. 253, S. 407–411, S. 407).

214 Landtagsrede am 3.2.1914, Stenogr. Berichte, Sp. 1339f.

215 Sp. 1344.

216 Adelmann, Betriebsverfassung, S. 155 Tab.

ablauf auf, zumal viele die Zeche verließen, ohne die ordnungsgemäße Kündigungsfrist einzuhalten. Nach dem Streik 1905 richtete der Bergbauverein einen zecheneigenen Arbeitsnachweis ein, um – so die offizielle Begründung – die Fluktuation einzudämmen.[217] In geheimen, „schwarzen“ Listen erfasste er die Namen der Kontraktbrüchigen, denen dann sechs Monate lang eine Anstellung auf einer anderen Schachtanlage verwehrt werden sollte. Das gleiche Schicksal traf die wegen ihrer Streikbeteiligung gemaßregelten Bergarbeiter, was anzeigt, dass die Arbeitgeber mittels Arbeitsnachweises nicht nur den Arbeitsplatzwechsel einschränken wollten, sondern „die autoritäre Kontrolle des Arbeitsmarktes und die Disziplinierung der Bergarbeiter“ anstrebten.[218]

Otto Hue konnte es einerseits nachvollziehen, dass der Bergmann seinen Arbeitsplatz wechselte in der Hoffnung, den „Hungerlöhnen“ zu entgehen und „auf einer besseren Zeche unterzukommen“,[219] wenngleich ihm bewusst war, dass eine Verbesserung nur selten eintrat. „Was man auf der einen Zeche verläßt, findet man auf den andern Zechen wieder.“ Andererseits übersah er nicht die negativen Folgen der Fluktuation. Da sich die Betriebs-, Flöz- und Abbauverhältnisse von Zeche zu Zeche unterschieden, erhöhte das „Zechenlaufen“ die Unfallgefahr, denn die Neuankömmlinge mussten sich erst mit den ihnen unbekannten Verhältnissen vertraut machen. Trotz der zugestandenen Nachteile des „kolossalen Belegschaftswechsels“ hätten die Werksbesitzer aber nicht das Recht, durch Verabredungen eine Sperre zu verhängen.[220]

In einer Reichstagsrede am 12. November 1908 verurteilte Hue die Listen als „skandalös“, als eine lediglich „für Sklaven passende Zwangsmaßregel“.[221] Die abwiegelnde Erklärung, dass ein Bergmann, der auf der schwarzen Liste stünde, nicht generell sechs Monate ausgesperrt bliebe, da er ja seinen alten Arbeitsplatz wieder einnehmen könne, kommentierte er recht sarkastisch: „Was heißt denn das: auf der alten Zeche wieder angenommen – ? Das heißt: ins alte Joch hineinkriechen! Das heißt: wieder dorthin zu gehen, wo er in Unfrieden geschieden ist! … Und deshalb ist die Behauptung des ‚Zechenschutzverbandes‘, die Leute könnten wieder an die alte Stelle gehen, eine faule Ausrede; man will nur verdecken, was man Furchtbares an den Bergarbeitern verbricht.“[222]

Die Gewerkschaften versuchten, den Arbeitsnachweis gerichtlich verbieten zu lassen, doch die angerufene Staatsanwaltschaft wies ihre Klage ab. Dass diese „keine Schuld bei den terroristischen Werksmagnaten“ sah, „die 4000 Arbeiter eingestandenermassen mit schwarzen Listen verfehmen“, war für Hue der Beweis, dass „der kapitalistische Terror … unter den Augen der Regierung und der Justiz seine unerhörten Orgien“ feiere.[223]

217 Zu den „schwarzen Listen“ und zum Arbeitsnachweis: Kirchhoff, Sozialpolitik, S. 163ff.; Saul, Staat, Industrie, Arbeiterbewegung, S. 87–93; Brüggemeier, Leben vor Ort, S. 226f.; Przigoda, Unternehmensverbände, S. 99–104.

218 Przigoda, Unternehmensverbände, S. 97.

219 Reichstagsrede am 17.10.1911, Verhandlungen, S. 7368.

220 Rede in Bruckhausen am 14.10.1906. Dortmunder General-Anzeiger 284, 16.10.1906.

221 Reichstagsrede am 12.11.1908, Verhandlungen, S. 5470. Siehe auch Reichstagsrede am 24.11.1908, Verhandlungen, S. 5699: „Im Altertum hat man die Bergwerkssklaven mit Ketten an die Arbeit gefesselt, heute ist man ‚humaner‘; heute macht man es mit schwarzen Listen.“

222 Reichstagsrede am 12.11.1908, Verhandlungen, S. 5470.

223 Otto Hue, Die Sozialpolitik und die Sozialdemokratie, in: Sozialistische Monatshefte (1908) 18/19, S. 1122–1126, S. 1124. – Erst 1910 erklärte das Landgericht Essen das Verfahren für sittenwidrig. Kirchhoff, Sozialpolitik, S. 164.

Die Debatte im Reichstag, der Empfang der Gewerkschafter Sachse, Hue, Giesberts und Behrens beim Reichskanzler am 5. Januar 1909 – „ein ungewöhnliches, bis dahin nie angewandtes Verfahren"[224] –, Protestversammlungen der Gewerkschaften bewirkten, dass die „schwarzen" Listen aufgegeben wurden und stattdessen der Zechenverband, die 1908 gegründete Arbeitgeberorganisation des Ruhrbergbaus, zum 1. Januar 1910 einen neuen Arbeitsnachweis einrichtete, der verpflichtend für alle Zechen war. Stark reduziert wurde die Sperre von sechs Monaten auf zwei Wochen, während Streikende drei Monate auf eine Neuanstellung warten mussten.[225] Trotz der Verbesserungen lehnten ihn die Gewerkschaften ab. Sie hätten sich eine paritätische Lösung zwischen Arbeitgeber und Beschäftigten gewünscht. Des weiteren kritisierte Hue, dass allein die Betriebsleitungen ohne Beteiligung von Arbeitervertretern entschieden, ob ein Kontraktbruch vorläge. „Sie sind Ankläger, sie sind Richter und sind auch Strafvollzieher in einer und derselben Person!" Für ihn war dies ein „Rechtsgang, der allen moralischen Anschauungen direkt ins Gesicht schlägt".[226]

Waren sich Alter Verband und Gewerkverein zunächst einig in der Ablehnung, so änderte letzterer seine Einstellung und fand „nun Sonnenschein, wo er kurz vorher nur tiefe Schatten gesehen" hatte.[227] Als alleinige Ursache für die neue Einschätzung machte Hue auch diesem Fall die politische Neukonstellation auf Reichsebene aus, die Bildung des konservativ-klerikalen Blocks nach dem Rücktritt des Reichskanzlers von Bülow, wodurch das Zentrum zur Regierungspartei geworden war. Darauf habe der Gewerkverein Rücksicht zu nehmen, weshalb er hier wie auch bei anderen Arbeiterfragen seine Oppositionsrolle aufgab.

Da der Gewerkverein seinen Kampf gegen den Arbeitsnachweis aufgegeben hatte, war im Kaiserreich keine Änderung mehr durchzusetzen. Erst nach dem politischen Umbruch 1918 und der Anerkennung der Bergarbeiterverbände zeigten sich die Arbeitgeber mit der Parität einverstanden.

9.9 Das Reichskaligesetz[228]

„Kalisalze waren die verheißungsvolle bergbauliche Entdeckung des 19. Jahrhunderts."[229] Nachdem sich herausgestellt hatte, dass sie sich bestens als Düngemittel eigneten, stieg die Nachfrage ständig an.[230] Gab es 1875 nur drei Kaliwerke – darunter die beiden staatlichen in Staßfurt (Preußen) und Leopoldshall (Anhalt) –, war ihre Zahl zur Jahrhundertwende auf 15 angestiegen, die 3.536 keff förderten.[231] Da Deutschland ein

224 Saul, Staat, Industrie, Arbeiterbewegung, S. 90.

225 Kirchhoff, Sozialpolitik, S. 165; Saul, Staat, Industrie, Arbeiterbewegung, S. 87–93; Przigoda, Unternehmensverbände, S. 101–104.

226 Reichstagsrede am 17.10.1911, Verhandlungen, S. 7366.

227 Hue, Bergarbeiter 2, S. 663.

228 Grundlegend: Mette, Kali-Industrie. – Aus Gewerkschafts- bzw. SPD-Sicht: Otto Hue, Zur Geschichte des Kaligesetzes, in: Correspondenzblatt 26, 2.7.1910, S. 401–403, 27, 9.7.1910, S. 425, 28., 16.7.1910, S. 441–445, 29, 23.7.1910, S. 457–461 u. 30, 30.7.1910, S. 473–477; L. Emmel, Das neue Kaligesetz, in: Neue Zeit 28 (1909–10) 40, S. 463–470.

229 Roelevink, Deutschland und die bergbaulichen Rohstoffmärkte, S. 37.

230 Zur Entwicklung des Kalibergbaus: Mette, Kali-Industrie; Maetschke, Ursprünge.

231 Roelevink, Deutschland und die bergbaulichen Rohstoffmärkte, S. 38f., Tab. 17 u 18.

Weltmonopol auf Kalisalze besaß, konnte die Verkaufsorganisation, das 1888 gegründete Kalisyndikat, – speziell beim Export in die USA – „wahre Apothekerpreise" einheimsen.[232] Wenngleich die Preise für die deutsche Landwirtschaft moderater ausfielen, waren sie in den Augen von Hue immer noch zu hoch, standen sie doch in keinem Verhältnis zu den Selbstkosten.[233] Die sehr guten Gewinnaussichten[234] sowie die Entdeckung neuer Salzlager lösten ein „Kalifieber"[235] aus und führten zum Abteufen immer neuer Gruben. Der Versuch der preußischen Regierung, gesetzlich „dem Gründungs- und Spekulationsfieber Einhalt zu bieten", kam zu spät[236] und blieb daher wirkungslos.

1909 waren im Syndikat bereits 58 Werke organisiert, noch mehr blieben außen vor, während weitere kurz vor Beginn der Förderung standen.[237] Allerdings war die Aufnahmefähigkeit des Marktes begrenzt, sodass das Hinzukommen neuer Unternehmen im Syndikat für die einzelnen Werke einen Rückgang ihrer Förderquote mit sich brachte. Die preußisch-fiskalischen Betriebe konnten nur noch ein Fünftel ihrer Leistungsfähigkeit ausnutzen.[238] Für Hue war das „heller Wahnsinn" und „eine tollhäuslerische Vergeudung volkswirtschaftlicher Werte".[239]

Als die Verhandlungen über eine Erneuerung des 1909 auslaufenden Kartellvertrags scheiterten und eins der größten Werke zu stark herabgesetzten Preisen Chlorkalium in die Vereinigten Staaten verkaufte, fürchtete die preußische Regierung mit dem Zerfall des Syndikats einen schrankenlosen Konkurrenzkampf mit Grubenstilllegungen, Arbeiterentlassungen und Steuerausfällen in der Folge.[240] Des weiteren kauften ausländische, vor allem amerikanische Investoren Kaliwerke, um eine Unabhängigkeit vom Syndikat zu erreichen.[241] Hue zeigte sich schon 1904 besorgt über diese Entwicklung, fürchtete, „wenn die erwähnten Transaktionen so vorwärts gehen, werden wir bald über unsere eigenen Kalischätze in Deutschland nicht mehr zu verfügen haben, sondern ausländische Kapitalisten werden das Kommando führen" und plädierte daher für ein staatliches Kalisalzabbaurecht.[242]

In dieser für die weitere Entwicklung der Kaliindustrie ungewissen Situation brachte die preußische Regierung am 12. Dezember 1909 beim Bundesrat den Entwurf eines den Absatz von Kalisalzen regulierendes Gesetzes ein, mit dem zukünftige Syndikatszusammenbrüche und die Entstehung neuer Werke verhindert sowie Auslandsverkäufe geregelt werden sollten.[243] Der vom Bundesrat abgeänderte Entwurf wurde am 3. Februar 1910 dem Reichstag vorgelegt.

[232] Hue, Zur Geschichte I, S. 402.
[233] Reichstagsrede am 21.4.1904, Verhandlungen, S. 2295; Hue, Zur Geschichte I, S. 401 u. 402.
[234] Hue, Zur Geschichte I, S. 402.
[235] Ebd., S. 403.
[236] Mette, Kali-Industrie, S. 74.
[237] Roelevink, Deutschland und die bergbaulichen Rohstoffmärkte, S. 39, Tab. 18.
[238] Diese und weitere Zahlenwerte führte Hue in der Sitzung der Reichstagskommission am 15.3.1910 an. Bergarbeiter-Zeitung 13, 26.3.1910 „Das Kaligesetz vor der Reichstagskommission".
[239] Hue, Zur Geschichte I, S. 402.
[240] Mette, Kali-Industrie, S. 163ff.
[241] Ebd., S. 131ff.
[242] Reichstagsrede am 21.4.1904, Verhandlungen, S. 2294f.
[243] Zum Entwurf: Maetschke, Ursprünge, S. 207–256. Zum Gesetzgebungsverfahren ausführlich: Mette, Kali-Industrie, S. 150–251.

Hue begründete bei der ersten Lesung am 14. Februar die Haltung der Sozialdemokraten.[244] In seiner Rede ging er – wie auch die Redner der anderen Parteien[245] – weniger auf die einzelnen Gesetzesbestimmungen ein, sondern schilderte in seinen allgemeinen Ausführungen die „anarchistischen Zustände“[246] in der Kaliindustrie und kritisierte vor allem die Absicht der Regierung, die Interessen „einer Handvoll Großkapitalisten“[247] durch eine Zwangssyndizierung zu schützen. Er kontrastierte das Ansinnen, „für die Starken eine Zwangsorganisation zur Stabilisierung ihrer Profite“ zu schaffen, mit dem Vorgehen gegen die Arbeiterschaft, wenn sie versucht, „das so klägliche Koalitionsrecht ... auszunutzen“. Diese ungleiche Behandlung sei „kennzeichnend für den Klassenstaat“.[248] Für die Sozialdemokraten gab es nur eine Lösung für die vielfältigen Probleme: die Verstaatlichung des Bergbaus. „Dem Volk gehören die Bodenschätze, das Volk soll auch den Nutzen davon haben!“[249]

Trotz der generellen Ablehnung erklärte Hue aber für die Fraktion die Bereitschaft, „an der Kommissionsverhandlung eifrig teilzunehmen“.[250] Man werde alles versuchen, „um den Interessen der Arbeiter ..., die von der Regierung nicht beachtet worden sind, zu ihrem Rechte zu verhelfen“.[251] Vermisst hatten die Sozialdemokraten vor allem „Vorschläge für die Wahrung der Konsumenteninteressen“ und „für den Schutz der Arbeiter und der durch Werksstillegungen bedrohten Gemeinden“.[252]

Da der erste Entwurf keine Zustimmung fand, musste in einer „freien Besprechung“ ein neuer erarbeitet werden, der dann in der 28köpfigen Reichstagskommission, der die sozialdemokratischen Abgeordneten Karl Leopold Albrecht, August Brey, Otto Hue und Leopold Emmel angehörten,[253] nochmals geändert wurde.

Die Sozialdemokraten forderten zu Beginn der Beratungen in ihren Prinzipialanträgen, die Hue begründete, eine Verstaatlichung der Kaliindustrie bzw. die Einführung eines Reichshandelsmonopol für Kalisalze, wohl wissend, dass sie dafür keine Mehrheit finden würden.[254] Sie zogen sich aber nicht in eine Schmollecke zurück, sondern waren bemüht, wie es Hue angekündigt hatte, soviel wie möglich für die Bergarbeiter zu erreichen. In Einzelfällen gelang es, Verbesserungen zu erzielen, wie die Behandlung einzelner Paragraphen zeigt:

– Das Gesetz[255] bestimmte in den Paragraphen §§ 7–9, dass eine siebenköpfige Verteilungsstelle die Höhe der Beteiligungsziffer der einzelnen Werke am Gesamtabsatz festlegen sollte, wobei unterschiedliche Kriterien (u.a. Ausdehnung und Beschaffenheit

244 Reichstagsrede am 14.2.1910, Verhandlungen, S. 1240–1253.

245 Im Wissen um die zukünftigen Kommissionsverhandlungen beschränkten sich die Redner auf grundsätzliche Stellungsnahmen. Mette, Kali-Industrie, S. 173f.

246 Reichstagsrede am 14.2.1910, Verhandlungen, S. 1240.

247 Ebd.

248 Ebd., S. 1241.

249 Ebd., S. 1240.

250 Ebd.

251 Ebd., S. 1243.

252 Hue, Zur Geschichte II, S. 425.

253 Erstere waren Abgeordnete von Bergwerksdistrikten: Karl Albrecht – Wahlkreis 7 Magdeburg; August Brey – Wahlkreis 8 Hannover. Leopold Emmel vertrat den Fabrikarbeiterverband.

254 Bergarbeiter-Zeitung 13, 26.3.1910 „Das Kaligesetz vor der Reichstagskommission“; Hue, Zur Geschichte II, S. 427. – Mette, Kali-Industrie, S. 199ff.

255 RGBl. 1910, S. 775–790. Auch abgedr. in: Mette, Kali-Industrie, Anlage 7, S. 312–326.

der Grubenbaue, Leistungsfähigkeit der Betriebseinrichtungen) zu beachten waren. Abgewiesen worden war der sozialdemokratische Antrag, die Staatswerke und die Werke, bei denen ein Bundesstaat mit mehr als der Hälfte des Anlagekapitals beteiligt war, bei der Zuteilung der Absatzquoten besonders zu begünstigen.[256]

– Nach dem Wunsch der Sozialdemokraten sollte der Bundesrat verpflichtet werden, „den Abschluß von Tarifverträgen zwischen den Arbeitern und den Werksbesitzern in der Kaliindustrie auf der Grundlage eines Minimallohnes und eines Maximalarbeitstages für die einzelnen Arbeitergruppen zu fördern".[257] Die Kommission ergänzte den Antrag mit dem Zusatz, dass die Arbeiter, solange kein Tarifvertrag existiere, einen Zuschlag von zehn Prozent auf den Durchschnittslohn des Jahres 1909 erhalten sollten. Zudem dürfe die Schichtzeit nicht verlängert werden. Da einige Abgeordnete des Zentrums den Passus mit der Begründung ablehnten, der Bundesrat werde der Einführung von Tarifverträgen nicht zustimmen, sah der § 13 lediglich eine Kürzung der Beteiligungsziffer als Strafe vor, falls Werke den Durchschnittslohn der Jahre 1907 bis 1909 unterschritten oder die Arbeitszeit verlängerten. Die Sozialdemokraten schrieben es sich auf ihre Fahne, die „Sicherung der geltenden Lohn- und Schichtzeitverhältnisse" – wenngleich „abgeschwächt und verklausuliert" – erreicht zu haben.[258]

– § 19 regelte die Quotenübertragung von einem Werk auf ein anderes. Von den unerfreulichen Erfahrungen im Ruhrgebiet alarmiert, die Hue bei den Beratungen in der Kommission eingehend schilderte,[259] wollten die Sozialdemokraten die Abgabe von mehr als einem Viertel der Quote von der Genehmigung der Landeszentralbehörde und der Zustimmung der betroffenen Gemeinde abhängig machen. Zudem sollten die dadurch arbeitslos werdenden Arbeiter auf ihren Wunsch von dem übernehmenden Werk weiterbeschäftigt werden.[260] Diese Maximalforderungen ließen sich nicht durchsetzen.[261] Stattdessen fand man eine Kompromisslösung, wonach eine Zustimmung der Landeszentralbehörde erst bei einer Übertragung von 50 Prozent erforderlich würde. Zudem sollten Arbeiter und Beamte, die ihre Beschäftigung verlieren würden, den Einnahmeausfall für die Dauer von 26 Wochen ersetzt bekommen. Weil der Paragraph „trotz seiner Mängel ein prinzipieller Fortschritt in der Richtung zum Schutz des Gemeinwohls gegen kapitalistische Profitjägerei" darstellte, konnte die sozialdemokratische Fraktion ihm zustimmen.[262]

– „Einen vollständigen Bruch mit dem herrschenden Wirtschaftssystem"[263] bedeutete der § 20, der Höchstpreise für das Inland bis zum 31. Dezember 1913 festschrieb. Danach sollten im Abstand von fünf Jahren die Preise neu bestimmt werden, wobei eine Erhöhung der Reichstag billigen musste. Hue feierte den Paragraphen als „einzigartig in der modernen Wirtschaftsgesetzgebung". Er dokumentiere „ohne Zweifel, daß der

256 Hue, Zur Geschichte II, S. 427.

257 Bergarbeiter-Zeitung 19, 7.5.1910 „Ein neuer Zentrumsstreich gegen die Bergarbeiter"; Hue, Zur Geschichte, IV, S. 460.

258 Hue, Zur Geschichte V, S. 475.

259 Bergarbeiter-Zeitung 19, 7.5.1910 „Das Kaligesetz in der Reichstagskommission". Bereits bei der ersten Lesung hatte er die negativen Auswirkungen der Zechenstilllegungen im Ruhrgebiet angesprochen. Reichstagsrede am 14.2.1910, Verhandlungen, S. 1240.

260 Hue, Zur Geschichte IV, S. 459.

261 Mette, Kali-Industrie, S. 223f.

262 Hue, Zur Geschichte IV, S. 460.

263 Hue, Zur Geschichte II, S. 428.

Widerwille gegen die schrankenlose Ausbeutung der Konsumenten durch die syndizierten Kapitalisten in einer für deren Herrschaft gefährlich gewordenen Weise im Steigen begriffen ist“.[264]

– Wichtig war den Sozialdemokraten, dass nicht, wie in der Vergangenheit, nur dem Bund der Landwirte und einigen Bauernvereinen als Großabnehmer Abzüge gewährt würden, sondern allen Vereinigungen. (§ 21) So könnten auch die Großeinkaufsgesellschaften der Konsumgenossenschaften in den Genuss kommen.

– § 26 legte die Strafen fest, falls die Werke die ihnen zugewiesenen Produktions- bzw. Absatzkontingente überschreiten sollten.[265] Sie flossen ebenso in die Staatskasse wie die in § 27 festgeschriebene Abgabe von 60 Pfg. je Doppelzentner reines Kali, die als Deckung für die sich aus dem Gesetz ergebenden Kosten sowie zur Propaganda zur Förderung des Kaliabsatzes gedacht waren. Die Sozialdemokraten hatten erfolgreich beantragt, dass die Einnahmen und Ausgaben im Reichshaushalt einzustellen sind, sodass der Reichstag jedes Jahr Gelegenheit erhielt, sich mit den Zuständen in der Kaliindustrie zu befassen.

Hatte Hue der Fraktion vor der ersten Lesung der Gesetzesvorlage deren Ablehnung empfohlen,[266] so wandelte sich seine negative Haltung nach den Kommissionsverhandlungen in eine positive.[267] Zwar konnten die Sozialdemokraten nur einen geringen Teil ihrer Forderungen durchsetzen – Hue machte auch in diesem Falle das Zentrum für die „Halbheiten und Unklarheiten in den wichtigsten Abschnitten“ verantwortlich[268] –, dennoch stimmte die Fraktion bei der dritten Lesung am 10. Mai geschlossen für das Gesetz.

Hue feiert das Ergebnis zunächst euphorisch.[269] Doch seine Einschätzung, der Reichstag habe „eine neue Ära, die der sozialistischen Gesetzgebung“, eröffnet,[270] sollte sich ebenso als falsch erweisen wie seine von Optimismus bestimmte Feststellung, dass damit dokumentiert werde, „daß die privatkapitalistische Wirtschaftsweise nicht auf Dauer bestehen bleiben kann“.[271] Monate später fiel seine Beurteilung wesentlich nüchterner aus. Die Fraktion habe dem Gesetz zugestimmt, „weil es immerhin ein prinzipielles Zugeständnis an den Sozialismus darstelle und weil es gegen den früheren Zustand wenigstens keine Verschlechterungen brachte“.[272]

Das Gesetz erfüllte keineswegs die Erwartungen. Die Überproduktion der Kaliwerke als „des Übels Kern“ ließ sich nicht beseitigen. Die Zahl der fördernden Kalibergwerke erhöhte sich von 85 Schächten (1910) auf 164 (1914),[273] sodass die Quotenzuteilungen geringer, die Selbstkosten hingegen höher ausfielen. Für Hue war diese Entwicklung

[264] Ebd.

[265] Mette, Kali-Industrie, S. 224ff.

[266] SPD-Fraktion, S. 225.

[267] Emmel berichtete am 29.4. über die Verhandlungen. Ebd. S. 233.

[268] Otto Hue, Zur Auslegung des Reichs-Kali-Gesetzes, in: Bergarbeiter-Zeitung 48, 26.11.1910.

[269] „Zum erstenmal legt ein deutsches Reichsgesetz der rücksichtslos-egoistischen Spekulation mit den nationalen Bodenschätzen gewisse Fesseln an.“ Hue, Zur Geschichte II, S. 429.

[270] Hue, Zur Geschichte V, S. 477.

[271] Hue, Zur Geschichte I, S. 401.

[272] Otto Hue, Zur Auslegung des Reichs-Kali-Gesetzes.

[273] Mette, Kali-Industrie, S. 259. Etwas abweichende Zahlen bei Euchner, Das Ringen um die Sozialisierung, S. 329; Roelevink, Deutschland, S. 38f., Tab. 17 u. 18.

der Beweis für „eine durchaus irrationelle Wirtschaft“.[274] Auch „im Interesse der Staatsfinanzen“ sah er nur eine Lösungsmöglichkeit: Verstaatlichung der Bergwerke.[275] „Wir dürfen die nationalen Bodenschätze nicht privaten Interessen überlassen.“[276]

9.10 Mehr Hüttenarbeiterschutz

Dass die Versicherungsgesetzgebung in Deutschland fortschrittlicher war als in anderen europäischen Ländern, wollte Hue nicht in Abrede stellen, aber ihm war „eine gute Arbeiterschutzgesetzgebung, die den Arbeiter vor Krankheit und Unfällen schützt, lieber als eine Gesetzgebung, die sich in erster Linie mit den kranken, mit den arbeitsunfähigen, mit den verletzten und getöteten Arbeitern befaßt“.[277] Großen Nachholbedarf beim Arbeitsschutz sah er vor allem in der Stahl- und Eisenindustrie. Die Beschäftigten in den Hütten, an den Hochöfen und in den Walzwerken seien „bisher sozialpolitisch als Stiefkind behandelt worden“.[278] Es gäbe also „ein ungeheures, unbekanntes Land für die Sozialpolitik, dessen Beackerung zunächst einmal vorgenommen werden muß“. Hue kannte als ehemaliger Schlosser aus eigener Anschauung die dort herrschenden Arbeitsverhältnisse[279] und machte den Kampf um einen besseren Arbeiterschutz in diesem Industriezweig zum zweiten Schwerpunkt seiner Abgeordnetentätigkeit.

Bereits vor seiner Wahl in den Reichstag hatte er in einigen Zeitungsartikeln[280] die dortigen Arbeitsbedingungen kritisiert, und bei der Behandlung des Marineetats 1904 (18.3.1904), bei der sozialpolitischen Etatdebatte (6.2.1906) und bei der Besprechung des Etats des Gesundheitsamtes (17.2.1906) wiederholte Hue seine Anklagen. Anhand zahlloser Einzelbeispiele aus ganz Deutschland wollte er der Öffentlichkeit beweisen, wie mangelhaft der Arbeiterschutz ausgebildet wäre:

– Die Arbeiter an den Hochöfen, den Puddel- und Schweißöfen, in den Bessemerwerken, an den Martins- und Siemensöfen, in den Walz- und Hammerwerken müssten in der „reinsten Hölle“, in der selbst im Winter Temperaturen von mindestens 40 Grad herrschten, ohne Pausen zwölf und mehr Stunden arbeiten. Hinzu kämen Über- und Doppelschichten am Wochenende, bei denen die Feuerarbeiter dann 24 Stunden in der „Gluthitze ohne Pause“ schuften müssten.[281] Von zahlreichen Überschichten und der Sonntagsarbeit seien ganz besonders die Reparaturarbeiter betroffen.

274 Reichstagsrede am 21.3.1911, Verhandlungen, S. 5718.
275 Ebd., S. 5719.
276 Ebd., S. 5720.
277 Reichstagsrede am 6.2.1906, Verhandlungen, S. 1053.
278 Ebd., S. 1064.
279 Zu den Arbeitsbedingungen in der eisen- und stahlerzeugenden Industrie: Steinisch, Arbeitszeitverkürzung; Welskopp, Arbeit und Macht; Zumdick, Hüttenarbeiter.
280 Otto Hue, Wo liegen die Wurzeln der Kraft für den Deutschen Metallarbeiter-Verband, in: Metallarbeiter-Zeitung 33, 17.8.1901; O.H., Zur Lage der rheinisch-westfälischen Metallarbeiter, in: Metallarbeiter-Zeitung 37, 16.9.1899. Zu Oberschlesien: Otto Hue, Soziale Verhältnisse der Stahl- und Eisenarbeiter Oberschlesiens, in: Metallarbeiter-Zeitung 34, 21.8.1897; O.H., Einiges über die Verhältnisse der Metallarbeiter Oberschlesiens, in: Metallarbeiter-Zeitung 49, 9.12.1899. Zu den Arbeitsverhältnissen in den Feuerbetrieben: Otto Hue, Wie sieht's aus mit den Walzwerks- und Stahlgußarbeitern?, in: Metallarbeiter-Zeitung 25, 19.6.1897.
281 Reichstagsrede am 6.2.1906, Verhandlungen, S. 1057.

– Es fehlten im Feuerbetrieb häufiger die regelmäßigen Pausen, sodass das Essen „einfach so im Vorbeigehen hinuntergeschluckt“ werde. Die Folgen sei dann der oft beklagte Alkoholmissbrauch. Aber, so führte Hue unter Bezug auf seine eigenen Arbeitserfahrungen aus: „Wir ..., die wir es mitgemacht haben, wissen, woher es kommt, daß so mancher Arbeiter, weil er nichts oder unregelmäßig zu essen bekommt, zum elenden Fusel greift, um seine Lebensgeister wieder etwas anzufrischen.“[282]

– In vielen Werken fehlten geeignete Essräume, sodass die Leute „inmitten des Rauchs, inmitten des Drecks, inmitten der metallischen Dämpfe und der chemischen Absonderungen ... ihr Brot und ihr Mittagessen verzehren“ müssten.[283] Ebenso beklagte Hue das Fehlen von Wasch- und Badeanstalten und die ekelhaften Zustände in den Bedürfnisanstalten.

– Die schlechten Arbeitsbedingungen hätten sich zwangsläufig negativ auf die Gesundheitsverhältnisse ausgewirkt, und es sei ein Anstieg der Unfallziffern zu konstatieren, die sogar höher seien als im Bergbau.[284]

– Da für Hue „das allererste Gebot einer Sozialpolitik“ lautete, „die Mütter des Volks“ und den Nachwuchs zu schützen, beklagte er, dass die Eisen- und Stahlwerke 1904 11.500 Mädchen im Alter von 14 bis 16 Jahren beschäftigten. Selbst „in den denkbar gefährlichsten Betrieben“, in den Hütten- und Walzwerken sowie in den Zinkhütten, seien 5600 Arbeiterinnen gezählt worden. Seine Forderung war rigoros. Die Beschäftigung von Frauen und Kindern müsse in der Stahl- und Eisenindustrie „gänzlich“ verboten werden.[285]

Hue übertrieb nicht mit seinen Schilderungen. Bei den Stahl- und Walzwerksarbeitern betrug die normale Arbeitszeit in der Woche 60–72 Stunden. Hinzu kamen noch häufige Überstunden.[286] Da die Unfallverhütungsmaßnahmen der Eisen- und Stahlunternehmen kaum ihren Namen verdienten,[287] stieg die Zahl der tödlichen Unfälle von 87 auf 1000 Versicherte (1895) über 100 (1900) auf 201 (1906), und im selben Zeitraum war ein Anwachsen der Zahl der entschädigten Verletzten zu verzeichnen.[288]

Hue bedauerte, dass die wirtschaftlichen Vereinigungen nicht das Angebot des Deutschen Metallarbeiterverbandes angenommen hätten, über die aufgeführten Probleme zu verhandeln. Da es den Unternehmen finanziell ausgesprochen gut gehe, was die Dividendenausschüttungen bewiesen, „könnte man sehr wohl für die Hebung der sozialen Lage der Arbeiterschaft und für die Sicherung ihrer Gesundheit mehr tun“.[289] Auch wären die Unternehmen in der Lage, höhere Löhne zu zahlen. Dies sei unbedingt notwendig, denn die ökonomischen Verhältnisse entsprächen „nicht mehr den notwendigsten Bedürfnissen“.[290]

[282] Ebd., S. 1058.

[283] Reichstagsrede am 6.2.1906, Verhandlungen, S. 1069.

[284] Die Zahl der gemeldeten Unfälle je 1000 Versicherte war in der Rheinisch-Westfälischen Hütten- und Walzwerksberufsgenossenschaft in den Jahren 1905 bis 1913 stets höher als die in der Knappschaftsberufsgenossenschaft. Steinisch, Arbeitszeitverkürzung, S. 120, Tab. 17.

[285] Reichstagsrede am 6.2.1906, Verhandlungen, S. 1058; Hue, Oberschlesien, S. 10.

[286] Welskopp, Arbeit und Macht, S. 383f.; Zumdick, Hüttenarbeiter, S. 190; Kleinschmidt, Rationalisierung, S. 79; Steinisch, Arbeitszeitverkürzung, S. 100.

[287] Kleinschmidt, Rationalisierung, S. 93.

[288] Ebd., S. 91, Tab. 13; Zumdick, Hüttenarbeiter, S. 186, Tab. 44.

[289] Reichstagsrede am 6.2.1906, Verhandlungen, S. 1060.

[290] Ebd., S. 1061.

Weil sich die Industrie allen Gesprächen verweigerte, forderte Hue die Reichsregierung auf, aktiv zu werden und „in kürzester Zeit eine Untersuchung, eine Enquete vor[zu]nehmen, womöglich durch die arbeitsstatistische Kommission, über die Lage der Arbeiter" mit dem Ziel, „eine umfassende Schutzgesetzgebung" einzuleiten.[291] Es sei auch an eine Reform der Gewerbeaufsicht zu denken und „zu erwägen, ob es denn nicht möglich ist, ... auch Arbeiterkontrolleure als Hilfsarbeiter der Gewerbeinspektoren hinzuzuziehen".[292]

Mit seinen aufrüttelnden Reden, in der er – so die *Arbeiter-Zeitung* – „unerschrocken mit hellleuchtender Fackel in die wie Kasernen vom öffentlichen Leben abgeschlossenen Hüttenwerke hineingeleuchtet" hatte,[293] setzte Hue die Debatte über den Hüttenarbeiterschutz in Gang.[294] Sein Eigenlob, er habe „dieses Brachfeld für die Sozialgesetzgebung" aufgedeckt,[295] war durchaus gerechtfertigt.

Seine Ausführungen stießen auf Widerspruch bei den Abgeordneten der bürgerlichen Parteien.[296] Der nationalliberale Abgeordnete Wilhelm Beumer, Generalsekretär der Nordwestlichen Gruppe des Vereins Deutscher Eisen- und Stahlindustrieller sowie des Vereins zur Wahrung der gemeinsamen wirtschaftlichen Interessen in Rheinland und Westfalen, des sog. Langnam-Vereins, wies die Anschuldigungen als unbegründet zurück.[297] Hue ließ die Gegenrede nicht gelten und bestritt mit der gleichen Argumentationsweise, die der Gewerkverein ihm gegenüber verwandte, dass Beumer „genaue Kenntnisse" besäße, da er ja nie in einem Puddel- oder Walzwerk gearbeitet hätte. „Wenn Herr Dr. Beumer Fachmann wäre, wenn er unterrichtet wäre über die tatsächlichen Verhältnisse"[298] waren typische Floskeln in der Hueschen Gegenargumentation.

Substantieller fiel seine Auseinandersetzung mit dem Hofprediger a.D. Adolf Stöcker, Reichstagsabgeordneter für das Siegerland, aus, der das von Hue gezeichnete „Schauerbild" als falsch bezeichnete: „Ich habe von jenen Greueln nichts erfahren."[299] In einem längeren Artikel in der *Metallarbeiter-Zeitung* behandelte Hue die siegen-nassauischen Hüttenarbeiterverhältnisse, die er bei einer Besichtigungstour im September 1906 persönlich kennengelernt und die der Metallarbeiterverband mithilfe von Fragebogen ermittelt hatte.[300] Auch in diesem Bezirk war die zwölfstündige Wechselschicht die Regel, wurden Überstunden und -schichten verfahren, war eine Steigerung der Un-

[291] Ebd., S. 1064.

[292] Ebd., S. 1062. – Als positives Vorbild erwähnte Hue das Peiner Walzwerk. Hier wählten die Arbeiter mit Zustimmung der Betriebsleitung Vertreter, die allmonatlich Besichtigungen vornahmen und Verbesserungsvorschläge machten. „Daraus sieht man doch", so Hue, „daß die Arbeiter bei der Werksinspektion sehr brauchbar sind, und ich kann nur dringend wünschen, daß wir endlich aus dem Stadium theoretischer Erwägungen über Arbeiterkontrolleure in das Stadium der Einführung kommen."

[293] Arbeiter-Zeitung (Dortmund) 2, 4.1.1909 „Schutz den Walzwerks- und Hüttenarbeitern!".

[294] Steinisch, Arbeitszeitverkürzung, S. 88 u. 24; Welskopp, Arbeit und Macht, S. 384; Swiniartzki, Der Deutsche Metallarbeiter-Verband, S. 155 Anm. 120 u. 233.

[295] Otto Hue, Herr Hirtsiefer als Metallarbeiter, in: Arbeiter-Zeitung (Dortmund) 209, 7.9.1906.

[296] Reichstagsrede Paul Lehmann am 8.2.1906, Verhandlungen, S. 1101–1107; Reichstagsrede Heinrich Prinz zu Schönaich-Carolath am 9.2.1906, Verhandlungen, S. 1141–1147.

[297] Reichstagsrede Wilhelm Beumer am 12.2.1906, Verhandlungen, S. 1206–1211.

[298] Reichstagsrede Hue am 17.2.1906, Verhandlungen, S. 1358.

[299] Reichstagsrede am 12.2.1906, Verhandlungen, S. 1214.

[300] Otto Hue, Aus dem Reiche des Hofpredigers a.D. Stöcker, in: Metallarbeiter-Zeitung 1 u.2, 5.u.12.1.1907 (wieder abgedr. in: Beiträge zur Kenntnis der Lage der Hüttenarbeiter Deutschlands, hg.v. Vorstand des Deutschen Metallarbeiter-Verbandes, Stuttgart 1907, S. 20–28).

fallzahlen zu beklagen, fehlten zufriedenstellende Aborte, Wasch- und Badeanstalten. Die ausführliche Darlegung endete mit dem Vorwurf gegen Stöcker, sich nicht „um die wirklichen Verhältnisse der Hüttenarbeiter gekümmert zu haben! Das kennzeichnet ihn als Volksvertreter zur Genüge."[301]

Die vom Reichstag beschlossene Enquete ließ auf sich warten, denn die internen Untersuchungen der Konzerne an Rhein und Ruhr bestätigten viele der von Hue vorgebrachten Vorwürfe. „An einer Offenlegung der Arbeitszeitmißstände konnte der Industrie daher kaum gelegen sein."[302]

Um den Druck auf die Regierung zu erhöhen, legte zunächst der Deutsche Metallarbeiterverband, dann der christliche Metallarbeiterverband und der Hirsch-Dunckersche Gewerkverein eigene Erhebungen vor,[303] und die Abgeordneten verabschiedeten mehrfach Resolutionen, in denen sie Verordnungen zum Schutz der Hüttenarbeiter forderten.[304] Dennoch blieb die Reform vorerst aus.

Nicht allein im Reichstag führte Hue Klage gegen die Arbeitsbedingungen in der Schwerindustrie. Ebenso trat er als Redner bei Massenveranstaltungen auf, die sich speziell an die Hüttenarbeiter richteten.[305] Da nach seiner Ansicht in der Frage des Arbeiterschutzes die Parteiunterschiede zu schweigen hätten, sprach er auch auf einer vom christlichen Metallarbeiterverband einberufenen Versammlung in Bochum (27. Juli 1907) und betonte seine Übereinstimmung mit den Ausführungen des Vorredners Johann Giesberts. Er warnte die Regierung, sich mit ihren Maßnahmen nicht allzu lange Zeit zu lassen, denn die „selbst in den Kreisen der Arbeiterführer nicht für möglich gehaltenen" Streiks im Aachener Raum und im Ruhrgebiet seien ernst zu nehmende Zeichen der Unzufriedenheit und Vorboten für einen bald ausbrechenden Sturm.[306]

Die Bundesratsverordnung vom 19. Dezember 1908 fiel aus Sicht der Gewerkschaften mehr als enttäuschend aus.[307] Die Arbeitszeit war nicht verkürzt worden. Die vorgeschriebene Pausendauer von zwei Stunden konnte aufgrund von Ausnahmebestimmungen unterlaufen werden. Als Ruhezeit waren nur acht Stunden festgeschrieben worden, sodass weiterhin achtstündige Überschichten erlaubt waren. Die Ruhezeitregelung galt aber nicht für die 24stündigen Wechselschichten. Vorschriften für den Schutz am Arbeitsplatz, für die Ausstattung der Ess- und Umkleideräume oder für die Einrichtungen von Aborten fehlten völlig. Für Hue war sie daher „eine wahre Karikatur einer Arbeiterschutzverordnung".[308] Verbittert konstatierte er am 17. Oktober 1911 im Reichstag: „Es ist eine Versündigung der Regierung, es bedeutet eine Verbeugung der Regierung vor der Macht der Großunternehmer, wenn bisher noch so gut wie nichts zum Schutze der Hüttenwalzwerksarbeiter geschehen ist."[309]

301 Hue, Aus dem Reiche, S. 27.
302 Steinisch, Arbeitszeitverkürzung, S. 101.
303 Ebd., S. 88f.
304 Ebd., S. 98.
305 Arbeiterzeitung (Essen) 11, 14.1.1907 „Hüttenarbeiter, wählt sozialdemokratisch!".
306 Dortmunder Zeitung 381, 30.7.1907 „Organisationsbestrebungen der Hüttenarbeiter". – Zum Streik auf dem Hüttenwerk Rote Erde: Vorwärts 215, 15.9.1906.
307 Steinisch, Arbeitszeitverkürzung, S. 89 u. 99.
308 Reichstagsrede am 17.10.1911, Verhandlungen, S. 7373.
309 Ebd., S. 7375.

Obwohl die erhofften Verbesserungen ausblieben, verfiel Hue nicht in Resignation. Er nutzte den Stillstand zur parteipolitischen Agitation und setzte sich weiterhin im Reichstag,[310] im Landtag,[311] auf Versammlungen[312] und in Zeitungsartikeln[313] für den Arbeiterschutz in der Schwereisenindustrie ein, wenngleich ihm bis zum Ausbruch der Revolution der Erfolg versagt blieb.

9.11 Arbeitskammer oder Arbeiterkammer

Der Bergarbeiterstreik im Jahre 1889 schreckte die Staatsorgane auf, und in Reaktion auf die Ereignisse stellte der Kaiser in seinen Februar-Erlassen 1890 in Aussicht, Einrichtungen zu schaffen, durch die die Arbeiter ihre Interessen wahrnehmen könnten.[314] Doch die Errichtung von Arbeitskammern, paritätisch zusammengesetzt aus Arbeiter- und Unternehmervertretern, bzw. Arbeiterkammern, in denen nur Arbeiter vertreten waren, ließ auf sich warten, obwohl das Zentrum und die Sozialdemokraten im Reichstag entsprechende Anträge stellten.[315]

Bevor die Regierung einen Entwurf einbrachte, nahm sich der 5. Kongress der Gewerkschaften des Themas an.[316] Referenten waren Paul Umbreit, Redakteur des *Correspondenzblatts*, und Otto Hue. Während ersterer sich – wie zuvor die sozialdemokratische Reichstagsfraktion – für eine Arbeitskammer aussprach, da er sich nur von gemeinsam getroffenen Beschlüssen eine Wirkung auf die Staatsorgane versprach,[317] sah Hue in den Arbeiterkammern die bessere Lösung.[318] Er fürchtete beim Gegenmodell das Zusammengehen einzelner Arbeitervertreter mit den Unternehmern, wie er es immer wieder im Knappschaftsvorstand erlebte. Solche zustande gekommenen Gutachten ließen sich leicht gegen die Arbeiterbewegung ausnutzen. Hingegen käme in den Arbeiterkammern der Arbeiterstandpunkt unverschleiert zum Ausdruck. Als besonders wichtig erachtete Hue die Zusammenarbeiten mit den Mitgliedern der anderen Gewerkschaften, die „Fleisch von unserem Fleisch sind“, die „genau so wie wir die Drangsalierungen der Arbeitgeber erduldet“ haben.[319] Die „reinen Arbeiterkammern“ würden auch – so seine feste Überzeugung, bestärkt durch die Erfahrungen beim noch nicht lange zurückliegenden Bergarbeiterstreik – „wesentliche Förderungsmittel für die Einigung der gesamten deutschen Arbeiterklasse sein“.[320] Hue wollte nicht allein mit

310 Am 15.2. und 3.3.1911, Verhandlungen, S. 4668–4675, 4677f. und 5152–5156. – Seine Rede vom 15.2.1911 gab der Metallarbeiterverband als Broschüre „Die rheinisch-westfälische Schwerindustrie auf der Anklagebank“ heraus. Friedrich-Ebert-Stiftung Bibliothek Sign. A 07–08323.

311 Landtagsrede am 7.3.1914, Stenogr. Berichte, Sp. 3624–3627.

312 Vorwärts 119, 3.5.1914 „Die Maifeier in Berlin“.

313 Otto Hue, Der Arbeiterschutz in der Schwereisenindustrie, in: Correspondenzblatt 16, 18.4.1914, S. 245–247 u. 18, 2.5.1914, S. 277–280; Otto Hue, Ein Tarifvertrag für die Hüttenindustrie, in: Arbeiterzeitung (Essen) 204, 31.8.1917.

314 Teuteberg, Geschichte der industriellen Mitbestimmung, S. 373.

315 Ebd., S. 467f. u. 472f.; Grabherr, Arbeitskammervorlagen.

316 Grabherr, Arbeitskammervorlagen, S. 147–151.

317 Protokoll des Gewerkschaftskongresses 1905, S. 190–195.

318 Ebd., S. 196–203.

319 Ebd., S. 201.

320 Ebd., S. 202.

Argumenten überzeugen, sondern er griff – wie es seine bei vielen Gelegenheiten zu beobachtende Art war – Umbreit persönlich an, was nicht allein einigen Delegierten missfiel.[321] Umbreit selbst bedauerte in seiner Replik „außerordentlich" „die Art und Weise, wie Hue meine Integrität als Arbeitervertreter angezweifelt hat".[322]

Nachdem sich die Mehrheit (151 zu 48 Stimmen) für Arbeiterkammern ausgesprochen hatte,[323] verabschiedete der Kongress eine von den beiden Referenten neu formulierte Resolution. Danach sollten die Kammern „als gesetzlich anerkannte Arbeitervertretungen" dazu „berufen sein, in allen die Interessen der Arbeiterschaft betreffenden Angelegenheiten Anträge zu stellen, Gutachten zu erstatten, Beschwerde zu führen, bei der Veranstaltung von Enqueten und arbeitsstatistischen Aufnahmen, sowie insbesondere bei der Ausgestaltung, Durchführung und Beaufsichtigung des Arbeiterschutzes und an der Förderung korporativer Arbeitsverträge mitzuwirken".[324]

Die Entscheidung gegen paritätische Gremien war eine Abkehr von der seit Jahrzehnten vertretenen Position der Sozialdemokratie. Sie zeugte – ebenso wie die auf demselben Kongress angenommene Resolution gegen den Massenstreik[325] – von der gewachsenen Stärke der Gewerkschaften, die sich nicht nur als gleichberechtigte Partner der Partei ansahen, sondern in einigen Fragen den Führungsanspruch für sich geltend machten.[326]

Bevor die Regierung ihren Gesetzesentwurf einbrachte, nahm Hue am 9. März 1907 im Reichstag zu der Thematik Stellung. Er beklagte zunächst, dass 17 Jahre seit dem kaiserlichen Erlass verstrichen seien, ohne dass etwas geschehen wäre, und quittierte die Untätigkeit mit dem Bonmot: „Es geht mit der Sozialpolitik so langsam, wie beim Ochsen die Milch kommt, alle 10 Jahre ein Tropfen."[327] Da die Landwirte mit den Landwirtschaftskammern, die Unternehmer mit den Handelskammern und die Handwerker mit den Handwerkskammern reine Interessenvertretungen erhalten hätten, sollte im Sinne der Gleichberechtigung auch nur eine reine Arbeitervertretung geschaffen werden.[328]

Der Gesetzesentwurf der Regierung, den diese erst am 1. Februar 1908 beim Bundesrat einbrachte,[329] entsprach keineswegs den Erwartungen der Arbeiterorganisationen. Hue teilte die Einschätzung, dass es sich dabei um „eine soziale Mißgeburt schlimmster Sorte" handle.[330] Ebenso erfuhr der Entwurf von anderer Seite massive Kritik, sodass es, obwohl er mehrfach überarbeitet wurde, zu keiner Verabschiedung kam.[331]

[321] Z.B. dem Berliner Delegierten des Metallarbeiterverbandes Körsten. Protokoll des Gewerkschaftskongresses 1905, S. 203. Ebenso Vorwärts 122, 26.5.1905 „Vom Gewerkschafts-Kongreß".

[322] Protokoll des Gewerkschaftskongresses 1905, S. 208.

[323] Grabherr, Arbeitskammervorlagen, S. 147.

[324] Protokoll des Gewerkschaftskongresses 1905, S. 39.

[325] Siehe Kap. 10.4.

[326] Grabherr, Arbeitskammervorlagen, S. 148.

[327] Reichstagsrede am 9.3.1907, Verhandlungen, S. 354.

[328] Ebd., S. 357.

[329] Teuteberg, Geschichte der industriellen Mitbestimmung, S. 476ff.; Grabherr, Arbeitskammervorlagen, S. 144f.

[330] Rede auf einer Bergarbeiterversammlung in Bochum am 23.2.1908, Arbeiter-Zeitung (Dortmund) 46, 24.2.1908 „Eine große Massenkundgebung der Ruhrbergleute".

[331] Teuteberg, Geschichte der industriellen Mitbestimmung, S. 478–482; Grabherr, Arbeitskammervorlagen, S. 145f.

10. Der Sozialdemokrat

10.1 Der Praktiker

Otto Hue, der Repräsentant und eigentliche Führer des Alten Verbandes, gehörte in der Partei, obwohl er Reichstagsabgeordneter und sehr aktiv im Bezirk Westliches Westfalen war, nicht zum Führungsgremium. Gleichwohl fand seine Stimme als Vertreter eines großen Berufsverbandes Gehör. Hue, der wie seine Freunde Carl Legien, Carl Severing, Hermann Molkenbuhr und Wolfgang Heine[1] auf dem rechten Flügel auszumachen war, vertrat bei den zahlreichen innerparteilichen Debatten nicht die Mehrheitsmeinung, sondern bezog stets eine eigenständige Position, die vor allem durch die gewerkschaftliche Praxis geprägt war.

Als Hue 1905 auf dem Parteitag für das westliche Westfalen über die Entwicklung der Parteien unter besonderer Berücksichtigung der Verhältnisse im Ruhrgebiet referierte, stand für ihn fest, dass eine „völlige Revision" der Taktik unbedingt erforderlich wäre. Hier „eine radikale Sozialdemokratie ... zu züchten", wäre verfehlt. Vielmehr müsse „der Schwerpunkt ... gelegt werden auf die sachliche Schilderung der tatsächlichen Verhältnisse, auf die sachliche Schilderung der Entwicklung der Großindustrie. Diese Agitation macht unzweifelhaft Eindruck, wenn sie nicht durchsetzt ist mit einer persönlichen Agitation, die notwendigerweise Kreise vor den Kopf stoßen muß, welche zwar ihrer wirtschaftlichen Lage nach zu uns gehören, aber durch Gefühlsmomente abgehalten werden, sich uns anzuschließen. Wir dürfen uns nicht allein als sozialistische Partei charakterisieren, sondern wir müssen durch persönliches Entgegenkommen, durch Eingehen auf die Gedankengänge uns noch Fernstehender diese von den reaktionären Parteien loszulösen suchen. Wir müssen betonen, daß wir nicht nur eine Partei der Industriearbeiter sind, sondern jeden Volksgenossen umfassen wollen, der kein Interesse an der Hebung des Kapitalismus hat."[2]

In diesem Kontext standen auch seine Überlegungen zur Religionsfrage. Weil „die christliche Gesinnung ... kein Hindernis für den Sozialismus, ... keine Ertötung des proletarischen Klassenbewußtseins" wäre,[3] sei zu überlegen, ob man nicht in der Parteiagitation ein „positives religiöses Bekenntnis ablegen" könne. So ließe sich die „bisher noch wirksamste Waffe" der politischen Gegner, nämlich die Sozialdemokratie als religionsfeindlich darzustellen können, „stumpf" machen.[4] Verstünde man unter „religiöse Gesinnung", losgelöst von den Konfessionen, „Nächstenliebe, Bekämpfung

1 Zum weiteren Bekanntenkreis zählten auch Eduard David, Ludwig Frank, Karl Hildenbrandt, Gustav Noske und Albert Südekum. Werner, Rechnung, S. 190 u. 161; Das Kriegstagebuch des Reichstagsabgeordneten Eduard David, passim.

2 Rede auf dem Provinzial-Parteitag für das westliche Westfalen 1905. Dortmunder Zeitung 580, 14.11.1905.

3 Otto Hue, Der Gewerkverein christlicher Bergarbeiter und die Sozialdemokratie, in: Die Neue Gesellschaft 20, 16.8.1905, S. 234–237, S. 236.

4 Ebd., S. 236f.

jeden Unrechts, Hingabe für ein ideales Ziel", so dürften diese auch die freien Gewerkschaften und die Sozialdemokratie für sich in Anspruch nehmen.[5]

Um künftige Wahlen zu gewinnen, müsse sich die sozialdemokratische Partei für alle Kreise öffnen, die kein Interesse am Bestande des Kapitalismus hätten.[6] Aus einer Analyse der Reichstagsnachwahlen in den Wahlkreisen Altena-Iserlohn und Hagen-Schwelm zog er folgerichtig den Schluss, bei der Wahlagitation nicht die sozialistischen Endziele, die Vergesellschaftung der Produktionsmittel, in den Vordergrund zu stellen, da der Durchschnittswähler sein Urteil „über Gegenwarts-, nicht über Zukunftspolitik" spreche.[7] Der sozialdemokratische Sieg in Altena-Iserlohn sei zustande gekommen, weil man „konsequent die im zweiten Teil des Erfurter Programms niedergelegten politisch-liberalen Grundsätze" vertreten habe. Das Votum der Wähler sei daher keine „Entscheidung für die spezifisch sozialistischen", sondern eine „für die altliberalen Forderungen unseres Parteiprogramms" gewesen.[8] Deren „Werbekraft" müsse in der Zukunft ausgenutzt werden, denn ihnen verdanke man bei den Stichwahlen „das Abschwenken nichtklerikaler und nichtkonservativer Wählerscharen" zum sozialdemokratischen Kandidaten.[9]

Ein zweites habe Vertrauen bei den Wählern geschaffen: die Reformarbeit auf politischem, parlamentarischem, kommunalem, gewerkschaftlichem und genossenschaftlichem Gebiet. „Hunderte, Tausende von Parteigenossen bekleiden als Arbeitersekretäre, Parteisekretäre, Gewerkschaftssekretäre, Gemeindevertreter, Gewerbegerichtsbeisitzer, als Schiedsgerichtsbeisitzer, Krankenkassenvorstände, Konsumverwalter u.s.w. arbeitsvolle, verantwortungsreiche Ämter." Mit dem Verweis auf diese anerkennungswerten Tätigkeiten sollte sich die Partei bei der Wahlagitation als „sozialpolitische, radikale Reformpartei" präsentieren, die „durch reformerisches Wirken" dem Volke nützlich ist, „damit es von einer Etappe zur anderen aus der knechtischen Unterordnung zur zweckbewussten freien Selbstbestimmung schreite".[10] Ziel sei es, „aus Deutschland ein Land der Freiheit und Gerechtigkeit zu machen".[11]

Nach der verloren gegangenen Wahl 1907 meldete sich Hue nochmals zu Wort und stellte die rhetorische Frage, ob „unsere experimentierlustigen und diskutierfrohen Parteigelehrten sich stets vor Augen gehalten" hätten, „dass wir trotz des grossen Wahlsieges von 1903 eine Minderheitspartei blieben, die, wenn sie politisch Einfluss haben will, sich die Tür zu den Nachbarparteien nicht verrammeln darf".[12] Er hatte schon zuvor ein leidenschaftliches Plädoyer für ein Bündnis mit den freiheitlichen Kräften gehalten: „An uns als Demokraten tritt gebieterisch die Pflicht heran, dem regierungsseitig

5 Otto Hue, Zur Geschichte der christlichen Gewerkvereine, in: Sozialistische Monatshefte (1905) 5, S. 386–396, S. 395.

6 Rede auf dem Provinzial-Parteitag für das westliche Westfalen 1905. Dortmunder Zeitung 580, 14.11.1905; Arbeiter-Zeitung (Dortmund) 15.11.1905 (abgedr. in: John, Hue I, S. 64–67).

7 Die bürgerlichen Parteien und die Sozialdemokratie. Lehren der letzten Reichstagsnachwahlen, in: Sozialistische Monatshefte (1906) 9, S. 720–726, S. 720.

8 Ebd., S. 722.

9 Ebd., S. 724.

10 Ebd., S. 726.

11 Otto Hue, Die volkswirtschaftliche Bedeutung der Kartelle, Syndikate und Trusts, in: Arbeiterzeitung (Essen) 245, 20.10.1908.

12 Otto Hue, Zum sozialdemokratischen Parteitag in Essen, in: Sozialistische Monatshefte (1907) 9, S. 693–702, S. 695.

protegierten konservativ-kapitalistischen-klerikalen Kartell gegenüber alle freiheitlich gesinnten, wirklich liberalen Volkselemente mobil zu machen, sei es durch Organisierung in unserer Partei, sei es, sofern sie noch nicht auf den äussersten linken Flügel der Freiheitsarmee treten wollen, durch passive und je nachdem aktive Unterstützung des ehrlich-liberalen Bürgertums. … Wer seiner sozialdemokratischen Überzeugung sicher ist, wird sich nicht fürchten, eine zeitweilige Waffenbrüderschaft mit solchen Volksgenossen zu schliessen, die immerhin mit uns in der Feindschaft gegen die politische Reaktion einig und gewillt sind, eine gute Wegesstrecke mit uns vorwärts zu gehen.“[13] Nach der Niederlage bei der Reichstagswahl wiederholte er seinen Vorschlag und warb dafür, sich mit der freiheitsliebenden Wählerschaft zu verbünden.[14] „Zusammenfassen der freiheitlichgesinnten Staatsbürger, keine Einengungspolitik, Ausbreitung der Kampffront, eine Politik, die uns Freunde und Bundesgenossen wirbt“,[15] das waren für ihn nicht allein die Notwendigkeiten der Stunde, sondern Grundprinzipien seiner strategischen Überlegungen,[16] wobei er allerdings die Bereitschaft der Linksliberalen, mit den Sozialdemokraten zusammenzuarbeiten, überschätzte.

Hue ordnete sich mit seinen Überlegungen ein in die Reihen der Praktiker, die nicht an den revolutionären Umsturz dachten, sondern in kleinen Schritten, in Kooperation mit Vertretern der bürgerlichen Parteien, eine Verbesserung der Lebens- und Arbeitsverhältnisse der Arbeiterschaft herbeiführen wollten.

In vielen seiner Reden und Schriften bekundete Hue seinen Unwillen über die „Nurtheoretiker“. Sie missachteten die ernsten Mahnungen der Praktiker und sorgten als „rednerisch begabte, noch dazu wissenschaftlich vorgebildete Delegierte“ für Parteitagsbeschlüsse zur Maifeier oder zum politischen Massenstreik, für deren Durchführung sie sich dann nicht zuständig fühlten. „Dadurch sei der Zwiespalt zwischen ‚Theorie und Praxis‘, zwischen ‚Wollen und Können‘ entstanden“, der sich so nachteilig für die Partei auswirke.[17]

Hue erachtete die ständigen Theoriediskussionen, die er als „Flohknackereien“ abtat,[18] nicht nur als wenig nutzbringend, sondern er teilte den „erbitterten Unmut in Parteikreisen über das Literatengezänk, welches mit einer Selbstgefälligkeit und Gründlichkeit geführt wird, als ob wir ohne diese Zänkerei gar nicht leben könnten“. Trotz seiner abwiegelnden Behauptung „Es herrscht insbesondere in Gewerkschaftskreisen absolut keine Verachtung der Theorie.“ wetterte er: „Aber die Theoretisiererei, die alle Tage ein ‚neues Mittel‘, und alle, so nicht gleich mittun, einschachtelt in wer weiß wie viele ‚Richtungen‘ und ‚Ismen‘, dabei vergessend, daß wir umringt sind von rücksichtslos infamen Gegnern, diese Kritikasterei ist direkt schädigend und unfruchtbar. Sie lähmt die Arbeitsfreudigkeit, und hat schon viele unserer Besten unsäglich verbittert. Sie treibt zu

13 Hue, Die bürgerlichen Parteien, S. 724f. – Auf einer Protestversammlung des Liberalen Vereins Essen gegen die neue Schulvorlage, auf der auch Hue referierte, sprach er die Hoffnung aus, dass es auch zukünftig zu einer Zusammenarbeit zwischen Sozialdemokraten und „wahrhaft liberal denkenden Männern“ kommen möge. General-Anzeiger für Essen 83, 10.4.1906.

14 Z.B. Rede auf der Distriktversammlung am 13.11.1907 (Volksblatt 266, 14.11.1907) und auf dem Parteitag der Provinz Westliches Westfalen am 15.12.1907 (Volksblatt 293, 17.12.1907).

15 Hue, Zum sozialdemokratischen Parteitag, S. 702.

16 O. Hue, Führung und Geführte, in: Arbeiterzeitung (Essen) 305, 30.12.1910.

17 Otto Hue, Auch etwas zum – Vergnügen, in: Volksblatt 151, 30.6.1916.

18 Otto Hue, Partei und Gewerkschaft. Ein Wort an den Jenaer Parteitag, in: Die Neue Gesellschaft 25, 20.9.1905, S. 290–293, S. 293.

Konflikten zwischen Gewerkschaft und Partei, sie erzeugt den Nährboden für die Verachtung der grundlegenden gewerkschaftlichen und politischen Kleinarbeit."[19]

Auch als Sozialdemokrat blieb Hue in erster Linie Gewerkschafter, der sich die Seitenhiebe auf die Parteiintellektuellen, die „niemals Industriearbeit" geleistet hätten, nicht verkneifen konnte.[20] Er schürte, wie auch Bebel,[21] die existierenden Ressentiments, wenn er die vorhandenen Gegensätze herausstrich: „Gerade die ‚Führer' des Bergarbeiterverbandes stehen mitten drin in der Proletariermasse, in ihr sind sie geboren, leben und sterben mit ihr. Tagtäglich haben wir mit der gedrückten Arbeitergruppe zu thun, empfinden ihr Leiden, da wir Fleisch von ihrem Fleische sind. Wir sitzen mit ihnen am kärglich gedeckten Tisch, schlafen mit ihnen in enger Kammer, oft in einem Bett, fühlen uns heimisch in diesen Kreisen. Aber wir kennen Leute, die uns proletarisches Gefühl absprechen, denen es nicht einfällt ‚ein Sohn des Volkes' zu sein – im Liede wohl, aber nicht in der Praxis. Wunderbare Erfahrungen haben wir schon mit solchen proletarischen Dilettanten gemacht, ein Nachtlager im Arbeiterhause war ihnen nicht gut genug, aber von der Bühne herab über ‚Leisetreterei', ‚Opportunismus', ‚Verwischen der Klassengegensätze' donnern, das konnten sie. Hat man denn schon wirklich proletarisches Gefühl, wenn man eine Mitgliedskarte der sozialdem[okratischen] Partei bezahlt?"[22]

Sein Unmut gegen die Akademiker wurde noch dadurch verstärkt, dass er annahm, sie könnten in der sozialdemokratischen Organisation schneller aufsteigen als die Arbeiter. Ihretwegen hätten „verdiente Genossen, die 10, 20–30 Jahre für die Partei tätig gewesen sind, zurückstehen" müssen.[23]

Die Zitate belegen, dass die sozialdemokratische Partei „nicht nur ein solidarischer Bund, sondern – bei internen Diskussionen – zugleich immer auch eine Schlangengrube" war.[24] Für diese Feststellung von Karl-Christian Führer lassen sich im Folgenden weitere Beweise erbringen, denn Hue war ein streitbarer Genosse, der kein Blatt vor den Mund nahm, sich nie scheute, bei den parteiinternen Kämpfen offen seine Meinung zu sagen, auch wenn es nicht vorteilhaft für die Partei ausfiel. Zu Recht hatte ihm der Bochumer Bezirkspolizeikommissar das Zeugnis ausgestellt: „Seine Schreibweise ist gefürchtet, ohne Zaudern greift er auch den Gegner aus den eigenen Reihen an, wenn er einen Vorstoß gegen seine eigenen Anschauungen als Socialdemokrat oder Bergarbeiterführer vermutet."[25] Hue tat dies in der festen Überzeugung, dass die Debatten der Partei nicht schaden würden. „Wer das glaube, der habe keine Ahnung von dem Wesen

[19] Ebd.

[20] Otto Hue, Die „Paritätsdebatte" auf dem christlichen Gewerkvereinskongreß II, in: Bergarbeiter-Zeitung 26, 7.7.1900.

[21] Bebels Warnung, ausgesprochen auf dem Parteitag 1903, lautete: „Seht Euch jeden Parteigenossen an, aber wenn es ein Akademiker ist oder ein Intellektueller, dann seht ihn Euch doppelt und dreifach an." Protokoll, S. 225.

[22] Der deutsche Bergarbeiterverband und die sozialdemokratische Partei III, in: Bergarbeiter-Zeitung 44, 9.11.1901.

[23] Ausführungen auf einer Parteiversammlung in Gelsenkirchen. Vorwärts 250, 24.10.1908 „Zum Fall Calwer". – Die Klage war nicht ungerechtfertigt. Schröder, Sozialstruktur, S. 83.

[24] Führer, Legien, S. 124.

[25] LAD NRW Abt. Westf. Reg. Arnsberg 14234, Bezirkspolizeikommissar Bochum an Regierungspräsident Arnsberg, 1.10.1905. Übernommen vom Regierungspräsidenten in seinem Bericht an den Minister d. Innern, 22.12.1905, in: Quellensammlung zur Geschichte der deutschen Sozialpolitik 1867 bis 1914, IV. Abt., Bd. 1: Das Jahr 1905, Nr. 304, S. 617–657, S. 628.

der Sozialdemokratie. Die Partei werde von einem eisernen Reifen zusammengehalten, dem Klassenbewußtsein. Im Ziel sind wir einig, es ist die Befreiung der Arbeiterklasse vom kapitalistischen Joch."[26]

10.2 Der Maurerstreit

Den sozialdemokratischen Parteitag 1901 in Lübeck beschäftigte ein lokaler Streit, der aber für das Verhältnis von Partei und Gewerkschaft von grundsätzlicher Bedeutung war. Auslöser war eine Tarifvereinbarung zwischen der Hamburger Ortsgruppe des Zentralverbandes der Maurer und dem dortigen Unternehmerverband für das Baugewerbe, die die Akkordarbeit verbot. Doch keineswegs alle Berufsgenossen hielten sich an den Beschluss, sondern einige arbeiteten weiterhin im Akkord auf den Baustellen, über die der Maurerverband eine Sperre verhängt hatte. Für die Gewerkschaft kam dies einem Streikbruch gleich, weshalb sie die renitenten Maurer ausschloss, die daraufhin eine eigenständige Organisation gründeten. Da es sich bei den „Streikbrechern" vielfach um Sozialdemokraten handelte, beantragte der Maurerverband, diese aus der Partei auszuschließen.[27]

Die erste Stellungnahme der *Bergarbeiter-Zeitung* war geprägt vom Hueschen Standpunkt, Gewerkschafts- und Parteifragen nicht miteinander zu verquicken. So sehr man auch das unsolidarische Handeln der Mauerer verurteile, so folge daraus keineswegs zwingend der Parteiausschluss, denn dafür sei allein das Parteistatut maßgebend.[28]

Nachdem ein Parteischiedsgericht, das das Verhalten der Akkordmaurer zwar „auf das tiefste" bedauerte, aber keine „ehrlosen Motive" ausmachen wollte, die für einen Parteiausschluss vorliegen müssten, und deshalb den Antrag des Maurerverbandes ablehnte, meldete sich Hue abermals zu Wort. Es zeige sich, „daß es für Gewerkschaften und Parteien am besten ist, sie verhalten sich zu einander neutral. Dann kommt kein Parteigericht in die Verlegenheit, Schiedssprüche zu konstruiren, dessen erste Voraussetzung die Unterordnung der einen Organisation unter die andere ist." lautete die Schlussfolgerung.[29]

Für ihn war die Missachtung des Mehrheitsbeschlusses kein Kavaliersdelikt, sondern ein gravierender Verstoß gegen elementare Prinzipien der Gewerkschaftsorganisation. Entsprechend harsch fiel seine Reaktion aus. Schonungslos zerpflückte er die Argumentation des Gerichts: „Diese gemeingefährlichen Sperrebrecherkolonnen sind also ‚nicht ehrlos im Sinne des Parteistatuts', weil die Ansicht über das Wesen der Akkordarbeit noch nicht geklärt ist. Aber die Nothwendigkeit der gewerkschaftlichen Disziplin steht doch sicher fest und da kann es sich gar nicht mehr fragen, ob die sozialdemokratische Partei es für ‚nicht ehrlos' hält, daß sich Gewerkschaftskollegen absplittern, um den nach Akkordarbeit lüsternen Unternehmern die Nichtbeachtung eines sozialpolitisch-wohlthätigen Tarifvertrages zu ermöglichen." Weiter ließ er seiner Empörung freien

26 Gelsenkirchener Volkszeitung 232, 9.10.1903 „Sozialdemokratisches I".

27 Anklage des Maurerverbandes. Zit. nach Bergarbeiter-Zeitung 30, 3.8.1901 „Parteistatut oder Gewerkschaftsdisziplin?" (abgedr. in: Materialien zum politischen Richtungsstreit, S. 466–476).

28 Bergarbeiter-Zeitung 26, 6.7.1901 „Partei und Gewerkschaft".

29 Bergarbeiter-Zeitung 30, 3.8.1901 „Parteistatut oder Gewerkschaftsdisziplin?" Hier ist auch das Urteil abgedruckt.

Lauf: „Es giebt für einen Gewerkschaftler nichts Entehrendes, als daß er seine Organisation verläßt, um eine Keiltreiber-Vereinigung zu organisiren!" Hätte das Schiedsgericht nach den Bedürfnissen der Gewerkschaften geurteilt, dann wäre es „unmöglich zu seinem Spruch" gekommen, „der dem ‚Parteigenossen' den gewerkschaftlichen Disziplinbruch nicht als ehrlos anrechnet". Doch da es nicht deren Standpunkt eingenommen hatte, seien die Folgen offensichtlich: „Der Hamburger Schiedsspruch versetzt die Gewerkschaften gegenüber der Partei in die Rolle des Aschenbrödels, dessen trauriges Loos man zwar gebührend bedauert, das man im Übrigen aber seinem Schicksal überläßt. Diese Aschenbrödelrolle ist erstens unwürdig für die Gewerkschaften, da sie an wirklicher, organisatorischer Energie sich weit über die politischen Parteien erheben; zweitens ist diese Behandlung der Berufsorganisation im höchsten Maße geeignet, dem Sonderbündler, dem Disziplinbruch und dem Marodenthum Thür und Thor zu öffnen." Weil der Hamburger Fall deutlich gemacht habe, „daß es Streitfälle im Leben der Gewerkschaft giebt, die von einer politischen Partei ganz entgegengesetzt beurtheilt werden, wie sie der Gewerkschaftler beurtheilen muß, will er nicht den Ast absägen, auf dem er sitzt", kam Hue zu seiner zu Beginn zitierten Schlussfolgerung.

Die Hamburger wollten den Schiedsspruch nicht hinnehmen und wandten sich an den Kontrollausschuss der Partei, der aber keine Gründe fand, den Beschluss aufzuheben. Er bedauerte zugleich, „daß Parteigenossen eine ihrer Natur nach rein gewerkschaftliche Frage dadurch zur Parteisache gemacht haben, daß sie die Parteiorganisation zur Entscheidung angerufen haben".[30] Diese Stellungnahme war Wasser auf die Mühle des Neutralitätstheoretikers Hue: „Das ist ganz unser Standpunkt, den wir seit Jahren vertreten und um dessentwillen wir von Parteigewerkschaftlern heftig bekämpft werden. Der sozialdemokratische Kontrollausschuß sagt klipp und klar, daß eine Verquickung von gewerkschaftlichen mit parteipolitischen Angelegenheiten beiden Theilen schadet! Auf dieser Erkenntnis basirt aber gerade unsere Haltung [der gewerkschaftlichen Neutralität]!"[31]

Da die Diskussion hohe Wellen schlug, musste sich der kommende Parteitag mit dem Streit beschäftigen. Die *Bergarbeiter-Zeitung* warnte davor, dort den Schiedsspruch zu bestätigen, da dies „bedeutsame Konsequenzen für jeden Sozialdemokraten" habe, der davon „überzeugt ist, daß straffe Disziplin, Anerkennung der demokratischen Grundsätze die allerersten Vorbedingungen für die Existenz der Gewerkschaften sind". Sie setzte alle Hoffnung darin, dass der Parteitag „der Geschichte am besten dadurch ein Ende" mache, indem er „ausspricht, wie jeder Mensch, so seien auch die Mitglieder des Schiedsgerichts nicht unfehlbar, sie hätten sich geirrt! So wird es jedem Gewerkschaftler auch in Zukunft ermöglicht, in der sozialdemokratischen Partei diejenige zu erblicken, die am konsequentesten die Arbeiterinteressen vertritt."[32]

Zum wiederholten Male meldete sich Hue zu Wort, indem er die zukünftige Diskussion auf dem Parteitag zu einer Frage der „Parteimoral" erklärte.[33] Die Delegierten müssten dem Ausschlussantrag stattgeben, ansonsten spreche sie den Streikbruch heilig und das schade der Partei mehr als „die ganze ‚Bernsteinerei'". Bei dieser „handelt es sich im Wesentlichen nur um eine Gruppe von Überklugen, Verärgerten, Eigenbrödlern

30 Zit. nach Bergarbeiter-Zeitung 33, 24.8.1901 „Der Hamburger Schiedsspruch".
31 Ebd.
32 Bergarbeiter-Zeitung 34, 31.8.1901 „Keine ehrlose Gesinnung".
33 O.H., Mit dem Akkordmaurer-Schiedsspruch, in: Bergarbeiter-Zeitung 35, 7.9.1901.

und ‚Opportunisten'; in der Angelegenheit des Hamburger Schiedsspruchs werden aber die vitalsten Interessen von hunderttausenden gewerkschaftlich organisirter Arbeiter berührt, die bitter um ihr tägliches Brot kämpfen und hierbei von Leuten wie die ‚alten Hamburger Genossen ...' auf das Empfindlichste geschädigt werden." Hue fürchtete zudem, dass eine Billigung des Schiedsspruchs dem Plan, eigene „gewerkschaftliche Reichstagsabgeordnete aufzustellen", neue Nahrung zuführen werde.

Zum Parteitag hatten die Gewerkschafter Legien, von Elm und Bömelburg einen Antrag eingebracht, nach dem die Delegierten nicht den Schiedsspruch, sondern allein seine Begründung ablehnen sollten, während der Gegenantrag Fischer einerseits den Streikbruch verurteilte, andererseits aber das Urteil des Schiedsgerichts sanktionierte.[34] Nach einer kontrovers geführten Debatte, in der Ignaz Auer, Verfasser des Schiedsspruchs, namentlich Otto Hue angriff,[35] fand die vom Parteivorstand unterstützte Resolution Fischer bei der namentlichen Abstimmung die Mehrheit (159 zu 72 Stimmen).[36]

Für die *Bergarbeiter-Zeitung* bedeutete das Votum eine „Entschuldigung des Streikbruchs".[37] Besonders enttäuscht zeigte sie sich in ihrem ersten Kommentar über das Verhalten des Parteivorstandes, weil dessen Vertreter „den gewerkschaftlichen Disziplinbruch" allgemein gerechtfertigt hätten. „So haben wir nunmehr alle Ursache, den festen Glauben an das sachliche Urtheil der sozialdemokratischen Parteileitung fahren zu lassen!"

Hue nahm die Lübecker Entscheidung zum Anlass, in einer mehrteiligen Artikelserie das Verhältnis des Bergarbeiterverbandes zur sozialdemokratischen Partei zu klären.[38] Er wiederholte einerseits seine Vorwürfe gegen Auer und gegen die Parteiführung, der er unterstellte, das Anwachsen der Gewerkschaftsbewegung mit Misstrauen zu verfolgen. „Diesem Mißtrauen setzen wir unser Mißtrauen gegen den Parteivorstand entgegen."[39] Andererseits bekräftigte er sein Bekenntnis zur Sozialdemokratie, indem er nochmals betonte: „Unsere politische Überzeugung, daß die Verwirklichung der sozialdemokratischen Ideen die einzige, gründliche Beseitigung der kapitalistischen Drangsale bedeute, wird auch durch noch so beleidigende Unterstellungen nicht erschüttert!"[40]

Die scharfen Angriffe auf die Parteiführung hatten, auch wenn sie von der Anerkennung des sozialdemokratischen Programms begleitet waren, nicht nur eine abermalige Anklage gegen die angebliche parteischädigende Neutralitätshaltung des Bergarbeiterverbandes ausgelöst. Auch im Ruhrgebiet, besonders im Dortmunder Raum, wurde Kritik an der Haltung der *Bergarbeiter-Zeitung* laut. Dass Dortmund ein Zentrum der Opposition bildete, war nicht überraschend. Die *Rheinisch-Westfälische Arbeiterzeitung* gehörte zu den schärfsten Kritikern des Neutralitätskurses des Verbandes. Zum anderen hatte die *Bergarbeiter-Zeitung* den Dortmunder Parteitagsdelegierten Heinrich Bartels

34 Protokoll des Parteitages 1901, S. 101f.

35 Ebd., S. 225.

36 Ebd., S. 214–259.

37 Bergarbeiter-Zeitung 40, 12.10.1901 „Die Gewerkschaftsdebatte in Lübeck".

38 Der deutsche Bergarbeiterverband und die sozialdemokratische Partei, in: Bergarbeiter-Zeitung 42–46, 26.10.–23.11.1901.

39 Der deutsche Bergarbeiterverband und die sozialdemokratische Partei II, in: Bergarbeiter-Zeitung 43, 2.11.1901. – Trotz der hart geführten Kontroverse widmete Hue Auer einen persönlichen würdigenden Nachruf. O.H., Ignaz Auer +, in: Bergarbeiter-Zeitung 16, 20.4.1907.

40 Ebd.

namentlich an den Pranger gestellt, in dem sie schrieb: „Wie unser Kamerad Bartels, der gar noch Vorsitzender unseres Kontrollausschusses ist, also in erster Linie bei uns über stramme Disziplin zu wachen hat, seine Entschuldigung des Streikbruchs rechtfertigen wird, werden wir noch sehen."[41]

In einer Parteiversammlung machte Konrad Haenisch bei seinem Bericht über den Parteitag Stimmung gegen die Gewerkschaftsstrategie von Hue und dessen Stellungnahme zum Maurerstreit. Die Genossen verabschiedeten daraufhin mit 27 gegen 5 Stimmen, bei 20 Enthaltungen, eine Resolution, in der sie rügten, „daß Genosse Hue in der ‚Bergarbeiterzeitung' im Gegensatz zu der gesammten übrigen Gewerkschaftspresse ununterbrochen gegen den Entscheid des Lübecker Parteitages in Sachen der Hamburger Akkordmaurer polemisirt. Das Vorgehen Hues widerspricht dem Interesse der Gewerkschaften ebenso wie dem Interesse der Partei."[42] Ein gleiches Votum gab die Zahlstelle des Verbandes in Lütgendortmund am 24. November ab.[43]

In Essen hingegen sprach die Mitgliederversammlung Hue das Vertrauen aus: „Sie erblickt in den verdächtigenden Angriffen der verschiedenen Gegner eine Herabwürdigung des deutschen Bergarbeiterverbandes und weist sie entschieden zurück."[44] Ähnlich fiel die Stellungnahme der Borbecker Zahlstelle und der Vertrauensmänner des westlichen Ruhrgebiets aus.[45]

Während der Streit im Ruhrgebiet tobte, hatte eine Einigungskommission in Hamburg eine Entscheidung betr. Akkordmaurer getroffen. Danach sollten alle aus der Partei ausgeschlossen werden, die sich nicht bis zum 1. Dezember dem Zentralverband der Maurer angeschlossen und dessen Beschlüsse anerkannt hätten.[46] Hue nahm mit Freuden den Beschluss entgegen und triumphierte: „Das ist der Abschluß! Um jene Unsolidarischen ist der ganze Skandal in der deutschen Arbeiterschaft angefacht und sind Diejenigen, die von allen Anfang an die Unwürdigkeit der Leute erkannten und betonten, geschmäht worden. Wir haben eine glänzende Genugthuung erfahren, unsere Anfeinder können jetzt ruhig auf ihren Lorbeeren ausruhen. Wir beneiden sie nicht. Recht muß Recht bleiben."[47]

10.3 Der Dresdner Parteitag 1903

Zwei Jahre später stand auf dem Dresdner Parteitag zum wiederholten Male die Kritik am Bernsteinschen Revisionismus im Mittelpunkt der Debatten. Ein weiteres kontrovers diskutiertes Thema war die Frage, die vor allem Bernstein angestoßen hatte, ob die Sozialdemokraten als zweitstärkste Fraktion im Reichstag die Stelle des ersten Vizepräsidenten für sich beanspruchen sollten.[48] Da mit diesem Amt höfische Verpflichtungen

[41] Bergarbeiter-Zeitung 40, 12.10.1901 „Die Gewerkschaftsdebatte in Lübeck".
[42] Rheinisch-Westfälische Arbeiterzeitung 250, 25.10.1901; Bergarbeiter-Zeitung 43, 2.11.1901.
[43] Bergarbeiter-Zeitung 48, 7.12.1901.
[44] Bergarbeiter-Zeitung 44, 9.11.1901.
[45] Ebd. u. Bergarbeiter-Zeitung 7, 15.2.1902.
[46] Der Beschluss ist abgedruckt in: Bergarbeiter-Zeitung 47, 30.11.1901.
[47] Bergarbeiter-Zeitung 47, 30.11.1901.
[48] Eduard Bernstein, Was folgt aus dem Ergebnis der Reichstagswahlen?, in: Sozialistische Monatshefte (1903) 7, S. 478–486.

verbunden waren, wollte die Mehrheit in der Partei lieber darauf verzichten, als „zu Hof zu gehen“. Die vom Vorstand vorgelegte und dann überarbeitete Resolution lehnte es zum einen ab, „höfische Verpflichtungen zu übernehmen“, zum anderen verurteilte sie „auf das entschiedenste die revisionistischen Bestrebungen, unsere bisherige bewährte und sieggekrönte, auf dem Klassenkampf beruhende Taktik in dem Sinne zu ändern, daß an Stelle der Eroberung der politischen Macht durch Überwindung unserer Gegner eine Politik des Entgegenkommens an die bestehende Ordnung der Dinge tritt“. Bei der namentlichen Abstimmung stimmten 288 Delegierte zu – u.a. auch namhafte Gewerkschafter wie Bömelburg, Legien und Sachse –, während elf mit Nein votierten.[49] Zu dem „Häuflein der elf Aufrechten“, „die dem ‚Ede‘ [Eduard Bernstein, K.W.] trotz hitzigster Bekämpfung die Treue hielten“,[50] gehörte auch Otto Hue,[51] doch sein Abstimmungsverhalten ist nicht, wie Löbe unterstellt, als Unterstützung für Bernstein zu verstehen.

Auf einer Versammlung in seinem Wahlkreis begründete Hue sein Votum in Dresden. Er bekundete, auch gegen die „Hofgängerei“ zu sein, weshalb er dem ersten Teil der Resolution durch Handaufheben zugestimmt habe, was aber nicht im Protokoll festgehalten worden wäre.[52] Beim Vorstandsantrag habe er sowohl eine klare Beschreibung dessen vermisst, was den Revisionismus ausmache, wie auch den Nachweis, dass bestimmte Personen nicht auf dem Boden des Parteiprogramms stünden. Da jedoch „keine Gegner unserer Parteigrundsätze“ ausgemacht worden seien, waren in seinen Augen der Antrag, der „weder Hand noch Fuß“ hatte, und die Debatte völlig „überflüssig“ gewesen. Hue wollte sein Abstimmungsverhalten keineswegs „als Zustimmung zum ‚Revisionismus‘“ verstanden wissen, sondern allein als Protest „gegen die Art, wie Haupt- und Staatsaktionen eingeleitet werden, die schließlich sich als ein Streit von Personen entpuppen, die nicht daran denken, wie solche Szenen auf die Arbeitermassen wirken. Für eine Resolution über das Hornberger Schießen zu stimmen, damit ‚doch ein Abschluß kommt‘ – mit welchem Argument manche Delegierte ihre Abstimmung privatim motivierten –, dazu fehlt es mir an Neigung. Entweder man nennt Roß und Reiter, oder verschont die Partei mit tagelangem Streit über litterarische Silbenstecherei.“

Die Parteigenossen in Bochum, Gelsenkirchen, Herne und Witten, die ihm den Kopf waschen wollten, gaben sich mit seiner Erklärung zufrieden[53] und sprachen ihm – so in Herne – „ihr volles Vertrauen aus. Nicht nach einzelnen Abstimmungen, sondern nach seiner Gesamtthätigkeit ist die Befähigung des Politikers zum Arbeitervertreter zu beurteilen.“[54] Verbunden war die Solidaritätsbekundung mit einem Seitenhieb auf die Parteiintellektuellen: „Wenn Gefahr besteht, daß unsre Partei von ihrer alten Bahn abgedrängt wird, so ist sie am ehesten von solchen Parteigenossen zu befürchten, die aus sogenannten ‚besseren Kreisen‘ zu uns kommen und niemals die Leiden der Arbeiterklasse am eignen Leibe erfuhren.“

49 Resolution und Abstimmungsergebnis: Protokoll des Parteitages 1903, S. 418ff.

50 Löbe, Der Weg war lang, S. 54.

51 Für den Bochumer Bezirkspolizeikommissar war das Votum Hues „nicht überraschend war er doch als Neutralitätsduseler und als erzreactionärer Revisionist verschrien“. LAD NRW Abt. Westf. Reg. Arnsberg 14233, Bezirkspolizeikommissar Bochum an Regierungspräsident Arnsberg, 15.10.1903.

52 Erklärung Hues im *Volksblatt.* Zit. nach Allgemeiner Beobachter 226, 2.10.1903.

53 LAD NRW Abt. Westf. Reg. Arnsberg 14233, Bezirkspolizeikommissar Bochum an Regierungspräsident Arnsberg, 15.10.1903.

54 Vorwärts 251, 27.10.1903 „Nach dem Parteitage“.

10.4 Die Generalstreikdebatte

Der Generalstreik als Mittel zur Durchsetzung politischer Ziele bzw. zur Eroberung der Macht war in der internationalen Arbeiterbewegung heftig umstritten.[55] Die Mehrheit der deutschen Sozialdemokraten lehnte ihn ab und setzte stattdessen bei aller verbalen Radikalität auf eine legale Strategie. Doch trotz der Wahlerfolge blieb die Partei weit davon entfernt, ihre Ziele durchzusetzen. Die Parteilinke mit Rosa Luxemburg an der Spitze, unzufrieden über die Priorisierung der fruchtlosen Parlamentsarbeit, suchte nach Alternativen und propagierte, bestärkt durch die revolutionären Ereignisse in Russland und den Bergarbeiterstreik 1905, den Generalstreik zur Durchsetzung politischer Ziele.[56]

Die Diskussion alarmierte die Gewerkschaften. Auf ihrem Kongress im Mai 1905 war der politische Massenstreik eines der Hauptthemen. Theodor Bömelburg, der Vorsitzende des Maurerverbandes, begründete in seiner Rede die ablehnende Haltung der Verbände. Zum einen schätzte er die Erfolgsaussicht eines Streiks als gering ein, zum anderen fürchtete er die Folgen einer Niederlage. Dann sei die Aufbauarbeit von Jahrzehnten zerstört. Er wollte aber einen Abwehrstreik, falls die Regierung die Volksrechte verschlechtern wollte, nicht ausschließen, doch hielt er eine Diskussion darüber im Vorfeld für schädlich.[57]

Hue, der mit den Ausführungen Bömelburgs einverstanden war,[58] meldete sich später, kurz vor dem SPD-Parteitag, zu Wort, dafür umso polemischer. Zielscheibe seiner Philippika waren die „Parteischriftsteller, die sich mit der ‚Taktikfrage‘ in einer Weise befassen, daß von da aus der Schritt zum ‚Anarcho-Sozialismus‘ nur sehr klein ist“.[59]

Zu Beginn kritisierte er die Blindheit der Theoretiker gegenüber der gewerkschaftlichen Kleinarbeit und wies den Vorwurf des mangelnden Idealismus zurück: „Wenn man aber weiß, welche unsägliche Mühe es gekostet hat, die Arbeiterbewegung auf den Stand zu bringen, den sie heute einnimmt, dann ist man um so besorgter um die Festigung des Erreichten und die planmäßige Eroberung neuer Positionen. Über dieses, den Gewerkschaftsleitungen durch ihre Praxis anerzogene Verantwortlichkeitsgefühl mag die Nase rümpfen, wer aus der Schreibstube oder sonst fern von der aufreibenden Kleinarbeit den ‚Klassenkampf führt‘. Wer schon erfuhr, welche unsägliche Mühe es kostet, eine Gewerkschaftsfiliale in den unbeackerten Bezirken zu gründen und sie aufrecht zu erhalten, der läßt ab von dem Traum, mit einem kühnen Ruck die Welt aus den Angeln zu heben.

Wie kann man den Gewerkschaften Mangel an Idealismus vorwerfen? Gerade die mühsame Pionierarbeit der Gewerkschaftsagitatoren erfordert eine große Summe von Begeisterung, denn sonst wird die Flinte ins Korn geworfen, was schon zahlreiche schwachnervige Personen getan. Wie können die Friedeberge sich hinstellen und von ‚Verflachung der Gewerkschaften‘ faseln, wo doch nie zuvor die Gewerkschaften solche riesigen Kämpfe geführt haben, wie in den letzten Jahren und Monaten!“

[55] Grunenberg, Einführung.

[56] Zur Massenstreikdebatte: Eichler, Von Köln; Gilcher-Holtey, Mandat, S. 184–251.

[57] Protokoll der Gewerkschaftskongresses 1905, S. 215–222.

[58] Hue/Leimpeters, Erklärung, in: Bergarbeiter-Zeitung 48, 2.12.1905.

[59] Bergarbeiter-Zeitung 36, 9.9.1905 „Anarcho-Sozialismus“. Daraus auch die folgenden Zitate. – Hue nahm Bezug auf eine später gedruckte Rede des Berliner Sozialdemokraten Dr. Raphael Friedeberg, der die gewerkschaftliche Taktik kritisiert und den Generalstreik propagiert hatte. Friedeberg wurde 1907 aus der SPD wegen seines „Anarchosozialismus“ ausgeschlossen. Zu Friedeberg: Bock/Tennstedt, Raphael Friedeberg. Zur Debatte über seine Thesen: Eichler, Von Köln, S. 51–58.

Nach der Schilderung der mühseligen Alltagsarbeit ging Hue dann zum massiven Angriff auf die Parteiintellektuellen über:

„Was haben diejenigen, die den Gewerkschaften den Idealismus absprechen und gegen die ‚Gewerkschaftsbureaukratie' hetzen, denn schon tatsächliches geleistet für die Organisierung der Massen, die doch die Vorbedingung der proletarischen Siege ist? Jene wissen oft nur aus der Lektüre, was es heißt, jeden Fußbreit eroberten Bodens gegen die anstürmenden kapitalistischen Mächte zu verteidigen und die Laufgräben für die Eroberung neuer Stellungen anzulegen. Uns allen geht es zu langsam, wir alle gingen am liebsten im Sturmschritt vor. Jede Vergewaltigung des Volksrechtes peitscht uns das Blut durch die Adern. Was die Arbeiterschaft leidet, das empfindet gewiß am besten derjenige, der mitten unter ihnen im praktischen Kampfe gegen die Büttel steht. Eben weil die Gewerkschaftler die rohen Kräfte sammeln und disziplinieren müssen, wissen wir am besten, welches Riesengebirge von Unverstand und Vernachlässigung der energischen Interessenvertretung noch in den tiefen Kolonnen der proletarischen Massen existiert. Dagegen kämpft man nicht erfolgreich an mit Schlagworten und ‚radikalen' Phrasen."

Einmal in Rage fuhr Hue fort und scheute sich nicht, fremdenfeindliche Ressentiments zu schüren:

„In Rußland tobt seit Jahr und Tag der Kampf um die Volksfreiheit. Wir wunderten uns schon immer, warum unsere theoretischen Generalstreikler nicht schleunigst nach Rußland gehen, um dort praktische Kampfeserfahrungen zu sammeln und mitzukämpfen. In Rußland blutet die Arbeiterschaft, weshalb eilen insbesondere die aus Rußland oder Polen stammenden, jetzt in Deutschland, Frankreich und der Schweiz ‚revolutionäre' Artikel schreibenden Theoretiker nicht auf den Kampfplatz? Wer ein solches Übermaß von ‚revolutionärer' Energie besitzt, wie unsere systematischen Generalstreikpropagandisten, für den ist es Zeit, sich im russischen Freiheitskampfe praktisch zu betätigen, statt aus der Sommerfrische Generalstreikdiskussion zu betreiben. Probieren geht übers Studieren, darum auf in den russischen Freiheitskampf, ihr ‚Theoretiker des Klassenkampfes'!"

Zwar wird Rosa Luxemburg nicht namentlich genannt, so wusste doch jeder, wem der Angriff zugleich galt. Die Protagonistin des Massenstreiks zog sich denn auch den Schuh an und zitierte auf dem sozialdemokratischen Parteitag in Jena voller Ironie die Passage und versah sie mit dem bitteren Kommentar: „Also dorthin, wo der Staatsanwalt neulich meinem engeren Parteigenossen Kasprzak zu der höchsten Ehre verholfen hat, die einem Sozialdemokraten erwiesen werden kann, dorthin ladet uns Genosse Hue in liebenswürdiger Weise ein."[60]

Die Empörung über den Artikel in der *Bergarbeiter-Zeitung* auf Seiten der Linken war groß – und hält bis heute an.[61]

Hue war nicht bereit, etwas zurückzunehmen oder sich gar zu entschuldigen, sondern er sah sich mit seiner Auffassung im Recht und wiederholte seine Attacke auf Rosa Luxemburg:[62] „Die russischen Arbeiter bluten, aber fern vom Schuß halten sich große Revolutionstheoretiker, die in ihren Reden und Schriften förmlich mit der blutigen Revolution spielen. Auch in Jena haben Frau Rosa Luxemburg und ihr Gleichgesinn-

60 Protokoll des Parteitages 1905, S. 269f., S. 270. – Marcin Kasprzak war in Warschau hingerichtet worden.

61 Fritsch, Eindringen, S. 53: „Niederträchtige Verdächtigungen". – Piper, Luxemburg, S. 284: „Diese Invektive war ungewöhnlich geschmacklos."

62 Bergarbeiter-Zeitung 40, 7.10.1905 „Die böse ‚Bergarbeiterzeitung'".

te wieder Reden gehalten, die von Blut und Revolution trieften.“ Aber danach sei sie nicht „ihren blutenden russisch-polnischen Landsleuten zur Hilfe geeilt, sondern hält es für eine ‚widerliche Demagogie‘ (‚Dresdner Arbeiterzeitung‘) ihr und ihresgleichen zuzumuten, praktisch in die Reihe der russischen Kämpfer zu treten. Das könnte ihr den Galgen einbringen, klagte Frau Rosa Luxemburg, aber sie und ihresgleichen halten Reden, die, wenn das Arbeitervolk sich davon berauschen läßt, für zahlreicher Arbeiter den Tod bedeuten. ... Selbst fürchtet man sich vor dem Galgen, andere können sich aber ‚gegebenenfalls‘ zu einem ‚schmerzstillenden Halsband‘ verhelfen.“ Hue schloss seine Polemik mit dem „altfränkischen Spießbürgergrundsatz“: „Reden von der Revolution, gibt die ältesten Revolutionäre.“

Letztlich ging der Vorwurf ins Leere und kehrte sich insofern gegen den Urheber, als Rosa Luxemburg wenige Monate später nach Warschau fuhr, wo sie im März 1906 verhaftet wurde und bis Juli inhaftiert blieb.[63]

Hue war kein grundsätzlicher Gegner eines Generalstreiks, hielt ihn in bestimmten Situationen, z.B. bei einem gegen die Arbeiterinteressen gerichteten Staatsstreich, für unausweichlich,[64] aber er verwarf mit teils gleichen Argumenten wie Bömelburg die Diskussion als schädlich.

Die Gewerkschaften dürften ihre Kampftaktik nicht auf Parteitagen und Gewerkschaftskongressen festlegen, sondern dies müsse „in vertraulichen Konferenzen“ geschehen, „damit die Unternehmer nicht bis ins Kleinste den Feldzugsplan der Arbeiter kennen lernen“. Die breite, öffentliche Diskussion könne nur der befürworten, „wer keine Ahnung hat von der Praxis des proletarischen Kampfes und auch nicht bedenkt, daß man die Proletarier ihren lauernden Feinden ans Messer liefert, wenn man zu einem Geschäft des theoretischen Kalkulators macht, was nur eine unberechenbare revolutionäre Situation gebären kann!“[65]

Wann ein Generalstreik geboten sei, könne nicht im vorherein theoretisch entschieden werden. Erst wenn eine Gefahrenlage vorhanden sei, müsse eine Entscheidung getroffen werden. „Für diesen Augenblick heißt es aber die Massen organisieren und sie nicht durch Generalstreiksillusionen von der Kleinarbeit ablenken.“[66] Die ständige Herabsetzung des Parlamentarismus und der „gewerkschaftlichen und politischen Kleinarbeit in den Organisationen“ verleide den Mitgliedern nur ihr Engagement und führe zu „Niedergeschlagenheit“ und „Unlust zur Organisierung“.[67]

63 Nettl, Luxemburg, S. 321–340.

64 Hue, Neutrale oder parteiische Gewerkschaften, S. 132: „Ich versichere, daß aber schon jetzt gegenüber einem Staatsstreich, der den Arbeitern Vereins- und Wahlrecht nehmen wollte, die Bergarbeiterführer aller Richtungen zum wirksamen Kampf aufrufen würden – und die Masse folgt! Wer die schlummernden Kräfte, die Erbitterung in der Knappenschaft kennt, weiß wie leicht es den durch einen Staatsstreich in's Herz getroffenen Organisirten sein würde, die große Masse zum grimmigsten Widerstande zu bewegen.“ – Siehe auch Otto Hue, Internationale Bergarbeiterverhältnisse I, in: Correspondenzblatt 2, 13.1.1902, S. 23f.; Hue/Leimpeters, Erklärung, in: Bergarbeiter-Zeitung 48, 2.12.1905; Bergarbeiter-Zeitung 43, 27.10.1906 „Der sozialdemokratische Parteitag und die Gewerkschaftsbewegung“.

65 Otto Hue, Partei und Gewerkschaft. Ein Wort an den Jenaer Parteitag, in: Die Neue Gesellschaft 25, 20.9.1905, S. 290–293, S. 292.

66 Ebd.

67 Bergarbeiter-Zeitung 44, 4.11.1905 „Soziale Streitfragen III“. Siehe auch Hue/Leimpeters, Erklärung, in: Bergarbeiter-Zeitung 48, 2.12.1905: „Wogegen wir uns wenden, ist der falsche Radikalismus, der sich an

Ein Generalstreik könne nur Erfolg haben, wenn große, straff organisierte und disziplinierte Kämpfermassen vorhanden seien. Das sei aber zurzeit noch nicht gegeben. Daher bestünde die Gefahr, dass sich die Massen „durch hypernervöse Empfehler einer den geheimsten Wünschen der Reaktion entgegenkommenden Kampfesmethode in eine Situation drängen lassen, wo sich die Proletarier nur blutige Köpfe und Vernichtung ihrer mühsam aufgebauten Organisation holen können".[68] Hue versicherte, seinen „ganzen Einfluß auf die Bergarbeiter" aufzubieten, um einen solch schädlichen Kampf zu verhüten.

Die Debatte fand noch lange kein Ende, doch Hue wollte sich nicht mehr daran beteiligen. „Wenn man praktischen Kampf führen wolle, dürfe man den Gegnern die Kampftaktik nicht vorher verraten," lautete seine Begründung. Zugleich versicherte er: „Wenn es eines Tages im Interesse des Volkswohls geboten erscheine, werde auch er zum Massenstreik auffordern! Es könne dahin kommen, daß die Bergarbeiter Deutschlands allein dazu berufen sein würden, den politischen Verhältnissen mit einem Schlage eine andere Richtung zu geben. Das sei doch wohl deutlich genug. Mehr wolle er nicht sagen, um den Gegnern kein Licht aufzustecken. Solche Dinge erörtere man nicht auf öffentlichem Markt."[69]

Das Kriegsbeil zwischen der Partei und den Gewerkschaften wurde auf dem SPD-Parteitag des Jahres 1906 begraben. Der Resolution, die nochmals die Verständigung der beiden Führungsgremien hervorhob, die aber auch betonte, dass es „unbedingt notwendig [ist], daß die gewerkschaftliche Bewegung von dem Geiste der Sozialdemokratie beherrscht werde",[70] hatte Hue wie vier andere Genossen nicht zugestimmt.[71] Ob der Grund in der zitierten Passage lag,[72] erscheint durchaus plausibel, denn in diesem Jahre war Hue noch zuversichtlich, eine Einheitsfront der Bergarbeiter zu schmieden, weshalb ein so offensichtliches Bekenntnis zur Sozialdemokratie nur störend sein konnte.

10.5 Der Streit um die Budgetbewilligung

Als die SPD-Fraktionen in den Landtagen von Bayern, Baden und Württemberg den eingebrachten Haushaltsentwürfen zustimmten, löste dies eine Welle von Kritik seitens des linken Parteiflügels aus, denn die süddeutschen Genossen verstießen damit gegen den Grundsatz der Partei „Diesem System keinen Mann und keinen Groschen" und missachteten den Lübecker Parteitagsbeschluss aus dem Jahre 1901. Eine Verurteilung der Süddeutschen wegen ihres andauernden Disziplinbruchs sollte der Parteitag 1908 in Nürnberg vornehmen.

Hue, der 1897 noch ein vehementer Verfechter der Parteidoktrin war,[73] bezog im Vorfeld eine vermittelnde Position. Zum einen veranlasste er den bayrischen Bezirks-

Worten berauscht und dadurch die Arbeiterschaft abhält von der grundlegenden Kleinarbeit, die doch die Vorbedingung der proletarischen Erfolge ist."

68 Otto Hue, Partei und Gewerkschaft, S. 292.

69 Wattenscheider Zeitung 190, 20.8.1906 „Sozialdemokratischer Parteitag".

70 Protokoll des Parteitages 1906, S. 473.

71 Ebd., S. 306.

72 So Scharrer, Organisation, S. 107.

73 Vorwärts 249, 24.10.1897 „Parteiversammlung in Essen".

leiter des Bergarbeiterverbandes zu einem Artikel in der *Münchener Post*, in dem dieser erklärte, dass in Norddeutschland keineswegs die „unbedingte Verurteilung" gefordert werde.[74] Zum anderen kritisierte er auf der Generalversammlung der Bochum-Gelsenkirchener Wahlkreisorganisation die Verurteilung der süddeutschen Genossen, ohne sie zuvor anzuhören.[75] Bevor irgendwelche Resolutionen verabschiedet werden, sollte man den Parteitag abwarten und die Argumente der Beschuldigten prüfen. Im übrigen war Hue der Meinung, die Partei habe Wichtigeres zu tun, als sich über eine Budgetbewilligung zu streiten, und diese Auffassung gebe die Stimmung großer Teil der Parteibasis wider.[76] Ebenso schrieb er in den *Sozialistischen Monatsheften*: „Das arbeitende Volk lechzt nach sozialen Reformen. Das Hemd sitzt ihm näher als der Rock. In den Wochen, die ich unlängst in der saarabisch-lothringischen Westecke zubrachte, im Proletariergewimmel des Herrschaftsgebietes der unerschrockensten Gruben- und Hüttenmagnaten, kam mir wieder zum Bewusstsein, wie wenig sich doch die Zehntausende und Aberzehntausende von Lohnsklaven um das kümmern, worüber sich jetzt wieder in unserer Parteipresse die Allzuängstlichen und Allzunervösen streiten, als handle es sich um Sein oder Nichtsein der Arbeiterbewegung. Die Zukunft der Arbeiterbewegung hängt nicht von der mehr oder minder kniffflichen Auslegung einer Parteitagsresolution ab sondern davon, ob es uns gelingt den uns noch fernstehenden Massen fühlbare Erleichterungen ihres Loses zu schaffen."[77]

Auf dem Parteitag hatte der Vorstand eine Resolution vorgelegt, die das Abstimmungsverhalten der Süddeutschen als „unvereinbar" mit den Parteitagsbeschlüssen verurteilte, versöhnlerisch war hingegen der Vorschlag von Frohme und anderen, der eine Zustimmung zum Budget von vorherigen Verhandlungen mit dem Landesvorstand und Parteivorstand abhängig machen wollte.[78]

Hue votierte in einer leidenschaftlichen Rede für den Kompromissvorschlag und lobte besonders die bayrischen Genossen, die für die Interessen der Berg- und Hüttenarbeiter „vorbildlich gearbeitet" hätten.[79] Da beim „Kampfe mit den gewaltigsten Großkapitalisten" um die Durchsetzung von Gewerkschaftsforderungen das Parlament das wichtigste Instrument darstelle, dürfe es durch einschränkende Beschlüsse nicht zerstört werden. Hue maß der Budgetbewilligung keine große Bedeutung zu. „Ich meine, wir hätten wirklich viel besser getan, die kostbare Zeit des Parteitages dazu zu verwenden, die eigentlichen Schäden unserer bürgerlichen Gesellschaft bloßzulegen ... und uns da-

74 Otto Hue, Zum Budgetbewilligungsstreit, in: Arbeiterzeitung (Essen) 211, 10.9.1908. – Die Essener und die Dortmunder *Arbeiter-Zeitung* widersprachen heftig. Im Ruhrgebiet seien die Verteidiger der süddeutschen Genossen in der absoluten Minderheit. Arbeiterzeitung (Essen) 208, 7.9.1908 „Wie in Bayern Stimmung gemacht wird"; Arbeiter-Zeitung (Dortmund) 210, 9.9.1908 „Die Stimmung der Arbeitermassen".

75 Arbeiterzeitung (Essen) 211, 10.9.1908 „Zum Budgetbewilligungsstreit". – Ebenso verurteilte er in einer Essener Parteiversammlung am 6.9.1908 alle Versuche, „von vornherein die süddeutschen Genossen ins Unrecht zu setzen und dann eine Art Ketzergericht zu veranstalten". „Es sei durchaus zu verwerfen, wenn Parteigenossen, die weder die Verfassungsgesetze der süddeutschen Bundesstaaten, noch die einzelnen Vorgänge in den süddeutschen Landtagen kennen, sich hinstellen, einfach verurteilten." Arbeiterzeitung (Essen) 208, 7.9.1908 „Wie in Bayern Stimmung gemacht wird".

76 Otto Hue, Zum Budgetbewilligungsstreit.

77 Otto Hue, Die Sozialpolitik und die Sozialdemokratie, in: Sozialistische Monatshefte (1908) 18/19, S. 1122–1126, S. 1126.

78 Protokoll des Parteitages 1908, S. 189f.

79 Ebd., S. 306ff.

rüber zu verständigen, wie es denn möglich ist, das schleichende Elend, das jetzt durch die Massen geht, zu bannen. Das halte ich von meinem Standpunkt als Arbeiter aus für das Wesentliche." Zum Schluss rief er die Delegierte dazu auf, „sich vor allem von dem Gedanken der Brüderlichkeit leiten" zu lassen. „Lassen wir immer und immer wieder das Wort gelten, mögen auch die Unterschiede der Taktik und Auffassung sein wie sie wollen: wir wollen sein ein einzig Volk von Brüdern und wollen es bleiben."

Trotz dieser „ungemein eindrucksvollen, geradezu faszinierenden Rede" – so der Eindruck eines Polizeiinformanten[80] – votierten die Delegierten mit 215 gegen 160 Stimmen gegen den Antrag Frohme und nahmen die Vorstandsresolution mit 258 gegen 119 Stimmen an.[81]

Nach der Rede Hues trafen sich die Delegierten aus dem Ruhrgebiet und dem Niederrhein, allerdings ohne die Reichstagsabgeordneten Bömelburg, Hengsbach, Hue und Sachse, und beschlossen, ihre Position in einer Erklärung dazulegen, die dem Präsidium überreicht werden sollte. In dieser bekannten sie sich einerseits zum Vorstandsantrag, distanzierten sich andererseits von der Rede Hues, indem sie erklärten, „daß die gestrigen Ausführungen des Genossen Hue nur soweit der Auffassung der Arbeiterschaft genannten Bezirks entsprechen, als sie die ungeheure Macht des Kapitals und die daraus folgende Schädigung der Arbeiterklasse treffend kennzeichnen".[82] Wenngleich sie die Erklärung umgehend wieder einkassierten, kam sie Hue zu Ohren, der darüber entrüstet und verbittert war. Er fühlte sich verletzt, dass „man ohne den geringsten tatsächlichen Anlaß meinen Namen in die ‚Erklärung' einbezog, auch ohne vorher nur ein Wort der Frage oder Aufklärung an mich zu richten". „Und das alles wegen einer Rede, die eingestandenermaßen zum Frieden, zur Versöhnung mahnte und vom sozialdemokratischen Standpunkt durchaus einwandsfrei [sic!] ist."[83]

Weil Hue in der Erklärung eine Desavouierung seiner Person sah, wollte er vor den Essener Parteimitgliedern für Aufklärung sorgen. In zwei Versammlungen am 3. und 7. Oktober, an denen 850 bzw. 400 Genossen teilnahmen, kam es zu einer kontroversen, von persönlichen Animositäten geprägten Auseinandersetzung.[84] Hue war mit dem Verlauf des Parteitages völlig unzufrieden. Für ihn war Nürnberg „ein Parteitag der Zerstörung", und er empörte sich wieder einmal über die Parteiintellektuellen: „Der Haufen Schreier, der in Nürnberg den Spektakel machte, das waren keine Arbeiter, sondern die Leute, die zu uns gekommen sind, um uns zu bilden. Sie waren es, die sich durch Zwischenrufe usw. am rohesten und gemeinsten benahmen. Diese proletarischen Dilettanten wagen es, anderen proletarisches Gefühl abzusprechen. Ich habe Versamm-

80 Zit. nach Pohl, „Bayerischer Separatismus", S. 208. Ebenso die Einschätzung der Polizeibehörde: „Glanzpunkt der Debatten". Dokumente aus geheimen Archiven Bd. 3, Nr. 29 „Übersicht über die allgemeine Lage der sozialdemokratischen und anarchistischen Bewegung im Jahre 1908", S. 109.

81 Abstimmungen: Protokoll des Parteitages 1908, S. 423ff.

82 Arbeiterzeitung (Essen) 235, 8.10.1908 „Die Stellungnahme der Essener Genossen zum Parteitag".

83 Otto Hue, Ein Nachwort zu den Parteiversammlungen, in: Arbeiterzeitung (Essen) 240, 14.10.1908.

84 Zum Folgenden: Arbeiterzeitung (Essen) 235 u. 236, 8. u. 9.10.1908 „Die Stellungnahme der Essener Genossen zum Parteitag". –Angemerkt sei, dass Hue im Nachhinein behauptete, dass seine Ausführungen nicht korrekt festgehalten worden seien. Allerdings wird der pauschale Vorwurf nicht konkretisiert, sodass nicht festgestellt werden kann, was die *Arbeiterzeitung* verfälscht haben sollte. Diese antwortete: „Es kommt nur darauf an, daß die Reden sinngemäß wiedergegeben werden, und wer von unserem Bericht das Gegenteil behauptet, den beneiden wir nicht um seine Wahrheitsliebe." Arbeiterzeitung (Essen) 240, 14.10.1908 „Ein Nachwort zu den Parteiversammlungen".

lungen mit Gegnern, mit Christlichen gehabt, ... wo es heiß herging, aber so gehässig, so leidenschaftlich, so roh war es nicht, als wie in Nürnberg sich Genossen gegenüberstanden, ..."

Ebenso enttäuschend empfand er die programmatische Ausrichtung. „Wir konnten der ganzen Welt zeigen, daß Marx und Engels recht hatten, daß der Mittelstand zugrunde geht. Und doch ist auf dem Parteitag kein Wort geredet worden über diese Entwicklung." Er vermisste ferner eine Debatte über die Kartelle – „hier hätte man den Arbeitern und dem Mittelstand zeigen können, wie der Kapitalismus wütet" –, über die Strafprozessreform, „obwohl es sich hier um ein halbes neues Zuchthausgesetz handelt", über die immer größer werdende Arbeitslosigkeit, über die wichtige Nationalitätenfrage und über die Finanzreform. Stattdessen hätte man sich über „die unwichtige Frage" der Budgetbewilligung gezankt, die nur „von den Literaten künstlich so aufgebauscht" worden wäre, „von Leuten, die aus der Bourgeoisie zu uns kommen, keine Kleinarbeit kennen und mit Ehren überschüttet werden, die Parteipresse regieren und mit Mandaten belohnt werden". Da war sie wieder, seine altbekannte Polemik gegen die „Theoretiker". Zur Sache sprach Hue nur kurz. Für die Budgetbewilligung der Bayern zeigte er großes Verständnis, während die Badenser ihn nicht hätten überzeugen können. Hue nutzte auch in dieser Rede den rhetorischen Trick, gegnerische Attacken zu überziehen bzw. gar zu erfinden. So verteidigte er sich leidenschaftlich gegen die Behauptung, er sei ein Arbeiterverräter. Das hatte ihm aber niemand vorgeworfen.

Sein Referat und speziell seine Äußerung „Wir sind nicht weit mehr vom Irrenhause!" riefen großen Unmut hervor. Die Mehrheit der Redner, vor allem die führenden Köpfe in der Essener Parteiorganisation, griffen Hue scharf an. Heinrich Limbertz und Wilhelm Ostkamp übten Pauschalkritik, während Wilhelm Steinhauer erklärte: „Hues Ausführungen haben die ganze Partei blamiert." Ins gleiche Horn stieß Karl Obermeyer: „Es hat mich tief getroffen, daß man es fertig bringen kann, einen Parteitag so herunterzuziehen." Als zweites wurden die persönlichen Angriffe und die Unterstellungen Hues kritisiert. Für den Parteivorsitzenden Rudolf Bühler hatte Hue „in einer Art und Weise polemisiert", „die die Bezeichnung ‚Demagogie' verdient".

Es wurde an zwei Abenden lebhaft gestritten, und am Ende eine Resolution gegen sieben Stimmen angenommen, die den Parteitagsbeschluss zur Budgetfrage befürwortete.

Nicht allein in der Essener Parteiorganisation stieß die Rede auf massiven Widerspruch. Auf einer Mitgliederversammlung in Dortmund charakterisierte der Bezirksführer Karl Erdmann den Auftritt Hues als „einen unerhörten Skandal".[85]

Mit seiner harten Kritik am Parteitag lieferte Hue der gegnerischen Presse neue Munition.[86] Die *Essener Volkszeitung* dankte für die „beherzigenswerten Winke für die Agitation", „sie sollen nicht unbeachtet bleiben". Und die *Tremonia* versprach, dafür zu sorgen, „daß die Erinnerung an den Nürnberger Parteitag und die Rede Hues nicht so bald entschwindet".[87]

85 Arbeiter-Zeitung (Dortmund) 257, 3.11.1908.

86 Nach Auffassung des *Bergknappe* hatte er „die Situation in der heutigen Sozialdemokratie mit einer Rücksichtslosigkeit und Offenheit [gezeichnet], wie es sich ein Gegner der Sozialdemokratie nicht besser hätte wünschen können". Bergknappe 44, 31.10.1908 „,Nicht weit vom Irrenhaus'".

87 Beide Zitate aus Arbeiterzeitung (Essen) 235, 8.10.1908 „Hues Rede und die bürgerliche Presse". Siehe auch Arbeiter-Zeitung (Dortmund) 241, 15.10.1908 „Die Rede des Genossen Hue". – Selbst der weit entlegen erscheinende *Mittelbadische Courier* (Tageblatt und Anzeiger für Ettlingen und Umgebung) druckte

Da Hue ein schlechter Verlierer war, ließ ihn der Ausgang der Versammlung nicht ruhen. Zum einen wehrte er sich gegen die aus seiner Sicht nicht korrekte Berichterstattung der *Arbeiter-Zeitung* und warf ihr vor, den Ausspruch betr. des Irrenhauses völlig falsch zitiert zu haben. Er hätte lediglich gesagt: „Wir sind doch in keinem Irrenhaus."[88] Er beharrte zudem darauf, dass seine Rede „eine prinzipielle einwandfreie Vertretung sozialdemokratischer Grundsätze" gewesen wäre.[89] Die gescholtene Redaktion konterte kurz und knapp: „Daß Hues Rede eine einwandfreie Vertretung sozialdemokratischer Grundsätze war, glauben ihm nicht viele Genossen, denn zu sozialdemokratischen Grundsätzen rechnen diese auch noch den: Die Partei nicht unnötig zu schädigen!"[90]

Zum anderen mobilisierte Hue die Mitglieder des Bergarbeiterverbandes in Essen und Umgebung. In Stoppenberg und Essen sprachen ihm die Versammlungen ihr Vertrauen aus, und in Borbeck und Oberhausen nahmen Parteiversammlungen eine Resolution an, in der man sich mit den Reden Hues auf dem Nürnberger Parteitag und auf den Parteiversammlungen am 3. und 7. Oktober einverstanden erklärte.[91]

Das Thema der Budgetbewilligung beschäftigte die Sozialdemokraten weiterhin. Als die Genossen in Baden auch 1910 dem Etat zustimmten, erwog Bebel den Parteiausschluss der Landtagsabgeordneten.[92] Abermals debattierten die Delegierten auf der Generalversammlung des Wahlkreises Bochum-Gelsenkirchen am 17. Juli 1910 über das Verhalten der süddeutschen Genossen. Hue ließ keinen Zweifel aufkommen, dass er die diesjährige Budgetbewilligung nicht billigen könne.[93] Wenngleich die Partei dort „tüchtige Arbeit im Interesse des Proletariats" geleistet hätte, wäre ihr Schritt ein Disziplinbruch, der sich durch keinen Grund rechtfertigen ließe. Aber es wäre falsch, „mit Knüppeln dreinzuschlagen".

10.6 Der Wirtschaftsexperte?

In Partei und Gewerkschaftskreisen galt Hue zwar „als einer der wenigen anerkannten wirtschaftlichen Fachleute der Arbeiterbewegung",[94] doch das Urteil hält einer näheren Untersuchung nicht Stand. Seine bekannte Abneigung gegen theoretische Erörterungen wird vielmehr in seinen wirtschaftspolitischen Aufsätzen und Reden deutlich. Sie beeindrucken einerseits durch ihren enormen Faktenreichtum.[95] Mit einem foto-

Ausschnitte aus der Rede, um sie gegen die Sozialdemokratie zu verwenden. 237, 16.10.1908 „Etwas von der Sozialdemokratie".

88 Otto Hue, Zur Aufklärung und Abwehr!, in: Arbeiter-Zeitung (Dortmund) 258, 4.11.1908, Bergarbeiter-Zeitung 45, 7.11.1908 u. Vorwärts 261, 6.11.1908. – Das Dementi konnte nicht verhindern, dass die gegnerische Seite immer wieder den bestrittenen Satz zitierte.

89 Otto Hue, Ein Nachwort zu den Parteiversammlungen, in: Arbeiterzeitung (Essen) 240, 14.10.1908. Siehe auch Otto Hue, Zur Aufklärung und Abwehr!.

90 Arbeiterzeitung (Essen) 240, 14.10.1908.

91 Arbeiterzeitung (Essen) 240, 14.10.1908, 245, 20.10.1908 u. 251, 27.10.1908; Bergarbeiter-Zeitung 46, 14.11.1908.

92 Groh, Negative Integration, S. 163.

93 Vorwärts 167, 20.7.1910.

94 Cassau, Gewerkschaftsbewegung, S. 320 u. 329.

95 Ein Beispiel für viele: Otto Hue, Das rheinisch-westfälische Kohlensyndikat und die Bergarbeiter, in: Sozialistische Monatshefte (1903) 8, S. 578–590.

grafischen Gedächtnis ausgestattet, hatte Hue stets die Preise und Löhne sowohl in der Gegenwart wie in der Vergangenheit parat, er kannte den in- wie den ausländischen Kohlenabsatz der einzelnen Bergreviere, wusste Bescheid über die Selbstkosten und Gewinne der einzelnen Bergwerksgesellschaften usw. usw.[96] Das riesige Zahlenwerk diente zur Begründung und Rechtfertigung der gewerkschaftlichen Forderungen. Doch andererseits gingen seine Analysen nur selten über das Offensichtliche hinaus. Er berief sich auf den geschichtlichen Materialismus: „Die ökonomische Grundlage der Gesellschaft ist maßgebend für den politischen, religiösen, philosophischen Überbau."[97] Doch ansonsten hatte Hue keine volks- und betriebswirtschaftlichen Theorien rezipiert oder gar ausgearbeitet. Er verfügte auch nicht über tiefschürfende Erkenntnisse über den kapitalistischen Produktionsprozess. Seine Ausführungen beschränkten sich häufig auf Gemeinplätze.

Über den Unternehmer als Ausbeuter:

„Alle technischen Errungenschaften nutzt der Kapitalismus nicht zur Förderung des Gemeinwohls aus, sondern lediglich zur Dividendenerhöhung."[98]

Über Aktionäre:

„Nichts kann volkswirtschaftlich nutzloser sein als der Aktien- oder Kuxenbesitzer, der mühelos seine Ausbeute einstreicht und sich als ‚Produzent' vorkommt, nur weil er sein ‚Kapital' ‚arbeiten' läßt."[99]

„Unser Kampf gilt jenen Papierhändlern, die in Paris, Berlin, Brüssel oder sonstwo an den Börsen spekuliren, niemals produktiv thätig sind und vielfach nicht einmal wissen, wo die Zeche, aus der sie den Löwenantheil des Gewinnes verschlingen, liegen, vielleicht im Leben auch niemals zu sehen bekommen."[100]

Aufgabe der Unternehmerverbände:

Ist „die Sicherung der Erhöhung des Unternehmerprofits auf Kosten der Konsumenten".[101]

Preispolitik des Rheinisch-Westfälischen Kohlensyndikats:

„Das Syndikat ist seit seinem Bestehen mit Erfolg seiner Mission als Preissteigerer gerecht geworden."[102]

Die Beispiele ließen sich beliebig vermehren.

Auffällig ist zudem eine nationalistische Komponente in seinen Ausführungen. Anlässlich eines möglichen Verkaufs der Zeche Mont Cenis an die Stadt Paris wetterte Hue „gegen diese Auslieferung nationaler Kohlenschätze an das Ausland".[103] Im Land-

96 Osterroth, Hue, S. 91.

97 O.H., Etwas Statistik über den internationalen Eisenmarkt, in: Metallarbeiter-Zeitung 33, 15.8.1896.

98 Otto Hue, Die volkswirtschaftliche Bedeutung der Kartelle, Syndikate und Trusts, in: Arbeiterzeitung (Essen) 245, 20.10.1908.

99 Otto Hue, Vom Grubenbesitzer zum Lohnknecht, in: Kalender für Bergarbeiter 1922, S. 22–28, S. 28.

100 Rede auf einer Bergarbeiterversammlung in Eving am 23.9.1900. Rheinisch-Westfälische Arbeiterzeitung 227, 28.9.1900.

101 O.H., Aus der Denkschrift über die Unternehmerkartelle II, in: Arbeiter-Zeitung (Dortmund) 293, 15.12.1905.

102 O.H. Aus der Metallindustrie Rheinland-Westfalens, in: Metallarbeiter-Zeitung 27, 4.7.1896. Ebenso noch 1913: „Die Syndikatspolitik geht nur darauf aus, die Preise in die Höhe zu treiben." Arbeiterzeitung (Essen) 288, 9.12.1913 „Kampfansage der Bergarbeiter".

103 Hue in der Kommissionssitzung zum Kaligesetz am 15.3.1910. Bergarbeiter-Zeitung 13, 26.3.1910 „Das Kaligesetz vor der Reichstagskommission".

tag erwartete er anlässlich der „Vorgänge in der Braunkohlenindustrie, die sich an den Namen Petschek knüpfen,“ dass der Fiskus den „ausländischen Großspekulanten möglichst wenig Einfluß“ gestatte.[104] Stets ein Dorn im Auge waren ihm die Kampfpreise des Rheinisch-Westfälischen Kohlensyndikats in den umstrittenen Gebieten: „Durch diese unerhörte Wirtschaft stärkt man zugleich auch die Industrie des Auslandes, während man die Konkurrenz der heimischen Industrie erschwert! Auf solche Weise verschleudert man das Natureigentum des deutschen Volkes!“[105] Deshalb forderte er, dass man dagegen „noch viel schärfer gegen den billigeren Verkauf von Kalisalzen in das Ausland vorgehen“ müsse.[106]

Natürlich träumte Hue als Sozialdemokrat und Gewerkschafter von der „Befreiung der Arbeiterklasse aus den jetzigen kulturhöhnenden Verhältnissen“[107], von einer „Zeit, wo die Menschheit die Lohnknechtschaft nicht mehr kennen wird“.[108] Doch wie die kapitalistische Wirtschaftsordnung, die er als „vernunftwidriges, volkszerstörendes Produktionssystem“ charakterisierte,[109] zu überwinden wäre, dafür zeigt er keine Lösungswege auf, sondern vertraute auf den gesetzmäßigen Verlauf der Geschichte.[110] „Erst muß der Kapitalismus ausgereift sein, erst muß er in seinem krassen, gemeingefährlichen Widersprüchen von der Volksmasse erkannt und verabscheut werden, erst muß er auch die Organisation schaffen, Produktion und Absatz zentralisieren“ und damit die praktischen Grundlagen einer zukünftigen sozialistischen Wirtschaftsordnung formen.[111] Die Arbeiterklasse könne „stumm“ zuschauen, wie Stumm, Krupp und andere Industrielle mit den Trusts und den Syndikaten „einen Stein nach dem andern fügten zum Aufbau der sozialistischen Gesellschaft“, erklärte er auf einer Versammlung des Arbeiter-Bildungsvereins Hamme am 21. Februar 1897.[112]

Allerdings machte sich Hue keine Illusion über die Zerbrechlichkeit der kapitalistischen Wirtschaftsordnung. Trost verschaffte ihm aber der feste Glaube: „Wenn wir auch die Früchte unseres Strebens nicht mehr genießen können, so wollen wir doch das Bewußtsein mit ins Grab nehmen, daß wir für das Beste gestrebt haben.“[113] Dieses Vertrauen, das typisch für viele Gewerkschafter und Sozialdemokraten war,[114] ließ

[104] Rede am 11.3.1914, Stenogr. Berichte, Sp. 3839.

[105] Rede auf einer Bergarbeiterversammlung in Essen am 7.12.1913. Allgemeiner Beobachter 288, 10.12.1913 „Massenversammlung Essener Bergknappen“. – Ebenso Reichstagsrede am 24.11.1908, Verhandlungen, S. 5698 u. 5703; Otto Hue, Die volkswirtschaftliche Bedeutung der Kartelle, Syndikate und Trusts, in: Arbeiterzeitung (Essen) 245, 20.10.1908.

[106] Hue in der Kommissionssitzung zum Kaligesetz am 15.3.1910. Bergarbeiter-Zeitung 13, 26.3.1910 „Das Kaligesetz vor der Reichstagskommission“.

[107] O.H., Kommunalpolitische Streifzüge durch das Ruhrrevier I, in: Arbeiter-Zeitung (Dortmund) 203, 31.8.1905.

[108] Hue, Neutrale oder parteiische Gewerkschaften, S. 157.

[109] Otto Hue, Über den Generalstreik im Ruhrgebiet, in: Sozialistische Monatshefte (1905) 3, S. 201–210, S. 210.

[110] Bergarbeiter-Zeitung 43, 27.10.1906 „Der sozialdemokratische Parteitag und die Gewerkschaftsbewegung“.

[111] O.H., Aus der Denkschrift über die Unternehmerkartelle II, in: Arbeiter-Zeitung (Dortmund) 293, 15.12.1905.

[112] Rheinisch-Westfälische Arbeiterzeitung 47, 25.2.1897.

[113] Otto Hue, Die volkswirtschaftliche Bedeutung der Kartelle, Syndikate und Trusts, in: Arbeiterzeitung (Essen) 245, 20.10.1908.

[114] Vgl. z.B. Führer, Legien, S. 57–62.

die Mühen, die Enttäuschungen und Rückschläge leichter ertragen und verlieh der Gewerkschafts- und Parteiarbeit trotz der relativen Erfolglosigkeit einen Sinn. Die feste Überzeugung, dass der Sozialismus naturgesetzmäßig dem Kapitalismus folgen werde, rechtfertigte zudem die Absage an die Sozialrevolution. In der Gewissheit, dass die sozialistische Gesellschaft zwangsläufig kommen werde, konnte man „revolutionär" abwarten, musste man nicht den Umsturz praktisch vorbereiten.

10.7 Der Parteisoldat – Vergebliche Kandidaturen

Hue, der sich nicht scheute, Mindermeinungen zu vertreten und den Parteivorstand zu kritisieren, war zugleich ein treuer Parteisoldat, der, wenn verlangt, Wahlkämpfe organisierte,[115] bei den Reichstagswahlen für den sozialdemokratischen Kandidaten in Essen kämpfte[116] und befreundete Genossen – z.B. Hermann Molkenbuhr in Sachsen[117] und Carl Severing in Bielefeld[118] – unterstützte. Er kandidierte für das preußische Abgeordnetenhaus und für die Essener Stadtverordnetenversammlung, obwohl Erfolgsaussichten wegen des Dreiklassenwahlrechts nicht gegeben waren.

Landtagskandidaturen

Bei den Landtagswahlen wurden die Urwähler in drei Abteilungen aufgeteilt, die jeweils ein Drittel des Gesamtsteueraufkommens ausmachten. Da in der ersten diejenigen mit dem höchsten Steueraufkommen wählten, während die dritte aus den am niedrigsten Besteuerten bestand, war die Personenzahl in den drei Abteilungen höchst unterschiedlich, dennoch wählte jede Abteilung ein Drittel der Wahlmänner, die im anschließenden Wahlgang dann den Abgeordneten bestimmten. Wegen dieses höchst ungerechten Wahlsystems beschloss die sozialdemokratische Partei auf ihrem Parteitag 1893, sich nicht zu beteiligen.[119]

Die Diskussion flammte wieder auf, als 1897 das preußische Parlament eine Verschärfung des Vereinsrechts beriet. Bebel und andere führende Genossen befürworteten nun eine Beteiligung.[120] Auch Hue meldete sich zu Wort und sprach sich vehement für einen Boykott aus.[121] Wegen des Dreiklassenwahlrechts hätte ein Sozialdemokrat keinerlei Siegeschancen. Also stünde der Aufwand in keinem Verhältnis zum Ertrag. Hue glaubte auch nicht, dass die Parteimitglieder Lust hätten, sich an der Wahl zu beteiligen. Angesichts der öffentlichen Stimmabgabe bestehe im Ruhrgebiet, im Reich von Krupp

[115] So bei der Reichstagsnachwahlen in Altena-Iserlohn und Hagen-Schwelm 1906. Internationaal Instituut voor Sociale Geschiedenis Bestand Sozialistische Monatshefte 88, Hue an Bloch, 9.7.1906; Otto Hue, Die bürgerlichen Parteien und die Sozialdemokratie. Lehren der letzten Reichstagsnachwahlen, in: Sozialistische Monatshefte (1906) 9, S. 720–726, S. 723.

[116] Siehe oben S. 27f.

[117] Vorwärts 93, 21.4.1907 „Der Wahlkampf in Glauchau-Meerane"; Braun, Molkenbuhr, S. 224.

[118] Rechenschaftsbericht des sozialdemokratischen Vereins für den Wahlkreis Bielefeld-Wiedenbrück. Volkswacht 79, 2.4.1912.

[119] Wachenheim, Die deutsche Arbeiterbewegung, S. 341ff. – Zur Debatte in der SPD über eine Wahlbeteiligung: Materialien zum politischen Richtungsstreit, S. 303–368; Mann, Die SPD, S. 38–41.

[120] Wachenheim, Die deutsche Arbeiterbewegung, S. 342.

[121] Rheinisch-Westfälische Arbeiterzeitung 153, 5.7.1897.

und Baare[122], für alle, die einen Oppositionellen wählten, die Gefahr der Maßregelung. Das gelte selbst dann, wenn die Stimme für einen Zentrumsmann abgegeben werde. „Wenn aber auch nur ein einziger unserer tapferen Genossen für seine Wahl des bürgerlich-oppositionellen Kandidaten seine Existenz verlöre, womit wäre das zu entschuldigen", lautete seine rhetorische Frage, und die Antwort war eindeutig: „Mit nichts!" Das Eintreten für einen Kandidaten des Zentrums hätte zudem negative Folgen für den Reichstagswahlkampf. Hier werde doch „gerade das volksbetrügende Gebahren der Ultramontanen" angeprangert, daher könne man bei einer Landtagswahl nicht für diese werben. Eine solche „Konfusion" verwirre nur die wenig geschulten Wähler und verringere die Wahlchancen der Partei.

Hue vertrat – wie so oft – eine Minderheitsmeinung. Die Mehrheit der Delegierten auf dem Parteitag 1897 in Hamburg, an dem Hue nicht teilnahm, verabschiedete eine Resolution, dass die einzelnen Wahlkreise über eine Beteiligung entscheiden sollten. Allerdings sollten Bündnisse mit anderen Parteien ausgeschlossen sein.[123]

Auch in dieser Frage änderte Hue seine Meinung. Auf einer Essener Parteiversammlung am 27. August 1900 stellte er den Antrag, sich an der Landtagswahl zu beteiligen,[124] und 1903 kandidierte er im Riesenlandtagswahlkreis Bochum-Dortmund zusammen mit den Arbeitersekretären von Dortmund und Bochum, Max König und Paul Wolf.[125] Trotz eines engagierten Wahlkampfes, bei dem dieselben Themen wie bei der vorhergegangenen Reichstagswahl aufgegriffen wurden,[126] konnte die Wählerschaft kaum mobilisiert werden.[127] Die Sozialdemokraten erhielten lediglich 162, 156 und 163 Wahlmännerstimmen, während ihre Konkurrenten auf 3163, 3164 und 3165 Stimmen kamen.[128] Noch katastrophaler fiel die Landtagsersatzwahl ein Jahr später aus, als Hue lediglich 3 Stimmen auf sich vereinigen konnte. Als Sieger triumphierte der bei der Reichstagswahl unterlegene Fabrikant Hermann Franken mit 2366 Stimmen.[129]

Trotz der deprimierenden Ergebnisse beschloss 1907 der Parteitag für die Provinz westliches Westfalen nach einem Referat Hues, sich wiederum an den nächsten Landtagswahlen 1908 zu beteiligen.[130] Zur Koordinierung der Agitation wurde ein Zentral-Landtagswahlkomitee gebildet und in jedem Wahlkreis ein Kreis-Wahlkomitee geschaffen.

Zu den Wahlvorbereitungen gehörte eine groß angelegte Kampagne zur Abschaffung des preußischen Dreiklassenwahlrechtes, an der sich auch der Bergarbeiterverband be-

122 Louis und Fritz Baare waren Generaldirektoren des Bochumer Vereins.

123 Wachenheim, Die deutsche Arbeiterbewegung, S. 343; Mann, Die SPD, S. 40. – Die Essener Genossen teilten nicht die Auffassung von Hue, sondern sprachen sich für die Aufhebung des Kölner Parteitagsbeschlusses von 1893 aus. Bericht über die Kreiskonferenz. Allgemeiner Beobachter 210, 14.9.1897.

124 General-Anzeiger für Essen 198, 29.8.1900 „Sozialdemokratische Parteiversammlung".

125 Dortmunder Zeitung 481, 22.9.1903; Barsickow, Landtagswahlen, S. 309. – Biografische Daten zu König: Högl, Max König; zu Wolf: Sommerlad, Vom „Hessebub", S. 94.

126 Barsickow, Landtagswahlen, S. 310. – Großen Raum nahm im Flugblatt „An die Wähler des Landtagswahlkreises Bochum-Dortmund (Bergbau-Archiv P 1240) die Kritik an den Verhältnissen im Bergbau (Wurmkrankheit, Ungerechtigkeiten im Gedingewesen, Massenunglücke, Strafwesen) ein.

127 Die Wahlbeteiligung lag unter 20 Prozent. Kühne, Handbuch, S. 625; Barsickow, Landtagswahlen, S. 310.

128 Kühne, Handbuch, S. 628. – In keinem Wahlkreis errang 1903 ein Sozialdemokrat das Mandat. Mann, Die SPD, S. 44.

129 General-Anzeiger für Dortmund und die Provinz Westfalen 298, 29.10.1904 „Franken gewählt"; Kühne, Handbuch, S. 628; Barsickow, Landtagswahlen, S. 314.

130 Volksblatt 293, 17.12.1907.

Nein und abermals Nein!

sozialdemokratische Abgeordnete

Arbeiter! Wähler! Soll diese volksfeindliche Wirtschaft noch länger bestehen bleiben?

wählt am 12. November nur sozialdemokratische Wahlmänner,

Arbeitersekretär Max König-Dortmund,
Reichstagsabgeordneten Otto Hué-Essen,
Arbeitersekretär Paul Wolf-Bochum.

Jeder Wähler gehe rechtzeitig zur Wahl,

Die Namen der Wahlmanns-Kandidaten werden vor den Wahllokalen in geeigneter Weise bekannt gemacht.

Abb. 19: Flugblatt zur Landtagswahl 1903 (letzte Seite)

teiligte.[131] Unter Verweis auf die „traurigen Erfahrungen“ bei den Beratungen der Berggesetznovelle 1905 und des Knappschaftsgesetzes 1906, als man „den Bergarbeitern Steine statt Brot“ gab, forderte er alle Bergleute auf, „sich in die erste Reihe der Bewegung gegen das Dreiklassenwahlrecht“ zu stellen. Erst nach dessen Beseitigung dürfe die Bergarbeiterschaft „auf die Erfüllung ihrer wohlberechtigten Lebensschutzforderungen rechnen“.[132]

Hue kandidierte dieses Mal im Wahlbezirk Hörde.[133] In seinen Wahlkampfreden kritisierte er „die ungerechte Steuerpolitik und -Praxis“, die gegen die Arbeiterschaft gerichtete „Ausübung der Polizeigewalt“, das Justizwesen, bei dem „mit zweierlei Maß gemessen“ werde und das mangelhafte Volksschulwesen.[134] Die Knappschaftsnovelle von 1906 und das daraus folgende Zwangsstatut für den Bochumer Knappschaftsverein bildeten weitere Zentralthemen seiner Agitation.[135]

Bei der vorangegangenen Reichstagswahl hatte die Partei die Mehrheit der Stimmen in diesem Bezirk erzielt. Doch wegen des Dreiklassenwahlrechts waren die Erfolgsaussichten für Hue, den seine Fraktionskollegen Bömelburg und Sachse im Wahlkampf unterstützten,[136] sehr gering, auch wenn er – nicht zuletzt wegen seines Engagements gegen die Zechenstilllegungen – mit Sympathien in bürgerlichen Kreisen rechnen konnte.[137] Er war auf die Hilfe des Zentrums angewiesen, das aber von vornherein eine Unterstützung ausgeschlossen hatte und sich infolgedessen nicht an der Wahl beteiligte, sodass die bürgerlichen Stimmen den nationalliberalen Wahlmännern zugutekamen.[138]

131 LAD NRW Abt. Westf. Oberpräsidium Münster 6149, Regierungspräsident Arnsberg an Oberpräsidium Münster, 3.12.1907.

132 Resolution, verabschiedet auf einer Bergarbeiterversammlung mit Hue als Redner in Gelsenkirchen am 27.11.1907. Abgedr. in: Vorwärts 283, 4.12.1907 u. Bergarbeiter-Zeitung 49, 7.12.1907.

133 Volksblatt 93, 21.4.1908.

134 Rede Hues in Bochum am 28.5.1908. Volksblatt 124, 29.5.1908 „Der Aufmarsch der sozialdemokratischen Landtagswähler“.

135 Rede Hues in Bochum am 23.2.1908. Volksblatt 46, 24.2.1908 „Eine Riesenbergarbeiterversammlung“; Arbeiter-Zeitung (Dortmund) 46, 24.2.1908 „Eine große Massenkundgebung der Ruhrbergleute“. – Wählerversammlungen in Aplerbeck und Auf dem Höchsten am 17.5. (Arbeiter-Zeitung (Dortmund) 115, 18.5.1908), in Annen und Sölde am 24.5 (Arbeiter-Zeitung (Dortmund) 122, 26.5.1908), in Hörde am 30.5.1908 (Arbeiter-Zeitung (Dortmund) 126, 1.6.1908).

136 Arbeiter-Zeitung (Dortmund) 113, 15.5.1908; Arbeiter-Zeitung (Dortmund) 119, 22.5.1908.

137 LAD NRW Abt. Westf. Reg. Arnsberg 14237, Bezirkspolizeikommissar Dortmund an Regierungspräsident Arnsberg, 13.9.1908.

138 Arbeiter-Zeitung (Dortmund) 117, 20.5.1908 „Das Zentrum im Kreise Hörde“; August Erdmann, Sozialdemokratie und Zentrum bei den preussischen Landtagswahlen, in: Sozialistische Monatshefte (1908) 15, S. 937–941.

Sein Konkurrent war der langjährige Abgeordnete, Ehrenamtmann Heinrich Westermann. Die Nationalliberalen betonten dessen Vertrautheit mit den Hörder Verhältnissen, während man Hue vorwarf, „die Verhältnisse unseres Kreises garnicht oder höchstens durch die rote Parteibrille oberflächlich" zu kennen.[139]

Zwar votierten für Hue 6348 Wähler – der nationalliberale Kandidat erhielt lediglich 3900 Stimmen –,[140] dennoch gewann Letzterer das Mandat, da ihn 303 Wahlmänner wählten, während auf Hue nur 178 kam.[141]

Wie in Hörde konnten sich Sozialdemokraten auch in anderen Wahlkreisen nicht durchsetzen. Offen wurde später eingestanden, dass das Ergebnis „weit hinter den Erwartungen und der Kraft, die die sozialdemokratische Partei präsentiert, zurück[blieb]".[142]

Fünf Jahre später stellte die Dortmunder Generalversammlung Hue abermals als Kandidat auf.[143] Während er hier eine weitere Niederlage erlitt, konnte er im Wahlkreis Neukölln-Schöneberg triumphieren.[144] Es sei beschämend, kommentierte die *Arbeiter-Zeitung*, dass der Bergarbeiterführer nicht an der „Ruhr, in der Schachtgerüst an Schachtgerüst, Schlot an Schlot gen Himmel" ragten, sondern im fernen Berlin gewählt worden sei.[145]

Beteiligung an den Stadtverordnetenwahlen

1905 bemängelte Otto Hue, dass die sozialdemokratische Partei „das wichtige Gebiet der Kommunalpolitik in unzulänglicher Weise" bearbeite, und forderte die Genossen auf, ihre „Tätigkeit auch dem kommunalpolitischen Reformwerk im rheinisch-westfälischen Industriebezirk zu widmen". Dies sei dringend erforderlich, „denn wohl in keinem Teile unseres Vaterlandes herrschen … soviel Rückständigkeiten und Mißstände wie bei uns".[146] Hue beließ es nicht bei Appellen, sondern er entwickelte in Grundzügen ein kommunalpolitisches Programm, das in einigen Punkten immer noch aktuell ist.[147]

An erster Stelle seiner Betrachtungen stand die Bekämpfung der miserablen Wohnverhältnisse.[148] Des weiteren forderte er: „Was zum unbedingten Bedürfnis des Volkes gehört, darf nicht der privatkapitalistischen Dividendenwirtschaft überlassen bleiben." Daher müssten die Wasserversorgung, die Beleuchtung sowie die Straßenbahnen auf den Gemeindeetat übernommen werden. – Die Verhältnisse in den Volksschulen, bei denen zurzeit Überfüllung der Klassen und „mehr als dürftige Lehrmittel zu beklagen

139 Hörder Volksblatt 146, 26.5.1908 „Eingesandt".

140 Provinzial-Parteitag für das westliche Westfalen 1909, S. 23.

141 Arbeiter-Zeitung (Dortmund) 128, 4.6.1908; 137, 16.6.1908 u. 149, 30.6.1908; LAD NRW Abt. Westf. Reg. Arnsberg 14237, Bezirkspolizeikommissar Dortmund an Regierungspräsident Arnsberg, 13.9.1908.

142 Provinzial-Parteitag für das westliche Westfalen 1909, S. 20.

143 Vorwärts 201, 29.8.1912.

144 Siehe Kap. 11.4.

145 Arbeiterzeitung (Essen) 116, 21.5.1913 „Die Wahlen im Industriegebiet"; Rohe, Die Ruhrgebietssozialdemokratie, S. 330.

146 O.H., Kommunalpolitische Streifzüge durch das Ruhrrevier I, in: Arbeiter-Zeitung (Dortmund) 203, 31.8.1905.

147 Zum Folgenden: O.H., Kommunalpolitische Streifzüge durch das Ruhrrevier II, in: Arbeiter-Zeitung (Dortmund) 206, 4.9.1905.

148 Siehe ausführlich Kap. 11.4.

wären, müssen deutlich verbessert werden. Besonders wichtig sei eine gute Bezahlung der Volksschullehrer[149], damit diese, „nicht überlastet und durchaus vor Existenzsorgen geschützt", sich freudig ihres „unvergleichlichen Kulturwerkes" widmen könnten. Für die Kinder hätten die Gemeinden ein kostenloses Essen „in allen modernen Anforderungen entsprechenden Schulhallen" auszugeben. Vorbeugend sollten alle Schulkinder schulärztlich untersucht werden, um ansteckende Krankheiten erfolgreich bekämpfen zu können.[150] – Anstatt Millionen „für Militarismus, Marinismus und ‚Weltpolitik'" auszugeben, sei es ertragreicher, „Luft und Licht für die Jugend" zu schaffen. Nötig seien Spielplätze, Parks, Turnhallen für deren „harmonische körperliche Entwicklung", denn die Arbeiterjugend würde keinen Ferienurlaub in einem Seebad oder im Waldgebirge kennen, sondern wachse auf „inmitten von Rauch, Hüttendunst und Kohlendreck". Ihre Welt werde begrenzt „durch rauchende Schlote und düstere Mietskasernen".

Hue schrieb nicht nur wohlfeile Artikel, sondern er engagierte sich bei den Wahlen zu den Kommunalparlamenten trotz der geringen Erfolgsaussichten, da auch die Stadtverordneten und Gemeinderäte nach dem Dreiklassenwahlrecht gewählt wurden.

1903, als sich die Sozialdemokraten erstmals in Essen an der Gemeinderatswahl beteiligten, kandidierte er an seinem Wohnort, im damals noch selbstständigen Rüttenscheid.[151] An der Dominanz der bürgerlichen Parteien konnte er aber nichts ändern. Die siegreichen Kandidaten des Zentrums erhielten 673 bis 702 Stimmen und lagen damit vor der Rüttenscheider Bürger- und Arbeiterpartei (456 bis 508 Stimmen). Abgeschlagen folgten die Sozialdemokraten mit Hue an der Spitze (67 Stimmen).[152]

Obwohl Hue in der lokalen Organisation eine Außenseiterstellung einnahm, wollte die Partei auf den reichsweit bekannten Abgeordneten bei der Stadtverordnetenwahl nicht verzichten, und Hue war 1910 bereit, abermals zu kandidieren. Die Partei hatte ihn im Segeroth, dem Arbeiterbezirk Essens, aufstellen wollen, wo ein Erfolg zu erwarten war. Doch auf der Mitgliederversammlung bat Hue „wegen der bei ihm vorhandenen Überlastung an Arbeit" davon abzusehen und statt seiner Hans Steinbüchel zu nominieren. Er wollte, wenn auch ohne Erfolgsaussichten, in der dritten Abteilung des Wahlbezirks der früheren Bürgermeisterei Rüttenscheid antreten.[153] Seine Gegenkandidaten waren der Rechtsanwalt Josef Eckardt (Zentrum) und der Malermeister Josef Stelte (Bürger- und Arbeiter-Partei). Hues Prominenz hatte kaum Einfluss auf das Abstimmungsverhalten der Wähler, sodass nicht er (508 Stimmen), sondern seine Gegner (Eckardt mit 1062

149 Hue spricht stets, wie es zeittypisch war, von Lehrern, obwohl im Jahre 1905 ein Gutteil des Lehrpersonals unverheiratete Frauen waren.

150 In einem Artikel „Volksschullasten rheinisch-westfälischer Gemeinden" betonte Hue, nachdem er ausführlich die katastrophalen Schulverhältnisse geschildert hatte: „Aber die Volksschule ist doch das Institut, dem wir das Liebste und Wertvollste anvertrauen müssen! Darum bedarf gerade sie der liebevollsten Pflege, keine Aufwendung für Lehrkräfte und Lehrmittel, für gesunde Räume und Erholungsplätze kann zu hoch genannt werden." Arbeiterzeitung (Essen) 64, 18.3.1918. – Zur Schulsituation im Ruhrgebiet: Reulecke, Von der Dorfschule.

151 Allgemeiner Beobachter 287, 15.12.1903.

152 Allgemeiner Beobachter 290, 18.12.1903.

153 Arbeiterzeitung (Essen) 261, 7.11.1910. – Die *Essener Volks-Zeitung* kolportierte, dass es schon im Vorfeld Proteste der Linken gegen die Nominierung Hues gegeben hätte. Da diese auf der Versammlung die Mehrheit gestellt hätten, hätte er klugerweise von seiner Kandidatur Abstand genommen. Essener Volks-Zeitung 254, 5.11.1910 „Mit der Agitation für die bevorstehenden Stadtverordnetenwahlen" u. 256, 8.11.1910 „Der Zwist im sozialdemokratischen Parteilager".

und Stelte mit 829 Stimmen) in die Stichwahl kamen.[154] Hue warb für die Unterstützung des Malermeisters, doch die Partei wollte keine offizielle Wahlempfehlung aussprechen.[155] Doch jeder Wähler wusste, wie Sympathie und Antipathie verteilt waren. Dass Stelte die Wahl gewann,[156] dafür machte das Zentrum Hue verantwortlich, der, nachdem er „den sich sträubenden radikalen Flügel … in die Pfanne geschlagen hatte", für das offensichtliche Bündnis mit den Nationalliberalen gesorgt habe.[157]

Zwei Jahre später kandidierte Hue im Segeroth, doch dieses Mal standen die Sozialdemokraten auf verlorenem Posten, da sich das Zentrum und die Nationalliberalen zu einem Block zusammengeschlossen hatten. Selbst ein bekannter und beliebter Bergarbeiterführer kam gegen diese Phalanx nicht an. Hue unterlag dem Klempnermeister Paul Schnetker mit 2036 zu 1135 Stimmen.[158]

154 Haus der Essener Geschichte/Stadtarchiv 102 I 312; Arbeiterzeitung (Essen) 276, 25.11.1910.

155 Essener Volks-Zeitung 282, 10.12.1910 „Zu der Stichwahlparole der Sozialdemokratie zur Stadtverordnetenwahl"; Bergarbeiter-Zeitung 1, 7.1.1911.

156 Henning, Geschichte der Stadtverordnetenversammlung, S. 152.

157 Essener Volks-Zeitung 287, 16.12.1910 „Die liberal-sozialdemokratische Verbrüderung".

158 Essener Volks-Zeitung 275, 29.11.1912 „Das Ergebnis des gestrigen dritten Wahltages"; Henning, Geschichte der Stadtverordnetenversammlung, S. 155.

11. Zwei Niederlagen und ein Erfolg

11.1 Die Fehden mit der Zentrumspartei und dem Gewerkverein

Das Abstimmungsverhalten der Zentrumsfraktion im preußischen Landtag bei den Novellierungen des Berg- und des Knappschaftsgesetzes war für Hue der Anlass für heftige Angriffe gegen die Partei. Es waren aber nicht allein die Bergarbeiterfragen, weshalb er das Zentrum zum „eigentlichen Feind der Sozialdemokratie“ erklärte.[1] Die spezielle Gegnerschaft erklärt sich generell aus der „spezifischen politischen Konkurrenzsituation“ im Ruhrgebiet beim Werben um die Stimmen der Arbeiter.[2] Für Hue wie für die Sozialdemokratie insgesamt stimmten beim Zentrum Sein und Schein nicht überein. In ihren Augen war der politische Katholizismus „eine nur besser getarnte Variante des bürgerlichen Klassengegners“,[3] die „als festes Ziel die Stärkung der Reaktion im Auge habe.“[4] Da „Kaplan und Junker … die besten Freunde“ seien, würden mit Hilfe des Zentrums „die reaktionären Ränke verwirklicht“.[5] Es trage „als ausschlaggebende Majoritätspartei doch die Hauptschuld an der Verwüstung der Reichsfinanzen, der Vernachlässigung der Kulturaufgaben, dem Einschlummern der Sozialreformgesetzgebung“.[6]

Es ärgerte Hue vor allem, dass sich das Zentrum entgegen der Tätigkeit im Reichs- und Landtag im Ruhrgebiet erfolgreich als katholische Arbeiterpartei präsentierte, die sich für die Interessen der „kleinen Leute“ einsetzen würde, während es doch ihre sozialpolitischen Versprechungen nie einlöse.[7] Den Nimbus der Arbeiterfreundlichkeit hielten die christlichen Abgeordneten aufrecht, die wie Giesberts oder Imbusch aus der Arbeiterschaft stammten und im Reichs- und Landtag die gesellschaftlichen und betrieblichen Missstände aufzeigten. Für Hue besaßen die christlichen Arbeitervertreter lediglich eine Alibifunktion. Sie seien „nur dazu da, den Wählern Sand in die Augen zu streuen“, denn in der Praxis seien sie „Nullen“, die alle „Zentrumsmaßnahmen im Interesse der herrschenden Klassen mitgemacht“ hätten und sich dazu gebrauchen ließen, „diese arbeiterfeindlichen Maßnahmen den Wählern gegenüber zu vertuschen“.[8]

1 Rede auf dem Provinzial-Parteitag für das westliche Westfalen 1905. Allgemeiner Beobachter 263, 15.11.1905.

2 Rohe, Ruhrgebietssozialdemokratie, S. 342.

3 Ebd., S. 343.

4 Rede Hues auf dem Provinzial-Parteitag für das westliche Westfalen 1905. Allgemeiner Beobachter 263, 15.11.1905.

5 Rede Hues auf dem Provinzial-Parteitag für das westliche Westfalen 1905. Dortmunder Zeitung 580, 14.11.1905.

6 Otto Hue, Die bürgerlichen Parteien und die Sozialdemokratie. Lehren der letzten Reichstagsnachwahlen, in: Sozialistische Monatshefte (1906) 9, S. 720–726, S. 721.

7 Otto Hue, Wer hat den Rechtsschutzverein der Saar-Bergleute ruiniert?, S. 3.

8 Rede Hues auf einer Wählerversammlung in Hamm am 17.12.1911. Arbeiter-Zeitung (Dortmund) 298, 21.12.1911 (abgedr. in: John, Hue II, S. 113–123). – Schneider, Die Christlichen Gewerkschaften, S. 350 formuliert etwas vorsichtiger, indem er konstatiert, „daß die Christlichen Gewerkschaften innerhalb ‚ihrer‘ Parteien keinen eindeutigen Rückhalt hatten“.

Hue verwies immer wieder auf die Diskrepanz zwischen dem politischen Handeln und den Reden in den Versammlungen und warf den Abgeordneten Unredlichkeit vor: „Wenn der Reichstag geschlossen oder vertagt wird, dann werden Sie hinausgehen und reden den geschädigten Leuten wieder was vor von Christentum, Barmherzigkeit und Nächstenliebe. Hier aber haben Sie in der unbarmherzigsten Weise getrieben, was kein ehrlicher Christ tun konnte. Sie haben selbst den Witwen und Waisen das kärgliche Einkommen geschmälert. Sie haben damit getan, was man nur barbarisch nennen kann. Sie haben durch Ihre Taten das Christentum verhöhnt, die Barmherzigkeit haben Sie mit Füßen getreten."[9]

Ähnlich fiel der Befund Hues für das Zentrumshandeln auf kommunaler Ebene im Ruhrgebiet aus.[10] Wenn es in der Minderheit ist, prangere es die volksfeindliche Politik der anderen bürgerlichen Parteien an. Doch wo es die Mehrheit stelle, könne es keine „sozial-reformatorisch hervorragenden Leistungen aufweisen". Im Gegenteil. Gerade hier sei der Gipfel „an sozialpolitischer Einsichtslosigkeit" erklommen. Wie auf Reichs- und Landesebene wich in den vom Zentrum beherrschten Kommunen die Praxis erheblich von den „prahlerischen Reden und Zeitungsartikeln" ab. So entpuppe sich das Zentrum „in der Gemeindepolitik als eine durchaus arbeiterfeindliche Partei, die zum Teil noch rücksichtsloser wie die Nationalliberalen die Klassenherrschaft, die Herrschaft des großen Geldsacks aufrecht erhält".

Hue, der das Zentrum als „Inkarnation der politischen Treulosigkeit, der unerhörtesten demagogischen Unbedenklichkeit" schmähte,[11] hoffte, dass die Wähler dank der sozialdemokratischen Aufklärungsarbeit die Unaufrichtigkeit erkennen würden und bei der nächsten Wahl „solchen Volksausplünderern ... den verdienten Laufpaß" gäben.[12] Doch seine Hoffnungen trogen. Wer im Ruhrgebiet im katholischen Milieu verankert war, stimmte für das Zentrum.[13]

Die Reaktion des politischen Gegners blieb nicht aus. Auch wenn die *Essener Volks-Zeitung* erklärte, „die Ausführungen des Mannes, der politisch wie ein Opal in allen Farben schillert, können dem Zentrum absolut gleichgültig sein,"[14] so beschäftigte sich das Zentrumsorgan fortwährend mit Hue.

In seinem Kampf gegen das Zentrum bezog der Sozialdemokrat den Gewerkverein mit ein, und es begann ein neues Kapitel im Zwist der Bruderorganisationen.

Nach dem Streik 1905 war Hue zuversichtlich, dass die vier Bergarbeitergewerkschaften fortan kooperieren würden. Doch der Gewerkverein verteidigte die Verabschiedung der neuen Berggesetze, die er im Vorfeld so massiv kritisierte hatte, und rechtfertigte das Abstimmungsverhalten der Zentrumsfraktion im preußischen Landtag. Ebenso kam keine Aktionseinheit bei den Lohnforderungen zustande, und in Knappschaftsfragen lebte die alte Konfrontation wieder auf. Für diesen „Rechtsabmarsch"[15] des Gewerkvereins machte Hue zweierlei verantwortlich.

9 Reichstagsrede am 7.7.1909, Verhandlungen, S. 9190.

10 O.H., Kommunalpolitische Streifzüge V. Die Zentrumspartei in den Gemeindeverwaltungen, in: Arbeiter-Zeitung (Dortmund) 265, 11.11.1905.

11 Otto Hue, Die bürgerlichen Parteien und die Sozialdemokratie, S. 723.

12 Rede auf der Mitgliederversammlung der SPD-Filiale Dortmund-Nord. Arbeiter-Zeitung (Dortmund), 21.11.1910 (abgedr. in John, Hue II, S. 101–105, S. 104).

13 Rohe, Ruhrgebietssozialdemokratie, S. 344.

14 Essener Volks-Zeitung 47, 26.2.1908.

15 O.H., Krisis in den schwarz-blauen Gewerkvereinen, in: Arbeiterzeitung (Essen) 296, 19.12.1910.

1. Für ihn waren die christlichen Verbände „Centrumsgewerkvereine“, abzulesen am „scharenweisen Auftreten der Gewerkvereinsführer und Angestellten zugunsten der Centrumspartei“.[16] Diese habe dank ihres großen Einflusses eine Änderung der Gewerkvereinspolitik bewirkt, deren vornehme Aufgabe es nun mehr sei, zur Sicherung der schwarz-blauen Mehrheit im Reich beizutragen. Aus diesem Grunde hätten die christlichen Verbände der Zusammenarbeit mit den freien Gewerkschaften abgeschworen und einen unternehmerfreundlichen Standpunkt eingenommen.[17] Seine Beurteilung löste den umgehenden Widerspruch bei den Angegriffenen aus. Das Zentralblatt der christlichen Gewerkschaften konterte: „Und wenn Hue den Beweis dafür antreten müßte – allerdings nicht durch Rabulistik, sondern durch Tatsachen – daß ‚die bekanntesten Führer‘ der christlichen Gewerkschaften ‚von den mächtigen Drahtziehern hinter den Kulissen‘ gezwungen werden, ‚einen hörbaren Ruck nach rechts‘ zu machen, ... dann würde die Beweisaufnahme einen für Hue geradezu jammervollen Verlauf nehmen. Wenn also Hue sich einbilden sollte, daß er [in] dem zitierten Artikel etwas ausnahmsweises Gescheites oder den christlichen Gewerkschaften schwer Unangenehmes gesagt habe – und dieser Meinung muß wohl Hue gewesen sein, weil er seinen Artikel an die ganze sozialdemokratische Presse schickte –, so hat er sich wieder einmal einer optischen Täuschung hingegeben. Was Hue sagt, ist sein alter Faden, nur gesponnen auf einer neuen Nummer. Imponiert nicht mehr!“[18]

2. Den Rechtsruck der christlichen Gewerkschaften sah Hue als Beweis dafür an, dass im Richtungsstreit[19] zwischen denjenigen, die wie die Fuldaer Bischofskonferenz zur Interessensvertretung die rein katholischen Arbeitervereine favorisierten, und der M.Gladbacher Richtung, die sich für überkonfessionelle Verbände auf christlicher Basis aussprachen, Fürstbischof Kopp „als unbestreitbarer Sieger“ darstünde.[20]

Hue beobachtete die Diskussionen in der katholischen Arbeiterbewegung sehr genau und kommentierte sie in zahlreichen Aufsätzen. Nach seiner Auffassung war der Konflikt dadurch entstanden, dass sich die Gewerkvereine, die nach den Intentionen der Gründer keine Kampforganisationen sein sollten, sich in der Praxis von diesem Grundsatz abgewandt hätten. Diese Entwicklung entsprach keineswegs den Wünschen des hohen Klerus und der offiziösen Lehre, die Hue bewusst überspitzt und vereinfachend mit den Sätzen umriss: „Das offizielle Christentum, richtiger: Kirchentum, empfiehlt der Masse den bedürfnislosen, geduldigen Lazarus ‚zur Darnachachtung‘. ‚Seid untertan eurer Obrigkeit!‘ ‚Seid zufrieden mit dem euch gegebenen Lohn!‘ ‚Murret nicht!‘“[21] Folglich schieden sich „klerikale Theorie und moderne Gewerkschaftsauffassung“ wie Feuer und Wasser.[22]

16 O.H., Die innere Entwickelung der Gewerkvereine M.Gladbacher Richtung, in: Correspondenzblatt 37, 12.9.1908, S. 581–585 u. 38, 19.9.1908, S. 597–602, S. 581. – Zum Verhältnis von christlichen Gewerkschaften und Zentrumspartei siehe die abgewogene Analyse bei Schneider, Die Christlichen Gewerkschaften, S. 325–335.

17 O.H., Krisis in den schwarz-blauen Gewerkvereinen.

18 Zit. nach Bergknappe 7, 18.2.1911 „Die christl. Gewerkschaftsbewegung und die Strömungen im kath. Lager“.

19 Zum Konflikt zwischen dem Verband der Katholischen Arbeitervereine (Sitz Berlin) und den Gewerkvereinen: Brack, Deutscher Episkopat; Schneider, Die Christlichen Gewerkschaften, S. 172–211.

20 O.H., Krisis in den schwarz-blauen Gewerkvereinen. – Zum Widerspruch: Bergknappe 7, 18.2.1911 „Die christl. Gewerkschaftsbewegung und die Strömungen im kath. Lager“.

21 O.H., Die innere Entwickelung der Gewerkvereine M.Gladbacher Richtung, S. 598.

22 O.H., Zur Geschichte der deutschen Gewerkschaftsbewegung, in: Correspondenzblatt 46, 14.11.1908, S. 729–733, S. 733.

Unzufrieden über den Kurs der Gewerkvereine hätte die Fuldaer Bischofskonferenz in ihrem Hirtenschreiben vom 23. August 1900 die katholischen Fachabteilungen befürwortet. Aus Sicht der katholischen Glaubenslehre, wie Hue sie darstellte, war dies nur konsequent, denn: „Nur in der katholischen Kirche ist die wahre Religiosität, jede Abschwächung des katholisch-kirchlichen Standpunktes ist unkatholisch, unchristlich, führt zur Irreligiosität." Die interkonfessionellen Gewerkvereine könnten daher „nicht die wahre Religiosität pflegen."[23] Daher gab es für ihn auch keinen Zweifel, dass Papst Pius X. die Berliner Richtung bevorzugen würde.[24]

Die überzogene, provozierende Darstellung rief natürlich Widerspruch hervor. Besonders heftig fiel die Reaktion des *Bergknappe* aus, was ein Zeichen dafür ist, dass Hue einen Nerv getroffen hatte: „Otto Hue versucht sich als katholischer Kirchenlehrer, indem er in seiner bekannten ‚Bescheidenheit' in dem Streit zwischen christlichen Gewerkschaften und katholischen Fachabteilungen auch ein Urteil abgibt. Selbstverständlich spielt Herr Hue eine unsagbar lächerliche Rolle. Man muß bedenken, ein Genosse Hue, der nicht in den Lehren der katholischen Kirche unterrichtet ist, der eine kaum glaubliche Unwissenheit auf diesem Gebiete besitzt, leistet sich ein Urteil, wer bei dem Streit im Recht ist. Er, der vom Katholizismus so viel versteht wie eine Kuh vom Klavierspielen, ... will den christlichen Gewerkschaften etwas anhängen. Da ist schon jedes Mittel recht." Der Artikelschreiber setzte sich aber nicht inhaltlich mit dem Aufsatz auseinander, sondern gab Hue nur den Rat, „sich für 40 Pfg. einen über die katholische Lehre unterrichtenden Katechismus anzuschaffen".[25]

Aufgrund seiner massiven und fortdauernden Angriffe, die trotz aller Polemik die Schwächen und Widersprüchlichkeiten der Konkurrenz aufdeckte, sahen die christlichen Gewerkschaftsführer in Hue „den größten Gegner"[26] und „größten Friedensstörer"[27], gar den „Todfeind"[28]. Wie ausgeprägt die Feindschaft war, verdeutlichen die lange nach dem Tod von Hue verfassten Notizen seines Kontrahenten Heinrich Imbusch:

„Hue war die Seele des Kampfes gegen den Gewerkverein christlicher Bergarbeiter. Ihm war in diesem Kampfe jedes Mittel recht. Die christliche Konkurrenzorganisation sollte vernichtet werden. Hues Hass gegen den Gewerkverein und seine Führer war grenzenlos. Grenzenlos war auch seine Unehrlichkeit im Kampfe. ... Unter der Maske des Biedermanns führte er auch besonders gern und bedenkenlos den schärfsten persönlichen Kampf gegen seine Gegner. Er erfand die Verleumdung, der Gewerkverein sei ein Zentrumsgewerkverein; er wiederholte sie wider besseres Wissen jahrzehntelang. Von ihm stammt auch die Verleumdung, der Gewerkverein arbeite im Interesse der Unternehmer. Er prägte den Ausdruck Zechengewerkverein. ... Ganz natürlich, dass ... die

23 Otto Hue, Papst Pius X. gegen die „christlich"interkonfessionellen Gewerkvereine, in: Correspondenzblatt 4, 27.1.1906, S. 60–62 u. 5, 3.2.1906, S. 79–80, S. 80. – Hue verwies in diesem Zusammenhang auch auf die Rede des Reichstagsabgeordneten Domdekan Franz Xaver Schädler auf dem Katholikentag 1904, der erklärt hatte: „Religion ohne Konfession ist leerer Schall! Religion ohne Konfession ist Konfusion!" O.H., M.Gladbacher Gewerkschafts-Konfusion, in: Correspondenzblatt 41, 10.10.1908, S. 463f., S. 464.

24 Otto Hue, Papst Pius X. gegen die „christlich"interkonfessionellen Gewerkvereine.

25 Bergknappe 7, 17.2.1906 „Otto Hue als katholischer Kirchenlehrer".

26 Bergknappe 38, 21.9.1907 „Einigkeitsliebe oder Heuchelei?".

27 Bergarbeiter-Zeitung 36, 7.9.1907 „Friedensengel?".

28 So Johann Effert auf einer Zentrumsversammlung in Stoppenberg. Bergarbeiter-Zeitung 38, 23.9.1905 „Tüchtige Schimpfer werden gesucht!".

Abb. 20: Büste von Heinrich Imbusch

Angehörigen des Gewerkvereins in ihm den grössten Schädling an der Bergarbeitersache sahen."[29]

Am 23. Juni 1911 startete im *Bergknappe* eine Artikelserie[30] gegen Sachse und Hue, „die an Gemeinheit nicht mehr zu übertreffen" wäre, so das – parteipolitisch gefärbte – Urteil der *Arbeiter-Zeitung*.[31] Der Vorwurf lautete, dass Hue nur „lange, mit einer Überfülle von Zitaten und Kleinlichkeiten gespickte Redereien" halte statt „sachliche und zielklare praktische Arbeit" in den Kommissionen zu leisten. Besonders kritisiert wurde, dass er sich nicht an den Kommissionsberatungen der Reichsversicherungsordnung beteiligt hätte, um für alte Bergarbeiterforderungen einzutreten.[32] Stattdessen verbringe er die meiste Zeit „in der Bibliothek des Reichstages und schmökert in allen möglichen Heften, Büchern und Zeitschriften. Alle möglichen und unmöglichen Sätze schreibt er sich aus, ... um sie gelegentlich in einer Dauerrede im Plenum des Reichstages oder in einem Artikel als Zitat zu verwenden. ... Er schreibt Artikel auf Artikel für alle möglichen roten Blätter. Das ist eine finanziell angenehme Haupt- – pardon – Nebenbeschäftigung für den Herrn Abgeordneten, denn die roten Blätter zahlen recht gut." Im Plenum des Reichstages ließe er sich nur „von Zeit zu Zeit" sehen, „um sich durch einige Zwischenrufe oder gelegentliche ‚persönliche Bemerkungen' bemerkbar zu machen".[33]

Die Intentionen des Autors waren deutlich, doch seine Argumentation stand auf schwachen Füßen, denn Faulheit konnte man Hue bestimmt nicht vorwerfen, gehörte er doch zu den Rednern, die am häufigsten im Reichstag zu Wort kamen.[34] Falsch war die Behauptung, dass er sich nicht in Kommissionen betätige. Hue war der Wortführer der Sozialdemokraten in der Kalikommission und gehörte zeitweise auch anderen an.[35] Wenn die Bergarbeiterführer nicht Mitglieder der Kommission waren, die die Reichsversicherungsordnung beriet, so war dies der Tatsache geschuldet, dass gerade die so-

29 Archiv im Haus der Geschichte des Ruhrgebiets NL Imbusch 53, MS „Niederlage des Abg. Hue bei der Reichstagswahl 1912". – An anderer Stelle heißt es: „Der äusserlich so ruhige und gern den objektiven Biedermann herauskehrende Hue besass einen Parteifanatismus, der ihn immer wieder fort riss. Auf seine Angaben konnte man sich deshalb oft nicht verlassen. ... Er scheute keine Unwahrheit und keine Verleumdung, um der Konkurrenz zu schaden. In dieser Beziehung war er ganz bedenkenlos." Archiv im Haus der Geschichte des Ruhrgebiets NL Imbusch 117, MS „Abg. Otto Hue".

30 Bergknappe 23, 10.6.1911, 25, 24.6.1911 u. 26, 1.7.1911 „Die sozialdemokratischen Bergarbeiterführer im Reichstag".

31 Arbeiter-Zeitung (Dortmund) 161, 13.7.1911 „Die sozialdemokratischen Bergarbeiterführer im Reichstag".

32 Bergknappe, Bergarbeiterführer II.

33 Bergknappe, Bergarbeiterführer I.

34 Siehe oben S. 176.

35 Zur Mitarbeit Hues in der Gewerbeordnungskommission: Vorwärts 18, 21.1.1911 „Zentrum und Arbeiterschutz". Die Teilnahme Hues konnte auch die *Essener Volks-Zeitung* nicht in Abrede stellen. Essener Volks-Zeitung 53, 6.3.1911 „Sozialdemokratische Verlegenheiten und Schwindeleien". – Zur Budgetkommission: Vorwärts 59, 10.3.1911, 64, 16.3.1911 u. 66, 18.3.1911.

zialdemokratische Fraktion über ausgewiesene sozialpolitische Experten wie Hermann Molkenbuhr, Robert Schmidt und Arthur Stadthagen verfügte.[36]

11.2 Die Reichstagswahl 1912

Aus Sicht der Zentrumspartei und des Gewerkvereins war es nachzuvollziehen, dass sie das Verschwinden Hues aus dem Reichstag als „wünschenwert" ansahen.[37] Bereits 1908 hatte die *Essener Volks-Zeitung* unverhohlen erklärt, dass „unter allen Umständen eine Wiederwahl" Hues verhindert werden müsse.[38] Um ihm das Mandat streitig zu machen, war aber ein Zusammengehen mit den Nationalliberalen erforderlich. Erste sichtbare Anzeichen dafür waren bei der Knappschaftsältestenwahl 1910 erkennbar, als der Gewerkverein sich mit dem Rheinisch-Westfälischen Verband evangelischer Arbeitervereine verbündete.[39] Der *Bergknappe* sprach die politische Wirkung dieses gegen den Alten Verband gerichteten Bündnisses offen aus. Sollten die bürgerlichen Parteien auch bei der nächsten Reichstagswahl zusammenhalten, dann wäre „ihnen ein glänzender Sieg sicher", und Hue könne aus dem Reichstag vertrieben werden. Das wäre „im wohlverstandenen Interesse der Bergarbeiter", denn mit ihm würde „ein Mann entfernt, der im Reichstage die sozialpolitischen Debatten durch ödes Parteigezänk unfruchtbar für die Arbeiter gestaltet", der „auch gar nichts Besonderes geleistet" hätte, dem, dass hätten die Beratungen beim Kaligesetz „zum Überfluss noch bewiesen", „die Befähigung, für die Bergleute Brauchbares zu schaffen, völlig fehlt". Daher war man im Gewerkverein der Ansicht, „daß ein unserer Bewegung angehörender tüchtiger nationalliberaler Arbeiter den Bergleuten des Wahlkreises Bochum-Gelsenkirchen-Hattingen mehr nützen könnte, als der jetzige Abgeordnete Hue".[40]

Am 15. Januar 1911 bekräftigte der Gewerkvereinsangestellte Franz Hüskes in einer Versammlung in Herne die Absicht, Hue abzuwählen. „Wenn die nationalliberale Partei … einen annehmbaren Kandidaten aufstellt und dieser mit Hue in die Stichwahl kommt, dann seien für Otto Hue die schönen Tage von Aranjuez vorbei. Die Christlichen würden kräftig mit dazu beitragen, daß dieses Übel der Bergarbeiterbewegung verschwindet."[41]

Die Nationalliberalen verstanden den Wink und nominierten am 12. Februar 1911 den Bergmann und Bochumer Stadtverordneten Karl Heckmann, der seit einem Jahr

36 Zur Reichsversicherungsordnung: Rother, Reichsversicherungsordnung.

37 Bergknappe 34, 20.8.1910 „Die jammernden Genossen".

38 Essener Volks-Zeitung 49, 28.2.1908.

39 Arbeiter-Zeitung (Dortmund) 177, 1.8.1910 „Die kommenden Knappschaftswahlen".

40 Bergknappe 34, 20.8.1910 „Die jammernden Genossen". – Ebenso hatte der Generalsekretär des Gewerkvereins, Franz Behrens, im *Reich* verkündet: „Denn wenn bei dieser, den wesentlichen Teil der Arbeiterbevölkerung des Industriegebietes berührenden sozialen Wahl die katholischen und evangelischen Arbeitermassen ohne Rücksicht auf politische Gesichtspunkte zusammenwirken, so dürfte das, wenn die Nationalliberalen an der Ruhr taktisch nicht allzu ungeschickt handeln, [den Sozialdemokraten] bei den nächsten Reichstagswahlen ihre Mandate in Mülheim-Oberhausen, Bochum-Gelsenkirchen und Dortmund kosten." Zit. nach Arbeiter-Zeitung (Dortmund) 188, 13.8.1910 „Zur Knappschaftsältestenwahl". Weitere Beispiele in: Die Knappschafts-Wahlkämpfe und deren Ergebnisse, S. 87–90.

41 Zit. nach Arbeiter-Zeitung (Dortmund) 14, 17.1.1911 „Zur Bergarbeiterbewegung". – Der Bochumer Zentrumsvorsitzende hatte gleichfalls erklärt, dass die Partei bei einer Stichwahl für den nationalliberalen Kandidaten eintreten werde. Tiedtke, Reichstagswahlen, S. 320.

Mitglied des Gewerkvereins war.[42] Die Tatsache, dass ihr Kandidat noch jeden Tag einfuhr und unter Tage arbeitete, spielte die nationalliberale Wahlpropaganda gegen Hue aus, den der Bochumer Generalsekretär der Nationalliberalen, Hans Schack, als jemanden charakterisierte, der „überhaupt keine Grube gesehen" hätte und sich dennoch anmaße, „über die Verhältnisse im Bergbau zu schwadronieren. Glauben Sie nicht," lautete seine rhetorische Frage, „daß Karl Heckmann, der die Gefahren des Bergbaues am eigenen Leibe hat spüren müssen, besser in der Lage ist, die Interessen der Bergarbeiter und aller Arbeiter zu vertreten, als Otto Hue? Glauben Sie nicht, daß man seinen Worten im Reichstag mit ganz anderen Ohren lauschen wird, als den Agitationsreden, die die Herren von der sozialdemokratischen Partei zum Fenster hinaus halten?"[43]

Theodor Wagner, Redakteur der *Bergarbeiter-Zeitung*, nahm die Nachricht von der Nominierung Heckmanns dennoch gelassen auf. Er war sich sicher: „Da beißen die christlichen gelben Zechenherrschaften auf Granit!"[44] Ebenso zuversichtlich zeigte sich der *Allgemeine Beobachter*: „Die Zeiten sind vorüber, wo man die Wähler mit Leichtigkeit leithammeln … konnte." „Die Hütten- und Bergarbeiter werden an dem bewährten Vertreter Otto Hue festhalten."[45] Keineswegs so optimistisch war Hue selbst. Er prophezeite, dass man „einem schweren Wahlkampf" entgegengehe. „Man werde ein so voll gerütteltes Maß von Verleumdungen über die Sozialdemokratie ergießen, daß diese sich selbst nicht mehr kennen werde."[46] Er sollte Recht behalten.

Das Zentrum zog bewusst seinen Arbeiterkandidaten Christian Kloft zurück. Statt seiner trat nun der Dorstener Gymnasialprofessor Prof. Dr. Albert Weskamp an.[47] Es galt, nicht die Wahl zu gewinnen, sondern gemeinsam mit den Nationalliberalen den Wahlkreis „der volks- und arbeiterverräterischen, der religions- und vaterlandsfeindlichen revolutionären Umsturzpartei" zu entreißen und „das Reichstagsmandat von der politisch und sozial unfruchtbaren und verderblichen Sozialdemokratie wieder an einen Vertreter der nationalen bürgerlichen Partei" kommen zu lassen.[48] Aus diesem Grunde vereinten sich beide Parteien unter der Parole: „Die rote Fahne muß herunter auf alle Fälle!"[49] und konzentrierten ihren Wahlkampf auf die Bekämpfung der Sozialdemokratie, während sie sich gegenseitig schonten. Später gestand Imbusch ein, dass Zentrumsanhänger verpflichtet worden seien, schon bei der Hauptwahl für Heckmann zu stimmen, da nur der nationalliberale, nicht der Zentrumskandidat Siegesaussichten bei der Stichwahl besessen hätte.[50]

42 Barsickow, Politische Lager, S. 209; Theodor Wagner, Zur Lohnbewegung der Ruhrbergarbeiter, in: Correspondenzblatt 8, 25.2.1911, S. 130–132 u. 9, 4.3.1911, S. 149–151, S. 132.

43 Zit. nach Petras, Reichstagswahlen, S. 232. – Heckmann hatte am 20. November 1911 einen schweren Unfall erlitten, in dessen Folge ihm der rechte Arm amputiert werden musste. Ebd., S. 231.

44 Theodor Wagner, Zur Lohnbewegung der Ruhrbergarbeiter, S. 132.

45 Allgemeiner Beobachter 7, 9.1.1911 „Stichwahlabkommen im Wahlkreis Bochum-Gelsenkirchen". – Ebenso optimistisch zeigte sich die *Arbeiter-Zeitung*. Die Arbeiter hätten „ein zu ausgeprägtes Ehrgefühl", „um den Arbeiterverrätern zu Gefallen zu sein". Arbeiter-Zeitung (Dortmund) 14, 17.1.1911 „Zur Bergarbeiterbewegung".

46 Rede Hues auf dem westfälischen Provinzalparteitag. Stadtarchiv Dortmund 5/149, Bericht über die Verhandlungen des sozialdemokratischen Provinzial-Parteitages für das westliche Westfalen, 30.10.1911.

47 Biografische Angaben in: http://www.dorsten-lexikon.de/weskamp-albert/ (eingesehen 2.9.2022).

48 „An die Reichstagswähler des Wahlkreises Gelsenkirchen-Bochum!", in: Gelsenkirchener Zeitung – Wahlzeitung 1, 9.1.1912.

49 Barsickow, Politische Lager, S. 209; Tiedtke, Reichstagswahlen, S. 320.

50 Archiv im Haus der Geschichte des Ruhrgebiets NL Imbusch 53, MS „Niederlage des Abg. Hue bei der Reichstagswahl 1912".

Für die Polen kandidierte abermals Josef Chociszewski, den der *Vorwärts* nun als einen „Nationalpolen strengster Observanz" charakterisierte.[51]

Die Sozialdemokraten stellten selbstverständlich wieder Otto Hue auf, dem, wie bei den Wahlen zuvor, der Bergarbeiterverband zur Seite stand.[52]

Im Mittelpunkt der Wahlkampfagitation der Sozialdemokraten stand die Finanzpolitik der Mehrheitsparteien, die den Lebensunterhalt verteuert habe: „Das System der Zollpolitik, der indirekten Steuern und der Liebesgaben an die Schnapsjunker geht direkt darauf aus, in gesetzlicher Form die armen Volksgenossen auszuplündern, die Mittelschichten zu ruinieren." war in ihrem Wahlflugblatt zu lesen.[53] Ebenso kritisierte Hue die erhobenen Zölle, da sie nicht der Landwirtschaft dienten, sondern nur „indirekte Steuern" seien, „die Mittel liefern zur Erhaltung des volksfeindlichen Militarismus".[54] „Alles wird vom Militarismus und Marinismus verschlungen, die dem Volke das Mark aus den Knochen saugen,"[55] lautete sein plakativer Vorwurf.

Ein weiteres zentrales Thema der Wahlkampfflugblätter und -reden Hues war die Untätigkeit des Reichstages beim Arbeiterschutz. Kein Schutz der Hüttenarbeiter, kein Schutz der Bauarbeiter, kein Reichsberggesetz und eine verhunzte Reichsversicherungsordnung[56] – so sah die verheerende Bilanz in diesem Bereich aus.[57] Im Gegensatz dazu wurde im Werben um die Stimmen der Hüttenarbeiter die Rolle Hues als „unerschrockenen Hüttenarbeitervertreter" herausgestrichen, der erstmals auf deren elende Lage verwiesen und mit seiner Anklagerede der Sozialgesetzgebung ein neues Arbeitsfeld eröffnet habe.[58]

Ebenso wie fünf Jahre zuvor wurde heftig über die Außenpolitik gestritten. Aktueller Anlass war die Marokko-Krise.[59] Weil die dilettantische Bewältigung der Affäre von einem „Klub von Personen, die unser Herrgott in seinem Zorn zu Diplomaten machte",[60] die Gefahr eines Krieges heraufbeschworen hatte, forderte Hue ein Mitentscheidungs-

[51] Vorwärts 283, 3.12.1911 „Der Wahlkampf im rheinisch-westfälischen Industriebezirk".

[52] Bergarbeiter-Zeitung 51, 23.12.1911 „Bergleute! Der Tag des Gerichts naht!"; Bergarbeiter-Zeitung 1, 6.1.1912 „Es geht diesmal auf's Ganze!".

[53] Flugblatt „Reichstagswähler des Wahlkreises Bochum-Gelsenkirchen-Hattingen-Witten", in: LAD NRW Abt. Westf. Landratsamt Hattingen 33. Ebenso Flugblatt „Bergarbeiter! Auf zur Abrechnung", in: Stadtarchiv Witten 0 00 h 2; Flugblatt „Die Verteuerung der Lebensmittel und ihre Ursachen", in: Stadtarchiv Witten 0 01 h 14.

[54] Rede Hues auf dem westfälischen Provinzalparteitag. Arbeiter-Zeitung (Dortmund) 254, 30.10.1911 „Der Provinzial-Parteitag" (abgedr. in: John, Hue II, S. 105–112 mit falscher Datumsangabe).

[55] Rede Hues auf einer Wählerversammlung in Hamm am 17.12.1911. Arbeiter-Zeitung (Dortmund) 298, 21.12.1911 (abgedr. in: John, Hue II, S. 113–123).

[56] Die Sozialdemokraten hatten das Gesetz u.a. deswegen abgelehnt, da bei der Neufassung der Einfluss der Arbeitgeber gestärkt und die Selbstverwaltungsrechte der Mitglieder geschwächt wurden. Ritter, Berufsparlamentarier, S. 543; Mommsen, Reichsversicherungsverordnung, S. 263f.

[57] Flugblatt „Bergarbeiter! Auf zur Abrechnung", in: Stadtarchiv Witten 0 00 h 2; Rede Hues auf dem westfälischen Provinzalparteitag. Arbeiter-Zeitung (Dortmund) 254, 30.10.1911 „Der Provinzial-Parteitag" (abgedr. in: John, Hue II, S. 105–112); Rede Hues auf einer Wählerversammlung in Hamm am 17.12.1911. Arbeiter-Zeitung (Dortmund) 298, 21.12.1911 (abgedr. in: John, Hue II, S. 113–123).

[58] Flugblatt „Hüttenarbeiter, wählet!", in: Stadtarchiv Witten 0 01 h 14.

[59] Beim Konflikt zwischen Frankreich und Deutschland um die Vorherrschaft über Marokko war – als Reaktion auf die Besetzung der Festungen Fes und Rabat durch französische Truppen – am 1. Juli 1911 das deutsche Kanonenboot Panther in den Hafen von Agadir entsandt worden, was das Kriegsrisiko erhöhte. – Zur innerparteilichen Debatte der SPD: Groh, Negative Integration, S. 229–249; Fuchs, Die Marokkokrise 1911.

[60] Rede Hues auf einer Wählerversammlung in Hamm am 17.12.1911. Arbeiter-Zeitung (Dortmund) 298, 21.12.1911 (abgedr. in: John, Hue II, S. 113–123).

recht des Reichstages. Es dürfe nicht sein, dass nur der Kaiser, „den der Reichstag als den unfähigsten Diplomaten aller Zeiten und Völker bezeichnet habe“, das Recht habe, über Krieg und Frieden zu entscheiden.[61] In der Sache befand Hue, dass das deutsche Reich sich „in Marokko das Recht der offenen Tür, der freien Niederlassung und die Gleichberechtigung im Handel sichern müsse. Das ist eine Notwendigkeit, die im Interesse unserer Industrie liegt.“ Aber er war „gegen eine militärische Besetzung, die nur ungeheure Kosten verursachen und uns in kriegerische Verwicklungen stürzen würde“.[62]

Seine Bejahung der industriellen Interessen verband Hue mit einem erneuten Bekenntnis zu einer moderaten Kolonialpolitik,[63] während er die „die ‚Kolonialpolitik‘ à la Peters und General Trotha entschieden“ verwarf. „Gerade wer die geschichtliche Mission der Kulturnationen, kulturelles Brachland in anderen Weltteilen in den Bannkreis der Weltwirtschaft zu ziehen, anerkennt, muß eine in der Vernichtung oder doch in der Rechtlosmachung der Eingeborenen jener Weltteile gipfelnde koloniale Raubpolitik energisch bekämpfen.“[64]

Hue beantwortete auch den ewigen Vorwurf, die Sozialdemokraten seien Vaterlandsfeinde, mit der Erklärung: „Wir wollen keine Schwächung, nein, eine Stärkung Deutschlands im europäischen Konzert, aber nicht durch Säbelgerassel, sondern auf friedlichem Wege.“ Und er drehte den Spieß um, indem er weiter ausführte: „Wir wollen aber auch, daß derjenige, der recht patriotisch tut, auch nach seinem Vermögen beitragen soll zu den Staatsbedürfnissen.“[65]

Beim Werben um die Stimmen der Polen erinnerte Hue daran, „mit welcher Energie die Sozialdemokratie gegen das Vereinsgesetz, namentlich den Sprachen-§, die Ostmarkenpolitik und alle Ausnahme-Gesetzen gekämpft hat“,[66] und betonte in seinen Reden zu Recht, dass gerade er die „Niederträchtigkeit“ des Sprachenparagraphen gebrandmarkt habe.[67]

Je näher der Wahltag rückte, desto stärker fielen die gegen ihn gerichteten Angriffe aus. Er sei „ein Feind des Christentums und jeder positiven Religion“ und „ein unehrlicher politischer Gegner, der seinen Standpunkt nach Belieben wechselt“.[68] Ständig wiederholt wurde der Vorwurf, dass Sachse und er nicht an den Kommissionssitzungen zur Beratung der Reichsversicherungsordnung teilgenommen hätten.[69] Hue hatte es zunächst

[61] Rede Hues auf dem westfälischen Provinzalparteitag. Stadtarchiv Dortmund 5/149, Bericht über die Verhandlungen des sozialdemokratischen Provinzial-Parteitages für das westliche Westfalen, 30.10.1911.

[62] Rede Hues auf dem westfälischen Provinzalparteitag. Arbeiter-Zeitung (Dortmund) 254, 30.10.1911 „Der Provinzial-Parteitag“ (abgedr. in: John, Hue II, S. 105–112). – Allerdings verneinte Hue in einer eingehenden Untersuchung die Notwendigkeit, Marokko zu annektieren, um den deutschen Erzbedarf zu decken. Otto Hue, Marokko und der deutsche Erzbedarf, in: Neue Zeit 30 (1911/12) 2, S. 49–58 u. 3, S. 84–91.

[63] „Wir halten es durchaus für notwendig, daß für die Industrie neue Absatzquellen und neue Rohstoffquellgebiete erschlossen und die zurückgebliebenen Gebiete an die allgemeine Kultur angeschlossen werden müssen.“ Rede Hues auf dem westfälischen Provinzalparteitag. Arbeiter-Zeitung (Dortmund) 254, 30.10.1911 „Der Provinzial-Parteitag“ (abgedr. in: John, Hue II, S. 105–112).

[64] Otto Hue, Marokko und der deutsche Erzbedarf, S. 49.

[65] Rede Hues auf einer Wählerversammlung in Hamm am 17.12.1911. Arbeiter-Zeitung (Dortmund) 298, 21.12.1911 (abgedr. in: John, Hue II, S. 113–123).

[66] So auf einer Versammlung in Freisenbruch am 19.1.1912. LAD NRW Abt. Westf. Landratsamt Hattingen 33, Überwachungsbericht der Polizeiverwaltung Freisenbruch, 19.1.1912.

[67] Rede Hues auf einer Wählerversammlung in Hamm am 17.12.1911. Arbeiter-Zeitung (Dortmund) 298, 21.12.1911 (abgedr. in: John, Hue II, S. 113–123).

[68] Heinrich Imbusch auf einer Wahlveranstaltung in Gelsenkirchen. Gelsenkirchener Zeitung 8, 11.1.1912 „Rapport über den letzten General-Appell der Zentrumspartei Gelsenkirchen“.

[69] Ebd.; Bergknappe 1, 6.1.1912 „Der sozialdemokratische Reichstagskandidat Otto Hue“.

abgelehnt, „auf die von Unwahrhaftigkeit, Bosheit und Unwissenheit strotzenden Darstellungen des selbstverständlich ‚christlich-national gesinnten' Bergknappenskribenten" zu reagieren. „Wer im öffentlichen Leben steht, muß mit Dreckschleuderern rechnen."[70] Schließlich platzte ihm doch der Kragen. In seiner Antwort wies er daraufhin, dass seine Fraktion nur drei Sitze zu besetzen hatte. Da man während der Beratungen ständig in Berlin sein musste, hatte die sozialdemokratische Fraktion Hermann Molkenbuhr, Robert Schmidt und Gustav Hoch – „sehr erfahrene Fachleute" – benannt. Er selbst und Sachse hätten hingegen wegen ihrer gewerkschaftlichen Verpflichtungen nicht regelmäßig an den Sitzungen teilnehmen können. Nichts desto trotz seien die Bergarbeiterinteressen nicht vergessen worden, denn der vorberatenden Fraktionskommission hätten sie angehört und hier die nötigen Informationen weitergegeben. Besonders erzürnt war Hue darüber, dass der *Bergknappe* verschwieg, dass die Zentrumsabgeordneten des Ruhrgebiets gleichfalls keine Mitglieder der Kommission waren.

Die generelle Anschuldigung, er habe im Reichstag nichts geleistet, konterte die Partei mit seiner Leistungsbilanz: „Bei der Erörterung über die schrecklichen Grubenkatastrophen, über die Hüttenwerksunglücke, die Wurmkrankheit, die Gelsenkirchener Typhusepidemie, die Roburiderexplosion, den Zwangsarbeitsnachweis, das ‚liberale' Schwarze Listensystem gegen die Bergarbeiter und Hüttenleute, hat Otto Hue so energisch die Interessen der Geschädigten, der Unterdrückten und Verfolgten wahrgenommen, daß er auch den Gegnern Achtung abgerungen hat." Beim Kampf gegen die Zechenstilllegungen hätte es keinen besseren Vertreter gegeben, und bei den Beratungen des Kaligesetz hätte er die Gesetzesvorlage in sozialem Sinne verbessert.[71]

Aus der Hauptwahl am 12. Januar ging Hue als Sieger hervor. Zwar konnte er seinen Stimmenanteil gegenüber der letzten Wahl von 33,8 auf 36,8 Prozent steigern, doch von der absoluten Mehrheit war er weit entfernt. Für die Stichwahl kam es wiederum darauf an, wie sich die Zentrumswähler entscheiden würden.

Tab. 2: Ergebnis der Hauptwahl 1912[72]

Otto Hue (SPD)	53.333	36,8 %
Karl Heckmann (Nationalliberale Partei)	43.257	29,9 %
Albert Weskamp (Zentrum)	37.650	26,0 %
Josef Chociszewski (National Pol.)	10.630	7,3 %

Der Kreisvorsitzende der Bochumer Zentrumspartei hatte bereits am 2. Januar die Sozialdemokratie als „geschworenen Feind" bezeichnet und die Parole „Gegen die Roten unter allen Umständen" ausgegeben.[73] In diesem Sinne einigten sich die Vertreter

[70] Otto Hue, Knappschaftskassen und § 1322 der Reichsversicherungsordnung, in: Bergarbeiter-Zeitung 43, 28.10.1911. Auch zum Folgenden. Ebenso Flugblatt „Bergarbeiter! Auf zur Abrechnung", in: Stadtarchiv Witten 0 00 h 2.

[71] Flugblatt „Zum Entscheidungskampf! Volksvertreter oder Volksunterdrücker", in: LAD NRW Abt. Westf. Landratsamt Hattingen 33 u. Stadtarchiv Witten 0 01 h 14.

[72] Barsickow, Politische Lager, S. 268.

[73] Essener Volks-Zeitung 4, 5.1.1912.

der Nationalliberalen und des Zentrums am 19. Januar, in den vier strittigen Ruhrgebietskreisen gemeinsam als „Vereinigte Bürgerliche Parteien“ „gegen die revolutionäre staatszerstörende Sozialdemokratie“ aufzutreten,[74] um „den ärgsten Feind der christlich-nationalen Arbeiterbewegung ... zu stürzen“. Dieses „Urübel der Bergarbeiterbewegung“ habe die „ganze Bewegung zerrissen und ihrer Stoßkraft beraubt“, „nur um seinem politischen Ehrgeiz zu fröhnen“.[75] Der Hass auf Hue war so groß, dass die Beamten des Gewerkvereins, Effert und Hüskes, Seit an Seit mit dem Direktor der Stinnesschen Zeche Friedlicher Nachbar auftraten.[76]

Die Sozialdemokraten führten den Stichwahlkampf unter der Losung „Hie Arbeit! – Hie Kapital!“[77] und betonten die Förderung der Nationalliberalen durch die „Kohlen- und Schlotbarone“, die die Partei jährlich mit 85.000 Mark unterstützten. Daher wäre ihr Kandidat „kein unabhängiger Mann“, sondern müsse „im Interesse der Geldgeber tätig“ werden. Folglich könne er weder für eine „Linderung der Not infolge der Teuerungspolitik“ noch für die „Beseitigung des elenden preußischen Dreiklassenwahlsystems“ eintreten. „Das paßt dem Zechenliberalismus nicht. Dem darf er nicht entgegen arbeiten.“[78]

Hatte man vor der Stichwahl versucht, die Wähler mit Argumenten zu überzeugen, so verlagerte sich der Wahlkampf danach vor allem auf die persönliche Herabsetzung des Gegners. Fritz Husemann bezeichnete Heckmann als „geistig minderwertig“,[79] und in einem kurz vor dem Entscheidungstag verbreiteten Flugblatt las man: „Wer also am Stichwahltage für den notorischen Zechen- und Hüttenbesitzer-Kandidaten Heckmann stimmt, wählt einen geistig durchaus unzulänglichen Mann.“[80] Des weiteren behaupteten die sozialdemokratischen Rednern immer wieder, dass Heckmann 1905 ein Streikbrecher gewesen wäre[81] und im Jahre 1910 bei der Knappschaftswahl Stimmzettel für die Zechenpartei verteilt hätte.[82]

Der politische Gegner zahlte mit gleicher Münze heim. Heckmann und der Generalsekretär Schack nannten Hue „einen politischen Hampelmann“[83], einen „internationalen Vaterlandsverräter“[84], und natürlich durfte die „nackte Zeichnung“ nicht fehlen.[85]

74 Essener Volks-Zeitung 17, 22.1.1912; Petras, Reichstagswahlen, Anlage 33; Barsickow, Politische Lager, S. 215; Tiedtke, Reichstagswahlen, S. 325.

75 Flugblatt „Auf die Schanzen!“, in: Stadtarchiv Witten 0 01 h 14.

76 Essener Volks-Zeitung 18, 23.1.1912 „Der Stichwahlkampf im Wahlkreise Bochum-Gelsenkirchen“.

77 Wahl-Zeitung des Volksblatt 1, 17.1.1912 (in: Stadtarchiv Witten 0 01 h 14) „Wähler in Stadt und Land“.

78 Flugblatt „Reichstagswähler des Wahlkreises Bochum-Gelsenkirchen-Hattingen-Witten“, in: LAD NRW Abt. Westf. Landratsamt Hattingen 33.

79 LAD NRW Abt. Westf. Landratsamt Hattingen 33, Überwachungsbericht der Polizeiverwaltung Winz, 21.1.1912.

80 Flugblatt „Zum Entscheidungskampf! Volksvertreter oder Volksunterdrücker?“.

81 Rede des Gewerkschaftssekretärs Wagner auf einer Versammlung in Eiberg am 21.1.1912. LAD NRW Abt. Westf. Landratsamt Hattingen 33, Überwachungsbericht der Polizeiverwaltung Eiberg, 21.1.1912.

82 So Hue auf einer Versammlung in Freisenbruch am 19.1.1912. LAD NRW Abt. Westf. Landratsamt Hattingen 33, Überwachungsbericht der Polizeiverwaltung Freisenbruch, 19.1.1912.

83 Heckmann auf einer Versammlung in Dahlhausen am 19.1.1912. LAD NRW Abt. Westf. Landratsamt Hattingen 33, Überwachungsbericht der Polizeiverwaltung Dahlhausen, 20.1.1912; ebd., Überwachungsbericht der Polizeiverwaltung Königssteele, 22.1.1912; Flugblatt „Zur Stichwahl heraus, Arbeiter und Bürger!“, in: Stadtarchiv Witten 0 01 h 14.

84 LAD NRW Abt. Westf. Landratsamt Hattingen 33, Überwachungsbericht der Polizeiverwaltung Königssteele, 22.1.1912.

85 Flugblatt „Zur Stichwahl heraus, Arbeiter und Bürger!“.

Besonders massiv agitierte der Gewerkverein gegen Hue.[86] „Wir wählen eher den Teufel als Hue!“ – lautete die Parole, die Imbusch ausgab.[87] „Ihn, der im Reichstage nur Reden geschwungen, unsinnige und unausführbare Anträge gestellt, aber nichts Positives geleistet habe, zu begünstigen, sei eigener Verrat.“[88]

Mit welch hemmungslosen Mitteln Stimmung erzeugt wurde, beleuchtet die Ausschlachtung eines Vorfalls in der Bochumer Klosterkirche. Hier hatte jemand die Bank vor dem Altar der Weihnachtskrippe mit der Aufschrift „Jesus spricht: wählt Hue!“ bekritzelt und auf der Kommunionbank vor einem Seitenaltar „Wählt Otto Hue!“ geschrieben. Mit den Worten „So besudeln die roten Brüder das Heiligtum der Katholiken.“[89] schob man die Schandtat den Sozialdemokraten in die Schuhe und verbreitete die Nachricht darüber einen Tag vor der Stichwahl in einem Flugblatt[90] und in der Presse. Als sich die Partei gegen die Falschmeldung wehrte,[91] steigerte das Bochumer Zentrumsorgan die Erregung mit der Meldung, dass nicht allein die Bank bekritzelt worden wäre, sondern man habe auch „drei Haufen Menschenkot gefunden“. „Sozialdemokraten haben also tatsächlich und wahrhaftig das Kloster geschändet.“ Der Appell „Gebt den roten Gesellen für solche Gemeinheiten am heutigen Tage die Quittung!“ wurde nochmals durch neue Flugblätter unters Volk gebracht.[92] „Diese infam auf die Aufstachelung der katholischen Wähler gegen Hue berechnete Hundsgemeinheit hat auch wie ein Peitschenhieb auf die ohnehin schon systematisch aufgehetzten katholischen Arbeiter gewirkt.“[93] Die Erklärung seitens der Partei, die alle Vorwürfe als unwahr bezeichnete, konnte keine Wirkung mehr entfalten.[94] „Die katholische Volksseele war bis zu den Polen hin ins Kochen gebracht worden,“ berichtete Philipp Sommerlad in seinen Erinnerungen.[95]

Die maßlose Agitation zeigte ihre Wirkung, denn Heckmann konnte Hue in der Stichwahl überholen. Mit 78.833 zu 64.833 Stimmen (54,9 zu 45,1 %) fiel sein Sieg recht deutlich aus.[96] Ursächlich für die klare Niederlage war zum einen, dass die offizielle Unterstützung der Nationalpolen ausblieb, obwohl Hue sie speziell umworben hatte. Ihr Hauptwahlkomitee hatte für die Stichwahl proklamiert: „Wahlenthaltung! Keine Unter-

86 Wisotzky, Hue (Manuskript), S. 250f.

87 So seine Aussage im sog. Enzyklika-Prozess. Zit. nach Arbeiter-Zeitung (Dortmund) 299, 23.12.1913. – In anderen Artikeln wird Imbusch mit den Worten zitiert: „Ich habe damals sogar gesagt: und wenn wir in Bochum den Teufel wählen müßten, so ist das immer noch besser wie Hue.“ Hagener Zeitung 299, 22.12.1913.

88 Heinrich Imbusch auf einer Versammlung in Dahlhausen. LAD NRW Abt. Westf. Landratsamt Hattingen 33, Überwachungsbericht der Polizeiverwaltung Dahlhausen, 24.1.1912.

89 Gelsenkirchener Zeitung 20, 25.1.1912 „Zur Stichwahl in Bochum-Gelsenkirchen“; Essener Volks-Zeitung 20, 25.1.1912 „Eine sozialdemokratische Gemeinheit!“.

90 Text in: Verhandlungen des Reichstags Aktenstück Nr. 403 Anlage 2, S. 347.

91 Flugblatt „Wie ein Blitz eingeschlagen“, in: Stadtarchiv Witten 0 01 h 14.

92 Text des Flugblatts in: Verhandlungen des Reichstags Aktenstück Nr. 403 Anlage 3, S. 347; Essener Volks-Zeitung 21, 26.1.1912 „Die Klosterkirche von Sozialdemokraten geschändet“; Bergarbeiter-Zeitung 7, 17.2.1912 „Wer hat die Klosterkirche in Bochum geschändet?“.

93 Bergarbeiter-Zeitung 5, 3.2.1912 „Ein ‚duftiger Wahlsieg‘“. Siehe auch Arbeiter-Zeitung (Dortmund) 22, 29.1.1912 „Niederträchtiger Wahlschwindel im Wahlkreise Bochum“.

94 Die Erklärung ist abgedruckt in: Arbeiter-Zeitung (Dortmund) 22, 29.1.1912 „Niederträchtiger Wahlschwindel im Wahlkreise Bochum“.

95 Sommerlad, Vom „Hessebub“, S. 58. – Später stellte sich heraus, dass Schulkinder dafür verantwortlich waren, die sich bei der Morgenandacht nicht haben zurückhalten können. Ebd.

96 Barsickow, Politische Lager, S. 268, Tab. 76.

stützung der Kandidatur Hue!“[97] Zum anderen ließen sich die katholischen Arbeiter trotz der Anschuldigung, Heckmann als Kandidat der Großindustrie. als „Werkzeug der Zechenpartei“ könne „niemals die Interessen des Arbeiters vertreten“,[98] nicht davon abhalten, für ihn zu stimmen. Auch wenn sie von den Angriffen auf Hue nicht überzeugt waren, folgten sie überwiegend den Parolen der Zentrums- und Gewerkvereinsführung.

Für den *Vorwärts* stand fest: „Die Koalition von Großkapital und Klerikalismus“ habe „durch riesige Geldausgaben, hingebungsvoller Indienststellung des M.-Gladbacher Sekretärstabes und beispielloser religiöser Fanatisierung der sonst politisch und gewerkschaftlich indifferenten Massen, unter sehr aktiver Hilfe der gelben Streikbrecherorganisationen“ den Erfolg errungen. Der massive Einsatz der Gewerkvereinsführung gegen Hue war für ihn Ausfluss der „von der Zentrumsparteileitung mit den Industriekonservativen und den ostelbischen Junkern abgeschlossene Interessengemeinschaft“ auf Reichsebene.[99] Ebenso fiel die Analyse des *Allgemeinen Beobachters* aus. In Bochum habe man den Großindustriellen, die von allen Sozialdemokraten Hue am meisten hassten, „einen großen Liebesdienst erwiesen“. „Bis zu seinem Eintritt in den Reichstag war es unerhört, daß jemand von der Tribüne des Reichstages die Verhältnisse in der Großindustrie so schonungslos darlegte, wie dieser Arbeiterführer es tat. Vor seiner Sachkenntnis blieb nichts verborgen und er zerrte sie alle an das Licht der Öffentlichkeit, die Krupp, die Thyssen, die Stinnes und wie sie alle heißen mögen. Zu widerlegen gabs da nicht viel, denn Hue redete und bewies zugleich. Vom Standpunkt der Allgemeinheit wird jeder sagen: Ein solcher Kenner der Verhältnisse gehört unbedingt in den Reichstag. ... Nicht so die Herren vom Bunde der Industriellen. Die sagten sich: Hue muß abgesägt werden, es koste was es wolle!“[100]

Während bei der Gewerkvereinsführung „besondere Freude“ herrschte[101] und die *Essener Volks-Zeitung* den Sieg über den „gefährlichsten Gegner der christlich-nationalen Arbeiterbewegung“ als Beweis feierte, dass das Zentrum „eine nationale und bündnisfähige Partei“ sei,[102] war die Enttäuschung im Alten Verband groß. Die *Bergarbeiter-Zeitung* fand es natürlich „beschämend für die Arbeiterklasse“, „wie so viele blutarme, geknutete, im Zechen- und Hüttendienst abgerackerte Proletarier sich durch elende Verleumdungen ihrer Klassengenossen mittels unsäglich schmutziger Lügenflugblätter (worin sogar mit Menschenkot operiert wurde) verleiten lassen, einem notorischen Zechenkandidaten zum ‚Siege‘ zu verhelfen“.[103] Ebenso groß war die Verstimmung

[97] Ebd., S. 216. – Inwieweit die polnischen Arbeiter der Empfehlung gefolgt sind, ist nicht mehr zu klären. In der Stadt Herne hatten bei der Hauptwahl Hue und Chociszewski zusammen 5427 Stimmen erhalten, bei der Stichwahl entfielen auf Hue lediglich 5030 Stimmen. Barsickow, Politische Lager, S. 268, Tab. 76. – Kleßmann, Polnische Bergarbeiter, S. 127 u. Murzynowska, Die polnischen Erwerbsauswanderer, S. 229 gehen davon, dass die Mehrheit trotz des Aufrufs für die Sozialdemokraten gestimmt hätte.

[98] So Hue in seinen Wahlreden in Hattingen und Königssteele. LAD NRW Abt. Westf. Landratsamt Hattingen 33, Überwachungsbericht der Polizeiverwaltung Freisenbruch, 19.1.1912; Petras, Reichstagswahlen, S. 241.

[99] Vorwärts 49, 28.2.1912 „Der Arbeiterverrat des Zentrums“.

[100] Allgemeiner Beobachter 23, 27.1.1912 „Die Reichstagswahl“ u. 26, 31.1.1912 „Nach der Stichwahl!“.

[101] Bergknappe 5, 3.2.1912 „Nach der Wahl“. – Die Genugtuung der Spitze teilten wohl nicht alle Mitglieder. Ansonsten ist nicht zu verstehen, warum der *Bergknappe* immer wieder das Vorgehen gegen Hue verteidigen musste. Z.B. Bergknappe 2, 10.1.1914 „Warum arbeiteten Gewerkvereinsführer gegen die Sozialdemokratie?“; Bergknappe 3, 17.1.1914 „Warum flog Hue in Bochum?“.

[102] Essener Volks-Zeitung 23, 29.1.1912 „Die Reichstagsstichwahl in Bochum“.

[103] Bergarbeiter-Zeitung 5, 3.2.1912 „Der neue Reichstag“.

bei den Sozialdemokraten. Die Parteileitung des Wahlkreises Bochum-Gelsenkirchen legte wegen der am Wahltag verteilten Flugblätter Protest ein, nicht weil man der Überzeugung war, dass die Wahl für ungültig erklärt werden würde, sondern allein deshalb, damit „im Reichstag dieser infame Schwindel, dem Heckmann seinen Sieg verdankt, gebrandmarkt werde".[104]

Wenige Tage nach der Wahl meldete sich der Unterlegene zu Wort.[105] Mit der ihm eigenen Ironie spießte Hue die Analyse der bürgerlichen Zeitungen auf, die die Niederlage des nationalen Blocks auf Reichsebene überspielen wollten „durch ein tosendes Gelärm" über den Sieg in Bochum, „als ob hier das Schicksal Deutschlands entschieden worden sei. Hätte ich Anlage zur Einfaltspinselei, ich könnte jetzt den Hochmutsfimmel bekommen. Denn die ‚Sieger' machen mich in ihren Rückblicken zu einem Mann, dessen ‚Niederringen' sogar ‚drei andere Mandate wert' sei." Seine schmerzliche Niederlage könne er doch leicht ertragen angesichts des überraschend großen Erfolgs der Sozialdemokratie mit ihren 110 Mandaten. Der Artikel schließt mit dem optimistischen Ausblick: „Uns kann man wohl einen Augenblickserfolg abgewinnen, aber so sicher wie sich das Wasser der Ruhr dem Weltmeere zuwälzt, so sicher ist der Sieg der gerechten Sache des arbeitenden Volkes."

11.3 Der Streik 1912

Seit dem Streik von 1905 war das Ruhrrevier nicht mehr zur Ruhe gekommen, bildete es „die sozialpolitische ‚Wetterecke' des Wilhelminischen Reiches".[106] „Daß unter der Bergarbeiterschaft große Verstimmung und Verbitterung herrscht, ist allgemein bekannt, und daß viel Zündstoff vorhanden ist, kann nicht geleugnet werden", berichtete im Januar 1910 die Gelsenkirchener Polizeidirektion.[107] Da sich die Lebensverhältnisse wegen der ansteigenden Preise verschlechtert hatten, beschloss am 16. November 1910 eine Konferenz der Vertrauensleute des Bergarbeiterverbandes, eine neue Lohnbewegung zu initiieren.[108] Während die polnische Berufsvereinigung und der Hirsch-Dunckersche Gewerkverein sich mit einem gemeinsamen Vorgehen einverstanden erklärten, lehnte dies die christliche Gewerkschaft ab, unter anderem mit der Begründung, eine 15%ige Erhöhung sei nicht gerechtfertigt.[109] Der Alte Verband bedauerte, „daß Führer des christlichen Gewerkvereins in Wort und Schrift als Verteidiger der schwer-

[104] Vorwärts 39, 16.2.1912 „Wahlprotest". Einspruch des Bochumer Wahlkomitees in: Verhandlungen des Reichstags Aktenstück Nr. 403 Anlage 1, S. 347.

[105] In einem Artikel im *Volksblatt*. Zum Teil abgedr. in: Allgemeiner Beobachter 28, 2.2.1912 „Rückblick auf die Wahl".

[106] Saul, Staat, Industrie, Arbeiterbewegung, S. 269.

[107] Zit. nach Schneider, Die Christlichen Gewerkschaften, S. 298.

[108] Theodor Wagner, Zur Lohnbewegung der Ruhrbergarbeiter, in: Correspondenzblatt 8, 25.2.1911, S. 130–132 u. 9, 4.3.1911, S. 149–151, S. 130. – Zum Streik und seiner Vorgeschichte: Koch, Bergarbeiterbewegung, S. 121–129; Gladen, Streiks, S. 141–148; Brüggemeier, Leben vor Ort, S. 227–233.

[109] Wagner, Zur Lohnbewegung, S. 130. – Stattdessen bat der Gewerkverein in einer Eingabe vom 28.11.1910 den Zechenverband, auf die Zechen einzuwirken, auf dass sie „soweit wie möglich eine den Verhältnissen entsprechende Aufbesserung der Löhne" vornehmen möchten. Eingabe abgedr. in: Bergknappe 49, 3.12.1910.

reichen Grubenbesitzer gegen die Bergarbeiter aufgetreten sind,[110] und diffamierte die Gewerkvereinsleitung als „gelbe Generalität"[111]. Angesichts der Uneinigkeit der Verbände versandete die Lohnbewegung.

Ein Jahr später gestaltete sich die Lage im Ruhrgebiet als noch bedrohlicher. „Die Teuerungsverhältnisse, dazu der Lohndruck und diese rigorose, brutale Behandlung der Arbeiter, die jetzt auch ausgedehnt wird auf die Beamten, die sich nicht gutwillig allen Forderungen der Herren fügen, – das alles hat bei den Bergarbeitern eine Stimmung erzeugt, die man als eine sehr erbitterte bezeichnen darf,"[112] bekundete Otto Hue am 17. Oktober 1911 im Reichstag, und er warnte: Weil „eine solche Erbitterung", „eine solche Empörung", „eine solche Wut" herrsche, müsse man damit rechnen, „daß, ehe wir uns umsehen, eine Katastrophe da ist". „Wenn der Zeitpunkt gekommen, wo der Druck nicht mehr auszuhalten ist, dann reißen eben ‚alle Bande frommer Scheu', wie sich einer unserer Dichter ausdrückt." Dem könne dann auch nicht mehr die Gewerkschaftsorganisation entgegenwirken.[113]

Wenige Tage zuvor, am 12. Oktober 1911, waren die Vorstände der vier Bergarbeiterorganisationen in Oberhausen zusammengetroffen, um das weitere Vorgehen zu beraten.[114] Die Debatte drehte sich um den Kernpunkt, ob man bereit sei, zu streiken, denn die Gewerkschaftsführer gingen davon aus, dass die Unternehmer die Forderungen „mit mehr oder weniger höflichen Redensarten" ablehnen werden. Hue befürchtete, dass die Belegschaften dann wie 1905 eigenmächtig handeln würden, was er unbedingt vermeiden wollte. Angesichts der günstigen Konjunktur und eines bevorstehenden Bergarbeiterausstandes in England schätzte er die Erfolgsaussichten einer Lohnbewegung positiv ein, vorausgesetzt die Verbände würden gemeinsam agieren. Die Gewerkvereinsvertreter teilten seinen Optimismus keineswegs. „Ein Kampf im gegenwärtigen Augenblick" sei „aussichtslos", erklärte Imbusch. So ging man ohne Einigung auseinander. Eile war auch nicht geboten, da Hue vorschlug, mit der Lohnbewegung erst nach den bevorstehenden Reichstagswahlen zu beginnen.

Gleichwohl hielt der Bergarbeiterverband am 12. und 19. November Massenversammlungen ab. Hue sprach in Bochum und informierte die 3500 Zuhörer über den anstehenden Arbeitskampf in England. In Deutschland liege es in der Macht der Werksbesitzer, einen Streik und damit die Erschütterung des Wirtschaftslebens zu vermeiden. Sie allein könnten den Sturm beschwören. Würden aber die Lohnforderungen abgelehnt, dann sei die Bergarbeiterschaft „nahe an den Punkt gekommen, wo nichts mehr verloren, aber alles gewonnen werden könne, wo bängliches Schwanken und zaghaftes Überlegen ein Ende nehmen müsse, wo man sich wie in den Jahren 1889 und 1905 sage: Wenn es nicht anders sein kann, dann werden wir den Kampf aufnehmen. …

110 Resolution, verabschiedet nach einer Versammlung in Essen am 29.1.1911 mit August Erdmann und Hue als Hauptredner. Allgemeiner Beobachter 26, 31.1.1911 „Massenversammlung der freien Gewerkschaften"; Bergarbeiter-Zeitung 5, 4.2.1911 „Protestkundgebung gegen die Taktik der Gewerkvereinsleitung".

111 Bergarbeiter-Zeitung 5, 4.2.1911 „Protestkundgebung gegen die Taktik der Gewerkvereinsleitung".

112 Reichstagsrede am 17.10.1911, Verhandlungen, S. 7370.

113 Ebd., S. 7369.

114 LAD NRW Abt. Rheinl. Reg. Düsseldorf Präsidialbüro 846, Protokoll der Konferenz. Das Protokoll hatte der Polizeipräsident von Essen „vertraulich" erhalten. LAD NRW Abt. Rheinl. Reg. Düsseldorf Präsidialbüro 846, Polizeipräsident an Regierungspräsident Düsseldorf, 26.10.1911. – Imbusch, Bergarbeiter-Streik, S. 14; Hue, Bergarbeiter 2, S. 703f.; Koch, Bergarbeiterbewegung, S. 122.

Jedenfalls stehe die Bergarbeiterschaft vor einer Schicksalsstunde von seltener Tragweite."[115] Trotz des radikalen Wortgerassels blieb aber bis zu den Reichstagswahlen der Streikbeschluss aus.

Am 5. Februar 1912 trafen sich die Gewerkschaftsvorstände zur erneuten Beratung.[116] An der Haltung des Gewerkvereins hatte sich nichts geändert. Er begründete seine Ablehnung eines Streiks damit, dass erstens noch nicht alle Verhandlungsmöglichkeiten ausgeschöpft worden seien.[117] Die Zechen hätten doch signalisiert, die Löhne zu erhöhen. Die christlichen Bergarbeiter könnten aber nicht die Arbeit niederlegen, wenn eine friedliche Verständigung wahrscheinlich sei. Das verlange die grundsätzliche Stellung des Gewerkvereins zum Arbeitskampf. Zweitens seien die Erfolgschancen angesichts der hohen Zahl der Unorganisierten und des fehlenden Streikfonds gering. Und drittens lege es im Interesse der deutschen Industrie und Volkswirtschaft, die Lahmlegung der englischen Industrie durch den dortigen Bergarbeiterstreik auszunutzen, um die Konkurrenz in den umstrittenen Gebieten zurückzudrängen und das Absatzgebiet zu erweitern.[118]

Die vorgebrachten Gründe verdeckten die wahre Motivation der Gewerkvereinsführung. Da sich die Auseinandersetzung mit den „Berlinern" zu Anfang des Jahres verschärfte, wollte sie der Kurie keinen weiteren Angriffspunkt bieten. Indem sich der Gewerkverein nicht am Arbeitskampf beteiligte, sich von den anderen Gewerkschaften abgrenzte und die deutschen Interessen betonte, ließ sich seine Eigenständigkeit unter Beweis stellen und seine nationale Zuverlässigkeit demonstrieren. „Dem Mißtrauen, mit dem in der kirchlichen Hierarchie und den bürgerlichen Parteien die gewerkschaftliche Organisation konfessionell gebundener Arbeiter beobachtet wurde, konnte so für's erste die Spitze abgebrochen werden."[119]

Die Analyse des Dreierbündnisses unterschied sich fundamental von der des Gewerkvereins:[120] Die Nachfrage nach Kohle war so groß wie seit der Hochkonjunktur 1907 nicht mehr. Ein deutliches Indiz dafür war die vom Rheinisch-Westfälischen Kohlensyndikat für den 1. April angekündigte Erhöhung der Kohlenpreise. Die Zeit stellte sich

[115] General-Anzeiger für Dortmund und die Provinz Westfalen 312, 13.11.1911 „Die Lohnfrage in Massenversammlungen der Ruhrbergleute". Siehe auch LAD NRW Abt. Westf. Bergämter 7540, Überwachungsbericht der Polizei-Direktion Bochum, 12.11.1911; Allgemeiner Beobachter 266, 14.11.1911 „Massenversammlungen der Bergarbeiter".

[116] LAD NRW Abt. Rheinl. Reg. Düsseldorf 15939, Polizeipräsident Essen an Regierungspräsident Düsseldorf, 7.2.1912 (abgedr. in: Quellensammlung zur Geschichte der sozialen Betriebsverfassung 1, Nr. 170, S. 283f.); Regierungspräsident Arnsberg an Minister d. Innern, 9.2.1912 (abgedr. in: Quellensammlung zur Geschichte der deutschen Sozialpolitik 1867 bis 1914, IV. Abt., Bd. 4/3: Die Jahre 1911 bis 1914, Nr. 223, S. 96f.)

[117] Imbusch, Bergarbeiter-Streik, S. 20–23; Reichstagsrede Schiffer (Zentrum) am 14.3.1912, Verhandlungen, S. 634–638. Schäfer, Imbusch, S. 68f.

[118] So auch die Argumentation in: Bergknappe 7, 17.2.1912 „Haben wir jetzt mit den englischen Bergleuten gemeinsame Interessen?". – Der Kommentar der drei anderen Verbände zu diesem unsolidarischen Verhalten lautete: „Daraus spricht eine so gemeine Gesinnung, daß man für Menschen, die derartiges schreiben können, nur ein Pfui übrig haben kann." LAD NRW Abt. Westf. Landratsamt Dortmund 682, Flugblatt „Zur Aufklärung".

[119] Schäfer, Imbusch, S. 69f. Ebenso Schneider, Die Christlichen Gewerkschaften, S. 300f.

[120] Otto Hue, Rückblicke auf die Bergarbeiterstreiks in Großbritannien und Deutschland, in: Correspondenzblatt 20, 18.5.1912, S. 289–292, 21, 25.5.1912, S. 297–300, 22, 1.6.1912, S. 313–317, 23, 8.6.1912, S. 329–332 u. 24, 15.6.1912, S. 313f.; Hue, Bergarbeiter 2, S. 699f. – Siehe auch das Flugblatt „Zur Aufklärung" des Dreierbündnisses, mit dem die Argumente des Gewerkvereins widerlegt werden sollten.

also für eine Lohnbewegung als äußerst günstig dar, zumal durch den englischen Bergarbeiterstreik die Importkohlen von der Insel ausblieben. Ferner hatte der Organisationsgrad bei den Bergleuten im Vergleich zum Jahr 1905 weitere Fortschritte gemacht, und die Gewerkschaften besaßen einen größeren Unterstützungsfonds.

Ohne Beteiligung des christlichen Verbandes richteten die anderen Verbände am 6. Februar ihre Forderungen an den Zechenverband, die dieser als nicht zuständig zurückwies.[121] Darauf wandte sich der Dreier-Bund an die Zechenverwaltungen mit einer zehn Punkte umfassenden Eingabe, die die altbekannten Forderungen enthielt: Erhöhung der Durchschnittslöhne, achtstündige Schichtzeit, Reduzierung der Über- und Nebenschichten, Umwandlung des Arbeitsnachweises, Einschränkung des Strafwesens.[122] Eine weitere Revierkonferenz sollte am 10. März die Ergebnisse der betrieblichen Verhandlungen bewerten und dann über das weitere Vorgehen entscheiden. In der Zwischenzeit lief die Agitation des Alten Verbandes auf Hochtouren. Allein am 3. März waren 65 öffentliche Bergarbeiterversammlungen zu verzeichnen. In Werden sprach Hue, der sich enttäuscht über die Haltung des Gewerkvereins zeigte.[123] Denn „bei geschlossener Kampffront würden die Ruhrbergleute ihre Forderungen durchdrücken, auch ohne Arbeitsniederlegung." Er hoffte aber, dass die christlichen Bergarbeiter nicht den Weisungen ihrer Führung folgen würden.

Als die Regierung am 7. März die Gewerkschaftsvertreter zu einem Informationsgespräch[124] einlud, zu dem auch Hue erschien,[125] bekräftigte Giesberts die ablehnende Einstellung des Gewerkvereins: „Wir werden den Streik verhindern und wenn es Kopf und Kragen kostet!"[126] Angesichts dieser klaren Positionierung wollte der Bergarbeiterverband keinesfalls auf Biegen und Brechen einen Streik auslösen, und Hue bat Staatssekretär von Delbrück, seinen Einfluss bei den Zechenverwaltungen geltend zu machen, auf dass diese mit den Arbeiterausschüssen verhandelten. Sollten substantielle Zusagen gemacht werden, dann werde der Verband alles tun, um einen Ausstand zu verhindern. Doch bis zur Revierkonferenz des Dreier-Bundes am 10. März war nichts geschehen. Trotz der Gewissheit, dass der Gewerkverein gegen den Streik agieren werde, beschlossen die Delegierten mit 507 zu 74 Stimmen den Streik.[127]

121 Eingabe und Antwort vom 13.2.1911 in: Hue, Bergarbeiter 2, S. 707.

122 Quellensammlung zur Geschichte der deutschen Sozialpolitik 1867 bis 1914, IV. Abt., Bd. 4/3: Die Jahre 1911 bis 1914, Nr. 228, S. 102–106; LAD NRW Abt. Rheinl. Reg. Düsseldorf 15939, Polizeipräsident Essen an Regierungspräsident Düsseldorf, 21.2.1912 (abgedr. in: Quellensammlung zur Geschichte der sozialen Betriebsverfassung 1, Nr. 174, S. 286f.); Hue, Bergarbeiter 2, S. 708.

123 General-Anzeiger für Dortmund und die Provinz Westfalen 63, 4.3.1912 „Der zweite Versammlungssonntag".

124 Über das Gespräch mit von Delbrück hatte Hue auf der Revierkonferenz am 10.3.1912 ausführlich berichtet. Bergarbeiter-Zeitung 12, 23.3.1912 „Revierkonferenz in Herne am 10. März"; Arbeiter-Zeitung (Dortmund) 58, 11.3.1912 „Die Revierkonferenz".

125 Da das *Volksblatt* (zit. nach Bergknappe 15,13.4.1912) mitteilte, dass Hue als Vertreter des Wahlkreises zu der Konferenz eingeladen worden wäre, und dies mit dem Zusatz versah „Mit einem Heckmann kann niemand eine verantwortliche Verhandlung pflegen.", gab es Proteste der christlich-nationalen Bergarbeiter im Bochumer Bezirk. LAD NRW Abt. Westf. Reg. Arnsberg 14383, Landrat Bochum an Regierungspräsident Arnsberg, 22.2.1912; Saul, Staat, Industrie, Arbeiterbewegung, S. 520 Anm. 25. – Über die Teilnahme Hues stritten sich die Redner in den Reichstagssitzungen am 14., 15. und 16. März.

126 Bergarbeiter-Zeitung 14, 6.4.1912; Hue, Bergarbeiter 2, S. 711. – Seinen Ausspruch verteidigte Giesberts später auf dem Kongress der christlichen Gewerkschaften. Essener Volks-Zeitung 236, 12.10.1912.

127 Allgemeiner Beobachter 60 u. 61, 11.u.12.3.1912; Bergarbeiter-Zeitung 12, 23.3.1912; Hue, Bergarbeiter 2, S. 712.

Der Arbeitskampf geriet für den Alten Verband und die mit ihm verbündeten Organisationen zum großen Fiasko. Er entwickelte sich nicht zum Generalstreik, da sich die Mitglieder des Gewerkvereins und die Unorganisierten nicht wie erhofft der Bewegung anschlossen, sondern den Aufrufen der Gewerkvereinsführung zum größten Teil folgten. Auch wenn Hue auf einer Essener Versammlung am 13. März Zuversicht verbreitete,[128] war bereits der Höhepunkt des Streiks erreicht, als die Beteiligungsziffer bei 61,2 Prozent lag. Danach ging sie kontinuierlich zurück, was sicherlich auch dem massiven Polizei- und Militäreinsatz geschuldet war, mit dem die Verbandsführung nicht gerechnet hatte.[129] Die Streikenden beklagten die „Vertreibung und Verhaftung der gesetzlich gestatteten Streikposten", die „Aufhebung von Streikbureaus", Versammlungsverbote und -auflösungen, die Irreführung der Öffentlichkeit durch Falschmeldungen sowie „das Verhindern der Verbreitung aufklärender und beruhigender Druckschriften" an die Ausständigen und an die Bevölkerung.[130] Am 19. März musste der Streik erfolglos abgebrochen werden. Zwar hatte die Mehrheit der Delegierten gegen Wiederaufnahme der Arbeit gestimmt, doch die erforderliche Dreiviertelmajorität für die Fortsetzung des Kampfes war nicht erzielt worden.[131] Zurückblieben bei den Streikenden Enttäuschung, Verbitterung und Zorn. Viele von ihnen wurden gemaßregelt, und fast alle hatten eine Kontraktbruchstrafe von sechs Schichtlöhnen zu zahlen.

Bei seiner Analyse konstatierte Hue, dass die Bewegung „nicht infolge ungünstiger Konjunktur, nicht wegen mangelnder Kampfesstimmung der Belegschaften, nicht mangels einer zureichenden Organisation" eine Niederlage erlitten hätte, sondern „unstreitig infolge der ultramontanen Streikbruchpropaganda und namentlich der auf deren Unterstützung hinauslaufenden behördlichen Ausnahmeregeln".[132] Weil die Führer des Gewerkvereins den Streikenden in den Rücken gefallen waren, „wüste Streikbrecherhetze" betrieben hatten und „sich als größere Arbeiterschädlinge als die Gelben erwiesen haben", verdienten sie sich nach Ansicht der anderen Verbände die „Verachtung aller ehrlichen Arbeiter".[133] „Ein unauslöschlicher Haß gegen die scham- und ehrlosen ‚christlichen' Streikbruchagenten" habe sich „in den Herzen vieler tausender streikender Bergarbeiter" festgesetzt, konstatierte der Bergarbeiterverband.[134] Und Hue kommentierte „den frevelhaften

[128] „Ich kann Euch versichern, Kameraden, in allen Bezirken sind tausende und abertausende Christliche mit in den Streik getreten, indem sie erklärten, unser Platz ist bei den streikenden Kameraden." und „Wir können mit einem guten Erfolge rechnen." Allgemeiner Beobachter 63, 14.3.1912 „Der Streik der Bergarbeiter im Ruhrrevier".

[129] Hue schreibt: „Unser Vertrauen zu der Unparteilichkeit der Behörden war eben noch ein zu großes." Otto Hue, Rückblicke auf die Bergarbeiterstreiks in Großbritannien und Deutschland, S. 348.

[130] Auf der Revierkonferenz am 19.3.1912 angenommene Resolution, in: Arbeiter-Zeitung (Dortmund) 66, 20.3.1912; Allgemeiner Beobachter 68, 20.3.1912.

[131] 349 zu 215 für die Fortsetzung des Streiks. Allgemeiner Beobachter 68, 20.3.1912 „Sitzung der Revier-Konferenz".

[132] O.H., Der Märzstreik der Ruhrbergleute in zechenstatistischer Beleuchtung, in: Correspondenzblatt 28, 13.7.1912, S. 412f., S. 413.

[133] Auf der Revierkonferenz am 19.3.1912 angenommene Resolution, in: Allgemeiner Beobachter 68, 20.3.1912. – Die überschäumende Wut der Verbandsführer machte sich Luft in der Broschüre „Der Verrat des schwarz-gelben Gewerkvereins", in der die „Christenführer" als „gewissenlose Subjekte" (S. 4), „Judasse" (S. 39), „Gesindel" (S. 45), „schwarzes Lügenpack" (S. 49), „gewissenlose Schurken" (S. 103) und „feige Verräter" (S. 105) beschimpft wurden und deren „moralische Verlumptheit" (S. 18 u. 64), „Dummheit und Unehrlichkeit" (S. 31), „schofle Gesinnung" (S. 45) und „Verlogenheit" (S. 49) beklagt wurde.

[134] Der Verrat des schwarz-gelben Gewerkvereins, S. 60.

Massenstreikbruch" mit den Worten: „Wir empfinden ihn als eine entsetzliche Untat, als eine der ganzen Arbeiterklasse angetane ungeheuerliche Schmach, an die ein im schönsten Sinne des Wortes klassenbewußter Arbeiter nur mit Grauen und Zorn denken kann."[135]

Da der Bergarbeiterverband in den Jahren zuvor stets als „Bremser" aufgetreten war und auf die Gefahren eines Streiks hingewiesen hatte, stellt sich die Frage, warum er 1912 den Streik ausrief. Wollte er einen Schlag gegen den Gewerkverein führen und das nachholen, was er nach Ansicht seiner Kritiker (Düwell/Haenisch) 1905 versäumt hatte, nämlich den Konkurrenten zu schaden und gar zu vernichten?[136] Oder wollte er Rache nehmen für die Wahlniederlage Otto Hues?[137] Beide Unterstellungen trafen sicherlich nicht zu.[138] Doch warum ging er dann das große Risiko ein?

Ein Faktor für die Entscheidung war der „wachsenden Legitimationsdruck gegenüber der Mitgliedschaft".[139] Angesichts der wenig sichtbaren Erfolge der Gewerkschaftspolitik ließ die Bereitschaft nach, sich dem Verband anzuschließen. Die Zahl der Mitglieder im Ruhrgebiet, die von 1904 auf 1905 sprunghaft von 56.153 auf 78.862 angestiegen war, verharrte in etwa auf diesem Niveau und ging 1911 auf 75.025 zurück.[140] Vermutlich erhofften sich Sachse und Hue durch den Streik, „starke Solidarisierungseffekte und einen streiküblichen größeren Mitgliederzulauf zu erzielen".[141] Doch sie täuschten sich. Ebenso irrte sich die *Arbeiter-Zeitung*, die voller Optimismus schrieb, dass die Unterdrückung der Streikbewegung den Massen die Augen geöffnet hätte, dass sie nun wüssten, „dass sie von der bürgerlichen Gesellschaft, vom Klassenstaat nichts zu erwarten haben".[142] Die staatliche Bekämpfung des Arbeitskampfes und die Streikjustiz[143] mit 4685 Anzeigen und zahllosen Verurteilungen hämmerten nicht, wie erhofft, „die Lehre vom Klassenkampf in die Köpfe" der Bergarbeiter.[144] Im Gegenteil. Der Glaube an die Nützlichkeit und Notwendigkeit der Organisation war erschüttert, es vergrößerten sich die Zweifel „an der Zukunft der gewerkschaftlichen Selbsthilfe".[145] Tau-

135 Hue, Bergarbeiter 2, S. 705. Unmittelbar nach dem Abbruch des Streiks verkündete er auf einer Versammlung in Essen am 19.3.1912: „Das Gebaren der christlichen Gewerkschaftsführer ist ohne Beispiel in der deutschen Arbeiterbewegung, das niemals vergessen werden wird. Es wird für alle Zeit bleiben ein Schandfleck in der Geschichte der deutschen Arbeiterbewegung." Allgemeiner Beobachter 69, 21.3.1912.

136 Imbusch unterstellte dem Bergarbeiterverband die Absicht, mittels des Streiks die finanziellen Ressourcen des Gewerkvereins auszutrocknen. Imbusch, Bergarbeiter-Streik, S. 36; Schäfer, Imbusch, S. 69. Ebenso Reichstagsrede Schiffer (Zentrum) am 14.3.1912, Verhandlungen, S. 636f.; Reichstagsrede Behrens am 15.3.1912, Verhandlungen, S. 692.

137 Beides behauptete auch Carl Funke in seinem Schreiben an den Düsseldorfer Regierungspräsidenten vom 7.3.1912 (abgedr. in: Quellensammlung zur Geschichte der sozialen Betriebsverfassung 1, Nr. 177a, S. 288–296, S. 295 u. in: Quellensammlung zur Geschichte der deutschen Sozialpolitik 1867 bis 1914, IV. Abt., Bd. 4/3: Die Jahre 1911 bis 1914, Nr. 254, S. 164–170, S. 169). Ebenso unterstellte dies der Gewerkverein. Reichstagsrede Behrens am 15.3.1912, Verhandlungen, S. 692; Schneider, Die Christlichen Gewerkschaften, S. 302.

138 Hue empfand die Behauptungen als „zu albern, um darauf ein Wort zu sagen". Otto Hue, Rückblicke auf die Bergarbeiterstreiks in Großbritannien und Deutschland, S. 330.

139 Tenfelde, Linksradikale Strömungen, S. 208.

140 Jäger/Tenfelde, Bildgeschichte, S. 290 Tab. 1.

141 Tenfelde, Linksradikale Strömungen, S. 208.

142 Arbeiter-Zeitung (Dortmund) 67, 21.3.1912 „Streiknachklänge".

143 Die Streikjustiz im Ruhrrevier oder Madame Justitia mit „verbundenen" Augen.

144 Arbeiter-Zeitung (Dortmund) 81, 6.4.1912. Saul, Staat, Industrie, Arbeiterbewegung, S. 281.

145 Bergarbeiterverband, Geschäfts-Bericht 1911/12, S. 67; Otto Hue, Zur Naturgeschichte der klerikalen Gewerkvereine, in: Correspondenzblatt 48, 29.11.1913, S. 738–740 u. 49, 6.12.1913, S. 757–760, S. 738; Hue, Bergarbeiter 2, S. 723.

sende von Mitgliedern wandten sich resigniert vom Bergarbeiterverband ab, der 1913 nur noch 62.487 Mitglieder zählte.[146] Nicht besser erging es dem Gewerkverein, der für seine Nichtbeteiligung keineswegs belohnt wurde, sondern noch mehr Mitglieder verlor als der Alte Verband.[147]

Ein zweiter Faktor sollte bedacht werden. Angesichts der Stärke und Einigkeit der Arbeitgeberseite, die im auffälligen Kontrast zur Zersplitterung der Bergarbeiterbewegung stand, erklärte Hue auf der Sitzung der Verbandsleitungen im Oktober 1911: „Die Unternehmer im Ruhrgebiet werden wir überhaupt nicht besiegen, dem Kirdorf und Genossen können wir sowenig das Brot als den Kohlenabsatz hinwegstreiken."[148] Wenn trotz dieser Einsicht der Verband wenige Monate später zur Arbeitsniederlegung aufrief, so ist darin das verzweifelte Bemühen zu sehen, den Zechenverband an den Verhandlungstisch zu zwingen, ihn zur Aufgabe seiner starren Verweigerungshaltung zu bringen.[149] Der Verband sah wohl aufgrund der Machtverhältnisse im Bergbau zu einer Politik der Verständigung und des Interessensausgleichs keine Alternative. Doch der Versuch, die Unternehmer mit Gewalt, mit Hilfe eines großen Streiks zu einer Tarifpartnerschaft zu bringen, scheiterte kläglich.

Die negative Mitgliederentwicklung war eine der Ursache für einen abermaligen Kurswechsel im Gewerkverein. Auch hatte sich seine Nichtbeteiligung am Streik im Richtungsstreit mit den Berlinern nicht ausgezahlt. Der Papst duldete zwar in seiner Enzyklika *Singulari quodam* die Existenz interkonfessionellen Verbände, doch die Bischöfe sollten die Gewerkschaftsarbeit überwachen.[150] Ein drittes kam hinzu: Wollte der christliche Verband durch seine unternehmerfreundliche Haltung bewusst seine Eigenständigkeit und Unabhängigkeit vom Bergarbeiterverband unter Beweis stellen, so sah er sich mit dem Wachstum der wirtschaftsfriedlichen Verbände im Ruhrgebiet nunmehr gezwungen, sich stärker von deren Positionen abzusetzen, weshalb er den Kampf gegen die Bergwerksbesitzer wieder aufnahm. Doch „was soll ... das abermalige Kriegsgeschrei des ‚Bergknappen' bedeuten?" fragte sich nicht allein Otto Hue.[151] „Wäre es ernst gemeint, dann bedeutete es eine beispiellose Selbstanklage ...", ein „unfreiwilliges Schuldgeständnis" für das verfehlte Verhalten während des Streiks. Aber ein Wechsel in der Agitation sei schon „zu oft da gewesen, als daß man das neueste Kriegsgeschrei ernst nehmen könne".

Die Vorbehalte ließen sich auch nicht durch eine neue Führung des Gewerkvereins – Hermann Vogelsang löste im Juli 1913 Hermann Köster ab[152] – ausräumen. Diese beklagte im August 1913 „die ungünstige Entwicklung der Organisationsverhältnisse" und benannte als Ursache den „oft gehässigen Streit" zwischen den Verbänden. Statt sich gegenseitig zu bekämpfen, schlug sie nun vor, „eine gemeinsame Kampfesfront gegen

146 Jäger/Tenfelde, Bildgeschichte, S. 290, Tab. 1.

147 Die Mitgliederzahl ging von 84.321 auf 63.129 zurück. Jäger/Tenfelde, Bildgeschichte, S. 292 Tab. 4 (Die Angaben beziehen sich hier auf das ganze Deutsche Reich, nicht allein auf das Ruhrgebiet.); Brüggemeier, Leben vor Ort, S. 232.

148 LAD NRW Abt. Rheinl. Reg. Düsseldorf Präsidialbüro 846, Protokoll der Konferenz der Vorstände am 12.10.1911 in Oberhausen.

149 Mommsen, Die Bergarbeiterbewegung an der Ruhr, S. 278.

150 Schäfer, Imbusch, S. 70.

151 Otto Hue, Die Lohndruckschraube fängt bald an zu arbeiten, in: Bergarbeiter-Zeitung 46, 16.11.1912.

152 Schäfer, Imbusch, S. 73.

die Unternehmer" zu schaffen, und rief die Bergleute auf: „Laßt den Hader und Streit zwischen den verschiedenen Verbänden verschwinden! Schafft eine Arbeitsgemeinschaft!"[153]

Das Angebot nahm der Bergarbeiterverband mit größter Skepsis entgegen, zu sehr war das Verhältnis zwischen den beiden Organisationen vergiftet, zu groß war das Misstrauen gegenüber Personen, „die unerhört treulos gegen Klassengenossen wüteten, in hochkritischer Zeit förmlich schwelgten in den bedenkenlosesten Denunziationen gegen ihre Klasse angehörende Männer und Frauen, infolgedessen der Streikjustiz Tausende zum Opfer fielen, den großindustriellen Scharfmachern Wasser auf die Mühlen trieben".[154] „Wer kann solche Leute ernst nehmen, wenn sie mit Arb[eits]gemeinschaft kommen," lautete der Kommentar von Hue. Er bekundete zwar seine Bereitschaft zur Zusammenarbeit, machte diese aber von „handfesten Garantien, schwarz auf weiß gegeben", abhängig, „daß solche Vorgänge wie 1912 nicht passieren".[155]

Die radikalen Reden der Gewerkvereinsführung sah Hue als allzu durchsichtiges Manöver an und forderte „die Leute im christlichen Lager", die augenblicklich „eine sehr kräftige Sprache" führten, auf, zu zeigen, was sie können. Wenn der Gewerkverein zum Arbeitskampf aufriefe, so könne er zusichern, dass die anderen Verbände keinen Streikbruch begehen würden. „Wir werden auch nicht nach Militär und Gendarmen rufen."[156] Doch bis zum Kriegsbeginn blieb es im Ruhrrevier ruhig, während die Spannungen zwischen den Verbänden weiter existierten.

11.4 Preußischer Landtagsabgeordneter

Nach seiner Wahlniederlage ließ die Parteiführung Otto Hue nicht fallen. Zu sehr schätzte sie seine fachlichen und rhetorischen Qualitäten. Ein Beweis für sein weiterhin bestehendes Ansehen war die Übertragung des Referates zum Bergarbeiterschutz auf dem sozialdemokratischen Parteitag 1912. Nicht der Vorsitzende des Bergarbeiterverbandes und Reichstagsabgeordnete Hermann Sachse, sondern Hue begründete in seiner Rede[157] die vorgelegte Resolution[158].

[153] Bergknappe 32, 9.8.1913 „Bergarbeiter Deutschlands!".

[154] Hue, Bergarbeiter 2, S. 725. – Für den *Allgemeinen Beobachter* war das Angebot „eine beispiellose Frechheit", da doch „der Zorn über den Verrat noch tief im Herzen sitzt". Allgemeiner Beobachter 262, 8.11.1913 „Der radikale ‚Bergknappe'".

[155] LAD NRW Abt. Westf. Reg. Arnsberg 14383, Überwachungsbericht der Polizei-Direktion Bochum über eine Bergarbeiterversammlung am 16.10.1913 in Bochum, 27.10.1913. Siehe auch Rede Hues auf einer Bergarbeiterversammlung in Essen am 7.12.1913. Arbeiterzeitung (Essen) 288, 9.12.1913 „Kampfansage der Bergarbeiter".

[156] Rede auf einer Bergarbeiterversammlung in Essen am 7.12.1913. LAD NRW Abt. Westf. Reg. Arnsberg 14383, Polizeipräsident Gelsenkirchen an Regierungspräsident Arnsberg, 9.12.1913; Arbeiter-Zeitung (Dortmund) 287, 9.12.1913 „Über die neuesten Vorgänge im Ruhrkohlenbergbau"; Allgemeiner Beobachter 288, 10.12.1913 „Massenversammlung Essener Bergknappen".

[157] Protokoll des Parteitages 1912, S. 359–369.

[158] Gefordert wurde u.a. eine Senkung der Arbeitszeit auf höchstens acht Stunden, das Verbot der Untertagearbeit von Jugendlichen unter 18 Jahren, die „Anstellung von Grubenkontrolleuren mittels geheimer und direkter Wahl von den Arbeitern gewählt und aus Staatsmitteln besoldet", Bereitstellung von Rettungsgeräten, Einrichtung von ausreichenden Sanitäreinrichtungen und einen Arbeitslohn, „der dem schweren und gefährlichen Bergarbeiterberuf gerecht wird und den Arbeitern und ihren Familien einen kulturentsprechenden Lebensunterhalt ermöglicht". Ebd., S. 525.

Bedingt durch das Dreiklassen-Wahlrecht, waren die Sozialdemokraten lediglich mit sechs Abgeordneten im preußischen Landtag vertreten, der die wichtigsten Gesetze zum Bergbau verabschiedete. Weil die Fraktion einen Experten auf diesem Gebiet schmerzlich vermisste, wollte die Partei, wie Hoffmann in der Sitzung am 24. März 1911 ankündigte, dafür sorgen, dass ein solcher bei der nächsten Wahl durchgebracht werde.[159] Gute Erfolgsaussicht bestand, wie es der Wahlausgang 1908 gezeigt hatte, im Berliner Raum, sodass die Genossen im Wahlkreis Neukölln-Schöneberg Otto Hue als Kandidaten nominierten.

Seine erste Wahlrede am 29. April 1913, die das Publikum mit „stürmischen Beifall" aufnahm, war ein Rundumschlag gegen alle gegnerischen Parteien. Während die sich nur „mit der heuchlerischen Maske der Volksfreundlichkeit" umkleideten, versprach Hue, im Abgeordnetenhaus „die Interessen des werktätigen Volkes" zu vertreten.[160] Der Wahlkampf, den die Genossen „mit Eifer" führten,[161] zahlte sich aus. Erstmals konnte der Wahlkreis für die Sozialdemokratie erobert werden und zwar mit deutlicher Stimmenmehrheit. In der 3. Abteilung vereinigte Hue 93,9 Prozent der Stimmen auf sich. Sogar in der 1. Abteilung votierten 52,5 Prozent der Wähler für ihn.[162] Auch bei den Wahlmännerstimmen lag Hue klar vorne.[163] Die *Bergarbeiter-Zeitung* zeigte sich sehr erfreut darüber, dass „einer ihrer besten Vorkämpfer und Wortführer" in den Landtag einzog. „Zwar wird Hue bei der Zusammensetzung des Landtags nicht bahnbrechend wirken können, aber durch seine große Sachkenntnis ist er in der Lage, die Schäden bloßzulegen und auf Reformen zu drängen. Das ist schon ein großer Gewinn. Die Bergarbeiter sind darum der sozialdemokratischen Arbeiterpartei zu Dank verpflichtet, daß sie die Wahl unseres Kameraden Hue ermöglichte."[164] Groß war der Jubel bei der *Arbeiter-Zeitung*: „Hue steht ... wieder auf dem richtigen Posten, er ist wieder der Anwalt der Bergarbeiter, wieder der gefürchtete Ankläger, nicht im Reichstage, aber doch im Dreiklassenhause, im Hause der Junker, Junkersknechte und Scharfmacher. Wohl oder übel müssen sie seine Anklagen hören."[165]

Die zehnköpfige Fraktion der Sozialdemokraten war äußerst heterogen zusammengesetzt. Hue traf dort auf Konrad Haenisch, mit dem er in der Vergangenheit manch erbitterte Fehde ausgefochten hatte.[166] Politisch trennten ihn auch Welten von Karl Liebknecht, Heinrich Ströbel, Adolf und Paul Hoffmann, die zu den Linksradikalen oder den Anhängern des äußeren linken Zentrums gehörten, während ihm der spätere preußische Ministerpräsident Otto Braun oder Robert Leinert näherstanden. Der stets um Ausgleich

159 Norddeutsche allgemeine Zeitung v. 25.3.1911.

160 Vorwärts 105, 1.5.1913.

161 Vorwärts 127, 25.5.1913 „Zur Landtagswahl in Neukölln".

162 Ebd.

163 Vorwärts 137, 4.6.1913; Kühne, Handbuch, S. 209.

164 Bergarbeiter-Zeitung 21, 24.5.1913 „Hue in Schöneberg-Neukölln gewählt".

165 Arbeiter-Zeitung (Dortmund) 30, 5.2.1914 „Minister Achenbach vor dem Dreiklassenhause".

166 Auch wenn sie sich nach der Kontroverse über die Budgetbewilligung 1908 zeitweise nicht mehr auf der Straße grüßten, wie Haenisch erzählte, war das Tischtuch nicht endgültig zerschnitten, wie die Korrespondenz der folgenden Jahre zeigt. Konrad Haenisch, Dortmunder Erinnerungen, in: Arbeiter-Zeitung (Dortmund) 230, 1.10.1915 (neu abged. und kommentiert von Matthias John, in: Beiträge zur Geschichte der Arbeiterbewegung 47 (2005), S. 3–70, S. 17f.); Lützenkirchen, Der sozialdemokratische Verein, S. 39. Bundesarchiv Berlin NL Haenisch 153.

Abb. 21: Die sozialdemokratische Landtagsfraktion 1913

bemühte Fraktionsvorsitzende Paul Hirsch besaß keine leichte Aufgabe, zwischen den Abgeordneten zu vermitteln.[167]

Die Fraktion war zwar auf zehn Köpfe angewachsen, doch angesichts des bürgerlichen Blocks von 433 Abgeordneten besaß sie keinen Einfluss auf die Gesetzgebung. Sie konnte das Parlament lediglich als Bühne für die Agitation nutzen, indem sie auf die Missstände verwies.

Hue ergriff bis zum Ausbruch des Krieges mehrfach das Wort. Als ausgewiesener Bergbauexperte war es selbstverständlich, dass er zum Etat der Berg-, Hütten- und Salinenverwaltung Stellung nahm. Ebenso war er der Sprecher der Fraktion beim Bau- sowie beim Handels- und Gewerbe-Etat. Ansonsten behandelte er wie zuvor im Reichstag regionale Themen: z.B. die Landgerichtsverhältnisse im rheinisch-westfälischen Industriegebiet (7.2.1914), den Polizeiskandal in Köln[168] (19.2.1914) oder die Erweiterung des Stadtkreises Dortmund (5.3.1914).

Die Diskussion über die Eingemeindungspläne im Ruhrgebiet nutzte Hue zu einer Attacke gegen das „plutokratische Wahlsystem", bei der sich antikapitalistische und fremdenfeindliche Töne vermischten. Am Beispiel der Gemeinde Rotthausen demonstrierte er die negativen Folgen des Dreiklassenwahlrechts: „Dort herrscht die Vertretung des belgisch-französischen Kapitalistenkonsortiums, dem die Zeche Dahlbusch gehört, …. Einheimische Arbeiter und Bürger werden aus den Kommunalvertretungen herausgebracht durch den Wahldruck, durch den kapitalistischen Terror, aber internationale Kapitalistenvertreter, Vertreter von ausländischen Kapitalistenkonsortien kommen dank dem plutokratischen Wahlrecht in die kommunalen Vertretungen hinein." Mit der rhe-

[167] Schulze, Braun, S. 163. – Zu Hirsch: Stalmann, Paul Hirsch.

[168] Zum Polizeiskandal: Ebert, „Das Kölner Polizei-Panama".

torischen Frage „Was haben denn diese Herren, die im Auftrage ihres fremdländischen Arbeitgebers handeln, für ein Interesse an der gedeihlichen Entwicklung unserer Kommunen?“ verband er die Forderung, das Kommunalwahlrecht zu ändern.[169]

Der Anlass für seine Jungfernrede am 3. Februar 1914[170] war ein ausgesprochen trauriger: die Schlagwetterkatastrophe auf der Zeche Minister Achenbach mit über 20 Toten.[171] Hue behandelte nicht allein die großen Grubenunglücke, sondern er verwies auf die hohe Zahl der alltäglichen Unfälle und Todesfälle im Grubenbetrieb, über die sich kaum noch ein Mensch aufrege. Es sei traurig, wie „stumpfsinnig und so gleichgültig gegenüber diesem furchtbaren Todeszug“ die Öffentlichkeit geworden sei.[172] Bei seiner Analyse der im Vergleich zu anderen europäischen Bergrevieren hohen Unfallziffern brachte er auch an dieser Stelle die schon bekannten und an anderer Stelle ausführlich dargelegten Argumente vor.[173]

Der *Vorwärts* war voll des Lobes. Hue habe „mit überwältigender Sachkunde und einer Fülle des schlagendsten Tatsachenmaterials“ „das wahre Bild der preußischen Grubenzustände“ gezeichnet.[174] Hingegen widersprachen u.a. der Oberberghauptmann Georg von Velsen und der nationalliberale Abgeordnete Erwin Hasenclever den Ausführungen.[175] Beide sahen keine Versäumnisse seitens der Unternehmer, sondern führten die verhältnismäßigen hohen Unfallzahlen vor allem auf die unterschiedlichen geognostischen Verhältnisse und auf die mangelnde Schulung der Bergleute zurück. Hasenclever verstieg sich zu der Behauptung, das „Allheilmittel“ zur Senkung der Unfallgefahr sei, „das Selbstverantwortlichkeitsgefühl der Arbeiter zu fördern“.[176]

Seit Beginn seiner gewerkschaftlichen und politischen Tätigkeit hatte sich Hue mit der Wohnungsfrage beschäftigt, die für ihn „zu einem wichtigen, ja, unter Berücksichtigung der Nebenumstände, zum wichtigsten Angelpunkte der sozialen Bewegung geworden“ war[177] und zu der er sich häufiger – nicht erst im Landtag – zu Wort meldete.

Auf dem Ersten Allgemeinen Deutschen Wohnungskongress, der vom 16. bis zum 19. Oktober 1904 in Frankfurt tagte und fast 1000 Teilnehmer*innen aufwies, standen u.a. die Bergarbeitersiedlungen auf der Tagesordnung. Da der Bergarbeiterverband befürchtete, dass die von den Unternehmen benannten Referenten die „Arbeiterkolonien über den grünen Klee loben“ würden, schickte er Hue als Delegierten nach Frankfurt, „um diesem sozialpolitischen Unfug entgegenzutreten“.[178]

In seinem Kurzbeitrag schilderte er zunächst die allgemeinen Wohnverhältnisse, die nicht zuletzt wegen der Überbelegung durch das Schlafgängerwesen „wirklich schau-

169 Landtagsrede am 5.3.1914, Stenogr. Berichte, Sp. 3430.

170 Sp. 1327–1346.

171 Kroker/Farrenkopf, Grubenunglücke, S. 314.

172 Landtagsrede am 3.2.1914, Stenogr. Berichte, Sp. 1329.

173 Verantwortlich für die hohen Unfallzahlen seien: die hohe Fluktuation; die Beschäftigung ungeschulter Arbeiter; die Gedingesetzung (reines Kohlengedinge ohne Extravergütung der Nebenarbeiten) mit der Folge, dass die Reparaturen nur notdürftig gemacht würden; die Strafen für unreine Förderung, die die Arbeiter dazu zwängen, den Lohnverlust wieder herauszuwirtschaften, wobei die Vorsicht vernachlässigt werde etc.

174 Vorwärts 34, 4.2.1914 „Wo ist der Würger?“.

175 Landtagsrede von Velsen am 3.2.1914, Stenogr. Berichte, Sp. 1347–1350 u. Landtagsrede Hasenclever am 3.2.1914, Stenogr. Berichte, Sp. 1357–1366.

176 Landtagsrede Hasenclever am 3.2.1914, Stenogr. Berichte, Sp. 1366.

177 Bergarbeiter-Zeitung 43, 29.10.1904 „Der Wohnungskongreß“.

178 Aussage Hues auf einer Frankfurter Versammlung im Anschluss an den Kongress. Vorwärts 248, 21.10.1904.

derhafte" seien.[179] Auf die Zechenkolonien eingehend, fiel sein Urteil gleichfalls ausgesprochen negativ aus, denn sie seien keine „Lösung der Wohnungsfrage im freiheitlichen Sinne": „Wer die Zechenwohnungen kennt, weiß, daß sie einfach eine Verpflanzung des industriellen Regiments auf den Werken in die Wohnungen hinein bedeuten. ... Man hat eigene Kolonievögte aufgestellt, die verbieten uns, unsere Fachpresse in die Kolonien zu bringen und Besuche abzustatten. Die Werkswohnungen bedeuten nichts anderes, als einen industriellen Feudalismus."[180] Seine Schlussfolgerungen – „Zu einer wirklichen Wohnungsreform werden wir nicht eher kommen, bis wir der Privatspekulation den Grund und Boden entziehen und die Wohnungsfrage lösen vom Standpunkt des Sozialismus."[181] – lösten den Unmut vieler Teilnehmer aus. Das Protokoll vermerkte: „Beifall und Zischen."[182] Hingegen bekundete Else Lüders, die in einer Versammlung des Vereins Frauenwohl über den Kongress berichtete, dass die Rede Hues die Anwesenden „tief ergriffen" hätte.[183]

Hue beklagte auch an anderer Stelle die „grauenhafte Überfüllung der Wohnräume" und deren Folgen: „Schädigungen der Gesundheit (besonders des licht- und luftbedürftigen Nachwuchses), Bildung von Krankheitsherden, Erhöhung der Ansteckungsgefahren bei Epidemien. Statt ein behagliches Heim zu haben, in das sich der Proletarier nach des Tages Last zur Erholung und geistiger Erbauung zurückziehen kann, besitzt er eine Marteranstalt".[184] Seine Kritik an den Wohnverhältnissen wiederholte er in einigen Artikeln,[185] doch erst 1907 belegte er in einem Aufsatz in der *Kommunale Praxis* seine zuvor allgemein gehaltenen Aussagen mit Zahlen.[186]

Eine Lösung des Problems sah Hue in der Schaffung billiger Kleinwohnungen durch die Kommune.[187] Leider habe aber noch keine Stadt die Initiative dazu ergriffen. „Entweder ist es Gleichgültigkeit gegen das gemeingefährlichste Übel, oder es ist das Unvermögen, Bauterrains zu bekommen, beziehungsweise die Unlust, den Grundbesitzern und Terrainspekulanten zu Leibe zu gehen." Um die städtischen Baugrundstücke zu vermehren, setzte Hue auf „eine energische Anwendung des Enteignungsgesetzes". Sollte dieses sich als unzureichend erweisen, dann müsse „ein schärferes Expropriationsgesetz zugunsten der kommunalen Wohnungsfürsorge geschaffen werden".[188]

In der Reichstagsdebatte über den Marineetat am 15. Februar 1911, in der Hue eingehend die staatlichen Aufträge an Krupp behandelte, kontrastierte er die daraus erzielten Gewinne mit den schlechten Lohn- und Arbeitsbedingungen in dem Unternehmen.[189]

[179] Bericht über den I. Allgemeinen Deutschen Wohnungskongreß, S. 196.

[180] Ebd., S. 197. Ebenso O.H., Kommunalpolitische Streifzüge durch das Ruhrrevier II, in: Arbeiter-Zeitung (Dortmund) 206, 4.9.1905.

[181] Ebd.

[182] Ebd.; Bergarbeiter-Zeitung 43, 29.10.1904 „Der Wohnungskongreß".

[183] Vorwärts 264, 9.11.1904 „Bürgerliche Frauen über den Wohnungskongreß".

[184] Bergarbeiter-Zeitung 43, 29.10.1904 „Der Wohnungskongreß".

[185] Otto Hue, Moderne Völkerwanderung, in: Neue Zeit 22 (1903/04) 9, S. 271–276, S. 274f.; O.H., Kommunalpolitische Streifzüge durch das Ruhrrevier I, in: Arbeiter-Zeitung (Dortmund) 203, 31.8.1905.

[186] Otto Hue, Wohnungszustände im Ruhrkohlenbezirk, insbesondere in der Stadt Essen, in: Kommunale Praxis 7 (1907), Sp. 895–902.

[187] O.H., Kommunalpolitische Streifzüge durch das Ruhrrevier II.

[188] Otto Hue, Wohnungszustände im Ruhrkohlenbezirk, Sp. 899. Ebenso O.H., Kommunalpolitische Streifzüge durch das Ruhrrevier II.

[189] Reichstagssitzung am 15.2.1911, Verhandlungen, S. 4668–4675.

Dabei ging er auch auf die Wohnverhältnisse im „Königreich Krupp", sprich: in der Stadt Essen, ein, die er in düsteren Farben schilderte. Es waren vor allem „die kulturhöhnenden Bilder des Schlafgängerwesens", die ihn mit Grauen erfüllten. Hier wie in den anderen Ruhrgebietsstädten und -gemeinden sei „die Überfüllung der Wohnungen … ins aschgraue hineingewachsen, sodaß das oftgehörte Loblied von dem ‚Segen der Industrie' für den, der die Verhältnisse kennt, einen recht bitteren Beigeschmack besitzt". Aus diesem Grund hätte das Parlament „sorgfältig über den Verbleib der hier bewilligten Riesensummen zu wachen".[190] Diese seien „ohne Zweifel zum allergrößten Teil in die Taschen einer recht kleinen Zahl von Besitzern geflossen, die das Fett von der Suppe geschöpft haben und der großen Masse der Bevölkerung, den Arbeitern und dem Mittelstand, nur das dünne Wasser zurückgelassen haben".[191]

Seine Ausführungen lösten eine heftige Gegenreaktion der Essener Stadtverwaltung aus. Der Beigeordnete Adolf Rath warf Hue vor, einzelne, bedauerliche Missstände verallgemeinert und mit falschen bzw. veralteten Zahlen operiert zu haben.[192] Er nahm das Kruppsche Unternehmen ausdrücklich in Schutz und lobte dessen Anstrengungen und Verbesserungen im Werkswohnungsbau sowie das „bewunderte Werk der Margarethe-Kruppstiftung". Diese positive Entwicklung habe Hue verschwiegen, stattdessen „in tendenziös gefärbter Weise ein vollständiges Zerrbild unserer Wohnungsverhältnisse" gegeben. Die Antwort Hues ließ nicht lange auf sich warten.[193] Er zeigte sich verwundert, dass die Stadtverwaltung reagiert habe, denn sie habe er doch nicht kritisiert, vielmehr für ihre Wohnungsinspektion gelobt. Gleichwohl wollte er den Vorwurf, nur ein Zerrbild abgeliefert zu haben, nicht gelten lassen, denn trotz aller Anstrengungen der Kommune herrschten nun mal in Essen „himmelschreiende Wohnungszustände". „Darum ist es die schönste Pflicht der Sozialdemokraten, von der großen Not und dem traurigen Elend unzähliger Volksgenossen recht deutlich zu reden."

Als am 5. März 1914 das Abgeordnetenhaus über die Erweiterung des Stadtkreises Dortmund debattierte, thematisierte Hue die dort herrschenden Wohnungsverhältnisse. Freudig begrüßte er das Vorhaben der Dortmunder Stadtverwaltung, ihr gehörendes Baugelände nicht zu verkaufen, sondern dort in eigener Regie Wohnhäuser zu errichten, entsprach dieser Plan doch ganz seinen Ansichten.[194] Mit kritischen Augen betrachtete er aber allgemein das Wachstum der Großstädte. Die „riesigen Ansammlungen von Straßenzügen" sah er als eine nicht „besonders erfreuliche Tatsache" an. Er hätte lieber „aus volkswirtschaftlichen und sozialhygienischen Gründen eine Dezentralisation der Bevölkerung" gesehen.[195]

Weitblick bewies Hue, als er die Entwicklung des Ruhrgebiets schilderte und sich davon überzeugt zeigte, dass man in der Zukunft einen Zweckverband gründen werde, der unter anderem für die Regulierung des Verkehrswesens zuständig wäre.[196] Im Grundsatz war dies die Vorwegnahme des 1920 gegründeten Ruhrsiedlungsverbandes.

[190] Ebd., S. 4674.

[191] Ebd., S. 4675.

[192] Zum Folgenden: Allgemeiner Beobachter 48, 25.2.1911.

[193] Otto Hue, Die Essener Stadtverwaltung gegen Essener Bürger, in: Allgemeiner Beobachter 50, 28.2.1911; Vorwärts 52, 2.3.1911 „Wohnungselend im Königreich Krupp".

[194] Landtagsrede am 5.3.1914, Stenogr. Berichte, Sp. 3428.

[195] Ebd., Sp. 3431.

[196] Ebd.

12. Der Erste Weltkrieg

12.1 Der Vaterlandsverteidiger

Hue, „von tiefer Friedensliebe erfüllt,“[1] verurteilte bei vielen Gelegenheiten den Militarismus,[2] warnte vor kriegerischen Auseinandersetzungen, da Kriege nicht der „Wohlfahrt des Volkes“ dienten, und brach stattdessen eine Lanze für Schiedsgerichte.[3] Dem „Hurrapatriotismus“ erteilte er eine klare Absage und verkündete: „Wir haben für Kanonen und Soldaten kein Geld. Keinen Groschen geben wir für Kanonen und Soldaten. … Was zum Völkerkriege dient, lehnen wir ab.“[4] Er war auch voller Optimismus, dass die Bergarbeiter einen Krieg verhindern könnten.[5]

Doch seine Haltung war nicht frei von Widersprüchen. Auch wenn er für sich beanspruchte, kein „Säbelrassler“ zu sein,[6] ließ Hue keine Zweifel an seiner Bereitschaft aufkommen, „jedes Opfer zu bringen“, „wenn das Wohl des Vaterlandes es erfordere“.[7] Für ihn, der „stolz darauf“ war, ein Deutscher zu sein“,[8] war „die Pflicht der Landesverteidigung“ „eine Bürgerpflicht“.[9] Zur Rechtfertigung seiner Haltung berief er sich auf

1 Mugrauer, Hue, S. 168.

2 Als Beispiel für seinen Antimilitarismus sei aus einem Artikel zur Pariser Weltausstellung zitiert: „Leben wir denn in einem großen Irrenhaus? Unermüdlich schaffen Millionen von Arbeitsbienen körperlich und geistig an der Hervorbringung unmeßbarer Reichtümer. Künstler und Techniker sinnen nach über immer gewaltigere Kulturwerke, die der Menschheit Genuß, Wohlthat und Erleichterung bringend auch imposante Äußerungen des nie rastenden Menschengeistes sind. Und daneben ragt drohend ein 24 Meter Riesengeschütz in die Herrlichkeit hinaus, Vernichtung drohend. Sinnreich erdachte Mordwerkzeuge manichfachster Art stehen bereit, um alles in Grund und Boden zu schießen, alles in die Luft zu sprengen, was Kunst, Wissenschaft und Technik Großartiges geschaffen. … Nirgends wohl kommt einem die Wiedersinnigkeit, das Kulturwidrige des modernen Militärsystems so überwältigend zum Bewußtsein, wie auf der Pariser Weltausstellung, wo neben den wundervollsten Friedenswerken unheilbringend der kulturvernichtende Militarismus sich breit macht. … Kratzt diese ‚Kultur‘ und die Barbarei kommt zum Vorschein.“ OH, Paris und die Weltausstellung IV, in: Bergarbeiter-Zeitung 32, 18.8.1900.

3 Rede auf dem Internationalen Bergarbeiter-Kongress 1911. Allgemeiner Beobachter 175, 29.7.1911. – 1919 antwortete er auf Angriffe der *Bergwerks-Zeitung* und der *Essener Volks-Zeitung*: „Ja, ich gehöre zu den ‚laut redenden Propheten‘, die schon Jahrzehnte vor dem Kriege den militaristischen Rüstungswahnsinn bekämpften, die für die Errichtung internationaler Schiedsgerichte eintraten, um den drohenden Menschenmassenmord zu verhüten.“ Otto Hue, Zu späte Erkenntnis?, in: Arbeiterzeitung (Essen) 170, 24.7.1919. – Hue vertrat damit die gleiche Ansicht wie die deutsche Delegation auf dem Internationalen Sozialisten-Kongress in Kopenhagen 1910, deren Mitglied er war. Groh, Negative Integration, S. 212–215.

4 Rede auf einer öffentlichen Volksversammlung in Röhlinghausen. LAD NRW Abt. Westf. Landratsamt Gelsenkirchen 40, Überwachungsbericht der Polizeiverwaltung Wanne, 3.7.1905.

5 Auf dem Internationalen Bergarbeiterkongress 1905 erklärte er: „Gerade die Bergarbeiter sind in der Lage, im geeigneten Moment die Mittel zu ergreifen, durch die dem Kriege gleichsam die Nahrung entzogen werden kann. Wir wollen den Frieden, wir wollen die Humanität, genug mit dem Brudermord!“ Zit. nach Vorwärts 187, 12.8.1905 „Eine Kundgebung des Weltfriedens“.

6 Ebd.

7 So seine Aussage auf der Essener Naumann-Veranstaltung im Januar 1901. Rheinisch-Westfälische Arbeiterzeitung 19, 23.1.1901 „Pfarrer Naumann im Ruhrgebiet“. Ebenso Volksblatt 95, 24.1.1901.

8 Ebd.

9 Otto Hue, Wirtschaftliches Kriegsziel hüben und drüben, in: Arbeiterzeitung (Essen) 87, 12.4.1916.

Bebel, der bei der Etatdebatte 1904 erklärt hatte, dass bei einer Bedrohung der Grenzen auch die Sozialdemokraten die Flinte auf die Schulter nehmen würden, um deutschen Boden zu verteidigen.[10] Hue zeigte sich zuversichtlich, dass kein Sozialdemokrat sich weigern werde, „zum Schutze Deutschlands der Staatsleitung die wirklich nöthigen Mittel zur Landesvertheidigung zu bewilligen".[11] „Wir wollen auch das deutsche Vaterland nicht wehrlos machen und nicht an einen Feind verraten", bekundete er am 20. Juli 1907 auf einer öffentlichen Versammlung in Wanne und fuhr fort: „Wir haben genau denselben Patriotismus wie die Kommerzienräte, die allerdings mehr Hurra schreien als wir."[12] Zugrunde lag der „unbewußte Wunsch" eines Sozialdemokraten, durch sein Bekenntnis zur Nation die „Pariastellung in Staat und Gesellschaft" zu überwinden.[13]

Hatte Hue 1905 auf dem Internationalen Bergarbeiter-Kongress noch getönt, dass die Bergleute in der Lage seien, einen Krieg zu verhindern, so war im August 1914 von der Macht der Bergarbeiterschaft keine Rede mehr. Wie viele andere Gewerkschafter besaß er kein Verständnis für diejenigen, die bei Kriegsausbruch zum Widerstand aufriefen. Die organisierte Arbeiterbewegung war in seinen Augen viel zu schwach, um einen Generalstreik erfolgreich durchführen zu können.[14] Ein solcher hätte zwangsläufig Repressivmaßnahmen des Staates provoziert und den Bestand der Organisationen gefährdet. Den Unmut über die Radikalen in Partei und Gewerkschaft beschrieb sehr treffend Otto Braun in seinem Tagebuch: Sie hätten „nicht die rechte Empfindung dafür, was dem Arbeiter seine Partei, die Gewerkschaft ist, daß seine Organisation das Produkt jahrzehntelangen zähen Ringens ist, in dem er unzählige Stunden seiner kargen Mußezeit, viel Mittel und einen großen Teil seines Familienglücks und seines Lebensgenusses geopfert hat. Und der soll das gewaltige Organisationsgebäude, das er in schwerer opferreicher Arbeit bis zu der jetzigen Größe auf- und ausgebaut hat und das ihm so oft ein Schutz gegen politische und wirtschaftliche Knechtung, ein vorzügliches Mittel zum kulturellen Aufstieg, so kurzerhand abbrechen, weil nicht alle Erwartungen in Erfüllung gegangen."[15]

Es war nicht allein die begründete Furcht vor dem Verbot und der Zerschlagung der Organisation – die Militärbehörden hatten konkrete Unterdrückungsmaßnahmen vorbereitet –, weshalb Hue und die Führung des Bergarbeiterverbandes im August 1914 auf jeglichen Protest verzichteten, sondern die Mitglieder zur „Pflichterfüllung" aufriefen.[16]

[10] Otto Hue, Zum sozialdemokratischen Parteitag in Essen, in: Sozialistische Monatshefte (1907) 9, S. 693–702, S. 699. – Die Aussage Bebels zitierten bei Kriegsausbruch die Sozialdemokraten, die für die Vaterlandsverteidigung eintraten. So auch Otto Hue, Wie hätte sich August Bebel verhalten?, in: Volksblatt 44, 22.2.1915. Allgemein: Bieber, Gewerkschaften, S. 78.

[11] O.H., Transvaalkrieg, Bergarbeiterstreik und Flottenvorlage, in: Rheinisch-Westfälische Arbeiterzeitung 54, 5.3.1900.

[12] LAD NRW Abt. Westf. Landratsamt Gelsenkirchen 40, Überwachungsbericht der Polizeiverwaltung Wanne, 21.7.1907. – Bereits 1897 hatte er sich gegen den Vorwurf der Vaterlandslosigkeit mit der Aussage gewehrt, „er sei so gut ein Deutscher wie der geheime Kommerzienrat". Dortmunder Zeitung 88, 29.3.1897 „Eine Bergarbeiter-Versammlung".

[13] Groh/Brandt, „Vaterlandlose Gesellen", S. 131.

[14] So seine Ausführungen auf der Vertrauensmännerversammlung des Wahlkreises Bochum-Gelsenkirchen am 8.8.1915. Volksblatt 184, 9.8.1915.

[15] Zit. nach Schulze, Braun, S. 136.

[16] „So gilt es jetzt für uns alle ohne Ausnahme, all diesen Gefahren mit altem Knappentrotz, kühn und entschlossen ins Auge zu schauen und die uns zugedachten Opfer freudig auf uns zu nehmen. Mag kommen was da will, die deutschen Knappen werden ihre volle Pflicht erfüllen, im Felde sowohl wie in der Heimat." Bergarbeiter-Zeitung 34, 22.8.1914 „Opfermut in ernsten Zeiten".

Auch wenn für Hue „der Krieg ein so großes Unglück" darstellte,[17] so bekannte er sich wie die Verbandsführung und die meisten Gewerkschaftsführer[18] aus voller Überzeugung zu den Kreditbewilligungen am 4. August und am 2. Dezember 1914 sowie zur Burgfriedenspolitik und rechtfertigte sich mit dem Argument, dass die Arbeiterführer in den feindlichen Ländern nicht anders handelten.[19]

Warum der Bergarbeiterverband zum Lager der Vaterlandsverteidiger gehörte, dafür lassen sich weitere Motive ausmachen:

Da war erstens der auch in der Sozialdemokratie trotz aller Bekundungen der internationalen Solidarität weit verbreitete Nationalstolz. „Nationalbewusstsein – nicht Nationalismus – ist nicht antisozialdemokratisch,"[20] erklärte Otto Hue, der die Parteiminderheit ignorierend, zudem betonte: „Wir Sozialdemokraten haben stets den vaterländischen Gedanken hochgehalten und sind dieser Tendenz bis jetzt treu geblieben. ... Wir lieben unsere Heimatscholle und werden sie ... auch verteidigen!"[21] Entsprechend bekundete er im November 1914: „In diesem unseren Vaterlande ist uns Sozialisten oft übel mitgespielt worden; aber wenn wir nun die lange bunte Reihe der Feinde unserer Staatsgeltung überschauen, dann empfinden wir, daß wir deutsche Sozialisten als Deutsche zu unseren Volksgenossen gehören und ihnen die höchste Solidarität bezeugen müssen! Mag dann kommen, was will!"[22]

Ein solches Bekenntnis sollte zugleich allen Diffamierungskampagnen den Boden entziehen, die die Sozialdemokraten und Gewerkschafter als „vaterlandslose Gesellen" und „Umstürzler" verteufelten. Solche Unterstellungen müssten nach dem Kriege aufhören, forderte Hue im November 1915 und pochte dann auf die „Gleichberechtigung mit den anderen Parteien".[23]

Zweitens. Auch wenn der „Krieg das Resultat des machiavellistischen Kalküls einer kleinen, innerlich bereits überlebten Führungsschicht [war], welche in einer kritischen weltpolitischen Situation leichtfertig und mit zu hohem Einsatz gespielt hatte, weil sie hoffte, derart ihre eigene geschwächte Machtstellung stabilisieren zu können",[24] konnte die Reichsführung die Öffentlichkeit geschickt täuschen und den Eindruck vermitteln, dass das Reich nicht der Angreifer, sondern der Angegriffene wäre.[25] Wenngleich Hue im März 1915 ausführte, „dass man eine bestimmte Person, oder einen bestimmten Staat für die Entstehung des jetzigen Krieges nicht verantwortlich machen könne, die Ursachen desselben würde wohl auch noch für Jahre hinaus für die Gelehrten ein Rätsel

17 Otto Hue, Die Sozialdemokratie und der Krieg, in: Volksblatt 251, 28.10.1914.

18 Bieber, Gewerkschaften, S. 232. – Reulecke zählte Hue ebenso wie Carl Legien, Alexander Schlicke, August Winnig und Hermann Sachse „zu den eifrigsten Vertretern der Burgfriedenspolitik und Befürwortern der Kriegskredite". Reulecke, Der Erste Weltkrieg, S. 215.

19 Hue auf einer Parteiversammlung in Bochum im Januar 1915. Volksblatt 15, 19.1.1915.

20 Otto Hue, Zum sozialdemokratischen Parteitag in Essen, in: Sozialistische Monatshefte (1907) 9, S. 693–702, S. 699.

21 LAD NRW Abt. Westf. Oberbergamt Dortmund 1791, Bericht über die öffentliche sozialdemokratische Versammlung am 1.7.1917 in Dinslaken. – Für Hue war die „Vaterlandsliebe" „eine ganz natürliche Empfindung". Otto Hue, Arbeiterklasse und Vaterlandsliebe, in: Arbeiterzeitung (Essen) 102, 2.5.1917.

22 Otto Hue, Die Sozialdemokratie und der Krieg.

23 Rede auf einer Versammlung in Harpen am 7.11.1915. Stadtarchiv Bochum LA 1307, Bericht der Polizeiverwaltung Gerthe, 8.11.1915.

24 Mommsen, Bürgerstolz, S. 563.

25 Mommsen, Deutschland, S.16.

bleiben",[26] bescheinigte er dem Reichskanzler Bethmann Hollweg, dass es diesem „in den hochkritischen Julitagen vor allen Dingen nur um die Erhaltung des Weltfriedens zu tun war".[27] Und bei einer Versammlung in Harpen am 7. November 1915 zeigte er sich davon überzeugt, dass „von Deutschland ... der Krieg aber nicht ausgegangen" wäre, „dass unsere Regierung und vor allen Dingen der Kaiser den Streit nicht gewollt haben. Zwar seien die Sozialdemokraten keine Monarchisten, aber sie wären ehrlich genug, die Bemühungen des Herrschers, den Frieden zu erhalten, anzuerkennen."[28]

Als Beweis für seine Behauptung führte er an, dass in der Nacht vom 29. auf den 30. Juli russische Truppen in den Kreis Pillkallen einmarschiert wären[29] und „daß die ersten großen deutsch-französischen Truppenzusammenstöße auf reichsdeutschem Boden, bei Mühlhausen und Saarburg, stattfanden"[30]. Die ostpreußischen Genossen sowie die breiten Massen hätten kein Verständnis dafür aufgebracht, wenn die Reichstagsfraktion in dieser bedrohlichen Lage die Kriegskredite abgelehnt hätte. Hue malte das Schreckensbild an die Wand, dass bei einer anderen Entscheidung am 4. August Deutschland zum Hauptkriegsschauplatz geworden wäre. Auch für die Partei wären die Folgen verheerend gewesen. Die innenpolitischen Gegner hätten behaupten können, „durch die verneinende oder auch nur durch eine passive Haltung der Sozialdemokratie sei die Volkseinheit zerstört und damit unsere Abwehrkraft entsprechend geschwächt worden. Was daraus für die Zukunft auch der sozialistischen Bewegung in Deutschland für Folgen entstanden wären, das liegt für jeden, der praktisch mitten in der Arbeiterbewegung steht, auf der flachen Hand."[31]

Es fiel – drittens – den Sozialdemokraten und den Gewerkschaftern leicht, ihre Mitglieder gegen das reaktionäre zaristische Russland zu mobilisieren. Die *Bergarbeiter-Zeitung* sprach vom Kampf des „barbarischen Asiatentums gegen das deutsche Kulturvolk"[32] und scheute nicht vor den übelsten rassistischen Klischees zurück.[33] Am 22. August 1914 rief sie die Bergarbeiter auf, „das Vaterland vor dem Einbruch vertierter und fuselverseuchter Kosaken [zu] beschützen".[34] In derselben Ausgabe wurde die „russische Soldateska" als „ein großer Haufen Gesindel" beschrieben: „Trunkenbolde, Diebe, Mörder und Sittlichkeitsverbrecher, Menschen, die mit dem Vieh auf einer Kulturstufe stehen." Im Allgemeinen „unwissend, roh, viehisch, schmutzig und barbarisch".[35] Als sei es damit noch

[26] Rede auf einer Bergarbeiterversammlung in Recklinghausen am 21.3.1915. LAD NRW Abt. Westf. Reg. Münster VII 58 Bd. 4, Überwachungsbericht der Polizeiverwaltung Recklinghausen, 22.3.1915.

[27] Otto Hue, Der Krieg im Lande, in: Volkswacht 133, 8.6.1916.

[28] Stadtarchiv Bochum LA 1307, Bericht der Polizeiverwaltung Gerthe, 8.11.1915. – Auf einer Bergarbeiterversammlung in Recklinghausen am 24.1.1915 sprach er von dem „uns aufgezwungenen Kriege". LAD NRW Abt. Westf. Reg. Münster VII 58 Bd. 4, Überwachungsbericht der Polizeiverwaltung Recklinghausen, 24.1.1915.

[29] Otto Hue, Die Kriegsgreuel in Ostpreußen, in: Volksblatt 291, 13.12.1915. – Auf einer Parteiversammlung in Bochum im Januar 1915 erklärte er: „Man wisse heute, daß Rußland schon mobilisiert hat, ehe der Mord in Sarajewo passiert sei." Volksblatt 15, 19.1.1915.

[30] Otto Hue, Internationale Rücksichtnahme, in: Volksblatt 235, 7.10.1915. Ebenso Otto Hue, Der Krieg im Lande.

[31] Otto Hue, Die Kriegsgreuel in Ostpreußen. – Diese Auffassung vertraten auch andere Gewerkschafter. Bieber, Gewerkschaften, S. 83.

[32] Bergarbeiter-Zeitung 38, 19.9.1914 „Internationale Wirtschaftsbeziehungen".

[33] Ebenso schwelgten die meisten sozialdemokratischen Zeitungen „in regelrechten Haßorgien gegenüber Rußland". Groh, Negative Integration, S. 708.

[34] Bergarbeiter-Zeitung 34, 22.8.1914 „Opfermut in ernsten Zeiten".

[35] Bergarbeiter-Zeitung 34, 22.8.1914 „Russische Soldateska".

nicht genug, hieß es zwei Wochen später über die „russischen Bestien“: „Die Russen vergewaltigen Kinder. – Schwangere Frauen werden aufgeschlitzt.“[36] Ob Hue diese gehässigen Ausfälle missbilligte, wissen wir nicht, sie widersprachen aber seiner Auffassung, „daß der Krieg ein so großes Unglück ist, daß man es nicht noch durch wahnsinnige Verleumdungen des augenblicklichen Feindes verschärfen soll“.[37] Keinen Zweifel ließ er aber an seiner Überzeugung aufkommen, dass die „demokratische Entwicklung um ein Jahrhundert zurückgeworfen“ werde, „wenn der Zarißmus siegen würde“.[38]

Die Hetze gegen Russland ergänzte der Bergarbeiterverband durch eine Betrachtung der wirtschaftlichen Entwicklung der letzten Jahrzehnte. Weil die deutsche Eisen- und Stahlerzeugung die englische überflügelt hatte, die Maschinenbauindustrie Deutschlands „der erfolgreichste Konkurrent Großbritanniens“ war und die deutsche Kohlenförderung und Kohlenausfuhr stärker wuchsen als die britische, zog er aus diesen Fakten die Schlussfolgerung, dass „die britische Kriegspartei von dem selbstsüchtigen Gedanken beseelt [sei], durch diesen Krieg die deutsche Weltmarktkonkurrenz zu beseitigen“.[39] Gleich anderen Sozialdemokraten und Gewerkschaftern[40] sah Hue England „als den Urheber des Krieges“ an, das Deutschland „vom Weltmarkt verdrängen, unseren Handel lahmlegen und unsere Industrien vernichten“ wolle.[41] Weil „britischerseits ein Kapitalistenkrieg“ geführt werde,[42] „tat auch“ – so Hue – „die Arbeiterschaft Deutschlands recht daran, nachdem einmal die Kriegswürfel rollten, sich rückhaltlos für die Landesverteidigung einzusetzen“.[43]

Viertens wiesen die Befürworter der Burgfriedenspolitik auf die nationale Begeisterung großer Teile der Arbeiterschaft bei Kriegsausbruch hin.[44] Auf einer Versammlung

36 Bergarbeiter-Zeitung 36, 5.9.1914 „Russische Bestien“.

37 Otto Hue, Die Sozialdemokratie und der Krieg, in: Volksblatt 251, 28.10.1914.

38 Vortrag auf der Filialversammlung in Witten im Dez. 1914. Stadtarchiv Witten VerNA 304/1, Protokollbuch.

39 Bergarbeiter-Zeitung 38, 19.9.1914 „Internationale Wirtschaftsbeziehungen“. Ebenso Bergarbeiter-Zeitung 2, 9.1.1915 „Der Krieg die Schuld der Völker?“.

40 Bieber, Gewerkschaften, S. 220f. u. 889.

41 LAD NRW Abt. Westf. Oberbergamt Dortmund 1791, Bericht über die öffentliche sozialdemokratische Versammlung am 1.7.1917 in Dinslaken. – An anderer Stelle führte er aus: „Gerade wenn man sich als Sozialist über die eigentlich den Weltkrieg verursachten Triebkräfte klar ist, muß man bei der Frage nach dem sogenannten ‚Weltunruhestifter‘ erwägen, welches Wirtschaftsgebiet denn durch diesen Krieg seine wirtschaftliche Situation zu verbessern hoffen konnte bzw. welcher Konkurrent die beste Aussicht hatte, im friedlichen Wettbewerb seine weltwirtschaftliche Position weiter zu verstärken. Dieser im Frieden aussichtsreichste Konkurrent um den Weltmarkt ist von den kriegführenden Staaten unstreitig Deutschland, wie die internationale Wirtschaftsstatistik zweifellos ergibt! Darum können, namentlich von marxistischer Seite, die friedlichen Absichten und die Gesinnung auch des offiziösen Deutschlands, unbeschadet der bramarbasierenden Zeitgenossen, die, nach einem bekannten Kanzlerwort, oft ‚das Schwert im Munde‘ geführt haben, ernstlich nicht bezweifelt werden.“ Otto Hue, Die Bergwerks- und Hüttenindustrie, in: Arbeiterinteressen und Kriegsergebnis, S. 49f. – Auf der Mitgliederversammlung der SPD-Filialen Dortmund-Nord und -Süd am 16.10.1915 äußerte er seine Überzeugung: „Deutschland habe den Krieg nicht gewollt, nicht wollen können, weil sein Handel und Industrie nur im Frieden groß geworden ist und im Frieden gedeihen kann.“ Arbeiter-Zeitung (Dortmund) 245, 19.10.1915 „Die deutsche Volkswirtschaft während und nach dem Kriege“.

42 Bergarbeiter-Zeitung 38, 19.9.1914 „Internationale Wirtschaftsbeziehungen“.

43 Otto Hue, Die Bergwerks- und Hüttenindustrie, S. 50.

44 Glaubt man dem Bericht des Oberbergamtes Dortmund vom 16.1.1917, waren gerade die Bergarbeiter bei Kriegsausbruch „außerordentlich begeistert“. Zit. nach Reulecke, Der Erste Weltkrieg, S. 209. Siehe auch die Rede Hues auf der Generalversammlung 1919. Protokoll, S. 358–363.

in Neukölln behauptete Hue, dass, wenn im August 1914 ein Parteitag stattgefunden hätte, „mit erdrückender Mehrheit die Kriegskreditbewilligung gutgeheißen worden“ wäre. Sichtbarer Beweis für seine These war die „patriotische Stimmung“, die damals in den Arbeiterquartieren geherrscht hätte, „wo nach Siegesnachrichten auch Flaggenschmuck prangte“.[45]

Fünftens hatten die Verbandsführer stets für das Wohl ihrer Mitglieder gekämpft. Eine Niederlage würde aber verheerende Auswirkungen auf deren Lebens- und Arbeitsbedingungen heraufbeschwören. Daher könnte sich kein Bergarbeiter wünschen, „daß Kosakentum und echtrussisches Knutenregiment den Sieg über Deutschland davonträgt! Wir wollen in unserem Vaterlande eine freiheitliche Entwicklung, wollen die staatsbürgerliche Gleichberechtigung der Arbeiterklasse auf allen Gebieten. Dieser reformeifrige Volkswille wird aber in Europa am brutalsten bekämpft durch den Zarismus! Wir freigewerkschaftlich organisierten Arbeiter haben am allerwenigsten ein Interesse an einem Sieg des Kosakentums und des Knutenregiments in Europa! Diesen Sieg zu verhindern, heißt auch den Lebensinteressen der freigewerkschaftlich organisierten Arbeiter dienen.“[46] Denn, wie Hue erläuterte: „Niemand dürfe sich dem Glauben hingeben, daß es für die Arbeiter gleich sei, wenn der Feind in das Land einbreche und wir englisch, russisch oder französisch würden. In solchem Falle haben wir viel zu verlieren aber nichts zu gewinnen.“[47]

Für den Gewerkschafter gab es keinen Zweifel, dass die Arbeiterschaft „an der vollständigen Erhaltung des deutschen Reichsgebietes „ein vitales Interesse“ haben müsse. Denn „würde der Krieg mit einer Loßreißung Elsaß-Lothringens und Oberschlesiens oder auch nur eines dieser Landesteile von Deutschland enden, so bedeutete dies einen tödlichen Schlag gegen unsere Montanindustrie und die ihr nächstverwandten weiterverarbeitenden Gewerbe! Es bedeutete die Vernichtung der wirtschaftlichen Existenz hunderttausender Arbeiter, so wie sich nun einmal bei uns die Produktionsverhältnisse entwickelt haben. Mag man darum zu dem Kriege stehen wie man will – wir haben ihn nie als ‚unvermeidlich‘ anerkannt –, aber daß nun mit den Waffen auch über unermeßlich große wirtschaftliche Interessen der Arbeiterschaft Deutschlands entschieden wird, kann nur ein Ignorant bestreiten.[48] Ebenso hatte Legien auf der Reichskonferenz der SPD im September 1916 argumentiert: „Verliert Deutschland den Krieg, so verliert die Arbeiterklasse am meisten.“[49] – und er sprach dort für viele Gewerkschaftsführer, die ähnlich dachten. Wenngleich Hue, der stets seine „prinzipielle Kriegsgegnerschaft“

[45] Arbeiterzeitung (Essen) 70, 23.3.1916 „Nochmals Genosse Hue vor seinen Wählern“. – Entgegen den Ausführungen von Hue und vielen anderen Arbeiterfunktionären ist die Forschung der Auffassung, dass es keine handfesten Belege für die Behauptung gebe, „daß die deutsche Arbeiterschaft im Sommer 1914 wirklich auf breiter Front von jenem chauvinistischen Taumel der Kriegsbegeisterung und der ‚Volksgemeinschafts‘-Hysterie ergriffen worden sei, der sich vor allem des wilhelminischen Bürgertums bemächtigte.“ Ruck, Gewerkschaften – Staat – Unternehmer, S. 32.

[46] Bergarbeiter-Zeitung 32, 3.8.1914 „An unsere Kameraden!“.

[47] Hue auf einer Bergarbeiterversammlung in Recklinghausen am 21.3.1915. Volksblatt 70, 24.3.1915.

[48] Otto Hue, Die Bergwerks- und Hüttenindustrie, in: Arbeiterinteressen und Kriegsergebnis, S. 50. Siehe auch Otto Hue, Was ist uns Elsaß-Lothringen?, in: Volksblatt 94, 20.4.1916. Auf der Mitgliederversammlung der SPD-Filialen Dortmund-Nord und -Süd am 16.10.1915 erklärte er in Bezug auf die Abtretung von Elsass-Lothringen und Oberschlesien, dass „der deutsche Wirtschaftsmarkt an dieser Amputation zu Grunde gehen“ müsste. Arbeiter-Zeitung (Dortmund) 245, 19.10.1915 „Die deutsche Volkswirtschaft während und nach dem Kriege“.

[49] Zit. nach Bieber, Gewerkschaften, S. 221. Führer, Legien, S. 188.

betonte,[50] für den ungeschmälerten Bestand Deutschlands kämpfte,[51] so zählte er aber keinesfalls zu den Annexionisten.[52]

Sechstens hofften die Gewerkschafter als Partner der Regierung und der Unternehmerschaft anerkannt zu werden, um sozialpolitische Fortschritte zu erzielen, „die zuvor am Widerstand der wilhelminischen Eliten gescheitert waren".[53] Ebenso gingen sie wie viele Sozialdemokraten davon aus, dass ihr Ruhighalten vor allem mit einer Reform des preußischen Dreiklassenwahlrechts belohnt werde. Ob auch Hue zunächst diese Hoffnungen teilte, ist nicht auszumachen. Nach seinen eigenen Worten gehörte er „nie zu den Illusionisten", „die nach dem Eintritt der Kriegsereignisse eine gründliche Umkehr in sozialpolitischer und staatsrechtlicher Beziehung als zweifellos kommend erwartet haben". „Dazu kenne ich die sozialpolitische Gesinnung der mächtigsten Unternehmer in Deutschland zu genau."[54]

In seinem vielfach bekundeten Patriotismus[55] schoss Hue mehrmals über das Ziel hinaus.

Als er sich in einem Artikel im *Volksblatt* gegen „die wahnsinnig verleumderische Preßhetze" des Auslandes wandte, entschuldigte er sogar die Verbrechen der deutschen Kriegsführung. Hingegen beklagte er die vermeintlichen Untaten der Alliierten: „Wir hören von draußen wohl von Protesten gegen Zerstörungen alter Bauwerke, eine Kriegsfolge, die vorauszusehen war. Aber wir hören keinen Protest gegen die Verwendung afrikanischer und asiatischer Horden zwecks Besiegung Deutschlands. Der Neutralitätsbruch in Belgien wird als ein unerhörtes beispielloses Verbrechen Deutschlands verschrien, daß dieses aber nur der englisch-französisch-belgischen Kriegspartei zuvorgekommen ist, darüber wird so gut hinweggegangen, wie über die flagranten Völkerrechtsbrüche der britischen Kriegstreiber gegen den neutralen Handel und in Ostasien (Kiautschou). Über unbewiesene ‚deutsche Hunnentaten' gegen Wehrlose werden in der Welt fortgesetzt Schreckensberichte verbreitet, daß man aber Deutschland die Lebensmittelzufuhr abschneiden will, um dadurch unsere Kinder dem Hungertode preiszugeben, scheint auch ausländischen Persönlichkeiten, die ihre Bildung größtenteils aus dem ‚Barbarenlande' Deutschland bezogen, ein preisliches ‚Kulturwerk' zu sein."[56] Während er zum Einsatz von Chlorgas im April 1915 vor Ypern durch das deutsche Militär, mit dem „ein neues Kapitel in der

[50] Z.B. Otto Hue, Die Kriegsgreuel in Ostpreußen, in: Volksblatt 291, 13.12.1915. Ebenso Otto Hue, Deutsche Interessen, in: Arbeiterzeitung (Essen) 244, 17.10.1916: „Wir sind müde des Blutvergießens, wir wünschen den Frieden!"

[51] „Was wir rückhaltlos unterstützen, das ist die Verteidigung unseres Vaterlandes. Dafür sind wir bereit, alles nur Menschenmögliche zu leisten; aber darüber hinaus nichts", erklärte er am 20. Februar 1917 in der Landtagsdebatte über den Handels- und Gewerbehaushalt. Landtagsrede am 20.2.1917, Stenogr. Berichte, Sp. 2869. Ebenso Otto Hue, Deutsche Interessen: „Wir wollen unser Vaterland verteidigen, wir kämpfen gegen seine territoriale Zerstückelung und wirtschaftliche Zerrüttung. Bedenken wir aber auch. ‚Was du nicht willst, daß man dir tut, das füg auch keinem andern zu!'". Otto Hue, Unstimmigkeiten, in: Volksblatt 63, 16.3.1915.

[52] Siehe Kap. 12.5.

[53] Führer, Legien, S. 169.

[54] Landtagsrede am 20.2.1917, Stenogr. Berichte, Sp. 3870.

[55] Bei Kriegsbeginn hatte er den Aufruf zum Kriegs-Liebesdienst des Essener Oberbürgermeisters vom 7.8.1914 unterzeichnet, der mit den Worten begann: „Das deutsche Volk ist durch ruchlosen Überfall zum Kriege gedrängt. Um Sein oder Nichtsein unseres Vaterlandes, des Deutschtums auf dem Erdenrunde geht es und unser ganzes Volk weiß: wir ziehen in einen heiligen Krieg!" Allgemeiner Beobachter 184, 10.8.1914; Arbeiterzeitung (Essen) 186, 11.8.1914.

[56] Otto Hue, Die Sozialdemokratie und der Krieg, in: Volksblatt 251, 28.10.1914.

Geschichte der Kriegsführung" eröffnet wurde,[57] schwieg, warf er den Amerikanern vor, „aus reinem ‚Geschäftsinteresse' Waffen und Munition, sogar mit giftigen Stoffen, die bei der geringsten Verwundung den Tod herbeiführten, an die Kriegsführenden [zu] liefern, unbekümmert darum, wieviel Ströme Blut vergossen würden".[58] In einer kruden Argumentation war Hue sogar bemüht, die Versenkung des Luxusdampfers Lusitania, bei der mehr als 1000 Passagiere ums Leben kamen,[59] zu rechtfertigen. Als „eigentlichen Urheber der Lusitania-Tragödie" machte er „das von keinem Neutralitätsbruch zurückschreckende profitgierige amerikanische Trustkapital" aus, das sich „in ungeheuerlicher Weise an Waffenlieferungen für unsere Feinde beteiligte". Wären die Waffenlieferungen nicht erfolgt, dann hätte es keine Tragödie gegeben.[60]

Solche Ausfälle waren natürlich Munition in den Händen seiner innerparteilichen Opposition. Da Hue zudem die Kriegsschuld des Reiches leugnete und England als Kriegstreiber bezeichnete, konnte ihm sein Gegenspieler im Wahlkreis, August Woczek, vorwerfen, dass sein Vortrag in den Versammlungen „eine reine Schimpfepistel, gegen England, Rußland, Italien, Frankreich u.s.w." sei, dessen Effekt „die Verhetzung und Schürung der Feindschaft gegen andere Völker" wäre.[61]

Das Pauschalurteil wird der Haltung Hues nicht gerecht, denn in seinen Reden gab es neben der – rassistisch unterlegten – Hetze und den krassen Fehleinschätzungen durchaus andere Töne, die Woczek nicht hören wollte. Auf der Mitgliederversammlung der Partei-Filialen Dortmund-Nord und -Süd am 16. Oktober 1915 wandte sich Hue „entschieden gegen die Völkerhetze, die sich im Besonderen gegen das englische Volk richtet".[62] Weil er es zudem als unausweichlich ansah, dass nach Kriegsende die wirtschaftlichen Beziehungen wieder aufgenommen werden müssten, sei aus diesem Grunde „die Schürung des Völkerhasses der größte Fehler, wovor nicht genügend gewarnt werden könne".[63] Zwar beklagte er die „englische Aushungerung", schränkte aber zugleich ein: „Nicht England sei diesbezüglich der schlimmste Feind, sondern dieser befinde sich im Lande."[64]

Der Einsatz für die Landesverteidigung beinhaltete auch, dass der Bergarbeiterverband von sich aus den Waffenstillstand im „Wirtschafts- und Gewerkschaftskampf" verkündete.[65] Alle Lohnbewegungen und Arbeitskämpfe sollten „selbstredend" unterbleiben bzw. eingestellt werden, und der Verband zahlte auch keine Streikunterstützung mehr aus.[66] Vielmehr forderte Hue die Bergarbeiter auf, „genügend Kohle für unser Heer [zu] fördern, damit es schlagfertig bleibt und der Feind uns nicht in's Land kommt".[67]

57 Müller, Art. Gaskrieg, S. 519.
58 Rede auf einer Volksversammlung in Stockum am 10.10.1915. Volksblatt 240, 13.10.1915.
59 Kramer, Art. Lusitania, S. 689f.
60 Otto Hue, Die Schuld der amerikanischen Waffen-Lieferanten, in: Volksblatt 139 u. 140, 17. u. 18.6.1915.
61 Woczek an Hue, 31.10.1915. Abschrift des Briefes in: LAD NRW Abt. Westf. Reg. Münster VII 43.2.
62 Arbeiter-Zeitung (Dortmund) 245, 19.10.1915 „Die deutsche Volkswirtschaft während und nach dem Kriege".
63 Rede auf einer Volksversammlung in Stockum am 10.10.1915. Volksblatt 240, 13.10.1915. Ebenso verurteilte er in seinem Artikel „Englische Merkwürdigkeiten" den „unsinnigen Völkerhaß". Arbeiter-Zeitung (Dortmund) 76, 31.3.1915.
64 Rede auf einer Volksversammlung in Stockum am 10.10.1915. Volksblatt 240, 13.10.1915.
65 Bergarbeiter-Zeitung 33, 15.8.1914 „Fünfzwanzig Jahre Verband!".
66 Bergarbeiter-Zeitung 33, 15.8.1914 „Neue Bestimmungen!".
67 Rede auf einer Bergarbeiterversammlung in Recklinghausen am 24.1.1915. LAD NRW Abt. Westf. Reg. Münster VII 58 Bd. 4, Überwachungsbericht der Polizeiverwaltung Recklinghausen, 24.1.1915.

12.2 Der Kampf mit der Opposition

Bergarbeiterverband

Hue war im ersten Halbjahr 1915 rastlos tätig und sprach im Ruhrgebiet auf gut besuchten Bergarbeiter- und Parteiversammlungen zumeist bis zu zwei Stunden, bei denen er die Burgfriedenspolitik erläuterte, die Wichtigkeit des Bergbaus für die Kriegsindustrie herausstellte, die Beschwerden der Bergleute behandelte und zugleich für die Bergarbeitergewerkschaft warb. Zwar berichtete das *Volksblatt*, dass die Zuhörer seine Ausführungen mit großem Beifall quittierten,[68] doch es lässt sich nicht ermitteln, inwieweit die Mitglieder die Politik des Verbandes mittrugen bzw. wie stark die zweifelsohne vorhandene Opposition war. Den Kritikern der Verbandsstrategie – stellvertretend seien Julius Rosemann und Heinrich Teuber genannt – fehlte ein Publikationsorgan, um für ihre Sache öffentlichkeitswirksam zu werben.[69]

Die Verbandsführung versuchte aufkommende Unzufriedenheit mit dem Hinweis zu unterdrücken, „daß die größte Einheitlichkeit der Kraftentwickelung die sicherste Erfolgsbürgschaft, aber auch die beste Garantie für eine rasche Beendigung der kriegerischen Schrecknisse ist. Gerade darum bedauern wir als Friedensfreunde jede Äußerung, die den Anschein erwecken kann, als ob in unserem Lande in der Beantwortung der gegen unseren Willen gestellten Schicksalsfrage keine Einheitlichkeit herrsche.“ Nur wenn die Gegner einsehen würden, dass das deutsche Volk zusammenstehe, „werden sie am ehesten von der Erfolglosigkeit ihres Vorhabens überzeugt sein und Frieden schließen müssen“.[70] Von diesem Standpunkt aus verurteilten Sachse und Hue die Agitation der Parteilinken gegen die Burgfriedenspolitik in den Zeitschriften *Lichtstrahlen* und *Die Internationale*.[71]

Da während des Krieges keine Generalversammlung stattfand, war der Aktionsausschuss das wichtigste Gremium zur Beratung der taktischen Fragen innerhalb des Verbandes. In ihm waren neben den Vorstandsmitgliedern, den Redakteuren und den hauptamtlichen Bezirksleitern die von den Mitgliedern gewählten Bezirksdelegierten vertreten. Letztere, die alle noch berufstätig waren, stellten die Mehrheit der Abstimmenden. Der Aktionsausschuss tagte erstmals im April 1916 und erklärte sich „mit der prinzipiellen und taktischen Haltung der Verbandsleitung zu dem durch die Kriegsereignisse in der Arbeiterbewegung aufgeworfenen Streitfragen einverstanden“.[72] Dasselbe Ergebnis brachte die zweite Tagung im September 1917. Aufgetretene Meinungsverschiedenheiten waren „nur nebensächlicher Natur“.[73]

[68] Ein Beispiel für viele: Volksblatt 80, 7.4.1915. Öffentliche Bergarbeiterversammlung in Linden-Dahlhausen.

[69] Allerdings konnte Teuber seine Kritik an der Politik der Reichstagsfraktion auf Parteiversammlungen anbringen. Z.B. Volksblatt 58, 9.3.1916 „Die Bochumer Genossen zum Parteistreit“.

[70] Bergarbeiter-Zeitung 2, 9.1.1915 „Der Krieg die Schuld der Völker?“.

[71] „Daß eine solche Schreiberei namentlich jetzt den Arbeitermassen dienlich ist, kann kein Mensch mit Verantwortungsgefühl behaupten. Nur auf Uneinigkeitsstiftung und Zerstörung läuft das Ganze hinaus!“ Bergarbeiter-Zeitung 18, 1.5.1915 „Ein Broschürenkrieg“.

[72] Bergarbeiter-Zeitung 19, 6.5.1916 „Einmütig vorwärts!“.

[73] Bergarbeiter-Zeitung 40, 6.10.1917 „Einmütig vorwärts!“.

Wahlkreis Bochum-Gelsenkirchen

Anders als beim Bergarbeiterverband stritten die sozialdemokratischen Gremien öffentlich über den Kurs der Partei. Sehr zur Freude von Hue stellte sich die Bezirksleitung Westliches Westfalen gegen die Opposition. Er führte das Votum auf die Dominanz des Alten Verbandes im Revier zurück, der „mit aller Schärfe die Anarchos nach Hause geschickt hat“. Und fügte hinzu: „Was aber wollen sie machen, wenn die Arbeiter in der Schwerindustrie nichts von dem sog. ‚Gebot der Stunde‘ wissen wollen? An diesem Block können sich alle Sobelsöhne die Schädel einrennen.“[74]

Im Wahlkreis Bochum-Gelsenkirchen zeigte sich der erweiterte Vorstand im Mai 1915 mit der Haltung der Mehrheit der Reichstagsfraktion einverstanden.[75] Deren Politik verteidigte Hue auf der Vertrauensmännerversammlung am 8. August 1915, verbunden mit einem Angriff auf die Parteioppositionellen.[76] Ihre Agitation helfe keinesfalls, den Krieg zu beenden, aber mit ihren Sonderflugblättern trügen sie zur „Parteizerstörung“ bei. Daher forderte Hue: „Wer aber jetzt die mühselig geschaffene Organisation stört, durch irgend welche Treibereien, der gehört nicht in die Partei.“ Die Parteiinstanzen müssten „rücksichtslos gegen diejenigen vorgehen, welche in unverantwortlicher Weise die Einheit der Partei stören“.

In der sich anschließenden Debatte stimmten die Delegierten seinen Ausführungen zu und mit nur einer Gegenstimme und drei Enthaltungen verabschiedeten sie eine Resolution[77], in der die obersten Parteigremien aufgefordert wurden, nichts zu unternehmen, sondern alles zu bekämpfen, „was die Landesverteidigung schwächen kann, damit der Abschluß eines annehmbaren Friedens, der auch einer dauernden friedlichen Völkerverständigung dienlich ist, nicht hinausgeschoben wird“. Die Konferenz sprach den verantwortlichen Parteiinstanzen ihr Vertrauen aus, dass sie „auch fernerhin allen annektionspolitischen Bestrebungen ... entgegentreten, weil durch diese Bestrebungen der fürchterliche Krieg verlängert wird“. Des weiteren protestierte sie gegen „die gehässige und verleumderische Bekämpfung der deutschen Sozialdemokratie durch die ‚*Berner Tagewacht*‘ und ihre Hintermänner“, „die lediglich auf eine Zersplitterung und Schwächung unserer Partei hinausläuft“, und forderte alle Arbeiter und Arbeiterinnen auf, „alle diese Bestrebungen energisch zurückzuweisen“.

Je länger der Krieg dauerte, desto mehr gewann auch im Wahlkreis Bochum-Gelsenkirchen die Opposition an Stärke.[78] Dies zeigte sich im Konflikt um den Parteisekretär

74 Bundesarchiv Berlin NL Heine 6, Hue an Heine, 24.6.1915. – Sobelsohn war der Geburtsname von Karl Radek. – „Gebot der Stunde“ war der Aufruf von Kautsky, Haase und Bernstein überschrieben, in dem sie Kritik am Kurs der Parteimehrheit übten.

75 Volksblatt 103, 4.5.1915 „Erklärung“.

76 Volksblatt 184, 9.8.1915 „Unsere Kreisorganisation und ihre Stellung zu den schwebenden Parteifragen“. Laut Dortmunder Zeitung 403, 10.8.1915 „Zu den Vorgängen in der sozialdemokratischen Partei“ bediente er auch hier fremdenfeindliche Ressentiments, indem er von den „Machenschaften der ‚Sobelsohn-Leute‘ und anderer Hintermänner“ sprach. Ob dies auch als ein Zeichen für einen latenten Antisemitismus bei Hue zu deuten ist, erscheint fraglich. In seinen Reden und Artikeln gibt es ansonsten keine judenfeindlichen Äußerungen.

77 Resolution in: Volksblatt 184, 9.8.1915 „Unsere Kreisorganisation und ihre Stellung zu den schwebenden Parteifragen“.

78 Siehe zum Beispiel die Zuschrift von P. Eibner an das *Volksblatt*. Volksblatt 147, 26.6.1916 „Auch etwas zum Umlernen“. Dazu die Reaktion von Hue: Auch etwas zum – Vergnügen, in: Volksblatt 151, 30.6.1916.

Josef Windau deutlich.[79] Diesen hatte der Kreisvorstand statt Hue zum Delegierten für die Reichskonferenz der Sozialdemokraten bestimmt, die anstelle eines Parteitages im September 1916 in Berlin tagte.[80] Weil er dort für die Ansichten der Minderheit gestimmt hatte, wurde er seines Postens enthoben, was den Protest einiger Filialen auslöste. Auf der daraufhin einberufenen außerordentlichen Generalversammlung am 12. November prallten die gegensätzlichen Meinungen heftig aufeinander und drohten zeitweise – nach der Beobachtung des überwachenden Beamten – in Tätlichkeiten auszuarten.[81] Während Hue bemerkte, „dass ein Genosse, der sich den Beschlüssen der Mehrheit nicht füge, in der Partei überflüssig sei", verteidigten andere Delegierten Windau. Gestritten wurde nicht allein um die Person des Parteisekretärs, sondern auch über die Haltung zum Krieg. Während die einen behaupteten, die Regierung könne diesen sofort beenden, wenn sie nur wolle, und klagten, dass mittlerweile aus dem Verteidigungs- ein Eroberungskrieg geworden sei, bestritten die anderen mit Hue als Wortführer den Wahrheitsgehalt dieser Vorwürfe. Eine Resolution, die zum einen das Verhalten des Parteisekretärs nicht missbilligte, sondern jedem Genossen das Recht einräumte, „nach seiner freien Meinung zu handeln und stimmen, ohne daß er befürchten muß, daß ihm ein Strick dieserhalb gedreht wird", zum anderen die Politik des 4. August als den Parteitraditionen widersprechend verurteilte, fand, auch wenn Hue diese Entschließung als „Blödsinn" bezeichnete, eine knappe Mehrheit von 36 zu 32 Stimmen.

Da Hue die Resolution als ein gegen ihn gerichtetes Misstrauensvotum auffasste und der Beschluss nach seiner Überzeugung eine Politik befürwortete, „die die Interessen Deutschlands nicht fördern und darum auch nicht den Interessen der deutschen Arbeiterklasse dienlich sein kann", zog er die Konsequenz und legte seine Reichstagskandidatur nieder. Dieser Schritt war nur folgerichtig, denn er hatte während seiner langen politischen und gewerkschaftlichen Karriere stets die Bindekraft von Mehrheitsentscheidungen betont. Den Beschluss der Generalversammlung zu missachten, wäre in seinen Augen ein Disziplinbruch, den er auf keinen Fall begehen wollte, da ein solcher „als den Anfang der Organisationszerstörung und der Anarchie" zu verurteilen sei.[82]

Während die Redaktion des *Volksblatts* den Rückzug Hues „als ein herber Schlag nicht nur für die Partei im Kreise, sondern für die Gesamtpartei" empfand,[83] behauptete

[79] Goch, Sozialdemokratische Arbeiterbewegung, S. 187f.; Schmidt, Heimatfront Ruhrgebiet, S. 38.

[80] Arbeiterzeitung (Essen) 224, 23.9.1916 „Die Bochumer Delegation zur Reichskonferenz". Windau hatte 11, Hue 9 Stimmen erhalten.

[81] LAD NRW Abt. Westf. Oberpräsidium Münster 5811, Polizeibericht über die außerordentliche Generalversammlung, 13.11.1916; Volksblatt 267, 13.11.1916 „Generalversammlung des Sozialdemokratischen Vereins".

[82] Otto Hue an den Vorstand des Kreiswahlvereins, 13.11.1916, in: Volksblatt 280, 29.11.1916 u. Arbeiterzeitung (Essen) 283, 2.12.1916. Siehe auch Vorwärts 334, 5.12.1916 „Otto Hue und der Wahlkreis Bochum". Der dortige Kommentar lautete: „Die Entscheidung innerer Parteifragen zu einer Zeit, wo die Masse der Parteigenossen daran nicht teilnehmen kann, wird immer nur eine vorläufige sein können. Darum braucht man die Hoffnung nicht aufzugeben, das Bochumer Mandat mit Otto Hue wieder zu erobern." – Goch, Sozialdemokratische Arbeiterbewegung, S. 188. Die Darstellung bei Bieber, Gewerkschaften, S. 293, dass Hue im November 1916 bei der Kandidatenaufstellung für eine Landtagsnachwahl eine Niederlage gegenüber Windau erlitten hätte, ist falsch.

[83] Volksblatt 280, 29.11.1916 „Ein bedauerlicher Schritt". Ebenso bedauerten die Wittener Genossen in der Filialversammlung am 3. Dezember seinen Rückzug. Stadtarchiv Witten VerNa 304/1, Protokollbuch. – Der Bochumer Polizeipräsident berichtete dem Regierungspräsidenten: „Es soll versucht werden, Hue zu bewegen, seinen Verzicht zurückzuziehen, nachdem im Wahlkreise wieder geordnete Verhältnisse herbeigeführt

ein Einsender an die *Leipziger Volkszeitung*, dass die Mehrheit der Genossen im Wahlkreis die Mandatsniederlegung „gar nicht so tragisch“ nehme, da sie mit der Kriegspolitik speziell des Bergarbeiterverbandes unzufrieden sei.[84]

Die Anhänger der Minderheit konnten nicht lange triumphieren. Als die Opposition in der Reichstagsfraktion am 7. Januar 1917 eine Sonderkonferenz einberief und daraufhin von der Mehrheit ausgeschlossen wurde, musste der Bochumer Wahlkreis Stellung beziehen. Die Vertrauensmännerkonferenz, bestehend aus den Vorstandsmitgliedern und den Filialleitern, billigte am 25. Februar mit 30 zu 24 Stimmen das Vorgehen und begrüßte in der verabschiedeten Resolution, „daß der seit Jahresfrist sich immer mehr breit machenden Anarchie innerhalb der Partei Einhalt geboten wird“.[85] In der Folgezeit schlossen sich nur wenige Filialen des Wahlkreises der USPD an, die allgemein in den Regierungsbezirken Arnsberg und Münster keine große Bedeutung gewinnen konnte.[86]

Hue wurde wegen seiner Ansichten nicht allein im Bochumer Wahlkreis angegriffen, sondern er hatte sich als Landtagsabgeordneter am 2. März 1916 auch in Neukölln auf einer Funktionärsversammlung zu verantworten. Dem von linken Parteigenossen vorgebrachten Verlangen, sich der Mehrheitsposition in der Landtagsfraktion anzuschließen, wich Hue geschickt aus, indem er darauf verwies, dass dies unmöglich zu verwirklichen wäre, da dort die Mehrheit ja ständig wechseln würde. In seinem nüchternen Rechenschaftsbericht vermied er, näher auf den Parteizwist einzugehen, sondern referierte sachlich über seine Tätigkeit im Abgeordnetenhaus. Sein Bestreben sei es gewesen, nicht den Parteistreit zu schüren, sondern vielmehr „die Notwendigkeit des gegenseitigen Verstehens begreiflich zu machen“. Auch wenn nach seiner Rede die Kritiker an der Burgfriedenspolitik zu Wort kamen, fand die von ihnen eingebrachte Resolution keine Mehrheit, sondern die Delegierten sprachen Hue das Vertrauen aus.[87]

Landtagsfraktion

Die unterschiedlichen Bewertungen der sozialdemokratischen Kriegspolitik und der Kreditbewilligung am 4. August prallten besonders in der zehnköpfigen preußischen Landtagsfraktion heftig aufeinander und vergrößerten die interfraktionellen Spannungen. Wie tief die Gräben waren, führt ein Zwischenfall deutlich vor Augen. Bei der Dis-

sein werden.“ Zit. nach LAD NRW Abt. Westf. Oberpräsidium Münster 5811, Regierungspräsident Arnsberg an Oberpräsidium Münster, 29.1.1917. Ob der Versuch seitens der Parteigenossen unternommen würde oder seitens der Regierung, da sie „befürchtete, in ihm [Hue] einen ebenso einflussreichen wie verlässlichen Ansprechpartner in der SPD zu verlieren“ – so die Interpretation bei Schmidt, Heimatfront Ruhrgebiet, S. 38 –, muss offen bleiben.

84 Leipziger Volkszeitung 276, 9.12.1916. – A. Woczek, Die außerordentl. Generalversammlung in Herne und ihre Konsequenzen, in: Volksblatt 288, 8.12.1916 ging davon aus, dass zwei Drittel der Genossen im Kreis hinter der Resolution stünden, was die Redaktion in ihrem Kommentar zu dem Artikel bestritt.

85 Volksblatt 48, 26.2.1917 „Für die Geschlossenheit der Partei! Gegen Sonderbündelei und Zerrüttung!“.

86 Högl, Die Sozialdemokratie im Bezirk Westliches Westfalen, S. 50.

87 Volksblatt 57, 8.3.1916 (Nachdruck eines Artikels aus der Chemnitzer *Volksstimme*). Eine Zuschrift des Genossen Rogge an die *Volksstimme*, in der er die Berichterstattung über die Versammlung kritisierte, druckte die Arbeiterzeitung (Essen) 66, 18.3.916 nach. Darauf erfolgte, wie nicht anders zu erwarten, eine Richtigstellung Hues. Arbeiterzeitung (Essen) 70, 23.3.1916 „Nochmals Genosse Hue vor seinen Wählern“ (hier auch das Zitat).

kussion über die Erklärung, die der Fraktionsvorsitzende Hirsch in der ersten Kriegstagung des Abgeordnetenhauses verlesen sollte, appellierte Paul Hoffmann an das Solidaritätsgefühl der Fraktionskollegen. Als Ströbel aufgebracht schrie: „Ich scheiße auf das Solidaritätsgefühl.“, sprang Hue, dem als Gewerkschafter die Solidarität heilig war, erregt auf und konnte nur mit Mühe davon abgehalten werden, seinen Fraktionskollegen zu verprügeln. Otto Braun kommentierte das Geschehen mit den Worten: „Diesem Menschen hätte ich für seine Frechheit eins auf die große Schnauze gegönnt.“[88]

Während bei den innenpolitischen Fragen (Wahlrechtsfrage, Zensur etc.) weitgehend Einigkeit herrschte und alle Abgeordneten den Etat stets ablehnten, stritten sie über die Kriegspolitik des Reiches,[89] wobei der innerfraktionelle Konflikt in aller Öffentlichkeit ausgetragen wurde.

Als Karl Liebknecht in seiner Landtagsrede am 2. März 1915 Ausführungen machte, die die Mehrheit der Fraktion zuvor verworfen hatte und zudem noch Fraktionskollegen kritisierte, verurteilte Hue dieses unsolidarische Verhalten in schärfster Form: „Seit 1903 nehme ich“, schrieb er im *Volksblatt*, „mit einer kurzen Unterbrechung an den parlamentarischen Verhandlungen teil. Häufig habe ich kritische Auseinandersetzungen in der Fraktion miterlebt, aber niemals erlebte ich, so sehr auch die Geister in der Fraktion aufeinanderplatzten, daß eines unserer Fraktionsmitglieder die Parlamentstribüne zu Polemiken gegen Parteigenossen mißbrauchte. Das hat erst Liebknecht am 2. März im Landtage getan.“[90]

Der Streit eskalierte 1916. Vor der Landtagssitzung am 17. Januar wünschten Braun, Haenisch, Hue und Leinert in der Stellungnahme der Fraktion eine Verurteilung der alliierten Regierungen, weil diese – im Gegensatz zum deutschen Reich – „keinerlei Friedensbereitschaft bekundet“ hätten.[91] Sie glaubten ferner, dass der Reichskanzler gegen Annexionen eingestellt wäre. Die Mehrheit der Landtagsfraktion war hingegen vom Gegenteil überzeugt und wies daher das Ansinnen zurück, die vorgelegte Erklärung grundlegend zu ändern. Die vier Abweichler machten zwar ihren Widerspruch öffentlich kund, doch sie fügten sich „nach altem, guten Parteigebrauch der Disziplin“ und gaben keine Sondererklärung ab.[92] Hingegen verstieß Liebknecht gegen einen Fraktionsbeschluss, indem er am Ende seiner Rede zum Kulturetat die Soldaten aufforderte, „die Waffen [zu] senken und sich gegen den gemeinsamen Feind [zu] kehren, der ihnen Licht und Luft nimmt“.[93]

Hue machte seinem Ärger in einem umfangreichen Artikel im *Volksblatt* Luft, in der er die Haltung der Fraktionsminderheit begründete und ihre Missstimmung über

88 Geheimes Staatsarchiv NL Braun, Tagebuch, S. 94f.

89 Otto Hue, Die Stellung der Fraktionsminderheit im preuß. Landtag, in: Arbeiterzeitung (Essen) 23, 28.1.1916. Schulze, Braun, S. 196ff.

90 Otto Hue, Unstimmigkeiten, in: Volksblatt 63, 16.3.1915.

91 Zum Folgenden: Otto Hue, Die Stellung der Fraktionsminderheit im preuß. Landtag, (hier auch die von der Minderheit vorgeschlagene Erklärung); Paul Hirsch, Die Erklärung der sozialdemokr. Landtagsfraktion, in: Arbeiterzeitung (Essen) 26, 1.2.1916; Volksblatt 26, 1.2.1916 „Zum Konflikt in der sozialdemokratischen Landtagsfraktion“; Otto Hue, Nahende Verständigung, in: Arbeiterzeitung (Essen) 31, 7.2.1916; Haenisch, Sozialdemokratie, S. 52; Schulze, Braun, S. 198.

92 Otto Hue, Nahende Verständigung; Hirsch, Der Weg, S. 72–75.

93 Zit. nach Schulze, Braun, S. 199.

die bewusste Missachtung eines Fraktionsbeschlusses darlegte.[94] Dabei habe es sich nicht um „eine allenfalls entschuldbare rednerische Entgleisung“ gehandelt, sondern um „eine absichtliche, wohlüberlegte Aktion“, denn Liebknecht hätte „die betr. Redestelle … fein säuberlich in seinem Manuskript formuliert“. Ebenso groß war sein Zorn darüber, dass die Fraktionsmehrheit die „unverantwortliche Eigenmächtigkeit“ nicht gerügt habe. „Wir befinden uns also in einer Situation, wo jeder der Disziplin spottende Eigenwillige bei erstbester Gelegenheit die Landtagstribüne benutzen kann, um, in der sicheren Erwartung, nicht einmal von der Mehrheit seiner Fraktionskollegen zur Verantwortung gezogen zu werden, als angeblicher ‚Vertreter der Sozialdemokratie‘ den unzweifelhaftesten Überlieferungen der Partei und ihren unzweideutigsten programmatischen Beschlüssen zuwider zu handeln.“ Weil eine „ausdrückliche Ablehnung der Liebknechtschen Extratouren“ nicht erfolgt wäre, bliebe „den Genossen, die auf dem Boden unseres Parteiprogramms stehen und die durch autoritative Parteitagsbeschlüsse vorgeschriebene parlamentarische Taktik einhalten, nichts anderes übrig, als öffentlich zu erklären, sich mit Liebknecht in keiner politischen Gemeinschaft mehr zu befinden“.

Die innerfraktionellen Auseinandersetzungen verwertete Hue bei seiner geharnischten Attacke gegen die Minderheit der Reichstagsfraktion um Hugo Haase.[95] Sie hatte argumentiert, dass ihr das Recht der Meinungsäußerung beschnitten, dass sie von der Mehrheit vergewaltigt würde und daher zu ihren Disziplinbruch gezwungen worden wäre. Dagegen machte Hue geltend, dass in der Reichstagsfraktion stets galt: „Der Majoritätsbeschluß ist für alle Genossen maßgebend!“ Das habe er leidvoll während der neun Jahre seiner Abgeordnetenzeit erfahren. Mit vielen Entscheidungen sei er nicht einverstanden gewesen, dennoch habe er sich „stets der Fraktionsdisziplin gefügt“. Die Parteigenossen um Haase hätten allen mit Parteiausschluss gedroht, die die Beschlüsse der Parteitage in Nürnberg und Magdeburg missachten würden. Ebenso rigoros hätte die Mehrheit in der Landtagsfraktion Haenisch und Braun kaltgestellt. „Wer so intolerant handelt, wenn er zufällig eine ‚Mehrheit‘ (nur eine Stimme gibt hier den Ausschlag!) besitzt“, beendete Hue seine Philippika, „der soll hübsch stille sein mit Beschwerden über ‚Vergewaltigung der Minderheit‘. Wer so selbst zweierlei Maß anlegt –…–, der wird bei den Arbeitermassen, von denen in der politischen und in der gewerkschaftlichen Organisation stramme Disziplin verlangt wird, dauernd kein Verständnis finden, wenn es auch vorübergehend gelingt, durch einen sentimentalen Appell an das Gefühl der Ununterrichteten die Disziplinbrecher als Märtyrer zu empfehlen. Diese Empfehlung ist wirkungslos, wenn man im Lande erfährt, wie unduldsam gerade die Märtyrer sind, wenn sie meinen, die Macht zu besitzen.“

Hue, der im innerparteilichen Streit stets die Position des Parteivorstandes verteidigte und die linken Kritiker scharf angriff, bedauerte zugleich das „verbitternde und zerstörende Streiten“, da es die Organisation schwäche und fatale Auswirkungen auf die politische Lage zeige. Zum einen schrecke die „ohne jede Besinnung“ geführte Auseinandersetzung die politisch indifferenten Massen ab, die man doch unbedingt gewinnen müsse. Zum anderen nütze sie den immer mächtiger werdenden Großunternehmern,

[94] Otto Hue, Keine politische Gemeinschaft!, in: Volksblatt 72, 25.3.1916. – Nach Angabe des *Volksblatts* ist der Artikel in weiteren Parteizeitungen erschienen.

[95] Otto Hue, Die Beschwerde der Minderheit, in: Volksblatt 76, 30.3.1916 = Arbeiter-Zeitung (Dortmund) 81, 5.4.1916.

die beabsichtigten, „sich Volk und Gemeinwesen nach dem Kriege in unerhörter Weise tributpflichtig zu machen“.[96] Da der Kampf gegen die wachsende Unternehmermacht seiner Meinung nach die drängendste „Gegenwartsaufgabe“ war, sollten alle aktuellen Meinungsverschiedenheiten über die Burgfriedenspolitik zurücktreten. „Von unserer organisatorischen Kraft und Einigkeit hängt in erster Linie die Gestaltung der wirtschaftlichen und auch der politisch-rechtlichen Verhältnisse der Arbeiterschaft in Deutschland nach dem Kriege ab.“[97]

Im Juni 1916 gehörte Hue zu den Unterzeichnern eines Aufrufs von Adolf Braun, in dem die Einstellung der Auseinandersetzungen gefordert wurde.[98] Der Appell, dem sich weder die Parteileitung noch die führenden Antagonisten des Parteizwistes anschlossen, blieb wirkungslos. Er konnte die Parteispaltung nicht verhindern. Als die Sozialdemokratische Arbeitsgemeinschaft, in der sich die Gegner der sozialdemokratischen Kriegspolitik sammelten, zu einer Reichskonferenz am 7. Januar aufrief, erklärte der Parteiausschuss, dass die Mitgliedschaft in einer Sonderorganisation unvereinbar sei mit der Parteizugehörigkeit. Schließlich gründeten die Oppositionellen am 6./7. April 1917 die Unabhängige Sozialdemokratische Partei (USPD).

Beeinflusst von der Entwicklung in der Gesamtpartei vollzog sich der endgültige Bruch innerhalb der Landtagsfraktion im Januar 1917. Am 19. Januar 1917 ergriff während der Etatdebatte Adolf Hoffmann – einen ausdrücklichen Fraktionsbeschluss missachtend – das Wort, um gegen die Rede des Vorsitzenden Paul Hirsch Stellung zu beziehen. Die Mehrheit nahm dieses „gegen die elementarsten Grundregeln parteigenössischen Zusammenarbeitens im Parlament verstoßenden Vorgehen“ zum Anlass, die vier Abgeordneten Adolf und Paul Hoffmann, Hofer und Ströbel – Liebknecht hatte sein Mandat durch seine Verurteilung verloren[99] – aus der Fraktion auszuschließen.[100]

Die Gründung der USPD erfüllte Hue „mit Trauer und größter Besorgnis“. Angesichts der „gewaltigen Aufgaben“, die augenblicklich und besonders nach Kriegsende zu bewältigen wären, müsse es weiterhin „die unbedingte Pflicht aller Männer und Frauen“ sein, „die Anspruch auf den Ehrennamen Sozialdemokraten machen, jede Spaltung zu bekämpfen“. „Einigkeit! muß unsere Parole lauten!“[101] Doch die Entwicklung ließ sich nicht rückgängig machen.

96 Otto Hue, Die Rüstung der Anderen, in: Arbeiterzeitung (Essen) 215, 13.9.1916.

97 Otto Hue, Was kommt nach dem Kriege?“, in: Arbeiter-Zeitung (Dortmund) 234, 6.10.1915.

98 „Keine höhere Pflicht und keine größere Aufgabe kennen wir, als die ganze Kraft der Arbeiterbewegung von neuem zusammenzufassen und sie zusammenwirken zu lassen, im Interesse des Proletariats.“ Aufruf, in: Arbeiter-Zeitung (Dortmund) 147, 26.6.1916; Volksblatt 149, 28.6.1916 „Eine Mahnung zur Versöhnlichkeit“. – Unterzeichnet hatten den Aufruf u.a. Paul Hirsch, Heinrich Limbertz, Paul Löbe, Hermann Sachse, Wilhelm Sollmann, Karl Spiegel.

99 Liebknecht, der am 1. Mai 1916 auf einer Demonstration in Berlin zum Kampf gegen den Krieg und gegen die Regierung aufgerufen hatte, war sofort verhaftet und dann wegen Landesverrats zunächst zu zweieinhalb, im Wiederaufnahmeverfahren zu vier Jahren Zuchthaus verurteilt worden. Das Zuchthausurteil gegen Karl Liebknecht, in: Karl Liebknecht, Gesammelte Reden und Schriften, Bd. 9, Berlin 1974, S. 5–262. Hue, der die Handlungsweise Liebknechts massiv bekämpft hatte, auch wenn er ihm zugestand, im festen Glauben gehandelt zu haben, „dem Vaterland so besser dienen zu können“, kritisierte öffentlich das ergangene Urteil als „entschieden zu hart“. LAD NRW Abt. Westf. Oberbergamt Dortmund 1791, Bericht über die öffentliche sozialdemokratische Versammlung am 1.7.1917 in Dinslaken.

100 Hirsch, Der Weg, S. 79; Schulze, Braun, S. 205.

101 Otto Hue, Übergang aus der Kriegs- in die Friedenswirtschaft II, in: Arbeiterzeitung (Essen) 181, 4.8.1917.

12.3 Der Mangel an Arbeitskräften im Bergbau

Obwohl Kohle, Koks und die Kokereinebenprodukte (Benzol, Toluol, Ammoniak, Teer- und Schmieröl) grundlegend für die Kriegswirtschaft waren,[102] wurden – im festen Glauben an einen schnellen Sieg – im Ruhrgebiet mehr als 100.000 Bergleute – fast ein Drittel der Belegschaft – eingezogen.[103] Ähnlich sah es in den anderen Revieren aus.[104] Die Folge war ein Rückgang der Steinkohlenförderung im Deutschen Reich von 191,5 Mill. Tonnen (1913) auf 161,5 Mill. Tonnen (1914).[105] Dennoch herrschte zunächst keine Kohlennot, da große Lagerbestände vorhanden waren und zudem der Export drastisch zurückging. Je länger aber der Krieg anhielt, desto weniger konnte die Nachfrage von den Bergwerken befriedigt werden, da es an Arbeitskräften mangelte. Zwar entließ das Militär in der Folgezeit eingezogene Bergleute, doch nicht in ausreichendem Umfang. Die verbliebenen Lücken versuchten die Zechen durch den Einsatz von Jugendlichen und Frauen sowie von in Belgien und im Osten angeworbenen bzw. zwangsverpflichteten Arbeitern und Kriegsgefangenen zu schließen. Des weiteren setzten sie auf das Verfahren von Überschichten.[106]

Die Bergarbeitergewerkschaften, die vor dem Krieg prinzipiell gegen Überarbeit eingestellt waren, beugten sich dem Zwang der Verhältnisse.[107] Hue warnte aber vor Übertreibungen. Mehr als eine Überschicht pro Woche führe nur zur Erschöpfung des Bergmanns und im Endeffekt zu einer geringeren Förderung.[108] Doch der „Raubbau" an der Arbeitskraft kannte kaum Grenzen. Angesichts der schlechten Versorgungslage und des angegriffenen Gesundheitszustandes der Bergleute verabschiedete der Aktionsausschuss des Alten Verbandes, der vom 20. bis 23. September 1917 tagte, nach einem Referat Hues eine Resolution, in der er ein Verbot der Über-, Nebenschichten und Sonntagsarbeiten verlangte.[109] Diesem Beschluss folgend, forderte Hue bei den Beratungen mit den Behörden eine Beschränkung; dies werde sich positiv auf die Leistungsfähigkeit auswirken.[110] Doch mehr als die Erklärung, dass kein Zwang auf die Bergleute ausgeübt werden dürfe, war nicht zu erreichen.

Besonders am Herzen lag Otto Hue das Schicksal der jugendlichen Arbeiter im Alter von 14 bis 16 Jahren. „Daß im hohen Umfange schulpflichtige Kinder zu gewerblichen Arbeiten herangezogen werden", war für ihn „eine der traurigsten Tatsachen unserer

[102] Böse/Ziegler, Ruhrkohle.

[103] Hartewig, Das unberechenbare Jahrzehnt, S. 45.

[104] Die Zahl der preußischen Stein- und Braunkohlenbergleute hatte sich am Jahresende 1914 um rund 200.000 gegenüber dem Stand im zweiten Quartal 1914 verringert. Bergarbeiterverband, Geschäfts-Bericht 1913/14, S. 15.

[105] Ebd., S. 12; Reichskohlenrat, Bericht über die Kohlenwirtschaft im Jahre 1919, S. 1.

[106] Im Ruhrbergbau stieg die Zahl der durchschnittlich verfahrenen Schichten von 327 (1913) auf 342 (1915) und 344 (1916). Denkschrift über die Ursachen der Arbeits-Einstellungen 1917, S. 21.

[107] Eingabe der vier Bergarbeiterverbände an den Minister für Handel und Gewerbe, 6.2.1915, abgedr. in: Bergknappe 8, 20.2.1915.

[108] Hue auf einer Bergarbeiterversammlung in Recklinghausen am 24.1.1915. LAD NRW Abt. Westf. Reg. Münster VII 58 Bd. 4, Überwachungsbericht der Polizeiverwaltung Recklinghausen, 24.1.1915; Volksblatt 22, 27.1.1915.

[109] Bergarbeiter-Zeitung 40, 6.10.1917 „Einmütig vorwärts!"; Bergarbeiterverband, Geschäfts-Bericht 1917/18, S. 56.

[110] Landtagsrede am 13.12.1917, Stenogr. Berichte, Sp. 7067.

Wirtschaftsentwicklung".[111] Ein Unding, für das er keinerlei Verständnis aufbrachte, war besonders ihre Beschäftigung im Bergbau unter Tage, die auf Grund von Ausnahmegenehmigungen der Oberbergämter gestattet war.[112] Um den „Nachwuchs unter allen Umständen" zu schützen, setzte er sich – und mit ihm der Bergarbeiterverband – für ein Verbot der Untertagearbeit ein.[113] Vergeblich. Da „die Hauptsache eine hohe Produktion ist und nicht der Schutz der Menschen", wie Hue zu Recht in der Etatdebatte am 3. März 1918 ausführte,[114] nahm die Zahl der Bergleute unter 16 Jahren, die in die Grube einfuhren, immer mehr zu.[115]

Wie in der Vorkriegszeit lehnte der Bergarbeiterverband den Einsatz von Frauen auf den Zechen ab. Lauthals verkündete Otto Hue im August 1914, „daß von einer Beschäftigung weiblicher Arbeiter im Bergbau ganz abgesehen würde".[116] Doch schon bald wurde er eines Besseren belehrt, und die Zahl der Arbeiterinnen auf den Schachtanlagen des Ruhrgebietes stieg gewaltig an. 24.298 Frauen und Mädchen waren im Dezember 1917 bei Transportarbeiten, beim Auf- und Abladen von Kohle, Koks und Bergeversatz auf dem Zechenplatz, im Holzlager, am Leseband, in der Lampenstube und auf den Kokereien im Einsatz.[117] Die Bergarbeiterverbände akzeptierten angesichts des Arbeiterkräftemangels die Frauenarbeit,[118] es sollten lediglich solche Arbeiten untersagt werden, die die Kräfte von Frauen überstiegen.[119] Kurze Zeit später revidierte der Alte Verband allerdings seine Meinung. Im September 1917 forderte der Aktionsausschuss kategorisch: „Die Beschäftigung weiblicher Arbeiter in der Bergwerksindustrie (Betriebsanlagen) ist ausnahmslos zu verbieten."[120]

Keinesfalls hinnehmen wollten die Gewerkschaften – und in diesem Punkt waren Bergarbeiterverband und Gewerkverein einer Meinung – die Untertagearbeit von Frauen.[121] Hue protestierte in der Etatdebatte am 5. März 1917 heftig gegen die vom Mi-

[111] Landtagsrede am 7.3.1914, Stenogr. Berichte, Sp. 3618.

[112] In der Landtagssitzung am 18.2.1916, Stenogr. Berichte, Sp. 558 klagte Hue: „Wir sehen schwächliche Knaben, wahre Kinder, kann man sagen, unter Tage anfahren."

[113] Landtagsrede am 18.2.1916, Stenogr. Berichte, Sp. 559; Landtagsrede am 6.3.1916, Stenogr. Berichte, Sp. 1414–1418. – Bergarbeiterverband, Geschäfts-Bericht 1917/18, S. 56.

[114] Landtagsrede am 3.3.1918, Stenogr. Berichte, Sp. 8063.

[115] Die Zahl der Beschäftigten unter 16 Jahren stieg im Ruhrbergbau von 17.058 (3. Quartal 1914) auf 25.308 (3. Quartal 1916) und ging dann zurück auf 21.003 (3. Quartal 1918). Ihr Anteil an der Gesamtbelegschaft betrug: 4,5, 8,2 bzw. 5,8 Prozent. Heymann/Freudenberg, Morbidität und Mortalität, S. 13, Tab. 7. Ende 1917 waren etwa 8000 Jugendliche unter 16 Jahren unter Tage tätig. Sogemeier, Entwicklung, S. 22.

[116] Rede auf einer Konferenz der Zahlstellenvorstände des Bezirks Essen. Allgemeiner Beobachter 191, 18.8.1914 „Die Bergarbeiter und der Krieg"; Arbeiterzeitung (Essen) 193, 18.8.1914 „Die Bergarbeiter und der Krieg".

[117] Heymann/Freudenberg, Morbidität und Mortalität, S. 8, Tab. 3. Zur Beschäftigung von Frauen im Ruhrbergbau: Rawe, Arbeit, S. 64–68; Hartewig, Das unberechenbare Jahrzehnt, S. 49ff. – Zur Entwicklung in den anderen Revieren: Imbusch, Arbeiterinnen, S. 10.

[118] Auf der Konferenz der Gewerkschaften und Angestelltenverbände am 12. Dezember 1916, auf der über das Hilfsdienstgesetz debattiert wurde, erklärte sich Hue im Auftrage aller Bergarbeiterorganisationen mit der Beschäftigung von Frauen einverstanden. Vorwärts 342, 13.12.1916 „Die Gewerkschaften und das Hilfsdienstgesetz".

[119] Antrag der SPD vom 6.3.1916, der im Landtag angenommen wurde. Stenogr. Berichte, Sp. 1418.

[120] Bergarbeiter-Zeitung 40, 6.10.1917 „Einmütig vorwärts!"; Bergarbeiterverband, Geschäfts-Bericht 1917/18, S. 56.

[121] Hue zitiert das Protesttelegramm in seiner Landtagsrede am 5.3.1917, Stenogr. Berichte, Sp. 4659. – Für den Gewerkverein: Imbusch, Arbeiterinnen, S. 64–67.

Abb. 22: Arbeiterinnen auf der Kokerei Mathias Stinnes in Essen-Karnap

nister bewilligten Ausnahmegenehmigungen und warnte: „Reiche einer dem Teufel den Finger, und er hat gleich den ganzen Kerl.“[122] Die Begründung des Oberberghauptmanns von Velsen, „er sehe jene Beschäftigung der genannten Frauen überhaupt nicht als eine Arbeit unter Tage an; das sei eine reine Fabrikarbeit, die zufälligerweise nicht in einer im Freien liegenden Fabrik stattfände; es sei genau dasselbe, als wenn die Frauen im Keller einer Fabrik arbeiteten“, stieß bei Hue auf Unverständnis, bedeutete doch diese Auslegung „eine verhängnisvolle Durchbrechung der Reichsgewerbeordnung“. Seine auf das Allgemeine zielende Schlussfolgerung fiel eindeutig aus: „Meine Herren, so können wir es doch nicht weiter gehen lassen… daß von dem leitenden Ressortchef im preußischen Bergwerksministerium eine Auslegung des Arbeiterinnenschutzes beliebt wird, die schließlich geradezu alles auf den Kopf stellt, was geltendes Sozialrecht ist.“[123] Doch sein Monitum war nur eine leere Drohung.

Otto Hue betrachtete den Einsatz von Frauen und Mädchen in der Metallindustrie gleichfalls voller Sorge.[124] Ihre Beschäftigung „in den Gießereien unmittelbar an den Schmelzöfen, Glühöfen, als Heizer vor den Kesselöfen, beim Kesselklopfen, beim Feilenhauen, Schmieden (zuschlagen), beim Nieten (vorhalten!), als Schleifer, Schweißer, Rohr- und Drahtzieher; Gußputzer, Schmelztiegel- und Blockfahrer, Fallhammerzieher“ stelle einen „Raubbau an der Volkskraft“ dar, „von dem man beim reiflichen Nachdenken nicht sagen kann, daß er die Zukunft des Menschengeschlechts weniger bedroht als das Massensterben auf den zahllosen Schlachtfeldern“. Daher müsse die Regierung einschreiten und die „überanstrengenden Tätigkeiten“ bei langen Arbeitszeiten nicht

122 Landtagsrede am 5.3.1917, Stenogr. Berichte, Sp. 4658.
123 Ebd., Sp. 4659f.
124 Otto Hue, Die Frauen als Metallarbeiter, in: Volksblatt 91, 19.4.1917.

länger zulassen. Sollte sie keine Initiative zeigen, würde sich der Reichstag „ein hohes Verdienst um die Volksgesundheit erwerben, wenn er sofort nach seinem Wiederzusammentreten einen besseren Arbeiterinnenschutz durchsetzte".

Weil sich die Ausweitung der Frauenarbeit nicht verhindern ließ, kämpfte Hue für mehr Anstellungen von Gewerbeinspektionsassistentinnen, um so die weiblichen Beschäftigten wenigstens vor den schlimmsten Gefährdungen zu bewahren.[125] Ein weiteres Anliegen war ihm, den Grundsatz „Für gleiche Leistung gleicher Lohn" Geltung zu verschaffen. Seine Forderung, „mit der unsozialen Gewohnheit" zu brechen, fand allerdings kaum Gehör, wie die zahlreichen von ihm angeführten Beispiele zeigten. Sowohl in der Industrie wie beim Handel und bei den Verkehrsbetrieben wurde das Prinzip immer wieder missachtet.[126] Zum Dritten leitete er – wie die Reichstagsfraktion – aus „der ungeheuren Veränderung der Arbeitskräfte" die Forderung nach „der staatsbürgerlichen Gleichberechtigung der Frauen" ab.[127]

Ab 1915 stieg die Zahl der Kriegsgefangenen sowie die der angeworbenen und deportierten ausländischen Arbeiter[128] – sehr zum Missfallen der Bergarbeiterverbände.[129] Besondere Bedenken machte Hue geltend. In Erinnerung an den Streik 1912 lag für ihn „die Gefahr nahe, daß die Zechenverwaltungen, die zur Bewachung von Kriegsgefangenen Militär auf der Zeche haben, auch gegen die einheimischen Arbeiter rigoros vorgehen, wenn Wünsche oder Beschwerden vorliegen".[130] Da kein Verbot des Ausländereinsatzes zu erreichen war, forderte der Alte Verband, dass nur bergmännisch Vorgebildete eingesetzt würden, die den gleichen Lohn wie die deutschen Arbeiter erhalten sollten, um nicht als Lohndrücker zu dienen.[131] Er konnte damit aber nicht durchdringen.

Als Kritik an der Behandlung und Unterbringung der ausländischen Arbeitskräfte laut wurde, nahm Hue die Bergwerksleitungen in Schutz: Die Kriegsgefangenen „sind hinsichtlich der Arbeitsverhältnisse nicht schlechter, bezüglich der Beköstigung und Behausung oft besser gestellt als manche hiesige Arbeiterfamilie. Von der Bevölkerung, soweit sie überhaupt mit den Gefangenen in engere Berührung kommt, werden diese Kriegsopfer nicht als hassenswerte Feinde, sondern als Menschen, die an dem Kriegsausbruch unschuldig sind, betrachtet und dementsprechend behandelt."[132] Mag

[125] Landtagsrede am 12.3.1918, Stenogr. Berichte, Sp. 8485.

[126] Otto Hue, Frauenlob und Frauenlohn, in: Arbeiter-Zeitung (Dortmund) 59, 10.3.1917; Otto Hue, Vom Übel der Frauenarbeit, in: Metallarbeiter-Zeitung 42, 20.10.1917.

[127] Otto Hue, Übergang aus der Kriegs- in die Friedenswirtschaft II, Arbeiterzeitung (Essen) 181, 4.8.1917; Otto Hue, Vom Übel der Frauenarbeit.

[128] Zur Ausländerbeschäftigung und Zwangsarbeit: Rawe, Arbeit; Hartewig, Das unberechenbare Jahrzehnt, S. 51–56; Przigoda, Unternehmensverbände, S. 223–233.

[129] Eingabe der vier Bergarbeiterverbände an den Minister für Handel u. Gewerbe, 6.2.1915, abgedr. in: Bergknappe 8, 20.2.1915.

[130] Geheimes Staatsarchiv Rep. 77 Tit. 662 Nr. 90 Bd. 4, Besprechung der Bergarbeiterorganisations-Vorstände am 20. Januar 1915.

[131] Bergarbeiter-Zeitung 10, 6.3.1915 „Verhandlungen mit der obersten Bergbehörde"; Otto Hue, Zur Behandlung der Kriegsgefangenen, in: Vorwärts 115, 27.4.1915 = Volksblatt 100, 30.4.1915. – Siehe auch seine Beschwerde beim Reichskanzler im Oktober 1915. Rawe, Arbeit, S. 240f.

[132] Otto Hue, Zur Behandlung der Kriegsgefangenen. Wenig später stimmte Hue eine Eloge über die Verhältnisse im Kriegsgefangenenlager Friedrichsfeld bei Wesel an, in dem 21.500 Männer (vorwiegend Belgier und Franzosen, weniger Russen und Engländer) untergebracht waren. Otto Hue, Im Gefangenenlager Friedrichsfeld, in: Volkswacht 180, 4.8.1915.

die Feststellung für die ersten Tage der Kriegsgefangenenbeschäftigung noch zutreffen, so litten besonders die ausländischen Arbeitskräfte unter der im Kriegsverlauf immer schlechter werdenden Versorgungslage.[133] Hue konnte dies 1916 nicht mehr in Abrede stellen, doch er machte nun die Lebensmittelsperre der Alliierten dafür verantwortlich. „Man höre mit der Absperrung der Nahrungsmittelzufuhr auf, dann wird auch die Ernährung der Kriegsgefangenen, wie die Frage der Ernährung unseres Volkes überhaupt günstiger geregelt werden", erklärte er bei der Debatte über die wirtschaftliche Lage im Abgeordnetenhaus am 18. Februar.[134] Zugleich wiederholte er in seiner Rede die Behauptung, „daß die Ernährung und die Unterkunft der Gefangenen so ist, daß die freien Arbeiter in manchen Teilen, namentlich Oberschlesiens, schlechter in dieser Beziehung gestellt sind".

Hue, der die Arbeits- und Lebensverhältnisse der Kriegsgefangenen im Allgemeinen beschönigte, verkannte nicht, dass es an vielen Stellen zu Unverträglichkeiten gekommen war. Der Bergarbeiterverband, der ebenso wie Hue auf eine humane Behandlung der Gefangenen drang, griff die einlaufenden Beschwerden auf und leitete sie den Militär- und Bergbehörden weiter mit der Bitte um Untersuchung der Vorfälle und deren Abstellung.[135] So intervenierte Hue beim Generalkommando in Münster, als er erfuhr, dass französische Kriegsgefangene auf der Zeche Barmen mehrmals „bei Wasser und Brot" eingesperrt wurden, weil sie sich weigerten, Zechenarbeit zu leisten.[136] Für ihn war sein Einsatz „einfach Menschenpflicht".[137]

Die Ausweitung der Arbeitszeit durch Überstunden, die Beschäftigung von Frauen und Mädchen, der Einsatz von Kriegsgefangenen und ausländischen Arbeitskräften waren Notmaßnahmen, die einen Rückgang der Förderung nicht aufhalten konnten. Im Ruhrgebiet lag sie 1917 um etwa 20 Prozent unter der des Jahres 1913, im Saarland um ein Viertel. Lediglich Oberschlesien erreichte den Stand der letzten Friedensförderung.[138] Der extreme Kohlenmangel der Nachkriegszeit zeichnete sich bereits in den letzten Kriegsjahren deutlich ab.

Die Debatten über den Arbeitseinsatz machen deutlich, in welch zwiespältige Lage die Gewerkschaften als Interessensvertretung der Arbeiterschaft während des Krieges gerieten. Zwar erfuhren sie eine Aufwertung und Anerkennung durch Minister und Behördenvertreter, die jetzt die Verbandsführer hofierten. Diese konnten bei den Gesprächen ihre Wünsche vorbringen, doch umgesetzt wurden ihre Forderungen in der Regel nicht. Die Verbände beließen es aber bei verbalen Protesten und verzichteten auf den Einsatz von Druckmitteln, nicht zuletzt deshalb, weil auch bei ihnen die Produktionssteigerung höhere Priorität genoss als der Arbeitsschutz.

133 Rawe, Arbeit, S. 100–110.

134 Landtagsrede am 18.2.1916, Stenogr. Berichte, Sp. 556.

135 Verschiedene Eingaben in: Material zur Lage der Bergarbeiter während des Weltkrieges. Siehe auch Hue in seiner Landtagsrede am 18.2.1916, Stenogr. Berichte, Sp. 556.

136 Otto Hue an Generalleutnant von Bitter, 10.9.1915, in: Material zur Lage der Bergarbeiter während des Weltkrieges, S. 99f.

137 Landtagsrede am 18.2.1916, Stenogr. Berichte, Sp. 557.

138 Ziegler, Kriegswirtschaft, S. 37.

12.4 Kriegsnöte

Mit Kriegsausbruch begann für die Bergarbeiter und ihre Familien das „unberechenbare Jahrzehnt" (Karin Hartewig), das geprägt war von einer Verschlechterung ihrer Lebens- und Arbeitsbedingungen. Da die Gewerkschaftsführung nach Kriegsausbruch den Waffenstillstand im Wirtschaftskampf ausrief und zukünftig auf Arbeitskämpfe verzichten wollte, verblieben ihr, um die Lage der Bergleute zu verbessern, lediglich die traditionellen Formen der Konfliktartikulation. Sie verabschiedete Resolutionen zu Hauf und sandte Dutzende von Eingaben an die Behörden.[139] In Belegschafts- und öffentlichen Versammlungen prangerten die Redner die Missstände an, und Otto Hue als Mitglied des preußischen Abgeordnetenhauses nutzte dieses Forum, um die Klagen und Wünsche der Bergarbeiterschaft vorzubringen.

Für die obersten Reichs- und Landesbehörden, die vornehmlich an einem ungestörten Wirtschaftsgang und an einem hohen Ausstoß an Rüstungsgütern interessiert waren, war die Unterstützung der Gewerkschaften unverzichtbar. Ebenso wie die Stadtverwaltungen sahen sie in den Arbeiterverbänden einen entscheidenden Ordnungsfaktor, dem sie jetzt mehr Achtung zollten.[140] Gleiches galt für die stellvertretenden kommandierenden Generäle in den Armeekorpsbereichen, die aufgrund des preußischen Gesetzes über den Belagerungszustand von 1851 die vollziehende Gewalt in ihren Bezirken innehatten. Die Vertreter der Bergarbeiterverbände, die ihr Kriegsbeil begruben und sich am 20. Januar 1915 auf ein gemeinsames Vorgehen einigten,[141] trugen in den zahlreichen Gesprächen mit Ministern, höheren Beamten und Militärs die Anliegen der Belegschaften vor. Die beachtliche Veränderung in der Haltung der Behörden und die zuvor nicht gekannte Aufwertung der Arbeiterorganisationen erfüllten nicht allein Hue mit Stolz: „Früher habe man die freien Gewerkschaften als vaterlandsfeindliche Gesellen hingestellt und welch eine Wendung durch den Krieg."[142]

Hingegen schlugen die Unternehmer das Angebot aus, eine Arbeitsgemeinschaft zu bilden, „um die Aufgaben, die den Bergarbeitern und dem Bergbau gestellt sind, zu erleichtern und sicher zu stellen," und lehnten auch die Schaffung von paritätischen Schlichtungseinrichtungen ab.[143] Der Appell Hues, „im wahrhaft vaterländischen Sinne

[139] Material zur Lage der Bergarbeiter während des Weltkrieges.

[140] Ruck, Gewerkschaften – Staat – Unternehmer, S. 35.

[141] Bergarbeiter-Zeitung 5, 30.1.1915. Bieber, Gewerkschaften, S. 257. – Die Kooperation mit dem Gewerkverein löste aber in einigen Zahlstellen des Bergarbeiterverbandes Proteste aus. Das Verhalten der christlichen Organisation beim Streik 1912 war noch nicht vergessen. Bergarbeiterverband, Geschäftsbericht 1917/18, S. 83; Protokoll der Generalversammlung 1919, S. 88 (Rede Sachse); Bieber, Gewerkschaften, S. 258. – Hue hingegen trat für die Zusammenarbeit ein. Auf einer Sitzung des Essener Gewerkschaftskartells empfahl er angesichts der starken Macht der Unternehmer: „Lassen wir die gegenseitige Bekämpfung unserer Organisationen." Arbeiterzeitung (Essen) 256, 31.10.1916. Er hoffte auch, dass die Arbeitsgemeinschaft nach dem Krieg weiter fortgesetzt werde. Vorwärts 128, 11.5.1917 „Gewerkschaftliche Neuorientierung".

[142] Rede auf einer Versammlung in Buer-Beckhausen im Februar 1915. Zit. nach Schmidt, Heimatfront Ruhrgebiet, S. 37.

[143] Bergarbeiter-Zeitung 46, 14.11.1914 „Warum keine Arbeitsgemeinschaft im Bergbau?". – Allgemein zu den Kriegsarbeitsgemeinschaften: Feldman, Armee, Industrie und Arbeiterschaft, S. 82f.; Bieber, Gewerkschaften, S. 125–130. Zur Diskussion über die Schlichtungsstelle für den Bergbau: Quellensammlung zur Geschichte der sozialen Betriebsverfassung 1, Nrr. 263–267, S. 423–433; Bieber, Gewerkschaften, S. 159ff.; Przigoda, Unternehmensverbände, S. 207ff. – Zur Verweigerungshaltung der Unternehmer generell: Plumpe, Betriebliche Mitbestimmung, S. 271–284.

zu handeln“ und dem holländischen Beispiel zu folgen,[144] blieb ebenso ohne Folgen wie seine Anklage, dass die Bergwerksbesitzer „nur auf Willkürherrschaft, auf Gewalt“ setzten und es „auf unbedingtes Biegen und Brechen ... ankommen“ ließen.[145] „Der geballten Macht des Unternehmertums“ hatte der Alte Verband nur wenig entgegenzusetzen,[146] und trotz aller Reden, Artikel und Resolutionen[147] verharrte der Zechenverband in seiner Verweigerungshaltung.

Die Mächtekonstellation veränderte sich etwas durch das Gesetz über den vaterländischen Hilfsdienst vom 5. Dezember 1916. Da es galt, die Rüstungsproduktion zu erhöhen, sollte die freie Wahl des Arbeitsplatzes eingeschränkt und die Dienstverpflichtung von nicht berufstätigen Frauen ermöglicht werden. Um die Zustimmung der Parteien im Reichstag zu erhalten, wurde als Konzession an die Gewerkschaften die Bildung von Arbeiterausschüssen in den Betrieben und die Einrichtung von überbetrieblichen, paritätisch besetzten Schlichtungsinstanzen vorgeschrieben. Die formelle Anerkennung der Arbeitnehmerorganisationen als gleichberechtigte Partner der Arbeitgeber stellte „eine Revolution in der deutschen Sozialpolitik“[148] dar.

Des weiteren bildete sich während des Krieges in der Lohnfrage ein Tripartismus von Staat, Unternehmertum und Gewerkschaften aus. Der preußische Handelsminister, von dessen Zustimmung die Erhöhung der Kohlenpreise abhängig war, nahm indirekt Einfluss auf die Lohngestaltung, indem er bei Lohnerhöhungen eine Anhebung der Kohlenpreise versprach bzw. letzteren nur zustimmte, falls die Unternehmer Konzessionen gegenüber den Wünschen der Bergleute machten.[149] Ebenso ermahnte der kommandierende General des VII. Armeekorps von Gayl die Zechen, „ernstlich bestrebt“ zu sein, „sich mit ihrer Arbeiterschaft zu einigen, bevor es zu weiteren Ausständen kommt“ und alles zu vermeiden, „was die Unruhe vermehren könnte“.[150]

Im Mittelpunkt all der Reden, Anträge, Eingaben, Proteste und Verhandlungen der Gewerkschafter standen die Versorgungsprobleme und das Auseinanderklaffen von Preis- und Lohnentwicklung.

Ursachen für den Mangel an Lebensmittel waren sowohl die wirkungsvolle alliierte Wirtschaftsblockade[151] als auch der starke Rückgang der Ernteerträge, hervorgerufen u.a. durch das Fehlen der eingezogenen oder abgewanderten landwirtschaftlichen Arbeitskräfte und der notwendigen Düngemittel.[152] Die Regierung sah sich daher ge-

144 Otto Hue, Ein nachahmenswertes Beispiel, in: Volksblatt 268, 15.11.1915.

145 Landtagsrede am 13.12.1917, Stenogr. Berichte, Sp. 7071.

146 Ruck, Gewerkschaften – Staat – Unternehmer, S. 40.

147 Z.B. Rede Otto Hues auf einer Bergarbeiterversammlung in Essen am 5.8.1917. Arbeiterzeitung (Essen) 182, 6.8.1917 „Die Bergleute marschieren auf!“; Otto Hue, Die Rüstung der Anderen, in: Arbeiterzeitung (Essen) 215, 13.9.1916; Otto Hue, Dringende Fragen der Kohlenversorgung, in: Vorwärts 201, 24.7.1918.

148 Herbert, Geschichte Deutschlands, S. 146; Nipperdey, Deutsche Geschichte 2, S. 796. – Zum Hilfsdienstgesetz: Feldman, Armee, Industrie und Arbeiterschaft, S. 169–206.

149 Plumpe, Betriebliche Mitbestimmung, S. 280–284. – Beispielhaft die Verhandlungen im Juli 1918. LAD NRW Abt. Westf. Oberbergamt Dortmund 1814.

150 LAD NRW Abt. Westf. Reg. Münster VII 17.1, von Gayl an Verein für bergbauliche Interessen, 28.8.1916. – Zu Interventionen des Generalkommandos: Feldman, Armee, Industrie und Arbeiterschaft, S. 120ff.; Plumpe, Betriebliche Mitbestimmung, S. 274f. u. 279.

151 Hue bezeichnete sie noch im Nachhinein als „barbarisch“. Otto Hue, Lohn- und Arbeitsverhältnisse im Bergbau, in: Die Neue Zeit 38 (1920) 21, S. 473–480, S. 475. Die Ziviltoten (v.a. Hungertote) werden auf etwa 700.000 geschätzt. Overmans, Kriegsverluste, S. 665.

152 Zur Versorgungslage im Ruhrgebiet: Hartewig, Das unberechenbare Jahrzehnt, S. 154–170.

zwungen, Lebensmittel zu rationieren, beginnend beim Brot im Januar 1915. Es folgten zu Beginn des Jahres 1916 Fett, Butter, Kartoffeln und Fleisch, um nur die wichtigsten Nahrungsmittel zu nennen. Trotz der regulierenden Eingriffe der Behörden blieben Versorgungsengpässe nicht aus, von denen der sog. „Steckrübenwinter" 1916/17 traurige Berühmtheit erlangte. In Essen z.B. war der Kartoffelvorrat vollkommen aufgebraucht, es gab nur ganz wenig Brot und Fleisch, ebenso fehlten andere Nährmittel wie Graupen und Teigwaren, sodass sich die Bevölkerung fast ausschließlich von Steckrüben ernähren musste.[153] Aber selbst im Normalfall waren die ausgegebenen Rationen so knapp bemessen, dass niemand davon leben konnte. Auch für die Bergarbeiter und ihre Familien galt: Sie „sind zwar nicht verhungert, aber sie haben massiv gehungert. Hunger war eine tägliche, wachsende, zermürbende Erfahrung."[154]

Neben den Versorgungsengpässen war die Qualität der Lebensmittel zu beklagen. Die Güte des Brotes litt durch eine stete Erhöhung der Ausmahlung, das Gemüse war teilweise verfault und nicht zum Verzehr geeignet, das Fett kaum brauchbar.

Die Versorgung der Bevölkerung mit Seife bereitete ebenfalls Probleme. Was auf den ersten Blick eher zweitrangig erscheint, war hingegen für den Bergmann von großer Bedeutung[155], denn er musste nach jeder Schicht seinen verdreckten Körper gründlich reinigen, um die Entstehung von Hautkrankheiten zu vermeiden. Daher war er auf eine gute Seife in ausreichender Menge angewiesen. Die ausgeteilte Kriegsseife war hingegen von solch schlechter Qualität, dass die auf den Seifenkarten zugewiesene Wochenration schon nach wenigen Tagen aufgebraucht war. Die Bergarbeiterverbände griffen die Klagen der Bergleute auf und gaben sie am 29. November 1916 an den Kriegsausschuss für pflanzliche und tierische Öle und Fette in Berlin weiter. Dieser wollte sich zwar bemühen, die Versorgung etwas zu verbessern, doch eine entscheidende Veränderung zum Positiven konnte er nicht versprechen.[156] Da sich trotz wiederholter Eingaben der Gewerkschaften[157] nichts grundlegend änderte, waren die Bergarbeiter gezwungen, Seife zuzukaufen und für die Reinigung immer mehr steigende Beträge aufzubringen.

Bereitete die mangelhafte Versorgung schon anhaltenden Verdruss, so vergrößerte ihn die schlechte Informationspolitik der Behörden noch mehr. „Es sei besser, der Arbeiterschaft klaren Wein über die Ernährungsmöglichkeit einzuschenken statt wenn auch noch so gut gemeinte, aber nicht zu haltende Versprechungen zu machen," lautete der Ratschlag Otto Hues.[158]

Gewaltige Empörung löste in Arbeiterkreisen „die Eiterbeule des Schleichhandels und des Wuchers"[159] aus. Während „wohlhabende Leute", „die wegen ihrer körperlichen und geistigen Anstrengung am ehesten mit den zugewiesenen Rationen auskommen

[153] Wisotzky, Unruhige Zeiten, S. 13. Für das nördliche Ruhrgebiet: Schmidt, Hunger.

[154] Nipperdey, Geschichte 2, S. 855.

[155] „Die Bergarbeiterschaft hat die Seife ... so nötig wie das täglich Brot." Eingabe der Bergarbeitergewerkschaften an das Kriegsamt, 15.8.1917, in: Material zur Lage der Bergarbeiter während des Weltkrieges, S. 268f., S. 269.

[156] Ebd., S. 223ff.

[157] Ebd., S. 268f. – Die mangelnde Qualität der Seife und die Preissteigerungen beklagte Hue in der Etat-Debatte des Landtags am 7.3.1917, Stenogr. Berichte, Sp. 4649.

[158] Hue auf einer Konferenz der Bezirke Essen-West und -Ost. Arbeiterzeitung (Essen) 118, 22.5.1917.

[159] Rede Hues auf einer Bergarbeiterversammlung in Dortmund am 23.12.1917. Dortmunder Zeitung 652, 24.12.1917 „Die Lage der Bergarbeiter".

könnten", sich „unter der Hand" noch reichlich genug ernähren konnten,[160] fehlte den Bergarbeitern das Geld, um sich auf dem Schwarzmarkt versorgen zu können. Einen wichtigen Grund für die „Erbitterung"[161] in den Belegschaften benannte das Stellvertretende Generalkommando in Münster: „Es ist eine eigentümliche Erscheinung, daß das Volk sich schließlich in jede Entbehrung findet, daß es aber niemand vertragen kann, wenn der andere ein bißchen mehr hat als er selbst."[162] Das Versagen der Behörden war nicht zu übersehen, und Otto Hue sprach es offen aus: „In der Bevölkerung ist jedes Vertrauen zur Lebensmittelpolitik der Regierung verloren gegangen."[163]

Die Gewerkschaften schrieben es auf ihre Fahnen, dass dank ihrer Anstrengungen die Löhne seit Kriegsbeginn stetig stiegen.[164] Obwohl sich die Jahresverdienste der Hauer im Ruhrgebiet von 1913 zu 1918 fast verdoppelten, so hielten sie dennoch nicht Schritt mit der Entwicklung der Preise.[165] Gegen diejenigen, die die Knappheit ausnutzten und „die in so landesverräterischer Weise den Lebensunterhalt verteuern", fuhr Hue schweres Geschütz auf. Die Lebensmittelwucherer seien „schlimmer als unsere grimmigsten Feinde",[166] sie stünden „gleich hinter den Hyänen des Schlachtfeldes".[167] Doch alle lautstarken Anklagen „gegen diese Vaterlandsverräter"[168] bewirkten nichts, sie dienten vor allem als Beweis, dass die Verbandsführer sich für die Interessen der Verbandsmitglieder einsetzten.

Angesichts der immer mehr auseinandergehenden Schere von Preis- und Lohnentwicklung forderten die Gewerkschaften entweder niedrigere Lebensmittelpreise oder höhere Löhne.[169] Hue war davon überzeugt, dass die Unternehmen in der Lage seien, mehr auszahlen zu können.[170] Bei seiner Landtagsrede am 18. Februar 1916 verwies er zur Beweisführung auf die Entwicklung des Rohüberschusses von zwölf Eisen- und Stahlwerken. Dieser betrug im Geschäftsjahr 1913/14 91 Millionen Mark, ein Jahr später sei er auf 193 Millionen Mark gestiegen. Mit dem Ausruf „Meine Herren, das geht doch zu weit." unterstrich er seine Empörung. Diese Gewinne hätte man, zumindestens teilweise, zur Aufbesserung der niedrigen Arbeiterlöhne und Angestelltengehälter ver-

160 Rede Hues auf einer Bergarbeiterversammlung in Essen am 24.6.1917. Arbeiterzeitung (Essen) 147, 26.6.1917.

161 Arbeiterzeitung (Essen) 147, 26.6.1917.

162 Zit. nach Kocka, Klassengesellschaft im Krieg, S. 34.

163 Hue auf einer Pressebesprechung der Düsseldorfer Bezirksregierung. Volksblatt 199, 25.8.1917 „Die Volksernährung in der nächsten Zeit".

164 Bergarbeiterverband, Geschäfts-Bericht 1915/16, S. 119. Ebenso Hue in der Etatdebatte des Landtags am 2.3.1918, Stenogr. Berichte, Sp. 8054.

165 Hartewig, Das unberechenbare Jahrzehnt, S. 112.

166 Hue auf einer Versammlung in Dortmund am 23.12.1917. Volksblatt 303, 28.12.1917 „Die Lage der Bergarbeiter".

167 LAD NRW Abt. Westf. Reg. Münster VII 58 Bd. 3, Überwachungsbericht der Polizeiverwaltung Buer über eine Versammlung des Bergarbeiterverbandes am 28.2.1915, 28.2.1915.

168 Rede auf einer Bergarbeiterversammlung in Recklinghausen am 24.1.1915. LAD NRW Abt. Westf. Reg. Münster VII 58 Bd. 4, Überwachungsbericht der Polizeiverwaltung Recklinghausen, 24.1.1915.

169 Nur wenige Belege: Material zur Lage der Bergarbeiter während des Weltkrieges, S. 158f., 198ff., 225–228. Landtagsrede am 18.2.1916, Stenogr. Berichte, Sp. 549; Resolution des Aktionsausschusses des Bergarbeiterverbandes, in: Bergarbeiter-Zeitung 19, 6.5.1916; Rede Otto Hues auf einer Bergarbeiterversammlung in Essen am 5.8.1917. Arbeiterzeitung (Essen) 182, 6.8.1917 „Die Bergleute marschieren auf!".

170 Rede Hues auf einer Bergarbeiterversammlung in Essen am 24.6.1917. Arbeiterzeitung (Essen) 147, 26.6.1917.

wenden sollen.[171] An anderer Stelle machte er auch das „vaterländische Interesse“ geltend. Dem „sei nicht am besten gedient mit einer solchen Erhöhung der Werksgewinne, sondern mit einer Verwendung der höheren Gewinne zu Lohnaufbesserungen, damit die arbeitende Bevölkerung leistungsfähiger bleibe“.[172] Denn wenn sich diese nicht „wirtschaftlich wenigstens einigermaßen über Wasser zu halten“ vermag, dann stehe es schlimm um das Reich, das sich doch „in einem Kampf um Leben und Tod“ befände, dann könnten „auch die höchsten Unternehmergewinne ... die Niederlage Deutschlands nicht verhindern“.[173]

Trotz des Gewerkschaftseinsatzes, trotz aller Proteste gegen die „ungeheure, oft geradezu verbrecherische Preissteigerung“[174] konnte nicht verhindert werden, dass sich der Reallohn der Bergarbeiter des Ruhrgebiets um etwa die Hälfte verringerte.[175] Die Verhältnisse in den anderen Revieren, in denen erst recht „Hungerlöhne“[176] gezahlt wurden, waren noch schlechter, wie Hue dies am Beispiel des niederschlesischen Reviers schilderte. Er nutzte zwar seine Kontakte zu den Ministerien, um auf eine Lohnerhöhung zu drängen,[177] doch da den Wettlauf zwischen Preisen und Löhne immer die Preise gewannen, reichte das Einkommen kaum aus, „um das nackte Leben zu fristen“. An eine Neuanschaffung von Haushaltsgegenständen, Kleidung und Wäsche war gar nicht zu denken.[178]

Die Verlängerung der Arbeitszeit durch Überschichten, die jahrelange Unterversorgung, die seelischen Anspannungen führten zwangsläufig zu einer Verschlechterung der Gesundheitsverhältnisse. Die Quote der Erkrankungen stieg ebenso wie die der Unfallzahlen.[179] Hier wirkten sich auch die Neueinstellungen bergbauunerfahrener Kräfte, mangelhafte Wartung der Maschinen und die schlechter werdende Qualität der Betriebsmittel aus, vor allem aber die Außerkraftsetzung und Vernachlässigung von Sicherheitsvorschriften.

Die Ungerechtigkeit bei der Versorgung, die die Klassengegensätze besonders deutlich machte, die zum Himmel schreiende „Aushungerung der arbeitenden Bevölkerung“[180] und das gewaltige Absinken des Lebensstandards, das im krassen Gegensatz zu den Unternehmensgewinnen in der Rüstungsindustrie stand,[181] nährten die Unzufriedenheit in der Arbeiterschaft und waren die Ursachen für die Lebensmittelproteste

171 Landtagsrede am 18.2.1916, Stenogr. Berichte, Sp. 554.

172 Rede Hues auf einer Bergarbeiterversammlung in Essen am 24.6.1917. Arbeiterzeitung (Essen) 147, 26.6.1917.

173 Hue in der Etatdebatte des Landtags am 5.3.1917, Stenogr. Berichte, Sp. 4652.

174 Bergarbeiterverband, Geschäfts-Bericht 1913/14, S. 15.

175 Dertmann, Bergarbeiterlöhne, S. 30; Hartewig, Das unberechenbare Jahrzehnt, S. 163.

176 So Hue in seiner Landtagsrede am 5.3.1917, Stenogr. Berichte, Sp. 4651. – Als durchschnittlichen Schichtlohn erhielten 1918 die unter Tage arbeitenden Bergleute im Ruhrgebiet 13,10 M, in Niederschlesien lediglich 8,39 M ausgezahlt. Noch niedriger waren die Schichtlöhne im Hallischen Braunkohlenbergbau (8,14 M). Bergarbeiterverband, Geschäfts-Bericht 1917/18, S. 29.

177 Siehe z.B. sein Einsatz für die Bergarbeiter im Harz beim Handelsminister Reinhold von Sydow im Mai 1917. Bergarbeiter-Zeitung 21, 26.5.1917 „Die Rammelsberger Bergleute zur Lohnfrage“.

178 Bergarbeiterverband, Geschäfts-Bericht 1917/18, S. 3.

179 Von 14,97 Unfällen je 1000 Versicherter im Jahre 1913 auf 17,66 (1917). Bergarbeiterverband, Geschäfts-Bericht 1917/18, S. 41; 1889–1929, S. 90; Hartewig, Das unberechenbare Jahrzehnt, S. 110.

180 Arbeiterzeitung (Essen) 182, 6.8.1917; Bergarbeiter-Zeitung 33, 18.8.1917.

181 „Der Krieg erweist sich immer deutlicher als ein Massenverarmer und Millionärzüchter.“ war schon im Geschäftsbericht des Bergarbeiterverbandes für die Jahre 1915/16, S. 9 zu lesen.

und Streikaktionen in der zweiten Kriegshälfte.[182] Es waren zunächst keine Massenstreiks, sondern isolierte Aktionen einzelner Schachtanlagen oder Betriebsabteilungen, die selten mehr als ein Tag dauerten und die an die traditionellen belegschaftsbezogenen Formen des Protestes und der Interessenartikulation anknüpften. Die Belegschaften handelten spontan und autonom, auch wenn Behörden, Unternehmer oder Historiker, die im Auftrage der Industrie schrieben, die Auffassung vertraten, dass Gewerkschafter oder „fremde Elemente“ die „sonst ruhigen Belegschaften“[183] aufgehetzt hätten.[184]

Der Alte Verband als Teil des „festgefügten Disziplinierungskartells aus Staat, Unternehmern und Gewerkschaften“[185] verurteilte die Ausstände in einem gemeinsamen Aufruf mit den anderen Bergarbeiterorganisationen als „Verrat an den Interessen des Vaterlandes und unseres Standes“,[186] und Hue beschwor in den Versammlungen die Bergarbeiter, es nicht zu Unruhen kommen zu lassen, denn solche würden sich „unsere Feinde zu Nutzen machen und der Krieg würde somit in die Länge gezogen“.[187] Die Gewerkschaftsführer intervenierten, sobald eine Protestaktion zu erwarten war oder ein Streik ausbrach. Als auf der Zeche Herkules ein Ausstand drohte, war Hue sogleich zur Stelle. „Ein Streik ... könne jetzt nichts nützen, denn er schaffe keine Lebensmittel“, argumentierte er auf der anberaumten Belegschaftsversammlung.[188] Ebenso war er bemüht, einen auf der Zeche Sälzer und Neuack entstandenen Konflikt zu schlichten, um eine Arbeitsniederlegung zu verhindern.[189] Bei den Ausständen in Oberschlesien im Sommer 1917 war Hue gleichfalls vermittelnd tätig.[190] Angesichts seines Eingreifens in zahlreichen Konfliktfällen erscheinen die angeblich „zuverlässigen nachrichten“ im Januar 1918, wonach „die berliner streikleitung die absicht haben [soll] den abgeordneten hue zu veranlassen den bergarbeitern die teilnahme am streik nahe zu legen“, als nicht glaubwürdig.[191]

Allerdings zeigte Hue zur Jahreswende 1917/18 Verständnis für die Protestaktionen der „Volksmassen, die durch die Mißstände ... zur Verzweiflung getrieben worden sind“.

182 Westfalen: Perrefort, Aufruhr; Ruhrgebiet: Spethmann, Ruhrbergbau 1, S. 17–78; Bochum: Wölk, Zwischen Heimat, S. 64–70; Essen: Wisotzky, Unruhige Zeiten, S. 35–59 u. 65–77; nördliches Ruhrgebiet (Buer und Recklinghausen): Schmidt, Hunger; Saarland: Mallmann/Steffens, Lohn der Mühen, S. 117f.; allgemein: Bieber, Gewerkschaften, S. 441–471.

183 Spethmann, Ruhrbergbau 1, S. 19.

184 Z.B. LA NRW Abt. Rheinl. Reg. Düsseldorf Präsidialbüro 29, Quartalsbericht des Oberbergamts Dortmund, 16.1.1917; HA Krupp WA 4/1242, Bergbauverein an Hugenberg, 7.2.1917; Osthold, Geschichte des Zechenverbandes, S. 253; Spethmann, Ruhrbergbau 1, S. 40.

185 Ruck, Gewerkschaften – Staat – Unternehmer, S. 37; ders., Die deutschen Gewerkschaften, S. 72. Ebenso Schönhoven, Die deutschen Gewerkschaften, S. 106: „Disziplinierungsagentur“.

186 Bergarbeiter-Zeitung 35, 26.8.1916; Denkschrift über die Ursachen der Arbeits-Einstellungen 1917, S. 31. – Ein gleichgerichteter Aufruf erfolgte im April 1917. Bergknappe 17, 28.4.1917.

187 Rede auf einer Bergarbeiterversammlung in Recklinghausen am 21.3.1915. LAD NRW Abt. Westf. Reg. Münster VII 58 Bd. 4, Überwachungsbericht der Polizeiverwaltung Recklinghausen, 22.3.1915.

188 Arbeiterzeitung (Essen) 201, 28.8.1916 „Belegschaftsversammlung der Zeche ‚Herkules‘“.

189 Wisotzky, Unruhige Zeiten, S. 44–47.

190 Feldman, Armee, Industrie und Arbeiterschaft, S. 298. – Hue selbst schilderte die Verhandlungen im Oberbergamt Breslau zur Beendigung des Ausstandes in der Landtagsdebatte am 13.12.1917, Stenogr. Berichte, Sp. 7073. Sie seien gescheitert, weil sich der Werksbesitzerverband geweigert habe, mit den Gewerkschaften zu verhandeln.

191 LAD NRW Abt. Westf. Reg. Münster VII 17.2, Telegramm Minister d. Innern an Regierungspräsident Münster, 30.1.1918. Ebenso Polizeipräsident Berlin, Abt. VII an Minister d. Innern, 29.1.1918, in: Archivalische Forschungen 4, Nr. 361, S. 989f., S. 990.

„Die Erbitterung im Volke" war für ihn „ein ganz natürliches Ergebnis der Anarchie in unserer Wirtschaftsweise, der skandalösen Auswucherung dieser armen Menschen".[192] Die Verantwortung dafür trügen „diejenigen, die trotz aller Warnungen alles haben gehen und stehen lassen, die zwar die privatwirtschaftlichen Unternehmerinteressen, aber nicht die Position des Volkes gegenüber diesen gestärkt haben".[193] Hue rechtfertigte nun die Streiks der Bergleute, die er 1915 noch verurteilt hatte. Man könne es den Arbeitern nicht übelnehmen, „wenn sie, falls man ihre berechtigten Forderungen auf auskömmlichen Lohn und ihre Ansprüche auf gute Behandlung nicht erfüllt, schließlich sagen: so geht es nicht weiter, dann hört die Arbeit auf."[194] Verantwortlich für die „unliebsamen Ereignisse" seien die „einsichtslosen Herrenmenschen in der Großindustrie". Sie hätten „es, als es noch Zeit war, die Arbeiterstimmung in günstigem Sinne zu beeinflussen, abgelehnt …, Einrichtungen zu schaffen, die den Arbeitern die Möglichkeit gaben, ihre Beschwerden und Wünsche sachgemäß vorzutragen".[195]

Auch wenn der Verband die Aktionen der Belegschaften öffentlich verurteilte, nutzte er sie, um den eigenen Eingaben mehr Nachdruck zu verleihen.[196] Die Ausführungen Hues in der Staatshaushaltskommission des Landtages im Januar 1918, dass es zu Streiks kommen werde, wenn sich nicht die Ernährungsverhältnisse verbesserten, verstand der preußische Handelsminister zu Recht „als eine verhüllte Drohung".[197] Generell lässt sich im letzten Kriegsjahr eine Veränderung in der Haltung der Verbandsführung feststellen. Wenngleich sie sich nicht für einen Streik aussprach, so war sie aber nicht mehr bereit, einen Aufruf gegen den Streik zu unterzeichnen. Nach Ansicht des Münsteraner Regierungspräsidenten unternahm sie „auch nicht das geringste gegen den Ausstand".[198]

Die Politik der Gewerkschaften und des Bergarbeiterverbandes während des Krieges ist vielfach kritisiert worden. Sie hätten „die Rolle des Moderators" übernommen, „der – mehr als seinem eigentlichen Auftrag der Interessenvertretung seiner Mitglieder verträglich war – um Verständnis für die Zwangslage der Behörden warb".[199] Doch gab

192 Landtagsrede am 13.12.1917, Stenogr. Berichte, Sp. 7069.

193 Ebd., Sp. 7063.

194 Ebd., Sp. 7070. An anderer Stelle hieß es: „Wenn dann die Nahrungsmittelzufuhr wohl noch ganz ausbleibt, wenn es gar nicht einmal möglich ist, die Leute mit den notwendigen Kartoffeln und Broten zu versorgen, so daß sie nur noch Wassersuppen mit Steckrüben haben können, und manchmal noch nicht einmal das – meine Herren, wenn Sie der Maschine keinen Dampf zuführen, wenn Sie den Kessel nicht mit Kohlen speisen, dann ist einfach der Betrieb eingestellt, und genau so geht es mit den Arbeitern, wenn sie keine Nahrung erhalten." Ebd., Sp. 7069. Siehe auch Otto Hue, Brandenburgisches Bergarbeiterelend, in: Vorwärts 131, 14.5.1917.

195 Landtagsrede am 5.3.1917, Stenogr. Berichte, Sp. 4655.

196 Auf einer Belegschaftsversammlung der Zeche Sälzer u. Neuack erklärte Hue: „Die Organisationen hätten sich bis jetzt größte Mühe gegeben, ausgleichend zu wirken, das Verhalten der Werksbesitzer mache es aber unmöglich, in diesem Sinne weiter tätig zu sein. Er bitte die Vertreter der Behörde, die die Versammlungen überwachten, an ihre vorgesetzte Behörde über den Verlauf der Versammlung ausführlich zu berichten. So gehe es nicht weiter." Arbeiterzeitung (Essen) 208, 5.9.1916.

197 Protokoll einer vertraulichen Besprechung des preuß. Staatsministeriums, 4.2.1918, in: Archivalische Forschungen 4, Nr. 408, S. 1082–1086, S. 1085f.

198 LAD NRW Abt. Westf. Reg. Münster VII 17.2, Regierungspräsident Münster an Minister d. Innern, 6.2.1918. Ebenso beklagte das stv. Generalkommando, dass der Verband „eine energische Bekämpfung des Ausstandes [hat] vermissen lassen". Militär und Innenpolitik, Dok. 437, S. 1162 Anm. 27.

199 Abelshauser, Wirtschaft, Staat und Arbeitsmarkt, S. 444. – Hingegen beklagte Osthold, dass sich die Gewerkschafter „von der allgemeinen Erregung tragen" ließen und danach strebten, „ihr radikaler Dolmet-

es zu der Doppelstrategie von Beschwichtigungen bei Arbeitsniederlegungen und „verbaler Radikalität"[200], mit der versucht wurde, „gleichzeitig den Rückhalt an der Basis zu konsolidieren und den Behörden die Nützlichkeit der Gewerkschaften zu demonstrieren",[201] eine gangbare Alternative? Wie hätte denn die „Rückkehr zu einer energischen Interessenvertretung"[202] aussehen sollen? Beendigung der Burgfriedenspolitik und stattdessen die Organisation von Arbeitskämpfen? Ein großer organisierter Streik hätte zum Ausfall der kriegswichtigen Kohlenförderung geführt und damit zum Zusammenbruch der Heimatfront. Eine solche Aktion hätte – nach Überzeugung der Gewerkschaftsführer – „die Existenz des Verbandes aufs Spiel gesetzt".[203] Sie widersprach zudem dem Selbstverständnis der Verbandsführung und der Mehrheit ihrer Mitglieder, die in unzähligen Versammlungen „mit aller Klarheit und Deutlichkeit" bekundeten, „daß sie die Landesverteidigung nach besten Kräften unterstützen werden und nicht daran denken, irgend etwas zu unternehmen, was die Interessen unseres Landes namentlich während des ungeheuren Krieges gefährden könnte".[204] Oder volkstümlicher formuliert: „Wir denken nicht daran, das Haus, in dem wir wohnen, weder selbst zu zerstören, noch von anderen zerstören zu lassen." Hue verband dieses Bekenntnis mit einem seine Einstellung deutlich machenden Zusatz: „Wir wollen dieses Haus im Interesse der Gesamtheit des Volkes ausbauen, so reformieren, daß wir uns wohl darin fühlen, daß nach menschlichem Ermessen dann es keinen Menschen unter uns geben wird, der erbittert ausspricht, er habe kein Vaterland."[205]

Mehr als zweifelhaft waren zudem die Erfolgsaussichten eines Ausstandes. Der Gewerkverein und die wirtschaftsfriedlichen Organisationen lehnten einen Arbeitskampf ab, und das Militär duldete keinen größeren Streik, wie die Ereignisse im Jahre 1918 zeigten. Als im August die Belegschaften im Essener Revier nicht anfuhren, wurden mehr als 500 Streikende, darunter zahlreiche Vertrauensleute des Verbandes, umgehend einberufen.[206]

Je größer die Versorgungsprobleme wurden, je mehr der Reallohn sank, desto schwieriger war es für die Gewerkschaften, ihrer „Doppelfunktion als kriegswirtschaftliche Ordnungsinstanz und als Interessenorganisation der Arbeiterschaft"[207] gerecht zu wer-

scher zu sein". Osthold, Geschichte des Zechenverbandes, S. 254.

200 Goch, Sozialdemokratische Arbeiterbewegung, S. 192; Feldman, Armee, Industrie und Arbeiterschaft, S. 118; Hartewig, Das unberechenbare Jahrzehnt, S. 269.

201 Steinisch, Arbeitszeitverkürzung, S. 356.

202 Ruck, Gewerkschaften – Staat – Unternehmer, S. 46.

203 Material zur Lage der Bergarbeiter während des Weltkrieges, S. 4.

204 Landtagsrede am 13.12.1917, Stenogr. Berichte, Sp. 7074.

205 Ebd., Sp. 7076.

206 Bergarbeiterverband, Geschäfts-Bericht 1917/18, S. 130; Plumpe, Betriebliche Mitbestimmung, S. 280f.; Wisotzky, Unruhige Zeiten, S. 76f. Ebenso reagierte das Militär im Sommer 1917 bei den Ausständen in Oberschlesien (Bieber, Gewerkschaften, S. 459) und im Januar 1918 im Ruhrgebiet (Schmidt, Hunger, S. 189). Das stv. Generalkommando informierte den Oberpräsidenten: „Diese Massnahme [die Einziehung von streikenden Arbeitern. K.W.] wird hoffentlich dazu beitragen, die Arbeiterschaft von der Wiederholung solch' bedenklicher Demonstrationsstreiks abzuhalten." LAD NRW Abt. Westf. Reg. Münster VII 17.2, stv. Generalkommando an Oberpräsidenten der Provinz Westfalen, 10.2.1918. – Mit dem Hinweis, dass Streikende zu hohen Gefängnis- bzw. Zuchthausstrafen verurteilt oder an die Front eingezogen worden wären, verteidigte Sachse auch die Streikabstinenz des Bergarbeiterverbandes auf der Generalversammlung 1919. Protokoll der Generalversammlung 1919, S. 89 u. 106.

207 Schönhoven, Kriegspolitik, S. 687.

den. Wenngleich die Unzufriedenheit über die politischen und sozialen Verhältnisse in den Belegschaften zunahm und die Kritik an der kooperativen Haltung des Verbandes gegenüber der Regierung lauter wurde,[208] ist die generelle Behauptung, dass sich die Gewerkschaften mit ihrer Politik „weitere Sympathien in der Arbeiterschaft" verscherzt hätten,[209] in Bezug auf das Ruhrgebiet und speziell den Ruhrbergbau nur schwer zu belegen. Gleiches gilt für die pauschale Aussage, dass die Streiks der Jahre 1917/18 „unübersehbar" signalisiert hätten, „dass die Burgfriedenspolitik der Gewerkschaftsführungen für Schlüsselgruppen der deutschen Arbeiterschaft gescheitert war".[210] Zwar radikalisierten sich viele Bergleute, doch andere honorierten den Einsatz der Verbandsführung für ihre Interessen[211] und schlossen sich vermehrt der Gewerkschaft an. Der Alte Verband, der vor Kriegsbeginn 101.956 Mitglieder aufwies, erlebte, nach einem Rückgang der Mitgliederzahl auf 46.371 im Januar 1916, einen gewaltigen Aufschwung, überschritt 1917 den Vorkriegsstand und organisierte am Kriegsende 138.470 Männer und Frauen.[212]

Trotz des Zuwachses vertrat der Bergarbeiterverband nur eine Minderheit der Bergleute. Wie schon im Kaiserreich bildete die Bergarbeiterschaft keine Einheit, sondern zerfiel im Laufe des Krieges in unterschiedliche Gruppen: Unorganisierte, die weiterhin die Mehrheit bildeten, zumeist national-konservativ eingestellte „Gelbe", Mitglieder des Gewerkvereins und der Polnischen Berufsvereinigung, Linksradikale, Anarchisten und Syndikalisten, die vor dem Kriege nur in kleineren Grüppchen existierten,[213] jetzt aber größeren Anhang gewinnen konnten, Mitglieder des Alten Verbandes, wobei die einen die Verbandspolitik befürworteten und verteidigten, während andere in Opposition zur Führung standen und diese kritisierten. Ferner unterlagen die Belegschaften einem Umstrukturierungsprozess durch die Einberufungen, die Neuanstellung von ungelernten Arbeitern, Jugendlichen und Frauen sowie durch den Einsatz von Kriegsgefangenen und ausländischen Arbeitern. Diese sehr heterogene Masse mit unterschiedlichen politischen Ansichten und Interessen wies nur eine Gemeinsamkeit auf: ihre Unzufriedenheit über „eine Knappheits-, Verelendungs- und Ausbeutungssituation, wie sie seit Beginn der Industrialisierung nicht mehr existiert hatte"[214]. Wie stark aber die einzelnen Fraktionen waren, lässt sich nicht bestimmen. Die größte Beachtung fanden sowohl in der damaligen Öffentlichkeit wie in der heutigen Forschung die protestierenden und streikenden Bergleute. Doch dürfen deren Aktionen in ihrem Umfang nicht überschätzt werden. Folgten zu Beginn des Jahres 1918 in Berlin, Leipzig und anderen Städten Hunderttausende den Antikriegsparolen der USPD und des Spartakusbundes und legten die Arbeit nieder,[215] so fiel die Resonanz auf den Zechen des Reviers bescheiden

208 Goch, Arbeiter(bewegungs)kulturen, S. 36.

209 So Bieber, Gewerkschaften, S. 449.

210 Ruck, Die deutschen Gewerkschaften als Protagonisten nationaler Belange, S. 76.

211 In einer kleinen Broschüre „Was leistete der Verband während des Krieges?" (Bochum 1917) legte der Vorstand den positiven Ertrag seiner Arbeit im Krieg dar, um so dem Einwand, dass der Verband nichts nutze, entgegenzutreten.

212 Bericht Sachses auf der Tagung des Aktionsausschusses. Bergarbeiter-Zeitung 40, 6.10.1917; Bergarbeiterverband, Geschäfts-Bericht 1917–18, S. 46; Bergarbeiter-Zeitung 19, 8.5.1920 „Wachsen und Wirken unseres Verbandes".

213 Tenfelde, Linksradikale Strömungen, S. 212–218; Jenko, Bergarbeiterschaft, S. 10–12.

214 Kocka, Klassengesellschaft im Krieg, S. 21.

215 Feldman u.a., Massenbewegungen; Krumeich, Art. Januarstreiks; Luban, Die politischen Massenstreiks, S. 127–133; Streiken gegen den Krieg!.

aus. Lediglich 16.332 Bergarbeiter, nicht einmal fünf Prozent der Gesamtbelegschaft, streikten am 29. Januar.[216] Auch in der Provinz Sachsen beteiligten sich die Arbeiter der Braunkohlengruben nicht an den Aktionen in den Rüstungsbetrieben.[217]

12.5 Keine Annexionen

Ungeachtet aller Proklamationen der Reichsleitung, nur einen Verteidigungskrieg zu führen, begannen in Deutschland schon 1914 die Planungen über mögliche Annexionen.[218] In internen Denkschriften und Eingaben forderten Alldeutsche und Vertreter der Industrie, speziell der Montanindustrie, vor allem die Schaffung von Siedlungsraum im Osten, die Angliederung des Erzbeckens von Longwy-Briey[219] und die Kontrolle über Belgien. Mancher erwog sogar die Angliederung Belgiens und des französischen Kohlendistrikts. Mit ihren Wünschen rannten sie bei der Regierung und der Obersten Heeresleitung offene Türen ein, die aber, um die Illusion eines Verteidigungskampfes aufrechtzuerhalten, eine öffentliche Diskussion über die Kriegsziele lange Zeit mittels der Zensur unterdrückten und erst am 15. November 1916 freigaben. Je öfter die Wünsche publiziert wurden, je ausufernder die Annexionspläne sich gestalteten, desto mehr wuchsen bei vielen die Zweifel, ob Deutschland einen Verteidigungskrieg führe. So konstatierte der Leitartikel der *Bergarbeiter-Zeitung* vom 4. August 1917, „daß die Fortsetzung des Menschenmordens um Eroberungen willen“ „ein Verbrechen gegen die Menschheit ist“ und sich nicht „mit dem vor drei Jahren offiziell proklamierten Charakter des Krieges als eines Verteidigungskampfes“ vertrage.[220] Hingegen teilte Hue trotz aller gegenteiligen Anzeichen weiterhin die Ansicht vieler Gewerkschaftsführer[221], dass sich Deutschland in einem Verteidigungskrieg befände. Er ließ sich von der staatlichen Propaganda täuschen, denn als Beweis führte er an, dass die „feindlichen Parlamente noch nicht zu einem Verständigungsfrieden bereit“ seien, „obgleich die Mittelmächte ihre Bereitwilligkeit erklärt“ hätten.[222]

216 Spethmann, Ruhrbergbau 1, S. 54. – Von „einer Art Generalstreik“ – so Plumpe, Betriebliche Mitbestimmung, S. 278 – kann daher keine Rede sein.

217 Menne, Arbeitsverhältnisse und Sozialbeziehungen, S. 70.

218 Fischer, Griff nach der Weltmacht; Haus, Lothringen und Salzgitter, S. 40–62; Rasch, Ruhrgebiet, S. 360–368.

219 Die Angliederung von Longwy-Briey gehörte bereits zum September-Programm 1914 des Reichskanzlers und war das wichtigste Kriegsziel der Montanindustrie. Sie hätte den deutschen Erzvorrat verdoppelt, weshalb Vögler als Sprecher der rheinisch-westfälischen Industrie Ende August 1917 erklärte: „Für den Erwerb von Briey würden wir 10 Jahre länger Krieg führen.“ Zit. nach Fischer, Griff nach der Weltmacht, S. 218. – Albert Vögler (1877–1945), seit 1917 Generaldirektor der Deutsch-Luxemburgischen Bergwerks- und Hütten-AG, war ein enger Vertrauter von Hugo Stinnes und gehörte zu den bedeutenden deutschen Wirtschaftsführern der ersten Hälfte des 20. Jahrhunderts. Bei der Gründung der Vereinigten Stahlwerke AG 1925 wurde er Vorstandsvorsitzender. Rasch, Albert Vögler; Reckendrees, Albert Vögler.

220 Bergarbeiter-Zeitung 31, 4.8.1917 „Das vierte Kriegsjahr beginnt“.

221 Bieber, Gewerkschaften, S. 487.

222 Rede Otto Hues auf einer Bergarbeiterversammlung in Essen am 5.8.1917. Arbeiterzeitung (Essen) 182, 6.8.1917 „Die Bergleute marschieren auf!“. – Durch die historische Forschung wissen wir, dass die Friedensangebote der Mittelmächte nicht ernst gemeint waren, denn man hatte sie mit kaum zu erfüllenden Bedingungen verknüpft, sodass mit ihrer Annahme nicht zu rechnen war. Wichtig war vor allem die „psychologische Rückwirkung“. Die Bevölkerung sollte die Gewissheit erhalten, „daß die Reichsleitung sich ‚ernsthaft‘ um die Herbeiführung des Friedens bemühte“. Fischer, Griff nach der Weltmacht, S. 251.

Weil Hue sich bei seinen öffentlichen Auftritten „mit der ihm eigenen Entschiedenheit für den Kampf für Deutschlands Selbstbehauptung einsetzte, … wurde er mit vielen deutschen Arbeiterführern von sogenannten Radikalen in die Wolfsschlucht der Chauvinisten geworfen.“ – zu Unrecht, meinte sein Freund Carl Severing.[223] Denn Hue sprach sich zwar entschieden für die Vaterlandsverteidigung aus, aber er wollte nur „bis zu einer gegenseitigen Verständigung“ durchhalten und dachte keineswegs an Eroberungen.[224] Seine Haltung war in diesem Punkt unzweifelhaft: „Wir dürfen das markante Wort: ‚Uns treibt keine Eroberungslust!‘ in keiner Weise, weder direkt noch indirekt, annexionistisch umdeuteln lassen“, lautete seine eindringliche Warnung in der *Arbeiter-Zeitung*.[225]

Für seinen Standpunkt machte er drei Gründe geltend.[226] Erstens seien Gebietserweiterungen zum Schutz des Landes nicht erforderlich. Zweitens brauche Deutschland auch zur Sicherung seiner wirtschaftlichen Zukunft „keine Herausschiebung“ seiner Reichsgrenzen. Drittens würden Gebietsverluste bei den besiegten Völkern nur Rachegelüste auslösen, somit Deutschland eine dauernde Feindschaft bescheren[227] und in Europa den „permanenten Kriegszustand“ auslösen. „Der brodelnde Vulkan würde sich wieder und wieder öffnen, abermals und abermals schauerliche Verheerungen anrichten.“[228]

Anhand der deutschen Produktions- und Handelsstatistik belegte er seine Feststellung: „Wir litten vor dem Kriege weder unter einem Mangel an Kohle und Koks, noch unter einem Mangel an Erzen, Eisen und Stahl.“[229] Warum sollten dann noch die belgischen und französischen Kohlenreviere annektiert werden? Ebenso wenig benötige die deutsche Eisen- und Stahlindustrie Longwy-Briey, da sie auf hochwertige phosphorarme Erze angewiesen war, die dort nicht zu finden waren. Das hieß: Den bestehenden Mangel an phosphorarmen Erzen könne man auch „mit der Verwirklichung der alldeutschen Annexionsvorschläge absolut nicht beseitigen“.[230] Für Hue stand fest, dass die Angliederungen keineswegs „ein Lebensbedürfnis Deutschlands“ wären, wie die Annexionisten behaupteten, sondern allein den Interessen „der privatkapitalistisch-syndizierten Großindustrie“,[231] der „Erweiterung und Befestigung des Mammonismus“[232] dienten.[233] Mit seiner auch im Landtag vorgetragenen Anklage provozierte er nicht nur

[223] Severing, Hue, S. 434. – Anders fiel die Beurteilung Woczeks (Siehe oben, S. 260) aus, während Heinrich Teuber Hue nicht als Chauvinisten ansah. Teuber, Sozialisierung, S. 24. Die *Freiheit* beschuldigte ihn nach Kriegsende, „zu den Imperialisten“ gehört zu haben, „die der Übernahme der englischen Weltherrschaft durch Deutschland das Wort redeten“. Freiheit (Mülheim) 9, 11.1.1919 „Hört Hue!“.

[224] LAD NRW Abt. Westf. Oberbergamt Dortmund 1791, Bericht über die öffentliche sozialdemokratische Versammlung am 1.7.1917 in Dinslaken.

[225] Otto Hue, Sozialdemokratie und Grenzpfähle, in: Arbeiter-Zeitung (Dortmund) 221, 20.9.1916.

[226] LAD NRW Abt. Westf. Oberbergamt Dortmund 1791, Bericht über die öffentliche sozialdemokratische Versammlung am 1.7.1917 in Dinslaken.

[227] Otto Hue, Die Bergwerks- und Hüttenindustrie, in: Arbeiterinteressen und Kriegsergebnis, S. 48.

[228] Otto Hue, Sozialdemokratie und Grenzpfähle.

[229] Otto Hue, Die „Eingemeindung“ von Longwy-Briey, in: Vorwärts 27, 28.1.1917 (und anderen sozialdemokratischen Zeitungen); Otto Hue, Braucht Deutschland neue Kohlen- und Erzgebiete.

[230] Landtagsrede am 5.3.1917, Stenogr. Berichte, Sp. 4663.

[231] Otto Hue, Die „Eingemeindung“ von Longwy-Briey.

[232] Otto Hue, Kriegsursache und Kriegsziel, in: Arbeiterzeitung (Essen) 223, 22.9.1917.

[233] Vereinzelt wurde Hue aber von sozialdemokratischer Seite widersprochen. So hielt es die *Chemnitzer Volksstimme*, die den Artikel „Die ‚Eingemeindung‘ von Longwy-Briey“ ebenfalls abgedruckt hatte, in ihrem daran anschließenden Kommentar für erwägenswert, das „wichtige Rohstoffgebiet in das Eigentum des Reiches“ zu überführen. Zit. nach Arbeiterzeitung (Essen) 24, 29.1.1917.

die Schwerindustrie. Auch die *Essener Volks-Zeitung* lehnte die Ausführungen als „eine nichtswürdige, unser Ansehen im Auslande tief schädigende Verleumdung“ ab.[234]

Hue sah gleichfalls keine Notwendigkeit, Siedlungsland im Osten zu erobern. Die riesigen ostelbischen Großgüter, die „nicht entfernt so intensiv bewirtschaftet werden, als es im Interesse unserer Volksernährung notwendig und möglich wäre“, böten die Möglichkeit „für die innere Kolonisation“. Sein Gegenvorschlag lautete: „Teilen wir unsere zum Teil brachliegenden Latifundien auf, geben wir den Boden bäuerlichen Wirtschaftern in Bearbeitung. Damit dienen wir unserem Volke.“[235]

Für Hue stand fest, dass alle Annexionsgelüste nur „einen gerechten und für alle Kriegführenden annehmbaren Frieden“ verhinderten.[236] Sollte aber ein Gewaltfrieden, ein „Machtfrieden“, für den sich einigen Sozialdemokraten, die christlichen Gewerkschaften und der Gewerkverein aussprachen,[237] durchgesetzt werden, dann wäre dieser „ein schreckliches Unglück für die Menschheit“[238] und der „Ansporn zu einem neuen Völkerblutbad“[239]. Der kommende Frieden dürfe aber keinesfalls „nur ein Atemholen vor einem neuen, noch fürchterlichen Menschenmorden bedeuten“.[240] Daher lautete der Auftrag: „Wir müssen als Menschen nach Kräften verhindern, daß unseren Kindern und Kindeskindern wieder ein Blutbad bereitet wird.“[241]

Hue ließ auch den Einwand nicht gelten, dass durch eine Stärkung Deutschlands auf Kosten Frankreichs künftige Kriege verhindert würden. „Als ob die Weltgeschichte nicht lehrte, daß gerade Gebietserweiterungen nach einem Kriege, die das Wirtschaftsleben des besitzenden Feindes außerordentlich lähmten oder sein nationales Selbstgefühl tödlich verletzten, den untilgbaren Ansporn zu Rachekriegen abgeben!“[242] Aber, so seine emotionale Entgegnung auf eine Annexionen fordernde Rede des Abgeordneten Dr. Beumer: „Wir haben genug an diesem furchtbaren Morden, an diesen Hekatomben von geopferten Menschen!“[243] Hue hoffte, dass „die ungeheuerlichen blutigen Opfer“ allen Völkern bewiesen hätten, dass der Krieg nichts sei als „wahnwitziger, sinnloser Menschenmord“.[244]

Angesichts dieser klaren Positionierung[245] mutet es grotesk an, dass einige Presseorgane Hue zu den Gewerkschaftern zählten, die einen „starken Frieden“ befürworte-

234 Essener Volks-Zeitung 52, 22.2.1917 „Kriegs- und Friedensziele im Abgeordnetenhaus“.

235 Otto Hue, Mehr Land!, in: Arbeiterzeitung (Essen) 126, 1.6.1917. Ebenso Otto Hue, Übergang aus der Kriegs- in die Friedenswirtschaft I, in: Arbeiterzeitung (Essen) 180, 3.8.1917.

236 Otto Hue, Die „Eingemeindung“ von Longwy-Briey.

237 Bergknappe 18, 5.5.1917 „Schädliches Friedensgerede“; Bergknappe 20, 19.5.1917 „Arbeiterinteresse und Friedensziele“; Stegerwald auf der Konferenz der Vertrauensleute der christlich-nationalen Arbeiterbewegung in Essen am 6.5.1917, Schneider, Die Christlichen Gewerkschaften, S. 392f.; Schönhoven, Kriegspolitik, S. 676.

238 Otto Hue, Märchenerzähler, in: Arbeiterzeitung (Essen) 153, 3.7.1917.

239 Otto Hue, Mehr Land!, in: Arbeiterzeitung (Essen) 126, 1.6.1917; Otto Hue, Braucht Deutschland neue Kohlen- und Erzgebiete, S. 58.

240 Otto Hue, Deutsche Interessen, in: Arbeiterzeitung (Essen) 244, 17.10.1916.

241 Otto Hue, Sozialdemokratie und Grenzpfähle, in: Arbeiter-Zeitung (Dortmund) 221, 20.9.1916.

242 Zuschrift Otto Hue, in: Arbeiterzeitung (Essen) 38, 14.2.1917 = Arbeiter-Zeitung (Dortmund) 38, 14.2.1917.

243 Landtagsrede am 20.2.1917, Stenogr. Berichte, Sp. 3868.

244 Otto Hue, Sozialdemokratie und Grenzpfähle.

245 Nach dem Kriege machte die *Essener Volks-Zeitung* ihn mitverantwortlich für den Ausgang des Krieges, da er „zu den lautredenden Propheten gehört“ hätte, „die ohne Rücksicht auf die uns drohende schwere Faust des Eroberers für die Anbahnung des Friedens plädiert haben, als starker Siegeswille uns noch zu retten vermochte“. Zit. nach Otto Hue, Zu späte Erkenntnis?, in: Arbeiterzeitung (Essen) 170, 24.7.1919.

ten,[246] hatte er doch öffentlich erklärt: „Alle von den Annektionisten aufgestellten Projekte sind nicht stichhaltig und müssen bekämpft werden.“[247]

Als der Verein Deutscher Eisen- und Stahl-Industrieller und der Verein deutscher Eisenhüttenleute im Dezember 1917 eine Denkschrift „Zur Einverleibung der französisch-lothringischen Eisenerzbecken in das deutsche Reichsgebiet“ veröffentlichten,[248] reagierte Hue ablehnend: „Wer sich … eingehend mit den aufgeworfenen Fragen befaßt hat, der muß wieder staunen über die Oberflächlichkeit und Einseitigkeit, mit der auch in der neuen Denkschrift operiert wird.“[249]

Den schwerindustriellen Kreisen missfielen die fundierten Meinungsäußerungen des sozialdemokratischen Experten, weshalb Albert Vögler riet, unbedingt dagegen Stellung zu nehmen.[250] So startete im Frühjahr 1918 eine Hetzkampagne gegen den Kritiker. Die *Rheinisch-Westfälische Zeitung*, das Organ der rheinisch-westfälischen Montanindustrie, hatte Hue schon zuvor als „Anwalt feindlicher Interessen“ denunziert.[251] In einem vierseitigen Flugblatt „Hue auf dem Holzweg“, das in den Betrieben und an Soldaten in den besetzten Gebieten verteilt wurde,[252] versuchte man seine Beweisführung zu widerlegen.[253] Die Gegenargumente lauteten:

In vier bis fünf Jahrzehnten seien die Erzlager in Deutschland abgebaut und dann sei man „von der Gnade und Ungnade unserer Feinde ganz abhängig“. Daher müsse vorgesorgt werden. Aber schon in der Nachkriegszeit brauche man eine hohe Erzeugung an Eisen und Stahl, um durch deren Ausfuhr Waren importieren und Schulden bezahlen zu können. Bliebe die Erzversorgung aus Lothringen aus, hätte dies eine große Arbeitslosigkeit zur Folge. Des weiteren werde das phosphorhaltige Erz auch zur Düngung der mageren deutschen Böden benötigt, denn beim Produktionsprozess fiele „Thomasmehl“ an. Da auf die Vertragstreue der Franzosen nach Kriegsende kein Verlass sei, wäre „Landgewinn … der beste Weg“, um Nahrungsmittel und Rohstoffe hereinzuholen und die deutsche Volkswirtschaft zu stärken. „Deutschland muß geachtet in der Welt sein, sonst werden auch künftig unsere Feinde unter Rechtsbrüchen alles daran setzen, uns das Leben unmöglich zu machen!“

Hue hingegen leiste – so der Vorwurf – „der Arbeiterschaft und dem Vaterland keinen guten Dienst“, wenn er dazu rate, „das Fundament unserer Industrie und Macht zu

246 Die Nationalliberale Korrespondenz für Westfalen behauptete in einem gegen Hue gerichteten Artikel, den zahlreiche Zeitungen übernahmen, dass er früher zu den „wüsten Annexionisten“ gehört habe. Für diese Behauptung brachte sie aber keine Belege. Rhein- und Ruhrzeitung 525, 14.10.1917 „Herrn Hues Kümmernisse“.

247 LAD NRW Abt. Westf. Oberbergamt Dortmund 1791, Bericht über die öffentliche sozialdemokratische Versammlung am 1.7.1917 in Dinslaken.

248 Konrad-Adenauer-Stiftung Nachlass Stinnes 01-220 044/5; Fischer, Griff nach der Weltmacht, S. 217; Rasch, Ruhrgebiet, S. 366f.

249 Otto Hue, Um Briey und Longwy, in: Arbeiterzeitung (Essen) 9, 11.1.1918 (und in weiteren sozialdemokratischen Tageszeitungen).

250 Konrad-Adenauer-Stiftung Nachlass Stinnes 01-220 044/5 Vögler an Stinnes, 26.1.1918. Stinnes notierte am Rande: „Ich bin gleicher Meinung.“

251 So Hue in seiner Landtagsrede am 5.3.1917, Stenogr. Berichte, Sp. 4662.

252 Bergarbeiter-Zeitung 16, 20.4.1918 „Ein Schwindel-Flugblatt“; Otto Hue, Haben Verträge keinen Wert?, in: Arbeiterzeitung (Essen) 99, 30.4.1918.

253 Flugblatt (ohne Datum und Verfasser), in: thyssenkrupp Corporate Archives FWH 1338. Daraus die folgenden Zitate. – Siehe auch Volksblatt 88, 16.4.1918 „Der Krieg des deutschen Großkapitals“; Bergarbeiter-Zeitung 16, 20.4.1918 „Ein Schwindel-Flugblatt“.

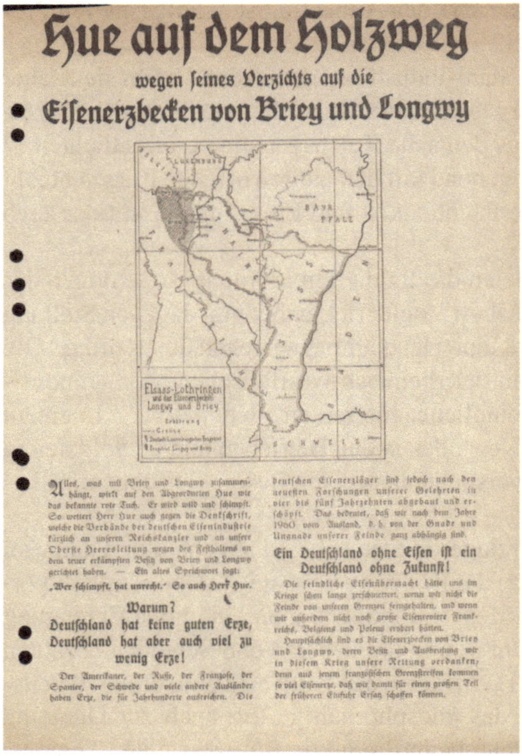

Hue auf dem Holzweg

wegen seines Verzichts auf die

Eisenerzbecken von Briey und Longwy

Alles, was mit Briey und Longwy zusammenhängt, wirkt auf den Abgeordneten Hue wie das bekannte rote Tuch. Er wird wild und schimpft. So wettert Herr Hue auch gegen die Denkschrift, welche die Verbände der deutschen Eisenindustrie kürzlich an unseren Reichskanzler und an unsere Oberste Heeresleitung wegen des Festhaltens an dem teuer erkämpften Besitz von Briey und Longwy gerichtet haben. — Ein altes Sprichwort sagt:

„Wer schimpft, hat unrecht.“ So auch Herr Hue.

Warum?

Deutschland hat keine guten Erze, Deutschland hat aber auch viel zu wenig Erze!

Der Amerikaner, der Russe, der Franzose, der Spanier, der Schwede und viele andere Ausländer haben Erze, die für Jahrhunderte ausreichen. Die deutschen Eisenerzläger sind jedoch nach den neuesten Forschungen unserer Gelehrten in vier bis fünf Jahrzehnten abgebaut und erschöpft. Das bedeutet, daß wir nach dem Jahre 1960 vom Ausland, d. h. von der Gnade und Ungnade unserer Feinde ganz abhängig sind.

Ein Deutschland ohne Eisen ist ein Deutschland ohne Zukunft!

Die feindliche Eisenübermacht hätte uns im Kriege schon lange zerschmettert, wenn wir nicht die Feinde von unseren Grenzen ferngehalten, und wenn wir außerdem nicht noch große Eisenreviere Frankreichs, Belgiens und Polens erobert hätten.

Hauptsächlich sind es die Eisenerzbecken von Briey und Longwy, deren Besitz und Ausbeutung wir in diesem Krieg unsere Rettung verdanken; denn aus jenem französischen Grenzstreifen kommen so viel Eisenerze, daß wir damit für einen großen Teil der früheren Einfuhr Ersatz schaffen können.

Abb. 23: Flugblatt „Hue auf dem Holzweg“

vernachlässigen und auf jede erreichbare Verbesserung unserer Lebenslage zu verzichten“. Als Motiv wurde ihm unterstellt, der Internationale dienen zu wollen. „Es ist merkwürdig auffällig, wie er gegen seine deutschen Mitbürger, welche anderen Sinnes sind, vom Leder zieht und seine feindlichen ‚Brüder jenseits des Schützengrabens‘ anfaßt, lediglich deshalb, um sie zu einem Verständigungs-, der nur ein Verzichtsfrieden für uns wäre, zu bewegen.“

Auf die zuletzt angeführte Verdächtigung ging Hue in seiner Entgegnung nicht näher ein,[254] zu abwegig erschien sie ihm angesichts seiner scharfen Kritik der französischen und englischen Genossen („kriegsschürende Rasende“) in der Vergangenheit.[255] Er spießte vor allem das Argument auf, dass Annexionen notwendig seien, da man sich nicht darauf verlassen könne, dass die Gegner vertragstreu blieben. Folge man dieser Logik, so Hue, müsse man auch Brasilien, Indien, Australien und Südafrika annektieren, da aus diesen Ländern der deutsche Blei-, Kupfer-, Silber-, Gold- und Manganbedarf gedeckt werde. Umgekehrt könnte Frankreich mit der gleichen Begründung die Kalisalze im Elsass für sich reklamieren.[256] Zudem warnte er nochmals vor den Folgen von Annexionen. „Wenn es sich um für die fremdländische Volkswirtschaft überragend wichtige Gebiete handelt“, bildeten die Gebietsabtrennungen „den stärksten Reiz zu Revanchekriegen, ziehen also gewaltige militärische Rüstungen nach sich“.[257] Dagegen böte doch, so hatte er es früher dargelegt, „die natürliche gegenseitige Abhängigkeit der deutschen und der französischen Metallbearbeitung“ (deutscher Koks

[254] Seine Reaktion fiel kurz aus: „Das ist zwar eine infame Verleumdung, aber was soll man von Burschen, die für solche Sudeleien käuflich sind, anders erwarten.“ Otto Hue, Haben Verträge keinen Wert? – Bereits im Februar 1917 hatte ihn die *Rheinisch-Westfälische Zeitung* beschuldigt, ein „Anwalt der Interessen unserer Feinde“ zu sein. Hue wies den Vorwurf als „ungeheuerlich“, als „infame Unterstellung“ zurück. Arbeiterzeitung (Essen) 38, 14.2.1917 = Arbeiter-Zeitung (Dortmund) 38, 14.2.1917.

[255] Otto Hue, Nahende Verständigung, in: Arbeiterzeitung (Essen) 31, 7.2.1916. Siehe auch Otto Hue, Internationale Rücksichtnahme, in: Volksblatt 235, 7.10.1915.

[256] Otto Hue, Rheinisch-Westfälische Eroberungspolitik, in: Arbeiterzeitung (Essen) 77, 4.4.1918 u. ders., Haben Verträge keinen Wert?.

[257] Otto Hue, Haben Verträge keinen Wert?. – 1917 warnte Hue: „Als ob die Weltgeschichte nicht lehrte, daß gerade Gebietserweiterungen nach einem Kriege, die das Wirtschaftsleben des besiegten Feindes außerordentlich lähmten oder sein nationales Selbstgefühl tödlich verletzten, den untilgbaren Ansporn zu Rachekriegen abgeben!“ Otto Hue, „Anwalt der Interessen unserer Feinde“, in: Arbeiter-Zeitung (Dortmund) 38, 14.2.1917.“

für französische Erze) „eine vorzügliche Basis für weitsichtige Verständigungsverhandlungen".[258] Den Punkt „Thomasschlacke" für die Landwirtschaft griff Hue nicht noch einmal auf, hatte er ihn doch schon zuvor mit dem Hinweis erledigt, dass Deutschland 718.879 Tonnen davon im Jahre 1913 exportiert hatte. Es bestand also ein Überfluss an diesem Düngemittel.[259]

Hue sprach sich nicht allein gegen Annexionen aus, sondern für ihn waren auch Reparationenzahlungen seitens des unterlegenen Gegners „Unsinn".[260] Ließe sich aber bei den Friedensverhandlungen die Aufoktroyierung einer finanziellen Kriegsentschädigung durch die sozialdemokratische Partei nicht verhindern, so würde er es begrüßen, diese „lediglich von den kapitalstarken und kriegstreibenden Volksteilen im feindlichen Auslande zu nehmen, so wäre das eine gerechte Sühne für deren frevelhafte Kriegsverlängerung".[261] Im gleichen Sinne plädierte er dafür, im Inland die im Krieg erzielten Gewinne zur Deckung der Kriegsschulden einzuziehen.[262]

Hue, der die Friedensresolution der Mehrheitsparteien vom 19. Juli 1917[263] befürwortete, hoffte auf eine „Schlichtung auf internationalem Wege",[264] an deren Ende „ein gerechter und für alle Kriegsführenden annehmbarer Frieden"[265] stehen sollte, der „bei keinem der beteiligten Völker den Rachegedanken zurückläßt",[266] „ein Frieden, der durch eine ehrliche Verständigung der sich im Kriege verblutenden Völker so stark" sei, „daß die Kriegstreibereien der Organe des internationalen Großkapitals zukünftig wirkungslos bleiben".[267] Folgerichtig kritisierte er im preußischen Landtag den Friedensvertrag von Brest-Litowsk, den er nicht als „Verständigungsfrieden" ansah,[268] als äußerst hinderlich für eine baldige Beendigung des Krieges und forderte, ihn „durch eine weitsichtige Vereinbarung mit Rußland und den ‚Randvölkern' friedlich-schiedlich [zu] revidieren".[269]

Wie sahen aber seine Vorstellungen von den Friedensbedingungen aus? Da Deutschlands Industrie künftig „möglichst aufnahmefähige Absatzgebiete für ihren Produkti-

258 Otto Hue, Um Briey und Longwy, in: Arbeiterzeitung (Essen) 9, 11.1.1918. – Bereits vor dem Krieg hatte Hue eine französisch-deutsche Montanunion in Bezug auf das Minette-Gebiet und eine Zollunion zwischen Deutschland und Frankreich als „zukunftsreiches Werk" der Außenpolitik vorgeschlagen. Lademacher, Illusion vom Frieden, S. 198.

259 Otto Hue, Um Briey und Longwy.

260 LAD NRW Abt. Westf. Oberbergamt Dortmund 1791, Bericht über die öffentliche sozialdemokratische Versammlung am 1.7.1917 in Dinslaken. Ebenso Volksblatt 224, 24.9.1918 „Hue spricht über Zeitfragen".

261 Otto Hue, Haben Verträge keinen Wert?.

262 LAD NRW Abt. Westf. Oberbergamt Dortmund 1791, Bericht über die öffentliche sozialdemokratische Versammlung am 1.7.1917 in Dinslaken.

263 In der von MSPD, Zentrum und der linksliberalen Fortschrittlichen Volkspartei beschlossenen Resolution bekundeten die Parteien: „Der Reichstag erstrebt einen Frieden der Verständigung und der dauernden Versöhnung der Völker. Mit einem solchen Frieden sind erzwungene Gebietserwerbungen und politische, wirtschaftliche oder finanzielle Vergewaltigungen unvereinbar." Zit. nach Leonhard, Der überforderte Frieden, S. 59.

264 Vortrag auf der Mitgliederversammlung der SPD-Filialen Dortmund-Nord und -Süd am 16.10.1915. Arbeiter-Zeitung (Dortmund) 245, 19.10.1915 „Die deutsche Volkswirtschaft während und nach dem Kriege".

265 Zuschrift Otto Hue, in: Arbeiterzeitung (Essen) 38, 14.2.1917.

266 Landtagsrede am 5.3.1917, Stenogr. Berichte, Sp. 4664.

267 Otto Hue, Märchenerzähler, in: Arbeiterzeitung (Essen) 153, 3.7.1917. – Entsprechende Resolutionen wurde auch auf den Bergarbeiterversammlungen mit Hue verabschiedet. Z.B. am 23.12.1917 in Dortmund. Dortmunder Zeitung 652, 24.12.1917 „Die Lage der Bergarbeiter".

268 Landtagsrede am 12. März 1918, Stenogr. Berichte, Sp. 8480.

269 Ebd., Sp. 8479.

onsüberfluß“ benötigen werde,[270] war für ihn ein freies Handelsrecht selbstverständlich.[271] Deutschland braucht „in der Tat die Freiheit der Meere für seinen gewaltigen Ausfuhrhandel! Es braucht die freie Schiffahrt für den Import seines großen Nahrungsmittelbedarfs, speziell auch für seine Versorgung mit den nicht im Inlande zu gewinnenden Metallen, wobei nur auf das Kupfer für unsere umfangreiche Elektroindustrie hingewiesen sei. Wir müssen ferner die ungehinderte Freiheit haben, überseeische Gebiete als Neuland für unseren Warenexport und eventuell als Bezugsland für metallische usw. Rohstoffe wirtschaftlich zu erschließen, natürlich ohne Vergewaltigung der Eingeborenen. Warum sollte sich ausgerechnet Deutschland von dieser kolonialpolitischen Betätigung fernhalten müssen? Mit welchem ‚Naturrecht‘ als Kolonisten und weltwirtschaftliche Unternehmer können andere Wirtschaftsvölker vor den Deutschen auftreten? Nicht um einen ‚antisozialistischen Imperialismus‘ handelt es sich in dieser Sache, sondern lediglich um die Forderung, gleichberechtigt im weltwirtschaftlichen Wettbewerb zu sein. Wird das allseitig verstanden und loyal zugegeben, dann wird die uns sehr am Herzen liegende dauernd friedliche Verständigung der Kulturnationen eine gesunde Grundlage bekommen.“[272]

Ebenso wie er die deutschen Annexionsgelüste scharf verurteilte, lehnte Hue in gleicher Weise die französischen Kriegsziele (Elsass-Lothringen, das saarländische Kohlebecken) als ungerechtfertigt ab: „Was deutsch ist, muß deutsch bleiben!“[273] In düsteren Farben schilderte er, „in welchen Geisteszustand das deutsche Volk versetzt würde, wenn der Krieg mit einer Verstümmelung des Reichsgebiets endete“: Der „Verlust seines weitaus wichtigsten inländischen Eisenerzgebietes“ zöge „eine unabsehbare tiefgreifende, ruinierende Wirtschaftskrisis bei all den sonstigen Kriegsfolgen nach sich“. „Glaubt jemand, der Revanchegedanke würde dann bei uns weniger leidenschaftlich das Volksempfinden bewegen als es in Frankreich der Fall war und ist?“ Hue ließ keinen Zweifel daran aufkommen, „daß wir Elsaß-Lothringen unter keinen Umständen aufgeben können“.[274]

Hue hatte es bei seinen Stellungnahmen stets offengelassen, ob er bis zum Kriegsende an einen Sieg Deutschlands glaubte. Wurde er vom Eingeständnis der Niederlage ebenso überrascht wie die Mehrheit der Deutschen, die den Lügenmärchen der staatlichen Propaganda geglaubt hatte?[275] Oder war ihm schon damals bewusst, was er im Juli 1919 ausführte: „Man brauchte nicht in Einzelheiten der Kriegsvorgänge eingeweiht zu sein, um zu erkennen, daß wir gegen die unheimlich wachsende Übermacht den ver-

[270] Otto Hue, Deutsche Interessen, in: Arbeiterzeitung (Essen) 244, 17.10.1916.

[271] Otto Hue, Die Bergwerks- und Hüttenindustrie, in: Arbeiterinteressen und Kriegsergebnis, S. 49.

[272] Ebd., S. 51f.

[273] Otto Hue, Haben Verträge keinen Wert?, in: Arbeiterzeitung (Essen) 99, 30.4.1918. Ebenso Otto Hue, Elsaß-Lothringen, Deutschlands Erzlager, in: Metallarbeiter-Zeitung 17, 22.4.1916. Nach seiner Ansicht war „das historische Recht Deutschlands auf Elsaß-Lothringen weit älter und durch den Nationalcharakter der Reichsländer begründeter als das Frankreichs“. Otto Hue, Wirtschaftliches Kriegsziel hüben und drüben, in: Arbeiterzeitung (Essen) 87, 12.4.1916. – Siehe auch Otto Hue, Volksabstimmungen in Elsaß-Lothringen, in: Volksblatt 18, 22.1.1916.

[274] Otto Hue, Wirtschaftliches Kriegsziel hüben und drüben.

[275] Im August 1918 ging er noch von einem fünften „Kriegswinter“ aus. Otto Hue, Wie kann die Kohlenversorgung gesichert werden?, in: Volksblatt 179, 2.8.1918. Später beklagte er, dass man über den Ernst der Lage nicht unterrichtet worden wäre. Otto Hue, Longwy-Briey und die Sozialdemokratie, in: Arbeiterzeitung (Essen) 50, 6.3.1920. Das Nicht-Wissen betraf nicht allein Hue, sondern galt allgemein. „Die Nicht-Militärs waren gänzlich uninformiert, ja ahnungslos über den wahren Stand der Dinge.“ Nipperdey, Deutsche Geschichte 2, S. 861.

heißenen ‚deutschen Siegfrieden' nicht erzielen konnten. Wer auch nur einigermaßen mit unseren inneren Verhältnissen, der immer schwerer werdenden Nahrungs- und auch der Kriegsmaterialnot, vertraut war, der mußte wissen, daß sich unsere Aussichten verschlechterten, je länger der Krieg dauerte." Man habe „die Unmöglichkeit, den ‚fast unerschöpflichen' feindlichen Reserven, ... auch nur einigermaßen Gleichwertiges entgegenzustellen", erkannt und daher das Unglück der Kapitulation vorausgesehen.[276]

Ungewiss ist ebenso, wie er auf die Waffenstillstandsbedingungen reagierte. War er ebenso empört wie die Essener Stadtverordnetenversammlung, die bekundete: „Die weite Welt muss wissen, daß das deutsche Volk keine Rotte von Knechten ist, sondern als freies Volk sein Letztes einsetzen wird für Vaterland und Zukunft."[277] Glaubt man der Aussage von Hugo Stinnes, so hätte Hue am 11. Oktober erklärt, „daß die Arbeiterschaft einen schmachvollen Frieden ablehne, daß in diesem Falle der furor teutonicus wieder losbrechen" werde.[278] Solche Töne waren aber auf einer eindrucksvollen Kundgebung im Essener Saalbau zwei Tage später nicht zu hören. Hue rief nicht zum Kampf gegen die Siegermächte auf, sondern klagte stattdessen die „Machthaber des alten Systems" an, die total versagt und „den Verteidigungskrieg des deutschen Volkes in einen Eroberungskrieg" umgefälscht hätten.[279]

12.6 Kriegsende

Im April 1917 vermeldete der Düsseldorfer Regierungspräsident eine wachsende Kriegsmüdigkeit und eine verstärkte Friedenssehnsucht in der Bevölkerung.[280] Die Mehrheitssozialdemokraten – und mit ihr der Bergarbeiterverband – reagierten auf die wachsende Unzufriedenheit in der Arbeiterschaft, indem sie Großkundgebungen mit Tausenden von Teilnehmern organisierten, die ihren Friedenswillen bekundeten.[281] Das zweite beherrschende Thema ihrer Agitation, an der sich Hue rege beteiligte,[282] war die Wahlrechtsreform in Preußen. Der Kaiser hatte in seiner Osterbotschaft 1917 Änderungen beim preußischen Dreiklassenwahlrecht nach Beendigung des Krieges angekündigt, doch Hue wollte nicht solange warten, sondern forderte die sofortige Umsetzung und machte dafür auch militärische Gründe geltend. „Wenn unseren Soldaten im Felde gesagt werden kann: ‚Während ihr den feindlichen Einbrüchen in euer Vaterland todesmutig widersteht, wird in der Heimat ehrlich und emsig für die Erweiterung und Sicherung eurer Bürgerrechte gearbeitet!'", dann werde sich die „Landwehrkraft" „enorm erhöhen".[283]

[276] Otto Hue, Zu späte Erkenntnis?, in: Arbeiterzeitung (Essen) 170, 24.7.1919.

[277] Resolution vom 22.10.1918. Haus der Essener Geschichte Chronik der Stadt Essen für 1918, S. 124.

[278] Bergbau-Archiv 14/48, Bericht Stinnes auf der Sitzung des Geschäftsausschusses am 14.10.1918 (abgedr. in: The Origins of the Stinnes-Legien Agreement, S. 53–56, S. 54); Feldman, Stinnes, S. 514. – Auch Adam Stegerwald hatte dazu aufgefordert, „die Aufpeitschung des furor teutonicus" auszulösen. Zit. nach Bieber, Gewerkschaften, S. 1039 Anm. 268.

[279] Arbeiterzeitung (Essen) 240, 14.10.1918 „Für Freiheit und Wahlrecht".

[280] LAD NRW Abt. Rheinl. Reg. Düsseldorf Präsidialbüro 29, Zeitungsbericht, 30.4.1917.

[281] Für Essen: Wisotzky, Unruhige Zeiten, S. 62f.

[282] Am 1.7.1917 in Dinslaken (LAD NRW Abt. Westf. Oberbergamt Dortmund 1791), am 5.8.1917 in Essen (Arbeiterzeitung (Essen) 182, 6.8.1917), im Januar 1918 in Moers (Vorwärts 12, 12.1.1918), am 7.5.1918 in Berlin (Vorwärts 125, 7.5.1918).

[283] Otto Hue, Warum noch warten?, in: Arbeiterzeitung (Essen) 90, 18.4.1917.

Hue befürchtete zu Recht, dass die versprochene Reform nicht sofort erfolgen werde. Die antidemokratische Fronde werde „hundert ‚Gründe'" finden, um die Beratungen zu verlängern. „Daran zu zweifeln, hieße die Hartnäckigkeit der heute Privilegierten weit unterschätzen." Angesichts dieser Verzögerungstaktik gab er zu bedenken: „Daß das preußische Volk sich auch nur mit einer Verschleppung, geschweige denn mit einer Ablehnung der längst fällig gewordenen Wahlrechtsreform seelenruhig abfinden wird, das kann nur jemand glauben, der auf dem Monde wohnt."[284]

Doch alle Reden und Resolutionen bewirkten nichts. Einschneidende Reformen verhinderte das preußische Abgeordnetenhaus, speziell das Herrenhaus, was Hue sehr bedauerte. „Wenn Sie sich endlich darauf besinnen, welche Erwartung das preußische Volk an die Osterbotschaft und an die Julibotschaft des preußischen Königs geknüpft hat, dann müssen Sie verstehen, wodurch die Stimmung des 4. August gründlich verdorben worden ist", warf er der Abgeordnetenmehrheit vor.[285] Doch die Warnung, „diesem Volk, dem Sie nun schon so viel zugemutet haben, nun auch noch dies Ertragen der Zerstörung seiner Hoffnung auf ein neues Preußen und ein neues Deutschland zuzumuten",[286] konnte ebenso wie die landesweiten Proteste keinen Meinungsumschwung herbeiführen.

Erst als eine Niederlage des Westheeres nicht länger aufzuhalten war, verlangte die Oberste Heeresleitung im September 1918 ultimativ die sofortige Herausgabe eines Waffenstillstandsgesuches sowie die Parlamentarisierung des Reiches und die Realisierung der schon so lange diskutierten politischen Reformen in Preußen. Der Reichskanzler Graf Hertling trat zurück, und es bildete sich eine neue Regierung mit Prinz Max von Baden an der Spitze, an dem sich auch Mehrheitssozialdemokraten beteiligten. Das „infame Kalkül" Ludendorffs, „die bisherigen konservativen-militaristischen Führungskräfte aus der Verantwortung für die Folgen ihrer verfehlten Kriegspolitik zu entlassen … und den demokratischen Parteien das Odium des ‚Dolchstoßes' aus der Heimat in den Rücken der kämpfenden Front an[zu]hängen", ging langfristig auf.[287]

Das Bestreben der alten Machthaber, sich „der Verantwortung für den jähen Zusammenbruch" zu entziehen[288] und „die neue deutsche Regierung für den Ausgang des Krieges verantwortlich zu machen", geißelte Hue in einer Essener Versammlung am 13. Oktober 1918, bei der er die „fortschreitende Demokratisierung" feierte, die aber vor den Parlamenten der Provinzen und der Gemeinden nicht halten machen dürfe.[289] Seine Ankündigung „Wir müssen aufräumen mit den junkerlichen Landräten und Oberpräsidenten." quittierte die Versammlung mit „anhaltender stürmischer Zustimmung".[290]

284 Otto Hue, Zerstörung der Wahlrechtsvorlage?, in: Arbeiterzeitung (Essen) 273, 20.11.1917.

285 Landtagsrede am 6.5.1918, Stenogr. Berichte, Sp. 9691.

286 Ebd., Sp. 9692.

287 Peukert, Weimarer Republik, S. 37; Wehler, Deutsche Gesellschaftsgeschichte 4, S. 159f.

288 Otto Hue, Demokratie oder Anarchie?, in: Arbeiterzeitung (Essen) 253, 29.10.1918. – Auch später wies er die Anschuldigungen von rechts zurück: „Nicht die Tätigkeit der Pazifisten, nicht der ‚Dolch in den Rücken' hat die Oberste Heeresleitung genötigt, dringend den Abschluß des Waffenstillstandes zu fordern, sondern sie selbst hat es [am 2. Oktober den Parteiführern des Reichstages] berichtet: Die Unmöglichkeit, den ‚fast unerschöpflichen' feindlichen Reserven, den ‚unerwartet großen' Mengen Tanks auch nur einigermaßen Gleichwertiges entgegenzustellen, hat uns zur Kapitulation gezwungen!" Otto Hue, Zu späte Erkenntnis?, in: Arbeiterzeitung (Essen) 170, 24.7.1919.

289 Arbeiterzeitung (Essen) 240, 14.10.1918 „Für Freiheit und Wahlrecht".

290 Oberhausener Volkszeitung 282, 15.10.1918 „Die Genossen obenauf".

Hue schloss seine Rede mit der Aufforderung, „aus Preußen-Deutschland den freiesten Staat der Welt“ zu schaffen. „Nicht neue Klassenherrschaft wollen wir“, sondern „politische, geistige, philosophische, religiöse Freiheit sei unsere Losung. Jeden Versuch, einzelne Klassen, Nationalitäten oder Konfessionen zu unterdrücken, werden wir entschieden entgegentreten.“[291]

Der Sozialdemokrat war am Ziel seiner politischen Wünsche. Von Revolution oder einer Diktatur des Proletariats war keine Rede. Hue verurteilte vielmehr wie andere Parteifreunde den Bolschewismus, da er „in der verhängnisvollsten Weise gegen den heiligen Geist der Demokratie“ sündige. Für ihn waren die radikalen Reden der Linken nicht allein eine „Verschandelung der Demokratie“, sondern sie könnten auch zu einem „anarchistischen Durcheinander“ führen, „in welchem alle … Zukunftshoffnungen rettungslos untergehen würden“. Dagegen beschwor Hue „die opferwillige demokratische Selbstzucht“.[292]

Bedeutete der Demokratisierungsprozess die Verwirklichung seiner politischen Ansichten, für die er Jahrzehnte lang gekämpft hatte, so war die Anerkennung der Bergarbeiterverbände durch die Unternehmer die Krönung seines gewerkschaftlichen Bemühens.

Noch im Juli 1918 hatte Hue die starre Haltung des Zechenverbandes in einem Artikel des *Vorwärts* angegriffen.[293] Während auf zahlreichen Kundgebungen die Einigkeit und die Stärkung der „inneren Front“ durch gegenseitige Verständigung beschworen würden, habe sich an der Haltung der Bergbauindustriellen nichts geändert. „Die Organisationen der Grubenbesitzer stehen der Vereinigung der Bergarbeiter noch genau so hochmütig ablehnend gegenüber wie vor dem Kriege!“ Er warnte, „daß diese hochmütige Behandlung ihrer Organisation die Arbeiter in Erbitterung versetzt und keineswegs dazu angetan ist, die unter schlechter Ernährung und geradezu wahnsinnig gesteigerter Teuerung leidenden Belegschaften seelisch aufzufrischen. Die Werksverwaltungen müssen aus den Arbeiterausschüssen und erregt verlaufenden Belegschaftsversammlungen wissen, daß sich der Arbeiterschaft immer mehr eine Stimmung bemächtige, die zwar zeitweilig unterdrückt werden mag, aber nicht zum Vorteil unserer Kohlenversorgung.“ Da der Zechenverband nicht zu Absprachen bereit war, stellte Hue die rhetorische Frage: „Gibt es in Deutschland keine Macht, die die Zechenherren zwingen kann, mit den Bergarbeiterorganisationen in Verhandlungen einzutreten?“ Und er forderte die Reichsregierung auf, „daß sie recht bald die Widerspenstigen zur Anerkennung der gemeinwirtschaftlichen Notwendigkeiten nötigt“.

Zwar gab es kurze Zeit später, im August 1918, als vor allem im Essener Raum die Belegschaften streikten,[294] ein erstes Gespräch zwischen Hugo Stinnes, damals der „mächtigste Mann der deutschen Wirtschaft“,[295] auf der einen und Hermann Sachse

[291] Arbeiterzeitung (Essen) 240, 14.10.1918 „Für Freiheit und Wahlrecht“.

[292] Otto Hue, Demokratie oder Anarchie?, in: Arbeiterzeitung (Essen) 253, 29.10.1918. – Der leidenschaftliche Kämpfer für die Demokratie blieb auch in der Folgezeit ein überzeugter Antikommunist. Noch in einer seiner letzten Veröffentlichungen kritisierte er „die Anwendung brutaler Unterdrückung zum Zwecke der Aufrichtung eines Gewaltregimes“ und verwarf das „wüste Zerrbild, welches uns gegenwärtig als ‚Heilsbotschaft aus dem Osten‘ empfohlen wird“. Otto Hue, Vom Grubenbesitzer zum Lohnknecht, in: Kalender für Bergarbeiter 1922, S. 22.

[293] Otto Hue, Dringende Fragen der Kohlenversorgung, in: Vorwärts 201, 24.7.1918. Daraus auch die folgenden Zitate.

[294] Spethmann, Ruhrbergbau 1, S. 67–76; Wisotzky, Unruhige Zeiten, S. 74–77.

[295] Feldman, Stinnes, S. 512.

und Otto Hue auf der anderen Seite.[296] Dieses blieb jedoch ohne konkretes Ergebnis. Erst als die militärische Niederlage nicht mehr aufzuhalten war und sich die politischen Verhältnisse änderten, begann bei den Unternehmern ein Umdenkungsprozess, und sie waren jetzt bereit zu Abmachungen mit den Gewerkschaften. „Nur dadurch dürfte es möglich sein, die Entwicklung bolschewistischer Zustände zu verhindern," erkannte Hugo Stinnes.[297] Der Schritt fiel den Bergwerksdirektoren äußerst schwer, sie gehorchten – wie Hugenberg eingestand – allein der Not der Stunde. Da „ein weiteres Sträuben doch keinen Zweck mehr habe", sei es besser, jetzt freiwillig zu verhandeln als später unter Zwang.[298]

Den Verhandlungen vorausgegangen war eine weitere Unterredung zwischen Hue und Stinnes auf dessen Zeche Victoria Mathias in Essen am 11. Oktober 1918. Ob der Gewerkschafter die Initiative ergriffen hatte, wie Stinnes berichtete,[299] oder ob der Industrielle sich an Hue – wie dieser später erklärte – wandte, „als an dem Zusammenbruch der volksrechtsfeindlichen Machtpolitik nicht mehr gezweifelt werden konnte", „mit der Anregung", „eine Zusammenkunft der Arbeiter- und Unternehmerführer im Bergbau zu arrangieren",[300] lässt sich nicht klären. Aussage steht hier gegen Aussage.[301]

Glauben wir der Berichterstattung von Stinnes[302] zeigten sich nicht allein die Arbeitgeber besorgt über die Wiedereingliederung der „großen Masse der in ihrer Disziplin gelockerten Soldaten" in den Arbeitsprozess. Auch Hue hielt die Zustände für „bedenklich".[303] „Besondere Sorgen" bereiteten ihm „die Unabhängigen, insbesondere deren starke Durchsetzung mit bolschewistischen Gedanken".[304] Wenngleich er ein Abkommen befürwortete, so machte er dies zunächst davon abhängig, dass die Unternehmer die wirtschaftsfriedlichen Verbände fallen ließen, worauf sich Stinnes unter keinen Um-

296 Schmidt, Lang war der Weg, S. 94; Dörnemann, Politik des Verbandes der Bergarbeiter Deutschlands, S. 19; Wulf, Stinnes, S. 94.

297 Hugo Stinnes an Edmund Stinnes, 12.10.1918. Zit. nach Feldman, Stinnes, S. 511.

298 Bergbau-Archiv 14/48, Niederschrift über die Sitzung des Geschäftsausschusses des Zechenverbandes am 14.10.1918 (abgedr. in: The Origins of the Stinnes-Legien Agreement, S. 53–56); Osthold, Geschichte des Zechenverbandes, S. 263; Henze, Sechsstundenschicht, S. 40f.; Przigoda, Unternehmensverbände, S. 253; Mommsen, Die Bergarbeiterbewegung an der Ruhr, S. 282.

299 Bergbau-Archiv 14/48, Niederschrift über die Sitzung des Geschäftsausschusses des Zechenverbandes am 14.10.1918 (abgedr. in: The Origins of the Stinnes-Legien Agreement, S. 54). Die Aussage von Stinnes wurde von Feldman nicht hinterfragt, sondern unbesehen übernommen. Feldman, Stinnes, S. 514.

300 Otto Hue, Tarifverträge im deutschen Bergbau, in: Correspondenzblatt 49, 6.12.1919, S. 567–569, S. 567. Ebenso seine Schilderung auf der Generalversammlung 1921. Protokoll, S. 287f.

301 Wulf hat aber zu Recht auf „die vielfach zu bemerkende Absicht" der Unternehmer hingewiesen, „alles zu vermeiden, was darauf hindeuten konnte", dass sie unter dem Druck der neuen politischen Konstellation den Kontakt gesucht hätten, sondern es sei „von Anfang an sorgsam der Eindruck gepflegt" worden, daß es die Gewerkschaften waren, die um Verhandlungen nachsuchten". Wulf, Stinnes, S. 96.

302 Bergbau-Archiv 14/48, Bericht Stinnes auf der Sitzung des Geschäftsausschusses am 14.10.1918 (abgedr. in: The Origins of the Stinnes-Legien Agreement, S. 54f.); Tschirbs, Tarifpolitik, S. 37f.; Wulf, Stinnes, S. 95f.; Feldman, Stinnes, S. 514f.; Krüger, Stinnes-Legien-Abkommen, S. 106f.

303 In einem Gespräch mit seinem Freund Georg Werner kurz nach dem Treffen mit Stinnes begründete Hue seine Verhandlung mit dem Argument, dass ein Zusammengehen mit den Unternehmern notwendig sei, um eine wirtschaftliche Katastrophe abzuwenden. Werner, Rechnung, S. 226.

304 Bergbau-Archiv 14/48, Bericht Stinnes auf der Sitzung des Geschäftsausschusses am 14.10.1918 (abgedr. in: The Origins of the Stinnes-Legien Agreement, S. 54f.). An Kirdorf schrieb Stinnes am 12.10.1918: „Die Gegenpartei fürchtet mit Recht das Eintreten bolschewistischer Zustände, wenn jetzt Arbeitgeber und Arbeitnehmer nicht Hand in Hand arbeiten." Zit. nach von Klass, Stinnes, S. 193. – Bieber, Gewerkschaften, S. 600.

ständen einlassen wollte.[305] Hue lenkte ein und war bereit, die „Gelben" in „späterer Zeit" bei den Verhandlungen zu dulden unter der Bedingung, dass sie „die Bekämpfung der Sozialdemokratie künftighin unterließen und dementsprechend ihre Satzung änderten". Das vorbereitende Treffen endete mit der Verabredung, dass die Bergarbeiterverbände ein Schreiben an den Zechenverband richten sollten mit der Bitte um Aufnahme von Gesprächen.[306] „Eine würdelose Nachlauferei ist somit vermieden worden", teilte Stinnes voller Erleichterung Emil Kirdorf mit.[307]

Die ersten offiziellen Verhandlungen fanden daraufhin am 18. Oktober statt, bei der die Gewerkschaften die alt bekannten Wünsche vorbrachten: Gewährung eines Mindestlohnes, Beseitigung des sogenannten Lohnschreibens, Nichtanrechnung des Kindergeldes auf den Lohn, Reduzierung der Überschichten, Zahlung besonderer Zuschläge für diese, Reform des Arbeitsnachweises, Aufhebung des Sperrabkommens und keine weitere Förderung der wirtschaftsfriedlichen Organisationen durch die Zechen. Eine Einigung über diese Fragen konnte nicht erzielt werden. Das einzige Zugeständnis des Zechenverbandes bestand darin, auf die Mitgliedszechen einwirken zu wollen, dass sie die für Dezember vorgesehene Lohnerhöhung schon im Oktober vornehmen sollten.[308]

Auch wenn das Ergebnis der Gespräche eher dürftig ausfiel, hatte Hue endlich sein lang erstrebtes Ziel, die Anerkennung der Gewerkschaft durch die Arbeitgeber, erreicht. Der Alte Verband sah daher den 18. Oktober als einen „bedeutungsvollen Tag in der Geschichte der Bergarbeiterbewegung Deutschlands" an.[309] Desgleichen sprach der Gewerkverein von einem „Wendepunkt in der Gewerkschaftsbewegung".[310]

Ebenso wie im Bergbau war Hue in der Metallindustrie des Ruhrgebiets der Kontaktmann, der ein erstes Gespräch vermittelte. Am 18. Oktober trafen sich Georg Reichel, 2. Vorsitzender des Metallarbeiterverbandes, der Reichstagsabgeordnete Karl Spiegel, Bezirksleiter des Metallarbeiterverbandes, Otto Hue, Albert Vögler und Hugo Stinnes in dessen Haus in Mülheim.[311] Alle zeigten „das größte Interesse" daran, „möglichst bald wieder geordnete Zustände herbeizuführen. Der drohende Bolschewismus könne nur durch Arbeit für alle niedergehalten werden." Über Einzelfragen (Verkürzung der Arbeitszeit, Beschäftigung der nicht mehr benötigten Munitionsarbeiter und -arbeiterinnen, Einrichtung eines gemeinsamen Arbeitsnachweises etc.) sprachen Vertreter der Nordwest-Deutschen Gruppe des Vereins Deutscher Eisen- und Stahlindustrieller mit

305 Zur Einbeziehung der wirtschaftsfriedlichen Organisationen: Schönhoven, Die Gründung der Zentralarbeitsgemeinschaft und die „Gelben Gewerkschaften".

306 Bergbau-Archiv 14/48, Schreiben der vier Bergarbeiterverbände an Zechenverband, 12.10.1918; Bergarbeiterverband, Jahrbuch 1919, S. 95f. (abgedr. in: The Origins of the Stinnes-Legien Agreement, S. 52f.).

307 Zit. nach von Klass, Stinnes, S. 193.

308 Bergbau-Archiv 14/48, Niederschrift über die Verhandlungen des Geschäftsausschusses des Zechen-Verbandes mit den Vertretern der Bergarbeiterverbände (abgedr. in: The Origins of the Stinnes-Legien Agreement, S. 57–60); Osthold, Geschichte des Zechenverbandes, S. 264; Mommsen, Die Bergarbeiterbewegung an der Ruhr, S. 283; Henze, Sechsstundenschicht, S. 41; Przigoda, Unternehmensverbände, S. 254; Tschirbs, Tarifpolitik, S. 40f.; Krüger, Stinnes-Legien-Abkommen, S. 108f. – Text der Vereinbarung in: Bergarbeiterverband, Jahrbuch 1919, S. 99f.

309 Bergarbeiter-Zeitung 43, 26.10.1918 „Ein bedeutungsvoller Tag".

310 Bergknappe 43, 26.10.1918.

311 Bergbau-Archiv 14/48, Sitzungsniederschrift von Albert Vögler, (abgdr. in: The Origins of the Stinnes-Legien Agreement, S. 61f.); Wulf, Stinnes, S. 98f.; Feldman, Stinnes, S. 515f.; Krüger, Stinnes-Legien-Abkommen, S. 110f.

Gewerkschaftsführern der Metallarbeiter am 26. Oktober in Düsseldorf.[312] Hue, der auf eigenem Wunsch an der Sitzung teilnahm, drängte auf eine schnelle Realisierung einer kürzeren Schichtdauer und auf die Beseitigung der Überschichten, um eine vermehrte Arbeitslosigkeit und – daraus folgend – „die Anarchie“ zu vermeiden. „Ohne eine wirksame Konzession“ verlören die Gewerkschaften ihren Einfluss. Beschlüsse wurden bei dem Gespräch nicht gefasst, dies wolle man den Zentralstellen überlassen.

Parallel zu den Verhandlungen im Ruhrgebiet gab es erste Besprechungen zwischen der Generalkommission der freien Gewerkschaften und den Arbeitgeberverbänden über eine mögliche Zusammenarbeit, die schließlich mit dem sogenannten Stinnes-Legien-Abkommen vom 15. November und der Bildung der Zentralarbeitsgemeinschaft abgeschlossen wurden.[313] Bedingt durch den vorangegangenen politischen Umsturz sahen sich die Unternehmer zu großen Zugeständnissen gezwungen. Sie anerkannten die Gewerkschaften „als berufene Vertreter der Arbeiterschaft“ und sagten sich von den wirtschaftsfriedlichen Werkvereinen los, die fortan nicht mehr – „weder mittelbar noch unmittelbar“ – unterstützt werden sollten. Des weiteren wurde u.a. die tägliche Arbeitszeit auf acht Stunden bei vollem Lohnausgleich reduziert, eine Beschränkung der Koalitionsfreiheit ausgeschlossen, den aus dem Heeresdienst Zurückkehrenden ihr alter Arbeitsplatz zugesichert, der Abschluss von Tarifverträgen vereinbart und die Einsetzung von Arbeiterausschüssen in Betrieben mit mehr als 50 Beschäftigten verabredet.

Die Gewerkschaften, die sich mit der Machtteilhabe zufriedengaben und nicht die Machtübernahme anstrebten, feierten das Abkommen als einen „gewerkschaftlichen Sieg von seltener Größe“[314], mit dem einige ihrer lang vorgebrachten Kernforderungen in Erfüllung gingen. Carl Legien, der Vorsitzende der Generalkommission, bezeichnete es überschwänglich als die „Magna Charta der deutschen Arbeiter“[315] und sah in der Vereinbarung einen ersten Schritt zur künftigen Sozialisierung der Wirtschaft.[316]

Doch die Zentralarbeitsgemeinschaft war „nicht Vorstufe einer sozialistischen, sondern Garantin der kapitalistischen Wirtschaftsordnung“.[317] Die Unternehmer, die eine revolutionäre Umgestaltung der Wirtschaft fürchteten, konnten daher mit dem Abkommen durchaus zufrieden sein, war es doch „ein deutliches Signal für die Beibehaltung der privatkapitalistischen Eigentums- und Gesellschaftsordnung“.[318] Obwohl es einer „Bestandsgarantie für das privatkapitalistische Wirtschaftssystem“ gleichkam, fand es aber in der rheinisch-westfälischen Schwerindustrie kaum Anhänger. Die Ruhrindustriellen wollten keine Neugestaltung der Beziehungen zwischen Arbeitgebern und Arbeitnehmern, sondern fassten das Abkommen lediglich „als Konzession auf Zeit“ auf[319] und waren daher bestrebt, es zu revidieren, sobald die Verhältnisse es erlaubten.[320]

312 Sitzungsniederschrift (abgedr. in: The Origins of the Stinnes-Legien Agreement, S. 69–76).

313 The Origins of the Stinnes-Legien Agreement, S. 84f.; Die deutsche Revolution 1918 – 1919, S. 237ff. Zum Abkommen und zur Zentralarbeitsgemeinschaft: Feldman, Das deutsche Unternehmertum zwischen Krieg und Revolution; Feldman/Steinisch, Industrie und Gewerkschaften 1918 – 1924; Schönhoven, Wegbereiter der sozialen Demokratie?.

314 Correspondenzblatt 47, 23.11.1918 zit. nach Schneider, Kleine Geschichte der Gewerkschaften, S. 140.

315 Correspondenzblatt 49, 7.12.1918 zit. nach Schönhoven, Wegbereiter der sozialen Demokratie?, S. 69.

316 Führer, Legien, S. 224.

317 Gehlen, Marktwirtschaft, S. 185.

318 Ruck, Gewerkschaften – Staat – Unternehmer, S. 53.

319 Mommsen, Die Bergarbeiterbewegung an der Ruhr, S. 282.

320 Plumpe, Unternehmerverbände, S. 716.

Wenngleich Hue eingestand, dass im Bergbau der Arbeitsgemeinschaftsgedanke keineswegs stark ausgeprägt wäre, da die Zechenbesitzer noch den alten Herrenstandpunkt hervorkehrten,[321] gehörte er zu dessen Befürwortern aus der Einsicht, dass Deutschland sich angesichts der anstehenden Demobilisierung des Heeres, der Umstellung von der Kriegs- auf die Friedensproduktion, der drohenden Massenarbeitslosigkeit und angesichts der Waffenstillstands- und später dann der aufoktroyierten Friedensbedingungen nicht den Luxus erlauben könne, den sozialen und wirtschaftlichen Krieg ohne Rücksicht auf die Lebensinteressen des Volkes fortzusetzen.[322] Daher sollten „Gewaltkämpfe, die die Produktion auf Kosten des Volkes in Mitleidenschaft ziehen", möglichst durch Verhandlungen vermieden werden.[323] Dieser Standpunkt prägte sein Verhalten während der Revolutionszeit.

Hue, der von einem Lernprozess der Unternehmer ausging und sich nicht vorstellen konnte, dass sie wieder zurückhüpfen würden „auf den alten Herrenstandpunkt", sah sich getäuscht, wie er auf der Generalversammlung 1921 offen zugab. Die Arbeitgeber seien dabei, „den alten Herrn-im-Hause-Standpunkt wieder aufzurichten. Sie beweisen also eine Einsichtslosigkeit, wie es eine solche wohl selten gibt."[324] Dennoch wollte er die Arbeitsgemeinschaft nicht aufkündigen, da er keine negativen Auswirkungen auf die Verbandsarbeit ausmachen konnte.

321 So zitierte ihn Leipart auf der Sitzung der Verbandsvorstände am 2.2.1919. Die Gewerkschaften in Weltkrieg und Revolution 1914 – 1919, Dok. 62, S. 663.

322 Osterroth, Hue, S. 30.

323 Ebd., S. 33f.

324 Protokoll, S. 288.

13. Revolutionäre Zeiten

13.1 Die Novemberrevolution

Ende Oktober herrschte eine hochexplosive Lage. Der Regierungswechsel und die politischen Reformen fanden „ungeachtet ihrer staatsrechtlichen Tragweite" in der Bevölkerung kaum Beachtung.[1] Sie waren ja „mehr ein Versprechen als bereits erlebbare politische Realität",[2] und sie wurden überlagert vom Schock über die Niederlage. „Ob jemals ein großes Volk von seinen ‚gottgewollten' Führern so über den ungeheuren Ernst seiner Lage im unklaren gelassen worden ist, wie es mit dem deutschen geschah?" lautete die rhetorische Frage Hues, und er fuhr fort: „Darum war der Zusammenbruch so entsetzlich, weil dieses Volk so jäh aus seinen amtlich vorgeschriebenen geistigen Gleisen gerissen wurde, ..."[3] Den Menschen, die bis dahin den Lügenmärchen der staatlichen Propaganda geglaubt hatten, wurde mit einem Schlag bewusst, dass alle Opfer, alle Entbehrungen in den letzten vier Jahren vergeblich waren. Die Hoffnung auf eine Entschädigung, die bei einem Siegfrieden die Alliierten zahlen sollten, platzten, und tiefe Erbitterung machte sich breit, verbunden mit dem Wunsch, den Krieg so schnell wie möglich zu beenden.

Den Funken, der die Explosion auslöste, lieferte die Seekriegsleitung. Die Hochseeflotte sollte zum letzten Gefecht mit den Engländern auslaufen, doch die Schiffsbesatzungen weigerten sich, den Befehlen zu folgen. Das ungeschickte Taktieren der Marineführung gegenüber der Rebellion führte in Kiel zur Verbrüderung von Matrosen mit unzufriedenen Arbeitern. Es bildete sich spontan ein Arbeiter- und Soldatenrat, der die lokale Macht übernahm. Die Protestbewegung verbreitete sich wie ein Flächenbrand im ganzen Reich und erreichte am 9. November Berlin. Bevor Max von Baden die Regierungsgeschäfte an Friedrich Ebert, den Vorsitzenden der MSPD, übergab, gab er die Abdankung des Kaisers bekannt. Wenn er mit diesem Schritt die Monarchie retten wollte, so war es ein vergebliches Unterfangen, denn wenig später rief Philipp Scheidemann in Konkurrenz mit Karl Liebknecht die Republik aus. Als neue Regierung fungierte ein von dem Berliner Arbeiter- und Soldatenrat bestätigter Rat der Volksbeauftragten, der sich aus je drei Vertretern der MSPD (Friedrich Ebert, Philipp Scheidemann, Otto Landsberg) und der USPD (Hugo Haase, Wilhelm Dittmann, Emil Barth) zusammensetzte. Auch in den Ländern und in den Kommunen bildeten sich Arbeiter- und Soldatenräte, die die politische Macht für sich beanspruchten. Die revolutionären Organe scheuten aber in der Regel vor Eingriffen in die Verwaltung zurück.

1 Matthias, Zwischen Räten und Geheimräten, S. 9; Kolb/Schumann, Weimarer Republik, S. 5.

2 Ullrich, Die deutsche Revolution 1918/19, S. 27.

3 Otto Hue, Longwy-Briey und die Sozialdemokratie, in: Arbeiterzeitung (Essen) 50, 6.3.1920. – Auch Hue war wohl nicht über die Kriegslage informiert, denn im Mai 1918 rechnete er noch „mit der Möglichkeit eines sechsten Kriegsjahres und vielleicht noch mit einer längeren Kriegsdauer". Landtagsrede am 6.5.1918, Stenogr. Berichte, Sp. 9692.

Auf Reichsebene blieben die Staatssekretäre ebenso im Amt wie die Verwaltungsspitzen der Kommunen.[4]

„Wir standen von jeher im Dienste der Demokratie und stehen darum auch heute mit freudigem Herzen dort, wo die demokratischen Fahnen wehen," war im ersten Aufruf des Bergarbeiterverbandes nach dem Umsturz zu lesen, in dem er die politische Entwicklung begrüßte und an seine Mitglieder appellierte, sich den Arbeiter- und Soldatenräten „als treue Helfer zur Verfügung" zu stellen.[5] Ebenso feierte Otto Hue den Umsturz: „Was unsere Dichter und Denker einst ersehnt und was unsere Vorfahren 1848 schon zu erstreben versucht hätten, sei jetzt fast ohne Blutvergießen Wirklichkeit geworden."[6] Er betrachtete allerdings die Arbeiter- und Soldatenräte, auch wenn er deren Tätigkeit Anerkennung zollte, lediglich als „Aushilfsmittel in einer Ausnahmezeit", das aber bald ein Ende haben müsse.[7] Er begründete seine Einstellung in eindringlichen Worten:

„Wir Sozialdemokraten waren und sind die geschworenen Feinde eines jeden Ausnahmezustandes, haben wir doch selbst unter einem solchen schwer gelitten. Um unserer politischen und sozialen Ziele willen müssen wir dafür eintreten, daß die volle staatsbürgerliche Freiheit und das gleiche Recht eines jeden Volksgenossen nicht angetastet wird. Solche Stimmen, welche die ‚Diktatur' als das Mittel bezeichnen, durch welches jetzt die Ziele des sozialistischen Proletariats verwirklicht werden müßten, schädigen die Demokratie und den Sozialismus ungeheuer! Die Diktatur, wer immer sie ausübt, ist ein krankhafter Gesellschaftszustand, der zur Gegendiktatur aufreizt. Die Weltgeschichte lehrt uns, daß eine diktatorische Herrschaft den Keim des Todes in sich birgt, mag sie von einer Kaste oder einer Klasse ausgeübt werden. Wir deutschen Sozialdemokraten haben diese Geschichtslehre seit 50 Jahren den Massen gepredigt und müssen daran festhalten, wenn wir Sozialdemokraten bleiben wollen."[8]

Seine deutliche Absage an eine Diktatur verband Hue mit dem Plädoyer „für eine raschmöglichste Einberufung der Nationalversammlung", die, da war er sehr sicher, eine Verfassung verabschieden werde, „deren Grundgesetz lautet: ‚Freiheit und gleiches Recht für jedermann!'"[9]

Als Termin für die von Hue befürworteten Wahlen bestimmte der Rat der Volksbeauftragten den 19. Januar 1919. Sie fanden nach dem gleichen, geheimen, direkten, allgemeinen Wahlrecht auf Grund des proportionalen Wahlsystems für alle mindestens 20 Jahre alten männlichen und weiblichen Personen statt. Es wurden 36 neue Großwahlkreise geschaffen, in denen durchschnittlich 12 Abgeordnete gewählt wurden.

4 Zum Ablauf des Umsturzes im Ruhrgebiet: Arbeiter- und Soldatenräte im rheinisch-westfälischen Industriegebiet; Tampke, The Ruhr and Revolution; Reininghaus, Ruhrgebietsstädte; Reininghaus, Revolution 1918/19. – Zur neueren Literatur zur Revolution: Rossol, Historisierung.

5 Bergarbeiter-Zeitung 46, 16.11.1918; Spethmann, Ruhrbergbau 1, S. 98f.; Dörnemann, Politik des Verbandes der Bergarbeiter Deutschlands, S. 23; Jones, Gewaltsamer Wiederaufbau, S. 282.

6 Rede auf einer Volksversammlung in Witten am 10.11.1918. Wittener Tageblatt 265, 11.11.1918.

7 Otto Hue, Freiheit und gleiches Recht, in: Arbeiterzeitung (Essen) 281, 29.11.1918.

8 Ebd. – In Düsseldorf führte er aus: „Nicht deswegen haben wir gelebt und gelitten, um zur Zeit des geschichtlichen Augenblicks alles zu vergessen, was wir früher gelehrt haben." Rede Hues am 8.12.1918 in Düsseldorf, in: Spethmann, Ruhrbergbau 1, S. 363–366, S. 366.

9 Otto Hue, Freiheit und gleiches Recht. – Rede Hues am 8.12.1918 in Düsseldorf, in: Spethmann, Ruhrbergbau 1, S. 363–366, S. 366; Otto Hue, Der Sozialismus als Konkursverwalter?, in: Metallarbeiter-Zeitung 50, 14.12.1918.

Otto Hue kandidierte an zweiter Stelle nach dem Parteisekretär Max König auf der Liste der MSPD im 18. Wahlbezirk, der identisch war mit dem Regierungsbezirk Arnsberg und damit seinen alten Reichstagswahlkreis einschloss.[10]

Die Mehrheitssozialdemokraten feierten im Wahlkreis mit einem Stimmenanteil von 41,3 Prozent (479.792 Stimmen) einen großartigen Sieg und ließen das Zentrum (28,3 % – 329.339 Stimmen) und die linke Konkurrenz (USPD: 5,2 % – 59.952 Stimmen) weit hinter sich.[11] Auch bei der eine Woche später stattfindenden Wahl zur preußischen verfassungsgebenden Landesversammlung gewann die MSPD mit Otto Hue als Spitzenkandidat mit deutlichem Abstand zum Zentrum.[12]

Da Hue auch erfolgreich im 5. Wahlkreis – Potsdam 10 kandidierte,[13] nahm er die Wahl in Bochum nicht an, sodass als Ersatzmann Fritz Husemann in den Landtag einziehen konnte.[14]

Die revolutionären Ereignisse und der politische Umsturz machten die im Kaiserreich ausgegrenzten und zur Opposition verdammten Sozialdemokraten mit einem Schlag zu Regierenden, die staatspolitische Verantwortung zu tragen hatten.

Otto Hue stand zwar nicht in der allerersten Reihe, doch er bekleidete als Bergbauexperte und Multifunktionär wichtige Positionen, als nach dem politischen Umsturz die Sozialisierung der Zechen auf der Tagesordnung stand, die gewaltigen Bergarbeiterstreiks das Industriegebiet an der Ruhr erschütterten, zugleich die Kohlennot zu beheben war und die Reparationslieferungen an Frankreich zu verhandeln waren. Er war nicht allein Mitglied der Nationalversammlung sowie der verfassungsgebenden preußischen Landesversammlung, sondern wurde schon im November 1918 als Beirat ins preußischen Handelsministerium berufen.[15] Er gehörte der vom Rat der Volksbeauftragten eingesetzten Sozialisierungskommission an, und im Januar 1919 ernannte ihn die Regierung zum Reichsbevollmächtigten für den Kohlenbergbau. Er war als Sachverständiger bei den Waffenstillstandsverhandlungen in Spa[16] wie auch an den Reparationenverhandlungen der Jahre 1919 und 1920 beteiligt. Später kamen noch Mandate in Wirtschaftsgremien (Reichskohlenrat, Reichswirtschaftsrat), Aufsichtsräten (Deutsche Werke, Rheinisch-Westfälisches Kohlensyndikat) und in Beiräten (Landeswasserstraßen) hinzu.

Wegen seiner umfassenden Wirtschaftskenntnisse – „kein deutscher Sozialist war in die wirtschaftspolitischen Elemente so eingearbeitet wie er“, urteilte Osterroth[17] – galt Hue auch als ministrabel. Die *Vossische Zeitung* hatte schon vor dem Umsturz das Gerücht gestreut, dass der Bergbauexperte ins preußische Staatsministerium berufen werde.[18] Bei der Bildung der neuen Reichsregierung im Frühjahr 1919 wiederholte sich das Spiel. Nun meldete der *Vorwärts* am 11. Februar, dass für das Wirtschaftsamt

10 Volksblatt 4, 6.1.1919 „Kandidatenliste der MSPD“.

11 https://www.wahlen-in-deutschland.de/wluWestfalenSued.htm (eingesehen am 11.7.2021).

12 Ebd.

13 Vorwärts 49, 27.1.1919.

14 Hörder Volksblatt 40, 17.2.1919.

15 Tschirbs, Tarifpolitik, S. 49. – Hue schied damit aus den Diensten des Bergarbeiterverbandes aus. LAD NRW Abt. Westf. Oberbergamt Dortmund 1854, Verband der Bergarbeiter Deutschlands an Oberbergamt Dortmund, 7.7.1919.

16 Feldman, Stinnes, S. 533.

17 Osterroth, Hue, S. 74.

18 Volksblatt 256, 31.10.1918 „Otto Hue Ministerkandidat“.

Wissell oder Hue in Frage kämen.[19] Einen Tag später verbreitete die *Westfälische Allgemeine Volkszeitung* die Falschmeldung, dass Hue zum Minister für innere Arbeiten ernannt worden wäre.[20] Warum Hue nicht zum Zuge kam, er auch nicht Minister ohne Portefeuille wurde, was gleichfalls das Parteiorgan berichtete,[21] oder preußischer Arbeitsminister – so eine Meldung der *Vossischen Zeitung* –, lässt sich leider nicht klären. Sein Biograf Osterroth behauptete, dass Hue den Posten abgelehnt hätte. „Er war alles, nur kein strebsamer Ministerkandidat."[22] Sehr wahrscheinlich spielte aber seine angeschlagene Gesundheit die entscheidende Rolle bei seiner Ablehnung, fürchtete er doch, wie er dem Chef der Reichskanzlei schrieb, „in absehbarer Zeit am Ende zu sein".[23]

Auch wenn Hue im Februar 1919 nicht ins Kabinett eintrat, so zählte er doch zu den wichtigsten sozialdemokratischen Politikern. Als Mitglied der Nationalversammlung wirkte er führend in verschiedenen Ausschüssen mit[24] und war ein gesuchter Ratgeber der sozialdemokratischen Minister[25]. Welches hohes Ansehen Hue genoss, beweist eine Empfehlung Eduard Davids. Bei der Diskussion über die Einrichtung einer Zentralstelle für die Kohlenwirtschaft spielte die Personalfrage eine entscheidende Rolle. Gesucht wurde ein Mann „mit praktischer Erfahrung in der Kohlenindustrie und Bergarbeiterbewegung", ein „organisatorisches Genie" mit „hoher politischer Begabung". Für David war es unzweifelhaft, wer die Bedingungen erfüllte und für diesen Posten in Frage kam: „Ich denke immer wieder an Hue."[26]

Nicht ernst zu nehmen ist hingegen die Antwort eines Kohlenträgers bei einer – nicht repräsentativen – Umfrage des *Berliner Tageblatt*, wer der wichtigste Mann in Deutschland sei. „Der wichtigste Mann ist Hue," bekundete er. „Das ist doch ganz klar. Wir Bergleute wissen das. Der hat das Herz am rechten Fleck. Der reißt uns alle raus."[27] Diese Meinungsäußerung ist aber ein Indiz für die Bekanntheit und Wertschätzung von Hue.

13.2 Die Behebung der Kohlennot

Absolute Priorität besaß für Hue in seinem politischen Denken und Handeln zu Beginn der Weimarer Republik die Beseitigung der Kohlennot, denn Kohle war in der damali-

19 Vorwärts 77, 11.2.1919 „Die neue Regierung". Ebenso Deutsche Allgemeine Zeitung 71, 11.2.1919 „Die Präsidentenwahl".

20 Westfälische Allgemeine Volkszeitung 36, 12.2.1919 „Otto Hue Arbeitsminister".

21 Vorwärts 77 u. 78, 11.u.12.2.1919. Ebenso Deutsche Allgemeine Zeitung 71, 11.2.1919 „Die Präsidentenwahl".

22 Osterroth, Hue, S. 70.

23 Hue an den Chef der Reichskanzlei, o.D. [Ende 1918/Anfang 1919] zit. nach Mugrauer, Hue, S. 171. Am 27.1.1919 konnte er auf einer Konferenz der Arbeiter- und Soldatenräte „wegen rheumatischer Beschwerden" seine Rede nur sitzend vortragen. Mülheimer Zeitung v. 28.1.1919. – Als 1921 in Preußen eine neue, von der SPD geführte Regierung gebildet wurde, war Hue wiederum als Minister im Gespräch. Er sollte das Ministerium für Handel und Gewerbe übernehmen, da die Umgestaltung der fiskalischen Bergverwaltung anstand. Abermals wies er einen solchen Antrag von sich – „mit der Begründung, daß sein Platz im Bergarbeiterverbande sei". Trauerrede Husemann. Bergarbeiter-Zeitung 18, 6.5.1922; Osterroth, Hue, S. 70.

24 Mugrauer, Hue, S. 170.

25 Osterroth, Hue, S. 74.

26 Bundesarchiv Berlin R 43 I/2184, David an Bauer, 2.1.1920 (abgdr. in: Akten der Reichskanzlei. Das Kabinett Bauer, Nr. 139, S. 503ff., S. 503).

27 Erwin Bryk, Wer ist der wichtigste Mann in Deutschland?, in: Berliner Tageblatt 354, 30.7.1920. Neben Hue wurden Ebert, Hindenburg, Stinnes (mehrfach) und Einstein genannt.

gen Zeit das „unverzichtbare Schmiermittel der Wirtschaft. Jeder Versorgungsengpass rüttelte an den Grundfesten von industrieller Produktion und privatem Konsum.“[28]

Mit Ausbruch des Krieges erlebte die Steinkohlenförderung einen gewaltigen Einbruch, der trotz aller Anstrengungen nicht beseitigt werden konnte. Sie blieb, auch wenn es eine Steigerung von 1915 zu 1917 gab, auf einem gegenüber 1913 relativ niedrigen Niveau.

Tab. 3: Steinkohlenförderung im Deutschen Reich (in 1000 t)[29]

1913	191.511
1914	161.535
1915	146.712
1916	158.847
1917	167.311
1918	160.908

Dass der Anstieg in den Jahren 1916/17 sich im Folgejahr nicht fortsetzte, lag vor allem am starken Rückgang der Förderung in den Monaten November und Dezember.[30] Als Ursachen für diese Entwicklung, die auch Hue auf der Konferenz der Verbandsvorstände am 1. Februar 1919 anführte,[31] sind zu benennen: Erstens waren die mit Kriegsende entlassenen Kriegsgefangenen sowie die Bergarbeiter aus Belgien und Polen nicht sofort zu ersetzen.[32] Von großer Bedeutung war zweitens die Reduzierung der Arbeitszeit von 8 ½ auf 8 Stunden.

Drittens war das Leistungsvermögen der Bergleute durch die Anspannung aller Kräfte im Krieg und durch die andauernde unzureichende Versorgungslage drastisch zurückgegangen. So war die arbeitstägliche Leistung stark rückläufig. Im Ruhrgebiet sank sie von 972 kg (1913) über 744 kg (Durchschnitt Jan.–Okt. 1918) auf 565 kg (Jan. 1919).[33] Viertens hatte der Anteil der jüngeren Bergarbeiter unter 20 Jahren zugenommen. Sie besaßen eine geringere Leistungsfähigkeit als die Hauer, die „zehn bis fünfzehn Jahre Bergarbeit hinter sich … und in dieser Zeit Erfahrungen mit Wettern, mit dem Gestein, mit dem Verbauen, mit dem Versatz und mit dem ganzen Betrieb unter Tage erworben“ hatten.[34] Fünftens hatten die Schachtanlagen während des Krieges Raubbau betrieben, nur die besseren Flöze abgebaut und die Vorrichtungsarbeiten eingeschränkt.[35]

[28] Trischler, Arbeitsbeziehungen, S. 378.

[29] Reichskohlenrat, Bericht über die Kohlenwirtschaft im Jahre 1919, S. 1.

[30] Die monatliche Förderung betrug im Ruhrgebiet 6,25 (November) und 5,77 Mill. Tonnen (Dezember), während der Durchschnitt der vorangegangenen Monate bei 8,42 Mill. Tonnen lag. Ähnlich verlief auch die Entwicklung in den anderen Revieren, wobei die Verminderung in Oberschlesien von 3,65 Mill. Tonnen (1913) auf 1,678 Mill. Tonnen (Jan. 1919) besonders krass ausfiel. Ebd., S. 3.

[31] Die Gewerkschaften in Weltkrieg und Revolution 1914 – 1919, Dok. 62, S. 641–646. Ebenso Otto Hue, Die Kohle, S. 345f.

[32] Im Oktober 1918 waren im Ruhrbergbau 15.900 russisch-polnische, 8.300 belgische (Zwangs-)Arbeiter sowie 68.300 Kriegsgefangene angelegt. Burghardt, Mechanisierung, S. 387, Tab. 41. Im gesamten deutschen Bergbau betrug der Anteil der ausländischen Arbeiter und der Kriegsgefangenen etwa 20 Prozent der Gesamtbelegschaft. Bergarbeiterverband, Geschäfts-Bericht 1917/18, S. 26.

[33] Reichskohlenrat, Bericht über die Kohlenwirtschaft im Jahre 1919, S. 4.

[34] Jochmann, Arbeitszeit, Arbeitserfolg und Arbeiter im Ruhrbergbau, S. 23.

[35] Z.B. Jahresbericht der Zeche Sälzer und Neuack für 1917/18. Bergbau-Archiv 20/633. – Burghardt, Substanzverluste.

Hier gab es nun einen großen Nachholbedarf.[36] Sechstens machte sich der Verschleiß an Maschinen und Materialien, deren kontinuierliche Erneuerung in den Kriegsjahren unterblieben war, negativ bemerkbar, denn es war ausgesprochen schwer, Ersatz zu beschaffen.[37] Siebtens war die Wagenstellung völlig unzureichend. Die Bahn konnte in den Monaten Dezember 1918 bis Februar 1919 nur 2/3 der benötigten Wagen stellen.[38]

Hue war sich der Auswirkungen der Kohlennot bewusst, und immer wieder schilderte er sie in düsteren Farben. Der Zusammenbruch sei „unvermeidlich", wenn man „nicht schnell in die Lage" käme, „durch Herstellung von Exportartikeln und Eisen-, Stahl- und Metallwaren Zahlungsmittel im Auslande zu bekommen, um damit Lebensmittel und Industrie-Rohstoffe zu kaufen".[39] Dann drohe nicht allein eine gewaltige Arbeitslosigkeit, sondern zugleich „eine gräßliche Hungersnot", „die Millionen von unseren Kindern und Kindeskindern das Leben kosten wird".[40] Trete eine solche Katastrophe ein, dann würden auch „alle Errungenschaften der politischen Umgestaltung ... hinfällig sein".[41]

Diese Worte deuten schon an, dass die Gewerkschaftsführer die Kohlenknappheit als ein Problem empfanden, „das sie mit einer nahezu unerträglich scheinenden Bürde öffentlicher Verantwortung belastete."[42] Sie bestimmte auch das gewerkschaftliche und politische Handeln Hues in den Monaten nach der Revolution und beeinflusste maßgeblich seine Einstellung gegenüber den ständig aufflammenden Bergarbeiterstreiks, sein Auftreten in der Sozialisierungsdebatte und in der Arbeitszeitfrage.

Die erschöpften und ausgemergelten Bergleute, die während des Krieges unter der Versorgungslage gelitten und einen gewaltigen Einkommensverlust hatten hinnehmen müssen, waren mit dem Ergebnis der Verhandlungen der Bergarbeiterverbände mit dem Zechenverband am 18. Oktober keineswegs zufrieden. Sie erwarteten nach dem politischen Umsturz eine sofortige, grundlegende Verbesserung ihrer Lebens- und Arbeitsverhältnisse. Ihre Forderungen richteten sich nicht allein auf Lohnerhöhungen, eine kürzere Schichtzeit und eine bessere Belieferung mit Lebensmitteln, sondern bezogen sich auch auf eine Änderung der Arbeitsbeziehungen, auf die Abschaffung des Grubenmilitarismus. „Für Ausbeuter und Menschenschinder sei im neuen Deutschland kein Platz. Ein neuer Geist beherrscht die Zeit," bekundete beispielsweise die Belegschaft der Zeche Adler.[43]

Hue kannte die Stimmung in den Bergarbeiterschaft und ersuchte den Zechenverband um erneute Verhandlungen,[44] die am 14. November stattfanden. Angesichts der veränderten politischen Machtverhältnisse und den revolutionären Ereignissen auf den Schachtanlagen waren die Unternehmer zu größeren Zugeständnissen (u.a. Einführung der 8-Stunden-Schicht einschließlich der Ein- und Ausfahrt; Gewährung eines Mindestlohnes; Abschaffung der Frauenarbeit) bereit. Übereinstimmung herrschte zwischen beiden Parteien, „daß im Interesse der Aufrechterhaltung der deutschen Volkswirtschaft

36 Sogemeier, Entwicklung, S. 24; Burghardt, Mechanisierung, S. 248ff.

37 Jahresberichte der Preußischen Regierungs- und Gewerberäte für 1914–1918, S. 1455 u. 1461; Jahresberichte der Preußischen Regierungs- und Gewerberäte für 1919, S. 968 u. 970; Burghardt, Mechanisierung, S. 237 u. 253ff.

38 Burghardt, Mechanisierung, S. 246.

39 Rede Hues am 8.12.1918 in Düsseldorf, in: Spethmann, Ruhrbergbau 1, S. 363–366, S. 364.

40 Ebd., S. 363.

41 Essener Volks-Zeitung 327, 25.11.1918 „Der Bergarbeiterführer Hue über die drohende Kohlen-Katastrophe".

42 Feldman, Vorstellungen, S. 314.

43 Arbeiterzeitung (Essen) 266, 12.11.1918.

44 Bergbau-Archiv 14/48, Bericht Hugenbergs auf der Vorstandssitzung am 9.11.1918. Tschirbs, Tarifpolitik, S. 42.

und der dazu dringend notwendigen Kohlenförderung Eingriffe in die Arbeits- und Betriebsverhältnisse der Zechen (...) unbedingt zu vermeiden sind".[45]

In diesem Sinne war Otto Hue bemüht, bei Streiks zu schlichten,[46] und mahnte auf Versammlungen: „Unterlassen Sie es unter allen Umständen, in die Bergwerksbetriebe einzugreifen. Laßt über die herrschenden Differenzen nicht die Kohlenförderung stocken. Zwistigkeiten müssen geschlichtet oder für spätere Zeiten zurückgestellt werden. Begraben Sie in dieser ungeheuer kritischen Zeit alle Streitigkeiten im Bergbau. Was haben wir davon, wenn im Streit über 75 Pfennig Schichtlohn oder ½ Stunde Arbeitszeit unser Zusammenbruch erfolgt?"[47]

Als am 10. Dezember Mitglieder der Arbeiterausschüsse und Vertreter der Zechen im Kreis Recklinghausen über den Rückgang der Kohlenförderung berieten, sprach sich Hue gleichfalls gegen das eigenmächtige Handeln von Belegschaften und gegen „Phantasieforderungen" aus. Wenn auf der Gewerkschaft Deutscher Kaiser die Sechsstundenschicht und ein Mindestlohn von 20 Mark verlangt werde, so sei das „unerhört" und müsse abgelehnt werden. „Wäre er Leiter eines Betriebes und würden ihm derartige Forderungen gestellt, würde er gleichgültig, ob es sich um eine kapitalistische oder sozialistische Gesellschaftsform handle, solche Forderungen ebenfalls scharf zurückweisen müssen." Es gelte jetzt, die Abmachungen streng durchzuführen und das „Einzelvorgehen ... streng [zu] vermeiden". In der augenblicklichen Lage sei es angesichts der herrschenden Kohlennot „unbedingt notwendig, daß beide Teile, Arbeitgeber wie Arbeiter von dem besten Willen zur Steigerung der Förderung beseelt wären". Seine Ausführungen beendete er mit dem eindringlichen Appell: „Zur Rettung gäbe es kein anderes Mittel als: Arbeiten, arbeiten und nicht verzweifeln!"[48]

Es bedurfte nicht erst der Aufforderung des preußischen Handelsministers, durch „Aufklärung und Ermahnung" der Ausweitung der Ausstände entgegenzuarbeiten,[49] Hue und mit ihm die Verbandsführung handelten aus eigenem Antrieb, denn abgeschreckt durch die Verhältnisse in Russland, sahen sie bei Befolgung der radikalen Parolen einen Bürgerkrieg heraufziehen.[50] Aber sie hatten merklich an Einfluss verloren. Die Belegschaften,

[45] Text des Abkommens vom 14. November, in: Osthold, Geschichte des Zechenverbandes, S. 265f.; Bergarbeiterverband, Jahrbuch 1919, S. 100f. – Zu den Verhandlungen: Bergbau-Archiv 14/48; Tschirbs, Tarifpolitik, S. 44f.

[46] Am 19. und 20. November verhandelte Hue mit den Belegschaften der Zechen Wolfsbank, Christian Levin und Neucöln, die wegen einer kürzeren Schichtzeit in den Streik getreten waren, und konnte sie zur Wiederanfahrt überreden. LAD NRW Abt. Westf. Oberbergamt Dortmund 1794, Bergrevierbeamter Essen I an Oberbergamt, 21.11.1918.

[47] Essener Volks-Zeitung 327, 25.11.1918 „Der Bergarbeiterführer Hue über die drohende Kohlen-Katastrophe".

[48] LAD NRW Abt. Westf. Oberbergamt Dortmund 1814, Bergrevierbeamter Ost-Recklinghausen an Oberbergamt, 11.12.1918 u. Bergrevierbeamter West-Recklinghausen an Oberbergamt, 12.12.1918; Volksblatt 295, 16.12.1918 „Eine Verständigungsaktion". Tschirbs, Tarifpolitik, S. 52f.

[49] LAD NRW Abt. Westf. Oberbergamt Dortmund 1793, Telegramm an Hue, 11.12.1918. Tschirbs, Tarifpolitik, S. 52.

[50] Im Leitartikel der Bergarbeiter-Zeitung 43, 26.10.1918 „Nicht niederreissen, sondern aufbauen!" hieß es: „Unsere innerwirtschaftlichen Verhältnisse sind durch die autokratische Mißwirtschaft vor und während des Krieges so verfahren, daß es unmöglich ist, hierin sozusagen über Nacht gründlich Ordnung zu schaffen. Dazu ist kein Mensch, keine Partei, keine Regierung, und sei sie aus den allerradikalsten Leuten zusammengesetzt, imstande. Das lehrt uns das fürchterliche Durcheinander in Rußland, wo ein wüster Kampf Aller gegen Alle wütet, weil die bolschewistische Regierung das unmögliche Werk unternommen hat, in Tagen und Wochen zu beseitigen, was sich in Jahrzehnten und Jahrhunderten an Wust und Unrat ansammelte. Das

Abb. 24: Bergarbeiterdemonstration in Hamborn

die in der Vergangenheit die Erfahrung gemacht hatten, dass bei Drohung mit Streik oder durch eine Arbeitsniederlegung Erfolge zu erzielen waren,[51] setzten auf direkte Aktionen, gegen den Willen der Gewerkschaftsfunktionäre, deren Strategie langfristig ausgerichtet war und die sich gegen die Arbeitseinstellungen ausgesprochen hatten.[52]

Zentrum der Bewegung war im Dezember 1918 das westliche Ruhrgebiet.[53] Die Bergarbeiter der Gewerkschaft Deutscher Kaiser in Hamborn kämpften um kürzere Arbeitszeiten, höhere Löhne und eine einmalige Teuerungszulage. Hue, der im Auftrage des Handelsministers sich an den Verhandlungen der Werksleitung mit den Arbeitervertretern beteiligte, war Mitte des Monats der Auffassung, dass der Streik nicht lange anhalten werde.[54] Sein Optimismus trog. Die in seiner Gegenwart abgeschlossene Vereinbarung, am 16. Dezember wieder anzufahren, missachteten die Belegschaften der Schächte 1 und 4, die gewaltsam andere Schachtanlagen stilllegten.[55] Der Ausstand endete erst mit dem Zugeständnis einer Sondervergütung an alle Belegschaftsmitglieder, die nach langen Verhandlungen, an denen wiederum Hue beteiligt war, am 28. Dezember gewährt wurde.[56] Der erstrittene Erfolg der Hamborner war Ansporn für

ist unmöglich, und deshalb herrscht in Rußland ein Bürgerkrieg, der in entsetzlicher Weise das russische Volk peinigt, alle Errungenschaften der Revolution droht zu vernichten! Vor einem solchen fürchterlichen Schicksal müssen wir unser Volk bewahren." Siehe auch Bergarbeiter-Zeitung 45, 9.11.1918 „Heran an die Organisationslosen!"; Volksblatt 295, 16.12.1918 „Eine Verständigungsaktion".

51 Plumpe, Betriebliche Mitbestimmung, S. 285f.

52 Bergarbeiter-Zeitung 48, 30.11.1918 „Bergleute, Kameraden! Helft dem notleidenden Volke!".

53 Lucas, Ursachen und Verlauf; Plumpe, Betriebliche Mitbestimmung, S. 286–296; Bluhm, Massen.

54 LAD NRW Abt. Westf. Oberbergamt Dortmund 1160, Aktenvermerk vom 14.12.1918.

55 LAD NRW Abt. Westf. Oberbergamt Dortmund 1793, Gewerkschaft Deutscher Kaiser an Oberbergamt Dortmund, 18.12.1918. Spethmann, Ruhrbergbau 1, S. 126; Bieber, Gewerkschaften, S. 644.

56 Protokoll der Verhandlungen: Revolution in Rheinland und Westfalen, Dok. 32, S. 49–55. Spethmann, Ruhrbergbau 1, S. 138f.; Lucas, Ursachen und Verlauf, S. 90–94; Bluhm, Massen, S. 104f.

die Belegschaften benachbarter Zechen, die gleichfalls einen teils recht umfangreichen Forderungskatalog vorlegten, bei denen die Lohnfragen im Vordergrund standen.[57]

Die Verbandsführung, die stets auf den Ausbau der Organisation, auf Disziplin und Schulung Wert legte, zeigte für das eigenmächtige Handeln der Belegschaften keinerlei Verständnis, wenngleich sie natürlich die Not der Bergarbeiter nicht leugnete.[58] Hue sah in den Ausständen nur „syndikalistische, zu anarchistischen Ausschreitungen unsozialster Art führende Aktionen". Hier handelten keine „geschulten, überzeugten Sozialisten", denn – so seine Begründung – „der Sozialist wird das Gemeinschaftsinteresse voranstellen".[59] Ein Aktionsbündnis mit diesen Kräften war daher bei den Ausständen ebenso völlig ausgeschlossen wie bei der im Januar einsetzenden Sozialisierungsbewegung.

Hue war vielmehr bemüht, das Ansehen der radikalen Führungskräfte herabzusetzen. In denunziatorischer Absicht und ohne den geringsten Beweis behauptete er, dass diejenigen, die „dem allerradikalsten Bewegungsflügel" angehörten, zuvor „am meisten der alldeutschen Annexionspropaganda Gefolgschaft" geleistet hätten. Sie seien nach der Revolution „von der äußersten rechten" „zur äußersten linken Partei" gewechselt.[60]

Doch weder die Beschwörung der Krise infolge des Kohlenmangels noch die Appelle an die Bergleute, „brüderlich" dem Volke, „das sich in schwerer Not befindet", zu helfen, „damit es vor Hunger, Kälte und feindlichem Einmarsch beschützt ist",[61] weder die mit dem Zechenverband ausgehandelten Zugeständnisse noch die Diffamierung der radikalen Belegschaftsvertreter erzielten das gewünschte Ergebnis. Der Ruhrbergbau kam in den ersten Monaten des Jahres 1919 nicht zur Ruhe. Zuerst bestimmte die Sozialisierungsdebatte das Geschehen, danach die Arbeitszeitfrage.

13.3 Die Sozialisierung des Bergbaus

Die Sozialisierung der Bergwerke, die „ideologischer Kernbestand der Arbeiterbewegung" war,[62] beherrschte in den Anfangsjahren der Republik die politische Agenda auf verschiedenen Ebenen und Bereichen,[63] in die Hue mehr oder weniger eingebunden

57 Spethmann, Ruhrbergbau 1, S. 146. Für Essen: Wisotzky, Unruhige Zeiten, S. 211–215.

58 So schrieb Hue 1921: „Während des Krieges blieben die Bergarbeiterlöhne so unerträglich im Mißverhältnis zu der wucherischen Teuerung, daß sich schon hieraus die nach dem Zusammenbruch der Militärdiktatur zum stürmischen Ausbruch gekommene Erbitterung der schrecklich verarmten und unterernährten Massen leicht erklärt." Otto Hue, Lebenskosten und Lohneinkommen, in: Arbeiterzeitung (Essen) 142, 21.6.1921.

59 Otto Hue, Verstaatlichung des Bergbaues, in: Neue Zeit 37 (1919) 15, S. 341–346, S. 346.

60 Otto Hue, Der Streikhetzer Hunger, in: Vorwärts 230, 6.5.1919. – Siehe auch Otto Hue, Tarifverträge im deutschen Bergbau, in: Correspondenzblatt 49, 6.12.1919, S. 567: „Die gewerkschaftlichen Sturmtruppen wurden überflutet von einer Masse, deren nun aktivste Elemente großenteils kurz vorher noch gewerkschaftlich und politisch indifferent oder gar direkt ‚gelb', ‚königstreu', ‚reichstreu' und dergleichen waren. Der fürchterliche Zusammenbruch ihrer durch die bekannte Kriegsliteratur erzeugten und genährten imperialistisch-nationalistischen Hoffnungen hat diese Elemente stracks auf den ‚allerradikalsten linken Flügel' geworfen. Alle Unruhen im Bergbau seit November 1918 haben das bewiesen."

61 Bergarbeiter-Zeitung 48, 30.11.1918 „Bergleute, Kameraden! Helft dem notleidenden Volke!".

62 Mittag, Versäumte Chancen, S. 212.

63 Schieck, Kampf um die deutsche Wirtschaftspolitik; Trüschler, Sozialisierungspolitik. Zur Diskussion in der sozialdemokratischen Presse: Lehnert, Sozialdemokratie und Novemberrevolution, S. 129–137, 177f. u. 281.

war. Auch wenn die Grenzen fließend waren und sich die Aktionen gegenseitig beeinflussten, so sollen sie des besseren Verständnis wegen nacheinander behandelt werden.

Regierung

Der Rat der Volksbeauftragten beschloss zwar in der Sitzung am 18. November 1918, „dass diejenigen Industriezweige, die nach ihrer Entwicklung zur Sozialisierung reif sind, sofort sozialisiert werden sollen“,[64] doch er dachte nicht an die sofortige Umsetzung, sondern berief zunächst eine Kommission ein, die prüfen sollte, welche Industrien einzubeziehen seien und in welcher Form dies geschehen sollte.[65] Die zögerliche Haltung der vorläufigen Regierung begründete der Staatssekretär August Müller am 25. November: „Alle, die sich früher mit der Frage der Verwirklichung des Sozialismus beschäftigt haben, haben geglaubt, dass sich der Sozialismus einmal erfüllen würde in einer Welt voller Reichtümer, in der man die vorhandenen Güter nur besser zu verteilen brauchte. Jetzt stehen wir aber vor einer zerschlagenen und verarmten Volkswirtschaft in Deutschland. Aus diesem Zustande den Sozialismus entwickeln zu wollen, sei ein Ding der Unmöglichkeit.“[66] Diese Auffassung teilten führende Gewerkschafter und Sozialdemokraten. Für Carl Legien stand fest: „Die Sozialisierung einer durch die Kriegswirtschaft erschütterten und desorganisierten Volkswirtschaft ist nicht möglich.“[67] Und der Parteitheoretiker Karl Kautsky warnte vor einer sofortigen Sozialisierung, da diese nicht eine „Sozialisierung der Produktion, sondern eine Sozialisierung des Bankrotts“ sei.[68]

Es gab weitere Gründe, weshalb die Regierung die Sozialisierung nicht sofort in Angriff nehmen wollte. Sie fürchtete – erstens – bei einer Verstaatlichung einzelner Betriebe oder ganzer Branchen eine nachhaltige Störung des gesamten Wirtschaftslebens. Für den Staatssekretär Gustav Bauer war es unzweifelhaft, „dass die Sozialisierungsbestrebungen, wie sie von unklaren Köpfen jetzt gepredigt und zum Teil auch in die Tat umgesetzt werden, völlig unsinnig sind“ und „zu dem völligen Zusammenbruch unserer Wirtschaft führen“ würden.[69] Zweitens konnte nach ihrem demokratischen Verständnis eine so weitreichende Entscheidung für die Zukunft des Wirtschaftssystems nur die bald zu wählende Nationalversammlung treffen.[70] Drittens gingen die Regierungsmitglieder davon aus, dass die Entente das Privateigentum achten, „dagegen das staatliche Vermögen mit Be-

64 Die Regierung der Volksbeauftragten, Dok. 16, S. 103f.

65 Bieber, Gewerkschaften, S. 626f. – Aus DDR-Sicht: Habedank, Um Mitbestimmung und Nationalisierung.

66 Die Regierung der Volksbeauftragten, Dok. 30, S. 207. – Weitere Stellungnahmen von Regierungsmitgliedern bei Bieber, Gewerkschaften, S. 627f.

67 Zit. nach Bieber, Gewerkschaften, S. 629f. – Paul Umbreit, Redakteur des *Correspondenzblattes* und Mitglied der Sozialisierungskommission, erklärte auf dem Gewerkschaftskongress 1919: „Auf einem Trümmerhaufen von Scherben kann man kein kunstvolles Gebäude [der Sozialisierung] errichten.“ Zit. nach von Oertzen, Betriebsräte, S. 253 Anm. 1.

68 Rede auf dem II. Kongreß der Arbeiter-, Bauern- und Soldatenräte Deutschlands (8.–14. April 1919). Zit. nach Weber, Sozialpartnerschaft, S. 243. – Zur Position von Kautsky siehe auch Brehme, Sozialisierungsgesetzgebung, S. 34f. – Weitere Stellungnahmen von Sozialdemokraten in diesem Sinne bei Lehnert, Sozialdemokratie und Novemberrevolution, S. 132.

69 Die Gewerkschaften in Weltkrieg und Revolution 1914 – 1919, Dok. 59, S. 559. – Weitere Belege bei Lehnert, Sozialdemokratie und Novemberrevolution, S. 178.

70 Mühlhausen, Zwischen Erwartungen und Zwangslagen, S. 59.

schlag belegen" würde. „Ich begreife nicht," so August Müller im Dezember 1918, „wie an verantwortlichen Stellen mit dem Gedanken gespielt werden kann, man könne jetzt den Kohlenbergbau verstaatlichen. Das ist ein Verbrechen, beziehungsweise eine Dummheit."[71] Es ließen sich weitere Stellungnahmen zu dieser Thematik anführen,[72] die „aber keinen Rückhalt in nachprüfbaren Tatsachen" besaßen, denn „eine Verlautbarung der Entente gegen die Sozialisierung gab es nicht".[73] Viertens war die Regierung der Ansicht – und wurde in ihrer Auffassung durch die Gewerkschaftsführungen bestärkt[74] –, dass es ohne Unterstützung seitens der Unternehmer nicht gelänge, die Demobilisierung durchzuführen, die Wirtschaft von der Kriegs- auf die Friedensproduktion umzustellen, die Lebensmittelversorgung zu sichern, die drohende Arbeitslosigkeit zu bewältigen und die zu erwartenden Reparationen[75] zu leisten. Die Industriellen sollten daher nicht durch vorschnelle Sozialisierungsmaßnahmen verprellt werden.[76] Fünftens war der Bergbau noch Ländersache. Eine Verstaatlichung war nach Ansicht Eberts ohne Befragung und Zustimmung der Bundesstaaten nicht möglich.[77]

Otto Hue

Rückendeckung erhielt die Regierung von Otto Hue, der für sich zu Recht in Anspruch nahm, „schon seit Jahrzehnten ... die Bergbauverstaatlichung propagiert" zu haben.[78] Bei der Debatte im Abgeordnetenhaus über den Erwerb der Hibernia-Aktien am 9. Dezember 1916 hatte er noch kategorisch erklärt: „Die Verstaatlichung des Bergbaues wird kommen! Sie wird kommen müssen, mögen auch noch so viele Ministerreden dagegen gehalten werden. Die Verstaatlichung wird kommen, weil sie eine zwingende Notwendigkeit für die Erhaltung unseres Volksganzen, des Reiches und des Staates ist!"[79] Ebenso plädierte er 1917 in einem umfangreichen Aufsatz nochmals für die Verstaatlichung, die er auch deshalb für erforderlich hielt, um die gewaltig aufgetürmten Kriegskosten bewältigen zu können.[80] Hue wollte es nicht allein bei der „Nationalisierung der Bergwerksförderung"

71 Zit. nach Schieck, Kampf um die deutsche Wirtschaftspolitik, S. 93f. Anm. 60. – Bei Habedank, Um Mitbestimmung und Nationalisierung, S. 192 wird Müller (Tägliche Rundschau, 29.12.1918) mit den Worten zitiert: „Daß das deutsche Volk dazu da sein sollte, die Entente den Zugriff zu unseren Kohlen durch Verstaatlichung der Zechen zu erleichtern, das übersteigt mir doch das Denkbare. Eine Verstaatlichung der Kohlenbergwerke im jetzigen Augenblick wäre geradezu ein Verbrechen." – Vor der SPD-Fraktion in der Nationalversammlung hob der Reichswirtschaftsminister Wissell am 3.3.1919 „als besonders wichtiges Moment gegen die bisherige Sozialisierung hervor, dass die Entente bisher klipp und klar erklärte: Jedes Staatseigentum dient uns als Pfand für unsere Forderungen, die wir an Deutschland haben". Die SPD-Fraktion in der Nationalversammlung 1919 – 1920, S. 51f.

72 Trüschler, Sozialisierungspolitik, S. 168f.

73 Winkler, Von der Revolution zur Stabilisierung, S. 193.

74 Schönhoven, Die deutschen Gewerkschaften, S. 127.

75 Zu den Beratungen und Diskussionen über die Friedensbedingungen: Krüger, Deutschland und die Reparationen.

76 Scheidemann erklärte in der Sitzung der Volksbeauftragten am 21.11.1918: „Wenn man jetzt zuviel davon [von der Sozialisierung] redet, so wirkt das nicht befruchtend auf die Unternehmer." Die Regierung der Volksbeauftragten, Dok. 20, S. 117.

77 Die deutsche Revolution 1918 – 1919, S. 270.

78 Otto Hue, Verstaatlichung des Bergbaues, in: Neue Zeit 37 (1919) 15, S. 341–346, S. 344.

79 Landtagsrede am 9.12.1916, Stenogr. Berichte, Sp. 2708.

80 Otto Hue, Die Verstaatlichung des Bergbaues. – Eine Kurzfassung seiner Ausführungen erschienen zuvor im *Correspondenzblatt.* Otto Hue, Privat- oder Staatsmonopol im Bergbau, in: Correspondenzblatt 45, 4.11.1916 S. 457–460 u. 46, 11.11.1916 S. 465–469.

belassen, sondern er erachtete zudem angesichts der gewaltigen staatlichen Aufwendungen für die Rüstung eine „Übernahme der Waffenindustrie durch das Reich“ als sinnvoll. Wären die Riesengewinne der Unternehmen ausgeschaltet, hätte man „Millionen und Aber-Millionen Mark von den Kriegsanleihen“ gespart oder man hätte mit dem Geld notleidende Kriegerfamilien und Kriegsbeschädigte unterstützen können.[81]

Doch nach dem politischen Umsturz war aus dem engagierten Befürworter der Verstaatlichung des Bergbaus ein vorsichtiger, abwartender Mahner geworden. In einer vielbeachteten Rede in Düsseldorf am 8. Dezember, dessen Inhalt als Flugblatt[82] verbreitet wurde, betonte er zwar, dass eine „Sozialisierung des Bergbaues und der damit verbundenen Großbetriebe“ notwendig sei, „um dem Kapital die stärksten Stützen seiner Macht zu nehmen“, aber leider ließe „die ganze Struktur des heutigen Wirtschaftslebens ... eine sofortige Sozialisierung nicht zu“. Hue berief sich auf Karl Marx, der „die Sozialisierung nur zu einem Zeitpunkt der Überfüllung der Produktion ausgeführt wissen“ wollte. Heute sei „aber diese Überfüllung nicht mehr da, heute leiden wir empfindlichen Mangel am Allernotwendigsten. Wir leiden an Rohstoffen, an Halbzeug, an Arbeit, an ausländischen Verbindungen, an Kredit im Auslande.“ Daher sei der geeignete Zeitpunkt für eine Sozialisierung nicht gegeben.[83] Es dürfe „kein diktatorisches Experiment gemacht werden“, dafür seien sozialdemokratische Politiker angesichts der augenblicklichen Versorgungskrise nicht zu haben. „Einfach zu sagen, von morgen an ist die und die Fabrik sozialisiert, geht nicht. Solche Doktor-Eisenbart-Rezepte kann man ernsten sozialdemokratischen Politikern nicht zumuten, sie könnten auch nicht durchgeführt werden.“ Eine Sozialisierung sollte nur dann vorgenommen werden, „wenn dadurch die Produktion gehoben, gebessert und besser ausgenutzt werden kann“.[84]

Unzweifelhaft war für Hue, dass ein solch massiver Eingriff in die Wirtschaftsstruktur „nur durch eine allgemeine Volksvertretung auf legalem Wege vorgenommen werden“ dürfe.[85] Es sei eine entscheidende Voraussetzung für eine erfolgreiche Durchführung der Sozialisierung, dass sie „sich auf die gewaltige Autorität des Volkes stützt“. Wenn diese Mehrheit nicht vorhanden wäre, dann würde sich „die große Schar von den Werken ergebenen Angestellten, Beamten und Arbeitern“ dagegen auflehnen. Aber ohne diese könne kein Betrieb existieren.[86] Hue zeigte sich allerdings sehr zuversichtlich, dass die Nationalversammlung „gegen das entstandene bergbauliche Privatmonopol“ entscheiden werde.[87]

Ein weiteres Hindernis für eine sofortige Sozialisierung sah er im Fehlen des dazu befähigten Personals. „Sie dürfen nicht annehmen“, erklärte er den Teilnehmern der

[81] Otto Hue, Deutschlands größte Waffenfabrik, in: Volksblatt 276, 25.11.1915.

[82] Ein Exemplar in: Archiv im Haus der Geschichte des Ruhrgebiets NL Weeke 16.

[83] Rede Hues am 8.12.1918 in Düsseldorf, in: Spethmann, Ruhrbergbau 1, S. 363–366, S. 364. – Zur Rede aus marxistischer Sicht: Habedank, Um Mitbestimmung und Nationalisierung, S. 127.

[84] Ebd.

[85] Rede auf einer Konferenz der Arbeiter- und Soldatenräte sowie der Zechenausschüsse in Mülheim am 27.1.1919. Mülheimer Zeitung v. 28.u.29.1.1919 „Reichskommissar Hue über die Sozialisierung des Bergbaus“. – Auch Max König vertrat im Dezember die Auffassung, dass nur die neu zu wählende Nationalversammlung die Sozialisierung beschließen könne. Reininghaus, Ruhrgebietsstädte, S. 276.

[86] Rede Hues am 8.12.1918 in Düsseldorf, in: Spethmann, Ruhrbergbau 1, S. 363–366, S. 364.

[87] Verstaatlichung des Bergbaues, in: Die Neue Zeit 37 (1919) 15, S. 341–346, S. 341; Rede auf einer Konferenz der Arbeiter- und Soldatenräte sowie der Zechenausschüsse in Mülheim am 27.1.1919. Mülheimer Zeitung v. 28.u.29.1.1919 „Reichskommissar Hue über die Sozialisierung des Bergbaus“.

sächsischen Sozialisierungskonferenz am 19. März 1919, „daß wir in unseren Arbeiter- und Angestelltenkreisen, soweit sie sozialistisch zu denken vermögen, die Kräfte hätten, die in der Lage wären, auch nur teilweise die Sozialisierung durchzuführen und die Leitung solcher Unternehmungen in die Hand zu nehmen".[88]

Abb. 25: Titelblatt der Broschüre „Die Verstaatlichung des Bergbaus und die Grubenbeamten"

In einem Artikel in der *Neuen Zeit*, der im Januar 1919 erschien, begründete Hue nochmals seinen Standpunkt mit teilweise neuen Argumenten.[89] So sei es nicht ratsam, etwas entscheiden zu wollen, solange man nicht weiß, welche Gebiete neben dem Saarland das Deutsche Reich abgeben müsse, welche Auswirkungen dies auf die Reichsfinanzen haben werde und welche Handelsbedingungen die Entente dem Reich auferlegen werde. Angesichts der völlig ungewissen Zukunft dürfe nicht „ins Blaue hinein experimentiert" und „die sehr prekäre Lage" der Volkswirtschaft „noch unsicherer" gestaltet werden. Vielmehr gebe es die „dringliche Notwendigkeit, gegenwärtig die große Kohlennot zu lindern". Für Hue zählten vor allem die „Gemeinschaftsinteressen". Daher lautete das „Gebot der Stunde": „Man arbeitet für die Sicherung eines demokratischen Volksstaats, weil man weiß, dass nur durch ihn die Überführung des Bergbaues in den Gemeinbesitz vollzogen werden kann."[90]

Als noch problematischer sah Hue die Verstaatlichung der darniederliegenden Eisen- und Stahlindustrie an. Durch den Ausfall der Erzlieferungen aus Lothringen, Spanien und Schweden stünden die Werke vor „beispiellosen Schwierigkeiten". In dieser Lage könne die „Expropriation der Expropriateure" nicht stattfinden, dürfe der Staat nicht als „Konkursverwalter" einspringen. „Wenn wir uns jetzt die Verantwortung für total umwälzende Eingriffe in die komplizierte Verfassung unserer industriellen Produktionsverhältnisse aufhalsen würden", dann werde „der Sozialismus eine unabsehbare schwere Niederlage erleiden".[91]

Insgesamt mischten sich Verantwortungsbewusstsein und Angst vor der eigenen Courage bei Otto Hue, der während des Kaiserreichs die Verstaatlichung als Lösung für alle Probleme propagiert hatte. Jetzt wollte er aber die Sozialisierung vertagen, bis sich die wirtschaftlichen Verhältnisse wieder stabilisiert hätten.

88 Hauptstaatsarchiv Dresden 11168 Nr. 813, Protokoll der Konferenz.
89 Verstaatlichung des Bergbaues.
90 Ebd., S. 346.
91 Otto Hue, Der Sozialismus als Konkursverwalter?, in: Metallarbeiter-Zeitung 50, 14.12.1918. Bieber, Gewerkschaften, S. 629.

Die Sozialisierungskommission

Die vom Rat der Volksbeauftragten im November 1918 einberufene Sozialisierungskommission, der Otto Hue angehörte,[92] befürwortete in einer ersten Stellungnahme zwar grundsätzlich eine Sozialisierung von Kohle und Eisen, aber diese könne nur in einem „längerwährenden organischen Aufbau“ vollzogen werden. Zudem sei „die Wiederbelebung der Produktion“ die „erste Voraussetzung aller wirtschaftlichen Reorganisation“.[93]

Hue war lediglich im Dezember 1918 bei den ersten vertraulichen Sitzungen anwesend.[94] Obwohl ihm zusammen mit Vogelstein der Vorsitz im Referat für Berg- und Hüttenwesen zufiel,[95] nahm er gleichfalls nur in der Anfangszeit an der Expertenanhörung der Kommission teil, als Gewerkschafter, Industrielle und Angestellte der Unternehmerverbände, Ministerialbeamte und Vertreter der Bergbehörde über die Vorzüge und Nachteile des Staats- bzw. Privatbergbaus stritten.[96] Die Diskussion dominierten aber die Vertreter der Industrie, und Hugo Stinnes stimmte ein Loblied auf die Privatinitiative an.[97]

Warum sich Hue der weiteren Mitarbeit in der Kommission entzog – letztmalig nahm er am 8. Januar an einer Sitzung teil –, lässt sich nicht ergründen. Er selbst gab ein Jahr später an, dass ihn die Ereignisse im Ruhrgebiet zu sehr in Anspruch genommen hätten.[98]

Die Sozialisierungs-Kommission legte im Februar 1919 die Ergebnisse ihrer Beratungen vor, an deren Ausformulierung Hue nicht beteiligt war. Die Mehrheit der Mitglieder schlug keine Verstaatlichung vor, um eine Bürokratisierung, wie sie dem fiskalischen Bergbau in Preußen zu eigen war, zu vermeiden. Vielmehr sah sie die Gründung einer Deutschen Kohlengemeinschaft als selbständige juristische Person vor, die die Bergwerke übernehmen sollte. Als Kontrollorgan fungierte nach diesen Plänen ein Reichskohlenrat, bestehend aus je 25 Vertretern der Betriebsleitungen, der Arbeiter, des Reiches und der Verbraucher.[99]

[92] Weitere Mitglieder waren Karl Kautsky und der Vorsitzende der Gesellschaft für Soziale Reform, Prof. Dr. Ernst Francke, die den Vorsitz innehatten, sozialdemokratische Theoretiker (Dr. Rudolf Hilferding, Chefredakteur des USPD-Organs *Freiheit*, Heinrich Cunow, Herausgeber der *Neuen Zeit*), Nationalökonomen (Prof. Dr. Carl Ballod, Prof. Dr. Emil Lederer, Prof. Dr. Robert Wilbrandt, Prof. Dr. Josef Schumpeter) und ein Industrieller (Dr. Theodor Vogelstein, Direktor der Kriegs-Metall AG) an. Otto Hue war zunächst der einzige Gewerkschafter. Später kam Paul Umbreit, Redakteur des *Correspondenzblattes*, hinzu. Bieber, Gewerkschaften, S. 626f.; Habedank, Um Mitbestimmung und Nationalisierung, S. 120–132; Trüschler, Sozialisierungspolitik, S. 20. Wegen ihrer Zusammensetzung spottete Karl Liebknecht, dass diese Kommission eine „gegen die Sozialisierung“ sei. Zit. nach Brehme, Sozialisierungsgesetzgebung, S. 44.

[93] Dokumente und Materialien Bd. 2, Dok. 250, S. 593f., S. 593.

[94] Bundesarchiv Berlin R 3105/61. – Insofern irrt von Oertzen, Probleme, S. 64, wenn er Hue als „aktives Mitglied“ der Kommission bezeichnet.

[95] Ebd., Protokoll der ersten vertraulichen Sitzung am 5.12.1919.

[96] Verhandlungen der Sozialisierungs-Kommission über den Kohlenbergbau im Winter 1918/19.

[97] Am 8.1.1919. Verhandlungen der Sozialisierungs-Kommission über den Kohlenbergbau im Winter 1918/19, S. 210–220.

[98] Verhandlungen der Sozialisierungs-Kommission über den Kohlenbergbau im Jahre1920, Bd. 2, S. 380. Ebenso die Begründung für das Fernbleiben bei Wilbrandt, Sozialismus, S. 246.

[99] von Oertzen, Probleme, S. 83–87; Trüschler, Sozialisierungspolitik, S. 42–56; Winkler, Von der Revolution zur Stabilisierung, S. 192f. Aus marxistischer Sicht: Habedank, Um Mitbestimmung und Nationalisierung, S. 232–239.

Der Rätekongress

Anders als die Regierungsmitglieder und die führenden Gewerkschafter urteilte die Mehrheit der Delegierten auf dem ersten Kongress der Arbeiter- und Soldatenräte, der vom 16. bis zum 20. Dezember 1918 in Berlin tagte. Er beauftragte den Rat der Volksbeauftragten, „mit der Sozialisierung aller hierzu reifen Industrien, insbesondere des Bergbaus, unverzüglich zu beginnen".[100] Doch weder dieses eindeutige Votum noch die Empfehlungen der Sozialisierungskommission griff die sozialdemokratisch geführte Regierung auf.[101]

Die Sozialisierungsbewegung im Ruhrgebiet

Da auf der Reichsebene lange nichts geschah, ergriff der Essener Arbeiter- und Soldatenrat am 9. Januar 1919 die Initiative.[102] Eigenmächtig proklamierte er die Sozialisierung des Bergbaus, und von ihm herausgegebene Flugblätter verkündeten den „Sieg des Sozialismus"[103]. Sein Handeln ist allerdings nicht als revolutionärer Akt zu verstehen, „um die festgefahrene Revolution aus der Sackgasse zu befreien".[104] Dies mag die Intention der KPD-Mitglieder im Rat gewesen sein, doch die anderen wollten mit ihrer Maßnahme „ein nie wieder gutzumachendes Unglück" verhindern,[105] denn die von Hamborn ausgehende Streikbewegung dehnte sich zu Beginn des Jahres auf die Essener Schachtanlagen aus und brachte fast den gesamten Bergbau in der Stadt zum Stillstand. Es drohte, bedingt durch den Ausfall der Strom- und Gaserzeugung, der wirtschaftliche Zusammenbruch.[106]

Der Beschluss war eine spontane, aus der Not geborene Verzweiflungstat zur Abwendung der befürchteten Katastrophe, die sich in vier Maßnahmen erschöpfte. Erstens wurde eine „Neuner-Kommission für die Vorbereitung der Sozialisierung des Bergbaues im rheinisch-westfälischen Industriegebiet" gebildet, der jeweils drei Vertreter der MSPD, der USPD und der KPD angehörten. Zweitens wurde ein Volkskommissar zur Vorbereitung der Sozialisierung des Bergbaues ernannt. Drittens wurden der Bergbauverein und das Rheinisch-Westfälische Kohlensyndikat „besetzt".[107] Die „Teilnahme der Bergleute an den Angelegenheiten ihres Betriebes durch selbstgewählte Vertreter" sollte – viertens – durch ein mehrstufiges Rätesystem gestärkt werden.[108] Dabei sollten

100 Allgemeiner Kongress der Arbeiter- und Soldatenräte Deutschlands, Sp. 344.

101 Schieck, Kampf um die deutsche Wirtschaftspolitik, S. 91f. urteilt: „Der Konflikt zeigte in seinem Verlauf immer deutlicher, dass die Sozialisierungskommission vorerst nur als taktisches Mittel zur Beruhigung der Arbeiterschaft angesehen wurde, als Schirm zur Konzentration der Erwartungen, hinter dem nichts geschah."

102 Zur Initiative des Essener Arbeiter- und Soldatenrats, der Sozialisierungsbewegung und zu ihrer kontroversen Beurteilung: Wisotzky, Der Essener Arbeiter- und Soldatenrat.

103 Spethmann, Ruhrbergbau 1, S. 151; Wisotzky, Unruhige Zeiten, S. 216 Abb. 18.

104 So Tampke, Sozialisierungsbewegung, S. 235. Gegen Tampke schon Mommsen, Die deutsche Revolution, S. 380 Anm. 31; Mommsen, Soziale und politische Konflikte, S. 93 Anm. 85; Mommsen, Soziale Kämpfe, S. 265 Anm. 43.

105 Pressemitteilung des Arbeiter- und Soldatenrates vom 10.1.1919, in: Spethmann, Ruhrbergbau 1, S. 153.

106 Wisotzky, Unruhige Zeiten, S. 211–215.

107 Zur „Besetzung": Wisotzky, Unruhige Zeiten, S. 223f.; Bieber, Gewerkschaften, S. 666.

108 Arbeiterzeitung (Essen) 8, 10.1.1919. – Den Übergang des Bergbaus in die Selbstverwaltung von Zechenarbeiterräten hatte Adolf Meinberg (USPD, ab Feb. 1919 KPD) bereits auf einer Volksversammlung in Ickern am 29.12.1918 als Sozialisierungsmodell propagiert. Spethmann, Ruhrbergbau 1, S. 137.

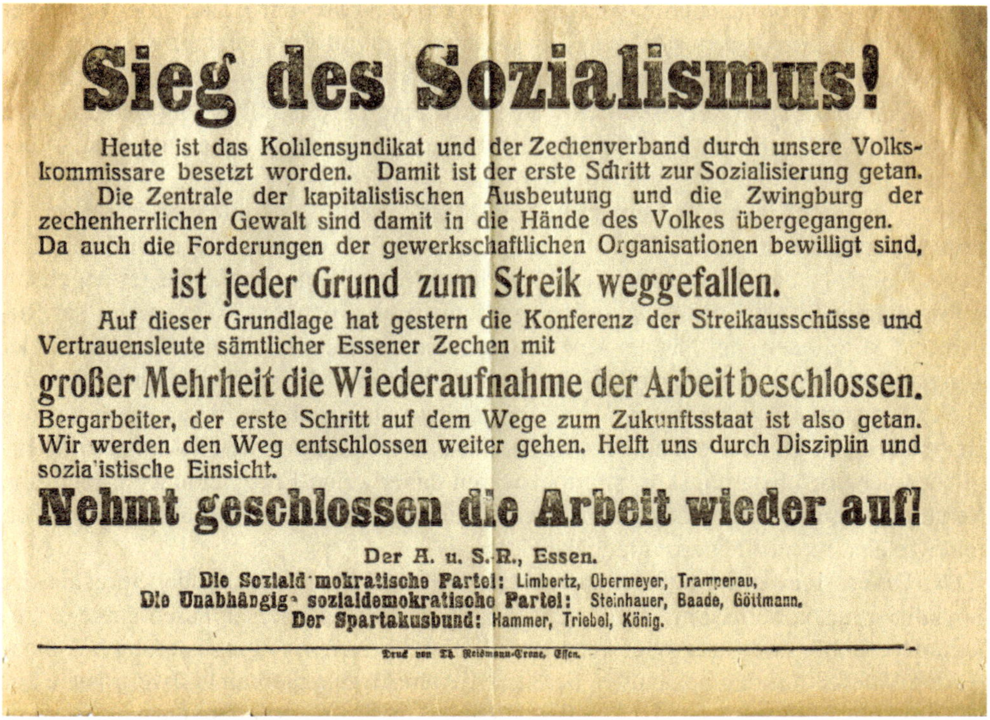

Sieg des Sozialismus!

Heute ist das Kohlensyndikat und der Zechenverband durch unsere Volkskommissare besetzt worden. Damit ist der erste Schritt zur Sozialisierung getan. Die Zentrale der kapitalistischen Ausbeutung und die Zwingburg der zechenherrlichen Gewalt sind damit in die Hände des Volkes übergegangen. Da auch die Forderungen der gewerkschaftlichen Organisationen bewilligt sind,

ist jeder Grund zum Streik weggefallen.

Auf dieser Grundlage hat gestern die Konferenz der Streikausschüsse und Vertrauensleute sämtlicher Essener Zechen mit

großer Mehrheit die Wiederaufnahme der Arbeit beschlossen.

Bergarbeiter, der erste Schritt auf dem Wege zum Zukunftsstaat ist also getan. Wir werden den Weg entschlossen weiter gehen. Helft uns durch Disziplin und sozialistische Einsicht.

Nehmt geschlossen die Arbeit wieder auf!

Der A. u. S.-R., Essen.

Die Sozialdemokratische Partei: Limbertz, Obermeyer, Trampenau,
Die Unabhängige sozialdemokratische Partei: Steinhauer, Baade, Göttmann.
Der Spartakusbund: Hammer, Triebel, König.

Druck von Th. Reismann-Grone, Essen.

Abb. 26: Flugblatt „Sieg des Sozialismus!“

die neuen Räte bedeutend mehr Rechte und Kompetenzen erhalten als die bisherigen Arbeiterausschüsse.

Am 13. Januar 1919 tagten die Delegierten der Arbeiter- und Soldatenräte des Ruhrgebietes im Saalbau, um über die Essener Aktion zu beraten.[109] Anwesend waren auch prominente Vertreter der Regierung und der Bergarbeiterverbände. Alle Redner sprachen sich für die Sozialisierung aus. Selbst Johann Giesberts erhob keine Einwände, sondern erklärte, dass Gewerkverein und Reichsregierung „rückhaltlos“ hinter der Entscheidung des Essener Arbeiter- und Soldatenrats stünden.[110] Allein Otto Hue goss etwas Wasser in den Wein. Er vertrat auch vor der ihm nicht freundlich gesinnten Menge seine bereits in den Zeitungsartikeln und Reden dargelegte Auffassung, dass die Sozialisierung zum jetzigen Zeitpunkt nicht umgesetzt werden könne. Erst müsse die Produktivität erhöht und der Kohlenmangel beseitigt werden. Da aber die vom Essener Arbeiter- und Soldatenrat ergriffenen Maßnahmen in seinen Augen noch keine Sozialisierung darstellten, sondern nur die Kontrolle der Unternehmerorganisationen und der Unternehmen bedeuteten, erklärte er sich mit diesen einverstanden.[111]

[109] Zum Folgenden: Archiv im Haus der Geschichte des Ruhrgebiets NL Weeke 6, Protokoll der Konferenz; Arbeiterzeitung (Essen) 11, 14.1.1919; Tampke, Ruhr and Revolution, S. 227f.; Bieber, Gewerkschaften, S. 652.

[110] Zit. nach Bieber, Gewerkschaften, S. 652. – von Oertzen, Betriebsräte, S. 123.

[111] Arbeiterzeitung (Essen) 11, 14.1.1919. – Mommsen, Die Bergarbeiterbewegung an der Ruhr, S. 293 irrt, wenn er schreibt: „Obwohl sich Otto Hue … gegen eine Sozialisierung innerhalb absehbarer Zeit klar ausgesprochen hatte, wagte er es nicht, diesen Standpunkt in Essen zu vertreten.“ Er stützt sich wohl auf

Der Erfolg der Sozialisierungsinitiative war abhängig von der Haltung der Reichsregierung, wobei der Essener Arbeiter- und Soldatenrat von der Annahme ausging, ganz in deren Sinne gehandelt zu haben. Lediglich wegen der Wirren in Berlin hätte der Rat der Volksbeauftragten keine Zeit zur Verwirklichung der Sozialisierung gehabt, wäre er „schmählich" von der Realisierung abgehalten worden. Das habe Otto Hue so berichtet.[112]

Bevor es jedoch zu ersten Verhandlungen kommen sollte, hatte die Regierung am 14. Januar in einem Telegramm ihre Position schon deutlich umrissen. Sie lehnte ein örtliches Vorgehen ab, da eine Sozialisierung nur auf dem Wege der Reichsgesetzgebung erfolgen könne.[113] Bei den Gesprächen mit dem frisch ernannten Volkskommissar Ruben und Mitgliedern der Neuner-Kommission, die am 16. Januar in der Reichskanzlei – anwesend waren u.a. die Volksbeauftragten Ebert und Wissell – begannen und die einen Tag später in erweiterter Runde fortgesetzt wurden und an denen Vertreter des Bergbauvereins ebenso teilnahmen wie der Essener Oberbürgermeister Luther und Mitglieder der Sozialisierungskommission, waren daher keine Entscheidungen über eine Verstaatlichung des Bergbaus zu erwarten, sondern es ging vor allem um die Frage, ob und wie eine Kontrolle vonstattengehen könnte.[114]

Die Diskussion verlief äußerst kontrovers. Während Karl Kautsky, der Sprecher der Sozialisierungskommission, es für richtig hielt, den Essener Beschlüssen entgegenzukommen, lehnte Ebert, der zwar die generelle Bereitschaft zur Sozialisierung bekundete, den Vorstoß mit den bekannten, bereits zitierten Argumenten ab und vertröstete auf die Zukunft. Eine solch gewichtige Entscheidung bedürfe „umfangreicher sorgfältiger Vorbereitungen".

Otto Hue widersprach der Auffassung, dass die Sozialisierung von der Masse gefordert werde. Er habe davon im Ruhrbecken nichts bemerkt. Die Forderung sei vielmehr aus Berlin importiert worden. Er wollte aber nicht bestreiten, dass die Sozialisierung „sehr geeignet sei, die Unruhe zu beseitigen", weil – wie er unterstellte – die Bergarbeiter sich davon eine Lohnerhöhung versprachen. Zugleich musste er eingestehen, dass das Gefühl der Masse, „dass auf dem bisherigen Boden des Privatkapitalismus der Betrieb nicht weiter geführt werden könne", sehr groß sei, weshalb die Verstaatlichung kommen müsse. Allerdings wollten die Bergarbeiter „die Sozialisierung nicht von heute auf morgen, sie wollten nur die Erklärung, dass sie in Angriff genommen werde".

Sehr umstritten blieb die Besetzung der Räume des Bergbauvereins. Hugo Stinnes kritisierte in scharfen Worten die Entscheidung des Essener Arbeiter- und Soldatenrats. „Dass ein Landrichter sich das Recht beimesse, Einräumung von Zimmern, Vorlegung von Bilanzen zu fordern, sei eine Unverschämtheit." Hue rechtfertigte hingegen die Aktion und zwar aus einem speziellen Grunde: „Wenn der Essener Arbeiter- und Sol-

Spethmann, Ruhrbergbau 1, S. 154, der zwar Teile der Ausführungen Hues zitiert, hingegen die skeptischen Töne gegenüber einer sofortigen Sozialisierung fortgelassen hat. Ebenso falsch die Darstellung bei Bieber, Gewerkschaften, S. 652.

112 Erklärung des Essener Arbeiter- und Soldatenrats, in: Arbeiterzeitung (Essen) 14, 17.1.1919; Essener Volks-Zeitung 17, 17.1.1919.

113 Ebert verwies auf das Telegramm bei den Verhandlungen in der Reichskanzlei am 17.1.1919. Bundesarchiv Berlin R 43 I 2170. – Bieber, Gewerkschaften, S. 657.

114 Zum Folgenden: Bundesarchiv Berlin R 43 I 2170, Besprechungen in der Reichskanzlei am 16. u. 17.1.1919; Bieber, Gewerkschaften, S. 657–661.

datenrat nicht vorgegriffen hätte, hätte die Spartakusgruppe zweifellos den Bergbaulichen Verein besetzt." Ansonsten hielt er aber nichts von den selbstständigen Eingriffen der Arbeiter- und Soldatenräte, diese dürften in Zukunft nur „im Einverständnis mit den Volksbeauftragten erfolgen" und nicht den Geschäftsgang stören. Wenn sich die Bergarbeiterschaft wieder beruhigt habe, könne auf eine Kontrolle der Geschäftsbücher des Bergbaulichen Vereins verzichtet werden. Ihm sollte man seine Bewegungsfreiheit zurückgeben, „da er ja gar kein Unternehmen, das mit Gewinn oder Verlust arbeite, sei, sondern als Organisation etwa dem Deutschen Bergarbeiterverband gleiche". Anders sei die Lage beim Kohlensyndikat. Hier „gehe Geld und Ware durch, und die letzte Kohlenpreiserhöhung habe viel böses Blut gemacht. Da sei es im Interesse der öffentlichen Ruhe notwendig, daß die Volksbeauftragten in die Verkaufszentralen der Kohlensyndikate, nicht nur in den Kohlensyndikaten selbst, Kontrolleure stellten, die unter Beaufsichtigung des A.- und S.-Rats und der Angestellten dort wirken könnten. Damit sei aber nicht gesagt, dass sie den Geschäftsgang kontrollieren sollten, denn dazu gehörten ganz andere Voraussetzungen. Den Arbeitern müsste das Gefühl gegeben werden, dass hier nicht gewirtschaftet werden könne wie bisher."

Keine Übereinstimmung erzielten die Beteiligten über die beabsichtigte Räteorganisation. Oberbergrat Fritz Bennhold hielt eine Sonderregelung für den Bergbau nach der Verordnung vom 23. Dezember 1918 über die Arbeiterausschüsse nicht für erforderlich. „Was man durch die Schaffung der Steigerräte, Bergrevierräte, Zechenräte und Zentralrevierräte erreichen wolle, sei durch die Arbeiterausschüsse bereits erreicht." Dieser Auffassung widersprach Stein von der Neuner-Kommission heftig. Den Erwartungen der Bergleute entsprechen selbst „die erweiterten Machtbefugnisse der Arbeiterausschüsse" keineswegs. Auch wenn Hue „diesen unglaublichen Apparat von Zentralrevierräten" ablehnte, stimmte er mit Stein überein und bat daher, „eine Verordnung über die Wahlen von Arbeiterausschüssen und ihre Befugnisse herauszugeben. Diese Befugnisse müssten aber den Wunsch der Arbeiter, mitzuwirken bei Lohn- und Arbeitsverhältnissen, erfüllen. Er sei fest überzeugt, daß man wieder zu ruhigen Verhältnissen kommen werde, wenn die Werksverwaltungen mit den Leuten vertrauenerweckend arbeiten wollten."

Die Verhandlungen endeten ohne ein konkretes Ergebnis. Sie offenbarten aber, dass die Reichsregierung nicht bereit war, das Vorgehen der Essener zu sanktionieren. Fortgesetzt wurden sie am nächsten Tag in kleinerer Runde. Hier herrschte „Übereinstimmung darüber", dass die Neuner-Kommission „mit der eigentlichen Sozialisierung nicht beauftragt werden könne".[115] Auch dem Volkskommissar Ruben blieb die erhoffte Anerkennung versagt. Stattdessen ernannte die Reichsregierung drei Reichsbevollmächtigte für den Bergbau.

Die am 18. Januar erlassene Verordnung betr. den Bergbau benannte als ihre Aufgabe, „alle wirtschaftlichen Vorgänge auf dem Gebiete der Kohlenförderung, des Absatzes und der Verwertung der Kohle fortdauernd auch hinsichtlich der Preisbemessung zu überwachen."[116]

[115] Stadtarchiv Bochum B 225, Protokoll der Konferenz der Arbeiter- und Soldatenräte in Essen am 20.1.1919 – Aussage Limbertz.

[116] Verordnung vom 18.1.1919, RGBl 1919, S. 64f.; Die deutsche Revolution 1918 – 1919, S. 270f. – Zur Verordnung aus marxistischer Sicht: Habedank, Um Mitbestimmung und Nationalisierung, S. 204ff.

Die Bestellung des Geheimen Bergrats Arnold Röhrig vom Handelsministerium, des Generaldirektors Albert Vögler[117] und Otto Hue zu Reichsbevollmächtigten[118] machte deutlich, „daß man an ernsthaften Fortschritten im Sinne der Sozialisierung nicht interessiert war“,[119] denn berufen wurden „sämtlich Persönlichkeiten, von denen zu erwarten stand, daß sie eine Sozialisierung des Bergbaus gewißlich hintertreiben würden“.[120] Obwohl die Delegation aus Berlin mit leeren Händen zurückkehrte, erstattete Limbertz auf der nächsten Konferenz der Arbeiter- und Soldatenräte des Ruhrgebiets am 20. Januar einen ausgesprochen positiven Bericht.[121] Ob dies seinem subjektiven Eindruck der Verhandlungen entsprach oder ob er den radikalen Kräften den Wind aus den Segeln nehmen wollte, sei dahingestellt. Letztere wiederholten massiv ihre Kritik an der Regierung: „Sie arbeite zu langsam, wolle nur die Arbeiter einseifen und ein Beruhigungstränklein brauen.“ Besondere Ablehnung erfuhr die Zusammensetzung des ernannten „Dreimännerkollegiums“, in dem – so Fritz Baade ironisch – „Genosse Hue die radikale Linke vertrete“. Ein Unternehmervertreter als Regierungskommissar sei „eine glatte Unmöglichkeit“. Mit einem ausgesprochenen Gegner der Sozialisierung wie Vögler könne man nicht zusammenarbeiten. Allein Hue fand ihre Gnade, sofern man ihm die Neuner-Kommission zur Seite stelle und ein Aktionsprogramm ausgearbeitet werde.[122]

Die auf der Konferenz lautwerdende Kritik an der Regierung wehrte Hue ab: Sie habe weiterhin die Absicht, den Bergbau zu sozialisieren, aber es gelte, den besten Weg dazu zu finden. Eine „Umwandlung der Wirtschaftsweise“ einfach „per decret, durch Erlaß des A.- u. S.-Rates“ wäre nicht möglich. „Bedenken Sie“, so sein Mahnruf an die Delegierten, „daß wir hier ein Werk durchführen, das durch Generationen und Generationen hin durch dauern soll.“ Bei seinen kritisch eingestellten Vorrednern vermisste Hue „die praktischen Vorschläge: Wie kommen wir unmittelbar oder auf Wegen, die gangbar sind, aus der Privatwirtschaft in die sozialistische hinein. Das ist doch das Entscheidende, worauf es ankommt. Wir können alle möglichen Räte einsetzen, damit haben wir keine Sozialisierung vorgenommen. Hier kommt es darauf an, die Umwandlung der Wirtschaftsweise vorzunehmen.“ Hue warnte vor „Bocksprünge“ und „Dilettantismus.“ Gemeint war damit das Vorgehen einzelner Belegschaften. So habe man irgendwo auf einer Zeche „sozialisiert“, Räte gewählt und den Direktor abgesetzt. In den Augen von Hue machten die Bergarbeiter auf diese Weise „eine Operette aus der Sozialisierung“. Um den Unmut der Linken zu dämpfen, erklärte er sich zur Zusammenarbeit mit der Neuner-Kommission bereit und versprach, auf die Regierung einzuwirken, auf dass sie die Ernennung Vöglers rückgängig mache. Seine emotional vorgetragenen Ausführungen endeten mit einem Bekenntnis zur Aufhebung der Privatwirtschaft.[123]

117 Rasch, Vögler und sein Verhältnis zur Politik, S. 132 konstatiert: „Über Vöglers ‚Sozialisierungsbemühungen' ist bisher nichts bekannt geworden.“

118 RGBl 1919, S. 65; Die deutsche Revolution 1918 – 1919, S. 271.

119 Rürup, Einleitung, S. 26.

120 Mommsen, Die deutsche Revolution, S. 378.

121 Stadtarchiv Bochum B 225, Protokoll der Konferenz der Arbeiter- und Soldatenräte in Essen am 20.1.1919; Arbeiterzeitung (Essen) 17, 21.1.1919; Bergknappe 5, 1.2.1919.

122 Stadtarchiv Bochum B 225, Protokoll der Konferenz der Arbeiter- und Soldatenräte in Essen am 20.1.1919 – Aussage Baade.

123 Ebd., Rede Hues.

Nach einer langen, kontrovers geführten Debatte einigten sich die Delegierten auf eine Resolution, in der sie das am 13. Januar beschlossenen Rätesystem bestätigten.[124] Ferner wurde festgehalten, dass Regierungskommissar Hue und Neuner-Kommission „den Zentralkörper für die Sozialisierung" bilden sollten. Gewarnt durch die Berliner Ereignisse[125], fürchteten die Linken, dass die Regierung auch die Sozialisierungsbewegung im Ruhrgebiet durch Militär unterdrücken wolle. Daher sollte ihre Warnung vor einem Militäreinsatz in die Resolution aufgenommen werden. Hue sprach sich dagegen aus und hielt den Gedanken, dass die Regierung Truppen ins Revier schicken sollte, für abwegig. Sollte das aber der Fall sein, dann, so tönte er vollmundig, „würden Sie mich auf der alleräussersten Linken der Opposition finden".[126] Nach einigen Hin und Her einigte man sich auf die Kompromissformulierung: „Die Arbeiter- und Soldatenräte verpflichten sich für unbedingte Aufrechterhaltung der Ruhe, wenn die Sozialisierung durchgeführt und nicht durch Entsendung von Truppen gestört wird."[127]

Wenngleich noch einmal eine gemeinsame Entschließung zustande kam, zeigten die Beratungen doch schon erste Risse innerhalb der Bewegung.

Hue sah weiterhin seine Aufgabe darin, zur Beruhigung im Ruhrgebiet beizutragen. Auf einer Konferenz der Arbeiter- und Soldatenräte sowie der Zechenausschüsse des westlichen Ruhrgebiets in Mülheim am 27. Januar[128] skizzierte er sein Modell des sozialisierten Bergbaus. Danach solle man vorerst nur den Betrieb der Gruben – nicht den Besitz – „aus der Privathand nehmen und ihn in die Gemeinschaftshand überführen". So könne man „auf diese Weise die Führung des ganzen Betriebes kontrollieren unter Zuziehung von Arbeitern und Beamten unter der Leitung natürlich der vom Staate eingesetzten verantwortlichen Betriebsdirektoren". Durch die Mitbestimmung der Belegschaftsvertretungen ließen sich die Betriebseinrichtungen dann derart organisieren, „daß die Arbeiter und Angestellten sich wohler fühlten als früher". Die Übernahme in Gemeinschaftshand beschränke sich aber nicht allein auf den Grubenbetrieb, sondern sie müsse auch die Verkaufsorganisationen umfassen.

Hue verströmte einerseits Zuversicht, dass die Mehrheit in der am 19. Januar neugewählten Nationalversammlung für die Sozialisierung stimmen werde, denn der Bergbau sei „reif für die Vergesellschaftung, weil er so riesengroß sei und weil der Druck des Kapitalismus auf die Allgemeinheit geradezu unerträglich geworden sei". Andererseits rief er zur Geduld auf. Viele Kuxe und Aktien der Bergwerke seien in den Händen ausländischer Kapitalisten, und die Entente werde es wohl nicht zulassen, wenn diese enteignet würden. Daher dürfe man nicht „täppisch" vorgehen, sondern müsse die Friedensverhandlungen abwarten. „Wenn wir die Bedingungen des Friedensvertrages kennen, wenn die [Lebensmittel-]Blockade [der Alliierten] aufgehoben wird, bin ich sofort bereit, zu sagen: schleunigst, je rascher, desto besser!" Hue dämpfte zudem die Erwartung, dass eine Sozialisierung Lohnerhöhungen und eine Verkürzung der Schichtzeit bringen werde, und bat die versammelten Konferenzteilnehmer, die Belegschaften

[124] Ruben, Sozialisierungsbewegung, S. 18.

[125] Jones, Am Anfang war Gewalt, S. 149–211.

[126] Stadtarchiv Bochum B 225, Protokoll der Konferenz der Arbeiter- und Soldatenräte in Essen am 20.1.1919.

[127] Ruben, Sozialisierungsbewegung, S. 18f.

[128] Mülheimer Zeitung v. 28.u.29.1.1919 „Reichskommissar Hue über die Sozialisierung des Bergbaus"; Oberhausener Zeitung 30, 30.1.1919 „Hue über die Sozialisierung; Bergarbeiter-Zeitung 6, 8.2.1919 „Sozialisierung des Bergbaues".

in diesem Sinne aufzuklären. Abschließend verurteilte er die „wilden Sozialisierungen" auf einzelnen Schachtanlagen. Die Zechenräte könnten nicht „die Leitung der Betriebe übernehmen", sondern wären nur zur Kontrolle da. Die Absetzung von Direktoren und Steigern verurteilte er als schweren Fehler. Weil „der Sozialismus ... ohne Mithilfe der geistigen Kräfte nicht durchzuführen" sei, dürfe kein Zwiespalt zwischen den Beamten und den Arbeitern entstehen.

Die Wahl der neuen Räte führte auf vielen Zechen zu neuen Konflikten, da die Betriebsführungen deren Durchführung sabotierten bzw. die gewählten Gremien nicht anerkennen wollten. Hue war als Reichsbevollmächtigter bestrebt, in Verhandlungen mit Vertretern des Zechenverbandes, der Gewerkschaften und der Neuner-Kommission die Konflikte beizulegen und die nach dem Essener Muster gewählten Zechenräte durch Arbeiterausschüsse zu ersetzen, war aber in seinem Unterfangen nicht erfolgreich.[129] Ebenso intervenierte er bei Streiks auf einzelnen Schachtanlagen.[130]

Der Bergarbeiterverband stand der neu aufgeflammten Bewegung hilflos und verständnislos gegenüber. „Um sich die unerwartete Radikalität der Arbeiterschaft zu erklären", griff er „auf die Agententheorie zurück".[131] Fremde Trupps würden die Bergleute, die eigentlich arbeitswillig wären, mit Gewalt am Anfahren hindern. Der Vorsitzende Hermann Sachse forderte daher „energische Maßnahmen der Regierung". „Das wilde Wesen der Räte" müsse „mit Gewalt beseitigt" werden.[132]

Es hatte sich eine Menge an Zündstoff angesammelt, als die Delegierten der Arbeiter- und Soldatenräte des Ruhrgebiets zur nächsten Konferenz am 6. Februar zusammentrafen.[133] Schweres Geschütz fuhren die Linken auf. Da die Neuner-Kommission noch nicht offiziell anerkannt worden war, sprachen sie der Regierung ihr Misstrauen aus. Abermals stieg Hue in den Ring, der an die Delegierten appellierte: „Wenn Sie weiterkommen wollen, dann hören Sie auf mit Ihrem fanatischen Misstrauen gegenüber einer Parteigruppe, die mit Ihnen vollständig einig ist." Er widersprach den Behauptungen, dass die Mehrheitssozialisten und die Gewerkschaften keine ehrlichen Freunde der Sozialisierung seien. „Ich kenne keinen Parteigenossen, der gegen die Sozialisierung ist."

Dass die Zweifel aber durchaus berechtigt waren, zeigte die weitere Entwicklung. Da die Regierung nicht bereit war, „den Sozialisierungs- und Demokratisierungsprozess voran[zu]treiben", blieb ihr nur die Alternative, „die Revolutions- und Rätebewegung um den Preis eines Bürgerkrieges mit Hilfe der überkommenen militärischen Kräfte ab[zu]bauen".[134] Auslöser des blutigen Konflikts war das brutale Vorgehen von Militär und Freikorpstruppen in Dorsten[135], was radikale Linke zum Anlass nahmen, am 16. Februar den Generalstreik und den Kampf gegen die Regierung Ebert-Scheidemann aus-

129 LAD NRW Abt. Westf. Oberbergamt Dortmund 1854, Minister für Handel u. Gewerbe an Oberbergamt Dortmund, 6.2.1919.

130 Hue griff bei einigen dieser Konflikte vermittelnd ein. Zeche Victoria: LAD NRW Abt. Westf. Oberbergamt Dortmund 1794, Aktenvermerk, 12.2.1919; Spethmann, Ruhrbergbau 1, S. 169. Zeche Gneisenau: Spethmann, Ruhrbergbau 1, S. 170.

131 Mommsen, Soziale und politische Konflikte, S. 81.

132 Die Gewerkschaften in Weltkrieg und Revolution 1914 – 1919, Dok. 62, S. 624 u. 670f.

133 Haus der Essener Geschichte/Stadtarchiv 102 I 1093, Protokoll der Konferenz der Arbeiter- und Soldatenräte am 6. Feb. 1919 im Saalbau.

134 Kluge, Essener Sozialisierungsbewegung, S. 60.

135 Lucas, Blockierte Demokratisierung. – Kluge, Die deutsche Revolution 1918/19, S. 100 spricht von „Exzessen" der Freikorps-Angehörigen.

zurufen.[136] Für kurze Zeit herrschten danach bürgerkriegsähnliche Zustände im Ruhrgebiet.[137] Bewaffnete Trupps hinderten arbeitswillige Bergleute an der Anfahrt oder erzwangen ihre Ausfahrt. Teilweise wurden Fördereinrichtungen zerstört und Büros, Werkstätten, Magazine, Lebensmittellager, aber auch die Wohnungen der Direktoren geplündert und verwüstet. Vielerorts gab es Feuergefechte mit Zechen- und Sicherheitswehren, bei denen Tote und Verletzte zu beklagen waren. Arbeiterformationen suchten zudem den – letztlich aussichtslosen – Kampf mit Regierungstruppen und Freikorps.

Besonders scharf reagierten die vier Bergarbeiterverbände, die das Vorgehen der Radikalen in einem Aufruf an die organisierten Bergarbeiter als „unverständlich und wahnsinnig“ bezeichneten. „Wir warnen euch, diesen Elementen, die wie Raubmörder in Bottrop hausten und Gefangene abschlachteten, wie dies noch nicht einmal von Senegalesen in der Kriegszeit geschah, Gefolgschaft zu leisten. ... Ein dicker Trennungsstrich ist zwischen den organisierten Bergarbeitern und den spartakistischen Putschern gezogen. Es gibt für die vernünftigen Bergarbeiter nur noch eins: mit der von ihnen erwählten Regierung die errungenen Verbesserungen auszubauen und klar und deutlich zu erklären: Los von den Spartakus-Mordbrennern!“[138]

Ob Otto Hue, der sich am 20. Januar als entschiedenen Gegner einer Truppenentsendung dargestellt hatte, die Erklärungen seiner Gewerkschaftsfreunde teilte, wissen wir nicht. Er verurteilte natürlich den „wahnsinnigen Teilstreik“ und „das unheilvolle Treiben der Wildgewordenen“[139], aber er rechtfertigte mit keinem Wort das Vorgehen des Militärs. Sein Schweigen ist umso auffälliger, da er doch ansonsten keinerlei Scheu zeigte, seine Meinung kundzutun. Darf man daraus schließen, dass er den militärischen Einsatz missbilligte, wie er auch im April 1919 dagegen stimmen sollte?[140]

Da die Mehrheitssozialdemokraten und die Gewerkschaften auf der neuerlichen Konferenz am 18. Februar einen Streik ablehnten,[141] geriet er zum Fiasko und musste wegen der fehlenden Unterstützung schon nach wenigen Tagen abgebrochen werden.[142] Verheerende Folgen besaß er für die Sozialisierungsbewegung. Die zuvor schon brüchige Einheit zerbrach endgültig. Das gemeinsame Vorgehen der drei sozialistischen Parteien im Ruhrgebiet gehörte der Vergangenheit an. Die Neuner-Kommission schrumpfte

136 Spethmann, Ruhrbergbau 1, S. 205.

137 Zu Essen: Wisotzky, Unruhige Zeiten, S. 254–258.

138 Essener Volks-Zeitung 54, 23.2.1919; Die Sozialisierung des Bergbaues und der Generalstreik im rheinisch-westfälischen Industriegebiet, S. 25f.; Bericht des Hauptvorstandes des Gewerkvereins christlicher Bergarbeiter Deutschlands über die Jahre 1919/20, S. 309f. – Weitere Stellungnahmen gegen den „Spartakusterror“ in der *Bergarbeiter-Zeitung* zitiert Jones, Gewaltsamer Wiederaufbau, S. 288f.

139 Rede in der Nationalversammlung am 27.2.1919, S. 335.

140 Henze, Sechsstundenschicht, S. 90. – Dass Hue nicht grundsätzlich gegen den Militäreinsatz eingestellt war, zeigte sich – sofern man Spethmann folgen will – am 27.12.1918, als über Hamborn verhandelt wurde: „Hue führte aus, es sei ihm als altem Gewerkschaftssekretär selbstverständlich nichts schmerzlicher, als darauf hinweisen zu müssen, daß ein ausreichender Schutz für die Zechen zu stellen sei, um dem Terror ein Ende zu machen. ... Weil auch schon viele Plünderungen vorgekommen seien, gebe es nur das Mittel, Gewalt gegen Gewalt zu setzen.“ Spethmann, Ruhrbergbau 1, S. 138.

141 Zur Versammlung: Stadtarchiv Recklinghausen III 1887, Protokoll der Versammlung; Arbeiterzeitung (Essen) 42, 19.2.1919; Essener Volks-Zeitung 50, 19.2.1919; Rheinisch-Westfälischer Anzeiger 50, 19.2.1919; Spethmann, Ruhrbergbau 1, S. 207f.; Dörnemann, Politik des Verbandes der Bergarbeiter Deutschlands, S. 48f.; Tampke, Ruhr and Revolution, S. 244f.; Tampke, Sozialisierungsbewegung, S. 239f.

142 Dörnemann, Politik des Verbandes der Bergarbeiter Deutschlands, S. 48ff.; Wisotzky, Unruhige Zeiten, S. 250–261.

durch den Austritt der Mehrheitssozialdemokraten zu einem Sechs-Mann-Gremium, das nicht mehr für die Mehrheit der Bergarbeiter sprechen konnte.[143]

Helga Grebing hat bedauert, dass sich Hue nicht an die Spitze der Bewegung gestellt habe, um „sie politisch im Sinne einer demokratischen Rätebewegung zu kanalisieren und damit Impulse für eine geeinte sozialistische Arbeiterbewegung zu geben".[144] Ein Zusammengehen mit den führenden Leuten der linksradikalen Bewegung war aber ein Ding der Unmöglichkeit.

In den Augen Hues waren diese lediglich „Phantasten und wirklichkeitsfremde Narren", von denen man „Reden, nichts wie Reden, verwaschene Reden und Schlagworte" höre. Mit solchen „unklaren Köpfen" könne man sich nicht über ein Programm verständigen, ließen sich nicht die „von der rauhen Wirklichkeit gestellten Fragen" lösen.[145]

In der Tat besaß die vom Essener Arbeiter- und Soldatenrat ausgehende Bewegung zunächst keine ausgefeilte Strategie und kein durchdachtes Konzept.[146] Die Parole „Sozialisierung" fand großen Anklang, weil sie so unbestimmt und vage blieb, weil sich jeder etwas Anderes darunter vorstellen konnte. Für die einen war sie gleichbedeutend mit Beteiligung am Gewinn, andere sahen darin die Verstaatlichung des Bergbaus, wiederum andere verstanden darunter die Beseitigung innerbetrieblicher Unterdrückung und Ausbeutung und eine gleichberechtigte Mitwirkung bei der Festsetzung der Betriebsziele. Sozialisierung war das Zauberwort, das jedem eine bessere Zukunft verhieß, wurde zum Schlagwort für eine diffuse Erwartung auf ein Ende der Misere und für die Hoffnung auf eine neue, bessere Gesellschaftsordnung.

Zum anderen ist es „ziemlich wirklichkeitsfremd, von Otto Hue und Hermann Sachse zu erwarten, sie hätten über ihren Schatten springen und eine spontane Bewegung begrüßen können, nachdem sie sich länger als ein Vierteljahrhundert von der von ihnen selbst durchgesetzten Praxis hatten leiten lassen, wonach die Interessen der Arbeiterschaft nur mittels Disziplin und Organisation sichergestellt werden konnten, …"[147] Hue verhehlte nicht, dass man die „wilden Sozialisierungen der Zechenräte" unbedingt eindämmen müsse, ansonsten werde man „ein Schlamassel erleben", „aus dem wir gar nicht wieder herauskommen".[148]

Es ist den Führern des Verbandes vorgeworfen worden, dass ihr Verhalten gegenüber der Sozialisierungsbewegung „primär taktischer Natur" gewesen wäre. Sie hätten sich nur gezwungenermaßen beteiligt, weil die Rätebewegung so großen Anklang in der Bergarbeiterschaft fand, wären aber bestrebt gewesen, so schnell wie möglich zur Arbeitsgemeinschaftspolitik zurückzukehren.[149] Sollten sich Hue und die anderen Vor-

143 Dörnemann, Politik des Verbandes der Bergarbeiter Deutschlands, S. 50.

144 Grebing, Hue, S. 711. Siehe auch von Oertzen, Die großen Streiks, S. 205; Tenfelde, Die Bergarbeiter, ihre Gewerkschaften und der Kapp-Putsch, S. 41f.

145 Werner, Rechnung, S. 226. Siehe auch schon Otto Hue, Demokratie oder Anarchie?, in: Arbeiterzeitung (Essen) 253, 29.10.1918. – Sein Freund Severing schrieb: Es lag Hue nicht, „sich mit halbreifen Burschen, die sich ein paar radikal-geschwollene Phrasen angelesen hatten, über Sozialisierung des Bergbaues auseinanderzusetzen". Severing, Wetter- und Watterwinkel, S. 246f.

146 Tampke, Ruhr and Revolution, S. 235. Dagegen die positive Beurteilung bei von Oertzen und Mommsen. Mommsen, Die Bergarbeiterbewegung an der Ruhr, S. 295.

147 Feldman, Vorstellungen, S. 311.

148 Hue auf der sächsischen Sozialisierungskonferenz am 19.3.1919. Hauptstaatsarchiv Dresden 11168 Nr. 813, Protokoll der Konferenz.

149 Dörnemann, Politik des Verbandes der Bergarbeiter Deutschlands, S. 54.

standsmitglieder nur aus taktischen Gründen beteiligt haben, so hat aber die Darstellung gezeigt, dass Hue die Arbeiter- und Soldatenräte über seine Einstellung nicht getäuscht hat. Er hat stets mit offenen Karten gespielt, seine Bedenken geäußert, Maßnahmen kritisiert und darauf hingewiesen, dass die Sozialisierung nicht sofort durchgeführt werden kann. Hue hielt aber weiterhin an seiner Überzeugung fest, dass die Sozialisierung kommen müsse, sobald die wirtschaftlichen, die innen- und außenpolitischen Rahmenbedingungen dies zuließen. Erst wenn sich das Wirtschaftsleben normalisiert habe und die Friedensbedingungen bekannt seien, könne die Nationalversammlung die entsprechenden Entscheidungen fällen. Nur bei einer solch geordneten Verfahrensweise könne die Sozialisierung Erfolg haben, andernfalls werde man ein Fiasko erleben, was unbedingt vermieden werden müsse. Dass dieser eingeschlagene Weg nicht zum Erfolg führte, wissen wir Nachgeborenen, aber für Hue war die weitere Entwicklung nicht abzusehen.

Die Sozialisierungsbewegung im Ruhrgebiet gab den Anstoß für die Aktionen im Industriebezirk Halle/Merseburg, einer Hochburg der USPD.[150] Am 14. Januar forderten auch hier die Bergarbeiter die „sofortige Sozialisierung der Grubenunternehmungen".[151] Zwei Tage später brachte der Bezirks-Arbeiter- und Soldatenrat das Oberbergamt Halle unter seine Kontrolle, und am 29./30. Januar beschloss eine Bezirkskonferenz, „Sozialisierungsbestrebungen von unten" in Gang zu bringen. In allen Betrieben sollten Betriebsräte nach dem Essener Vorbild gewählt werden, die „entscheidenden Einfluß auf Produktions-, Lohn- und Arbeitsverhältnisse" ausüben sollten. Zur Durchsetzung ihrer Forderung drohten die Bergarbeiter, in den Generalstreik zu treten.[152] Doch das Ergebnis der Verhandlungen[153] der Essener Neuner-Kommission und der Vertreter des Bezirksarbeiterrates Halle-Merseburg mit Wirtschaftsminister Wissell am 13./14. Februar entsprach nicht annähernd den Erwartungen der Arbeiterdelegierten, denn den Betriebsräten waren keineswegs weitreichende Mitbestimmungsrechte zugesprochen worden. Wie deren Vorstellungen aussahen, machte die am 13. Februar veröffentlichte vorläufige Dienstanweisung deutlich.[154] Danach war es die „vornehmste Aufgabe des Betriebsrates", „den Betrieb schleunigst und ohne Störungen zu demokratisieren und für die Sozialisierung vorzubereiten". Zu diesem Zweck sollten drei vom Betriebsrat bestimmte Personen „Einblick in alle betrieblichen, wirtschaftlichen und kaufmännischen Vorgänge" erhalten.

Da die Fortschritte bei der Sozialisierung und der Demokratisierung der Betriebe ausblieben, rief eine Konferenz am 23. Februar den Generalstreik im Bergbau, den chemischen Großbetrieben sowie in der Metall- und Papierindustrie aus.[155] Der Ausstand, der sich auch in die Nachbargebiete, nach Sachsen, Thüringen und Anhalt, ausdehnte, endete erst zwischen dem 6. und 8. März. Ursächlich für den Abbruch war zum einen der Einmarsch von Truppen ins Revier, zum anderen neue Verhandlungen über die Befugnisse der Betriebsräte am 5. März, die im Auftrage der Regierung Otto Hue leitete, „der sich be-

[150] Curschmann, Entstehungsgeschichte; von Oertzen, Betriebsräte, S. 133–152; Raase, Kampf um revolutionäre Betriebsräte; Schubert, Generalstreik; Winkler, Von der Revolution zur Stabilisierung, S. 175–178; Hesselbarth, Der Mitteldeutsche Generalstreik.

[151] von Oertzen, Betriebsräte, S. 135; Hesselbarth, Der Mitteldeutsche Generalstreik, S. 189.

[152] Beschluss in: Curschmann, Entstehungsgeschichte, S. 182ff; von Oertzen, Betriebsräte, S. 136f.; Hesselbarth, Der Mitteldeutsche Generalstreik, S. 190f.

[153] Protokoll in: Curschmann, Entstehungsgeschichte, S. 186–189.

[154] Abgedr. in: Ebd., S. 190f.

[155] Dokumente und Materialien II, 3, Dok. 89, S. 198f.

mühte, durch seine Vermittlung in sehr ruhiger, sachlicher und kluger Weise alle Schwierigkeiten zu beseitigen, und die Verhandlungen zu einem Ergebnis zu bringen".[156] Da die neuen Bestimmungen nicht die Zustimmung von allen Arbeitgebern fanden, musste erneut verhandelt werden und wiederum übernahm Hue die Vermittlungsfunktion. Am 12. März verabschiedeten Arbeitgeber und Arbeitnehmer eine überarbeitete Dienstanweisung, die am 20. März im Reichsanzeiger veröffentlicht wurde.[157] Weil Hue maßgeblich an den Formulierungen mitgearbeitet hat – Osterroth sprach ihm zu Unrecht „die geistige Urheberschaft" zu,[158] denn die grundlegenden Vorarbeiten hatten die Leiter der mitteldeutschen Bewegung, Wilhelm Koenen und G. Rausch, geleistet –, erlaubt der Text einen Rückschluss auf seine damalige Einstellung zu den Betriebsräten und ihren Kompetenzen. Ein Mitbestimmungsrecht blieb dem Betriebsrat versagt. „Ein Eingriff in die Betriebsleitung durch selbständige Anordnungen" war verboten. Der Betriebsrat durfte zwar in alle Betriebsvorgänge Einsicht nehmen, „soweit dadurch keine Betriebsgeheimnisse gefährdet werden", ansonsten hatte er die Betriebsleitung lediglich durch seinen „Rat" zu unterstützen. Überbetriebliche Gremien (Bergrevier- bzw. Bezirksräte) sollte es nicht geben.[159] Von den Wünschen der Bergarbeiter nach einer Demokratisierung der Betriebsentscheidungen war kaum etwas übriggeblieben. Lediglich Punkt 5 legte fest: „Auf Antrag der Beteiligten haben sich bei Gehalts-, Lohnfragen und Arbeitsbedingungen allgemeiner Natur Betriebsrat und Betriebsleitung im Rahmen der gesetzlichen Bestimmungen und der von den wirtschaftlichen Organisationen getroffenen Vereinbarungen zu verständigen." Aber mit dieser Vorschrift sollten zugleich die Erfolgsaussicht von direkten Aktionen der Belegschaften, wie sie die Syndikalisten predigten, verringert werden.

Das Ende des Streiks und der Abschluss der Verhandlungen waren Thema eines verbalen Schlagabtausches in der Nationalversammlung am 13. März. Nikolaus Osterroth warf den Unabhängigen Sozialdemokraten vor, „das mitteldeutsche Revier so wunderbar in die Tinte hineingeritten [zu] haben". Es bedurfte letztendlich des Eingreifens von Hue und Sachse, die in tagelangen Verhandlungen die Geschichte eingerenkt und für die Bergleute herausgeholt hätten, was herauszuholen war.[160] Koenen bestritt vehement, dass die Intervention von Gewerkschaftsführern notwendig gewesen wäre, sondern schrieb den Erfolg auf die Fahnen der USPD. „Die Sache ist von uns ausgearbeitet worden."[161] Der Streit um das Urheberrecht war damit nicht erledigt. Am 18. Januar 1920 behauptete Osterroth wiederum, dass „der geistige Kopf" der Vereinbarung nicht Koenen gewesen wäre, „sondern die wirkliche Formulierung der entscheidenden Gedanken stammt von meinem Freunde Otto Hue".[162]

Die Reichsgesetzgebung

Zwar ging die Regierung gegen die Sozialisierungsbewegungen im Ruhrgebiet und in Mitteldeutschland militärisch vor, dennoch arbeitete sie zugleich an einer Umgestaltung

[156] Curschmann, Entstehungsgeschichte, S. 203.
[157] Abgedr. in: Ebd., S. 224f.
[158] Osterroth, Hue, S. 68.
[159] Zur Bewertung der Vereinbarung: von Oertzen, Betriebsräte, S. 146.
[160] Rede am 13.3.1919, S. 758.
[161] Rede am 13.3.1919, S. 769.
[162] Rede am 18.1.1920, S. 4485f.

der Wirtschaft, wobei sie vor allem gemeinwirtschaftliche Ziele verfolgte. In zu schaffenden Räten sollten nach den Vorstellungen des Wirtschaftsministers Rudolf Wissell Unternehmer und Gewerkschaften gemeinsam mit Vertretern des Handels und der Verbraucher unter Oberaufsicht des Staates die Produktion leiten.

Die MSPD-Fraktion in der Nationalversammlung beauftragte am 28. Februar Katzenstein und Hue, „in möglichster Schnelligkeit einen Initiativantrag zur Abschaffung der feudalen Bergregale und der Sozialisierung der Bodenschätze auszuarbeiten und der Fraktion vorzulegen“.[163] Des weiteren kündigte Reichsarbeitsminister Bauer am 1. März an, dass bald eine Vorlage die Nationalversammlung erreichen werde, durch die die Übernahme des Kohlensyndikats durch das Reich ermöglicht werde, und am gleichen Tag betonte die Reichsregierung, dass die wirtschaftliche Demokratie ebenso wichtig sei wie die politische. Ziel sei die „konstitutionelle Fabrik“ „in Verbindung mit der Sozialisierung der Wirtschaftszweige, die sich, wie vor allem Bergbau und Erzeugung von Energie, zur Übernahme in öffentliche oder gemischt-wirtschaftliche Bewirtschaftung eignen oder der öffentlichen Kontrolle unterstellt werden können“.[164] Da die Fraktion der MSPD einen entsprechenden Antrag vorlegte, erschien die Essener *Arbeiterzeitung* am 3. März mit der groß gesetzten Schlagzeile „Sozialisierung des Bergbaues!“.[165] Zeitgleich wurden Flugblätter verteilt und Plakate geklebt, auf denen zu lesen war: „Die Sozialisierung ist da!“[166] Darin wird die Sozialisierung des Kohlensyndikats verkündet, wodurch das Reich – und damit „das ganze Volk“ – „noch vor der Sozialisierung der Gruben selbst maßgebenden Einfluss auf die gesamte Kohlen- und Schwerindustrie“ gewinne.

Die Absichten, die die Reichsregierung mit ihren Ankündigungen und Aufrufen verfolgte, waren offensichtlich. Einerseits wollte sie die Belegschaften beruhigen und von weiteren Streiks abhalten, denn für sie war Arbeit „das erste Gebot“ angesichts der stockenden Kohlenförderung und der daraus folgenden „wirtschaftlichen Notlage“.[167] Andererseits wollte sie den Kommunisten den Wind aus den Segeln nehmen, indem sie vorgab, eine Enteignung der Grubenbesitzer vorzunehmen.

Am 7. und 8. März 1919 fand die erste Lesung der Entwürfe eines Sozialisierungs-Gesetzes und eines Gesetzes über die Regelung der Kohlenwirtschaft statt.[168] Ersteres war lediglich ein Rahmengesetz und besagte im wesentlichen, dass die „Aufgaben der durch Reichsgesetz geregelten Gemeinwirtschaft“ „wirtschaftlichen Selbstverwaltungskörpern übertragen“ werden sollten, die vom Reich beaufsichtigt wurden.[169] Konkreter gefasst waren die Vorstellungen in dem zweiten Gesetzentwurf, in dem die „gemeinwirtschaftliche Organisation der Kohlenwirtschaft“ geregelt wurde. § 2 lautete: „Die Leitung der Kohlenwirtschaft wird einem zu bildenden Reichskohlenrat übertragen. Die Reichsregierung schließt die Kohlenerzeuger für bestimmte Bezirke zu Verbänden und diese zu einem Gesamtverband zusammen. Den Verbänden liegt die Rege-

[163] Die SPD-Fraktion in der Nationalversammlung, S. 50.
[164] Rheinisch-Westfälischer Anzeiger 61, 2.3.1919.
[165] Arbeiterzeitung (Essen) 52, 3.3.1919.
[166] Abb. in: Revolution in Rheinland und Westfalen, Dok. 73, S. 150. – Die Freiheit 52, 5.3.1919 kommentierte: „Worte sind noch kein Sozialismus. Taten wollen wir sehen! Taten!“
[167] Aufruf der Regierung vom 1.3.1919 in: Rheinisch-Westfälischer Anzeiger 61, 2.3.1919.
[168] Zu den Gesetzen: Trüschler, Sozialisierungspolitik, S. 132–159.
[169] § 3 des Entwurfes. Nationalversammlung Aktenstück 105, 10, S. 75.

lung von Förderung, Selbstverbrauch und Absatz unter Aufsicht des Reichskohlenrats ob. Die Reichsregierung führt die Oberaufsicht und regelt die Feststellung der Preise.“ Dem Reichskohlenrat, der 45 Personen umfassen sollte, gehörten je 15 Arbeitgeber und -nehmer an. Die anderen 15 Mitglieder stellten der Handel (3), die Angestellten (3), die Verbraucher (6) sowie die Wissenschaft (3).[170]

Zunächst begründete Reichswirtschaftsminister Wissell die Gesetzesvorlagen. Im Anschluss daran sprach Hue für die MSPD, der allerdings keine mitreißende Rede hielt.[171] Es fiel ihm, der jahrzehntelang die Verstaatlichung des Bergbaus gefordert hatte, sichtlich schwer, die gemeinwirtschaftlichen Ansichten zu verteidigen, die er gleichwohl „als einen entscheidenden Schritt in der Richtung der völligen Sozialisierung“ anerkannte.[172] Es müsste aber bald eine „Klarstellung des nationalen Eigentumsrechts an den volkswirtschaftlich notwendigsten Bodenschätzen“ folgen.[173] Ebenso wichtig sei eine gesetzliche Regelung der betrieblichen Mitbestimmung (Betriebsräte). Hue gab zum Schluss im Namen der Sozialdemokraten das Versprechen ab, „daß wir mit allen uns zu Gebote stehenden Kräften für die entschiedene Durchführung der Sozialisierung der Volkswirtschaft eintreten und uns davon von keinerlei privatwirtschaftlichen Einwendungen oder sogenannten diplomatischen Erwägungen abhalten lassen werden, daß wir vielmehr das Ziel, das in unserem Programm festgelegt ist, unverrückt im Auge behalten und geradenwegs darauf lossteuern wollen“. Aber jetzt käme es nicht darauf an, „wie die Produktionsweise ist, sondern lediglich darauf, daß überhaupt produziert wird“.[174]

Nach der ersten Lesung wurden die Gesetzentwürfe einer Parlamentskommission überwiesen, der Sachse und Hue angehörten. Sie boten nach Aussage der *Bergarbeiter-Zeitung* alles auf, um die Entwürfe „gegen den Ansturm der Scharfmacher möglichst zu verbessern, was ihnen dankenswerterweise auch gelungen ist“.[175] Ihnen sei die Beteiligung der Arbeitnehmer an den Selbstverwaltungsbehörden zu verdanken. Ansonsten waren die Unterschiede zwischen Entwurf und Gesetzestext nicht allzu groß, von einer wichtigen Ausnahme abgesehen. Neu aufgenommen wurde im Sozialisierungsgesetz der Passus, dass eine Vergesellschaftung nur „gegen angemessene Entschädigung“ erfolgen könne.[176]

Das sogenannte Sozialisierungsgesetz verdiente keinesfalls seinen Namen.[177] Was die Nationalversammlung verabschiedete, kann „nicht als wirkliche Sozialisierung in irgendeinem ernsthaften Sinne betrachtet werden“.[178] „Die Besitzverhältnisse wurden nicht angetastet, die Einflussmöglichkeiten des Staates auf die Produktion und die Preisgestaltung waren äußerst gering und von einer Entmachtung der Unternehmer durch die Mitbestimmung der Arbeitnehmer konnte nicht die Rede sein.“[179]

170 Nationalversammlung Aktenstück 105, 10, S. 75f.

171 Rede am 7.3.1919, S. 547–551. – Ganz anders lautet das Urteil Osterroths: „Es war eine der besten Reden, die Hue im Leben gehalten hat.“ Osterroth, Hue, S. 64.

172 Ebd., S. 550.

173 Ebd., S. 547.

174 Ebd., S. 551.

175 Bergarbeiter-Zeitung 13, 29.3.1919 „Sozialisierung des Bergbaues“. Ebenso Bergarbeiterverband, Jahrbuch 1919, S. 46; Osterroth, Hue, S. 65f.

176 RGBl. 1919, S. 341.

177 Schieck, Kampf um die deutsche Wirtschaftspolitik, S. 156 urteilt zu Recht: „Das gemeinwirtschaftliche Grundgesetz als Sozialisierungsgesetz zu bezeichnen, entsprach taktischer und psychologischer Notwendigkeit.“

178 von Oertzen, Betriebsräte, S. 249. Ebenso Brehme, Sozialisierungsgesetzgebung, S. 69.

179 Miller, Bürde der Macht, S. 361.

Es war daher ebenso wenig wie die Gesetze über die Kohle- und Kaliwirtschaft geeignet, die Gemüter zu beruhigen, denn inhaltlich hatten sie „mit dem, was sich die Bergarbeiter unter Sozialisierung vorstellten, nichts gemein".[180] Im Gegenteil. Die neue Organisationsform, der Zusammenschluss der Syndikate im Reichskohlenverband, in dessen Beschlüsse der Reichskohlenrat nicht eingreifen durfte, stärkte die Position der Bergbauunternehmer und „gab ihnen die Gelegenheit, nun mit öffentlicher Sanktion zu tun, was sie früher nur unter privatem Rechtstitel hatten tun können: nämlich riesige Gewinne zu erzielen und ihre wirtschaftliche Machtstellung stärker als je zuvor auszubauen".[181] Dennoch feierte die *Bergarbeiter-Zeitung* die Gesetze „als eine große Tat", da sie „der sozialistischen Wirtschaft die Bahn" eröffneten.[182] Erst später gelangte der Bergarbeiterverband zu der Einsicht, dass sie „den Einfluß des Privatkapitals eher verstärkt als geschwächt" hätten.[183]

Ihre Enttäuschung darüber, dass man von der Sozialisierung außer den „schönen Plakaten" „mit den großen, breiten Buchstaben" noch nichts gesehen habe, äußerte die innerverbandliche Opposition auf der Generalversammlung im Juni.[184] Dass zu diesem Tagesordnungspunkt nicht Hue das Hauptreferat hielt, ist überraschend. Er wäre doch als der führende Theoretiker des Verbandes, der sich schon, wie wir gesehen haben, vor dem Kriege eingehend mit der Verstaatlichung des Bergbaus auseinandergesetzt hatte, als Mitglied der Nationalversammlung und der Sozialisierungskommission der naheliegendste Referent gewesen. Statt seiner sprach Heinrich Löffler über „Demokratie und Sozialismus im Bergbau".[185] Hue verteidigte sich auch nicht gegenüber dem – vor allem an ihn adressierten – Vorwurf Rosemanns, dass man „jetzt, da die Zeit dafür da ist," bei der Sozialisierung völlig versage, wodurch die Bergarbeiter „um die Früchte der Revolution betrogen" würden. „Es scheint tatsächlich so, als wenn sich unser Verbandsvorstand mit der näheren Frage der Sozialisierung bis dato noch nicht beschäftigt hätte."[186] Plausible Gründe für sein Schweigen lassen sich nicht finden. War Hue vielleicht ebenso wie viele andere Bergarbeiter unzufrieden mit den Ergebnissen der Gesetzgebung? Schwieg er, weil er stets die Parteidisziplin hochhielt?

Die Beratungen über die neue Reichsverfassung nutzten die Mehrheitssozialdemokraten zu einem erneuten Vorstoß. Nach ihren Vorstellungen sollte der Art. 152 Abs. 4 folgende Fassung erhalten: „Alle Bodenschätze und alle wirtschaftlich nutzbaren Naturkräfte sind in Gemeineigentum zu überführen. Private Regale und Mutungen sind auf den Staat zu übertragen. Das Nähere bestimmt die Gesetzgebung." Hue, der abermals für die MSPD den Vorschlag begründete,[187] hielt es „an der Zeit, von der bloßen platonischen Erklärung zu positiven Beschlüssen überzugehen". Besonders geißelte er die Abgaben an die privaten Regalbesitzer.[188] Während die „Kriegsinvaliden und

180 Bieber, Gewerkschaften, S. 676; Winkler, Von der Revolution zur Stabilisierung, S. 197.

181 von Oertzen, Probleme, S. 68f.

182 Bergarbeiter-Zeitung 13, 29.3.1919 „Sozialisierung des Bergbaues".

183 Bergarbeiterverband, Jahrbuch 1920, S. 38.

184 So der Oppositionssprecher Julius Rosemann. Protokoll der Generalversammlung 1919, S. 182.

185 Ebd., S. 389–400.

186 Ebd., S. 183.

187 Rede in der Nationalversammlung am 31.7.1919, S. 2177–2179.

188 Die ehemaligen reichsunmittelbaren Standesherren bzw. deren Rechtsnachfolger, der Herzog von Arenberg und der Fürst von Salm-Salm, waren weiterhin im Besitz der Bergregalitätsrechte und erhielten daher ent-

die industriellen Invaliden, kurzum der größte Teil unseres Volkes darbt, hungert und entbehrt", erhielten wenige Personen wie der Herzog von Arenberg Hunderttausende und Millionen Mark „für absolutes Nichtstun". Nicht nur sollten alle Mutungen und Verleihungen „zugunsten des Reiches" für „unwirksam erklärt" werden, sondern auch die Bergbauverstaatlichung in Angriff genommen werden. Für sein leidenschaftliches Plädoyer erhielt Hue Lob von Seiten der USPD. Oskar Cohn bedauerte nur, dass Hue nicht schon in der Vergangenheit so „mit seinen Freunden im Ministerium über Sozialisierungsfragen" gesprochen habe. „Wenn er das ... getan hätte, so zweifle ich nicht, daß es seiner Sachkunde und seiner eindringlichen Beredsamkeit gelungen wäre, uns vor dem Blendwerk von Sozialisierung, das uns im Sozialisierungsgesetz, im Kohlenwirtschaftsgesetz und im Kaliwirtschaftsgesetz geboten worden ist."[189]

Zu Recht stellte Cohn fest, dass im Juli ein anderer Hue auftrat als im März. Seine engagierte Rede konnte aber nicht verhindern, dass der Vorschlag der Sozialdemokraten mit 170 zu 152 Stimmen abgelehnt wurde.[190]

Die Möglichkeit, die Sozialisierung zu realisieren und die für die deutsche Politik so verhängnisvoll agierende Gruppe der Montanindustriellen zu entmachten, war seit den Wahlen zur Nationalversammlung nicht mehr gegeben, auch wenn die MSPD stärkste Partei war und den Reichskanzler stellte. Aber „die bürgerliche Mehrheit" hielt in dieser Frage „wie Kletten zusammen und verteidigte ihre heiligsten Güter".[191]

Es rächte sich zudem, dass die Sozialdemokraten und die Gewerkschaftsführer zwar in der Vergangenheit viel über die Vergesellschaftung der Produktionsmittel geredet, aber es abgelehnt hatten, einen konkreten Plan auszuarbeiten, wie diese durchzuführen wäre.[192] Nun trat das ein, was Friedrich Engels befürchtet hatte, nämlich „daß die Partei plötzlich im entscheidenden Moment rathlos ist, daß über die entscheidendsten Punkte Unklarheit und Uneinigkeit herrscht, weil diese Punkte niemals diskutirt worden sind".[193] Zu erklären ist diese Untätigkeit nur dadurch, dass eine Regierungsübernahme durch eine parlamentarische Mehrheit oder gar durch eine Revolution angesichts der politischen und wirtschaftlichen Kräfteverhältnisse im Kaiserreich außerhalb der Vorstellungen lag. Konzeptionslosigkeit, mangelnde Phantasie, fehlende Tatkraft, die Furcht vor dem Experiment, aber auch das Demokratieverständnis und das staatspolitische Verantwortungsgefühl waren die Gründe, dass die Sozialisierung des Bergbaus ausblieb, mit der auch einzelne Schwerindustrielle nach dem politischen Umsturz gerechnet hatten.[194]

sprechende Abgaben der Bergwerke. Die Aufhebung der Rechte erfolgte in den Jahren 1920/21 gegen eine nicht unbeträchtliche Entschädigung. Schulz-Briesen, Der preußische Staatsbergbau 2, S. 100ff.

189 Rede in der Nationalversammlung am 31.7.1919, S. 2181.

190 Nationalversammlung, S. 2182.

191 So ein namentlich nicht genannter Landtagsabgeordneter der MSPD. Volksblatt 5, 7.1.1921 „Individualistische Sozialisierer".

192 Grebing, Geschichte der deutschen Arbeiterbewegung, S. 150f. u. 176f.; Mühlhausen, Zwischen Erwartungen und Zwangslagen, S. 61. – Der führende Parteitheoretiker Karl Kautsky hatte kategorisch erklärt, dass „es nicht unsere Aufgabe ist, Rezepte für die Garküche der Zukunft auszuspintisieren". Zit. nach von Oertzen, Betriebsräte, S. 33.

193 Friedrich Engels, Zur Kritik des sozialdemokratischen Programmentwurfes 1891, in: Neue Zeit 20 (1901–1902) 1, S. 5–13, S. 10.

194 So z.B. der Generaldirektor der Gutehoffnungshütte Paul Reusch in einem Schreiben an Carl Duisberg, Generaldirektor der Farbenfabriken vorm. Friedr. Bayer, 30.11.1918. Bieber, Gewerkschaften, S. 622. Siehe

13.4 Der Kampf um die Sechsstundenschicht

Nach den gewaltsamen Auseinandersetzungen im Februar schien Ruhe auf den Zechen zu herrschen, doch es gärte weiterhin in den Belegschaften, denn die Lage der Bergarbeiter hatte sich seit Ausbruch der Revolution nicht entscheidend geändert. Die ausgehandelten Lohnerhöhungen konnten den während des Krieges eingetretenen Reallohnverlust nicht annähernd ausgleichen. Die Lebensmittelversorgung blieb katastrophal, und die Hoffnungen auf eine Änderung der Betriebsverhältnisse zerstoben recht schnell. Die abgesetzten Betriebsführer und Steiger nahmen nach kurzer Zeit ihre Arbeit wieder auf. Ebenso zeitigte die Sozialisierungsbewegung keine greifbaren Erfolge. Die Büroräume des Bergbauvereins waren schon lange geräumt worden, und die Zechenverwaltungen verweigerten den Arbeitervertretern den Einblick in die Geschäftsbücher. Nicht die Sozialisierung war marschiert, sondern das von der Regierung aufgebotene Militär.

Den moralischen Erwartungen der Bergarbeiter nach Gerechtigkeit und Angemessenheit entsprachen weder die Arbeits- noch die Lebensverhältnisse.[195] Besonders verletzt wurde ihr Gefühl für Gerechtigkeit in der Arbeitszeitfrage. Vor dem Krieg waren die Bergleute aufgrund der Schwere und Gefährlichkeit ihrer Arbeit gegenüber den anderen Berufsgruppen privilegiert durch eine kürzere Schichtzeit. Doch mit der allgemeinen Einführung des 8-Stunden-Tages ging dieses Privileg verloren. Die unter teilweise miserablen Bedingungen schwer schuftenden Hauer und Schlepper konnten nicht nachvollziehen, dass sie ebenso lange arbeiten mussten wie der in der Loge sitzende Pförtner oder wie Eisenbahnarbeiter, obwohl deren Tätigkeit nicht so anstrengend und gefährlich war. Ungeachtet ihrer politischen Einstellung und gewerkschaftlichen Bindung empfanden die Untertagearbeiter die Gleichbehandlung als ungerecht.[196] Die Forderung nach einer Verkürzung der Schichtzeit auf sechs Stunden war vereinzelt bereits im November 1918 erhoben worden.[197] Sie blieb in den Folgemonaten virulent, wurde aber von dem Kampf um Sozialisierung und Mitbestimmung überdeckt. Nachdem hier keine Fortschritte erzielt werden konnten, gewann die Arbeitszeitfrage im März verstärkt an Bedeutung.

Die Gewerkschaften griffen die von der gesamten Bergarbeiterschaft geteilte Forderung auf, in der Hoffnung, mit einem Erfolg bei der Schichtzeit die Vertrauenskrise zu überwinden und auf diese Weise ihre Position wieder zu stärken. Die Verhandlungen mit dem Zechenverband am 10. März über die Einführung der 7 ½-Stundenschicht endeten aber ohne Einigung. Die Werksvertreter waren zu keiner regionalen Regelung

auch Weber, Sozialpartnerschaft, S. 244; Rasch, Ruhrgebiet, S. 437. – August Thyssen hatte in Erwartung der Sozialisierung seinen Konzern neu gegliedert und die Zechen von den Hüttenwerken getrennt. Lesczinski, Thyssen, S. 20f. – Otto Krawehl erklärte in der Sitzung des Geschäftsausschusses des RWKS am 14.2.1919, dass eine Bergwerksgesellschaft eine hohe Dividende verteilen wollte mit der Begründung, „daß man der Sozialisierung doch nicht entgehe und da wolle sie die letzte Dividende doch ihren Leuten noch zuschustern“. Bergbau-Archiv 33/81.

195 Hartewig, Das unberechenbare Jahrzehnt, S. 284.

196 Selbst gestandene Funktionäre des Gewerkvereins hielten eine Schichtverkürzung für berechtigt. So die Ausführungen des Delegierten Lange aus Freisenbruch auf der Vertrauensmännerkonferenz des Gewerkvereins für das ganze Ruhrgebiet am 1.5.1919. Bergknappe 19, 10.5.1919. Steinisch, Der Gewerkverein Christlicher Bergarbeiter, S. 294.

197 Henze, Sechsstundenschicht, S. 42.

bereit, weshalb man die Regierung in die Verhandlungen miteinbezog.[198] Diese hielt eine schrittweise Reduzierung der Arbeitszeit auf sechs Stunden, die eine Konferenz der Arbeiterausschüsse und Betriebsräte des Bergarbeiterverbandes am 16. März gegen den Willen des Vorstands beschlossen hatte,[199] für „unmöglich, wenn unser Wirtschaftsleben wieder in Gang gebracht werden soll. Hunderttausende von Arbeitern müssen feiern, weil die Betriebe keine Kohlen haben. Die Versorgung des deutschen Volkes mit Lebensmitteln aus dem Auslande kann nur durchgeführt werden, wenn wir Kohlen in Zahlung geben. Das ganze deutsche Volk erwartet deshalb, dass die Kohlenförderung gesteigert und nicht herabgedrückt wird.“[200]

Die ablehnende Haltung der Regierung ist als ein Zeichen von „narrowness and lack of imagination“ kritisiert worden. Es wäre besser gewesen, die Wünsche stärker zu beachten, als die Bergarbeiter durch „Repression“ in eine „aktive politische Opposition“ zu treiben.[201] Da die Hauer „physisch erschöpft“ waren, hätten sie in acht Stunden auch nicht mehr leisten können als in sechs Stunden. Ein Sechs-Stunden-System mit der Einführung einer vierten Schicht hätte hingegen „zu einer beträchtlichen Produktionssteigerung führen können“ und wäre ein Ausweg aus dem Teufelskreis gewesen.[202]

Zwar ist die Erschöpfung der Bergarbeiter nicht zu leugnen, sodass deren Verlangen nach einer Verkürzung der Arbeitszeit durchaus zu verstehen ist, doch die Regierung, die die Verantwortung für das Reich trug, durfte nicht den Partikularinteressen einer Berufsgruppe nachgeben, denn von der Kohlenproduktion hing die gesamte weitere wirtschaftliche Entwicklung ab. Die arbeitstägliche Förderung war von 320.000 t im Oktober 1918 auf 210–250.000 t im März 1919 gesunken.[203] Ein weiterer Rückgang, der bei einer Reduktion der Arbeitszeit um 25 Prozent zwangsläufig eintreten musste, war nicht zu verkraften, denn es drängten keine Massen in den Bergbau, es stand keine Arbeitslosenreserve bereit, um sofort eine vierte Schicht zu ermöglichen. Einer schnellen, starken Vermehrung der Belegschaften stand zudem die allgemeine Wohnungsnot im Ruhrgebiet entgegen,[204] und es fehlte zudem das erforderliche Aufsichtspersonal.[205]

Otto Hue, der erklärte, kein prinzipieller Gegner der Sechsstundenschicht zu sein, brachte gegen deren Einführung in der damaligen Lage starke Argumente vor.[206] Ein Förderrückgang von bis zu 30 % wirke sich negativ auf die Bilanz der Zechen aus, denn die hohen Selbstkosten des Grubenbetriebs blieben bestehen, sodass die Rentabilität schwinden und viele Schachtanlagen mit Verlust arbeiten würden. Die Bergwerksge-

198 Arbeiterzeitung (Essen) 59, 11.3.1919; Spethmann, Ruhrbergbau 1, S. 254; Henze, Sechsstundenschicht, S. 66f.

199 Spethmann, Ruhrbergbau 1, S. 254; Dörnemann, Politik des Verbandes der Bergarbeiter Deutschlands, S. 59f.; Henze, Sechsstundenschicht, S. 67f.

200 Telegramm an den Zechenverband. Rheinisch-Westfälische Zeitung 259, 29.3.1919; Bergarbeiter-Zeitung 14, 5.4.1919; Spethmann, Ruhrbergbau 1, S. 264f.

201 Weitz, Conflict, S. 114.

202 Tampke, Sozialisierungsbewegung, S. 244. – Tampke greift damit die Argumentation der oppositionellen Bergarbeiter auf. Siehe Meinberg, Aufstand an der Ruhr, S. 42.

203 Otto Hue, Wann und wo endet das Trauerspiel?, in: Arbeiterzeitung (Essen) 77, 1.4.1919 = Selbstmord der Arbeiterklasse, in: Hamburger Echo 159, 5.4.1919.

204 Zur Wohnungsnot im Ruhrgebiet und zum Bergarbeiterwohnungsbau: Hartewig, Das unberechenbare Jahrzehnt, S. 120–152.

205 Feldman, Arbeitskonflikte, S. 172f.

206 Otto Hue, Wann und wo endet das Trauerspiel?.

sellschaften hatten in der Vergangenheit auf das teilweise Absinken in die Verlustzone mit der Heraufsetzung des Richtpreises für Kohle reagiert – so zum 1. April um 20 Mark die Tonne.[207] Eine weitere zwangsläufig erfolgende Kohlenpreiserhöhung zöge unweigerlich eine Anhebung der Roheisen- und Stahlpreise nach sich mit folgenschweren Auswirkungen auf die Gesamtwirtschaft. Hue fragte daher besorgt: „Welcher vernünftige Mensch glaubt, dass das ein gutes Ende nehmen kann, dass wir bei solchen Preisen unsere schwer niederliegende Volkswirtschaft wieder gesund machen, in das Ausland Eisen- und Stahlfabrikate, Maschinen, Werkzeuge usw. ausführen können, um Brot für unsere hungernden Massen zu erhalten? Wie können wir Kohlen, Kalisalze, Fabrikate unserer Eisen- und Stahlindustrie mit dem Ausland gegen Nahrungsmittel eintauschen, wenn unsere Kohlenförderung nicht einmal für den eigenen Bedarf ausreicht und zudem unsere Preise so hochgeklettert sind, dass das ferne Amerika uns sogar im europäischen Wettbewerb schlagen kann? Wie sollen wir die mehr als eine Millionen Arbeitslosen bei uns zu Lande beschäftigen, wenn zahllose Fabriken und Werkstätten wegen vergrößertem Kohlenmangel überhaupt nicht mehr betriebsfähig sind?“ Hue verkannte keineswegs die „körperliche Erschöpfung infolge der Unterernährung“, hatte er doch in den Belegschaftsversammlungen „die abgehungerten Gestalten“ vor Augen.[208] Dennoch hielt er die Einführung der Sechsstundenschicht „in der jetzigen Zeit“ für verfehlt: „Diese Aktion fällt doch in eine Zeit, wo Hunderttausende Arbeitslose auf Kohlenzufuhr warten, um Beschäftigung zu haben! Fällt in eine Zeit, wo Ziegeleien, Zement- und Kalkfabriken wegen Kohlenmangel nur wenig Baumaterialien liefern können und wir deshalb unsere große Wohnungsnot nicht mildern können. Fällt in eine Zeit, wo Nahrungsmittelindustrie (Brotfabriken, Mühlen usw.) und Landwirtschaft wegen Kohlenmangel den Betrieb einschränken, wo unsere Düngerfabriken (Kali, Stickstoff) wegen Kohlenmangel nicht imstande sind, die Landwirtschaft zu bedienen, wie es zur Ackerbestellung unbedingt nötig ist. Fällt in eine Zeit, wo wir Brot, Fette, Fleisch, Fische, Kleidung, Schuhzeug usw. vom Auslande nur erhalten können, wenn wir dafür Kohlen, Koks, Kali, Eisen- und Stahlfabrikate usw. liefern!!!“[209]

Wenngleich die Sechsstundenschicht nach Ansicht vieler „unsinnig“ und wirtschaftlich ein „Unding“ war,[210] so ließen sich die Bergleute von solchen Überlegungen nicht leiten. Sie wollten „nach langen Jahren verstärkter Ausbeutung und höchster physischer Belastung“[211] nicht länger warten. Die Forderung nach einer Schichtverkürzung gewann immer mehr an Zustimmung und erfasste auch gemäßigte Teile der Arbeiterschaft. Als am 26. März die Gewerkschaften und der Zechenverband erneut verhandelten und eine Arbeitszeitverkürzung von einer halben Stunde vereinbarten, um den Wünschen der Belegschaften wenigstens etwas entgegenzukommen,[212] da kam das Zugeständnis viel

207 Hue hatte sich, wenn auch vergeblich, gegen eine Erhöhung der Kohlenpreise ausgesprochen. Aussage Winkhaus in der Sitzung des Geschäftsausschusses des RWKS am 14.2.1919. Bergbau-Archiv 33/81.

208 Siehe auch seinen Artikel Der Streikhetzer Hunger, in: Vorwärts 230, 6.5.1919. In ihm machte er – unter Absehung der anderen Faktoren – den Hunger als Ursache für die Streikbereitschaft aus.

209 Otto Hue, Wann und wo endet das Trauerspiel?.

210 Feldman, Arbeitskonflikte, S. 172 u. 173; Tenfelde, Die Bergarbeiter, ihre Gewerkschaften und der Kapp-Putsch, S. 53.

211 Feldman, Arbeitskonflikte, S. 172.

212 Bergarbeiterverband, Jahrbuch 1919, S. 104f.; Spethmann, Ruhrbergbau 1, S. 263f. Der Zechenverband begründete sein Nachgeben damit, „um Schlimmeres zu verhüten und zu vermeiden, dass der Einfluss der Bergarbeiterverbände, den diese nach eigenen Angaben auch heute noch auf den allergrößten Teil der

zu spät. Die Bewegung hatte eine solch große Eigendynamik entwickelt, dass sie nicht mehr gewerkschaftlich von oben gesteuert werden konnte.[213]

Eine von radikalen Kräften dominierte Konferenz rief am 30. März zum Generalstreik zur Durchsetzung vor allem der Sechsstundenschicht und einer Lohnerhöhung von 25 % auf[214] und löste damit den größten Ausstand aus, den das Ruhrgebiet erlebt hatte.[215] Im Gegensatz zum Februar war keine Gewaltanwendung erforderlich, die Mehrheit der Bergleute folgte der Streikparole freiwillig und aus Überzeugung. Die Regierung und der von ihr eingesetzte Staatskommissar Carl Severing reagierten darauf mit Repressalien und Zugeständnissen: Einerseits verhängten sie den Belagerungszustand, setzten abermals Truppen und Freikorps in Gang, die den Zentralzechenrat und die örtlichen Streikführer verhafteten,[216] die auch keine Rücksicht auf die Zivilbevölkerung nahmen. Sie schossen wild in Menschenansammlungen und warfen sogar Handgranaten. Versammlungen der Streikenden waren ebenso verboten wie das Streikpostenstehen. Es wurden Kriegsgerichte eingerichtet, und die Zeitungen und Zeitschriften der politischen Opposition durften nicht erscheinen. Wiederum erlebten die Bergarbeiter „die junge Republik weniger als eine freiheitlich-soziale Demokratie, sondern als einen mit militärischen Machtmitteln operierenden Ordnungs- und Obrigkeitsstaat, der Eigeninitiativen und Strukturreformen in Wirtschaft und Staat abblockte".[217]

Andererseits sahen sich Regierung und Gewerkschaften gezwungen, in der Arbeitszeitfrage Entgegenkommen zu zeigen. Hue, der bei einer Besprechung im Ministerium für Handel und Gewerbe am 3. April eingestand, dass die Sechsstundenschicht „eine Forderung aller Bergarbeiter" sei, riet zum Nachgeben. Sein Plan sah vor, sie offiziell einzuführen, zugleich aber eine besonders bezahlte Überstunde verpflichtend anzuordnen, sodass sich der Förderausfall in Grenzen hielte.[218]

Wenige Tage später telegrafierten Otto Hue und Fritz Winkhaus vom Zechenverband an den Reichsarbeitsminister Bauer, ins Ruhrgebiet zu kommen, da „Alles auf dem Spiele steht".[219] Bauer folgte dem Ruf umgehend, und so begannen am 9. April im

Bergarbeiterschaft im hiesigen Bezirk zu haben glauben, mehr und mehr schwindet und damit die Grundlage unserer Arbeitsgemeinschaft zusammenbricht". Bundesarchiv Berlin R 3901/75, Zechenverband an Reichsarbeitsminister Bauer, 27.3.1919; Brüggemeier, Leben vor Ort, S. 248f.; Tschirbs, Tarifpolitik, S. 63f.; Henze, Sechsstundenschicht, S. 73.

213 Zu den Aktionen auf den Schachtanlagen: Henze, Sechsstundenschicht, S. 68–72.

214 Des Weiteren standen neben einer Bezahlung der Streikschichten sowie der Regelung von Knappschaftsfragen die Bildung einer revolutionären Arbeiterwehr, die Auflösung aller Freiwilligenkorps, die Entwaffnung der Polizei und die Durchführung der Hamburger Punkte (betr. Kommandogewalt) auf dem Programm. Zudem wurde als radikale Konkurrenz zu den bestehenden Gewerkschaften die Allgemeine Bergarbeiterunion gegründet. Beschluss der Konferenz in: Spethmann, Ruhrbergbau 1, S. 269. Zur Konferenz: Henze, Sechsstundenschicht, S. 76ff.

215 Dörnemann, Politik des Verbandes der Bergarbeiter Deutschlands, S. 61–69; Henze, Sechsstundenschicht, S. 78–111; Wisotzky, Unruhige Zeiten, S. 273–299.

216 Hue befürwortete ausdrücklich die Verhaftung der Streikführer. Stadtarchiv Dortmund 432/3, Vermerk über eine Besprechung mit dem Reichsarbeitsminister Bauer in Essen am 8.4.1919.

217 Potthoff, Gewerkschaften in Weltkrieg und Revolution, S. 128.

218 Bundesarchiv Berlin R 3901/75, Bericht über die Besprechung am 3.4.1919; Henze, Sechsstundenschicht, S. 84. – Otto Hue, Für oder gegen Sechsstundenschicht, in: Arbeiterzeitung (Essen) 83, 8.4.1919. In dem Artikel sprach er sich für eine „stufenweise Einführung der Schichtverkürzung" aus.

219 Spethmann, Ruhrbergbau 1, S. 299; Henze, Sechsstundenschicht, S. 87.

Der Generalstreik

der Bergarbeiter von Rheinland-Westfalen

ist am 30. März von den Schachtdelegierten der revolutionären Bergarbeiter beschlossen worden.

Bis heute, den 4. April stehen schon auf 215 Schachtanlagen 345 000 Mann im Streik!!

Es arbeiten zur Stunde nur noch 86 Schachtanlagen. Auch diese werden sich dem Kampfe noch anschließen, denn jene Kameraden müßten sonst von den Kämpfenden als Streikbrecher betrachtet werden.

Die Bergarbeiter der übrigen deutschen Reviere stehen auf dem Sprunge, ebenfalls den Kampf aufzunehmen gegen Kapitalismus und Militarismus, die uns gleicherweise bedrohen.

Es geht um Großes!

Es geht darum, die deutsche Arbeiterklasse aus dem von den Kapitalisten verschuldeten Zusammenbruch zu retten, der sozialen Revolution zum Siege zu verhelfen.

Wir Bergleute sind vom Schicksal zu Vorkämpfern bestimmt. Wir allein sind imstande, der Bestie Kapitalismus den Kopf zu zertreten.

Das wissen die Ausbeuter und ihre Pressekulis. Daher die Hetze gegen den Streik, daher die falschen, verwirrenden Nachrichten.

Laßt euch nicht irreführen, Kameraden! Bald sind wir am Ziel, bald wird Regierung und Kapital durch uns bezwungen sein, wenn ihr wollt!

Der Belagerungszustand hat euch nicht geschreckt, ebensowenig seid ihr auf den Schwindel hereingefallen, den man mit der Lebensmittelzuweisung für Streikbrecher versucht hat.

Die Regierung hat auf eine falsche Karte gesetzt und ihr Spiel verloren. Ihr laßt euch weder durch Lockungen, noch durch die Hungerpeitsche bezwingen.

Mit ihren Truppen wird die Regierung ebensowenig Glück haben. Diese können wohl gut essen, trinken und schießen, aber zur Arbeit zwingen können sie Euch nicht.

Wir führen den Generalstreik durch
wie bisher, mit den Händen in der Tasche, und lassen uns zu keiner Gewalttat provozieren.

Hoch die Solidarität der Hungernden! Hoch die Sechsstundenschicht!
Hoch die soziale Revolution!

Der Zentral-Zechenrat:
(Neuner-Kommission)
Konierzyn, Schneider, Oswald Wagner, Karl Wagner, Joseph Koering, Miggeshoff, Teuber, Sperling, Schürken.

Hinweg mit den Arbeiter-Ausschüssen, die zum grössten Teil Drahtzieher des Kapitalismus sind!
Wählt Eure Zechen-Räte aus zielbewussten, revolutionären Kameraden!

Alle Macht den Räten!

Abb. 27: Aufruf der Neuner-Kommission zum Generalstreik

Essener Rathaus erneute Verhandlungen.[220] Der Minister wollte zunächst alles auf die militärische Karte setzen, musste aber nach Beratungen mit Severing und dem Generalkommando einsehen, dass eine Besetzung der Schachtanlagen mit Truppen nicht in Frage kam. Widerspruch erntete er auch von Hue, der zu Recht darauf verwies, dass der Streik bislang ohne Terror durchgeführt worden sei. Der Einsatz von Militär auf den Zechen könne daher nur provozierend wirken. So blieb als einzige Alternative, die Forderungen der Bergarbeiter partiell zu erfüllen. Obwohl Winkhaus einer nochmaligen Arbeitszeitreduzierung widersprach, weil sie die Selbstkosten weiter in die Höhe triebe und zu einem größeren Förderrückgang führe, einigte man sich auf die Einführung der Siebenstundenschicht bei vollem Lohnausgleich. Als Kompensation wurde den Zechenbesitzer eine Kohlenpreiserhöhung zugesagt. Des weiteren sollte eine Kommission prüfen, ob eine Reduzierung der Schichtzeit auf sechs Stunden in der Zukunft möglich wäre. Auch versprach die Regierung eine bessere Versorgung des Ruhrgebietes mit Lebensmitteln.[221]

Der Einsatz von Zuckerbrot und Peitsche bewirkte, dass die Zahl der Ausständigen seit dem 12. April allmählich sank, dennoch hielt der Streik auf zahlreichen Schachtanlagen noch wochenlang an, ehe die Bergleute, finanziell am Boden, da sie ja von den Gewerkschaften keine Unterstützung erhielten und ihre Reserven schon lange aufgebraucht waren, gezwungenermaßen wieder einfuhren.[222]

Nach dem Arbeitskampf blickten die Radikalen voller Zuversicht in die Zukunft. Der nächste Generalangriff werde kommen, und dann wollten sie „Ebert und Scheidemann, Noske und Hue matt setzen". Letzterer hatte als bekanntester Repräsentant des Alten Verbandes ihren besonderen Zorn auf sich gezogen und wurde als „Vertreter der blutbesudelten, deutschen Reichsregierung von Geldsackgnaden", als „Zuhälter der Kriegsinteressen", „Verräter" und „Söldling des Kapitals" beschimpft.[223]

220 Zum Verlauf der Konferenz: Spethmann, Ruhrbergbau 1, S. 299ff.; Henze, Sechsstundenschicht, S. 89ff.

221 Vereinbarung in: Bergarbeiterverband, Jahrbuch 1919, S. 107f.

222 Am 12. streikten 300.154 Bergleute, am 15. 244.916, am 19. 211.566, am 24. 128.776. Spethmann, Ruhrbergbau 1, S. 280.

223 Allgemeine Bergarbeiter-Union 2, 7.6.1919 „Nach dem Generalstreik".

Mit der Einführung der Siebenstundenschicht besaßen die Bergarbeiter im Ruhrgebiet die kürzeste Schichtzeit im europäischen Bergbau. In der Folgezeit ließ sich der Bergarbeiterverband für diesen – vermeintlich von ihm erzielten – Erfolg feiern. Ohne unsere Verhandlungen wäre die siebenstündige Schicht nicht bewilligt worden, behauptete Sachse in seinem Rechenschaftsbericht auf der Generalversammlung, während er die Rolle des Streiks bewusst herabsetzte. Dieser sei ein „Nachhelfer" gewesen.[224] Wenn der Bergarbeiterverband für sich in Anspruch nahm, die kürzere Arbeitszeit durchgesetzt zu haben, und dafür auf Anerkennung hoffte, so trogen die Erwartungen. Einerseits ließen sich die Bergarbeiter nicht von der Propaganda täuschen, sondern sie wussten genau, was ausschlaggebend für das Ergebnis war. Nicht die Gewerkschaften hatten Regierung und Zechenverband zum Nachgeben gezwungen, sondern die streikenden Hauer. Andererseits waren viele mit dem Verhandlungsergebnis nicht zufrieden, sie hatten, wie das Ausharren im Ausstand dokumentiert, noch mehr erwartet.

Die Unzufriedenheit mit der Vorstandspolitik ließ sich an der Mitgliederentwicklung ablesen. Vor der Revolution gehörten dem Verband 138.470 Männer und Frauen an. Ein sprunghafter Anstieg war nach dem politischen Umsturz zu konstatieren: 326.747 Mitglieder Ende Dezember 1918; 422.610 Ende März 1919. Im zweiten Quartal erklärten allerdings zahlreiche Bergleute ihren Austritt, sodass Ende Juni 1919 nur noch 395.591 Mitglieder gezählt wurden.[225] Besonders stark waren die Verluste im Ruhrrevier, wo der Verband nach dem Streik fast ein Viertel seiner Mitglieder verlor, während die Ende März gegründete Allgemeine Bergarbeiterunion und die syndikalistische Freie Vereinigung an Stärke gewannen.[226]

13.5 Die Generalversammlung des Bergarbeiterverbandes 1919

Die Unzufriedenheit mit der Politik der Verbandsführung[227] ist nicht nur an der rückläufigen Mitgliederbewegung, sondern auch am Erstarken der innerverbandlichen Opposition abzulesen, die ihre Kritik schon auf den Konferenzen des Aktionsausschusses und der Vertrauensmänner im März und April lautstark äußerte.

Die Entscheidung über den zukünftigen Kurs des Verbandes musste auf der Generalversammlung fallen, die vom 15. bis 21. Juni 1919 in Bielefeld tagte.[228] Während Hermann Sachse in seinem Rechenschaftsbericht die Verbandsarbeit verteidigte, griffen

[224] Protokoll der Generalversammlung 1919, S. 121.

[225] Zahlen nach Bergarbeiter-Zeitung 19, 8.5.1920 „Wachsen und Wirken unseres Verbandes".

[226] Der Verband besaß im Ruhrrevier am 1. April 1919 190.399 Mitglieder, am 1. Juli hingegen nur noch 147.832. Besonders groß waren die Verluste in den Bezirken Gladbeck (- 9486) und Gelsenkirchen (- 6793). Bergarbeiterverband, Jahrbuch 1919, S. 366f. Ob die meisten der ausgetretenen Mitglieder sich den radikalen Organisationen angeschlossen haben – so von Oertzen, Betriebsräte, S. 118; Dörnemann, Politik des Verbandes der Bergarbeiter Deutschlands, S. 104 –, lässt sich nicht klären, aber der starke Rückgang gerade in Gelsenkirchen, einer Hochburg der Union, spricht für diese These. Zu den radikalen Organisationen: Goch, Resultat enttäuschter Erwartungen.

[227] Sachse klagte auf der Generalversammlung 1919: „Dreißig Jahre besteht der Verband, aber so ist den Führern noch nicht mitgespielt worden, so sind die Führer von ihren eigenen Kameraden noch nicht besudelt und beschimpft worden, wie namentlich seit dem letzten Streik." Protokoll der Generalversammlung 1919, S. 122.

[228] Zur Generalversammlung: Dörnemann, Politik des Verbandes der Bergarbeiter Deutschlands, S. 109f.; Henze, Sechsstundenschicht, S. 113f.

Julius Rosemann als Korreferent und oppositionelle Delegierte, die vor allem aus dem Ruhrgebiet und den mitteldeutschen Revieren stammten, das Verhalten des Vorstandes im Krieg und in der Revolutionszeit an. Die Hauptanklagepunkte lauteten: Streikverzicht im Rahmen des „Burgfriedens", Zeichnung der Kriegsanleihe, Zustimmung zum Hilfsdienstgesetz, Kooperation mit den Unternehmern in der Arbeitsgemeinschaft, Bekämpfung der Räte- und Sozialisierungsbewegungen, Billigung der Militäreinsätze gegen die streikenden Bergarbeiter. Natürlich meldete sich Hue zu Wort. Doch er war nicht bemüht, die Verbandsstrategie sachlich zu verteidigen, sondern er bediente sich der von ihm häufig angewandten Methode, den Gegnerspieler, in diesem Fall Julius Rosemann, als unwissend bloßzustellen. Sachse hatte die Zustimmung der Gewerkschaften zum Hilfsdienstgesetz damit begründet, dass dadurch die Löhne gestiegen seien. Dem widersprach Rosemann in seinem Rund-um-Schlag gegen den Vorstand und verstieg sich dabei zu der höchst unbedachten Aussage: „Den Preis der Arbeitskraft regelt Angebot und Nachfrage."[229] Polemisch spießte Hue diese fragwürdige Äußerung auf, um in einer heftigen Philippika Rosemann zu attackieren: „Wenn nur Angebot und Nachfrage den Lohn, also auch die ganzen Arbeitsverhältnisse regeln, wozu brauchen wir dann überhaupt eine gewerkschaftliche Organisation? Das ist ja das alte Eiapopeia der Zechenpresse, das den Arbeitern vorgesungen wird, um sie von den Organisationen fernzuhalten. Wenn Angebot und Nachfrage die Arbeitsverhältnisse regeln, dann hat Kamerad Rosemann auch gar kein Recht, dem Vorstand einen Vorwurf zu machen, daß durch seine Schuld die Arbeitsverhältnisse, die Löhne, nicht entsprechend aufgebessert worden seien. Dann ist das ganze Korreferat, die ganze Kritik, ja alles, was gegen und für den Vorstand gesagt ist, für die Katz, denn ‚nur Angebot und Nachfrage' regeln ja die Verhältnisse. Sie werden zugeben, Kameraden, daß es wirklich ganz etwas Außerordentliches ist, wenn auf einem Gewerkschaftskongreß der Wortführer der Opposition einen solchen für die jetzige Zeit geradezu erschreckenden Satz aussprechen kann. Wie kommt er dazu, das nachzusprechen und nachzubeten, was in der Zechenpresse seit langen Jahren zur Einschläferung der Arbeiter gesagt und geschrieben wird? Das kommt daher, lieber Freund Rosemann, weil Du zuviel beweisen willst. Du willst beweisen, daß die Löhne infolge des Hilfsdienstgesetzes nicht in die Höhe gegangen sind, daß der Vorstand nichts getan hat, und um das zu können, fällst Du auf uralte Ladenhüter herein. Es soll bewiesen werden, der Vorstand habe nichts gemacht, das Hilfsdienstgesetz habe nichts getaugt, es soll bewiesen werden, daß die Verbandsleitung und alles, was daran hängt, unfähig und unwürdig ist, und darum kommt man zu solchen volkswirtschaftlichen Irrungen, durch die man sich selber den Boden unter den Füßen wegreißt. Wenn nur Angebot und Nachfrage den Lohn regeln, ja, Kameraden, dann packen Sie Ihre Mappen zusammen, lösen Sie den Verband auf und überweisen Sie das Vermögen einer allgemeinen Arbeitsvermittlungsstelle und befolgen den Grundsatz: ‚Wir halten still wie Gott will.'"[230]

In der langen, kontrovers geführten Debatte prallten die unterschiedlichen Auffassungen über die Gewerkschaftsarbeit aufeinander. Es drehte sich dabei letztlich alles um die Frage, ob allein die Interessen der Mitglieder ohne Rücksicht auf die staatspoliti-

[229] Protokoll der Generalversammlung 1919, S. 170.

[230] Ebd., S. 233. – In seinem Schlusswort relativierte Rosemann seine Aussage, behauptete, wenig überzeugend, falsch verstanden worden zu sein, und gab, gezwungenermaßen, Hue in der Sache recht. Ebd., S. 242.

schen und volkswirtschaftlichen Belange die Politik des Verbandes bestimmen sollten oder nicht. Die Opposition konnte sich aber auf der Generalversammlung nicht durchsetzen. Ihre eingebrachte Entschließung, dem Vorstand das Misstrauen auszusprechen, fand bei der namentlichen Abstimmung nicht die Billigung der Delegierten, lediglich ein knappes Drittel (80 zu 177) votierte für den Antrag.[231]

Ebenso wenig von Erfolg gekrönt war das Verlangen, zwei Oppositionelle in den engeren Vorstand (Otto König als 2. Vorsitzender und Julius Rosemann als Sekretär) aufzunehmen und Hermann Sachse als Vorsitzenden abzulösen.[232] Es war Hue, der sofort das Wort ergriff und das Ansinnen zurückwies.[233]

Als erstes wälzte er die Verantwortung für das Handeln bei Kriegsausbruch von der Gewerkschaftsführung auf die Arbeiterschaft ab. Während der Vorstand sich stets „gegen Völkerverhetzung und Kriegstreibereien" ausgesprochen hätte, um den Krieg zu verhindern, wäre er von den „indifferenten Massen" im Stich gelassen worden, „die den Hurrapatrioten-Führern blindlings nachgelaufen sind und so unsere kriegsfeindliche Politik durchkreuzt haben". „Und nun wollen Sie einen Mann und mit ihm noch andere Männer, die jahrzehntelang gegen die Kriegspolitik gekämpft haben, opfern für die Sünden der indifferenten Massen, die im eigentlichsten Sinne des Wortes die Schuldigen am Kriege sind!" warf er der Opposition vor. „Wie können Sie das verantworten, Kameraden?" Ebenso verurteilte er den Versuch, jemanden wegen seiner politischen Auffassung abzustrafen. Dies sei „eine Schmach und Schande" und widerspreche einerseits dem Statut, nach dem der Verband sich nicht „um die parteipolitische und religiöse Auffassung seiner Mitglieder" zu kümmern habe. Andererseits hätte man dann „das Recht verloren, den Unternehmern vorzuwerfen, daß sie maßregeln". Last but not least könne eine Opposition, die lediglich 30 Prozent der Delegierten stelle, nicht verlangen, „daß der Repräsentant dieses Verbandes, seine erste Spitze, seinen Platz räumen soll". Die Demokratie müsse vielmehr hochgehalten werden, ansonsten würde man „jede dauerhafte Organisation unmöglich" machen. Hue warf der Opposition auch vor, nicht konsequent zu sein, wenn sie nur den Rücktritt Sachses fordere und „Husemann, Wißmann, Stühmeyer, Hue und die andern ‚Sünder', die auf demselben Standpunkt stehen", schone. „Entweder keinen oder alle!" Folgerichtig drohte er daher, dass der gesamte Vorstand zurücktreten werde, wenn Sachse nicht wiedergewählt würde.

Hue setzte nicht allein auf Konfrontation, wollte das Majoritätsprinzip nicht „brutal" anwenden, sondern lud die Opposition ein, Personen für den Vorstand zu benennen. Doch sie schlug das Angebot aus.

Bei der abschließenden Vorstandswahl enthielten sich 79 Delegierte der Stimme, sodass Sachse mit großer Mehrheit wiedergewählt wurde.[234] In Reaktion auf den Sieg des

[231] Ebd., S. 274.

[232] Erklärung, in: Ebd., S. 357.

[233] Ebd., S. 358–363.

[234] Der Kommentar der USPD-Zeitung, der Hagener *Volksstimme*, fiel bitter aus. Hue habe mit seiner „Philippika gegen die Opposition" Sachse gerettet. Doch „für diesen Bärendienst werden die Bergarbeiter, und alle die, die ein Interesse an der Zentralorganisation der Bergarbeiter haben, Hue nicht dankbar sein können. Die Wiederwahl Sachses wird das Signal für die Syndikalisten sein, mit einer wüsten Hetze gegen den Bergarbeiter-Verband zu beginnen, um die syndikalistische, um die lokale Organisation zu stärken. Es wird ihnen die Agitation bei den Bergarbeitern sehr leicht gemacht, weil die Bergarbeiterorganisation nicht den Mut hatte, Sachse den Stuhl vor die Tür zu setzen, obschon in internen Kreisen der führenden Leute des Bergarbeiter-Verbandes über die Unmöglichkeit Sachses als Vorsitzenden ziemlich eine Meinung herrschte.

bisherigen Vorstandes nahmen dann die oppositionellen Beisitzer und Mitglieder des Kontrollausschusses ihre Wahl nicht an.[235]

Wenngleich die Kritiker der Verbandspolitik zunächst die Kooperation verweigerten, verstand es der Vorstand in der Folgezeit, sie wieder in die Gewerkschaftsarbeit einzubinden. So benannte er z.B. Julius Rosemann und Heinrich Pieper als Mitglieder der paritätischen Kommission, die die Realisierbarkeit der Sechsstundenschicht prüfen sollte.[236] Auch für den stark angegriffenen Vorsitzenden Hermann Sachse ließ sich eine gesichtswahrende Lösung finden. Er schied Ende des Jahres aus dem Amt aus, als er auf Vorschlag der Verbandsleitung in das Direktorium des Reichskalisyndikats gewählt wurde.[237] Zu seinem Nachfolger ernannte der Vorstand am 23. Dezember 1919 Fritz Husemann.[238]

Dem Vorstand war angesichts der vorgebrachten Kritik und des Mitgliederverlustes bewusst, dass er dringend Erfolge benötigte, um das Vertrauen der enttäuschten Mitglieder zurückzugewinnen und die Konkurrenz der neu gegründeten Union abzuwehren. Ab Juni 1919 verhandelten die Bergarbeiterverbände mit dem Zechenverband über Löhne, Urlaub, Arbeitsfragen, aber auch über die Gestellung von Gezähe, Lieferung von Hausbrandkohle etc. Die getroffenen Vereinbarungen bildeten dann den ersten Tarifvertrag für den Ruhrbergbau, den am 25. Oktober 1919 der Zechenverband und die Gewerkschaften unterzeichneten.[239] Zuvor waren schon Tarifverträge für die Kaliindustrie (26. Juli)[240] und den Braunkohlenbergbau (16. Oktober)[241] abgeschlossen worden. Für den Alten Verband bedeuteten diese und weitere Abschlüsse „ein Markstein in der Geschichte der Bergarbeiter“[242]. Hue feierte sie nicht nur „als eine sozialrechtliche Errungenschaft von außerordentlich hervorragender Bedeutung“, sondern sah in ihnen eine „revolutionäre Reform des Bergarbeiterrechts“: „Die Hochburg der Tarifvertragsfeinde ist nun erstiegen.“[243] Als besonders wichtig erachtete er das festgeschriebene Recht des Betriebsrates, die „Anwendung und Auslegung der Tarifverträge“ zu überwachen sowie bei der Gedingefestsetzung mitzuwirken. Für ihn war „eine solche Demokratisierung im Betriebe“ zudem der Beweis, „daß die ‚Gewerkschaftsbonzen‘ keineswegs gewillt sind, die Betriebsräte beiseite zu schieben“.[244]

So groß Hues Freude auch war, auf Seiten der Bergbauunternehmer dachte man nicht daran, „das Instrument der Tarifpartnerschaft ernstlich zu nutzen“. Für sie handelte es

Volksstimme v. 28.6.1919 „Ein Nachwort zum Bergarbeiter-Verbandstag“ zit. nach Boese, Bergarbeiterbewegung im westlichen Ruhrgebiet, S. 98.

235 Protokoll der Generalversammlung 1919, S. 387f.

236 Henze, Sechsstundenschicht, S. 119. – Wenn der Vorstand beschloss, den Wortführern der Opposition die „Gelegenheit zu geben, zu versuchen, ob sie mehr für die Arbeiter herauszuholen vermöchten als die ‚vom Kapital bestochenen Gewerkschaftsbureaukraten‘“, so spielte der Hintergedanke, die Vorstandskritiker auflaufen zu lassen und ihnen damit den Wind aus den Segeln zu nehmen, eine nicht unbedeutende Rolle. Otto Hue, Lohn- und Arbeitsverhältnisse im Bergbau, in: Neue Zeit 38 (1920) 21, S. 473–480, S. 476.

237 Bergarbeiterverband, Jahrbuch 1919, S. 65.

238 Ebd., S. 65f.

239 Text des Tarifvertrages in: Bergarbeiterverband, Jahrbuch 1919, S. 114–118. – Zu den Verhandlungen und dem Tarifabschluss: Schmidt, Lang war der Weg, S. 102–110; Dörnemann, Politik des Verbandes der Bergarbeiter Deutschlands, S. 114–120; Tschirbs, Tarifpolitik, S. 79–86.

240 Bergarbeiterverband, Jahrbuch 1919, S. 276–282.

241 Ebd., S. 183–188.

242 Ebd., S. 94.

243 Otto Hue, Tarifverträge im deutschen Bergbau, in: Correspondenzblatt 49, 6.12.1919, S. 567.

244 Ebd., S. 568.

sich lediglich um eine „aufgezwungene Notlösung", die aufgrund der politischen Lage hingenommen werden musste.[245]

13.6 Der Reichskohlenkommissar

In seinen Funktionen als Reichskohlenkommissar und als Beirat im preußischen Handelsministerium befasste sich Hue mit den unterschiedlichsten Problemen der Bergbauwirtschaft, wobei die Behebung der Kohlennot stets Leitlinie seines Handelns war. Im Mai 1919 verhandelte er beispielsweise erfolgreich mit der Betriebsleitung der Zeche Hasenwinkel, um die beabsichtigte Stilllegung vorerst zu verhindern. Erst in ein oder zwei Jahren, nach Abbau der gewinnbaren Kohlen, sollte diese erfolgen.[246] Standen zu Beginn des Jahres die Sozialisierung und dann die Arbeitszeitfrage im Vordergrund seiner Tätigkeit, so kam im Mai/Juni ein drittes Konfliktfeld hinzu: die Auseinandersetzung über die Kompetenzen der Zechenräte bzw. der Arbeiterausschüsse.

Auf zahlreichen Schachtanlagen verweigerten die Direktionen den Belegschaftsvertretern nicht nur die Einsicht in die Geschäftsakten, sondern allgemein jegliche Kontroll- und Mitspracherechte. Weil neue Arbeitseinstellungen drohten, sah sich Hue gezwungen, vermittelnd bei den Konflikten einzugreifen.[247] Auf einer Sitzung der Betriebsräte der Essener Zechen Graf Beust, Gustav und Ernestine am 20. Mai unterstrich er gegenüber der anwesenden Betriebsleitung, dass die Betriebsräte nicht auf eine Stufe mit den alten einflusslosen Arbeiterausschüssen gestellt werden könnten. Sie seien keine „weiße Salbe", sondern mit größeren Rechten ausgestattet. Am Schluss der vierstündigen Verhandlungen wurde dann u.a. vereinbart, dem Betriebsrat Einblick in alle wichtigen Unterlagen zur „Kontrolle der Arbeiter- und Angestelltenverhältnisse" zu gewähren.[248]

Ebenso sah sich Reichskommissar Severing zum Eingreifen veranlasst. Er übernahm per Notverordnung vom 26. Mai die vorläufige Dienstanweisung für Betriebsräte im mitteldeutschen Bergbau vom 12. März[249] für den Ruhrbergbau.[250] Hue war skeptisch, ob dieser „allseitig die erforderliche Beachtung geschenkt" werde, denn zahlreiche Beschwerden ließen erkennen, „daß der loyale Wille, die Notverordnung loyal durchzuführen, nicht überall vorhanden ist".[251] Seine Befürchtungen waren, wie sich schnell

245 Mommsen, Soziale und politische Konflikte, S. 66.

246 Deutsche allgemeine Zeitung 257, 28.5.1919 „Keine Stillegung auf Zeche Hasenwinkel". – Die Stilllegung erfolgte dann zum 1. März 1923. Huske, Steinkohlenzechen, S. 427.

247 Bundesarchiv Berlin R 3901/75 u. LAD NRW Abt. Westf. Oberbergamt Dortmund 1854, Otto Hue, Bericht über Vorgänge im rheinisch-westfälischen Kohlenbergbau, 5.6.1919 (teilweise abgedr. in: Quellensammlung zur Geschichte der sozialen Betriebsverfassung 1, Nr. 291, S. 465f.). – Dem Zechenverband missfielen die Interventionen von Hue, und er fragte beim Oberbergamt Dortmund an, ob diesem überhaupt „eine behördliche Funktion und Vollzugsgewalt" zustehe. Die Antwort fiel für die Arbeitgeber enttäuschend aus, denn die Behörde erklärte, dass das Mandat Hues nicht als erloschen angesehen werden könne. LAD NRW Abt. Westf. Oberbergamt Dortmund 1854, Zechenverband an Oberbergamt Dortmund, 21.6.1919 u. Oberbergamt an Zechenverband, 26.6.1919.

248 Arbeiterzeitung (Essen) 120, 24.5.1919 „Betriebsrätesitzung auf Zeche ‚Graf Beust'".

249 Siehe oben S. 320.

250 Westfälische Allgemeine Volkszeitung 123, 28.5.1919.

251 Otto Hue, Bericht über Vorgänge im rheinisch-westfälischen Kohlenbergbau.

herausstellen sollte, berechtigt. Auf einer vom Essener Arbeiterrat einberufenen Konferenz berichteten die Teilnehmer von „Zurücksetzung und Schikanierung durch Betriebsführer“. Nicht allein in Essen, sondern auch in Königssteele, Steele und Freisenbruch waren die Zechenverwaltungen bestrebt, „die Betriebsräte möglichst kalt zu stellen“. Man habe weniger Kontrollrechte als im Kaiserreich, war bei den Beschwerden zu hören. Hue, der die Klagen entgegennahm, versprach, die vorgebrachten Missstände mit dem Reichskommissar zu besprechen und ihn zu geeigneten Gegenmaßnahmen zu veranlassen.[252]

Auch in der Folgezeit sah sich Hue gezwungen, immer wieder schlichtend einzugreifen.[253] Auf der Essener Zeche Sälzer und Neuack hatten die Betriebsräte am 4. Juli die Seilfahrt eigenmächtig unterbrochen und eine Belegschaftsversammlung einberufen, auf der sie den Betriebsführer zwangsweise vorführten und ihm das Zugeständnis abpressten, dass die Betriebsräte die Reviere so oft befahren könnten, wie sie es für nötig hielten.[254] Die Zeche widerrief umgehend die Konzession, sodass eine Intervention der Staatsbehörden erforderlich war. Am 14. Juli verhandelten Hue und ein Vertreter des Reichskommissars Severing im Essener Rathaus mit Vertretern der Direktion und der Belegschaft.[255] Beide verurteilten das eigenmächtige Vorgehen des Betriebsrates, doch sie hielten für jedes Betriebsratsmitglied zwei Fahrschichten je Woche für angemessen.[256] Trotz massiver Unterstützung seitens Hue ließ sich allerdings die Einsichtnahme in die Lohn- und Gehaltslisten nicht durchsetzen, da der Vertreter des Reichskommissars den Standpunkt der Zechenverwaltung einnahm.[257] Ebenso erfolglos blieb der Betriebsrat mit seinem Veto gegen die Beförderung eines Steigers zum Fahrsteiger.

Angesichts der Vorfälle auf den Schachtanlagen konstatierte Hue in seinem Bericht an den Handelsminister vom 18. Juli: „Die Bemühungen, die Betriebsräte möglichst ‚kalt zu stellen‘ werden fortgesetzt. Mit einem angesichts der ernsten Zeit unbegreiflichen Eifer sind Werksvertreter dabei, die einzelnen Bestimmungen der Notverordnung (…) zu wenden und zu deuteln, bis nur noch ein Schatten davon übrig bleibt. Die dialektisch meist wenig geschulten Arbeitervertreter werden ‚eingewickelt‘, wie der ‚Fachausdruck‘ lautet, auf irgend eine unüberlegte Äußerung festgelegt und dann ‚überführt‘. Auf diese Weise mußte es schließlich zu heftigen Zusammenstößen in den Sitzungen und zu Miß-

252 Volksblatt 127, 3.6.1919 „Die Stellung der Zechenbetriebsräte“; Hue, Bericht über Vorgänge im rheinisch-westfälischen Kohlenbergbau.

253 So auch am 12.6.1919 auf der Zeche Auguste Victoria, wo Betriebsrat und Zechenverwaltung über die Inbetriebnahme der Kokerei stritten. Ein weiterer Streitpunkt war die Freistellung der Betriebsräte von der Arbeit. LAD NRW Abt. Westf. Oberbergamt Dortmund 1854, Bergrevierbeamter Ost-Recklinghausen an Oberbergamt, 2.7.1919; Oberbergamt Dortmund an Minister für Handel u. Gewerbe, 23.7.1919; LAD NRW Abt. Westf. Bergämter 9091, Gewerkschaft Auguste Victoria an Zechenverband, 8.11.1919.

254 LAD NRW Abt. Westf. Oberbergamt Dortmund 1854, Oberbergamt Dortmund an Minister für Handel u. Gewerbe, 23.7.1919.

255 LAD NRW Abt. Westf. Oberbergamt Dortmund 1854, Aktennotiz über die Verhandlungen, 14.7.1919; Arbeiterzeitung (Essen) 166, 19.7.1919 „Die Vorgänge auf der Zeche ‚Sälzer-Neuack‘“.

256 Bei Plumpe, Betriebliche Mitbestimmung, S. 303, der sich auf eine andere Quelle stützt, ist von zwei Befahrungen je Monat zu lesen.

257 Auf der Versammlung der Betriebsräte von Königssteele, Steele und Freisenbruch am 24.5.1919 hatte Hue die „Einsicht in sämtliche Bücher und Listen“ und „eine große Bewegungsfreiheit“ für die Betriebsräte gefordert mit der Begründung, „damit diese sich für die spätere Sozialisierung einarbeiten könnten“. LAD NRW Abt. Westf. Oberbergamt Dortmund 1854, Bericht, 27.5.1919.

trauenserklärungen in schärfster Form kommen."[258] Hingegen hielt das Oberbergamt Dortmund Gegenmaßnahmen für nicht erforderlich. Es behauptete vielmehr, dass keine Zeche „Schwierigkeiten bei der praktischen Durchführung der Betriebsräte gemacht" habe. Die Streitigkeiten seien vielmehr „auf übertriebene Ansprüche" der Belegschaftsvertretungen zurückzuführen.[259]

Dass die Vorwürfe Hues gegenüber den Betriebsführungen nicht unbegründet waren, bestätigten die Betriebsräte des Bergarbeiterverbandes der Bergreviere Essen, Werden und Mülheim auf einer Tagung am 22. Juli. Sie beklagten, dass die Zechenverwaltungen die Mitbestimmungsrechte der Bergarbeiter „oft sogar in höhnender, aufreizender Weise" zurückwiesen[260] und ersuchten daher die Regierung dringend, den Verordnungen konsequent Beachtung zu verschaffen. Otto Hue, neben Carl Severing Hauptredner auf der Konferenz, unterstützte das Anliegen und forderte gleichfalls das Eingreifen des Reichskommissariats und eine Bestrafung der Direktoren bei Verstößen.[261] Seine Reden dienten vor allem der Beruhigung der Belegschaftsdelegierten, um erneute Ausstände zu verhindern. Denn: „Beginnt es auf einer Zeche zu brennen, dann sind schon tumultfreudige Elemente hinreichend vorhanden, die den Brand auf das ganze Kohlengebiet übertragen."[262]

Ohne dass das Problem grundsätzlich hätte gelöst werden können, sorgte die Einrichtung einer paritätischen Kommission unter dem Vorsitz des Essener Oberbürgermeisters für eine Befriedung. Sie sollte auftretende Meinungsverschiedenheiten ausräumen.[263]

Wenngleich vor allem die Sorge um die Aufrechterhaltung der Kohlenförderung sein Eingreifen bestimmte, so zeigt sein Engagement, dass die vielfach zu lesende Behauptung, der Bergarbeiterverband habe der betrieblichen Mitbestimmung keine allzu große Bedeutung zugemessen,[264] in dieser Pauschalität nicht gerechtfertigt ist. Hue trat stets für weitergehende Rechte der Betriebsräte ein. Sie sollten die Betriebe „in technischer, kaufmännischer und finanzieller Beziehung" kontrollieren.[265] Geleitet wurde er dabei aber auch von dem Kalkül, auf diese Weise die Angriffe seitens der radikalen Kräfte zu parieren. Denn sollten sich die Betriebsräte des Alten Verbandes nicht als durchsetzungskräftig erweisen, so würden – so seine Befürchtung – „Vertreter der allerschärfsten spartakistischen Richtung als Betriebsräte gewählt werden" und dann ginge „es wieder drunter und drüber".[266]

258 LAD NRW Abt. Westf. Oberbergamt Dortmund 1160, Otto Hue, Bericht über beunruhigende Vorgänge im rheinisch-westfälischen Industriegebiet, 18.7.1919.

259 LAD NRW Abt. Westf. Oberbergamt Dortmund 1854, Oberbergamt Dortmund an Minister für Handel u. Gewerbe, 23.7.1919 (teilweise abgedr. in: Quellensammlung zur Geschichte der sozialen Betriebsverfassung 1, Nr. 295, S. 471–474).

260 Zur Konferenz: Arbeiterzeitung (Essen) 170, 24.7.1919 „Bergarbeiter und Betriebsräte". – Auch das Oberbergamt Dortmund gestand im August ein, dass eine Reihe von Streitigkeiten aufgetreten sei. LAD NRW Abt. Westf. Oberbergamt Dortmund 1160, Oberbergamt Dortmund an Minister für Handel u. Gewerbe, 16.8.1919.

261 Auf einer Versammlung der Betriebsräte von Königssteele, Steele und Freisenbruch hatte Hue erklärt, „daß es ihm nicht darauf ankäme, Mitglieder der Verwaltungen einsperren zu lassen oder zu bestrafen, die erneute Unzufriedenheit bei den Arbeitern erwecken". LAD NRW Abt. Westf. Oberbergamt Dortmund 1854, Bericht, 27.5.1919.

262 Otto Hue, Bericht über beunruhigende Vorgänge im rheinisch-westfälischen Industriegebiet.

263 LAD NRW Abt. Westf. Oberbergamt Dortmund 1160, Oberbergamt Dortmund an Minister für Handel u. Gewerbe, 16.8.1919.

264 Z.B. Dörnemann, Politik des Verbandes der Bergarbeiter Deutschlands, S. 40: „Dem sozialpolitisch ausgerichteten Denken der Gewerkschafter war die betriebliche Mitbestimmung zutiefst unbequem."

265 Arbeiterzeitung (Essen) 170, 24.7.1919 „Bergarbeiter und Betriebsräte". Ebenso Rede in der Nationalversammlung am 15.8.1919, S. 2479.

266 Otto Hue, Bericht über beunruhigende Vorgänge im rheinisch-westfälischen Industriegebiet.

Die Diskussionen über die vermeintlichen Befugnisse der Arbeitervertretungen beendete das Betriebsrätegesetz vom 4. Februar 1920, das den Betriebsräten allerdings „keine entscheidenden Mitbestimmungsrechte und Kontrollbefugnisse einräumte“. Es „war ein Staatsbegräbnis Erster Klasse für die Rätebewegung in Industrie und Wirtschaft“.[267] An den Kommissionsverhandlungen war Hue beteiligt, doch ob er das Ergebnis „als einen ungeheuren Fortschritt“ ansah,[268] muss angesichts seiner späteren Kritik angezweifelt werden. Während der Reichstagsdebatte zum Grubenunglück auf der Zeche Mont Cenis bezeichnete er die Befugnisse der Betriebsräte als „sehr beschränkt“. „Sie sind, allgemein gesagt, weiße Salbe.“ lautete sein negatives Pauschalurteil.[269] Er hatte, wie er auf dem ersten Reichsbetriebsrätekongress für den Bergbau ausführte, gehofft, dass das Gesetz einen „Wendepunkt“ in den industriellen Beziehungen darstellen werde, dass sich „unter den Erschütterungen des Krieges“ die Haltung der Industriellen ändern würde, aber die Hoffnungen seien getäuscht worden.[270] Die Unternehmensleitungen setzten „der Tätigkeit der Betriebsräte die größten Hindernisse in den Weg“, sabotierten deren Arbeit, „wo man nur kann“. So besäßen die Belegschaftsvertreter kaum Kenntnisse über die Selbstkosten und Erträge der Firmen.[271]

Dass die Betriebsräte keine größeren Kompetenzen besaßen, erwies sich „als ein uneinbringliches und daher verhängnisvolles Versäumnis“. Weil die Arbeitnehmer „nicht in die betriebswirtschaftlichen Fragen und die Preis- und Absatzpolitik der Zechen unmittelbar eingeschaltet waren“, blieben sie bei den Verhandlungen den Arbeitgebern zwangsläufig unterlegen.[272]

Als Reichsbevollmächtigter sowie als Beirat im preußischen Handelsministerium beschäftigte sich Hue nicht allein mit der zentralen Frage der Kohlenversorgung,[273] sondern er kümmerte sich auch um zahlreiche Alltagskonflikte wie die vermeintliche Unterschlagung von Kohle, die Lieferung unreiner Kohlen oder die Transportprobleme im Ruhrgebiet.[274] Obwohl er rastlos im Einsatz war, konnte ihn seine Tätigkeit „in verstaubten preußischen Ministerialratsstuben“ nicht befriedigen.[275] „Er könne sich nicht genug ausarbeiten“, erklärte er seinen Freunden.[276] Hue war daher nicht unglücklich, als seine Aufgaben auf andere Ministerien und auf den neugeschaffenen Reichskohlenrat übergingen und somit seine Berufung zum 1. Dezember 1919 endete.[277]

[267] Kolb, Rätewirklichkeit, S. 42. – Zum Gesetz: Hentschel, Sozialpolitik, S. 78–84; Plumpe, Betriebliche Mitbestimmung, S. 37–58; Milert/Tschirbs, Die andere Demokratie, S. 126–205.

[268] Osterroth, Hue, S. 69.

[269] Reichstagsrede am 22.6.1921, Verhandlungen, S. 4075.

[270] Protokoll vom 1. Reichsbetriebsrätekongreß für den Bergbau, S. 35.

[271] Ebd., S. 34.

[272] Mommsen, Die Bergarbeiterbewegung an der Ruhr, S. 288.

[273] LAD NRW Abt. Westf. Oberbergamt Dortmund 1160, Hue an Fischbeck, 30.6.1919: „Es ist notwendig, daß ich mich einige Zeit im Ruhrgebiet umsehe, mit Ausschüssen, Betriebsräten, Werksverwaltungen und Bergbauverein die Situation bespreche. Wir müssen die Förderung heben, um wenigstens jetzt einigen Vorrat an Hausbrand für die Winterzeit anzusammeln, wenn wir kein großes Sterben infolge Erfrieren haben wollen.“

[274] Wisotzky, Hue (Manuskript), S. 343ff.

[275] Osterroth, Hue, S. 70.

[276] Trauerrede Husemann. Bergarbeiter-Zeitung 18, 6.5.1922.

[277] Vorwärts 599, 23.11.1919; Bergarbeiter-Zeitung 49, 6.12.1919; Tschirbs, Tarifpolitik, S. 49 Anm. 41. – Dagegen findet sich im Jahrbuch 1919 die Information, dass Hue schon Ende August seine Tätigkeit im Ministerium aufgegeben habe und wieder in die Redaktion der *Bergarbeiter-Zeitung* eingetreten sei. Bergarbeiterverband, Jahrbuch 1919, S. 358.

Der Alltagskram raubte ihm Zeit und Kraft, während das für die Zukunft viel wichtigere Projekt, die Reform des preußischen Handels- und Gewerbeministeriums und der ihm unterstellten Bergbehörden, nicht in Angriff genommen wurde. 1917 erblickte Hue in diesem Ministerium „die Hauptstütze des privatkapitalistischen Unternehmerstandpunkts“.[278] Dennoch gab es nach dem politischen Umbruch kein Personalrevirement, und zum neuen Minister wurde kein Sozialdemokrat, sondern Otto Fischbeck, Mitglied der DDP, ernannt.

Gleiches galt auch für die Bergbehörde. Kein (Revier-)Beamter wurde entlassen, obwohl Hue in der Vergangenheit ihnen ihre Voreingenommenheit gegenüber der Bergarbeiterschaft, ihre Nachsicht bei den Zechenbefahrungen, ihre Parteilichkeit bei Unfalluntersuchungen und ihre (verwandtschaftliche) Verbundenheit mit den Zechendirektionen vorgeworfen hatte.[279] Ebenso scheuten die Sozialdemokraten vor einer Neuorganisation der Bergaufsicht zurück, unterblieb zunächst die Einbeziehung von Bergarbeitern in den Behördenaufbau. Auch die Umwandlung der Sicherheitsmänner in Arbeiterkontrolleure[280] und die Knappschaftsreform, die Hue während des Krieges angemahnt hatte,[281] ließen lange auf sich warten.[282]

13.7 Der Versailler Vertrag und die Reparationen

Otto Hue, der stets für einen Verständigungsfrieden ohne Annexionen eingetreten war, hatte gehofft, „daß dieser Krieg zu einem Ende führen werde, wo sich die Völker über den Schützengraben die Hände reichen, ein Ende des Krieges, wobei von beiden Seiten anerkannt werden muß, wir sind nicht Sieger und nicht die Besiegten“. Wenngleich er aufgrund der „Anzeichen des schlimmsten Chauvinismus“ im feindlichen Ausland das Ärgste befürchtete,[283] gab er die Hoffnung nicht auf, dass auch bei den Alliierten die Arbeiterschaft die Macht erlangen werde. „Dann würde man leicht zu einem Verständigungsfrieden kommen und die Kriegsschäden brüderlich teilen.“[284]

Hue bestritt gleich anderen Gewerkschaftern[285] auch nach Kriegsende, „daß Deutschland allein den Krieg verschuldet habe. So wie in Deutschland der Militarismus so seien in den feindlichen Staaten rücksichtslose internationale Cliquen als grimmige Kriegshetzer für das Blutvergießen verantwortlich zu machen.“[286] Aber er beklagte zugleich die „Ludendorff-Politik in Rußland“, für die jetzt alle büßen müssten.[287]

[278] Otto Hue, Sicherung unserer Kohlenversorgung, in: Volksblatt 255, 30.10.1917.

[279] Die Untätigkeit rächte sich, denn bei den Beamten trat kein Gesinnungswandel ein, sondern sie blieben „noch ganz in den alten Anschauungen befangen“, wie der Bergarbeiterverband in seinem Jahrbuch für 1921, S. 69 beklagte.

[280] Erst 1925 – nach dem Grubenunglück auf der Zeche Minister Stein – gab es eine deutliche Veränderung. Die Grubenkontrolleure, die auf Vorschlag der Gewerkschaften vom Handelsministerium ernannt wurden, besaßen weitreichende Befugnisse. Ziegler, Kriegswirtschaft, S. 120.

[281] Geyer, Reichsknappschaft, S. 71.

[282] Ebd., S. 70–129.

[283] Rede Hues am 8.12.1918 in Düsseldorf, in: Spethmann, Ruhrbergbau 1, S. 363–366, S. 365.

[284] Rede auf einer Volksversammlung in Witten am 10.11.1918. Wittener Tageblatt 265, 11.11.1918.

[285] Rupieper, Die freien Gewerkschaften und der Versailler Vertrag.

[286] Rede auf einer Volksversammlung in Witten am 10.11.1918. Wittener Tageblatt 265, 11.11.1918.

[287] Rede Hues am 8.12.1918 in Düsseldorf, in: Spethmann, Ruhrbergbau 1, S. 363–366, S. 363.

Die Verbandsführung sah den Friedensgesprächen ebenso voller Sorge entgegen: „Was mit der Fortsetzung der Hungerblockade und den erdrückenden Waffenstillstandsbedingungen begonnen wurde, soll scheinbar durch die Friedensbedingungen vollendet werden: Unsere dauernde Verelendung und Versklavung. Durch diese Friedensbedingungen wird unser Land zerstückelt und zerrissen, unser Volk moralisch geschändet, wirtschaftlich erdrosselt und zu dauernder Schuldknechtschaft und Verelendung verurteilt.“[288]

Als am 7. Mai 1919 die Friedensbedingungen veröffentlicht wurden, war das für viele Deutsche ein „Realitätsschock“, auf den sie „verstört reagierten“, da sie mit solch harten Auflagen nicht gerechnet hatten.[289] Hue schilderte deren Folgen in düsteren Farben: „Zieht man … in Betracht, daß uns neben dem Saargebiet auch Oberschlesien, zusammen mit einem Drittel unserer Steinkohlenförderung …, daß uns ferner Lothringen mit über 70 Prozent unserer Eisenerzförderung und das Elsaß mit einem gewaltigen Teil unseres Kalisalzvorkommens, daß uns weiter große lebensmittelnötige landwirtschaftliche Produktionsgebiete im Osten, auch unsere Handelsflotte verloren gehen sollen, dann muß man sich fragen, ob denn die Verfasser des Friedensdiktats auch nur einen Augenblick glauben können, ein so entsetzlich sabotierter Wirtschaftskörper sei noch lebensfähig, geschweige denn, daß die außerdem aufgestellten ungeheuerlichen Entschädigungsansprüche erfüllt werden könnten? Was uns, die wir ohnehin schon furchtbar ausgepowert sind, von Versailles noch zugemutet wird, das können wir nicht erfüllen. Wer anders urteilt, täuscht sich selbst und die Welt. Eine wie immer erzwungene ‚Unterschrift des Vertrages‘ könnte an dieser furchtbaren Wirklichkeit auch nicht ein Jota ändern.“[290]

Da Hue sich während des Krieges stets gegen Annexionen ausgesprochen hatte, fühlte er sich legitimiert, gegen Gebietsansprüche der Alliierten aufzutreten. Für ihn schaffe die Ausgliederung des Saarlandes, welches „reindeutsches Land von altersher“ sei, „eine neue Gefahrenquelle erster Ordnung“. Er empfand sie als ungerecht, zumal die Begründung, „die Annexion der Saargruben sei eine französische Lebensnotwendigkeit“, in seinen Augen nicht zutraf. Die Saarkohle könne weder den Bedarf Frankreichs decken noch sei sie zur Verhüttung geeignet. Die Abtrennung des Saarbeckens – so seine Schlussfolgerung – „entspringt lediglich einem privatkapitalistischen Bedürfnis, das sich der chauvinistischen Revancheidee als Vorspann bedient“.[291]

Zu den Reparationsleistungen gehörten auch jährliche Kohlelieferungen an Frankreich (7 Millionen Tonnen), Belgien (8), Italien (4,5 bis 8,5) und Luxemburg (3,84) sowie eine Ausgleichslieferung an Frankreich (nicht mehr als 20 Millionen Tonnen) solange bis die nordfranzösischen Zechen wiederhergestellt sind.[292] Hue rechnete nun vor, dass von der deutschen Gesamtförderung, die 1913 bei 190 Millionen Tonnen lag, die Leistungen des Saarlandes (17) und Oberschlesien (43) abgerechnet und der Förderrückgang berücksichtigt werden müsse, sodass etwa 95 Millionen Tonnen zur Verfügung stünden. Sollten davon mindestens 40 Millionen Tonnen gemäß dem Frie-

288 Bergarbeiterverband, Geschäfts-Bericht 1917/18, S. 10.
289 Leonhard, Der überforderte Frieden, S. 984.
290 Otto Hue, Braucht Frankreich das Saarkohlengebiet?, in: Volksblatt 116, 20.5.1919.
291 Ebd.
292 Zu den Kohlereparationen: Friedensburg, Kohle und Eisen, S. 197–222; Ziegler, Die „Kohlennot“.

densvertrag abgeliefert werden, so blieben für den deutschen Eigenbedarf lediglich 55 Millionen Tonnen übrig. Von dieser Menge den Austauschhandel mit Skandinavien, Holland und der Schweiz zu bestreiten und die „Eisenbahnen, Gas- und Elektrizitätswerke, Landwirtschaft und andere Nahrungsmittelerzeugung, Baugewerbe und außerdem noch die großen Industrien und den Hausbrand“ zu versorgen, sei eine Unmöglichkeit. „Entweder wir erfüllen die Versailler Zwangsverpflichtungen, dann müssen wir noch sehr viel mehr Industrien als jetzt schon brachliegen abtöten; oder wir versorgen unsere Industrien mit Kohlen, damit das gewaltige Heer von Arbeitslosen (wozu noch Hunderttausende heimkehrender Kriegsgefangenen kommen) erheblich reduziert wird, dann können wir die Versailler Bedingungen nicht erfüllen und müssen die schärfsten Repressalien (Besetzung, Requisitionen, Handelssperre usw.) erwarten!“[293]

Ebenso nachteilig war in seinen Augen der Vertrag für die europäische Wirtschaft, da er „Mitteleuropa ohne Rücksichten auf wirtschaftliche Lebensnotwendigkeiten nationalistisch-imperialistisch zerstückelte“.[294]

Gleich dem Vorstand des Bergarbeiterverbands war Hue ein entschiedener Gegner des „in Versailles diktierten Gewaltfriedens“[295]. „Deutschland, soweit es überhaupt noch existiert, ist jetzt ein Vasallenstaat, das deutsche Volk ist ein bettelarmes Sklavenvolk.“[296] Wenngleich es ihm bewusst war, „daß, wenn auf unserer Seite der militärische Sieg gewesen wäre, dieser Sieger sich nicht weniger rücksichtslos benommen haben würde“,[297] verurteilte er den „Sklavenkontrakt“, der Deutschland zu einem „Sklavenstaat“ mache.[298] Dennoch beugte sich Hue bei der Abstimmung in der Nationalversammlung der Fraktionsdisziplin. Er fehlte zwar bei der namentlichen Abstimmung am 22. Juni,[299] doch er gehörte zu den Abgeordneten, die am 23. Juni die Regierung mit der Vertragsunterzeichnung beauftragten.[300]

293 Otto Hue, Unerfüllbare Bedingungen, in: Volksblatt 161, 14.7.1919. – Was Hue in Zeitungsartikeln ausführlicher darlegte, beschrieb er drastisch in einem Telegramm an den Reichswirtschaftsminister Wissell: „Es würde ein Zustand eintreten, der weit schlimmer ist, als die schlimmsten bisher dagewesenen Zustände. Die schärfste Einschränkung des Verkehrswesens, weitgehendste Sperrstunden für Gas- und Stromabgabe, weiterer Zusammenbruch der Versorgung von Hausbrand und Landwirtschaft, völlige Stillegung eines großen Teils der Industrie. ... Die Erwerbslosigkeit würde immer weitere Kreise umfassen, ein finanzieller Aufbau und darum eine Erfüllung der finanziellen Friedensbedingungen würde vollkommen unmöglich sein. Deutschland würde aus den schwersten politischen Unruhen nicht herauskommen.“ Telegramm abgedr. in: Bergarbeiter-Zeitung 26, 28.6.1919.

294 Otto Hue, Überschichten und Feierschichten im Bergbau, in: Arbeiterzeitung (Essen) 54, 5.3.1921.

295 Otto Hue, Dreißig Jahre Bergarbeiterverband, in: Bergarbeiter-Zeitung 33, 16.8.1919.

296 Otto Hue, Unerfüllbare Bedingungen.

297 Rede auf dem 1. Reichsbetriebsrätekongress. Protokoll vom 1. Reichsbetriebsrätekongreß für den Bergbau, S. 26.

298 Protokoll der Generalversammlung 1919, S. 362. Ebenso sprachen Reichskanzler Philipp Scheidemann in seiner Rede vor der Nationalversammlung am 12.5.1919, S. 1082 und der Vorsitzende der Generalkommission, Carl Legien, in der Konferenz der Verbandsvorstände am 13.5.1919 von „Versklavung“. Die Gewerkschaften in Weltkrieg und Revolution 1914 – 1919, Dok. 66, S. 762. – Scheidemann und Hue gebrauchten in der Bewertung der Friedensbedingungen dasselbe Vokabular wie die nationalistisch-konservativen Kräfte, bei denen die „Formulierung vom deutschen Lohnsklaven“ „zum ständigen Repertoire“ gehörte. Krüger, Deutschland und die Reparationen, S. 31. Ebenso beklagten Unternehmer die „Versklavung“ Deutschlands. Lesczinski, Thyssen, S. 25.

299 Sitzung der Nationalversammlung am 22.6.1919, S. 1137.

300 Otto Hue, Unerfüllbare Bedingungen, in: Volksblatt 161, 14.7.1919: „Ich war und bin Gegner der Unterzeichnung aus pazifistischen Gründen, weiß aber, daß meine andersgesinnten Parteigenossen auch aus ehrlicher Überzeugung handeln, konnte mich deshalb der Fraktionsdisziplin unterwerfen.“

Nach der Unterzeichnung des Vertrages – für Hue ein „Dokument des maßlos ausgearteten Imperialismus“[301] – begannen die Beratungen über die zukünftigen Kohlenlieferungen, an denen er als Sachverständiger beteiligt war.[302] Hue hielt zwar die Entschädigungsleistungen für die zerstörten französischen Bergwerke für gerechtfertigt,[303] hoffte aber weiterhin auf ein Entgegenkommen der Alliierten.[304] Sollten sie nicht dazu bereit seien, so wäre das deutsche „Wirtschaftsleben glatt erledigt“ mit weitreichenden Folgen für Mitteleuropa. Die international herrschende Kohlennot zu lösen, sei, so betonte er, „eine europäische Gemeinschaftsaufgabe“ „unter Hintansetzung nationalistischer und geschäftlicher Sonderbestrebungen“. Hue schlug „eine gemeinsame permanente Kommission für die loyale Regelung der Kohlenwirtschaft“ vor. In dieser Kommission sollte es „keine ‚Sieger‘ und keine ‚Besiegten‘ geben, sondern nur gleichberechtigte, sachkundige vorurteilslos denkende Männer, die den Auftrag haben, die verfügbaren Kohlenmengen so zu kontrollieren, daß vorerst den dringendsten Bedürfnissen abgeholfen und dann weiter den Anforderungen der einzelnen Wirtschafts- und Bedarfsgebiete nach Möglichkeit und Gerechtigkeit entsprochen wird“. Doch sein Vorschlag fand ebenso wenig Anklang wie seine Empfehlung, „eine permanente internationale Stelle“ zur Regelung der Transportverhältnisse einzurichten. In seinen Augen war es ein Unding, wenn in Belgien und Nordfrankreich eine große Menge Eisenbahnwagen und Lokomotiven untätig stünden, während es in Deutschland an Transportmitteln mangele. Hue beschwor alle Beteiligten, „eine Atmosphäre des Vertrauens“ zu schaffen. „Die natürliche Interessensolidarität der Menschen, gleichviel welcher Nation und Sprache, muß die Beratungen und Handlungen befruchten. Nur dadurch retten wir die Menschheit Europas vor dem entsetzlichen Chaos, dem sicheren Untergange.“ Aber der pathetische Appell verhallte angesichts der bestehenden Machtverhältnisse, wie Hue 1921 voller Verbitterung feststellte: „Solange die vom Imperialismus besessenen Diplomaten mit den Militaristen … glauben, mit ihren Mitteln die Welt wieder in die rechten Fugen zu bringen, so lange werden wir zu dem ersehnten Ziel eines wirklichen Weltfriedens, einem vernünftigen Ausgleich von Erzeugung und Verbrauch nicht kommen.“[305]

Die Reparationsleistungen vergrößerten die Kohlenknappheit, die im Sommer 1919 schon ein beängstigendes Ausmaß angenommen hatte.[306] Weil Hue die wirtschaftliche Katastrophe fürchtete,[307] wodurch dann die demokratische Neuordnung und alle Errungenschaften der Revolution gefährdet wären, besaß die Behebung der Kohlennot für ihn – noch mehr als zu Beginn des Jahres – absolute Priorität in seinem politischen und gewerkschaftlichen Handeln.

[301] Rede auf dem ersten Reichsbetriebsrätekongress für die Metallindustrie. Erster Reichsbetriebsräte-Kongreß für die Metallindustrie, S. 71.

[302] Westfälische Allgemeine Volkszeitung 193, 20.8.1919; Hue, Volk in Not, S. 10; Bergarbeiterverband, Jahrbuch 1920, S. 177.

[303] Hue, Volk in Not, S. 25: „Wir würden selbst dann, wenn der Krieg nicht mit der völligen Niederlage Deutschlands geendet hätte, die moralische Verpflichtung haben, die französische Bevölkerung mit Kohlen zu versorgen, weil deren Hauptgrubengebiet furchtbar zerstört ist. Das hätte die Menschlichkeit erfordert.“ Ebenso Otto Hue, Frankreichs Kohlenforderung, in: Vorwärts 367, 23.7.1920.

[304] Otto Hue, Vor der Katastrophe!, in: Vorwärts 439, 28.8.1919. Auch zum Folgenden.

[305] Erster Reichsbetriebsräte-Kongreß für die Metallindustrie, S. 74.

[306] Otto Hue, Unerfüllbare Bedingungen, in: Volksblatt 161, 14.7.1919. Ebenso Otto Hue, Verbesserung der Förderung ist Lebensfrage, in: Bergarbeiter-Zeitung 35, 30.8.1919.

[307] Otto Hue, Vor der Katastrophe!, in: Vorwärts 439, 28.8.1919.

Doch dass weder die Regierung noch die Gewerkschaften und die Unternehmer in der Lage waren, dass Problem annähernd zu lösen, zeigen die ministeriellen Besprechungen und die Diskussion in der Nationalversammlung.

Am 6. August fand unter dem Vorsitz des Reichskanzlers eine Besprechung über die Steigerung der Kohlenförderung statt. Anwesend waren neben den Vertretern der Arbeitgeber und -nehmer der Reichswirtschafts-, der Reichsarbeits-, der Reichsfinanz- und der Reichsschatzminister.[308] Die Besetzung allein beweist schon die Bedeutung der Sitzung. Im Mittelpunkt der Erörterungen standen die Vergrößerung der Belegschaften und die Arbeitszeitfrage, während der Zustand der Gruben und ihre Verbesserungsmöglichkeiten, der vermehrte Bau von Wohnungen, die Verhütung von Streiks und die Transportprobleme nur kurz gestreift wurden. Um mehr Arbeiter anzuwerben und die Abwanderungen zu stoppen, hielten es die Gewerkschaftsvertreter für nötig, die Bergarbeiterlöhne weiterhin zu erhöhen, eine bessere Versorgung der Bergleute mit Nahrungsmitteln und Kleidung zu gewährleisten, einen Tarifvertrag abzuschließen und die Knappschaftsreform in Angriff zu nehmen. Der Bergmann müsse wieder gegenüber den Arbeitern in anderen Industriezweigen in Bezug auf Lohn und Arbeitszeit bevorzugt werden.[309] Auch wenn diese Maßnahmen zwangsläufig zu einer Erhöhung der Kohlenpreise führen würden, wies sie die Regierung nicht zurück. Reichswirtschaftsminister Schmidt erklärte unmissverständlich: „Es kommt nicht darauf an, wie teuer die Kohlen sind, sondern, dass wir sie haben."[310] Wenngleich die Verbesserung der sozialen Lage die Attraktivität des Bergmannsberufs gesteigert hätte, so konnte sie nur langfristig zu einer Belegschaftsvermehrung beitragen, die Förderung musste aber kurzfristig gesteigert werden. Für die Arbeitgeber gab es nur eine Lösung: Ausdehnung der Schichtzeit um eine Stunde. Hue und die anderen Gewerkschafter lehnten diesen Vorschlag als „abwegig" ab, da die Rückkehr zur alten Arbeitszeit nur zu Unruhen führen werde. Überzeugende Lösungsmöglichkeiten konnten sie allerdings nicht präsentieren. Hue machte darauf aufmerksam, dass zurzeit nur 21/22 Schichten im Monat bei 26 Arbeitstagen verfahren würden, und versprach den Einsatz der Gewerkschaft bei der Beseitigung der zu großen Zahl von Feierschichten. Sein zweiter Vorschlag zielte darauf ab, die Betriebsräte mehr in die Entscheidungen der Zechenleitungen einzubeziehen. Durch ihre Mitarbeit werde das Interesse der Bergleute an ihrer Tätigkeit verstärkt, was sicherlich eine Mehrleistung bringen werde.[311] Seine Anregung, zu prüfen, ob es nicht besser sei,

[308] Bundesarchiv Berlin R 43 I/2182, Protokoll der Besprechung. – Kurz auch Henze, Sechsstundenschicht, S. 188.

[309] Hue erklärte in der Nationalversammlung am 15.8.1919, S. 2477: „Der Bergarbeiter hat die gefährlichste und anstrengendste Arbeit, ... Und es muß in den weitesten Kreisen der Arbeiter das Verständnis Platz greifen, daß diese wichtige und schwere Arbeit besser bezahlt werden muß als andere Arbeit."

[310] Bereits zuvor hatte Schmidt erklärt: „Ich sehe den einzig gangbaren Weg, der zur Erhöhung der Kohlenförderung führt, in einer so reichlichen Lohnbemessung, daß nicht nur der Bergarbeiter seine Arbeit ausreichend bezahlt sieht und zu der ihm nötigen Lebenshaltung die erforderlichen Mittel in die Hand bekommt, sondern, daß auch Arbeiter aus anderen Berufen, insbesondere aber auch die zahlreichen Arbeitslosen, sich dem Bergbau zuwenden. Ich verschließe mich nicht der Tatsache, daß die dadurch bedingte weitere Erhöhung der Kohlenpreise auf der anderen Seite schädliche Wirkungen für das Wirtschaftsleben mit sich bringt. Diese müssen solange, bis sie durch die günstigen Wirkungen der Produktionssteigerung ausgeglichen werden, in Kauf genommen werden, um das größte und wichtigste Gegenwartsbedürfnis, die Vermehrung der verfügbaren Kohle erfüllen zu können." LAD NRW Abt. Westf. Oberbergamt Dortmund 1160, Reichswirtschaftsministerium an Reichsarbeitsministerium, 19.7.1919 (Abschrift).

[311] Die Zusammenarbeit aller im Bergbau Tätigen zur Behebung der Kohlennot war ein wichtiges Anliegen Hues. So lautete sein Appell: „Ihr praktisch erfahrenen Bergleute und ihr auch technisch-wissenschaftlich

drei sechsstündige Förderschichten und eine Reparaturschicht zu verfahren statt drei Siebenstundenschichten, setzte allerdings eine Vermehrung der Belegschaften voraus und war daher nicht sogleich realisierbar. Die gesamte Diskussion bestätigte die Zwischenbilanz, die Schmidt resignierend gezogen hatte: „Die Debatte hat mir bisher recht wenig Hoffnung auf Besserung der Förderung gegeben. Durch die vorgeschlagenen Mittel werden wir nur wenig erreichen können."

Die Kohlennot, ihre Ursachen und die Maßnahmen zu ihrer Behebung wurden gleichfalls am 15. August aufgrund einer Interpellation der DNVP in der Nationalversammlung diskutiert.[312] Waren sich die Redner bei der Beschreibung der Lage noch weitgehend einig, so gab es doch gravierende Unterschiede bei der Ursachenforschung. Während Hugenberg und Vögler den Unternehmern bescheinigten, alles Mögliche getan zu haben und weiterhin zu tun, machten Hue und Imbusch vor allem den Raubbau, die fehlenden Vorrichtungsarbeiten, den Verschleiß an Maschinen und Materialien, für die nur schwer Ersatz zu beschaffen war, und die unzureichende Wagengestellung für den Rückgang der arbeitstäglichen Förderquote verantwortlich. Hinzu käme der körperliche Kräfteverschleiß durch die Überarbeit bei mangelhafter Ernährung. Die Maßnahmen zur Abhilfe, die Löbe, Hue, Imbusch und andere in ihrem Entschließungsantrag[313] vorschlugen, entsprachen den eine Woche zuvor vorgebrachten Forderungen der Gewerkschafter. Sie erfuhren aber eine wichtige Ergänzung, denn nun wurde auch die „Durchführung von gesetzlichen Maßnahmen, welche die Kohlengewinnung … im Sinne des Sozialisierungsgesetzes nach gemeinwirtschaftlichen Maßnahmen regeln", verlangt. Dass die Arbeiterzahl im Bergbau vergrößert werden müsse, war Konsens bei allen Rednern. Ungewöhnlich war hingegen die Forderung Hues, eine Arbeitspflicht einzuführen, die nicht allein für die Erwerbslosen gelte,[314] sondern auch für diejenigen, „die meinen, vielleicht auf Grund ihres väterlichen Erbes überhaupt nichts zu tun zu brauchen".[315] Ebenso vom klassenkämpferischen Geist bestimmt war seine eher kurios zu nennende Empfehlung, zur Unterbringung der angeworbenen Bergleute leerstehende Zimmer in den großen herrschaftlichen Häusern zu nutzen. „Es ist nicht notwendig, daß eine Familie ein herrschaftliches Haus von 20, 30 Zimmern hat, während andere Familien nicht ein einziges Zimmer bekommen können."[316] Last but not least sah er in der Sozialisierung ein Mittel zur Beseitigung der Kohlennot. Mit den Worten „So wollen wir jetzt die Beseitigung des privaten Unternehmerprofits aus dem Bergbau, um die Bahn frei zu bekommen für die Gemeinwirtschaft, für den Sozialismus!"[317] schloss er seine Ausführungen.

Die Beratungen und Debatten zeigen das Dilemma der regierenden Sozialdemokraten und der Gewerkschafter. Sie hatten, wie es Hue drastisch, aber zutreffend beschrieb,

vorgebildeten Beamten, beratschlagt und arbeitet zusammen, damit wir unsere Volksgemeinschaft und Kultur vor dem Tode bewahren! Ihr Betriebsleiter, zieht die Vertrauensleute der Belegschaften, die Betriebsräte … ohne Kleinlichkeit zur Mitarbeit heran. Hand und Kopf müssen sich ergänzen! Denkt daran, daß es um das Leben unseres Volkes geht!" Otto Hue, Verbesserung der Förderung ist Lebensfrage, in: Bergarbeiter-Zeitung 35, 30.8.1919.

312 S. 2467–2504.

313 Nationalversammlung, Aktenstück 878, S. 817f.

314 Zur Diskussion über einen Arbeitszwang für Erwerbslose: Hartewig, Das unberechenbare Jahrzehnt, S. 61.

315 Rede in der Nationalversammlung am 15.8.1919, S. 2478.

316 Ebd., S. 2479.

317 Ebd., S. 2480.

„den früheren Machthabern die Mühe der Konkursverwaltung abgenommen“, mussten „die mehr als undankbare Liquidation der furchtbaren Kriegsmißwirtschaft“ vollziehen und sollten zudem, wie von den Verursachern der Wirtschaftskrise „nun dreist – oder naiv – verlangt“, „von Dornen saftige Feigen pflücken“.[318] Aber eine Patentlösung zur Behebung der Kohlennot gab es nicht. Eine Vergrößerung der Belegschaften ließ sich nicht kurzfristig realisieren. Neue technische Hilfsmittel waren 1919 noch nicht in Sicht. Die Einführung des Abbauhammers, der eine bedeutend höhere Schichtleistung der Hauer ermöglichte, erfolgte erst Mitte der 1920er Jahre.[319] Es blieben – neben Neuanstellungen[320] – die Ausdehnung der täglichen Arbeitszeit und das Verfahren von Überschichten. Aus gutem Grunde lehnten die Bergarbeiterverbände Ersteres im Sommer 1919 ab, hätte dieses doch mit Sicherheit erneute Arbeitskämpfe heraufbeschworen, zumal die Bergarbeiter ja auf die Einführung der Sechsstundenschicht hofften, über die im August die im April beschlossene Arbeitszeitkommission beriet.[321] Für die Anordnung von Überarbeit schien die Zeit gleichfalls noch nicht reif zu sein, hier setzte man zunächst auf Freiwilligkeit. Zwar strebte die Reichsregierung „mit allen Mitteln“ die Einführung einer siebten Schicht in der Woche an,[322] dennoch wurde sie nicht aktiv, obwohl das Oberbergamt Dortmund die Erfolgsaussichten für eine solche Maßnahme als hoch einschätzte.[323]

13.8 Überarbeit statt Sechsstundenschicht

Nach der Streikaktion im April 1919 war das Thema Sechsstundenschicht zunächst einmal vertagt worden. Die Generalversammlung des Bergarbeiterverbandes im Juni 1919 stimmte grundsätzlich für die Einführung der Sechsstundenschicht ab dem 1. Februar 1920, vorausgesetzt, dass es bis zu diesem Termin eine internationale Vereinbarung gäbe. „Damit war das Problem, ein offenes Bekenntnis zur sofortigen Einführung der Sechsstundenschicht ablegen und Maßnahmen zu ihrer Durchführung benennen zu müssen, geschickt umgangen worden.“[324]

Eine Kommission, die, wie im April beschlossen, die weitere Verkürzung der Arbeitszeit überprüfen sollte, tagte vom 12. bis zum 22. August. Den Antrag der Arbeitervertreter, der dem Beschluss der Generalversammlung entsprach, lehnten erwartungsgemäß die Arbeitgeber, aber auch die Sachverständigen ab.[325]

[318] Otto Hue, Lohn- und Arbeitsverhältnisse im Bergbau, in: Neue Zeit 38 (1920) 21, S. 473–480, S. 475.

[319] Burghardt, Mechanisierung, S. 290–293.

[320] Die Zahl der Beschäftigten stieg von 399.800 (1919) auf 544.961 (1922), die höchste Marke, die je im Ruhrbergbau erreicht wurde. Wiel, Wirtschaftsgeschichte, Tab. 46, S. 131. – Allerdings hatte der Anteil der produktiven Hauer an der Gesamtbelegschaft im Vergleich zur Vorkriegszeit stark abgenommen. Hartewig, Das unberechenbare Jahrzehnt, S. 451 Tab. 3.

[321] Zu den Beratungen der Arbeitszeitkommission: Bergbau-Archiv 15/195; Henze, Sechsstundenschicht, S. 119–125.

[322] So der Beschluss der Reichsregierung am 1.9.1919. Henze, Sechsstundenschicht, S. 129.

[323] LAD NRW Abt. Westf. Oberbergamt Dortmund 1160, Oberbergamt an Minister für Handel u. Gewerbe, 25.8.1919.

[324] Feldman, Arbeitskonflikte, S. 176.

[325] Zur Tagung der Arbeitszeitkommission: Bergbau-Archiv 15/195; Henze, Sechsstundenschicht, S. 119–125; Tschirbs, Tarifpolitik, S. 66.

Obwohl eine internationale Verständigung nicht zu erzielen war, wollten Teile der Bergarbeiterschaft sich nicht länger vertrösten lassen, sondern die verkürzte Schichtzeit zum 1. Februar 1920 erzwingen. Verstärkt wurde diese Stimmung durch die Agitation der Linksradikalen im Ruhrgebiet.[326] Auch der namhafteste Sprecher der Opposition innerhalb des Verbandes, Julius Rosemann, erachtete es als besser, „man gibt gutwillig, als daß die Bergarbeiter sich mit Gewalt das holen, was ihr gutes Recht ist".[327]

Der Bergarbeiterverband war aufs höchste von der Stimmungslage alarmiert und berief zum 27. Dezember 1919 eine Vertreterkonferenz der Betriebsräte ein.[328] Hue übernahm die schwierige Aufgabe, die Delegierten von der Schädlichkeit einer sofortigen Einführung der Sechsstundenschicht zu überzeugen. Nach einer siebenstündigen Debatte, an der sich 18 Redner beteiligten, beherzigten sie seine Warnungen und nahmen mit 69 zu 10 Stimmen eine Entschließung an, die den „bewußt zu nichts verpflichtenden" Beschluss der Generalversammlung[329] bestätigte. Trotz der erfahrenen Zustimmung sah sich der Vorstand aber genötigt, eine außerordentliche Generalversammlung (24. bis 26. Januar 1920) einzuberufen.

Im Vorfeld der Generalversammlung veröffentlichte Otto Hue eine Broschüre „Volk in Not"[330], in der er ausführlich zur Kohlenfrage Stellung nahm. Seine Anliegen waren:

Erstens wollte er die „Geschichtsfälschung gröbster Art" (S. 7) widerlegen, nämlich die Behauptung, dass die Kohlennot eine Folge der politischen Umwälzung sei.[331] In seiner mit Zahlen und Statistiken gespickten Darlegung machte er deutlich, dass der Leistungsabfall schon während des Krieges eingetreten war.[332]

Zweitens nahm er die Bergarbeiter gegenüber dem Vorwurf der Arbeitsunlust in Schutz. Für den starken Rückgang der Förderung machte er vor allem objektive Gegebenheiten verantwortlich: den körperlichen Verfall aufgrund des Versorgungsmangels, die Verschlechterung der Arbeitsgeräte und der Betriebsmaterialien, die nachzuholenden Aus- und Vorrichtungsarbeiten, den Wagenmangel, die kürzere Arbeitszeit.

Drittens zeigte er eindringlich die negativen Folgen des Kohlenmangels für die deutsche Wirtschaft auf, die durch eine Schichtverkürzung nochmals vergrößert würden. Des weiteren müsse beachtet werden, dass die Ententestaaten nicht auf ihre Forderungen verzichten, sondern „scharfe Gegenmaßregeln ergreifen" würden, falls die „Zwangskohle" ausbliebe. Ferner benötige Deutschland „unbedingt große Auslandskredite", um

[326] Dörnemann, Politik des Verbandes der Bergarbeiter Deutschlands, S. 131f.; Henze, Sechsstundenschicht, S. 139f.

[327] Zit. nach Bergarbeiter-Zeitung 2, 10.1.1920 „Betriebsräte und Sechsstundenschicht".

[328] Zur Konferenz: Bergarbeiter-Zeitung 2, 10.1.1920 „Betriebsräte und Sechsstundenschicht"; Dörnemann, Politik des Verbandes der Bergarbeiter Deutschlands, S. 132.

[329] Feldman, Arbeitskonflikte, S. 176.

[330] Zur Broschüre: Dörnemann, Politik des Verbandes der Bergarbeiter Deutschlands, S. 134–138; Henze, Sechsstundenschicht, S. 143.

[331] Gegen diese „wahrheitswidrige Beeinflussung der öffentlichen Meinung" argumentierte Hue häufiger. Otto Hue, Der Förderrückgang eine Folge der Raubbauwirtschaft, in: Bergarbeiter-Zeitung 43, 25.10.1919; Otto Hue, Alle müssen nun helfen, in: Arbeiterzeitung (Essen) 25, 30.1.1920; Otto Hue, Lohn- und Arbeitsverhältnisse im Bergbau, in: Neue Zeit 38 (1920) 21, S. 473–480, S. 475: „Jetzt aber, wo die Vertreter der Mehrheitsparteien den früheren Machthabern die Mühe der Konkursverwaltung abgenommen haben, jetzt spekulieren die Kriegspolitiker auf das schlechte Gedächtnis der Zeitgenossen und behaupten, Revolution, Schichtverkürzung und Akkordabschaffung seien schuld an der Kohlennot."

[332] So war die durchschnittliche Förderung eines Bergmanns von 855 Kilo (1913) auf 736 Kilo je Schicht (1917) abgesunken, und die Stundenleistung der Bergarbeiter hatte im August 1918, also vor Ausbruch der Revolution, schon das niedrige Niveau des Sommers 1919 erreicht.

Lebensmittel und Rohstoffe vom Ausland zu erhalten. „Für unser Papiergeld gibt das Ausland bald kein Pfund Speck mehr. Wenn hinter dem ‚Geld‘ keine Waren stehen, dann ist das ‚Geld‘, das ja nur ein Verkehrsmittel ist, ganz wertlos.“ (S. 35) Man könne zwar noch weiter Milliarden an „Papiermark“ drucken, doch man hätte dann nur „einen größeren Haufen bedruckter Papierlappen“, von dem kein Volk satt würde. „Waren, industrielle Produkte müssen wir haben als Zahlungsmittel. Erzeugen wir sie nicht, dann ist unser Volk verloren!“

Viertens sprach er sich in der augenblicklichen Situation gegen eine Arbeitszeitverkürzung zum 1. Februar 1920 aus und vertröstete die Bergarbeiter auf die Zukunft. Sie würden „zu der sechsstündigen Untertagsschicht kommen. Dafür sprechen moralische und auch technisch-wirtschaftliche Gründe. Sobald die … persönlichen und technischen Bedingungen erfüllt sind (Arbeiter- und Wohnungsbeschaffung, maschinelle Hilfsmittel bei der Förderung), dann wird nach meiner festen Überzeugung in vier sechsstündigen Schichten das für unsere Volkswirtschaft erforderliche Kohlenquantum und mehr gefördert werden.“ (S. 29) Weil aber zurzeit diese Bedingungen nicht erfüllt seien, dürfe die Arbeitszeit nicht verkürzt werden, zumal auch die internationalen Vereinbarungen noch ausstünden. Deutschland, das bereits die kürzeste Schichtzeit aufwies, könne nicht noch weiter reduzieren, denn es sei ja „kein auf irgend einem erdfernen Mond liegendes Gebiet, sondern muß, allein schon mit Hinsicht auf die ungeheuer harten ‚Friedens‘bedingungen, seine gewerbliche Wettbewerbsfähigkeit mit dem konkurrierenden Ausland wiederherstellen“. (S. 29)

Fünftens befürwortete er Lohnaufbesserungen, denn es läge „im Interesse unserer besseren Kohlenversorgung“, „den Bergarbeitern eine reichlichere Ernährung, die dringend nötige Auffrischung der Bekleidung und des Hausgerätes zu erleichtern“. (S. 39)

Sechstens plädierte er für Überschichten, denn nur „eine bedeutende Erhöhung“ der Förderung verspreche Rettung „aus der lebensgefährlichen Kohlenkrisis“. (S. 22f.) Eine solche „Hilfe für das Volk in Not“ sei „sozialistisches Handeln“. (S. 40) Hue machte den Vorschlag, zum 1. Februar 1920 grundsätzlich die Sechsstundenschicht einzuführen, gleichzeitig aber besonders bezahlte Überarbeit festzulegen. Für ihn bedeutete diese Verpflichtung „Rettung von Menschenleben“, da „so viele arme Menschen in der furchtbaren Not“ seien, „zu erfrieren und zu verhungern“. (S. 38) Um den Ernst der Lage zu verdeutlichen, wertete er die Steigerung der Kohlenförderung zu einer Frage auf, bei der es „um Leben oder Tod“ des deutschen Volkes gehe und, als sei dies noch nicht eindringlich genug, sogar „um die Rettung der ganzen Menschheit“. (S. 31)

Hue schloss seine Ausführungen mit einem pathetischen, moralischen Appell:

„Sozialistischer Geist muß unser Handeln bestimmen, dann nur wirken wir zum Heile unserer Volksgenossen und der ganzen Menschheit. Der wahre Sozialist stellt sein ‚Ich‘ nicht in den Vordergrund, sondern handelt hilfreich und gut gegenüber seinen Nebenmenschen. Die Rücksichtslosigkeit gegen die Not ‚des andern‘ wirft uns unrettbar zurück in den barbarischen Urzustand, wo die ‚Bestie im Menschen‘ sich hemmungslos ausrast.

Wir stehen vor der furchtbaren Tatsache: Das Volk ist in niegekannter Not! Muß es durch Wahnwitz und rücksichtslose Selbstsucht zugrunde gehen, oder soll es sich durch echtsozialistische, gegenseitige Hilfe erheben zu einem schöneren Dasein?

Von uns wird einst die Nachwelt sagen.
Es blickt auf uns die Gegenwart.“ (S. 40)

Seine Parteifreunde lobten Hue für seine Ausführungen,[333] aber auch heutige Historiker zollen ihm für „seine aufrüttelnde Analyse"[334] Anerkennung: „Hues Apologie der unbedingten Leistungssteigerung war, wie alle seine Äußerungen nach der Revolution, ein großer Appell an das staatsbürgerliche Gewissen der Zeitgenossen."[335]

Auf der außerordentlichen Generalversammlung (24. bis 26. Januar 1920) kreuzten Otto Hue und Julius Rosemann die Klingen.[336] Hue stellte auch hier die Erfolge der Gewerkschaft bei den Schichtenzeiten heraus, die so kurz seien wie in keinem anderen Land.[337] Er sprach sich zwar „grundsätzlich für die sechsstündige Untertagsschicht" und gegen eine „regelmäßige Schichtverlängerung über den jetzigen Stand hinaus" aus, aber für ihn war „der sieben- oder achtstündige Arbeitstag ... kein Dogma". „Entscheidend ist die Möglichkeit der Bedarfsdeckung für den einzelnen und die Bevölkerung." Weil aber eine weitere Verkürzung der Schichtzeit zwangsläufig zu einem gewaltigen Förderausfall führe, sei sie angesichts der ungeheuren Kohlennot nicht zu verantworten, zumal Deutschland aufgrund des Versailler Vertrages gewaltige Kohlenmengen an Frankreich, Belgien, Italien und Luxemburg liefern müsse. Zum Schluss appellierte Hue an das Mitgefühl der Delegierten: „An uns treten heran die Vertreter von Millionen Arbeitern, die seit Monaten schon keinen oder ganz geringen Verdienst haben wegen des Kohlenmangels. Sie flehen uns um Hilfe an und bitten, daß kein Rückgang der Förderung eintritt. Millionen hungernder und frierender Familien, Mütter und Kinder sitzen in ihren kalten Wohnungen und wissen nicht, wie sie das Essen machen können. Können wir unter diesen Umständen einen Entschluß fassen, der sich rücksichtslos über die Hilfeflehenden hinwegsetzt?"

Rosemann fiel es sichtlich schwer, gegen die Ausführungen Hues zu argumentieren.[338] Er wollte demonstrieren, dass eine verkürzte Arbeitszeit langfristig Vorteile bringe, doch seine Modelle der Schichteinteilungen konnten nicht recht überzeugen. Zudem war seine Darlegung widersprüchlich, denn er gestand selbst ein, dass bei Einführung der Sechsstundenschicht die Förderung zunächst zurückgehen werde und vorübergehend Überschichten notwendig seien.

Hue war es gelungen, das „Verantwortungsgefühl" der Delegierten zu wecken,[339] denn diese folgten mit großer Mehrheit (168 zu 36 Stimmen)[340] dem Vorstand und erteilten der Arbeitszeitverkürzung zum 1. Februar eine Absage.

Im Gegensatz zum Alten Verband wollten Unabhängige und Kommunisten, Unionisten und Syndikalisten die Sechsstundenschicht am 1. Februar erzwingen. Plünderungen und Ausschreitungen zu Beginn des Jahres im Westen des Ruhrgebietes[341] spielten dem

333 Severing sprach von „einer ausgezeichneten Schrift". Severing, Wetter- und Watterwinkel, S. 120.

334 Dörnemann, Politik des Verbandes der Bergarbeiter Deutschlands, S. 134.

335 Ebd., S. 139.

336 Zur außerordentlichen Generalversammlung: Ebd., S. 139ff.; Henze, Sechsstundenschicht, S. 153ff.

337 Protokoll der Generalversammlung 1920, S. 40–55 u. 134–142.

338 Ebd., S. 55–67 u. 123–134.

339 Vorwärts 45, 25.1.1920 „Die Generalversammlung der Bergarbeiter". – Seine Rede wurde unterstützt durch die Delegierten aus dem Kali- und Erzbergbau, die die Folgen der Kohlennot beklagten. Ebenso war eine Delegation des Glasarbeiterverbandes zu Wort gekommen, die an das „Solidaritätsgefühl der Bergarbeiter" appellierte. Protokoll der Generalversammlung 1920, S. 68f.

340 Protokoll der Generalversammlung 1920, S. 148.

341 Spethmann, Ruhrbergbau 2, S. 55f.; Dörnemann, Politik des Verbandes der Bergarbeiter Deutschlands, S. 133; Boese, Bergarbeiterbewegung im westlichen Ruhrgebiet, S. 72–76.

Militär in die Hände und boten den Anlass, am 17. Januar den verschärften Ausnahmezustand über den Regierungsbezirk Düsseldorf zu verhängen. Zur Unterdrückung der Streikagitation verbot Reichskommissar Severing des weiteren alle Belegschaftsversammlungen.[342] Dank einer verstärkten Propaganda seitens der Gewerkschaften gegen die Arbeitszeitverkürzung[343] sowie eines massiven Polizeiaufgebots gelang es, die Bewegung im Keim zu ersticken. Diejenigen, die für die kürzere Arbeitszeit agitierten, waren in den Augen des Essener Polizeipräsidenten „Hetzer und Anstifter" und wurden sofort festgenommen und vors Kriegsgericht gebracht. Die Bergarbeiter, die am 1. Februar früher ausfuhren, sistierte die Polizei gemäß einer Anordnung des Reichskommissars Severing. Sie wurden erst wieder aus der Haft entlassen, nachdem sie eine Erklärung, in Zukunft die Siebenstundenschicht zu verfahren, abgegeben hatten.[344] Andernorts wurden die Streikenden zu Notstandsarbeiten herangezogen und, falls sie diese verweigerten, verhaftet.[345]

Parallel zum Kampf um die Schichtzeit begannen im Januar 1920 Tarifverhandlungen, bei der die Arbeitszeitfrage gleichfalls im Mittelpunkt stand.[346] Zur Debatte stand der Vorschlag Hues, um den Wünschen der Bergleute entgegen zu kommen, die siebte Stunde schon als Überstunde anzusehen und diese besonders zu entlohnen,[347] was der Zechenverband aber „als verschleierte Zusage" der Sechsstundenschicht ablehnte.[348] Die Gewerkschaften hofften auf die Unterstützung der Regierung, wurden aber bei Vorgesprächen bitter enttäuscht. Severing als Vertreter des Arbeitsministers stellte sich voll und ganz auf die Seite der Arbeitgeber, indem er sich am 23. Januar gegen „jede Anerkennung der Sechsstundenschicht, auch in verklausolierter Form" aussprach. Er warnte vor einem Nachgeben, denn dies würden „die radikalen Elemente doch wieder als ihren Erfolg buchen und damit gehe es immer weiter abwärts auf der schiefen Bahn".[349] Zuvor hatte Reichsarbeitsminister Schlicke Hugenberg zugesichert, dass die Regierung „unter allen Umständen festbleiben" werde. „Das übrige müsse Noske machen."[350] Im gleichen Sinne äußerte sich Severing. Die Regierung werde „gewaltsame Eingriffe" in das Wirtschaftsleben nicht dulden und „dagegen alle ihr zur Verfügung stehenden Mittel zur Anwendung bringen, evtl. auch gegen die Gewerkschaften selbst".[351] Er war

342 Spethmann, Ruhrbergbau 2, S. 59 u. 62f.; Dörnemann, Politik des Verbandes der Bergarbeiter Deutschlands, S. 142; Tschirbs, Tarifpolitik, S. 93f.; Henze, Sechsstundenschicht, S. 150; Weber, Sozialpartnerschaft, S. 339.

343 Aufruf des Bergarbeiterverbandes, in: Bergarbeiterverband, Jahrbuch 1920, S. 165f.; Dörnemann, Politik des Verbandes der Bergarbeiter Deutschlands, S. 143.

344 LAD NRW Abt. Rheinl. Reg. Düsseldorf 15976, Polizeipräsident Essen an Regierungspräsident Düsseldorf, 9.2.1919; Henze, Sechsstundenschicht, S. 156f.; Richtlinien Severings, in: Spethmann, Ruhrbergbau 2, S. 63f.; Aufruf Severings „An die Bergarbeiter des Ruhrbezirks", in: Essener Allgemeine Zeitung 29, 29.1.1920.

345 Feldman, Arbeitskonflikte, S. 183; Henze, Sechsstundenschicht, S. 155.

346 Zum Folgenden: Dörnemann, Politik des Verbandes der Bergarbeiter Deutschlands, S. 131–151; Feldman, Arbeitskonflikte, S. 177–192; Tschirbs, Tarifpolitik, S. 105–110 u. S. 91–99; Schäfer, Imbusch, S. 106ff.; Henze, Sechsstundenschicht, S. 146–165.

347 Feldman, Arbeitskonflikte, S. 177f.; Henze, Sechsstundenschicht, S. 146f.

348 Bergbau-Archiv 15/194, Telegramm Zechenverband an Reichsminister, o.D. [19.1.1920]

349 Ebd., Aktennotiz über die Sitzungen mit den Bergarbeiter- und Tagesarbeiterverbänden am 19., 20., 22. und 23. Januar 1920, 24.1.1920.

350 Ebd., Aktennotiz (Hölling), 22.1.1920.

351 Ebd., Aktennotiz über die Sitzungen mit den Bergarbeiter- und Tagesarbeiterverbänden am 19., 20., 22. und 23. Januar 1920, 24.1.1920.

ungemein stolz auf sein Vorgehen, als er dem Reichskanzler schrieb: „Es ist und es wird weiter ganze Arbeit gemacht, um den Störenfrieden zu zeigen, daß es doch noch eine Staatsautorität gibt.“ Und er wollte sich in seinem Kurs „durch das Geplärr politischer Weiber“ nicht beirren lassen.[352]

Während Regierung und Zechenverband in der Arbeitszeitfrage zu keinen Zugeständnissen bereit waren, waren die Arbeitgeber mit einer Anhebung der Löhne, der Erhöhung des Kindergeldes und der Verlängerung des Urlaubs von sechs auf neun Tage einverstanden, zumal sich die finanziellen Mehraufwendungen durch eine Kohlenpreiserhöhung zum 1. Februar kompensieren ließen. Die Gewerkschaftsvertreter signalisierten ihrerseits ein größeres Entgegenkommen in der Frage von Überstunden.[353] Eine Entscheidung sollte bei der Verhandlung am 16. Februar erfolgen. Bis dahin geriet die Gewerkschaftsführung von zwei Seiten unter Druck. Zum einen kritisierten die Linken ihre Bereitschaft zum Verfahren von Überschichten. „Wir können derartige Ungeheuerlichkeiten garnicht glauben“, kommentierte das *Ruhr-Echo*, die Essener USPD-Zeitung.[354] Zum anderen erließ Reichskommissar Severing zusammen mit dem Militärbefehlshaber von Watter am 6. Februar eine Verordnung, nach der Zechenverwaltungen mit den Betriebsräten eine Vereinbarung über Überschichten schließen sollten, was natürlich die Verhandlungsposition der Verbände schwächte.[355] An der Sitzung am 16. Februar nahmen auch der Reichskanzler Bauer, der Reichsarbeits- und der Reichspostminister sowie der preußische Minister für öffentliche Arbeiten teil, was die Wichtigkeit der Zusammenkunft unterstrich.[356] Alle Beteiligten waren einhellig der Meinung, dass angesichts der herrschenden Kohlennot und der Drohungen der Alliierten, Zwangsmaßnahmen zu ergreifen, falls die Reparationsleistungen nicht erfüllt würden,[357] mehr als sieben Stunden gearbeitet werden müsse. Strittig war allein, welcher Weg einzuschlagen wäre, wie die Form der Mehrarbeit aussehen sollte. Dem Vorschlag Stinnes, durch Überstunden zur alten Arbeitszeit von 8 ½ Stunden zurückzukehren, da man auf diese Weise am schnellsten und einfachsten zu einer Mehrförderung käme, konnten die Gewerkschaftsvertreter auf keinen Fall zustimmen. So erklärte der neue Vorsitzende Fritz Husemann: „Wenn wir mit diesem Programm an unsere organisierten Bergarbeiter herantreten wollen, dann wäre das die stärkste Belastungs-

352 Bundesarchiv Berlin R 43 I 2715, Severing an Bauer, 19.1.1920. Unterstützung erfuhr Severing durch den Befehlshaber des Wehrkreiskommandos 6, der in einem Aufruf an die Bergarbeiter drohte, er werde „die mir zur Verfügung stehende starke Macht, auf Befehl der Regierung, mit rücksichtsloser Strenge einsetzen“. Aufruf u.a. in: Westfälischer Merkur 43, 30.1.1920 (in: LAD NRW Abt. Westf. Oberpräsidium Münster 6321).

353 Bergbau-Archiv 14/59, Niederschrift über die Verhandlungen mit den Bergarbeiter- und Tagesarbeiterverbänden am 26., 28., 29. Januar und 2. Februar 1920; ebd., Verband der Bergarbeiter Deutschlands an Reichs- und Staatskommissar Severing, 31.1.1920. – Diese Konzessionsbereitschaft ist von Rudolf Tschirbs scharf kritisiert worden: „Die Tatsache, daß Hue und Imbusch sich in internen Beratungen auf die Arbeitszeitwünsche eines Hugo Stinnes festlegen ließen, übertraf fast noch die mitunter haltlos klingenden Phrasen der Linksradikalen vom ‚Verrat der reformistischen Gewerkschaftsführer‘.“ Tschirbs, Tarifpolitik, S. 110. Hue räumte aber die Notwendigkeit von Überarbeit nicht erst bei diesen Verhandlungen ein, sondern hatte schon in seiner Veröffentlichung „Volk in Not“ für Überschichten plädiert. Er täuschte die Bergarbeiterschaft also keineswegs über seine Ansichten, und von „Verrat“ konnte erst recht nicht die Rede sein.

354 Ruhr-Echo 23, 3.2.1920 „Abschluß des Tarifvertrages im Bergbau“.

355 Spethmann, Ruhrbergbau 2, S. 66; Henze, Sechsstundenschicht, S. 158; Alexander, Severing, S. 422ff.

356 Bergbau-Archiv 15/194, Niederschrift über die am Montag, den 16.2.1920 stattgefundene Verhandlung zwischen Vertretern der Regierung, der Bergarbeiterverbände und des Zechenverbandes betreffend evtl. Verlängerung der Arbeitszeit im Bergbau. – Bergarbeiter-Zeitung 9, 28.2.1920 „Für das Volk!“.

357 Zu den Drohungen der Alliierten: Henze, Sechsstundenschicht, S. 159ff.

probe, die wir in den Organisationen je durchgemacht haben, und ich glaube, wir werden diese Belastungsprobe nicht bestehen können." Hue bekräftigte dessen Auffassung. Die verkürzte Arbeitszeit war der sichtbare Erfolg der Revolutionszeit und daher von hoher Symbolkraft. „Selbst mit der möglichsten Überredungskunst" könne man die Bergarbeiter nicht dazu bringen, die alte Schichtzeit zu verfahren.[358] Wie Husemann fürchtete er, dass der Alte Verband ein solches Zugeständnis nicht überleben werde. Zum einen hätten sich „die Wogen der Erregung" über die Unterdrückung der Streikaktion, die „zum Teil ja mit Brachialgewalt" erfolgt wäre, „noch nicht gelegt", zum anderen gingen jeden Tag „Proteste aus den einzelnen Zahlstellen" ein, in denen die Arbeitszeitverkürzung gefordert werde, denn „der Gedanke der Sechsstundenschicht" habe sich „nicht nur in den sogenannten radikalen, sondern auch in den anderen Bergarbeiterkreisen" „ausserordentlich tief" eingefressen. Mit der täglichen Verlängerung der Schichtzeit würde man „den Leuten, die jetzt schon mit allen ihnen zu Gebote stehenden Mitteln die Organisationen bekämpfen, die alles daran setzen, uns als Unternehmertruppe hinzustellen, geradezu Hochwasser auf die Mühle treiben." Für ihn stand fest: „Das müssen wir vermeiden."

Das am 18. Februar geschlossene Überschichtenabkommen sah vor, dass die Bergarbeiter jede Woche zwei Überschichten von je 3 ½ Stunden an die reguläre Schicht anhängen sollten, die mit einem Zuschlag von 100% entlohnt wurden. Zudem sollte die Lebensmittelversorgung für die Bergleute verbessert werden.[359] Nicht aufgegriffen wurde der Vorschlag Hues, umgehend ein Gesetz zu verabschieden, mit dem die Siebenstundenschicht festgeschrieben werden sollte, um den Belegschaften die Sicherheit zu geben, dass die Mehrarbeit lediglich eine kurzfristige, aus der Kohlennot geborene Maßnahme sei. Wenngleich das Überschichtenabkommen in den ersten Tagen auf den Protest und Widerstand zahlreicher Bergarbeiter stieß, was Severing zum rigorosen Durchgreifen veranlasste, wurde es in der Folgezeit ohne größere Probleme durchgeführt.[360]

Es ist leicht, die Verbandsführung zu kritisieren.[361] Aber die Verhandlungen über die Arbeitszeit zeigen, in welch schwieriger Situation sich die Bergarbeiterführer befanden. Einerseits wussten sie um die Bedeutung der Kohle, die nach den Worten Hues „nicht nur das ‚Brot der Industrie'", sondern jeden Haushalts war,[362] und mussten schmerzlich konstatieren, dass die Jahresförderung 1919 um 66 Mill. Tonnen hinter der Vorkriegsleistung zurückgeblieben war, sodass einzelne Industriezweige lediglich 25 % ihres Bedarfs bekamen. Da der Bergbau zudem äußerst wichtig für die Devisenbeschaffung war,[363] behielt die Produktionssteigerung die Priorität im Handeln der Gewerkschafts-

358 Angesichts dieser eindeutigen Ausführungen ist die Aussage von Schäfer, Imbusch, S. 335 Anm. 34 „Sachse und Hue dagegen schienen wesentlich eher bereit gewesen zu sein, auf den Vorschlag Stinnes' einzugehen." nicht aufrecht zu erhalten.

359 Abkommen in: Bergarbeiter-Zeitung 9, 28.2.1920; Bergarbeiterverband, Jahrbuch 1920, S. 190ff.

360 Nachrichtenblatt 22 des Reichswehrgruppenkommandos 2, 1.3.1920, in: LAD NRW Abt. Westf. Oberpräsidium Münster 5435; Spethmann, Ruhrbergbau 2, S. 68f.; Henze, Sechsstundenschicht, S. 170ff.; Tschirbs, Tarifpolitik, S. 100; Weber, Sozialpartnerschaft, S. 339.

361 Feldman, Arbeitskonflikte, S. 223 urteilt: „Sicherlich war die Politik der Bergarbeiterführer weder brillant noch konsequent oder sonst besonders lobenswert, ..."

362 Otto Hue, Privat- oder Staatsmonopol im Bergbau, in: Correspondenzblatt 45, 4.11.1916, S. 457–460, S. 458.

363 Ausführungen des Reichskanzlers Bauer bei den Mehrarbeitsverhandlungen am 16.2.1920. Bergbau-Archiv 15/194, Niederschrift über die am Montag, den 16.2.1920 stattgefundene Verhandlung zwischen Vertretern der Regierung, der Bergarbeiterverbände und des Zechenverbandes betreffend evtl. Verlängerung der Arbeitszeit im Bergbau.

führer. Der Verbandsführung war durchaus bewusst, dass sie mit ihrer Politik die hochgesteckten Erwartungen der Mitglieder enttäuschte. Aber aus staatspolitischer Verantwortung hielten die Verantwortlichen an ihrem eingeschlagenen Kurs fest.[364]

Ferner ist zu bedenken, dass ihr Handlungsspielraum stark eingeschränkt war. Die sozialdemokratischen Regierungsmitglieder und Reichskommissar Severing hatten nie verhehlt, dass sie ihre Vorstellungen auch ohne Zustimmung der Gewerkschaften durchsetzen wollten und auch vor dem Einsatz von Gewalt nicht zurückschreckten. Erinnert sei an die „zynisch anmutende Wendung"[365] des sozialdemokratischen Ministers Schlicke „Das übrige müsse Noske machen." Der Ausruf Severings bei den Verhandlungen am 16. Februar „Und kommst du nicht willig, dann brauch' ich Gewalt!" war keine leere Drohung.[366] Da die Regierung unmissverständlich deutlich machte, dass sie auch gegen den Widerstand der Verbände mittels Verordnungen handeln werde, sahen sich die Gewerkschaften zum Einlenken gezwungen. Hofften sie doch, bei den Verhandlungen mehr für die Bergarbeiterschaft zu erzielen als wenn die Entscheidungen ohne ihre Beteiligung getroffen worden wären. Wenn vom Versagen der Arbeiterführer gesprochen wird, so trifft diese Kritik vor allem auf die Sozialdemokraten in der Regierungsverantwortung zu, die „sich rigoroser verhielten, als die Vertreter des Grubenkapitals sich das hätten erlauben können".[367]

Angesichts dieser Mächtekonstellation war der Spielraum des Alten Verbandes stark eingeschränkt. Mit scheinradikalen Parolen, die zu nichts verpflichteten, wollte er den Unmut der Mitglieder auffangen und sie auf die Zukunft vertrösten. Begleitet waren sie von Anklagen gegen die Landwirtschaft wegen der Preistreibereien sowie gegen die Valutaschiebereien.[368] Zugleich setzte er vor allem auf Lohnverbesserungen, die die Zugeständnisse in der Arbeitszeitfrage versüßen sollten.

13.9 Der Kapp-Lüttwitz-Putsch und die Folgen

Die Lage im Ruhrgebiet war zu Beginn des Jahres 1920 höchst explosiv, als am 13. März putschende Reichswehrtruppen unter Führung des Generals von Lüttwitz in Berlin einmarschierten, die Reichsregierung für abgesetzt erklärten und eine neue unter dem alldeutschen Politiker Wolfgang Kapp ausriefen.[369] Da die Militärführung ein Einschreiten gegen die Putschisten ablehnte, verließen Reichspräsident Ebert, Reichskanzler Bauer und die meisten Minister Hals über Kopf Berlin. Als Reaktion auf den Staatsstreich rief ein von Ebert, den sozialdemokratischen Ministern und dem Parteivorsitzenden der MSPD, Otto Wels, unterzeichneter Aufruf zum Generalstreik auf, der, von den Gewerkschaften unterstützt, landesweit befolgt wurde.

364 Zur Haltung des Verbandsvorstandes: Leitartikel in der Bergarbeiter-Zeitung 9, 28.2.1920 „Für das Volk!".

365 Tschirbs, Tarifpolitik, S. 106.

366 Bergbau-Archiv 15/194, Niederschrift über die am Montag, den 16.2.1920 stattgefundene Verhandlung zwischen Vertretern der Regierung, der Bergarbeiterverbände und des Zechenverbandes betreffend evtl. Verlängerung der Arbeitszeit im Bergbau; Spethmann, Ruhrbergbau 2, S. 67; Tschirbs, Tarifpolitik, S. 99.

367 Tschirbs, Tarifpolitik, S. 100.

368 Otto Hue, Alle müssen nun helfen, in: Arbeiterzeitung (Essen) 25, 30.1.1920.

369 Zum Kapp-Putsch: Erger, Kapp-Lützwitz-Putsch; Winkler, Von der Revolution zur Stabilisierung, S. 295–324.

Hue, der schon lange mit Sorge das Wiedererstarken der reaktionären Kräfte betrachtet und daher eine Front der Arbeiterklasse gegen rechts gefordert hatte,[370] befand sich zwei Tage vor dem Putsch noch in Berlin und nahm an einer Sitzung des Reichswirtschaftsrates teil. Als er nach Essen zurückkehrte, erlebte er, wie Arbeiter*innen der Kruppschen Betriebe, der Zechen und der anderen Industriebetriebe spontan die Arbeit niederlegten und in größeren Formationen zu einer ersten Protestversammlung auf den Gerlingsplatz strömten.[371] Wie in den anderen Ruhrgebietsstädten bildete sich ein Vollzugsausschuss, der die Behörden kontrollieren sollte.

In aller Eile traf sich am 14. März die Arbeitsgemeinschaft des Bergbaus zur Beratung der politischen Entwicklung.[372] Hue, unterstützt von den anderen Gewerkschaftern, forderte eine „Verurteilung des wahnwitzigen Verbrechens", doch Stinnes sträubte sich. Es sei verkehrt, „irgendwelche politische Erklärungen" abzugeben. Auch wenn er kein Anhänger der neuen Regierung war, wollte er in der jetzigen Situation weder für noch gegen sie Partei ergreifen. Für ihn hatte die Aufrechterhaltung der Förderung absolute Priorität, denn nur dann könne man Lebensmittel herbeischaffen und die Hungersnot im Ruhrgebiet verhindern. Hue, der bis dahin diese Auffassung von Stinnes geteilt hatte, warnte vor einer Stellungnahme gegen den Generalstreik. Diese würde nichts nützen, sondern die Arbeiter nur verbittern. Hingegen trüge eine eindeutige Erklärung gegen Kapp-Lüttwitz zur Entgiftung der Atmosphäre bei. Noch mehr als Worte forderte Hue vor allem Taten. „Um die Sache schnell zu erledigen, müssen wir Berlin von der Kohlenversorgung absperren."

Es vergingen noch zwei Tage, ehe ein Aufruf der Arbeitsgemeinschaft erschien.[373] Die Unternehmer hatten insofern eingelenkt, als nun „jeder Versuch einer gewaltsamen Regierungs- und Verfassungsänderung, so auch die jetzigen Vorgänge in Berlin," entschieden verurteilt wurde. Die Arbeitsgemeinschaft nahm auch nicht gegen den Ausstand Stellung, sondern sprach nur die Erwartung aus, dass bereits am 17. März die Arbeit wieder aufgenommen werde. Ansonsten erging „der dringende Ruf, Ruhe und Besonnenheit zu bewahren und Ausschreitungen zu vermeiden".

Hue hoffte auf „eine friedliche Entwicklung",[374] doch im Ruhrgebiet schlug die Abwehr des rechtsradikalen Putsches schnell in eine revolutionäre Bewegung um, die von Teilen der Arbeiterschaft getragen wurde.[375] Der kommandierende General im Wehrkreiskommando VI, Oskar Freiherr von Watter, hatte ein klares Bekenntnis zur alten Reichsregierung vermissen lassen – möglicherweise sympathisierte er sogar mit den Putschisten[376] wie einige Truppenteile, zu denen das Freikorps Schulz in Mülheim oder

370 So auf einer Versammlung in Wattenscheid am 29.11.1919. Volksfreund 4, 3.12.1919.

371 Zur Lage in Essen: Wisotzky, Ereignisse; Stremmel, Rote-Ruhr-Armee.

372 Mannesmann-Archiv P 1.25.33, Protokoll der Verhandlungen. Wulf, Stinnes, S. 163f.; Feldman, Stinnes, S. 603; Schäfer, Imbusch, S. 110.

373 Aufruf vom 16.3.1920, in: Bergarbeiterverband, Jahrbuch 1920, S. 130f.; Spethmann, Ruhrbergbau 2, S. 343f.; Schmidt, Lang war der Weg, S. 112–115; Dörnemann, Politik des Verbandes der Bergarbeiter Deutschlands, S. 156ff.

374 Mannesmann-Archiv P 1.25.33, Protokoll der Verhandlungen.

375 Zur Entwicklung im Ruhrgebiet: Lucas, Märzrevolution; Eliasberg, Ruhrkrieg; Winkler, Von der Revolution zur Stabilisierung, S. 324–342; Pöppinghege, Republik im Bürgerkrieg.

376 Pöppinghege, Republik im Bürgerkrieg, S. 58. – Tenfelde ist der Auffassung, dass von Watter „sicherlich zu den Sympathisanten des Putsches" gehörte. Tenfelde, Bürgerkrieg, S. 26.

das Freikorps Lichtschlag gehörten.[377] Ausgerechnet letzteres, dessen Name wegen seines Vorgehens im Februar 1919 „einen üblen Klang in der Arbeiterschaft" besaß,[378] wurde am 15. März ins Ruhrgebiet geschickt, um dort die in den Augen des Militärs gestörte Ruhe und Ordnung wiederherzustellen. Das Eintreffen einer kleinen Einheit auf dem Bahnhof in Wetter, die mit schwarz-weiß-roten Fahnen deutlich ihre Gesinnung bekundete, löste eine spontane Gegenwehr aus, und die Arbeiter hatten Erfolg: in Wetter, in Herdecke, in Dortmund. Zum ersten Male waren Abteilungen der Reichswehr von Arbeitern besiegt worden, wobei ihnen nicht nur zahlreiche Waffen in die Hände fielen, sondern – noch viel wichtiger –, die Siege stärkten das Selbstbewusstsein und setzten ungeheure Energien frei. „Die proletarische Lawine – einmal in Bewegung und in dem Besitz der Siegesmöglichkeit – suchte den Feind."[379] Spontan bildeten sich bewaffnete Arbeitereinheiten, Keimzellen einer Roten Armee, die schnell eine Stadt nach der anderen eroberten. Der Vormarsch kam erst vor der Festung Wesel zum Stillstand, wohin sich das Militär zurückgezogen hatte.

Während neu geschaffene Arbeiterformationen und -gremien das Ruhrgebiet beherrschten, war die schwarz-weiß-rote Revolte am Widerstand der Arbeiterschaft und der Resistenz der Ministerialbürokratie zusammengebrochen. Obwohl Kapp und Lüttwitz am 17. März zurücktraten, setzten die Gewerkschaften den Generalstreik fort. Sie verlangten nicht nur den Rücktritt von Noske, dem sie gravierende Versäumnisse in der Militärpolitik vorwarfen, sondern eine entscheidende Mitwirkung bei der politischen Neugestaltung. Erst nachdem ihnen die Regierungs- und Parteivertreter weitgehende Versprechungen machten,[380] erklärten sie sich am 20. März zum Abbruch des Ausstandes bereit.

Der Kampf gegen die Reaktion hatte währenddessen im Ruhrgebiet eine Eigendynamik entwickelt, die von niemanden gesteuert wurde und auch von niemanden gesteuert werden konnte, dazu verlief die Entwicklung zu dezentral. Zu Beginn war es der Kampf der Arbeiterschaft des Ruhrgebiets, der Unterstützung fand bei großen Teilen der Angestellten und Beamten. Sie einte ein Ziel: Vertreibung des verhassten Militärs und Beseitigung der „Regierung" Kapp. Doch die Einigkeit zerbröselte, nachdem man den Sieg über das Militär davongetragen hatte und die Putschisten gescheitert waren, an der Frage, wofür man kämpfen sollte. Sollte man sich mit dem Erreichten – Wiedereinsetzung der legitimen Regierung – zufriedengeben? Sollte man eine Umbildung der Regierung mit Beteiligung der USPD durchsetzen, wie es die Gewerkschaftsspitze in Berlin forderte? Gab es nun die Chance, die Sozialisierung – zumindest des Bergbaus – durchzusetzen? Oder sollte der Bezirksleitung der KPD gefolgt werden, die in einem Flugblatt vom 24. März die Unterstützung einer parlamentarisch fundamentierten Regierung ablehnte, da sie „nur die maskierte Militärdiktatur" sei. „Jetzt gibt es nur einen Ausweg, eine Rettung: die proletarische Diktatur, die Räterepublik, die Eroberung der Staatsgewalt durch die Arbeiterklasse, die zum Kampfe formiert ist in ihren Betriebs- und Arbeiterräten".[381]

377 Eliasberg, Ruhrkrieg, S. 75f.; Pöppinghege, Republik im Bürgerkrieg, S. 84f.

378 Arbeiterzeitung (Essen) 60, 18.3.1920 „Die Verbrecherbande Kapp und Genossen".

379 Meinberg, Aufstand an der Ruhr, S. 101.

380 Zu den Verhandlungen: Winkler, Von der Revolution zur Stabilisierung, S. 309–313. U.a. sollte nochmals die „Sozialisierung der dazu reifen Wirtschaftszweige" überprüft und zu diesem Zweck eine neue Sozialisierungskommission einberufen werden. Weitere Punkte betrafen die Demokratisierung der Verwaltungen und eine Reform der Reichswehr.

381 Zit. nach Spethmann, Ruhrbergbau 2, S. 160; Lucas, Märzrevolution 3, S. 24.

Die weitere Entwicklung wurde entscheidend vom Reichskommissar Severing beeinflusst. Da ein militärisches Eingreifen noch nicht opportun schien – die zur Verstärkung angeforderten Truppen aus Süddeutschland ließen auf sich warten –, setzte er auf Verhandlungen, um die Bewegung zu spalten. Er lud daher die Vollzugsräte, aber auch Vertreter der Parteien und der Gewerkschaften sowie die Oberbürgermeister des Reviers und die Regierungspräsidenten zu einer Konferenz am 23. März nach Bielefeld ein.

Hue, über dessen Aufenthalt bis zum 23. März nichts in Erfahrung zu bringen ist, nahm an der Konferenz in Bielefeld nicht teil, sondern verhandelte auf Bitten von Severing[382] zusammen mit dem Beigeordneten der Stadt Essen, Dr. Robert Helm, in Den Haag über Lebensmittellieferungen für das Ruhrgebiet.[383] Die niederländischen Zeitungen, die über die politische Entwicklung in Deutschland nicht korrekt informiert waren, verbreiteten die unwahrscheinlichsten Gerüchte. Hue sei der Führer der Roten Armee und solle zum Reichskanzler ausgerufen werden. Wurden solche Nachrichten mit schallendem Gelächter aufgenommen, so waren die Verhandlungen weniger zum Lachen. Die Delegation aus Essen erhielt keine weitere Aufenthaltserlaubnis und musste am nächsten Tag abreisen. Allein Hue durfte dank seiner Kontakte zu den niederländischen Genossen in Holland bleiben. Inwieweit es seinem Verhandlungsgeschick zu verdanken war, dass Lebensmittel im Wert von 20 Millionen Mark angekauft werden konnten, entzieht sich unserer Erkenntnis. Die deutsche Regierung verweigerte aber die erforderliche Devisenfreigabe, sodass die Versorgung des Ruhrgebiets zunächst nicht erfolgte.[384]

Bei den Verhandlungen in Bielefeld am 23. und 24. März[385] vereinbarten die Beteiligten einen Waffenstillstand und schlossen das sogenannte Bielefelder Abkommen, das sich eng an die Berliner Absprachen zwischen Regierung und Gewerkschaften anlehnte.[386] Die Konferenz war zweifelsohne „einer der entscheidenden Wendepunkte“ in der Geschichte des Ruhraufstandes.[387] Denn das Kalkül Severings, einen Keil in die Bewegung zu bringen, die Fronten zu teilen, ging auf.[388]

Während die MSPD und große Teile der USPD für die Annahme der Vereinbarungen waren, war für die Radikalen das Abkommen ein Verrat an der Sache des Proletariats, weshalb sie den Kampf weiter fortsetzen wollten. Das verschaffte dem Militär, das gleichfalls nicht daran dachte, den verabredeten Waffenstillstand einzuhalten,[389] die Legitimation, weiter vorzurücken. Severing unternahm einen letzten vergeblichen Schlichtungsversuch, indem er Parteiführer und Vertreter der Revolutionsgremien zum

382 Severing, Wetter- und Watterwinkel, S. 206.

383 Zum Folgenden: Bundesarchiv Berlin R 43 I, 2728, Dr. Helm an Oberbürgermeister Luther, 24.3.1920. Siehe auch Lucas, Märzrevolution 2, S. 26f. (hier mit den Angaben: „SPD-Landtagsabgeordneter und Vorstandsmitglied des freien Bergarbeiterverbandes“).

384 Lucas, Märzrevolution 3, S. 27f.

385 Zur Konferenz: Eliasberg, Ruhrkrieg, S. 173–182; Lucas, Märzrevolution 3, S. 60–91.

386 Die Regierung verpflichtete sich u.a., alle am Kapp-Putsch beteiligten Personen zu bestrafen (P. 2), alle „gegenrevolutionäre Persönlichkeiten“ in der Verwaltung zu entlassen (P. 3), eine Verwaltungsreform (P. 4) und die Sozialisierung (P. 6) in Angriff zu nehmen und die „konterrevolutionären Formationen“ aufzulösen (P. 7). Abkommen in: Spethmann, Ruhrbergbau 2, S. 156ff.; Revolution in Rheinland und Westfalen, Dok. 47, S. 100ff.

387 Lucas, Märzrevolution 3, S. 60.

388 „In der Tat, dieses hinterhältige Machwerk Severings [das Bielefelder Abkommen] wirkte wie Sprengpulver“, urteilte die KPD Jahre später. Illustrierte Geschichte der deutschen Revolution, S. 503.

389 Eliasberg, Ruhrkrieg, S. 189f.

31. März zu einer Konferenz in Münster einlud, an der auch Hue teilnahm.[390] Die Vollzugsräte waren aber nicht mehr in der Lage, die Absprachen durchzusetzen. In den Städten des Ruhrgebiets herrschte Chaos, es kam zur Auflösung jeder Ordnung, da eine autoritäre Kraft fehlte, die sich gegenüber den marodierenden Trupps hätte durchsetzen können.

Hue, der für kurze Zeit die Vertretung des zum preußischen Innenminister berufenen Reichskommissars Severing übernahm,[391] befand sich während der Ostertage in Elberfeld und sondierte von hier aus die Lage im Ruhrgebiet. Da er ein Gegner militärischer Eingriffe war,[392] bat er den Reichspräsidenten in einem Telegramm am 2. April 1920, den Vormarsch der Reichswehr nach Hagen, Elberfeld, Barmen und Umgebung zu verbieten. In der Region sei alles ruhig, doch wenn Truppen einrückten, würde die Stimmung sofort umschlagen.[393] Zwei Tage später, als der Zentralrat aus Essen nach Elberfeld geflüchtet war und von den Plünderungen in Essen[394] berichtete, fügte sich Hue dem Unvermeidlichen und erklärte sich mit dem Einmarsch des Militärs einverstanden.[395]

Der weiße Terror, der seine blutige Spur hinterließ, „war weit schrecklicher als der rote".[396] Es waren „Tage der Rache und des Mordens, gleich eines Blutrausches".[397] Rotarmisten wurden ‚auf der Flucht erschossen', nach Einstellung der Kampfhandlungen ermordet oder vor Standgerichte gestellt, die zahlreiche Todesurteile fällten.[398] Wie hoch die Gesamtzahl der getöteten Ruhrarbeiter war, lässt sich nicht feststellen. „Mit Sicherheit lag sie weit über Tausend; gewiß ist auch, dass mehr Arbeiter nach der Gefangennahme erschossen wurden, als im Kampf fielen."[399]

Die Ereignisse im Ruhrgebiet waren Thema einer ausgiebigen Debatte in der Nationalversammlung am 13. April 1920. Die MSPD-Fraktion nominierte Hue als Redner, der „die Schuld der offenen und geheimen Kappisten, an dem, was wir erlebt haben, hervorhob".[400] Eine Mitschuld an dem Blutvergießen sprach er ferner den militärischen Führern zu, die sich leider nicht „offen und unzweideutig hinter die rechtmäßige Regierung gestellt hätten". Im Gegensatz dazu lobte er „das kräftige mutvolle Eingreifen der Arbeiterschaft gegen die Putschisten". Ohne den Generalstreik „säße hier nicht das deutsche verfassungsmäßige Parlament, sondern ein Konvent von Kappisten".

Hue verteidigte Severing und dessen Versuch, den Konflikt durch friedliche Verhandlungen beizulegen. Während das Bielefelder Abkommen „in den alten sozialdemokratischen Bezirken südlich der Ruhr, im Wuppertal und Bergischen Land sofort anerkannt" wurde, sei es leider im Westen des Ruhrgebiets, in „Wildwest", „von Elementen ohne jede Disziplin, ohne jede politische und gewerkschaftliche Schulung," nicht akzeptiert worden. Hue charakterisierte die Rotgardisten, die den Kampf fortgesetzt und wäh-

390 Dortmunder Zeitung 146, 3.4.1920. – Zur Konferenz: Lucas, Märzrevolution 3, S. 234–250.

391 So seine Angabe in seiner Rede in der Nationalversammlung am 13.4.1920, S. 5072.

392 Siehe seine unten zitierten Ausführungen in der Nationalversammlung am 13.4.1920.

393 Bundesarchiv Berlin R 43 I, 2715.

394 Wisotzky, Ereignisse, S. 510–513.

395 Bundesarchiv Berlin R 43 I, 2715, Regierungspräsident Düsseldorf Telegramm an Staatskommissar für öffentliche Ordnung, Berlin, 4.4.1920; Vorwärts 175, 6.4.1920 „Der Vormarsch im Ruhrgebiet".

396 Winkler, Von der Revolution zur Stabilisierung, S. 335.

397 Tenfelde, Bürgerkrieg, S. 32.

398 Lucas, Märzrevolution 3, S. 308–336.

399 Winkler, Von der Revolution zur Stabilisierung, S. 336.

400 Rede in der Nationalversammlung am 13.4.1920, S. 5068–5075.

rend der Ostertage „zum Schrecken der Bevölkerung gehaust" hätten, als „Abfälle der bürgerlichen Gesellschaft". Diese „desperaten Elemente", die früher zu den „Gelben" gehört hätten, „kennen weder vom Spartakismus noch vom Bolschewismus etwas". Sie seien auch nicht „aus politischer Überzeugung in den Kampf" gezogen, sondern allein, um „sich mit der Waffe in der Hand zu bereichern".[401] Weil „die ganze Bevölkerung der Willkür und der Rachsucht, dem Verbrechersinne von Banden ausgeliefert war", sei „der Einmarsch der Reichswehr ein Gebot der Notwendigkeit" gewesen. Nach eigener Aussage habe er stets die Auffassung vertreten, „daß nur im äußersten Notfalle von der Anwendung der bewaffneten Macht im Streikgebiet die Rede sein darf". Deshalb habe er das Eingreifen des Militärs während der Bergarbeiterstreiks im Kaiserreich verurteilt, doch „in den anarchistischen Tagen im Ruhrgebiet" war für ihn „dieser äußerste Notfall" gegeben.

Kein Verständnis zeigte Hue für die Reaktion der französischen Regierung. „Daß sie, als die deutsche Regierung notgedrungen, um Leben, Gesundheit, Hab und Gut der Bevölkerung vor Verbrechern zu schützen, die Reichswehr einrücken ließ, daraufhin ihre Truppen in das Maingebiet einmarschieren ließ", war für ihn „eine ungeheuerliche Tat".[402]

Hue blickte nicht nur zurück, sondern stellte zugleich Forderungen für die Zukunft auf: Erstens müssten die Kappisten zur Rechenschaft gezogen werden. „Daß die Regierung bisher noch nicht mit der gebotenen Schärfe gegen Kapp und seine Genossen – offene und heimliche – vorgegangen ist", beunruhige die Arbeiterschaft außerordentlich. Da das Volk der Meinung sei, „daß dieser Kappisten-Putsch ohne starken kapitalistischen Rückhalt nicht möglich war", sei es „von dem starken Sehnen nach der Beseitigung der privatkapitalistischen Ausbeutung der Menschen erfüllt". Daher sei es zweitens „absolut notwendig, daß die Regierung Schritte tut, um der Sozialisierung des Bergbaus die Wege zu ebnen". Diese sei auch erforderlich, um den Ankauf von Kuxen und Aktien durch Ausländer zu verhindern. „Der Verschleuderung unserer nationalen Bodenschätze an ausländische Kapitalisten" müsse „ein Damm entgegengesetzt" werden. Auf das Verhalten der Truppen bei ihrem Einmarsch ins Ruhrgebiet ging Hue nicht näher ein. Was an Nachrichten „über standrechtliche Erschießungen und Mißhandlungen" zu hören wäre, müsse „streng und unparteiisch" untersucht werden. Wichtig war für ihn drittens eine Reformierung der Reichswehr. Die monarchistisch eingestellten Führer müssten entlassen werden, nur so ließe sich „die Republikanisierung der Reichswehr" erreichen.

Seine Erwartungen wurden nicht erfüllt. Weder wurden die verantwortlichen Putschisten, von wenigen Ausnahmen abgesehen, bestraft, noch gab es die erhoffte „Republikanisierung der Reichswehr". Im Gegenteil. Mit der Ernennung des Generals von Seeckt im März 1920 zum Chef der Heeresleitung setzte sich die Entwicklung der Reichswehr zum „Staat im Staat" fort – „eine der tieferen Ursachen für das schließliche Scheitern der Weimarer Republik".[403]

401 Hue scherte keineswegs alle Rotgardisten über einen Kamm. Hatte er im Reichstag die weiterkämpfenden scharf verurteilt, beantragte er zugleich im Hauptausschuss der Nationalversammlung, allen Mitgliedern der Roten Armee eine Amnestie zu gewähren, sofern sie keine gemeinen Verbrechen begangen hätten. General-Anzeiger für Dortmund 105, 17.4.1920 „Amnestie für die Rotgardisten?".

402 Da Militär ungenehmigt ins Ruhrgebiet, das als neutrale Zone galt, einmarschiert waren, besetzten am 6. April die Franzosen im Gegenzug Frankfurt und den gesamten Maingau. Winkler, Von der Revolution zur Stabilisierung, S. 334.

403 Winkler, Von der Revolution zur Stabilisierung, S. 322.

Zu den Ereignissen nahmen am 18. April die Vertrauensmänner des Bergarbeiterverbandes auf drei Konferenzen in Dortmund, Bochum und Mülheim Stellung – auf letzterer hielt Hue das einführende Referat. Sie billigten eine Resolution, die sowohl den „militaristischen Putsch der Kappisten" als auch die „gewaltsame Diktatur von links" verurteilte. Der Verband hoffte, dass bald wieder normale Verhältnisse im Ruhrgebiet herrschen würden. Voraussetzungen dafür seien aber „die gerechte Durchführung des Bielefelder und Münsterschen Abkommens", keine Errichtung von militärischen Standgerichten und die Sozialisierung des Bergbaus.[404]

Der Zusage gegenüber den Gewerkschaften entsprechend, ernannte die Regierung eine zweite Sozialisierungskommission, die sich in der Zusammensetzung deutlich von der ersten unterschied. Zwar bildeten die Mitglieder der früheren Kommission den Kern, doch vermehrt wurden nun Arbeitgeber und neue sachverständige Wissenschaftler hinzugezogen.[405] Die Zusammensetzung machte schon deutlich, dass die Regierung das Gremium abermals als „Abwiegelungsinstrument" betrachtete.[406]

Am 22. April 1920 eröffnete Hue als Ältester unter den präsidierenden Mitgliedern die Verhandlungen des Kohlenausschusses. In ihm sollte vor allem untersucht werden, warum 1. zwischen dem Reichskohlenverband und dem Reichskohlenrat „kein gemeinwirtschaftliches Zusammenarbeiten" bestünde, 2. „der gemeinwirtschaftliche Gedanke nicht zum Durchbruch" komme und 3. keine Besserung auf dem Kohlenmarkt eingetreten sei.[407]

Wie im Jahr zuvor nahm Hue nur sehr selten an den Sitzungen teil und meldete sich lediglich dreimal ausführlicher zu Wort. Am 21. Mai sprach er von seinen enttäuschten Hoffnungen. Er habe geglaubt, dass auch die Unternehmer angesichts der Entwicklungen in den Kriegsjahren zu der Überzeugung hätten kommen müssen, „es sei auch die privatkapitalistische Wirtschaft nicht der Weisheit letzter Schluß". Doch leider sei „diese Einsicht bei den Unternehmern nicht ausreift".[408] Weil kein Umdenken bei den Montanindustriellen stattfand, sei er zu der Erkenntnis gelangt: „Mit einer solchen gemeinwirtschaftlichen Organisation der Kohlenwirtschaft, wie wir sie im Kohlenwirtschaftsgesetz haben, wobei die Unternehmer Besitzer der Anlagen bleiben, werden wir des Übels nicht Herr werden."[409] Entsprechend habe der Bergarbeiterverband beschlossen, „daß nur durch eine vollständige Änderung der Besitzform im Bergbau der gemeinwirtschaftliche Charakter der Kohlenwirtschaft völlig wieder hergestellt werden kann".[410] Hue warnte davor, die Erwartungen der Bergleute zu enttäuschen. „Wir würden wieder einen Sturm in der Arbeiterschaft entfesseln. Nur mit dem strikten Hinweis darauf, daß nunmehr ernstlich an der Sozialisierung des Bergbaus gearbeitet wird, haben wir die Leute zur Anerkennung der Bielefelder Abmachungen bewogen."[411]

404 Vorwärts 203, 21.4.1920 „Bergarbeiterkonferenz".
405 Zur Bildung der Kommission: Trüschler, Sozialisierungspolitik, S. 68–70; Wulf, Auseinandersetzungen, S. 55f. – Die Mitglieder der Kommission sind aufgeführt in: Verhandlungen der Sozialisierungs-Kommission 1920, S. VII.
406 Mommsen, Die verspielte Freiheit, S. 98.
407 Verhandlungen der Sozialisierungs-Kommission 1920, S. 9.
408 Redebeitrag in der Sitzung am 21.5.1920. Verhandlungen der Sozialisierungs-Kommission 1920, S. 378.
409 Ebd., S. 379.
410 Ebd., S. 377.
411 Ebd., S. 380.

Auch außerhalb der Kommission trat Hue nun offensiver für eine Sozialisierung ein. Auf einer Versammlung in der Bochumer Tonhalle am 13. Mai entgegnete er auf die Äußerung Stresemanns, dass eine Sozialisierung nicht möglich wäre: „Ich sage ausdrücklich: Wenn das der Fall ist, dann ist auch eine Gesundung und Wiederaufrichtung des deutschen Wirtschaftslebens nicht möglich. Die politisch reifen Menschen wollen, daß die Frucht ihrer Arbeit nicht in die Taschen einzelner weniger fließt, sondern in die Taschen des gesamten Volkes. Alle Sozialisten – auch die des Auslandes – haben ein gemeinschaftliches Interesse daran, alle die Keime zu pflegen, die zur Sozialisierung führen."[412]

Die Kommission legte im Juli 1920 abermals zwei Berichte vor.[413] Der erste Vorschlag, dem Hue zustimmte, favorisierte wie das Mehrheitsgutachten der ersten Sozialisierungskommission eine Übertragung des Bergbaus auf eine öffentlich-rechtliche Kohlengemeinschaft, während das Gegengutachten lediglich eine allmähliche sich über Jahrzehnte erstreckende Überführung in Gemeineigentum vorsah.

Die Erfolgsaussichten für eine Sozialisierung verschlechterten sich aber durch den Ausgang der Reichstagswahlen am 6. Juni 1920 entschieden. Hue hatte bereits im Januar 1920 einen Rechtsruck bei den nächsten Wahlen prophezeit,[414] und sein Gespür für Massenstimmungen trog ihn nicht. Der Stimmenanteil der DVP stieg reichsweit von 4,4 auf 13,9 %, der der DNVP von 10,3 auf 14,4 %.[415] Was Hue nicht vorhergesehen hatte, waren die großen Verluste der MSPD, die auf 21,6 % (1919: 37,9 %) herabsank. Diejenigen, die mit riesigen Erwartungen 1919 für die Sozialdemokratie gestimmt hatten, zeigten sich ernüchtert vom Regierungshandeln. Die Errichtung einer „demokratisch-sozialistischen Republik" war verkündet worden. Doch eine grundlegende Demokratisierung der Verwaltung, der Justiz und des Militärs blieb ebenso aus wie die Sozialisierung des Bergbaus. Ebenso wenig hatten sich die Arbeits- und Lebensverhältnisse entscheidend verbesserten, und große Erbitterung rief das brutale Eingreifen des Militärs bei den sozialen und politischen Konflikten hervor. Vom starken Rückgang der Mehrheitssozialdemokraten konnte die USPD aber nur teilweise profitieren, auch wenn sie mit einem Plus von elf Prozentpunkten (1920: 18,6 %) zu den großen Gewinnern zählte. Die KPD war bei dieser Wahl noch eine Randerscheinung. Sie erzielte lediglich mickrige 1,7 %. Zur Massenpartei wurde sie erst nach dem Anschluss großer Teile der USPD.[416]

Im Wahlkreis Westfalen-Süd, in dem Hue neben Max König wiederum der Spitzenkandidat war, gab es gleichfalls die großen Verschiebungen zwischen den sozialdemokratischen Parteien. Während die MSPD ein Minus von 20,5 Prozentpunkten hinnehmen musste und nur noch 20,8 % der Stimmen erzielte, steigerte sich die USPD um 14,5 Prozentpunkte auf 19,7 %.[417] Stärkste Partei wurde aufgrund der starken Verluste der Mehrheitssozialdemokraten das Zentrum.

412 Castroper Zeitung 119, 22.5.1920 „Mittelstand wache auf!".

413 Trüschler, Sozialisierungspolitik, S. 78–105; Wulf, Auseinandersetzungen, S. 59.

414 Rede auf der Funktionärskonferenz des Kreises Bochum-Gelsenkirchen-Hattingen am 11.1.1920. Volksfreund 9, 12.1.1920 „Abg. Hue über die politische Lage".

415 Winkler, Von der Revolution zur Stabilisierung, S. 350.

416 Zum Umstrukturierungsprozess innerhalb der Arbeiterbewegung des Ruhrgebiets kurz: Goch, Arbeiter(bewegungs)kulturen, S. 37–43.

417 Winkler, Von der Revolution zur Stabilisierung, S. 352.

Die regierende Koalition verlor ihre Mehrheit. MSPD, Zentrum und DDP waren nur noch mit 225 Abgeordneten im 466 Personen starken Parlament vertreten. Die Mehrheitssozialdemokraten zogen die Konsequenzen aus ihrer Wahlniederlage und verweigerten sich der Regierungsbeteiligung, da ein Zusammenarbeiten mit der DVP für sie nicht vorstellbar war. Viele Mitglieder, aber auch einige Parteiführer nahmen angesichts der erzwungenen Kompromisse in der Vergangenheit mit Erleichterung die Oppositionsrolle an, in der sie „mit ihrer überlieferten Ideologie wieder ins reine" kommen konnten.[418] Partiell galt dies auch für Otto Hue, was beispielsweise an seinem geänderten Auftreten in der Sozialisierungsfrage abzulesen ist.

Die Bildung einer bürgerlichen Regierung und die Wahl des Zentrumspolitikers Konstantin Fehrenbach zum neuen Reichskanzler waren deutlich sichtbare Zeichen dafür, dass die revolutionären Zeiten vorbei waren, dass an eine grundlegende Neuordnung der Gesellschaft wie der Wirtschaft nicht mehr zu denken war. Doch durch die Reparationsverhandlungen mit den Alliierten öffnete sich ein kleines Türchen.

[418] Ebd., S. 434. – Zur innerparteilichen Diskussion siehe auch Kastning, Die deutsche Sozialdemokratie, S. 56ff.

14. Spa und die Folgen

14.1 Die Verhandlungen im Juli 1920

Zur „lebensgefährlichen Kohlennot", die nicht allein die deutsche Wirtschaft lähmte, sondern „zu einem Weltproblem allerersten Ranges geworden" war, referierte Otto Hue auf dem Internationalen Wirtschaftskongress 1920 in Frankfurt.[1] Er schilderte sie eingehend und beleuchtete, belegt mit zahlreichen Statistiken, ihre Ursachen: den Raubbau während des Krieges, die ausgefallenen Transportkapazitäten, der Rückgang der Prokopfförderung. Eine Folge der überall zu registrierenden Knappheit war ein starker Anstieg der Preise für Kohle, woraus sich wiederum „eine ungeheure unhaltbare Verteuerung" der Lebenshaltung entwickelt habe.[2] Das Patentrezept zur Überwindung der Krise, das Hue vorstellte, war simpel und zeugte nicht von grundlegenden volkswirtschaftlichen Kenntnissen. Man müsse nur den „Kohlenhunger" befriedigen. „Dann sinken die Kohlenpreise; ... Dann hebt sich überall die Gütererzeugung, die jetzt hauptsächlich durch Kohlenmangel niedergehalten wird, alle Warenpreise bewegen sich abwärts, die Lebenshaltung wird billiger und parallel mit dem Sinken der Warenpreise muß der Abbau der Löhne und Gehälter erfolgen. Die herabgewirtschafteten Betriebe müssen jetzt schnellstens technisch leistungsfähiger, die zerstörten Gruben in Nordfrankreich müssen rasch wieder förderfähig, neue Kohlenfelder in Ausbeute genommen werden."[3] Wichtig sei zudem, die Kohlenverteilung nach gemeinwirtschaftlichen Aspekten vorzunehmen. Dieses Prinzip war während des Krieges in vielen Ländern praktiziert worden. „Was liegt nun näher", lautete die rhetorische Frage, „als die nationale kohlenwirtschaftliche Regelung angesichts der Weltkohlennot international auszugestalten?"[4] Sie dürfe aber nicht wie in der Vergangenheit nach „militärisch-politischen Gesichtspunkten" erfolgen. „Damit muß vollständig gebrochen werden, wenn die Weltwirtschaft aus ihrer schweren Erkrankung herausgebracht werden soll. Nur ein Gesichtspunkt darf maßgebend sein: Die Wiederherstellung der Gütererzeugung auf ihren Vorkriegsstand und darüber hinaus zur Beseitigung der eingetretenen furchtbaren allgemeinen Verarmung. Nicht mehr sind nationalistische und militaristische Rücksichten zu nehmen, sondern nur volks- und weltwirtschaftliche, produktions- und verteilungstechnische, ohne Ansehung der jeweiligen staatlichen Gruppierungen."[5]

Hue griff vor diesem Forum seinen Vorschlag aus dem Vorjahr wieder auf, einen internationalen Kohlenrat einzusetzen. Ihm würde es „obliegen, die Kohlenförderung durch geeignete Mittel zu begünstigen, zu kontrollieren und die Kohlenverteilung lediglich nach volks- und weltwirtschaftlichen Gesichtspunkten zu regulieren". Er hätte ebenso „eine gewisse Kontrolle über die Transportmittel auszuüben". Der Kohlenrat sollte,

1 Verhandlungsbericht Internationaler Wirtschaftskongress, S. 46.
2 Ebd., S. 50.
3 Ebd., S. 52.
4 Ebd.
5 Ebd.

„um ihm die nötige Autorität zu verschaffen", ein Ausführungsorgan des zu erweiternden Völkerbundes sein.[6] „Durch systematische Gemeinschaftsarbeit", das war sein frommer Wunsch, „werden die Völker auch die materiellen und moralischen Verwüstungen, die der Weltkrieg hinterlassen hat, überwinden."[7]

Die Behebung der Kohlennot und der damit verbundene Wiederaufbau der deutschen Wirtschaft sah Hue als unbedingt erforderlich an, um die durch den Versailler Vertrag auferlegte Kohlenlieferungspflicht zu erfüllen. Dass in der Vergangenheit viel zu geringe Mengen an die Entente abgeliefert worden waren, dafür lag seiner Ansicht nach „kein böser Wille" vor, „sondern die glatte Unmöglichkeit", der „schon darniederliegenden Volkswirtschaft noch mehr Kohlen, das allernötigste Betriebsmittel zu entziehen". „Wir müssen leben, um unseren Verpflichtungen, soweit es überhaupt menschenmöglich ist, zu erfüllen. Von Sterbenden ist nichts zu holen."[8]

Die Frage des Umfangs der deutschen Kohlenlieferungen stand neben den allgemeinen Reparationen und der Reduzierung des deutschen Militärs auf der Tagesordnung der Konferenz von Spa (5. – 16. Juli). Weil Hue eine der markantesten Persönlichkeiten der (Bergarbeiter-)Internationale war, wollte die bürgerliche Regierung seine guten Kontakte ebenso wie seine bergbaulichen Fachkenntnisse nutzen, weshalb sie ihn auch dieses Mal als Sachverständigen hinzuzog.[9]

Bei einer Vorbesprechung der deutschen Delegation[10] konnte keine Einigung über die Verhandlungsstrategie erzielt werden. Die Forderung der Alliierten – Lieferung von 2,4 Millionen Tonnen monatlich – wiesen alle Beteiligten als undurchführbar zurück.[11] Doch während Reichskohlenkommissar Ernst Stutz und mit ihm die Gewerkschafter als Verhandlungsangebot eine Millionen Tonnen vorschlugen, lehnte es Stinnes ab, auf dieser Grundlage die Verhandlungen aufzunehmen.[12]

In Spa war es der Konzernherr, der als erster deutscher Sachverständiger am 10. Juli[13] sprach. Stinnes erklärte in einem scharfen und provokanten Ton, dass man zu keinen Zugeständnissen bereit wäre und sich einem alliierten Diktat nicht beugen werde, selbst auf die Gefahr hin, dass dann das Ruhrgebiet besetzt werde.[14]

Nach ihm kam Otto Hue als Vertreter der Bergarbeiterschaft zu Wort, über dessen Auftritt der Sonderberichterstatter des *Berliner Tageblatt*, Reinhard Wehr, schrieb: „Den

6 Ebd., S. 53.

7 Ebd., S. 54.

8 Ebd., S. 52.

9 Bereits im Juni war Hue ebenso wie Stinnes und andere Industrielle zu Wirtschaftsverhandlungen nach Paris gefahren. Castroper Zeitung 131, 7.6.1920.

10 Als weitere Sachverständige waren Industrielle (u.a. Hugo Stinnes, Otto Wiedfeldt, Mitglied des Krupp-Direktoriums) und Bankiers (u.a. Bernhard Dernburg) benannt worden. Vertreter der Arbeiterschaft waren neben Hue Heinrich Imbusch und der Reichstagsabgeordnete Heinrich Pieper von der USPD. Letzteren, der noch als Bergmann arbeitete, hatte Hue vorgeschlagen, den er zugleich in einer arroganten, den Kollegen herabsetzenden Weise als „beschränkt" bezeichnete. Wenn dieser „von seinen Genossen getrennt sei, werde er keine Schwierigkeiten machen, er würde dann im wesentlichen tun, was er, Hue, wolle". Archiv des Auswärtigen Amtes R 23314, Ministerialrat Kempner an Staatssekretär Albert, 6.7.1920 (abgedr. in: Akten der Reichskanzlei, Kabinett Fehrenbach 1, Dok. 14, S. 35f., S. 35).

11 Otto Hue, Frankreichs Kohlenforderung, in: Vorwärts 367, 23.7.1920.

12 Wulf, Stinnes, S. 205.

13 Protokoll der Sitzung, in: Akten der deutschen auswärtigen Politik 1918–1945, Serie A: 1918–1925, Bd. III, Dok. 195, S. 383–390.

14 Wulf, Stinnes, S. 206; Feldman, Stinnes, S. 623f.

Abb. 28: Die Bergarbeiterdelegation in Spa (Ausschnitt aus der Meester Wochenschau)

größten Erfolg des Tages jedoch hatte Hue. Er stand mit verschränkten Armen in der Zimmerecke, groß, vierschrötig, stiernackig, der deutsche Arbeiter in einen Empiresalon Belgiens verschlagen, und setzte seine Worte stark und wuchtig wie Klötze vor die Versammlung hin. Da war kein Ausdruck verfehlt, keine Nüance vergriffen. Eine leise Ironie klingelte mit seiner Schelle in den Ernst seiner Orgeltöne hinein, als er andeutete, über alle Dinge des Kohlenbergbaues werde in letzter Linie, was auch die Diplomaten am grünen Tisch beschließen möchten, doch nur in den Gruben und in Versammlungen der Arbeiter entschieden."[15]

Wenngleich in seinem Auftreten weitaus konzilianter als Stinnes, stellte Hue zu Beginn seiner Rede klar, dass auch er den französischen Vorschlag für „praktisch undurchführbar" erachte. Er bestritt keineswegs die erhebliche Kohlennot in Frankreich, doch diese könne nicht durch einseitiges Diktat beseitigt werden. Wie schon häufig zuvor hielt er ein Plädoyer für ein „internationales Zusammenarbeiten". Um eine Erhöhung der deutschen Förderung zu erzielen, lautete sein Vorschlag, nicht, wie von den Unternehmern gefordert, die Arbeitszeit zu verlängern, sondern vielmehr die Bergleute leistungsfähiger zu machen. Denn – so gab er zu bedenken – „Wir können hier beschließen, was wir wollen, eine Konferenz von Diplomaten kann beschließen, was sie will; letzten Endes wird in den Bergbauzentren darüber entschieden, wie die Förderungserhöhung zu ermöglichen ist, und wie sie überhaupt vor sich gehen soll. Aus diesem Grunde

15 Reinhard Wehr, Millerand – Stinnes – Hue, in: Berliner Tageblatt 326, 14.7.1920.

werden Zwangsmaßregeln oder auch nur Androhungen von Zwangsmaßregeln nur das Gegenteil von dem beabsichtigten Zweck erreichen.“[16]

Der britische Premierminister David Lloyd George, der vom Auftritt Stinnes’ schockiert war,[17] suchte hingegen in der Teepause das Gespräch mit Hue und lobte seine „gute Rede“.[18]

Nach dem Urteil des Regierungsrates Bodenstein war der Auftritt Hues „wirkungsvoll“. Besonders „das Einwirken auf die ausländische Presse“ sei ein „sichtlicher Erfolg“.[19] Für den italienischen Außenminister Graf Sforza war es eine neue Erscheinung in den „Annalen der Diplomatie“, dass ein Arbeiter aus dem Ruhrgebiet bei der Konferenz zugelassen war, um den Standpunkt seiner Arbeitsgenossen darzulegen. „Und man hörte ihn mit Aufmerksamkeit und Achtung zu,“ berichtete er dem italienischen Parlament.[20] Ebenso empfand der *Vorwärts* das Auftreten Hues als „eigentliche Sensation der Konferenz“. „Zum erstenmal sprach ein Proletarier im Namen von Millionen Proletariern zu den Herren der Welt, welche glauben, ohne die Arbeiterschaft oder gar gegen sie über die Menschheit verfügen zu können.“[21] Allgemein fand die Rede in der deutschen Tagespresse eine positive Resonanz. Sie „machte nach einstimmigem Urteil aller dazu Berufenen einen tiefen und großen Eindruck“.[22]

Die Verhandlungen in Spa führten zwar zu einer Abmilderung der ursprünglichen Kohleforderungen, doch die aufoktroyierte Ablieferung von zwei Millionen Tonnen monatlich stellte eine große Belastung für die deutsche Wirtschaft dar. Um den angedrohten Einmarsch ins Ruhrgebiet zu verhindern, beugte sich die Regierung dem Diktat und unterzeichnete am 16. Juli das Deutschland „schwer bedrückende Kohlenabkommen“, so die Einschätzung von Hue.[23] Als kleines Entgegenkommen zeigte man sich bereit, für jede Tonne Reparationskohle 5 Goldmark für den Import von Lebensmitteln zu zahlen, die der Versorgung der Bergarbeiter dienen sollten.[24] Für Hue war das erpresste Ergebnis eine große Enttäuschung. Wieder einmal habe sich der „Wahnglaube“

16 Die Rede ist abgedruckt in: Freiheit 275, 13.7.1920; Bergarbeiter-Zeitung 30, 24.7.1920. – Der abfällige Kommentar des Anarchisten Erich Mühsam (Tagebucheintrag vom 18.7.1920) lautete: „Stinnes und sein sozialdemokratischer Kommis Hue, der Gewerkschaftsverräter der Gruben, hieben gewaltig in die treudeutsche Kerbe.“ http://www.muehsam-tagebuch.de/tb/diaries.php#h25_r1233 (eingesehen 3.5.1921). Ausgelöst wurde der Kommentar vielleicht durch die Berichte, dass Stinnes und Hue nach den Reden „nebeneinander wie Brüder im Park des Schlosses“ spazierten. Reinhard Wehr, Millerand – Stinnes – Hue.

17 „His feeling had been, that for the first time he had met a real Hun.” Zit. nach Wulf, Stinnes, S. 207 Anm. 145; Feldman, Stinnes, S. 625.

18 General-Anzeiger für Dortmund 190, 13.7.1920 „Der Stimmungswechsel“; Vorwärts 346, 11.7.1920 „Die Kohlenkrise vertagt!“ u. 352, 15.7.1920 „Bergarbeiter und Kohlendiktat“.

19 Bundesarchiv Berlin R 3901/214, Bodenstein an Staatssekretär Geib (Reichsarbeitsministerium), 18.7.1920.

20 Zit. nach Paul Nathan, Die neue Großmacht, in: Berliner Tageblatt 351, 28.7.1920.

21 Vorwärts 346, 11.7.1920 „Die Kohlenkrise vertagt!“. Ebenso Bergknappe 32, 7.8.1920. – Hue äußerte sich auf einer Konferenz am 25. Juli im gleichen Sinn: „Zum ersten Male trat in Spa die Weltmacht der Arbeit auf den Plan und meldete bei einer Diplomatenkonferenz ihre Ansprüche an.“ Arbeiterzeitung (Essen) 164, 26.7.1920 „Bergarbeiter-Verband, Spa und Überschichtenabkommen“.

22 Paul Nathan, Die neue Großmacht; Arbeiterzeitung (Essen) 154, 14.7.1920 „Das Gebot der Stunde“.

23 Hue, Die Sozialisierung der Kohlenwirtschaft, S. 6. – Text des Kohlenprotokolls von Spa, in: Drucksache 187 Anlage 21.

24 Hans Mommsen spricht Hue das Verdienst zu, die Alliierten von der Notwendigkeit der Lebensmittellieferungen überzeugt zu haben. Mommsen, Die verspielte Freiheit, S. 123. Ebenso Winkler, Von der Revolution zur Stabilisierung, S. 395.

durchgesetzt, „durch das ‚Schwert' alles machen zu können".[25] Er hoffte weiterhin auf eine Revision des Vertrages „durch eine Völkervertretung, die die Heilung der furchtbaren Kriegsschäden als eine humanitäre Aufgabe eines Völkerbundes betrachtet, in dem es weder ‚Besiegte' noch ‚Sieger' giebt".[26] Dazu sollte es nicht kommen, und so lieferte Deutschland 8,69 (1920), 12,09 (1921), 9,45 Tonnen Kohle (1922) sowie 4 (1920), 4,1 (1921), 6,2 Tonnen Koks (1922) an die Siegermächte.[27]

14.2 Überschichten im Interesse Deutschlands

Während vieler Orts das Auftreten Hues bei den Verhandlungen gelobt wurde, kritisierte Heinrich Teuber „die zweideutige Rolle des ‚Spaadiplomaten'": „Dieser Mann, der sich jetzt wieder als der große Führer der Bergarbeiter feiern läßt, ist der Vater der sogenannten Arbeitsgemeinschaft im Bergbau. Während aber Herr Hue draußen in Spaa die Arbeiter als den entscheidenden Faktor bei den Kohlenlieferungen bezeichnet, der von Diplomaten nicht nach Belieben beiseite gestellt werden könne, sitzt seine Arbeitsgemeinschaft – Zechenverband und Leitung der vier ‚anerkannten' Gewerkschaften – in Essen am Diplomatentisch und verhandelt über die Köpfe der Bergarbeiter hinweg über eine Schichtverlängerung von 1 ½ Stunden! So geschehen am 3. Juli, also wenige Tage vor Hues Rede in Spaa, die das Entzücken aller deutschen Nationalisten auslöste. Vor der Öffentlichkeit stellt sich Hue stets dar als der warme Arbeiterfreund, dem ob der Leiden des Bergkumpels das Herz blutet. Und so ging auch sein Warnungstelegramm nach Spaa, man möchte dort doch nicht auf längere Arbeitszeit reflektieren. Jetzt aber, wo das Kohlenabkommen unterzeichnet ist, wird wohl Herr Hue schnell umlernen und Überarbeit als höchste vaterländische Pflicht preisen. ... Die Masse der Bergarbeiter hat ihre Pappenheimer kennen gelernt."[28] Teuber sollte mit seiner Prophezeiung Recht behalten.

Am 14. Juli hatte die Arbeitergruppe der Arbeitskammer[29] des Ruhrbergbaus eine Entschließung gefasst, in der sie die Erfüllung der hohen Kohlenforderungen für „unmöglich" erklärte.[30] Sie lehnte „jede Überschichtenabmachung durch ein Diktat seitens der Entente" ab und drohte: „Die beabsichtigte Beschlagnahme der Kohlen zu Gunsten der Entente, sowie die Besetzung des Ruhrreviers zur Durchführung des Diktats würde die Arbeiterschaft nicht ruhig hinnehmen. Über dieser Forderung seitens der Entente steht das Recht der Arbeiterschaft auf Freiheit und Unabhängigkeit. ... Die Bergarbeiter wollen freie, deutsche und unabhängige Arbeiter sein und keine Sklaven." Ebenso telegraphierte Hue nach Spa, dass Berichte aus Bergarbeiterbezirken „zunehmende Unlust der Bergarbeiter" ergeben hätten, „weiter oder noch mehr Überschichten zu verfah-

25 Otto Hue, Frankreichs Kohlenforderung, in: Vorwärts 367, 23.7.1920.

26 Otto Hue, Anlage 5, in: Versailles! Volkskommentar des Friedensdiktats, S. 62.

27 Ziegler, Kohlennot, S. 54, Tab. 2; 1889–1929, S. 104.

28 Bericht von Heinrich Teuber über eine Konferenz der Betriebsräte am 18. Juli 1920. Freiheit 288, 21.7.1920.

29 Die Arbeitskammer war durch eine Verordnung der Reichsregierung am 8. Februar 1919 eingerichtet worden. Sie setzte sich zusammen aus 10 Arbeitgebern, 10 Arbeitern und 6 Angestellten. Zur Arbeitskammer: Bloch, Kämpfe, S. 103ff.

30 Resolution, die als Telegramm an den Außenminister Walter Simons gesandt wurde. Abgedr. in: Bergarbeiter-Zeitung 30, 24.7.1920 „Spa und das Kohlenproblem".

ren".[31] Doch trotz dieser Drohgebärden sahen sich die Bergarbeiterführer dann nach Abschluss des Vertrages zum Einlenken gezwungen.

Eine Konferenz des Alten Verbandes am 25. Juli, besucht von 362 Vertrauensleuten, 256 Betriebsräten und 40 Verbandsangestellten, musste über das weitere Vorgehen entscheiden. In seiner einleitenden Rede informierte Hue die Delegierten über die Verhandlungen in Spa und über das Abkommen, das seiner Meinung nach kaum zu erfüllen sei. Die Regierung hätte aber zustimmen müssen, „um das Reich nicht zerstückeln zu lassen".[32] Zwar kündigten die Delegierten in einer einstimmig angenommenen Resolution an, sich „gegen die angedrohte militärische Gewaltpolitik, in der wir die Absicht der Versklavung der Ruhrbergleute erblicken, ... energisch zur Wehr [zu] setzen". Zugleich erklärten sie aber, sich bei einer Verbesserung der Ernährungssituation mit allen Kräften dafür einzusetzen, dass die geforderten Kohlenquanten geliefert werden könnten. Die Bereitschaft zur Mehrarbeit wurde aber gekoppelt mit der Forderung an die Regierung, die Sozialisierung des Bergbaus in Angriff zu nehmen.[33] Einen Antrag der Verbandsopposition, keine Überschichten mehr zu verfahren, lehnten sie, nachdem Hue scharf dagegen argumentiert hatte, mit großer Mehrheit ab.[34] Hue gestand später ein, dass es den Verbandsführern nicht leichtgefallen sei, „einer Arbeiterschaft, die durch die Blockade während des Krieges besonders schwer körperlich mitgenommen war, das regelmäßige Verfahren von Überschichten zu empfehlen". Doch „wir haben es getan im Hinblick auf die schwere Not unseres Volkes".[35]

Die Entscheidung der Konferenz nahm die Freie Arbeiter-Union, Sitz Gelsenkirchen zum Anlass, um gegen das „Bonzentum" im Verband – namentlich gegen Hue – zu polemisieren, das „die Situation zum Schaden und zum Hohn der Bergarbeiter, zur Rechtfertigung und Unterstützung des Kapitals" beherrscht habe. Daher gebühre „den dort Aufgetretenen" „das schärfste Mißtrauen der Bergarbeiter", und die Parole könne nur lauten: „Heraus aus dem Verband! Anschluß an die ‚Freie Arbeiter-Union'!"[36] Auch wenn die radikalen Organisationen gegen die Überarbeit und für die Sechsstundenschicht agitierten,[37] fanden sie in diesem Punkt kaum Gehör. Die Bergleute verfuhren zumeist die vereinbarten Überschichten.[38]

Die Gewerkschaftsführung, die sich für das Überschichtenabkommen eingesetzt hatte, änderte ihre Haltung zu Beginn des Jahres 1921. Eine Funktionärsversammlung beschloss

31 Archiv des Auswärtigen Amtes R 23356; Vorwärts 352, 15.7.1920 „Die Stimmung der Ruhrbergleute"; Bergarbeiter-Zeitung 30, 24.7.1920 „Spa und das Kohlenproblem".

32 Vorwärts 371, 26.7.1920 „Bergarbeiter und Kohlenabkommen"; Arbeiterzeitung (Essen) 164, 26.7.1920 „Bergarbeiter-Verband, Spa und Überschichtenabkommen".

33 Hue: „Jetzt muß die Welt einsehen, daß man den internationalen Machtfaktor Kohle nicht in den Händen der Privatkapitalisten lassen darf." Arbeiterzeitung (Essen) 164, 26.7.1920 „Bergarbeiter-Verband, Spa und Überschichtenabkommen".

34 Resolution abgedr. in: Akten der Reichskanzlei, Kabinett Fehrenbach 1, Dok. 32, S. 82f. Siehe auch Vorwärts 371, 26.7.1920 „Bergarbeiter und Kohlenabkommen"; Freiheit 301, 28.7.1920 „Die Taktik der Schwäche"; Bergarbeiter-Zeitung 31, 31.7.1920 „Für Einheit, Freiheit, Fortschritt! – Gegen Gewalt und Versklavung!"

35 Rede auf der Generalversammlung 1921. Protokoll, S. 338.

36 Flugblatt „An die gesamten Bergarbeiter", abgebildet in: Spethmann, Ruhrbergbau 2, S. 278.

37 Ebd.

38 Überschichtenabkommen vom 19. August 1920 in: Bergarbeiterverband, Jahrbuch 1920, S. 193f. – Zu den Verhandlungen: Bergbau-Archiv 14/60.

Abb. 29: Hue auf dem Weg zu Verhandlungen über eine bessere Lieferung von Lebensmitteln für die Bergarbeiter, 1920

am 15. Januar, die Vereinbarung zu kündigen.[39] Für den Kurswechsel lassen sich mehrere Gründe anführen:[40] Erstens lief zum 31. Januar die in Spa geschlossene Vereinbarung aus, fünf Goldmark je Tonne für die Lebensmittelbeschaffung zu verwenden, was den Anreiz zur Mehrarbeit deutlich verringerte. Zweitens waren die Folgen der Überarbeit nicht zu übersehen. Die Erkrankungen nahmen zu, und die Unfälle häuften sich. Drittens griffen die radikalen Organisationen die Missstimmung in den Belegschaften auf und verstärkten ihre Agitation gegen das Überschichtenabkommen im Speziellen und gegen die Verbandspolitik im Allgemeinen. Der Vorstand musste darauf reagieren, wollte er nicht noch mehr Mitglieder verlieren. Viertens spielte bei der Entscheidungsfindung sicherlich auch die Enttäuschung über die Entwicklung der Sozialisierungsdebatte eine Rolle, die ohne Ergebnis geblieben war.[41] Fünftes hatte sich die Lage auf dem internationalen Kohlenmarkt geändert. Da im Gegensatz zu Deutschland, das vom geringen Wert seiner Währung beim Export profitierte, andere europäische Länder in eine spürbare Wirtschaftskrise gerieten, reduzierte sich der Kohlenverbrauch spürbar. Deutschland erfüllte dennoch weiterhin seine Reparationsauflagen, sodass die noch 1919/20 herrschende Kohlennot zu Beginn des Jahres 1921 umschlug in einen relativen Kohlenüberfluss mit der Folge, dass in Großbritannien, Belgien und Frankreich die Bergarbeiter zahlreiche Feierschichten einlegen mussten, Gruben stillgelegt und viele tausende Bergleute entlassen wurden. Der

39 Otto Hue, Zur Überschichtenfrage im Bergbau, in: Arbeiterzeitung (Essen) 90, 19.4.1921.

40 Bundesarchiv Berlin R 3901/112, Vermerk: Ergebnis der Besprechung am 31.1.1921 in Essen über die Verlängerung des Überschichtenabkommens; Otto Hue, Zur Überschichtenfrage im Bergbau.

41 Siehe dazu das folgende Kapitel.

Alte Verband zog daraus die Konsequenz und wollte „aus Solidaritätsgefühl" mit den ausländischen Kameraden zukünftig von Überschichten absehen.[42]

Da Verhandlungen über eine neue Vereinbarung wegen der ablehnenden Haltung des Bergarbeiterverbandes erfolglos geblieben waren, fällte das Reichsarbeitsministerium am 11. März 1921 einen Schiedsspruch, der eine Überstunde an vier Tagen vorsah sowie eine Lohnerhöhung, die aber mit Aufkündigung des Abkommens fortfallen sollte. Des weiteren versicherte das Ministerium, die Siebenstundenschicht gesetzlich zu verankern. Während die Arbeitgeber sich dem Schiedsspruch verweigerten, war die Haltung der Arbeiterverbände gespalten.[43] Der Gewerkverein unterstützte den Vorschlag. Hingegen lehnte die Revierkonferenz des Bergarbeiterverbandes ihn am 13. März ab. Als treibende Kraft gegen das Abkommen machten Ministerium und Unternehmer Otto Hue aus.[44]

Um dessen Position zu erschüttern, wurde eine gegen ihn gerichtete Verleumdungskampagne, die bereits zu Ende des Vorjahrs begonnen hatte,[45] verstärkt. Der Gewerkverein warf ihm vor, sich nicht um „das Wohl des deutschen Volkes" zu kümmern, weil er „aus internationalen Gründen eine Beseitigung der Überschichten" befürworte. „Hue will, um bei den internationalen Arbeiterführern eine gute Nummer zu bekommen, die deutschen Bergarbeiter bewegen, auf einen Teil ihres Verdienstes zu verzichten, die Ernährungs- und Lebensmöglichkeiten einzuschränken, wo die Besetzung des Ruhrgebiets in greifbare Nähe gerückt ist, wo die Gefahr besteht, daß die Franzosen für die Bergleute eine Schichtverlängerung von 2 Stunden täglich diktieren werden." Mit den rhetorischen Fragen „Verdient ein solcher Mann noch den Namen eines Arbeiterführers? Können die deutschen Bergarbeiter noch länger einer Organisation mit solchen Führern angehören?" endete die Polemik des Konkurrenzverbandes.[46]

Im gleichen Sinne beeinflusste der Zechenverband die öffentliche Meinung. In einem ausformulierten Artikel, den er an zahlreiche Zeitungen versandte, bewertete er die von Hue geforderte Solidarität mit den arbeitslosen englischen Bergarbeitern negativ: „Anstatt ihr Solidaritätsgefühl auf englische Arbeiter zu erstrecken, ... täten die deutschen Bergarbeiter besser daran, an die Millionen deutschen Volksgenossen zu denken, die infolge der künftigen Verminderung der Kohlenförderung (12 Millionen Tonnen jährlich) der Arbeitslosigkeit und der Not preisgegeben werden."[47]

Während nach außen hin die Folgen einer geringeren Kohlenförderung in übertriebener Manier geschildert wurden, äußerte sich Stinnes intern, dass es ihm „am liebsten"

[42] Otto Hue, Überschichten und Feierschichten im Bergbau, in: Arbeiterzeitung (Essen) 54, 5.3.1921. – Auf Antrag der belgischen und französischen Bergarbeiter hatte das Internationale Bergarbeiterkomitee am 24. Januar 1921 eine Resolution gegen das Verfahren von Überschichten im deutschen Bergbau verabschiedet. Bergarbeiterverband, Jahrbuch 1920, S. 10.

[43] Feldman, Arbeitskonflikte, S. 204.

[44] Bergbau-Archiv 14/116, Hölling an von und zu Löwenstein, 14.3.1921; Feldman, Arbeitskonflikte, S. 205. Es wurde auch der Versuch unternommen, ihn durch den stellvertretenden ADGB-Vorsitzenden, Peter Graßmann, umzustimmen, was allerdings ohne Erfolg blieb. Ebd.

[45] Siehe dazu Kap. 14.3.

[46] Gelsenkirchener Zeitung 61, 15.3.1921 „Warum ist Otto Hue gegen die Überarbeit der Bergarbeiter?" Die Stellungnahme des Gewerkvereins erschien auch in anderen Zentrumsblättern.

[47] Bergbau-Archiv 14/116, Artikelentwurf „Arbeiter-Solidarität". In einem anderen Artikel wurde Hue unterstellt, sich zu Gunsten der englischen Industrie für eine Minderleistung des Ruhrbergbaus einzusetzen. Dies sichere ihm zweifelsohne dort „bei Arbeitern und Unternehmern große Popularität", führe aber in Deutschland zu „verteuerter Kohle, Kohlennot, Arbeitslosigkeit, langsam verfallenden Bergwerken". Zudem drohe die Besetzung des Ruhrgebietes. Ebd., Artikel „Hinter den Kulissen der Gewerkschaftspolitik".

wäre, „wenn einmal 4–6 Wochen keine Überschichten verfahren würden“. Dann würden die Bergleute selbst den Wunsch äußern, mehr zu arbeiten, und „Herr Hue würde mit seinem scharfen Widerstand gegen die Überschichten vollkommen desavouiert“.[48]

Hue, der die Angliederung einer achten Stunde an die normale Schicht für verfehlt hielt, hatte aus seiner Kritik, die sich gleichfalls gegen eine Arbeitszeitverlängerung per Schiedsspruch richtete, bei den Berliner Stellen keinen Hehl gemacht. Dass das Arbeitsministerium dennoch auf seinem Vorschlag beharrte, betrachte Hue als „eine vollständige Ignorierung der wiederholten Warnungen der Arbeitervertretungen“.[49] Aber auf der Konferenz am 13. März hatte er sich bewusst zurückgehalten, um die Meinung der Delegierten nicht zu beeinflussen. Die Berichterstattung der gegnerischen Presse, er hätte Stimmung gegen den Schiedsspruch gemacht und zum Streik aufgefordert, wies er daher empört zurück.[50] Eine besondere Agitation seinerseits sei gar nicht von Nöten gewesen, denn das Misstrauen war in der Bergarbeiterschaft allgemein verbreitet, dass die Bergbaugesellschaften auf diese Weise wieder zur alten Schichtzeit zurückkehren wollten. Aus diesem Grunde fiel es den Bergmännern psychologisch leichter, längere Überschichten zu akzeptieren, solange diese den Charakter von Übergangslösungen trugen.[51]

Weil der Schiedsspruch keine Zustimmung fand, legte der Minister nach erneuten Verhandlungen am 5.–7. April[52] eine neue Regelung vor, die auf einem Vorschlag Hues basierte und für einzelne Perioden bis Ende März 1922 eine unterschiedliche Überarbeit vorsah.[53] So sollten die Bergarbeiter zunächst in der Zeit vom 1. Mai bis zum 15. Juli wöchentlich zweimal zwei Überstunden verfahren. Im Sommer vom 16. Juli bis zum 14. August entfiel dann jede Überarbeit, während im nächsten Zeitabschnitt bis zum 30. November eine Überstunde an drei Tagen vorgesehen war etc.[54] Da die Gegenpartei den Gewerkschaften auch in der Lohnfrage Konzessionen machte, glaubte die Verbandsführung ein akzeptables Ergebnis ausgehandelt zu haben, über das eine Revierkonferenz am 17. April diskutierte.[55] Hue riet, die Vereinbarung bei einer Urabstimmung anzunehmen, da keinerlei Aussicht bestünde, „durch weitere Verhandlungen mehr herauszuholen“.[56] Ebenso warb er in der Presse für die neue Regelung.[57] Zur Überraschung der Verbandsspitze sprachen sich aber am 24. April die Mitglieder mit Zweidrittelmehrheit gegen das Abkommen aus.[58]

48 Ebd., Hölling an von und zu Löwenstein, 15.3.1921 (über ein Gespräch mit Stinnes).

49 Erklärung Hues, o.D., in: Volksblatt 67, 21.3.1921 = Arbeiterzeitung (Essen) 68, 22.3.1921.

50 Rede Hues auf der Revierkonferenz am 17.4.1921. Bergarbeiter-Zeitung 18, 30.4.1921 „Revierkonferenz für das Ruhrrevier“. Siehe auch Arbeiterzeitung (Essen) 63, 16.3.1921 „Keine Überschichten im Bergbau!“ u. Volksblatt 63, 16.3.1921 „Der Schiedsspruch im Ruhrbergbau“.

51 So die Argumentation Hues. Erklärung Hues, o.D.; Otto Hue, Zur Überschichtenfrage im Bergbau, in: Arbeiterzeitung (Essen) 90, 19.4.1921.

52 Bundesarchiv Berlin R 3901/112.

53 Otto Hue, Zur Überschichtenfrage im Bergbau.

54 Volksblatt 89, 18.4.1921 „Das neue Abkommen im Ruhrbergbau“. Feldman, Arbeitskonflikte, S. 208.

55 Zum Folgenden: Westfälische Allgemeine Volkszeitung 89, 18.4.1921 „Urabstimmung im Bergarbeiter-Verband“; Bergarbeiter-Zeitung 18, 30.4.1921 „Revierkonferenz für das Ruhrrevier“. – Aus Sicht der KPD: Ruhr-Echo 89, 22.4.1921 „Der alte Bergarbeiter-Verband in der Sackgasse“.

56 Bergarbeiter-Zeitung 18, 30.4.1921 „Revierkonferenz für das Ruhrrevier“.

57 Otto Hue, Die Lehren eines Schiedsspruchs, in: Arbeiterzeitung (Essen) 93, 22.4.1921.

58 Feldman, Arbeitskonflikte, S. 209. – Gegen das Abkommen hatten die Kommunisten agitiert. Ruhr-Echo 70, 24.3.1921 „Vom Kampf der Bergarbeiter!“ u. 77, 8.4.1921 „Versklavung der Bergarbeiter“ u. 90, 23.4.1921 „Der neue Betrug an den Bergarbeitern“.

Damit war das letzte Wort in der Arbeitszeitfrage noch nicht gesprochen. Nachdem der Reichstag am 17. Juni 1922 die Siebenstundenschicht durch Gesetz festschrieb und die Arbeitgeber zu Lohnerhöhungen ihr Einverständnis erklärten, wurde am 24. August 1922 ein neues Überschichtenabkommen abgeschlossen, wonach die Bergleute wöchentlich dreimal zwei Stunden länger arbeiten sollten.[59]

Die Gewerkschaftsführung, die – so Hue – „unter Aufgabe ihrer Popularität"[60] im Sommer 1920 für das Verfahren von Überschichten eingetreten war, „weil nur so die Spa-Kohle geliefert und damit die Gefahr der Besetzung des Ruhrreviers abgewehrt werden konnte",[61] wurde für ihr staatspolitisch verantwortungsvolles Handeln nicht belohnt.[62] Weder erfüllten sich ihre Erwartungen hinsichtlich der Sozialisierung des Bergbaus, noch änderte sich das Verhalten der Bergwerksbesitzer, die – letztlich erfolgreich – danach trachteten, die Siebenstundenschicht, die durch den Ausstand im April 1919 erkämpfte Errungenschaft der Revolutionszeit, wieder abzuschaffen.

14.3 Das endgültige Aus für die Sozialisierung des Bergbaus

Die Erfolgsaussichten für eine Änderung der Besitzverhältnisse im Bergbau hatten sich durch den Ausgang der Reichstagswahlen am 6. Juni 1920 entscheidend verschlechtert, denn die DVP, die zusammen mit dem Zentrum und der DDP die bürgerliche Minderheitsregierung bildete, hatte sich gegen jegliche Form von Sozialisierung ausgesprochen.[63] Doch der Ausgang der Reparationsverhandlungen in Spa änderte wiederum die Situation. Voraussetzung für die Erfüllung der auferlegten Kohlenlieferungen war, wie dargestellt, eine vermehrte Förderung, die nur durch Überarbeit zu erzielen war. Die Vertrauensmännerkonferenz des Bergarbeiterverbandes am 25. Juli 1920 erklärte zwar ihre Zustimmung zur Mehrarbeit, machte aber in einer einstimmig verabschiedeten Resolution zugleich deutlich, dass es „ein für unsere Volksgemeinschaft unerträglicher Zustand" wäre, „den Kohlenbergbau weiter in privatkapitalistischer Bewirtschaftung zu belassen". Sie hielt es daher für notwendig, „daß wir an den Reichstag die dringliche Forderung richten, nun die Sozialisierung des Bergbaues ungesäumt in Angriff zu nehmen".[64]

Ebenso gab sich der Gewerkverein verbal recht radikal. „Man kann nicht jahrelang von den Bergleuten unerhörte Opfer fordern und den dadurch entstehenden Gewinn einer kleinen Kapitalistengruppe zufließen lassen," hieß es in einer Resolution, die eine

59 Feldman, Arbeitskonflikte, S. 219.

60 Rede Hues auf der Generalversammlung 1921. Protokoll, S. 338.

61 So die Begründung Hues in seiner Rede auf der Generalversammlung 1921. Protokoll, S. 335.

62 Entsprechend fiel die Kritik der innerverbandlichen Opposition aus. „Das ist das Unglück für unsere Gewerkschaftsbewegung, daß sich die Gewerkschaftsführer in letzter Zeit viel mehr als Staatsmänner denn als Gewerkschaftsführer betätigt haben." So Julius Rosemann auf der Generalversammlung 1924. Zit. nach Feldman, Die wirtschaftspolitischen Vorstellungen, S. 310.

63 Wulf, Auseinandersetzungen, S. 61.

64 Bergarbeiter-Zeitung 31, 31.7.1920 „Für Einheit, Freiheit, Fortschritt! – Gegen Gewalt und Versklavung!"; Akten der Reichskanzlei, Kabinett Fehrenbach Bd. 1, Dok. 32, S. 82f., S. 83. Wulf, Auseinandersetzungen, S. 63. – Der innerverbandlichen Opposition reichte diese Entschließung allerdings nicht. Die Konferenz hätte das Verfahren von weiteren Überschichten von der „sofortigen Bildung von Zechenräten" abhängig machen sollen, ausgestattet „mit gesetzlich garantierter Befugnis", Einfluss auf die Betriebsgestaltung sowie auf Verteilung und Preisgestaltung der Kohle zu nehmen. Freiheit 301, 28.7.1920 „Die Taktik der Schwäche".

Vertrauensmännerkonferenz am 22. August verabschiedete.[65] Zuvor hatte Heinrich Imbusch auf dem Internationalen Bergarbeiterkongress als Sprecher der deutschen Delegation bekundet: „Der privatkapitalistische Profit muß vom Bergbau ausgeschaltet werden, ohne diesen zu bürokratisieren und zu fiskalisieren."[66] Doch diese Bekundungen bedeuteten keinesfalls, dass man für eine Verstaatlichung eintrat. Der Gewerkverein bevorzugte vielmehr eine Lösung, bei der das Bergbaueigentum „im Interesse der Volksgesamtheit verwaltet" und „eine möglichst hohe Produktion unter möglichst geringem Kräfteaufwand" erzielt werde.[67]

Sehr vage fiel die Reaktion der Regierung aus. Sie beauftragte den Reichswirtschaftsminister, „unverzüglich die Weiterverfolgung der Angelegenheit zu betreiben, sobald der im Laufe des Monats zu erwartende Bericht der Sozialisierungskommission vorliegt. Art und Form der Sozialisierung werden sich aus der Notwendigkeit ergeben, die deutsche Kohlenwirtschaft in der Richtung größter Produktionssteigerung und Wirtschaftlichkeit zu entwickeln."[68] Mit dem Verweis auf die Produktionssteigerung und Wirtschaftlichkeit hielt sie sich eine Hintertür für den Rückzug offen.

Nach der Veröffentlichung der beiden Stellungnahmen der Sozialisierungskommission[69] bekräftigte der Bergarbeiterverband seine positive Haltung zur Sozialisierung.[70] Sie müsse kommen, damit die Bergleute „die Gewißheit" hätten, „daß sich aus dem Ertrag ihrer schweren Arbeit keine faulenzenden Drohnen, bloße Ausbeute- und Dividendenschlucker, bereichern". Verworfen wurde abermals eine „bolschewistisch-kommunistische Auch-Sozialisierung". Der Verband favorisierte vielmehr die vorgeschlagene „Deutsche Kohlengemeinschaft", bei der müsse aber eine „geistestötende Schematisierung" und eine „verteuernde Bureaukratisierung" vermieden werden.

Nachdem der Reichswirtschaftsrat die zwei Vorschläge zur Begutachtung überwiesen bekam, begann das, was Hue als „Verschleppungsaktion" der Sozialisierungsgegner bezeichnete.[71] Zunächst behandelte ein Unterausschuss in drei Sitzungen am 25., 26. und 27. Oktober die Materie, wobei die gegensätzlichen Meinungen von Arbeitergebern und -nehmern aufeinanderprallten, weshalb ein siebenköpfiger Verständigungsausschuss gebildet wurde. Dieser legte ein Mehrheitsgutachten vor, das weitgehend den Vorstellungen von Hugo Stinnes und Paul Silverberg entsprach[72] und dem – nach ersten Presseberichten – auch der Gemeindevorsteher von Dilmitz/Sachsen Dr. Franz Berthold als Vertreter der freien Berufe sowie die Gewerkschafter Imbusch und Wagner zugestimmt hätten. Es betonte zu Beginn, „dass alle Produktionsmittel im höchsten gesamtwirtschaftlichen Interesse der Volksgesamtheit so vollständig und so rationell wie möglich ausgenutzt werden".[73] Aus diesem Grunde sollte die „vertikale Integration" angestrebt werden, d.h. die Zwischen- und

65 Bergknappe 36, 4.9.1920.

66 Bergknappe 34, 21.8.1920 „Der Genfer internationale Bergarbeiterkongress".

67 Ebd.

68 Akten der Reichskanzlei, Kabinett Fehrenbach Bd. 1, Dok. 43, S. 105f.; Wulf, Auseinandersetzungen, S. 64.

69 Siehe oben S. 358.

70 Bergarbeiter-Zeitung 39, 25.9.1920 „Wir müssen sozialisieren!"; Bergarbeiterverband, Jahrbuch 1920, S. 163. – Dörnemann, Politik des Verbandes der Bergarbeiter Deutschlands, S. 216f.

71 Hue, Die Sozialisierung der Kohlenwirtschaft, S. 7. – Zum Folgenden ausführlich: Trüschler, Sozialisierungspolitik, S. 110–123; Wulf, Auseinandersetzungen, S. 76–82; Wulf, Stinnes, S. 233–238.

72 Feldman, Stinnes, S. 648ff.

73 Bergknappe 47, 20.11.1920 „Neue Vorschläge zur Sozialisierung des Kohlenbergbaus"; Arbeiterzeitung (Essen) 256, 11.11.1920 „Der Sozialisierungsbetrug".

Endindustrien sollten „unmittelbare fördernde Einwirkung auf den Kohlenbergbau" erhalten. Des weiteren sah der Vorschlag die Ausgabe von Kleinaktien vor, um die Arbeiter und Beamten an den Unternehmen zu beteiligen.

Das Gutachten, das genau zwei Jahre nach Beginn der Revolution, am 9. November, veröffentlicht wurde, löste beim Bergarbeiterverband und in weiten Teilen der Bergarbeiterschaft heftige Proteste aus.[74] Hue schäumte vor Wut.[75] Er lehnte die Pläne entschieden ab, den „Endindustrien" die Aufgabe zu übertragen, „die Kohlenzechen zu finanzieren und ‚rationell' auszubeuten".[76] Denn so entstünde „die Herrschaft weniger Fürsten der Hochfinanz, die sich als drückender erweisen wird, als jemals die Herrschaft irgendeines autokratischen Monarchen".[77] „Der machtvollste privatkapitalistische Trust mit beispielloser Monopolstellung" werde unweigerlich zur „Ruinierung der außerordentlich zahlreichen mittleren und kleinen gewerblichen Unternehmungen" führen.[78] „Gegenüber dieser beispiellosen Entwicklung zu einer mammonistischen Herrschaft, wie sie die Welt noch nicht gesehen hat", gelte es, die Sozialisierung durchzuführen, um so die „fürchterliche großkapitalistische Gefahr" zu beseitigen.[79]

Ebenso scharf verurteilte Hue die Idee, „Kleinaktien" an die Belegschaftsmitglieder auszugeben. So würde eine „Gesellschaft mit unbeschränkter Habgier" geschaffen, die „durch große Kohlenpreiserhöhungen die Allgemeinheit schröpfen" könnte.[80] Für den Gewerkschafter handelte es sich „um einen plumpen Fälschertrick, um die kapitalistische Verseuchung ..., Mammonsucht und krassesten Egoismus" im Proletariat zu züchten.[81] Er sah die Problematik des Vorschlages zudem darin, „daß er die gemeingefährlichste Gewinnsucht befördert" und „den Idealismus, der ohne persönliche Bereicherung im Interesse des Ganzen wirken will, rettungslos erdrosselt",[82] dass er die „Spekulationswut" in Arbeiter- und Angestelltenkreisen züchte, „die bis heute davon noch unberührt geblieben sind".[83]

Ebenso scharf verurteilte der Bergarbeiterverband die Kleinaktie. Sie bewirke eine „Aufpeitschung der Gewinnsucht", die doch „das furchtbare Elend unserer Tage verschuldet habe": „Die Jagd nach dem Profit hat die Völker in die Massenschlächterei des Krieges hineingetrieben. Das rücksichtslose Profitmachen hat uns alle Lebensmittel wucherisch-wahnsinnig verteuert, hat millionenreiche Kriegsgewinnler und jammervoll elende, erbarmungswürdig unterernährte Volksmassen auf dem Gewissen, ist die Ursache der verbrecherischen Schieberei von Milliardengewinnen in das Ausland zwecks Steuerhinterziehung. Die entsetzliche Versumpfung der Moral, die schamlose Sittenverwilderung, der Brutalismus gegenüber der Not des Mitmenschen – alles das ist

74 Telegramm Hue ans Auswärtige Amt, 12.11.1920: „Mußte nach Ruhrgebiet, Stinnes Kampf gegen die Sozialisierung schafft große Erregung. Überschichten für Spa dadurch stark bedroht. Hier schnelle Klarheit schaffen durch Regierung." Akten der Reichskanzlei, Kabinett Fehrenbach Bd. 1, Dok. 112 Anm. 6, S. 283. – Erklärung des Vorstandes zur Sozialisierungsfrage, in: Bergarbeiter-Zeitung 47, 20.11.1920; Kölnische Zeitung 964, 16.11.1920 „Eine Kundgebung der Betriebsräte des Alten Verbandes".

75 Werner, Rechnung, S. 296.

76 Hue, Die Sozialisierung der Kohlenwirtschaft, S. 12.

77 Protokoll der Generalversammlung 1921, S. 334.

78 Hue, Die Sozialisierung der Kohlenwirtschaft, S. 12.

79 Protokoll der Generalversammlung 1921, S. 334f.

80 Hue, Die Sozialisierung der Kohlenwirtschaft, S. 10.

81 Arbeiterzeitung (Essen) 278, 8.12.1920 „Hue über die Sozialisierung".

82 Hue, Die Sozialisierung der Kohlenwirtschaft, S. 11. Ebenso Otto Hue, Die Väter der „Kleinaktien" als Gewerkschaftsvernichter, in: Volksblatt 15, 20.1.1921.

83 Landtagsrede am 9.12.1920, Stenogr. Berichte, Sp. 14784.

verursacht durch das fluchbeladene kapitalistische System! Dessen Ende so rasch wie nur möglich herbeizuführen, heißt die Menschheit vor dem gänzlichen Verderben retten!" Die Schlussfolgerung der Anklage lautete: „Die Wahl steht nun zwischen der Gesundung unserer Volksgemeinschaft durch die Überwindung der kapitalistischen Versuchung – oder die Begünstigung dieser Versuchung durch die Stinnes-sozialistische Galvanisierung des todwürdigen Kapitalismus. Der Verband der Bergarbeiter Deutschlands hat den ersten Weg gewählt und wird ihn verfolgen."[84]

Der Leitartikel war auch eine Reaktion auf Zeitungsmeldungen, dass Theodor Wagner, der Redakteur der *Bergarbeiter-Zeitung*, das Mehrheitsgutachten unterzeichnet hätte, was für Irritationen in Bergarbeiterkreisen sorgte. Für Hue, der der Nachricht zunächst Glauben schenkte, war das Votum ein „Skandal", und er fühlte sich bemüßigt, sogleich klarzustellen, dass die „irgendwie anders geartete Stellung irgendeines Mitgliedes" nicht für die Haltung des Verbandes maßgebend sei.[85] Der Vorstand demonstrierte seine Missbilligung, indem er Wagner sofort von der redaktionellen Leitung des Verbandsorgans abberief. Statt seiner übernahm vorübergehend Hue die Stellung. Es stellte sich schnell heraus, dass die Zeitungsartikel auf Fehlinformationen beruhten, sodass Wagner zwar rehabilitiert wurde,[86] doch der Eindruck der Uneinigkeit im Verband hatte sich in der Öffentlichkeit festgesetzt.[87]

Der Bergarbeiterverband bekundete sein Missfallen an dem Mehrheitsgutachten der Sozialisierungskommission, das er „als einen wohlüberlegten Durchkreuzungsversuch der Sozialisierung" ansah, in einem offenen Brief an den Reichskanzler.[88] Das „Ansinnen, die Kohle nicht in das Gemeineigentum zu überführen, sondern den schon bestehenden oder in rascher Bildung begriffenen ‚gemischten' privatkapitalistischen Werkskonzernen oder -trusts noch größere als bereits jetzt existierende Vorzugsrechte in der Kohlenbelieferung zu sichern", empfand er „als eine direkte Verspottung des Gedankens der Sozialisierung". Verbunden mit der Drohung, die Überarbeit einzustellen, bat der Verband die Regierung, „uns jetzt klaren Wein … einzuschenken". Die Antwort des Reichskanzlers[89] war aber – so Hue – „unbestimmt, ausweichend".[90]

Groß war beim Alten Verband die Enttäuschung darüber, dass sich der Gewerkverein aus der gemeinsamen Front verabschiedete und nun sogar für Kleinaktien eintrat.[91] Die *Arbeiterzeitung* sah darin einen „schändlichen Arbeiterverrat",[92] und so begann aufs Neue der schädliche Kampf zwischen den beiden Bergarbeiterorganisationen mit gegenseitigen Vorwürfen und Verleumdungskampagnen.[93]

84 Bergarbeiter-Zeitung 47, 20.11.1920 „Stinnes' ‚Sozialisierung'". – Dörnemann, Politik des Verbandes der Bergarbeiter Deutschlands, S. 218f.

85 Stellungnahme Hues zit. in: Arbeiterzeitung (Essen) 256, 11.11.1920 „Der Sozialisierungsbetrug".

86 Theodor Wagner, Ein unverantwortliches Spiel, in: Bergarbeiter-Zeitung 48, 27.11.1920. Bergarbeiterverband, Jahrbuch 1920, S. 42f. – Trüschler, Sozialisierungspolitik, S. 115 Anm. 1.

87 Ebenso urteilt Wulf, Auseinandersetzungen, S. 84, dem die Richtigstellung Wagners entgangen ist.

88 Offener Brief des Bergarbeiterverbandes an Reichskanzlei, 15.11.1920, in: Vorwärts 567, 18.11.1920; Bergarbeiter-Zeitung 48, 27.11.1920; Akten der Reichskanzlei, Kabinett Fehrenbach Bd. 1, Dok. 112, S. 281–285.

89 Bergarbeiter-Zeitung 50, 11.12.1920; Akten der Reichskanzlei, Kabinett Fehrenbach Bd. 1, Dok. 120, S. 307f.

90 Hue, Die Sozialisierung der Kohlenwirtschaft, S. 7f.

91 Zum Gesinnungswandel von Imbusch differenziert: Schäfer, Imbusch, S. 116ff.

92 Arbeiterzeitung (Essen) 8, 11.1.1921 „Sozialisierung und Entwaffnung".

93 Der Bergarbeiterverband gab eine Broschüre „Giesberts und Imbusch für Sozialisierung!" heraus, in der er anhand zahlreicher Zitate belegen wollte, dass diese zuvor für die Sozialisierung eingetreten waren und jetzt die Bergarbeiter im Stich ließen, indem sie dem Unternehmervorschlag folgten.

Die Gegenseite warf Hue vor, „seinen alten von Vernunftgründen beherrschten Standpunkt“ aufgegeben zu haben, „um eine günstige Wahlparole zu erlangen und vielleicht einem weiteren Abmarsch der Massen noch mehr nach links vorzubeugen“. So opfere er „unser Wirtschaftsleben der Partei“.[94] Die *Essener Volks-Zeitung*, „das ‚christliche‘ Verleumderblatt von Ruf“ – so das Urteil des sozialdemokratischen Konkurrenzorgans[95] – startete eine Pressekampagne gegen Hue[96] und denunzierte ihn wegen seines Eintretens für die Sozialisierung als „Bolschewisten“, der sich als „Konjunkturpolitiker“ ohne Grundsätze den jeweiligen Zeitverhältnissen angepasst habe.[97] In die gleiche Kerbe schlug der Gewerkverein. Für ihn war die Aussage Hues „Sozialismus kann nur verwirklicht werden durch Aufhebung des Privateigentums an Produktionsmitteln.“ „eine Anerkennung der kommunistischen Grundsätze“.[98]

Differenzierter fielen die Vorwürfe aus, die Imbusch am 9. Januar auf einer Versammlung der christlichen Gewerkschaften in Duisburg erhob. Er warf den Sozialdemokraten vor, sich 1920 nicht an der Regierung beteiligt zu haben, wie er es Hue auf der Rückfahrt von Spa nahegelegt hätte. Dann wäre eine Mehrheit für die Sozialisierung vorhanden gewesen. Nun könne die sozialdemokratische Partei aber nicht verlangen, „daß andere ihr Programm durchführen“. „Sie erweckt mit ihrem Verhalten lediglich den Eindruck, daß sie selbst zu feige ist, die Verantwortung zu tragen.“[99] Imbusch verschwieg aber, dass eine der Grundvoraussetzungen für eine Regierungsbeteiligung der MSPD die Sozialisierung war, die die DVP jedoch strikt abgelehnt hatte.[100]

Dass der Gesinnungswandel bei Hue auf das Anwachsen der radikalen Freien Arbeiterunion zurückzuführen sei, dessen war sich die *Dortmunder Zeitung* sicher.[101] Ebenso urteilte die *Rheinisch-Westfälische Zeitung*: „Sie [Hue und Husemann] ließen sich durch das Geschrei der Sowjetapostel, die das Ruhrgebiet überschwemmten, einschüchtern und stimmten plötzlich ein in den Schlachtruf: ‚Sozialisierung oder Bürgerkrieg‘. ... Wie jubelten die Unionisten über den zum Paulus gewordenen, früh so arg verlästerten Saulus Hue!“[102] Von dem unterstellten Jubel war aber wenig zu vernehmen. Im Gegenteil, Kommunisten, Unionisten und Syndikalisten brandmarkten Hue als „Lakai des Grubenkapitals“, als „Arbeiterverräter“ und „Stütze der kapitalistischen Ordnung“.[103]

94 Rede des Geschäftsführers des Deutschen Gewerkschaftsbundes Breddemann auf einer Versammlung in Castrop am 28.11.1920. Castroper Zeitung 282, 1.12.1920 „Kundgebung der christlich-nation. Gewerkschaften“.

95 Arbeiterzeitung (Essen) 8, 11.1.1921 „Sozialisierung und Entwaffnung“.

96 Essener Volks-Zeitung 301, 28.11.1920 „Herunter mit der Maske!“ (Hier wurde wieder einmal die „nackte Zeichnung“ bemüht.); 318, 18.12.1920 „Der neutrale Gewerkschaftler Otto Hue“; 13, 16.1.1921 „Verwandlungskünstler Hue“. – Die Schärfe der Auseinandersetzung war nicht allein dem Thema, sondern auch der Tatsache geschuldet, dass damit der Wahlkampf für den preußischen Landtag eröffnet wurde.

97 Essener Volks-Zeitung 4, 6.1.1921 „Otto Hue und die Kommunisten“.

98 Bergknappe 1, 1.1.1921 „Otto Hue und die Sozialisierung“.

99 Essener Volks-Zeitung 8, 11.1.1921 „Eine große Kundgebung“. Siehe auch Bergknappe 5, 29.1.1921 „Die sozialdemokratische Presse gegen Imbusch“.

100 Kastning, Die deutsche Sozialdemokratie, S. 62.

101 579, 17.12.1920 „Volk in Not!“.

102 Zit. nach Bergarbeiter-Zeitung 2, 8.1.1921 „Märchenerzähler“.

103 Ruhr-Echo 32, 8.2.1921 „Kapitalistische Widersprüche“; Otto Hue, Hue, der – Bolschewist, in: Bergarbeiter-Zeitung 3, 15.1.1921; Bergarbeiter-Zeitung 7, 12.2.1921 „Dreieinigkeit gegen Verbandsführer“.

Zur gleichen Zeit waren die Industrieverbände bemüht, seine Kompetenz in Frage zu stellen, indem man Material gegen Hue sammelte.[104] Auch kramte man aus der Mottenkiste den altbekannten Vorwurf heraus, Hue sei ja kein Bergmann gewesen. Ihm würden alle praktischen Erfahrungen fehlen, er sei ja „bis zur Revolution nicht einmal in einer Grube gewesen". Aus diesem Grunde könne er nicht als Bergbausachverständiger gelten.[105]

In die gleiche Richtung zielte die Bemerkung von Imbusch, dass Hue sich nicht an den Beratungen über technische Fragen beteilige, da er sich „in Kreisen von Fachleuten etwas unsicher" fühle.[106]

Da Hue in seinem gewerkschaftlichen und politischen Leben stets solchen Unterstellungen und Beschimpfungen ausgesetzt war, konnte ihn auch dieser Pressefeldzug nicht einschüchtern.[107] Nach außen reagierte er vielfach mit Gelassenheit.[108] Auch die *Bergarbeiter-Zeitung* behauptete, „daß die Drecksspritzer ihn nicht erreichen", dennoch war Hue sichtlich verärgert, anders ist seine Reaktion „Ab und zu ein Fußtritt dem lästigen Straßenköter muß genügen." nicht zu verstehen.[109] Damit aus seinem Schweigen keine falschen Schlüsse gezogen würden, fühlte sich Hue letztendlich bemüßigt, kurz und knapp Stellung zu nehmen.[110] Besonders den Vorwurf der „Liebedienerei gegenüber Ententeausländern" wies er zurück: „Von der Infamie, die darin liegt, mich quasi als einen Vertreter ausländischer Wirtschaftsinteressen hinzustellen, nehme ich gebührend Kenntnis und verweise darauf, daß es andererseits Zeitgenossen gibt, die mich als einen ‚Schildknappen von Herrn Stinnes' bezeichnen."[111]

Je unwahrscheinlicher die Sozialisierung wurde, desto radikaler gerieten seine Stellungnahmen. Im Dezember 1920 sprach Hue auf der außerordentlichen Generalversammlung des Metallarbeiterverbandes, Ortsverwaltung Essen,[112] Anfang des Jahres 1921 erschien seine Broschüre „Die Sozialisierung der Kohlenwirtschaft"[113], und auf der Generalversammlung des Bergarbeiterverbandes in Gießen hielt er am 3. Juni eine mitreißende, von starkem Beifall häufig unterbrochene Rede über „die Sozialisierungsfrage im Bergbau".[114]

104 Mannesmann-A P 1.25.33, Korrespondenz des Präsidenten der Phoenix AG, Richard von Schaewen, mit dem Herausgeber des *Rheinisch-Westfälischen Wirtschaftsdienstes*, August Heinrichsbauer, Dez. 1920.

105 Schreiben der Fachgruppe Bergbau des Reichsverbandes der Deutschen Industrie an die Presse, 12.1.1921, abgedr. in: Vorwärts 29, 19.1.1921 „Feme gegen Hue" u. Volksblatt 18, 22.1.1921 „Armer Hue".

106 Essener Volks-Zeitung 8, 11.1.1921 „Eine große Kundgebung". Weiter hieß es dort: „Bei einer fachmännischen Unterhaltung über ein solches Problem muß er ja stark abfallen, weil er nie im Bergbau beschäftigt war und vom eigentlichen Bergwerksbetriebe nichts kennt. Mit Statistiken über Produktion und Löhne ist die Sozialisierung nicht zu lösen."

107 Otto Hue, Hue, der – Bolschewist.

108 „Was ich gegen solche Verleumdungen mache? Ich hänge sie einfach niedriger, und unterbreite sie allen anständigen Menschen zur gebührenden Beurteilung." Otto Hue, Nur niedriger hängen, in: Volksblatt 103, 4.5.1921.

109 Bergarbeiter-Zeitung 7, 12.2.1921 „Dreieinigkeit gegen Verbandsführer". – Ein namentlich nicht genannter, sozialdemokratischer Landtagsabgeordneter reagierte auf die „Anpöbelungen" mit den Worten: „Hue steht zu hoch, als daß diese neidischen Kotspritzer ihn besudeln könnten." Volksblatt 5, 7.1.1921 „Individualistische Sozialisierer".

110 Otto Hue, Zur Überschichtenfrage im Bergbau, in: Arbeiterzeitung (Essen) 90, 19.4.1921.

111 Erklärung Hues, o.D., in: Arbeiterzeitung (Essen) 68, 22.3.1921.

112 Arbeiterzeitung (Essen) 278, 8.12.1920 „Hue über die Sozialisierung".

113 Berlin 1921. – Das Urteil des *Vorwärts* (35, 22.1.1921) fiel natürlich positiv aus: „Die kurze Broschüre gehört zu dem Besten, was über die Frage der Kohlensozialisierung überhaupt geschrieben worden ist."

114 Protokoll der Generalversammlung 1921, S. 316–340. – Das *Korrespondenzblatt* bezeichnete sie als den „Höhepunkt der Verhandlungen". Korrespondenzblatt 26, 25.6.1921, S. 366 „23. Generalversammlung des Verbandes der Bergarbeiter Deutschlands". Ebenso Freiheit 257, 5.6.1921 „Tagung der deutschen Bergarbeiter".

Die Quintessenz seiner Ausführungen lautete: „Die volle Gewalt über die Kohle, der Grundlage der großkapitalistischen Macht, muß an die Vertretung der Allgemeinheit übergehen!“[115]

Hatte er sich im Januar 1920 gegen die Sozialisierung mit dem etwas abwegigen Argument ausgesprochen, sie könne nur „von Erfolg für die Allgemeinheit gekrönt sein“, wenn „mindestens die gewaltige Mehrheit der Arbeiter und Beamten aus überzeugten, opferwilligen Sozialisten“ bestünde, was aber nicht der Fall sei,[116] so erklärte er jetzt, dass man nicht warten könne, bis die Verhältnisse „reif“ wären, denn „dann werden wir niemals zu bedeutenden wirtschaftlichen und politischen Umstellungen kommen“.[117] Auch seinen Vorbehalt, es fehlten für die Sozialisierung die technisch und wissenschaftlich gebildeten Kräfte – die Betriebsräte seien ja vielfach nicht einmal in der Lage, „einen einfachen Fragebogen auszufüllen“ –, sodass man lediglich „Fehlschläge“ erleben würde,[118] revidierte er. Es gelte nunmehr, einen Lernprozess bei den Arbeitern in Gang zu setzen,[119] und Hue zitierte in diesem Zusammenhang den englischen Geschichtsschreiber Macaulay: „Viele Politiker haben sich daran gewöhnt, es als einen selbstverständlichen Satz aufzustellen, daß kein Volk frei sein sollte, bevor es nicht für den Gebrauch der Freiheit reif sei. Das ist eine Maxime, des Narren würdig, der beschloß, nicht eher ins Wasser zu gehen, als bis er schwimmen gelernt habe. Wenn die Menschheit auf die Freiheit warten sollte, bis sie gut und weise geworden sei, möchte sie freilich bis in alle Ewigkeit darauf warten können.“[120]

Die Befürchtung, dass die Entente eher auf Staats- als Privateigentum zugreifen werde, sah Hue als nicht berechtigt an. Zum einen habe ein Gutachten des Auswärtigen Amtes diese Bedenken zerstreut,[121] zum anderen: „Wenn wir den Vertrag von Versailles nicht erfüllen und deshalb die Entente Repressalien vornimmt, dann ist es ihr vollkommen gleichgültig, ob es sich um Staats- oder um Privateigentum handelt. Also man komme uns nicht mit faulen Ausreden. Die Eigentums- oder Wirtschaftsform, die bei uns herrscht, muß der Entente vollkommen gleichgültig sein, wenn sie nur das Ultimatum von London erfüllt bekommt.“[122]

115 Hue, Die Sozialisierung der Kohlenwirtschaft, S. 22.

116 Hue, Volk in Not, S. 12.

117 Protokoll der Generalversammlung 1921, S. 329.

118 Rede auf der Funktionärskonferenz des Kreises Bochum-Gelsenkirchen-Hattingen am 11.1.1920. Volksfreund 9, 12.1.1920 „Abg. Hue über die politische Lage“. – Diese abfällige Bemerkung löste bei Betriebsräten große Empörung aus. Adolf Kawohl aus Dorstfeld verlangte auf der Generalversammlung von Hue eine Erklärung, weshalb er die Betriebsräte als unfähig hingestellt habe. Protokoll der Generalversammlung 1920, S. 92. – Gerne griff hingegen der Abgeordnete Otto Most (DVP) die Abqualifizierung der Arbeitervertreter auf, um sie bei der Beratung des Betriebsrätegesetzes als Argument gegen weitreichend Mitbestimmungsrechte zu gebrauchen. Rede in der Nationalversammlung am 16.1.1920, S. 4397.

119 Auf dem ersten Reichsbetriebsrätekongress für den Bergbau im November 1921 führte Hue aus: „Nun sagt man, die Betriebsräte wären nicht ‚geschult‘ genug, die Arbeiterschaft wäre ‚nicht reif‘ für die Sozialisierung. … Man führe die Betriebsräte nur hinein in die Internas der Betriebe, und sie werden die nötigen Kenntnisse schon gewinnen. Ich sage aus meiner Kenntnis von Menschen und Dingen: Die Intelligenz in den Kreisen der sogenannten Industriekapitäne ist gar nicht so überwältigend, daß sich die Arbeiterintelligenz dagegen nicht auch sehen lassen könnte.“ Protokoll vom 1. Reichsbetriebsrätekongreß für den Bergbau, S. 36. Zu Recht merkt Feldman, Vorstellungen, S. 319 an: „Ohne Zweifel wäre es richtiger gewesen, wenn Otto Hue zu dieser Einsicht schon 1918 und nicht erst 1921 gelangt wäre.“

120 Protokoll der Generalversammlung 1921, S. 330.

121 Arbeiterzeitung (Essen) 278, 8.12.1920 „Hue über die Sozialisierung“. Zum Gutachten vom 28. April 1920 Wulf, Auseinandersetzungen, S. 59f.

122 Protokoll der Generalversammlung 1921, S. 337.

Welche Form sollte die Sozialisierung nun annehmen? Eine Übertragung des Besitzes an die Belegschaften, „diese syndikalistische Verhunzung der Sozialisierung“[123], lehnte er nach wie vor ab. „Es würde dadurch ein Egoismus der Gruppen, ein Egoismus der Klassen unter den Arbeitern geschaffen werden, dem zweifellos ein furchtbarer Zusammenbruch folgen müßte.“[124] Desgleichen verwarf er das Vorgehen der russischen Bolschewisten.[125] Ebenso wenig diente ihm der Staatsbergbau der Vergangenheit als Vorbild. „Die engstirnige Bureaukratisierung und Fiskalisierung unserer Wirtschaft ist kein sozialdemokratisches Ideal“, schrieb er in seiner Broschüre.[126] Stattdessen befürwortete Hue „eine Vertrustung“, „allerdings auf sozialisierter Grundlage“.[127] Er folgte dabei dem Vorschlag der Sozialisierungskommission, „einen öffentlich-rechtlichen Selbstbewirtschaftungskörper“ zu schaffen, „eine Deutsche Kohlengemeinschaft“, der „unter Kontrolle der Reichsregierung, aber ohne etatsrechtliche Bindung, die gemeinnützige Bewirtschaftung aller deutschen Stein- und Braunkohlengruben mit ihren Nebenanlagen (Kokerei, Brikettfabriken usw.) übergeben wird“.[128] „Leitender Gesichtspunkt“ aller Maßnahmen bliebe vor allem „die Ausschaltung eines arbeitslosen privaten Profits aus der Kohlenwirtschaft“.[129]

Hue behandelte in seiner Broschüre auch die berechtigte Frage, warum die Sozialdemokraten die Sozialisierung nicht durchgeführt hätten, als sie den Ministerpräsidenten stellten. Als Begründung für die Untätigkeit verwies er auf die damalige „aufgeregte Zeit, wo ‚Handgranaten und Maschinengewehre‘ wüteten,“ – hier zitierte Hue den Zentrumsminister Giesberts. „In den sturmbewegten Monaten nach dem Zusammensturz des alten Obrigkeitsstaates“ galt es, „den „tatarischen ‚Sozialismus‘ abzuwehren“, da hatte „die Regierung keine Ruhe zur Ausarbeitung von Sozialisierungsgesetzen“. Damals wäre eine Sozialisierung „totsicher ein Fehlschlag geworden“.[130] In seiner Gießener Rede wollte er hingegen die Versäumnisse der Vergangenheit nicht diskutieren. „Es hat gar keinen Zweck, daß wir uns darüber unterhalten, was hätte geschehen können, ob wir im November 1918 wirklich die ‚ganze Macht‘ hatten und ob wir in dieser Zeit völliger Desorganisation die Sozialisierung vornehmen konnten. Das bringt uns heute nicht weiter.“ Jetzt gelte es vor allem „die öffentliche Meinung auf[zu]klären und sie davon [zu] überzeugen, daß es sich bei der Sozialisierung des Bergbaues um eine Lebensfrage für unser ganzes Volk handelt“.[131]

Es müsse gelingen, mit der „Macht des Kapitals“ zu brechen und „mit dieser Bedrohung der Volksinteressen“ Schluss zu machen,[132] dann ließe sich das Ideal realisieren, welches er zum Schluss seiner Rede mit pathetischen Worten beschwor: „Wir wollen, daß das Gemeinschaftsinteresse entscheidet. Wir wollen die Freiheit der Intelligenzen schaffen ohne Rücksicht auf den Geldsack des Vaters oder des Großvaters. Die Gedan-

[123] Hue, Die Sozialisierung der Kohlenwirtschaft, S. 10.
[124] Protokoll der Generalversammlung 1921, S. 328.
[125] Ebd., S. 327.
[126] Hue, Die Sozialisierung der Kohlenwirtschaft, S. 9.
[127] Protokoll der Generalversammlung 1921, S. 332.
[128] Hue, Die Sozialisierung der Kohlenwirtschaft, S. 17.
[129] Ebd., S. 18.
[130] Ebd., S. 16.
[131] Protokoll der Generalversammlung 1921, S. 336.
[132] Ebd., S. 339.

ken der Brüderlichkeit und der Humanität wollen wir fördern, die durch den entsetzlichen Krieg so ungeheuer gelitten haben. … Wir wollen statt des frechen Mammonismus, der in wucherischer Weise blutsaugerisch die Völker ausbeutet und sie dann noch verhöhnt, die Achtung vor der Menschenwürde, statt der zügellosen individualistischen Profitgier eine sozialistische Gemeinwirtschaft, in der alle für einen und einer für alle wirken, damit endlich nach so vielen Jahrhunderten des Ganges durch das Dunkel auch jenen, die immer im Schatten lebten, das Licht einer edlen Lebensfreude leuchtet."[133]

Niemand konnte ahnen, dass dies das letzte Mal war, dass Hue auf einer Generalversammlung sprach. So wurde sein leidenschaftliches Plädoyer zu einem Vermächtnis eines überzeugten Gewerkschafters, der „der Jagd nach dem schnöden Mammon"[134] den Kampf ansagte, der dem Privatkapital „die Verfügungsgewalt … über die für unsere Volkswirtschaft entscheidenden bergbaulich gewinnbaren Mineralien"[135] entziehen wollte. Es war das Vermächtnis eines Sozialdemokraten, der, befreit von Koalitionszwängen, nicht mehr die Regierung verteidigen musste, sondern aus der Opposition heraus forderte, „die Diktatur einer kleinen Gruppe über das Volksganze" zu beseitigen und so „die wichtigste imperialistisch-militaristische Machtquelle" abzuschnüren.[136] Es war auch das Vermächtnis eines Patrioten, der die Bergarbeiter aufforderte, „für dieses unser Volk, dessen Sprache wir reden, dessen Blut in unseren Adern rollt", alles einzusetzen, was sie vermochten.[137]

So leidenschaftlich Hue auch kämpfte, das Spiel war zu diesem Zeitpunkt bereits verloren. Im Reichswirtschaftsrat zogen sich die Verhandlungen hin, ohne dass es zu einer Entscheidung kam.[138] Im Reichstag gab es, nach dem Umschwenken des Gewerkvereins, keine Mehrheit für eine Sozialisierung, die diesen Namen verdient hätte.[139] Zudem veröffentlichten das Auswärtige Amt und das Reichsjustizministerium im Februar 1921 ein neues Gutachten, nach dem die Alliierten durchaus ein Zugriffsrecht auf einen sozialisierten Bergbau hätten.[140]

Auch wenn sich die Machtstrukturen so gewandelt und verfestigt hatten, dass an eine Überführung des Bergbaus in Gemeinbesitz nicht mehr zu denken war, vertrat Hue weiterhin die Überzeugung, dass die „kapitalistische auf Profit eingestellte Produktionsweise in eine sozialistische Bedarfswirtschaft" umgewandelt werden müsse.[141] Genährt wurde die Ansicht durch die „Katastrophe des Kapitalismus"[142], die Hue ausmachte. Auf der einen Seite erlitt Deutschland „eine Katastrophe der Geldwirtschaft"[143] mit

[133] Ebd., S. 339f.

[134] Ebd., S. 339.

[135] Ebd., S. 323.

[136] Ebd., S. 339.

[137] Ebd., S. 338.

[138] Wulf, Auswirkungen, S. 93ff.; Wulf, Stinnes, S. 238. – Ebenso wie die Sozialisierung des Kohlebergbaus scheiterte auch die des Kalibergbaus. Euchner, Das Ringen um die Sozialisierung.

[139] Winkler, Von der Revolution zur Stabilisierung, S. 338.

[140] Bundesarchiv Berlin R 3901/346; Wulf, Auswirkungen, S. 95f.; Wulf, Stinnes, S. 238f.; Winkler, Von der Revolution zur Stabilisierung, S. 338. Das im Jahr zuvor erstellte Gutachten des Auswärtigen Amtes war noch zu einem gegensätzlichen Ergebnis gekommen.

[141] Rede auf dem Ersten Reichsbetriebsräte-Kongreß für die Metallindustrie am 6. Dezember 1921. Protokoll, S. 74.

[142] Protokoll vom 1. Reichsbetriebsrätekongreß für den Bergbau, S. 27.

[143] Ebd.

dem gewaltigen Schub bei der Geldentwertung in der zweiten Hälfte des Jahres 1921; auf der anderen Seite ging in den Ententeländern die Industrieproduktion zurück, und es erhöhten sich die Arbeitslosenzahlen. Angesichts der „Unfähigkeit des privatkapitalistischen Systems", die Krise zu bewältigen, bot Hue als Alternative an: „Laßt ab von dieser egoistischen Ausplünderung des Volkes, zurück zur Vernunft und Inangriffnahme der Sozialisierung unserer wichtigsten Produktionsmittel! ... Nur der Geist des Sozialismus, nicht der private Egoismus [kann] uns aus diesem Sumpf hinausführen und Rettung bringen."[144] Vordringliche Aufgabe der Arbeiterorganisationen sei daher „die Durchdringung der Menschen mit sozialistischem Geist".[145]

Das hartnäckige Festhalten an der Sozialisierungsidee, obwohl es für deren Umsetzung keinerlei Aussicht mehr gab, ist als schädlich für die Verbandsarbeit kritisiert worden, da es „von den konkreten gewerkschaftlichen Aufgaben" abgelenkt hätte.[146] „Ein aufrichtiger Verzicht" hätte aber nicht die Zustimmung der Mitglieder gefunden und wäre seitens der radikalen Organisationen gegen den Alten Verband als Verrat an den Arbeiterinteressen ausgespielt worden. Der Schaden wäre noch größer ausgefallen als bei der betriebenen Politik, bei der die anderen Aufgaben ja nicht liegengeblieben sind. Allerdings wurden auf Grund der politischen Machtverhältnisse und wegen des vehementen Widerstandes der Unternehmerseite insgesamt nur wenige Erfolge erzielt.

14.4 Auf internationaler Bühne

Hue hatte sich nicht allein in Spa für die deutschen Interessen eingesetzt, sondern er wollte auch andernorts dank seiner zahlreichen Kontakte zu Gewerkschaftern in Großbritannien, Belgien und den Niederlanden die politische und wirtschaftliche Position Deutschlands verbessern. Da die internationalen Organisationen der Arbeiterschaft, „Träger des humanitären Gedankens" seien, „daß die gesamten Völker eine einzige große Familie sind", und sie „an der Erhaltung des Kapitalismus kein Interesse haben", hegte Hue die Hoffnung, dass sie für den Ausgleich der nationalen Interessen sorgen könnten.[147] Aus dieser Motivation heraus verstärkte er sein internationales Engagement nach dem Ende des Krieges.

Beim internationalen Bergarbeiterverband waren alle offiziellen Verbindungen im August 1914 zusammengebrochen.[148] Im Juli 1919 erhielt Hue in seiner Funktion als Nationalsekretär ein kurzes Schreiben von Thomas Ashton, dem Sekretär des Verbandes: „Werter Herr Hue! Man hält es für ratsam, die Mitglieder des internationalen Komitees im August d.J. zusammenzuberufen [sic!]. Würden die deutschen Vertreter dieser Versammlung beiwohnen, wenn man ihnen eine Einladung zugehen ließe?" Der Bergarbeiterverband zögerte nicht mit einer umgehenden Antwort und erklärte sich mit

144 Ebd.

145 Rede auf dem Ersten Reichsbetriebsräte-Kongreß für die Metallindustrie am 6. Dezember 1921. Protokoll, S. 76.

146 Mommsen, Die Bergarbeiterbewegung an der Ruhr, S. 298.

147 Rede auf dem Ersten Reichsbetriebsräte-Kongreß für die Metallindustrie. Protokoll, S. 74.

148 Herrmann, Geschichte, S. 169.

der Einberufung einverstanden.[149] Doch zur Wiederbelebung der Bergarbeiterinternationale war die Zeit noch nicht reif, denn die französischen und belgischen Vertreter weigerten sich, mit den deutschen an einem Konferenztisch zu sitzen.[150]

Erst im nächsten Jahr trafen sich vom 2. bis 6. August die Delegierten aus den verfeindeten Ländern in Genf zu ihrem ersten Nachkriegskongress, der nach den Worten des Präsidenten Robert Smillie nützliche Arbeit leisten und Wunden heilen sollte.[151] Ob es der einflussreichen Position Hues zu danken war, dass die Konferenz zustande kam, wie Heinrich Limbertz behauptet,[152] dafür gibt es aber keinerlei Anzeichen.[153]

Trotz des um Ausgleich bemühten Appells des Präsidenten blieb die befürchtete Auseinandersetzung nicht aus.[154] Der belgische Vertreter, unterstützt von dem französischen, warf den deutschen Organisationen ihr Verhalten während des Krieges vor. Doch diese wiesen alle Anklagen selbstbewusst zurück. Hue, den die englischen Delegierten „lebhaft" begrüßten, als er sich zu Wort meldete,[155] bestritt, dass der Bergarbeiterverband die deutschen Annexionsbestrebungen gebilligt hätte.[156] Er nutzte auch die Gelegenheit, sein Herzensanliegen, nämlich die Einrichtung eines internationalen Verteilungsbüros für Kohlen, vorzubringen. Zwar stimmten die Delegierten dem deutschen Antrag zu, doch ihre Unterstützung blieb folgenlos.[157] Die Forderung, ins Statut einen Passus aufzunehmen, dass bei einem Kriegsausbruch der Generalstreik aller Bergarbeiter ausgerufen werden sollte, hatte die deutsche Delegation in der Vergangenheit stets zurückgewiesen. Jetzt erklärte Hue in einer persönlichen Stellungnahme „aus vollem Herzen" sein Einverständnis mit dem Antrag.[158]

Parallel zum Bergarbeiterkongress tagte in Genf vom 31. Juli bis zum 5. August 1920 die II. Internationale der sozialistischen Parteien, auf der die Kriegsschuldfrage ebenfalls kontrovers diskutiert wurde. Auch hier vertrat Hue energisch den deutschen Standpunkt und protestierte gegen den Antrag der Franzosen, Deutschland für den Krieg verantwortlich zu machen. Seiner Auffassung, es könne nicht Aufgabe des Kongresses sein, über die Kriegsschuldfrage ein Urteil zu fällen, stimmten auch die Delegierten aus England und der Schweiz zu.[159]

Da das Wirken Hues auf eine Abschwächung der Friedensbedingungen abzielte und damit im Interesse der deutschen Regierung lag, erfuhr er in vielen Dingen die Unterstützung der Gesandtschaft.[160] Der deutsche Gesandte in Bern lud auch „einen erlesenen Kreis", zu dem u.a. der Bundespräsident Giuseppe Motta und die Gesandten der Niederlande und Italiens zählten, zu einem Vortrag des Bergarbeiterführers ein. Hue schilderte

[149] Beide Schreiben in: General-Anzeiger für Dortmund 207, 6.8.1919 „Wiederbelebung der gewerkschaftlichen Internationale".
[150] Herrmann, Geschichte, S. 171.
[151] Vorwärts 384, 3.8.1920 „Der Bergarbeiterkongreß".
[152] Limbertz, Otto Hue, S. 780.
[153] Zur Vorgeschichte: Herrmann, Geschichte, S. 170ff.
[154] Ebd., S. 173–178.
[155] Vorwärts 385, 3.8.1920 „Bergarbeiterstreik gegen den Krieg".
[156] Vorwärts 385, 3.8.1920 „Ein ‚Tadel' zurückgezogen".
[157] Herrmann, Geschichte, S. 259ff.
[158] Ebd., S. 176.
[159] Deutsche Allgemeine Zeitung 24.7.1920.
[160] Archiv des Auswärtigen Amtes R 34200, Telegramm (Adolf Müller) aus der Berner Gesandtschaft, 24.7.1920; Archiv des Auswärtigen Amtes R 97866, Adolf Müller an das Auswärtige Amt, 29.7.1920.

„ungeschminkt“ die Verhältnisse, die sich aus den Forderungen der Entente ergaben. „Seine sachliche und dabei wohl überlegte Deskriptive erzielte“ – so das Urteil des Gesandten – „einen ausserordentlich starken Eindruck.“ Insbesondere Bundespräsident Motta zeigte sich „tief ergriffen“ von dem Gehörten und erklärte, er „werde nicht verfehlen, die politischen Folgerungen daraus zu ziehen“.[161]

Die Pflege der internationalen Kontakte blieb in der Folgezeit ein Schwerpunkt in der Tätigkeit Hues.[162] Im September war er wiederum in der Schweiz und berichtete auf Einladung der dortigen deutschen Handelskammern über die Kohlenversorgung in Europa.[163] Im Oktober 1920 war er Referent auf der II. Internationalen Wirtschaftskonferenz in London und forderte auch hier die Gründung eines internationalen Wirtschaftsrats. Für ihn war die gegenwärtige Lage zudem der Beweis, „dass die Privatwirtschaft nicht der Weisheit letzter Schluss ist“.[164] Bei seinem Aufenthalt in England zur Zeit des Bergarbeiterstreiks nahm er als Gast an Sitzungen des Streikkomitees teil.[165] Kurze Zeit später tagte in London unter Beteiligung von Hue der Internationale Gewerkschaftskongress[166] und dann im Januar der Internationale Bergarbeiterkongress. Themen der Debatte waren u.a. die Sozialisierung des Kohlebergbaus, die Überschichtenfrage und die Schaffung einer Rohstoffverteilungsstelle.[167]

Parallel zu der Londoner Konferenz, auf der über die endgültige Festsetzung der Reparationszahlungen entschieden werden sollte, fand eine weitere Sitzung des Internationalen Gewerkschaftsbundes in Amsterdam statt. „Diese Zusammenkunft verstand sich als Alternative zur ‚kapitalistischen Diplomatie‘.“[168] Die Vorschläge der deutschen Vertreter (Peter Graßmann, stellvertretender Vorsitzender des ADGB, und Otto Hue), die sich statt der Geldzahlungen für Sachlieferungen aussprachen und eine internationale Anleihe für den Wiederaufbau forderten, wurden gebilligt und in einer gemeinsamen Resolution übernommen.[169] Im April 1921 war Hue zusammen mit den Gewerkschaftsführern Peter Graßmann, Robert Dißmann, Vorsitzender des Metallarbeiterverbandes, und Hermann Silberschmidt, Mitglied des Bundesvorstandes des ADGB, abermals in London, wo sie mit englischen Politikern und Arbeiterführern über die Reparationsfrage konferierten.[170]

Auch wenn die Gewerkschaften wenig Einfluss auf die internationalen Verhandlungen nehmen konnten, nutzte Hue weiterhin seine Reputation, um die befreundeten Organisationen als Fürsprecher Deutschlands zu gewinnen. Ende des Jahres 1921 verfasste er ein Memorandum „Die Lohn- und Preisverhältnisse im Deutschen Bergbau“[171] zur Unterrichtung der englischen Bergarbeiterorganisation. Es diente als Grundlage für

[161] Archiv des Auswärtigen Amtes R 97866, Adolf Müller an das Auswärtige Amt, 29.7.1920.
[162] Osterroth, Hue, S. 8.
[163] Vorwärts 475, 24.9.1920 „Hue über Kohlenversorgung und Preisabbau“.
[164] Lang, Die II. Internationale Wirtschaftskonferenz, S. 165.
[165] Vorwärts 520, 21.10.1920 „Hue über den englischen Streik“.
[166] Dortmunder Zeitung 508, 5.11.1920.
[167] Korrespondenzblatt 7, 12.2.1921, S. 94f. „Aus der Bergarbeiterinternationale“.
[168] Rupieper, Die freien Gewerkschaften, S. 490.
[169] Die Resolution bestätigte eine erweiterte Vorstandskonferenz vom 31. März bis 1. April, an der Hue gleichfalls teilnahm. Vorwärts 150, 31.3.1921 „Die Amsterdamer Konferenzen“; Rupieper, Die freien Gewerkschaften, S. 490f.
[170] Vorwärts 199, 29.4.1921 „Deutsche Gewerkschafter in London“.
[171] In: Archiv des Auswärtigen Amtes R 34204.

Abb. 30: Konferenz des Internationalen Gewerkschaftsbundes gegen den Krieg, 15.–16.11.1921

deren Verhandlungen mit der Regierung über die Wirkungen der Reparationskohlenlieferungen und ging ein in eine Denkschrift der Labour Party.[172] In seinen Ausführungen beschrieb Hue die verheerenden Folgen der stärker werdenden deutschen Inflation sowohl für die Lebenshaltung der Bergarbeiter wie auch für das europäische Wirtschaftssystem und belegte die Schwächen der Reparationsverträge. Weil die Kohle zu den deutschen Inlandspreisen abgerechnet werden musste, war sie im Vergleich ausgesprochen billig. Aus diesem Grund arbeiteten die deutschen Bergbaubezirken „mit vollem Betrieb", während in den Nachbarländern eine große Absatzkrise herrschte „und in den ausländischen Lagern … massenhaft unverkäufliche Kohlen" lagen. Er hoffte, dass die Einsicht zunehme, dass die „schwere Krise" „nur durch die internationalen Verständigungsmittel geheilt werden" könne.

Dank seiner Bergbaukenntnisse und seines Ansehens, das er sich in Spa erworben hatte, war Hue wieder als Sachverständiger für die Konferenz in Genua vorgesehen, auf die er sich intensiv vorbereitete.[173] Doch eine schwere Lungenentzündung verhinderte seine Teilnahme.

172 Ebd., Hue an Reichsminister Rathenau, 16.2.1922.

173 Grabrede Grzesinski. Arbeiterzeitung (Essen) 95, 24.4.1922 „Otto Hues letzte Fahrt".

15. Das Ende

15.1 Die Trauerfeierlichkeiten

Als die *Arbeiterzeitung* am 12. April meldete, dass Otto Hue wegen einer Lungenentzündung ins städtische Krankenhaus eingeliefert werden musste, war das Schlimmste zu befürchten, denn sein Gesundheitszustand war schon monatelang zuvor geschwächt.[1] Zwar sah es kurz so aus, dass er auch dieses Mal die Krankheit überwinden sollte, doch die Hoffnung war trügerisch.[2] Am 18. April endete sein Leben.[3]

Für die Arbeiterbewegung bedeutete sein Tod „ein ungeheuer schwerer Schlag“, denn mit Hue verlor „das Proletariat eine der größten und besten Persönlichkeiten, die es aus sich selbst hervorgebracht hat“.[4] Auch Reichspräsident Friedrich Ebert bekundete in seinem Telegramm an die trauernde Witwe: „Die deutschen Arbeiter, namentlich die Bergarbeiter, verlieren in dem Dahingeschiedenen einen ihrer besten und unermüdlichsten Führer, der als Sozialpolitiker und Volkswirtschaftler am politischen Leben hervorragenden Anteil nahm und sich große, unvergängliche Verdienste erworben hat.“[5] USPD und KPD kritisierten zwar seine Politik, dennoch rechneten sie Hue zu den „bedeutendsten Gewerkschafts- und Arbeiterführern“.[6] Gleichfalls zählten politische Gegner im bürgerlichen Lager den Verstorbenen zu den „kenntnisreichsten und auch einflußreichsten deutschen Arbeiterführern“.[7] Diese Beurteilungen waren nicht allein der Devise *De mortuis nihil nisi bene* geschuldet.

Speziell für die Bergarbeiterbewegung war sein Tod ein schmerzlicher Verlust, denn, wie Heinrich Limbertz zu Recht herausstellte: „Das eigentliche Lebenswerk Hues ist der Bergarbeiterverband.“[8] Bis zu seinem Tode hatte Hue die Entwicklung des Alten Verbandes geprägt und dessen Politik maßgeblich bestimmt. Er war ihr „geistiger Führer“.[9] Glei-

1 Arbeiterzeitung (Essen) 87, 12.4.1922 „Ausschußsitzungen in Genua“; Volksfreund 92, 20.4.1922 „Otto Hue“.

2 Trauerrede Husemann. Bergarbeiter-Zeitung 18, 6.5.1922.

3 Haus der Essener Geschichte/Stadtarchiv Standesamt Rüttenscheid, Sterberegister 1922 Nr. 321. – Irrtümlich gibt Mugrauer, Hue, S. 174 den 19. April an. Ihm folgen Limbertz, Otto Hue, S. 780; Schmidt, Lang war der Weg, S. 132; Lauschke, Hue, S. 166; ders., Hue, S. 55. Bei Mommsen, Einführung, S. VI ist ebenfalls ein falsches Datum (14. April) zu finden.

4 Vorwärts 184, 19.4.1922 „Otto Hue“.

5 Abgedr. u.a. in: Vorwärts 184, 19.4.1922.

6 Leipziger Volkszeitung 92, 20.4.1922 „Otto Hue gestorben“. „Zweifellos die markanteste Erscheinung in der deutschen Gewerkschaftsbewegung.“ Rote Fahne zit. nach Vorwärts 185, 20.4.1922. „Auch wir Kommunisten schätzen Hue als einen Arbeiterführer, der, vertraut wie kaum ein anderer mit dem Bergbau und den Bergarbeitern, über ein reiches und tiefes Wissen verfügte. Der ‚Alte Bergarbeiterverband‘ hat es seiner geistigen Führung vor dem Krieg größtenteils zu verdanken, daß er zum führenden Bergarbeiterverband wurde.“ Ruhr-Echo zit. nach Arbeiterzeitung (Essen) 93, 21.4.1922 „Zum Tode Otto Hues“.

7 Kölnische Zeitung 274–276, 19.4.1922 „Otto Hue“. Ebenso Hörder Volksblatt 92, 20.4.1922 „Otto Hue +“.

8 H. Limbertz, Otto Hue zum Gedächtnis; Trauerrede Husemann. Bergarbeiter-Zeitung 18, 6.5.1922.

9 Trauerrede Husemann. Bergarbeiter-Zeitung 18, 6.5.1922. Ebenso Essener Volks-Zeitung 93, 20.4.1922 „Otto Hue +“: „Er war der geistige Kopf des sozialdemokratischen Bergarbeiterverbandes, der seiner Initiative die Entwicklung vorwiegend verdankt, die er genommen hat.“

Abb. 31: Otto Hue

ches galt für die internationale (Berg-) Arbeiterbewegung. Hue war „eine der markantesten Persönlichkeiten der proletarischen Internationale. Ganz besonders gern gesehen war er in England, wo er viele Freunde hatte, aber auch wo er sonst: in Amsterdam, in Brüssel, in Paris oder in Genf als Vertreter deutscher Arbeiter sprach, fiel sein Wort gewichtig in die Wagschale, oder man trug den Apostel der Völkerversöhnung, wie seinerzeit in Genf, jubelnd auf den Schultern durch den Saal.“[10] Angesichts seiner internationalen Reputation ist es nicht überraschend, dass Nachrufe auch in ausländischen Zeitungen, u.a. in der *Times* und im *Manchester Guardian*, erschienen sind.[11]

Allgemein lobten die Nachrufe seine Tatkraft,[12] seine Sachkenntnisse[13] und seine rhetorischen Fähigkeiten[14], während sie seine negativen Eigenschaften mit dem Verweis auf seinen Geburtsort – „Otto Hue war in Charakter und Wesen ein echter Sohn der westfälischen roten Erde, knorrig und fest.“[15] – beschönigten. Heinrich Limbertz bekannte: „Wir alle wissen, daß er ein Starrkopf sein konnte.“, um sogleich als Entschuldigung anzuführen: „Aber er durfte es sein, denn er war es nicht aus unedlen

10 H. Limbertz, Otto Hue zum Gedächtnis. – „Es gab keinen internationalen Bergarbeiterkongreß, wo Hue nicht zugegen war und wo man nicht auf seine Vorschläge hörte“, urteilte die *Kölnische Zeitung*. 274–276, 19.4.1922 „Otto Hue“. – Peter Graßmann, der zusammen mit Hue zahlreiche internationale Tagungen besucht hatte, urteilte in seiner Grabrede: „In seinem internationalen Wirken lag vielleicht Hues größtes Verdienst.“ Arbeiterzeitung (Essen) 95, 24.4.1922 „Otto Hues letzte Fahrt“.

11 Hamburgisches Welt-Wirtschafts-Archiv. https://pm20.zbw.eu/mirador/?manifestId=https://pm20.zbw.eu/iiif/folder/pe/008293/manifest.json (eingesehen am 4.1.2024)

12 Vorwärts 184, 19.4.1922 „Otto Hue“; Metallarbeiter-Zeitung 17, 29.4.1922 „Otto Hue +“; Hörder Volksblatt 92, 20.4.1922 „Otto Hue +“.

13 „Er war einer der besten Kenner aller Fragen des Bergarbeiterschutzes wie der Bergbaufragen überhaupt.“ Duisburger General-Anzeiger 108, 20.4.1922 „Otto Hue +“. Arbeiterzeitung (Essen) 91, 19.4.1922 „Otto Hue +“; Richardt Woldt, Otto Hue zum Gedächtnis, in: Volkszeitung (Heidelberg) 95, 24.4.1922; Metallarbeiter-Zeitung 17, 29.4.1922 „Otto Hue +“; Bergarbeiter-Zeitung 17, 29.4.1922 „Unser Otto Hue gestorben!“; Joh. Leimpeters, Unserem unvergeßlichen Freund Hue, in: Bergarbeiter-Zeitung 18, 6.5.1922.

14 „Hues Rede war Ausstrahlung der inneren Kraft und Persönlichkeit, in seinen Worten offenbarte sich der Mann, der etwas konnte, wollte und durchzusetzen verstand. Diese Manifestation eines starken Willens schlug die Hörer in Bann, riß sie mit, erfüllte sie mit Vertrauen und Achtung.“ Vorwärts 184, 19.4.1922 „Otto Hue“. Ebenso H. Limbertz, Otto Hue zum Gedächtnis, in: Arbeiterzeitung (Essen) 92, 20.4.1922

15 Vorwärts 184, 19.4.1922 „Otto Hue“. Trauerrede Husemann. Bergarbeiter-Zeitung 18, 6.5.1922.

Motiven, sondern gestützt auf Kenntnisse, wie sie nur wenige besaßen, und immer gestützt auf innerste Überzeugung.“[16]

Fast alle Nachrufe betonen „seinen lauteren Charakter“.[17] Trotz seines Aufstiegs blieb er „als Mensch einfach und schlicht“.[18] Er habe niemals seine Herkunft verleugnet, sondern sei stolz darauf gewesen, „ein Sohn der Arbeiterklasse zu sein“.[19] Daher ist es falsch, ihn zu den „Bonzen“ zu zählen.[20] Denn: „Niemand verstand die Psyche der Bergarbeiter so gut wie Otto Hue, wenige verstanden mit den ‚Kumpeln‘ so gute Kameradschaft zu halten wie er. Im Schacht und am Biertisch, im Konferenzzimmer und im Parlament war ihm jeder Bergarbeiter Leidensgenosse und Kampfgefährte, dem er das gleiche Vertrauen und die gleiche Herzlichkeit entgegenbrachte, mit dem er auf du und du stand. Das war kein Ausfluß von Liebedienerei den Massen gegenüber sondern entsprach ganz seiner Wesensart, der nichts mehr zuwider war als die Eitelkeit und Überheblichkeit sogenannter Führer, die zuweilen ganz zu vergessen scheinen, daß auch die Wurzeln ihrer Kraft und ihres Einflusses im Fühlen und Denken der Volksmassen liegen.“[21]

Seine „Volkstümlichkeit“ war die Basis für seine Beliebtheit in der Bergarbeiterschaft. Die Nachricht von seinem Tode wurde daher mit großer Bestürzung aufgenommen. „Frauen eilten von Haus zu Haus, erzählten es der Nachbarin, Kameraden gingen über die Straßen mit einer Zeitung in der Hand, auf der Zeche gingen leise Fragen: ‚Hast du schon gehört?‘ ‚Habt ihr es schon gehört?‘ ‚Hue ist tot!“[22] Die Verehrung, die dem verstorbenen Bergarbeiterführer entgegengebracht wurde, zeigte sich bei den Trauerfeierlichkeiten am 23. April 1922. Die Bahn musste Sonderzüge einsetzen, um die Massen nach Essen bringen zu können.[23]

„Sein Beerdigungstag war sein größter Ehrentag, seine größte Versammlung“, berichtete die *Bergarbeiter-Zeitung*.[24] Er begann um 12 Uhr, als, begleitetet von vielen Kameraden, der Sarg, „welcher einfach und schlicht war wie sein Leben“,[25] von der Leichenhalle des Krankenhauses zum Saalbau überführt wurde.[26] Er fand Platz auf einem erhöhten Podium, umgeben von beinahe 500 Kränzen und Blumenschmuck. Die Ehrenwache hielten Knappen in historischer Bergmannstracht,[27] mit umflorten Grubenlampen

16 H. Limbertz, Otto Hue zum Gedächtnis. Metallarbeiter-Zeitung 17, 29.4.1922 „Otto Hue +“.

17 Leipziger Volkszeitung 92, 20.4.1922 „Otto Hue gestorben“; Vorwärts 184, 19.4.1922 „Otto Hue“; Metallarbeiter-Zeitung 17, 29.4.1922 „Otto Hue +“; Bergarbeiter-Zeitung 17, 29.4.1922 „Unser Otto Hue gestorben!“.

18 Volkswacht 92, 20.4.1922 „Otto Hue +“. Ebenso Vorwärts 184, 19.4.1922 „Otto Hue“; Severing, Otto Hue zum Gedächtnis, S. 433; Wendel, Hue, S. 113.

19 Volkswacht 92, 20.4.1922 „Otto Hue +“.

20 Den Vorwurf, ein „Bonze“ zu sein, erhebt z.B. Tampke, Ruhr and Revolution, S. 158.

21 Severing, Otto Hue zum Gedächtnis, S. 434. Ebenso Wendel, Hue, S. 113.

22 Bergarbeiter-Zeitung 17, 29.4.1922 „Unser Otto Hue gestorben!“.

23 Volkswille 95, 22.4.1922 „Zur Beerdigung des Reichs- und Landtagsabg. Genossen Otto Hue“.

24 Bergarbeiter-Zeitung 18, 6.5.1922 „So haben wir unseren Otto Hue begraben!“.

25 Ebd.

26 Zum Folgenden: Arbeiterzeitung (Essen) 95, 24.4.1922 „Otto Hues letzte Fahrt“; Bergarbeiter-Zeitung 18, 6.5.1922 „So haben wir unseren Otto Hue begraben!“.

27 Ob Hue dies gefallen hätte, darf angezweifelt werden, denn er hatte häufiger gegen die „Uniformierung“ gelästert: „Die altehrwürdige Bergmannsuniform konnte man mit Stolz tragen zur Zeit, als die Knappen noch Vorrechte vor allen anderen Arbeitern besaßen. Heute, wo der Bergmann kein einziges Vorrecht mehr hat, im Gegenteil zu den Arbeitern gehört, denen der ‚bessere Bürger‘ so weit wie möglich ausweicht, heute ist die Auszeichnung der Knappen durch Uniformirung … einfach lächerlich. An der Ruhr, in Schlesien und Sachsen lacht man ja auch

Abb. 32: Der Trauerzug zum Friedhof

in den Händen. Neben den Angestellten des Bergarbeiterverbandes, Belegschaftsdelegierten aus ganz Deutschland, Vertretern von deutschen und ausländischen Gewerkschaftsorganisationen, zahlreichen Reichs- und Landtagsabgeordneten gaben Minister Heinrich Hirtsiefer, die Regierungspräsidenten Max König und Walter Grützner, der Essener Oberbürgermeister Hans Luther, der Essener Landrat Friedrich Schöne sowie der englische, der niederländische und der polnische Konsul Hue die letzte Ehre. Nach Mendelssohns „Adagio" und einer Trauerhymne des Essener Volkschors skizzierte der Verbandsvorsitzende, Fritz Husemann, in einer „tief empfundenen Gedächtnisrede"[28] Leben und Person seines verstorbenen Freundes. Mit dem Lied „Ein Sohn des Volkes"[29] und der „Hymne an die Nacht" von Beethoven endete die Trauerfeier.

An dem Zug zum Friedhof nahmen etwa 70.000 Trauernde teil, während Zehntausende die Straßen umsäumten und ein Ehrenspalier bildeten. Nach Angabe der *Volkswacht* waren etwa 200.000 Personen auf den Beinen.[30] Am Grab wurde – nach dem Wunsch von Hue –

über den Ulk; der Bergmann ist einfach ein Lohnsklave wie jeder andere Arbeiter, … Die Ruhrbergleute werden weidlich lachen über den Mumpitz … wie wenig man im Industriegebiet [an der Ruhr] auf den ganzen Humbug von Uniform und Abzeichen giebt." O.H., Vom Deister II, in: Bergarbeiter-Zeitung 23, 4.6.1898.

28 Arbeiterzeitung (Essen) 95, 24.4.1922 „Otto Hues letzte Fahrt".

29 Die Verse des Liedes von Heinrich Pfeil entsprachen sicherlich der Selbsteinschätzung Hues: „Tief unten im Tale ging immer mein Lauf – / Zur Höhe, zur steilen, kam ich nicht hinauf. / Drum blieb ich im Herzen auch einfach und schlicht, / Und Orden und Sterne begehre ich nicht. / Wohin auch des Lebens Barke mich mag treiben – / Ein Sohn des Volkes will ich sein und bleiben!"

30 Volkswacht 96, 25.4.1922 „Die Bestattung Otto Hues".

„Ich hatt‘ einen Kameraden“ und nochmals das Lied „Ein Sohn des Volkes“ angestimmt. Dann sprach der zweite Vorsitzende des Bergarbeiterverbandes, Fritz Waldhecker, einen Abschiedsgruß. Peter Graßmann, stellvertretender Vorsitzender des ADGB, rühmte das internationale Ansehen des Verstorbenen, „dessen Stimme Gewicht hatte … nicht nur im Rate aller Proletarier der Welt, sondern im Rate der Völker“.[31] Den Reigen der Redner setzten Nikolaus Osterroth, Albert Grzesinski und Ernst Mehlich als Vertreter der Regierung, der Präsident des Reichstags, Paul Löbe, Adolf Braun, Vorstandsmitglied der Sozialdemokratischen Partei, und Heinrich Limbertz als Sprecher der Landtagsfraktion fort. Zu Wort kam noch ein Vertreter der tschechoslowakischen Bergarbeiter, der Arbeitsgemeinschaft freier Angestelltenverbände und der Deutschen Werke, in dessen Aufsichtsrat Hue gewählt worden war. Als Letzter ehrte ihn Julius Rosemann, mit dem sich Hue auf den Generalversammlungen heftige Wortgefechte geliefert hatte. Während der Würdigungen spielten sich erschütternde Szenen ab. „Männer, ergraute Kämpen der Arbeiterbewegung, weinten an seinem Grabe wie die Kinder. Und sie schämten sich nicht ihrer Tränen.“[32]

Bei der Beerdigung war ein Filmteam anwesend, dessen Aufnahmen im April und Mai 1922 in den Kinos des Ruhrgebiets gezeigt wurden.[33] Das Essener Palast-Theater präsentierte vom 28. April bis zum 1. Mai „Des großen Bergarbeiterführers M.d.R. Otto Hue letzte Seilfahrt“ als 3. Film nach „Götzendämmerung“ (Großer indischer Prunkfilm in 6 Akten) und „Die Dollarbraut“ (Großer italienischer Sensationsfilm in 5 fesselnden Akten).[34]

15.2 Nachruhm

Der Bergarbeiterverband und die Sozialdemokraten pflegten die Erinnerung an den verehrten Kameraden und Genossen. Alljährlich legten Vertreter der Organisationen einen Kranz nieder, verbunden mit einer kurzen Ansprache, in der die Redner das Wirken Hues würdigten.[35] Der 10. Jahrestag seines Todes wurde besonders begangen. Albert Martmöller hielt die Trauerrede, umrahmt von Liedern des Männergesangvereins Typographia, und es wurde eine Ehrenurkunde eingemauert.[36] Unabhängig von den Gedenkfeiern wallfahrten jährlich Tausende zum Grab,[37] das seit 1922 ein imposanter Findling schmückt.[38]

Noch in seinem Todesjahr ehrten die ersten Gemeinden Otto Hue, indem sie Straßen nach ihm benannten. Den Anfang machten Querenburg und Schonnebeck.[39] Es folgten dann Städte und Gemeinden nicht allein im Ruhrgebiet, sondern auch in anderen Bergbauregionen.[40] Nicht durchsetzen ließ sich die Umbenennung der ehemaligen

31 Bergarbeiter-Zeitung 18, 6.5.1922 „So haben wir unseren Otto Hue begraben!“.

32 Volkswacht 96, 25.4.1922 „Die Bestattung Otto Hues“.

33 Z.B. in Steele (Linden-Dahlhauser Tageblatt 102, 2.5.1922) und in Velbert (Velberter Zeitung 105, 5.5.1922).

34 Annonce in: Essener Volks-Zeitung 100, 28.4.1922.

35 Arbeiterzeitung (Essen) 91, 20.4.1923 „Zum Todestage Ottos Hues“; Duisburger General-Anzeiger 128/129, 19.4.1924 „Gedenkfeier für Otto Hue“; Arbeiterzeitung (Essen) 91, 20.4.1926 „Eine Gedächtnisfeier für Otto Hue“.

36 Volkswille 92, 20.4.1932 „Gedenkfeier für Otto Hue“; Volkswacht 95, 23.4.1932 „Ins Reich der Gräber …“.

37 Duisburger General-Anzeiger 128/129, 19.4.1924 „Gedenkfeier für Otto Hue“.

38 Dortmunder Zeitung 346, 27.7.1922 „Ein Denkmal für Otto Hue“.

39 Volkswille, 139, 16.6.1922; Arbeiterzeitung (Essen) 169, 24.7.1922.

40 Z.B. Zwickau. Frankenberger Tageblatt 123, 30.5.1923.

Abb. 33: Das Grab Otto Hues auf dem Südwest-Friedhof in Essen

Pestalozzischule in Hörde. Statt des Vorschlages Otto-Hue-Schule entschied sich die Schuldeputation für den Namen Sammelklassenschule Hörde.[41] Dass die Rote Falken Kinderfreundegruppe in Karnap den Namen Otto Hue trug, ist gleichfalls als ein Zeichen der Verehrung anzusehen wie die Widmung „In Erinnerung an … den Kameraden und Führer der Bergleute" in dem Gedichtband „Unter Tag".[42] Eher als Kuriosum ist hingegen das Programm im Vergnügungspalast Groß-Essen zu betrachten, in dem Seppl Bartelo mit seinem Zwergtheater auftrat. Als „Attraktion" bezeichnete die *Arbeiterzeitung* das Bergmannslied, in welchem Bartelo „Otto Hue seine eigene Poesie widmet".[43]

Als die Nationalsozialisten in den Kommunen die Macht übernahmen, erfolgte die Umbenennung der Hue-Straßen, was nach 1945 wieder rückgängig gemacht wurde.[44] Dass die Wertschätzung Hues nach dem Zweiten Weltkrieg nicht verloren gegangen ist, dafür zeugen die zahlreichen Neubenennungen von Straßen und Plätzen. Zurzeit tragen in Deutschland mehr als 30 Straßen, Wege oder Plätze seinen Namen – zumeist im Ruhrgebiet, aber auch im rheinischen Braunkohlenrevier (Erftstadt und Frechen) oder im Saarland (Sulzbach).[45] Die IG Bergbau benannte ihr – nicht mehr existierendes – Schulungsheim in Amshausen ebenso nach dem verehrten Bergarbeiterführer wie die Arbeiterwohlfahrt Essen ihr Seniorenheim. Es gibt sogar einen Otto-Hue-Kleingartenverein in Hörde, gegründet 1946, und einen BVB Fanclub Otto Hue. Doch mit den Jahren verblasste die Erinnerung. Zu seinem 50. Todestag lässt sich keine Notiz in der Gewerkschaftszeitung finden. Auch gab es keine Feier an seinem Grab. Ähnlich sah es im April 2022 aus. Der Vorstand der Industriegewerkschaft Bergbau-Chemie-Energie zeigte kein Interesse an einer Veranstaltung. Lediglich die Essener SPD organisierte eine kleine Gedenkfeier am Grab, bei der auch die Nachfahren von Otto Hue anwesend waren.[46] Der „ungekrönte König" der deutschen Bergarbeiterschaft ist mit dem Niedergang des Bergbaus selbst im Ruhrgebiet in Vergessenheit geraten.

41 Hörder Volksblatt 36, 12.2.1931.

42 Unter Tag. Bergbau- und Bergarbeiterdichtung unsrer Zeit. – Für den Hinweis auf das Bändchen danke ich Horst Delkus.

43 Arbeiterzeitung (Essen) 186, 12.8.1922.

44 Für Westfalen: https://www.lwl.org/westfaelische-geschichte/nstopo/strnam/Jahr_1933.html (eingesehen am 14.9.2023). Für Essen: Dickhoff, Entnazifizierung und Entmilitarisierung der Straßennamen, S. 81.

45 https://www.zeit.de/interactive/strassennamen/index.html (eingesehen am 14.9.2023).

46 https://www.spd-holsterhausen.de/termin/gedenkfeier-zum-100-todestag-von-otto-hue/ (eingesehen am 21.9.2023).

Zusammenfassung

Otto Hue war als Waisenkind aus ärmsten Verhältnissen zum Reichstagsabgeordneten und potentiellen Minister aufgestiegen. Er gehörte damit nicht nur zur sozialdemokratischen Elite im Kaiserreich, sondern auch zur politischen Elite zu Beginn der Weimarer Republik. Für seinen Aufstieg lassen sich mehre Faktoren anführen. Erstens ist auf seinen kräftezehrenden rastlosen Einsatz sowohl für die Gewerkschaft wie auch für die Partei zu verweisen, wodurch er seine schon von Geburt an schwache Gesundheit völlig ruinierte. Zweitens: Sein im Selbststudium angeeigneter Wissensschatz, erworben durch unermüdliche Lektüre der Fachliteratur, amtlicher Publikationen und Statistiken, Zeitungen und Zeitschriften, Geschäftsberichte der Firmen und Unternehmerorganisationen, machte ihn zum Experten sowohl in Bergbaufragen wie auch in Fragen des Arbeitsschutzes – speziell in der Eisen- und Stahlindustrie, was auch seine politischen und gewerkschaftlichen Gegner – zumindest intern – eingestanden.[1] Hue besaß – drittens – schriftstellerische Fähigkeiten, die es ihm erlaubten, sowohl wissenschaftlich anerkannte Geschichtsbücher als auch – wenn nötig – polemische Artikel in der Verbandszeitung zu schreiben. Seine Publikationen und Stellungnahmen, die bei politischen Fragen keineswegs der parteioffiziösen Linie entsprachen und entsprechende Gegenreaktionen auslösten, verschafften ihm Aufmerksamkeit und machten ihn reichsweit bekannt. Viertens ist sein rednerisches Geschick zu betonen. Wo Hue „in Versammlungen auftrat, strömten ihm die Massen zu. Er war der geborene Volkstribun."[2] Er gewann – fünftens – das Vertrauen und die Anerkennung in der (Berg)Arbeiterschaft durch seine Tätigkeit, wobei er auch persönliche Nachteile in Kauf nahm. Auf der Kruppschen Gussstahlfabrik verlor er seinen Arbeitsplatz wegen seines politischen Engagements, und als verantwortlicher Redakteur der *Bergarbeiter-Zeitung* wurde er mehrfach verurteilt und musste einige Wochen im Gefängnis verbringen. Hue, der auf hunderten von Versammlungen, in den Parlamenten und in unzähligen Veröffentlichungen für die Interessen der Bergleute eintrat, galt „als der berufene Anwalt der Werktätigen"[3]. Sein Kampf machte ihn zugleich „zum bestgehaßten Mann des Zechenverbandes"[4]. Dass sich Hue großer Beliebtheit bei den Mitgliedern des Bergarbeiterverbands erfreute, erklärt sich zudem durch seine „schlichte, unverbonzte Haltung".[5] Seine Mitstreiter betonten immer wieder, dass er „zu jedem Kumpel und jeder Bergmannsfrau kameradschaftlich war".[6] Er war auch als Reichstagsabgeordneter ein „jovialer Kumpel aller Kumpels, dem trotz

1 August Pieper hielt ihn für den „besten Kenner der sozialen Verhältnisse in der Bergwerks- u. auch Eisenindustrie". Pieper an Lujo Brentano, 27.4.1905. Quellensammlung zur Geschichte der deutschen Sozialpolitik 1867 bis 1914, IV. Abt., Bd. 1: Das Jahr 1905, Nr. 165, S. 319f.

2 Sommerlad, Vom „Hessebub", S. 93f.

3 Ebd., S. 93.

4 Mommsen, Einführung, S. VI.

5 Osterroth, Jugendsekretär, S. 71.

6 Ebd.

aller Arbeit das eingehendste Gespräch mit dem Bergmann oder anderem Arbeiter Genuß und Bedürfnis war".[7] Weil er sich – wie andere Gewerkschafter auch – unter seinesgleichen wohlfühlte, konnte er die Bedürfnisse der Bergarbeiter treffend artikulieren.[8]

Nicht zu übersehen sind allerdings seine negativen Eigenschaften. Obwohl Hue selbst betonte, dass „die persönliche Herabsetzung des Gegners" bei Diskussionen in der Arbeiterbewegung nicht statthaft sei,[9] hielt er sich nicht an diese Richtschnur. Er vertraute bei partei- und gewerkschaftsinternen Diskussionen nicht allein auf die Macht seiner Argumente, sondern griff die Kontrahenten vielfach persönlich an. Dabei schürte er auch ausländerfeindliche Ressentiments, wenn er beispielsweise von den „Machenschaften der ‚Sobelsohn-Leute'"[10] sprach. Ebenso war seine Charakterisierung der Zuwanderer aus dem Osten nicht frei von zeittypischen rassistischen Vorurteilen. Hue, der bei den innerparteilichen Streitigkeiten statt des Floretts lieber den Holzhammer nutzte, reagierte hingegen selbst auf die Attacken seiner Gegner wie eine Mimose. Hinzu kam eine geringe Bereitschaft, die Verantwortung für sprachliche Entgleisungen und Fehler zu übernehmen, und eine an den Tag gelegte Starrköpfigkeit.

Obwohl er als Bergfremder von den Mitgliedern anfangs mit großer Skepsis aufgenommen wurde, stieg Hue nicht zuletzt aufgrund seiner unermüdlichen Agitationsarbeit in den Bergrevieren zum eigentlichen Führer des Bergarbeiterverbandes auf. Als Redakteur der *Bergarbeiter-Zeitung* setzte er die Themen und konnte als Meinungsführer gegen alle Widerstände den neuen Kurs durchsetzen. Er bestimmte maßgeblich die Strategie und Taktik des Alten Verbandes, der sich nun zur politischen und religiösen Neutralität bekannte, um möglichst alle Bergleute zu organisieren.

Dass der Alte Verband, der 1895 vor dem Untergang stand, einen Wiederaufstieg erlebte, den Gewerkverein übertraf und zur größten Bergarbeitergewerkschaft in Deutschland anwuchs, war natürlich nicht allein der Tätigkeit Hues geschuldet, sondern der wirtschaftliche Aufschwung am Ende des Jahrhunderts trug das seinige dazu bei. Doch allgemein sprach man ihm das Verdienst für die Konsolidierung und das Wachsen des Verbandes zu.

Hue als überzeugter Sozialist lehnte zwar das kapitalistische Wirtschaftssystem ab und verurteilte die Ausbeutung der Arbeiter durch die Unternehmer, doch da er der Überzeugung war, dass der „große Kladderadatsch" noch in weiter Ferne wäre, und für ihn auch kein gewaltsamer Umsturz in Frage kam, erstrebte er, auf dem Boden der bestehenden Gesellschaftsordnung mit allen gesetzlichen Mitteln möglichst günstige Lohn- und Arbeitsbedingungen zu erzielen. Grundvoraussetzung für gewerkschaftliche Erfolge war aber eine starke Organisation von geschulten disziplinierten Mitgliedern. „Denn mit völlig verarmten, verzweifelten, undisziplinierten Proletariern, die niedergedrückt von der Arbeitslast, geistig abgestumpft durch die monotone, schwere Beschäftigung sind, können die kapitalistischen Wälle wohl gelegentlich berannt, aber es

[7] H. Limbertz, Otto Hue zum Gedächtnis, in: Arbeiterzeitung (Essen) 92, 20.4.1922. Bergarbeiter-Zeitung 17, 29.4.1922 „Unser Otto Hue gestorben!". – „Er fühlte sich am wohlsten unter seinesgleichen, unter seinen Kameraden und Berufsgenossen", erklärte der Reichstagspräsident Paul Löbe in seinem Nachruf am 10.5.1922, S. 7053.

[8] Beier, Richter, S. 263.

[9] O.H., Die Bergarbeiter in der internationalen Arbeiterbewegung I, in: Arbeiter-Zeitung (Dortmund) 42, 19.2.1909.

[10] Dortmunder Zeitung 403, 10.8.1915.

kann keine eroberte wichtige Position dauernd behauptet und ausgebaut werden.“[11] Aus diesem Grunde legte Hue wie auch andere Gewerkschafter solches Gewicht auf den Ausbau der Organisation, auf die Schulung der Mitglieder und auf deren Disziplin.

Otto Hue träumte von einer Einheitsorganisation aller Bergarbeiter, die ein Gegengewicht gegen die Macht der Unternehmer bilden und letztere an den Verhandlungstisch bringen sollte. Doch mit dem christlichen Gewerkverein und der polnischen Berufsvereinigung waren einerseits mächtige Konkurrenten entstanden. Andererseits blieben viele Bergleute unorganisiert oder schlossen sich sogar wirtschaftsfriedlichen Verbänden an. Hue verkannte keineswegs, dass die milieuspezifischen Mentalitäten die Haltung der Bergarbeiter vielfach stärker prägten als die Klassenverhältnisse.[12] Der Bergarbeiterverband, der Gewerkverein und die polnische Berufsvereinigung unterschieden sich trotz der Gemeinsamkeit in vielen Einzelfragen fundamental in ihren Grundeinstellungen. War für ersteren die Bergarbeiterschaft eine soziale Klasse, die im Klassenkampf gegen die Unternehmer für eine bessere Gegenwart und Zukunft, für die Verwirklichung des Sozialismus‘, stritt, lehnte die christliche Gewerkschaft diese von Marx ausgehende Interpretation strikt ab. Sie setzte, basierend auf ihre religiöse Überzeugung, vielmehr auf die Kooperation mit den Arbeitgebern, um die Lage der Arbeiter zu verbessern. Keineswegs dachte sie an einen Umsturz des gesellschaftlichen Systems. Bei der Berufsvereinigung standen die Erhaltung und Pflege der nationalen Identität im Vordergrund. Solange diese Weltanschauungen wirkmächtig blieben, lief die Beteuerung der politischen und religiösen Neutralität ins Leere, war an eine Verschmelzung der Verbände nicht zu denken. Daher scheiterte die Huesche Umarmungsstrategie ebenso wie auch der harte mit Polemiken gespickte Konfrontationskurs gegen den Gewerkverein.

Hue konstatierte sehr wohl, dass sich „die nationalistischen und kirchenpolitischen Ablenkungsmanöver … in der Arbeiterbewegung sehr oft stärker erwiesen [hätten] als das aus der großkapitalistischen Entwickelung naturgemäß erwachsende proletarische Solidaritätsgefühl“,[13] dennoch verfiel er nicht in Resignation. Er war vielmehr weiterhin davon überzeugt, dass es früher oder später zu einem Zusammenschluss der Organisationen kommen werde. Denn: „Besseren Lohn fordert jeder Arbeiter, sobald er über seine wirtschaftliche Lage im Klaren ist. Hungern tut der sozialdemokratische so gut wie der ultramontane und freisinnige Arbeiter.“[14] Der Bergarbeiterverband müsse daher „seine Methode so einrichten, daß die wirtschaftliche Interessensolidarität stärker als alles andere allen Proletariern zum Bewußtsein gebracht wird!“[15] Doch alle Aufklärungsarbeit zeitigte angesichts der gefestigten katholischen und polnischen Lager im Kaiserreich kaum Wirkung.

Die Spaltung in Verbände, die weniger das Gemeinsame herausstellten, sondern eher das Trennende betonten,[16] schwächte die Bergarbeiterbewegung bei der Durchsetzung ihrer Interessen. „Was wir fordern, ist die Achtung vor der Menschenwürde, ein den modernen Betriebsverhältnissen angepaßter Leibes- und Lebensschutz und die aus-

11 Otto Hue, Die Bergarbeiter in der internationalen Arbeiterbewegung III, in: Arbeiter-Zeitung (Dortmund) 46, 24.2.1909.
12 O.H., Die Bergarbeiter in der internationalen Arbeiterbewegung I.
13 Ebd.
14 Protokoll der Generalversammlung 1900, S. 7f.
15 O.H., Die Bergarbeiter in der internationalen Arbeiterbewegung I.
16 James, Trade Union Development.

reichende Befriedigung der materiellen Bedürfnisse des Bergarbeiters," hatte Hue im Schlusswort seiner Bergarbeitergeschichte dargelegt. Hue und die anderen Gewerkschaftsführer forderten angesichts der hohen Unternehmensgewinne höhere Löhne, kämpften angesichts der Schwere der Arbeit für eine kürzere Arbeitszeit, deckten die Missstände auf den Schachtanlagen auf, traten für entsprechende Verbesserungen bei der Arbeitssicherheit ein. Wenn der *Volksfreund* allerdings behauptete: „Was an deutschem Bergarbeiterschutz in dem letzten Vierteljahrhundert geschaffen worden ist, ist zu einem nicht geringen Teile Otto Hues Werk",[17] so überschätzte er maßlos dessen Einflussmöglichkeiten.[18] Eine Verbesserung der Lebens- und Arbeitsbedingungen war nicht die direkte Folge gewerkschaftlicher Aktionen, sondern kam „eher durch die Existenz der Gewerkschaften an sich"[19] zustande.

Sie fielen aber, gemessen an der Zielsetzung, recht bescheiden aus. Zwar waren die Reallöhne zum Ende des Jahrhunderts gestiegen, doch in der Vorkriegszeit stagnierten sie. Ein auskömmliches Leben erlaubten sie allenfalls den jungen gesunden Bergarbeitern. Ein verheirateter Bergmann mit der traditionell hohen Kinderzahl konnte seine „materiellen Bedürfnisse" kaum befriedigen, und Alter und Krankheit brachten ihn an den Rand des Existenzminimums und ins Armenhaus. Auch mangelte es am ausreichenden „Leibes- und Lebensschutz" auf den Zechen, das bewiesen allein die hohen Unfallziffern, und von einer „Achtung vor der Menschenwürde" konnte bei dem herrschenden Grubenmilitarismus keine Rede sein.

Im krassen Gegensatz zur Zersplitterung der Bergarbeiterbewegung stand die Einheitlichkeit der Gegenseite. Die Kohlenbarone beharrten auf ihrem Herr-im-Haus-Standpunkt und lehnten Verhandlungen mit den Gewerkschaften kategorisch ab. Hue war sich der Machtlosigkeit der Gewerkschaften durchaus bewusst. „Die Unternehmer im Ruhrgebiet werden wir überhaupt nicht besiegen," erklärte er im Oktober 1911, „dem Kirdorf und Genossen können wir sowenig das Brot als den Kohlenabsatz hinwegstreiken."[20] Aus diesem Grund trat er in den Jahren zuvor als „Bremser" in den Versammlungen auf, wenn die Rufe nach einem Streik ertönten. Wenn aber der Bergarbeiterverband 1912 trotz der zitierten Einsicht zusammen mit der Polnischen Berufsvereinigung und dem Hirsch-Dunckerschen Gewerkverein zum Arbeitskampf aufrief, so war es der verzweifelte Versuch, den Zechenverband doch noch an den Verhandlungstisch zu bringen. Da die preußische Berggesetzgebung nach dem Streik 1905 keineswegs den Erwartungen Hues entsprach, seitens der Regierung und des Abgeordnetenhauses also nur wenig Unterstützung für die gewerkschaftlichen Forderungen zu erwarten war, setzte Hue alle Hoffnungen auf einen Wandel des Unternehmerstandpunktes. Die negativen Auswirkungen eines Streiks für alle Beteiligten sollten die Bergbauindustriellen davon überzeugen, dass ein Übereinkommen mit den Gewerkschaften für alle Beteiligten besser wäre als ihre starre Verweigerungshal-

[17] Volksfreund 92, 20.4.1922 „Otto Hue".

[18] Gleiches gilt für Alfred Janschek, der in der Auseinandersetzung mit Heinrich Imbusch der Ansicht war: „Herr Hue hat zur Sicherheit der Grubenbergarbeiter viel mehr beigetragen, als Sie Zeit Ihres Lebens es zustande bringen werden." Reichstagsrede am 2.7.1921, Verhandlungen, S. 4325. Ebenso für Mugrauer, Hue, S. 166: „Manche Reform, die der Bergbau vor dem Krieg erlebte, ist auf seine Anregung zurückzuführen, ...". – Auch Hans Mommsen sprach Hue das Verdienst zu, dass seine Broschüren „den Weg zu grundlegenden Reformen" geöffnet hätten. Mommsen, Einführung, S. VII.

[19] Tenfelde, Probleme, S. 55.

[20] LAD NRW Abt. Rheinl. Reg. Düsseldorf Präsidialbüro 846, Protokoll der Konferenz der Vorstände am 12.10.1911 in Oberhausen.

tung. Der Versuch scheiterte kläglich, da der Gewerkverein den Ausstand verurteilte und nicht daran teilnahm. Dennoch war die Idee der Arbeitsgemeinschaft bei Hue bereits im Kaiserreich stark ausgeprägt, und das erklärt auch, warum er am Ende des Krieges sofort auf das Kooperationsangebot von Stinnes einging.

Otto Hue spielte in der sozialdemokratischen Partei der Vorkriegszeit keine entscheidende Rolle, gleichwohl gehörte er als Abgeordneter des Reichstags und dann des Landtags sowie als Redner auf Parteitagen zur Parteielite. Er vertrat bei den Auseinandersetzungen über den Reformismus oder die Budgetbewilligung stets eine Minderheitsmeinung. Zwar ist er wie andere Gewerkschafter auf dem rechten Flügel zu verorten, doch er zählte sich nicht zum Kreis der Revisionisten um Eduard Bernstein. Hue sah sich als Praktiker, der aus seiner Geringschätzung der Parteitheoretiker und ihren „Flohknackereien“[21] keinen Hehl machte. Er war als Sozialdemokrat vor allem Gewerkschafter, wie es seine Diskussionsbeiträge zeigen. Auch das Schwergewicht seiner parlamentarischen Tätigkeit im Kaiserreich lag auf gewerkschaftlichem Gebiet. Er behandelte in seinen Reden vor allem Fragen der Montanindustrie. Er beschrieb als erster im Reichstag die katastrophalen Arbeitsverhältnisse in den Werken der Eisen- und Stahlindustrie und initiierte damit die ersten bescheidenen Maßnahmen zum Schutz der Hüttenarbeiter.

Hue bekämpfte das undemokratische Dreiklassenwahlrecht, rügte die wilhelminische Klassenjustiz, die mit zweierlei Maß urteilte, und setzte sich für die Rechte der nationalen Minderheiten ein. Als Abgeordneter kritisierte er die unsoziale Steuerpraxis des Kaiserreichs auf schärfste, da sie die Besitzenden schonte, hingegen die ärmeren Schichten durch die Erhebung von Verbrauchssteuern besonders belastete.

Ziel seiner politischen Aktivitäten war, das Deutsche Reich in „ein Land der Freiheit und Gerechtigkeit“ umzuwandeln.[22] Um das zu erreichen, sollte die SPD keine Klassenpartei bleiben, sondern eine „sozialpolitische, radikale Reformpartei“ werden, wählbar für alle „fortschrittlich gesinnten bürgerlichen Wähler“.[23] Doch auch in diesem Punkt vertrat Otto Hue nur eine Minderheitsmeinung.

Den politischen Umbruch im November 1918 betrachtete Otto Hue, der nach eigenen Worten „30 Jahre als Sozialist für Freiheit, Demokratie und gleiches Recht gekämpft“ hatte,[24] voller Freude. Er begrüßte vor allem die Abschaffung des verhassten preußischen Dreiklassenwahlrechts und die Auflösung des Herrenhauses. Der alte Landtag, Hort des Konservatismus, der stets grundlegende Änderungen des Bergrechts verhindert hatte, gehörte der Vergangenheit an.

Hue, der Multifunktionär, trug, auch wenn er nicht in der allerersten Reihe stand und nicht Minister werden wollte, Verantwortung für das neue Staatswesen. Und diese Bürde lastete schwer auf ihm. Absolute Priorität besaß für ihn die Beseitigung der gewaltigen Kohlennot, die nach dem Kriegsende herrschte, denn die Erhöhung der Kohlenförderung war die Grundvoraussetzung für die Wiederbelebung der deutschen Volkswirt-

21 Otto Hue, Partei und Gewerkschaft. Ein Wort an den Jenaer Parteitag, in: Die Neue Gesellschaft 25, 20.9.1905, S. 290–293, S. 293.

22 Otto Hue, Die volkswirtschaftliche Bedeutung der Kartelle, Syndikate und Trusts, in: Arbeiterzeitung (Essen) 245, 20.10.1908.

23 Otto Hue, Die bürgerlichen Parteien und die Sozialdemokratie, in: Sozialistische Monatshefte (1906) 9, S. 720–726, S. 726.

24 Essener Volks-Zeitung 345, 13.12.1918.

schaft und für die Erfüllung der Reparationsforderungen. Das Verantwortungsbewusstsein für die gesamtstaatliche und gesamtwirtschaftliche Entwicklung prägte maßgeblich sein politisches Handeln. Ihm war wie anderen Sozialdemokraten vom „Typus Ebert“[25] das Schicksal der jungen Demokratie wichtiger als die ureigenen Gewerkschaftsinteressen. Aus dem engagierten Befürworter der Verstaatlichung des Bergbaus war jetzt ein vorsichtiger, abwartender Mahner geworden. Hue sprach sich in den Revolutionsmonaten gegen die Sozialisierung aus, da deren Folgen nicht abzuschätzen waren. Ebenso lehnte er die sofortige Einführung der Sechsstundenschicht ab und setzte sich vielmehr für das Verfahren von Überschichten ein. Der von Hue eingeschlagene Kurs enttäuschte die hochgesteckten Erwartungen der Bergleute. Die Unzufriedenheit in der Bergarbeiterschaft wuchs. Streiks erschütterten die Bergreviere, und ihre Bekämpfung nahm bürgerkriegsähnliche Formen an. Der Alte Verband verlor an Stärke, während die Unionisten und Syndikalisten großen Zulauf verzeichneten. Diese weitere Zersplitterung der Bergarbeiterbewegung musste gerade Hue schmerzen, der doch – nach eigenen Worten – die Einigung der Bergleute als sein Lebenswerk ansah[26] und die Hoffnung „auf die Einheitsfront des Proletariats“ nicht aufgeben wollte.[27]

Sein Handeln wurde – und wird – kontrovers beurteilt. Während der *Vorwärts* seine Verdienste bei der Stabilisierung der Kohleförderung als „eine ungeheure nationale Tat“ herausstellte,[28] kritisierte die *Rote Fahne* die verfolgte Politik: „Den Bergarbeiterverband, in dem er den ausschlaggebenden Einfluß hatte, machte er völlig zu dem Instrument der Arbeitsgemeinschaft mit den Kohlengewaltigen ... Das revolutionäre Proletariat kann nicht vergessen, daß Hue alle seine Kenntnisse und alle seine Fähigkeiten, die nicht geringe waren, in den Dienst der Ausgleichspolitik mit der Kapitalistenklasse gestellt hat.“[29] Ähnlich urteilte die *Leipziger Volkszeitung*: „Gleich anderen Gewerkschaftsführern geriet er ins Fahrwasser des Arbeitsgemeinschaftsgedankens, dessen eifriger und zum Teil auch einseitiger Vertreter er gewesen ist.“ Sie bezeichnete „seine durch die Koalitionspolitik der SPD ... bedingte große Rücksichtnahme auf die berühmten Staatsnotwendigkeiten als sehr bedenklich“, zumal dadurch der Kampf um die Sozialisierung des Bergbaues „nicht gerade sehr gefördert worden“ wäre.[30]

Auch von Historiker*innen ist das Handeln der Mehrheitssozialdemokraten und der Gewerkschafter häufig kritisiert worden. Ihnen wurde vorgeworfen, nicht kraft revolutionären Rechts die Sozialisierung des Bergbaus unmittelbar nach dem Umsturz in Angriff genommen zu haben.[31] Ob die Weimarer Republik ein festeres Fundament bekommen hätte, wenn die Zechenbesitzer enteignet worden wären, kann nur unterstellt werden.[32] Obwohl Hue durchaus nicht blind war gegenüber den Gefahren, die von den Montanindustriellen wie Stinnes, Thyssen, Reusch etc. ausgingen und obwohl

25 Mühlhausen, Der Typus Ebert.

26 LAD NRW Abt. Westf. Oberpräsidium Münster 2847 Bd. 9, Überwachungsbericht über die Belegschaftsversammlung der Zechen Friedlicher Nachbar und Baaker Mulde am 26.3.1904.

27 Richardt Woldt, Otto Hue zum Gedächtnis, in: Volkszeitung (Heidelberg) 95, 24.4.1922.

28 Vorwärts 184, 19.4.1922 „Otto Hue“.

29 Rote Fahne zit. nach Vorwärts 185, 20.4.1922.

30 Leipziger Volkszeitung 92, 20.4.1922 „Otto Hue gestorben“.

31 Z.B. Tenfelde, Kapp-Putsch, S. 41f.

32 Wirsching, Die paradoxe Revolution, S. 11 vertritt die Auffassung, dass im bürgerlichen Lager eine „demokratisch nicht legitimierte Sozialisierung als schwerster Rechtsbruch empfunden worden“ wäre und entsprechende Gegenreaktionen ausgelöst hätte. Ebenso Gerwarth, Die größte aller Revolutionen, S. 198.

er als überzeugter Sozialist den Kapitalismus überwinden wollte,[33] setzte er sich nach dem politischen Umsturz nicht für die Sozialisierung ein, zum einen weil er zu diesem Zeitpunkt ein die Existenz des Staates gefährdendes wirtschaftliches Chaos befürchtete. Zum anderen war er als Demokrat der festen Überzeugung, dass allein die Nationalversammlung eine solch grundlegende Entscheidung treffen dürfe. Erst als sich die wirtschaftliche Lage konsolidiert hatte, forderte er, „die Verfügungsgewalt über die Bodenschätze“ den „privatkapitalistischen Trustleitern“, „die überdies bekanntlich vorwiegend Feinde des demokratischen Volksstaats sind“, zu entziehen.[34] Es war die Tragik seines Lebens, dass sich nunmehr die Machtverhältnisse geändert hatten und dass es für dieses Ziel keine Mehrheit der Wähler*innen gab.

Die Anerkennung der Bergarbeiterverbände durch die Unternehmer, die er durch seine Gespräche mit Hugo Stinnes eingefädelt hatte, betrachtete Hue als Krönung seines gewerkschaftlichen Bemühens. Doch die Bilanz der Arbeitsgemeinschaftspolitik fiel bescheiden aus. Die Schichtzeitverkürzung auf sieben Stunden hatte nicht der Bergarbeiterverband durchgesetzt, sondern die streikenden Bergarbeiter erkämpft. Ansonsten waren kaum Erfolge zu verzeichnen. Der verhasste Grubenmilitarismus bestimmte weiterhin die Arbeitsverhältnisse, und die Belegschaften erhielten keine entscheidenden Mitbestimmungsrechte in betrieblichen Angelegenheiten. Die selbstgesetzten Ziele erreichten Hue und der Bergarbeiterverband auch in der Weimarer Republik nicht annähernd.

Wenngleich trotz aller Anstrengungen nur geringe Fortschritte erzielt wurden, so stellte sich bei Hue keine Resignation ein. Er sah seine Tätigkeit nicht als „Sisyphusarbeit“ an, sondern er verrichtete sie stets in dem festen Bewusstsein, „daß wir für das Beste gestrebt haben“.[35] Vieles von dem, was er, teils sein Leben lang, propagierte, wurde dann nach den Ereignissen und Erfahrungen in der NS-Zeit verwirklicht. Mit der IG Bergbau erfüllte sich sein Traum der Einheitsgewerkschaft, in der fast alle Bergarbeiter, ungeachtet ihrer politischen Einstellung und ihrer Religionszugehörigkeit, zusammenfanden. Die Montanmitbestimmung ermöglichte eine gewichtige Einflussnahme der Belegschaften auf die Unternehmensentscheide. In der Montanunion arbeiteten die einst verfeindeten Regierungen zusammen. Und was den Praktiker Hue besonders gefallen hätte, war die basisnahe Interessensvertretung im Ruhrgebiet, bei der Gewerkschaft und SPD Hand in Hand arbeiteten.[36] Otto Hue bereitete mit seinem Kampf für die Interessen und den sozialen Aufstieg der Bergarbeiter den Boden für diese Entwicklung nach dem Zweiten Weltkrieg.

Wenn er seine weitgesteckten Ziele zu Lebzeiten nicht erreichen konnte, so verehrten ihn dennoch die Kumpel an der Ruhr und in den anderen Bergrevieren für seinen rastlosen Einsatz. „Er war der geistige Führer der deutschen Bergleute, ihr starkes Herz, einer ihrer treuesten Kameraden.“ war im Vorwort zur Gedichtsammlung „Unter Tag“ zu lesen.[37] Und der 2. Vorsitzende, Friedrich Waldhecker, würdigte ihn auf der 25. Generalversammlung mit den Worten: „Als stark erprobter Kämpfer hat er vor und

[33] Landtagsrede am 9.12.1920, Stenogr. Berichte, Sp. 14783f.

[34] Hue, Die Sozialisierung der Kohlenwirtschaft, S. 22.

[35] Otto Hue, Die volkswirtschaftliche Bedeutung der Kartelle, Syndikate und Trusts, in: Arbeiterzeitung (Essen) 245, 20.10.1908.

[36] Zimmermann, „Geh zu Hermann, der macht dat schon“.

[37] Osterroth, Einleitung, S. 11.

Abb. 34: Otto Hue, Radierung von Hermann Kätelhön

während des Krieges, insbesondere nach Beendigung desselben, bis zu seinem Tode mehr wie einmal das Verbandsschiff durch die aufgeregten Wogen der Zeit, vorüber an zahllosen heimtückischen Riffen, in den sicheren Hafen geführt. Hue war nicht nur Vorkämpfer der Bergarbeiter, sondern auch ihr Erzieher. Was Hue in aufopfernder Arbeit im Ringen mit den feindlichen Gewalten und im Ringen mit der Unwissenheit und dem Unverstand der Massen geleistet hat, das läßt sich nicht in Worte kleiden, die denkende Arbeiterschaft wird es ihm nie vergessen. Er war uns Führer und Wegbereiter, ein treuer Freund der Arbeitermassen."[38]

[38] Protokoll, S. 47.

Abkürzungsverzeichnis

Abt. Rheinl.	Abteilung Rheinland
Abt. Westfalen	Abteilung Westfalen
ADGB	Allgemeiner Deutscher Gewerkschaftsbund
Art.	Artikel
A.u.S.R.	Arbeiter- und Soldaten-Rat
BVB	Ballspielverein Borussia Dortmund
Correspondenzblatt	Correspondenzblatt der Generalkommission der Gewerkschaften Deutschlands
DDP	Deutsche Demokratische Partei
DNVP	Deutschnationale Volkspartei
DVP	Deutsche Volkspartei
IG	Industriegewerkschaft
KPD	Kommunistische Partei Deutschlands
LAD NRW	Landesarchiv Nordrhein-Westfalen
MS	Manuskript
MSPD	Mehrheitssozialdemokratische Partei Deutschlands
NL	Nachlass
RGBl.	Reichsgesetzblatt
RWKS	Rheinisch-Westfälisches Kohlensyndikat
SPD	Sozialdemokratische Partei Deutschlands
Stenogr. Berichte	Stenographische Berichte über die Verhandlungen des Preußischen Hauses der Abgeordneten
USPD	Unabhängige Sozialdemokratische Partei Deutschlands
Verhandlungen	Stenographische Berichte über die Verhandlungen des Reichstags/Verhandlungen der verfassung-gebenden Deutschen Nationalversammlung
VSWG	Vierteljahresschrift für Sozial- und Wirtschaftsgeschichte

Quellen- und Literaturverzeichnis

Archivbestände

Archiv des Auswärtigen Amtes

Archiv im Haus der Geschichte des Ruhrgebiets
– IG Bergbau und Energie
– Nachlass Imbusch
– Nachlass Weeke

Bergbau-Archiv Bochum
– Bestand 14 Zechenverband
– Bestand 15 Fachgruppe/Wirtschaftsgruppe Bergbau
– Bestand 20 Fried. Krupp Bergwerke AG
– Bestand 33 Rheinisch-Westfälisches Kohlensyndikat
– Bestand P Plakate und Flugblätter

Bundesarchiv Berlin
– R 43 II Reichskanzlei
– R 3105 Sozialisierungskommission
– R 3901 Reichsarbeitsministerium
– N 2104 Nachlass Haenisch
– N 2111 Nachlass Heine

Deutsches Literaturarchiv Marbach
– Nachlass Schairer

Friedrich-Ebert-Stiftung – Archiv der sozialen Demokratie
– Bestand 1/FOAC Nachlass Osterroth
– Bestand 1/MQAA Nachlass Quarck

Geheimes Staatsarchiv Preußischer Kulturbesitz
– Rep. 77 Ministerium des Innern
– Nachlass Otto Braun

Hauptstaatsarchiv Dresden
– Bestand 11168 Ministerium für Wirtschaft

Haus der Essener Geschichte/Stadtarchiv
– Stadt Essen – 102 I/Hauptamt
– Standesamtsregister

– Anmelderegister
– Chronik der Stadt Essen für 1918

Historisches Archiv Krupp
– WA 4 Akten
– WA 44 Grundstücksgeschäfte

Internationaal Instituut voor Sociale Geschiedenis, Amsterdam
– Sozialistische Monatshefte

Konrad-Adenauer-Stiftung – Archiv für Christlich-Demokratische Politik
– Nachlass Hugo Stinnes

Landesarchiv NRW – Abt. Rheinland
– Regierung Düsseldorf
– Landratsamt Essen
– Bergamt Dinslaken

Landesarchiv NRW – Abt. Westfalen
– Oberpräsidium Münster
– Regierung Arnsberg
– Regierung Münster
– Landratsamt Dortmund
– Landratsamt Gelsenkirchen
– Landratsamt Hattingen
– Oberbergamt Dortmund
– Bergämter

Landeskirchliches Archiv der Evangelischen Kirche von Westfalen
– Taufbuch der lutherischen Kirchengemeinde Hörde, 1866–1875

Salzgitter AG-Konzernarchiv/Mannesmann-Archiv

Stadtarchiv – Bochumer Zentrum für Stadtgeschichte
– Landratsamt Bochum
– B 225

Stadtarchiv Dortmund
– Bestand 5 Städtische Polizeiverwaltung Dortmund
– Bestand 432 Nachlass Mehlich

Stadt- und Vestisches Archiv Recklinghausen
– Bestand AAR
– III

Stadtarchiv Witten
– Witten-Alt
– VerNA

Standesamt Hausham
– Geburtenregister

thyssenkrupp Corporate Archives
– FWH (Friedrich Wilhelms Hütte)

Quellenpublikationen

Akten der Reichskanzlei:
Das Kabinett Scheidemann. 13. Februar bis 20. Juni 1919, bearb. von Hagen Schulze, Boppard 1971
Das Kabinett Bauer. 21. Juni 1919 bis 27. März 1920, bearb. von Anton Golecki, Boppard 1980
Das Kabinett Fehrenbach. 25. Juni 1920 bis 4. Mai 1921, bearb. von Peter Wulf, Boppard 1972
Akten der deutschen auswärtigen Politik 1918–1945, Serie A: 1918–1925, Bd. III: 1. Januar bis 30. September 1920, Göttingen 1985
Arbeiterführer – Parlamentarier – Parteiveteran. Die Tagebücher des Sozialdemokraten Hermann Molkenbuhr 1905 bis 1927, hg.v. Bernd Braun u. Joachim Eichler, München 2000
Archivalische Forschungen zur Geschichte der deutschen Arbeiterbewegung Bd. 4: Die Auswirkungen der Großen Sozialistischen Oktoberrevolution auf Deutschland, hg.v. Leo Stern, Berlin 1959
Bis vor die Stufen des Throns. Bittschriften und Beschwerden von Bergarbeitern, hg.v. Klaus Tenfelde u. Helmuth Trischler, München 1986
Das Kriegstagebuch des Reichstagsabgeordneten Eduard David 1914 bis 1918, bearb. v. Susanne Miller, Düsseldorf 1966
Das Ruhrgebiet. Ein historisches Lesebuch, hg.v. Klaus Tenfelde u. Thomas Urban, 2 Bde., Essen 2010
Die deutsche Revolution 1918–1919 – Dokumente, hg.v. Gerhard A. Ritter u. Susanne Miller, Frankfurt 1968
Die Gewerkschaften in Weltkrieg und Revolution 1914–1919, bearb. von Klaus Schönhoven, Köln 1985
Die Regierung der Volksbeauftragten 1918/19, bearb.von Susanne Miller, Düsseldorf 1969
Die Reichstagsfraktion der deutschen Sozialdemokratie 1898 bis 1918, bearb. von Erich Matthias u. Eberhard Pikart, Düsseldorf 1966
Die SPD-Fraktion in der Nationalversammlung 1919–1920, bearb. von Heinrich Potthoff u. Hermann Weber, Düsseldorf 1986
Dokumente aus geheimen Archiven. Übersichten der Berliner politischen Polizei über die allgemeine Lage der sozialdemokratischen und anarchistischen Bewegung 1878–1913, Bd. 2: 1890–1906, hg.v. Dieter Fricke u. Rudolf Knaack, Weimar 1989

Dokumente aus geheimen Archiven. Übersichten der Berliner politischen Polizei über die allgemeine Lage der sozialdemokratischen und anarchistischen Bewegung 1878–1913, Bd. 3: 1906–1913, hg.v. Dieter Fricke u. Rudolf Knaack, Berlin 2004

Dokumente aus geheimen Archiven, Bd. 4: 1914–1918. Berichte des Berliner Polizeipräsidenten zur Stimmung und Lage der Bevölkerung in Berlin 1914–1918, hg.v. Ingo Materna u. Hans-Joachim Schreckenbach, Weimar 1987

John, Matthias: Das Leben Otto Hues (1868 – 1922) in Aufsätzen, Prozess- bzw. Versammlungsberichten und in Bildern, in: Beiträge zur Geschichte der Arbeiterbewegung 57 (2015) H. 2, S. 3–82 u. H. 3, S. 101–138

John, Matthias: Linus Scheibe (1873–1921). Biografie eines sozialdemokratischen Redakteurs und Parteifunktionärs. Seine Lebensstationen in Dokumenten und sein schriftstellerisches bzw. publizistisches Werk, Berlin 2021

Materialien zum politischen Richtungsstreit in der deutschen Sozialdemokratie 1890–1917, hg.v. Peter Friedemann, Frankfurt–Berlin–Wien 1977

Militär und Innenpolitik im Weltkrieg 1914–1918, bearb.von Wilhelm Deist, 2 Bde., Düsseldorf 1970

Quellensammlung zur Geschichte der deutschen Sozialpolitik 1867 bis 1914:

IV. Abt., Bd. 1, Das Jahr 1905, bearb. von Hansjoachim Henning, Wiesbaden 1982

IV. Abt., Bd. 3, Teil 2, Das Jahr 1908, bearb. von Hansjoachim Henning u. Uwe Sieg, Stuttgart et al 1995

IV. Abt., Bd. 4, Teil 3, Die Jahre 1911 bis 1914, bearb. von Karl Erich Born u.a., Darmstadt 2002

Quellensammlung zur Geschichte der sozialen Betriebsverfassung, bearb.von Gerhard Adelmann, 2 Bde., Bonn 1960 u. 1965

Revolution in Rheinland und Westfalen. Quellen zu Wirtschaft, Gesellschaft und Politik 1918 – 1923, hg.v. Werner Abelshauser u. Ralf Himmelmann, Essen 1988

Signatur: g 1. Gustav Landauer im „Sozialist“. Aufsätze über Kultur, Politik und Utopie (1892–1899), hg.v. Ruth Link-Salinger (Hyman), Frankfurt 1986

Wichers, Hermann: Gewerkschaften, Krieg und Internationale. Neue Dokumente zur Haltung der deutschen Gewerkschaftsführung im Jahre 1914, in: Internationale wissenschaftliche Korrespondenz zur Geschichte der deutschen Arbeiterbewegung (IWK) 23 (1987), S. 506–522

Protokolle und Jahrbücher

Adreßbuch für Essen und Umgebung 1912, o.O. o.J.

Adreßbuch für Essen und Umgebung 1914, o.O. o.J.

Adreßbuch für Essen und Umgebung 1917, o.O. o.J.

Adreßbuch für Essen 1922, o.O.o.J.

Bergarbeiterschutz – Massengräber – Radbod. Bericht vom Bergarbeiter-Kongreß in Berlin (Neue Philharmonie) vom 1. bis 3. Februar 1909, hg.v. Vorstand des Deutschen Bergarbeiter-Verbandes, Bochum o.J. [1909]

Bericht über den I. Allgemeinen Deutschen Wohnungskongreß, Göttingen 1905

Bericht über die am 12. Januar 1905 in Essen abgehaltene Delegiertenversammlung der an der Ausstandsbewegung der Bergarbeiter im Ruhrgebiet beteiligten Organisationen, Essen [1905]

Bericht über die am 16. Januar 1905 in Essen abgehaltene 2. Delegierten-Versammlung der an der Ausstandsbewegung der Bergarbeiter im Ruhrgebiet beteiligten Organisationen, Essen [1905]

Bericht über die am 9. Februar 1905 in Essen abgehaltene Delegiertenversammlung der an der Ausstandsbewegung der Bergarbeiter im Ruhrgebiet beteiligten Organisationen, Essen [1905]

Erster Reichsbetriebsräte-Kongreß für die Metallindustrie. Abgehalten vom 5. bis 7. Dezember 1921 in Leipzig, Stuttgart 1921

Essener Wohnungs- u. Geschäftsanzeiger für das Jahr 1896, Essen o.J.

Geschäftsbericht des Verbandes der Bergarbeiter Deutschlands für die Jahre 1911 und 1912, Bochum 1913

Geschäftsbericht [des Verbandes der Bergarbeiter Deutschlands] für die Jahre 1913 und 1914, Bochum 1916

Geschäftsbericht [des Verbandes der Bergarbeiter Deutschlands] für die Jahre 1917 und 1918, Bochum 1919

Jahrbuch für 1920, hg.v. Vorstand des Verbandes der Bergarbeiter Deutschlands, Bochum o.J. [1921]

Jahrbuch für 1921, hg.v. Vorstand des Verbandes der Bergarbeiter Deutschlands, Bochum o.J. [1922]

Jahresberichte der Preußischen Regierungs- und Gewerberäte für 1914–1918, Berlin 1919

Jahresberichte der Preußischen Regierungs- und Gewerberäte für 1919, Berlin 1920

Kalender für Bergarbeiter 1916, hg.v. Vorstand des Verbandes der Bergarbeiter Deutschlands, Bochum 1915

Material zur Lage der Bergarbeiter während des Weltkrieges. Eine Sammlung von Eingaben der vier Bergarbeiterverbände, besonders des Vorstandes der Bergarbeiter Deutschlands, an die Regierungen und an die Zivil-, Militärbehörden, Werksbesitzer usw., hg.v. Vorstand des Verbandes der Bergarbeiter Deutschlands, Bochum o.J. [1919]

Protokoll der Konferenz der Vorstände der Zentralverbände. Abgehalten im Berliner Gewerkschaftshaus am Montag den 26. und Dienstag den 27. November 1906, Berlin 1906

Protokoll der Verhandlungen des Ersten Reichskongresses der Betriebsräte Deutschlands. Abgehalten vom 5.–7. Oktober 1920 zu Berlin – Erster Reichsbetriebsräte-Kongreß für die Metallindustrie. Abgehalten vom 5. bis 7. Dezember 1921 in Leipzig, hg.v. Dieter Dowe, Berlin–Bonn 1981 (Reprint)

Protokoll der Verhandlungen des dritten Kongresses der Gewerkschaften Deutschlands. Abgehalten zu Frankfurt a.M.–Bockenheim vom 8. bis 13. Mai 1899, Hamburg o.J.

Protokoll der Verhandlungen des fünften Kongresses der Gewerkschaften Deutschlands. Abgehalten zu Köln a. Rh. vom 22. bis 27. Mai 1905, Berlin o.J.

Protokoll der Verhandlungen des sechsten Kongresses der Gewerkschaften Deutschlands. Abgehalten zu Hamburg vom 22. bis 27. Juni 1908, Berlin o.J.

Protokoll der Verhandlungen des vierten Kongresses der Gewerkschaften Deutschlands. Abgehalten zu Stuttgart im Gewerkschaftshause vom 16. bis 21. Juni 1902, Hamburg o.J.

Protokoll der Verhandlungen des zweiten Kongresses der Gewerkschaften Deutschlands. Abgehalten zu Berlin vom 4. bis 8. Mai 1896, Hamburg o.J.

Protokoll der II. ordentlichen General-Versammlung des Deutschen Metallarbeiter-Verbandes zu Magdeburg. Abgehalten vom 15. bis 19. April 1895, Stuttgart 1895

Protokoll des I. deutschen Berg- u. Hüttenarbeiterkongresses zu Dortmund. Abgehalten vom 10. bis 12. April 1898, Bochum o.J.

Protokoll des II. Bergarbeiter-Delegiertentages für Preußen, abgehalten Sonntag, den 11. und Montag den 12. Februar 1906, im van de Loo'schen Saale zu Essen, Bochum 1906

Protokoll über die Verhandlungen des Bergarbeiter-Delegiertentages für Preußen, abgehalten von Dienstag, den 28. März bis Donnerstag, den 30. März 1905 im Gewerkschaftshause, Berlin, Engelufer 15, Bochum–Essen 1905

Protokoll vom Ersten allgemeinen deutschen Kaliarbeiterkongreß. Abgehalten am 22. und 23. März 1913 in Hannover, Bochum o.J.

Protokoll vom 1. Reichsbetriebsrätekongreß für den Bergbau, abgehalten am 6. u. 7. Novbr. 1921 in Magdeburg, Bochum 1922

Provinzial-Parteitag für das westliche Westfalen in Annen am Sonnabend, den 11. Dezbr. und Sonntag, den 12. Dezbr. 1909

Stenographische Berichte über die Verhandlungen des Preußischen Hauses der Abgeordneten

Stenographische Berichte über die Verhandlungen des Reichstags [https://www.reichstagsprotokolle.de/]

Verband deutscher Berg- und Hüttenarbeiter, Protokoll der V. General-Versammlung am 25. August 1895 in Bochum, o.O. o.J.

Verband deutscher Berg- und Hüttenarbeiter, Protokoll der VI/VII. General-Versammlung am 2. August 1896 in Bochum, o.O. o.J.

Verband deutscher Berg- und Hüttenarbeiter, Protokoll der VIII. General-Versammlung am 18. April 1897 in Helmstedt, o.O. o.J.

Verband deutscher Berg- und Hüttenarbeiter, Protokoll der IX. General-Versammlung am 9. April 1898 in Dortmund, o.O. o.J.

Verband deutscher Berg- und Hüttenarbeiter, Protokoll der X. General-Versammlung am 1. April 1899 in Halle a.d.Saale, o.O. o.J.

Verband deutscher Berg- und Hüttenarbeiter, Protokoll der XI. General-Versammlung am 14. April 1900 in Altenburg, o.O. o.J.

Verband deutscher Berg- und Hüttenarbeiter, Protokoll der XII. General-Versammlung am 26. Mai 1901 in Kassel, o.O. o.J.

Verband deutscher Bergarbeiter, Protokoll der 13. General-Versammlung abgehalten in den Borussia-Sälen in Essen vom 17. bis 19. Mai 1902, Bochum o.J.

Verband deutscher Bergarbeiter, Protokoll der 14. General-Versammlung vom 1., 2. und 3. Juni 1903 in Zwickau nebst einem Bericht vom 14. internationalen Kongress vom 1., 2., 3. und 4. Juni 1903 in Brüssel, Bochum o.J.

Verband deutscher Bergarbeiter, Protokoll der 15. General-Versammlung abgehalten in Stadthagen am 22., 23. und 24. Mai 1904, Bochum o.J.

Verband der Bergarbeiter Deutschlands, Protokoll der 18. Generalversammlung zu Eisenach abgehalten vom 16. bis 21. Mai 1909, Bochum o.J.

Verband der Bergarbeiter Deutschlands, Protokoll der 19. Generalversammlung zu Bochum abgehalten vom 21. bis 26. Mai 1911, Bochum o.J.

Verband der Bergarbeiter Deutschlands, Protokoll der 21. Generalversammlung zu Bielefeld abgehalten vom 15. bis 21. Juni 1919, Bochum 1919

Verband der Bergarbeiter Deutschlands, Protokoll der Außerordentlichen (22.) Generalversammlung. Abgehalten zu Bochum vom 24. bis 26. Jan. 1920, Bochum 1920

Verband der Bergarbeiter Deutschlands, Protokoll der 23. Generalversammlung. Abgehalten vom 29. Mai bis 4. Juni 1921 zu Gießen, Bochum 1921
Verband der Bergarbeiter Deutschlands, Protokoll der 24. Generalversammlung zu Dresden. Abgehalten vom 15. bis 19. Juni 1924, Bochum 1924
Verband deutscher Bergarbeiter, Jahresbericht pro 1904, Bochum 1905
Verband der Bergarbeiter Deutschlands, Jahres-Bericht 1905 u. 1906, Bochum 1907
Verband der Bergarbeiter Deutschlands, Jahres-Bericht 1907 und 1908, Bochum o.J.
Verband der Bergarbeiter Deutschlands, Jahresbericht 1909 und 1910, Bochum o.J.
Verhandlungen der Sozialisierungs-Kommission über den Kohlenbergbau im Jahre 1920, 2 Bde., Berlin 1920
Verhandlungen der Sozialisierungs-Kommission über den Kohlenbergbau im Winter 1918/19, Berlin 1921
Verhandlungen der verfassunggebenden Deutschen Nationalversammlung [https://www.reichstagsprotokolle.de/]
Verhandlungsbericht Internationaler Wirtschaftskongress zu Frankfurt am 1. und 2. Mai 1920, hg.v. Handelskammer Frankfurt am Main, Frankfurt 1920

Zeitungen

Allgemeiner Beobachter (Essen) 1896–1914
Arbeiter-Zeitung (Dortmund) 1895–1922
Arbeiterzeitung (Essen) 1907–1922
Bergarbeiter-Zeitung 1894–1922
Correspondenzblatt 1895–1922
Der Bergknappe 1895–1922
Freiheit (Mülheim) 1919
Metallarbeiter-Zeitung 1894–1922
Die Neue Gesellschaft 1905–1907
Volksblatt (Bochum) 1898–1902, 1907–1908, 1914–1922
Vorwärts 1895–1922
Weckruf (Essen) 1902

Einzelne Ausgaben:
Berliner Tageblatt, Bochumer Anzeiger, Bochumer Zeitung, Castroper Zeitung, Deutsche Allgemeine Zeitung, Dortmunder Zeitung, Düsseldorfer Volksblatt, Duisburger General-Anzeiger, Emscher Zeitung, Essener Allgemeine Zeitung, Frankenberger Tageblatt, Freiheit, Friedenauer Lokal-Anzeiger, Gelsenkirchener Volkszeitung, Gelsenkirchener Zeitung, General-Anzeiger für Dortmund und die Provinz Westfalen, General-Anzeiger für Duisburg, Ruhrort und Umgegend, Hörder Volksblatt, Kölnische Volkszeitung, Kölnische Zeitung, Leipziger Volkszeitung, Linden-Dahlhauser Tageblatt, Märkischer Sprecher, Mittelbadischer Courier, Mülheimer Zeitung, Norddeutsche Allgemeine Zeitung, Oberhausener Volkszeitung, Oberhausener Zeitung, Recklinghäuser Zeitung, Rhein- und Ruhrzeitung, Rheinisch-Westfälischer Anzeiger, Ruhr-Echo, Ruhrwacht, Tremonia, Unna-Camener Lokal-Anzeiger, Velberter Zeitung, Volksfreund, Volkswacht, Volkswille, Volks-Zeitung, Wattenscheider Zeitung.

Westfälischer Anzeiger, Westfälische Volksstimme, Wittener Tageblatt, Wittener Volks-Zeitung (zumeist bei zeit.punkt NRW und der Deutschen Digitalen Bibliothek eingesehen)

Veröffentlichungen von Otto Hue

Achtung Kameraden!, in: Bergarbeiter-Zeitung 29, 16.7.1898
Ältere und neuere Berggesetzgebung in Deutschland, in: Neue Zeit 17 (1898/99) 21, S. 655–662
Alle müssen nun helfen, in: Arbeiterzeitung (Essen) 25, 30.1.1920
Anlage 5, in: Versailles! Volkskommentar des Friedensdiktats, hg.v. Freiherr von Lersner, Berlin 1921, S. 61–62
„Anwalt der Interessen unserer Feinde“, in: Arbeiter-Zeitung (Dortmund) 38, 14.2.1917
Arbeiterausschüsse als Arbeitervertretungen, in: Sozialistische Monatshefte (1907) 1, S. 15–24
Arbeiterklasse und Vaterlandsliebe, in: Arbeiterzeitung (Essen) 102, 2.5.1917
Auch etwas zum – Vergnügen, in: Volksblatt 151, 30.6.1916
Aus dem Reiche des Hofpredigers a.D. Stöcker, in: Metallarbeiter-Zeitung 1u.2, 5.u.12.1.1907 (wieder abgedruckt in: Beiträge zur Kenntnis der Lage der Hüttenarbeiter Deutschlands, hg.v. Vorstand des Deutschen Metallarbeiter-Verbandes, Stuttgart 1907, S. 20–28)
Aus der Denkschrift über die Unternehmerkartelle II, in: Arbeiter-Zeitung (Dortmund) 293, 15.12.1905
Aus der Domäne des Zentrums, in: Rheinisch-Westfälische Arbeiterzeitung 245, 21.10.1895
Aus der Metallindustrie Rheinland-Westfalens, in: Metallarbeiter-Zeitung 27, 4.7.1896
Aus der Praxis der Centrums-Gewerkvereine, in: Correspondenzblatt 11, 13.3.1909, S. 161–163
Aus Großbritannien, in: Metallarbeiter-Zeitung 36, 9.9.1911
Bei den böhmischen Bergleuten, in: Bergarbeiter-Zeitung 32, 6.8.1898
Belegschaften und Betriebsräte!, in: Bergarbeiter-Zeitung 31, 2.8.1919
Belgische Zustände I, in: Bergarbeiter-Zeitung 50, 11.12.1897
Bergarbeiterleben in Belgien, in: Bergarbeiter-Zeitung 40, 11.10.1902
Bergarbeiterleben in Nordfrankreich, in: Bergarbeiter-Zeitung 39, 4.10.1902
Bergarbeiter- und Syndikatsfragen, in: Neue Zeit 32 (1913/14) 7, S. 314–320
Bergarbeiterverhältnisse in Oberbayern, in: Bergarbeiter-Zeitung 42, 29.10.1899
Bergbau und Bergleute in der Urzeit und im Alterthum, in: Bergarbeiter-Zeitung 3–5, 21., 29.1. u. 4.2.1899
Berggesetzgebung und Zentrumspolitik, in: Sozialistische Monatshefte (1905) 9, S. 777–783
Brandenburgisches Bergarbeiterelend, in: Vorwärts 131, 14.5.1917
Braucht Deutschland neue Kohlen- und Erzgebiete, insbesondere das Becken von Longwy–Briey?, in: Oskar Stillich, Deutschlands Zukunft bei einem Macht- und bei einem Rechtsfrieden, Leipzig 1918, S. 51–60
Braucht Frankreich das Saarkohlengebiet?, in: Volksblatt 116, 20.5.1919

Briefe aus England, in: Metallarbeiter-Zeitung 30, 28.7.1906, 31, 4.8.1906, 32, 11.8.1906, 33, 18.8.1906 u. 34, 25.8.1906
Das Recht zum Streiken, in: Rheinisch-Westfälische Arbeiterzeitung 74, 27.3.1896
Das Resultat der Bergarbeitertage in Essen und Düsseldorf, in: Weckruf 130, 7.6.1902
Das rheinisch-westfälische Kohlensyndikat und die Bergarbeiter, in: Sozialistische Monatshefte (1903) 8, S. 578–590
Demokratie oder Anarchie?, in: Arbeiterzeitung (Essen) 253, 29.10.1918
Der Arbeiterschutz in der Schwereisenindustrie, in: Correspondenzblatt 16, 18.4.1914, S. 245–247 u. 18, 2.5.1914, S. 277–280
Der Berginspektorenbericht über das Ruhrgebiet für 1898, in: Rheinisch-Westfälische Arbeiterzeitung 205, 2.9.1899
Der deutsche Bergarbeiterverband und die sozialdemokratische Partei, in: Bergarbeiter-Zeitung 42–46, 26.10.–23.11.1901
Der Fall Behrens, in: Neue Zeit 26 (1907/08) 34, S. 254–263
Der Förderrückgang eine Folge der Raubbauwirtschaft, in: Bergarbeiter-Zeitung 43, 25.10.1919
Der Gewerkverein christlicher Bergarbeiter und die Sozialdemokratie, in: Die Neue Gesellschaft 20, 16.8.1905, S. 234–237
Der innere Ausbau unseres Verbandes, in: Bergarbeiter-Zeitung 9 u. 10, 4. u. 11.3.1899
Der Krach in den evangelischen Arbeitervereinen und die Gewerkschaften, in: Correspondenzblatt 39, 30.9.1901, S. 625–629
Der Krieg im Lande, in: Volkswacht 133, 8.6.1916
Der Märzstreik der Ruhrbergleute in zechenstatistischer Beleuchtung, in: Correspondenzblatt 28, 13.7.1912, S. 412f
Der Niedergang des Freiberger Silbererzbergbaues, in: Bergarbeiter-Zeitung 8, 25.2.1899
Der preußische Staat als Bergwerksbesitzer, in: Neue Zeit 20 (1901/02) 25, S. 788–793
Der Sozialismus als Konkursverwalter?, in: Metallarbeiter-Zeitung 50, 14.12.1918
Der Streikhetzer Hunger, in: Vorwärts 230, 6.5.1919
Deutsche Interessen, in: Arbeiterzeitung (Essen) 244, 17.10.1916
Deutschlands größte Waffenfabrik, in: Volksblatt 276, 25.11.1915
Die Arbeiterausschüsse in der Praxis, in: Sozialistische Monatshefte (1907) 6, S. 459–463
Die Ausstellung des rheinisch-westfälischen Kohlensyndikats, in: Arbeiter-Zeitung (Dortmund) 189, 15.8.1905
Die Bergarbeiter in der internationalen Arbeiterbewegung I, in: Arbeiter-Zeitung (Dortmund) 42, 19.2.1909
Die Bergarbeiter in der internationalen Arbeiterbewegung III, in: Arbeiter-Zeitung (Dortmund) 46, 24.2.1909
Die Berggewerbegerichtswahl im Ruhrkohlen-Gebiet und die „christliche“ Gewerkvereins-Bewegung, in: Correspondenzblatt 2, 10.1.1903, S. 30ff.
Die Bergleute und der preußische Landtag, in: Neue Zeit 24 (1905/06) 19, S. 605–618
Die Bergleute und die kommende Reichstagswahl, in: Bergarbeiter-Zeitung 23, 4.6.1898
Die Bergmannsbewegung an der Ruhr, in: Correspondenzblatt 11, 15.3.1897, S. 62f.
Die Bergwerks- und Hüttenindustrie, in: Arbeiterinteresse und Kriegsergebnis. Ein gewerkschaftliches Kriegsbuch, hg.v. Wilhelm Jansson, Berlin 1915, S. 37–52

Die Beschwerde der Minderheit, in: Volksblatt 76, 30.3.1916 = Arbeiter-Zeitung (Dortmund) 81, 5.4.1916
Die betrogenen Ruhrbergleute, in: Volksblatt 119, 21.2.1900
Die bürgerlichen Parteien und die Sozialdemokratie. Lehren der letzten Reichstagsnachwahlen, in: Sozialistische Monatshefte (1906) 9, S. 720–726
Die „christliche" Gewerkvereinspresse, in: Correspondenzblatt 51, 19.12.1903, S. 833–836
Die deutsche Gewerkschaftsbewegung II, in: Bergarbeiter-Zeitung 34, 20.8.1898
Die drohende Wohnungsnot, in: Arbeiterzeitung (Essen) 255, 30.10.1917
Die „Eingemeindung" von Longwy–Briey, in: Vorwärts 27, 28.1.1917
Die Errichtung eines kommunalen Arbeits-Amtes und die Essener Stadt-Verwaltung, in: Rheinisch-Westfälische Arbeiterzeitung 180, 5.8.1895
Die Essener Stadtverwaltung gegen Essener Bürger, in: Allgemeiner Beobachter 50, 28.2.1911
Die Frauen als Metallarbeiter, in: Volksblatt 91, 19.4.1917
Die Generalversammlung des Gewerkvereins, in: Bergarbeiter-Zeitung 4, 22.1.1898
Die geplanten Hungerzölle und die Gewerkschaften, in: Bergarbeiter-Zeitung 43–45, 3.,10.u.17.11.1900
Die gesetzliche Sonderstellung der deutschen Knappschaftsvereine, in: Correspondenzblatt 10, 10.3.1902, S. 145–147
Die Hüttenindustrie in Preußen und ihre Arbeiter, in: Metallarbeiter-Zeitung 45, 9.11.1907
Die innere Entwickelung der Gewerkvereine M.Gladbacher Richtung, in: Correspondenzblatt 37, 12.9.1908, S. 581–585 u. 38, 19.9.1908, S. 597–602
Die katholischen Arbeiter und das Zentrum, in: Neue Zeit 21 (1902/03) 41, 473–476
Die Kohle, in: Handbuch der Politik, Bd. 4: Der wirtschaftliche Wiederaufbau, hg.v. Gerhard Anschütz, Berlin 1921, S. 343–350
Die Konzentration des Kapitals und die Gewerkschaften, in: Metallarbeiter-Zeitung 12, 23.3.1895
Die Krawalle von Herne, in: Neue Zeit 17 (1898/99) 43, S. 534–540
Die Kriegsgreuel in Ostpreußen, in: Volksblatt 291, 13.12.1915
Die Lage in den deutschen Bergrevieren, in: Correspondenzblatt 20, 17.5.1902, S. 328–330
Die Lehren der Unfallstatistik im Ruhrbergbau, in: Rheinisch-Westfälische Arbeiterzeitung 220, 20.9.1901
Die Lehren eines Schiedsspruchs, in: Arbeiterzeitung (Essen) 93, 22.4.1921
Die Lohndruckschraube fängt bald an zu arbeiten, in: Bergarbeiter-Zeitung 46, 16.11.1912
Die Metallarbeiterorganisation am Niederrhein und ihre Hemmnisse, in: Metallarbeiter-Zeitung 50 u. 52, 12. u. 26.12.1896
Die Notwendigkeit von Kinderkrankenhäuser, in: Rheinisch-Westfälische Arbeiterzeitung 24, 29.1.1897
Die Opfer der Dampfkesselexplosionen in Deutschland, in: Metallarbeiter-Zeitung 42, 17.10.1896
Die Organisation der Industriellen II, in: Metallarbeiter-Zeitung 52, 26.12.1903
Die „Paritätsdebatte" auf dem christlichen Gewerkvereinskongreß II, in: Bergarbeiter-Zeitung 26, 7.7.1900

Die preußische Regierung am Scheidewege, in: Neue Zeit 22 (1903/04) 23, S. 724–732
Die rheinisch-westfälische Eisen- u. Stahlindustrie im Jahre 1894, in: Metallarbeiter-Zeitung 6, 9.2.1895
Die Rüstung der Anderen, in: Arbeiterzeitung (Essen) 215, 13.9.1916
Die Schuld der amerikanischen Waffen-Lieferanten, in: Volksblatt 139 u. 140, 17. u. 18.6.1915
Die „Selbstkosten" des Grubenkapitals, in: Vorwärts 106, 8.5.1901
Die Sozialdemokratie und der Krieg, in: Volksblatt 251, 28.10.1914
Die Sozialisierung der Kohlenwirtschaft, Berlin 1921
Die Sozialpolitik und die Sozialdemokratie, in: Sozialistische Monatshefte (1908) 18/19, S. 1122–1126
Die Stellung der Fraktionsminderheit im preuß. Landtag, in: Arbeiterzeitung (Essen) 23, 28.1.1916
Die Unfälle der rheinisch-westfälischen Arbeiter, in: Rheinisch-Westfälische Arbeiterzeitung 25, 30.1.1900
Die Väter der „Kleinaktien" als Gewerkschaftsvernichter, in: Volksblatt 15, 20.1.1921
Die Väter des Sprachenparagraphen, in: Neue Zeit 26 (1907/08) 39, S. 445–453
Die Verstaatlichung des Bergbaues, in: Monopolfrage und Arbeiterklasse, hg.v. Wilhelm Jansson, Berlin 1917, S. 87–169
Die volkswirtschaftliche Bedeutung der Kartelle, Syndikate und Trusts, in: Arbeiterzeitung (Essen) 245, 20.10.1908
Die wohlerworbenen Rechte unserer Grubenbesitzer, in: Neue Zeit 17 (1898/99) 15, S. 470–475
Die Wurmkrankheit im Ruhrkohlenbecken, in: Neue Zeit 21 (1902/03) 32, S. 185–192
Dreißig Jahre Bergarbeiterverband, in: Bergarbeiter-Zeitung 33, 16.8.1919
Dringende Fragen der Kohlenversorgung, in: Vorwärts 201, 24.7.1918
Ein Beitrag zur Entwicklungsgeschichte des Ruhrbergbaus, in: Bergarbeiter-Zeitung 36, 4.9.1897
Ein Blick auf die christliche Gewerkschaftsbewegung, in: Neue Zeit 20 (1901/02) 37, S. 341–345
Ein Bücherverzeichniß, in: Bergarbeiter-Zeitung 47, 20.11.1897
Eine Absage an die Partei, in: Rheinisch-Westfälische Arbeiterzeitung 200, 28.8.1900 = Volksblatt 275, 28.8.1900
„Ein Exempel", in: Bergarbeiter-Zeitung 29, 28.7.1900
Einiges aus dem Bau- und Wohnungswesen der „Kanonenstadt" Essen, in: Rheinisch-Westfälische Arbeiterzeitung 220, 19.9.1896
Einiges über die deutsche Bergarbeiterbewegung, in: Correspondenzblatt 4, 24.1.1898, S. 21f.
Einiges über die Verhältnisse der Metallarbeiter Oberschlesiens, in: Metallarbeiter-Zeitung 49, 9.12.1899
Ein nachahmenswertes Beispiel, in: Volksblatt 268, 15.11.1915
Ein Nachwort zu den Parteiversammlungen, in: Arbeiterzeitung (Essen) 240, 14.10.1908
Ein neues Arbeiterrecht für den Bergbau, in: Sozialistische Monatshefte (1905) 12, S. 999–1004
Ein Rückzug vor den Zechensyndikaten, in: Arbeiterzeitung (Essen) 39, 16.2.1909
Ein Tarifvertrag für die Hüttenindustrie, in: Arbeiterzeitung (Essen) 204, 31.8.1917

Ein Vorschlag zur Besserung der Grubenkontrolle, in: Bergarbeiter-Zeitung 51, 18.12.1897
Ein wichtiger Gedenktag für die niederschlesische Bergarbeiterschaft, in: Bergarbeiter-Zeitung 47, 2.12.1899
Elsaß-Lothringen, Deutschlands Erzlager, in: Metallarbeiter-Zeitung 17, 22.4.1916
Englands Bergbau im Jahre 1897, in: Bergarbeiter-Zeitung 29, 16.7.1898
Englische Bergarbeiterverhältnisse I–V, in: Bergarbeiter-Zeitung 26, 30.6.1906, 27, 7.7.1906, 28, 14.7.1906, 34, 26.8.1904, 36, 8.9.1906
Englische Merkwürdigkeiten, in: Arbeiter-Zeitung (Dortmund) 76, 31.3.1915
Englische und preußische Bergarbeiterverhältnisse, in: Neue Zeit 24 (1905/06) 51, S. 816–825
Entstehung und Entwicklung der Krupp'schen Gußstahlfabrik III, in: Bergarbeiter-Zeitung 11, 18.3.1899
„Essener Volkszeitung" und Wahrheitsliebe, in der Wahlkampf-Zeitung „Die Reichstags-Nachwahl im Kreise Essen 1905"
Etwas Statistik über den internationalen Eisenmarkt, in: Metallarbeiter-Zeitung 33, 15.8.1896
Frankreichs Kohlenforderung, in: Vorwärts 367, 23.7.1920
Frauenlob und Frauenlohn, in: Arbeiter-Zeitung (Dortmund) 59, 10.3.1917
Freiheit und gleiches Recht, in: Arbeiterzeitung (Essen) 281, 29.11.1918
Freizügigkeit der Berg- und Hüttenleute in alter und neuer Zeit, in: Bergarbeiter-Zeitung 5, 29.1.1910
Freizügigkeitsrecht und Wahlrecht der Arbeiter, in: Volksblatt 285, 5.12.1917
Führung und Geführte, in: Arbeiterzeitung (Essen) 305, 30.12.1910
Fünfzehn Jahre Bergarbeiterschutz in Deutschland, in: Neue Zeit 20 (1901/02) 4, S. 112–116
Für oder gegen Sechsstundenschicht, in: Arbeiterzeitung (Essen) 83, 8.4.1919
Gewerkschaften und Sozialdemokratie, in: Bergarbeiter-Zeitung 30, 2.8.1902
Gewitterwolken im Bergwerksrevier, in: Correspondenzblatt 50, 12.12.1908, S. 789–792 = Arbeiterzeitung (Essen) 298 u. 299, 22. u. 23.12.1908
Haben Verträge keinen Wert?, in: Arbeiterzeitung (Essen) 99, 30.4.1918
Herr Erster Staatsanwalt Peterson und die Bergarbeiterzeitung, in: Bergarbeiter-Zeitung 35, 31.8.1895
Herr Hirtsiefer als Metallarbeiter, in: Arbeiter-Zeitung (Dortmund) 209, 7.9.1906
Hue, der – Bolschewist, in: Bergarbeiter-Zeitung 3, 15.1.1921
Ignaz Auer +, in: Bergarbeiter-Zeitung 16, 20.4.1907
Im Gefangenenlager Friedrichsfeld, in: Volkswacht 180, 4.8.1915
Internationale Bergarbeiterkongresse, in: Neue Zeit 19 (1900/01) 39, S. 399–402
Internationale Bergarbeiterverhältnisse, in: Correspondenzblatt 2 u. 3, 13. u. 20.1.1902, S. 23f. u. 39f.
Internationaler Arbeiterschutz, in: Arbeiter-Zeitung (Dortmund) 289, 9.12.1916
Internationale Rücksichtnahme, in: Volksblatt 235, 7.10.1915
Ist die Zeche „Eiberg" unrentabel?, in: Allgemeiner Beobachter 90, 18.4.1914
Kapitalistische Entbehrungs-Löhne, in: Metallarbeiter-Zeitung 16, 20.4.1895
Keine politische Gemeinschaft!, in: Volksblatt 72, 25.3.1916
Kein Umlernen nötig, in: Volksblatt 137, 14.6.1916

Klericalismus und Gewerkschaftsbewegung, in: Sozialistische Monatshefte (1902) 12, S. 925–937
Knappschaftskassen und § 1322 der Reichsversicherungsordnung, in: Bergarbeiter-Zeitung 43, 28.10.1911
Kohlenversorgung und Grubenverstaatlichung, in: Neue Zeit 19 (1900/01) 9, S. 261–272
Kolonialpolitisches, in: Die Neue Gesellschaft 5, 1.5.1907, S. 115–121
Kommunalpolitische Streifzüge durch das Ruhrrevier II, in: Arbeiter-Zeitung (Dortmund) 206, 4.9.1905
Kriegsursache und Kriegsziel, in: Arbeiterzeitung (Essen) 223, 22.9.1917
Krisis in den schwarz-blauen Gewerkvereinen, in: Arbeiterzeitung (Essen) 296, 19.12.1910
Krupp und die Arbeiterklasse. Eine soziale Studie aus der modernen Industrie-Entwicklung, Essen 1912
Lebenskosten und Lohneinkommen, in: Arbeiterzeitung (Essen) 142, 21.6.1921
Lohnbewegung der Bergleute Mitteldeutschlands, in: Bergarbeiter-Zeitung 7, 17.2.1900
Lohn- und Arbeitsverhältnisse im Bergbau, in: Neue Zeit 38 (1920) 21, S. 473–480
Longwy–Briey und die Sozialdemokratie, in: Arbeiterzeitung (Essen) 50, 6.3.1920
Märchenerzähler, in: Arbeiterzeitung (Essen) 153, 3.7.1917
Maifeier und Gewerkschaften, in: Bergarbeiter-Zeitung 45, 12.11.1904
Marokko und der deutsche Erzbedarf, in: Neue Zeit 30 (1911/12) 2, S. 49–58 u. 3, S. 84–91
Mehr Bergarbeiterschutz. Ein Streit- und Mahnwort, Bochum 1900
Mehr Bergarbeiterschutz?, in: Correspondenzblatt 20 u. 21, 20.u.25.5.1901, S. 316–318 u. 334–336
Mehr Land!, in: Arbeiterzeitung (Essen) 126, 1.6.1917
M.Gladbacher Gewerkschafts-Konfusion, in: Correspondenzblatt 41, 10.10.1908, S. 463f.
M.-Gladbachische Geschichtsschreibung, in: Correspondenzblatt 48, 28.11.1908, S. 774ff.
Mit dem Akkordmaurer-Schiedsspruch, in: Bergarbeiter-Zeitung 35, 7.9.1901
Moderne Völkerwanderung, in: Neue Zeit 22 (1903/04) 9, S. 271–276
Nach dem Generalstreik, in: Allgemeiner Beobachter 39, 17.2.1905
Nahende Verständigung, in: Arbeiterzeitung (Essen) 31, 7.2.1916
Naumann im Ruhrbecken, in: Bergarbeiter-Zeitung 5, 2.2.1901
Neutrale oder parteiische Gewerkschaften?, Bochum 1900
Noch ein Urtheil über den deutschen Bergarbeiterverband, in: Bergarbeiter-Zeitung 37, 21.9.1901
Nochmals Unfälle im Bergbau, in: Neue Zeit 16 (1897/98) 11, S. 338–345
Nur niedriger hängen, in: Volksblatt 103, 4.5.1921
Oberschlesien, in: Metallarbeiter-Zeitung 47, 49–52, 17.11., 8., 15., 22. u. 29.12.1906 (wieder abgedruckt in: Beiträge zur Kenntnis der Lage der Hüttenarbeiter Deutschlands, hg.v. Vorstand des Deutschen Metallarbeiter-Verbandes, Stuttgart 1907, S. 1–19)
Oberschlesische Dichtung und Wahrheit, in: Bergarbeiter-Zeitung 46, 26.10. u. 17.11.1906
Oberschlesische Zustände, in: Bergarbeiter-Zeitung 43 u. 44, 9.11.1895
Papst Pius X. gegen die „christlich“interkonfessionellen Gewerkvereine, in: Correspondenzblatt 4, 27.1.1906, S. 60–62 u. 5, 3.2.1906, S. 79–80

Paris und die Weltausstellung IV, in: Bergarbeiter-Zeitung 32, 18.8.1900
Partei oder Gewerkschaft?, in: Correspondenzblatt 8, 22.2.1908, S. 113–116
Partei und Gewerkschaft. Ein Wort an den Jenaer Parteitag, in: Die Neue Gesellschaft 25, 20.9.1905, S. 290–293
Privat- oder Staatsmonopol im Bergbau, in: Correspondenzblatt 45, 4.11.1916, S. 457–460 u. 46, 11.11.1916, S. 465–469
Regierung und Kohlensyndikat, in: Volksblatt 168, 21.7.1915
Rheinisch-Westfälische Eroberungspolitik, in: Arbeiterzeitung (Essen) 77, 4.4.1918
Rheinisch-westfälische Gewerkschafts-Bewegung, in: Arbeiter-Zeitung (Dortmund) 19 u. 20, 23. u. 24.1.1906
Rückblicke auf den dritten deutschen Gewerkschafts-Congreß, in: Bergarbeiter-Zeitung 20, 27.5.1899
Rückblicke auf die Bergarbeiterstreiks in Großbritannien und Deutschland, in: Correspondenzblatt 20–24, 18.5., 25.5., 1.6., 8.6. u. 15.6.1912, S. 289–292, 297–300, 313–317, 329–332 u. 345–348
Sicherung unserer Kohlenversorgung, in: Volksblatt 255, 30.10.1917
So weit ist es schon gekommen!, in: Bergarbeiter-Zeitung 1, 1.1.1898
Sozialdemokratie und Grenzpfähle, in: Arbeiter-Zeitung (Dortmund) 221, 20.9.1916
Soziales aus der deutschen Bergwerksindustrie, in: Correspondenzblatt 39, 26.9.1903, S. 632–634
Soziale Verhältnisse der Stahl- und Eisenarbeiter Oberschlesiens, in: Metallarbeiter-Zeitung 34, 21.8.1897
Sozialpolitisches aus dem Bergbau, in: Correspondenzblatt 38, 22.9.1906, S. 641–644 u. 39, 29.9.1906, S. 657–660
Sozialpolitisches aus dem Bergbau, in: Correspondenzblatt 38, 21.9.1907, S. 593–596 u. 41, 12.10.1907, S. 641–644
Sozialpolitisches aus der Bergwerks- und Hüttenindustrie, in: Correspondenzblatt 17, 25.4.1908, S. 209–212 u. 17, 25.4.1908, S. 249–252
Streiflichter auf unser Knappschaftswesen, hg.v. Vorstand des Verbandes deutscher Bergarbeiter, Bochum o.J. [1903]
Ströbel antwortet!, in: Volksblatt 167, 20.7.1915
Ströbel für „Grenzberichtigungen", in: Volksblatt 161, 13.7.1915
Tarifverträge im deutschen Bergbau, in: Correspondenzblatt 49, 6.12.1919
Transvaalkrieg, Bergarbeiterstreik und Flottenvorlage, in: Rheinisch-Westfälische Arbeiterzeitung 54, 5.3.1900
Über den Generalstreik im Ruhrgebiet, in: Sozialistische Monatshefte (1905) 3, S. 201–210
Übergang aus der Kriegs- in die Friedenswirtschaft II, in: Arbeiterzeitung (Essen) 180 u.181, 3. u. 4.8.1917
Über Johannes Fusangel, in: Arbeiterzeitung (Essen) 186, 11.8.1910
Überschichten und Feierschichten im Bergbau, in: Arbeiterzeitung (Essen) 54, 5.3.1921
Um Briey und Longwy, in: Arbeiterzeitung (Essen) 9, 11.1.1918
Unerfüllbare Bedingungen, in: Volksblatt 161, 14.7.1919
Unfälle im Bergbau, in: Neue Zeit 15 (1896/97) 52, S. 826–829
Unsere Generalversammlung, in: Bergarbeiter-Zeitung 21 u. 22, 21. u. 28.5.1898
Unsere Taktik beim Generalstreik, Bochum 1905

Unstimmigkeiten, in: Volksblatt 63, 16.3.1915
Verbesserung der Förderung ist Lebensfrage, in: Bergarbeiter-Zeitung 35, 30.8.1919
Verstaatlichung des Bergbaues, in: Neue Zeit 37 (1919) 15, S. 341–346
Volk in Not, Bochum 1920
Volksabstimmungen in Elsaß-Lothringen, in: Volksblatt 18, 22.1.1916
Volksschullasten rheinisch-westfälischer Gemeinden, in: Arbeiterzeitung (Essen) 64, 18.3.1918
Vom Deister II, in: Bergarbeiter-Zeitung 23, 4.6.1898
Vom Grubenbesitzer zum Lohnknecht, in: Kalender für Bergarbeiter 1922, S. 22–28
Vom internationalen Bergarbeiterkongreß, in: Die Neue Gesellschaft 25, 20.6.1906, S. 293–295
Vom Übel der Frauenarbeit, in: Metallarbeiter-Zeitung 42, 20.10.1917
Von den deutschen Bergleuten im Mittelalter, in: Bergarbeiter-Zeitung 49, 16.12.1899
Von der russischen Grenze I, in: Arbeiter-Zeitung (Dortmund) 269, 16.11.1906
Vor der Katastrophe!, in: Vorwärts 439, 28.8.1919
Wanderungen in den österreichischen Alpenländern, in: Bergarbeiter-Zeitung 39, 5.10.1901
Wann und wo endet das Trauerspiel?, in: Arbeiterzeitung (Essen) 77, 1.4.1919
Warum noch warten?, in: Arbeiterzeitung (Essen) 90, 18.4.1917
Was fehlt unserem Verbande?, in: Bergarbeiter-Zeitung 50, 22.12.1900
Was ist uns Elsaß-Lothringen?, in: Volksblatt 94, 20.4.1916
Was kommt nach dem Kriege?“, in: Arbeiter-Zeitung (Dortmund) 234, 6.10.1915
Was liest der deutsche Arbeiter?, in: Bergarbeiter-Zeitung 40, 13.10.1900
Was tut not?, in: Metallarbeiter-Zeitung 39, 26.9.1908
Was wird werden?, in: Arbeiter-Zeitung (Dortmund) 32, 8.2.1915
Weiße Salbe, in: Sozialistische Monatshefte (1909) 8, S. 465–475
Welches sind die unfallreichsten Ruhrgruben?, in: Weckruf 8, 10.1.1902
Wer hat den Rechtsschutzverein der Saar-Bergleute ruiniert?, Bochum 1908
Wer hat die Bergleute aufgehetzt?, in: Bergarbeiter-Zeitung 38, 23.9.1905
Wer hat die christlich gesinnten Arbeiter beschimpft?, in: Bergarbeiter-Zeitung 27, 8.7.1905
Wie hätte sich August Bebel verhalten?, in: Volksblatt 44, 22.2.1915
Wie kann die Kohlenversorgung gesichert werden?, in: Volksblatt 179, 2.8.1918
Wirtschaftliches Kriegsziel hüben und drüben, in: Arbeiterzeitung (Essen) 87, 12.4.1916
Wohnungszustände im Ruhrkohlenbezirk, insbesondere in der Stadt Essen, in: Kommunale Praxis 7 (1907), Sp. 895–902
Wo liegen die Wurzeln der Kraft für den Deutschen Metallarbeiter-Verband, in: Metallarbeiter-Zeitung 33, 17.8.1901
Wie sieht's aus mit den Walzwerks- und Stahlgußarbeitern?, in: Metallarbeiter-Zeitung 25, 19.6.1897
Wo sind die Entlarvten?, in: Bergarbeiter-Zeitung 45, 6.11.1897
Zerstörung der Wahlrechtsvorlage?, in: Arbeiterzeitung (Essen) 273, 20.11.1917
Zum Andenken an den Riesenstreik im Mai 1889, in: Bergarbeiter-Zeitung 18, 13.5.1899
Zum Ausbau des Metallarbeiterverbandes, in: Metallarbeiter-Zeitung 5, 30.1.1897
Zum Budgetbewilligungsstreit, in: Arbeiterzeitung (Essen) 211, 10.9.1908

Zum sozialdemokratischen Parteitag in Essen, in: Sozialistische Monatshefte (1907) 9, S. 693–702
Zur Aufklärung und Abwehr!, in: Arbeiter-Zeitung (Dortmund) 258, 4.11.1908
Zur Auslegung des Reichs-Kali-Gesetzes, in: Bergarbeiter-Zeitung 48, 26.11.1910
Zur Behandlung der Kriegsgefangenen, in: Vorwärts 115, 27.4.1915 = Volksblatt 100, 30.4.1915
Zur deutschen Bergarbeiterbewegung, in: Neue Zeit 18 (1899/1900) 28, S. 5–13
Zur Geschichte der christlichen Gewerkvereine, in: Sozialistische Monatshefte (1905) 5, S. 386–396
Zur Geschichte der deutschen Gewerkschaftsbewegung, in: Correspondenzblatt 46, 14.11.1908, S. 729–733
Zur Geschichte des Kaligesetzes, in: Correspondenzblatt 26–30, 2., 9., 16., 23. u. 30.7.1910, S. 401–403, 425–429, 441–445, 457–461 u. 473–477
Zur Lage der rheinisch-westfälischen Metallarbeiter, in: Metallarbeiter-Zeitung 37, 16.9.1899
Zur Naturgeschichte der klerikalen Gewerkvereine, in: Correspondenzblatt 48, 29.11.1913, S. 738–740 u. 49, 6.12.1913, S. 757–760
Zur „Neutralitätsduselei“, in: Volksblatt 212, 15.6.1901
Zur Organisation der Metall-Arbeiter Rheinlands, in: Metallarbeiter-Zeitung 17, 25.4.1896
Zur Überschichtenfrage im Bergbau, in: Arbeiterzeitung (Essen) 90, 19.4.1921
Zu späte Erkenntnis?, in: Arbeiterzeitung (Essen) 170, 24.7.1919

Literatur

1889. Bergarbeiterstreik und Wilhelminische Gesellschaft, hg.v. Karl Ditt u. Dagmar Kift, Hagen 1989
1889–1929. 40 Jahre Bergbau und Bergarbeiterverband. Zur Erinnerung an die Gründung des deutschen Bergarbeiterverbandes, Bochum 1929
200 Jahre Krupp. Ein Mythos wird besichtigt, hg.v. Heinrich Theodor Grütter, Essen 2012
Abelshauser, Werner: Wirtschaft, Staat und Arbeitsmarkt 1914 – 1945, in: Das Ruhrgebiet im Industriezeitalter, hg.v. Wolfgang Köllmann u.a., Bd. 1, Düsseldorf 1990, S. 435–489
Adelmann, Gerhard: Die soziale Betriebsverfassung des Ruhrbergbaus vom Anfang des 19. Jahrhunderts bis zum Ersten Weltkrieg unter besonderer Berücksichtigung des Industrie- und Handelskammerbezirks Essen, Bonn 1962
Albert, Helga: Die Auseinandersetzungen um die Sozialisierung des sächsischen Steinkohlenbergbaus nach dem 1. Weltkrieg, Diss. Freiberg 1963 (MS)
Alexander, Thomas: Carl Severing – ein Demokrat und Sozialist in Weimar, Frankfurt u.a. 1996
Arbeiter im Industrialisierungsprozeß. Herkunft, Lage und Verhalten, hg.v. Werner Conze und Ulrich Engelhardt, Stuttgart 1979
Arbeiterbewegung und industrieller Wandel. Studien zu gewerkschaftlichen Organisationsproblemen im Reich und an der Ruhr, hg.v. Hans Mommsen, Wuppertal 1980

Arbeiterinteresse und Kriegsergebnis. Ein gewerkschaftliches Kriegsbuch, hg.v. Wilhelm Jansson, Berlin 1915

Arbeiter- und Soldatenräte im rheinisch-westfälischen Industriegebiet. Studien zur Geschichte der Revolution 1918/1919, hg.v. Reinhard Rürup, Wuppertal 1975

Auf breiten Schultern. 750 Jahre Knappschaft. Katalog der Ausstellung, hg.v. Michael Fessner, Christoph Bartels u. Rainer Slotta, Bochum 2010

Aufsätze über den Streik der Bergarbeiter im Ruhrgebiet, Jena 1905

Aus der Tiefe. Arbeiterbriefe. Beiträge zur Seelen-Analyse moderner Arbeiter, hg.v. Adolf Levenstein, Berlin 1909

Bajohr, Frank: Zwischen Krupp und Kommune. Sozialdemokratie, Arbeiterschaft und Stadtverwaltung in Essen vor dem Ersten Weltkrieg, Essen 1988

Barclay, David E.: Rudolf Wissell als Sozialpolitiker 1890–1933, Berlin 1984

Barsickow, Heinz-Joachim: Landtagswahlen im Raum Herne vor dem Ersten Weltkrieg, in: Westfälische Forschungen 72 (2022), S. 293–346

Barsickow, Heinz-Joachim: Politische Lager und Reichstagswahlen im Raume Herne vor dem Ersten Weltkrieg, Bochum 2004

Bebel, August: Der Kohlenwucher, in: Neue Zeit 19 (1900–1901) 8, S. 228–233

Beier, Gerhard: Glanz und Elend der Jubiläumsliteratur. Kritische Bestandsaufnahme bisheriger Historiografie der Berufs- und Industriegewerkschaften, in: Gewerkschaftliche Monatshefte 19 (1968), S. 607–614

Beier, Gerhard: Willi Richter, Köln 1978

Beitz, Else: „Das wird gewaltig ziehen und Früchte tragen!" Industriepädagogik in den Großbetrieben des 19. Jahrhunderts bis zum Ersten Weltkrieg dargestellt am Beispiel der Firma Fried. Krupp, Essen 1994

Berg, Werner: Wirtschaft und Gesellschaft in Deutschland und Großbritannien im Übergang zum ‚organisierten Kapitalismus'. Unternehmer, Angestellte, Arbeiter und Staat im Steinkohlenbergbau des Ruhrgebietes und von Südwales, 1850–1914, Berlin 1984

Bergarbeiter. [Katalog zur Ausstellung zur Geschichte der organisierten Bergarbeiterbewegung in Deutschland], Bochum 1969

Bergarbeiterschutz und Zentrum. Eine aktenmäßige Darstellung der Tätigkeit des Zentrums im Deutschen Reichstage und im Preußischen Landtage zugunsten der Bergarbeiter, M.Gladbach 1908

Bernstein, Eduard: Was folgt aus dem Ergebnis der Reichstagswahlen?, in: Sozialistische Monatshefte (1903) 7, S. 478–486

Berten, Peter: Lebenslauf eines einfachen Menschen, Düsseldorf 1958

Berufliches Risiko und soziale Sicherheit, hg.v. Christoph Bartels, Bochum 2014

Bieber, Hans-Joachim: Die deutschen Gewerkschaften 1914 – 1920. Arbeiterbewegung, Industrie, Staat und Militär im Ersten Weltkrieg und in der Novemberrevolution, 2 Bde., Hamburg 1981

Biederbeck, André: Das Dortmunder Arbeitermilieu 1890 – 1914. Zur Bedeutung von Räumen und Orten für die Konstituierung einer sozialistischen Identität, Wien–Köln–Weimar 2018

Bilder von Krupp. Fotografie und Geschichte im Industriezeitalter, hg.v. Klaus Tenfelde, München 1994

Bleidick, Dietmar: Die Hibernia-Affäre. Der Streit um den preußischen Staatsbergbau im Ruhrgebiet zu Beginn des 20. Jahrhunderts, Bochum 1999

Bleidick, Dietmar: Vom Hoerder Verein zur Dortmund-Hörder Hüttenunion, in: Findbuch zum Bestand Dortmund-Hörder Hüttenunion AG und Vorläuferunternehmen (1841–1966), 2 Bde., bearb.v. Dietmar Bleidick, hg.v. Manfred Rasch u. Andreas Zilt, Münster 2020, Bd. 1, S. 3–76

Bloch, Ernst: Die sozialpolitischen Kämpfe in der Schwerindustrie des Ruhrgebiets in den Jahren 1918 – 1922, Diss. Berlin 1924 (MS)

Bluhm, Felix: „Die Massen sind aber nicht zu halten gewesen." Zur Streik- und Sozialisierungsbewegung im Ruhrgebiet 1918/19, Münster 2014

Bluma. Lars: Das geschlossene System: Die Knappschaft an der Ruhr, in: Westfälische Forschungen 64 (2014), S. 207–221

Bluma, Lars: Der Hakenwurm an der Ruhr. Umwelt, Körper und soziale Netzwerke im Bergbau des Kaiserreichs, in: Der Anschnitt 61 (2009), S. 314–329

Bluma, Lars: Heterotope Orte. Raumhistorische Dimensionen des knappschaftlichen Krankenhauswesens im Ruhrgebiet, in: Berufliches Risiko und soziale Sicherheit, hg.v. Christoph Bartels, Bochum 2014, S. 67–98

Bluma, Lars: The hygienic movement and German mining 1890 – 1914, in: A history of the workplace. Enviroment and health at stake, hg.v. Lars Bluma u. Judith Rainhorn, London 2014, S. 7–26

Bluma, Lars/Farrenkopf, Michael/Przigoda, Stefan: Geschichte des Bergbaus, Berlin 2018

Bock, Hans Manfred/Tennstedt, Florian: Raphael Friedeberg, Arzt und Anarchist https://kobra.unikassel.de/bitstream/handle/123456789/2010042632663/TennstedtRaphael-Friedeberg.pdf?sequence=1 (eingesehen am 10.10.2022)

Böse, Christian/Ziegler, Dieter: Die Ruhrkohle in der kriegswirtschaftlichen Regulierung, 1914–1918, in: Jahrbuch für Wirtschaftsgeschichte 56 (2015), S. 421–449

Boese, Elke: Die Bergarbeiterbewegung im westlichen Ruhrgebiet 1918–1920 unter besonderer Berücksichtigung der Politik des Verbandes der Bergarbeiter Deutschlands, Examensarbeit Mannheim 1974 (MS)

Born, Karl Erich: Staat und Sozialpolitik seit Bismarcks Sturz. Ein Beitrag zur Geschichte der innenpolitischen Entwicklung des deutschen Reiches 1890–1914, Wiesbaden 1957

Borsdorf, Ulrich: Gewerkschaften und Geschichte. Ein Nachwort mit bibliografischen Anmerkungen, in: Geschichte der deutschen Gewerkschaften. Von den Anfängen bis 1945, hg.v. Ulrich Borsdorf, Köln 1987, S. 499–535

Borsdorf, Ulrich/Schneider, Sigrid: Ein gewaltiger Betrieb: Fabrik und Stadt auf den Kruppschen Fotografien, in: Bilder von Krupp. Fotografie und Geschichte im Industriezeitalter, hg.v. Klaus Tenfelde, München 1994, S. 123–158 u. S. 335f. (Anm.)

Brack, Rudolf: Deutscher Episkopat und Gewerkschaftsstreit 1900 – 1914, Köln–Wien 1976

Brandi, Paul: Arbeitsjahre. Erinnerungen des Ersten Beigeordneten, in: Essener Beiträge 75 (1959), S. 5–110

Braun, Bernd: Hermann Molkenbuhr (1851–1927). Eine politische Biografie, Düsseldorf 1999

Bredenbeck, Anton: Sollen wir die Verstaatlichung der Bergwerke fordern?, in: Die Glocke 2 (1916) H. 34, S. 266–271

Brehme, Gerhard: Die sogenannte Sozialisierungsgesetzgebung der Weimarer Republik, Berlin 1960

Brepohl, Wilhelm: Der Aufbau des Ruhrvolkes im Zuge der Ost-West-Wanderung. Beiträge zur deutschen Sozialgeschichte des 19. und 20. Jahrhunderts, Recklinghausen 1948

Brockpähler, Wilhelm: Hörde. Ein Heimatbuch für die Stadt und ihre Umgebung, Hörde 1928

Brüggemeier, Franz-Josef: Arbeiterbewegung, in: Bürgerliche Gesellschaft in Deutschland. Historische Einblicke, Fragen, Perspektiven, Frankfurt 1990, S. 250–260

Brüggemeier, Franz-Josef: Grubengold. Das Zeitalter der Kohle von 1750 bis heute, München 2018

Brüggemeier, Franz-Josef: Leben vor Ort. Ruhrbergleute und Ruhrbergbau 1889–1919, München 1983

Brüggemeier, Franz-Josef: Lebens- und Arbeitswelten von Bergleuten und ihren Familien, in: Geschichte des deutschen Bergbaus, Bd. 3: Motor der Industrialisierung, hg.v. Klaus Tenfelde u. Toni Pierenkemper, Münster 2016, S. 194–287

Brüggemeier, Franz-Josef: Nomaden in steinernen Zelten. Ruhrbergleute und Ruhrbergbau um die Jahrhundertwende, in: „Die Menschen machen ihre Geschichte nicht aus freien Stücken, aber sie machen sie selbst“. Einladung zu einer Geschichte des Volkes in NRW, hg.v. Lutz Niethammer u.a., Berlin/Bonn 1984, S. 100–104

Brüggemeier, Franz Josef: „Volle Kost voll“. Die Wohnungsverhältnisse der Bergleute an der Ruhr um die Jahrhundertwende, in: Glück auf, Kameraden! Die Bergarbeiter und ihre Organisationen in Deutschland, hg.v. Hans Mommsen u. Ulrich Borsdorf, Köln 1979, S. 151–173

Burghardt, Uwe: Die Mechanisierung des Ruhrbergbaus 1890 – 1930, München 1995

Burghardt, Uwe: Substanzverluste im Ruhrbergbau während des Ersten Weltkrieges, in: Der Anschnitt 40 (1988), S. 92–113

Buschak, Willy: Vergessen wir keinen Augenblick, daß wir in Bochum sind: Gewerkschaften und Sozialdemokratie vor 1914, in: Struktureller Wandel und kulturelles Leben. Politische Kultur in Bochum 1860 – 1990, hg.v. Peter Friedemann u. Gustav Seebold, Essen 1992, S. 130–140

Buschak, Willy: Gewerkschaftliche Organisierung, in: Das Ruhrgebiet im Industriezeitalter, hg.v. Wolfgang Köllmann u.a., Bd. 1, Düsseldorf 1990, S. 729–806

Caruso, Amerigo: „Blut und Eisen auch im Innern“. Soziale Konflikte, Massenpolitik und Gewalt in Deutschland vor 1914, Frankfurt 2021

Cassau, Theodor: Die Gewerkschaftsbewegung. Ihre Soziologie und ihr Kampf, Halberstadt 1925

Chefredakteur der EVZ. Chefredakteur Hankamer zu 100 Mark Geldstrafe verurteilt, hg.v. Verband der Bergarbeiter Deutschlands, o.O. [Bochum] 1913

Costas, Ilse: Anfänge der Partizipation im Industriebereich. Die Arbeiterausschüsse 1889 bis 1920, in: Geschichte als politische Wissenschaft, hg.v. J. Bergmann, Klaus Megerle u. Peter Steinbach, Stuttgart 1979, S. 335–378

Crew, David F.: Berufliche Lage und Protestverhalten Bochumer Bergleute und Metallarbeiter im ausgehenden 19. Jahrhundert, in: Glück auf, Kameraden! Die Bergarbeiter und ihre Organisationen in Deutschland, hg.v. Hans Mommsen u. Ulrich Borsdorf, Köln 1979, S. 71–88

Crew, David F.: Bochum. Sozialgeschichte einer Industriestadt 1860 – 1914, Frankfurt u.a. 1980

Das Zeitalter der Kohle. Eine europäische Geschichte, hg.v. Franz-Josef Brüggemeier, Michael Farrenkopf u. Heinrich Theodor Grütter, Essen 2018

Curschmann, F.: Die Entstehungsgeschichte des mitteldeutschen Vorläufers des Betriebsrätegesetzes, in: Sozialpolitische Betrachtungen. Beiträge zur Sozialpolitik der chemischen Industrie, hg.v. F. Curschmann, Halle o.J. [1930], S. 166–227

Delkus, Horst: August Siegel – Ein Leben für die Bergarbeiter, in: Eine Partei in ihrer Region. Zur Geschichte der SPD im Westlichen Westfalen, hg.v. Bernd Faulenbach u. Günther Högl, Essen 1988, S. 163–169

Der Aufstieg der deutschen Arbeiterbewegung. Sozialdemokratie und Freie Gewerkschaften im Parteiensystem und Sozialmilieu des Kaiserreichs, hg.v. Gerhard A. Ritter, München 1990

Der Kölner Gewerkschaftsprozeß. Die Grundsätze der christlichen Gewerkschaften in gerichtlicher Beleuchtung, hg.v. Generalsekretariat des Gesamtverbandes der christlichen Gewerkschaften, Köln o.J.

Der Streik der Ruhrbergleute und die Berggesetznovelle sowie die Reorganisation des Gewerkvereins (Referate des Kollegen Effert auf der zehnten General-Versammlung des Gewerkvereins), Essen 1905

Dertmann, Helmuth: Bergarbeiterlöhne und Lebensmittelpreise im rheinisch-westfälischen Ruhrkohlengebiet in den Jahren 1914–1920, Diss. Göttingen 1922

Der Verband der Bergarbeiter Deutschlands (alter Verband) ist sozialdemokratisch, Cöln 1910

Der Verrat des schwarz-gelben Gewerkvereins der Bergarbeiter. Eine Darstellung der Bergarbeiterbewegung und -Kämpfe in der Zeit nach dem Ruhrbergarbeiterstreik im Jahre 1905 bis einschliesslich des Streiks im Jahre 1912, hg.v. Vorstand des Verbandes der Bergarbeiter Deutschlands, Bochum 1912

Dickhoff, Erwin: Die Entnazifizierung und Entmilitarisierung der Straßennamen. Ein Beitrag zur Geschichte der Straßenbenennung in Essen, in: Essener Beiträge 101 (1986/87), S. 77–104

Die Arbeiterbewegung im Ruhrgebiet. Eine Gabe an den Parteitag 1907 vom Sozialdemokr. Verein Kreis Essen, Essen 1907 (Nachdruck, hg.v. Walter Wehner, Essen 1981)

Die Bergarbeiter im Wandel der Geschichte. Historische Betrachtung nach Otto Hues Darstellung nebst Ergänzung, hg.v. Verband der Bergarbeiter Deutschlands, Bochum 1926

Die Kämpfe um Knappschafts-Reformen im Allgemeinen Knappschaftsverein Bochum, hg.v. Vorstande des Verbandes der Bergarbeiter Deutschlands, Bochum 1910

Die Knappschafts-Wahlkämpfe und deren Ergebnisse in Rheinland-Westfalen und in Niederschlesien im Jahre 1910, hg.v. Vorstande des Verbandes der Bergarbeiter Deutschlands, Bochum 1910

Die Ruhrprovinz – das Land der Städte. Ansichten und Einsichten in den grünen Kohlenpott, hg.v. Erhard Schütz, Köln 1987

Die Sozialisierung des Bergbaues und der Generalstreik im rheinisch-westfälischen Industriegebiet, hg.v. der Neunerkommission für die Vorbereitung der Sozialisierung des Bergbaues im rheinisch-westfälischen Industriegebiet, o.O. o.J. [Essen 1919]

Die Stadt Essen, Essen 1910

Die Streikjustiz im Ruhrrevier oder Madame Justitia mit „verbundenen" Augen, hg.v. Vorstande des Verbandes der Bergarbeiter Deutschlands, Bochum 1913

Dingel, Frank: Revolutionäre Illusion oder revolutionäre Chance?, in: Internationale wissenschaftliche Korrespondenz zur Geschichte der deutschen Arbeiterbewegung (IWK) 15 (1979), S. 421–437

Dörnemann, Manfred: Die Politik des Verbandes der Bergarbeiter Deutschlands von der Novemberrevolution 1918 bis zum Osterputsch 1921 unter besonderer Berücksichtigung der Verhältnisse im rheinisch-westfälischen Industriegebiet, Bochum 1966

Dörr, Nikolas / Grawe, Lukas: Der preußisch-deutsche Bergbau im Kaiserreich und im Nationalsozialismus. Sozialpolitischer Vorreiter aus militärischen Gründen, in: Zeitschrift für Geschichtswissenschaft 69 (2021), S. 905–927

Duncker, Max: Die neueren Zechenstillegungen an der Ruhr, Leipzig 1907

Dupke, Thomas: Kohle, Krupp und Kommunalentwicklung. Die Karriere eines Landstädtchens – Essen 1803 bis 1914, in: Essen. Geschichte einer Stadt, hg.v. Ulrich Borsdorf, Bottrop–Essen 2002, S. 266–367

Ebert, Simon: „Das Kölner Polizei-Panama“. Sozialdemokratie, Medien und Skandale im Kaiserreich am Beispiel des Kölner Polizeiprozesses von 1914, in: Geschichte in Köln 63 (2016), S. 129–157

Eichler, Joachim: Von Köln nach Mannheim. Die Debatten über Maifeier, Massenstreik und das Verhältnis der Freien Gewerkschaften zur deutschen Sozialdemokratie innerhalb der Arbeiterbewegung Deutschlands 1905/06. Zur Entstehung des „Mannheimer Abkommens“, Münster–Hamburg 1992

Eliasberg, George: Der Ruhrkrieg von 1920, Bonn–Bad Godesberg 1974

Ellerbrock, Karl-Peter: Hördes Eintritt ins Industriezeitalter. Von Piepenstock zum Phoenix-Konzern, in: Hörde. Beiträge zur Stadtgeschichte, hg.v. Günther Högl u. Thomas Schilp, Dortmund 1990, S. 98–111

Emmel, L.: Das neue Kaligesetz, in: Neue Zeit 28 (1909–10) 40, S. 463–470

Engehausen, Frank: Die sozialdemokratische Reichstagsfraktion im Wilhelminischen Kaiserreich: Altersstruktur und Generationenkonflikte, in: Generationen in der Arbeiterbewegung, hg.v. Klaus Schönhoven u. Bernd Braun, München 2005, S. 145–163

Engels, Friedrich: Zur Kritik des sozialdemokratischen Programmentwurfes 1891, in: Neue Zeit 20 (1901–1902) 1, S. 5–13

Enke, Erich: Private, genossenschaftliche und städtische Wohnungspolitik in Essen vom Anfang des 19. Jahrhunderts bis zur Gegenwart, Stuttgart 1912

Enzyklopädie Erster Weltkrieg, hg.v. Gerhard Hirschfeld, Gerd Krumeich u. Irina Renz, Paderborn u.a. 2003

Erdmann, August: Sozialdemokratie und Zentrum bei den preussischen Landtagswahlen, in: Sozialistische Monatshefte (1908) 15, S. 937–941

Erger, Johannes: Der Kapp-Lüttwitz-Putsch. Ein Beitrag zur deutschen Innenpolitik 1919/20, Düsseldorf 1967

Essen. Geschichte einer Großstadt im 20. Jahrhundert, hg.v. Klaus Wisotzky u. Monika Josten, Münster 2018

Essen. Geschichte einer Stadt, hg.v. Ulrich Borsdorf, Bottrop–Essen 2002

Euchner, Walter: Das Ringen um die Sozialisierung der deutschen Kaliindustrie in den Jahren 1920/21, in: Internationale wissenschaftliche Korrespondenz zur Geschichte der deutschen Arbeiterbewegung (IWK) 20 (1984), S. 327–346

Farrenkopf, Michael: Die Radbod-Katastrophe von 1908 – Dimensionen des Explosionsrisikos im Ruhrbergbau des Kaiserreichs, in: Der Anschnitt 61 (2009), S. 330–344

Farrenkopf, Michael: Das Explosionsrisiko im Steinkohlenbergbau am Ende des (langen) 19. Jahrhunderts – Aspekte eines europäischen Problems, in: Die Grubenkatastrophe von Courrières 1906. Aspekte transnationaler Geschichte, hg.v. Michael Farrenkopf u. Peter Friedemann, Bochum 2008, S. 14–24

Farrenkopf, Michael: Gruppenmentalität und Verwaltungspraxis. Die preußischen Bergbeamten und die Ruhrstreiks von 1889 und 1905, in: Der Anschnitt 48 (1996), S. 126–135

Farrenkopf, Michael: Mythos Kohle. Der Ruhrbergbau in historischen Fotografien aus dem Bergbau-Archiv Bochum, Münster 2009

Farrenkopf, Michael: Schlagwetter und Kohlenstaub. Das Explosionsrisiko im industriellen Ruhrbergbau (1850–1914), Bochum 2003

Farrenkopf, Michael: Zwischen Bürgerlichkeit, Beamtenstatus und berufsständischer Orientierung. Die höheren preußischen Bergbeamten in der zweiten Hälfte des 19. Jahrhunderts, in: Der Anschnitt 47 (1995), S. 2–25

Faust, Manfred: Die Anfänge der Arbeiterbewegung im linksrheinischen Braunkohlenrevier, in: Internationale wissenschaftliche Korrespondenz zur Geschichte der deutschen Arbeiterbewegung (IWK) 32 (1996), S. 297–339

Feige, Ullrich: Bergarbeiterschaft zwischen Tradition und Emanzipation. Das Verhältnis von Bergleuten und Gewerkschaften zu Unternehmern und Staat im westlichen Ruhrgebiet um 1900, Düsseldorf 1986

Feldman, Gerald D.: Armee, Industrie und Arbeiterschaft in Deutschland 1914 bis 1918, Berlin/Bonn 1985

Feldman, Gerald D.: Das deutsche Unternehmertum zwischen Krieg und Revolution: Die Entstehung des Stinnes-Legien-Abkommens, in: ders., Vom Weltkrieg zur Weltwirtschaftskrise. Studien zur deutschen Wirtschafts- und Sozialgeschichte 1914 – 1932, Göttingen 1984, S. 100–127

Feldman, Gerald D.: Die Freien Gewerkschaften und die Zentralarbeitsgemeinschaft 1918–1924, in: Vom Sozialistengesetz zur Mitbestimmung, hg.v. Heinz Oskar Vetter, Köln 1975, S. 229–252

Feldman, Gerald D.: Die wirtschaftspolitischen Vorstellungen des „Alten Verbandes" in der Weimarer Republik, in: Glück auf, Kameraden! Die Bergarbeiter und ihre Organisationen in Deutschland, hg.v. Hans Mommsen u. Ulrich Borsdorf, Köln 1979, S. 301–323

Feldman, Gerald D.: Arbeitskonflikte im Ruhrbergbau 1919 – 1922. Zur Politik von Zechenverband und Gewerkschaften in der Überschichtenfrage, in: Vierteljahrshefte für Zeitgeschichte 28 (1980), S. 168–223

Feldman, Gerald D.: Hugo Stinnes. Biografie eines Industriellen 1870–1924, München 1998

Feldman, Gerald D./Kolb, Eberhard/Rürup, Reinhard: Die Massenbewegungen der Arbeiterschaft in Deutschland am Ende des Ersten Weltkrieges (1917–1920), in: Politische Vierteljahresschrift 13 (1972), S. 84–105

Feldman, Gerald D./Steinisch, Irmgard: Industrie und Gewerkschaften 1918 – 1924. Die überforderte Zentralarbeitsgemeinschaft, Stuttgart 1985

Fischer, Fritz: Griff nach der Weltmacht. Die Kriegszielpolitik des kaiserlichen Deutschland 1914/18, Kronberg 1977 (Nachdruck der Sonderausgabe 1967)

Fricke, Dieter: Der Ruhrbergarbeiterstreik von 1905, Berlin 1955

Fricke, Dieter: Handbuch zur Geschichte der deutschen Arbeiterbewegung 1869 bis 1917, 2 Bde., Berlin 1987
Fricke, Dieter: Kleine Geschichte des Ersten Mai. Die Maifeier in der deutschen und internationalen Arbeiterbewegung, Frankfurt 1980
Fricke, Dieter: Parteivorstand und reformistische Gewerkschaftsführer zu Beginn des Ruhrbergarbeiterstreiks von 1905, in: Beiträge zur Geschichte der Arbeiterbewegung 16 (1974), S. 282–289
Friedemann, Peter: Feste und Feiern im rheinisch-westfälischen Industriegebiet 1890 bis 1914, in: Sozialgeschichte der Freizeit. Untersuchungen zum Wandel der Alltagskultur in Deutschland, hg.v. Gerhard Huck, Wuppertal 1980, S. 161–185
Friedensburg, Ferdinand: Kohle und Eisen im Weltkriege und in den Friedensschlüssen, München–Berlin 1934
25 Jahre christliche Gewerkschaftsbewegung 1899 – 1924. Festschrift, Berlin 1924
Fritsch, Johann: Die Gründung und Entwicklung des Verbandes der Bergarbeiter Deutschlands. Der Kampf der Bergarbeiter gegen Imperialismus und Krieg bis 1917, in: Bergarbeiter im Klassenkampf 1890 – 1970. Beiträge zur Geschichte der deutschen Bergarbeitergewerkschaftsbewegung, hg.v. Zentralvorstand der IG Bergbau-Energie im FDGB, Berlin 1970, S. 17–37
Fritsch, Johann: Eindringen und Ausbreitung des Revisionismus im deutschen Bergarbeiterverband (bis 1914), Leipzig 1967
Fuchs, Sybille: Die Marokkokrise 1911 und die SPD: Ein Vorspiel zum Ersten Weltkrieg https://www.wsws.org/de/articles/2011/12/mar1-d31.html (eingesehen am 11.5.2023)
Führer, Karl-Christian: Carl Legien 1865 – 1921. Ein Gewerkschafter im Kampf um ein „möglichst gutes Leben“ für alle Arbeiter, Essen 2009
Gall, Lothar: Krupp. Der Aufstieg eines Industrieimperiums, Berlin 2000
Gehlen, Boris: Marktwirtschaft oder Planwirtschaft? Kampf um die Wirtschaftsordnung, in: Gewerkschaften in revolutionären Zeiten. Deutschland in Europa 1917 bis 1923, hg.v. Stefan Berger, Wolfgang Jäger u. Anja Kruke, Essen 2020, S. 181–193
General Oskar Freiherr von Watter. Dem Gedenken eines großen Soldaten von den alten Kameraden der 54. Infanterie-Division des Weltkrieges, Hamburg o.J.
Generationen in der Arbeiterbewegung, hg.v. Klaus Schönhoven u. Bernd Braun, München 2005
Gerwarth, Robert: Die größte aller Revolutionen. November 1918 und der Aufbruch in eine neue Zeit, München 2018
Geschichte des deutschen Bergbaus, Bd. 3: Motor der Industrialisierung, hg.v. Klaus Tenfelde u. Toni Pierenkemper, Münster 2016
Geschichte des deutschen Bergbaus, Bd. 4: Rohstoffgewinnung im Strukturwandel, hg.v. Dieter Ziegler, Münster 2013
Gewerkschaften in revolutionären Zeiten. Deutschland in Europa 1917 bis 1923, hg.v. Stefan Berger, Wolfgang Jäger u. Anja Kruke, Essen 2020
Geyer, Martin H.: Die Reichsknappschaft. Versicherungsreformen und Sozialpolitik im Bergbau 1900–1945, München 1987
Geyer, Martin H.: Staatliche Sozialpolitik und Knappschaftsreformen in Deutschland, 1880–1910, in: Bergbau in Großbritannien und im Ruhrgebiet. Studien zur vergleichenden Geschichte des Bergbaus 1850–1930, hg.v. Gustav Schmidt, Bochum 1985, S. 96–146

Gilcher-Holtey, Ingrid: Das Mandat des Intellektuellen. Karl Kautsky und die Sozialdemokratie, Berlin 1986

Gladen, Albin: Die Streiks der Bergarbeiter im Ruhrgebiet in den Jahren 1889, 1905 und 1912, in: Arbeiterbewegung an Rhein und Ruhr, hg.v. Jürgen Reulecke, Wuppertal 1974, S. 111–148

Giesberts und Imbusch für Sozialisierung!, Bochum o.J. [1921]

Glück auf, Kameraden! Die Bergarbeiter und ihre Organisationen in Deutschland, hg.v. Hans Mommsen u. Ulrich Borsdorf, Köln 1979

Glück auf, Kameraden! Durch Nacht zum Licht. 100 Jahre Bergarbeitergewerkschaften in Deutschland, hg.v. Roland Bonn u. Michael Krüger-Charlé, Bochum 1989

Goch, Stefan: Arbeiter(Bewegungs)kulturen im Ruhrgebiet: Ziele und kulturelle Praxis, in: Kulturelles Handeln im transkulturellen Raum, hg.v. Andreas Jacob u. Gordon Kampe, Hildesheim–Zürich–New York 2014, S. 29–59

Goch, Stefan: Resultat enttäuschter Erwartungen an die Novemberrevolution: Linksradikale Bergarbeiter-Organisationen im Ruhrgebiet, in: Aufbruch in die Demokratie. Die Revolution 1918/19 im Rheinland und in Westfalen, hg.v. Frank Bischoff, Guido Hitze u. Wilfried Reininghaus, Münster 2020, S. 413–471

Goch, Stefan: Sozialdemokratische Arbeiterbewegung und Arbeiterkultur im Ruhrgebiet. Eine Untersuchung am Beispiel Gelsenkirchen 1848 – 1975, Düsseldorf 1990

Goch, Stefan: Was erzählen eigentlich Historiker und Sozialwissenschaftler über den Ruhrbergbau?, in: Leben in der Arbeitslandschaft. Narrationen des Ruhrbergbaus, hg.v. Arnold Maxwill, Paderborn 2021, S. 39–53

Grabherr, Stephan: Die Arbeitskammervorlagen der kaiserlichen Regierung von 1908/1909 – Interessenvertretung der Arbeiterschaft oder staatliche Schlichtungsinstanz?, in: Internationale wissenschaftliche Korrespondenz zur Geschichte der deutschen Arbeiterbewegung (IWK) 25 (1990), S. 141–157

Grebing, Helga: Arbeiterbewegung. Sozialer Protest und kollektive Interessenvertretung bis 1914, München 1985

Grebing, Helga: Geschichte der deutschen Arbeiterbewegung, München 1970

Grebing, Helga: Hue, Otto, in: Neue deutsche Biografie 9 (1972), S. 710–711

Grebing, Helga: Husemann, Fritz, in: Neue deutsche Biografie 10 (1974), S. 83–84

Grebing, Helga: Sozialer Wandel, Konflikt und gewerkschaftliche Organisation, in: Internationale wissenschaftliche Korrespondenz zur Geschichte der deutschen Arbeiterbewegung (IWK) 15 (1979), S. 226–235

Greis, Hans: Die inneren Beziehungen der Arbeitergewerkschaften des rheinisch-westfälischen Industriegebietes während des Krieges und in der Nachkriegszeit, Diss. Köln 1925

Groh, Dieter: Emanzipation und Integration. Beiträge zur Sozial- und Politikgeschichte der deutschen Arbeiterbewegung und des 2. Reiches, Konstanz 1999

Groh, Dieter: Negative Integration und revolutionärer Attentismus. Die deutsche Sozialdemokratie am Vorabend des Ersten Weltkrieges, Frankfurt–Berlin–Wien 1974 (Taschenbuchausgabe)

Groh, Dieter/Brandt Peter, „Vaterlandlose Gesellen“. Sozialdemokratie und Nation 1860–1990, München 1992

Gronemann, Walter: Hue, Otto, in: Biografien bedeutender Dortmunder. Menschen in, aus und für Dortmund, Bd. 1, hg.v. Hans Bohrmann, Dortmund 1994, S. 46f.

Grunenberg, Antonia: Einleitung, in: Die Massenstreikdebatte, hg.v. Antonia Grunenberg, Frankfurt 1970, S. 5–44

Habedank, Heinz: Um Mitbestimmung und Nationalisierung während der Novemberrevolution und im Frühjahr 1919, Berlin 1967

Haenisch, Konrad: Die deutsche Sozialdemokratie in und nach dem Weltkriege, Berlin 1916

Hagenkötter, Manfred: Soziale Einflüsse und Häufigkeit der Arbeitsunfälle im Ruhrbergbau, Diss. Münster 1969

Hartewig, Karin: Das unberechenbare Jahrzehnt. Bergarbeiter und ihre Familien im Ruhrgebiet 1914 – 1924, München 1993

Haus, Rainer: Lothringen und Salzgitter in der Eisenerzpolitik der deutschen Schwerindustrie von 1871 – 1940, Salzgitter 1991

Hauschild, Harry: Der vorläufige Reichswirtschaftsrat 1920 – 1926, Berlin 1926

Hechelmann, Liselotte: Das Schicksal der Stadt Steele unter dem Einfluß industrieller Standortsänderungen. Ein Beitrag zu dem Problem der Zechenstillegungen im Ruhrgebiet, Diss. München o.J., Essen o.J.

Heinemann, Ulrich: „Die Arbeiterschaft kommt zu Wort, aber nicht zu Ergebnissen …" Arbeiter und Arbeiterbewegung im Revier zwischen Weltkrieg und Kapp-Putsch, in: Eine Partei in ihrer Region. Zur Geschichte der SPD im Westlichen Westfalen, hg.v. Bernd Faulenbach u. Günther Högl, Essen 1988, S. 80–88

Henning, Wilhelm: Geschichte der Stadtverordnetenversammlung von Essen (1890 – 1914), Diss. Essen 1965

Hentschel, Volker: Geschichte der deutschen Sozialpolitik 1880 – 1980, Frankfurt 1983

Henze, Jochen: Sechsstundenschicht im Ruhrbergbau 1918 – 1920. Ursachen und Verlauf eines Arbeitszeitkonflikts, Freiburg 1988

Herbert, Ulrich: Geschichte Deutschlands im 20. Jahrhundert, München 2014

Herrmann, Karl Georg: Die Geschichte des internationalen Bergarbeiter-Verbandes 1890–1939, Frankfurt/New York 1994

Hertz-Eichenrode, Dieter: Parteiorganisation und Wahlkämpfe der Sozialdemokratie in Berlin 1871 – 1918, in: Der Aufstieg der deutschen Arbeiterbewegung. Sozialdemokratie und Freie Gewerkschaften im Parteiensystem und Sozialmilieu des Kaiserreichs, hg.v. Gerhard A. Ritter, München 1990, S. 219–257

Hesselbarth, Mario: Der Mitteldeutsche Generalstreik Februar/März 1919, in: Eine zweite Revolution? Das Frühjahr 1919 in Deutschland und Europa, hg.v. Axel Weipert u.a., Berlin 2020, S. 187–202

Heuss, Theodor: Naumann, Friedrich, in: Neue deutsche Biografie 18 (1997), S. 767–769

Heymann, Bruno/Freudenberg, Karl: Morbidität und Mortalität der Bergleute im Ruhrgebiet, Essen 1925

Hickey, Stephan: Bergmannsarbeit an der Ruhr vor dem Ersten Weltkrieg, in: Glück auf, Kameraden! Die Bergarbeiter und ihre Organisationen in Deutschland, hg.v. Hans Mommsen u. Ulrich Borsdorf, Köln 1979, S. 49–69

Hickey, S. H. F.: Workers in Imperial Germany. The Miners of the Ruhr, Oxford 1985

Hiepel, Claudia: Arbeiterkatholizismus an der Ruhr. August Brust und der Gewerkverein christlicher Bergarbeiter, Stuttgart–Berlin–Köln 1999

Hirsch, Paul: Der Weg der Sozialdemokratie zur Macht in Preußen, Berlin 1929

… höchst verpönte Selbst-Hülfe … Zur Entstehung und Entwicklung der Sozialversicherung in Bergbau, Seefahrt und Eisenbahnwesen, hg.v. Christoph Bartels, Bochum 2012

Högl, Günther: Die Sozialdemokratie im Bezirk Westliches Westfalen von 1893 bis 1918, in: Sozialdemokratie im Wandel. Der Bezirk Westliches Westfalen 1893 – 2001, hg.v. Bernd Faulenbach u.a., Essen 2001, S. 37–52

Högl, Günther: Entstehung und Entwicklung des SPD-Bezirks „Westliches Westfalen“ 1890 – 1914, in: Eine Partei in ihrer Region. Zur Geschichte der SPD im Westlichen Westfalen, hg.v. Bernd Faulenbach u. Günther Högl, Essen 1988, S. 71–79

Högl, Günther: Gewerkschaften und USPD von 1916 – 1922. Ein Beitrag zur Geschichte der deutschen Arbeiterbewegung unter besonderer Berücksichtigung des Deutschen Metallarbeiter-, Textilarbeiter- und Schuhmacherverbandes, Diss. München 1982

Högl, Günther: Max König (1868–1941). Der „Rote König“, in: Sozialdemokratie im Wandel. Der Bezirk Westliches Westfalen 1893 – 2001, hg.v. Bernd Faulenbach u.a., Essen 2001, S. 55–56

Högl, Günther: Zwischen Partei und Gewerkschaft. Zur Entstehung und Geschichte des Deutschen Metallarbeiterverbandes (DMV) in Dortmund 1891 – 1907, in: Die Eisen- und Stahlindustrie im Dortmunder Raum. Wirtschaftliche Entwicklung, soziale Strukturen und technologischer Wandel im 19. und 20. Jahrhundert, hg.v. Ottfried Dascher u. Christian Kleinschmidt, Dortmund 1992, S. 181–198

Hörde. Beiträge zur Stadtgeschichte, hg.v. Günther Högl u. Thomas Schilp, Dortmund 1990

Holtfrerich, Carl-Ludwig: Quantitative Wirtschaftsgeschichte des Ruhrkohlenbergbaus im 19. Jahrhundert. – Eine Führungssektoranalyse –, Dortmund 1973

Hofmann, Klaus Martin: Die Evangelische Arbeitervereinsbewegung 1882–1914, Bielefeld 1988

100 Jahre Ruhrgebiet. Die andere Metropole, hg.v. Heinrich Theodor Grütter u. Frank Kerner, Essen 2021

Huske, Joachim: Die Steinkohlenzechen im Ruhrrevier. Daten und Fakten von den Anfängen bis heute, Bochum 1987

Illustrierte Geschichte der Deutschen Revolution, Berlin 1929

Imbusch, H[einrich]: Arbeiterinnen im Bergbau, Essen 1917

Imbusch, Heinrich: Arbeitsverhältnis und Arbeiterorganisationen im deutschen Bergbau. Eine geschichtliche Darstellung, Essen 1908

Imbusch, Heinrich: Bergarbeiter-Streik im Ruhrgebiet im Frühjahr 1912, Köln 1912

Jäger, Wolfgang: Bergarbeitermilieus und Parteien im Ruhrgebiet. Zum Wahlverhalten des katholischen Bergarbeitermilieus bis 1933, München 1996

Jäger, Wolfgang: Fritz Husemann (1873–1935). Der Bergarbeiterführer, in: Sozialdemokratie im Wandel. Der Bezirk Westliches Westfalen 1893–2001, hg.v. Bernd Faulenbach u.a., Essen 2001, S. 144–146

Jäger, Wolfgang: Soziale Sicherheit statt Chaos. Beiträge zur Geschichte der Bergarbeiterbewegung an der Ruhr, Essen 2018, S. 174–177

Jäger, Wolfgang/Tenfelde, Klaus: Bildgeschichte der deutschen Bergarbeiterbewegung, München 1989

James, Harold: Krupp. Deutsche Legende und globales Unternehmen, München 2011

James, Leighton: Trade Union Development in the Ruhr and South Wales, 1890–1914, in: Towards a Comparative History of Coalfield Societies, hg.v. Stefan Berger, Andy Croll u. Norman Laporte, Aldershot 2005, S. 253–266

James, Leighton S.: The politics of identity and civil society in Britain and Germany. Miners in the Ruhr and south Wales 1890 –1926, Manchester 2008

Jenko, Jürgen: Die Bergarbeiterschaft und der Aufstieg des Anarcho-Syndikalismus im Ruhrgebiet bis 1919, in: Mitteilungsblatt des Instituts für soziale Bewegungen 38 (2007), S. 7–26

Jochmann, Hans: Arbeitszeit, Arbeitserfolg und Arbeiter im Ruhrbergbau, Berlin 1929

John, Matthias: „Sie wollen Dortmund verlassen! ... Das wäre ein schwerer Schlag". Der Lebensweg von Konrad Haenisch, in: Beiträge zur Geschichte Dortmunds und der Grafschaft Mark 89 (1998), S. 185–235

Jones, Mark: Am Anfang war Gewalt. Die deutsche Revolution 1918/19 und der Beginn der Weimarer Republik, Berlin 2017

Jones, Mark: Gewaltsamer Wiederaufbau: Die deutsche Revolution von 1918–19 und die Gründung der Weimarer Republik, in: Gewerkschaften in revolutionären Zeiten. Deutschland in Europa 1917 bis 1923, hg.v. Stefan Berger, Wolfgang Jäger u. Anja Kruke, Essen 2020, S. 279–294

Kastning, Alfred: Die deutsche Sozialdemokratie zwischen Koalition und Opposition 1919–1923, Paderborn 1970

Kautsky, Karl: Der Kampf der Kohlengräber in Österreich, in: Neue Zeit 18 (1899/1900) 23, S. 712–720

Kautsky, Karl: Der Kohlenwucher und die Verstaatlichung des Kohlenbergbaus, in: Neue Zeit 19 (1900–1901) 6, S. 173–178

Kautsky, Karl: Die Lehren des Bergarbeiterstreiks, in: Neue Zeit 23 (1904/05) 24, S. 772–782

Kautsky, K.: Die Neutralisirung der Gewerkschaften, in: Neue Zeit 18 (1899/1900) 40, S. 388–394, 41, S. 429–433, 42, 457–466 u. 43, 492–497, S. 432

Kautsky, K.: Die Verstaatlichung der Kohlenbergwerke, in: Neue Zeit 19 (1900/1901) 10, S. 301–308

Kealey, Maura: Kampfstrategien der Unternehmerschaft im Ruhrbergbau seit dem Bergarbeiterstreik von 1889, in: Glück auf, Kameraden! Die Bergarbeiter und ihre Organisationen in Deutschland, hg.v. Hans Mommsen u. Ulrich Borsdorf, Köln 1979, S. 175–197

Kellershohn, Jan: Streik und Erinnerung. Der Bergarbeiterstreik 1889 als vergangenheitspolitische Ressource, in: Gewerkschaften im Gedächtnis der Demokratie, hg.v. Stefan Berger, Wolfgang Jäger u. Ulf Teichmann, Bielefeld 2022, S. 383–402

Kirchhoff, Hans Georg: Die staatliche Sozialpolitik im Ruhrbergbau 1871 – 1914, Köln–Opladen 1958

Kleinschmidt, Christian: Rationalisierung als Unternehmensstrategie. Die Eisen- und Stahlindustrie des Ruhrgebiets zwischen Jahrhundertwende und Weltwirtschaftskrise, Essen 1993

Kleßmann, Christoph: Polnische Bergarbeiter im Ruhrgebiet 1870–1945. Soziale Integration und nationale Subkultur einer Minderheit in der deutschen Industriegesellschaft, Göttingen 1978

Kleßmann, Christoph: Polnische Bergarbeiter im Ruhrgebiet: Soziale Lage und gewerkschaftliche Organisation, in: Glück auf, Kameraden! Die Bergarbeiter und ihre Organisationen in Deutschland, hg.v. Hans Mommsen u. Ulrich Borsdorf, Köln 1979, S. 109–130

Klöcker, Michael: Die Sozialdemokratie im Regierungsbezirk Aachen vor dem 1. Weltkrieg, Wentorf/Hamburg 1977

Klönne, Arno: Die deutsche Arbeiterbewegung. Geschichte – Ziele – Wirkungen, Düsseldorf–Köln 1980

Kluge, Ulrich: Die deutsche Revolution 1918/19. Staat, Politik und Gesellschaft zwischen Weltkrieg und Kapp-Putsch, Frankfurt 1985

Kluge, Ulrich: Essener Sozialisierungsbewegung und Volkswehrbewegung im rheinisch-westfälischen Industriegebiet 1918/19, in: Internationale wissenschaftliche Korrespondenz zur Geschichte der deutschen Arbeiterbewegung (IWK) 16 (1972), S. 55–65

Koch, Max: Die Bergarbeiterbewegung im Ruhrgebiet zur Zeit Wilhelms II. (1889 – 1914), Düsseldorf 1954

Kocka, Jürgen: Klassengesellschaft im Krieg. Deutsche Sozialgeschichte 1914 – 1918, Göttingen 1978 (2. Aufl.)

Kolb, Eberhard: Rätewirklichkeit und Räte-Ideologie in der deutschen Revolution von 1918/19, in: Die deutsche Revolution 1918/19, hg.v. Helga Grebing, Berlin 2008, S. 41–67 [Erstdruck 1968]

Kolb, Eberhard/Schumann, Dirk: Die Weimarer Republik, München 2013 (8. erw. Aufl.)

Kosok, Elisabeth: Hundert Jahre Gewerkschaft Metall Essen 1891 – 1991, Essen 1991

Koszyk, Kurt: Anfänge und frühe Entwicklung der sozialdemokratischen Presse im Ruhrgebiet (1875–1908), in: Beiträge zur Geschichte Dortmunds und der Grafschaft Mark 50 (1953), S. 1–151

Koszyk, Kurt: Die „Metallarbeiter-Zeitung" am Vorabend des Ersten Weltkriegs – Zur Geschichte der Gewerkschaftspresse, in: Vom Sozialistengesetz zur Mitbestimmung, hg.v. Heinz Oskar Vetter, Köln 1975, S. 175–197

Krabbe, Wolfgang R.: Die Gründung städtischer Arbeiterschutz-Anstalten in Deutschland: Arbeitsnachweis, Arbeitslosenfürsorge, Gewerbegericht und Rechtsauskunftstelle, in: Arbeiterexistenz im 19. Jahrhundert, hg.v. Werner Conze u. Ulrich Engelhardt, Stuttgart 1981, S. 425–445

Kramer, Alan: Art. Lusitania, in: Enzyklopädie Erster Weltkrieg, S. 689f.

Kramp, Andrea: Georg Gothein (1857–1940). Aufstieg und Niedergang des Linksliberalismus, Düsseldorf 2018

Kroker, Evelyn: Arbeiterausschüsse im Ruhrbergbau zwischen 1906 und 1914, in: Der Anschnitt 30 (1978), S. 204–215

Kroker, Evelyn / Farrenkopf, Michael: Grubenunglücke im deutschsprachigen Raum. Katalog der Bergwerke, Opfer, Ursachen und Quellen, Bochum 1999 (2. erw. Aufl.)

Kroll, Frank-Lothar: Geburt der Moderne. Politik, Gesellschaft und Kultur vor dem Ersten Weltkrieg, Berlin–Brandenburg 2013

Krüger, Dieter: Das Stinnes-Legien-Abkommen 1918 – 1924. Voraussetzungen, Entstehung, Umsetzung und Bedeutung, Berlin 2018

Krüger, Peter: Deutschland und die Reparationen 1918/19. Die Genesis des Reparationsproblems in Deutschland zwischen Waffenstillstand und Versailler Friedensschluß, Stuttgart 1973

Krüger, Peter: Die Außenpolitik der Republik von Weimar, Darmstadt 1985
Krumeich, Gerd: Art. Januarstreiks, in: Enzyklopädie Erster Weltkrieg, S. 591–593
Kuda, Rudolf: Das Konzept der Wirtschaftsdemokratie, in: Vom Sozialistengesetz zur Mitbestimmung, hg.v. Heinz Oskar Vetter, Köln 1975, S. 253–274
Kühne, Thomas: Handbuch der Wahlen zum preußischen Abgeordnetenhaus 1867–1918. Wahlergebnisse, Wahlbündnisse und Wahlkandidaten, Düsseldorf 1994
Kulczycki, John J.: A Trade Union for Polish Miners in the Ruhr: "Alter Verband", "Gewerkverein" and "Zjednocznenie Zawodowe Polskie", in: Sozialgeschichte des Bergbaus im 19. und 20. Jahrhundert, hg.v. Klaus Tenfelde, München 1992, S. 609–622
Kulczycki, John J.: The Foreign Worker and the German Labor Movement. Xenophobia and Solidarity in the Coal Fields of the Ruhr, 1871 – 1914, Oxford–Providence 1994
Kulczycki, John J.: The Herner Polenaufstand of 1899, in: Mitteilungsblatt des Instituts für soziale Bewegungen 24 (2000), S. 5–17
Kulczycki, John J.: The Polish Coal Miners' Union and the German Labor Movement in the Ruhr, 1902–1934, National and Social Solidarity, Oxford–New York 1997
Lademacher, Horst: Die Illusion vom Frieden. Die Zweite Internationale wider den Krieg 1889 – 1919, Münster–New York 2018
Lang, Paul: Die II. Internationale Wirtschaftskonferenz in London, in: Wissen und Leben 23 (1920/21), S. 161–171 (https://www.e-periodica.ch/cntmng?pid=alp-003%3A1920%3A23%3A%3A1073 – eingesehen am 17.11.2023)
Langenfeld, Heiner: Die Ankylostomiasis im Ruhrgebiet. Ein Beitrag zur Geschichte der medizinischen Parasitologie, Frankfurt–Bern 1981
Langer, Peter: Revolutionswirren. Die Zeit des linken Arbeiter- und Soldatenrats und des ersten Generalstreiks in Oberhausen Januar/Februar 1919, in: Ursprünge und Entwicklungen der Stadt Oberhausen. Quellen und Forschungen zu ihrer Geschichte 4 (1994), S. 265–297
Langewiesche, Dieter / Schönhoven, Klaus: Arbeiterbibliotheken und Arbeiterlektüre im Wilhelminischen Deutschland, in: Archiv für Sozialgeschichte 16 (1976), S. 135–204
Lauf, Ulrich: Der Einfluss des Ersten Weltkrieges auf den Bochumer Allgemeinen Knappschaftsverein, in: Der Anschnitt 66 (2014), S. 141–153
Lauf, Ulrich: Die deutschen Knappschaftsvereine (1854–1923). Ein altes Sozialsystem im Rückblick, in: Der Anschnitt 58 (2006), S. 264–294
Lauf, Ulrich: Die Knappschaft. Ein Streifzug durch tausend Jahre Sozialgeschichte, Sankt Augustin 1994
Lauf, Ulrich: Die Krankenhäuser der deutschen Knappschaftsvereine im 19. und 20. Jahrhundert, Bochum 2005
Lauf, Ulrich: Die Preußische Knappschaftsnovelle von 1906, in: ders.: Knappschaft und Sozialreformen. Historische Betrachtungen aus fünfzehn Jahren, Sankt Augustin 2000, S. 29–56 (Erstdruck 1996)
Lauschke, Karl: Otto Hue (1868–1922). Sprecher der Bergarbeiter, in: Sozialdemokratie im Wandel. Der Bezirk Westliches Westfalen 1893 – 2001, hg.v. Bernd Faulenbach u.a., Essen 2001, S. 54–55
Lauschke, Karl: Otto Hue (1868–1922), in: Hörde. Beiträge zur Stadtgeschichte, hg.v. Günther Högl u. Thomas Schilp, Dortmund 1990, S. 165–166

Leder, Tilman: Die Politik eines „Antipolitikers“. Eine politische Biografie Gustav Landauers, Lich 2014

Legien, Carl: Neutralisierung der Gewerkschaften, in: Sozialistische Monatshefte (1900) 7, S. 369–376

Lehnert, Detlef: Reform und Revolution in den Strategiediskussionen der klassischen Sozialdemokratie. Zur Geschichte der deutschen Arbeiterbewegung von den Ursprüngen bis zum Ausbruch des 1. Weltkriegs, Bonn–Bad Godesberg 1977

Lehnert, Detlef: Sozialdemokratie und Novemberrevolution. Die Neuordnungsdebatte 1918/19 in der politischen Publizistik von SPD und USPD, Frankfurt–New York 1983

Leonhard, Jörn: Der überforderte Frieden. Versailles und die Welt 1918 – 1923, München 2018

Lesczenski, Jörg: August Thyssen (1842–1926) – im Kriegszustand. Das „alte Eisen“ August Thyssen in der neuen Republik von Weimar, in: Unternehmer in der Weimarer Republik, hg.v. Patrick Bormann, Judith Michel u. Joachim Scholtyseck, Stuttgart 2016, S. 19–31

Limbertz, Heinrich: Otto Hue zum Gedächtnis, in: Arbeiterzeitung (Essen) 92, 20.4.1922

Limbertz, Heinrich: Otto Hue, in: Internationales Handwörterbuch des Gewerkschaftswesens, hg.v. Ludwig Heyde, Bd. 1, Berlin 1931, S. 779f.

Löbe, Paul: Der Weg war lang, Berlin 1954

Luban, Oskar: Die politischen Massenstreiks in den letzten Weltkriegsjahren und die Haltung der freien Gewerkschaften (1916–1918), in: Revolution und Arbeiterbewegung in Deutschland 1918 – 1920, hg.v. Karl Christian Führer u.a., Essen 2013, S. 121–134

Lucas, Erhard: Blockierte Demokratisierung. Die Revolutionszeit 1918/19 in Dorsten, Hervest und Holsterhausen, in: Vestische Zeitschrift 90/91 (1991/92), S. 177–230

Lucas, Erhard: Märzrevolution 1920, 3 Bde., Frankfurt 1974 (2. Aufl.), 1973 u. 1978

Lucas, Erhard: Ursachen und Verlauf der Bergarbeiterbewegung in Hamborn und im westlichen Ruhrgebiet 1918/19, in: Duisburger Forschungen 15 (1971), S. 1–119

Lucas, Erhard: Zwei Formen von Radikalismus in der deutschen Arbeiterbewegung, Frankfurt 1976

Lützenkirchen, Ralf: Der sozialdemokratische Verein für den Reichstagswahlkreis Dortmund–Hörde. Ein Beitrag zur Parteiengeschichte, Dortmund 1970

Maetschke, Matthias: Ursprünge der Zwangskartellgesetzgebung. Der Entwurf eines Gesetzes über den Absatz von Kalisalzen vom 12. Dezember 1909, Baden-Baden 2008

Maier, Charles S.: Coal and Economic Power in the Weimar Republic: The Effects of the Coal Crisis of 1920, in: Industrielles System und politische Entwicklung in der Weimarer Republik, hg.v. Hans Mommsen u.a., Düsseldorf 1974, S. 530–542

Mallmann, Klaus-Michael: Die Anfänge der Bergarbeiterbewegung an der Saar (1848–1904), Saarbrücken 1981

Mallmann, Klaus-Michael: Erfahrungsräume und Deutungswelten. Klassenbildung, Fragmentierung und Bergarbeiterbewegung in Deutschland 1871 – 1914, in: Sozialgeschichte des Bergbaus im 19. und 20. Jahrhundert, hg.v. Klaus Tenfelde, München 1992, S. 593–608

Mallmann, Klaus-Michael/Steffens, Horst: Lohn der Mühen. Geschichte der Bergarbeiter an der Saar, München 1989

Mann, Bernhard: Die SPD und die preußischen Landtagswahlen 1893–1913, in: Der Aufstieg der deutschen Arbeiterbewegung. Sozialdemokratie und Freie Gewerkschaften im Parteiensystem und Sozialmilieu des Kaiserreichs, hg.v. Gerhard A. Ritter, München 1990, S. 37–48

Martin, Michael: Allgegenwärtiger Tod. Arbeitsbedingungen und Mortalität im Ruhr-Bergbau bis zum Ersten Weltkrieg, in: Historical Social Research/Historische Sozialforschung Sonderband 34 (2009), S. 154–173

Martin, Michael: Arbeiterschutz und Arbeitsmedizin im Ruhrbergbau 1865 – 1914, Diss. Bochum 2000

Marßolek, Inge: Sozialdemokratie und Revolution im östlichen Ruhrgebiet. Dortmund unter der Herrschaft des Arbeiter- und Soldatenrates, in: Arbeiter- und Soldatenräte im rheinisch-westfälischen Industriegebiet, hg.v. Reinhard Rürup, Wuppertal 1975, S. 239–314

Mattheier, Klaus: Die Gelben. Nationale Arbeiter zwischen Wirtschaftsfrieden und Streik, Düsseldorf 1973

Mattheier, Klaus J.: Werkvereine und wirtschaftsfriedlich-nationale (gelbe) Arbeiterbewegung im Ruhrgebiet, in: Arbeiterbewegung an Rhein und Ruhr, hg.v. Jürgen Reulecke, Wuppertal 1974, S. 173–204

Matthias, Erich: Kautsky und der Kautskyanismus. Die Funktion der Ideologie in der deutschen Sozialdemokratie vor dem ersten Weltkriege, in: Marxismusstudien 2, Tübingen 1957, S. 151–197

Matthias, Erich: Zwischen Räten und Geheimräten. Die deutsche Reichsregierung 1918/19, Düsseldorf 1970

McCreary, Eugene Charles: Essen 1860 – 1914: A Case Study of the Impact of Industrialization on German Community Life, Diss. New Haven 1963 (MS)

Meinberg, Adolf: Aufstand an der Ruhr. Reden und Aufsätze, hg.v. Hellmut G. Haasis u. Erhard Lucas, Frankfurt o.J. (1973)

Meis, Hans: Der Ruhrbergbau im Wechsel der Zeiten, Essen 1933

Menne, Holger: Arbeitsverhältnisse und Sozialbeziehungen im mitteldeutschen Braunkohlenbergbau während des Ersten Weltkrieges 1914 – 1918, in: 7. Montanhistorisches Kolloquium. Zur Geschichte des Braunkohlenbergbaus. Die Braunkohle und ihre Bergleute, Borken 2006, S. 65–73

Menneking, Friedrich: Radbod 1908. Rückblick auf die große Explosion und andere Explosionen im Steinkohlenbergbau, Dortmund 1984

Mette, Tim: Kali-Industrie, Kali-Staat und Kali-Junker. Recht und Wirtschaft am Beispiel des Reichskaligesetzes vom 25. Mai 1910, St. Katharinen 1997

Miller, Susanne: Die Bürde der Macht. Die deutsche Sozialdemokratie 1918 – 1920, Düsseldorf 1978

Mittag, Jürgen: Biografische Forschung und Arbeiterbewegung: Einleitende Anmerkungen, in: Mitteilungsblatt des Instituts für soziale Bewegungen 45 (2011), S. 5–20

Mittag, Jürgen: Versäumte Chancen oder realitätsnaher Pragmatismus? Die Arbeiterbewegung im Ruhrgebiet zwischen Sozialisierungsdebatten und Proteststreiks 1918 – 1920, in: Revolution und Arbeiterbewegung in Deutschland 1918 – 1920, hg.v. Karl Christian Führer u.a., Essen 2013, S. 211–236

Möller, H.: Einige Argumente für die Verstaatlichung des Bergbaues, in: Neue Zeit 19 (1900–1901) 28, S. 47–51

Möller, Heinrich: Zur Verstaatlichung des Bergbaus, in: Sozialistische Monatshefte (1902) 4, S. 301–306

Möllers, Paul: Die Essener Arbeiterbewegung in ihren Anfängen, in: Rheinische Vierteljahrsblätter 25 (1960), S. 42–65

Mommsen, Hans: Die Bergarbeiterbewegung an der Ruhr 1918–1933, in: Arbeiterbewegung an Rhein und Ruhr, hg.v. Jürgen Reulecke, Wuppertal 1974, S. 275–314

Mommsen, Hans: Die verspielte Freiheit. Der Weg der Republik von Weimar in den Untergang 1918 bis 1933, Frankfurt–Berlin 1989

Mommsen, Hans: Einführung, in: Otto Hue, Die Bergarbeiter, Berlin–Bonn 1981 (Nachdruck), S. I–XI

Mommsen, Hans: Einleitung, in: Glück auf, Kameraden! Die Bergarbeiter und ihre Organisationen in Deutschland, hg.v. Hans Mommsen u. Ulrich Borsdorf, Köln 1979, S. 11–22

Mommsen, Hans: Soziale Kämpfe im Ruhrbergbau nach der Jahrhundertwende, in: Glück auf, Kameraden! Die Bergarbeiter und ihre Organisationen in Deutschland, hg.v. Hans Mommsen u. Ulrich Borsdorf, Köln 1979, S. 249–272

Mommsen, Hans: Soziale und politische Konflikte an der Ruhr 1905 – 1924, in: Arbeiterbewegung und industrieller Wandel. Studien zu gewerkschaftlichen Organisationsproblemen im Reich und an der Ruhr, hg.v. Hans Mommsen, Wuppertal 1980, S. 62–94

Mommsen, Hans: Sozialpolitik im Ruhrbergbau, in: Industrielles System und politische Entwicklung in der Weimarer Republik, hg.v. Hans Mommsen u.a., Düsseldorf 1974, S. 303–321

Mommsen, Wolfgang J.: Bürgerstolz und Weltmachtstreben. Deutschland unter Wilhelm II. 1890 bis 1918, Berlin 1995

Mommsen, Wolfgang J.: Deutschland, in: Enzyklopädie Erster Weltkrieg, Paderborn u.a. 2003, S. 15–30

Mommsen, Wolfgang J.: Die deutsche Revolution 1918 – 1920. Politische Revolution und soziale Protestbewegung, in: Geschichte und Gesellschaft 4 (1978), S. 362–391

Mommsen, Wolfgang J.: Die Reichsversicherungsordnung vom Jahre 1911, in: Konflikt und Reform. Festschrift für Helmut Berding, hg.v. Wilfried Speitkamp u. Hans-Peter Ullmann, Göttingen 1995, S. 255–264

Mühlhausen, Walter: Der Typus Ebert – Anmerkungen zur Biografie des Parteiführers im Staatsamt der Weimarer Republik, in: Mitteilungsblatt des Instituts für soziale Bewegungen 45 (2011), S. 99–118

Mühlhausen, Walter: Zwischen Erwartungen und Zwangslagen. Sozialdemokratie und radikale Linke in der Revolution, in: Zusammenbruch, Aufbruch, Abbruch? Die Novemberrevolution als Ereignis und Erinnerungsort, hg.v. Andreas Braune u. Michael Dreyer, Stuttgart 2019, S. 49–67

Müller, Dirk H.: Der Syndikalismus in der deutschen Gewerkschaftsbewegung vor 1914, in: Solidarität und Menschenwürde. Etappen der deutschen Gewerkschaftsgeschichte von den Anfängen bis zur Gegenwart, hg.v. Erich Matthias u. Klaus Schönhoven, Bonn 1984, S. 57–68

Müller, Rolf-Dieter: Art. Gaskrieg, in: Enzyklopädie Erster Weltkrieg, S. 519–522

Münz, Heinrich: Die Lage der Bergarbeiter im Ruhrrevier, Essen 1909

Mugrauer, Johann: Otto Hue, in: Rheinisch-Westfälische Wirtschaftsbiografien 1, Münster 1932, S. 160–175
Murphy, Richard C.: Gastarbeiter im Deutschen Reich. Polen in Bottrop 1891 – 1933, Wuppertal 1982
Murphy, Richard C.: Polnische Bergarbeiter im Ruhrgebiet: Das Beispiel Bottrop, in: Glück auf, Kameraden! Die Bergarbeiter und ihre Organisationen in Deutschland, hg.v. Hans Mommsen u. Ulrich Borsdorf, Köln 1979, S. 89–108
Murzynowska, Krystyna: Die polnischen Erwerbsauswanderer im Ruhrgebiet während der Jahre 1880 – 1914, Dortmund 1979
Nettl, Peter: Rosa Luxemburg, Köln–Berlin 1967
Nettmann, Wilhelm: Witten in den Reichstagswahlen des Deutschen Reiches 1871 – 1918, in: Jahrbuch des Vereins für Orts- und Heimatkunde in der Grafschaft Mark 70 (1972), S. 77–157
Neuhaus, Fritz: Die Zechenstillegungen im Südrandbezirk des Ruhrgebietes, Diss. Köln, Bochum 1938
Neuhaus, Rolf: Arbeitskämpfe, Ärztestreiks, Sozialreformer. Sozialpolitische Konfliktregelung 1900 bis 1914, Berlin 1986
Niethammer, Lutz / Brüggemeier, Franz: Wie wohnten Arbeiter im Kaiserreich, in: Archiv für Sozialgeschichte 16 (1976), S. 61–134
Nipperdey, Thomas: Deutsche Geschichte 1866–1918, 2 Bde., München 1990 u. 1993 (2. Aufl.)
Nipperdey, Thomas: Die Organisation der deutschen Parteien vor 1918, Düsseldorf 1961
Novy, Klaus: Strategien der Sozialisierung. Die Diskussion der Wirtschaftsreform in der Weimarer Republik, Frankfurt–New York 1978
Osterroth, Franz: Biografisches Lexikon des Sozialismus. Band I: Verstorbene Persönlichkeiten, Hannover 1960
Osterroth, Franz: Die Zeit als Jugendsekretär des Bergarbeiterverbandes in Bochum 1919 – 1924, hg.v. Arbeitskreis Arbeitende Jugend Bochums vor 1933 VHS/DGB, Bochum 1983
Osterroth, Franz: Einleitung, in: Unter Tag. Bergbau- und Bergarbeiterdichtung unsrer Zeit, zusammengestellt von Franz Osterroth, Berlin 1927, S. 7–11
Osterroth, Nikolaus: Otto Hue. Ein Lebensbild für seine Freunde, hg.v. Vorstand des Verbandes der Bergarbeiter Deutschlands, Bochum 1922
Osthold, Paul: Die Geschichte des Zechenverbandes 1908 – 1933, Berlin 1934
Overmans, Rüdiger: Kriegsverluste, in: Enzyklopädie Erster Weltkrieg, S. 663–666
Owetschkin, Dimitrij: Rosa Luxemburg, der Bergarbeiterverband und der Streit um die Rolle der Gewerkschaften, in: Mitteilungsblatt des Instituts für soziale Bewegungen 29 (2003), S. 43–58
Pabst, Wolfgang: 350 Männer starben nun laßt uns tanzen. Die Katastrophe in der Steinkohlen-Zeche Radbod/Hamm im November 1908, Herne 1982
Palm, Hanneliese: Literatur über Arbeit und Leben. Erinnerungsort Arbeiterliteratur, in: Zeit-Räume Ruhr. Erinnerungsorte des Ruhrgebiets, hg.v. Stefan Berger u.a., Essen 2019, S. 691–707
Paul, Johann: Alfred Krupp und die Arbeiterbewegung, Düsseldorf 1987

Perrefort, Maria: Aufruhr im Ruhrgebiet – Sozialer und politischer Protest im Ersten Weltkrieg, in: An der „Heimatfront". Westfalen und Lippe im Ersten Weltkrieg, hg.v. Landschaftsverband Westfalen-Lippe, Münster 2014, S. 148–169

Peters-Schildgen, Susanne: „Schmelztiegel" Ruhrgebiet. Die Geschichte der Zuwanderung am Beispiel Herne bis 1945, Essen 1997

Petras, Harri: Reichstagswahlen 1867 – 1912 im Hattinger Raum, Hattingen 1978

Petzina, Dietmar: Gewerkschaften und Monopolfrage vor und während der Weimarer Republik, in: Archiv für Sozialgeschichte 20 (1980), S. 195–217

Peukert, Detlev J.K.: Die Weimarer Republik. Krisenjahre der Klassischen Moderne, Frankfurt 1987

Piatek, Zygfryd: Streiks und Arbeitseinstellungen im Waldenburger Bergbaurevier in der II. Hälfte des 19. Jahrhunderts, in: Streik im Revier. Unruhe, Protest und Ausstand vom 8. bis 20. Jahrhundert, hg.v. Angelika u. Ekkehard Westermann, St. Katharinen 2007, S. 335–361

Pieper, Lorenz: Die Lage der Bergarbeiter im Ruhrrevier, Stuttgart–Berlin 1903

Piper, Ernst: Rosa Luxemburg. Ein Leben, München 2018

Plener, Ulla: Theodor Leipart. Persönlichkeit, Handlungsmotive, Wirken, Bilanz – Ein Lebensbild mit Dokumenten (1867 – 1947), 2 Bde., Berlin 2000

Plumpe, Werner: Betriebliche Mitbestimmung in der Weimarer Republik. Fallstudien zum Ruhrbergbau und zur Chemischen Industrie, München 1999

Plumpe, Werner: Unternehmerverbände und industrielle Interessenpolitik, in: Das Ruhrgebiet im Industriezeitalter, hg.v. Wolfgang Köllmann u.a., Bd. 1, Düsseldorf 1990, S. 655–727

Pöller, Richard: Die Gefahren des Bergbaus und die Grubenkontrolle im Ruhrrevier, Leipzig 1914

Pöppinghege, Rainer: Republik im Bürgerkrieg. Kapp-Putsch und Gegenbewegung an Ruhr und Lippe 1919/20, Münster 2019

Pohl, Karl Heinrich: „Bayerischer Separatismus". Zwei neue Quellen zur Geschichte des Budgetstreits in der Sozialdemokratischen Partei Deutschlands (Nürnberger Parteitag 1908 und Magdeburger Parteitag 1910), in: Internationale wissenschaftliche Korrespondenz zur Geschichte der deutschen Arbeiterbewegung (IWK) 22 (1986), S. 196–223

Pohl, Kurt/Werther, Frauke: Die freien Gewerkschaften im Ersten Weltkrieg, in: Geschichte der deutschen Gewerkschaftsbewegung, hg.v. Frank Deppe u.a., Köln 1978 (2. erw. Aufl.), S. 94–145

Potthoff, Heinrich: Betriebsräte und Gewerkschaften, in: Protokoll der Verhandlungen des Ersten Reichskongresses der Betriebsräte Deutschlands. Abgehalten vom 5.–7. Oktober 1920 zu Berlin – Erster Reichsbetriebsräte-Kongreß für die Metallindustrie. Abgehalten vom 5. bis 7. Dezember 1921 in Leipzig, hg.v. Dieter Dowe, Berlin–Bonn 1981 (Reprint), S. 7–36

Potthoff, Heinrich: Gewerkschaften in Weltkrieg und Revolution: Kontinuität und Wandel, in: Solidarität und Menschenwürde. Etappen der deutschen Gewerkschaftsgeschichte von den Anfängen bis zur Gegenwart, hg.v. Erich Matthias u. Klaus Schönhoven, Bonn 1984, S. 107–131

Prozess des Vorstandes des Verbandes der Bergarbeiter Deutschlands gegen den Redakteur der „Essener Volkszeitung" Hankamer, Bochum 1906

Przigoda, Stefan: Unternehmensverbände im Ruhrbergbau. Zur Geschichte von Bergbau-Verein und Zechenverband 1858 –1933, Bochum 2002

Puls, Detlev: Rochaden zwischen Unterwerfung und Widerstand. Oberschlesische Bergarbeiter 1871 – 1914, Dortmund 1994

Raase, Werner: Der Kampf um revolutionäre Betriebsräte in den Jahren 1919 – 1920, dargestellt vor allem an den Kämpfen im Industriegebiet von Halle–Merseburg, Diss. Berlin 1960 (MS)

Rasch, Manfred: Das Ruhrgebiet im Ersten Weltkrieg. Technik und Wirtschaft, Münster 2022

Rasch, Manfred: Über Albert Vögler und sein Verhältnis zur Politik, in: Mitteilungsblatt des Instituts für soziale Bewegungen 28 (2003), S. 127–156

Rasch, Manfred: Albert Vögler. Manager mit technischem Sachverstand und volkswirtschaftlichem Verständnis, in: Westfälische Lebensbilder Bd. 17, hg.v. Friedrich Gerhard Hohmann, Münster 2005, S. 22–59.

Rawe, Kai: „... wir werden sie schon zur Arbeit bringen!" Ausländerbeschäftigung und Zwangsarbeit im Ruhrkohlenbergbau während des Ersten Weltkrieges, Essen 2005

Reckendrees, Alfred: Albert Vögler (1877–1945), in: Unternehmer in der Weimarer Republik, hg.v. Patrick Bormann, Judith Michel u. Joachim Scholtyseck, Stuttgart 2016, S. 259–275

Reininghaus, Wilfried: Die Revolution 1918/19 in Westfalen und Lippe als Forschungsproblem. Quellen und offene Fragen, Münster 2016

Reininghaus, Wilfried: Die Ruhrgebietsstädte Dortmund, Bochum und Gelsenkirchen in der Revolutionszeit 1918/19, in: Revolution 1918/19 in Preußen. Großstadtwege in die Demokratiegründung, hg.v. Detlef Lehnert, Berlin 2019, S. 249–308

Reininghaus, Wilfried: Wahlen und Wahlkämpfe in Westfalen und im Rheinland 1918/19, in: Aufbruch in die Demokratie. Die Revolution 1918/19 im Rheinland und in Westfalen, hg.v. Frank Bischoff, Guido Hitze u. Wilfried Reininghaus, Münster 2020, S. 143–183

Remeke, Stefan: Doch nur ein Strohfeuer? Von der „kurzen" Geschichtsschreibung über die deutschen Gewerkschaften – ein Zwischenruf, in: Mitteilungsblatt des Instituts für soziale Bewegungen 36 (2006), S. 105–114

Reulecke, Jürgen: Der Erste Weltkrieg und die Arbeiterbewegung im rheinisch-westfälischen Industriegebiet, in: Arbeiterbewegung an Rhein und Ruhr, hg.v. Jürgen Reulecke, Wuppertal 1974, S. 205–239

Reulecke, Jürgen: Von der Dorfschule zum Schulsystem. Schulprobleme und Schulalltag in einer „jungen" Industriestadt vor dem Ersten Weltkrieg, in: Fabrik – Familie – Feierabend. Beiträge zur Sozialgeschichte des Alltags im Industriezeitalter, hg.v. Jürgen Reulecke u. Wolfhard Weber, Wuppertal 1978, S. 247–271

Ribhegge, Wilhelm: Schwerindustrie, Gewerkschaften und Politik an der Ruhr im 19. und 20. Jahrhundert, in: Westfälische Zeitschrift 135 (1985), S. 123–177

Rintelen, Karlludwig: Ein undemokratischer Demokrat: Gustav Bauer. Gewerkschaftsführer – Freund Friedrich Eberts – Reichskanzler. Eine politische Biografie, Frankfurt u.a. 1993

Ritter, Gerhard A.: Berufsparlamentarier und Experten in deutschen Parlamenten des 19. und 20. Jahrhunderts: Moritz Mohl, Paul Singer, Hermann Molkenbuhr, in: Archiv für Sozialgeschichte 47 (2007), S. 527–552

Ritter, Gerhard A.: Die Arbeiterbewegung im Wilhelminischen Reich. Die Sozialdemokratische Partei und die Freien Gewerkschaften 1890 – 1900, Berlin 1963

Ritter, Gerhard A./Tenfelde, Klaus: Der Durchbruch der Freien Gewerkschaften Deutschlands zur Massenbewegung im letzten Viertel des 19. Jahrhunderts, in: Vom Sozialistengesetz zur Mitbestimmung, hg.v. Heinz Oskar Vetter, Köln 1975, S. 61–120

Roelevink, Eva-Maria: Deutschland und die bergbaulichen Rohstoffmärkte für Steinkohle, Eisenerz, Kupfer und Kali von der Mitte des 19. Jahrhunderts bis 1930, in: Geschichte des deutschen Bergbaus, Bd. 3: Motor der Industrialisierung, hg.v. Klaus Tenfelde u. Toni Pierenkemper, Münster 2016, S. 17–43

Rohe, Karl: Die Ruhrgebietssozialdemokratie im Wilhelminischen Kaiserreich und ihr politischer und kultureller Kontext, in: Der Aufstieg der deutschen Arbeiterbewegung. Sozialdemokratie und Freie Gewerkschaften im Parteiensystem und Sozialmilieu des Kaiserreichs, hg.v. Gerhard A. Ritter, München 1990, S. 317–344

Rohe, Karl: Vom Revier zum Ruhrgebiet. Wahlen – Parteien – Politische Kultur, Essen 1986

Rohe, Karl/Jäger, Wolfgang/Dorow, Uwe: Politische Gesellschaft und politische Kultur, in: Das Ruhrgebiet im Industriezeitalter, hg.v. Wolfgang Köllmann u.a., Bd. 2, Düsseldorf 1990, S. 419–507

Rohm, Carl Gerhard: Anfänge christlicher Gewerkschaften im Ruhrgebiet. Der Bergarbeiterverein „Glückauf“ (Essen) 1890–1892 als erster christlicher Gewerkschaftsverband, in: Jahrbuch für christliche Sozialwissenschaften 23 (1982), S. 71–127

Rossol, Nadine: Historisierung oder Popularisierung? Die Revolution 1918/19 zwischen öffentlichem Jubiläum und geschichtswissenschaftlichen Impulsen, in: Archiv für Sozialgeschichte 59 (2019), S. 347–368

Rother, Klaus: Die Reichsversicherungsordnung 1911, Aachen 1994

Ruben, Ernst: Geschichte der Essener Sozialisierungsbewegung, Essen 1919 (MS)

Ruck, Michael: Die deutschen Gewerkschaften als Protagonisten nationaler Belange 1914 bis 1923, in: Gegner – Instrument – Partner. Gewerkschaftliche Staatsverständnisse vom Industrialismus bis zum Informationszeitalter, hg.v. Michael Ruck, Baden-Baden 2017, S. 67–90

Ruck, Michael: Gewerkschaften – Staat – Unternehmer. Die Gewerkschaften im sozialen und politischen Kräftefeld 1914 bis 1933, Köln 1990

Ruck, Michael: Von der Arbeitsgemeinschaft zum Zwangstarif. Die Freien Gewerkschaften im sozialen und politischen Kräftefeld der frühen Weimarer Republik, in: Solidarität und Menschenwürde. Etappen der deutschen Gewerkschaftsgeschichte von den Anfängen bis zur Gegenwart, hg.v. Erich Matthias u. Klaus Schönhoven, Bonn 1984, S. 133–152

Rürup, Reinhard: Einleitung, in: Arbeiter- und Soldatenräte im rheinisch-westfälischen Industriegebiet. Studien zur Geschichte der Revolution 1918/1919, hg.v. Reinhard Rürup, Wuppertal 1975, S. 7–38

Rürup, Reinhard: Revolution und Demokratiegründung. Studien zur deutschen Geschichte 1918/19, hg.v. Peter Brandt u. Detlef Lehnert, Göttingen 2020

Ruhrkampf 1920, hg.v. Johannes Gorlas u. Detlev J. K. Peukert, Essen 1987

Rupieper, Hermann J.: Die freien Gewerkschaften und der Versailler Vertrag 1919 – 1923, in: Geschichte in Wissenschaft und Unterricht 29 (1978), S. 482–499

Saal, Friedrich Wilhelm: Franz Lütgenau. Der erste sozialdemokratische Reichstagsabgeordnete des Ruhrgebietes und Gründer der Volkshochschule Dortmund, in: Beiträge zur Geschichte Dortmunds und der Grafschaft Mark 72 (1980), S. 109–162

Saul, Klaus: Staat, Industrie, Arbeiterbewegung im Kaiserreich. Zur Innen- und Außenpolitik des Wilhelminischen Deutschland 1903 – 1914, Düsseldorf 1974

Saul, Klaus: Staatsintervention und Arbeitskampf im Wilhelminischen Reich, 1904–1914, in: Sozialgeschichte heute. Festschrift für Hans Rosenberg zum 70. Geburtstag, hg.v. Hans-Ulrich Wehler, Göttingen 1974, S. 479–494

Schäfer, Michael: Heinrich Imbusch. Christlicher Gewerkschaftsführer und Widerstandskämpfer, München 1990

Schäfer, Peter: Zwischen Kaiserreich und Ende der Weimarer Republik – Das politische Leben und Wirken von Nikolaus Osterroth, Kamen 2021

Scharrer, Manfred: Organisation und Vaterland. Gewerkschaften vor dem Ersten Weltkrieg, Köln 1990

Schieck, Hans: Der Kampf um die deutsche Wirtschaftspolitik nach dem Novemberumsturz 1918, Diss. Heidelberg 1958

Schimanski, Kuzorra und andere. Polnische Einwanderer im Ruhrgebiet zwischen der Reichsgründung und dem Zweiten Weltkrieg, hg.v. Dittmar Dahlmann, Albert S. Kotowski u. Zbigniew Karpus, Essen 2005

Schippel, Max: Bergarbeiterstreiks und Politik, in: Sozialistische Monatshefte 1905, S. 114–122

Ströbel, H.: Zur Frage der Neutralisirung der Gewerkschaften, in: Neue Zeit 18 (1899/1900) 36, S. 266–276

Schmidt, August: Lang war der Weg, Bochum 1958

Schmidt, Daniel: Heimatfront Industriegebiet. Der Raum Gelsenkirchen im Ersten Weltkrieg 1914 – 1918, in: Westfälische Forschungen 68 (2018), S. 23–44

Schmidt, Daniel: Hunger an der Heimatfront. Das nördliche Ruhrgebiet im Ersten Weltkrieg zwischen Aufbegehren und Resignation, in: Westfälische Forschungen 71 (2021), S. 173–192

Schmidt, Jürgen: Arbeiter in der Moderne. Arbeitsbedingungen, Lebenswelten, Organisationen, Frankfurt–New York 2015

Schmidt, Robert: Die Kohlenteuerung, in: Sozialistische Monatshefte (1901) 1, S. 41–48

Schneider, Michael: Die Christlichen Gewerkschaften 1894 – 1933, Bonn 1982

Schneider, Michael: Höhen, Krisen und Tiefen. Die Gewerkschaften in der Weimarer Republik 1918 bis 1933, in: Geschichte der deutschen Gewerkschaften. Von den Anfängen bis 1945, hg.v. Ulrich Borsdorf, Köln 1987, S. 279–446

Schneider, Michael: Kleine Geschichte der Gewerkschaften. Ihre Entwicklung in Deutschland von den Anfängen bis heute, Bonn 1989

Schönhoven, Klaus: Arbeiterbewegung und soziale Demokratie in Deutschland. Ausgewählte Beiträge, hg.v. Hans-Jochen Vogel u. Michael Ruck, Bonn 2002

Schönhoven, Klaus: Die Freien Gewerkschaften zwischen Reichsgründung und Weltkrieg: Organisationsentwicklung, Strukturprobleme und Programmatik, in: Solidarität und Menschenwürde. Etappen der deutschen Gewerkschaftsgeschichte von den Anfängen bis zur Gegenwart, hg.v. Erich Matthias u. Klaus Schönhoven, Bonn 1984, S. 39–56

Schönhoven, Klaus: Die Gewerkschaften als Massenbewegung im Wilhelminischen Kaiserreich 1890 bis 1918, in: Geschichte der deutschen Gewerkschaften. Von den Anfängen bis 1945, hg.v. Ulrich Borsdorf, Köln 1987, S. 167–278

Schönhoven, Klaus: Die Gründung der Zentralarbeitsgemeinschaft und die „Gelben Gewerkschaften“, in: Internationale wissenschaftliche Korrespondenz zur Geschichte der deutschen Arbeiterbewegung (IWK) 26 (1990), S. 355–364

Schönhoven, Klaus: Die Kriegspolitik der Gewerkschaften, in: Der Erste Weltkrieg. Wirkung, Wahrnehmung, Analyse, hg.v. Wolfgang Michalka, München 1994, S. 672–690

Schönhoven, Klaus: Expansion und Konzentration. Studien zur Entwicklung der Freien Gewerkschaften im Wilhelminischen Deutschland 1890 bis 1914, Stuttgart 1980

Schönhoven, Klaus: Gewerkschaftliches Organisationsverhalten im Wilhelminischen Deutschland, in: Arbeiter im Industrialisierungsprozeß. Herkunft, Lage und Verhalten, hg.v. Werner Conze und Ulrich Engelhardt, Stuttgart 1979, S. 403–421

Schönhoven, Klaus: Gewerkschaftsgeschichte aus erster Hand. Zur Forschungsleistung der älteren Verbandsgeschichtsschreibung und zum Quellenwert von Gewerkschaftsprotokollen, in: Archiv für Sozialgeschichte 23 (1983), S. 590–604

Schönhoven, Klaus: Reformismus und Radikalismus. Die gespaltene Arbeiterbewegung im Weimarer Sozialstaat, München 1989

Schönhoven, Klaus: Selbsthilfe als Form von Solidarität. Das gewerkschaftliche Unterstützungswesen im Deutschen Kaiserreich bis 1914, in: ders., Arbeiterbewegung und soziale Demokratie, S. 107–164 (zuerst in: Archiv für Sozialgeschichte 20 (1980), S. 147–193)

Schönhoven, Klaus: Soziale Gerechtigkeit als reformpolitische Perspektive. Zum Staatsverständnis der sozialdemokratischen Gewerkschaftsbewegung 1848 bis 1914, in: Gegner – Instrument – Partner. Gewerkschaftliche Staatsverständnisse vom Industrialismus bis zum Informationszeitalter, hg.v. Michael Ruck, Baden-Baden 2017, S. 21–42

Schönhoven, Klaus: Vor einem Jahrhundert-Jubiläum. Die Gewerkschaften und ihre Geschichtsschreibung, in: Brusis, Ilse/Schönhoven, Klaus: Die Gewerkschaften und ihre Geschichtsschreibung, Düsseldorf 1987, S. 33–56

Schönhoven, Klaus: Wegbereiter der sozialen Demokratie? Zur Bedeutung des Stinnes-Legien-Abkommens vom 15. November 1918, in: Revolution und Arbeiterbewegung in Deutschland 1918 – 1920, hg.v. Karl Christian Führer u.a., Essen 2013, S. 61–79

Schofer, Lawrence: Die Formierung einer modernen Arbeiterschaft. Oberschlesien 1865–1914, Dortmund 1983

Schorske, Carl E.: Die große Spaltung. Die deutsche Sozialdemokratie von 1905 bis 1917, Berlin 1981

Schreiber, Georg: Der Bergbau in Geschichte, Ethos und Sakralkultur, Köln–Opladen 1962

Schreiber, Nicolas Peter: Vom Arbeiter zum Reichsminister: Johann Giesberts (1865–1938). 40 Jahre Politik in der christlich-sozialen Arbeiterbewegung, Geldern 2011

Schröder, Wilhelm Heinz: Die Lebensläufe der sozialdemokratischen Reichstagskandidaten: Ausgewählte Fragen und Materialien, in: Der Aufstieg der deutschen Arbeiterbewegung. Sozialdemokratie und Freie Gewerkschaften im Parteiensystem und Sozialmilieu des Kaiserreichs, hg.v. Gerhard A. Ritter, München 1990, S. 185–217

Schröder, Wilhelm Heinz: Die Sozialstruktur der sozialdemokratischen Reichstagskandidaten 1898 – 1912, in: Herkunft und Mandat. Beiträge zur Führungsproblematik in der Arbeiterbewegung, Frankfurt–Köln 1976, S. 72–96

Schröder, Wilhelm Heinz: Politik als Beruf? Ausbildung und Karrieren von sozialdemokratischen Reichstagsabgeordneten im Kaiserreich und in der Weimarer Republik, in: Parteien im Wandel. Vom Kaiserreich zur Weimarer Republik. Rekrutierung – Qualifizierung – Karrieren, hg.v. Dieter Dowe u.a., München 1999, S. 27–84

Schröter, Hermann: Gerhard Stötzel, Reichstagsabgeordneter für den Wahlkreis Essen, Stadt und Land, von 1877 bis 1905, in: Das Münster am Hellweg 31 (1978), S. 67–76

Schubert, Helga: Der Generalstreik in Mitteldeutschland 1919, Halle 1958

Schulz-Briesen, Max: Der preußische Staatsbergbau, 2 Bde., Berlin 1933 u. 1934

Schulze, Hagen: Otto Braun oder Preußens demokratische Sendung, Frankfurt u.a. 1977

Schuster, Dieter: Zur Geschichte des 1. Mai in Deutschland, Düsseldorf 1990

Seid einig, seid einig – dann sind wir auch frei. Gedichte von Heinrich Kämpchen, hg.v. Rolf-Peter Carl u.a., Oberhausen 1984

Seidl, Helmut: Streikkämpfe der mittel- und ostdeutschen Braunkohlenarbeiter von 1890 bis 1914, Leipzig 1964

Severing, Carl: Otto Hue zum Gedächtnis, in: Sozialistische Monatshefte 8, 15.5.1922, S. 433–435

Severing, Carl: 1919 – 1920 im Wetter- und Watterwinkel, Bielefeld 1927

Severing, Carl: Mein Lebensweg. Bd. 1: Vom Schlosser zum Minister, Köln 1950

Skrzypczak, Henryk: Zur Strategie der Freien Gewerkschaften in der Weimarer Republik, in: Vom Sozialistengesetz zur Mitbestimmung, hg.v. Heinz Oskar Vetter, Köln 1975, S. 201–227

Soénius, Ulrich S.: Louis Hagen (1855–1932), in: Unternehmer in der Weimarer Republik, hg.v. Patrick Bormann, Judith Michel u. Joachim Scholtyseck, Stuttgart 2016, S. 45–62

Sogemeier, Martin: Die Entwicklung und Regelung des Arbeitsmarktes im rheinisch-westfälischen Industriegebiet im Kriege und in der Nachkriegszeit. Ein Beitrag zur Weiterentwicklung des Arbeitsnachweiswesens, Jena 1922

Sommerlad, Philipp: Vom „Hessebub“ zum „Bochumer Jungen“. 70 Jahre sozialistische Bewegung in Bochum (1878 – 1948), hg.v. Peter Friedemann u.a., Essen 1990

Sozialdemokratie im Wandel. Der Bezirk Westliches Westfalen 1893–2001, hg.v. Bernd Faulenbach u.a., Essen 2001 (4. erw. Aufl.)

Spät, Robert: Die „polnische Frage“ in der öffentlichen Diskussion im Deutschen Reich, 1894 – 1918, Marburg 2014

Sperlich, Waltraut: Journalist mit Mandat. Sozialdemokratische Reichstagsabgeordnete und ihre Arbeit in der Parteipresse 1867 bis 1918, Düsseldorf 1983

Spethmann, Hans: Zwölf Jahre Ruhrbergbau. Aus seiner Geschichte von Kriegsanfang bis zum Franzosenabmarsch 1914 – 1925, 5 Bde., Berlin 1928/1930

Sprengstoff! Die Explosion der Wittener Roburit-Fabrik 1906, hg.v. Frank Ahland, Stefan Nies u. Ingrid Telsemeyer, Essen 2006

Stalmann, Volker: Paul Hirsch 1868 – 1940. Sozialdemokratischer Kommunalexperte, Bürgermeister und Ministerpräsident in Preußen, Berlin 2023

Steffens, Horst: Autorität und Revolte. Alltagsleben und Streikverhalten der Bergarbeiter an der Saar im 19. Jahrhundert, Weingarten 1987

Steinberg, Hans-Josef: Sozialismus und deutsche Sozialdemokratie. Zur Ideologie der Partei vor dem 1. Weltkrieg, Berlin–Bonn 1979 (5. erw. Aufl.)

Steinberg, Hans-Josef: Die Entwicklung des Verhältnisses von Gewerkschaften und Sozialdemokratie bis zum Ausbruch des Ersten Weltkrieges, in: Vom Sozialistengesetz zur Mitbestimmung, hg.v. Heinz Oskar Vetter, Köln 1975, S. 121–134

Steinisch, Irmgard: Arbeitszeitverkürzung und sozialer Wandel. Der Kampf um die Achtstundenschicht in der deutschen und amerikanischen Eisen- und Stahlindustrie 1880 – 1929, Berlin–New York 1986

Steinisch, Irmgard: Der Gewerkverein Christlicher Bergarbeiter, in: Glück auf, Kameraden! Die Bergarbeiter und ihre Organisationen in Deutschland, hg.v. Hans Mommsen u. Ulrich Borsdorf, Köln 1979, S. 273–299

Steinisch, Irmgard: Linksradikalismus und Rätebewegung im westlichen Ruhrgebiet. Die revolutionären Auseinandersetzungen in Mülheim an der Ruhr, in: Arbeiter- und Soldatenräte im rheinisch-westfälischen Industriegebiet, hg.v. Reinhard Rürup, Wuppertal 1975, S. 155–237

Stern, Sophie: Aufruhr im Ruhrgebiet. Menschen, Orte und Ereignisse in den unruhigen Jahren nach dem Ersten Weltkrieg, Essen 2023

Streiken gegen den Krieg! Die Bedeutung des Massenstreikes in der Metallindustrie vom Januar 1918, hg.v. Chaja Boebel u. Lothar Wentzel, Hamburg 2015 (2. Aufl.)

Stremmel, Ralf: Die Rote Ruhr-Armee in Essen. Neue Aspekte eines Bürgerkrieges, Münster 2020

Stremmel, Ralf: Identität, Stolz und Selbstbewusstsein. Erinnerungsort Kruppianer, in: Zeit-Räume Ruhr. Erinnerungsorte des Ruhrgebiets, hg.v. Stefan Berger u.a., Essen 2019, S. 327–344

Ströbel, Heinrich: Die Sozialisierung – ihre Wege und Voraussetzungen, Berlin 1921

Ströbel, Heinrich: Neutralisierung der Gewerkschaften, in: Sozialistische Monatshefte (1900) 8, S. 470–477

Swiniartzki, Marco: Der Deutsche Metallarbeiter-Verband 1891 – 1933. Eine Gewerkschaft im Spannungsfeld zwischen Arbeitern, Betrieb und Politik, Köln–Weimar–Wien 2017

Tampke, Jürgen: The Ruhr and Revolution. The Origin and Course of the Revolutionary Movement in the Rhenish-Westphalian Industrial Region, 1912–1919, Diss. 1975 (MS)

Tampke, Jürgen: Die Sozialisierungsbewegung im Steinkohlenbergbau an der Ruhr, in: Glück auf, Kameraden! Die Bergarbeiter und ihre Organisationen in Deutschland, hg.v. Hans Mommsen u. Ulrich Borsdorf, Köln 1979, S. 225–248

Tenfelde, Klaus: Bergmännische Solidarität, Herrentum und Mitgefühl. Soziale und mentale Hintergründe deutscher Reaktionen auf das Grubenunglück von Courrières 1906, in: Die Grubenkatastrophe von Courrières 1906. Aspekte transnationaler Geschichte, hg.v. Michael Farrenkopf u. Peter Friedemann, Bochum 2008, S. 89–98

Tenfelde, Klaus: Bürgerkrieg im Ruhrgebiet 1918 bis 1920, in: Erster Weltkrieg, Bürgerkrieg und Ruhrbesetzung. Dortmund und das Ruhrgebiet 1914/18 – 1924, hg.v. Karl-Peter Ellerbrock, Dortmund 2010, S. 13–66

Tenfelde, Klaus: Der bergmännische Arbeitsplatz während der Hochindustrialisierung (1890 – 1914), in: Arbeiter im Industrialisierungsprozeß. Herkunft, Lage und Verhalten, hg.v. Werner Conze und Ulrich Engelhardt, Stuttgart 1979, S. 283–335

Tenfelde, Klaus: Der „Kruppianer“ – Die Geburt eines Mythos aus dem Geist der „Werksgemeinschaft“, in: Ferrum 78 (2006), S. 35–45

Tenfelde, Klaus: Die Bergarbeiter, ihre Gewerkschaften und der Kapp-Putsch, in: Ruhrkampf 1920, hg.v. Johannes Gorlas u. Detlev J. K. Peukert, Essen 1987, S. 40–58

Tenfelde, Klaus: Die „Krawalle von Herne“ im Jahre 1899, in: Internationale wissenschaftliche Korrespondenz zur Geschichte der deutschen Arbeiterbewegung (IWK) 15 (1979), S. 71–104

Tenfelde, Klaus: Gewalt und Konfliktregelung in den Arbeitskämpfen der Ruhrbergleute bis 1918, in: Gewalt und Gewaltlosigkeit. Probleme des 20. Jahrhunderts, hg.v. Friedrich Engel-Janosi u.a., München 1977, S. 185–236

Tenfelde, Klaus: Heinrich Imbusch. Einführung in Leben und Werk, in: Imbusch, Heinrich: Arbeitsverhältnis und Arbeiterorganisationen im deutschen Bergbau. Eine geschichtliche Darstellung, Berlin–Bonn 1980 (Nachdruck der Ausgabe Essen 1908), S. V–XXXVIII

Tenfelde, Klaus: „Krupp bliebt doch Krupp“. Ein Jahrhundertfest – Das Jubiläum der Firma Fried. Krupp AG in Essen 1912, Essen 2005

Tenfelde, Klaus: Krupp – der Aufstieg eines deutschen Weltkonzerns, in: Bilder von Krupp. Fotografie und Geschichte im Industriezeitalter, hg.v. Klaus Tenfelde, München 1994, S. 13–39 u. S. 321–326 (Anm.)

Tenfelde, Klaus: Linksradikale Strömungen in der Ruhrbergarbeiterschaft 1905 bis 1919, in: Glück auf, Kameraden! Die Bergarbeiter und ihre Organisationen in Deutschland, hg.v. Hans Mommsen u. Ulrich Borsdorf, Köln 1979, S. 199–223

Tenfelde, Klaus: Proletarische Provinz. Radikalisierung und Widerstand in Penzberg/ Oberbayern 1900 – 1945, in: Bayern in der NS-Zeit IV, hg.v. Martin Broszat u.a., München–Wien 1981, S. 1–382

Tenfelde, Klaus: Probleme der Organisation von Arbeitern und Unternehmern im Ruhrbergbau 1890 bis 1918, in: Arbeiterbewegung und industrieller Wandel, hg.v. Hans Mommsen, Wuppertal 1980, S. 38–61

Tenfelde, Klaus: Radikal, militant? Forschungen über Bergarbeiterstreiks im 20. Jahrhundert, in: Streik im Revier. Unruhe, Protest und Ausstand vom 8. bis 20. Jahrhundert, hg.v. Angelika u. Ekkehard Westermann, St. Katharinen 2007, S. 381–404

Tenfelde, Klaus: Soziale Schichtung und soziale Konflikte, in: Das Ruhrgebiet im Industriezeitalter, hg.v. Wolfgang Köllmann u.a., Bd. 2, Düsseldorf 1990, S. 121–217

Tenfelde, Klaus: Sozialgeschichte der Bergarbeiterschaft an der Ruhr im 19. Jahrhundert, Bonn–Bad Godesberg 1977

Tenfelde, Klaus: Zur Bedeutung der Arbeitskämpfe für die Entstehung der deutschen Gewerkschaften, in: Solidarität und Menschenwürde. Etappen der deutschen Gewerkschaftsgeschichte von den Anfängen bis zur Gegenwart, hg.v. Erich Matthias u. Klaus Schönhoven, Bonn 1984, S. 25–38

Tenfelde, Klaus: Zur Sozialgeschichte der Arbeiterbewegung im Ruhrgebiet 1918 bis 1933, in: Rheinland-Westfalen im Industriezeitalter, Bd. 2: Von der Reichsgründung bis zur Weimarer Republik, hg.v. Kurt Düwell u. Wolfgang Köllmann, Wuppertal 1984, S. 333–348

Teuber, Heinrich: Für die Sozialisierung des Ruhrbergbaus, hg.v. Hellmut G. Haasis u. Erhard Lucas, Frankfurt 1973

Teuteberg, Hans Jürgen: Geschichte der industriellen Mitbestimmung in Deutschland. Ursprung und Entwicklung ihrer Vorläufer im Denken und in der Wirklichkeit des 19. Jahrhunderts, Tübingen 1961

Tiedtke, Hans-Werner: Die Reichstagswahlen und die Reichstagswahlkämpfe im südlichen Teil des Ruhrgebiets von der Gründung des Norddeutschen Bundes bis zum Beginn des Ersten Weltkriegs, Examensarbeit Bochum 1976 (MS)

Trischler, Helmuth: Arbeitsbeziehungen im deutschen Bergbau 1848 bis 1933, in: Geschichte des deutschen Bergbaus, Bd. 3: Motor der Industrialisierung, hg.v. Klaus Tenfelde u. Toni Pierenkemper, Münster 2016, S. 377–422

Trischler, Helmuth: Arbeitsunfälle und Berufskrankheiten im Bergbau 1851 bis 1945. Bergbehördliche Sozialpolitik im Spannungsfeld von Sicherheit und Produktionsinteressen, in: Archiv für Sozialgeschichte 28 (1988), S. 111–151

Trüschler, Kurt: Die Sozialisierungspolitik in der Weimarer Republik (1918 – 1920), Diss. Uni Marburg 1968

Tschirbs, Rudolf: Der Ruhrbergmann zwischen Privilegierung und Statusverlust: Lohnpolitik von der Inflation bis zur Rationalisierung (1919 bis 1927), in: Die Deutsche Inflation: Eine Zwischenbilanz, hg.v. Gerald D. Feldman, Berlin 1982, S. 308–345

Tschirbs, Rudolf: Sozialpolitik von der Revolution zur Stabilisierung: Zur Verrechtlichung der Arbeitsbeziehungen von 1918 bis 1924, in: Gewerkschaften in revolutionären Zeiten. Deutschland in Europa 1917 bis 1923, hg.v. Stefan Berger, Wolfgang Jäger u. Anja Kruke, Essen 2020, S. 205–220

Tschirbs, Rudolf: Tarifpolitik im Ruhrbergbau 1918 – 1933, Berlin–New York 1986

Umbreit, Paul: 25 Jahre Deutscher Gewerkschaftsbewegung 1890–1915, Berlin 1915

Umbreit, Paul: Gewerkschaftsgeschichten, in: Neue Zeit 32 (1913/1914), S. 552–558

Unter Tag. Bergbau- und Bergarbeiterdichtung unsrer Zeit, zusammengestellt von Franz Osterroth, Berlin 1927

Ünlüdag, Tania: Bewegung und Masse. Deutungsmuster Clara Zetkins um die Jahrhundertwende, in: Mitteilungsblatt des Instituts zur Erforschung der europäischen Arbeiterbewegung 20 (1998), S. 90–121

Vanja, Christina: Bergarbeiterinnen. Zur Geschichte der Frauenarbeit in Bergbau, Hütten- und Salinenwesen, in: Der Anschnitt 39 (1987), S. 2–15 u. 40 (1988), S. 128–143

Varain, Heinz Josef: Freie Gewerkschaften, Sozialdemokratie und Staat. Die Politik der Generalkommission unter der Führung Carl Legiens (1890–1920), Düsseldorf 1956

Verboten, verfolgt … Bochumer Sozialdemokratie vom Sozialistengesetz zur Novemberrevolution. Ausstellung des Stadtarchivs Bochum, Bochum 1978

Versailles! Volkskommentar des Friedensdiktats, hg.v. Freiherr von Lersner, Berlin 1921

Völkening, Ulrich: Unfallentwicklung und -verhütung im Bergbau des Deutschen Kaiserreiches, Dortmund 1980

Vom Hausen zum Wohnen. Wohnungsbau für Arbeiter zur Zeit der Industrialisierung: Essen, ein Beispiel, hg.v. Ruhrlandmuseum, Essen 1988

von Klass, Gert: Hugo Stinnes, Tübingen 1958

von Oertzen, Peter: Betriebsräte in der Novemberrevolution. Eine politikwissenschaftliche Untersuchung über Ideengehalt und Struktur der betrieblichen und wirtschaftlichen Arbeiterräte in der deutschen Revolution 1918/19, Berlin–Bonn–Bad Godesberg 1976 (2. erw. Aufl.)

von Oertzen, Peter: Die großen Streiks der Ruhrbergarbeiterschaft im Frühjahr 1919. Ein Beitrag zur Diskussion über die revolutionäre Entstehungsphase der Weimarer Republik, in: Vom Kaiserreich zur Weimarer Republik, hg.v. Eberhard Kolb, Köln

1972, S. 185–217 (Erstdruck: Vierteljahrshefte für Zeitgeschichte 6 (1958) S. 231–262)
von Oertzen, Peter: Die Probleme der wirtschaftlichen Neuordnung und der Mitbestimmung in der Revolution von 1918, Frankfurt o.J.
Wachenheim, Hedwig: Die deutsche Arbeiterbewegung 1844 bis 1914, Köln–Opladen 1967
Wächtler, Eberhard: Zur Geschichte des Kampfes des Bergarbeiterverbandes in Sachsen. Evangelische Arbeitervereine und gelbe Gewerkschaften als Instrumente der Zechenherren, Berlin 1959
Wagner, Theodor: Zur Lohnbewegung der Ruhrbergarbeiter, in: Correspondenzblatt 8, 25.2.1911, S. 130–132 u. 9, 4.3.1911, S. 149–151
Walther, Rudolf: „… aber nach der Sündflut kommen wir und nur wir." „Zusammenbruchstheorie", Marxismus und politisches Defizit in der SPD 1890 – 1914, Frankfurt u.a. 1981
Was leistete der Verband während des Krieges?, hg.v. Verband der Bergarbeiter Deutschlands, Bochum 1917
Weber, Petra: Gescheiterte Sozialpartnerschaft – Gefährdete Republik? Industrielle Beziehungen, Arbeitskämpfe und der Sozialstaat. Deutschland und Frankreich im Vergleich (1918–1933/39), München 2010
Wegner, Jörn: Die Kriegs- und die Kolonialfrage in der britischen und deutschen Arbeiterbewegung im Vergleich 1899–1914, Berlin 2014
Wehler, Hans-Ulrich: Das Deutsche Kaiserreich 1871 – 1918, Göttingen 1973
Wehler, Hans-Ulrich: Deutsche Gesellschaftsgeschichte, Bd. 4: Vom Beginn des Ersten Weltkriegs bis zur Gründung der beiden deutschen Staaten 1914 – 1949, München 2003
Wehler, Hans-Ulrich: Die Polen im Ruhrgebiet bis 1918, in: Moderne deutsche Sozialgeschichte, hg.v. Hans-Ulrich Wehler, Köln–Berlin 1966, S. 437–455, S. 550–562
Weisbrod, Bernd: Arbeitgeberpolitik und Arbeitsbeziehungen im Ruhrbergbau. Vom „Herr-im-Haus" zur Mitbestimmung, in: Arbeiter, Unternehmer und Staat im Bergbau. Industrielle Beziehungen im internationalen Vergleich, hg.v. Gerald D. Feldman u. Klaus Tenfelde, München 1989, S. 107–162, Anm. S. 349–365
Weitz, Eric D.: Conflict in the Ruhr: Workers and Socialist Politics in Essen 1910 – 1925, Diss. Boston 1983 (MS)
Welskopp, Thomas: Arbeit und Macht im Hüttenwerk. Arbeits- und industrielle Beziehungen in der deutschen und amerikanischen Eisen- und Stahlindustrie von den 1860er bis zu den 1930er Jahren, Bonn 1994
Weltkrieg – Spaltung – Revolution. Sozialdemokratie 1916–1922, hg.v. Uli Schöler u. Thilo Scholle, Bonn 2018
Wendel, Hermann: Hue, in: Die Glocke 5 (1922), S. 113–114
Werner, Georg: Meine Rechnung geht in Ordnung, Berlin 1958
Wette, Wolfram: Gustav Noske. Eine politische Biografie, Düsseldorf 1987
Wichert, Udo: Fritz Husemann – „Dienst für die Arbeiterbewegung und die sozialistische Sache", in: Eine Partei in ihrer Region. Zur Geschichte der SPD im Westlichen Westfalen, hg.v. Bernd Faulenbach u. Günther Högl, Essen 1988, S. 170–175
Wiel, Paul: Wirtschaftsgeschichte des Ruhrgebietes. Tatsachen und Zahlen, Essen 1970
Wieland, Lothar: „Wieder wie 1914!" Heinrich Ströbel (1869–1944). Biografie eines vergessenen Sozialdemokraten, Bremen 2009

Wilbrandt, Robert: Sozialismus, Jena 1919
Winkler, Heinrich August: Von der Revolution zur Stabilisierung. Arbeiter und Arbeiterbewegung in der Weimarer Republik 1918 bis 1924, Berlin–Bonn 1984
Wirsching, Andreas: Die paradoxe Revolution 1918/19, in: Aus Politik und Zeitgeschichte 2008, H. 50–51, S. 6–12
Wisotzky, Klaus: Der Essener Arbeiter- und Soldatenrat und die Sozialisierungsbewegung im Bergbau, in: Aufbruch in die Demokratie. Die Revolution 1918/19 im Rheinland und in Westfalen, hg.v. Frank Bischoff, Guido Hitze u. Wilfried Reininghaus, Münster 2020, S. 359–382
Wisotzky, Klaus: Der Wandel der betrieblichen Sozialpolitik im Ruhrbergbau, in: Sozialgeschichte des Bergbaus im 19. und 20. Jahrhundert, hg.v. Klaus Tenfelde, München 1992, S. 1066–1082
Wisotzky, Klaus: Die Bergarbeiterbewegung und die Frauen, in: Frauen und Bergbau. Zeugnisse aus fünf Jahrhunderten, Bochum 1989, S. 59–69
Wisotzky, Klaus: Die Ereignisse nach dem Kapp-Putsch in Essen, in: Essener Beiträge 133 (2020), S. 447–525
Wisotzky, Klaus: Unruhige Zeiten. Politische und soziale Unruhen im Raum Essen 1916 – 1919, Münster 2019
Wisotzky, Klaus: Vom Kaiserbesuch zum Euro-Gipfel. 100 Jahre Essener Geschichte im Überblick, Essen 1996
Wisotzky, Klaus: Vom Versuch, Ordnung in die Unordnung zu bringen, in: Selbstverständlichkeiten. Strom, Wasser, Gas und andere Versorgungseinrichtungen: Die Vernetzung der Stadt um die Jahrhundertwende, hg.v. Klaus Wisotzky u. Michael Zimmermann, Essen 1997, S. 115–140
Wisotzky, Klaus: Wie Essen größer wurde. Die Eingemeindungspolitik der Stadt Essen im Kaiserreich, in: Essener Beiträge 127 (2014), S. 181–317
Wölk, Ingrid: Zwischen Heimat, Front + Revolution. Bochum 1914 bis 1920, Münster 2020
Wulf, Peter: Die Auseinandersetzungen um die Sozialisierung der Kohle in Deutschland 1920/21, in: Vierteljahrshefte für Zeitgeschichte 25 (1977), S. 46–98
Wulf, Peter: Hugo Stinnes. Wirtschaft und Politik 1918–1924, Stuttgart 1979
Wulf, Peter: Regierung, Parteien, Wirtschaftsverbände und die Sozialisierung des Kohlenbergbaues 1920 – 1921, in: Industrielles System und politische Entwicklung in der Weimarer Republik, hg.v. Hans Mommsen u.a., Düsseldorf 1974, S. 647–657
Zechenlegen im Ruhrbergbau. Bericht über die Bergarbeiterkonferenz im Ruhrgebiet abgehalten in Essen (Borussia-Saal) am 12. Mai 1904, hg.v. Vorstand des Verbandes deutscher Bergarbeiter, Bochum o.J [1904]
Ziegler, Dieter: Die „Kohlennot" 1919–1923. Der Versailler Vertrag und der deutsche Steinkohlenbergbau, in: 1919 – Der Versailler Vertrag und die deutschen Unternehmen, hg.v. Dieter Ziegler u. Jan-Otmar Hesse, Berlin–Boston 2022, S. 35–68
Ziegler, Dieter: Kriegswirtschaft, Kriegsfolgenbewältigung, Kriegsvorbereitung. Der deutsche Bergbau im dauernden Ausnahmezustand (1914–1945), in: Geschichte des deutschen Bergbaus, Bd. 4: Rohstoffgewinnung im Strukturwandel. Der deutsche Bergbau im 20. Jahrhundert, hg.v. Dieter Ziegler, Münster 2013, S. 15–182
Zimmermann, Michael: „Geh zu Hermann, der macht dat schon". Bergarbeiterinteressenvertretung im nördlichen Ruhrgebiet, in: „Hinterher merkt man, daß es richtig

war, daß es schiefgegangen ist“. Nachkriegserfahrungen im Ruhrgebiet, hg.v. Lutz Niethammer, Berlin–Bonn 1983, S. 277–310
Zimmermann, Michael: Nicht knechten, Nicht bitten – Nur mutig gestritten! Zur Gewerkschaftsgeschichte in Recklinghausen-Hochlarmark vor dem 1. Weltkrieg, Recklinghausen 1979
Zimmermann, Michael: Schachtanlage und Zechenkolonie. Leben, Arbeit und Politik in einer Arbeitersiedlung 1880 – 1980, Essen 1987
Zumdick, Ulrich: Hüttenarbeiter im Ruhrgebiet. Die Belegschaft der Phoenix-Hütte in Duisburg-Laar 1853 – 1914, Stuttgart 1990
Zunkel, Friedrich: Industrie und Staatssozialismus. Der Kampf um die Wirtschaftsordnung in Deutschland 1914–1918, Düsseldorf 1974
Zur Knappschaftswahl. Christliche Lügen in neuer Auflage, hg.v. Vorstande des Verbandes der Bergarbeiter Deutschlands, Bochum 1910

Abbildungsnachweis

Archiv der sozialen Demokratie 17

Bergbauarchiv Bochum 18, 19

Bundesarchiv Berlin 28, 29

Haus der Essener Geschichte/Stadtarchiv 4, 7, 8, 20, 22, 24, 26, 27, 33

Haus der Geschichte des Ruhrgebiets 9, 12, 14, 15, 30, 32, 34

Historisches Archiv Krupp 6

Privatbesitz 2, 5, 10, 11, 13, 16, 21, 25, 31

Stadtarchiv Dortmund 3

Thyssen-Krupp Konzernarchiv 1, 23

Register

(*Erwähnung in den Anmerkungen)

Personen

Orte

Verbände, Organisationen, Vereine

Sachen